〔清〕谷應泰撰

明史紀事本末

第一册
卷一至卷二六

中華書局

圖書在版編目(CIP)數據

明史紀事本末/(清)谷應泰撰;河北師範學院歷史系點校. —北京:中華書局,2015.8(2025.6 重印)
(歷代紀事本末)
ISBN 978-7-101-11118-7

Ⅰ.明… Ⅱ.①谷…②河… Ⅲ.中國歷史-明代-紀事本末體 Ⅳ.K248.044

中國版本圖書館 CIP 數據核字(2015)第 161056 號

責任編輯:許 桁
責任印製:韓馨雨

歷代紀事本末
明史紀事本末
(全四册)
〔清〕谷應泰 撰
河北師範學院歷史系 點校
*
中 華 書 局 出 版 發 行
(北京市豐臺區太平橋西里 38 號 100073)
http://www.zhbc.com.cn
E-mail:zhbc@zhbc.com.cn
河北品睿印刷有限公司印刷
*
850×1168 毫米 1/32 · 51⅝印張 · 8 插頁 · 856 千字
2015 年 8 月第 1 版 2025 年 6 月第 12 次印刷
印數:20601-21400 册 定價:208.00 元

ISBN 978-7-101-11118-7

出版说明

一

《明史纪事本末》八十卷，清初谷应泰等撰。本书始于元至正十二年（一三五二年）朱元璋起兵，终于崇祯十七年（一六四四年）李自成攻克北京，朱由检自杀。编者把这三百年间他们所认为的重要史事，列成八十个专题，每题为一卷，记述了这些事件的始末。各卷后面都附有「谷应泰曰」的史论，这些史论不过是堆砌典故，宣扬封建的唯心史观。

谷应泰（一六二〇——一六九〇年）字赓虞，别号霖苍，直隶丰润（今河北丰润县）人。顺治四年（一六四七年）进士，做过户部主事、员外郎，顺治十三年（一六五六年）调任提督浙江学政佥事。他当上学政之后，就延揽了一些文人协助他编书，以抬高自己的身价，捞取政治资本。《明史纪事本末》就是这时候编撰的。过去有一种说法，认为这部书并非谷应泰所作，而是他冒窃了别人的成稿。现在从有关资料看来，这一说法未必可信，但此书也决不是出于谷应泰一人之手。当时参加编写工作的，可知的有陆圻、徐倬和张子坛等。全书于顺治十五年（一六五八年）编成刊行，过了两年，谷应泰即遭到御史董文骥的弹劾，指序书中有不利于清朝的话。顺治帝福临对此事很重视，立即派人查阅原书。由于编者的立场观点本是和清朝统治者一致的，而且书中对于明清之间的关系多不敢涉及，所以调查的结果，此书并没有被禁，谷应泰也不曾受到处分。

二

编者是用封建「正统」的唯心史观来评论史事、褒贬人物的。据谷应泰自称，编写本书的目的，就是为了「使读者审理乱之大趋，迹政治之得失」（见《自序》）。实质上，即企图从地主阶级的立场来总结明代兴亡的经验，为巩固当代的封建统治服务。出于这种考虑，编者在书中竭力吹捧那些谨守「君臣大义」的所谓「忠臣」、「义士」。燕王朱棣的起兵夺取政权，同李自成率领声势浩大的农民军攻入北京，推翻明朝的腐朽统治，本是截然不同的两种性质的斗争。而在谷应泰等人的心目中，无论是为建文帝朱允炆「效忠」而死，或与起义军顽抗而遭到人民的镇压，同是忠君的典型表现，因此就在《建文逊国》和《甲申之变》之后，各立了《壬午殉难》、《甲申殉难》的专题，罗列了成批的「死难」人物，表彰了这些人的所谓「忠烈」。

「天命论」的思想，在书中也表现比较突出。编者在不少事件中，宣扬了「非智力所移」

的「定数」。《燕王起兵》就是染上了这种神秘色彩的一篇。如朱棣起兵之前，编者就假借北平都指挥使张信母亲的话，暗示了「燕王当有天下」，「王者不死」。临近起兵之时，又插入了檐瓦飞坠的「吉兆」。作战过程中，则特别强调了他的「逢凶化吉」。比如当朱棣与对方的先锋都督陈晖隔河对阵的时候，由于朱棣向神灵「默祷」，于是一夜之间「冰合」，使他的部队得以顺利渡河，击溃陈晖。陈晖则是注定要失败的一方，所以等到他的部队「跳冰」逃走，不料刚到河心，忽然「冰解」，因而「溺死无算」。这些「奇迹」，绝不是编者一时兴之所至，信手拈来，而是有意识地给读者造成一种印象：朱棣之所以能成功，固然包含着人的作用，而最根本的还在于这是「天意」的安排，因之他随处能够得到「天助」。

在对待农民起义的态度上，编者的反动立场更是暴露无遗。他们恶毒地咒骂起义领袖李自成是什么「困兽」，「鸱张之孽」，把起义军的群众一概诬蔑为「蚁附之妖」。与此相反，对于明王朝的被推翻，则不胜惋惜，深深慨叹「奈何千丈之堤，溃于蚁穴；天府之险，踣于困兽」。但究竟为什么貌似强大的明王朝会一垮到底呢？编者对此却茫然无知，只能笼统地责备什么「庙算」，幻想假如明末的政治「清明」些，并且有诸葛亮、裴度那样的人物出世，或可挽回败局。实际上任何一个封建王朝都逃脱不了灭亡的命运，这是当时历史条件下生产力和生产关系之间的矛盾发展的必然结果，是封建社会内部阶级矛盾和阶级斗争不断发展的历史体现。毛主席说：「**阶级斗争，一些阶级胜利了，一些阶级消灭了。这就是历史，这就是几千年的文明史。**」这是谷应泰之流的封建史学家不可能认识的历史规律。

三

从史实的角度来说，本书也存在一些缺点。首先是它沒有能全面反映明代的重要历史事件。如有关明朝统治者对人民的政治压迫和经济剥削，书中就沒有反映。为巩固封建政权而制定的各项制度，也缺乏记载。明初郑和下西洋，促进了我国和南洋地区经济、文化的交流，是中外关系史上的一件大事，本书也完全沒有提到。诸如此类的情况还不少，不再多举。已经写到书里的某些史实，还有不大可靠的，《建文逊国》就是一个例子。关于建文帝朱允炆的出走，大概当时有此传说，记载此事的明代史料多据传说加以附会，虽然言之凿凿，其实不足凭信。

尽管本书存在上述问题，但是我们用马克思主义的立场、观点、方法加以分析，透过现象看本质，它还是有助于我们了解明代历史的基本状况。它的内容虽有缺略，但编者对于关系到「治乱兴衰」的政治事件还是比较注意的。其中有关农民起义的专题就有十五篇之多，约占全书五分之一。此外，关于宦官阉党的专权、沿海「倭乱」等问题，也叙述颇详。这些篇章，为我们了解和研究明代的阶级斗争、统治阶级内部斗争及对外关系，都提供了重要线索。况且本书的编成，比《明史》要早八十多年，是综合多种明代史料编纂的，并非仅仅抄撮某一部编年或纪传体史书。因此，它的记载和其他明代史籍有出入的地方，多由于史料来源不同，其中固然有本书弄错的，但也有不少可以和旁的书相互参证的。因为这个缘故，后来考订明史之作，如夏燮的《明通鉴考异》、王颂蔚的《明史考证攟逸》等，对它多所取资。

四

前面已经提到，谷应泰的书对于明清之际的史事是避而不谈的。但有一种题为本书《补遗》的抄本六卷，专记清朝的兴起，及其在东北和河北、山东等地与明朝军队作战的经过。傅以礼认为，这六卷书可能也出于谷应泰等人之手，原是《明史纪事本末》的一个组成部分，或者「后以事关昭代龙兴，恐有嫌讳，授梓时始别而出之」（见《补遗》后傅跋）。另有清初彭孙贻（一六一五——一六七三年）所作《补编》五卷，也是增补谷书之作。这两种补作，尽管其本身也有缺点（如《补遗》对清兵蹂躏河北、山东、山西地区，多所隐讳；彭著所补内容并不是很重要的），但多少弥补了谷书的缺略，现在也附印在书后。

这次点校，《明史纪事本末》以顺治十五年（一六五八年）筑益堂本为底本，《补遗》以浙江图书馆所藏傅以礼传抄本为底本，《补编》以《涵芬楼秘笈》本为底本。谷书八十卷，曾与《四库全书》文津阁本、江西书局本、广雅书局本、崇德堂本、思贤书局本互校，择善而从。此外还参考《明实录》、《鸿猷录》、《续藏书》、《国榷》、《石匮书后集》、《明史》、《明通鉴》、《明纪》等书，作了一些订正，改动原文之处，用方圆括号表示增删，并加了校注。为了便于检查，纪年下附注了干支、公元。我们还选辑了有关资料作为附录，以便读者了解谷应泰、彭孙贻的生平和本书的编撰经过。本书点校工作是由河北师范学院历史系担任的。错误和不妥之处，希望读者指正。

中华书局编辑部

明史紀事本末總目

第一册

第二册

第三册

第四册

明史紀事本末序

編年之史自春王，序傳之史自子長，而紀事之史古無聞焉。然而賈誼、賈山借秦爲喻，千秋金鏡逑古作鑒，說者謂其言甚類紀事，特微焉而不彰，略焉而不詳，故于世罕稱道。至有宋袁樞，紀事始著，自此以來，史體遂三分矣。夫考一代之統系，必在編年；尋一人之終始，必存序傳。若夫捆車載乘，至可汗牛，充棟集帷，尤難衡石，一事而散漫百年之中，一事而縱橫數人之手，斷非紀事不爲功，宜其書公卿樂得而爲討論，朝廷樂得而備顧問也。

有明三百年，事如棼絲，若其經營之弘遠，纘緒之英偉，君臣一德而昌，上下睽否而亡，宦寺執柄而孽延數世，女戎造妖而禍發盈朝，大禮聚訟而思假天饗祖之難，盜賊蠭生而思守令險阨之要，賈子有云：「前事不亡，後事之師。」一代興衰之緒，實志古者考鏡得失之林也。

谷子霖蒼夙有網羅百代之志，既膺簡書，督學於浙，以其衡文之暇，搜輯明世全史，分紀其事，得八十篇，復各列爲論斷，次見於後。閱其紀事而汙隆興廢之故，賢奸理亂之形，洞如觀火，較若列眉。更讀其論斷諸篇，又無不由源悉委，揣情攄實。賈昌之說故事，歷歷目前，馬援之畫山川，曲折具見，洵一代良史也。皇上右文求治，博購羣書，金繩玉檢，重畊而至。行見事畢還朝，挾中郎之枕秘，遇聖天子止輦諮詢，因得從容爲過秦、金鏡之詞，自附於二賈、九齡之後，垂光史册，著美熙朝，余且得簪筆而記其後也。是爲序。

時順治戊戌嘉平太子太保武英殿大學士兼兵部尙書聊城傅以漸撰

自序

通鑑紀事本末者，創自建安袁樞，而北海馮琦繼之。其法以事類相比附，使讀者審理亂之大趨，迹政治之得失，首尾畢具，分部就班，較之盲左之編年，則包舉而該浹，比之班、馬之傳志，則簡練而檃括，蓋史外之別例，而溫公之素臣也。沿及明代，迄無成書，蒐釐條貫，蓋其難哉。余謬承學政之役，兼值右文之朝，夙夜兢兢，廣稽博采，勒成一編，以補前史。

緬惟高皇智勇天錫，成祖雄姿英毅，撥亂反正，風驅電掃，可不謂隆焉。仁、宣之間，綱舉目張，吏治烝烝，明良洽洽，歌詠太平，繼體之休風也。英宗御極，耆舊罷政，閹豎擅權，遂至翠華輕出，乘輿北狩，自非樞臣畫謀，景帝踐祚，則虞淵之日墜地而已。及乎南內奪門，忠直被誅，宗社卒賴焉。憲宗嗣服，不修儲怨，更加謚號，寬身之仁也。乃憸相柄權，大璫羅織，祈於登明，亦云恧矣。孝皇恭仁莊敬，虛懷納諫，朝多藎臣，野無兵革，至其晚年，尤勤宣問，歷選列辟，稱郅理焉。武宗巡遊無度，寵任逆瑾，晚乃芟除，寘鐇、宸濠禍變接踵，顛而不亡，亦其幸爾。世廟藩服入纂，綜核察察，奸輔蔽之，僅乃獲鋤，國體傷矣。穆宗守文，俺答封貢，乃輟朝日久，中旨竊叢，無足數也。神皇乘運，豫大豐亨，征徭既繁，百工叢脞，揆厥亂源，所自來爾。光宗危懼之餘，克膺大寶，善政初舉，天命不祐，良足悲也。熹廟拱手，權歸宦寺，玄黃之戰，毒流縉紳，胚胎禍亡，於斯酷矣。懷宗沖齡，手剪凶貂，父老喁喁，聿觀厥化，乃以數乘陽九，寇弄潢池，僚寀營私，將士選懦。及乎刃及宮闈，身殉社稷，則庶幾亡國之正也。嗟乎，周治盛於文、武，漢道大於高、光，此前世之所以興隆也。孔子傷心幽、厲，武侯痛恨桓、靈，此後世之所以衰微也。綜觀明政，何莫不然。

昔湯臣進規，鑒於有夏，姬朝作諷，戒在殷商。惟我皇清，開天初造，攬勝國之惠逆，察已事之明驗，保世滋大，毋亦於斯鏡見焉。余不敏，泛瀾衆家，編綴是書。比于九齡之千秋金鑑、德秀之大學衍義，雖材智不逮，亦復竭其愚忠云爾。

順治戊戌冬十月提督兩浙學政僉事豐潤谷應泰譔

明史紀事本末第一册目錄

明史紀事本末卷之一

太祖起兵

元順帝至正十二年（壬辰，一三五二）閏三月甲戌朔，明太祖起兵濠梁。太祖之先，故沛人，徙江東句容，爲朱家巷。宋季，大父再徙淮，家泗州。父又徙鍾離太平鄉。母陳，生四子，太祖其季也。太祖生於元天曆戊辰之九月丁丑，其夕赤光燭天，里中人競呼「朱家火」，及至，無有。三日洗兒，父出汲，有紅羅浮至，遂取衣之，故所居名紅羅障。少時嘗苦病，父欲度爲僧。歲甲申，泗大疫，父母兄及幼弟俱死，貧不能殮，藁葬之。仲與太祖舁至山麓，綆絕，仲還取綆，留太祖守之。忽雷雨大作，太祖避村寺中。比曉往視，土墳起成高隴。地故屬鄉人劉繼祖，繼祖異之，歸焉。尋仲又死。太祖年十七，九月，入皇覺寺爲僧。逾月，僧乏食，太祖西至合淝，歷光、固、汝、潁諸州。道病，輒見兩紫衣人與俱，病差，遂不見。嘗夜陷麻湖中，遇羣兒呼「迎聖駕」，叱之，絕跡。崎嶇三載，仍還皇覺寺。時汝、潁兵起，騷動濠州，定遠人郭子興據濠州，元將徹里不花憚不敢進，日掠良民邀賞。太祖詣伽藍卜，問避亂，不吉；卽守故，又不吉。因祝曰：「豈欲予倡義耶？」果大吉，帝意遂決。以閏三月朔入濠州，抵門，門者疑爲諜，執見子興。子興奇其狀貌，與語，大悅之，取爲親兵。凡有攻伐，命之往，輒勝。子興故撫宿州馬公女爲己女，遂妻焉，卽高后也。軍中咸呼爲朱公子。

九月，元丞相脫脫旣破徐州，芝麻李遁去，趙均用、彭早住帥餘黨奔濠，脫脫命賈魯追圍之。太祖與子興竭力捍守。時子興屈己下彭、趙，遂爲所制。彭、趙據濠稱王，一日，執子興於獄，太祖曰：「吾受郭氏深恩，可不赴乎！」遂入子興家。明日，彭、趙聞，釋之。

十三年（癸巳，一三五三）春，元將賈魯死，圍解，濠軍士亦多折傷。太祖雖在甥館，每有大志，乃歸鄉里，募兵得七百人，濠人徐達、湯和等皆往歸焉。

十四年（甲午，一三五四）秋七月，徇定遠，下滁陽。時彭、趙御下無道，太祖乃以七百人屬他將，而獨與徐達、湯和、吳良、吳禎、花雲、陳德、顧時、費聚、耿再成、耿炳文、唐勝宗、陸仲亨、華雲龍、鄭遇春、郭興、郭英、胡海、張龍、陳桓、謝成、李新材、張赫、周銓、周德興等二十四人，南略定遠。定遠張家堡有民兵號「驢牌寨」者，孤軍乏食，欲來降，未決，太祖曰：「此機不可失也。」乃選騎士費聚等從行，至定遠界，其營中遣二將出，大呼曰：「來者何爲？」聚恐，請益人。太祖曰：「多人無益，滋之疑耳。」直前下馬，渡水而往。其帥出見，太祖曰：「郭元帥與足下有舊，聞足下軍乏食，他敵欲來攻，特遣吾相報。能相從，卽與俱往，否則移兵避之。」帥許納，請留物示信。太祖解佩囊與之，彼以牛脯爲獻，請諸軍促裝，且申密約。

太祖還，留聚俟之。越三日，聚還報，曰：「事不諧矣，彼且欲他往。」太祖卽率兵三百人抵營，誘執其帥。於是營兵焚舊壘，悉降。得壯士三千人。又招降秦把頭，得八百餘人。定遠繆大亨以義兵二萬屯橫澗山，太祖命花雲夜襲破之，亨舉衆降，軍聲大振。

定遠人馮國用與弟國勝率衆歸附。太祖奇之，曰：「爾被服若是，其儒生耶？顧定天下，計將安出？」國用對曰：「金陵龍蟠虎踞，帝王之都。願先拔金陵，定鼎，然後命將四出，救生靈於水火，倡仁義於遠邇，勿貪子女玉帛，天下不難定也。」太祖大悅，俾兄弟皆居帷幄，預機密焉。國勝一名勝，又名宗異。

定遠人李善長來謁，留幕下，掌書記，晝餽餉，甚見親信。

秋七月，太祖將兵進攻滁陽，花雲爲先鋒，單騎前行，遇賊數千人，雲提劍躍馬，橫衝其陣而過。敵大驚，曰：「此黑將軍勇甚，不可與爭鋒。」既戰，遂克滁陽，因駐師焉。

朱文正、李文忠來歸。文正，太祖孟兄南昌王子，先同其母避亂，與太祖相失。李文忠，太祖姊曹國長公主子。公主卒，其父攜文忠走亂軍中，幾不能存。至是，聞太祖駐兵滁陽，皆來歸，太祖喜甚。文忠年十二，牽上衣而戲，太祖曰：「外甥見舅如見母也。」與沐英皆賜姓朱。英，定遠人，父母俱亡，太祖見而憐之，令高后育之爲子。

何世隆來降，幷取鐵佛崗，攻三汊河口，收全椒、大柳諸寨。未踰月，彭早住、趙均用挾子興往泗州，遣人邀太祖守盱眙，辭勿往。未幾二人爭權，部曲乘而鬬，多創死。彭亦中流矢死，獨趙均用存，并彭故部曲，狼戾益甚，銜子興，必欲殺之。太祖憂之，使人說曰：「公昔困於彭城，南趨濠，使郭公閉壁不相納，死矣。得濠而踞其上，更欲害之，背德不祥。且郭公易與耳，其別部在滁者，兵勢重，可慮也。」均用悟，爲少寬。太祖又賂其左右，子興乃得帥所部歸滁，稱滁陽王。時太祖部兵數萬人，悉歸之，奉其號令。居再閱月，子興惑讒言，悉奪太祖兵，又欲收李善長置麾下。善長涕泣自訴，不肯行。自是征討之權，太祖皆不得與，且日疎遠，而事之愈恭。有譖太祖戰不肯力者，子興信之，卽令其人與太祖俱出戰。其人出未十步卽被矢反走，太祖直前奮擊，衆皆披靡，徐還，了無所傷。子興頗內愧。又嘗與三百人出城，顧聞鶉鴿聲，飛矢墮空中，心異之，遽還。俄而敵兵驟至，一無所獲。時諸將各有所獻，太祖所至，禁剽掠，有得卽分部下，無所獻。子興甚不悅。馬皇后悉所有遺子興妻張氏。張喜，由是疑釁漸釋。

冬十月，元丞相脫脫克高郵，分兵圍六合。六合遣使求救於滁。子興故與其帥有隙，怒不發兵。太祖曰：「六合破，滁不獨存，脣齒也。可以小憾而棄大事乎！」子興悟，問諸將誰可往者。時元兵號百萬，諸將畏之，莫敢往，且以禱神勿吉爲辭。太祖曰：「事之可否，當斷於心，何禱也。」於是帥師東，與耿再成守瓦梁壘。元兵攻之急，每日暮，壘垂陷。

詰旦，復完壘與戰。尋以計紿之，乃斂兵入舍，備糗糧，遣婦女倚門戟手大罵。元兵錯愕不敢逼，遂列陣而出，徐引去，還滁州。既而元兵復大攻滁，太祖設伏澗側，令再成佯走，誘之渡澗，伏發，城中鼓譟而出，元兵敗走，滁得完。

太祖威名日著，子興二子陰置毒酒中，欲害之，謀泄。及期，太祖卽與俱往，中途遽躍馬起，仰天若有所見，因罵二子曰：「吾何負爾？適空中神人謂爾欲以酒毒我。」二子駭汗浹背，自此不敢萌害意。

虹縣胡大海來歸。大海長身鐵面，智力過人，太祖一見語合，用爲前鋒。

十五年（乙未，一三五五）春正月，滁師乏糧，諸將謀所向，太祖曰：「困守孤城，誠非計。今惟和陽可圖，然其城小而堅，可以計取，難以力勝。向攻民寨時，得兵三千，號廬州路義兵。今精選三千勇敢士，椎結左衽，衣青衣，佯爲彼兵，以四槖駝載賞物而馳，聲言廬州兵送使者入和陽賞賚將士，和陽必納之。因以絳衣兵萬人繼其後，約相距十餘里，候青衣兵薄城，舉火爲應，絳衣兵卽鼓行而前，破之必矣。」子興從其計，使張天祐將青衣兵，趙繼祖爲使者前行，耿再成將絳衣兵繼後。天祐至陡陽關，和陽父老以牛酒出迎。會日午，天祐兵從他道就食，誤約。再成過期不見舉火，意天祐必已進據，率衆直抵城下。元平章也先帖木兒急閉門，以飛橋縋兵出戰。再成不利，中矢走。元兵追至千秋壩，日暮，收兵還。天祐等始至，適與元兵遇，急擊敗之，追至小西門，湯和奪其橋而登，將士從之，遂據和陽。也先帖木兒夜遁。再成兵既敗歸，謂天祐等已陷沒。俄報元兵至滁州，遣使招降，子興益恐，召太祖與謀。時兵皆出，城中守備單弱，太祖命合滁三門兵於南門，塡塞街市，呼使者入，叱令膝行見子興。子興諭之，多失辭。衆欲殺之，太祖曰：「殺之，彼將謂我怯，故滅其口，是速之來也。不如恐以大言，縱使去，彼必憚，不敢進。」子興從之。明日，元兵果解去。子興急屬太祖率兵往收敗卒，仍規取和陽。太祖率鎭撫徐達、參謀李善長及驍勇數十人先進。始知天祐已破城據之，乃入，撫定城中。子興屬太祖總和陽兵。諸將破和陽，暴橫多殺掠，城中夫婦不相保。太祖憫然，召諸將謂曰：「諸軍自滁來，多掠人妻女，軍中無紀律，何以安衆？凡所得婦女悉還之。」於是皆相攜而去，人民大悅。太祖既總和陽兵，諸將多子興故部曲，未盡心服，惟湯和聽命惟謹，李善長委曲調護之。太祖與諸將分（闢）〔甓〕（據鴻猷錄卷一改）和陽城，諸將甃工未就。太祖作色，置坐南向，出子興檄，呼諸將曰：「總兵，主帥命也，非我專擅。今甃城皆不如約，事何由濟？自今違者，軍法從事。」諸將恐，唯唯，由是皆奉命。

時元太子禿堅、樞密副使絆住馬、民兵元帥陳埜先分屯高望、新塘、青山、雞籠山等處，道梗不通。太祖率諸將擊走之。元兵乘太祖出，復攻和陽，李善長督兵擊却之，殺獲甚衆。

元兵皆走渡江。

濠州舊帥孫德崖乏糧，率所部就食和州。子興故與德崖隙，聞之，怒，自滁來和。德崖聞子興至，卽欲他往。其軍先發，德崖後。太祖送其軍出城，行三十里，忽城中走報，滁軍與德崖軍鬬，德崖爲子興所執。太祖大驚，亟呼耿炳文、吳楨，策騎欲還。德崖軍先發在道者忿恨，擁太祖行數里，遇德崖弟，欲加害，有張姓者力止之。子興聞太祖被留，如失左右手，急遣徐達往代。張姓者復諭其衆歸太祖，於是子興亦釋德崖去，旣而達亦脫歸。

三月，子興卒，太祖併統其軍。時劉福通等立韓林兒爲皇帝，號小明王，改元龍鳳，遣人至和陽招諸將，檄〔子〕興子爲元帥（按：下一〇頁云「元帥，子興之子也」，此處當脫「子」字，茲補），張天祐右副元帥，太祖左副元帥。太祖曰：「大丈夫寧能受制於人耶！」不受。

虹縣人鄧愈來歸。愈年十六，從父兄起兵，父兄戰沒，愈代領其衆，每戰必挺身破敵，軍中服其勇。太祖命充管軍總管。

懷遠人常遇春，剛毅多智勇，膂力絕人，年二十三，爲羣雄劉聚所得。遇春察其多抄掠，無遠圖，棄之來歸。未至，假寐田間，夢神人披金甲擁盾，呼之曰：「起，起，主君來！」適太祖騎從至，卽乞歸附，請爲先鋒。太祖曰：「爾饑故來歸耳，且有故主在，吾安得奪之！」遇春頓首泣曰：「劉聚盜耳，無能爲也。儻得效力於智者，雖死猶生。」太祖曰：「能相從渡江乎？取太平後，臣我未晚也。」

太祖駐和陽久，謀渡江，無舟楫。時廖永安、永忠、俞廷玉與其子通海、通源、通淵、趙伯仲、桑世傑、張德勝、華高等，各率衆泊巢湖，連結水砦以捍寇。會妖黨左君弼據廬州，永安等爲所扼，乃遣使間道納款，太祖大喜，曰：「此天意也，機不可失。」即以夏五月，親率兵至巢湖。永安等迎太祖登舟，出湖口，至桐城閘，已脫險，然未入江。蠻子海牙集樓船塞馬腸河口以阻。諸兵屯黃墩，會巢湖將趙普勝蓄異志，永安等密露其機。太祖遂聲言歸和陽，取舟同攻蠻子海牙，實欲以兵勢挾之。既歸，集商人舟，載精鋭猛士，復至黃墩，督兵攻蠻子海牙。敵舟高大，進退不利。永安等小舟往來如飛，奮擊，大敗之。時湖口淺涸，會大雨連旬，水漲，遂縱舟至潯陽橋。衆恐舟大不能渡，比至，纔餘分寸，永安等遂得入大江，從歸和陽，遂定渡江之計。

六月朔，太祖帥諸將渡江，永安請所向，太祖曰：「釆石大鎮，備必固，牛渚磯前臨大江，難爲備禦，攻之必克。」迺乘風舉帆，舳艫齊發，頃刻達牛渚。太祖先抵釆石磯。時元兵陣於磯上，舟距岸三丈許，未能卒登。常遇春飛舸至，太祖麾之，應聲挺戈，躍而上，守者披靡，諸軍從之，遂拔釆石，乘勝徑攻太平。元平章完者不花、萬戶萬鈞、達魯花赤普里罕忽里等棄城遁。丙辰，克太平路。初，太祖之發釆石也，先令李善長爲戒飭軍士榜，及入城，揭之通衢。一卒違令，立斬之，城中肅然。太平路總管靳義赴水死，太祖曰：「義士也。」具棺葬之。耆儒李習、陶安等率父老出迎。安見太祖，謂李習曰：「龍姿鳳質，非常人也，我輩今有主矣。」太祖召安語時事，安因獻言曰：「方今四方鼎沸，豪傑並爭，攻城屠邑，互相雄長，然其志在子女玉帛，非有撥亂安民，救天下之心。明公率衆渡江，神武不殺，以此順天應人而行弔伐，天下不足平也。」太祖曰：「吾欲取金陵，如何？」安對曰：「金陵帝王之都，龍蟠虎踞，限以長江之險。若據其形勝，出兵以臨四方，則何向不克！此天所以資明公也。」太祖大悅，禮安甚厚，由是凡機密輒與議焉。改太平路爲太平府，以李習知府事，李善長爲帥府都事，汪廣洋爲帥府令史，陶安參幕府事。文移用宋龍鳳年號，旗幟戰衣皆紅色，蓋以火德王故也。

時太平四面皆元兵，蠻子海牙、阿魯灰等以巨舟截采石，閉姑孰口。而義兵元帥陳埜先與其將康茂才，水陸分道，寇城下。太祖親督兵禦之，命徐達、鄧愈以奇兵出其後，設伏於襄城橋。埜先率衆來攻，時有黃雲罩於城阜，埜先驚敗，爲伏兵所擒，太祖釋而用之。

八月，分命徐達等取溧水、溧陽、句容、蕪湖，皆下之。

初，陳埜先被執，太祖釋不殺，埜先詐曰：「生我何爲？」太祖曰：「天下大亂，豪傑並起，勝則人附，敗則附人。爾既以豪傑自負，豈不知生爾之故。」埜先曰：「然則欲吾軍降乎？此易爾。」乃爲書招其軍，明日皆降。蠻子海牙、阿魯灰等見埜先敗，還駐裕溪口。諸軍進克溧水，將攻集慶路。埜先之爲書也，意其衆未必從，陽爲招詞，陰實激之，不意其衆遽降，自悔失計。及聞欲攻集慶，私謂部曲曰：「汝等攻集慶，毋力戰，俟我得脫還，當與元兵合。」太祖聞其謀，召語之曰：「人各有心，從元從我，不相強也。」縱之還。諸軍克溧陽，埜先歸，收餘衆屯於板橋，陰與元福壽合，因爲書報曰：「集慶城右環大江，左枕崇崗，三面據水，以山爲郭，以江爲池，地勢險阻，不利步戰。昔王渾、王濬造戰船，謀之累年，而蘇峻、王敦皆非陸戰以取勝。隋取江東，賀若弼自揚州，韓擒虎自廬州，楊素自安陸，三道戰艦同時並進。今環城三面阻水，元帥與苗軍聯絡其中，建寨三十餘里，攻城則慮其斷後。莫若南據溧陽，東擣鎮江，據險阻，絕糧道，示以持久，可不攻而下也。」太祖知其詐，以書報之曰：「歷代之克江南者，皆以長江天塹，限隔南北，故須會集舟師，方克成功。今吾渡江，據其上游，彼之咽喉，我已扼之，捨舟而進，足以克捷，自與晉、隋形同勢異。足下奈何舍全勝之策，而爲此迂迴之計邪？」埜先得書，詐不行。諸軍進攻集慶，埜先遂與福壽合，拒戰於秦淮水上。諸軍失利，張天祐與郭元帥皆戰死。元帥，子興之子也。埜先來追襲，經葛仙鄉，鄉民兵百戶盧德茂謀殺之，遣壯士五十人衣青出迎。埜先不虞其圖己，與十餘騎先行，青衣兵自後攢槊刺殺之。埜先既死，其子兆先復集兵屯方山。蠻子海牙擁舟師結寨采石，圖犄角，窺太平。

十一月壬子，釋元萬戶納哈出北歸。納哈出，木華黎裔孫也，拔太平獲之，待之至厚。納哈出居鬱鬱不樂，至是，太祖召語之曰：「爲人臣者各爲其主，況爾有父母妻子乎！」遂縱之歸。

十六年（丙申，一三五六）春，元兵屯釆石，將士家屬留和州，道梗，常遇春攻之。遇春以奇兵分其勢，而以正兵與之合戰，戰則出奇兵擣之，縱火焚其連艦，大破之，蠻子海牙僅以身免，自是扼江之勢遂衰。

三月朔，太祖率諸將取集慶路，水陸並進，攻破陳兆先營，釋兆先而用之，擇其降兵驍勇五百人置麾下。五百人者多疑懼不自安，太祖覺其意。是夕，令入宿衞，環上而寢，悉屏舊人於外，獨留馮國用一人侍臥榻傍。太祖解甲，安寢達旦，疑懼者始安。是月十日，進攻集慶路。國用率五百人先登陷陣，敗元兵於蔣山，直抵城下。諸軍拔柵競進，元南臺御史大夫福壽督兵力戰，死之。庚寅，克集慶路，蠻子海牙遁歸張士誠。康茂才等帥衆來降。太祖入城，召官吏父老諭之曰：「元失其政，所在紛擾，生民塗炭。吾率衆至此，爲民除害耳。汝等各守舊業，無懷疑懼。賢人君子，有能相從立功者，吾禮用之。舊政有不便者，吾除之。」於是城中軍民皆喜悅，更相慶慰。獲民兵五十餘萬。改集慶路爲應天府。得儒士夏煜、孫炎、楊憲等十餘人，皆錄用之。置天興、建康翼元帥府，以廖永安爲統軍元帥。太祖嘉福壽之忠，爲棺衾以禮葬之。

谷應泰曰：明太祖之起兵濠梁也，鼓其朝鋭，所向披靡。六年之間，北取滁、和，南收姑孰，金陵一下，天物克基，雖曰神運，蓋亦有人事焉。

方其火光燭空，紅羅浮水，雷雨成塋，紫衣視疾，以至伽藍立珓之奇，黄雲覆城之瑞，論者嘖嘖，莫不謂生而神靈，天之所授也。然予以厚德隆峻，實則命世之器，非夫羣雄草竊所能闚奸而覬覦者。

觀其救民塗炭，除暴去苛，縱還婦女，不貪玉帛，納陶安之說，進馮國用之謀，是其仁也。褒嘉斬義，禮葬福壽，赴子興之難，縱埜先之去，是其義也。克太平而延見名士，入金陵而拊慰父老，是其禮也。還軍降定遠，移師救六合，借天語以拒酖毒，環宿衞以定反側，是其智也。擊海牙於黄墩，麾遇春於采石，坐叱元使者，不奉韓林兒，是其勇也。嗟乎！濠城之起，始於揭竿，乃能規模弘敞，有茲不世出之略，是則五德既備，百神自呵，而術數之家沾沾以休徵福應爲王者受命之符，則但知其得天，而不考其順人，良足哂也。

雖然，尤有異者，風雲之聚，杖策來歸，心膂爪牙，篤生江介。徐達、湯和起於同里，朱文正、李文忠興自戚屬，李善長、馮國用近出定遠，鄧愈、胡大海郎在虹縣，常遇春懷遠之雄，廖永安巢湖之傑，一時功臣，人如碁布，地皆錯壤，豈高祖從龍，多由豐、沛，蕭王佐命，半屬南陽，天生眞人，固若類聚而扶掖之者耶！然而帷幄善謀，汗馬著烈，君臣之間，相需魚水，豈盡地脈使然哉，人材良足多也。

明史紀事本末卷之二

平定東南

元順帝至正十六年（丙申，一三五六）春三月，太祖既定金陵，欲發兵取鎭江，慮諸將不戢士卒，爲民患，遂召諸將，數以常縱軍士之過，欲置之法，李善長救，乃免。於是命徐達爲大將，率諸將浮江東下，戒之曰：「吾自起兵，未嘗妄殺。今爾等當體吾心，戒戢士卒，城下之日，毋焚掠殺戮。有犯令者，處以軍法，縱者罰毋赦。」達等頓首受命。丙申，進兵攻鎭江，丁酉，克之。苗軍元帥完者圖出走，守將段武、平章定定戰死。達等自仁和門入，號令嚴肅，城中晏然。遂分兵下金壇、丹陽諸縣，克之。改鎭江爲江淮府，命徐達、湯和爲統軍元帥鎭守。已而，復以江淮府爲鎭江府。

六月乙卯，命鄧愈、邵成、華高、華雲龍將兵進攻廣德路，克之，改爲廣興府，以鄧愈鎭守。

秋七月己卯，置江南等處行中書省，諸將奉太祖爲吳國公，行丞相、總省事。以李善長、宋思賢爲參議，以李夢庚、陶安等爲左右司郎中、員外郎、都事等官。置江南行樞密院，以徐達、湯和同僉樞密院事。置帳前親軍，以馮國用爲總制都指揮使。復置左、右、前、後、中五翼元帥府及五部都先鋒。置提刑按察司，以王習古、王德爲僉事。

遣使聘鎭江秦從龍。從龍字元之，洛陽人，仕元爲校官，累遷至江南行臺侍御史。會兵亂，從龍以老避居鎭江。太祖兵東下，謂徐達曰：「鎭江有秦元之者，才器老成，入城，當爲吾訪之。」徐達等至鎭江，得從龍，還報，太祖喜，卽命朱文正以白金文綺往聘之。既至，太祖親至龍江迎之以入。太祖卽元故御史臺爲府，居從龍西華門外，事無大小，皆與謀。從龍盡言無隱，每以筆書漆簡，問答甚密，左右無知之者。太祖呼爲先生而不名。

九月，太祖如鎭江府，謁孔子廟，分遣儒士告諭鄉邑，勸農桑。

十二月，長鎗賊謝元帥寇廣德，鄧愈擊敗之，俘其總管武世榮及軍士千餘人。尋遣裨將費子賢攻武康、安吉，皆下之。

十七年（丁酉，一三五七）夏四月，命徐達、常遇春帥師攻寧國，久不下。太祖乃親往督師，長鎗軍來援，我師扼險，破走之。乃造飛車，編竹爲重蔽，數道並進，守將楊仲英不能支，開門降。其百戶張文貴殺妻子，自刎死。擒其將朱亮祖，得軍士十餘萬，馬二千匹。亮祖，六合人，初爲元義兵元帥，太祖克太平，來降。尋叛去，數與我師戰，我軍爲所獲者六十餘人，諸將勿能當。至是，徐達等圍亮祖於寧國，常遇春被鎗而還。太祖督兵攻破之，縛亮祖以見，太祖曰：「今何如？」對曰：「是非得已。生則盡力，死則死耳。」太祖壯而釋之，使從征宣城，亦下。

秋七月，命鄧愈、胡大海將兵取徽州。先下績溪、休寧，乘勝進攻徽州。元守將元帥八爾思不花及萬戶吳納等拒戰，我師擊敗之。庚辰，克徽州路，納與阿魯恢、李克膺等退守遂安縣。大海引兵追及於白鶴嶺，擊敗之，納等自殺。改徽州路爲興安府，命鄧愈守之。

九月，青軍元帥張明鑑逐元鎮南王孛羅普化，據揚州，日屠居民以爲食。元帥繆大亨攻之，明鑑等不能支，乃出降，得其衆數萬，馬二千匹。改揚州路爲淮海府，以耿再成、張德林守之。按籍城中居民，僅得十八家。德林以舊城虛曠，截城西南隅，築而守之。

元苗帥楊完者自杭州率衆數萬，來攻徽州。時徽州新附，守禦之器未備，胡大海方將兵攻婺源，城中守兵甚少。苗軍奄至，鄧愈乃激厲將士，大開四門以待之。苗軍疑不敢入。大海聞之，自婺源兼程而還，大呼殺入，復與鄧愈奮兵夾戰。十一月朔，大破苗軍於城下，殺其鎮撫（呂）〔李〕才（據洪武實錄卷五改），擒其部將吳辛、董旺、呂昇等，完者遁去。愈遣裨將王弼、孫虎攻婺源，斬元將帖木兒不華。婺源元帥汪同降。

十八年（戊戌，一三五八）春二月，以康茂才爲營田使。茂才，蘄州人，初結義旅，爲元捍寇江上，有功，累遷宣慰使、都元帥，戍裕溪、采石。及太祖兵渡江，茂才數戰不勝，常遇春設伏殲其精銳殆盡。茂才復收潰散，壁寨於天寧州，太祖命諸將以襄陽砲破其寨。茂才奔金陵。金陵破，茂才復欲奔鎮江，追及之。茂才度天命有歸，乃率所部餘兵三千人解甲來附，頓首言：「前日之戰，各爲其主。今屢敗，天也。生死惟命。」太祖笑而釋之，令統所部兵從征，屢有功。至是，太祖進諭之曰：「比因兵亂，隄防頹圮，民廢耕耨，故設營田使以修築隄防，專掌水利。今軍務實殷，用度爲急，理財之道，莫先於農事。故命爾此職，分巡各處，俾高無患乾，卑不病潦，務在蓄泄得宜。大抵設官爲民，非以病民。若但使有司增飾館舍，迎送奔走，所至紛擾，無益於民而反害之，則非付任之意。」

李文忠等進取青陽、石埭、太平、旌德諸縣，皆下之。是月，文忠復進兵擊敗元院判阿魯恢兵於萬年街，遂破苗、獠於昌化，獲其婦女輜重甚衆。文忠恐士卒驕富，莫有鬬志，因激怒，使盡殺所獲，焚其輜重，曰：「此何足惜，能努力破敵，何患不富貴乎！」衆咸奮勵。

三月，文忠會鄧愈、胡大海兵取建德路。太祖大喜，授文忠帳前總制親兵都指揮使。大海等由徽州昱嶺關進攻建德路，道出遂安，長鎗元帥余子貞以兵來拒，擊敗之，追至淳安，敵望風潰。遂安守將洪元帥率衆五千援淳安，復戰敗之，降其衆千餘。丙辰，克建德路，元守將不華等棄城遁走，父老何良輔等率衆降，改建德路爲嚴州府。

五月，苗帥楊完者率衆屯徽之烏龍嶺，文忠、愈合兵擊卻之。癸酉，下浦江縣。文忠既下浦江，聞鄭氏者，自宋聚族同居至元，旌爲義門，禁軍士毋侵掠。是月，命提刑按察司僉事分巡郡縣錄囚。

十一月辛丑，立管領民兵萬戶府。諭行中書省臣曰：「古者寓兵於農，有事則戰，無事則耕，暇則講武。今兵爭之際，當因時制宜。所定郡縣，民間武勇之材，宜精加簡拔，編緝爲戶，立民兵萬戶府領之。俾農時則耕，閑則練習，有事則用之。事平，有功者一體陞擢，無功者還爲民。如此則民無坐食之弊，國無不練之兵。以戰則勝，以守則固，庶幾寓兵於農之意也。」

初，胡大海取蘭谿，分兵守要害，遂進攻婺州。已而婺州堅守不下，太祖命李善長、徐達守建康，甲子，自率常遇春等兵十萬往征之，由寧國道徽州。召儒士唐仲實、姚連等咨時務，訪治道，問民疾苦。聞前學士朱升名，召問之。對曰：「高築牆，廣積糧，緩稱王。」太祖悅，命參帷幄。十二月，師至蘭谿，先令和州人王宗顯往婺州偵探。宗顯少攻儒業，博涉經史，避亂，寓居嚴州，胡大海薦之。宗顯至婺近城五里舊識吳世傑家，偵知城中守將各自爲心，還報。太祖喜，曰：「我得婺州，命汝作知府。」元參知政事石抹宜孫守處州，聞大軍攻婺州，急與參謀胡深、章溢議守備，造獅子戰車數百輛，以其弟石抹厚孫守婺，繼令深等將車師爲援，自率衆萬餘，出縉雲以應之。深至松溪，觀望不敢進。太祖謂諸將曰：「婺倚石抹宜孫，故未肯卽下。聞彼以車戰來援，此豈知變者。松溪山多路狹，車不可行，以精兵遏之，其勢卽破。援兵破，則城中不勞而下矣。」翼日，命胡德濟誘其兵於梅花門外，縱擊，大敗之，深等遁去。深之來也，晨起，見西北有黑氣，東南有白氣，長亙天，頃之，白氣爲黑氣所蕩。深知其不吉，恐衆心驚懼，謬曰：「今日有殺氣，戰必勝。」已而戰敗，城中勢益孤，臺憲將臣晝疆分守，意復不相能，於是同僉寧安慶夜遣都事李相縋城請降，約開東門納兵，太祖許之。甲申，兵旣入，守將惶恐失措，遂擒帖木烈思、石抹厚孫等。下令禁侵暴。改婺州路爲寧越府，分置中書省。召儒士許元、葉瓚玉、胡翰、汪仲山等十餘人，皆會食省中。日令二人進講經筵，敷陳治道。以王宗顯知寧越府事。命宗顯開郡學，延儒士葉儀、宋濂爲五經師，戴良爲學正，吳沈、徐原爲訓導。時喪亂之餘，學校久廢，至是始聞絃誦聲，無不舉手加額。

是月，發倉賑貧民。太祖旣撫定寧越，欲遂取浙東未下諸郡，集諸將諭之曰：「克城雖以武，而定民必以仁。吾師比入建康，秋毫無犯，故一舉而遂定。今新克婺州，政當撫恤，使民樂於歸附，則彼未下郡縣亦必聞風而歸。吾每聞諸將下一城，得一郡，不妄殺人，喜不自勝。蓋爲將者能以不殺爲心，非惟國家所利，卽己亦蒙其福。爾等從吾言，則事不難就，大功可成矣。」

十九年（己亥，一三五九）春正月，樂平儒士許瑗謁見。瑗聰明過人，至正初，兩舉於鄉，皆第一。會試不第，放浪吳、越間。每醉，輒大言自負。至是，謁上於寧越，曰：「方今元祚垂盡，四方鼎沸。夫有雄略者乃可馭雄才，有奇識者乃能知奇士。閣下欲掃除僭亂，平定天下，非收攬英雄，難與成功。」太祖曰：「今四方紛擾，民困塗炭，予用英雄，有如饑渴，方廣攬羣議，博收衆策，共成康濟之功。」瑗曰：「如此，天下不難定也。」太祖喜，卽授博士，留帷幄。未幾，以太平爲殷肱郡，命瑗爲知府。

三月甲午，有獄囚。

五月辛酉，太祖將自寧越還建康，召胡大海諭之曰：「寧越爲浙東重地，吾以爾才，故特命爾守。宋伯顏不花在衢，其人多智術。石抹宜孫守處州，善用士。紹興爲張士誠將呂珍所據。數郡與寧越密邇，爾宜與同僉常遇春同心協力，俟間取之。此三人皆勁敵，不可忽也。」遂還。太祖既至建康，以無爲州逼近肘腋，遣兵克之。

秋九月，常遇春進兵攻衢州，建奉天旗，樹柵圍其六門，造呂公車、仙人橋、長木梯、懶龍爪，擁至城下，高與城齊，欲階以登城。又於大西門城下，穴地道攻之。宋伯顏不花悉力捍禦，以束葦灌油，燒呂公車，駕千斤秤鈎懶龍爪，用長斧砍木梯，築夾城防穴道。遇春攻之，弗克，乃以奇兵出不意，突入南門甕城，毀其所架砲，攻圍甚急。院判張斌度不能支，遣使約降，夜出小西門，迎大軍入，衆遂潰，擒宋伯顏不花。遇春還寧越。尋改寧越爲金華府。

冬十一月，胡大海、耿再成進攻處州。初，再成駐兵縉雲之黃龍山，規取處州。黃龍四面陡絶，再成樹柵其上，以遏其衝，敵兵來，咸擣敗之。元處州守將參政石抹宜孫遣元帥葉琛屯桃花嶺，參謀林彬祖屯葛渡，鎮撫陳仲眞等屯樊嶺，元帥胡深守龍泉，以拒我師。士卒皆弛怠，無鬬志，胡深棄軍來降，且言處州兵弱易攻。大海即出軍樊嶺，與再成合攻之。桃花嶺據山巔，最險阨，再成間道出其後，連拔桃花、葛渡二砦，遂薄城下。壬寅，宜孫戰敗，棄城走。建寧七邑皆下，以再成統兵鎮之。未幾，宜孫收散卒，欲復處州，攻慶元，再成復擊敗之，宜孫戰死。

十二月，遣使徵青田劉基、浦江宋濂、龍泉章溢、麗水葉琛。胡大海薦四人賢，故遣使以書幣徵之。時李文忠亦薦諸儒王褘、許元、黃天錫，太祖皆徵用之。

二十年（庚子，一三六〇）春正月，命馮國勝爲帳前總制親兵都指揮使。先是，馮國用卒，太祖命勝襲兄職。

三月，劉基、宋濂、章溢、葉琛至建康，入見。太祖喜甚，曰：「我爲天下屈四先生。」賜坐，從容與論經史，及咨以時事，甚見尊禮，命有司創禮賢館處之。基自幼聰明絶人，凡天文、兵法、性理諸書，過目洞識其要。至正初，以春秋舉進士，授高安縣丞，累官江浙儒學副提舉。元政亂，投劾去。常建議勦方國珍，不用，安置紹興。遊西湖，有異雲起西北，諸同遊者皆以爲慶雲，將分韻賦詩。基獨縱飲不顧，大言曰：「此天子氣也。十年後應在金陵，我當輔之。」時杭州猶全盛，皆大駭以爲狂，無知基者，惟西蜀趙天澤奇之，以爲諸葛孔明之流。客有說基者曰：「今天下擾擾，以公才略，下括蒼，併金華，明、越可折簡而定，因畫江守之，此句踐之業也。舍此不爲，欲悠悠安之？」基曰：「吾生平忿方國珍、張士誠輩所爲，用子計，與彼何殊耶！且天命將有歸，子姑待之。」會太祖下金華，定括蒼，基乃指乾象謂所親曰：「此天授，非人力也。」既而，總制官孫炎以上命遣使來聘，基遂決計趨金陵，陳時務十八策。太祖嘉納之。太祖一日從容問陶安曰：「劉基四人之才何如？」安曰：「臣謀略不及劉基，學問不及宋濂，治民之才不及章溢、葉琛。」太祖深然之。未幾，以濂爲江西等處儒學提舉司提舉，遣世子受經。以溢、琛爲營田司僉事，基留帷幄，預機密謀議。

二十一年（辛丑，一三六一）春正月朔，中書省設御座，奉小明王行慶賀禮。劉基怒曰：「彼牧豎耳，奉之何爲！」不拜。太祖召基入，問之。基遂陳天命有在。太祖大感悟，乃定征伐之計。

三月丁丑，改樞密院爲大都督府，以朱文正爲大都督，節制中外諸軍事。

二十二年（壬寅，一三六二）春二月，金華苗帥蔣英、劉震等作亂，殺參將胡大海。初，苗帥楊完者爲張士誠所殺，劉震等從員城自桐廬來降，大海喜其驍勇，置麾下，待之不疑。至是，震等謀亂，以大海遇己厚，未忍發。李福曰：「胡參政待我輩甚厚，然兵之柄在主將，不殺主將，則事不成；舉大事，寧暇顧私恩乎！」衆從之。以書通衢、處苗帥李祐之等，約以二月七日同舉兵。是日，蔣英等陽請大海至八詠樓下觀弩。大海出，將上馬，英令其黨鍾矮子跪於馬前，陽訴曰：「蔣英等欲殺我。」大海未及答，反顧英。英袖出鐵鎚，若擊矮子狀，因中大海腦，仆地。英卽斷其首，提於馬上，以示同僉寧安慶、院判張斌，脅其從己。復殺大海子關住。執郎中王愷，愷罵賊不屈。劉震欲全之，賊黨吳得眞與愷有隙，曰：「無自遺患！」遂殺愷及其子寅。掾史章誠亦死之。典史李斌懷省印縋城，走嚴州告變。李文忠急遣何世明、郭彥仁等率兵討之。至蘭谿，英等懼，乃大掠城中子女，走降張士誠。世明軍人城，張斌、吳得眞復來降。世明知王愷爲得眞所害，縛至馬前，欲殺之。斌力請曰：「殺一得眞則降者皆懼，後人不復來矣。」乃釋之。大海養子德濟聞難，引兵奔赴，文忠亦率將士至金華，鎮撫之，民乃定。

丁亥，處州苗帥李祐之、賀仁德聞蔣英等殺胡大海，亦作亂。院判耿再成方與客飲，聞變，卽上馬收軍，不及迎戰，罵曰：「死賊！何負爾？反耶！」賊直前刺再成，中頸死。分省都事孫炎被執，賊環卒守之，脅炎降。炎不屈，大罵賊，賊拔刀叱炎解衣，炎曰：「此紫綺裘，乃主賜我者，吾當服以死。」遂被害。知府王道同及朱文剛皆不屈死。文忠復調兵屯縉雲圖之。時二郡煽亂，衢州或謀翻城應之，守將夏毅懼甚。會劉基丁母憂回，卽迎入城，一夕定之。基發書各處屬縣，諭以固守所部，候諸軍同進討。時再成子天壁方奉命往處州起發苗軍，中途聞變，馳至李文忠所，得再成舊部曲朱絢等，遂集各部將士，會同邵榮、王祐等往討賊，遇賀仁德，戰敗之。癸酉，復處州，李祐之自殺。賀仁德走縉雲，耕者縛之，檻送伏誅。三月，陞同僉李文忠爲浙江行中書省左丞，總制嚴、衢、信、處、諸全軍馬。

二十三年（癸卯，一三六三）春二月，申將士屯田之令。時康茂才屯積充仞，他將皆不及，特申諭及時開墾。

二十四年（甲辰，一三六四）春正月，李善長、徐達等以太祖功德日隆，屢表勸進不允，乃率諸臣奉上卽吳王位。建百官司屬，以李善長爲左相國，徐達爲右相國，常遇春、俞通海爲平章政事，汪廣洋爲右司郎中，張昶爲左司都事。諭善長等曰：「卿等爲生民計，推戴予，然建國之初，當先正紀綱。元氏昏亂，威福下移，法度不行，人心渙散，遂致天下騷動。今將相大臣當鑒其失，協心圖治，毋苟且因循充位而已。」

秋七月丁丑，克廬州路。徐達、常遇春攻廬州，部將吳復先登挫敵，降其驍將樓兒張。左君弼窮蹙，棄城走安豐，遂克其城。執君弼母、妻送建康。君弼部將許榮，以舒城降。

二十五年（乙巳，一三六五）春正月，徐達遣指揮張彬克辰州，傅友德克衡州，胡海克寶慶路。靖州軍民安撫司來降。朱文正遣參政何文煇、指揮薛顯討新淦鄧仲謙，斬之。擢顯江西行省參政。時陳友諒既平，荆、襄南北次第皆下。

夏五月，命平章常遇春取湖、廣、湘、漢諸郡。太祖嘗與徐達、常遇春論襄、漢形勢，謂曰：「安陸、襄陽跨連荆、蜀，乃南北之襟喉，英雄必爭之地。今置不取，將貽後憂。況沔陽新附，城中人民多陳氏舊卒，壤地相鄰，易於煽動。辟之樹木，安陸、襄陽爲枝，沔陽爲幹。幹若有損，枝葉何有。今宜增兵守沔陽，而出師取安陸、襄陽，庶幾不失其宜。」至是，遂命遇春將兵往，復調江西行省右丞鄧愈爲湖廣平章政事，諭之曰：「今遣遇春取安陸、襄陽，汝當以兵繼之。凡得州郡，駐兵撫輯。近聞王保保居汝寧，彼之所爲，如築堤壅水，唯恐滲漏。汝之往也，能愛軍恤民，則人心之歸，正如穿穴其堤，使水走下，力少而功多。」愈奉命遂行。時元同僉任亮擁衆柵守安陸，遇春遣吳復將先鋒自沔倍道徑擣之。傅友德奮兵進擊，身被九創，亮兵大潰，遂生擒之。乙未，克安陸。遇春表任亮壯毅可用，釋之，授指揮僉事。遇春兵至襄陽，己卯，守將棄城遁。

秋七月丁巳，湯和帥師擊江西劇盜姚本所，斬之，取永新州，戮左丞周安等。仍命和回守常州。時元思州宣慰使田仁厚遣使獻鎭遠、古州二府、婺川等十縣、龍泉等三十四州。

二十六年（丙午，一三六六）春正月，禁種秫。下令曰：「予自創業江右，十有二年，軍國之費，吾民效順轉輸，心甚憫焉。曩因民間造酒，糜費米麥，故行禁酒之令。然不塞其源而欲遏其流，不可也。其令今歲農民毋得種秫。」

五月，時淮地悉平，徐達、韓政等進兵攻安豐，扼其四門，晝夜環攻之，於城東龍堪，潛穿其城二十餘丈，城壞。辛未，克安豐。元將忻都、左君弼皆出走，追奔四十餘里，獲忻都幷君弼裨將貢元帥而還。竹昌、君弼走汴梁。既而元將竹貞引兵來救，復戰敗，走之。

八月庚申，拓建康城。初，建康城西北控大江，東盡白下門，外距鍾山既闊遠，而舊內在城，因元南臺爲宮，稍隘。太祖乃命劉基卜地，定作新宮於鍾山之陽。在舊城東白下門之外二里，增築新城，東北盡鍾山之趾，延亙周圍凡五十餘里，盡據山川之勝焉。

十二月，韓林兒卒于瓜步。林兒爲劉福通所立，都於亳，徙安豐，自安豐徙汴梁。兵敗，復走安豐。安豐沒於張士誠，乃走入建康，諸將欲奉之，劉基不可而止。至是林兒復自建康至瓜步，卒于道。太祖始及羣臣定議，以明年爲吳元年。

太祖吳元年（丁未，一三六七），元至正二十七年也。春正月，遣指揮戴德率兵取沅州。

二月，命免應天、太平、鎮江諸郡租賦有差。太祖謂中書省臣曰：「予嘗親歷田野，見人民凋敝，土地荒蕪，失業者多。蓋因久罹兵革，生息未遂，予甚念之。且如太平、應天諸郡，乃渡江開創之地，供億先勞之民。其有租稅，宜與量免，少甦民力。」省臣傅瓛對曰：「恤民王者之善政，此眞發政施仁之本也。」太祖因嘆曰：「吾昔在軍中，嘗乏糧，空腹出戰，得食粗糲，頗亦甘之。今尊居民上，飲食豐美，繫念吾民，居于田野，所業有限，而又供需百出，豈不重困。」於是免太平租賦二年，應天、鎭江租賦一年。已，復免徐、宿、濠、泗、襄陽、安陸等郡糧稅三年。

夏六月，久不雨，太祖減膳素食，謂近臣曰：「予以天旱，率宮中素食。往時宮中所需蔬菜醯醬，皆出大官供給，今皆以內官爲之，懼其煩擾於民也。」既而大雨，太祖曰：「天雖雨，害稼必多。今欲弭天災，但當謹於修己，誠於愛民。」乃下令免今年田租。

相國李善長率諸臣勸太祖卽皇帝位，不許。善長等力請曰：「殿下起濠梁，不階尺土，遂成大業。四方羣雄，剗削殆盡，遠近之人，莫不歸心，誠見天命所在。願早正位號，以安臣民之望。」太祖曰：「我思功未服於天下，德未孚於人心，一統之勢未成，四方之徒尙梗，若稱大號，未愜輿情。自古帝王之有天下，知天命之有歸，人心之無外，猶且謙讓未遑，以俟有德。常笑陳友諒初得一隅，妄自尊大，志驕氣盈，卒致滅亡。吾豈得更自蹈之！若天命在我，固自有時，毋庸汲汲也。」

谷應泰曰：語云：「始事者盛於東南，收功者多於西北。」然秦據咸陽，混一區宇，漢都關中，長轡六合，於是談形勝者，以爲三吳、於越勢同蕞爾，無足貴也。乃高皇帝略定金陵，分兵浙右，經營江介之間，華路偏隅之地，若旦夕不能緩者，勢有所不得已也。蓋其時士誠、國珍窺吾肘腋，元人失馭，彼且磨牙而爭。我有遺利，彼將乘之，我有棄貨，彼將資之，顧安得而不汲汲耶！

方是時，完者圖守鎮江，楊仲英守寧國，張明鑑據維揚，八爾思不花駐徽州，石抹宜孫守處州，其弟厚孫守婺州，伯顏不花守衢州，以至鄧仲謙拒命於新淦，任亮擁衆於安陸。十年之內，諸將效忠，天心佑順，櫛風沐雨，以次削平，何其偉與！然皆折矢費糧，銖積寸累，婺、括之間，反者再起，蓋戡亂若斯之難也。假令半壁垂成，虛名別奉，惑諸將之議，正林兒之位，則彼將遙擅太阿，予奪愛憎，盆子、聖公必隳大業，時無青田沮散厥謀，卽江左非吾有也。若夫命康茂才爲營田使而積貯豐盈，設民兵萬戶府而農戰復古，規取襄、漢諸郡而上游建瓴，屈劉、宋四先生而忠益漸廣，凡諸良法美意，靡不始自江南，而王者大一統之業，卽肇基於此，豈若典午之短馭，建炎之弩末乎！

明史紀事本末卷之三

太祖平漢

元順帝至正十七年（丁酉，一三五七）冬十月，常遇春、廖永安、吳禎等，自銅陵進取池州。太祖命李文忠領兵策應。永安去城十里，而遇春、禎等帥舟師抵城下，合攻之，破其北門，入城，執天完將洪元帥，斬之。天完，徐壽輝僞號也。並擒其副將魏壽、徐天雄等。天完平章陳友諒寇池州，以戰艦百餘艘來逆戰，遇春等復奮擊，大敗之。友諒，沔陽漁家子，本姓謝，先世贅于陳，冒陳姓，常爲書獄吏，意忽忽不樂。會徐壽輝、倪文俊等起兵，慨然往從之。初爲文俊簿書掾，未幾，亦領兵爲元帥。文俊漸專恣，友諒積不能平。至是，文俊謀殺壽輝，不果，奔黃州，友諒遂襲殺文俊，併其軍，自稱平章，壽輝不能制。時友諒方強，茲爲戰爭之始。

十八年（戊戌，一三五八）夏四月，陳友諒陷江西隆興、瑞州。己巳，遣其黨趙普勝自樅陽寇池州，太平守將劉友仁聞之，率兵赴援，遇賊敗沒，池州守將趙忠亦戰死。俞通海尋復池州。普勝驍將，號雙刀趙，初結砦巢湖，已歸友諒。趙德勝略石埭，擒友諒將錢清。

十九年（己亥，一三五九）春三月，陳友諒遣趙普勝寇寧國太平縣。總制胡惟賢命程允、汪炳等擊敗之，獲其糧萬餘石。普勝復寇青陽、石埭等縣，僉院張德勝與戰於栅江口，破走之。

夏四月，徐達、俞通海、趙德勝等擊趙普勝栅江營，大破之，賊棄舟走，獲巨艦艨艟。癸酉，復池州，擒僞帥洪鈞等。時太祖經營浙東，方憂普勝剽掠，聞捷大喜，擢徐達同知樞密事，諸將陞賞有差。

秋八月，遣徐達攻安慶。達率張德勝等自無爲登陸，夜至浮山砦，擊敗普勝部將胡總管兵，追至潛山界。友諒參政郭泰領兵至沙河迎戰，達復大破之，斬泰，獲輜重無算，遂克潛山。

九月，僉院俞廷玉帥兵攻安慶，不克，沒於陣。諸將患之。太祖曰：「普勝雖勇而寡謀，友諒挾主以令衆，用間以離之，一夫之力耳。」時普勝有門客通術數，嘗爲普勝畫策。乃使人陽與客交，而陰間之，置書與客，故達普勝。客懼來歸，盡得普勝平日所爲。乃重以金幣賚客，潛往友諒所親間普勝。普勝不之覺，見友諒使者，輒自言其功，有德色，友諒深忌之。至是，憤潛山之敗，乃詐以會軍爲期，自至安慶。普勝出迎，至鴈汊登舟，友諒殺之，併其軍。

冬十二月，徐壽輝以友諒破隆興，欲徙都之。友諒忌其來不利於己，沮之。壽輝不聽，引兵發漢陽，南下江州。友諒佯出迎，伏兵城內，候壽輝入，即閉城，伏發，盡殺其左右將士，幽壽輝江州。友諒自稱漢王，置官屬。

二十年（庚子，一三六〇）夏四月，徐達、常遇春拔趙普勝之水寨，友諒盛兵來援，聲言出安慶。遇春策其必攻池州，伏銳兵九華山待之，而以羸弱守城。友諒明日果至，直造城下，鋒銳甚。城上揚旗鳴鼓，伏兵悉起，緣山而出，循江而下，絕其歸路，城中出兵夾擊，大破之，斬首萬餘級，生擒三千人。常遇春欲盡殺之，謂徐達曰：「此皆勁敵也，不殺，將爲後患。若以上聞，必不殺。」達不從，遂以聞。太祖諭使者曰：「亟還諭諸將，今戰爭方始，不可縱殺以絕人望。三千精銳，宜釋之爲後用。」及使者返，遇春已殺之，止存三百人。太祖聞之，不懌，命悉放還。

閏五月，友諒率舟師犯太平，圍其城，守將花雲率麾下三千人，結陣迎戰。三日，友諒不得入，乃以巨舟乘漲泊城西南隅，舟尾高與城平，士卒緣之上。時城中乏食，士憊甚，不能戰。丙辰，城遂陷。賊縛雲急，雲怒罵曰：「賊奴！爾縛吾，吾主必滅爾，斬爲膾也。」遂奮躍大呼起，縛盡絕，奪守者刀，連殺五六人，復罵曰：「賊非吾主敵也。曷不速降。」賊怒，縛雲舟檣，叢射之，比死，罵賊不絕口。院判王鼎、知府許瑗皆抗節不屈，死之。

方雲之與賊戰也，勢甚急，妻郜氏，生子煒方三歲，抱之泣，語家人曰：「城且破，吾夫必死之。吾夫死，吾不獨生，然不可使花氏無後。兒在，若等善撫育之。」已聞雲就縛，郜氏卽赴水死。侍兒孫氏收郜瘞之，抱兒逃，漢軍掠之。軍中惡小兒啼，孫氏恐被害，以簪珥屬漁家鞠之。僞漢敗，孫氏脫身至漁家，竊兒去，夜宿陶穴中。天曙，登舟渡江，遇漢潰軍奪舟，捽孫氏及兒投之江，江中得斷木，附之入蘆渚中。渚有蓮實，孫氏取啗兒，凡七日不死。忽夜半，聞人語聲，呼之，逢老父號雷老，告之故，與偕行，達太祖所。孫氏抱兒拜泣，太祖亦泣，置兒於膝曰：「此將種也。」命賜雷老衣，忽不見。

陳友諒寇太平時，挾壽輝行。既得太平，亟謀僭僞號，乃於采石舟中，佯使人白事壽輝前，令壯士持鐵撾從後擊之，碎其首。以暴疾死令軍中。遂以采石五通廟爲行殿，稱皇帝國號漢，改元大義。羣下立江岸，草次行禮，值大雨，殊無儀節。以鄒普勝爲太師，張必先爲丞相，張定邊爲太尉，乃率衆還江州。友諒既僭大號，遣使約張士誠同入寇。士誠齷齪自固，不敢應。友諒自江州引兵東下，建康大震。獻計者，或謀以城降，或以鍾山有王氣，欲奔據之，或以決死一戰，戰不勝，卽走未晚。太祖心非諸將議，獨劉基張目不言。太祖召基入內問計，基曰：「先斬主降及奔鍾山者，乃可破賊！」太祖曰：「先生計將安出？」基曰：「天道後舉者勝。吾以逸待勞，何患不克。莫若傾府庫，開至誠，以固士心，伏兵伺隙擊之。取威制勝，以成王業，在此舉也。」太祖意益決。或謀先復太平以牽制之，太祖曰：「不可。太平吾新築壘，濠塹深固，向使彼陸地來攻，必不能破，彼乃以巨艦乘城，爲所陷，今往攻之，猝難拔。賊舟師十倍我，我頓兵堅城之下，進不能取，退不及援，失所據矣。」或又勸太祖自將禦之，太祖曰：「亦不可。彼知我出，以偏師綴我，我欲與戰，彼不交鋒，而以舟師順流下建康，半日可達。吾步騎急回，百里趨戰，兵法所忌，皆非良策也。」於是遣胡大海以兵直擣廣信制其後，而召指揮康茂才謂之曰：「吾有事命汝，能之乎？」茂才曰：「惟命。」太祖曰：「汝與友諒雅游。今友諒入寇，吾欲速其來，非汝不可。汝今作書，遣使貽友諒，僞約降爲內應，招之速來，紿告以虛實，使分兵三道，以弱其勢。」茂才曰：「諾。家有老閽，舊嘗事友諒，遣使齎書，必信無疑。」太祖以其謀語李善長。善長曰：「方憂寇來，何爲誘致之？」太祖曰：「遲則二寇謀合，爲害益大，何以支！今先破此賊，則東寇膽落矣。」善長曰：「善！」茂才遂令閽者乘小舸，徑至友諒軍。友諒得書甚喜，問曰：「康公今何在？」閽者曰：「見守江東橋。」問：「橋何如？」曰：「木橋。」乃與酒食，遣還，謂曰：「歸語康公，吾至，則呼老康爲驗。」閽者諾。歸告太祖，太祖喜曰：「賊入吾彀中矣。」乃命善長亟撤江東橋，易以鐵石。比旦，橋成。有自友諒軍中逸歸者，言友諒問新河口路。亟命趙德勝跨新河築虎口城守。命常遇春、馮勝、華高等率帳前五翼軍三萬人，伏石灰山側。徐達等陳兵南門外，楊璟駐兵大勝港，張德勝、朱虎率舟師出龍江關外，太祖親總大軍於盧龍山。令持幟者偃黃幟於山之左，偃赤幟於山之右，戒曰：「寇至，則舉赤幟；舉黃幟，則伏兵皆起。各嚴師以待。」

乙丑，友諒果引舟師東下，至大勝港，楊璟整兵禦之。港狹，僅容三舟入，友諒以舟不得並進，遽引退，出大江，徑衝江東橋，見橋皆大石，非木橋，乃驚疑，連呼「老康！老康！」無應之者。悟茂才使謬，卽與其弟號五王者，率舟師趨龍江，先遣萬人登岸立柵，勢甚銳。時酷暑，太祖衣紫茸甲，張蓋督兵，見士卒揮汗，命去蓋。衆欲戰，太祖曰：「天將雨，諸軍且就食，當乘雨擊之。」時天無雲，衆未信；忽風起西北，須臾大雨如注。赤幟舉，太祖下令拔柵。諸軍競前拔柵，友諒麾其衆來爭，戰方合，雨止。太祖命發鼓，鼓大震。黃幟舉，常遇春等伏兵起，徐達兵亦至，張德勝、朱虎舟師並集。內外合擊，友諒兵大潰走，趨舟，值潮退，舟膠淺，殺溺死者無算，生擒七千餘人，收得巨艦百餘艘，戰舸數百。友諒乘別舸脫走，於所乘舟中得茂才書。太祖笑曰：「彼愚至此，可嗤也。」命諸將追擊。友諒至慈湖，縱火焚其舟，賊衆潰。追至采石，復大戰，廖永忠率所部大呼陷陣入，華雲龍躍馬擣其中堅。有王銘者，獨馳入其陣，賊攢槊刺之，傷額，戰益力，流血淋漓，旋迴三匝，獨所殺傷過當，賊大敗。張德勝戰死。周顯與賊戰於觀渡橋，亦敗之。諸軍乘勝追擊，賊守太平者無固志。

辛酉，遂復太平。初，太平城西南俯瞰姑溪，故爲友諒舟師所陷。至是，常遇春命移築，去姑溪二十餘步，增築樓堞，守禦遂固。

六月戊寅，胡大海取信州。大海率兵至靈溪，城中步騎數千出迎戰，擊敗之，督兵攻城，守者不能支，衆潰，遂克之。改信州爲廣信府，以大海子德濟爲同僉守之。

七月，徐壽輝舊將浮梁院判于光、左丞余椿，擊走僞漢將辛同知，取饒州，以城來降。太祖命鄧愈往鎭之。饒濱鄱陽湖，友諒數遣舟師來攻，愈與光等連營拒之，屢殲其衆。已而漢將侯邦佐陷浮梁，于光單騎來歸。

時安慶爲長江上流要地，先是趙普勝守之，頗難攻取。友諒既殺普勝，用別將守安慶，而以普勝部將張志雄帥兵從侵建康。志雄怨友諒，故龍江之戰無鬬志，來降，因獻取安慶之策。我師遂進克安慶，太祖命巢湖將僉院趙伯仲守之。尋爲張定邊所破，伯仲遁還，太祖怒曰：「主將不能堅守城池，城陷遠遁，當誅之。」常遇春諍曰：「伯仲係渡江勳舊，宜曲赦之。」太祖曰：「不依軍法，無以警後！」賜弓弦令自盡，而官其弟庸行樞密院事。

九月，徐壽輝舊將歐普祥以袁州來降。陳友諒遣其弟友仁攻普祥，普祥擊敗之，擒友仁。友諒懼，乃與普祥約和，釋友仁歸。

二十一年（辛丑，一三六一）春三月，陳友諒遣其將李明道寇廣信，據草平鎭，遏浙東援兵。

胡德濟遣夏德潤出兵奪其墩，戰死。賊又保玉山。胡大海部將繆美聞之，來援，與賊戰於東津橋，遂復玉山，抵廣信，絕明道歸路。六月，明道圍廣信急，而德濟兵少，僅嬰城守，遣使求援於父大海。大海率師由靈溪進，李文忠亦遣兵援之。德濟聞援兵至，引兵出城，與大海夾擊明道，大破之，擒明道及其宣慰王漢二，並士卒千餘人，戰馬、器械無算。大海送明道、漢二於文忠。文忠令漢二招友諒建昌守將王溥。溥，漢二兄也，遂歸附，乃俱送建康。太祖釋而用之，征江州南昌，用爲鄉道。

秋八月，太祖決計伐陳友諒，會李明道具言：「友諒弒徐壽輝後，將士離心，政令不一，驍勇如趙普勝，又忌而殺之，雖有衆，不足恃也。」太祖召諸將諭之曰：「友諒殺主僭號，犯我近疆，殞我名將，覲其所爲，不滅不已。爾等各厲士卒以從。」庚寅，太祖御龍驤巨艦，帥舟師乘風溯流而上，烏數萬，夾上艦而飛。戊戌，抵安慶，敵固守不戰，乃以陸兵疑之。敵兵動，遂命廖永忠、張志雄以舟師擊其水寨，大破之。攻城，自旦至暮，不拔。劉基請棄安慶去，徑拔江州，傾其巢穴，太祖從之。遂率兵西上，長驅過小孤，友諒將丁普郎、傅友德率所部歸附。友德，宿州人，後徙碭山，勇略冠一時。初從山東李喜喜剽掠入蜀，常爲軍鋒冠，歸明玉珍。玉珍不能用，率所部走武昌從陳友諒，忽忽無所展。聞明師攻江州而嘆曰：「此吾主也！」以所部謁見於小孤山。上奇之，擢爲將，遣使招諭江西諸郡。壬寅，次湖口。

友諒舟出江偵邏，擊敗之，乘勝至江州。友諒始知之，以爲神兵自天而下，倉卒不能軍，挈妻子夜奔武昌。癸卯，師入江州，乘勝追拔蘄州、黄州、興國、黄梅、廣濟等處。

僞漢江西行省丞相胡廷瑞守南昌，遣其部將鄭仁傑詣軍門納款，且請禁止數事，勿散離其所部兵。太祖有難色，劉基自後蹋所坐胡床。太祖悟，許之，賜書慰諭，略曰：「鄭仁傑至，言足下有效順之機，此足下之明達也；又恐分散所部，屬之他將，此足下之過慮也。吾起兵十年，奇才英士，得之四方，其有能審天時，料事機，挺然委身而來者，蓋其意亦欲立功當世，垂名後裔。大丈夫相遇，磊磊落落，一笑契合，洞見肺腑，故嘗推赤心以待之，隨其才而任使。兵少則益之以兵，位卑則隆之以爵，財乏則厚之以賞，此吾待將士之心也。安肯散其部屬，負人來歸之心哉。陳氏諸將，如趙普勝驍勇善戰，以疑見戮，猜忌若此，事竟何成。近有龍江之役，長張、梁鉉、彭指揮諸人來降，視吾諸將，恩均義一，無有所間。及長張破安慶，梁鉉等攻江北，功績並著。此數人者，其自視無復生理，尚待之如此，況足下不勞一卒，以完城來歸者耶！得失之機，間不容髮，其早爲之計。」廷瑞得書，遣康泰詣九江降，廷瑞後改名廷美。

漢將餘干吴宏、龍泉彭時中、吉安曾萬中、孫本立等，皆遣使納款。命趙德勝、廖永忠等分兵攻瑞州、臨江諸郡。鄧愈帥兵襲浮梁，友諒參政侯邦佐棄城遁。于光進拔樂平，敗僞蕭總管，擒萬戶彭壽等六十八人，饒州悉定。十月，愈駐兵臨川之平塘，時友諒將鄧克明據撫州，佯遣使通款，無降意。愈知其情，捲甲夜趨，比旦，入城。克明單騎遁，尋被獲。諸將旋師攻安慶，下之。

二十二年（壬寅，一三六二）春正月，太祖幸南昌，胡廷瑞率祝宗、康泰等迎謁。以鄧愈爲江西行中書省參知政事，鎮南昌。時宗、泰降，非本意，即欲謀叛，廷瑞密以言。上乃令宗、泰帥所部從徐達攻武昌。二月，太祖率胡廷瑞等還建康。宗、泰行至女兒港，遂叛，道掠布商船爲旗，反兵劫南昌。知府葉琛迎戰，死之。鄧愈倉卒以數十騎出走，數與賊遇，從者多遇害。愈窘甚，連跳跨三馬，馬輒踣，幾不免，最後得養子所乘馬，走還建康。徐達兵至湖廣沌口，聞變，旋師赴之。宗至新淦，爲鄧志明所殺。泰走廣信，以廷瑞甥，特宥之。南昌復定。太祖聞之，喜曰：「南昌控引荆、越，西南之藩屏，得南昌，去陳氏一臂矣，非骨肉重臣不可守。」五月丙午，命大都督朱文正統元帥趙德勝、薛顯同參政鄧愈鎮之。八陣指揮聚衆結寨南昌之西山，趙德勝、孫興祖攻破之，俘斬三千餘人。

冬十二月，漢將熊天瑞寇吉安，陷之，殺守將孫本立。友諒使其知院饒鼎臣守吉安。鼎臣剽悍有膽略，所至毒害，人呼爲饒大膽。丁亥，朱文正遣兵復吉安，鼎臣出走。

二十三年（癸卯，一三六三）春二月，漢太尉張定邊陷饒州，于光走還。

夏四月，陳友諒忿其疆場日蹙，大作舟艦，高數丈，飾以丹漆，上下三級，級置走馬棚，下設板房爲蔽，置艣數十其中，上下人語不相聞。艣箱皆裹以鐵，自謂必勝。載其家屬百官，空國而來，兵號六十萬，攻南昌。壬戌，薄城下。諸將分門拒守，鄧愈守撫州門，趙德勝守官步、士步、橋步三門，薛顯守章江、新城二門，牛海龍等守琉璃、澹臺二門，文正居中節制，自將精鋭二千，往來策應。丙寅，友諒親督兵攻撫州門，兵各載竹盾如箕狀，以禦矢石，極力來攻，城壞二十餘丈。鄧愈以火銃擊退其兵。隨豎木栅，賊爭栅，文正督諸將死戰，且戰且築，通夕復完。於是李繼先、牛海龍、趙國旺、許珪、朱潛、程國勝等，皆戰死。五月丙子，友諒復攻新城門，薛顯將鋭卒開門突戰，斬其平章劉震昭，敵兵退。百戶徐明被執，死之。六月辛亥，友諒增修攻具，欲破栅自水關入。文正使壯士以長槊從栅內刺之，敵奪槊更進。文正乃命煅鐵戟鐵鉤，穿栅復刺，敵復來奪，手皆灼爛，不得進。友諒盡攻擊之術，而城中備禦萬方，殺傷甚衆。友諒分遣饒鼎臣等陷吉安，李明道叛，守將曾萬中死之，劉齊、朱叔華被執。陷臨江，復執趙天麟。以三人徇於城下，文正等不爲動。賊復攻宮步、士步二門。趙德勝巡城至宮步門，賊伏蹶張弩射之，中腰膂，箭深入六寸，拔出，拊髀嘆曰：「吾自壯歲從軍，傷矢石者屢矣，未有若此之創者，命也。獨恨不能從主上掃清中原耳！」遂卒。南昌被圍既久，內外阻絶，文正遣千戶張子明赴建康告急，又詐遣卒號捨命王者詣友諒約日出降。友諒信之，緩其攻。至日，城上旗幟一新，友諒候至暮，見無降意，縛降卒至城下殺之。張子明取漁舟從水關出，越石頭(城)〔口〕(據平漢錄改)，晝行夜止，半月達建康。時太祖方親破張士誠將呂珍於安豐，解安豐圍。命徐達等移師圍廬州，而自還建康。子明至，太祖問：「友諒兵勢何如？」子明對曰：「友諒兵雖盛，戰死亦不少。今江水日涸，巨艦將不利，又師久糧乏，援兵至，可必破也。」太祖曰：「歸語文正，但堅守一月，吾當自取之。」乃遣子明先還，至湖口，爲友諒兵所執。友諒曰：「若能誘降，非但不死，且富貴。」子明陽許之，至城下，呼曰：「主上令諸公堅守，大軍且至矣。」友諒怒，殺之。文正等聞之，守益堅。時徐達、常遇春圍左君弼於廬州，太祖遣使命解圍曰：「爲一廬州而失南昌，非計也。」七月癸酉，太祖自將救洪都，達、遇春亦自廬州還。太祖親督諸將，會師禡纛於龍江，舟師凡二十萬。癸未，進次湖口，先遣指揮戴德以一軍屯於涇江口，復以一軍屯南湖嘴以遏友諒歸師。又遣人調信州兵守武陽渡，防其奔逸。丙戌，友諒圍南昌凡八十有五日，聞太祖至，解圍，東出鄱陽逆戰。太祖率諸將由松門入鄱陽湖。丁亥，遇於康郎山，友諒列巨舟當我師。太祖見之，謂諸將曰：「彼巨舟首尾連接，不利進退，可破也。」乃命舟師爲二十隊，火器弓弩以次而列。戒諸將：「近寇舟，先發火器，次弓弩，及其舟則短兵擊之。」戊子，徐達、常遇春、廖永忠等進兵薄戰。達身先諸將，擊敗其前鋒，殺千五百人，獲一巨舟而還，軍聲大振。俞通海復乘風發火砲，焚寇舟二十餘艘，殺溺死者甚衆。元帥宋貴、陳兆先亦死戰。徐達等摶戰不已，火延及達舟，敵乘之，達撲火更戰。太祖急遣舟援達，達力戰，敵乃退。友諒驍將張定邊奮前犯太祖舟，舟膠於沙，漢兵匝焉。程國勝劍叱之，與陳兆先大奮擊，牙將韓成進曰：「古人殺身以成仁，臣不敢愛其死。」乃服上冠袍，對敵自投水中。敵信之，攻少緩。宋貴、陳兆先俱戰死。常遇春從傍射中定邊，定邊舟始却。俞通海來援，舟驟進，水湧，太祖舟遂脫。通海與廖永忠以飛舸追定邊，定邊走，身被百餘矢，退去。會日暮，太祖鳴鉦，集諸將申約束。恐張士誠乘虛入寇，命徐達回守建康。己丑，太祖復親布陣，與友諒戰。友諒悉巨舟連鎖爲陣，旌旗樓櫓，望之如山。我舟小，仰攻多却，太祖親麾之，不前，右師少却，立命斬隊長十餘人，猶不止。郭興進曰：「非人不用命，舟大小不敵也。臣以爲非火攻不可。」太祖然之，命常遇春等分調漁舟，載荻葦，置火藥其中。至晡時，東北風起，太祖命以七舟束草爲人，飾以甲冑，持兵戟，若鬭敵狀，令敢死士操之，備走舸於後。將迫敵舟，乘風縱火，風急火烈，須臾抵敵舟，焚水寨數百艘，燔焰漲大，湖水盡赤，死者大半。友諒弟友仁、友貴及其平章陳普略等皆焚死。我師乘之，又斬二千餘級。友仁者，卽所謂五王也，眇一目，有智數，梟勇善戰。至是，友諒爲之喪氣。普略，卽新開陳也。是日，張志雄舟檣折，爲敵所覺，以數舟攢兵鈎刺之，志雄窘迫自剄。丁普郎、余昶、陳弼、徐公輸皆戰死。普郎身被十餘創，首脫，猶植立舟中不仆，持兵若戰狀。是時太祖所乘舟檣白，友諒覺，欲併力來攻。太祖知之，庚寅夜，令諸船盡白其檣，旦莫能辨，敵益駭。辛卯，復率衆大戰，自辰至巳不解。時劉基侍，忽躍起大呼。太祖亦驚起回顧，但見基雙手揮之曰：「難星過，急更舟！」太祖如言入他舟，坐未定，舊所御舟以砲碎矣。友諒乘高見舟碎，喜甚。俄太祖麾舟更進，皆失色。廖永忠、俞通海、汪興祖、趙庸以六舟深入，敵聯大艦拒戰，蔽之，舟若沒。有頃，六舟旋繞漢軍而出，勢如游龍，諸將見之，勇氣百倍，呼聲動天地，波濤立起，日爲之晦。時漢舟大，我師環攻之，殺其卒殆盡，而操舟猶不知，呼號搖櫓如故，已而焚其舟，皆死。至午，敵兵大敗，棄旗鼓器仗，浮蔽湖面。通海等還，太祖勞之曰：「今日之捷，諸君之力也。」友諒戰不利，欲退保鞋山。我師先至罌子口，橫截湖面，邀友諒，不得出，乃斂舟自守，不敢更戰。是日，移舟泊柴棚，去敵五里許，諸將欲退師，少休士卒。太祖曰：「兩軍相持，先退，非計也。」俞通海以湖水淺，請移舟扼江上流，劉基亦密言當移軍湖口，期金木相犯日決勝，太祖從之。時水路狹隘，舟不得並進，恐爲敵所乘，至夜，令船置一燈，相隨渡淺，比明，已盡渡矣，乃泊於左蠡。友諒遂亦移舟出泊潴磯，相持者三日。友諒左、右二金吾將軍率所部來降。初，友諒戰不利，右金吾曰：「今戰不利，出湖實難，莫若焚舟登陸，直趨湖南，謀爲再舉。」其左金吾曰：「今雖不利，而我師猶多，勠力一戰，勝負未可知，何至自焚以示弱！萬一捨舟登陸，彼以步騎躡我後，進不及前，退無所據矣。」友諒猶豫不能決，至是失亡多，乃曰：「右金吾是也。」左金吾聞之懼，來降。右金吾見其降，亦率所部來歸。友諒兵益衰。太祖既駐師彭蠡，移書友諒曰：「公乘尾大不掉之舟，殞兵敝甲，與吾相持。以公平日之強暴，正當親決一死戰，何徐徐隨後，若聽吾指揮者，無乃非丈夫乎！」友諒得書，怒，留使者不遣，盡殺所獲我戰士。太祖聞之，命悉出所俘友諒軍，視其傷者賜藥療之，皆遣還，下令曰：「但獲彼軍，皆勿殺。」又令祭其弟姪及將士之戰死者。師出湖口，命遇春、永忠諸將統舟師横截之。又令一軍立栅於岸，控湖口。旬有五日，友諒不敢出。復移書與之曰：「昨吾船對泊瀦磯，嘗遣使齎記事往，不見使回，公度量何淺淺哉！丈夫謀天下，何有深仇！夫自辛卯以來，天下豪傑紛然並起，邇來中原興問罪之師，挾天子令諸侯，於是淫虐之徒一掃而亡。公之湘陰劉亦懼而往，此公腹心人也，部下將自此往矣。江、淮英雄，惟吾與公耳，何乃自相呑併！公今戰亡，弟姪首將，又何怒焉。公之土地，吾已得之，縱力驅殘兵，來死城下，不可再得也。設使公僥倖逃還，亦宜修德，勿作欺人之容，却帝名而待眞主。不然，喪家滅姓，悔之晚矣。」友諒忿恚不答。太祖與博士夏煜等日草檄賊詩，意氣彌壯，分兵克蘄州、興國。友諒食盡，掠糧於南昌，朱文正遣人燔其舟，勢益困。時我師水陸結營，列栅江南北岸，置火舟、火筏中流，戒嚴以俟。八月壬戌，友諒計窮，冒死突出，繞江下流，欲由禁江遁回。太祖麾諸軍追擊，以火舟、火筏衝之，敵舟散走，追奔數十里。自辰至酉，戰不解。至涇江口，涇江之兵復擊之。張鐵冠大笑賀曰：「友諒死矣。」太祖曰：「無妄言！」又曰：「縛汝水濱以俟。」乃遣人具牲酒往祭友諒，以覘生死，且曰：「如其生，往者必還；若不還，死決矣。」乃往者俱被殺。未幾，有降卒來奔，言「友諒在別舸中流矢，貫睛及顱而死」。諸軍聞之，大呼喜躍，益爭奮，擒其太子善兒。明日，平章陳榮等悉舟師來降，得士卒五萬餘人。張定邊乘夜以小舟載友諒屍及其子理奔還武昌。復立理爲帝，改元德壽。諸將多勸太祖乘勝徑擣武昌滅漢者，不從。初，劉基自青田還建康，上謀用兵吳、漢孰先，或以張士誠近，富而弱，宜先。基曰：「不然。士誠自守寇耳，陳友諒居上流，且名號不正，宜先伐之。陳氏滅，張氏囊中物矣。」太祖曰：「然。友諒剽而輕，士誠狡而懦，若先攻士誠，友諒必空國來救，是吾疲於二寇也。」遂決計伐陳氏。會士誠遣呂珍攻韓林兒於安豐，太祖親率諸將援之，基力諫不聽。既解安豐圍，復命諸將移師圍廬州。及友諒急攻南昌，張子明請濟師，始解廬州圍，親帥而上。至是，太祖謂基曰：「我不當有安豐之行。使友諒乘我出，建康空虛，順流而下，我進無所成，退無所歸，大事去矣。今友諒不攻建康，而圍南昌，計之下者，不亡何待！乃知天命有所歸也。」時四方割據，惟友諒驚悍，爲羣雄冠。其初起也，父普才戒之曰：「若捕魚兒耳，而乃圖大事！」友諒曰：「相塚者言我家當富貴，今其時矣。」及貴迎父，父曰：「兒不守故業，吾懼及也。」至是敗，年四十四，稱帝僅四年。友諒既敗，太祖喜謂諸將曰：「此賊亡，天下不足定矣。」

九月壬申，班師還，告廟飲至，論功行賞，賜常遇春、廖永忠、俞通海等田，餘賜金帛有差。太祖經理建康守禦畢，留徐達等備吳，壬午，復率諸將親征陳理。十月，至武昌，分兵立柵，圍其四門，又於江中聯舟爲長寨，以絕其出入之路。分兵徇漢陽、德安州郡，湖北諸郡皆來降。十二月甲寅，太祖還建康，命常遇春率諸將圍之。

二十四年（甲辰，一三六四）春二月乙未，太祖以武昌圍久不下，乃親往視師。辛亥，至武昌督兵攻城。城東有高冠山，俯城中可瞰也，漢兵屯焉。太祖問諸將誰能奪此者，傅友德請先登，一鼓奪之。面中一矢，鏃出腦後，脇下復中一矢，友德不爲沮，人服其勇。敵將陳同僉者，驍捷善槊，馳入中軍帳下。太祖方坐胡床，疾呼曰：「郭四，爲我殺賊！」英持鎗奮臂一呼，賊應手殞墜。太祖曰：「尉遲敬德不汝過也！」解所服紅錦袍賜之。漢岳州守將張必先率潭、岳兵來援，至夜婆山，太祖命常遇春乘其衆未集，擊敗之，擒必先。必先驍勇善戰，人號爲潑張，城中倚以爲重。至是，縛至城下，示之曰：「汝所恃者潑張，今已爲我擒，尚何恃而不降！」必先亦呼定邊曰：「吾已至此，事不濟矣。兄宜速降爲善。」定邊氣索不能言。後數日，太祖復遣友諒舊臣羅復仁入城，諭陳理曰：「理若來降，當不失富貴。」

復仁固請曰：「主上推好生之德，惠此一方，使陳氏之孤得保首領，而臣不食言，臣雖死不恨矣。」太祖曰：「吾兵力非不足，所以久駐此者，欲待其自歸，免傷生靈耳。汝行，必不誤汝。」復仁至城下號哭，理驚，召之入，相持哭。哭止，復仁諭以太祖意，詞旨懇切。時陳氏將略無右定邊者，定邊亦知不可支。癸丑，陳理銜璧肉袒，率定邊等詣軍門降。理至軍門，俯伏戰慄，不敢仰視。太祖見其幼弱，起挈其手曰：「吾不爾罪，勿懼也！」令宦者入其宮，傳命慰諭友諒父母，凡府中儲蓄，令理悉自取之。遣其文武官僚以次出門，妻子資裝皆俾自隨。明師圍武昌，凡六閱月而降，士卒無敢入城市，晏然不知有兵。城中民饑困，命給米賑之，召其父老撫慰，民大悅。於是漢、沔、荆、岳郡縣相繼降。立湖廣行中書省，以樞密院判楊璟爲參政守之。封陳理爲歸德侯。江西行省以友諒鏤金床進，太祖觀之，謂侍臣曰：「此與孟昶七寶溺器何異耶！一床工巧若此，其餘可知。窮奢極侈，安得不亡。」命毀之。

夏四月丙申，命建忠臣祠於鄱陽湖康郎山，祀丁普郎、張志雄、韓成、宋貴、陳兆先、余旭昌、文貴、王勝、李信、陳弼、劉義、徐公輔、李志高、王咬住、姜潤、石明、王德、朱鼎、王清、常德勝、王鳳顯、丁宇、王仁、汪澤、王理、陳冲、裴幹、王喜仙、袁華、史德勝、常推德、曹信、逯德山、鄭興、羅世榮等三十五人。乙巳，命建忠臣祠於南昌府，祀趙德勝、李繼先、劉齊、朱叔華、許圭、朱潛、牛海龍、張子明、張德山、徐明、夏茂成、萬思誠、葉琛、趙天麟等十有四人。

時漢既平，熊天瑞尚竊據贛州未下。八月壬辰，命常遇春、鄧愈率兵討之。愈與遇春合兵平臨江之沙坑、麻嶺、牛陂諸寨，執僞知州鄧志明送建康，及其兄克明俱伏誅。時李明道匿武寧山，被獲，太祖以其反覆，亦戮之。遇春兵次吉安，遣人語饒鼎臣曰：「吾今往取贛，可出城一言而去。」鼎臣怖不敢出，遣其幼子出見。遇春坐而飲之，曰：「歸語而父，可善自爲計。」鼎臣即夜棄城走安福。遇春復吉安，乃引兵趨贛州。已而鼎臣復肆剽掠，王國寶擊斬之。

九月乙未，命徐達、楊璟等帥師進取江陵，故僞漢知院姜珏等以城降。改江陵爲荊州府。達遣唐勝宗分兵取長沙，下沅陵、醴陵，傅友德取夷陵。

常遇春等圍贛州未下，太祖諭遇春等曰：「熊天瑞困處孤城，猶籠禽阱獸，豈能逃逸。但恐城破之日，殺傷過多，要當以保全生民爲心，一則可爲國家，二則可爲未附者勸。且如漢鄧禹不妄誅殺，子孫昌盛，此可爲法。向者鄱陽湖之戰，友諒既敗，生降其兵，至今爲我用，縱有逃歸者，亦我百姓。苟得地無民，將安用之！」時天瑞拒守益堅，遇春乃浚濠立柵以圍之。天瑞子元震竊出覘軍，遇春從數騎，猝與遇。元震來襲，遇春遣壯士揮刀擊之，元震奮鐵撾以拒，且戰且却。遇春曰：「壯士也！」止勿追。

十二月，徐達克辰州、衡州。

句容儒士戎簡入見，語及伐陳之事，簡曰：「向敗陳氏於九江，何不乘勝直抵武昌，而乃引還？今雖克之，用力多矣。」太祖曰：「汝儒者，豈不聞覆巢之下無完卵乎？當陳氏兵敗，我豈不知乘勝蹴之。兵法曰：『窮寇勿追。』若乘勝急追，彼必死鬬，殺傷實多。吾故縱之，遣偏師綴其後，恐其奔逸。料彼殘破之餘，人各偷生，喘息不暇，豈敢復戰。我以大軍臨之，故全城降服。一者士卒不傷，一者生靈獲全，所得不已多乎？」簡大悅服。

二十五年（乙巳，一三六五）春正月己巳，熊天瑞被圍日久，力不能支，乃降，其所統南安、雄州、韶州諸郡皆下。太祖聞遇春克贛不殺，喜甚，遣使褒諭之曰：「予聞仁者之師無敵，非仁者之將不能也。今將軍破敵不殺，捷書至，予甚爲將軍喜，雖曹彬之下江南，何以加之！」先是，天瑞橫歛取民財，太祖悉命罷之。

甲戌，常遇春進師南安，遣麾下招諭韶州未下諸郡。於是友諒韶州守將張秉彞、南雄守將孫榮祖等，各籍兵糧來降。遇春振旅還。

谷應泰曰：慨自元人失馭，羣雄蠭發，逐鹿之夫，所在都有。太祖崛起濠梁，而同時並興者，則有張士誠據吳，徐貞一據蘄，明玉珍據蜀，方國珍據浙東，然皆闔門坐大，非有圖天下之志也。獨陳友諒以驍鷙之姿，奄有江、楚，控扼上游，地險而兵強，才剽而勢盛，實逼處此，以與我爭尺土者，非特漢之文伯、子陽，唐之世充、建德而已。乃太祖之用兵也，先規僞漢，後取僞吳，成算在胸，次第不爽。於是龍江拔柵，大奪戰舸，柴桑陳兵，自天而下，不待康郎報捷，湖口移軍，而敵在目中，氣吞小醜矣。雖其間茂才作諜，韓成赴江，履尾乘危，亦煩經畫，而太祖屢挫而氣不折，友諒小勝而志益驕，此明之所以興，漢之所以亡也。

至若友諒者，本沔陽漁家，刀筆小吏，徒有兇殘，實無功德，干城仗普勝而旋卽殺之，北面事壽輝而旋卽斃之，名實交喪，忠勇並失，誠所謂蠅聲紫色，聖王之驅除耳。而論者以周顛仰天，鐵冠大笑，劉基之手揮雖星，雷老之忽然不見，王者所至，諸神效靈。而不知友諒者，犯順多黑闥之風，歸命少竇融之智，盜竊空名，進退無據，抑亦人謀不臧，匪特天亡之也。然而江夏既平，漸可北窺襄、鄧，荆、揚混一，便當分下中原，從此摧枯拉朽，帝業已成，宜乎太祖有云：「此賊平，天下不足定也。」雖然，尤有異者，友諒初破太平，僭稱大號，兵來甚銳，議者欲降，獨劉基以爲取威定覇，在此一舉。豈直周瑜決策，孫不降曹，實乃隨何絕使，漢終覆楚，安危之機，豈不以謀哉！

明史紀事本末卷之四

太祖平吳

元順帝至正十三年（癸巳，一三五三）夏五月，泰州張士誠起兵，陷高郵。士誠，白駒場亭民，爲鹽場綱司牙儈，與弟士德、士信俱以販鹽，緣爲奸利，性輕財好施，頗得衆心。至是，因亂，與其黨李伯昇、潘原明、呂珍等十八人，聚兵陷泰州。

十四年（甲午，一三五四）冬十一月，元右丞相脫脫圍高郵，張士誠引兵逆戰，脫脫奮擊，大破之。士誠不能支，與呂珍、潘原明等十八騎突圍出走，脫脫遂克高郵。

十五年（乙未，一三五五）春三月，元竄脫脫于雲南，尋殺之。

十六年（丙申，一三五六）春二月，張士誠陷平江。脫脫既竄，士誠亡命，復聚衆渡海，攻陷平江，遂掠松江、湖州、常州諸郡，皆下之。

九月，徐達圍常州。初，常州奔牛壩人陳保二聚衆，以黃帕裹首，號黃包軍。湯和等下鎮江，保二降，至是，復叛歸張士誠，誘執詹、李二將去。乙亥，太祖遣楊憲通好於士誠，書略曰：「近聞足下兵由通州，遂有吳郡。昔隗囂據天水以稱雄，今足下據姑蘇以自王，吾深爲足下喜。吾與足下東西境也，睦隣守國，保境息民，古人所貴，吾甚慕焉。自今以後，通使往來，毋惑于交搆之言，以生邊釁。」士誠得書，以太祖比之隗囂，不悅，拘留憲不還。尋誘我斥堠，以舟師攻鎮江，徐達等禦之，敗其軍于龍潭。又寇宜興，耿君用以鎧騰栅，中槊死，宜興入于士誠。太祖聞之，使諭徐達曰：「張士誠起於負販，譎詐多端。今來寇鎮江，是其交已變，當速出軍攻毘陵，先機進取，沮其詐謀。」于是達帥師攻常州，進薄其壘。士誠遣其弟張九六以數萬衆來援。達曰：「張九六狡而善鬭，使其勝，鋒不可當，吾當以計取之。」乃去城十八里，設伏以待，仍命總管趙均用率鐵騎爲奇兵，達親督師與九六戰。鋒既交，均用鐵騎横衝其陣，陣亂，九六策馬走，遇伏，馬蹶，爲先鋒刁國寶、王虎子所獲。九六卽士德，梟鷙有謀，士誠陷諸郡，九六力爲多，既被擒，士誠氣沮。

十月，華雲龍、王弼等復敗士誠弟士信于舊館，擒其驍將湯元帥。士誠既連敗，乃奉書請和，願輸糧二十萬石、黄金五百兩、白金三百斤，以爲犒軍之資。太祖復書，數其開釁召兵之罪，且許其歸我使臣將校，卽當班師。士誠得書不報。

十一月，士誠誘我新附軍叛去，助彼來戰，徐達被圍于牛塘。達勒兵與戰，常遇春、廖永安、胡大海自外來援，夾擊，大破之，擒其將張德，餘兵奔入城。達率諸軍困之。士誠復遣其將呂珍潛入城，督兵固守。

十七年（丁酉，一三五七）春二月丙午，命耿炳文等率兵取長興，張士誠將趙打虎以兵三千迎戰，敗之，追至城西門，打虎走湖州。戊申，遂克長興，擒其守將李福安、答失蠻等，獲戰船三百餘艘。立永興翼元帥，命耿炳文統兵守之。尋士誠遣其僞左丞潘原明、元帥嚴再興來寇，炳文擊敗之，生擒數百人，斬首甚衆，原明等遁去。部將費聚復追至瑣橋，敗之。自是士誠不敢犯長興者四年。

我師圍常州既久，敵衆乏食，不能支，呂珍等復潛遁去。三月戊午，克常州，立長春樞密院，以湯和爲同僉總管統兵守之。

夏五月，俞通海、張德勝等以舟師略太湖，入馬跡山，衝賊水寨，降張士誠將王貴、紐津。經洞庭山口，呂珍兵猝至，諸將倉卒欲退，通海曰：「不可，我寡。」乃身先士卒決戰，矢中右目，不爲動，徐令壯士披己冑立船上，曰俞將軍，珍不敢迫，引去。命兩淮分院副使張鑑、同僉何文正率兵攻泰興，張士誠遣兵來救，鑑等擊敗之，擒其將楊文德等。己卯，遂克泰興。

六月，命（常遇）〔長〕春〔樞密〕分院判官趙繼祖（據洪武實錄卷五校訂）、元帥郭天祿、鎮撫吳良等率兵取江陰。張士誠兵據秦望山以拒我師，繼祖等就攻之。會大風雨，其兵奔潰，我師據其山。翼日己未，進攻城西門，克之。擢良爲分院判官，督兵守禦。江陰密邇士誠，去姑蘇僅百餘里，控扼大江，實當東南要衝。未幾，復命其弟吳禎增兵協鎮。良等戮力設備，軍容甚張，每寇至，輒破走之。

秋七月丁丑，徐達等下常熟。八月，徐達、常遇春、康茂才襲江陰馬馱沙，克之。元帥費子賢下武康。士誠累敗，勢日窘，南攻嘉興、杭州，又爲楊完者所破，乃請降于元。士誠雖降，而城池、甲兵、錢穀皆自據如故。

十八年（戊戌，一三五八）春二月，命廖永安、俞通海、桑世傑等討張士誠，江陰石牌海寇僞帥欒瑞帥州判朱錠等整兵拒戰，世傑奮戈躍馬，陷陣死，永安等奮擊，大敗之，擒欒瑞、朱錠，盡獲其海舟。

三月，鄧愈、李文忠、胡大海率兵由徽州昱嶺關進攻建德路，道出遂安，遇長鎗元帥俞子貞，擊敗之，追至淳安。遂安守將洪某率衆五千來援，大海復戰敗之。軍抵建德，元參政不花等不支，棄城遁。丙申，克建德路，以文忠爲帳前總制親兵指揮使守之。文忠，太祖姊子也。時建德新破，城中守禦未備，張士誠遣其徒率苗、僚水陸奄至城下。文忠出奇兵，大敗之，取所斬俘馘，載巨筏中，乘流而下，水寇見之，亦遁。

夏六月，張士誠兵寇常州，湯和力戰，敗之，擒其卒三百人。士誠復寇常熟，廖永安與戰于福山港，大破之，追至通州狼山，獲其戰艦而還。

九月，元苗帥左丞楊完者爲張士誠所殺。先是江、淮既亂，元兵屢敗，議者以爲苗兵可用，遂自湖廣招至，累破張士誠兵，歷陞至左丞。然苗性貪殘好殺，所過抄掠，屠戮無遺，郡縣苦之。士誠爲所窘，既降，欲圖之，而達識帖睦邇亦厭完者驕横不可制，乃陰定計，用士誠兵圍之，完者兵敗，自殺。丁酉，其部將員成、蔣英、劉震等率所部詣李文忠降。完者死，士誠益無所憚，尋遣兵據杭州、嘉興，達識無如之何矣。

冬十月，張士誠兵寇常州，湯和等擊敗之，俘甲士千餘人、舟千艘、馬千匹。甲戌，克宜興。徐達、邵榮帥師攻宜興，久不下。太祖遣使謂曰：「宜興城小而堅，未易猝拔。聞其城西通太湖，張士誠餉道所出，若斷其餉道，軍食內乏，破之必矣。」達乃遣丁德興分兵絕太湖口，而併力急攻，城遂破。既拔宜興，廖永安復帥舟師擊士誠兵于太湖，乘勝深入，遇呂珍，與戰不利，遂爲所獲，不屈，士誠囚之。太祖欲以所獲將士三千人易永安，士誠不從。士誠母念士德，欲以永安易士德，太祖亦不許。士德尋謀間，殺之。楊國興出太湖口，與諸將趨湖州，攻舊館，破張士信兵，又平宜堰口二十六寨。太祖命國興總督元帥沈仁等守之。國興勞徠安集，民多歸之，遂城宜興，三月城完。士誠水陸來寇，國興率諸將擊敗之，士誠遁去。

十九年（己亥，一三五九）春正月庚申，胡大海、李文忠取諸暨州，張士誠將華元帥遁去。已而士誠遣呂珍率兵圍諸暨，堰水灌城。大海援之，奪堰水灌珍軍，珍窮蹙，卽馬上折矢，誓求解兵去，大海然之。都事王愷諫曰：「賊狡猾難信，不如擊之。」大海曰：「彼果來，吾有以待之。且言出而背之，不信；既縱而擊之，不武。」遂縱之去。

二月，張士誠兵寇江陰，艨艟蔽江，僞將蘇同僉者建牙君山，指畫爲進攻狀。守將吳良下令曰：「彼衆我寡，當以計破之，勿輕動。」有頃，敵陣于江壖，良命弟禎整兵北門，當其西北面，以十餘騎蹂之，擒其卒數人，餘黨莫敢前。賊分兵欲攻東門，良遣元帥王子明馳擊之，擒其將士五百人，殺溺死者甚衆，敵大敗，宵遁。時賊屢侵常州，良及其弟禎守禦有方，每寇至，輒破走之。士誠數敗氣索，自是不敢犯境。太祖召入見，勞之曰：「吳院判保障一方，使吾無東顧憂，其功大矣。賜車馬珠玉不足旌。」命諸儒臣爲詩文美之。先是，士誠北有淮海，南據浙西，長興、江陰皆其要害。長興據太湖口，陸走廣德諸郡；江陰枕大江，扼姑蘇、通州濟渡之處。得長興則士誠步騎不敢出廣德，窺宣、歙；得江陰則士誠舟師不敢泝大江，上金、焦。自是侵軼路絕。

平章邵榮自臨安進攻湖州，戰不利，還屯臨安。李伯昇來攻，設伏山下，戒寇至勿動，俟山上旗舉，齊擊之，伯昇果率衆奄至，遇覆敗，我師乃還。

三月，張士誠寇建德，李文忠禦之于東門，使別將潛出小北門，間道過鮑婆嶺，由碧鷄塢繞出陣後，大破之。士誠復遣兵侵嚴州，至大浪灘，李文忠令部將何世明率精鋭西出烏龍嶺至胥口，與戰，破走之。士誠兵據分水嶺，世明進擊，斬首五百餘級。

太祖自將取紹興，以馮國用守之。國用卒于軍，士誠復遣兵陷紹興。

九月，張士誠遣兵寇常州，吳復督兵出忠節門，奮擊，大敗之。吳良間道殲其援兵于無錫之三山，士誠兵狼狽奪氣，乃還。

十二月，張士誠忿分水之敗，復遣兵據分水新城之三溪，何世明擊之，斬其將陸元帥、花將軍等一千餘人，焚其營。自是士誠不敢窺建、婺。尋改建德爲嚴州府。

二十年（庚子，一三六〇）春三月，常遇春攻杭州，不克。

秋九月，張士誠兵侵諸全，守將袁實戰死。呂珍、徐義自太湖分三路寇長興，耿炳文擊破之，總管湯全、張珙被殺。

二十一年（辛丑，一三六一）秋八月，胡大海攻紹興，部將張英恃勇輕進，至城下遇伏，死之。大海引兵還。

冬十月，張士誠遣其將李伯昇寇長興，衆十餘萬，水陸並進，勢甚銳。城中守兵僅七千，耿炳文禦之，諸將陳德、華高、費聚等三路往援，伯昇夜劫營，諸將皆潰。炳文嬰城固守，伯昇悉兵圍之，結九寨，爲樓車，下瞰城中，運土石塡壕隍，以火船燒水關，攻益急。炳文晝夜應敵，內外不相聞月餘。十一月戊午，太祖在九江聞報，急遣常遇春將兵往援，伯昇聞遇春至，棄營遁。遇春追擊之，俘斬五千餘人。

二十二年（壬寅，一三六二）春二月，金華、處州苗帥叛，張士誠乘間遣其弟士信、同僉呂珍率兵十萬圍諸全。守將謝再興鏖戰二十九日，未決，走嚴州，告急於李文忠。文忠以嚴州兵少，且密邇桐廬賊境，衢、信兵又出江西，無以應援金華。議以兵貴虛聲，乃揭榜義烏古朴嶺，揚言平章邵榮引兵五萬出江右，右丞徐達引兵五萬出徽州，約會金華，尅日抵諸暨。賊見榜，轉相告，呂珍欲退軍五里下營，以待決戰。時胡德濟得李文忠檄，自信州率兵來援，有降卒言賊情，具得虛實。德濟與再興分門而守，至夜半，令軍士飽食，一鼓出城，金鼓銃砲震天地，賊衆驚亂，人馬奔走，自相蹂躪。德濟督兵追擊之，士信大潰走。

冬十一月，池州帥羅友貴據神山寨，欲通張士誠，杭、歙震動，常遇春、趙德勝擊斬之。

二十三年（癸卯，一三六三）春二月戊寅，命移置浙江行省於嚴州。時張士誠屢寇諸全，李文忠駐金華，應援不及，于是徙省治於嚴，留徐司馬守金華。

三月，張士誠、呂珍率衆十萬圍劉福通於安豐，福通遣人間道求援。珍破安豐，殺福通，據其城，韓林兒走滁州。太祖率徐達、常遇春等往討之。珍據城列柵，汪元帥攻其中壘，拔之，會左、右軍敗，阻于塹，不得出。遇春橫擊，三戰三勝，珍大敗。廬州左君弼出兵助珍，又敗之，珍與君弼皆走。遂命達等移師圍廬州。元將竹昌、忻都乘間入安豐。

夏四月乙丑，諸全守將謝再興叛降于張士誠。再興遣人往杭州私貿易，太祖怒其洩軍中事，召再興責之，命參軍李夢庚往節制其軍，遣再興歸，聽調。再興懼，殺知州欒鳳，執夢庚，以諸全軍馬赴紹興降。左丞李文忠聞亂，遣胡德濟屯兵五指山下以備之。九月，謝再興以張氏兵犯東陽，李文忠自嚴州率銳卒馳一百六十里來援，壬午，遇賊于義烏，擊敗之。胡深亦自處州來援，與文忠議，以諸全不守，則衢州不支矣，乃度地去諸全六十里，並五指山築新城。不旬日城完，太祖以胡德濟爲行省參政守之。未幾，士誠將李伯昇大舉入寇，圍城下，城堅不可拔，乃引去。

時太祖伐陳友諒未還。張士誠以嘗脅達識帖睦邇封王，不報，遂自稱王，改國號曰吳，卽姑蘇治宮室，置官屬。元遣使徵其糧，不與。

二十四年（甲辰，一三六四）夏四月，俞通海、汪興祖率兵掠劉家港，進逼通州，擊敗張士誠兵，擒其院判朱瓊等百餘人。

秋八月，張士誠使其弟士信面數達識帖睦邇罪失，勒令自陳老疾避位，脅將佐爲上言：「江浙丞相非士信不可。」逼取符印，幽達識于嘉興，士信自爲丞相。又脅普化帖睦邇爲請于元，使爲眞王，普化不從。卽遣使至紹興，欲奪其印。普化封其印，置庫中，曰：「我頭可斷，印不可得也！」仰藥死。達識聞之，曰：「大夫且死，吾生何爲！」亦仰藥死。士誠專有江、浙。

時浙西殷富，士誠兄弟驕佚無斷，政在文吏。然士誠尚持重寡言，好士，築景賢樓，士無賢不肖，輿馬居室，多厭其心，亦往往趨焉。士誠用兵，恃其弟士德及部將史椿爲謀主。後士德被擒，史椿以讒出守淮安數年。椿知士誠無成，遣使以書來約降，謀泄，士誠殺之。于是委政弟士信。士信荒淫，出師多攜樗蒲、蹴踘，擁婦女酣宴。其命將，將或臥不起，邀官爵美田宅。既至軍，即失地喪師，多不問，或復用之。士信每事惟與（王）〔黃〕敬夫（據明史張士誠傳改）、葉德新、蔡彥夫三人謀。三人者，皆諂佞憸邪，惟事蒙蔽，故其國政日非。太祖聞之，曰：「我無一事不經心，尚被人欺。張九四終歲不出門理事，豈有不敗者乎！」時有民謠十七字曰：「丞相做事業，專用（王）〔黃〕、蔡、葉；一朝西風起，乾癟。」崑山郭翼上書士誠曰：「明公仗馬箠，下吳、越數十城，望風請服者，人皆苦元政，守吏貪殘，不恤其下也。今誠能反其政，休勞之，乘時進取，則霸業可成。若遽自宴安湛樂，四方豪傑並起，明公欲閉城自守，其終能乎？」士誠怒，欲殺之，翼亡去。

冬十月，張士誠遣其弟丞相士信寇長興，耿炳文、費聚擊敗之，獲其將宋興祖。士信憤，益兵圍城。湯和自常州來援，與炳文等合擊，大敗之，士信走還。

二十五年（乙巳，一三六五）春正月，張士誠復寇長興，耿炳文連破之于城下，鎮撫歐大智戰死，士誠自是不敢復犯長興。炳文守長興十年，孤城血戰，卒保無虞，與湯和守常州，吳良守江陰，氣勢聯絡，俱爲東南屏障云。

二月丙午，張士誠遣其司徒李伯昇挾我叛將謝再興帥馬步舟師二十萬，踰浦江，圍諸全之新城，造廬室，建倉庫，預置州縣官屬，爲持久必拔之計，分屯精兵數萬於城北隅，遏我援師。初至，胡德濟遣部將繆美敗其前鋒于斗巖之下。敵攻西門，美趨之，再戰皆捷。既抵城下，德濟戒將士勿輕出，但嚴爲備，來攻則矢石交發禦之，遣使求救于李文忠。文忠令指揮張斌出浦江爲聲援，自率朱亮祖等，日馳六十里赴救，抵龍潭，去敵二十里，據險爲營。胡德濟知文忠至，潛使報曰：「賊兵方銳，姑緩避之。」文忠曰：「以衆則我非彼敵，以謀則彼非我敵。謝玄八千人破苻堅八十萬衆，何避焉！吾若不戰而退，則彼勢益張，雖大軍至，難攻矣。死中求生，正在今日。」乃下令曰：「賊衆而驕，我少而銳；以銳當驕，可一戰而擒。輜重皆汝等有也。」詰旦，軍方食，候卒告敵至。文忠悉精銳陣于營外，張左右翼待之，文忠自將中軍。既而直營右數里烟焰勃興，疑爲寇，乃分兵守隘扼之。會處州參軍胡深遣耿天璧援兵適至，文忠軍益奮。兩軍既交，文忠仰天誓曰：「朝廷大事，在此一舉，豈敢愛身，以後三軍！」卽橫槊據鞍，引數十騎乘高馳下，直出陣後，衝其中堅。敵列騎迎戰，文忠手格數人，所向皆靡。叛將謝再興及苗軍見之，震慴失色。大軍乘之，敵大潰亂。德濟亦帥城中將士鼓譟而出，呼聲動天地，莫不以一當十，逐北十餘里，溪水盡赤，死者以萬數。文忠收兵會食，遣朱亮祖、張斌乘勝追殄餘寇，燔其營落數十，獲僞同僉韓謙、元帥周遇、蕭山等六百人、軍士三千，馬八百，委棄輜重鎧仗如山，舉之旬日不盡。其僞五太子及李伯昇僅以身免。太祖大喜，召文忠、德濟入京，賜名馬御衣，擢德濟右丞。

冬十月戊戌，命左相國徐達、平章常遇春等規取淮東。時士誠所據郡縣，南至紹興，與方國珍接境，北有通、泰、高郵、淮安、徐、宿、濠、泗至濟寧，與山東相距。太祖欲先取通、泰諸郡，剪其肘翼，然後專事浙西，故命達總兵取之。乙巳，達兵趨泰州，浚河通州，遇士誠兵，擊敗之，駐軍海安壩。丁未，進圍泰州新城，擊敗士誠湖北援兵，獲其元帥王成。己酉，士誠淮安李院判來援，遇春擊敗之，擒萬戶吳聚等。時江陰水寨守將康茂才報稱：「士誠以舟師四百艘出大江，次范蔡港，別以小舟于江中孤山往來出沒，請爲之備。」太祖揣知其情，諭徐達等曰：「寇初駐兵范蔡港，吾度其詐。今猶豫不敢卽泝上流，爲詐益明。彼非有決機攻戰之謀，徒欲分我兵勢耳。宜遣廖永忠還兵水寨，而大軍勿輕動。此寇徘徊江上，自老之師，乘其怠慢，必克泰州。泰州旣克，江北瓦解，不戰自潰。但宜謹備之耳！」

閏十月庚辰，諸將克泰州，擒士誠將嚴再興、夏思誠等。分兵徇興化，降其將李清。

十一月，進攻高郵。太祖恐深入敵境，不能策應諸將，乃命馮國勝率所部節制高郵軍，而以徐達還軍泰州。會士誠犯宜興，達率中軍精卒渡江走之，破擒士誠兵三千餘，宜興圍解。十二月，士誠遣兵寇安吉，守將費子賢擊却之。

二十六年（丙午，一三六六）春正月，張士誠舟師數百艘出馬馱沙，溯流侵江陰，守將吳良、吳禎嚴兵以待。太祖親率大軍，水陸並進，討之，至鎮江，敵已遁去，追至巫子門。寇乘潮逆拒，首尾相失，良等縱兵夾擊，大敗之，獲士卒二千人。太祖幸江陰，見良等防禦有方，曰：「汝非昔日之吳起乎？」稱嘆久之。良在江陰十年，終始戒嚴，夜嘗宿城樓，枕戈待旦。暇日延經術士，講明經史、兵法。訓敕將校，馭胥吏，不少假借。敦教化，興學校，修屯田，足軍餉，境內帖然。太祖有事江、漢，東藩無擾，皆良等爲之捍蔽也。

馮國勝圍高郵，張士誠將俞同僉詐遣人來降，約推女牆爲應。勝信之，夜遣康泰率兵踰城而入，皆爲所殺。

三月，徐達自宜興還攻高郵。初，士誠遣左丞徐義由海道入淮，援高郵，義屯太倉，觀望不敢進。徐達遣使，請以指揮孫興祖守海安，平章常遇春督水軍爲高郵聲援，從之。遣使諭達曰：「張士誠由高郵嘯聚，以有吳、越，高郵其巢穴也，大軍攻之，彼必來救。今聞徐義兵已入海，或由射陽湖，或出瓠子角，或出寶應趨高郵，不可不備。」達得書，遂會兵進攻，一鼓克之，戮其將俞同僉等。興祖守海安，士誠兵來侵，擊敗之，擒將士二百餘人。進攻通州，通州守將拒戰，興祖督將士奮擊，大破之。自是士誠不敢犯海安。

夏四月，徐達移師會常遇春攻淮安。徐義舟師集馬漯港，夜率兵襲破之，義泛海遁去，獲戰艦百餘艘，進薄城下。士誠將梅思祖封府庫，籍甲兵，出降，並獻所部四州。太祖嘉其知命保民，授都督府副使，以華雲龍守之。徐達還兵攻興化。先是，達圖泰州、興化、海安、通州、高郵山川地形要害以進，太祖覽之，見瓠子角爲興化要地，寇兵所經之路，令達以兵絶其隘。戊午，遂克興化，淮地悉平。

命韓政進取濠州。濠自郭子興棄後，屢爲人所竊據，最後張士誠將李濟守之。太祖命李善長以書招之，不報。太祖曰：「濠州吾家鄉，今爲張士誠竊據，是吾有國而無家也！」卽命韓政督顧時等攻之。至濠，攻其水簾月城，又攻其西門，城中拒守甚堅。政乃督兵以雲梯砲石四面並攻，城中不能支，庚申，守將李濟以城降。太祖幸濠，省陵墓，宴父老。

太祖以淮東諸郡既平，遂議討張士誠，召中書省大都督府臣謂曰：「張士誠據姑蘇，數侵擾吾近地，爲吾境內之寇，不可不討。諸公其熟計之！」李善長對曰：「張氏宜討久矣。然以臣愚觀之，其勢雖屢屈，而兵力未衰，土沃民富，又多積儲，恐難猝拔，宜候隙而動。」徐達進曰：「張氏驕横，暴殄奢侈，此天亡之時也。其所任驕將如李伯昇、呂珍之徒，皆齷齪不足數，惟擁兵將爲富貴之娛耳。居中用事，黃、蔡、葉三參軍輩，迂闊書生，不知大計。

臣奉主上威德，率精銳之師，聲罪致討，三吳可計日而定。」太祖大喜，顧達曰：「諸人局于所見，獨汝合吾意，事必濟矣。」于是命諸將簡閱士卒，擇日出師。

八月辛亥，命徐達爲大將軍，常遇春爲副將軍，帥師二十萬伐張士誠，集諸將佐諭之曰：「自大亂以來，豪傑並起，所在割據。西有陳友諒，東有張士誠，皆連地千里，擁衆數十萬。今介乎二人之間，相與抗者十餘年。觀二人所爲，志不在民，不過貪富貴，劫奪寇攘而已。友諒既敗滅，獨士誠據有浙西，北連兩淮，恃其強力，數侵疆埸。賴諸將連歲征討，克取兩淮，惟浙西、姑蘇諸郡未下，故令卿等討之。卿等宜戒飭士卒，毋肆擄掠，毋妄殺戮，毋發丘壟，毋燬廬舍。聞士誠母葬姑蘇城外，愼勿侵毀其墓。汝等毋忘吾言！諸將帥務相輯睦，勿縱左右凌士卒。凡爲將必資士卒，善撫恤之。大抵克敵者必以成功爲效，樹德者必以廣恩爲務。卿等勉之。」諸將皆再拜受命出。太祖復御西苑，召達、遇春曰：「爾等此行，用師孰先？」遇春對曰：「逐梟者必覆其巢，去鼠者必熏其穴。此行當直擣平江，平江既破，其餘諸郡可不勞而下。」太祖曰：「不然。士誠起鹽販，與張天騏、潘原明輩皆強梗之徒，相爲手足。士誠窮蹙，天騏輩懼俱斃，必併力救之。今不先分其勢，而遽攻姑蘇，若天騏出湖州，原明出杭州，援兵四合，難以取勝。莫若先攻湖州，使其疲于奔命，羽翼既披，然後移兵姑蘇，取之必矣。」太祖乃屏左右，謂達、遇春曰：「吾欲遣熊天瑞從行，俾爲吾間也。天瑞之降，非其本意，心常怏怏。適來之謀，戒諸將勿令知之，但云直搗姑蘇，天瑞知之，必叛從張氏，以輸此言。如此，則墮吾計矣。」

癸丑，大將軍徐達等率諸將發龍江，而別遣李文忠趨杭州，華雲龍向嘉興，以分其兵。辛酉，師至太湖。己巳，遇士誠將尹義、陳旺逆戰，破擒之，遂次洞庭山。癸酉，進至湖州之毗山，又擊敗士誠將石清、汪海，擒之。張士信駐軍湖山，望風遁。指揮熊天瑞果叛降張士誠。甲戌，師至湖州之三里橋，士誠右丞張天騏分兵三路以拒我師，黄寶當南路，陶子寶當中路，天騏自當北路，唐傑爲後繼。達進兵薄之，遇春攻黄寶，王弼攻天騏，達自中路攻陶子寶，別遣驍將王國寶率長鎗軍扼其歸。遇春進擊寶，敗之，寶走入城，阻橋不得濟，還兵力戰，又敗，被擒。天騏、子寶不戰退。士誠遣李伯昇來援，由荻港潛入城，我軍四面圍之，伯昇、天騏閉門拒守。士誠又遣呂珍、朱暹等及其五太子率兵六萬來援，屯城東之舊館，築五砦自固。達、遇春等分兵營于東阡鎮南姑嫂橋，連築十壘，以絕舊館之援。士誠壻潘元紹駐兵烏鎮東，爲呂珍等聲援，我師乘夜擊之，元紹遁，遂塡塞溝港，絕其糧道。士誠知事急，遣親兵來援，達等與戰於阜林，敗之。

九月，士誠復遣徐志堅以輕舟出東阡鎮覘我師，欲攻姑嫂橋，常遇春遇之。會天大風雨，晦甚，遇春令勇士乘划舟數百突擊之，擒志堅，得衆二千餘人。別將廖永忠、薛顯將游軍攻德淸，克之，擒其院判鍾正。士誠自徐志堅敗後，懼甚，遣其右丞徐義至舊館覘形勢，將還報，常遇春扼歸路，不得出。乃陰遣人約張士信出兵，與舊館兵合力來戰，士誠遣赤龍船親兵援之。義始得脫，與潘元紹率赤龍船兵屯於平望，復乘小舟潛至烏鎭，欲援舊館。遇春由別港追襲之，至平望，王銘挺戈先登，縱火焚赤龍船，軍資器械一時俱盡，自是舊館援絕。

十月，遇春兵攻烏鎭，徐義、潘元紹皆敗走。追至昇山，破其平章王晟六寨，餘軍奔入舊館之東壁。同僉戴茂降，我師馳據之，王晟亦降。徐達復攻昇山水寨，顧時引數舟繞出敵船，船上人俯視而笑，時覺其懈，率壯士躍入敵舟，大呼奮擊，餘舟競進薄之。五太子者盛兵來援，常遇春小卻，薛顯率舟師直前奮擊，燒其船，敵衆大敗。五太子、朱暹、呂珍等以舊館降，得兵六萬人。遇春謂薛顯曰：「今日之戰，皆將軍之力，吾不如也。」五太子，士誠養子，短小精悍，能平地躍起丈餘。珍、暹，士誠所親信驍將，皆善戰，士誠倚之；而珍尤敢戰，嘗廓革囊兵，宵濟以襲我師，每戰輒爲歌，令其帳下及城中人歌以譟。至是皆降，士誠爲之喪氣。徐達以呂珍徇于湖州城下，城中大震，遙語李伯昇出降。伯昇曰：「張太尉養我厚，我不忍背之！」抽刀欲自殺，爲左右抱持，得不死。

十一月甲申，左丞張天騏等以城降，伯昇亦降。

李文忠總水陸師下浙江，遣指揮朱亮祖、耿天壁攻桐廬，降其將戴元帥。復遣指揮袁洪、孫虎克富陽，擒其同僉李天祿，遂合兵圍餘杭。守將謝五，謝再興弟也，文忠遣人語之曰：「爾兄弟以李夢庚小隙歸張氏，非爾謀也。爾，我之戚臣，若降，可得不死。」謝五亦降。進兵杭州，未至，士誠平章潘原明懼，遣員外郎方彝詣軍門納款。文忠曰：「吾兵遠來，勝負未可知，而遽約降，得無以計緩我乎？」彝曰：「天兵如雷霆，當者立敗。杭雖孤城，生齒百萬，聞將軍來，皆曰王者之師，故乞降以求生耳。」文忠見其誠，引入臥內，令條陳入城次第，遣還。明日己丑，原明籍土地、錢穀、甲兵數，並執叛將蔣英、劉震出降，伏謁道左。以女樂導，文忠叱去之。入宿城上，秋毫無犯，一卒強入民家，磔以徇。太祖以原明全城歸順，民不受鋒鏑，仍授平章，守舊城，聽李文忠節制。命懸胡大海像，刺蔣英、劉震心血祭之。庚子，李文忠攻紹興，守將李思忠降。華雲龍攻嘉興，守將宋興降。

徐達既下湖州，會諸將進攻平江。至南潯，士誠元帥王勝降。辛卯，進圍吳江，參政李福、知州楊彝降。癸卯，達等兵至平江城南鮎魚口，擊其將竇義走之。康茂才至尹山橋，遇士誠兵，又擊敗之，焚其官瀆戰船千餘艘，及積聚甚衆，遂進兵圍其城。達軍葑門，遇春軍虎丘，郭子興軍婁門，華雲龍軍胥門，湯和軍閶門，王弼軍盤門，張溫軍西門，康茂才軍北門，耿炳文軍城東北，仇成軍城西南，何文輝軍城西北，四面築長圍困之。又架木塔與城中浮屠等，築敵樓三層，下瞰城中，置弓弩火銃其上。又設襄陽砲擊之，城中震恐。有楊茂者，無錫莫天祐部將也，善沒水，天祐潛令入姑蘇，與士誠相聞。邏卒獲之于閶門水柵，綁送達軍，達釋而用之。時平江城堅不可破，天祐阻兵無錫，爲士誠聲援，達縱茂出入往來，因得其彼此所遺蠟書，悉知士誠、天祐虛實，爲攻困之計益備。指揮茅成攻婁門，中流矢死。

平章俞通海分兵取太倉州，民爭獻牛酒迎道左，通海却其獻，慰諭遣之，約束軍士，秋毫無犯，民大悅。僞帥陳仁等以大舶百餘艘降。崑山、崇明、嘉定望風皆附。松江路守將王立中聞之，亦降。

太祖吳元年（丁未，一三六七），元至正二十七年也。春二月，大軍圍姑蘇，久不下，徐達遣人自軍中來請事。太祖手書，慰勞之曰：「古帝王之興，必有命世之士以爲之輔。將軍自昔相從，忠義出自天性，沈毅有謀，用能遏絕亂略，消靡羣慝，建無前之功，雖古豪傑之士不能過也。今所請事，多可便宜行者，而識慮周詳，不肯造次有違，誠社稷之慶，邦家之福。然將在外，君不御，古之道也。自後軍中緩急，將軍便宜行之。」達得書，頓首受命。檄俞通海兵會攻姑蘇。通海至滅渡橋，擊敗敵兵。提兵桃花塢，蕩其營，中流矢，創甚，乃遣將以兵會達，而身自還建康。太祖幸其第視病，病革，太祖呼謂曰：「平章知予來問疾乎？」通海不能語，太祖揮泪出。通海遂卒。

初，徐達之圍姑蘇也，太祖不欲煩兵，但困服之耳。至是久不下，乃以書遺士誠，許以竇融、錢俶故事。士誠不報。

夏六月己酉，士誠被圍既久，欲突圍出，覘城左方，見陣嚴整，不敢犯。轉至盤門，將奔常遇春營。遇春覺其至，嚴陣待之，分兵北濠，截其後。戰良久，未決，士誠遣兵千餘助之，又自出兵山塘爲援。山塘路狹，塞不可進，麾令稍却。遇春撫王弼背曰：「軍中皆稱爾爲猛將，能爲我取此乎？」弼應聲馳鐵騎，揮雙刀往擊之。敵小却，遇春率衆乘之，遂大敗其軍，溺于沙盆之潭可量也。士誠故有勇勝軍號「十條龍」，常銀鎧錦衣，出入陣中，是日皆溺死。士誠馬驚墮水，幾不救，肩輿入城，計忽忽無所出。

時降將李伯昇知士誠勢迫，欲説令歸命，乃遣客詣士誠門告急。士誠召之入，曰：「爾欲何言？」客曰：「吾爲公言興亡禍福之計，願公安意聽之。」士誠曰：「何如？」客曰：「公知天數乎？昔項羽喑嗚叱咤，百戰百勝，卒敗垓下，天下歸于漢高祖。何則？此天數也。公初以十八人入高郵，元兵百萬圍之，此時如虎落阱中，死在朝夕。一旦元兵潰亂，公遂提孤軍，乘勝攻擊，東據三吳，有地千里，甲士數十萬，南面稱孤，此項羽之勢也。誠能于此時不忘高郵之危，苦心勞志，收召豪傑，度其才能，任以職事，撫人民，練兵旅，御將帥，有功者賞，敗軍者戮，使號令嚴明，百姓樂附，非特三吳可保，天下不足定也。」士誠曰：「足下此時不言，今復何及！」客曰：「吾此時雖有言，亦不得聞也。何則？公之子弟將帥親戚羅列中外，美衣玉食，歌兒舞女，日夕酣飲。提兵者自以爲韓、白，謀畫者自以爲蕭、曹，傲然視天下不復有人。當此之時，公深居於內，敗一軍不知，失一地不聞，縱知亦不問，故遂至今日。」士誠喟然嘆曰：「吾亦恨之，無及矣！」客曰：「吾有一策，恐公不能從也。」士誠曰：「不過死耳。」客曰：「使死有益于國家，有利于子孫，死固當；不然，徒自苦耳。且公不聞陳友諒乎？跨有荆、楚，兵甲百萬，與江左之兵戰于姑孰，鏖于鄱陽。友諒舉火，欲燒江左之船，天乃反風而焚之。友諒兵敗身喪。何則？天命所在，人力無如之何。今攻我益急，公恃湖州援，湖州失；嘉興援，嘉興失；杭州援，杭州又失。今獨守此尺寸，誓以死拒。竊慮勢極患生，猝有變從中起者，公此時欲死不得，生無所歸。故竊以爲莫如順天之命，自求多福，令一介之使，疾走金陵，稱公所以歸義救民之意，公開城門，幅巾待命，亦不失爲萬戶侯，况嘗許以竇融、錢俶故事耶！且公之地，譬如博者，得人之物而復失之，何損！」士誠俛首沈慮良久，曰：「足下且休，待吾熟思之。」然卒狐疑，莫能決也。

壬子，復率兵突出胥門，鋒甚鋭，遇春禦之，兵稍卻。士信方在城樓上督戰，忽大呼曰：「軍士疲矣，且止。」遂鳴鉦收軍。遇春乘之，復大敗。自是士誠不敢復出。士信張幕城上，踞銀椅與參政謝節等會食，左右方進桃，未及嘗，忽飛砲碎其首而死。時熊天瑞教城中作嚴砲以擊外兵，多所中傷。城中木石俱盡，至拆祠廟、民居爲砲具。徐達令軍中架木若屋狀，承以竹笆，伏兵其下，載以攻城，矢石不得傷。

九月辛巳，達督將士破葑門，常遇春亦破閶門新寨，遂率衆渡橋，進薄城下。其樞密唐傑登城拒戰，士誠駐軍門內，令參政謝節、周仁立栅以補外城。唐傑不支，投兵降。周仁、徐義、潘元紹、錢參政等皆降。晡時，士誠軍大潰，諸將蟻附登城，城破。士誠收餘兵二三萬，親率之，戰于萬壽寺東街，復敗。士誠倉皇歸，從者僅數騎。

初，士誠見兵敗，謂其妻劉氏曰：「我敗且死，若曹何爲？」劉氏曰：「君勿憂，妾必不負君。」乃予乳媪金，抱二幼子出，積薪齊雲樓下，驅其羣妾侍女登樓，令養子辰保縱火焚之。劉氏自縊死。士誠獨坐室中，左右皆散走。達遣士誠舊將李伯昇至士誠所諭意。時日已暮，士誠距戶經，伯昇決戶，令降將趙世雄抱解之，復蘇，曰：「九四英雄，患無身耳。」達又令潘元紹曉之，反覆數四，士誠瞑目不言。乃以舊盾舁之，出葑門，至舟中。獲其僞將相李素、徐義等，並元宗室九人，皆送建康。所得城中兵民二十餘萬。諸將還師取通州，士誠守將張右丞降。

丁亥，平章胡廷美帥師取無錫。先是，士誠表天祐于元，授同僉樞密院事，守無錫。徐達累遣使諭之，皆被殺，至是廷美等攻其城。州人張翼知事急，率父老往見天祐曰：「吾民爲張氏守十二年矣，張氏已就縛，固守將爲誰？生民存亡，皆在今夕，願熟思之。」天祐擲其帽于地，曰：「誰不知降也！」亦降。

士誠臥舟中不食，至龍江，堅臥不肯起。舁至中書省，李善長問之，不語。已而士誠言不遜，善長怒罵之。士誠竟自縊死，賜棺葬之。誅叛將熊天瑞，刳三參軍，藁于旗竿之首。改平江曰蘇州府。太祖乃以書送元宗室神保大王等還元。浙西、吳會皆平，諸將振旅還。太祖御戟門，降敕褒諭，論功行賞。封李善長宣國公，徐達信國公，常遇春鄂國公，餘進爵賜金帛有差。諭諸將曰：「滅漢滅吳，皆公等功，公等何忝古名將。今當北定中原矣，各努力！」明日入謝，太祖曰：「公等還第，置酒爲樂乎？」對曰：「荷上恩，有之。」太祖曰：「吾寧不欲宴公等，爲一日歡。中原未平，非爲樂時也。公等不見張氏乎？終日酣飲，宜深戒之！」

谷應泰曰：張士誠本泰州鹽儈，至正十三年，以十八人入高郵，元兵百萬，圍之弗克。而士誠孤軍轉戰，北跨淮海，與山左相距，南據浙西，與方國珍接境，中間帶甲數十萬，沃野數千里，卽未能藉其富強削平區宇，而官山多鼓鑄之資，煮海盡魚鹽之利，儻更勞心苦志，收召豪傑，倣典午之化龍，憑赤烏以立國，則江南雖小，可全而王也。

乃論者以士誠之失，在深居高拱，上下相蒙，驕將李伯昇、呂珍之徒皆齷齪不足數，黃、蔡三參軍輩又迂闊昧大計，以故謀主被讒，爪牙受縛。而予以太祖有可乘之敝三，士誠乃內懷選懦，坐失事機，此其所以亡也。

方士誠之竊發也，距太祖起兵僅一年耳，其時太祖者，濠圍初解，鄉里募師，未敢窺江外一步，而士誠不以此時長驅姑孰，略定金陵，爲百里趨利之謀，奮一鼓先登之氣，其失一也。洎乎友諒僭號，約同入寇，而江州兵下，議者欲降，明師單弱，勢岌岌矣，士誠又不以此時乘夫差之伐齊，規卞莊之刺虎，而保境苟安，喙息旦夕，其失二也。及乎僞漢屢摧，鄱陽大戰，輔車脣齒，可爲寒心，士誠又不以此時倣樂毅之結韓、趙，孔明之救東吳，而肥瘠越、秦，不關痾癢，其失三也。比至江、楚悉平，藩籬鞏固，全軍并力，捲甲東來，此時強弱之勢已明，衆寡之形不敵，譬之孤豚咋虎，燎髮洪爐，必無幸矣。爲士誠者，宜以犧牲玉帛，待于境上，河西三郡，獻自竇融，新都六城，保于汪氏，庶無喋血之憂，不失通侯之賞。而反鼓厲用兵，分番四出，命尹義、陳旺逆戰太湖，朱暹、五太子結寨東阡，又以張天騏當北路，黃寶當南路，陶子實當中路，卒之桑榆不收，噬臍無及，齊雲一炬，闔室自焚。豈太祖滅士誠哉，蓋士誠自滅之也。

然人但知友諒之失在輕戰，而士誠之失在自守。不知輕戰之弊，原于氣驕，自守之私，叢于志滿。急攻晉而苻秦遂困，不伐魏而蜀業亦亡，過猶不及，斯亦魯、衛之政與？雖其後士誠頗絕粒自經，辭無撓屈，然隗囂恚憤，公孫洞胸，遊魂倔強，何足數哉！

明史紀事本末卷之五

方國珍降

元順帝至正八年（戊子，一三四八），浙東台州黃巖人方國珍起兵，劫掠沿海州縣，元兵屢討不克。

十三年（癸巳，一三五三）十月，時青田劉基爲浙東行省都事，建議謂：「方氏首亂，宜捕而斬之。」執政多受國珍金者，輒罪基擅作威福，羈管于紹興，竟受國珍降。國珍雖受元官，實擁兵自固，不受元調發。元亦以四方多故，羈縻之不問。國珍尋叛，據溫、台、慶元等路。

十八年（戊戌，一三五八）十二月，太祖既下婺州，遣典籤劉辰使方國珍，招諭之。國珍與其弟謀曰：「今元運將終，羣雄並起。惟江左號令嚴明，所向無敵，今又東下婺州，恐難與爭鋒。況與我爲敵者，東有張士誠，南有陳友定，莫若姑示順從，藉爲聲援，以觀其變。」

十九年（己亥，一三五九）春三月丁巳，方國珍遣使因劉辰來奉書，獻黃金五十斤、白金百斤、金織文綺百端，願合力攻士誠。許之。以次子關爲質，太祖曰：「凡質，疑也；不疑何質！」厚賜關而遣之，改關名爲明完。國珍復納溫、台、慶元三郡籍，願輸金助軍守土，如錢謬故事，事定，卽以獻。

二十一年（辛丑，一三六一）春三月戊寅，方國珍遣使以金玉飾馬鞍獻。先是，太祖遣博士夏煜、陳顯道諭國珍曰：「福基于至誠，禍生于反覆，隗囂、公孫述可鑒也。」國珍惶懼。至是，遣其檢校燕敬來獻。太祖曰：「吾方有事四方，所需者文武才能，所用者穀粟布帛，其他珍玩，非所好也。」卻之。

二十四年（甲辰，一三六四）九月乙酉，方明善攻平陽，元帥胡深擊敗之，遂下瑞安。先是，溫州土豪周宗道以平陽來附，明善率兵攻之。宗道求援于深，深擊明善，敗之，下瑞安，進兵溫州。明善懼，與國珍謀，歲貢銀二萬兩充軍資。太祖許之，命深班師。

二十五年（乙巳，一三六五）六月壬子，參軍胡海攻樂清下之，擒方國珍鎭撫周清等，送建康。九月，元復以方國珍爲淮南行省左丞相，分省慶元。

二十六年（丙午，一三六六）九月，元改方國珍爲浙江行省左丞相，國瑋、國瑛、國珉及國珍子明善俱平章政事。初，國珍雖以三郡來獻，實未納土，特欲陽假借聲援以拒元。及元屢加命，國珍益驕橫，遂據有瀕海諸郡縣，不肯奉正朔。時太祖方連兵張、陳，不暇往討，累遣博士夏煜、楊憲往諭之，國珍心持兩端。太祖聞之，笑曰：「姑置之，待我克蘇州後，欲奉正朔，晚矣。」

太祖吳元年（丁未，一三六七），元至正二十七年也。九月甲戌，命參政朱亮祖討方國珍。

初，國珍懷詐反復，云：「俟克杭州，即納土。」及大兵克杭州，猶自據如故，乃累假貢獻，來覘虛實，爲叛服計。又北通擴廓帖木兒，南交陳友定，圖爲犄角。太祖遺書數其十二過，且徵貢糧二十萬石，曰：「克杭有日矣，公何負約如故？張士誠與公接壤，取公振落耳，所不敢者，以誰在耶？吾旦暮下姑蘇，奄至公境。背城一戰，亦丈夫矣。不然，去之入海，亦一策也。然自古未有老海上者，公審思之。」國珍懼，與其弟姪將佐謀。郎中張本仁曰：「江左方圖張氏，勝負未可知，計不能越境而致于人。」劉席曰：「江左多步騎，平地用耳，奈吾海舟何！」丘楠曰：「皆非主福也。惟智可以決事，惟信可以守國，惟直可以用兵。昔者江、淮之間，豪傑並起，人人莫不欲帝，然分鼎足者，漢與二吳耳。漢人敢戰不怯，尙死九江。張吳區區，如甕中鼠，敗可知也。江左法嚴而軍威，諸將所過，秋毫無犯。所得府庫，還封識之，以奉其主，此乃弔伐之心，必有天下。且業已幷漢，勢復兼張。公經營浙東十餘年矣，不能越三郡，不以此時早決，不可謂智；自居錢鏐，抑又背焉，不可謂信；我之不信，彼徵師焉，不可謂直，莫若與也。」國珍不能用。至是，命亮祖率馬步舟師討之。

初，台州爲國珍弟國瑛竊據。己丑，亮祖駐師新昌，遣部將嚴德攻關嶺山寨，平之。辛卯，至天台，守將湯盤以城降。進攻台州，國瑛以兵拒戰，擊敗之，嚴德戰死，遂至台州。國瑛聞亮祖至，卽欲遁去。會國珍入慶元治兵，爲城守計，使人謂國瑛堅守勿去。國瑛始約束將士，乘城拒守，然士卒多懷懼亡去者。亮祖等急攻之。辛丑，國瑛度力不能支，以巨艦載妻子，乘夜出興善門，走黃巖。亮祖入城撫定之。

十月，進兵黃巖，瑛復遁海上，留其黨哈兒魯守黃巖，哈兒魯卽以城降。亮祖分兵下仙居等縣，國珍聞之氣沮。

癸丑，命湯和爲征南將軍，吳楨爲副將軍，率常州、長興、宜興、江、淮諸軍討方國珍于慶元，諭之曰：「爾等奉辭伐罪，毋縱殺戮，當如徐達下姑蘇，平定安集，乃吾所願也。」

十一月，吳楨引舟師，乘潮夜入曹娥江，夷垻通道，出其不意，抵軍廐。會降卒言國珍已遁入海，楨勒兵追之。湯和兵自紹興渡曹娥江，進次餘姚，降其知州李樞及上虞縣（邑）〔尹〕（據洪武實錄卷二二改）沈煜。遂進兵慶元城下，攻其西門，院判徐善等率父老迎降。國珍乘海舟遁，和率兵追敗之，國珍率餘衆入海。和分徇定海、慈谿等縣，得軍士三千人，戰船六十艘，馬二百餘匹，銀六千九百餘錠，糧三十五萬四千六百石。

朱亮祖自黃巖進兵溫州，陳于城南七里，國珍令其子明善引兵拒戰，亮祖擊敗之，破其太平寨，追至城下，餘兵潰，奔入城。亮祖遣部將湯克明攻西門，徐秀攻東門，柴虎將游兵策應。晡時，克其城，獲員外郎劉本善，國瑛等遁去。亮祖撫其民，分兵徇瑞安，守將同僉喻伯通降。遂帥舟師會吳禎襲明善於樂清之盤嶼島，夜三鼓克之，大獲其戰艦士馬。

國珍既遁入海島，己丑，太祖復命廖永忠爲征南副將軍，率師自海道會湯和等兵討之。其部將多來降，諸郡縣相繼下，國珍惶惑失措。和等復遣人持書招之，諭以朝廷威德，及陳天命所在。國珍不得已，遣郎中承廣、員外郎陳永乞降，又遣其子明克、明則、從子明鞏等納省院及諸銀印銅印二十六、銀一萬兩、錢二千緡于和。丙申，朱亮祖兵至黃巖，方國珍及其兄子明善率家來降。于是國珍遣其子明完奉表謝罪。太祖始怒其反復，及覽表，憐之。表出其臣詹鼎所草，詞辨而恭。太祖讀表曰：「孰謂方氏無人耶？」賜書曰：「吾當以投誠爲誠，不以前過爲過。」辛亥，國珍及其弟國珉率部屬謁見湯和于軍門，得士馬舟楫數萬計。和送國珍等于京師，太祖讓之曰：「公胡反復陰陽，勞我戎師耶？顧實公左右舞小智教公，公不能自裁耳。」乃悉召其臣，以丘楠爲韶州同知，又知草表出鼎手，命官之，其餘盡徙濠州。浙東悉平。後太祖卽位，厚遇國珍，賜第京師，宴位功臣次。未幾，授廣西行省左丞，奉朝請。一日侍宴，坐不能興，舁歸。太祖官其二子，曰「令國珍見」云。國珍以善終。

谷應泰曰：元至正八年，方國珍以黃巖黔赤，首弄潢池，揭竿倡亂，西據括蒼，南兼甌越。元兵屢討，卒不能平，以致五年之內，太祖起濠城，士誠起高郵，友諒起蘄、黃，莫不南面稱雄，坐擁劇郡，則國珍者，雖聖王之驅除，亦羣雄之首禍也。然而國珍地小力少，不足以張國，餉匱援絕，不足以待敵。此惟識略過人，眞知天命，若陳嬰以兵屬漢高，馮異以地歸光武，則功垂刑馬，名在雲臺，豈不善始善終哉。而國珍者，市井之徒，斗筲之器，宜其無定見也。夫國珍智昏擇木，心懷首鼠，懼明之侵軼，則受撫于元，以壯其虛聲；懼元之窮追，則納款于明，以資其外衞。其效忠于陳友定也，豈非河朔之劉琨，西涼之張氏。而侍子於明太祖也，又豈非下江之王常，吳越之錢俶。正所謂狺牙搖尾，荒忽無常。毋論明室鼎興，貽羞鬼蜮，就令元兵晚振，亦斬鯨鯢。蓋首尾衡決，無一而可者。而彼終恃狡謀，依違兩墮，則以攝乎大國之間，遷延歲月之命耳。

然究竟友諒兇強，士誠給富，無不先期殄滅，而國珍以彈丸之地，乃更支離後亡者，非國珍之善守禦，而太祖之善用兵也。太祖之意，以用兵如攻木，先其堅者，後其節目。故先平吳、漢，後議國珍，緩急之勢所不得混也。而中間允其納幣者一，遣使招諭者再，又且推還質子，姑置後夫。蓋吳、漢者門庭之寇，赴之宜速，而國珍者樊籠之鳥，取之如寄，毋亦米成山谷，盡天水于目中，豈眞兵白頭鬚，置隴、蜀于度外也。卒之六師旣加，竄奔海島，計窮歸命，傳送京師。語云：「不爲禍始。」又云：「無始亂。」國珍之竊據非分，適足爲新主資矣。

明史紀事本末卷之六

太祖平閩

元順帝至正十二年（壬辰，一三五二），盜起海上，勢且及汀。元汀州判蔡公安募吏士乘城。福清人陳友定以明溪驛卒談軍事，公安奇之，授黃土寨巡檢，從討延平、邵武諸山賊，平之，遷清流簿，尋爲清流令。友定一名有定，字安國，從福清徙居清流。少孤，病頭瘡，傭于富室羅氏。常與羣兒樵，設隊伍爲戲。羅奇之，將以爲壻，媼不悅，曰：「頭病郎足壻耶！」因失鵝而奔于隣，隣家夢虎踞門，得友定，大喜，召飲食，乞于羅媼，竟壻之。俾習商販，善敗，大困。然其爲人勇沈，喜游俠擊斷，不問家人有無，要以借軀徇急，行其志而已。衆憚服之，爭願爲之役。

十九年（己亥，一三五九），陳友諒遣其將康泰取邵武，鄧克明寇汀州。友定以總管禦之，戰于黃土，盡獲其部衆，克明逃去，遷行省參政。

二十年（庚子，一三六〇）二月庚申，元福建行省參政袁天祿以福寧州來歸。先是，福建義兵萬戶賽甫丁、阿里迷丁據泉州，陳友諒兵入杉關，攻陷邵武、汀州、延平諸郡縣，羣盜乘勢竊發，閩地騷動，天祿輩知元勢不振。至是，見明師下浙東，方國珍歸附，天命有在，遂遣古田縣尹林文廣納款。時福清同知張希伯亦遣其屬來降，太祖賜書褒嘉之。

二十一年（辛丑，一三六一），鄧克明復寇汀州，陳友定逆戰，敗之，遂開省于汀州，遷左丞。

二十二年（壬寅，一三六二）夏，元以陳友定守汀州。友定兵勢日盛，郡縣倉庫悉入其家，元行省平章燕只不花擁虛位而已。

二十四年（甲辰，一三六四），陳友定開省延平，遷行省平章政事。時元大都道絕，友定遣貢舶，多由海道取登、萊，十達三四，元主下詔褒美。方國珍來寇，擊敗之。

二十五年（乙巳，一三六五）二月，陳友定侵處州，參軍胡深擊之，遁，復追敗之。己丑，遂下浦城。

四月乙丑，參軍胡深進攻建寧之松溪，克之，獲陳友定守將張子玉，餘衆敗奔崇安。深請發廣信、撫州、建昌三路兵併攻之，因取八閩。太祖如深言，遣廣信衞指揮朱亮祖由鉛山，建昌左丞王溥由杉關，會深進兵擊之。

五月，胡深等進兵克浦城，遂與友定將賴元帥大戰于浦城之南，敗之。

六月，會朱亮祖克崇安、建陽，遂進攻建寧。大兵次城下，亮祖卽欲攻之，深視氛祲不利，謂亮祖曰：「天時未協，將必有災，未可與戰。」亮祖曰：「參軍何得以災爲解！師已至此，庸可緩乎？且天道玄遠，山澤之氣，變態無時，何足徵也。」迫深進兵，深猶執不可。會建寧守將阮德柔以兵四萬屯錦江，逼深陣後，亮祖咎深，督戰益急。深不獲已，遂引兵鼓譟進擊之，破其二門。德柔盡率精鋭扼深軍，圍之數重。時日已暮，深知營壘未安，而兵圍不解，難以持久，即突圍出。德柔伏兵忽起，深馬蹶被執。友定頗禮遇之，深爲具道朝廷威德，並陳天命所在，且援竇融歸漢故事諭之。友定初無害深意，會元遣使者至，督迫之，遂殺深。先是日中有一黑子，劉基奏曰：「東南當失一大將。」至是，深果敗沒。深有文武才，守處州五年，威惠甚著。太祖聞報，痛惜之，遣使賜祭，追封縉雲郡伯。

二十六年（丙午，一三六六）八月，元以陳友定既敗胡深，命爲福建行省平章政事，兼守八閩。友定有勝兵萬人，益發取諸郡縣，遠近瓦解，無敢角。而長汀人羅良者，故亦以散資募士，爲元捕殺漳山寇，提兵解福州圍，爲閩將第一。良數從海道漕元，元爵良晉國公。貽友定書曰：「足下向爲參政，國大臣。汀州之復，固本職。燕只平章，足下僚長也，足下迫之；郡邑之長，出自朝命，足下竄之；百司，朝廷之役，足下臣妾之。足下所收復郡邑，得其倉庫，入爲家資。口言爲國，心實身耳。跬步之間，眞僞甚明。不審足下將爲郭子儀，抑爲曹孟德？」友定大怒，發兵攻漳。良使三千人操弩毒矢，伏險待之。千長石古違良節制，友定兵得渡柳營江。良迎戰馬岐山，敗績，進圍漳。良堅守旬月，死之。友定據漳，使人鑿山道，城守自固。

十二月，友定建寧守將阮德柔遣使來納款。

太祖吳元年（丁未，一三六七），元至正二十七年也。十月甲子，命中書平章胡廷美爲征南將軍，江西行省左丞何文輝爲副將軍，率師取福建，以湖廣參政戴德隨征。諭廷美曰：「汝以陳氏丞相來歸，事吾數年，忠實無過，故命汝總兵往取福建。何文輝爲汝之副，湖廣參政戴德從汝調發。二人皆吾親近之人，勿以此故廢軍政。凡號令征戰，一以軍法從事。吾昔微時，在行伍中，見將帥統馭無法，心竊非之。及後握兵柄，所領一軍，皆新附之士。一日驅之野戰，有二人犯令，卽斬以徇，衆皆股栗，莫敢違吾節制。人能立志，何事不可爲！聞汝往年嘗攻閩中，必深知其地理險易，今總大軍征進，凡攻圍城邑，必擇便利可否爲之，進退無失機宜。克定之功，全賴于汝。」廷美拜命出。

十一月壬寅，胡廷美度杉關，略光澤縣，下之。己酉，廷美克邵武，元守將李家茂以城降。丁巳，廷美克建陽，元守將曹復疇亦降。

戊午，勅征南將軍湯和、副將軍廖永忠率舟師自海道取福州。

庚午，湯和克福州。初，友定環福州城外皆築壘爲備，每五十步更築一臺，嚴兵守之。聞我師入杉關，乃留同僉賴正孫、副樞謝英輔、院判鄧益以衆二萬守福州，友定自率精銳守延平。時湯和偕廖永忠、吳禎等自明州乘東北風，不數日，奄至福州五虎門，駐師南臺，遣人入城招諭，爲元平章曲出所殺。大兵登岸，將圍城，曲出領衆出南門拒戰，指揮謝得成等擊敗之，衆潰，入城拒守。是夜，參政袁仁密遣人納款。黎明，大兵蟻附登城，遂開南門。和擁兵入，鄧益拒戰于水部門，擊殺之。正孫、英輔自西門出走延平。曲出、搭海木兒、抗者不花、左丞鄧住、中丞鐵木烈思等皆懷印綬，挈妻子遁去。參軍尹克仁赴水死。時僉樞栢鐵木兒居官，聞大軍攻城急，曰：「戰守非吾得爲，無以報國。」乃積薪樓下，殺其妻妾及兩女，縱火焚之，遂自刎。湯和入省署，撫輯軍民，獲馬六百餘匹，海舟一百五艘，糧一十九萬餘石。和遣袁仁暨員外佘善招諭興化、漳、泉諸路。其福寧等州縣之未附者，分兵徇之。太祖洪武元年（戊申，一三六八）春正月，元興化守將葉萬戶棄州遁，耆民李子成等率衆詣湯和降。和遣都指揮俞良輔往守之。于是莆田等十三縣皆降，和進攻延平。

胡廷美、何文輝等率師至建寧，元守將同僉達里麻、參政陳子琦集僚佐謀曰：「聞明兵驍勇，自入杉關，諸鎮望風瓦解，其鋒不可當。今吾城中軍士，不下萬餘。儲蓄尚富，可以拒守，不可與戰。彼攻吾城不克，必將自逸。吾因而乘之，可以得志。」衆皆曰：「然。」由是備禦甚堅。廷美等進圍之，數挑戰，達里麻等固守不出。廷美督兵環其四門，晝夜急攻之。達里麻不能支，夜潛至副將軍何文輝營納款。詰旦，總管翟也先不花亦率衆詣文輝降，廷美怒二人不詣己，欲屠其城。文輝曰：「與公同受命至此，爲安百姓耳！城降，欲以私忿殺人，可乎！」乃止。壬辰，整軍入，秋毫無犯。執參政陳子琦送京師，獲將士人馬銀糧以萬計，命指揮費子賢領兵守之。

湯和、廖永忠等進兵取延平。垂發，先遣使招諭友定。友定大會諸將，殺使者，取血置酒中盟諸將，慷慨飲之，誓以死報元。大兵遂至延平，隔水而陣。分一軍渡水，攻其西門。友定戰不利，歸謂諸將：「敵千里遠鬭，氣鋭，愼毋戰；戰徒殺吏士耳。吾墉山塹壑，蓄犀器，飽士，爲持久計困之。」衆曰：「善。」遂乘城守。日夜勒吏士擊刁斗，被甲偶立，不得更番休息，守者怨甚。會諸將欲出戰，友定不許。數請不已，友定遂疑其部將蕭院判、劉守仁有攜貳心。收蕭院判殺之，奪守仁兵。守仁降，士卒多踰城走者。圍十日，城中軍局火砲聲發，明兵疑有內應，急擊破之。友定知事已迫，乃與樞密副使謝英輔、參政文殊海牙訣曰：「公等善爲計，吾爲元死耳！」坐省堂，按劍仰藥飲盡。英輔與達魯花赤白哈麻具服北嚮拜，自經死。文殊海牙、賴正孫等開門降。

庚子，大兵入城，輿友定出。俄值大雷雨，復蘇。其子海自將藥來就死，并執送京師。太祖面詰曰：「元已亡，若爲誰守？殺我胡將軍，又不內使者，今何憊也。」友定恚曰：「已矣，毋多談，安得加我死乎！」遂倂其子棄市。

胡廷美等進兵克興化。遣建陽降將曹復疇招諭汀州及寧化、連城等縣。元汀州守將陳國珍納款。于是泉州、漳州、潮州郡縣相繼降。置延平衞，廷美以部將蔡玉守之。六月甲子，友定故將金子隆、馮谷保等復率衆寇延平，玉擊敗之，追至沙縣青雲寨，子隆負險自守。會建寧指揮沐英攻鉛山，上命英以兵會和。丙寅，英引兵夾攻破之，擒谷保。戊辰，命平章李文忠率兵討金子隆等。

閏七月，李文忠帥師攻清化、寧化諸山寨，擒金子隆及其餘黨，誅之，閩地悉平。

谷應泰曰：太祖之取閩也，嘗分兵從兩道入。胡廷美、何文輝由陸路，湯和、廖永忠督海師。而其時爲元守封疆者，則福清人陳友定也。友定以布衣談兵，謁州判蔡公安，從攻延、邵諸山賊，起家巡檢，歷功擢行省平章，何其偉也。乃其爲人勇沈，喜游俠，捐軀報仇，不問生產。又且明兵壓境，義無反顧，殺使者，盟諸將，嬰城固守，誓死報元，豈非犖犖尤異者歟！

方羣雄割據，中原雲擾之時，友定藉海舶之利，乘關門之險，北引東甌，南襟嶺表，練兵積粟，耑制一方，則無諸之業，閩越王之尊，可坐而致也。又不然，則如徐煜之在江南，錢俶之據吳、越，持虛名以奉唐，挈土地以歸宋，列爵王侯，不失富貴，亦數世之利也。乃友定計不出此，始終爲元，延平垂破，慷慨就死，仰藥復蘇，父子駢戮，亦足愧智士之持兩端，人臣之懷二心者矣。雖其間胡深之殺，頗有狐疑，劉守仁之降，亦多猜刻，定之方略，要亦未稱盡善。而英輔與哈麻，以自經告終，金子隆與馮谷保，又血戰致斃，蓋若田横既死，義士悉從，李芾自裁，潭城皆盡，豈非激于忠勇，奮臂不顧者耶！

然予獨怪至正之末，猶德祐之末也。內則叛官離次，外則委印棄城。一矢加遺，望風相屬。乃其部落多奔潰，而閩人獨爲扼守，京畿多散亡，而閩地獨能死守者，豈漢室將衰，邊庭請附，晉家解紐，張駿稱藩，荒裔絕域，固未測中朝之虛實也。

明史紀事本末卷之七

平定兩廣

吳元年（丁未，一三六七），元至正二十七年也。十月甲子，命湖廣行省平章楊璟、左丞周德興、張彬率武昌、荆州、潭、岳等衞軍，由湖廣取廣西。諭璟等曰：「南方之人，皆入版圖，惟淮北、山東尚未寧一，兩廣、八閩尚未歸附。已命丞相徐達、平章常遇春等北定中原，平章胡廷美分道南征，以取八閩，俟八閩既定，就以其師航海取廣東。故命爾等率荆、湘之衆進取廣西，兩軍合勢，何征不克。爾其務靖亂止暴，使遠人畏服，毋替予命！」璟等頓首出。

太祖洪武元年（戊申，一三六八）正月乙亥，楊璟等進兵攻永州，元全州平章阿思蘭遣兵來援，逆擊，敗之，進逼永城。守將鄧祖勝出兵南門拒戰，又敗之，獲其將王鑑。祖勝歛兵入城固守。元兵復自廣西來援，駐東鄉，倚湘水列七營，軍容甚盛。璟遣指揮袁子明擊敗之，獲其萬戸丁武等千餘人。

二月癸卯，命平章廖永忠爲征南將軍，參政朱亮祖爲副將軍，由海道取廣東。上諭永忠等曰：「王者之師，順天應人，以除暴亂。朕昔平定武昌，荆、湘諸郡望風款附。常遇春克贛州，南安、嶺南數郡亦相繼來歸。此無他，師出以律，人心悅服故也。今兩廣之地遠在南方，彼此割據，民困久矣。彼聞八閩不守，湖、湘已平，中心震懾。若先遣人宣布威德，以招徠之，必有歸款迎降者。如其拒命，然後舉兵，扼其險要，絕其聲援。聞廣東要地，惟在廣州。廣州既下，則循海諸郡可傳檄而定。海南海北，以次招徠，留兵鎮守。仍與平章楊璟合兵取廣西。肅清南服，在此一舉。」

癸丑，楊璟遣千戶王廷將兵取寶慶。先是，既克寶慶，復爲陳友諒將周文貴所陷。至是，廷進兵茱萸灘，賊衆千餘，據險拒戰，廷擊敗之，文貴遁，遂復寶慶。

壬戌，敕贛州衞指揮使陸仲亨等帥師會廖永忠征廣東。上諭仲亨等曰：「近命平章楊璟等由湖南取廣西，廖永忠等由福建取廣東。今特命爾等率師由韶州直擣德慶。三方進兵，爲犄角之勢，舉無不克。廣東既下，合兵取廣西。先聲既振，勢如破竹，但當撫輯生民，毋縱殺掠。」

三月，楊璟遣左丞周德興、參政張彬率兵取全州。壬申，我師克全州，元平章阿思蘭遁去。道州莫友遜、寧遠州李文卿、藍山縣黎元帥相繼降。

廖永忠等率舟師自福州航海取廣東，元左丞何眞降。先是，嶺海騷動，眞固保鄉里。邑人王成、陳仲玉搆亂，眞請於行省，舉義兵除之，擒仲玉以歸。成築砦自固，圍之，久不下。眞募人能縛成者，予鈔十千。於是成僕縛成以出。眞笑謂曰：「公奈何養虎自貽患！」成慚。僕求賞，眞如數予之。使人具湯鑊車上，成懼，以爲將烹己也。眞乃縛僕於上，促烹之。使數人鳴鉦，督僕妻炊火。僕一號，則羣應之，曰：「四境有如僕縛主者，視此！」於是人具服，以爲光武待蒼頭子密，不能及也，競歸之。遂併有循、惠二州，授惠州路通判。尋以眞爲參政，遷右丞，嶺表民賴以安。或陳符瑞，勸爲尉佗計者，輒斥絕之。初，廖永忠駐福州，遣人以書諭元江西分省左丞何眞，略曰：「乃者元君失馭，天下土崩，豪傑之士，乘時而起。分剖州郡，竊據疆土。或假元號令，或自擅兵威，暴征橫歛，蠶食一方。生民塗炭，可謂極矣。今天子受天明命，肇造區夏，江、漢既已底定，閩、越又皆帖服，中原之地，相繼削平，惟兩廣僻在遐方，未霑聖化。予受命南征，順者撫綏，逆者誅殛。恐足下未悟，輒先走一介之使相告，足下其留意焉。」至是，永忠等至潮州，眞遣其都事劉克佐上印章，籍所部郡縣戶口、甲兵、錢穀，奉表歸附。上嘉其保境息民，視漢、唐竇融、李勣等，特召乘傳來朝。

丙戌，平章楊璟遣兵攻武岡州，元守將曾權舉城降。

四月朔辛丑，廖永忠等師至東莞，何眞率官屬迎見。進次虎頭關，元將盧左丞、張元帥各率所部來降，遂入廣州。陸仲亨率兵下英德、清遠、連江、連州、肇慶等郡縣。辛丑，進克德慶路，元守將張鵬程棄城遁。按何眞，東莞人，常爲淡水場管勾。元末，嶺南盜蜂起，剽掠眞鄉，眞結豪民保障。及亂兵據惠州，眞率衆復之，以功授惠州路通判，陞宣慰司都元帥。時南海寇邵宗愚陷廣州，眞又擊走之。元立江西分省於廣東，以眞爲參政，又陞右丞，遂據有廣東諸州郡。至是始降。

乙卯，廖永忠擒廣州僞參政邵宗愚等，誅之。時宗愚據三山寨，遣人納降，而遷延不至。永忠知其詐，下令往攻。夜二鼓，發兵抵其寨，詰旦破之，獲宗愚，斬於市。分捕新會黃彬、河源曹文昌、汲州廖仁、南海麥康祖等，皆誅之。

何眞入朝，賜宴，并白金千兩，文綺紗羅綾緞各百疋，將校分賜有差。諭之曰：「天下紛紛，所謂豪傑有三：易亂爲治者，上也；保民達變，識所歸者，次也；負固偸安，毒流生民，身死不悔，斯不足論矣。頃者，師臨閩、越，卿卽輸誠來歸，不煩一旅之力，民庶安堵，可謂識時達變。」授眞江西行中書省參知政事。

楊璟圍永州，久不下，命指揮胡海洋等築壘困之。復造浮橋於西江上，練習軍士，示以必克。至是，食盡力窮，守將鄧祖勝仰藥死，參政張子賢等猶率衆拒守。百戶夏昇縋城詣璟降，因言祖勝死狀。夜三鼓，璟督兵四面攻之，胡海洋等踰城入，子賢復率衆巷戰。天明，衆潰，子賢與元帥鄧思誠等俱就執，獲其全城士馬，璟調衡州衞指揮同知丁玉守之。於是來陽等州皆遣人降。

五月己卯，征南將軍廖永忠、參政朱亮祖等兵至梧州，元達魯花赤拜住率官吏父老迎降。時元吏部尚書普顏帖木兒、張翔以便宜行事入廣西，行次藤州，永忠兵適至，募兵欲迎戰，民無應者。既而藤州守吳鏞出降，乃率所部百餘人走欝林。亮祖勒兵追之，普顏帖木兒戰沒，張翔赴水死。亮祖駐兵藤州。甲午，朱亮祖引兵至容州，同知明普化及普寧縣達魯花赤間買等迎降。朱亮祖師次貴州，元欝林州知州張那海迎降。

六月甲辰，元海南、海北道元帥羅福等及海南分府元帥陳乾富等，俱遣使降。

壬戌，克靖江路。先是，周德興克全州，卽分兵柵據靖江險要，絕其聲援。璟既克永州，遂引兵抵靖江城下，屯於北關。參政張彬屯西關。朱亮祖亦帥師自廣東來會，屯於東門象鼻山下。攻城二旬不克。璟語諸將校曰：「彼所恃者，西城濠水耳。當先取閘口關，決其堤岸，則破之必矣。」諸將曰：「諾。」明日，遣指揮使丘廣引輕兵攻閘口關，殺守堤兵，決堤，濠水涸，因築土堤，近與城接，以通士卒。遂克其北門月城，又克其北門水隘，斬獲百餘人。復攻其西門，不利。相持凡兩閱月，攻圍益力。也兒吉尼勢窮蹙，驅兵南門出戰，指揮胡海擊敗之，獲其萬戶皮彥高、楊天壽等。璟因使彥高陰搆其總制張榮。榮麾下裴觀以書繫矢射璟營，期以是夜降。既二鼓，觀縋城出，見璟，備言城中積貯空虛，人無鬬志，可立取狀。璟乃給白皮帽百餘，俾歸爲識，約四鼓，從賓賢門入。至期，璟命諸將率衆徑進，也兒吉尼聞變，倉卒走，追至城東伏波門，執之。初，張彬始攻城，爲守者所詬，恚曰：「城破，當悉屠之。」比克城，璟懼其縱殺，下令曰：「殺人者死！」彬乃止，衆心遂安。

戊辰，廖永忠進兵南寧，元土浪屯田千戶宋眞執其守將平章咬住等遣使降。永忠悉收諸司印章，命眞守其城，送咬住等赴京師。

七月己巳，廣西左江太平府土官黃英衍、右江田州府土官岑伯顏等，遣使齎印章詣平章楊璟降。

元平章阿思蘭自全州之敗，率餘衆退保象州。廖永忠遣指揮耿天璧等討之。師至賓州境，阿思蘭遣其部將李左丞拒戰，天璧擊敗之。阿思蘭窮迫，乃遣其子僧保來納款。戊子，遂自帥所部詣永忠降，獻其銀印三，銅印三十七，金牌五。

丁酉，元彬州守將左丞楊以誠詣平章楊璟營降。廣西悉平，楊璟等自靖江振旅還。

二年（己酉，一三六九）二月，詔改慶遠府爲慶遠南丹軍民安撫司。湖廣行省臣言：「慶遠地接八番溪洞，所轄南丹、宜山等處，宋、元皆用其土酋爲安撫使。大兵下廣西，安撫使莫天祐首來款附，宜錄用以統其民，則蠻情易服，守兵可減。」上從之，以天祐爲安撫司同知。

三月癸亥，置廣西行省。初，廣西隸湖廣，至是時置行省。九月戊午，征南將軍廖永忠、副將軍朱亮祖還京師。

冬十一月丙午，遣中書照磨蘭以權齎詔往諭廣西左、右兩江溪洞官民曰：「朕惟武功以定天下，文教以化遠人，此古先哲王威德並施，遐邇咸服者也。睠茲兩廣，地邊南徼，風俗質樸，自唐、宋以來，黃、岑二氏代居其間，世亂則保境土，世治則修職貢，良由審時知幾，故保世滋大。頃者朕命將南征，八閩克清，兩廣平定，爾等不煩師旅，奉印來歸，嚮慕之誠，良足嘉尚。今特遣使往諭，爾其克慎乃心，益懋厥職，宣布朕意，以安居民。」

谷應泰曰：吳元年，太祖命平章楊璟由湖廣取廣西，又命征南將軍廖永忠由閩之海道取廣東，兩路進師，尅期同發，趨之如猛獸鷙鳥，迫不及待者，蓋亦乘新勝之威，振發蒙之勢者也。夷考其時，淮北、山東曾無經略，秦、晉、關、陝尙懸度外，止徐達一軍由淮入河，長驅北伐耳。夫咸陽建瓴百二，非止珠崖、銅柱之險也；中州沃野千里，不特桂林、象郡之饒也；三晉兵馬莫強，又不止尉佗之夷風，番禺之嶮俗也。乃太祖不幷力中原，而分兵南徼，不急爭隩府，而先事蠻方，緩急之數，得毋出於下策乎？而予以爲不然也。

方其時元人地大力全，雖遣王時，未窺虛實，合衆叩關，計需歲月。而江南之地，漢、吳、閩三方並沒，所向無前，粤服先聲，畏之如虎，更若一矢加遺，卽可傳檄而定。

兵法云：「避實擊虛。」又云：「攻其瑕，則堅者瑕。」於是由武岡入者，皆長鬣之精騎，從海道入者，下樓船以濟師，而又以陸仲亨一軍出贑踰嶺，批吭搗虛，雖淮陰之用兵出奇，岳侯之神算料敵，不是過也。究之楊璟戰功，止全、永二州，廖永忠戰績，止三山一寨，而靖江不下，稍煩兩軍合圍旬月耳。其餘郡縣，無不開門納降，望風迎附。兵不血刃，而拱手得之者，則太祖之廟算長也。聞之孔明伐魏，先定南苗。秦國自強，首吞巴、蜀。蓋正向而爭天下者，殊恐人之議其後耳！況乎南方既定，兵力有餘，海王坐收，軍資尤盛。因而還師轉戰，掃滅上游，楊璟著唐州之功，永忠鼓夔門之捷，與徐達諸軍相爲犄角，克奏蕩平。譬之光武悉定江、淮，然後一意隴、蜀；宋主先取兩川，然後專辦東南。所謂事形已濟，迎刃而解者也。至若元左丞何眞者，拒自王之謀，全歸命之義，而太祖嘉其保境息民，與竇融、李勣輩爭烈，嗚呼，不誣矣！

明史紀事本末卷之八

北伐中原

元順帝至正十九年（己亥，一三五九）九月，明太祖遣千戶王時往方國珍所，附海舟至元都，偵察元政及察罕帖木兒、李思齊軍馬情形。時察罕克汴梁，平山西、秦、隴等處，遂分兵鎮守關、陝、荆、襄、河、洛，而重兵屯太行，日練兵積穀，謀恢復山東，軍聲大振，故遣時往探之。

二十一年（辛丑，一三六一）八月，復遣都事汪河使元，通好察罕帖木兒。時察罕用兵山東，招降東平田豐、樂安俞寶等，其勢頗盛。上謂左右曰：「察罕帖木兒雖假義師圖恢復，乃與孛羅帖木兒兵爭不解，屢格君命，此豈忠臣所爲乎？又聞其好名，如田豐傾側，亦復待以腹心，則昧于知人矣。吾今遣人往與通好，觀其行事，然後議焉。」

二十三年（癸卯，一三六三）春正月，元平章擴廓帖木兒遣使來通好。擴廓，察罕甥王保保也，察罕養爲己子。先是，察罕駐汴梁，太祖嘗遣使通好。既而察罕亦以書來聘，太祖以前所遣使不還，不之答。察罕尋爲叛將田豐、王士誠所刺，擴廓代領父衆，乃遣尹煥章送我使者自海道還。太祖復遣都事汪河與俱往報禮。河至河南，擴廓留之，拘于陝州。踰三年始得還，以爲吏部侍郎。

二十六年（丙午，一三六六）夏四月壬戌，元徐州守將樞密同知陸聚聞徐達等已克淮安，以徐、宿二州詣達軍降。太祖嘉其識天命，命爲江淮行省參政，仍守徐州。於是邳、蕭、宿遷、睢寧諸縣皆降。

秋九月，上遣書送元宗室神保大王及黑漢等九人於元主。

吳元年（丁未，一三六七），元至正二十七年也。春正月，遣使以書諭元擴廓帖木兒。先是，使臣汪河爲擴廓所拘留，太祖以書諭之，不報。至是，復與之書，略曰：「予自起義以來，拓地江左。閣下之先，以興復爲名，提兵河北。古人朝聘往來，不過將道誠意。今汪河去而不返，是所拘者少，所失者大也。閣下地非不遠，兵非不多，所慮者張思道操刃于潼關，李思齊抗衡于秦、隴，俞寶蓄變于肘腋，王信生釁于近郊。閣下自以功成，安如泰山，坐使羣雄連結，禍機一發，首尾莫救，此深爲閣下惜。所以數使遣人奉書瀆聽者，是予欲盡一得之愚於閣下，閣下何爲自矜！倘能遣使刻日將命，以汪河、錢禎等還，豈惟不失前盟，亦可取信天下。如其不然，我則命襄陽之師，經唐、鄧之郊，北趨嵩、汝；以安陸、沔陽之兵，掠德安，向信、息；使安豐、濠、泗之將，自陳、汝擣汴梁；徐、邳之軍取濟寧；淮安之衆，約王信海道舟師，會俞寶同入山東。此時閣下之境，必至土崩瓦解。是又開我南國之兵端，爲彼後日之戰禍。閣下其審思之，毋貽後悔！」

命傅友德守徐州。二月丁未，元擴廓帖木兒遣驍將左丞李貳來寇，兵駐陵子村。友德堅壁，俟其出掠，乃將步騎三千餘溯舟至呂梁，捨舟登陸擊之。李貳遣裨將韓乙盛兵迎戰，友德躍馬奮槊，刺韓乙墜馬，敗去。友德度李貳必益兵來鬭，趨還城，開門出兵，陣於城外。令士卒皆臥鎗以待，聞鼓聲卽起擊。有頃，李貳果率衆至，友德令鳴鼓，我師奮起，衝其前鋒。李貳衆大潰，溺死無算，遂生擒貳，獲其將士二百餘人，馬五百匹。擢友德江淮行省參知政事。

十月甲子，太祖命將北取中原，謂信國公徐達等曰：「自元失其政，生民塗炭，予與諸公仗義而起，冀有奠安生民者出，豈意大難不解，爲衆所附，遂平陳友諒，滅張士誠，閩、廣之地，將以次而定。尙念中原擾攘，山東則有王宣父子，反側不常；河南則有王保保，上疑下叛；關、隴則有李思齊、張思道，彼此猜忌，與王保保互相嫌隙。元之將亡，其機在此。今欲命諸公北伐，計將何如？」遇春對曰：「今南方已定，兵力有餘，直擣元都，以我百戰之師，敵彼久逸之卒，可挺竿而勝也。都城既克，乘勝長驅，餘皆建瓴而下矣。」太祖曰：「元建都百年，城守必固。若如卿言，懸師深入，頓于堅城之下，餽餉不繼，援兵四集，非我利也。吾欲先取山東，徹其屏蔽；旋師河南，斷其羽翼；拔潼關而守之，據其戶檻。天下形勢，入我掌握。然後進兵元都，則彼勢孤援絕，不戰可克。既克其都，鼓行而西，雲中、九原以及關、隴，可席卷而下。」諸將皆曰：「善。」太祖因顧達曰：「兵法：『廟算勝者，得算多也。』」於是命徐達爲征（北）〔虜〕（據國榷卷二改）大將軍，常遇春爲征（北）〔虜〕（同上）副將軍，率甲士二十五萬，由淮入河，長驅北伐。復召諸將諭之曰：「征伐所以奉天命，平禍亂。故命將出師，必在得人。今諸將非不健鬭，然能持重有紀律，戰勝攻取，得爲將之體者，無如大將軍達。當百萬之衆，勇敢先登，摧鋒陷陣，所向披靡，無如副將軍遇春。然吾不患遇春不能戰，但患其輕敵耳。吾前在武昌，親見遇春纔遇數騎挑戰，即輕身赴之。彼陳氏如張定邊者，何足稱數，尙據城指揮。遇春爲大將，顧與小校爭能，甚非所望，切宜戒之！若遇大敵，遇春領前鋒，當與參將馮宗異分左、右翼，各將精銳擊之。右丞薛顯、參政傅友德，勇略冠諸軍，可使獨當一面。或有孤城小敵，但遣一將有膽略者，付以總制之權，皆可成功。達則專主中軍，策厲羣帥，運籌決勝，不可輕動。古云：『將在軍，君不御者勝。』汝等其識之。」又謂傅友德曰：「此行汝當努力。昔漢高祖與項羽爭衡，彭越宣力于山東。今用師自山東始，汝其勉之。」是日，太祖親祭上下神祇于北門之七里山。祝畢，復召將士諭之曰：「此行非必略地攻城，要在削平禍亂，以安生民。凡遇敵則戰。若所經之處，及城下之日，勿妄殺人，勿奪民財，勿毁民居，勿廢農具，勿殺耕牛，勿掠人子女。或有遺棄孤幼在營，父母親戚來求者，即還之。」

丙寅，馳檄諭齊、魯、河、洛、燕、薊、秦、晉之人，檄曰：「自宋祚傾移，元主中國，此豈人力，實乃天授。自是以後，元之臣子不遵祖訓，廢壞綱常，有如大德廢長立幼，泰定以臣弑君，天曆以弟鴆兄，至于弟收兄妻，子烝父妾，上下相習，恬不爲怪。夫君人者，斯民之主；朝廷者，天下之本；禮義者，御世之防。其所爲如彼，豈可爲訓于天下！及其後嗣，荒淫失道，加以宰相擅權，憲臺報怨，有司毒虐，於是人心離叛，天下兵起。使我中國之民，死者肝腦塗地，生者骨肉不保。雖因人事所致，實天厭其德而棄之也。當此之時，天運循環，億兆之中，當降生聖人，立綱陳紀，救濟斯民。今一紀于茲，未聞有濟世安民者，徒使爾等戰戰兢兢，處於朝秦暮楚之地，誠可矜憫。方今河、洛、關、陝雖有數雄，阻兵據險，互相吞噬，皆非人民之主也。予本淮右布衣，因天下亂，爲衆所推，率師渡江，居金陵形勢之地，得長江天塹之險。今十有三年，西抵巴、蜀，東連滄海，南控閩、越，湖、湘、漢、沔，兩淮、徐、邳，皆入版圖。奄及南方，盡爲我有。民稍安，食稍足，兵稍精，控弦執矢，（日）〔目〕（據洪武實錄卷二一改）視我中原之民，久無所主，深用疚心。予恭承天命，罔敢自安。方欲遣兵北伐，拯生民於塗炭，復漢官之威儀。慮民人未知，反爲我讐，挈家北走，陷溺尤深。故先諭告：兵至，民人勿避。予號令嚴肅，無秋毫之犯，爾民其體之。」

十一月壬子，克沂州。初，揚州興化人王宣，元末爲司農掾，治河有功，命爲招討使，從也速復徐州，授義兵都元帥。宣子信，從察罕帖木兒破田豐，復令宣與信還鎮沂州。至是，達師至淮安，以書諭宣父子使降。信得書，遣使納款。太祖遣徐唐臣等至沂州，授信江淮平章政事，令以兵從大將軍征討。宣父子陰持兩端，乃令信密往莒、密募兵，而遣人詐犒師，以緩我軍。達受而遣之。使還，宣卽以兵夜劫徐唐臣，欲殺之，衆亂，唐臣脫身走達軍。達卽日率師抵沂州，分兵急攻之。都督馮宗異令軍士開壩放水，宣自度不能支，開門降。達令宣爲書，遣鎭撫孫惟德招降信。信不從，殺孫鎭撫走山西。於是嶧州趙蠻子、莒州周黼、海州馬驪及沭陽、日照、贛楡諸縣，幷隨信將士皆來降。達以宣反覆，執而戮之。命韓溫守沂州。太祖遣使諭達曰：「聞將軍已下沂州，如向益都，當遣精銳扼黃河要衝，斷其援兵，可以必克。若益都未下，卽宜進取濟寧、濟南。二城旣下，益都、山東勢窮力竭，如囊中物矣。」達命平章韓政略楡行、梁城諸鎭寨，繼又令政分兵扼黃河以斷山東援兵。政遣千戶趙寶略滕州，元守將楊知院遁去。達進攻益都路，宣慰使普顏不花捍城力戰，不能支，城陷，還與母訣，曰：「兒不能兩全忠孝矣。」達聞其賢，遣使召之，不往。被執不屈，與總管胡濬、知院張俊俱死之。不花妻阿魯眞亦抱其子女投井死。執其平章老保與白知縣等，獲士馬兵糧以萬計。

十二月丁未，都督同知汪興祖師至東平，元平章馬德棄城走。興祖遣指揮常守道、千戶許秉進至東阿，元參政陳璧以所部五萬餘人降。秉復以舟師趨安山鎮，元右丞杜天祐、左丞蔣興皆降。徐達至濟南，元平章忽林台、詹同、脫因帖木兒先驅人民引軍遁，平章達朶兒只進巴等以城降。得將士三千八百五十五人，馬四百二十九匹。命指揮陳勝守之。庚戌，汪興祖至濟寧，元守將陳秉直棄城遁。甲子，徐達遣參政傅友德取萊陽。

丙辰，上復遣使諭達、遇春曰：「聞大軍下山東，所過郡縣，元之省院官降者甚多，二將軍皆留于軍中。吾慮其雜處，或晝遇敵，或夜遇盜，將變生不測，非我之利。蓋此輩初絀于勢力，未必盡得其心，不如遣之使來，處我官屬之間，日相親近，然後用之，方可無患。若濟寧、東平諸來歸將士家屬亦發遣來，將厚待之。」

太祖洪武元年（戊申，一三六八）二月癸卯，詔湯和還明州造海舟，漕運北征軍餉。都督同知康茂才率師往濟南，從大將軍達北征。

癸丑，常遇春克東昌，元平章申榮自經死。茌平等縣皆降。丙寅，徐達平樂安。初，樂安俞勝納款，達禮而遣之。勝歸，復叛。達進攻之。師至土河，距樂安五里，命軍士塡壩以進，郎中張仲毅出降，勝遁去。達命指揮華雲龍守之。戊子，命中書省給榜撫安山東郡縣。

時山東悉平，令所在訪賢才，凡仕元者疑懼不自安，故榜諭之。

丙申，上別命征南將軍鄧愈帥襄陽、安陸、景陵等處兵北略地。愈遣別將王成、李廷珠攻唐州，克之。進取南陽路，擒其將史國新。

徐達引兵上黃河，克永城、歸德、許州，師至陳橋。己亥，左君弼、竹昌以汴梁降。先是，君弼自唐州走安豐，(安豐)復走汴梁，元汴梁守將李克彝使守陳州。上遣使諭以書曰：「曩者兵連禍結，非一人之失。予勞師暑月，與足下從事，足下乃舍其親而奔異國，是皆輕信羣下之言，以至于此。今足下奉異國之命，與予接壤，若欲興師侵境，其中輕重自可量也。且予之國，乃足下父母之國，合肥乃足下丘隴之鄉。天下兵興，豪傑並起，豈惟乘時以就功名，亦欲保全父母妻子于亂世。足下以身爲質而求安于人，既已失策，復使垂白之母，糟糠之妻，天各一方，以日爲歲，足下縱不以妻子爲念，何忍忘情于老母哉！功名富貴，可以再圖，生身之親，不可復得。足下能留意于是，幡然而來，予當棄前非，仍復待以故。」君弼得書，猶豫不能決。上乃歸其母于陳州，君弼感泣。至是，大兵下山東，西指汴、洛，克彝夜驅軍民遁入河南，君弼與竹昌等率所部兵詣達降。達命都督僉事陳德守汴梁，率步騎自中(灣)〔灤〕(據洪武實錄卷二七改)進取河南。

慧星出昴北。

夏四月，徐達率大軍自虎牢關進至河南塔兒灣，元將脫目帖木兒以兵五萬迎戰，列陣于洛水之北。我軍既成列，常遇春單騎執弓矢衝入其陣，敵發二十騎攢槊刺遇春。遇春發一矢，斃其前鋒，大呼殺入。達指揮乘之，俘斬無算。脫目帖木兒將散卒走陝州，達遂進營于河南城北門。李克彝復走陝西。元河南行省平章、梁王阿魯溫送款軍門。戊申，河南平，達命左丞趙庸守之。壬子，副將軍常遇春率兵至嵩州，守將李知院迎降。甲寅，入其城，分兵下未附諸山寨。戊子，元鞏縣孟夏寨參政李成降。庚申，元福昌知院張興、鈞州守將哈剌魯、許州右丞謝李、陳州知院楊崇，各遣人詣大將軍降。辛酉，參政傅友德分兵取福昌山寨，元右丞潘莽兒降。副將軍常遇春下（海）〔汝〕州（據洪武實錄卷二七改），留兵守之，遂徇下郟縣。

壬戌，都督同知馮宗異克陝州，元守將脫目帖木兒復棄城遁，以都督同知康茂才守之。大軍克裕州，執元守將平章郭雲。雲勇敢有謀略，時河南諸郡皆下，獨雲守裕州，累戰不克，招之不從，後以孤軍敗被執。上嘉其忠義，釋而用之。

詔免山東夏稅秋糧。中原兵難之後，流離失業者多，遣使賑恤。

甲子，車駕發京師，幸汴梁。時言者謂君天下宜居中土，汴梁宋故都，勸帝往視之，且會大將軍謀取元都。

五月庚午，大將軍徐達遣指揮王臻帥兵往虢州，取毛葫蘆山寨。甲申，登封、鞏縣雞翎山幷天堂山寨復叛，徐達遣指揮豐誸率兵討平之。指揮任亮克露豹、王山等寨，參政傅友德取淩青、黑山二寨。

庚寅，車駕至汴梁。辛卯，常遇春、馮宗異至行在謁見，徐達尋自河南至，上皆慰勞之，達等頓首謝。既退，上復召問達取元都計，達對曰：「臣自平齊、魯，下河、洛，王保保逡巡太原，觀望不進。今潼關又爲我有，張良弼、李思齊失勢西竄，元之聲援已絕。臣等乘勢擣其孤城，必克無疑。」上據圖指示曰：「卿言固是。然北土平曠，利騎戰，不可無備。宜選裨將提兵爲先鋒，將軍督水陸之師繼其後，下山東之粟以給饋餉，由秦趨趙，轉臨清而北，直擣元都。彼外援不及，內自驚潰，可不戰而下。」達受命退。

丁酉，以江西行省左丞何文輝守河南，任亮守嵩州。都督同知康茂才兵至河北，安邑、夏邑皆降。

七月，鄧愈進兵克隨州，元守將右丞王誠降。壬午，新寨龐張等叛，愈遣指揮吳復討平之。

時潼關以東悉平，上命諸將還師進取元都。上將發汴梁，大將軍徐達等自陳橋入辭。諭之曰：「朕與公等率衆渡江，誓除禍亂，以安天下。士卒舍父母妻子，戰鬭于矢石之間，百死一生，久未休息，朕每念之，惕然于中，非得已也。今中原之民久爲羣雄所苦，死亡流離，徧于道路，天監在茲，朕不敢忘，故命爾等帥師北征，拯民水火。昔元祖入主中國，子孫怠荒，罔恤民艱，天厭棄之。君則有罪，民復何辜！前代革命之際，兵戈相加，視如仇讐，朕實不忍。爾諸將帥克城之日，毋擄掠，毋焚蕩，毋妄殺人。必使市不易肆，民安其生。凡元之宗戚，皆善待之。庶幾上答天心，下慰人望，以成朕伐罪救民之志。有不恭命，必罰無赦。」

丙申，車駕發汴梁，還京師，以副將軍馮宗異留守。徐達遂檄都督同知張興祖、平章韓政、都督副使孫興祖、指揮高顯等將益都、濟寧、徐州之師，會于東昌。元大都紅霧及黑風起。閏七月，徐達等分布士馬，規取河北，遂自中（灣）〔灤〕渡河。庚子，右丞薛顯、參政傅友德兵至衞輝，元守將平章龍二棄城走彰德。辛丑，徐達等師至淇門鎮。傅友德獲嘉縣尹胡仲信，達命從鎮撫王處仁守衞輝。癸卯，師至彰德，龍二復出走，陳同知等詣軍門降。達令左丞楊思祖守之。明日，龍二部將楊義卿以船八十艘來歸。遂下磁州，進攻廣平，元平章周昱棄城遁，邯鄲尹都文玉率父老降。克趙州，獲元將侯僉院等。己酉，進次臨清，遣人詣東昌，趨都督同知張興祖以師來會，又檄守樂安指揮華雲龍將兵從征。庚戌，傅友德游騎獲元將李寶臣、都事張處仁，以爲鄉道。達因遣友德開道通步騎，都督副使顧時浚閘通舟師。時諸將駐臨清久，知府方克勤籌應芻糧無匱乏。朱亮祖勒民夫五千濬河，克勤不忍勞民，泣禱于天，天大雨，水漲，舟遂行。

癸丑，平章韓政、都督副使孫興祖俱以師會臨清。於是大將軍徐達率馬步舟師北發，命韓政守東昌，並鎮撫臨清。達師至德州，常遇春、張興祖及指揮高顯、毛讓、程華等皆會。戊午，達等師至長蘆，元守將左僉院遁去，達命指揮費子賢守之，分兵徇下青州。師至直沽，獲其海舟七艘，造浮橋濟師。常遇春、張興祖各率舟師，並河東西以進，步騎遵陸而前。元丞相也速等捍禦海口，望風奔潰，元都大震。

癸亥，大將軍徐達等師至河西務，大敗元平章俺普達朶兒只進巴，擒其知院哈喇孫等三百餘人。達進兵至通州，營于河東岸，常遇春營于河西岸。衆欲速攻之，指揮郭英曰：「吾師遠來，敵以逸待勞，攻城非我利也，宜出其不意攻之。」翼日大霧，英以千人伏道旁，率精騎三千直抵城下。元將五十八國公率敢死士萬餘，張兩翼而出。戰良久，英佯敗，敵乘勝來追，伏兵起，截其軍爲二，斬首數千級，擒其將卜顔帖木兒。

丙寅，達率諸將入通州，是月二十七日也。元主聞報，大懼，集后妃太子議避兵北行。遲明，召羣臣會議端明殿。時元都再遭孛羅、擴廓之變，民生喪亂，守備多不設，元主徘徊嘆息曰：「今日豈可復作徽、欽！」遂決計北徙。左丞相失烈門、知樞密院事黑厮等，皆勸固守京城，不聽，命淮王帖木兒不花監國，丞相慶童留守。是夜三鼓，元主及后妃太子開建德門，由居庸北走，如上都。

八月二日庚午，徐達等進師取元都，至齊化門，將士填壕登城而入。達登齊化門樓，執其監國宗室淮王帖木兒不花及太尉中書左丞相慶童、平章迭兒必失朴、賽不花、右丞相張康伯、御史中丞滿川等，戮之。并獲宣府、鎮南、威順諸王子六人，及玉印二，成宗玉璽一。封府庫圖籍寶物及故宮殿門，以兵守之。宮人妃主，令其宦寺護視。號令士卒無侵暴，人民安堵。達下令：「凡元朝大小諸臣，皆令送告身于官，署民籍中，違者有罰。」元翰林待制黃殷仕欲投井，爲其僕所守，乃紿僕曰：「吾甚愧，何從得酒？醉而出見可也。」其僕喜，入市取酒，殷仕遂投井死。左丞丁敬可、總管郭允中皆死之。學士危素寓僧寺，亦欲赴井，一僧止之曰：「公死，亡國史也。」遂往見達。明日，順德守將吉右丞、胡參政、鄭參政皆自西山來降。武德衛軍校獲前樂安逃將俞勝及南參政、張郎中等。達遣將赴京獻捷，仍命薛顯、傅友德、曹良臣、顧時等，將兵偵邏古北諸隘口。

甲戌，徐達遣人詣東昌，令韓政分兵守廣平。徐達遣指揮華雲龍經理故元都，新築城垣。張興祖徇永平路，下之。

癸未，詔大將軍徐達，改飛熊衛爲大興左衛，淮安爲大興右衛，樂安衛爲燕山左衛，濟寧衛爲燕山右衛，青州衛爲永清左衛，徐州五所爲永清右衛，留兵三萬人，分隸六衛。命都督副使孫興祖、僉事華雲龍守北平，大將軍徐達、副將軍常遇春等率大軍往取山西。

二年（己酉，一三六九）二月庚辰，元丞相也速侵通州。時城中守兵僅千人，也速萬騎營于白河。守將曹良臣謂其部下曰：「吾兵少，不可與戰。彼衆雖多，然亡國之後，屢挫之兵，可以計破也。」乃密遣指揮許勇等于沿河舟中各樹赤幟，亙三十餘里，鉦鼓之聲相聞。也速望之，驚遁。

大將軍達承制遣楊璟等還征唐州。先是，鄧愈下唐州，以宋指揮守之。尋唐州兵亂，賊將老馬劉及南陽郡縣皆相應。事聞，故有是命。璟至南陽，攻唐州，一鼓破之，戮其首惡，南陽復平。

六月，元也速復侵通州，上命常遇春以所部軍自鳳翔還禦之。復命李文忠爲偏將軍副遇春，自北平往開平，道三河，經鹿兒嶺，過會州，敗元將江文淸于錦川，得士馬以千數。次全寧，也速復以兵迎戰，又敗之，也速遁。進攻大興州，文忠策其必走，乃分兵千餘爲八屯，伏其歸路。也速果夜遁，遇伏，大敗走，擒其丞相脫大赤。遂帥兵道新開嶺，進攻開平。元主先已北走，追奔數百里，俘其宗王慶生、平章鼎住等，斬之。凡得將士萬人，車萬輛，馬三萬匹，牛五萬頭。薊北悉平，改元都爲北平府。

谷應泰曰：高帝起淮右布衣，定鼎金陵，削平吳、漢，奄有荆、楚，開拓閩、越，固已志清中原之民，氣吞大河之北矣。吳元年，遂命徐達、常遇春大舉六師，奉辭伐罪。乃不鼓我朝鋭，直擣幽、燕，而先取山東，撤其屏蔽，轉戰河南，斷其羽翼，再取潼關，據其戶檻，然後彈丸孤城，所向必克，猶之酈生說漢，首下陳留，光武滅新，先收宛、雒，蓋論事者動言高皇之英武，而不知平生之謹慎也。至若虓虎之臣，貔貅之佐，莫不汗馬功高，風雲氣壯。以故塔兒灣之捷，河西務之捷，通州、開平之捷，比之垓下合圍，悲歌四起，昆陽大戰，屋瓦皆飛，固宜開國承家，勒銘鐘鼎者矣。

然夷考其時，大軍戡定者猶少，先聲歸命者更多。於是青、徐各郡，千里扶攜；兗、豫諸司，百城分潰；東阿、茌平，小邑也而降；濟南、汴梁，巖城也而亦降；馬德、陳秉，漢人也而遁；忽林、脫目，元種也而亦遁。蓋以其時乾綱廢弛，羣情竄散，柄臣尾大既誅，帝后東宮腦滿，擅討憸邪，以至開河起大業之愁，鼓檝有海山之戲。又且列圖素女，拱手望夷，日肆慆淫，坐視瓦裂，太祖之興，豈非天之所啟乎！況乎禡牙北出，伐亂救民，屢詔軍中，勿妄誅戮，破都之日，市不易肆。彼以暴，吾以仁，彼以昏，吾以義，克紂都而去殷弊政，入咸陽而除秦苛法，從知天命之有歸，乃在人心之豫附矣。若乃會議端明，棄同甌脫，叔寶全無心肝，紀侯大去其國，審德量力，吾何責焉。獨是伯顏入宋，妃后皆俘，明室破元，嬪嫱不御，忠厚開基，又何必天道之好還也。

明史紀事本末卷之九

略定秦晉

太祖洪武元年（戊申，一三六八），元將李思齊、張良弼聞王師下河南，即駐兵潼關以拒。既而火焚良弼營，思齊仍移軍退守葫蘆灘，遣其部將張德欽、穆薛飛守關。五月，都督同知馮宗異抵潼關，思齊棄輜重走鳳翔，良弼奔鱗城。丙寅，宗異遂入潼關，引兵西至華州，元守將望風奔潰。先是，宗異下陝州，上遣使諭之曰：「若克潼關，勿遽乘勝而西。今大將軍方有事北方，宜選將守關，以遏其援兵，爾且率師回汴梁。」至是，五月庚午，徐達調僉事郭興將慶陽衞指揮于光、威武衞指揮金興旺守之。丙子，宗異回軍至陝州，與徐達俱還河南。

八月，大將軍徐達、副將軍常遇春既定元都，受命帥師取山西。副將軍馮宗異、偏將軍湯和、平章楊璟俱從大將軍徐達征討。

九月乙丑，副將軍常遇春等下保定，留指揮李傑守之。丁卯，下中山，以指揮董勳守之，遂帥師趨眞定，元守將孫平章棄城走。

十月戊辰，大將軍徐達遣廣武衞鎮撫劉聚守河間，兼領府事。副將軍馮宗異、偏將軍湯和由河南渡河，克武陟，下懷慶，元平章白鎖住棄城遁。兵至太行山碗子城，破其關，元兵奔潰。進取澤州，元平章賀宗哲棄城遁。破磨盤寨，獲參政俞仁，戮之。進克潞州。分兵克雄州，以鎮撫程信守之。

十一月癸丑，徐達克趙州，以參隨王成守之。右丞薛顯敗元脫脫帖木兒于石州，擴廓帖木兒遣其將韓札兒來攻澤州，楊璟、張彬往援之，遇元兵于韓店，大戰，失利。

十二月，大將軍徐達率諸軍進取太原，擴廓帖木兒敗走。

擴廓帖木兒者，察罕帖木兒甥也。先是，察罕與羅山人李思齊起兵擊賊，元授察罕汝寧達魯花赤。察罕死，詔擴廓領父兵，封河南王，而李思齊亦在節制中。思齊自謂父行，與他將張良弼、孔興、脫列伯等皆欲異軍，思齊遂據盩厔，良弼據鹿臺。擴廓遣關保、虎林赤攻鹿臺，李思齊、孔興、脫列伯皆與良弼合。元數趣擴廓出師，擴廓遣其弟脫因帖木兒及部將完哲、貊高往山東，而自與思齊、良弼相攻一歲餘。元下詔與和解，擴廓殺詔使拒命，遣兵據太原。元太子與關保、思齊、良弼諸軍合，夾攻澤。復削奪擴廓爵邑，令思齊等誅之。擴廓退守平陽關，保據澤、潞二州，與貊高合戰，而明兵已及河南。思齊、良弼乃自詣擴廓與結好，因解兵西歸。擴廓與貊高、關保戰，擒之，上疏陳罪。元赦擴廓帖木兒，復其官，使出兵禦明。命右丞也速趨山東，秃魯出潼關，李思齊出七盤、金、商，圖復汴梁。然大將軍已至通，入北平。

順帝夜開建德門北走，仍命擴廓率兵出雁門關，由保安州經居庸關以攻北平。達聞之，謂諸將曰：「王保保率師遠出，太原必虚。北平孫都督總六衛之師，足以鎮禦。我與汝等乘其不備，直抵太原，傾其巢穴，彼進不得戰，退無所依，此兵法所謂批吭擣虚也。若彼還軍救太原，則已爲我牽制，進退失利，必成擒矣。」遂引兵徑進。擴廓既至保安州，聞之，果還軍。前鋒萬騎突至，傅友德、薛顯率敢死士數十騎衝却之。擴廓軍于城西，壓明軍而陣。指揮郭英憑高望之，謂常遇春曰：「彼兵多而不整，營大而無備，請夜劫之。」遇春然其計，與徐達謀曰：「我騎兵雖集，而步兵未至，何以能戰？莫若遣精騎夜劫其營，其衆可亂。衆亂，主將可縛也。」會擴廓部將豁鼻馬潛遣人約降，且請爲内應，達大喜，遂乘夜襲之。先遣五十騎伏城東十里，以舉火鳴砲爲期。至夜，郭英率十餘騎潛入其營，舉火鳴砲，伏兵應之，遇春等兵大至，鼓噪相接。軍大潰，自相蹂躪。擴廓方燃燭坐帳中，使兩童子執書侍，倉卒不知所出，亟納靴，未竟，跣一足，踰帳後出，得驏馬，從十八騎遁去。達等勒兵進營城西，豁鼻馬以其將校降，得兵四萬人，馬四萬餘匹。擴廓奔大同，遇春率兵追至忻州，不及，得行人汪河還。擴廓走甘肅。

庚午，徐達遣傅友德、薛顯將步騎邀擊賀宗哲于石州，敗之。以戴復初署霍州，丁玉明署忻州，蔣應宗署崞州，翁子奇守大石。副將軍馮宗異西至猗氏，擒元右丞賈成。甲戌，進攻平陽，擒元右丞李茂，下之。參政陸聚率兵攻車子寨及鳳山、成山、帖山三寨，降之，復取故關山寨、承天寨。宗異進攻絳州，克之，擒元右丞田保、徐伯昌，獲將士五百人。陽曲、皮皮等十寨頭目，各以其衆詣大將軍徐達營降。

二年（己酉，一三六九）春正月，詔免北平、燕南、山東、山西、河東、河南、潼關、唐、鄧、光、（恩）〔息〕（據國榷卷三改）等處稅糧。

甲寅，副將軍常遇春帥師攻大同。庚申，兵至大同，元守將竹貞棄城走，擒知院于陳等八十餘人。參政傅友德將兵屯朔州。右丞薛顯攻下潞州桃花寨。大將軍徐達遣參政陸聚分兵守井陘、散關。聚進攻承天寨，克之。

癸亥，遣使齎敕往山西諭諸將曰：「近者大夫湯和定浙左，平閩中，平章楊璟靖湖湘，定廣西，班師還朝，未有定賞，以大將軍等滅元未還故也。于是遣諸偏將，從大將軍征進。楊璟兵出澤、潞，中道與賊相拒。雖少算以累軍，此亦兵家常事。且太原得此爲犄綴，以分其勢。今定左副將軍馮宗異居遇春之下，偏將軍湯和居宗異之下，偏將軍楊璟居和之下。協力同心，剪除餘寇。」

二月，大將軍徐達師次河中，副將軍常遇春、馮宗異先渡河趨陝西。

三月乙未，元鄜城守將副樞施成詣軍門降，徐達仍令成守之。庚子，徐達師至鹿臺，遂入奉元路。先是，李思齊據鳳翔，副將〔張德〕欽、穆薛飛等守關中，張思道與孔興、脫伯列、金牌張、龍濟民、李景春等駐鹿臺以衞奉元。至是，大兵入關，思道等先三日由野口遁去。達遣都督僉事郭興將輕騎擣奉元，而自率大軍繼進，渡涇、渭至三陵坡，父老千餘迎降。達按兵，遣左丞周凱入城撫諭。明日，整兵入。改奉元路爲西安府，以夏德署府事，留耿炳文守之。炳文在長安，脩築涇陽洪渠諸堰十萬一千餘丈，民便利之。大軍西征，供億繁急，炳文輸餉五千石赴鞏昌，軍食賴以足。達師之至鹿臺也，元陝西行省平章哈麻圖棄奉元走盩厔，爲民兵所殺。平章歪頭、西臺治書侍御史王武遁去，復降，斬之。西臺御史桑哥失里守關家洞，達遣攻之，勢窮促不屈，與妻子俱投崖死。左丞拜秦古逃入終南山，郎中王可仰藥死，檢校阿失不花自縊死，三原尹朱春與其妻亦俱投崖死。時關中饑，上聞，命戶賜米一石，繼又命赴孟津倉，戶給米二石，民大悅。

癸卯，常遇春、馮宗異等帥師發陝西，進克鳳翔。初，李思齊之奔鳳翔也，上以書諭之曰：「前者遣使通問，至今未還。豈所使非人，忤足下而留之與？抑元使適至，不能隱而殺之？若然，亦時勢之常。大丈夫當磊磊落落，豈以小嫌介意哉！夫堅甲利兵，深溝高壘，必欲竭力抗我軍，不知竟欲何爲？昔足下在秦中，兵衆地險，雖有張思道專尙詐力，孔興等自爲保守，擴廓以兵出沒其間，然皆非勁敵。足下此時不能圖秦自王，已失此機。今中原全爲我有，向與足下相爲掎角者，皆披靡竄伏，足下以孤軍相持，徒傷物命，終無所益，厚德者豈爲是哉！朕知足下鳳翔不守，則必深入沙漠，以圖後舉。然非我族類，其心必異，倘中原相從之衆，以塞地荒涼，一旦變生肘腋，妻孥不能相保矣。且足下本汝南之英，祖宗墳墓所在，深思遠慮，獨不及此乎？誠能以信相許，翻然來歸，當以漢竇融之禮相報；否則，非朕所知也。」思齊得書，有降意。其麾下誘之與西入吐蕃，思齊惑之。至是，大兵至鳳翔，思齊懼，遂帥所部奔臨洮。參政傅友德克鳳州，以指揮張能守之。

夏四月丙寅，大將軍徐達會諸將于鳳翔，議所向。諸將咸以張思道之才不如李思齊，慶陽易于臨洮，欲先由豳州取慶陽，然後從隴西攻臨洮。達曰：「不然。思道城險而兵悍，未易猝拔。臨洮之地，西通番戎，北界河、湟。取之，其人足以備戰鬭，其土地所產足以供軍儲。今以大軍蹙之，思齊不西走胡，則束手就縛矣。臨洮既克，則旁郡自下。」諸將然之。達乃留御史大夫湯和守營壘輜重，令指揮金興旺、余思明等守鳳翔，遂移師趨隴州，克之。尋至秦州馬跑泉，元守將呂德、張義遁去，遣都督僉事陳德追獲之。以合肥衞千戶王宏將兵五百守隴州，張規魯將兵千人守秦州。達進師至鞏昌，元守將梁子中、汪靈、眞保等出降，以都督僉事郭興守之。遣馮宗異攻臨洮，顧時、戴德攻蘭州。丁丑，顧時等克蘭州，以指揮韓溫守之。馮宗異師至臨洮，李思齊窮迫，舉城降。宗異遣人送徐達營，達遣指揮韋正等守之。臨洮捷奏至，上覽畢，即遣使諭徐達曰：「李思齊既降，宜進攻慶陽、寧夏。張思道兄弟多詐，若來降，當審處之，勿墮其計也。」李思齊入見，命爲江西行省左丞。不之官，食祿于京師。

己卯，徐達師入安定州，以降將陳宗聚署州事，調青州右衛官軍守之。克會州，以參隨黎宗文署州事，指揮陳壽守之。乙酉，徐達師入靖寧州，遂徇下隆德縣。

五月丁酉，大將軍徐達師至蕭關，下平涼。指揮朱明克延安，以明守之。辛丑，元將張良臣以慶陽降。初，張思道在慶陽，聞王師克臨洮，懼走寧夏，而使其弟張良臣、平章姚暉守慶陽。思道至寧夏，與金牌張等俱爲擴廓帖木兒所執。徐達既下平涼，即謀取慶陽，令湯和遣兵往涇州，別遣指揮張煥將騎兵偵邏慶陽，遣人招良臣。良臣以其兄被執，遂以城降。良臣驍勇善戰，軍中呼爲「小平章」。戊申，良臣復據慶陽叛。初，良臣之降也，遣其花參政詣徐達獻軍民數目，尋又遣知院李克仁、葛八來獻馬數。達遣右丞薛顯將騎兵五千人同克仁等赴慶陽。比良臣出迎，匍伏道左，佯爲卑下，以示歸順。薄暮，即以兵劫營。顯等不意其叛，爲所衝潰。指揮張煥被執，顯被傷走還。達聞，語諸將曰：「帝明見萬里外，今日之事，果如前言。然良臣之叛，祗取滅亡耳，當與諸公戮力剪之。」于是馮宗異、傅友德聞良臣叛，帥師自臨洮至涇州，湯和亦帥所部來會。達恐其黨相扇爲聲援，乃先遣兵抄其出入，俞通源將精騎略其西，顧時略其北，傅友德略其東，陳德略其南，達帥諸將趨慶陽，以兵四面圍其城。良臣出兵挑戰，達麾兵擊敗之。六月辛巳，達督諸軍攻慶陽，張良臣遣竹苛往寧夏求援于王保保，獲斬之。仍以參隨王敬祖將兵守彭原。

秋七月甲午，徐達遣降將李茂等將騎兵千人往隆德、秦安等處，收捕未附頭目杜伯不花、羅左丞相等。

辛亥，王保保部將韓札兒陷原州，指揮陳壽死之。徐達聞報，與馮宗異、傅友德議，以驛馬關當其衝，遣右丞徐禮將兵據之。又遣指揮葉石眞守彭原，調指揮韋正守邠州，傅友德、薛顯駐靈州扼之。宗異復與徐達謀曰：「今大軍圍慶陽，張良臣雖困，未能遽下。王保保欲爲良臣聲援，故令扎兒攻原州，欲以救慶陽。請得移軍逼關，以扼原州，彼無所施矣。」達然之，宗異遂以其軍西臨驛馬關，去慶陽三十里而軍。是夜，扎兒復攻陷涇州，丁千戶退保靈臺縣。宗異自驛馬關引兵赴之，扎兒走，追至邠州，又走宜祿，遁去。宗異還屯驛馬關。

八月丙寅，慶陽小元帥謀納款，爲張良臣所囚。城中降者夜劫小元帥出詣大將軍營，達受之，令軍中無虐降者。

先是，七月己亥，常遇春還次柳河川，得疾卒，上令偏將軍李文忠代領其衆。至是，詔文忠自北平會師攻慶陽，行至太原，會元將脫列伯等攻大同甚急，文忠謂左丞趙庸等曰：「吾與公等受命而來，閫外之事，有利于國，專之可也。今大同被攻甚急，若候進止，豈不失機！」衆皆諾，遂由代出鴈門。至馬邑，適游騎數千奄至，猝遇我師，與戰敗之，擒其平章劉帖木兒。進至白楊門，又擒黠寇四大王。時天雨雪，文忠疑有伏，乃身引數騎，入山察視之。前軍已駐營，去敵五十里，文忠至，遽令遷之，復前至五里，營于漫地，阻水。先遣由間道達大同，使知之。元將脫列伯悉銳來攻，文忠令將士秣馬蓐食，閉營不出。先以兩營誘敵，督令死戰。自寅至辰，前營報數至，文忠不爲動。良久，度其饑疲，乃分軍爲左右翼，身當前鋒，奮擊大敗之，生擒脫列伯，降其衆萬餘，獲馬匹輜重甚衆。縛脫列伯詣軍門，文忠解其縛，與之共食。遂進兵東勝州，至莽哥倉而還。先是，元主北走，屯蓋里，命脫列伯、孔興以重兵攻大同，欲圖恢復。至是，脫列伯被擒，孔興走綏德，其部將復斬之來降，元主知事不濟，無復南向矣。脫列伯至京師，上曰：「彼各爲其主耳！」釋之，賜冠帶衣服。

癸未，徐達克慶陽。先是，徐達率諸將四面圍其城，張良臣出戰東門，顧時擊敗之。復自西門出戰，馮宗異禦之。走還。良臣登城呼呂德約降，達不聽。初，良臣之叛也，自以其城險而下有井泉，可據以守，其兵精悍，養子七人皆善戰，軍中語曰：「不怕金牌張，惟怕七條鎗。」又其兄思道與王保保爲聲援，賀宗哲、韓扎兒爲羽翼，姚暉、葛行爲爪牙，故欲拒守以圖大功。及明師列營城下困之，良臣不得逞，數出戰俱不利，遣人赴寧夏求援輒被獲，內外音問不通，糧餉乏絶，至煮人汁和泥嚥之。姚暉、熊左丞、胡知院知事不濟，開門納降。達勒兵自北門入，良臣父子俱投井中，引出斬之。明日，誅良臣黨柴知院等二百餘人，以都督僉事陳德守之。先是，賀宗哲攻鳳翔，或隧地，或突至甕城，凡十五日，指揮金興旺、周興嬰城固守。至是，慶陽下，宗哲乃引去。徐達聞宗哲由六盤山遁，遣顧時、薛顯、傅友德將萬騎追之。宗哲以其衆掠蘭州，達遣馮宗異率步騎一萬七千，道靖寧擊之。宗哲由迭烈孫渡河遁去，宗異乃率所部還。

九月，大將軍徐達、御史大夫湯和發平涼，還京師，以右副將軍馮宗異總制軍事。

十二月，王保保知大將軍南還，自甘肅以兵襲蘭州，奄至城下。守將指揮張溫會諸將校曰：「彼悉衆襲我，我兵寡，難與爲敵。然彼遠來，未知我衆寡，乘暮擊之，可挫其鋒。彼不退，則固守以待援。」于是整兵出戰，保保兵少却。溫斂兵入城，保保進圍之，溫堅守不與戰。鷹揚衞指揮于光守鞏昌，將兵來援，至蘭州之馬蘭灘，卒遇保保兵，戰敗被執。至蘭州城下，使呼張將軍出降。光大呼曰：「我不幸被執，公等但堅守，徐總兵將大軍至矣。」敵怒，批其頰，遂遇害。城中聞光言，守益堅。夜二鼓，保保以兵登城，千戶朱祐醉不能起，巡卒擊却之。溫屢設方略，乘怠破其兵，保保圍數月不利，且聞大軍至，遂引去。溫執朱祐數其罪，將殺之，知事朱友文諫曰：「當其時斬祐以徇，所謂軍法從事也。今賊已退，誅之無及，徒有專殺罪。」溫杖而釋之。事聞，陞溫都督僉事，贈恤于光。

谷應泰曰：初，太祖之北伐也，直趨青、濟者，正兵，而西扼潼關者，疑兵也。故以徐中山大軍擣彼胸腹，而以馮宗異孤軍綴彼聲援，原未嘗命其仰關而攻，躍馬而入也。此時元將之守晉者爲擴廓帖木，其守秦者爲李思齊、張思道，皆庸才耳。擴廓之應詔入援，出雁門，經居庸，其算神矣。而太原根本，空國而去，一軍奄至，巢覆穴傾，此晉之所以亡也。李思齊負百二之險，藉建瓴之勢，乃不捲甲出關以斷河南要路，而反徘徊關內，風鶴驚奔，使宗異拱手而取河西，安驅而入華陽，此秦之所以亡也。假令擴廓留守，如孟德之保三城，思齊出關，如趙奢之爭閼與，則明之重兵深入，雲、代既壓其前，韓、魏又議其後，妥歡未去，也速重來，安危之機正未可必也。奈何徐、常諸將，由豫入晉，自晉達秦，擴廓不戰于北平而戰于晉陽，思齊不戰于河津而戰于崤底，譬之腐鼠孤雛，直坐受人縛耳。然又不特此也，思齊以父行倔強，擴廓以私釁稱兵，大敵在前，而兩虎自鬭，遂使明兵直入河南，迅掃上谷，方始解甲西歸，輸誠結好，憂卞莊之刺，講廉、藺之歡，嗚呼，晚矣。

以予觀之，唐起冀方，混一區宇，秦據雍州，蠶食六國，而元末武臣坐失事機，怯于公戰，正所謂倔強蓁莽之間，遷延歲月之命，豈眞仗義勤王，有深圖遠算之概哉！至于韓扎兒之河、湟剽掠，張良臣之慶陽復叛，而明師乃能西臨驛馬，東叩大同，出奇無窮，料敵制勝，則晉室之表裏山河，秦地之隩區陸海，安得不爲新主資也。

明史紀事本末卷之十

故元遺兵

太祖洪武三年（庚戌，一三七〇）春正月癸巳，上以王保保爲西北邊患，命右丞相信國公徐達爲征（北）〔虜〕（據洪武實錄卷四八改）大將軍，浙江行省平章李文忠爲左副將軍，都督馮勝爲右副將軍，御史大夫鄧愈爲左副將軍，湯和爲右副將軍，往征沙漠。上問諸將曰：「元主遲留塞外，王保保近以孤軍犯我蘭州，其志欲僥倖尺寸之利，不滅不已。卿等出師，當何先？」諸將皆曰：「保保之寇邊者，以元主之猶在也。若以師直取元主，則保保失勢，可不戰而降。」上曰：「王保保方以兵臨邊，今舍彼而取元主，是忘近而趨遠，失緩急之宜，非計之善。吾意欲分兵二道：一令大將軍自潼關出西安，擣定西，以取王保保；一令左副將軍出居庸，入沙漠，以追元主，使彼此自救，不暇應援。元主遠居沙漠，不意吾師之至，如孤豚之遇猛虎，取之必矣。事有一舉而兩得者，此是也。」諸將皆曰：「善。」遂受命而行。

二月，北平守禦華雲龍克雲州，獲元平章火兒忽答、右丞哈海等。大同指揮金朝興克東勝州，獲元平章荆麟等。大同都督同知汪興祖克武州、朔州，獲元知院馬廣等。

夏四月，大將軍徐達率師出安定。初，達師至平西，王保保退屯車道峴，達遣左副將軍鄧愈立栅逼之。至是，出安定，駐沈兒峪口，與王保保隔深溝而壘，一日數戰。王保保發兵千餘人，出間道，從東山下，潛刦東南壘，一軍皆驚。左丞胡德濟倉卒不知所出，達率親兵擊之，斬東南壘趙指揮及將校數人以徇，軍中股栗。明日，整衆出戰，諸軍爭奮，遂大敗保保兵於川北亂塚間，擒元郯王、文濟王及國公閻思孝、平章韓札兒、虎林赤、嚴奉先、李景昌、察罕不花等官一千八百六十五人，將校士卒八萬四千五百餘人，獲馬萬五千二百八十餘匹，駱駝驢騾雜畜稱是。保保僅與其妻子數人從古城北遁去，至黄河，得流木以渡，遂由寧夏奔和林。都督郭英追至寧夏，不及而還。保保至和林，元嗣主愛猷識理達臘復任以事。徐達以胡德濟失律，械送京師，上念其舊勞，特赦之。仍遣使諭達曰：「將軍欲效衛青不斬蘇建，獨不見穰苴之待莊賈乎？胡左丞失律，正當就軍中戮之。今歸之朝廷，朝廷必議其功過。彼常守信州，救諸全，皆有功，不忍即加誅。懼將軍緣此緩其軍法，是用遣使即軍中諭意。」

五月丁酉，左副將軍李文忠、左丞趙庸師出野狐嶺，擒元平章祝真，進敗元太尉蠻子、平章沙不丁朶耳只八剌等於白海之駱駝山。遂次開平，元平章上都罕等降。都督孫興祖率燕山右衛指揮平定、大興左衛指揮龐禋，兵次三不剌川，遇元兵力戰，皆沒於五郎口。海寧衛指揮副使孫虎率兵至落馬河，及元太尉買驢戰，死之。

癸卯，李文忠克應昌。文忠率師趨應昌，未至百餘里，獲元騎問之，知四月二十八日庚申君已殂。文忠督兵兼程而進，遇元兵，一戰敗之。追至應昌，圍其城，獲元主孫買的里八剌幷后、妃、宮人、諸王、省院達官、士卒等，宋代玉璽、金寶一十五，宣和殿玉圖書一、玉册二，鎮國玉帶、玉斧各一，及駝馬牛羊無算，惟太子愛猷識理達臘與數十騎遁去。文忠率精騎追之，至北慶州，不及而還。道興州，降其兵民三萬七千人，至紅羅山，又降其兵民萬六千餘人。捷聞至京師，百官稱賀，上命禮部榜示，凡經仕元者不與。又以庚申君不戰而奔，克知天命，謚曰順帝。上又自爲祭文曰：「生死廢興，非一時之偶然，乃天地之定數。古之聖賢，於是四者一或臨之，不爲之變，何也？蓋知天命而不惑者也。君之祖宗，昔起沙漠，彎弓矢，入我中國，橫行天下，九彝八蠻，盡皆歸之，非天命不至此。及君之父子，正當垂衣守成之時，而盜生汝、潁，華夏騷然，號令不行，以致失國。此人事歟？天道歟？朕於其時，非有三軍六師以威天下，乃代君家而爲民主，亦莫非天命也。曩者，君主沙漠，朕主中國。君與羣臣乃固執不移，致邊警數興。今聞君殁於沙漠，朕用惻然。特遣人致弔，奠以牲醴，以享爾靈，爾其鑒之！」

六月，李文忠遣人送俘獲元諸王買的里八剌等及其寶册至京師，省臣楊憲等請以買的里八剌獻俘於廟，寶册令百官具朝服進。上曰：「寶册貯之庫，不必進也。古者雖有獻俘之禮，武王伐殷，曾用之乎？」憲對曰：「武王事殆不可知，唐太宗嘗行之。」上曰：「太宗是待王世充，若遇隋之子孫，恐不行此禮。元人入主中國，百年之內，生齒甚繁，家給人足，朕之祖先亦預享其太平。雖古有獻俘之禮，不忍加之，只令服本俗衣以朝。朝畢，賜以中國衣冠，就令謝恩。」復謂憲曰：「故國之妃，朝於君者，元有此禮，不必效之，亦令衣本俗衣，於中宮朝見。見畢，賜中國之服，亦令謝恩。」乙亥，買的里八剌朝見奉天殿，其母及妃朝見坤寧宮，俱賜以中國服，及賜第宅於龍山，封買的里八剌爲崇禮侯。丁丑，頒平定沙漠詔於天下，仍遣使齎詔諭安南、高麗、占城。是日，百官表賀，上諭之曰：「當元之季，君則晏安，臣則跋扈，國用不經，征斂日促，天怒人怨，盜賊蜂起，天下已非元有矣。朕取天下於羣雄，非取天下於元氏。向使元君克畏天命，不自暇逸，其臣各盡乃職，罔敢驕奢，天下豪傑其得乘隙而起耶！」遣使詔諭元宗室部落臣民。

元宗室四大王初遁入靜樂岢嵐山中，結寨自固。至是，率衆寇武州，太原指揮程桂等擊敗之。追至龍尾莊，四大王遁走，獲其三大王脫忽的帖木兒送京師。

乙酉，左副將軍鄧愈招諭吐番，元陝西行省吐番宣慰使何鎖南普詣軍門降，鎮西武（諸）〔靖〕王（據國榷卷四改）卜納剌亦以吐番諸部來降。追元豫王至西黃河，抵黑松林，殺阿撒禿干。於是河州以西，甘朵、烏思藏等部皆來歸，征哨極甘肅西北數千里始還。九月，命指揮韋正守河州。正初至河州，城邑空虛，人骨山積，將士見之，咸欲棄去。正語之曰：「正受命率公等出鎮邊陲，當不避艱險，報國恩。今既至此，無故棄去，一旦遂生戎心，其誰禦之？吾與若等死亡無地，妻孥不得相保，毋寧死於王事乎！」於是衆感激如命。正日夜撫循軍民，河州遂爲樂土。

冬十一月壬辰，大將軍徐達、左副將軍李文忠等還至龍江，車駕出勞於江上。

四年（辛亥，一三七一）春正月，令魏國公徐達往北平訓練軍士，繕治城池，給守邊將士衣。

二月甲戌，元遼陽守將平章劉益降。先是，遣斷事黃儔詔諭遼陽諸處官民帥衆歸附，益遂以遼東州郡地圖幷籍兵馬錢糧之數，遣右丞董遵、僉院楊賢奉表來降。詔置遼東衛指揮使司，以益爲指揮同知。未幾，元平章洪保保、馬彥翬共謀殺益。張良佐、房暠復擒彥翬殺之，保保走納哈出營，遼東之衆因推良佐、暠權衛事。至是，良佐以聞，幷遣使貢馬，上元所授印章、宣敕、金牌，獻賊殺劉益逆黨，仍上其事於中書省曰：「本衛地方遼遠，僻處海隅。肘腋之間，皆爲敵境。元平章高家奴固守遼陽山寨，知院哈剌張屯駐瀋陽古城。開元則有丞相也速之兵，金山則有太尉納哈出之衆，彼此相依，互爲聲援。今洪保保逃往其營，必有搆兵之釁。乞留斷事吳立鎮撫軍民，先將逆黨八丹、知院僧兒械送京師。」詔以良佐、畧爲遼東衛指揮僉事。

魏國公徐達徙北平山後之民三萬五千八百戶散處衛府，籍爲軍者給衣糧，籍爲民者給田以耕，凡已降而內徙者三萬四千五十六戶。尋命達自北平往山西操練士馬。

秋七月，遼東衛奏元納哈出據金山爲邊患，遣黃儔齎書諭之曰：「比者元綱解紐，紅巾起於汝、潁，羣盜徧於中原，僭名號者繼出。小明王稱帝於亳，徐貞一稱帝於蘄，陳友諒稱帝於九江，張士誠稱王於姑蘇，明玉珍稱帝於西蜀。擁兵數萬，割據中原，垂二十年。朕本淮民，爲羣雄所逼，集衆渡江，與將軍會於太平，比待他俘，特加禮遇。且知將軍爲名家，特釋北歸，今又十七年矣。朕見羣雄無成，遣兵四出，北平中原，南定閩、粵，東取方氏，西收巴蜀，四帝一王，皆爲俘馘，元君奔亡，華夏悉定，此天命非人力也。近聞將軍居金山，大張威令。吾兵亦守遼左，與將軍旌旗相望。將軍若能遣使通問貢獻，姑容就彼順其水草，自守一方。不然，大廈將傾，非一木可支，釁之後先，惟將軍自思之。」儔至金山，納哈出拘留不還。

置遼東都指揮使司，以馬雲、葉旺爲都指揮使，吳泉、馮祥爲同知，王德爲僉事，總轄遼東諸衛軍馬。上以劉益之變，納哈出未附，特命雲等鎮之。雲等由登萊渡海，駐兵金州，招降元參政葉廷秀，攻走平章高家奴，遂進至遼東，完城繕兵，一方遂安。命靖海侯吳禎帥舟師運餉遼東。

淮安侯華雲龍統兵至雲州，諜知元平章僧家奴營於牙頭，夜遣精兵襲之，突入其營，擒僧家奴，盡俘其衆，獲駝馬四百餘匹。進至上都大石岸，攻破劉學士寨，擊敗驢兒國公於高州武平，悉衆北奔。又遣指揮孫恭等帥兵口北，招諭惠王伯都不花、儲王伯顏不花、宗王子蠻伯帖木兒等。冬十二月丙戌，遣人送伯都不花等至京，上命賜第宅、襲衣、什器等物，仍月給錢米有差。

五年（壬子，一三七二）春正月乙丑，詔賜魏國公徐達、曹國公李文忠、宋國公馮勝交趾弓五十、彤弓百。庚午，命達爲征（北）〔虜〕（據國榷卷五改）大將軍，出中路，文忠爲左副將軍，出東路，勝爲右副將軍，出西路，三道並進，以清沙漠。中路由鴈門趨和林，東路由居庸出應昌，西路由金蘭趨甘肅。

三月，徐達抵山西境，都督藍玉爲前鋒，敗保保游騎於野馬川。丁卯，復敗保保於土刺河，保保遁，與賀宗哲合，而拒我師於嶺北。時師數發，翫而心輕敵，驟與之戰，不利，死者萬餘人。達固壘而救之，故徹侯功臣無死者，保保亦不敢入塞。偏將軍湯和遇別部於斷頭山，亦敗。

馮勝師次蘭州，傅友德率驍騎五千爲前鋒，直趨西涼，遇元失次罕兵，擊敗之。追至永昌，又敗元太尉朶兒只巴於忽刺罕口，大獲其輜重牛馬。進至掃林山，勝等師亦至，共擊元兵，走之。友德手射死其平章卜花，追斬四百餘人，降太尉鎖納兒加、平章管著等。

夏六月戊寅，元將上都驢知大軍至，率所部吏民八百三十餘戶迎降。勝撫輯其民，留兵守之。進至亦集乃路，守將卜顏帖木兒全城降。師至別篤山，元岐王朶兒只班遁去，追獲其平章長加奴等二十七人及馬駝牛羊十餘萬。友德復引兵至瓜沙州，又敗其兵，獲金銀印、馬駝牛羊二萬而還。

李文忠率都督何文輝等兵至口溫，敵聞之，夜棄營遁，獲其牛馬輜重無算。遂進至合刺莽來，敵部落驚潰。復進至臚朐河，文忠下令曰：「兵貴神速，千里襲人，難以負重。」乃留輜重臚朐河，令部將韓政等守之，士卒人持二十日糧，兼程而進。至土刺河，元太師合刺章蠻子悉衆渡河，留其妻子北嚮，而嚴騎以待。文忠督兵力戰，戰數合，敵稍却。復進至阿魯渾河，敵兵益衆，搏戰不已。文忠馬中流矢，急下馬持短兵接戰。從者劉義直前奮擊，以身蔽文忠。指揮李榮見事急，以所乘馬授文忠，自奪敵騎乘之。文忠得馬，氣益厲，據鞍橫槊，麾衆更進。於是士卒鼓勇，皆殊死戰，敵敗走。逐北至駢海，敵兵益大集，文忠乃勒兵據險自固，而多張疑兵，縱所獲馬畜於野，示以閑暇。居三日，敵疑有伏，不敢逼，稍稍引去，文忠亦解而歸。迷失道，至桑哥兒麻，乏水，渴死者甚衆，文忠患之。忽所乘馬跑地長嗚，泉水湧出，士馬賴以俱濟。是役也，顧時與文忠分道入沙漠，糧且盡，遇元兵，士卒疲乏不能戰。時奮勇獨引麾下數百人，躍馬大呼，擊敗之，掠其輜重牛馬還，軍復大振。曹良臣至阿魯渾河，孤軍深入，敗歿，驍騎衛指揮使周顯、振武〔衛〕（據國榷卷四補）指揮同知常榮、神策衛指揮使張耀俱死焉。秋七月乙未，文忠以所獲故元官屬子孫及軍士家屬一千八百四十餘人送至京師。

九月丁巳，吳禎遣送遼東元平章高家奴，知樞密院高大方，同僉高世舉、張海馬，遼陽路總管高賦等至京師。

冬十一月壬申，命賞甘肅京衞軍士。時馮勝等以匿所獲馬騾牛羊不賞，上曰：「祭遵爲將，憂國奉公，曹彬平江南，所載惟圖書。汝等當法古人，省躬以補過。」諸將叩頭謝。

十二月壬寅，遣使齎書與元幼主。又與元臣劉仲德、朱彥德書曰：「人臣致身於君，貴有終始。至正之君，蒙塵而崩，幼主初立，朝之大臣無不叛去，獨二生竭力事之，誠可嘉尚。今特遣使者諭君數事，且令取其子買的里八剌歸。二生宜察之，毋敎人以倔強絕父子之道，爾君宗祀不絕，二生家族亦可長保。如其不然，六軍出討，旌旗蔽塞於陰山，二生身膏草野，固奇男子事也，或不能殉國，偷生免死，何面目與朕相見！惟熟慮之。」

六年（癸丑，一三七三）春正月壬子，命魏國公徐達、曹國公李文忠往山西、北平練兵防邊。

夏四月，華雲龍奏上諸關防守事宜：「東自永平、薊州、密雲，西至五灰嶺外隘口，通一百二十一處，相去約二千二百里。其王平口至官坐嶺關隘有九，約去五百餘里，俱衝要之地，並宜設兵守之。紫荊關及蘆花山嶺尤爲要路，宜設千戶所禦守。」從之。

六月甲申，武、朔等州邊警。時大將軍徐達駐師臨清，報至，遣臨江侯陳德、鞏昌侯郭興將兵擊之。

秋八月丙子，河州土門峽邊警，千戶王才戰死。

陳德、郭興兵至答剌海子口遇敵騎，擊敗之，生擒其同僉興都等，斬首六百級，獲駝馬牛羊千頭，餘衆潰去。

冬十月，涼州屢有邊患，都指揮宋晟率兵討之，追至亦集乃之地，斬其渠帥也速兒，殺獲甚衆，又招降其國公吳把都等。

十一月壬子，徐達等擊元兵於懷柔三角村，擒其平章康同僉。李文忠出朔州，擒元太尉伯顏不花。

七年（甲寅，一三七四）春正月，曹國公李文忠敗敵於白登，俘其國公孛羅帖木兒。文忠駐代縣，遣將各出，擒平章陳安禮、木眉飛於三不剌，斬其將珍珠驛於順寧陽門。

二月癸亥，臨江侯陳德獲韃靼禿魯迷失等九十七人於會寧諸處，六安侯王志獲韃靼一百餘人於朔州諸處，俱送京師。

三月丁卯，敕大將軍徐達分布六安侯王志、南雄侯趙庸駐山西，滎陽侯楊璟、汝南侯梅思祖駐北平屯種。達與李文忠、馮勝還京師。

乙亥，蘭州八里麻民郭買的叛，誘番兵入寇，詔立賞格購捕之。蘭州衞遣其兄着沙與其弟火石歹往招之，郭買的不從，着沙、火石歹夜斬其首以歸。事聞，上曰：「買的罪固當死，然爲兄弟者，告之不從，執之而已，手自刃之，有乖大倫，若賞之，非所以令天下也。但以所獲牛馬給之。」

夏四月己亥，都督僉事藍玉率兵攻興和，元將脫因帖木兒棄城走。丙辰，命宋國公馮勝、衞國公鄧愈、中山侯湯和、鞏昌侯郭興復鎭北邊。戊午，都督僉事金朝興等獲元太尉盧伯顏不花、平章帖木兒不花等於黑城子等處。河南都指揮使繆道獲元參政等官於聖山兒等處而還。

秋七月，曹國公李文忠督兵攻大寧高州火石崖，克之，斬元宗王朶朶失里，擒承旨百家奴。八月丙辰，追擊之於豐州，擒其帥十二人，部衆百餘人，馬駝牛羊萬計。魯王敗走，追斬之，獲其妃蒙哥及其印，并斬其司徒答俊海、平章把都、知院忽都等。

九月丁丑，遣崇禮侯買的里八剌北還。上謂廷臣曰：「崇禮侯買的里八剌南來五載，能無父母鄉土之情！」於是厚禮而歸之，選老成宦者二人送行。復遣其父愛猷識理達臘織文金綺錦衣各一襲。辭行，上諭之曰：「爾本元君子孫，國亡就俘。曩卽欲遣歸，以爾年幼，道里遼遠，恐不能達。今旣長成，朕不忍令爾久客於此，故特遣歸，見爾父母，以全骨肉之恩。」又諭二宦者曰：「此爾君之嗣也，不幸至此，長途跋涉，爾善視之。」因遣書諭元主愛猷識理達臘。

八年（乙卯，一三七五）夏五月，詔永嘉侯朱亮祖同潁川侯傅友德率師往北平備邊。

八月，故元王保保卒。保保自定西之敗走和林，元嗣主復任以政，後從徙金山之北。至是，卒於合剌那海之衙庭，其妻毛氏亦自縊死。上一日宴，謂羣臣曰：「天下誰爲男子者？」皆對曰：「無如常國公，所將不過萬人，而橫行無留陣。」上乃拊髀歎曰：「是遇春耶！我得而臣之。我竟無以臣王保保，眞男子也。」竟册其妹爲秦王妃。

冬十二月癸巳，元太尉納哈出寇遼東，守將馬雲、葉旺擊敗之。先是，上敕遼東都司曰：「今天寒冰結，敵必乘時入寇，宜堅壁淸野以待之，愼勿與戰，使其進無可得，退有後慮。伏兵險阻，扼其歸路，可坐而致也。」至是，果入寇。都指揮使馬雲等探知納哈出將至，命蓋州衞指揮吳立、張良佐等嚴兵城守，敵至，堅壁勿戰。及納哈出至，見城中備禦嚴，不敢攻，乃越蓋州城徑趨金州。時金州城垣未完，軍士寡少，指揮韋富、王勝等聞寇至，督勵士卒，分守諸城門，選精銳登城以禦之。納哈出裨將乃剌吾自恃其驍勇，率數百騎徑至城下挑戰。城上發弩射之，乃剌吾被傷悶絕，遂獲之，寇勢大阻。富等復縱兵出擊，納哈出不利，慮援兵且至，引兵退走。以蓋州有備，不敢經其城，乃由城南十里外沿祚河道歸。都指揮葉旺策其將退，先引兵趨祚河。自連雲島至窟駝塞十餘里，緣河壘水爲墻，以水淋之，經宿，皆凝沍，隱然如城。藏釘板於沙中，設陷馬穽於平地，伏兵以待之。命老弱卷旗登兩山間，戒以聞砲即豎旗。馬雲於城中亦立大旗。令定遼前衛指揮周鶚及吳立等各嚴兵以俟，四顧寂若無人。已而敵騎至，旺等俟其過城南，砲發，伏兵四起，兩山旌旗蔽空，鼓聲雷動，矢石雨下。納哈出倉皇北奔，趨連雲島，遇冰城，馬不能前，皆陷入穽中，遂大潰。雲於城中亦出兵追擊，至將軍山畢栗河，斬戮及凍死者甚衆。旺等復乘勝追至豬兒峪，獲其士馬無算，納哈出僅以身免。

九年（丙辰，一三七六）春正月，擢馬雲、葉旺都督僉事。命中山侯湯和、潁川侯傅友德帥師往延安防邊，諭曰：「自古重邊防，邊安則中國無事，而四裔可以坐制。今延安地控西北，元騎聚散不常，若待其入寇而後防之，則塞上之民必將受害。卿等至邊上，當嚴爲之備，雖不見敵，常若臨敵。」三月，湯和等至延安，元伯顏帖木兒遣人請和。上聞之，召諸將悉還，獨留傅友德屯邊以備之。敕諭友德曰：「無事而請降，兵法所戒，爾其愼之！」四月，伯顏帖木兒果乘間犯邊，傅友德設伏大敗之，俘其衆，獲馬畜輜重無算，元平章兀納歹遂執伯顏帖木兒以降。

十一月，吐蕃所部川藏邀阻烏思藏使者，掠其輜重。命衞國公鄧愈爲征西將軍，都督沐英爲副將軍，率兵討之。

十年（丁巳，一三七七）夏四月，鄧愈、沐英等至西番，分兵爲三道，併力齊入番部川藏，覆其巢穴，窮追至崑崙山，斬首無算，俘男女一萬，獲馬五千，牛羊十三萬。

十一月，都督濮貞征高麗，被執不屈，死之。已而高麗龍川、鄭白等來降，敕遼東守將潘敬、葉旺勿納，以破其奸。

十一年（戊午，一三七八）春正月，北平警。

五月，元嗣君愛猷識理達臘殂，子脫古思帖木兒立。

秋八月，西番、洮州等處戎寇亂，命西平侯沐英爲征西將軍，率都督藍玉等統兵征之。首取甘朵，降其萬戶乞迭迦，平其部落，俘獲無算。洮州十八族番酋據納麟七站之地，英進兵擊之。

十二年（己未，一三七九）春二月戊戌，命曹國公李文忠往河州、岷州、臨洮諸處督理軍務。西平侯沐英兵至洮州，番寇三副史阿卜商等率衆遁去。我軍追擊之，獲磧石州叛逃土官阿昌、七站土官失納等，斬之，遂於東隴山南川度地勢築城戍守。遣使請事宜，上曰：「洮州，西番門戶，今築城戍守，是扼其咽喉也。」遂命置洮州衞，設官領兵守之。英進擊西番，擒三副使癭子等，班師。

夏六月，命都督馬雲率兵征大寧。

十三年（庚申，一三八〇）春三月，元國公火脫赤、知院愛足屯和林，爲邊患，命西平侯沐英總陝西兵討之。由亦集乃路渡黃河，歷賀蘭山，涉流沙，至其境。去營五十里，英下令分軍爲四，一襲其背，二掩其左、右，英率驍騎當其前，夜銜枚以進，合而圍之。火脫赤等駭惑不知所措，皆俯首就擒，獲其全部以歸。

十四年（辛酉，一三八一）春正月戊子，元平章乃兒不花等寇邊，命大將軍徐達，左右副將軍湯和、傅友德率師討之。夏四月，達率諸將出塞，友德爲前鋒。軍至北黃河，敵駭遁。友德選輕騎夜襲灰山，克之，擒其平章別里不花、太史文通等。沐英領兵出古北口，獨當一面，擣高州、嵩州、全寧諸部，過驢駒河，獲知院李宣幷其部衆而還。

十五年（壬戌，一三八二）五月，上聞士卒海運多溺死者，命羣臣議遼東屯田。

十八年（乙丑，一三八五）二月，國子監祭酒宋訥獻守邊策，大略謂：「備邊在足兵，足兵在屯田。宜選諸將軍智謀勇略者數人，每將以東西五百里爲制。隨其高下，立法分屯，布列緣邊之地，遠近相望，首尾相應，遇敵則戰，寇去則耕，此長久之法也。」上嘉納之。

二十年（丁卯，一三八七）春正月壬子朔，命宋國公馮勝爲大將軍，潁國公傅友德爲左副將軍，永昌侯藍玉爲右副將軍，南雄侯趙庸、定遠侯王弼爲左參將，東川侯胡海、武定侯郭英爲右參將，率師北征納哈出。上諭勝等曰：「納哈出詭詐，未易得其虛實。爾等且駐師通州，遣人覘其出沒。彼若在慶州，宜以輕騎掩其不備。既克慶州，則以全師徑擣金山，出納哈出不意，必可擒矣。」既而復遣前所獲乃剌吾北還，以書諭納哈出等。

二月甲申，馮勝等兵至通州，遣邏騎出松亭關，聞敵騎有屯慶州者，遣右副將軍藍玉將輕兵出關襲之，殺其平章果來，擒其子不蘭奚，獲人馬而還。

三月辛未，馮勝等率師出松亭關，築大寧、寬河、會州、富峪四城，遂駐兵大寧。夏六月庚午，馮勝留兵五萬守大寧，率大軍趨金山。辛未，上敕諭勝等：「納哈出去金山未遠，以兵促之，勢必來降。且元主謂我得志，無意窮追，必順逐水草，往來黑山、魚海之間，掩其無備，彼衆可盡獲也。」丁酉，勝等至遼河東，獲納哈出屯卒三百人，馬四百餘匹，遂進師駐金山之西。時乃剌吾還至松花河，納哈出見之大驚，相勞問，乃剌吾因諭以朝廷遣還之意。納哈出喜，即遣其左丞劉探馬赤、參政張德裕至軍門獻馬，且因以覘我。勝遣人送赴京師。乃剌吾復備以撫卹之恩語其衆，由是部落多有降意。時臨江侯陳鏞所部與大將軍異道相失，陷敵，死之。丁未，勝等率師踰金山至女直苦屯，納哈出部將全國公觀童來降。初，納哈出分兵爲三營：一曰榆林深處，一曰養鵞莊，一曰龍安一禿河。輜重富厚，畜牧蕃息，元主數招之不往。至是，大將軍逼之，納哈出計窮，乃刺吾因勸之降。納哈出猶豫未決，勝遣馬指揮往諭之。納哈出乃遣使至大將軍營，陽爲納款，而更覘兵勢。勝卽遣藍玉往一禿河受之，使還報，納哈出指天嘖嘖曰：「天不復與我有此衆矣！」遂率數百騎詣藍玉降。玉大喜，出酒與之飲，甚相歡。納哈出酌酒酹玉，玉解衣以衣之，謂曰：「請服此而後飲。」納哈出不肯服，玉亦持酒不飲。爭讓久之，納哈出取酒澆地，顧其下咄咄語，將脫去。時鄭國公常茂在座，其麾下趙指揮者，解胡語，以告茂，茂直前搏之，納哈出大驚，起就馬，茂拔刀砍之，傷臂不得去，耿忠遂以衆擁之見勝。納哈出所部妻子將士凡十餘萬，在松花河北，聞納哈出被傷，遂驚潰。餘衆欲來追，勝遣前降將觀童往諭之，於是其衆悉降，凡四萬餘，羊馬駝驢輜重亘百餘里。納哈出有二姪不肯降，勝遣人諭之，乃折弓矢於地，亦來降。勝以禮諭納哈出，加慰諭，令耿忠與同寢食，遣使奏捷，奏常茂驚潰降衆，遂班師。悉以納哈出來降將卒妻子及其輜重俱南行。仍以都督濮英將騎兵三千爲殿。初，納哈出之降也，餘衆驚潰者皆竄匿，及聞大軍還，以其降衆俱行，甚恨之，乃設伏於途，候大軍過而邀之。英等後至，伏發，猝爲所乘，衆寡不敵，英馬蹶被執。英絕食不言，乘間剖腹而死。

秋七月丁酉，納哈出所部營王失剌八禿等來降。八月壬子，上聞馮勝等在軍中多不律，遣使戒諭之。癸酉，馮勝械常茂至京。茂，勝之壻也。勝每於衆中卑折之，茂不能堪，出不遜語，勝御之。及納哈出降而衆驚潰，勝乃歸咎於茂，奏之。茂至，陳所以降納哈出之故。上曰：「如爾言，勝亦不得無罪。」命收其總兵印，召勝還，令永昌侯藍玉總兵代之。

九月戊寅，納哈出至京，封爲海西侯。詔左副將軍傅友德編集新附軍士，駐兵大寧防寇。

丁未，以永昌侯藍玉爲大將軍，延平侯唐勝宗、武定侯郭英爲左、右副將軍，都督僉事耿忠、孫恪爲左、右參將，率兵討殘元，肅清沙漠。冬十一月甲午，藍玉奏「元丞相哈剌章、乃兒不花遁入和林，乞進兵勦滅。」許之。

二十一年（戊辰，一三八八）夏四月，藍玉率師自大寧進至慶州，聞元主脫古思帖木兒在捕魚兒海，間道兼程而進。乙卯，師至百眼井，去捕魚兒海四十餘里，哨不見敵，玉欲引兵還。王弼曰：「吾等提十萬衆，深入沙漠，未見敵而班師，何以復命！」玉然之。弼復請戒諸軍，皆穴地而爨，毋令敵望見烟火，師遂進。丙辰，至捕魚兒海南飲馬，偵知元主營在海東北八十餘里。玉以弼爲前鋒，直薄其營。敵始謂我軍乏水草，不能深入，不設備。又大風揚沙晝晦，軍行皆不知。元主方欲北行，整軍馬皆北向。忽大軍至，其太尉蠻子倉卒拒戰，擊敗之，殺蠻子，其衆遂降。元主脫古思帖木兒與其太子天保奴、知院捏怯來、丞相失烈門數十騎遁去。玉率精騎追之，不及，獲其次子地保奴等六十四人，及故太子必里秃妃并公主等五十九人，其詹事院同知脫因帖木兒將逃，失馬竄草間，擒之，及追獲吳王朶兒只、代王達里麻、平章八蘭等二千九百九十四人，軍士男女七萬七千三十七口，得寶璽、圖書、金銀印章、馬駝牛羊車輛，各籍數入奏。聚其甲兵悉焚之，遂班師。

二十二年（己巳，一三八九）夏五月癸巳，置泰寧、福餘、朶顏三衞於兀良哈，以故元歸附阿禮失里爲泰寧衞指揮使，塔賓帖木兒爲指揮同知，海撒奚爲福餘衞指揮同知，脫魯忽察兒爲朶顏衞指揮同知，各領所部以安畜牧。

秋七月，元也速迭兒弑其主脫古思帖木兒，立坤帖木兒。其部屬皆奔散，元裔日微。

二十三年（庚午，一三九〇）春正月，命傅友德爲大將軍，率列侯趙庸、曹興、王弼、孫恪等赴北平，訓練軍馬，聽燕王節制，出征沙漠。敕王弼以山西聽晉王節制。

三月，燕王率傅友德等出古北口，哨得乃兒不花等駐牧迤都，遂進兵。適大雪，諸將欲止，燕王曰：「天雨雪，彼不虞我至，宜乘雪速進。」癸巳，遂抵迤都，隔一磧，敵不知也。乃先遣指揮觀童徑詣其營。觀童與乃兒不花有舊，至則相抱持泣。倉卒之頃，我師已壓其營。衆大驚，乃兒不花等欲上馬走，觀童諭以燕王至，毋恐。乃兒不花與俱詣軍門降，燕王降辭色待之，賜之酒，慰諭遣還。乃兒不花大喜過望，於是悉收其部落、馬駝牛羊而還。報捷京師，上大喜曰：「肅清沙漠者，燕王也！」

二十四年（辛未，一三九一）春三月，元遼王阿札失理寇邊，命潁國公傅友德率列侯郭英等討之。五月，至哈者舍利王道，友德遽下令班師，敵聞，信之。越二日，忽趨師深入。六月，至黑嶺、鴉山等處洮兒河，獲人口馬匹，駐師金鞍子山。七月，復征黑嶺、寒山，至磨鎌子海、蘭尖山，追其渠札都，深入黑松林之地野人所居熊皮山。追達達兀剌罕，掩襲其衆，大獲而還。

八月，哈密寇邊，命都督宋晟、劉眞率師討之。九月，晟等破哈密，擒其王子別列怯、豳王桑里失哥、知院岳山等，殺其國公阿朶只，俘衆一千三百人。

二十五年（壬申，一三九二）夏四月，涼國公藍玉率將士追逃寇祁者孫，遂進征西番罕東之地。五月，藍玉兵至罕東，遣都督宋晟等徇阿眞州，土渠合昝等遁去。尋奉詔移兵，討建昌叛帥月魯帖木兒。秋七月癸未，四川都指揮使瞿能率兵至雙狼寨，攻破之，擒僞千戶段太平等，其衆大潰。月魯帖木兒遁去，能督兵追捕，進攻托落等寨，拔之。月魯帖木兒復遁，能轉戰而前，破水寨關及上匾寨，進至打沖河三里所，與月魯帖木兒遇，大戰，破走之，俘其衆五百餘人，溺死者千計，獲牛馬無算。官軍入德昌，知府安德渡打沖河遁去，能遂調都指揮同知陶凱分兵入普濟州搜捕之，獲。駕橋於打沖河，遣指揮李華引兵追托落寨餘孽。進至水西，斬月魯帖木兒把事七人，其截路寨土渠長沙納的等皆中（兵）〔矢〕（據洪武實錄卷二二九改）死。能還攻天星、臥漂諸寨，皆克之，先後俘殺千八百餘人。月魯帖木兒復遁入柏興州。九月，罕西西番叛入寇，命都督宋晟總兵討平之。十一月甲午，藍玉兵次柏興州，遣百戶毛海以計誘致月魯帖木兒幷其子胖，其衆悉降。送月魯帖木兒至京師，伏誅。玉奏：「四川之境，地曠山險，控扼西番，宜增置屯衞。順慶府鎮禦巴梁、大行諸縣，其保寧千戶所，北通連雲棧，宜改爲衞。漢州、灌縣西連松、茂、碉黎，當土番出入之地；眉州控制馬湖、建昌、嘉定，接山都、長九寨，俱爲要道，皆宜置軍衞。」下羣臣議，行之。

都督周興帥兵討元逆臣也速迭兒。興追至徹徹兒山，破之。

十二月壬申，馮勝等奉命率列侯籍太原、平陽民爲兵伍，置衞屯田。東勝立五衞，大同立五衞，大同迤東立五衞。衞五千六百人。

二十九年（丙子，一三九六）春三月，寧王權言：「騎兵巡塞，見有脫輻遺道上，恐敵兵往來，有盜邊之舉。」上曰：「狡寇多奸，此必示弱，誘我軍耳。」於是敕燕王選精卒抵大寧，沿河南北覘北兵所在，隨宜掩擊。甲子，燕王率諸軍北至徹徹兒山，遇元兵，與戰，擒其將索林帖木兒等數十人。追至兀良哈禿城，遇兀剌兀海，戰敗之。

三十年（丁丑，一三九七）春正月，命耿炳文、郭英巡西北備邊。

五月己巳，敕晉、燕、代、遼、寧、谷六王勒兵備邊，戒勿輕戰，俟敵分散驕怠，邀截要路擊之。

三十一年（戊寅，一三九八）夏四月，命燕王率諸王防邊。敕曰：「北騎南行，不寇大寧，即襲開平。可召西涼都指揮張文傑、莊得，開平都督宋眞、宋晟，遼東武定侯郭英等，皆以兵會。遼王以護衞軍悉數北出，山西、北平亦然。令郭英、宋眞、宋晟翼於左，莊得、張文傑翼於右，爾與代、遼、寧、谷五王居其中，彼此相護，首尾相救。兵法：『示饑而實飽，外鈍而內精。』爾其察之。」五月戊午，敕左軍都督楊文往北平，拌燕、谷、寧三府精銳往開平，從燕王防邊。敕郭英總兵往遼東，隨遼王屯開平迤北險要防邊，仍聽燕王節制。乙亥，命燕王總帥諸王防邊。敕曰：「朕觀成周之時，天下治矣。周公告成王曰：『詰爾戎兵。』安不忘危之道也。朕之諸子，汝獨才智，秦、晉已薨，汝實爲長，攘外安內，非汝而誰？爾其總率諸王，相機度勢，用防邊患，奠安黎民，以答上天之心，以副吾付托之意。其敬愼之，毋怠。」

谷應泰曰：塞下之險，東起開、鐵，北歷喜峰，西亘偏頭、五灰，相距二千二百里而遙，乃欲阻長城而堵之，列亭障而蔽之，設險守國，蓋其難哉。

若夫高皇之定天下也，與漢、唐異。漢、唐之主，所稱勝國之孽者，悉中原之人耳。

乾符一御，醜類盡殲，寶籙攸歸，餘胤革面。然而漢圍白登，唐苦突厥，內地既輯，邊患乘之，強弩之末，殊未可以易視也。又況順帝北出漁陽，旋輿大漠，整復故都，不失舊物，元亡而實未始亡耳。於時忽答一軍駐雲州，王保保一軍駐沈兒塔，納哈出一軍駐金山，失喇罕一軍駐西涼，引弓之士，不下百萬衆也，歸附之部落，不下數千里也，資裝鎧仗，尚賴而用也，駝馬牛羊，尚全而有也。假令蹛林祭纛，大舉報仇，田單一鼓而下齊，申胥七日而救楚，豈得云惰歸之氣，沒世不復歟！

然而太祖之攻之也，分兵二道。一出西安以擣定西，一出居庸以擣沙漠，則雲中、鴈門之勢斷矣。及其再舉也，分兵三路。徐達出中路，李文忠出東路，馮勝出西路，則盧龍、榆關之援又絕矣。而且築東勝之險，是南仲之城朔方也，設屯田之利，是充國之守金城也，宜乎左丞右帥，東底開平，鄧愈、沐英，西臨弱水，雖貳師之入大宛，張騫之通屬國，其長駕遠馭，未有若斯之極也。厥後應昌之捷，買的就俘，武平之戰，惠儲歸命，於是犁幕南而無庭，過陰山而慟哭，元氏舊墟，幾乎盡矣。至於設伏馬陵，揚水疏勒，則桑哥兒之跑地，橐駝塞之冰城，似有神助，功亦爛焉。

若夫燕、雲割棄四百餘年，石晉以來，復還版圖，豈景純定限，南北更合，將衞、霍樹績，王者無外耶！

明史紀事本末卷之十一

太祖平夏

元順帝至正十五年（乙未，一三五五）春，徐壽輝將明玉珍據成都。玉珍，隨州人，世農家。身長八尺，目重瞳，以信義爲鄉黨所服。初聞徐壽輝兵起，集鄉兵屯于青山，結栅自固。未幾，降于壽輝，授元帥，隸倪文俊麾下，鎮沔陽。與元將哈林禿戰湖中，飛矢中右目，微眇。十四年，以兵千人，𢊍斗船五十，溯夔而上。時青巾盜李喜喜聚兵苦蜀，元義兵元帥楊漢以兵五千禦之，屯平西。右丞相完者都鎮重慶，置酒飲漢，欲殺之。漢覺，脫身走，順流下巫峽，遇玉珍，訟之，且言重慶可取狀。玉珍未決，萬戶戴壽曰：「攻重慶，事濟據蜀，不濟歸，無損也。」從之。遂進克其城，完者都遁，父老迎入城。玉珍禁侵掠，市肆晏然，降者相繼。

十八年（戊戌，一三五八），完者都自果州來攻重慶，屯嘉定之大佛寺，明玉珍使明三禦之。明三，黃陂人，驍勇善戰，玉珍弟畜之，後復姓名曰萬勝。又密遣猛士夜䀹陳劫烏斗山寨，擣嘉定，皆下之，惟大佛寺未下。玉珍親濟師，旬日城潰，完者都、參政趙資、平章郎歹革皆死之，人稱「三忠」。道出瀘州，自訪元進士劉禎，喜曰：「吾得一孔明也。」

二十一年（辛丑，一三六一），明玉珍稱隴蜀王。初，玉珍謀討陳友諒，乃整兵守夔關，不與通，復立廟以祀徐壽輝。至是，遂自稱隴蜀王。

二十二年（壬寅，一三六二）春三月，明玉珍僭稱帝于蜀，國號大夏，改元天統。倣周制設六卿，又置翰林院承旨學士、國子監等官，賦稅十取其一，開廷試，置雅樂供郊祀之祭，皆劉禎爲也。

二十三年（癸卯，一三六三），明玉珍遣萬勝等三道攻雲南，梁王孛羅走金馬山，勝入城據之。孛羅復集衆來攻，勝敗于關灘，引還。

二十四年（甲辰，一三六四），萬勝攻興元，敗還。鄒興克巴州。

二十五年（乙巳，一三六五）九月，夏主明玉珍以萬勝、戴壽爲左、右丞相。遣參政江儼來通好，命都事孫養浩報之。是年，萬勝取興元。

二十六年（丙午，一三六六）春三月，夏主明玉珍卒，年三十六。玉珍頗節儉，好文學，蜀人安之。子昇嗣。昇年始十歲，母彭氏同聽政，改元開熙。其都察院張文炳用事，忌萬勝，使玉珍義子明昭矯彭氏旨殺之。勝，夏驍將也，兵無不一當百。勝死，夏以不競。劉禎代爲丞相。吳友仁移檄興兵，昇命戴壽討之。友仁曰：「不誅昭，國必不安。昭若朝誅，吾當夕解。」壽乃奏誅昭。友仁入朝謝罪，不問。

九月己亥，夏主明昇遣使來聘，使者自言：「其國東有瞿塘三峽之險，北有劍閣棧道之阻，古人謂『一夫守之，百人莫過』。而西控成都，沃壤千里，財富利饒，實天府之國。」太祖笑曰：「蜀人不以修德保民爲本，而恃山川之險，誇其富饒，此豈自天而降耶！」使者退，太祖因語侍臣曰：「吾平日爲事，只要務實，不尙浮僞。此人不能稱述其主之善，而但誇其國險，固失奉使之職矣。吾常遣使四方，戒其謹于言語，勿爲誇大，恐遺笑于人。如蜀使者之謬妄，當以爲戒也。」遣參知政事蔡哲往報蜀。哲挾畫工同往，圖其山川險易以獻。太祖覽而嘉之，遂爲取道伐蜀之張本。

太祖洪武元年（戊申，一三六八）冬十二月，遣使以書諭夏主明昇。

二年（己酉，一三六九）秋八月，夏主明昇遣使來貢。王師平關陝，蜀人震恐。戴壽謂昇曰：「大明天子遣將用兵，所向無敵，以王保保、李思齊強盛，竟莫能禦，況吾蜀乎！倘一旦有警，計將安出？」吳友仁曰：「蜀地非中原比，設有緩急，據險可守。爲今之計，莫若外假交好以緩敵，內修武事以自強。」昇從其言，遣使修貢。上賜璽書答之，曰：「朕歷觀古有蜀者，如公孫述、李特、王建、孟知祥輩，皆能乘機進取，而善守之道未聞，今足下必圖所以善守可也。朕連年出師，所向克捷，皆諸將用命，故能成功。遠勞致禮，益見厚意，因使者還，姑以此復。」

冬十月壬戌，遣平章楊璟諭明昇奉國入覲。昇牽于羣議不能決。璟將還，復以書曉之，曰：「古者同力度德，同德度義。無可度焉，則爲順圖。足下自謂瞿塘、劍閣，一夫負戈，萬卒誰何，此皆不達時變相謬誤。足下自度，孰與劉備、諸葛孔明，然僅僅能自保。足下疆埸，南不過播州，北不過興元。王師一至，所爲足下謀者，各自爲計，足下奉老母安歸乎？足下卽沖幼，當亦痛心老母。順逆之圖，度之而已。」昇不能從。

三年（庚戌，一三七〇）夏五月，大將軍徐達既出安定，走王保保，乃遣左副將軍鄧愈招撫土番，而自帥所部攻興元。以傅友德爲前鋒，自秦州南出一百八渡至略陽，擒故元平章蔡琳，遂入沔州。分遣裨將金興旺等由鳳翔入連雲棧，合攻興元。興元守將劉思忠、知院金慶祥迎降。留金興旺、張龍守之，達還軍西安。

秋七月，蜀將吳友仁寇興元，守將金興旺、張龍出兵擊却之。明日，友仁復來攻，興旺與戰，面中流矢，拔矢再戰，斬首數百。時城中守兵纔三千，友仁兵三萬，興旺以衆寡不敵，斂兵入城，遣使間道走寶鷄請援兵。友仁圍城，決濠塡塹，攻益急。興旺嬰城拒守，發巨砲擂石，敵兵多死傷。時徐達在西安得報，卽帥師還屯益門鎮。先遣傅友德領兵三千，徑趨黑龍江，夜襲木槽關，攻斗山砦。友德令軍中人持十炬燃于山上，友仁軍望見大驚，乘夜遁。

四年（辛亥，一三七一）春正月丁亥，上親祀上下神祇，告伐明昇。命中山侯湯和爲征西將軍，江夏侯周德興爲左副將軍，德慶侯廖永忠爲右副將軍，滎陽侯楊璟、都督僉事葉昇等率京衞、荆、湘舟師，由瞿塘趨重慶，潁川侯傅友德爲前將軍，濟寧侯顧時爲左副將軍，都督僉事何文輝等率河南、陝西步騎，由秦、隴趨成都。上諭和等曰：「今天下大定，四海奠安，惟川蜀未平耳。朕以明玉珍嘗遣使修好，存事大之禮，憫明昇稚弱，不忍加兵，數遣賜開諭，冀其覺悟。昇乃惑于羣議，反以兵犯吾興元，不可不討。今命卿等率水陸大軍，分道並進，首尾攻之，使彼疲于奔命，勢當必克。但師行之際，在肅行伍，嚴紀律，以懷降附，無肆殺掠。昔王全斌之事，可以爲戒，卿等慎之！」諸將陛辭，上復密諭傅友德曰：「蜀人聞吾西伐，必悉其精鋭東守瞿塘，北阻金牛，以拒我師。彼謂地險，吾兵難至。若出其意外，直擣階、文，門戶既隳，腹心自潰。兵貴神速，但患卿等不勇耳。」友德頓首受命。仍命宋國公馮宗異往陝西修城池，衞國公鄧愈往襄陽訓練軍馬，運糧餉以給征蜀軍士。

二月，江夏侯周德興、指揮胡海等進兵，取蜀之龍伏隘，進奪覃垕、溫陽關。中山侯湯和率師克歸州李逢春烽火山寨。分遣南雄侯趙庸、宣寧侯曹良臣帥兵取桑植容美洞，會周德興合攻茅岡、覃垕寨，克之。

三月，平章楊璟進次瞿塘，不利。先是，蜀人自謂瞿塘天險，其平章莫仁壽守之，以鐵索横斷關口。及聞王師臨境，又遣左丞戴壽、平章鄒興、副樞飛天張等益兵爲固守計。壽等于鐵索外北倚羊角山，南倚南城寨，鑿兩岸壁，引纜爲飛橋三，平以木板，置砲石木竿鐵銃其上，傍橋兩岸，復置砲以拒王師。至是，璟師次夔州大溪口，遣指揮韋權率兵出赤甲山，以逼夔州。指揮李某出白鹽山下，逼夔府南岸，以攻南城寨。璟與都督僉事王簡出大溪口，進攻瞿塘扼江之衆。璟戰不利，赤甲、白鹽之師亦退還歸州。

潁川侯傅友德受命馳至陝，集諸道兵，揚言出金牛，而使人潛覘，知青州、果陽空虛，階、文雖有兵壘而守備單弱。于是引兵趨陳倉，選精鋭五千爲前鋒，攀援山谷，晝夜兼行，大軍繼之。夏四月丙戌，直抵階州。蜀守將平章丁世眞率衆來拒，友德擊敗之，生擒其將雙刀王等十八人。世眞遁去，遂克階州。進至文州，距城三十里，蜀人斷白龍江橋以阻我師。友德督兵修橋以渡，至五里關。蜀平章丁世眞復集兵據險，都督同知汪興祖躍馬直前，中飛石死。友德怒，奮兵急擊，破之。世眞僅以數騎遁去，遂拔文州。

庚寅，上以湯和、傅友德等伐蜀三月，未得捷報，命永嘉侯朱亮祖爲右副將軍，帥師助之。丁酉，傅友德下青州果陽，留指揮潘忠守之，進兵徇江油、彰明二縣，下之，癸卯，遂趨綿州。友德選精鋭鼓行而前，別遣都督僉事藍玉夜襲其壘。蜀守將向大亨軍驚擾達旦，友德麾兵乘之，俄大風起，諸軍乘風縱擊，蜀兵大敗，遂克綿州。龍驤衛指揮史鑑死之，大亨走保漢州。友德至漢州，阻水不得渡，乃命軍中造戰艦百餘艘。時蜀人雖失階、文，猶恃漢水自固，及聞我師造舟進取，乃益震恐。五月己卯，戰艦成。友德將進兵漢州，欲以軍事達湯和，而山川懸隔。適江水暴漲，乃以木牌數千，大書克階、文、綿州日月，投漢江順流而下，蜀守者見之，爲之解體。初，蜀人命丞相戴壽、太尉吳友仁等悉衆守瞿塘，以扼三峽之險。及聞友德破階、文，擣江油，壽等乃與友仁分瞿塘守兵還援漢州，以保成都。未至，而友德舟師已逼漢州，向大亨悉兵陣于城下，友德選驍騎擊敗之。既而壽等兵至，友德下令諸將曰：「彼勞師遠來，聞向大亨新敗，必洶洶，可一戰克也。」乃親帥師迎擊壽等，大敗之。六月壬午，遂拔漢州，壽與大亨走成都，臨江侯陳德追擊，又敗之，獲其卒三千餘人，馬三百匹，友仁走古城。友德乃以濟寧侯顧時守漢州，自將擊古城，又大敗其衆，殺獲二千餘人，並擒宣慰胡孔彰等，獲馬騾五百餘匹。友仁自古城遁還保寧。

時湯和兵發歸州，進攻瞿塘關，以江水暴漲，不得進，乃駐師大溪口，欲俟水稍平。上聞之，恐其逗遛緩事，而傅友德捷書適至，乃詔和曰：「傅將軍率精銳，冒險深入，克階、文及青州、果陽、白水江之地。兵既越險，次于平川，蜀人無險可恃，正當水陸並進，使彼首尾受敵，疲于奔命。平蜀之機，正在今日。朕前日所以語爾者，獨不記憶乎？何怯之甚也！」詔至，廖永忠遂帥所部先進，和猶遲疑未決。會得友德木牌于江流，迺進兵，自白鹽山伐木開道，由紙牌坊溪趨夔州。永忠兵先至舊夔州，蜀平章鄒興、副樞飛天張等出兵拒戰。戊子，永忠分軍爲前後陣，軍既交，出後軍兩翼夾擊之，興等大敗。明日，復併兵攻之，擒其元帥龔興，殺溺死者甚衆。辛卯，永忠進兵瞿塘關。永忠以山峻水急，而蜀人設鐵索飛橋，橫據關口，我舟不得上，乃密遣壯士數百人，舁小舟踰山度關，出其上流，人持糗糧帶水筒以禦饑渴。山多草木，令將士皆衣青蓑衣，魚貫山巖石間，蜀人不覺也。度已至，乃率精鋭出黑葉渡，分爲兩道。夜五鼓，以一軍攻其陸寨，一軍攻其水寨。攻水寨將士，皆以鐵裹船頭，置火器而前。黎明，蜀人盡鋭來拒，永忠先破其陸寨。既而將士舁舟出江者，一時俱發上流，揚旗鼓譟而下，蜀人出不意，大駭，而下流之師亦擁舟急擊，發火砲火筒夾攻，大破之，鄒興中火箭死。遂焚其三橋，斷其橫江索，擒同僉蔣達等八十餘人，斬首千餘級，溺死者無算，飛天張、鐵頭張等皆遁去。永忠入夔州。明日，湯和兵始至，永忠乃與分道並進。和率步騎，永忠率舟師，約會于重慶。

戊戌，蜀平章丁世眞陷文州。先是，傅友德克文州，留指揮朱顯忠守之。世眞合番寇數萬來攻，顯忠拒却之。其趙元帥復與世眞合兵攻城，城中食且盡，外援不至，部下皆曰：「與其陷死地，孰若出城求生路乎？」顯忠厲聲曰：「爲將守城，城存與存，城亡與亡，豈有求活將軍邪！」詰旦，世眞攻益急，顯忠出東門拒戰，而世眞復攻西門。日且暮，顯忠被創，裹瘡決戰，力不支，城破，死之。千戶王均諒被執不屈，蜀人磔之于文州東門。初，顯忠領士卒七百人，及城破，僅百餘人。既而友德調兵來援，世貞棄城走。事聞，恤顯忠、均諒家。夏守金州九龍山寨平章愈思忠率官屬軍民二千三百餘人，詣友德軍門降，獻良馬千匹。友德遣人送思忠至京，上命還其馬，賜第居京師。世貞復率餘黨寇秦州，攻圍五十餘日，城中食盡，括牛畜以食軍。友德調兵來援，擊走之。世貞逃竄山巖，自以拒敵官軍，殺傷者多，懼不敢出，夜宿梓潼廟中，爲帳下小校所殺。及蜀平，小校赴京言狀，上曰：「小校殺本官，非義也。」不賞。

廖永忠帥舟師自夔州乘勝抵重慶，沿江州縣望風奔附。次銅鑼峽，明昇與右丞劉仁等大懼。仁勸明昇奔成都，其母彭氏泣曰：「事勢如此，縱往成都，不過延命旦夕，何益！」仁曰：「然則奈何？」彭氏曰：「大軍入蜀，勢如破竹。今城中軍民雖數萬，皆膽破心怖，豈能效力。若毆之出戰，死傷必多，亦終不免也。不如早降，以免生靈于鋒鏑。」明昇遂遣使詣永忠軍，全城納款。永忠以湯和軍未至，辭不受。癸卯，湯和至重慶，會永忠以兵駐朝天門外。是日，明昇面縛啣璧，與母彭氏及其右丞劉仁等奉表詣軍門。和受璧，永忠解縛，承制撫慰。下令將士不得侵掠，撫諭戴壽、向大亨等家，令其子弟持書往成都招諭。遣指揮萬德送明昇等並降表于京師。朱亮祖兵亦至。

秋七月，傅友德兵圍成都，戴壽、向大亨等出戰，以象載甲士列于陣前。友德命前鋒以火器衝之，象却走，壽兵蹦藉死者甚衆。會湯和遣人報重慶之捷，壽等亦得家書，聞重慶已降，而室家皆完，乃籍府庫倉廪，遣其子詣軍門納款，友德許之。翼日庚申，壽率其屬降，友德整衆自東門入，得士馬三萬。分兵會朱亮祖，徇州縣之未附者。壬戌，崇慶知州尹善清拒戰，擊敗，斬之，判官王桂華率父老降。壽、大亨既降，至夔峽，皆鑿舟自沈死。

八月，上遣使諭湯和等曰：「爲將貴審機而重料敵。今全蜀已下，惟吴友仁尚據保寧，偷旦夕之命，乘機而取之，此破竹之勢，無不克者。將軍徘徊不進何也？吾付將軍以大任，而臨事往往逗撓如此，何以總軍政寄國事乎！」和聞詔，遣周德興會傅友德克其城，執友仁送京師，誅之，蜀地悉平。明昇至京師，廷臣上言：「宋乾德間孟昶降，有叩頭伏罪禮。」上曰：「昶奢淫自恣。昇幼，孽自臣下，可免其伏地禮。」封昇爲歸義侯，居第京師。已而，投昇于高麗。

命曹國公李文忠經理四川，文忠以成都舊城卑隘，增築新城，高壘深池，規制略備。時傅友德駐兵保寧，湯和駐兵重慶，各遣人招輯番、漢人民及明氏潰亡士卒來歸者，因籍其壯丁。丙子，置成都右、中、前、後四衛分隸之。復置保寧守禦千戶所，調濠、梁等衛官軍守之。

十二月辛卯，賞平蜀將士，傅友德、廖永忠各白金二百五十兩，彩緞二十表。滎陽侯楊璟、南雄侯趙庸、永嘉侯朱亮祖不與賞。上親製平西蜀文，紀傅、廖二將之功。

谷應泰曰：聞之名山大川，不封諸侯，王公設險，用守厥國。而周都雒陽，則曰南望三塗，北望嶽鄙。有德易以王，無德易以亡。蓋古者賢明之主，在德不在險也。夫中國之得地險者，宜無過巴、蜀，棧道揭其北，瀘水阻其西，表岷、峨之天闕，帶二江之雙流，勇夫重閉，幾乎斗絕矣。而自古及今，敗亡相繼，俘縶入臣，罕有全者，則蜀之地險，固不足恃也。

方夫元運垂終，羣雄並起，明玉珍以隨州布衣，結寨青山，爲徐壽輝之外臣，倪文俊之守將。及文俊見殺于友諒，而遂奄有三巴，盜竊名器，比之劉宗下聲而自王，公孫躍馬而稱帝，功尤易易也。玉珍不以此時北趨子午，入叩關、隴，南下夷陵，先窺漢、沔，而但固守夔門，改元稱制，偏隅自割，坐待滅亡，此策之最下者。是則東之自守者無過士誠，而西之自守者無過玉珍也。

方太祖之初，逐鹿中原，未遑外討，答書通聘，以待隗囂，厚禮卑辭，以驕李密。而使者乃以張啇之口舌，誇蠶叢之形勝，井蛙坐大，斯爲過矣。至于元都已沒，秦、晉悉平，蜀道一隅，勢如黑子，乃始命鄒興、莫仁壽等瞿塘阻水，鐵鎖横關，丸泥壘守，不已晚乎？

若夫太祖之伐蜀也，以湯和等舟師入峽，疾趨重慶，此正兵也；而傅友德一軍，揚言發金牛，潛師取階、文者，此奇兵也。夫鄧艾縋入陰平，則綿竹之師不摧而潰，吳漢襲至廣都，則城市之橋可燒而斷，宜乎劉仁表詣軍門，明昇面縛御璧，而彭氏以爲縱走成都，不過延命旦夕也。乃知桓溫既入，李勢告亡，全斌濟師，孟昶不祀，此張載勒銘于劍閣，左思致誠于蜀都，玉壘銅梁，險無足據矣。從此冉駹效順，邛筰景從，蒟醬出于番禺，竹杖來于大夏，版圖之盛，固不必言。獨是功紀傅、廖，文皆御製，楊璟以無績而不敍，小校以非義而輟賞，勸懲斯在，又非特平蜀之規耳。若夫明昇者，封侯歸義，居第京師，要領克全，母子相保，雖劉禪樂魏，身不生還，而望帝歸魂，死猶啼血。嗚呼！方西川僭號時，其爲寄生久矣。

明史紀事本末卷之十二

太祖平滇

太祖洪武五年（壬子，一三七二）春正月癸丑，遣翰林院待制王禕齎詔諭雲南。

雲南古滇池地，南控交趾，北接吐蕃，西擁渚甸，東以曲靖爲門戶，與蜀、黔錯壤，麗江、松潘、烏蠻、罟益，如犬牙然。戰國時，楚威王使將軍莊蹻將兵循江上，略巴蜀、黔中，西至滇池，以兵威定，屬楚。歸報，會秦擊楚，巴、黔道塞，遂以其衆王滇，變服從其俗以長之。漢武帝元狩元年，彩雲見南方，遣使跡之，起于洱河，因寘雲南郡，諭滇王入朝。宣帝遣王襃求金馬、碧鷄之神。蜀漢建興三年，諸葛亮南征雍闓，斬之，封其渠龍祐那爲部長，賜姓張氏，漸去山林，徙居平地，建城邑，務農桑，諸部于是始有姓氏。隋開皇中，爲史萬歲所破。唐武德、貞觀間，張氏弱，遜位蒙氏，號南詔。天寶七年，閤羅鳳反，敗節度使鮮于仲通西洱河。後段氏有其地。段氏之先，武威郡人，改國號大理。宋太祖立，王全斌下四川，請取大理，鑒唐之禍，以玉斧畫大渡河曰：「此外非吾有也。」由是雲南不被兵，段氏得長世焉。元世祖自臨洮過大渡河，經山谷二千里，至金沙江，乘革囊以濟，獲段興智，滅其國，乃以其子忽哥出爲雲南王鎮之，仍錄段氏子姓守其土。忽哥死，封其子松山爲梁王。至正時，把匝剌瓦爾密嗣位。明玉珍一攻之，不克。至是，上既平夏，乃遣使往諭之。

六年（癸丑，一三七三）冬十二月，詔使王禕被殺于雲南。禕初至雲南，見元梁王君臣，諭以奉版圖、歸職方。梁王不省，館于別室。數日，又曰：「予將命遠來，非爲身謀。朝廷以雲南百萬生聚，不欲殲於鋒刃。曾不聞元綱解紐，陳友諒據荊湖，張士誠據吳會，陳友定據閩關，明玉珍據巴蜀，天兵下征，不四五年，悉膏斧鉞。惟爾元君北走以死，擴廓帖木兒之屬或降或竄，曾無用武之地。當是時，先服者賞，後至者誅。乃今自料，勇悍強獷，孰與陳、張？土地甲兵，孰與中國？天之所廢，誰能興之！不然，皇上遣一將軍，將龍驤百萬，會戰昆明池，爾猶魚遊釜中，不亡何待！」梁君臣相顧駭服，頗有降意，改館禕，厚待之。會元太子自立於沙漠，遣使脫脫自西番徵糧雲南，謀連兵拒我。脫脫覘知梁王有二心，欲迫殺朝使，以固其意。梁王持兩可，不決，匿禕民間。脫脫聞之，誚梁王曰：「國家顛覆不能救，反欲附他人邪！」欲躍馬去。梁王不得已，出禕與脫脫相見。脫脫欲屈禕，禕罵曰：「天命訖汝元，我朝實代之。爝火餘燼，尚欲與日月爭光乎！我將命使臣，豈爲爾屈！」顧梁王曰：「爾朝殺我，大兵夕至矣。」竟被害，瘞地藏寺北。禕有王佐才，上嘗語曰：「吾固知浙東有二儒，卿與宋濂耳。學問之博，卿不如濂；才思之雄，濂不如卿。」後子紳走雲南求遺骸，贈翰林學士，諡文節。

七年（甲寅，一三七四）秋八月，遣元威順王子伯伯齎詔往諭雲南。

八年（乙卯，一三七五）秋九月，命湖廣行省參政吳雲使雲南。上諭雲曰：「今天下混一，四方賓服，獨雲南一隅未奉正朔。朕欲以兵取之，恐勞師費財，重傷吾民，卿能爲朕作陸賈乎？」雲對曰：「雲南恃其險遠，故阻聲教。臣奉陛下威德，曉以禍福，彼必順附。若冥頑不從，興師未晚。」遂遣雲行。時元梁王使其臣鐵知院等二十餘人使漠北，爲徐達所獲，送京師。上釋之，命與雲偕行。至雲南之沙糖口，鐵知院等謀曰：「吾屬奉使不達，被執而還，罪必不免。」於是共逼雲易服，詐爲元使，更制書，以紿梁王。雲不從，鐵知院等知不可奪，遂殺之。

十四年（辛酉，一三八一）秋九月壬午，命潁川侯傅友德爲征南將軍，永昌侯藍玉、西平侯沐英爲副將軍，帥師征雲南。列侯曹震、王弼、金朝興、都督郭英、張銓等皆從。上諭之曰：「雲南自昔爲西南夷，至漢置吏，臣屬中國。今元之遺孽把匝剌瓦爾密等自恃險遠，輒害使臣，在所必討。爾等行師之際，當知其山川形勢，以規進取。朕嘗覽輿圖，咨詢於衆，得其阨塞。取之之計，當自永寧先遣驍將別率一軍以向烏撒，大軍繼自辰、沅以入普定，分據要害，迺進兵曲靖。曲靖，雲南之噤喉，彼必併力於此，以抗我師。審察形勢，出奇制勝，正在于此。既下曲靖，三將軍以一人提兵向烏撒，應永寧之師，大軍直擣雲南。彼此牽制，使疲于奔命，破之必矣。雲南既克，宜分兵徑趨大理，先聲已振，勢將瓦解。其餘部落，可遣人招諭，不煩兵而下也。」師行，上餞于龍江，旌旗蔽江而上。丁未，傅友德師至湖廣，分遣都督郭英、胡海洋、陳桓等帥兵五萬，由四川永寧趨烏撒，友德等率大兵由辰、沅趨貴州。

十二月辛酉，傅友德率藍玉、沐英等進攻普定，克之，羅鬼、苗蠻、仡佬望風降。至普安，復攻下之，乃留兵戍守，進兵曲靖。元梁王把匝剌瓦爾密聞明師下普定，遣司徒平章達里麻將精兵十餘萬，屯曲靖以拒我師。右副將軍沐英謂傅友德曰：「彼謂我師疲於深入，未有虞心。若倍道疾趨，出其不意，破之必矣。上所謂『出奇取勝』者此也。」友德是之，遂進師。丙寅，未至曲靖數里，忽大霧四塞。銜霧而行，阻水，則已臨白石江矣。頃之，霧霽，達里麻望見，大驚，倉皇失措。友德即欲濟師，英曰：「我軍遠來，形勢既露，固利速戰。然亟濟，恐爲所扼。」乃整師臨流，勢若欲渡。達里麻悉精銳扼水，英別遣數十人從下流潛渡，出其後，鳴金鼓，樹旗幟。達里麻急撤衆禦之，陣動。英乃拔劍督師濟江，以猛而善泅者先之。長刀蒙盾，破其前軍。敵氣索，退數里而陣。我師畢濟，友德麾兵進薄之，矢石雨發，呼聲動天地。戰數合，英縱鐵騎擣其中堅，敵衆披靡，遂大敗，生擒達里麻，横屍十餘里，俘其衆二萬。友德悉撫而縱之，使各歸業。蠻人見歸者皆喜慰，軍聲益振。遂平曲靖，留兵鎭其地。友德分遣藍玉、沐英率師趨雲南，而自以衆數萬向烏撒，爲郭英等聲援。壬申，元梁王把匝剌瓦爾密聞達里麻敗，棄城走入羅佐山。其右丞驢兒自曲靖馳歸，謂曰：「事急矣，將奈何？」于是把匝剌瓦爾密挈妻子與左丞達的驢兒俱入普寧州忽納砦，焚其龍衣，驅妻子俱赴滇池死。癸酉，藍玉、沐英等師至雲南之板橋，元右丞觀甫保出降。明日，駐兵金馬山，故梁王閹監也先帖木兒以金寶來獻，諸父老焚香出迎。玉等整衆入城，秋毫無犯，收梁王金印並宮府符信圖籍，撫定其民。自九月朔出師，迄下雲南，僅百餘日。藍玉別遣曹震、王弼、金朝興等率兵二萬，分道進取臨安諸路，皆下之。沐英分兵趨烏撒，會友德。先是，都督郭英等出永寧，路多險阻，諸將欲深入。英曰：「破敵貴先聲，攻取必自近始。舍近趨遠，非策之上也。」遂以兵攻赤水河，去河二十里爲營。時久雨，水暴漲，英曰：「賊恃水漲，不意吾濟。」下令諸軍斬木造筏，夜半濟河。比曉，敵始覺，遂大驚潰，生擒阿客指蠻，雲南諸郡邑皆震。至是，友德自曲靖帥師循格孤山而南，直擣烏撒，元右丞實卜收兵屯赤水河拒郭英等。友德大軍至，實卜遁。友德下令城烏撒，版築方具，實卜引諸蠻復大集，友德據高岡嚴陣待之。諸將請戰，友德故勿許，士爭奮思致死。友德度其可用，下令曰：「我軍深入，有進無退。彼既遁而復來，心必不一，併力與戰，破之必矣。若使彼據險自固，未易克也。」遂進戰。師既陣，芒部土酋帥衆來援。實卜合勢迎戰，我師趨之。戰數十合，渠長多中槊墜馬死者。我師益奮，蠻衆大潰，斬首三千級，獲馬六百匹，實卜率餘衆遁。遂城烏撒，得七星關以通畢節，又進至可渡河，于是東川、烏蒙、芒部諸蠻震讋，皆望風降附。

十五年（壬戌，一三八二）春正月辛巳朔，元威楚路平章閭乃馬（百）〔歹〕（據洪武實錄卷一四一改）、參政列車不花等詣曹震營降。壬午，元曲靖宣慰司、行省樞密院同知怯列該、傅慰、高仁，廉訪司副使孛羅海千及中慶、武定、徵江三路，嵩盟、晉寧、昆陽、安寧、新興、路南、建永七州，昆明、富民、宜良、南甸、河陽、陽宗六縣達魯花赤、箚廝等官，皆詣藍玉、沐英營降。丁亥，置貴州都指揮使司，命平涼侯費聚、汝南侯梅思祖署司事。甲午，遣使諭傅友德等曰：「比得報，知雲南已克。然區畫布置，尚煩計慮。前已置貴州都指揮使司，然去雲南尚遠。今必置都司於雲南，以統諸軍。既有土有民，又必置布政使司及府、州、縣治之。其烏撒、烏蒙、東昌、芒部、建昌之地，更宜約束渠長，留兵守禦，禁民勿挾兵刃。至如靄翠輩，不盡服之，雖有雲南，亦難守也。」金朝興兵略徵江、臨安、沅江、尋甸、楚雄、洱海俱下之。革宣慰司，立臨安府及各府十四衞，置雲南都指揮司，以都督謝熊、馮誠署司事。

二月，置雲南布政司，改中慶路爲雲南府，命汝南侯梅思祖、平章潘原明署司事，以張紞等爲參政、參議等官。

閏二月，靄翠至京，賜衣帽及鈔，遣還。

藍玉、沐英等進兵攻大理。大理城倚點蒼山，西臨洱海爲固。土目段世聞明師且至，聚衆扼下關以守。下關者，南詔皮羅閣所築龍尾關是也，號爲險要。玉等至品甸，遣定遠侯王弼以兵由洱水東趨上關，爲犄角勢，自率衆抵下關，造攻具。夜半，遣都督胡海洋出石門，間道渡河，繞出點蒼山後，攀木援崖而上，立旗幟。昧爽，大軍抵下關，望之，踴躍歡譟，敵衆驚亂。英身先士卒，策馬渡河，水沒馬腹，將士隨之，莫敢後，遂斬關而入。山上軍望見，亦下攻之。敵腹背受敵，大潰，拔其城，段世就擒。乃分兵取鶴慶，略麗江，破石門關，下金齒。于是車里、塺些、和泥、平緬等處相率降，雲南悉平。

三月，藍玉遣兵攻拔三營萬戶砦，更定雲南所屬府五十二、州六十三、縣五十四。傅友德遣使以故元威順王之子伯伯及梁王家屬三百一十八人送京師，並奏云：「雲南自元世祖至今百有餘年，屢經兵燹，圖籍不存，兵數無從稽考，但當以今要害，量宜設衛戍守。其賦稅則故元司徒平章達里麻等言：『元末田土，多爲豪右隱佔。』今循元舊制，歲用不足，已督布政司覆諸衛所，以給軍食。恐有不足，宜以今年所徵糧，并故官院寺入官田與土官供輸，鹽商中納，戍兵屯田所入，并給之。」上悉可其奏。未幾，置雲南鹽課司以益軍費。

夏四月，烏撒、東川、芒部復叛，傅友德移檄沐英，合兵進討。西堡蠻賊寇普定，貴州衛指揮同知顧成擊敗之。

六月，置大渡河守禦千戶所，傅友德調從征千戶吳中領兵守之，造舟以渡往來。上復遣使諭安陸侯吳復、平涼侯費聚，合征南三將軍攻烏撒、烏蒙、東川、芒部、磐石、關索嶺諸蠻。

秋七月，沐英自大理還軍滇池，會傅友德兵進攻烏撒，大敗其衆，斬首三萬級，獲馬牛羊萬計，餘衆遁去，復遣兵捕擊，悉平之。乃以烏撒、烏蒙、芒部三府，地近四川，奏隸四川布政司。

八月乙巳，遣使諭傅友德、沐英曰：「得報，知永昌侯駐軍建昌，大軍七月二十八日巳擊破烏撒，次第搜捕林箐諸蠻。然此地山高道隘，愼勿輕動。人自七星關來者，又曰：『芒部、烏撒蠻至夜舉火，挈家入霑翠。』符至，可諭霑翠之民，縛送軍前。其關索嶺非古道，古道又在西北。可以大軍蹂之，開此道以接普定，卽芒部渠長可盡獲，將軍其熟圖之。」巳，復遣使諭曰：「雲南士卒旣艱食，不宜分屯。止于赤水、畢節、七星關各置一衞；黑張之南，瓦店之北，中置一衞。如此分守，則雲南道路，往無礙矣。霑翠之地，必用十萬衆乃可定也。凡此者，朕所見大概耳。萬里之外，豈能周知，將軍便宜自處置。」

九月，傅友德、沐英等分兵攻未服諸蠻，以指揮馮誠守雲南。諸蠻見大軍出，謂城守虛弱，遂相煽叛。土官楊苴尤桀黠，紿其下曰：「總兵領大軍歸矣，雲南城可圖也。」遂糾衆至二十萬，會于城下，合三十六營兵攻城。時城中乏食，士卒多病，倉猝聞寇至，頗以爲憂。誠與指揮謝熊以孤軍嬰城拒守，備樓櫓戰具，多置強弓弩于城上。賊至，輒射之，多應弦而斃。伺賊少怠，出奇兵擊之。賊不能攻，遂圍城爲久困計。時沐英駐師烏撒，聞之，選精騎萬餘來援。至曲靖，先遣人潛入城報知，爲賊所得，紿之曰：「總兵官領大軍三十萬至矣。」賊相顧駭愕，拔營夜遁去，至安寧、羅次、邵甸、普寧、大祺、江川等處，據險樹栅，欲圖再舉。英至，與馮誠等合兵勦捕之，斬首六萬餘級，生擒四千餘人，諸部復定。誠，國用子也。

十六年（癸亥，一三八三）春二月，傅友德等遣人送故元雲南右丞觀音保、參政車里不花及渠長段世等一百六十人至京，各賜其家衣服。以觀音保爲金齒指揮使，賜姓名李觀。時友德等平蒙化府、鄧川州，破佛光砦，過金沙江，攻北勝府，擒其平章高生。復平麗江府、平津等州，蠻民降者數十萬戶。

三月甲辰，上以雲南平，命耿炳文往諭傅友德、藍玉等班師，而副將軍沐英以數萬衆留鎮之。雲南麓川之外，有國曰緬；車里之外，有國曰八百媳婦，皆請內附。上復置大理指揮使司，命周能爲指揮，統兵守之。

五月，命六安侯王志、安慶侯仇成、鳳翔侯張龍督兵往雲南、尋甸等處，繕城池，立屯堡，安輯其人民。

十七年(甲子，一三八四)三月，征南將軍傅友德、左副將軍藍玉班師。友德平雲南，上前後下璽書數十，懸斷萬里外，委曲皆中。友德奉行不敢失，因土俗，定租賦，興學校，瘞戰骨，廣屯田，遠邇畏悅，以是遂大定。夏四月壬午，論平雲南功，進封傅友德潁國公。列侯藍玉、仇成、王弼子孫世及。陳桓普定侯，胡海東川侯，郭英武定侯，張翼鶴慶侯。將校遞陞有差。

秋八月壬申，平緬宣慰使思倫發遣使獻方物，上元所授宣慰司印。平緬在西南夷稍遠，自大理越金齒至其地。有城郭宮室，其人皆樓居。地產象馬，官民皆髡髮如僧，出入則乘象。自前代未嘗通中國，元始遣使招諭，遂入貢。至是，大兵下金齒，與平緬壤地相接。思倫發聞之，懼，故遣使朝貢。

冬十月乙酉，景川侯曹震奏言：「四川至建昌驛道，所經大渡河，往來之人多死於瘴癘。臣問諸父老，自眉州峨眉至建昌，有古驛道，平易可行，無瘴毒之患，而年久蔽塞，已令四川軍士乘閑暇時開通其道，以瀘江至建昌各驛馬移置峨眉新驛爲便。」詔從之。

十八年(乙丑，一三八五)春正月，東蘭州韋富亂，沐英討平之。英在滇，仞方物，定貢額，視民數，均力役，雲南民賴以安。分兵剪廣西維摩餘孽，通四川糧道。上喜曰：「英能如是，吾無南顧憂矣。」

冬十二月，思倫發反，率衆寇景東，馮誠擊之，失利，千戶王昇死之。

十九年（丙寅，一三八六）春二月，雲南臻洞、西浦、擺金、擺榜諸蠻叛，命傅友德率師討之。友德復移兵討平越蠻廝哈、楊孟等，平之。

秋九月庚申，沐英奏：「雲南地廣，宜置屯田，令軍士開耕，以備儲畜。」詔從之。

二十年（丁卯，一三八七）夏五月庚申，敕諭沐英等勿遣使往平緬，但葺壘金齒、楚雄、品甸及瀾滄江中諸道，固守待之。英自楚雄至景東，每百里置一營，率兵屯種，以備蠻寇。已，復命景川侯曹震選四川精兵駐雲南尋甸，普定侯陳桓、靖寧侯葉昇總制雲南諸軍，駐定邊、姚安、畢節、曲靖、越州諸處，立營屯種，候征討。

二十一年（戊辰，一三八八）春正月，思倫發入寇，結砦於摩沙勒。沐英遣都指揮甯正擊破之，斬首一千五百級。三月，思倫發悉其衆號三十萬，戰象百餘，復寇定邊，欲報沙摩勒之役，勢甚猖獗。沐英選驍騎三萬，晝夜兼行，凡十五日抵賊營，隔壘而陣。遣都督馮誠先出輕騎三百挑之，賊以萬人驅象三十餘逆戰。雲南前衞指揮張因率騎卒五十餘人爲前鋒，其渠帥跨巨象直前，我軍注矢連發，矢中象左膝及脇，象仆地，渠長中矢走，追射殺之。諸軍譟而前，殺賊數百人，獲一象而還。英喜曰：「賊不足平也。」乃下令軍中，置火銃神機箭爲三行，列陣中。俟象進，則前行，銃箭俱發；不退，則次行繼之；又不退，則三行繼之。詰旦，分軍爲三隊，命馮誠領其前，甯正領其左，都指揮湯昭領其右，將士皆鼓勇而進。賊悉衆出營，結陣以待。其渠帥把事招綱等皆乘象，象披甲，皆負戰樓若欄楯，懸竹筒于兩旁，置短槊其中，以備擊刺。陣既交，羣象突而前，我軍擊之，矢石俱發，聲震山谷，象皆股栗走。指揮張因、千戶張榮祖率騎士乘之，直擣其柵，遂縱火焚其寨，烟焰漲天。還，復以兵邀擊之，殺傷甚衆。賊黨有昔剌者，亦驍勇，復率衆殊死戰。我左師小却，英登高望之，命左右取帥之首來。左帥遙見一人拔刀飛騎而下，率衆更進。英督戰益急，三軍大呼而鏖。不移時，賊衆大敗，斬首三千級，俘萬餘人，生獲象三十有七，餘皆被矢如蝟死。渠帥刁斯郎理（國榷卷九洪武二十二年有刁斯郎，「理」字疑衍，下云「各中百餘矢」，當作「刁斯郎等」爲是）各中百餘矢，斃象背上，餘賊潰，英帥師追襲之。賊連日不得食，死者相枕藉，思倫發遁去。

夏六月，東川蠻叛，命傅友德爲征南將軍，沐英、陳桓爲左、右副將軍，曹震、葉昇爲左、右參將，率馬步諸軍討之。八月壬寅，沐英遣都督甯正從傅友德討東川。

九月，越州土目阿資叛。阿資故囉囉種苦麻部。王師南征，沐英駐兵其地之湯池山，諭降之，至是叛。傅友德等將兵討之，道過平彝，以其山勢峭險，密邇阿資，遂遷其山民往居早上村，留神策衛千戶劉成等駐兵，立柵其上，後以爲平彝千戶所。阿資等復帥衆寇普安，燒府治，大掠。友德進擊之，斬其渠滿巳青。

二十二年（己巳，一三八九）春正月，阿資退屯普安，倚崖壁爲砦。傅友德以精兵蹙之，蠻衆皆緣壁攀崖，墜死者不可勝數，生擒一千三百餘人，阿資遁還越州。沐英遣甯正從友德擊阿資于越州，大敗之，斬其黨火頭弄宗等五十餘人。初，阿資之遁也，揚言曰：「國家有萬軍之勇，而我地有萬山之險，豈能盡滅我輩！」英乃請置越州、馬隆二衞，扼其衝要，分兵追捕之，阿資窮蹙降。甲午，曹震、葉昇領兵分討東川叛蠻，悉平之。

冬十一月，思倫發遣把事招綱等來言，叛逆之謀，皆其下刀厮郎等爲之。以象馬白金入貢，願輸貢賦。百夷遂平。

二十四年（辛未，一三九一）冬十二月，沐英以阿資叛服不常，請徙越州衞于陸涼鎭之。阿資復叛，平羌將軍何福督兵討之。至越州，阿資援絕，降。福扼險置寧越堡。

二十五年（壬申，一三九二）夏六月丁卯，西平侯沐英卒於雲南。雲南二十郡，左右分畫，界以大江，東北曰金沙，西南曰瀾滄，俱入海，幅員萬里。英鎭雲南，簡官僚，修惠政，剔姦蠹，興學校，治水利，墾田一百一萬二千畝，軍食贏足，恩威並著，敎化大行，雲南遂爲樂土。嘗入朝，賜宴奉天殿，賚黃金綵幣。陛辭，上撫之曰：「使我高枕無南顧憂者，爾也。」旣卒，追封黔寧昭靖王，命其子春襲封西平侯鎭雲南。

二十八年（乙亥，一三九五）春正月，阿資復叛，西平侯沐春、平羌將軍何福擒斬之于越州。

三十年（丁丑，一三九七）春正月，置雲南按察司。

秋九月，平緬諸蠻刁幹孟叛，逐宣慰使，思倫發奔訴京師。命西平侯沐春爲征南大將軍，都督何福、徐凱爲左、右副將軍，率雲南、四川兵討之。

冬十二月乙巳，遣思倫發還雲南，駐怒江。上命沐春令刁幹孟歸而主，毋爲不臣。

三十一年（戊寅，一三九八）春二月，刁幹孟請入貢。

夏五月，西平侯沐春進兵擊平緬，先以兵送思倫發於金齒，使人諭刁幹孟，不從，乃遣左軍都督何福、瞿能等將兵五千往討之。福等躋高良公山，直擣南甸，大破之，殺其渠刁名孟，斬獲甚衆。還兵擊景罕寨，寨乘高據險，堅守不下，官軍糧械俱盡，賊勢益盛。福使告急於春，春率五百騎往救之，乘夜至怒江。詰旦徑渡，令騎馳躪寨下，揚塵以讋之。賊乘高望見塵起蔽天，不意大軍卒至，驚懼，遂率衆降。春乘勝復擊崆峒寨，賊夜潰走。刁幹孟乃遣人乞降，帝以其反覆，不之許。尋春病卒，何福討擒刁幹孟，思倫發始得還，平緬悉定。

谷應泰曰：梁王以故元宗室，裂土滇南，國亡君死，偷視蠻陲，此其勢非同天水之坐大隴西，子陽之稱尊白帝也。大義自裁，誓不反顧，則北地劉諶猶能殉漢，烏孫公主義不忘隋。瘞王禕於北寺，斬吳雲於沙塘，死從余闕，生愧危公，討非得已，節斯烈矣。若以大命既去，新主有歸，天子北門，已棄中原於敝屣，孤臣天末，難塡滄海以丸泥，則子嬰軹道，詎是亡秦，劉禪長安，無須思蜀。稱臣歸命，納土入朝，頡利冢留灞上，突利老死幷州，我其臣僕之悲，亦明哲保身之智也。而乃猶豫兩端，徘徊去就。旌旗舳艫，蔽江西上，乃始開閫平章，斂兵曲靖。不知烏撒之師，分出永寧，普定之兵，專攻曲靖，大軍直擣雲南，偏師還赴大理，堂陛有聚米之形，將帥成破竹之勢，釜中游魂，久已在太祖握中矣。倉皇聞敗，六宮出走，龍衣焚于寶殿，闔門驅死滇池，鼠輩乃爾，何因倔強如是耶！或亦魯連帝秦，願蹈東海，田横入朝，道刎客舍之志與？

而太祖之下雲南也，運籌萬里，料敵如神，山川險阨，俱似躬行，進退指揮，不爽尺寸。史稱漢祖，止於百敗不折，敵畏唐宗，不過身先諸將，方其雄略，瞠乎後矣。若夫曲靖之戰，沐英決策，冒霧疾驅，兵臨白石，寧我薄人，毋人薄我，此先軫所以克也；張幟展角，潛出敵背，此陳餘所以擒也；臨江結陳，退不能止，此符融所以死也。甲高熊耳之山，馬飲昆明之水，路踰萬里，時纔百日，耿弇功震祝阿，李靖風行突厥，潁川、黔寧，何多讓焉。雖其後竊發時聞，不煩左顧，而軍若驚飈，彼同敗葉，遙傳仁貴，咋舌稱神，爭識令公，望塵羅拜，沐氏父子所以威行萬里也。

夫武帝用事西南夷，夜郎、邛筰遂成荒服。唐復陷入吐蕃，宋乃割於西夏。元極兵威，始分桐葉。而黔寧永鎮，三百年來，不獨貝金象齒來自殊方，抑且金馬碧鷄入參侍從，豈非春風所及，鷹眼能慈，泮水之林，鴞音速化，猗與盛哉！

明史紀事本末卷之十三

胡藍之獄

太祖洪武二年(己酉,一三六九)冬十月,上欲以楊憲爲丞相,問劉基。基素與憲厚,以爲不可。上怪之,基曰:「憲有相才,無相器。夫宰相者,持心如水,以義理爲權衡,而己不與焉者也。今憲不然,能無敗乎!」上曰:「汪廣洋何如?」基曰:「此褊淺。」上曰:「胡惟庸何如?」基曰:「小犢耳,將僨轅而破犁。」上曰:「吾之相,無踰于先生。」基曰:「臣非不自知。臣疾惡太深,又不耐繁劇,爲之,且負大恩。天下何患無才,願明主悉心求之。如目前諸人,臣誠未見其可也。」

六年(癸丑,一三七三)秋七月,以胡惟庸爲中書左丞相。

八年(乙卯,一三七五)夏四月,誠意伯劉基卒。初,上既相胡惟庸,基大慼曰:「使吾言不驗,蒼生之福也;言而驗者,其如蒼生何!」因憂憤增疾。基嘗爲上陳甌、閩事。蓋甌、閩之間,有隙地曰淡洋,其南抵閩界曰三魁,爲鹺盜藪,方氏所由亂,基奏于其地立巡檢司以控扼之。其姦民弗便也,相率挾逃戍之卒以叛,而大豪復陰持其窔。基使子璉上書奏之,而不先白中書省。惟庸故銜基，使刑部尚書吳雲劾之，以淡洋踞山海有王氣，欲圖爲墓地，民勿與，則建立司之策以窘其人，致激變。疏入，上下有司，惟庸請加以重辟，又欲逮基子璉獄。上皆不問，而第令移文使基知。基乃馳入朝見上，不敢辨，惟引咎自責而已，亦不敢言歸。俄有疾，惟庸覘上念基怠，乃陽爲好者，以正月朔，挾醫來視疾。基飲之，覺有物積胸中如拳石。間以白上，上不省也。又三月，寢劇。使使問之，知不能起，驛舟護歸青田。亡何，竟卒。

十三年（庚申，一三八〇）春正月，左丞相胡惟庸謀不軌伏誅。自楊憲、汪廣洋既敗，惟庸總中書政，專生殺黜陟，以恣威福。內外諸司封事入奏，惟庸先取視之，有病已者，輒匿不聞，由是奔競之徒趨其門下。魏國公徐達深嫉其奸邪，常從容言于上，惟庸銜之。達有閽者福壽，惟庸陰誘致爲己用，爲福壽所發。惟庸故起家寧國令，時太師李善長秉政，惟庸餽遺善長黃金二百兩，遂得召入爲太常卿，累遷中書參政，遂與善長深相結，以兄女妻善長從子祐，貪賄弄權，益無所忌。一日，其定遠舊宅井中忽出竹筍，出水高數尺，諛者爭言爲丞相瑞應，又言其祖父三世塚上，夜有光燭天，于是惟庸稍自負，有邪謀矣。會惟庸家人爲奸利事，道關，榜辱關吏，吏奏之。帝怒，殺家人，惟庸謝不知。帝又究故誠意伯死狀，惟庸懼且見發，乃計曰：「主上草菅勳舊臣，何有我！死等耳，寧先發，毋爲人束手寂寂。」而是時吉安侯陸仲亨、平凉侯費聚者，常犯法，帝切責之。二人懼，惟庸陰以權利脅誘之。二人素戆勇，又見惟庸用事，因與往來，久之益密。惟庸與御史大夫陳寧坐省中，閱天下軍馬籍，令都督毛驤取衞士劉遇寶及亡命魏文進等爲心膂，曰：「吾有用爾也。」太僕寺丞李存義，善長之弟，惟庸之壻父也，以親故，往來惟庸家，惟庸令存義陰說善長以邪謀。惟庸又使指揮林賢下海招倭軍，約期來會，又遣元臣封績致書，稱臣于元，請兵爲外應，皆未發。會惟庸子乘馬奔入輓輅中，馬死，惟庸殺輓輅者。上怒，命償其死。惟庸逆謀益急。而是時日本貢使適私見惟庸，惟庸約其王，令以舟載精兵千人，僞爲貢者，及期，會府中力士掩執帝，度可取取之；不可，則掠庫物泛海就日本，有成約。

正月戊戌，惟庸因詭言第中井出醴泉，邀帝臨幸，帝許之。駕出西華門，內使雲奇衝蹕道，勒馬銜言狀，氣方勃，舌駃不能達意。太祖怒其不敬，左右撾捶亂下。雲奇右臂將折，垂斃，猶指賊臣第，弗爲痛縮。上悟，乃登城望其第，藏兵複壁間，刀槊林立。卽發羽林掩捕，考掠具狀，磔于市，并其黨御史大夫陳寧、中丞涂節等皆伏誅，僚屬黨與凡萬五千人，株連甚衆。羣臣請誅李善長、陸仲亨等，上曰：「朕初起兵時，李善長來謁軍門曰：『有天有日矣。』是時朕年二十七，善長年四十一。所言多合吾意，遂命掌書記，贊計畫。功成，爵以上公，以女與其子。陸仲亨年十七，父母兄弟俱亡，恐爲亂兵所掠，持一升麥藏于草間，朕見之，呼曰：『來！』遂從朕。既長，以功封侯。此皆吾初起時股肱心膂，吾不忍罪之，其勿問。」

癸卯，詔罷中書省，陞六部官秩。倣古六卿之制，改大都督府爲中、左、右、前、後五軍都督府。祖訓云：「自古三公論道，六卿分職，不聞設立丞相。自秦始置丞相，不旋踵而亡。漢、唐、宋雖有賢相，然其中多小人專權亂政。今罷丞相，設五府、六部、都察院、通政司、大理寺等衙門，分理天下庶務，事皆朝廷總之。」

十二月，致仕學士承旨宋濂以孫愼坐胡惟庸黨被刑，籍其家，械濂至京。上怒，欲誅之，皇后諫曰：「民間延一師，尙始終不忘恭敬。宋先生親敎太子諸王，豈忍殺之！且宋先生家居，寧知朝廷事耶？」上意解，濂得發茂州安置。行至夔州，以疾卒。

十四年（辛酉，一三八一）春二月，有訴浦江鄭氏交通胡惟庸者。時四方仇怨相告訐，凡指爲胡黨，率相收坐重獄。鄭氏素以孝義聞，兄弟六人，吏捕之急，諸兄爭欲行，其弟鄭湜曰：「弟在，乃使諸兄罹刑辟耶！」獨詣吏請行。仲兄濂先有事京師，暨弟至，迎謂曰：「吾家長，當任罪，弟無與焉。」湜曰：「兄老，吾往辨之。萬一不直，弟當伏辜。」二人爭入獄。上聞，俱召至廷，勞勉之，謂近臣曰：「有人如此，而肯從人爲非耶！」卽宥之，擢湜爲福建布政司參議。

二十三年（庚午，一三九〇）夏五月乙卯，太師李善長自縊，虞部郎中王國用上書訟冤，略曰：「人情之愛其子，必甚于愛其兄弟之子。善長于胡惟庸，姪之親耳，于陛下，則子之親也。使善長佐惟庸成事，亦不過勳臣第一而已矣，太師、國公，男尚主，女納妃而已矣。且善長豈不知天命之不可倖求，當元之季，欲爲此者何限？莫不世絕宮污，不保首領，此善長之所熟見也。人年邁，精神意慮鼓舞倦矣。偷安苟容，則善長有之，曾謂有血氣之強暴感動其中也哉？且善長子事陛下，托骨肉無纖芥之嫌。凡爲此者，必有深仇急變，大不得已，而後父子之間或至相挾以求脫禍，未有平居晏然，都無形迹，而忽起此謀者，此理之所必無也。若謂天象告變，大臣當災，則殺人以應天象，夫豈上天之意哉！今不幸已失刑，而臣懇惻爲陛下明之，猶願陛下作戒于將來也。天下孰不曰：『功如李善長，又何如哉？』臣恐四方之解體也。」不報。國用疏，解縉代草也。

命刑部以肅清逆黨事播告天下，韓國公李善長，列侯胡美、唐勝宗、陸仲亨、費聚，已故侯顧時、陳德、華雲龍、王志、楊璟、朱亮祖、梅思祖、陸聚、金朝興、黃彬、薛顯，都督毛驤、陳萬亮、耿忠、於琥，凡二十人。

二十五年（壬申，一三九二）秋八月丙子，靖寧侯葉昇坐交通胡惟庸，伏誅。

太祖洪武十（八）〔二〕（據國榷卷六改）年（己未，一三七九）秋八月，命西平侯沐英爲征西將軍，率都督藍玉等統兵征西番。玉，開平王常遇春婦弟也，長身赬面，有勇略。從遇春麾下，每戰先登陷陣，所當無前。遇春素稱于上，上亦以遇春故寵異之，累功至都督僉事。至是，同英討西番，擒其渠癭脖子，斬獲以千計，獲馬二萬餘匹，牛羊十餘萬，還，封永昌侯。

十四年（辛酉，一三八一）秋九月，命永昌侯藍玉以征南副將軍同穎川侯傅友德討雲南，轉戰平之。事見太祖平滇。

二十年（丁卯，一三八七）春正月，命永昌侯藍玉爲右副將軍，同宋國公馮勝襲金山，納哈出降之，併降其衆十餘萬。勝以詿誤召還，卽軍中拜玉爲大將軍。事見故元遺兵。

二十一年（戊辰，一三八八）夏四月，大將軍藍玉襲捕魚兒海，獲元主次子地保奴、后妃公主百三十餘人；吳王朶兒只等將相官校三十人，男女七萬，馬駝五萬。上大悅，下璽書褒玉，比之衞青、李靖。

秋七月戊寅，大將軍藍玉遣人送元主次子地保奴及后妃公主等至京。既而有言玉私元主妃事，上大怒，曰：「玉無禮如此，豈大將軍所爲哉！」元主妃聞之，惶懼自盡。玉還朝，上切責之，戒以率德改行。

十二月壬戌，封永昌侯藍玉爲涼國公。先是，擬封玉梁國公，至是，改封涼，鐫其過于券。

二十三年（庚午，一三九〇）春正月，西番蠻人復叛，命涼國公藍玉率都指揮瞿能往大渡河邀擊之。玉討平嵓川、雜道，克散毛峒，擒土目剌惹等萬餘人，置大水田千戶所。進平施南、忠建二宣撫司叛蠻。還，增歲祿，賜黃金、文綺，尋詔還鄉。

二十四年（辛未，一三九一）冬十月，命涼國公藍玉往陝西訓練軍士。

二十五年（壬申，一三九二）夏四月，涼國公藍玉捕逃寇祁者孫，遂略西番罕東之地。玉兵入罕東，遣都督宋晟徇阿眞州，番衆皆遠遁。而會蜀故降將月魯帖木兒反建昌，使玉移師討之。至則裨將瞿能已大破其衆，月魯帖木兒走柏興。玉以計誘縛其父子，送京師斬之，盡降其餘黨，便宜請增設諸衞，且請籍民爲兵。上報設諸衞，而不許籍民。遂班師。

二十六年（癸酉，一三九三）春正月乙酉，涼國公藍玉謀不軌，伏誅。初，胡惟庸之叛，有稱玉與其謀者。上以其功大，宥不問。後諸老將多歿，乃擢爲大將，總兵征伐，甚稱上意。嘗措置陝西邊事，至蘭川，墜馬微傷，手詔慰勞之，比於中山、開平二王。然玉素不學，性復狠愎，見上待之厚，又自恃功伐，專恣橫暴。畜莊奴假子數千人，出入乘勢漁獵。嘗占東昌民田，民訟之。御史按問，玉執御史，捶而逐之。先是，北征還，私其珍寶駝馬無算。度喜峰關，吏以夜，不卽納，玉大怒，縱兵毁關而入。上聞之，不樂，併詰責其私元主妃，玉慢不省。嘗見上，命坐或侍宴飲，玉動止傲慢，無人臣禮。及總兵在外，擅陞降將校，黥刺軍士，甚至違詔出師，恣作威福，以脅制其下。至是，征西還，意圖陞爵。及命爲太傅，玉攘袂大言曰：「我固不當爲太師也！」恒怏怏，不樂居宋、潁二公下。間奏事，上不從，玉懼，退語所親曰：「上疑我矣。」乃謀反。當是時，鶴慶侯張翼、普定侯陳桓、景川侯曹震、舳艫侯朱壽、東莞伯何榮、都督黃恪、吏部尚書詹徽、侍郎傅友文及諸武臣嘗爲玉部將者，玉乃遣親信召之，晨夜會私宅謀議，集士卒及諸家奴，伏甲將爲變。約束已定，爲錦衣衛指揮蔣瓛所告。命羣臣訊狀具實，磔于市，夷三族。徹侯、功臣、文武大吏以至偏裨將卒，坐黨論死者，可二萬人，蔓衍過于胡惟庸。三月辛酉，會寧侯張溫、都督蕭用、瀋陽侯察罕，坐藍玉黨伏誅。

九月，詔：「胡黨藍黨，除已捕在官者外，其未發，不究。」

谷應泰曰：昔者太公賜履，南至穆陵，鬻熊論封，奄有江漢。以故土田圭瓚，勒之景鐘，而彤弓盧矢，銘之太常，用以分王功臣，永保厥世，甚盛典也。乃高帝刑馬，(縉)〔陳〕豨伏鑕，闔閭誓國，伍胥屬鏤，遺介推于綿上，試文種于地下，弓藏鳥盡，良足悲矣。

明太祖力戰中原，躬擐甲冑，櫛風沐雨，賴茅土之爪牙，枕戈臥鼓，藉苴林之虓虎。洪武三年，大告武成，論功行賞，公爵者十人，侯爵者二十八人，鐵券丹書，誓諸白水，河帶山礪，爰及苗裔，主非無勞之賜，臣亦非無功之奉也。獨奈何惟庸複壁藏兵，藍玉家奴吏甲，張敖不軌，逼漢祖于柏人，宣武稱兵，追黄鬚于姑孰，遂乃爵除五等，禍及三宗。然而推其始初，胡以傾邪升鼎耳，藍以寵利居成功，不學無術，器小任重，宜其及也。乃論者以光武保全功臣，所封不過大縣數四，所加不過特進朝請，故君臣之恩，始終不替，鹿鳴、天保，若魚水焉。然予考太祖之分封也，至尊貴者，無過韓國食祿四千石，魏國食祿五千石，未嘗裂土自王也。至任用者，出師則本于廟算，還軍則歸之禁旅，亦未嘗得專征伐也。凡此内安外攘，勢若犬牙；强幹弱枝，何難控禦。而乃以一人跋扈，遂疑尾大之圖，倉卒啓機，傅會難明之事，株連者四萬，失侯者二十，周内深文，亦云慘矣！

夫淮陰、陽夏，就令闕通，彭越、欒布，罪無相及。而况皂隸之後，漸乃式微；酎金之舉，以次削除。寧有朝登盟府，夕繫檻車，口血未乾，爰書遂擬。以致善長自縊，景濂道亡，蕭何三木而就徵，望之仰藥而自殺。豈尚功之典不設于齊侯，而議功之條不載于周禮耶？雖然，高帝晚年，甘露慶雲，屢書于册，而醴泉之詐興，貶爵削封，播告于外，而伏甲之謀起，是則胡、藍之釁，抑亦鳳德之衰也。

至若徐中山之忠志無疵，李岐陽之好學飭行，湯信公之聽命唯謹，沐西平之居貴不驕，並皆攀龍鱗而有功，履虎尾而不咥。嗚呼！與畢、散之徒爭烈矣。

明史紀事本末卷之十四

開國規模

元順帝至正二十四年（甲辰，一三六四）春正月，李善長、徐達等率羣臣奉太祖卽吳王位。以李善長爲中書右相國，徐達爲中書左相國。太祖退朝，語善長等曰：「建國之初，先正綱紀，綱紀先禮。元氏主荒臣專，今（儀）〔宜〕（據國榷卷二改）鑒之。」

三月，置起居給事中，日侍左右記言動。諭中書省臣，許山林士伍上書効用。民間俊秀，年二十五以上有學識者，辟赴中書。

夏四月甲午，太祖退朝，語侍臣孔克仁曰：「秦主虐臣佞，天下叛之。漢高起布衣，寬大善駕馭，遂帝天下。今元政弛極，豪傑蜂起，皆不修法度以明軍政。」因感歎久之。

五月，太祖御白虎殿閱漢書，問宋濂、孔克仁：「漢治何不三代也？」克仁曰：「王霸之道雜。」太祖曰：「咎將誰始？」曰：「在高祖。」太祖曰：「然。高祖創業，未遑禮樂。孝文時當制作復三代之舊，乃逡巡未遑，使漢家終于如是。三代有其時而能爲之，漢文有其時而不爲耳，周世宗則無其時而爲之者也。」

二十六年（丙午，一三六六）夏六月，命有司訪求古今書籍，藏之秘府，以資覽閱。因謂侍臣詹同等曰：「三王、五帝之書不盡傳於世，故後世鮮知其行事。漢武帝購求遺書，六經始出，唐、虞、三代之治，可得而見。武帝雄才大略，後世罕及，至表章六經，闡明聖賢之學，尤有功於後世。吾每於宮中無事，輒取孔子之言觀之，如『節用而愛人，使民以時』，眞治國良規。孔子之言，誠萬世師也。」

十二月，太祖以國之所重，莫先宗廟郊社，遂定議以明年爲吳元年，命有司建圜丘於鍾山之陽，以冬至祀昊天上帝，建方丘于鍾山之陰，以夏至祀皇土地祇，及建廟社，立宮室。已已，典營繕者以宮室圖進，太祖見雕琢奇麗者，命去之，謂中書省臣曰：「千古之上，茅茨而聖，雕峻而亡。吾節儉是寶，民力其毋殫乎。」

禁箋文頌美，諭中書省臣曰：「古人祝頌其君，皆寓警戒。適觀羣下所進箋文，多譽少規，殊非君臣相成之道，其一切禁止。」

太祖吳元年（丁未，一三六七）春正月戊戌，諭中書省臣曰：「吾昔在軍中，嘗空腹出戰，得粗糲甚甘，今未嘗忘之。太平、應天、宣城諸郡，吾渡江開創地，供億尤勞。其免太平租稅六年，應天、宣城諸郡一年。」

三月，定文武科取士之法。先是，令有司每歲舉賢才及武勇謀略、通曉天文之士，其有兼通書律，吏亦得薦舉。得賢者賞，濫舉及蔽賢者罰。至是，乃下令設文武二科。其應文舉者，察之言行以觀其德，考之經術以觀其業，試之書算以觀其能，策之經史、時務以觀其政事。應武舉者，先之以謀略，次之以武藝。俱求實效，不尚虛文。三年一開舉。

夏五月，下令曰：「予本布衣，因亂撫定江左，十有三年。中原之民，流離顚頓，尙無所歸，吾乃積粟控弦，其徐、宿、濠、泗、壽、邳、襄陽、安陸，免徭賦三年。」

六月，諭憲臣曰：「任官不當，則庶事不理，用刑不當，則無辜受害，故刑不可不愼也。夫置人於捶楚之下，何求不得。古人用刑，本求生人，非求殺人，故欽恤爲用刑之本。」又諭中書省臣曰：「法有連坐之條，吾以爲鞫獄當平恕，非大逆不道，則罪止其身。先王罪不及孥，罰勿及嗣，忠厚之至也。自今民有犯者，毋連坐。」參政楊憲對曰：「先王用刑，時輕時重。自元政姑息，民輕犯法，非重治之，則犯者益衆。」太祖曰：「民之爲惡，如衣之積垢，加以澣濯，則可以復潔。汙染之民，以善導之，則可以復新。夫威以刑戮而使不敢犯，其術淺矣。且求生于重典，是猶索魚於釜，故凡從輕典，雖不求其生，無死之道。」

秋七月乙亥，太祖御戟門閲雅樂，自擊石磬。學士朱升辨五音，誤宮爲徵。起居注熊鼎曰：「八音，石聲最難和，故書曰：『於予擊石，百獸率舞。』」太祖曰：「樂以人聲爲主，人聲和，卽八音諧矣。」鼎曰：「樂不外求，在于君心。君心和，則天地之氣亦和。天地之氣和，則樂無不和。」太祖深然之。

除郡縣官，定賜予道里之費，以養廉也。

九月甲戌朔，太廟成。癸卯，新內三殿成，曰奉天、華蓋、謹身。左、右樓曰文樓、武樓。殿之後爲宮，前曰乾清，後曰坤寧。六宮以次序列，皆朴素不爲飾。命博士熊鼎類編古人行事可爲鑒戒者，書于壁間，又命侍臣書大學衍義於兩廡壁間。太祖曰：「前代宮室，多施繪畫，予用此備朝夕觀覽，豈不愈於丹青乎！」是日，有言瑞州出文石，可甃地，太祖曰：「敦崇儉朴，猶恐習於奢華。爾不能以節儉之道事予，乃導予侈麗。」言者慚而退。

冬十月丙午，命百官禮儀俱上左。先是，承元制尙右，至是改之。以右相國李善長爲左相國。敕禮官建元右丞余闕、江州總管李黼、御史大夫福壽祠，歲時祀之。甲寅，命中書省定律令。太祖以唐、宋皆有成律斷獄，惟元不倣古制，取一時所行之事爲條格，胥吏易上下滋弊。至是，臺察已立，按察司將巡歷郡縣，乃命李善長、楊憲、傅瓛、劉基、陶安等詳定。諭之曰：「立法貴在簡當，使人易曉。若條緒繁多，或一事而兩端，可輕可重，使貪吏得藉手爲奸，則所以禁殘暴者，適以賊良善，非良法也。夫網密則水無大魚，法密則國無全民。卿等宜盡心參究，凡刑名條目，吾與卿面議斟酌之，庶可爲久遠之法。」已而，律令成，太祖親閱視，去煩減重，命頒行之。

十一月甲午，圜丘成，太祖出視，世子從行。太祖因命左右導之，徧歷農家，觀其居處飲食器用。還，謂之曰：「汝知農之勞乎？夫農身不離畎畝，手不釋耒耜，終歲勤動，不得休息，其所居不過茅茨草戶，所服不過練裳布衣，所飲食不過菜羹糲飯，而國家經費皆其所出，故令汝知之。凡居處食用，必念農之勞，取之有制，用之有節，使之不苦於饑寒。若復加之橫斂，則民不堪命矣。」

十二月丁未，以先聖孔子五十六世孫希學襲封衍聖公。

癸丑，中書省左相國李善長率文武羣臣勸進，太祖辭。固請，不許。明日復請，許之。辛酉，善長率羣臣以卽位禮儀進。甲子，太祖御新宮，以羣臣推戴之意，祭告上帝神祇。

太祖洪武元年（戊申，一三六八）春正月壬申朔，四日乙亥，上祀天地於南郊，卽皇帝位，定有天下之號曰大明，建元洪武。遂詣太廟，追尊四代祖考。

丁丑，大宴羣臣於奉天殿，上曰：「吾觀史傳所載歷代君臣，或君上樂聞忠讜，而臣下循默不言，或臣下抗言直諫，而君上飾非拒諫。比來朕每發言，百官唯訥而已，其間豈無是非得失可以直言者。自今宜盡忠讜，以匡朕不逮。」

辛丑，命廷臣兼東宮官。先是，中書及都督府議倣元舊制，設中書令，欲奏以太子爲之。上曰：「元人事不師古，設官不以任賢，惟類是與，豈可取法。且吾子年齒未長，更事未多，所宜尊禮師傅，博通今古。他日軍國重務，皆令啓聞，何必倣彼作中書令乎！」禮部尚書陶凱請選人專任東宮官屬，上曰：「朕以廷臣有德望者兼東宮官，非無謂也。嘗慮廷臣與東宮屬有不相能，遂成嫌隙，江充之事，可爲明鑒。朕今立法，令臺省等官兼東宮官，贊輔之，父子一體，君臣一心。」於是以李善長爲太子少師，兼詹事，馮勝兼副詹事，楊憲、傅瓛兼府丞，徐達兼太子少傅，常遇春兼太子少保，鄧愈、湯和兼太子諭德，章溢兼太子贊善大夫，劉基兼太子率更令。上諭善長等曰：「朕於東宮不別設府僚，而以卿等兼之者，蓋軍旅未息，朕若有事於外，必留太子監國，若設府僚，卿等在內，事當啓聞，太子或聽斷不明，卿等必謂府僚導之，嫌疑由是而生。朕所以特置賓客、諭德等官，以輔成太子德性，且選名儒爲之賓友。昔周公教成王，告以『克詰戎兵』；召公教康王，告以『張皇六師』。此居安慮危，不忘武備。蓋繼世之君，生長富貴，狃於安逸，軍旅之事，多忽而不務，一有緩急，罔知所措。二公之言，不可忘也。」

上欲官外戚，后曰：「國家官爵，當用賢能。妾家親屬，未必有可用之才。且聞前世外戚家，多驕淫不守法度，每致覆敗。陛下加恩妾族，厚其賜予，使得保守足矣。若非才而官之，恃寵致敗，非妾所願也。」上遂止。

上朝罷，從容謂劉基、章溢曰：「朕起淮右，以有天下。戰陣之際，橫罹鋒鏑者多，常惻然于懷。夫喪亂之民思治安，猶饑渴之望飲食。若更毆以法令，譬以藥療疾，而加之以鴆，民何賴焉！」溢頓首曰：「陛下深知民隱，天下蒼生之福也。」

上與儒臣論學術，陶安對曰：「正道之不明，邪說害之也。」上曰：「邪說之害道，猶美味之悅口，美色之眩目。戰國之時，縱橫捭闔之徒，肆其邪說。諸侯急於利者多從之，往往事未就而國隨以亡，此誠何益。夫邪說不去，則正道不興，天下焉得而治！」安對曰：「陛下所言，深探其本。」上曰：「仁義，治天下之本也。賈生論秦之亡，不行仁義之道。夫秦襲戰國之弊，又安得知此！」

天下府州縣官來朝，陛辭，上諭之曰：「天下初定，百姓財力俱困，譬猶初飛之鳥，不可拔其羽，新植之木，不可搖其根，要在安養生息之而已。惟廉者能約己而利人，貪者必朘人而厚己。有才敏者或尼於私，善柔者或昧於欲，此皆不廉致之也。爾等當深戒之！」

甲申，詔遣周鑄等一百六十四人往浙西覈實田畝，諭中書省臣曰：「兵革之餘，郡縣版籍多亡，今欲經理以清其源，無使過制以病吾民。夫善政在於養民，養民在於寬賦。其遣周鑄等往諸府縣覈實田畝，以定賦稅，此外無令有所妄擾。」

上謂劉基曰：「曩者羣雄角逐，生民塗炭。今天下次第已平，思所以生息之道，何如？」基對曰：「生民之道，在于寬仁。」上曰：「不施實惠，而概言寬仁，亦無益耳。以朕觀之，寬民必當阜民之財，息民之力。不節用則民財竭，不省役則民力困，不明敎化則民不知禮義，不禁貪暴則無以遂其生。」基頓首曰：「此所謂以仁心行仁政也。」

二月，敕中書省臣定郊社宗廟禮以聞。於是李善長、傅瓛、陶安等引古酌今，擬冬至祀昊天上帝於圜丘，以大明、夜明星、太歲從。夏至祀方丘，以五嶽、五鎭、四海、四瀆從。四代各一廟，廟皆南向，以四時孟月祭，及歲除，則合祭於高廟。社稷以春秋二仲月上戊日。從之。

定衞、所官軍及將帥將兵之法。自京師及郡縣皆立衞、所，大率以五千六百人爲一衞，一千一百二十人爲一所，一百一十二人爲百戶所。每百戶所設總旗二名，小旗十名，官領鈐束，通以指揮使等官領之。大小相連，以成隊伍。有事征伐，則詔總兵官佩將印領之。旣旋，則上所佩將印於朝，官軍各回本衞，大將軍身還第。權皆出於朝廷，不敢有專擅。自是征伐，率以爲常。

丁未，詔以太牢祀孔子於國學，仍遣使詣曲阜致祭。

詔衣冠悉如唐制。

乙丑，命中書議役法。上以立國之初，經營興作，恐役及貧民，乃命中書省驗田出夫。於是省臣奏議，田一頃，出丁夫一人，不及頃者，以別田足之，名曰「均工夫」。遇有興作，農隙用之。

庚午，命選國子監生侍太子讀書。

三月丁未，命翰林儒臣修女誡。上謂學士朱升等曰：「治天下者，修身爲本，正家爲先。正家之道，始于夫婦。后妃雖母儀天下，然不可以預政事。至于嬪嬙，不過備職事，侍巾櫛，若寵之太過，則上下失序。觀歷代宮闈，政由內出，鮮有不爲禍亂者也。內嬖惑人，甚于鴆毒，惟賢明之主能察之於未然，其他未有不爲所惑者。卿等纂修女誡及賢妃之事可爲法者，使後世子孫知所持守。」

甲申，徐達奏上所獲山東土地、甲兵數。時近臣因進言山東有銀場可興舉者，上曰：「銀場之弊，利於官者少，損於民者多。今凋瘵之餘，豈可以此重勞民力。昔人有拔茶種桑，民獲其利者，汝豈不知！」言者慚而退。

乙酉，蘄州進竹簟，命却之。諭中書省臣曰：「古者方物之貢，惟服食器用，無玩好之飾。今蘄州進竹簟，未有命而來獻，天下聞風爭進奇巧，則勞民傷財，自此始矣。其勿受。仍令四方，非朝廷所需，毋得妄獻。」

夏四月丁未，命圖古孝行及身所經歷艱難起家戰伐之事，以示子孫。上謂侍臣曰：「朕本農家，祖父皆長者。積善餘慶，以及于朕。今圖此者，後世子孫富貴易驕，使觀之，知王業艱難也。」

丙辰，禁宦官預政典兵。上謂侍臣曰：「吾見史傳所書，漢、唐末世，皆爲宦官敗蠹，未嘗不爲之惋歎。易稱：『開國承家，小人勿用。』其在宮禁，止可使之供灑掃，給使令而已，豈宜預政典兵。漢、唐之禍，雖宦官之罪，亦人主寵愛之使然。向使宦官不得典兵預政，雖欲爲亂，其可得乎？」

秋七月，帶刀舍人周宗上疏，請府州縣開設學校，上嘉納之。

庚寅，賑恤中原貧民。中書省臣慮財匱，上曰：「周窮乏者，不患無餘財，患無其心。果心注之，何憂不贍。」

閏七月丁未，徵天下賢才至京，授以守令。上語中書省臣曰：「布衣之士，新授以政，必先養其廉耻，然後責其成功。洪範曰：『既富方穀。』此古人之良法美意也。」乃厚賜而遣之。

免吳江、廣德、太平、寧國、和、滁水旱災租。

八月，漳州府通判王禕上言：「人君修德之要有二：忠厚以爲心，寬大以爲政。昔者周家忠厚，故垂八百年之基；漢室寬大，故開四百年之業。蓋上天生物爲心，春夏長養，秋冬收藏，其間雷電霜雪，有時而搏擊肅殺焉，然皆暫而不常。向使雷電霜雪無時不有，上天生物之心息矣。臣願陛下之法天道也。浙西既平，租賦既廣，科歛之當減。猶可議者，臣願陛下之順人心也。」上嘉納之。時反元政，尙嚴厲，故禕以爲言。

上謂宋濂等曰：「秦始皇、漢武帝好尙神仙，以求長生，卒無所得。使移此以圖治天下，安有不理。以朕觀之，人君能淸心寡欲，使民安田里，足衣食，熙熙皞皞而不自知，卽神仙也。」

始置六部官。先是，中書省惟設四部，掌錢穀、禮儀、刑名、營造。至是，乃定置吏、戶、禮、兵、刑、工六部，分理庶務。

御史中丞劉基致仕。先是，上北巡，命基同李善長留守京師。基言於上曰：「宋、元以來，寬縱日久，當使紀綱振肅，而後惠政可施也。」上然之。基素剛嚴，凡僚吏有犯，卽捕治之；宦者監工匠不肅，啓皇太子捕置法；宿衞舍人奕碁于直舍，按治之；人皆側足立。中書都事李彬骫法事覺。彬素附善長，善長託基緩其獄。基不允，遣人馳奏，請誅彬，上可其奏。時大旱，善長等方議禱雨，而誅彬之報適至，善長曰：「今欲禱雨，可殺人乎？」基怒曰：「殺李彬，天必雨。」遂斬彬，善長銜之。上還，愬基者多訴于上前。善長亦言基專恣，語頗切。會基有喪，告歸，許之。

上幸北京，放元宮人。

命學士詹同等十人分行十道，旁求隱逸之士。

有司奏造乘輿服御諸物應用金者，特命以銅爲之。有司言費小不足惜，上曰：「朕富有四海，豈吝於此。然所謂儉約者，非身先之，何以率下。且奢侈之原，未有不由小至大者也。」

冬十月甲午，司天監進元所置水晶刻漏，備極機巧。中設二木偶人，能按時自擊鉦鼓。上覽之，謂侍臣曰：「廢萬幾之務，用心於此，所謂作無益害有益也。」命左右碎之。

十一月辛丑，建大本堂，命取古今圖籍充其中，延儒臣教授太子、諸王，以起居注魏觀侍太子說書。上問太子：「近儒臣講說經史何事？」對曰：「昨講漢書七國叛漢事。」遂問：「此曲直孰在？」對曰：「曲在七國。」上曰：「此講官偏說耳。景帝爲太子時，常投博局殺吳王世子。及爲帝，又聽晁錯之說，黜削諸侯。七國之變，實由於此。若爲諸子講此，則當言藩王必上尊天子，下撫百姓，爲國家藩輔，以無撓天下公法。如此，則爲太子者知敦睦九族，隆親親之恩，爲諸子者知夾輔王室，盡君臣之義。」

甲辰，以孔希學襲封衍聖公，孔希大爲曲阜知縣，皆世襲。立孔、顏、孟三氏教授，司尼山、洙泗二書院。命博士孔克仁等授諸子經，功臣子弟亦令入學。

十二月己巳，上退朝還宮，太子、諸王侍。上指宮中隙地謂之曰：「此非不可起亭臺館榭，爲游觀之所，誠不忍重傷民力耳。昔商紂瓊宮瑤室，天下怨之。漢文帝欲作露臺，惜百金之費，當時國富民安。爾等常存儆戒。」

辛未，詔中書省令禮官定官民喪服之制。時人民仍元俗，喪葬作樂娛尸，御史高原侃奏禁之。

二年（己酉，一三六九）春正月庚子，上御奉天門，召元舊臣，問其政事得失。馬翼對曰：「元有天下，寬以得之，亦寬以失之。」上曰：「以寬得之，則聞之矣；以寬失之，未之聞也。夫步急則躓，弦急則絕，民急則亂，居上之道，正當用寬。元季君臣，耽于逸樂，循至淪亡，其失在縱弛，非寬也。大抵聖王之道，寬而有制，不以廢棄爲寬；簡而有節，不以慢易爲簡；施之適中，則無弊矣。」

免中原田租，詔曰：「朕本淮右布衣，因天下亂，率衆渡江，十有四年。命將北征，兵渡大河。齊、魯之民，歡然饋迎。近平燕都，下晉、冀，民久被兵，困征歛。其北平、山東、山西，免今年稅糧。河南諸郡，西抵潼關，北界大河，南至唐、鄧、光、息，亦行蠲免。秦、隴新附之民，俱如一體，以稱朕意。」

免江南田租，詔曰：「朕渡江之始，駐兵太平，繼克鎮江，下宣城，西征北伐，罔不底定。朕念創業之初，諸郡供億繁重，嘗深憫之。今天下十定其九，太平、應天、鎮江免糧稅一年，寧國、廣德、無爲、滁、和亦如之。」

二月丙寅，詔修元史。上謂廷臣曰：「近克元都，得元十三朝實錄。元雖亡，史所以勸懲，不可廢。」乃詔左丞相李善長、前起居注宋濂、漳州府通判王禕總裁，徵山林遺逸之士汪克寬等十六人同纂修，取元經世大典諸書資參考。又遣儒士歐陽佑等往北平，采訪元統、至正事蹟。

壬午，上躬耕籍田於南郊。既又命皇后率内外命婦蠶于北郊，以爲祭祀衣服。

三月戊申，上與詹同論文章，上曰：「古人爲文章，以明道德，通世務。典謨之言，皆明白易知。至如諸葛孔明出師表，亦何嘗雕刻爲文，而誠意溢出，至今誦之，使人忠義感激。近世文士，立辭雖艱深，而意實淺近，卽使相如、揚雄，何裨實用。自今翰林爲文，但取通道理，明世務者，無事浮藻。」

夏四月癸巳，淮安、寧國、鎮江、揚州、台州各獻瑞麥，一莖五穗、三穗者甚衆。羣臣賀，上曰：「朕爲生民主，惟思修德致和，使三光平，寒暑時，爲國家之瑞，不以物爲瑞也。漢武帝獲一角獸，產九莖芝，好功生事，卒使海内空虛。其後神爵、甘露之侈，至山崩地震，而漢德於是乎衰。由此觀之，嘉祥無徵而災異有驗，可不戒哉！」已而禮部尚書崔亮奏：「祥瑞，國家休徵。按唐六典四瑞，有大瑞、上瑞、中瑞、下瑞。大瑞：景星、慶雲、麟、鳳、龜、龍之類；上瑞：白狼、赤兔之類；中瑞：蒼烏、朱鴈之類；下瑞：岐麥、嘉禾、芝草、連理枝之類。今擬祥瑞，合大瑞者，所司表奏，餘瑞驗實圖進。」上曰：「卿等所議，但及祥瑞而不及災異。不知災異乃上天示戒，所繫尤重。今後四方或有災異，無論大小，皆令所司卽時飛奏。」

上與侍臣論待大臣之體。劉基曰：「古者公卿有罪，盤水加劍，密室自裁，未嘗鄙辱之。」詹同因取大戴禮、賈誼疏以進。

六月丁卯，諭國子學官教養人才，國子生習騎射。

秋八月己巳，命吏部定內侍諸司官制。上曰：「朕觀周禮，閽寺未及百人。後世至踰數千，卒爲大患。今雖未能復古，亦當爲防微之計。古時此輩所治，止于酒漿醯醢，司服守祧。今朕亦不過以備使令，可斟酌其宜，毋令過多。」又顧侍臣曰：「求善良于中涓，百無一二。用爲耳目，卽耳目蔽；用爲腹心，卽腹心病。馭之之道，但當使之畏法，不可使之有功。有功則驕恣，畏法則檢束。」

監察御史睢稼請命府州縣長吏月朔會民讀法。詔儒臣纂修禮書。

九月，上詔問羣臣建都之地。或言關中天府之國，或言洛陽天地之中，汴梁亦宋舊京，或言北平宮室完備。上以平定之初，民未休息，供給力役，悉資江南。建業長江天塹，足以立國。臨濠前江後淮，以險可恃，以水可漕，詔以爲中都。

冬十月辛巳，詔天下郡縣皆立學。上諭中書省臣曰：「學校之設，名存實亡。兵革以來，人習戰鬬。朕謂治國之要，敎化爲先。敎化之道，學校爲本。今京師雖有大學，而天下學校未興，宜令郡縣皆立學。」於是詔府設敎授一、訓導四、生員四十人。州設學正一、訓導三、生員三十人。縣設敎諭一、訓導二、生員二十人。學者專治一經，以禮、樂、射、御、書、數設科分敎。務求實才，頑不率者黜之。

三年（庚戌，一三七〇）春二月壬戌，上行後苑，見鵲巢卵翼之勞，喟然而歎，令羣臣親老者，許歸養。

召浙西、蘇州富民至京師，面諭：「毋淩弱，毋貪貧，毋虐小，毋欺老。孝敬父母，和睦親族，周恤貧乏。」各賜酒食而遣之。

戊子，詔天下有司推訪賢才。

三月庚寅，免應天、徽州等十三府州，河南、山東、北平稅糧。

丁酉，鄭州知州蘇琦上言三事：「一、關輔、平涼、北平、遼右餘孽未平，調兵轉粟，事難卒辦。請議屯田積粟，以示久長。一、選重臣才兼文武，練達邊務者，分鎭要害，懷之以德。其沙漠非要害處，當毀其城郭，徙人民于內地。一、墾田以實中原。自辛卯河南兵起，天下騷然。十年之間，耕桑之地變爲草莽。宜責之守令，召誘流徙未入籍之民，官給牛種，及時耕耨。其守令能增戶開田，從巡歷御史按察司申舉。」書奏，命中書省采行之。

夏四月，以危素爲翰林侍讀學士，已，謫素居和州。素居弘文館，一日，上御東閣，聞履聲橐橐，上問爲誰，對曰：「老臣危素。」上曰：「是爾耶！朕將謂文天祥耳。」素惶懼頓首。上曰：「素元朝老臣，何不赴和州看守余闕廟去！」遂有是謫。素踰年卒。

夏五月甲午，置司農司。上以中原兵興以來，田多荒蕪，命省臣議計民授田，設官以領之。於是設司，開治所於河南。

乙未，嚴宮闈之政，著爲令，俾世守之。上以元末宮嬪女謁，私通外臣，或番僧入宮，攝持受戒，而大臣命婦亦往來禁掖，淫瀆褻亂。遂深戒前代之失，著爲典：皇后止得治宮中嬪婦事，宮門之外，不得與焉。宮費奏自尙宮，內使監覆之，始支部。違者死，私書出外者罪如之。宮人疾，言其狀，徵藥。羣臣命婦，節慶朔望朝見中宮，無故不得入。人君無見外命婦禮。天子親王后妃宮嬪，愼選良家子女，進者勿受。

己亥，詔設科取士，定科舉格。初場，各經義一道，四書義一道。二場，論一道，詔、誥、表、箋內科一道。三場，策一道。中式者，後十日以騎、射、書、策、律五事試之。詔曰：「成周之際，取才于貢士，賢者在職，民有士君子之行。漢、唐、宋科舉，但貴詞章，不求德藝。前元設科取士，權家勢要，結納奔競，賢者恥與並進，甘隱山林。自今八月爲始，特設科舉，務在經明行修，博古通今。其中選者，朕將親策于廷，觀其學識，第其高下而任之。非由科舉者，毋得爲官。許高麗、安南、占城諸國，以鄉貢赴試于京師。」

丁未，詔行大射禮。令太學生及天下郡縣學生員皆習射。

辛亥，詔定服色。禮部奏：「夏尚黑，殷尚白，周尚赤，秦尚黑，漢尚赤，唐服飾尚黃，旗幟尚赤。國家取法周、漢、唐、宋以爲治，尚赤爲宜。」上從之。

六月癸亥，詔嶽鎮海瀆，並去前代所封名號，以山水本名稱其神，禁淫祠。

免蘇州逋糧。詔蘇、松、嘉、湖、杭五郡，民無田產者往臨濠耕種，以所種田爲世業，官給牛種，舟糧資遣，三年不徵稅。時徙者四千餘戶。

秋九月，大明集禮書成，詔刊行之。其書以吉、凶、軍、賓、嘉、冠服、車輅、儀仗、鹵簿、字學、樂爲綱。所該之目，吉禮十四：曰祀天，曰祀地，曰宗廟，曰社稷，曰朝日，曰夕月，曰先農，曰太歲，風、雷、雲、雨師，曰嶽鎮海瀆，天下山川，城隍，曰旗纛，曰馬祖、先牧、社馬步，曰祭厲，曰祀典神祇，曰三皇、孔子。嘉禮五：曰朝會，曰册拜，曰禮冠，曰婚，曰鄉飲酒禮。賓禮二：曰朝貢，曰遣使。軍禮三：曰親征，曰遣將，曰大射。凶禮二：曰弔賻，曰喪儀。又冠服、車輅、儀仗、鹵簿、字學各一。樂三：曰鍾律，曰雅樂，曰俗樂。凡升降儀節、制度名數皆備具，通五十卷。

冬十月丙辰，御史袁凱言保全功臣之道，從之。敕省臺延聘儒士於午門，與諸將說書。

四年（辛亥，一三七一）春二月，免太平、鎮江、寧國田租。命工部遣官往廣東買耕牛，給中原屯種之民。

三月，策試進士於奉天殿，始令進士釋褐，行釋菜禮。

遣使祭歷代帝王陵寢，祀帝王三十五。在河南者十：陳州祀伏羲、殷高宗，孟津祀漢光武，洛陽祀漢明帝、章帝，鄭州祀周世宗，鞏縣祀宋太祖、太宗、眞宗、仁宗。在山西者一：榮河祀商湯。在山東者二：東平祀唐堯，曲阜祀少昊。在北平者三：內黃祀殷中宗，滑縣祀顓頊、高辛。在湖廣者二：酃縣祀神農，寧遠祀虞舜。在浙江者二：會稽祀夏禹、宋孝宗。在陝西者十五：中部祀黃帝，咸陽祀周文王、武王、成王、康王、宣王、漢高帝、文帝、景帝，興平祀漢武帝，長安祀漢宣帝，三原祀唐高祖，醴泉祀唐太宗，蒲城祀唐憲宗，涇陽祀唐宣宗。

閏三月，命吏部定內監等官品秩，自監正令五品以下，至從七品有差。上謂侍臣曰：「古之宦豎，不過司晨昏、供使令而已。自漢鄧太后以女主稱制，不接公卿，乃以閹人爲常侍、小黃門通命。自此以來，權傾人主。吾防之極嚴，犯法者必斥去之，履霜堅冰之意也。」

夏五月，免江西、浙江田租。

六月戊申，吏部尚書詹同、禮部尚書陶凱作宴享九奏樂章：曰本太初，曰仰大明，曰民初生，曰品物亨，曰御六龍，曰泰階平，曰君德成，曰聖道成，曰樂清寧。上以協律善之，悉屏俗樂。

秋八月，免淮揚、臨濠、泰、滁、無爲田租。上手書問劉基曰：「近西蜀平，疆宇恢廣。元以寬失天下，朕救之以猛。然小人但喜寬，遂恣誹謗。今天鳴八載，日中黑子疊見，卿宜條悉以聞。」基上言以爲：「雪霜之後，必有陽春。今國威已立，宜少濟以寬。」上以其書付史館。或有言殺運三十年未除者，基曰：「若使我當國，掃除俗弊，一二年後寬政可復也。」

五年（壬子，一三七二）夏六月甲辰，命工部造紅牌，鐫戒諭后妃之辭，懸于宮中。定宦官禁令。

冬十二月甲戌，敕中書，命「有司考課，必有學校農桑之績，違者降罰」。已而，莒州日照知縣馬亮考滿，無課農興學之效，而長于督運，命黜之。山西汾州考平遙主簿成樂，能恢辦商稅，上曰：「恢辦，是額外取民也。主簿職在佐理縣政，撫安百姓，豈以恢辦爲能！州之考非是。」命吏部移文訊責。

命仍祀孟子。初，國子監請釋奠，命罷孟子祀。至是，上曰：「孟子闢邪說，辨異端，發明先聖之道，其復之。」

六年（癸丑，一三七三）春正月，來朝守令陛辭，諭以慈祥豈弟，毋作僞。

甲寅，以舉人張唯、王璉等爲編修，入文華堂肄業，詔太子贊善宋濂、正字桂彥良爲之師。上聽政之暇，輒幸堂中，定其優劣，賜白金、弓矢、鞍馬，寵遇甚隆。

二月甲午，詔暫罷科舉，令有司察舉賢才。上諭中書省臣曰：「朕設科舉，求天下賢才以資任用。今所司多取文詞，及試用之，不能措諸行事者甚衆。朕以實心求賢，而天下以虛文應之，甚非所以稱朕意也。其暫罷天下科舉。有司察舉賢才，必以德行爲本，文藝次之。」

夏四月，命吏部訪求天下賢才。

修昭鑒祖訓錄成。初，上命陶凱等采摭漢、唐以來藩王可爲觀戒者。書成，賜名昭鑒祖訓錄。目十三：曰箴戒，曰持守，曰嚴祭祀，曰謹出入，曰愼國政，曰禮義，曰法律，曰內令，曰內官，曰職制，曰兵衞，曰營繕，曰供用。上親爲之敍，頒賜諸王。

秋八月，上嘗從容諮正字桂彥良以治道，彥良對曰：「道在正心，心不正則好惡頗，好惡頗則賞罰差，賞罰差則太平未有期也。」是時，上懲元氏以寬縱失天下，頗用重典。上謂彥良曰：「法數行而輒犯，奈何？」彥良曰：「用德則逸，用法則勞。」上曰：「江南大儒，惟卿一人也。」

九月庚戌，詔禁對偶文辭，命翰林院儒臣擇唐、宋名儒箋表可爲法者。羣臣以柳宗元代柳公綽謝表及韓愈賀雨表進，令中書省頒爲式。

冬十月壬辰，令考究前代糾劾內官法。

十二月，令郡縣止存大寺觀一，僧道併居焉。禁女子四十下者爲尼。

七年（甲寅，一三七四）春正月庚午，令六部官毋得輕調，有年勞者就本部陞用。諭吏部曰：「古稱任官惟賢才。凡郡縣得一賢守令，如潁川有黃霸，中牟有魯恭，何憂不治。今北方郡縣，有民稀事簡者，而設官與繁劇同，其量減之！」

八年（乙卯，一三七五）春正月甲子，詔天下郡縣訪窮民無依者，給衣食屋舍。

丁亥，詔天下閭里皆立社學，延師儒敎子弟，有司以時程督。上以北方喪亂之後，命御史臺選國子生往各郡分敎，諭曰：「致治在於善俗，善俗在於敎化。敎化行，雖閭閻可使爲君子，敎化廢，雖中材或墜於小人。」給廩食衣服而遣之。

山陽民，父得罪當杖，子請代。上曰：「朕爲孝子屈法。」特釋之。

十二月，陝州人獻天書，斬之。

九年（丙辰，一三七六）夏六月，詔改中書行省爲承宣布政使司。

秋九月，中書省奏福建參政魏鑑、瞿莊笞死奸吏。上曰：「君之馭臣以禮，臣之馭吏以法。吏詐則政蠹，政蠹則民病。朕嘗令吏卒違法，繩之以死。有司多不法，爲下所持，任其縱橫，莫敢誰何。今兩參政能寘奸吏於極刑，所謂惟仁人能惡人也。」特賜璽書勞之。

閏九月庚寅，欽天監奏：「五星紊度，日月相刑。」下詔求言。山西平遥訓導葉居升聞詔，謂人曰：「今天下有三事，其二事易見而患小，其一事難知而患大。此三者積於吾心久矣。雖不求，吾猶將言之，況有明詔乎！」乃上言曰：「臣觀當今之事，太過者有三：曰分封太侈也，曰用刑太繁也，曰求治太速也。分封太侈事見削奪諸藩。臣觀歷代開國之君，未有不以尚德緩刑而結民心，亦未有不以專事刑罰而失民心。國祚長短，悉由於此。三代、秦、漢、隋、唐享國之數，具在方册，昭然可觀也。今議者曰：『宋、元中葉之後，紀綱不振，專事姑息，以致亡滅。陛下所以痛懲其弊，而矯枉之者也。』姑以當今刑法言之，笞、杖、徒、流、死，今之五刑也。用此五刑，既無假貸，一出乎大公至正可也。而用刑之際，多出聖衷，致使治獄之吏務求深刻，以趨求上意。深刻者多獲功，平允者多獲罪，或至以贓罪多寡爲殿最。欲求治獄之平允，豈易得哉！近者特旨：雜犯死罪，免死充軍，其餘以次倣流徒律。又刪定舊諸律條減宥有差。此漸見寬宥全活者衆，而主上好生之仁，已藹然布乎宇內矣。然法司之治獄，猶循舊弊，雖有寬宥之名，而無寬宥之實。所謂實者，在主上不在臣下也。故必有罪疑惟輕之意，而後好生之德洽于民心，必有王三宥然後刑之政，而後有囹圄空虛之效。唐太宗曰：『鬻棺之家，欲歲之疫。非欲害於人，欲利于棺售故耳。』今法司覈理一獄，必求深以成其考，今作何法使得平允？古之爲士者，以登仕版爲榮，以罷職不敍爲辱。今之爲士者，以混迹無聞爲福，以受玷不錄爲幸，以屯田工役爲必獲之罪，以鞭笞捶楚爲尋常之辱。其始也，朝廷取天下之士，網羅捃摭，務無遺逸，有司催迫上道，如捕重囚。比至京師，而除官多以貌選，故所學或非其所聞，而其所用或非其所學。洎乎居官，言動一跌于法，苟免誅戮，則必屯田、工役之科。所謂『取之盡錙銖，用之如泥沙』。率是爲常，少不顧惜。然此亦豈人主樂爲之事哉？欲人之懼而不敢犯也。竊見數年以來，誅殺亦可謂不細矣，而犯者日月相踵。豈下人之不懼哉？良由激濁揚清之不明，善惡賢愚之無別。議能之法既廢，以致人不自厲，而爲善者怠。若是，非用刑之煩者乎？漢之世，嘗徙大族于山林矣，未聞實之以罪人也。今鳳陽皇陵所在，龍興之地，而率以罪人居之。以怨嗟愁苦之聲，充斥園邑，朝廷非所以恭承宗廟意也。賊人僞四大王突竄山谷，如狐如鼠，無窟可追，而乃勞重兵以討之。彼卽驚駭潰散，匿之深山大壑，人跡不能追踪之地，捕之數年，既無其方，乃歸咎於新附戶籍之細民而遷徙之。騷動四千里之地，雞犬不得寧息。況新附之民，曰前兵難，流于他所，朝廷許之復業而來歸者；今乃就附籍者，取其數而盡遷之，是法不信于民也。夫有戶口而後田野闢，田野闢而後賦稅增。臣恐自茲之後，北郡戶口，不復得增矣。凡此皆臣所謂太過，而足以召災異者也。臣願自今朝廷宜錄大體，赦小過，明詔天下，備舉八議之法，嚴深刻之吏，斷獄平允者則超遷之，苛刻聚斂者則罷黜之，兆民自安，天變自消矣。昔者，周自文、武至於成、康，而後教化大行。漢自高帝至於文、景，而後號稱富庶。文王、武王、高帝之才，非不能使教化行，以致富庶也，蓋天下之治亂，氣化之轉移，人心之趨向，皆非一朝一夕之故。臣謂天下趨於治也，猶堅冰之將泮也。冰之堅，非太陽一日之光能消之也。陽氣發生，土脈微動，然後能使之融釋。聖人之治天下，亦猶是也。求治之道，莫先于正風俗。正風俗之道，莫先於使守令知所務。使守令知所務，莫先於使風憲知所重。使風憲知所重，莫先於朝廷知所尚。則必以簿書、期會、獄訟、錢穀之不報爲可恕，而流俗失世敗壞爲不可不問，而後正風俗之道得矣。今之守令，以戶口、錢糧、簿書、獄訟爲急務，至於農桑、學校，王政之本，乃視爲虛文，而置之不問。以農桑言之，方春，州縣下一文帖，里甲申文狀而已。守令未嘗親點視種蒔次第旱澇預備之具也。以學校言之，廩膳生員，國家資之以取人才之地也。守令亦鮮有禮讓之實，作其成器者。朝廷首重社學，守令徒具文案，備照刷而已。及憲司分部按臨，亦但循習故常，未常差一人巡行點視。興廢之實，上下視爲虛文如此，小民不知孝弟忠信爲何物，此守令未知所務之失也。風紀之司，所以代朝廷宣導風化，條舉綱目，至於聽訟讞獄，其一事耳。今專以訟獄爲要務，以獲贓多者爲稱職，以事績少者爲闒茸。一有不稱，雖有忠臣、孝子、義夫、節婦，視爲虛文末節，而不暇舉。此風憲未知所重之失也。守令親民之官，風憲親臨守令之官，未知所務如此，所以求善治而卒未能也。王制論鄉秀士升於司徒，司徒升於太學，太學正升諸司馬，司馬辨論官材，論定然後官之，任官然後爵之，其考之詳如此。今使天下郡縣生員升于太學，或未數月，遽選入官者，間亦有之。世間奇才，罕有如顏回、耿弇、鄧禹者，固未可拘于常法。開國以來，選舉秀才不爲不多，選任名位不爲不重。自今數之，賢者能有幾人乎？凡此皆臣所謂求治太速之過也。」書奏，逮問，瘐死獄中。

冬十月，上與侍臣論女寵、寺人、外戚、權臣、藩鎭、四裔之禍，曰：「木必蠹而後風入之，體必虛而後病乘之。國家之事，亦由是矣。漢亡於外戚、閹寺，唐亡於藩鎭、戎狄。然制之有道，貴賤有體，恩不掩義，女寵之禍何自而生！不牽私愛，苟犯政典，裁以至公，外戚之禍何由而作！閹寺職在使令，不假兵柄，則無寺人之禍。上下相維，大小相制，防壅蔽，謹威福，則無權臣之患。藩鎭之設，本以衞民。財歸有司，兵待符調，豈有跋扈之憂！至于御四裔，則修武備，謹邊防，來則禦之，去不窮追，豈有侵暴之虞！凡此數事，當欲著書，使後世子孫以時觀省，亦社稷無窮之利也。」

十二月，諭中書省臣：「凡職官聽選者，早與銓注，勿使資用乏絕，仍令有司給舟車送之。」

十年（丁巳，一三七七）春正月，工部承差張致中上言三事：其一，愼擇監察御史；二，京師各府州縣設常平倉以時斂散；三，北方開墾曠土，令農民自實畝數，以定稅糧，守令不得責里甲虛增額數。擢爲宛平知縣。

二月，免仕者徭役，著爲令。

夏五月，有內侍以久侍內庭，從容言及政事，上卽日斥遣還鄉，命終身不齒。諭羣臣曰：「閹寺之人，在左右久，其小忠小信，足以固結君心。及其久也，假威竊權，勢遂至于不可抑。朕立法，寺人不許預政事，今決去之，所以懲將來也。」

六月，詔天下臣民言事，得實封直達御前。

秋八月庚戌，改建圜丘於南郊。先是，郊祀一如周禮，行之既久，風雨不時，災異迭見。上謂「天地猶父母，父母異處，人情有所未安」。乃命卽圜丘舊址爲壇，而以屋覆之，名大祀殿。癸丑，改建社稷壇於午門之右，共爲一壇。十一月丁亥冬至，合祀天地奉天殿。

是年，免河南、山西、廣東、湖廣田租。

十一年（戊午，一三七八）春三月，禁奏事關白中書省。

十二年（己未，一三七九）春三月，上退朝御便殿，召儒臣論治道。以國子學官李思迪、馬懿獨無言，謫之。

十三年（庚申，一三八〇）春正月，詔罷中書省，陞六部官秩，如古六卿之制。見胡藍之獄。

三月，命戶部減蘇、松、嘉、湖四府重稅糧額。初，王師圍姑蘇，久不下，上怒其民附寇，且困於富室，而更爲死守，因取諸豪族租簿佃曆付有司，俾如其數爲額，蓋以懲一時也。至是，乃命減其額，舊一畝科七斗五升至四斗五升者，減十之二；四斗三升至三斗六升者，止徵三斗。

五月，詔免天下今年田租，還山西軍二萬四千人爲民。

十四年（辛酉，一三八一）春三月，上以北方自喪亂後，經籍殘缺，命頒五經、四書於北方學校。

秋七月，舉孝弟力田、賢良方正、文學之士。以何德忠、金思存等爲參政、參議諸官。

十五年（壬戌，一三八二）夏四月辛巳，廉州府巡檢王德亨上言取西戎水銀坑，斥之。廣平府吏王允道言磁州臨水鎮地產鐵，請如元時置鐵冶都提舉司轄之，歲可收鐵百餘萬斤。上命杖之，流海外。

五月，遣使求經明行修之士。廣東儒士上治平策數千言，上以其不及用賢，責之。以秀才曾泰爲户部尚書。泰，江夏人，有學行，故不次擢用。

上一日錄囚畢，命御史袁凱送東宮覆審，遞減之。凱還復命，上問：「朕與東宮孰是？」凱頓首曰：「陛下法之正，東宮心之慈。」上大喜，悉從之。

秋九月，晉府長史桂彥良上太平治要十二事：曰法天道、廣地理、順人心、養聖德、培國脈、開經筵、精選舉、審刑罰、敦教化、馭四裔、蒐才俊、廣咨訪。上嘉納之。

十六年（癸亥，一三八三）夏四月，刑部尚書開濟議法巧密，上曰：「竭澤而漁，害及鯤鮞；焚林而田，禍及麛鷇。巧密之法，百姓何堪！非朕所望也。」濟強敏綜核，善深文，莫能自脫。嘗繫獄，借死囚脫代。獄吏發之，捶獄吏死。冬十月，下濟獄，伏誅。

十七年（甲子，一三八四）春三月戊戌，頒行科舉成式。凡三年大比，鄉試試三場。八月初九日，試四書義三，經義四。四書義主朱子集註。經義：詩主朱子集傳，易主程、朱傳義，書主蔡氏傳及古註疏，春秋主左氏、公羊、穀梁、胡氏、張洽傳，禮記主古註疏。十二日試論一，判語五，詔誥章表内科一。十五日，試經史策五。禮部會試以二月，與鄉試同。其舉人則國子學生、府州縣學生，暨儒士未仕、官之未入流者應之。其學校訓導專主生徒，罷閑官吏、倡優之家與居父母喪者，俱不許入試。

秋七月丁酉，敕内官毋預外事。凡諸司毋與内監文移往來。

冬十月丁亥，以秀才宋矩等十七人爲監察御史。

十八年（乙丑，一三八五）春正月，上諭戶部：「農桑衣食之本，足食在于禁末作，足衣在于禁華靡。申明天下，四民各守其業，不許遊食庶民衣錦繡。」

十九年（丙寅，一三八六）春三月，上諭戶部：「國家賦稅已有定制，撙節用度，自有餘饒。輕徭抑末，使得盡力農桑，自然家給人足，毋事聚歛傷國體。」

秋七月，詔舉經明行修、練達時務之士，年七十以上者，送京師。

八月，上與侍臣論宋太宗改封樁庫爲內藏庫，上曰：「人君以四海爲家，何有公私之別。太宗，宋之賢君，亦復如是。他如漢靈帝西苑，唐德宗瓊林、大盈庫，不必深責。宋自乾德、開寶以來，有司計度支所缺者，必籍其數，貸于內藏，課賦有餘則償之。是猶爲商賈者，自與其家較量出入。內藏既盈，乃以牙籤別其名物，參驗帳籍。晚年出籤示眞宗曰：『善保此足矣。』貽謀如此，何足爲訓！書曰：『愼厥終，惟其始。』太宗首開財利之端，及其後世，困于兵革，三司財用耗竭，內藏積而不發。間有發緡錢幾十萬佐軍需者，便以爲能行其所難，皆由太宗不能善始故也。」

二十年（丁卯，一三八七）春正月，上聞錦衣衞多以非法訊鞫罪囚，命取其刑具悉焚之，所繫囚仍送刑部審理。

閏六月，申養老之政於天下。

秋七月，有司請立武學，祀太公，上曰：「文武非二塗也。太公從祀帝王廟，罷其舊祀。」

二十一年（戊辰，一三八八）夏四月，庶吉士解縉上言：「陛下取天下于羣盜，救生民于塗炭，此帝王之功也。絕女寵寺人之患，亡聲色遊畋之娛，此帝王之略也。乃國初至今二十載，無幾時不變之法，無一日無過之人。陛下嘗云：『世不絕賢。』又云：『民不畏死，奈何以死懼之。』陛下好善而善不顯，惡惡而惡日滋，良由誠信有間而用刑太繁也。嘗聞陛下震怒誅鋤奸逆矣，未聞詔書褒一大善，賞延于世者也。或朝賞而暮戮，或忽罪而忽赦，陛下每多自悔之時，輒有無及之歎。陛下又好觀道德、心經、說苑、韻府諸書。臣竊謂劉向學不純師，陰氏韻府，寒士叢說。臣願陛下聚儒生，上泝唐、虞、夏、商、周紀之奧，下及關、閩、濂、洛之傳，令臣執筆而隨其後。若夫配天宜復掃地之規，尊祖宜備七廟之制。太常非俗樂可肄，宫伎非人道所爲。通懲法外之刑，永革京城之役。婦女帷簿不修，方令逮繫；大臣過惡當誅，且勿加戮。倣古藍田呂氏，今義門鄭氏家範，布之天下，率先以旌勸之。行授田均田之制，舉常平義倉之法。古時書院學田，興復而廣益之。此化原所由始也。至律以人倫爲重，而有給配婦女之條，則又何取乎義夫節婦哉！夫粢盛之潔，衣服之舉，儀文之備，此畏天之末也。簿書之期，獄訟之斷，鈎距之巧，此治民之末也。」上手持其疏，稱縉奇才。然以其言頗迂，不及行。

二十二年（己巳，一三八九）冬十一月，上與翰林學士劉三吾論治民之道。三吾言：「南北風俗不同，有可以德化，有當以威制。」上曰：「地有南北，民無二心。德以化君子，威以制小人，不因乎地也。」

二十三年（庚午，一三九〇）春正月，削潮州生員陳質軍籍。質父戍大寧，已死，有司取質補伍。質上書請卒業，上曰：「國家得一卒易，得一才難，朕豈少一持戟之士乎！」許之，除其伍。

二十五年（壬申，一三九二）秋七月，嵩嵐州學正吳從權、山陰教諭張恆給由至京師，上問民間疾苦，皆對曰：「不知也，而非職事。」上曰：「宋儒胡瑗爲蘇、湖教授，其教諸生皆兼時務。聖賢之道，所以濟世也。民情不知，則所教何事？其竄之極邊。」命刑部榜諭天下學校。

九月，詔求通曉曆數推往知來者，爵封侯。山東監生周敬上疏諫，略曰：「國祚修短，在德厚薄，非曆數可定。陛下但當修德，則國祚自傳萬世。陛下連年征伐，臣民皆以爲恥不得傳國寶。臣聞傳國寶出自楚平王，秦始皇名之曰御璽。易曰：『聖人之大寶曰位。何以守位曰仁。』是知仁乃人君之寶，玉璽非寶也。方今力役繁興，戶口雖多，民勞者衆。賦斂過厚，倉廩雖實，民貧者多。教化溥矣，而民不悅。法度嚴矣，而民不服。汲黯言于漢武帝曰：『陛下內多欲而外施仁義，奈何欲效唐、虞、三代之治乎？』方今國則願富，兵則願強，城池則願高深，宮室則願壯麗，土地則願廣，人民則願衆，於是多取軍士，廣積稅糧，征伐之功無虛日，土木之工無已時，如之何其可治也。洪武十二年欽錄天下官吏，十三年大殺京民，不分臧否，豈無善人君子偶入詿誤之中？方今水旱連年，未臻大稔，未必非殺戮無辜，感傷和氣之所致也。」疏奏，上頗納其言，北征之議稍息。

二十六年（癸酉，一三九三）夏四月，詔戶部諭天下有司，凡遇歲饑，先發倉廩貸民，然後奏聞。著爲令。

秋七月戊申，選秀才張宗濬等，隨詹事府左春坊官分班直文華殿。侍講畢，進說民間利害，田里稼穡等事，兼陳古今孝弟忠信、文學才藝諸故事，日以爲常。尋以東宮官屬闕，徵浦江鄭、王二姓子弟三十以上者選用。九月甲子，以鄭濟爲左春坊左庶子，王勳爲右春坊右庶子。未幾，擢鄭沂爲禮部尚書。

冬十一月，天下學官入覲，上親詢以民間政事得失。泰州訓導門克新敷對亮直，紹興府教授王俊華文辭工贍。上擢克新爲左贊善，俊華爲右贊善，謂之曰：「朕所以左克新而右俊華者，重直言故也。」

二十七年（甲戌，一三九四）夏四月庚戌，上謂工部曰：「人之常情，飽則忘飢，煖則忘寒。一旦卒遇凶荒，則茫然無措。比年以來，時歲頗豐，然預防之計，不可不早。爾工部其諭民間，但有隙地，皆令種植桑棗，授以種植法。又益種綿花，蠲其稅。歲終具數以聞。」

秋九月庚申，寰宇通（志）〔衢〕書（按焦竑國史經籍志作寰宇通衢書，今據改）成。方隅之目有八，東距遼東都司，東北至三萬衞，西極四川松潘衞，西南距雲南金齒，南踰廣東崖州，東南至福建漳州府，北暨太平、大寧衞，西北至陝西、甘肅。縱一萬九百里，橫一萬一千五百里。四裔不與焉。

二十八年（乙亥，一三九五）夏八月己丑，諭羣臣禁黥、刺、剕、劓、閹割之刑。

秋七月，有道士獻書，上曰：「朕將躋天下生民于壽域，豈獨一己之長生久視哉！」命却之。

二十九年（丙子，一三九六）春三月壬申，詔：「文廟從祀，罷揚雄，進董仲舒。」從行人司副楊砥言也。

三十年（丁丑，一三九七）夏五月甲寅，大明律誥成，刊布中外。上御午門，諭羣臣以祥刑之意。

諭侍讀張信、侍講戴彝以論思爲職，「凡國家政治得失，生民利病，當知無不言。昔唐陸贄、崔羣、李絳在翰林，皆能正言讜論，補益世道。當以古人自期，毋負擢用之意」。

九月辛亥，命戶部令天下人民，每鄉里各置木鐸，選年老者，每月六次，持鐸徇于道路。又令民每時置一鼓，凡遇農桑時月，晨起擊鼓會田所。怠惰者，里老督責之。里老不勸督者罰。遇婚姻死喪吉凶等事，一里之內，互相賙給。

十一月，上御奉天殿，見散騎舍人衣極鮮麗，上問：「制用幾何？」對曰：「五百貫。」上曰：「五百貫，農夫數口之家一歲之資也，而爾費之一衣。驕奢若此，豈不暴殄！」命切戒之。

三十一年（戊寅，一三九八）春正月，上以山東、河南民多惰于農事，命戶部遣人材分詣各郡縣，督民耕種，具籍所種田地與收穀粟之數以聞。

谷應泰曰：太祖以淮西布衣，仗劍討亂，十五年之間，遂成帝業，開明堂，禮上帝，功云烈矣。然而身在行間，手不輟書，禮致儒臣，深思治道。慨自宋葉淩遲，生民無主。西京禮樂，失自周遷；晉代風流，亡于江左；繼之元人失馭，濁亂乖離。自古禍亂浸淫，聖學放廢，未有若是之酷者也。非帝神靈崛起，智勇挺興，亦烏能克勘禍亂，率由舊章，撥亂反正，若斯之速者乎！

觀其懲宦寺之失而禁內官預政，懲女寵之禍而戒母后臨朝，懲外戚之亂而令不封后家，懲藩鎮之變而制武臣不預兵食，禍本亂階，防維略盡。至于著律令，定典禮，置百官，立宗廟，設軍衛，建學校，無不損益質文，斟酌美備。徧考百王之蹟，深明治亂之故，振墜緒于秦灰，永貽謀于周曆。夫沛公老死行間，漢治盡仍秦弊；光武同符高祖，三公僅參吏治；唐美貞觀，內多慚德；宋推藝祖，外寡經營；求其網羅前哲，範圍後王，概乎未之逮也。觀其官制、典禮，律令、寶訓，女誡、臥碑，木鐸、祖訓，大言炎炎，至文郁郁，義監二代，法備三千，共貫同條，金聲玉振。所以吳札初來，必觀周禮；武王下車，不改商舊。蓋集大成者難爲毀，繼至善者難爲功。龍門作史，不能成謗帝之書；陸機悲吳，猶能著辨亡之論。以視秦中父老，誇美三章；宋室子孫，侈功杯酒，方斯盛軌，風云陋矣。

而或者謂其誅戮韓、彭，廣封宗室；猜疑豪傑，遷徙富民；直言瘐死獄中，詩過謫戍荒徼；賈誼流涕于劍盤，絳侯摧心于牘背。所以七國之釁，實啓養癰；黃巾之禍，不無食報；河北降城，竟無男子；青城仗節，獨有侍郎；或亦作法之涼，遂有天道之還乎？蓋汴都城陷，盡殲諸王，元季羣雄，率起大盜，因而懲噎，不無吹虀。帝性沈鷙，果于屠殺，微類漢高，遜美唐、宋，或以此耳。雖然，隋文不永，謂以急亡，晉武短祚，又以寬敗，矯枉之不妨過正，或亦英雄之善識時務也。詩云：「雖無老成人，尚有典型。」觀其開國，規模弘遠矣。

明史紀事本末卷之十五

削奪諸藩

太祖洪武三十一年（戊寅，一三九八）閏五月，建文帝即位，詔改明年爲建文元年。帝，太祖之孫，懿文太子之子也。生十年而懿文卒，高祖年六十有五矣，御東角門，對羣臣泣。翰林學士劉三吾進曰：「皇孫世適，富於春秋，正位儲極，四海繫心，皇上無過憂。」高皇曰：「善。」九月庚寅，立爲皇太孫。時諸王以叔父之尊，多不遜。一日，太孫坐東角門，召侍讀太常卿黃子澄告之曰：「諸叔各擁重兵，何以制之？」子澄以漢平七國事爲對。太孫喜曰：「吾獲是謀無慮矣。」初，太祖建都金陵，去邊塞六七千里，元裔時出沒塞下，捕殺吏卒，以故命並邊諸王得專制國中，擁三護衞重兵，遣將徵諸路兵，必關白親王乃發。洪武九年，五星紊度，日月相刑。訓導葉居升應詔陳言，極論分封太侈，略曰：「日者，君之象也。月者，臣之象也。五星者，卿士庶人之象也。臣愚不知星術，姑以所聞於經、傳，幷摭前世已行之得失者論之。詩曰：『彼月而食，則維其常。』今日刑於月，猶之可也。而日月相刑，則月敢抗於日者，臣敢抗於君矣。傳曰：『都城過百雉，國之害也。』國家懲宋、元孤立、宗室不競之弊，秦、晉、燕、齊、梁、楚、吳、閩諸國，各盡其地而封之，都城宮室之制，廣狹大小，亞於天子之都，賜之以甲兵衞士之盛，臣恐數世之後，尾大不掉。然後削之地而奪之權，則起其怨，如漢之七國，晉之諸王。否則恃險爭衡，否則擁衆入朝，甚則緣間而起，防之無及也。今議者曰：『諸王皆天子親子也，皆皇太子親國也。』何不摭漢、晉之事以觀之乎？孝景皇帝，漢高帝之孫也。七國之王，皆景帝之同宗父兄弟子孫也。當時一削其地，則搆兵西向。晉之諸王，皆武帝之親子孫也。易世之後，迭相擁兵，以危皇室，遂成五胡雲擾之患。由此言之，分封踰制，禍患立生。援古證今，昭昭然矣。昔賈誼勸漢文帝早分諸國之地，空之以待諸王子孫，謂力少則易使以義，國小則無邪心。願及諸王未國之先，節其都邑之制，減其衞兵，限其疆里，亦以待封諸王之子孫。此制一定，然後諸王有聖賢之德行者，入爲輔相，其餘世爲藩輔，可以與國同休，世世無窮矣。」太祖怒，繫死獄中，後無敢言者。至是，太祖崩，遺詔曰：「朕受皇天之命，膺大任於世，三十有一年。憂危積心，日勤不怠，專志有益於民。奈何起自寒微，無古人之博智，好善惡惡，不及多矣。今年七十有一，筋力衰微，朝夕危懼，慮恐不終。今得萬物自然之理，其奚哀念之有！皇太孫允炆，仁明孝友，天下歸心，宜登大位。中外文武臣僚同心輔佑，以福吾民。葬祭之儀，一如漢文帝勿異。布告天下，使知朕意。孝陵山俱因其故，勿改。諸王臨國中，無得至京。王國所在，文武吏士聽朝廷節制，惟護衞官軍聽王。諸不在令中者，推此令從事。」辛卯，皇太孫卽皇帝位。葬孝陵。援遺詔止諸王會葬。詔下，諸王不悅，謂此齊尙書疎間也。

六月，戶部侍郎卓敬密奏裁抑宗藩，疏入，不報。於是燕、周、齊、湘、代、岷諸王頗相煽動，有流言聞於朝。帝患之，謀諸齊泰。泰與黃子澄首建削奪議，乃以事屬泰、子澄。一日罷朝，召子澄曰：「先生憶昔東角門之言乎？」對曰：「不敢忘。」子澄退，與齊泰謀之。泰曰：「燕握重兵，且素有大志，當先削之。」子澄曰：「不然。燕預備久，卒難圖。宜先取周，剪燕手足，卽燕可圖矣。」乃命曹國公李景隆調兵猝至河南圍之，執周王及其世子妃嬪送京師，削爵爲庶人，遷之雲南。

冬十一月，代王居藩，有貪虐狀，方孝孺請以德化道之。帝遣之入蜀，使與蜀王居，時蜀王素以賢聞故也。

十二月，前軍都督府斷事高巍上書論時政曰：「我高皇帝上法三代之公，下洗嬴秦之陋，封建諸王，凡以護中國，屛四裔，爲聖子神孫計至遠也。夫何地大兵強，易以生亂。今諸藩驕逸違制，不削則廢法，削之則傷恩。賈誼曰：『欲天下之治安，莫若衆建諸侯而少其力。』臣愚謂今宜師其意，勿施晁錯削奪之策。效主父偃推恩之令，西北諸王子弟分封於東南，東南諸王子弟分封於西北，小其地，大其城，以分其力。如此，則藩王之權不削自弱矣。

臣又願陛下益隆親親之禮，歲時伏臘，使問不絕。賢如河間、東平者，下詔褒賞，不法如淮南、濟北者，始犯則容，再犯則赦，三犯而不改，則告廟削地而廢處之，寧有不服順者哉！」上嘉之，然不能用。

建文元年（己卯，一三九九）春二月，令親王不得節制文武吏士。更定官制。

夏四月，人告岷王楩不法事，削其護衛，誅其導惡指揮宗麟，廢爲庶人。又以湘王柏僞造鈔及擅殺人，降敕切責，仍遣使以兵迫執之。湘王曰：「吾聞前代大臣下吏，多自引決。身高皇帝子，南面爲王，豈能辱僕隸手求生活乎！」遂闔宮自焚死。又以人告齊王榑陰事，詔至京，廢爲庶人，拘繫之。幽代王桂於大同，廢爲庶人。未幾，靖難兵起。

谷應泰曰：聞之周南始化，二公分陝，及其東遷，晉、鄭焉依，以故衆建諸侯，分王子弟，屏藩天室，拱衞京師，勢綦重也。高皇帝大寶既定，剪桐論封。燕王居北平，代王居代郡，寧王居大寧，碁布星羅，屹然玄社。揣其深謀，不特維城之磐石，抑亦北門之鎖鑰耳。惟是幷州警備，多蓄重兵，馬邑防秋，得專節制，鄭京城實危莊公，晉曲沃實弑孝侯，大都耦國，禍之本也。又況秦、晉四府，湘、岷六藩，莫不帝制自爲，偃蹇坐大，藉神明之胄，挾肺腑之尊，揚水以粼粼而興，周道以親親而弱，變所從來，非無故矣。況乎沖齡御極，主少國疑，強宗亂家，視同赧、獻。斯時賈生抱哭，即召吳、楚之兵，主父設謀，便啓晉陽之甲，將使三家盡分公室，餘地悉入廩延，正所謂養虎貽患，畜癰必潰者也。故論者以建文之失，在於削諸藩。而予則以諸藩者，削亦反，不削亦反。論者又以建文之失，在於削強藩。而予則以不削強藩者，燕王最強最先反，寧王次強必次反。毋怪齊泰、黄子澄輩，拊膺厝火，握手闔門，次第芟除，計安宗社。然而忠則竭矣，算亦稍絀焉！考其時，周王、岷王都被掩捕，齊藩、代藩並皆幽廢，寧邸護衛見削，湘王闔宫自焚，數月之内，大獄屢興，案驗未明，葛藟不芘，必有托蒼天以報仇，生皇家而勿願者。況又中涓入燕，逮繫官屬，幾於十王並戮，七國行誅，釁起兵端，非無口實矣。

以予論之，方太祖小祥之時，正諸藩遣子之日，宜於大内置百孫院，因而留之，仍擇名臣傅之禮義，四小侯就學於漢，即長安君入質於(秦)〔齊〕也。而又分命洪武舊勳，以撫綏爲名，開閫通州，分屯河、濟，倣亞夫之堅壁，立辛毗於軍門。仍賜温綸，躬行德化，梁王罪狀，咸悉燒除，吴王不臣，錫之几杖，則天潢諸嗣，逆節雖萌，反形猶戢。而稍俟諸子弟年各冠婚，即以尺一之詔分裂其地。國小則永無邪心，内割則未遑外事，天下亂絲，可徐理而解也。獨奈何葉居升之奏被譴於高皇，而方孝孺之謀不行於嗣主。比齊、黄輩分道徵兵，直出無策，而石頭被詔，激變蘇峻，江陵蒙討，逼反桓玄，謀之不臧，誰執其咎哉！逮至燕兵南下，建業合圍，而谷、槵獻門，安、楹首附，周、齊列藩，以次復爵，同惡相保，理固然也。獨是蜀王之賢，無與興廢之謀，超然評論之外，雖河間之書集博士而畢讀，東平之樹望咸陽而俱靡，何以加焉。

明史紀事本末卷之十六

燕王起兵

太祖洪武三年（庚戌，一三七〇）夏四月，詔封皇子棣爲燕王，太祖第四子也。

十一年（戊午，一三七八）冬十二月，定諸王宮城制式。太祖曰：「除燕王宮殿仍元舊，諸王府營造不得引以爲式。」

二十三年（庚午，一三九〇）春二月，命潁國公傅友德爲將軍，聽燕王節制，征沙漠。初，燕王既之國，太祖欲諸王知軍旅，乃敕秦王、晉王、燕王督諸將分道北征。已而秦王、晉王師久不出，燕王率友德等北出，至迤都山，擒其將乃兒不花還。

二十五年（壬申，一三九二）夏四月丙子，皇太子薨。皇太孫生而額顱稍偏，性聰穎，善讀書，然仁柔少斷。太祖每令賦詩，多不喜。一日，令之屬對，大不稱旨；復以命燕王，語乃佳。太祖常有意易儲，劉三吾曰：「若然，置秦、晉二王何地？」太祖乃止。

二十八年（乙亥，一三九五），初，諸王封國時，太祖多擇名僧爲傅，僧道衍知燕王當嗣大位，自言曰：「大王使臣得侍，奉一白帽與大王戴。」蓋白冠王，其文皇也。燕王遂乞道衍，得之。道衍至燕邸，薦鄞人袁珙相術。燕王使召之至，令使者與飲于酒肆。王服衛士服，偕衛士九人入肆沽。珙趨拜燕王前曰：「殿下何自輕如此？」燕王陽不省，曰：「吾輩皆護衛校士也。」珙不對。乃召入，詳叩之，珙稽首曰：「殿下異日太平天子也。」燕王恐人疑，乃佯以罪遣之。行至通州，既登舟，密召入邸。

三十一年（戊寅，一三九八）閏五月，太祖崩，建文皇帝即位，遺詔止諸王入臨會葬。燕王入，將至淮安。齊泰言於帝，令人齎敕使還國，燕王不悅。

秋七月，帝命李景隆訊周王橚，逮至京，廢爲庶人。燕王見周王被執，且齊泰、黄子澄用事，遂簡壯士爲護衛，以勾逃軍爲名，異人術士多就之。

冬十月，熒惑守心。四川岳池教諭程濟通術數，上書言：「北方兵起，期在明年。」朝議以濟妄言，召入，將殺之。濟曰：「陛下幸囚臣，至期無兵，殺臣未晚也。」乃囚濟於獄。

十一月，燕、齊有告變者。帝問黄子澄曰：「孰當先？」子澄曰：「燕王久稱病，日事練兵，且多置異人術士左右，此其機事已露，不可不急圖之。」復召齊泰問曰：「今欲圖燕，燕王素善用兵，北卒又勁，奈何？」泰對曰：「今北邊有寇警，以防邊爲名，遣將戍開平，悉調燕藩護衛兵出塞，去其羽翼，乃可圖也。」從之。乃以工部侍郎張昺爲北平左布政使，以謝貴爲都指揮使，俾察燕王動靜，圖之。魏國公徐輝祖，燕王妃同産兄也，時以燕事密告之帝，大見信用，詔加太子太傅，與李景隆同掌六軍，協謀圖燕。

建文元年（己卯，一三九九）春正月，燕王遣長史葛誠入奏事，帝密問燕邸事，誠具以實告。遣誠還燕，使爲內應，至則燕王察其色異，心疑之。

二月，燕王入覲，行皇道入，登陛不拜。監察御史曾鳳韶劾王不敬，帝曰：「至親勿問。」戶部侍郎卓敬密奏曰：「燕王智慮絕人，酷類先帝。夫北平者，強幹之地，金、元所由興也，宜徙封南昌以絕禍本。」帝覽奏，袖之。翼日曰：「燕王骨肉至親，何得及此。」敬曰：「隋文、楊廣非父子耶！」帝默然良久，曰：「卿休矣。」

三月，燕王還國，帝以都督耿瓛掌北平都司事，都御史景清署北平布政司參議，皆使覘燕邸事，尋皆召還。又遣官爲採訪使，分巡天下。都御史暴昭採訪北平，具以燕邸事密聞於朝，請爲之備。北平按察司僉事湯宗上變，告按察使陳瑛受燕金，有異謀，逮瑛安置廣西。遂敕都督宋忠率兵三萬，及燕府護衞精銳，俱選隸忠麾下，屯開平，名備邊。仍命都督耿瓛練兵于山海關，徐凱練兵于臨清，密敕張昺、謝貴嚴爲之備。又召燕番騎指揮關童等入京師。燕王歸國即托疾，久之，遂稱篤。

夏四月，太祖小祥，燕王遣世子及其弟高煦、高燧入臨。或曰：「不宜偕往。」王曰：「令朝廷勿疑也。」及至京，齊泰請幷留之。黃子澄曰：「不可。疑而備之，殆也，不若遣還。」

世子兄弟，皆魏國公徐輝祖甥。輝祖察高煦有異志，密奏曰：「三甥中，獨高煦勇悍無賴，非但不忠，且叛父，他日必爲大患。」帝以問輝祖弟增壽及駙馬王寧，皆庇之，乃悉遣歸國。高煦陰入輝祖廐，取其馬以行，輝祖使人追之，不及。初，世子入京，燕王大憂悔，暨歸，喜曰：「吾父子復得相聚，天贊我也。」已而燕兵起，高煦戮力爲多。帝曰：「吾悔不用輝祖之言！」

六月，燕山護衛百戶倪諒上變，告燕官校于諒、周鐸等陰事，逮繫至京，皆戮之。有詔責燕王。王乃佯狂稱疾，走呼市中，奪酒食，語多妄亂，或臥土壤，彌日不甦。張昺、謝貴入問疾，王盛夏圍爐搖顫曰：「寒甚。」宮中亦杖而行。朝廷稍信之。長史葛誠密告昺、貴曰：「燕王本無恙，公等勿懈。」會燕王使其護衛百戶鄧庸詣闕奏事，齊泰請執訊之，具言王將舉兵狀。齊泰卽發符遣使，往逮燕府官屬，密令謝貴、張昺圖燕，使約長史葛誠、指揮盧振爲內應。以北平都指揮張信爲燕王舊所信任，密敕之，使執燕王。信受命，憂甚，不敢言。母疑問之，信以告。母驚曰：「不可。吾故聞燕王當有天下。王者不死，非汝所能擒也。」信益憂未決。亡何，敕使趣之，信艴然曰：「何太甚也！」乃往燕邸請見，不得入，乘婦人車，徑至門求見。乃召入，拜於床下。燕王佯爲風疾，不能言。信曰：「殿下無爾也。有事，當以告臣。」燕王曰：「疾，非妄也。」信曰：「殿下不以情語臣，上擒王矣，當就執；如有意，勿諱臣。」燕王見其誠，下拜曰：「生我一家者子也！」乃召僧道衍至謀事。適暴風雨，簷瓦墮，燕王心惡之，色不懌。道衍以爲祥。王謾罵：「和尙妄，烏得祥！」道衍曰：「殿下不聞乎？『飛龍在天，從以風雨』。瓦墜，天易黃屋耳！」王喜。有布政司吏奈亨、按察司吏李友直，密以疏草示燕王，因留匿邸中。燕王出其疏草，示護衞指揮張玉、朱能等曰：「此何爲者？」遂令玉等帥壯士八百人入衞。貴等以在城七衞幷屯田軍士圍王城，又以木柵斷端禮等門。未幾，削爵及逮官屬詔至。

秋七月，謝貴、張昺督諸衞士皆甲，圍府第，索所逮諸官屬，飛矢入府內。燕王與張玉、朱能等謀曰：「彼軍士滿城市，吾兵甚寡，奈何？」朱能曰：「先擒殺謝貴、張昺，餘無能爲也。」燕王曰：「是當計取之。今奸臣遣使來逮官屬，依所坐名收之。卽令來使召昺、貴付所逮者，貴、昺必來，來則擒之，一壯士力耳。」

壬申，王稱疾愈，御東殿，官僚入賀。燕王先伏壯士左右及端禮門內，遣人召貴、昺，不來。復遣官屬內官，以所就逮名往，乃至，衞士甚衆，及門，門者呵止之。貴、昺入，燕王曳杖坐，賜宴行酒，出瓜數器，曰：「適有進新瓜者，與卿等嘗之。」燕王自進片瓜，忽怒且詈曰：「今編戶齊民，兄弟宗族尙相恤；身爲天子親屬，旦夕莫必其命。縣官待我如此，天下何事不可爲乎？」擲瓜於地，護衞軍皆怒，前擒貴、昺，捽盧振、葛誠等下殿。王投杖起曰：

「我何病，迫於若奸臣耳！」遂曳貴、昺等，皆斬之。貴、昺諸從人在外者尚未知，見貴、昺移時不出，各稍稍散去。圍王城將士聞貴、昺已被執，亦潰散。北平都指揮彭二聞變，急跨馬大呼市中，集兵千餘人，欲入端禮門，燕王遣健卒龐來興、丁勝格殺二，兵亦散。燕王乃命張玉等率兵乘夜出，攻奪九門，黎明，已克其八，唯西直門未下。王命指揮唐雲單騎往諭守者曰：「汝毋自苦！今朝廷已聽王自制一方矣，汝等亟下，後者誅。」衆聞言，皆散。乃下令安集軍民。三日，城中大定。都指揮使余瑱既與謝貴合謀不遂，乃走守居庸關，馬宣巷戰不勝，東走薊州。宋忠自開平率兵三萬至居庸關，不敢進，退保懷來。

癸酉，燕王誓師，以誅齊泰、黃子澄爲名，去建文年號，仍稱洪武三十二年。署官屬，以張玉、朱能、丘福爲都指揮僉事，擢李友直爲布政司參議，拜卒金忠爲燕紀善。金忠，浙江鄞縣人，精于卜。燕師將起，召忠卜之，以大吉告，遂署爲紀善，命侍帷幄，用其謀策。時布政司參議郭資、按察司副使墨麟、都指揮同知李濬、陳恭等皆降。下令諭將士曰：「予太祖高皇帝之子，今爲奸臣謀害。祖訓云：『朝無正臣，內有奸逆，必舉兵誅討，以清君側之惡。』用率爾將士誅之，罪人既得，法周公以輔成王，爾等其體予心。」乃上書曰：「皇考太祖高皇帝艱難百戰，定天下，成帝業，傳之萬世，封建諸子，鞏固宗社，爲磐石計。奸臣齊泰、黃子澄包藏禍心，橚、榑、柏、桂、楩五弟，不數年間，並見削奪。柏尤可憫，闔室自焚。聖仁在上，胡寧忍此！蓋非陛下之心，實奸臣所爲也。心尙未足，又以加臣。臣守藩于燕，二十餘年，寅畏小心，奉法循分。誠以君臣大分，骨肉至親，恆思加愼，爲諸王先。而奸臣跋扈，加禍無辜。執臣奏事人，箠楚刺爇，備極苦毒，迫言臣謀不軌。遂分宋忠、謝貴、張昺等於北平城內外，甲馬馳突於街衢，鉦鼓喧鞠于遠邇，圍守臣府。已而護衞人執貴、昺，始知奸臣欺詐之謀。竊念臣於孝康皇帝，同父母兄弟也，今事陛下，如事天也。譬伐大樹，先剪附枝，親藩旣滅，朝廷孤立，奸臣得志，社稷危矣。臣伏覩祖訓有云：『朝無正臣，內有奸惡，則親王訓兵待命，天子密詔諸王統領鎭兵討平之。』臣謹俯伏俟命。」書奏，詔削燕王屬籍。甲戌，燕王以郭資守北平，出師次通州，指揮房勝以城降。張玉曰：「不先定薊州，將爲後患。」時都督指揮馬宣嚴兵守薊州，燕王命玉帥兵往攻。玉使人諭之，不下。環城攻之，宣率衆出戰，敗，被執，罵不絕口，遂死之。指揮毛遂以薊州降。玉撫定薊州，乘夜趨遵化，戒將士止殺曰：「行師以得人心爲本。」因簡勇士，以夜四鼓登城，開門而入，城中始覺。遵化衞指揮蔣玉、密雲衞指揮鄭亨，皆以城降。

甲申，燕兵攻懷來。時余瑱守居庸，簡練關卒，得數千人，將進攻北平。燕王曰：「居庸險隘，北平之咽喉，我得此，可無北顧憂，瑱若據此，是拊我背也。宜急取之，緩則增兵繕守，後難圖矣。」令指揮徐安、鍾祥等擊瑱，瑱且守且戰，援兵不至，乃棄關走懷來，依宋忠。

燕王曰：「宋忠握兵懷來，必爭居庸，宜乘其未至，擊之。」諸將皆曰：「彼衆我寡，難以爭鋒，擊之未便，宜固守以待其至。」王曰：「當以智勝，難以力取。彼衆新集，其心不一，宋忠輕躁寡謀，狠愎自用，乘其未定，擊之必破矣。」遂帥馬步精鋭八千，捲甲倍道而進。王據鞍指揮，有喜色。

先是，宋忠紿將士云：「爾等家在北平，城中皆爲燕兵所殺，屍積道路。」欲以激怒將士。燕王令其家人張樹旗幟爲先鋒，衆遥識旗幟，呼其父兄子弟，相問勞無恙，輒喜，謂「宋都督欺我」，倒戈走。宋忠帥餘衆倉皇列陣，未成，王麾師渡河，鼓噪而前。都指揮孫泰先登，頗有斬獲；燕王擇善射者，射泰中之，流血被甲，慷慨裹血而戰，奮呼陷陣死。忠軍大敗，奔入城，燕兵乘之而入。忠匿於廁，搜獲之，并執余瑱，皆不屈死。都指揮彭聚亦力戰死。當時諸將校爲燕師所俘者百餘人，皆不肯降，發憤死。燕兵既克懷來，山後諸州皆不守，而開平、龍門、上谷、雲中守將往往降附矣。

丙戌，永平指揮陳旭、趙彝、郭亮以城降。旭等遂從燕將徐忠分兵克灤河。庚寅，大寧都指揮卜萬，與其部將陳亨、劉貞引兵號十萬，出松亭關，駐沙河，進攻遵化。燕王聞之，援遵化，萬等退保松亭關。萬有智勇，陳亨陰欲輸款于燕，畏萬不敢發。燕王貽萬書，盛稱萬而詆亨，緘識之，召所獲大寧卒，解縛賞勞，俾歸密與萬，故使同獲卒見之。尋遣與俱，至則同歸卒發其事。陳亨、劉貞搜得與萬書，遂縛萬下獄，聞于朝，籍其家。

時帝方銳意文治，日與方孝孺等討論周官法度，以北兵爲不足憂。黃子澄謂：「北兵素強，不早禦之，恐河北遂失。」乃以長興侯耿炳文佩大將軍印，駙馬都尉李堅爲左副將軍都督，甯忠爲右副將軍，帥師北伐。子澄又請命安陸侯吳傑、江陰侯吳高、都督都指揮盛庸、潘忠、楊松、顧成、徐凱、李文、陳暉、平安等，帥師並進。擢程濟爲翰林編修，充軍師，護諸將北行。吳傑等各帥偏師步騎，號百萬，數道並進，期直搗北平。檄山東、河南、山西三省合給軍餉。帝誡諸將士曰：「昔蕭繹舉兵入京，而令其下曰：『一門之內，自極兵威，不祥之極。』今爾將士與燕王對壘，務體此意，毋使朕有殺叔父名。」

八月己酉，耿炳文等率兵三十萬至眞定，徐凱率兵十萬駐河間，潘忠駐莫州，楊松帥先鋒九千人據雄縣，約忠爲應。張玉往覘炳文營，還報燕王曰：「炳文軍無紀律，其上有敗氣，無能爲。潘忠、楊松扼吾南路，宜先擒之。」燕王悅，躬擐甲冑，帥師至涿州。壬子，屯於婁桑，令軍士秣馬蓐食。晡時，渡白溝河，謂諸將曰：「今夕中秋，彼不備，飲酒爲樂，此可破也。」夜半，至雄縣，緣城而上，松與麾下九千人皆戰死，獲馬八千餘匹。燕王度潘忠在莫州未知城破，必引衆來援，諭諸將曰：「吾必生擒潘忠。」諸將未喻。遂命譚淵領兵千餘，渡月樣橋，伏水中，領軍士數人伏路側，望忠等接戰，卽舉砲。既而忠等果至，王進兵逆擊之，路傍砲舉，水中伏兵起據橋。忠戰敗，趨橋不得，燕兵腹背夾擊，遂生擒忠，餘衆多溺死。燕王問諸將帥所嚮，衆未有定。玉曰：「當徑趨眞定。彼衆新集，我軍乘勝，可一鼓破之。」燕王曰：「善！」卽趨眞定。耿炳文部將張保來降，保言：「炳文兵三十萬，先至者十三萬，分營滹沱河南北。」燕王厚撫保，遣歸。詐言保兵敗被執，幸守者困得脫，竊馬歸。又令言雄、莫敗狀，燕兵旦夕且至。諸將請曰：「今由間道，不令彼知，蓋掩其不備，奈何遣保告之爲備？」王曰：「不然！始不知彼虛實，故欲掩襲之。今知其半營河南北，則當令知我至，其南岸之衆必移于北，幷力拒戰，一舉可盡殲之，兼使知雄縣莫州之敗，以奪其氣，兵法所謂『先聲後實』也。若徑薄城下，北岸雖勝，南岸之衆乘我戰疲，鼓行渡河，是我以勞師當彼逸力也。」

壬戌，燕王率三騎先至眞定東門，突入其運糧車中，擒二人，訊狀，南岸營果北移。率輕騎數十，繞出城西南，破其二營。炳文出城迎戰，張玉、譚淵、馬雲、朱能等率衆奮擊，燕王以奇兵出其背，循城夾擊，橫貫南陣，炳文大敗，奔還。朱能與敢死士三十餘騎，追奔至滹沱河東。炳文衆尙數萬，復列陣向能。能奮勇大呼，衝入炳文陣，陣衆披靡，自相蹂躪，死者無算，棄甲降者三千餘人。騎士薛祿引槊中李堅墜馬，獲之。甯忠、顧成及都指揮劉燧皆被執。燕王謂堅至親，送北平，道卒。謂成先朝舊人，解其縶，與語曰：「皇考之靈，以汝授我。」因語以故，言已泣下，成亦泣。遂遣人護送北平，令輔世子居守。炳文奔入眞定，軍爭門，門塞不得入，相蹈藉死者甚衆。炳文入，闔門固守。吳傑帥師來援，兵潰遁還。燕兵攻城三日，不能下，燕王還北平。以擒李堅功，授薛祿指揮。帝聞，怒曰：「老將也，而摧鋒，奈何？」子澄曰：「勝敗常事，毋足慮。聚天下之兵，得五十萬，四面攻北平，衆寡不敵，必成擒矣。」曰：「孰堪將者？」子澄曰：「李景隆可。比用景隆，今破矣。」遂遣景隆代炳文。臨行，賜景隆通天犀帶，親餞之江滸，復賜斧鉞，俾專征伐，不用命者戮之。召耿炳文回。

九月朔，監察御史康郁上言：「臣聞人主親其親，然後不獨親其親。今諸王，親則太祖之遺體也，貴則孝康之手足也，尊則陛下之叔父也。乃殘酷豎儒，持一己之偏見，廢天下之大公。方周王不軌，進言則曰六國反叛，漢帝削地；執法則曰三叔流言，周公是征。遂使周王父子流離播遷。周王既竄，湘王自焚，代王被廢，而齊臣又告王反矣。爲計者必曰：『兵不舉，則禍必加。』是則朝廷激變之也。及燕之舉兵，迄今兩月，前後調兵者不下五十餘萬，而乃一夫無獲，謂之國有謀臣可乎？陛下不察，臣愚以爲不待十年，必有噬臍之悔矣。伏願興滅繼絕，釋齊王之囚，封湘王之墓，還周王于京師，迎楚、蜀爲周公，俾其各命世子持書勸燕，以罷干戈，以敦親戚，天下不勝幸甚！」疏上，帝不能用。

鎮守遼東江陰侯吳高與耿瓛、楊文帥師圍永平。

李景隆乘傳至德州，收集耿炳文敗亡將卒，并調各路軍馬五十萬，進營于河間。燕王聞之，呼景隆小字曰：「李九江膏粱豎子耳！寡謀而驕，色厲而餒，未常習兵見陣，輒予以五十萬衆，是自坑之也。」復聞景隆軍中事，燕王笑曰：「兵法有五敗，景隆皆蹈之。爲將政令不修，上下異心，一也。北平早寒，南卒裘葛，不足披冒霜雪，又士無贏糧，馬無宿藁，二也。不量險易，深入趨利，三也。貪而不治，智信不足，氣盈而愎，仁勇俱無，威令不行，三軍易撓，四也。部曲喧嘩，金鼓無節，好諛喜佞，專任小人，五也。九江五敗悉備，保無能爲。然吾在此，彼不敢至。今往援永平，彼知我出，必來攻城，回師擊之，堅城在前，大軍在後，必成擒矣。」諸將曰：「北平兵少，奈何？」王曰：「城中之衆，以戰則不足，以守則有餘。兵出在外，奇變隨用，吾出非專爲永平，直欲誘九江來就擒耳！吳高怯不能戰，聞我來必走，是我一舉解永平圍，且破九江也。」遂行。而誡世子居守曰：「景隆來，堅守毋戰也。」

壬申，燕軍援永平，諸將請守蘆溝橋。王曰：「方欲使九江困于堅城之下，奈何拒之！」燕師猝至永平，吳高不能軍，退保山海關。燕兵奔之，斬首數千級。燕王曰：「高雖怯，行事差密，楊文勇而無謀，去高，文不足慮也。」乃遣人貽二人書，盛譽高而詆文。帝聞之，削高爵，徙廣西，獨命文守遼東。耿瓛數請攻永平，以動北平，不聽。

冬十月，燕兵趨大寧。初，太祖諸子，燕王善戰，寧王善謀。洪武間，燕王受命巡邊，至大寧，與寧王相得甚歡。大寧領朶顔諸衛，多降人，驍勇善戰。燕王既起兵，謀取之，而朝廷亦疑寧王與燕合，削其三護衛。燕王聞，喜曰：「此天贊我也，取大寧必矣！」乃爲書貽寧王，而陰率師兼程趨之。諸將曰：「劉貞守松亭關，急未易破。李景隆兵方盛，不如還師救北平，以爲後圖。」燕王曰：「今從劉家口徑趨大寧，不數日可達。大寧將士悉聚松亭關，其家屬在城，皆老弱居守。師至，不日可拔。城破之日，撫綏其家，松亭之衆不降且潰矣。北平深溝高壘，縱有百萬之衆，未易以窺。吾正欲其頓兵堅城之下，還兵擊之，如拉朽耳！諸公第從予行，毋憂也。」乃自徑道捲旆登山，從後攻，度關，至大寧，克其西門，獲都指揮房寬，殺卜萬于獄。都指揮朱鑑戰死。劉貞、陳亨引軍還援，陳亨竟襲破貞，率其衆降。貞單騎負敕印走遼東，浮海歸京師。

大寧既拔，燕王駐師城外，遂單騎入城，會寧王，執手大慟，言：「北平旦夕且破，非吾弟表奏，吾死矣！」寧王爲草表謝，請赦。居數日，情好甚洽。燕王銳兵出伏城外，諸親密吏士稍稍得入城，遂令陰結三衛渠長及閭左思歸士，皆喜，定約。燕王辭去，寧王出餞郊外，伏兵起，執寧王。諸騎士卒一呼皆集，遂擁寧王入關，與俱西。燕兵既得朶顔諸衛，兵益盛，分遣薛祿下富峪、會川、寬河諸處。於是寧府妃妾世子，皆擕其寶貨，隨寧王還北平。

李景隆聞燕兵攻大寧，帥師進渡盧溝橋，喜曰：「不守此橋，吾知其無能爲矣。」遂薄城下，築壘九門。景隆攻麗正門，幾破，城中婦女並乘城擲瓦礫。景隆令不嚴，驟退，北平守益堅。景隆遣别將攻通州，又結九營于鄭壩村，親督之以待燕王。號令壘營，人各爲戰，非受命不得輕動，遂攻燒順城門。燕府儀賓李讓與燕將梁明等拒守甚力。世子嚴肅部署，選勇士時時夜縋城砍營，南軍擾亂，退營十里。唯都督瞿能奮勇，與其二子帥精騎千餘，殺入張掖門，銳不可當，後不繼，乃勒兵以待。景隆忌能成功，使人止之，候大軍至，俱進。於是連夜汲水灌城，天寒冰結，明日不得登。燕王至會州，簡閱將士，立五軍，命都指揮張玉將中軍，朱能將左軍，李彬將右軍，徐忠將前軍，房寬將後軍，軍各置左右副將，以大寧歸附之衆分隸各軍。

十一月庚午，李景隆移營向河西，先鋒都督陳暉渡河而東。燕王率兵至孤山，列陣於北河西，河水難渡。是日雪，默禱曰：「天若助予，則河冰合。」是夜冰果合，遂率師擊敗前哨都督陳暉兵。暉衆跳冰遁，冰乃解，溺死無算。燕王見景隆兵動，以奇兵左右夾擊，遂連破七營，逼景隆營。張玉等列陣而進，至城下，城中亦出兵，内外交攻，景隆不能支，宵遁。翌日，九壘猶固守，北兵次第破其四壘。諸軍始聞景隆走，乃棄兵糧，晨夜南奔，景隆遂還德州。燕諸將頓首賀王神算。王曰：「偶中耳！諸君所言，皆萬全策也。」都督火眞焚畝藁以熸燕王，鎧者趨焉，楯人呵之。王曰：「止！是皆壯士。」景隆師既敗，黃子澄等匿不以聞。帝曰：「外間近傳軍不利，果何如？」子澄曰：「聞交戰數勝，但天寒，士卒不堪，今暫回德州，待來春更進。」子澄遂遣人密語景隆，隱其敗，勿奏。

乙亥，燕王上書自理，以誅齊泰、黃子澄，傳檄天下。

十二月，加李景隆太子太師。景隆之敗，子澄不以聞，且云屯德州，合各處軍馬，期以明年春大舉，故有是命，兼賜璽書、金幣、珍醞、貂裘。燕王諭諸將曰：「李九江集衆德州，將謀來春大舉，我欲誘之以敝其衆。今帥師征大同，大同告急，景隆勢必來援，南卒脆弱，苦寒之地，疲于奔命，凍餒逃散者必多。善戰者因其勢而利導之。」諸將曰：「善！」遂帥師出紫荆關，攻廣昌，守將楊宗以城降。

罷兵部尚書齊泰、太常寺卿黃子澄，以燕王疏列二人罪也。二人名雖罷退，實籌畫治兵如故。

薊州鎮撫曾濬起兵攻北平，不克，死之。河北指揮張倫等率兩衞官軍，自拔南歸，曰：「矢死報國。」

參贊軍務高巍上書言：「臣願使燕，曉以禍福。」遂遣至燕。上書燕王曰：「太祖升遐，皇上嗣位，不意大王與朝廷有隙，張皇六師。臣以爲動干戈，不若和解，君臣之義大明，骨肉之親愈厚。故願奉明詔，置死度外，親見大王。昔周公聞流言，即避位居東。若大王能割首計者送京師，解去護衛，質所愛子孫，釋骨肉猜忌之疑，塞殘賊離間之口，不與周公比隆哉！慮不及此，遂檄遠邇，大興甲兵，襲疆宇，任事者得藉口，以爲殿下假誅左班文臣，實欲效漢吳王倡七國誅晁錯，大王獲罪先帝矣。今大王據北平，取密雲，下永平，襲雄縣，掩眞定，數月以來，尙不能出區區蕞爾之地，較以天下，十五而未有一焉，大王將士殆亦疲矣。大王同心之士大約不過三十萬。大王與天子，義則君臣，親則骨肉，尙在離間，以三十萬異姓之士，可保終身困迫，死于殿下乎！大王信臣言，上表謝罪，按甲休兵，天意順，人心和，太祖在天之靈亦安矣。不然，執迷不回，幸而兵勝得成，後世公論謂何！倘有蹉跌，取譏萬世，於斯時也，追復臣言，可得乎？」書再上，不報。

二年（庚辰，一四〇〇）春正月，燕王進兵圍蔚州，指揮王忠、李遠以城降，遂進攻大同。李景隆帥師救大同，出紫荆關。燕王由居庸關入，還北平。景隆軍凍餒死者甚衆，墮指者十二三，委棄鎧仗于道，不可勝紀。

二月，韃靼率衆助燕。

夏四月朔，李景隆會兵德州，武定侯郭英、安陸侯吴傑等，進兵眞定以圖燕。帝賜景隆斧鉞、旌旄，中官齎往。忽風雨舟壞，沈于江，復賜之。景隆自德州進兵北伐，軍過河間，前鋒將至白溝河，郭英等過保定，期于白溝河合勢同進。燕王率諸將進駐固安，燕王謂丘福等曰：「李九江等皆匹夫，無能爲，惟恃其衆耳。然衆豈可恃也！人衆易亂，擊前則後不知，擊左則右不應，將帥不專，政令不一，甲兵糧餉，適足爲吾資耳。爾等但秣馬厲兵以待！」張玉請先往駐白溝，以逸待勞。王從之，命率衆先往。既至三日，景隆前鋒都督平安至白溝河。是日燕兵渡五馬河，駐營蘇家橋。其夜大雨，平地水深三尺。燕王坐胡床待旦，忽見兵刃有火光如毬擊，燁然上下，金鐵錚錚作聲，弓絃皆鳴。燕王喜曰：「此勝兆也！」帝慮景隆輕敵，乃遣魏國公徐輝祖帥京軍三萬爲殿，星馳會之。

己未，李景隆及郭英、吳傑等合軍六十萬，號百萬，次于白溝河，列陣以待。平安伏精兵萬騎邀擊。燕王曰：「平安豎子，從吾出塞，識吾用兵，以故敢爲先鋒。今日吾先破之。」安驍勇善戰，鋒初交，安奮矛率衆而前，都督瞿能父子亦奮躍，所向披靡，殺傷燕兵甚衆，燕兵遂却。燕有內官狗兒者，亦敢勇，率千戶華聚力戰河北岸。百戶谷允入陣，得級七，王親率兵夾擊，殺數千人，都指揮何清被執。時已暝，戰猶未已，至夜深，始各收軍還。是日也，兩軍互相殺傷，安軍哨馬失百餘匹而已。景隆、英、傑藏火器地中，人馬遇之，輒爛。戰既解，燕王從三騎殿後，迷失道，下馬伏地，視河流，辨東西，始知營，自上流倉猝渡河而北。燕王既收軍還營，擢谷允指揮，夜秣馬待戰。使張玉將中軍，朱能將左軍，陳亨將右軍，爲先鋒，丘福將騎兵繼之，馬步十餘萬。黎明，燕軍畢渡，瞿能率其子𡩋房寬陣，平安翼之，寬陣披靡，擒斬數百人。張玉等見寬敗，有懼色。王曰：「勝負常事耳！彼兵雖衆，不過日中，保爲諸君破之。」卽麾精鋭數千突入左掖，高煦率張玉等軍齊進。王先以七騎馳擊之，且進且退，如是者百餘合，殺傷甚衆。南軍飛矢如注，射王馬，凡三被創，三易之，所射矢，三服皆盡，乃提劍左右當擊，劍鋒折缺，不堪擊，馬却，阻於隄，幾爲瞿能所及。燕王急走登隄，佯麾鞭若招後繼者。景隆疑有伏，不敢上隄。而燕王復率衆馳入陣，斬其騎數人。平安善用鎗刀，所向無敵，北將陳亨、徐忠皆被創。已而安斬亨於陣，忠兩指被砍，未斷，自斷而擲之，裂衣裹創而戰。高煦見事急，帥精騎數千，前與王合。高煦接戰，彼此相持，而王亦疲矣。日薄午，瞿能復引衆躍而前，大呼滅燕，斬其騎百餘人。越嶲侯俞通淵、陸涼衞指揮滕聚復引衆赴之。會旋風起，折大將旗，南軍相視而動。王乃以勁騎遶出其後，突入馳擊，與高煦騎兵合，殺瞿能父子於陣。平安與朱能戰，亦敗。於是列陣大崩，奔走之聲如雷，通淵與聚等皆死。燕兵追至其營，乘風縱火，燔其營壘。郭英等潰而西，李景隆潰而南，委棄器械輜重山積，斬首及溺死者十餘萬。燕兵追至韡山月樣橋，殺溺蹂躪死者復數萬，橫尸百餘里。景隆單騎走德州。其降軍，燕王悉慰遣之，南師聞者皆解體。是戰也，魏國公徐輝祖帥軍爲殿，獨全軍而還。壬戌，燕王進攻德州。

五月辛未，李景隆自德州奔濟南，燕兵遂入德州，籍吏民，收府庫，獲糧百餘萬，自是兵食益饒。哨騎至濟陽縣，執教諭王省，既而釋之。省還，陞明倫堂，集諸生曰：「此堂明倫，今日君臣之義何在？」遂大哭，諸生亦哭，以頭觸柱而死。

先是，山東參政鐵鉉方督餉赴景隆軍，會景隆師潰東奔，次臨邑，諸城堡皆望風瓦解，鉉與參軍高巍酹酒同盟，收集潰亡，守濟南，相與慷慨涕泣，以死自誓。及景隆奔就鉉，燕王令諸將乘勝倍道而進。庚辰，至濟南，景隆衆尙十餘萬，倉猝出戰，布陣未定，燕王帥精騎馳擊之，景隆復大敗，單騎走。於是燕兵列陣圍之，鉉督衆悉力捍禦。事聞，乃陞鉉爲山東布政司使。召李景隆還，以左都督盛庸爲大將軍，右都督陳暉副之。景隆還朝，帝赦不誅。黃子澄痛哭曰：「景隆出師觀望，懷二心，不亟誅，何以謝宗社，勵將士！」副都御史練子寧執而數之朝，以哭請，卒不問。

燕王圍濟南久，令人射書城中促降。有儒生高賢寧在城中，乃作周公輔成王論，請罷兵，不報。燕王圍濟南已三月，不下，乃堰城外諸溪澗水灌城，城中人大懼。鉉曰：「無恐。計且破之，不三日遁矣！」鉉乃議令軍中詐降，迎燕王入，約壯士懸鐵板伏城上闉，王且入，則下鐵板，拔橋。計定，使守陴之卒晝夜哭曰：「濟南魚矣，亡無日矣！」乃撤守具，出居民伏地請曰：「奸臣不忠，使大王冒霜露，爲社稷憂。誰非高皇帝子？誰非高皇帝臣民？其降也。然東海之民，不習兵革，見大軍壓境，不識大王安天下、子元元之意，或謂聚而殲之。請大王退師十里，單騎入城，臣等具壺漿而迎。」燕王大喜。時王苦兵間，謂濟南降，即不得金陵，可斷南北，畫中原自守，亟下令退軍。王乘駿馬徐行，張蓋，率勁騎數人渡橋，直至城下，城門開，守陴者皆登城，伏堵間。燕王比入門，門中人呼千歲，鐵板亟下，傷燕王馬首。王驚，易馬而馳。濟南人挽橋，橋則堅，燕王竟從橋逸去，復合兵圍濟南。鉉令守陴罵，燕王大怒，乃以砲擊城。垂破，鉉書高皇帝神牌懸城上，燕兵不敢擊。鉉每出不意，募壯士突擊燕兵，破之。燕王憤甚，計無所出。僧道衍進曰：「師老矣！請暫還北平以圖後舉。」於是撤圍，還北平。鉉及盛庸等兵乘勢追之，遂復德州，兵勢大振。上即軍中擢鉉爲兵部尚書，贊理大將軍軍事。封盛庸爲歷城侯。

九月朔，詔大將軍盛庸總平燕諸軍北伐，副將軍吳傑進兵定州，都督徐凱等屯滄州。宋參軍說鉉曰：「濟南，天下之中。北兵南來，其留守者類老弱，且永平、保定雖叛，諸郡堅守者實多。郭布政輩書生，公能出奇兵，陸行抵眞定，南朝諸將潰逸者稍稍收合，不數日可至北平。其間豪傑有聞義而起者，公便宜部署，號召招徠之，北平可破也。北兵回顧家室，必散歸。徐、沛間素稱驍勇，公檄諸守臣倡義集勇，候北兵歸，合南兵征進者晝夜躡之。公館穀北平，休養士馬，迎其至，擊之。彼腹背受敵，大難旦夕平耳！」鉉以「軍餉盡于德州，城守五月，士卒困甚，而南將皆駑材，無足恃，莫若固守濟南，牽率北兵，使江、淮有備。北兵不能越淮，歸必道濟，吾邀而擊之，以逸待勞，全勝計也」。乃設宴天心水面亭，犒問辛苦，激發忠義。

冬十月，燕王聞盛庸兵北向，欲出兵攻滄州，恐南師爲備，乃陽下令征遼東。諸將士聞之，不樂。至通州，張玉、朱能請曰：「今密邇大敵，而勤師遠征，遼地寒早，士卒不堪，恐非利也。」燕王屏左右，語之故，曰：「今盛庸駐師德州，吳傑、平安守定州，徐凱、陶銘築滄州，相犄角爲吾梗。德州城壁堅，且敵衆所聚，定州修築已完，城守亦備，皆難猝下。獨滄州土城，潰圮日久，天寒地凍，雨雪泥淖，築城不易。我乘其未備，急趨攻之，必有土崩之勢。今佯言往征遼東，因其懈怠，偃旗捲甲，由間道直擣城下，破之必矣。」玉與能頓首稱善。徐凱諜知北兵征遼東，不爲備，遣兵四出伐木，晝夜築城。燕師至天津，過直沽，王語諸將曰：「彼所備者惟青縣、長蘆，今塼垛、竈兒等坡無水，彼不爲備，由此可徑至滄州城下。」乃下令軍士循河而南。軍士疑曰：「征東，何南也？」王曰：「夜有白氣二道，自東北指西南，占曰『利南』。」乃自直沽一晝夜疾行三百里，遇偵騎，盡殺之。比曉，至滄州，凱猶不知，督衆運土築城如故。兵至城下，乃覺，亟命分守城堞，衆皆股栗不能甲。燕兵四面急攻之，玉帥壯士由城東北隅肉薄而登，遂拔其城。先遣兵斷歸路，生擒凱及都督程暹，都指揮俞琪、趙滸、胡原等，斬首萬餘級，餘衆悉降，燕將譚淵盡坑殺之，械凱等至北平。

十二月，燕王移直沽之舟至長蘆，載降獲輜重，順流而北。王自率衆循河而南，盛庸出兵襲後，不克。燕王遂至臨清，移屯館陶，掠大名，焚軍餉。甲午，燕王至汶上，掠濟寧。盛庸、鐵鉉率兵躡其後，營于東昌。先鋒將孫霖營滑口，燕將朱榮、劉江襲破霖軍，都指揮唐禮被執，霖走。乙卯，燕師至東昌，庸與鉉等聞燕兵且至，宰牛宴犒將士，誓師勵衆，簡閱精銳，背城而陣，具列火器毒弩以待。時燕軍屢勝，見庸軍，即鼓譟前薄，盡爲火器所傷。會平安兵至，與庸軍合，於是庸麾兵大戰。燕王以精騎衝左掖，入中堅。庸軍厚集，圍燕王數重，燕王自衝擊不得出。朱能、周長率番騎奮擊東北角，庸等撤西南兵往禦，圍稍緩。能衝入，奮力死戰，翼燕王出。張玉不知王已出，突入陣救之，沒于陣。庸軍乘勝擒斬萬餘人，燕兵大敗，遂北奔。庸趣兵追之，復擊殺者無算。

是役也，燕王數危甚，諸將奉帝詔，莫敢加刃。燕王亦知之，故挺身出，輒短兵接戰。王騎射尤精，追者每爲所殺。至是奔北，獨以一騎殿後，追者數百人，不敢迫。適高煦領指揮華聚等至，擊退庸兵，獲部將數人而去。燕王喜，以煦肖己，慰勞之。薛祿亦數擊退南兵。燕王聞張玉敗歿，乃痛哭曰：「勝負常事，不足慮。艱難之際，失此良輔，殊可悲恨！」師還，與諸將語，每及東昌事，曰：「自失張玉，吾至今寢食不安。」遂涕下不已，諸將皆泣。

後舉報功之典，謂侍臣曰：「論靖難功，當以張玉爲第一。」追封榮國公、河間王。

三年（辛巳，一四〇一）春正月辛酉朔，東昌捷至，詔褒賞將士，召齊泰、黃子澄還朝，仍預軍事。享太廟，告東昌之捷。

初，燕王師出，僧道衍曰：「師行必克，但費兩日耳！」及自東昌還，道衍曰：「兩日，昌也，自此全勝矣！」

二月，燕王自撰文，流涕祭陣亡將士張玉等，脫所服袍焚之，以衣亡者，曰：「雖其一絲，以識余心！」將士家父兄子弟見之，皆感泣。燕王因激勸將吏，召募勇敢，以圖進取。乙未，帥師南出，進諸將士，諭曰：「爾等懷忠奮勇，每戰必勝，可謂難矣！比者，東昌之役，接戰卽退，遂棄前功。夫懼死者必死，捐生者必生。白溝河之戰，南軍先走，故得而殺之，所謂懼死者必死也。爾等奮不顧身，故能出萬死，全一生，所謂捐生者必生也。自今無輕敵，無選愞，違者殺無赦！」己酉，師至保定，盛庸合諸軍二十萬駐德州，吳傑、平安出眞定。燕王與諸將議所向，丘福等言：「定州府民新集，城池未固，攻之可拔。」王曰：「野戰易，攻城難。今盛庸聚德州，吳傑、平安駐眞定，相爲犄角，攻城未拔，頓師城下，必合勢來援。堅城在前，強敵在後，勝負未可決也。今眞定相距德州二百餘里，我軍界其中，敵必出迎戰，取其一軍，餘自膽破。」諸將曰：「軍介兩敵，使彼合勢夾攻，吾腹背受敵，奈何？」王曰：

「百里之外，勢不相及。兩軍相薄，勝敗在呼吸間，雖百步不能相救，況二百里哉！」明日，遂移軍東出。

三月朔，師次滹沱河，遣遊騎哨定州、眞定，多爲疑兵誤之。諜報盛庸軍夾河爲營，平安駐師單家橋。燕兵由陳家渡過河逆之，相距四十里。辛巳，盛庸軍及燕兵遇于夾河，燕王以三騎覘庸陣，庸結陣甚堅，陣旁火車、大銃、強弩齊列。王掠陣過，庸遣騎追，皆射却之，乃以步騎萬餘薄庸陣，攻其左掖，庸軍擁盾自蔽，矢刃不能入。燕軍預作長穳，約六七尺，横貫鐵釘于端，釘末有逆鉤，令勇士直前擲之，直貫其盾，亟不得出，動則牽連。乘隙急攻之，庸軍棄盾走。燕兵蹂陣而入，南軍奔潰。燕將譚淵從軍中望見塵起，遽出兵逆擊之。莊得帥衆死戰，淵與其部下指揮董中峯皆爲得軍所殺。朱能、張輔率衆並進，王自以勁騎繞出南軍背，貫陣前，出與能軍合。庸軍火器不及發，遂却。都指揮莊得陷陣沒，驍將楚智被執，不屈，死之。張皂旗亦戰死。張皂旗者，常以皂旗先登，燕軍畏之，呼「皂旗張」，及死，猶執皂旗不仆。是日戰酣，迫暮，皆歛兵入營。燕王以十餘騎迫庸營，野宿。天明，見四面皆庸兵，左右請亟去，燕王曰：「毋恐。」日出，乃引馬鳴角，穿敵營，從容去。諸將相顧，莫敢發一矢。燕王既還營，復嚴陣約戰，謂諸將曰：「昨日譚淵逆擊太早，故不能成功。彼雖少挫，尙銳，必欲絕其生路，安得不致死我也。今日爾等嚴陣戰，我以精騎往來陣間，敵有可乘之隙，即入擊之。兩陣相當，將勇者勝，此光武之所以破王尋也。」壬午，復戰，庸軍西南，燕軍東北，燕王臨陣督戰，張奇兵，往來衝擊，自辰至未，兩軍互勝負，屢退屢進，將士皆疲，各坐息。少頃，復起戰，相持不決，忽東北風大起，塵埃漲天，沙礫擊面，兩軍睚目，咫尺不見人。北軍乘風大呼，縱左右翼橫擊之，鉦鼓之聲振地，庸軍大敗，棄兵走。燕兵追至滹沱河。踐溺死者不可勝計，降者，燕王悉縱遣之。盛庸走德州。當是時，盛庸恃東昌之捷，輕敵，將士咸攜金銀扣器、錦繡衣袍，曰：「破北平，張筵痛飲。」至是盡爲燕兵所獲。燕王戰罷還營，塵土滿面，諸將不能識，聞語聲，始趨進見。

詔竄逐齊泰、黄子澄于外，令有司籍其家，以謝燕人。有司奉行，徒爲文具，實使出外募兵也。

閏三月己亥，吳傑等自眞定引軍出，欲與盛庸軍合，未至八十里，聞庸敗，復還眞定。燕王語諸將曰：「吳傑若嬰城固守，爲上策；若軍出即歸，避我不戰，是謂中策；若來求戰，則下策也。我料其將出下策，破之必矣。」乃下令軍士出取糧，戒勿遠，故令校尉荷擔，抱嬰兒，佯作避兵狀，奔入眞定，報云：「燕軍各散出糧，營中無備。」傑等信之，乃謀輕師掩不備，遂出軍滹沱河，距燕軍七十里。燕王聞之，大喜。薄暮，趣兵渡河。諸將請俟明旦，王曰：「機不可失也。稍緩之，彼退守眞定，城堅糧足，攻之難矣。」遂進，王先策馬渡河，河水深，麾騎兵由上流並渡，遏水令淺，輜重步卒得由下流畢渡。循河行二十里，與傑軍遇于藁城。會日暮，燕王恐傑軍遁去，親率數十騎逼敵營宿，以綴之。明日，吳傑等列方陣于西南以待，燕王謂諸將曰：「方陣四面受敵，豈能取勝！我以精兵攻其一隅，一隅敗，則其餘自潰矣。」乃以軍縻其三面，而親帥精鋭攻東北隅，大戰，右軍稍却。薛祿馳赴奮擊，出入敵陣，馬蹶，爲南軍所執，奪敵刀，斬數人，復跳而免，督戰益力。燕王親率驍騎，循滹沱河，繞出陣後突入，大呼奮擊，南軍矢下如雨，集王所建旗，如蝟毛焉。燕師多被殺傷。平安於陣中縛高樓，上可數丈，登以望燕軍。燕王以精騎衝之，將及樓，平安墜而走。會大風起，發屋拔樹，燕軍乘之，傑等師大潰。燕王麾兵四向蹙之，斬首六萬餘級，追奔至眞定城下，又擒其驍將鄧戩、陳鵬等，盡獲軍資器械，吳傑、平安走入城。南兵降于燕，燕王悉釋之南還。王遣使送所建旗還北平，諭世子曰：「善藏之，使後世勿忘也。」燕兵自白溝河至藁城，三捷，皆有風助之。

癸丑，燕兵略順德、廣平，河北郡縣多降。

夏四月，燕兵次于大名，大名官吏迎燕兵。諜者言齊泰、黃子澄皆竄逐，有司已簿錄其家。王乃上書稱臣燕王棣，大略言：「齊、黃剪削宗藩，欲加死地，故以兵自防，誠不得已。大軍之至，每自摧衂，臣不敢爲喜，輒用傷悼。比聞齊泰、黃子澄皆已竄逐，臣一家喜有更生之慶。而將士皆曰：『恐非誠心，姑以餌我。不然，吳傑、平安、盛庸之衆當悉召還，而今猶集境上，是奸臣雖出而其計實行。』臣思其言，恐亦人事或然也，故不敢遽釋兵。惟陛下斷而行之，毋爲奸邪所蔽。」書上，帝以示方孝孺及侍中黄觀。孝孺對曰：「諸軍大集，燕兵久羈大名，暑雨爲沴，不戰自罷。急令遼東諸將入山海關，攻永平，眞定諸將渡蘆溝橋擣北平。彼顧巢穴歸援，我以大軍躡其後，必成擒矣。今宜且與報書，往返踰日，彼心解而衆離，我謀定而勢合，機不可失也。」帝曰：「善！」命孝孺草詔，赦燕王父子及諸將士罪，使歸本國，勿預兵政，仍復王爵，永爲藩輔。遣大理少卿薛嵓齎往燕師，又爲榜諭數千言授嵓，令至燕軍中，密散諸將士。嵓遂齎詔至燕軍。燕王讀之，怒，問嵓：「臨行，上何言？」嵓曰：「上言殿下旦釋甲，謁孝陵，暮卽旋師。」燕王曰：「嘻！是不可紿三尺兒。」而指侍衛將士曰：「有丈夫者！」嵓惶恐不能對。諸將盡譁，請殺嵓。王曰：「奸臣不過數人，嵓天子命使，毋妄言！」嵓戰慄，流汗被體。燕王乃耀武，令各軍連營百餘里，戈甲旗鼓相接，而馳射其中，使嵓觀之。留數日，遣中使送出境，語之曰：「歸，爲老臣謝天子，天子于臣至親，臣父，天子大父；天子父，臣同產兄。臣爲藩王，富貴已極，復何望！天子素愛厚臣，一旦爲權奸讒搆，以至於此。臣不得已，爲救死計耳。幸蒙詔罷兵，臣一家不勝感戴。但奸臣尚在，大軍未還，臣將士存心狐疑，未肯遽散。望皇上誅權奸，散天下兵，臣父子單騎歸闕下，唯陛下命之。」嵓歸至京，方孝孺私就問燕事，嵓具以告，且曰：「燕王語直而意誠。」又言：「其將士同心，南師雖衆，驕惰寡謀，未見可勝。」孝孺默然。嵓入見帝，亦備述前意。帝語孝孺曰：「誠如嵓言，曲在朝廷，齊、黄誤我矣！」孝孺惡之，曰：「此爲燕游説也。」

五月，燕師駐大名，吴傑、平安發兵斷北平餉道。燕王遣指揮武勝復奏書于朝，大略言：「朝廷許罷兵，而盛庸等攻北，絕糧餉，與詔旨背馳。」帝得書，有罷兵意，以示方孝孺曰：「此孝康皇帝同產弟，朕叔父也。吾他日不見宗廟神靈乎！」孝孺曰：「陛下果欲罷兵耶！卽兵一罷散，不可復聚，彼長驅犯闕，何以禦之？今軍聲大振，計捷書當不遠，願陛下毋惑甘言。」上然之。縛勝下錦衣獄。燕王聞，怒曰：「俟命三月，今武勝見執，是其志不可回矣。彼軍駐德州，資糧所給，皆道徐、沛，以輕騎數千邀焚之，德州必困。若來求戰，吾嚴師待之，以逸待勞，可必勝。」諸將皆曰：「善！」乃遣都指揮李遠等帥輕騎六千詣徐、沛，令易士卒甲冑，與南師同，插柳枝于背爲識。遠等至濟寧穀亭，盡焚軍輿以來儲積。丘福、薛祿合兵攻濟州，塞濠登陴，破其城，遂潛兵掠沙河、沛縣，南軍不之覺，糧船數萬艘、糧數百萬悉爲所焚，軍資器械俱爲煨燼，河水盡熱，漕運軍士散走。京師大震，德州糧餉遂艱。李遠率兵還，盛庸遣將袁宇以三萬人邀遠軍，遠設伏擊敗之，斬首萬餘級。

秋七月，燕兵襲彰德。時都督趙清守彰德，燕王遣數騎日往來城下，擾其樵採，清遣兵追之，則引而去。於是城下乏薪，拆屋而炊。既而王令伏兵城傍山麓，仍遣數騎至城下誘之。清果遣兵出，入伏，擒殺千餘人。南軍據尾尖寨，梗餉道，險隘難下，燕王遣張禮間道夜襲擊，下之。乃使人招清，清對使者言：「殿下至京城日，但以二指許帖召臣，臣不敢不至，今未敢也。」王悦其言，爲之緩攻。

平安自眞定率兵攻北平，營于平村，離城五十里，擾其耕牧。燕世子督衆固守，遣人如燕王軍告急。燕軍還次定州，聞北平被圍，王召劉江，問：「策將安出？」江慷慨請行，且曰：「臣方思之。」高煦請與江先往，江曰：「此不可。疲于奔命，徒爲敵笑耳！」俄而曰：「臣策成矣！」王喜，呼酒送其行。江與王約曰：「臣至北平，以砲響爲號，一次砲響則決圍，三次砲響則進城。若不聞第三砲，則臣戰死矣。臣若入城中，既聞外間救至，則守城軍士勇氣自倍，宜令軍士人帶十砲爲殿者，放砲常不絕聲，則遠近皆謂大軍既來，平保兒必駭散矣。」保兒，安小字也。王大喜，然其計。江乃率兵渡滹沱，由間道行，張旗幟，夜多舉火炬。至則與安戰，果如其策，大敗之，斬獲數千人，安還走眞定。

方孝孺門人林嘉猷嘗居北平邸中，知高煦、高燧弗恭于燕世子。中官黃儼素奸險，儼方曲事高燧。高燧與世子協守北平，高煦從燕王軍，時時傾世子。而是時河北師老無功，德州餉道絕，孝孺乃言於上曰：「兵家貴間，燕父子兄弟可間而離也。世子誠見疑，王必北歸；王歸而我餉道通，事乃可濟。」上善之，立命孝孺草書，遣錦衣衞千戶張安如燕貽世子，令歸朝廷，許以王燕。世子得書，不啓封，遣人幷安等送軍前。中官黃儼者，比書至北平，則已先使人馳報燕王曰：「世子且反。」王疑之，問高煦。高煦曰：「世子固善太孫。」語未竟，世子所遣使以書及張安至。燕王啓視，遽曰：「嗟乎！幾殺吾子！」乃囚安等。

盛庸等檄大同守將房昭引兵入紫荆關，略保定諸縣，駐兵易州西水寨。寨在萬山中，昭欲據險爲持久計，窺北平。燕王在大名，聞之，曰：「保定股肱郡，保定失，卽北平危矣，豈可不援。」遂下令班師。

八月，師北渡滹沱河，至完縣，諸山寨民來附，悉慰遣之，令孟善鎭保定。諜報吳傑遣都指揮韋諒以兵萬餘轉餉房昭軍。燕王曰：「昭據西水寨，寨所乏糧耳。使眞定餽餉入，昭得固守，未易拔也。」率精騎三萬邀擊，破之。又命朱榮等以兵五千圍定州。燕王曰：「我圍房昭寨急，眞定必來援，然摧敗之餘，進必不銳。我姑輕騎往定州，彼聞必速來，來則據險以待，我還兵合擊，必敗之。援兵敗，寨可不攻下也。」時圍寨久，寨軍多南人，天寒衣薄，會夜霜月，燕王令四面皆吳歌，南軍聞之，多淚下，有潛下寨降者。十月，眞定援兵果至，燕王自定州還，與圍寨兵合擊南兵於（齊）〔峨〕眉山（據永樂實錄卷七改）下，令勇士捲旆登山，潛出陣後，張旗幟，寨中望見大駭，與眞定兵俱潰。斬首萬餘級，墜崖死者甚衆，獲其將花英、鄭琦、王恭、詹忠等，惟房昭、韋諒走免。遂破西水寨，還師北平。

十一月，遣駙馬都尉梅殷鎮守淮安。殷尚太祖女寧國公主，有才智，太祖特眷注之。臨崩，帝與殷侍側，受顧命，太祖謂帝曰：「燕王不可忽！」顧語殷曰：「汝老成忠信，可託幼主。」出誓書及遺詔授之，曰：「敢有違天者，爲朕伐之。」言訖，崩。至是，燕兵漸逼，諸將多選懦觀望，乃召募淮南兵民，合軍士號四十萬，命殷統之，駐淮上以阨燕師。既而燕王遺殷書，以進香金陵爲辭。殷答曰：「進香，皇考有禁，遵者爲孝，不遵者不孝。」割使者耳鼻，口授數語，詞甚峻，王怒。

遼東守將楊文與王雄等引兵圍永平，略薊州、遵化諸郡縣。燕王遣劉江率衆趨永平，命江曰：「爾至永平，敵必遁歸山海，勿追之，但聲言還歸北平。既出，則以夜捲旗囊甲，復入永平城中，楊文聞爾還北平，復來，爾速出擊之，必大獲。」江如言，果敗文兵于昌黎，殺數千人，獲將士王雄等。燕王還北平，悉縱遣之，仍令歸諭楊文等。時燕王起兵三年，所得止永平、大寧、保定，旋得旋棄，戰死者甚多。南軍分布頗盛，時時告捷，廷議多謂燕出沒勞苦，軍少不足慮。帝又御內臣甚嚴，皆怨望，遂密謀戴燕王，告以金陵空虛，宜乘間疾進。王亦太息曰：「頻年用兵，何時可已？政當臨江一決，不復返顧矣。」於是踰城不攻，決計趨金陵。

十二月，燕師出北平，駐軍蠡縣，復移營汊河，命李遠率輕兵前哨。

四年(壬午，一四〇二)春正月，命魏國公徐輝祖率京軍往援山東。燕李遠兵至藁城，遇德州裨將葛進領馬步萬餘爲前鋒，乘冰渡滹沱河，半渡，遠進擊之。進望見遠兵少，斂退，繫馬林間，以步卒來戰，遠佯却。進來追，遠分兵潛出其後，解縱所繫馬，前軍奮擊之。進軍退，失馬，遂大敗，斬首四千餘級，進僅以身免。燕將朱能率輕騎千人，哨至衡水，遇都督平安遣兵復通州，能擊之，斬首七百餘級，生擒部將賈榮等。燕王乃以師由館陶渡，見一病卒，仆道傍，王命左右以從馬載之，曰：「壯士爲我也。」聞者感泣。進攻東阿，破之，指揮詹璟被執，吏目鄭華死之。攻汶上，都指揮薛鵬被執。師至沛縣，知縣顏伯瑋知勢不敵，遣縣丞胡先詣徐州告急，預送其子有爲出走，令還告其父母云：「子職弗能盡矣。」賦詩書公署壁間。夜二鼓，師至東門，指揮王顯以城降，師遂入。伯瑋衣冠南向再拜，慟哭曰：「臣無以報國。」乃自縊死。子有爲不忍去，復還自刭以從。無何，將士擒主簿唐子清、典史黃謙至，皆死之。胡先還，收伯瑋父子屍，葬之城南。沛縣既破，燕師遂向徐、淮。燕王久不見南師出，遣番騎指揮款台帥十二騎前覘，至鄒縣，遇南師轉餉卒三千人，款台大呼，馳入其陣，曰：「燕王大軍至矣！」轉餉卒驚潰，擒千戶二人歸。燕王曰：「款台以十二騎破三千人，眞壯士。」命左右錄其功。遂進師徐州，守將閉城不出。燕王欲驅兵南進，而士卒多散出取糧，恐後至者爲城中兵所掩，乃伏兵九里山，又先匿百餘騎演武亭，令數騎往來城下誘之。城中兵不出，乃嫚罵，焚其廬舍，徐發一矢射城上，抵暮乃去。明日復如之。城中不勝怒，乃開門，以兵五千出追。所遣騎按轡徐行，既渡河，砲舉伏發，燕王親率勁騎馳西門，斷其歸路，腹背夾擊之。城中兵大潰，爭渡橋，橋壞，溺死千餘人，斬首數千級，餘皆奔入城。後單騎往來城下，城中兵竟不敢出，乃以師南行。

三月，師趨宿州，燕王謂諸將曰：「敵綴我，當備之。」乃留都指揮金銘將游騎百人哨其後，戒之曰：「敵至，見爾孤軍，必追襲，爾列隊徐行，彼疑爾爲誘，必不敢進。吾令都指揮冀英先以數騎伏河南，覘爾渡河，如敵來追，即舉砲。敵疑有伏，猶豫未決，爾師畢渡矣。」銘往，果遇南軍萬餘，徐行臨河。南軍來追，冀英連舉砲，南軍即斂退，銘遂得渡河，與燕王會宿州，乃進兵蒙城、渦河等處。平安率馬步兵四萬躡燕軍，燕王曰：「此濱河多林木，彼必疑有伏；淝河地平少樹，彼不疑，可伏兵。」遂親率騎二萬，持三日糧，至淝河按伏，敕諸軍皆束炬相屬於道，戒之曰：「俟與敵戰，則舉火。一炬舉，餘炬皆應。敵見舉炬火多，必驚潰。」按兵數日，敵不至，糧且盡，諸將請還師。燕王曰：「彼遠來，銳氣求戰，肯委之而去耶！但一敗其前鋒，彼自奪氣，姑按甲待之。」時迫暮，令番騎指揮款台以數騎往哨，去南營四十里，聞其更鼓，還報：「南軍旦必至。」王喜，命王眞、劉江各將百騎往逆之，戒以緣路按伏，遇敵，誘入伏，與戰。又令王眞束草置囊中，如束帛狀，載馬上，南軍來追，擲於地，使往取亂之。眞等進與安軍遇，相接戰，南軍追至，擲囊餌之，南軍競往取囊，陣稍亂。又入伏內，伏發，南軍還走，燕王率兵至，平安以三千騎走北岸，燕王以數十騎當之。平安裨將火耳灰者，故燕番騎指揮，素驍勇，被召入京師，遂隸平安麾下，持矟直犯燕王，相距十步許。燕王令胡騎指揮童信射其馬，蹶，遂獲火耳灰者。其部曲哈三帖木耳亦勇，見火耳灰者被獲，持矟突陣，亦射擒之。平安易服以數騎走，燕王率兵追之，南軍大敗，驍將林帖木兒等被執。平安退屯宿州。是日，釋火耳灰者，令入宿衞，諸將以爲言，不聽。

燕兵破蕭縣，知縣陳恕死之。

燕王以師向臨淮，諭將士曰：「我師利在速戰。敵駐宿州，爲持久計，若斷其糧餉，彼不攻自潰矣。」乃遣譚清帥兵至徐州，擊轉餉兵，大破之，南至淮河，又燒餉舟甚衆。清還，南軍圍之。燕王見清旗幟，亟馳往援，鐵鉉來戰，燕軍不利，却。王馳入陣，火耳灰者翼之，殺南軍數十人，南軍披靡，欲南遁，燕王常以騎兵綴之。又遣陳文、李遠哨淮河，擊敗守淮兵數千人。

夏四月，平安營於小河，燕兵據河北，燕王令陳文扼要處爲橋，先渡步卒輜重，騎兵隨之。遂分兵守橋。明日，總兵何福列陣十餘里，張左右翼，緣河而東，燕王帥騎兵戰。福麾步兵而前，爭所守橋，福率後軍來援，奮擊，破之，俘獲數百人，遂斬陳文于陣。平安轉戰，圍王眞數重，眞身被十餘創，自刎馬上。平安遇王于北坂，王急，幾爲安槊所及，馬蹶，不得前，燕番騎指揮王騏躍馬入陣，援燕王，得脫。南軍奪橋而北，勇氣百倍。燕將張武率勇敢士自林間突出，與王騎合，擊却之。指揮丁良、朱彬被執，燕將都指揮韓貴亦戰死。於是南軍駐橋南，北軍駐橋北，相持者數日。南軍糧盡，採蕪而食。燕王曰：「南軍飢，更一二日，饟稍集，未易破也。」乃留兵千餘守橋，而潛移諸軍輜重去南營三十里，夜半，渡兵而南，繞出其後，比旦，始覺。時徐輝祖軍至。甲戌，大戰齊眉山，自午至酉，勝負相當。蔚州衞千戶李斌馬蹶，爲南軍所擒，猶力斬數人乃死。是時南軍再捷，王眞、陳文、李斌皆驍將，敗沒，燕諸將皆懼，說燕王曰：「軍深入矣。暑雨連綿，淮土蒸濕，且疾疫。小河之東，平野多牛羊，二麥將熟，若渡河擇地，休息士馬，觀釁而動，可持久也。」燕王曰：「兵事有進無退。勝形成矣，而復北渡，士不解體乎？公等所見拘攣耳！」下令曰：「欲渡河者左，不欲渡河者右！」諸將多趨左。王怒曰：「公等自爲之！」朱能曰：「諸君勉矣！漢高十戰而九不勝，卒有天下，豈可有退心！」燕王不解甲者數日，南軍相慶。時廷臣有曰：「燕且北矣，京師不可無良將。」帝因召輝祖還，何福軍聲遂孤。時南軍所至，掘塹作壘爲營，軍士通夕不得休，暨成而將且復行，往往虛斂人力，故臨陣之際，卒先罷困。燕王行營，不爲塹壘，但分布隊伍列陣爲門，敵不敢犯，故將士至營卽得休息自便，暇則射獵周覽地勢，得禽輒頒將士，每拔破壘，悉以所獲財物賚之，人樂爲用。至是對壘日久，諜報南師糧運且至。燕王語諸將曰：「敵慮我擾，必分兵護之，乘其兵分勢弱，必不能支。」遂遣朱榮、劉江等率輕騎截南軍餉道，又令游騎擾其樵採。何福乃下令移營靈壁就糧。時南軍運糧五萬，平安帥馬步六萬護之，使負糧者居中。燕王覘知之，分壯士萬人遮援兵，而令高煦伏兵於林間，戒伺敵戰疲卽出擊。於是躬率師逆戰，以騎兵爲兩翼。安引軍突至，殺燕兵千餘，矢下如雨。王麾步軍縱擊，橫貫其陣，斷而爲二，南軍遂亂。何福等出壁，與安合擊，殺燕兵數千，却之。高煦窺見南師罷，卽帥衆自林間突出，王還兵掩擊其後。福等大敗，殺傷萬餘人，喪馬三千餘匹，燕師盡獲其糧餉。福等以餘衆入營，塞壘門堅守。是夜，福下令：期明旦聞砲聲三，卽突圍出，師就糧于淮河。庚辰，燕軍攻靈壁營，王躬率諸將先登，軍士蟻附而上。燕兵三震砲，福軍誤爲己砲，急趨門，門塞不得出，營中紛擾，人馬墜濠塹皆滿，燕兵急擊之，遂破其營。指揮宋垣力戰死，何福遁走，副總兵陳暉、平安，參將都督馬溥、徐眞，都指揮孫成、王貴等皆被執，參贊軍務禮部侍郎陳性善、大理寺丞彭與明，皆死之。平安被俘見王，曰：「淝河之戰，公馬不躓，何以遇我？」安大言曰：「刺殿下如拉朽耳。」王太息曰：「高皇帝好養壯士！」釋之，遣還北平。自是南軍益衰矣。黃子澄聞之，撫膺大慟曰：「大事去矣！

吾輩萬死不足贖誤國之罪！」是月，上用齊泰、黃子澄謀調遼兵十萬，至濟南與鐵鉉合，以絕燕兵後。總兵楊文至直沽，遇燕將宋貴截殺，師潰，文被執，竟無一人至濟南者。

五月，燕兵至泗州，守將周景初舉城降燕。燕王謁祖陵，泣曰：「橫罹權奸，幾不免矣。幸賴祖宗，得今日拜陵下！」陵下父老來見，悉賜牛酒，慰勞遣之。師抵淮，盛庸領馬步兵數萬，戰艦數千，列淮之南岸，燕兵列北岸相對。燕王命艤舟編筏，揚旗鼓譟，指麾若將渡者，南軍望之，有懼色。潛遣丘福、朱能、狗兒等將驍勇數百，西行二十里，以小舟潛濟，南軍不之覺也。及漸近營，舉砲，南軍駭愕，福等前奔之，南軍棄甲走。庸股栗不能上馬，其下掖之登舟，單舸脫去。北兵盡獲其戰艦，遂濟淮駐南岸。是日攻下盱眙，燕王乃會諸將，議所向。或欲先取鳳陽，遏其援兵，乃以兵趨滁、和，集舟渡江，別遣一軍西擣廬州，出安慶，據長江之險。或欲以淮、揚爲根本，次取高郵、通、泰以及眞、揚，遂可渡江無後顧憂。燕王曰：「鳳陽城守，固非盡力攻取不易下，恐震驚皇陵。淮安高城深池，兵強糧足，若攻之不拔，曠日持久，援兵四集，力屈形見，非我之利。今宜乘勝直趨揚州，指儀眞。兩城勢單弱，兵至可招之而下。既得眞、揚，則淮安、鳳陽人心自懈，我聚舟渡江，久則必有內變。」諸將皆頓首稱善。遂以師趨揚州，遣使吳玉招諭守將王禮。先是，禮聞燕師至，謀舉城降。時監察御史王彬巡江、淮，治揚州，倚任指揮崇剛練兵，繕濬城濠，晝夜不解甲，與彬共守揚州城。禮既有異謀，彬與剛知之，執禮及其黨繫獄。有力士能舉千斤，彬常以自隨，燕兵飛書城中，有縛王御史降者官三品，左右憚力士莫敢縛。禮弟宗者，厚誘力士母，呼其子出。會彬解甲浴盤中，爲千戶徐政、張勝所縛，遂出禮于獄，開門降。庚子，燕兵至天長，禮等縛二人以獻，不屈，皆死。燕王遂至揚州，命禮同指揮吳庸等，諭下高郵、通、泰諸城，並集舟以備渡江。燕兵至高郵，指揮王傑降。遂克儀眞，立大營于高資港。儀眞既破，北舟往來江上，旗鼓蔽天。京師聞北兵漸近，益危懼，遣侍中許觀、修撰王叔英募兵廣德諸郡，都御史練子寧募兵杭州。燕王駐師江北，朝廷六卿大臣多爲自全計，求出守城，都城空虛。帝下詔罪己，遣使四出，徵勤王兵。方孝孺曰：「事急矣，宜以計緩之，遣人許割地。稽延數日，東南募兵當至，長江天塹，北兵不閑舟楫，相與決戰於江上，勝敗未可知。」帝從之，乃以呂太后命，遣慶城郡主如燕師議和，以割地分南北爲請。郡主，燕王從姊也。燕王見郡主哭，郡主亦哭。燕王問：「周、齊二王安在？」郡主言：「周王召還，未復爵；齊王仍拘囚。」燕王益悲不自勝。郡主徐申割地議，燕王曰：「凡所以來，爲奸臣耳。皇考所分吾地且不能保，何望割也！但得奸臣之後，謁孝陵，朝天子，求復典章之舊，免諸王之罪，卽還北平，祗奉藩輔，豈有他望。此議蓋奸臣欲緩我師，俟遠方兵至耳！」郡主默然，辭歸。燕王送之出，曰：「爲我謝天子，吾與上至親相愛，無他意，幸不終爲奸臣所惑。更爲我語諸弟妹，吾幾不免，賴宗廟神靈，得至此，相見有日矣。」郡主還，具言之。帝出，語方孝孺，且問曰：「今奈何？」孝孺曰：「長江可當百萬兵。江北船已遣人燒盡，北師豈能飛渡。」

寧波知府王璡、永清典史周縉，募兵勤王。

六月癸丑朔，燕王命都指揮吳庸集高郵、通、泰船于瓜州，命內官狗兒狗兒後賜名彥回領都指揮華聚爲前哨。兵至浦子口，盛庸諸將逆戰，敗之。燕王欲且議和北還，會高煦引北騎至，王大喜，遽起按甲，仗鉞撫煦背曰：「勉之！世子多疾。」於是煦殊死戰。燕王率精騎直衝庸陣，庸軍小卻。朝廷大臣多遣使來燕軍獻渡江及入京城策者。帝方遣都督僉事陳瑄率舟師往援庸，瑄乃降燕。時兵部侍郎陳植督師江上，麾下謀迎降，金都督首欲叛去，植以大義責之，遂爲所殺。金率衆降燕，且邀賞，燕王立誅之，具棺斂植，遣官護葬于白石山。乙卯，陳瑄具舟至江上來迎，燕王乃祭大江之神，誓師渡江，舳艫相銜，旌旗蔽空，金鼓大震，微風輕颺，長江不波。盛庸所駐海艘，列兵沿江上下二百里，皆大驚愕。師漸近岸，庸等整衆以禦。燕王麾諸將鼓譟先登，以精騎數百衝庸軍，庸師潰，追奔數十里，庸單騎遁，餘將士皆解甲降。諸將請徑薄京城，燕王曰：「鎮江咽喉之地，若城守不下，往來非便。先下鎮江，則彼勢益危矣。」乃令來降海舟懸黃幟往來江中，鎮江城中望見，驚曰：「海舟皆已降，吾將何爲？」其守將童俊遂率衆降。帝聞江上海舟暨鎮江皆降，甚憂鬱，徘徊殿廷間，召方孝孺問計。孝孺卽班中執李景隆，請誅之，曰：「壞陛下事者，此賊也。」羣臣鄒公瑾等十八人，卽殿前毆景隆幾死，請亟加誅，不聽。孝孺曰：「城中尙有勁兵二十萬，城高池深，糧食充足。盡撤城外居民驅入城，城外積木，皆令民運入，彼無所據，其能久駐乎！」帝從之，下令軍民商賈晝夜撤屋運木。盛暑中，饑渴勞苦，死者相枕籍。民憚于運木，多自縱火焚其居，火連日不息。西南城崩，役兵民修築，未竟，東北復崩，民晝夜不得息。方孝孺請令諸王分守城門，乃命谷王橞、安王楹分守都城門，遣李景隆及兵部尙書茹瑺、都督王佐往龍潭，仍以割地講和爲辭，覘虛實以待援兵。景隆、瑺至龍潭見燕王，伏地叩頭而已。燕王笑曰：「勤勞公等至此，有言乎？」景隆等惶恐叩頭，稍稍及割地事。燕王曰：「公等說客耶！始吾未有過舉，輒加之大罪，削爲庶人，云：『大義滅親。』吾今救死不暇，何用地爲！且今割地何名？皇考裂土分封，吾故有地矣。此又奸臣計也。凡所以來，欲得奸臣耳。公等歸奏上，但奸臣至，吾卽解甲謝罪闕下，謁孝陵，歸奉北藩，永祇臣節，天地神明在上。」景隆、瑺還報命。帝令景隆再如師，言罪人已竄逐，俟執至來獻。景隆趦趄，帝令諸王與偕。旣至，燕王見諸王相勞苦，諸王具述帝意。燕王曰：「諸弟試謂斯言誠僞。」諸王曰：「大兄洞見矣。」燕王曰：「吾來，但欲得奸臣耳，不知其他。」遂宴諸王，遣歸。帝會羣臣慟哭。或勸帝且幸浙，或曰不若幸湖湘。方孝孺請堅守京城以待援，萬一不利，車駕幸蜀，收集士馬，以爲後舉。齊泰奔廣德州，黃子澄奔蘇州逃難，且促徵兵。時王叔英在廣德募兵，無應者。子澄欲航海，徵兵于外洋，不果。帝太息曰：「事出汝輩，而今皆棄我去乎！」長吁不已。癸亥，燕先鋒將劉保、華聚哨至朝陽門外。燕王慮京城完繕，四方或有勤王者，日夜爲攻城計，乃命保等領先鋒騎兵千餘，哨至朝陽門。覘知無備，還報，燕王大喜，乃整兵而進。先是，左都督徐增壽謀應燕，御史魏公冕等請誅之，不聽。至是，燕兵進屯金川門，帝乃命左右捽增壽至，責以大義，斬之。時谷王橞與李景隆守金川門，燕兵至，遂開門降。魏國公徐輝祖率師迎戰，敗績。王馳千餘騎衞周、齊二王。周王曰：「吾死矣！」曰：「燕王之騎兵也。」乃喜，入見，拜且哭，燕王亦哭。已，並轡至金川門，下馬登樓。燕王具言被讒罹禍，不得已舉兵之由，與周王相勞苦。時朝廷文武俱降，來迎。帝左右唯數人，遂盡閉諸后妃宮內，縱火焚之，挈三子變服出走，倉皇復棄三子於宮門，被燕軍執寘師中，帝遂遜國去。是日，茹瑺先羣臣叩頭勸進，文臣迎附知名者：吏部右侍郎蹇義，戶部右侍郎夏原吉，兵部侍郎劉儁，右侍郎古朴、劉季箎，大理寺少卿薛嵓，翰林學士董倫，侍講王景，修譔胡靖、李貫，編修吳溥、楊榮、楊溥，侍書黃淮、芮善，待詔解縉，給事中金幼孜、胡濙，吏部郎中方賓，禮部員外宋禮，國子助教王達、鄭緝，吳府審理副楊士奇，桐城知縣胡儼。

揭榜左班文臣二十九人：太常寺卿黃子澄，兵部尚書齊泰，禮部尚書陳迪，文學博士方孝孺，副都御史練子寧，禮部侍郎黄觀，大理少卿胡閏，寺丞鄒瑾，戶部尚書王鈍，侍郎郭任、盧迥，刑部尚書侯泰，侍郎暴昭，工部尚書鄭賜，侍郎黄福，吏部尚書張紞，侍郎毛太亨，給事中陳繼之，御史董鏞、曾鳳韶、王度、高翔、魏冕、謝昇，前御史尹昌隆，宗人府經歷宋徵、卓敬，修撰王叔英，戶部主事巨敬。燕王指以上諸人爲奸臣，別其首從。先是，出賞格：凡文武官員軍民人等，綁縛奸臣，爲首者陞官三級，爲從者陞二級；綁縛官吏，爲首者陞二級，爲從者陞一級。有司奉旨出示。自是擒獲得官者甚衆，乘機報私讐，劫掠財物者紛紛，雖禁不能止也。既而鄭賜、王鈍、黄福、尹昌隆皆迎駕歸附，自陳爲奸臣所累，乞宥罪；令復其官。以茹瑺、李景隆言，并有張紞，復爲吏部尚書，餘皆不宥。尋復揭榜于朝堂，增徐輝祖、葛成、周是修、鐵鉉、姚善、甘霖、鄭公智、葉仲惠、王璡、黄希范、陳彦回、劉璟、程通、戴德彝、王艮、盧原質、茅大芳、胡子昭、韓永、葉希賢、林嘉猷、蔡運、盧振、牛景先、周璿等共五十餘人。丙寅，諸王及文武臣請卽位，燕王曰：「予始遘於難，不得已以兵救禍，誓除奸惡，安宗社，庶幾周公之勳。不意少主不亮予心，自絕於天；今纘承洪業，當擇有才德者，顧予菲薄，豈敢負荷。」諸王及文武大臣皆頓首曰：「天生聖人，爲宗社生民主。今天下者，太祖之天下，生民者，太祖之生民，天下豈可一日無君。殿下爲太祖嫡嗣，德冠羣倫，功在社稷，宜正天位，使太祖萬世之洪業，永有所托。」丁卯，諸將上表勸進，戊辰，諸王上表勸進，燕王再辭。諸王羣臣頓首固請，燕王乃命駕。將入城，學士楊榮迎駕，前曰：「殿下先入城耶？先謁孝陵耶？」燕王悟，遂謁孝陵，畢，入城。燕王曰：「諸王羣臣以爲奉宗廟宜莫如予，宗廟事重，予不足稱；今辭弗獲，勉徇衆志。諸王羣臣各宜協心，輔予不逮。」遂詣奉天殿卽皇帝位，諸王文武羣臣皆上表稱賀。復周王橚、齊王榑封爵。先是，建文中，有道士歌于途曰：「莫逐燕，逐燕日高飛，高飛上帝畿。」已而忽不見。人莫能測，至是始驗其言云。

清宮三日，諸宮人、女官、內官多誅死，惟得罪于建文者乃得留。上詰問宮人內侍以建文帝所在，皆指認后屍應焉。乃出屍於煨燼中，哭之曰：「小子無知，乃至此乎！」召翰林侍讀王景問：「葬禮當何如？」景對曰：「當葬以天子之禮。」從之。復諸殿門舊名。革去興宗孝康皇帝廟號，仍舊謚，號懿文皇太子。遷太后於懿文陵。降封吳王允熥爲廣澤王，衡王允熞爲懷恩王，徐王允熙爲敷惠王。尋復降允熥、允熞爲庶人，允熙改封甌寧王，後皆不得其死。

追封都督徐增壽爲武陽侯。帝念增壽之死，痛悼不已，故卽位首褒封之，尋進爵定國公，子孫世襲。中山王之後，一門二公焉。

下魏國公徐輝祖于獄。時武臣無一人不歸附者，惟輝祖不屈，帝親召問，輝祖不出一語，始終無推戴意。法司迫取供招，輝祖默然，操筆惟書其父開國功臣，子孫免死而已。帝大怒，以元勳國舅，欲誅又輒中止，徘徊久之，竟從寬典，止勒歸私第，革其祿米而已。

錄用建文中所罷斥諸臣馬興、張得、李諒等，宥前御史尹昌隆，命爲北平按察司知事。初，燕兵南下，昌隆上書言：「今事勢日去，而北來奏章有周公輔成王之語，不若罷兵息戰，許其入朝。彼既欲伸大義於天下，不應便相違戾。設有蹉跌，便須舉位讓之，猶不失藩王也。若沈吟不斷，禍至無日，進退失據，雖欲求爲丹徒布衣，不可得矣。」不報。及是，按名捕治奸黨，昌隆被執，將就刑，當陛大呼曰：「臣嘗上章勸以位讓陛下，奏牘尚存，可覆案也。」帝乃命停刑，閱其奏，流涕曰：「火燒頭，若早從此言，南北生靈可免酷禍，朕亦無此勞苦也。」詔貸其死。

得建文時羣臣封事千通，命解縉等閱視，凡言兵食事宜者留覽，餘有干犯者，悉焚之。既而從容問縉等曰：「爾等宜皆有之。」衆稽首未及對，脩譔李貫對曰：「臣實無之。」帝曰：「爾以獨無爲賢耶！食其祿，則思任其事。當國危之際，近侍獨無一言，可乎？朕非惡乎盡心於建文者，但惡導誘建文，壞祖宗法，亂政經耳！爾等前日事彼，則忠於彼，今日事朕，則忠於朕，不必曲自隱蔽也。」

帝臨朝，詰問建文中變亂官制，顧侍臣太息曰：「只如羣臣散官一事，前代沿襲，行之已久，何關利害，亦欲改易；且陵土未乾，何忍紛紛爲此。」又曰：「凡開創之主，其經歷多，謀慮深，每作一事，必籌度數日乃行，亦欲子孫世守之。故詩、書所載後王之言，必曰『不愆不忘，率由舊章』。于戒警後王，必曰『率乃祖攸行』，曰『監於先王成憲』，此皆老成之言。後世輕佻諂諛之徒，以其私智小見導嗣君改易祖法，嗣君不明，以爲能而寵任之，徇小人之智謀，至于國弊民叛而喪其社稷者有之矣，豈可不以爲戒！」時吏部尚書張紞懼，退而自經死。

秋七月壬午朔，大祀天地于南郊，以卽位詔天下，大赦，仍以洪武三十五年爲紀，改明年爲永樂元年。建文以來祖宗成法有更改者，悉復舊制。幽建文帝少子於中都廣安宮，後莫知所終。

召前北平按察使陳瑛至京，以爲都察院右副都御史。初，瑛坐交通藩邸，謫廣西。帝卽位，首召用之。瑛怨建文諸臣最深，既而瑛奏言：「建文之臣如黃觀、廖昇、王叔英、周是修、顏伯瑋皆不順天命而效死于建文，計其存心，與叛逆無異，宜加追戮。」帝曰：「朕初舉義，誅奸臣，不過齊、黃數輩耳。其後二十九人中，如張紞、王鈍、鄭賜、黃福、尹昌隆等，皆宥而用之。今汝所言數人，其身已死，況有不與二十九人之數者。彼食其祿，自盡其心耳。」不聽。

擢戶部侍郎夏原吉爲戶部尙書。初，原吉自福建召還，帝欲大用之，忌者或沮之曰：「彼建文用事之臣，豈宜置之高位。」上曰：「原吉，父皇太祖之臣也，彼忠於太祖，故忠於建文，豈不忠於朕哉！」逾月，遂進擢尙書。

九月，封賞從征將士，封丘福爲淇國公，朱能爲成國公，張武爲成陽侯，鄭亨爲武安侯，顧成鎭遠侯，王聰武成侯，陳珪泰寧侯，孟善保定侯，郭亮成安侯，王忠靖安侯，徐忠永康侯，張信隆平侯，李遠安平侯，徐祥興安伯，徐理武康伯，李濬新城伯，唐雲新昌伯，孫巖應城伯，趙彝忻城伯，陳旭雲陽伯，張玉子張輔信安伯，譚淵子譚忠新寧伯。已上並子孫世世承襲。封房寬爲思恩侯，子孫世襲指揮；房勝爲富昌伯，劉才廣恩伯，子孫世襲指揮同知。以曹國公李景隆，兵部尙書茹瑺，都督王佐、陳瑄有默相事機功，增景隆祿一千石；封茹瑺忠誠伯，王佐順昌伯，陳瑄平江伯，子孫世襲指揮使。以駙馬都尉王寧羅誣陷，封永春侯，子孫世世承襲。餘將士論功有差。

成祖永樂元年（癸未，一四〇三），詔以北平布政司爲北京，設留守及行部官。改北平爲順天府。

谷應泰曰：天未厭兵，孝康蚤世。燕王在北怏怏，非少主臣也。然而高帝賓天，太孫卽位，令帝開誠布公，杜釁修睦，几杖之賜頻及，智囊之計不行，獄詞燒毀，曲庇梁王，朝士留章，封還錢俶，羈縻之道亟行，柴章之謀未決也。若謂事憂厝火，計決徙薪，季友進酒而叔牙亡，玄武喋血而建成敗，當其堂皇不避，升陛不拜，則相如奏筑，血犯秦王，朱虛行酒，追斬呂氏，抑數武士力耳，齊、黄獨不能乎！建文仁柔類元帝，舉事則學景、宣，齊、黄迂謹類王陵，進謀則效鼂錯。先主已去，操乃追擊當陽，劉裕辭歸，玄乃悔使京口。爲燕王者，將散甲歸兵，縛見天子乎？抑束手無策，闔門自焚也？遣張昺，遣謝貴，彼豈能擒燕王者哉！速之反而假以名也。

燕既起兵，非帝殺王，卽王弑帝。其傳檄天下，自比周公，上書帝闕，欲清君側，呼忱日月，指誓河山。藉令帝囚縛齊、黄，歸致燕館，亦或開門延叔，握手迎師，王敦既收伯仁，安能反臣姑孰，侯景朝見太極，惟有幽帝東堂。史稱文帝伏犀日角，皇孫落月偏顱，天生兩人，聚於一宮，久無瓦全之理矣。而齊、黄用兵，罪自難逭。眞定之戰，炳文所將三十萬；鄭灞村之戰，景隆所將五十萬；白溝河之戰，景隆合兵又三十萬；滹沱河之戰，盛庸所將猶二十萬，合天下之兵，握一人之手。不知燕王單旅孤城，利於戰不利於守，利於合不利於分。嚮令山東、北平堅城深溝，繕甲儲粟，驍將數十輩，各將數萬衆，分據險阻，出沒敵間，進破滎陽，彭越燒其糧道，南追漢王，韓信收其河北，燕王雖百戰百勝，久且左支右詘，寧能縱馬飲濟水之西，加矢及聊城之上乎！奈何挾萬全之勢，搏匹夫之勇，驚飆掃葉，疾電奔雷，執九江於朝堂，哭包胥於海外，嗚呼！晚已。

獨是建文之初，昇平繼體，海宇晏清。而燕王橫貪天位，靦顏人上。子突入而昭公出奔，曲沃盛而孝侯遇弒，毋亦弱肉強食，豈爲天與人歸。宜乎練子寧噀血地上，書成王安在，而方孝孺衰絰大罵，以爲不立成王之子弟也。當其大內灰飛，緇衣宵遁，爲燕王者急宜降德音，下明詔，咸與維新，計安反側。而乃縣賞討奸，清宮戮御，斬袪之怨旁及五宗，射鉤之嫌蔓延婦寺，國君含詬，固如是乎！至若司馬之心久暴於路人，齊鷟之謀早形於諮議，乃猶南向讓三，連章勸進者，欺天乎？吾誰欺也！

幸而卽位之後，山東首給農器，雲南不輕用兵，省視旱蝗，周諏郡縣，敕吏部以拔幽隱，顧學士以求直言，而且耀武邊陲，尊崇先聖，政事之美，頗斑斑可考焉。然以予論之，梁皇弒主，肺石達寃，衞武篡兄，賓筵好學，蓋曲終奏雅，逆取順守，亦晚蓋之常規，非哲王之天性也。

明史紀事本末卷之十七

建文遜國

建文四年（壬午，一四〇二）夏六月乙丑，帝知金川門失守，長吁，東西走，欲自殺。翰林院編修程濟曰：「不如出亡。」少監王鉞跪進曰：「昔高帝升遐時，有遺篋，曰：『臨大難，當發。』謹收藏奉先殿之左。」羣臣齊言：「急出之！」俄而舁一紅篋至，四圍俱固以鐵，二鎖亦灌鐵。帝見而大慟，急命舉火焚大內。皇后馬氏赴火死。程濟碎篋，得度牒三張：一名應文，一名應能，一名應賢。袈裟、帽鞋、剃刀俱備，白金十錠。朱書篋內：「應文從鬼門出，餘從水關御溝而行，薄暮，會於神樂觀之西房。」帝曰：「數也！」程濟卽爲帝祝髮。吳王教授楊應能願祝髮隨亡。監察御史葉希賢毅然曰：「臣名賢，應賢無疑。」亦祝髮。各易衣披牒。在殿凡五六十人，痛哭仆地，俱矢隨亡。帝曰：「多人不能無生得失。有等任事著名，勢必究詰；有等妻子在任，心必縈繫，宜各從便。」御史曾鳳韶曰：「願卽以死報陛下！」帝麾諸臣，大慟，引去若干人。九人從帝至鬼門，而一舟艤岸，爲神樂觀道士王昇，見帝，叩頭稱萬歲，曰：「臣固知陛下之來也。疇昔高皇帝見夢，令臣至此耳！」乃乘舟至太平門，昇導至觀，已薄暮矣。俄而楊應能、葉希賢等十三人同至。共二十二人：兵部侍郎廖平，襄陽人；刑部侍郎金焦，貴池人；編修趙天泰，三原人；檢討程亨，澤州人；按察使王良，祥符人；參政蔡運，南康人；刑部郎中梁田玉，定海人；監察御史葉希賢，松陽人；程濟，績谿人；中書舍人梁良玉、梁中節，俱定海人；宋和，臨川人；郭節，連州人；刑部司務馮漼，黃巖人；所鎭撫牛景先，沅人；王資、楊應能、劉仲，俱杞縣人；翰林待詔鄭洽，浦江人；欽天監正王之臣，襄陽人；太監周恕，和州人；徐王府賓輔史彬，吳江人。帝曰：「今後但以師弟稱，不必拘主臣禮也。」諸臣泣諾。廖平曰：「諸人願隨固也；但隨行不必多，更不可多。就中無家室累，並有膂力足捍衞者，多不過五人，餘俱遙爲應援可耳。」帝曰：「良是。」於是環坐於地，道士進夜饍，約定左右不離者三人：楊應能、葉希賢俱稱比丘，程濟稱道人。往來道路，給運衣食者六人：馮漼時稱塞馬先生，時稱馮翁，時稱馬公，時稱馬二子；郭節時稱雪菴，後稱雪和尚；宋和時稱雲門僧，時稱稽山主人，時稱槎主；趙天泰適衣葛，卽稱衣葛翁，時稱天肖子；王之臣家世補鍋，欲以作生計，號老補鍋；牛景先號東湖樵夫，亦稱東湖主人。帝曰：「吾今往滇南，依西平侯。」史彬曰：「大家勢盛，耳目衆多；況新主意尙未釋，能無見告？不若往來名勝，東西南北，皆吾家也。臣等中有家給足備旦夕者，卽駐錫於玆，有何不可？」帝曰：「良是。」於是更主七家：廖平、王良、鄭洽、郭節、王資、史彬、梁良玉。帝曰：「此可暫不可久，況郊壇所在，明旦必行，何所之？」衆擬浦江，而鄭亦巨族，且忠孝可居也。夜分，帝足脛痛，度不能行。微明，景先與彬步至中河橋，謀所以載者。有一艇，爲吳人，急叩之，則彬家所遣，以偵彬吉凶者也。彬與景先亟迎帝，且至彬家。諸人聞之，且悲且喜。同載八人，爲程、葉、楊、牛、馮、宋、史，餘俱散走，期以月終更晤。取道溧陽，八日，始至吳江之黄溪史彬家。彬奉帝居所居之西偏，曰清遠軒，衆出拜，帝改題水月觀，親筆篆文。閲三日，諸臣至彬家相聚，五日，帝命歸省。成祖即位，編籍在任諸臣遯去者四百六十三人，俱命削籍。八月，命禮部行文州縣，追繳革除誥敕。至是，蘇州府遣吳江邑丞鞏德至史彬家追奪，且曰：「建文皇帝聞在君家。」彬曰：「無之。」微哂而去。次日，帝同兩比丘、一道人行，餘俱星散，時八月十六日也。帝附舟至京口，過六合，陸行至襄陽。十月，至廖平家，適有詷其跡，遂決意往滇。

成祖永樂元年（癸未，一四〇三）春正月十三日，建文帝至雲南永嘉寺。初，帝期從亡臣以三月復至廖平家，至是，留永嘉寺，頗安適，將以明年游天台，而諸臣以帝舊約，俱集於襄陽廖平家。適馮漼自雲南來，傳帝命止之，令諸臣無煩往來，各散去。

二年（甲申，一四〇四）春正月，建文帝離雲南，由重慶抵襄陽，六月入吳，八月八日復至史彬家。時天將暝，彬家已舉火矣。帝突至，彬及家人出拜，舉酒半酣，帝曰：「我明晨當即去。」彬云：「臣掃門而俟久矣，卽有不肅，亦乞見原。欲留師數月，明晨何遽耶？」先是，帝命從亡者俱師弟稱，故彬等呼爲師。帝泣曰：「彼方急圖我。昨於西安道中，見冠蓋來者，瞪目視我；此臣我自善之，彼必有以奏也。東南逋臣，屈指先汝，我去政爲汝計。」對哭久之，且曰：「此近宮闕，不便。」彬曰：「亦無害。」視帝衣履敝甚，固留三日，命家人製布衣而去。帝爲兩浙之游，杭州計游二十三日，天台、雁蕩計游三十九日。會馬二子、稽山主人、金焦亦來石梁間，且云：「諸臣俱約至此，然終不見。」時天氣寒，帝返雲南，固却諸臣而去。

三年（乙酉，一四〇五）春二月，建文帝至重慶之大竹善慶里，有杜景賢築室與居，尋舍之而去。

四年（丙戌，一四〇六）夏四月，建文帝至西平侯沐晟家，留旬日。五月，結茆白龍山。嘗聞金陵諸臣慘死事，泫然曰：「我獲罪於神明矣！諸人皆爲我也。」

五年（丁亥，一四〇七）冬十二月，建文帝祭死難諸人，自爲文哭之。時朝廷偵帝甚密，戶科都給事胡濙訪求張三丰，蓋爲帝也。帝知之，遂遁跡不出。

六年（戊子，一四〇八）夏六月，白龍菴災，程濟出山募葺。

七年（己丑，一四〇九）春正月，命太監鄭和航海，通西南諸國。時胡濙、鄭和數往來雲、貴間，蹤跡建文帝。帝東行，三月，至善慶里，五月，復至襄陽。廖平家已徙蜀，帝還滇。

八年（庚寅，一四一〇）春三月，建文帝復至菴。工部尙書嚴震使安南，密訪帝，震忽與帝遇於雲南道中，相對而泣。帝曰：「何以處我？」對曰：「上從便，臣自有處。」夜綸於驛亭中。帝復結菴於白龍山，顏色憔悴，形容枯槁，夏月患痢，因有戒心，不能出山覓膳，狼狽殊甚。適史彬、程亨、郭節訪至，帝相對大慟，隨問曰：「汝等攜有方物否？」各爲獻。史彬獨有僮，而所獻豐，且當年職居禁近，知帝所好。帝遍嘗之，曰：「不食此已三年矣！」三人相留許久，帝遣之歸，別時痛哭失聲。帝囑曰：「今後勿再來。道路阻修，一難；關津盤詰，二難；況我安居，不必慮也。」彬等叩首領命而去。後帝復舍白龍菴他去。

九年（辛卯，一四一一）春，有司毀菴。

夏四月，建文帝至浪穹鶴慶山，其地頗佳，因募建一菴，名大喜。

十年（壬辰，一四一二）春三月，應能卒，四月，希賢卒，建文帝因納一弟子，名應慧。

十一年（癸巳，一四一三）夏五月，建文帝南行至甸，六月還。

冬十二月，渡馬嶺，遇寇，適官軍至，僅免。

十二年（甲午，一四一四）夏四月，遣程濟募糧。

秋九月，建文帝學易數。

十三年（乙未，一四一五）秋八月，建文帝游衡山，冬十月還菴。

十四年（丙申，一四一六）夏六月，建文帝足疾發，程濟乞藥於城西，三日乃反，帝飲獲愈。

冬十一月，帝命濟錄述從亡傳，藏之山巖中，帝自爲敍。

十五年（丁酉，一四一七）春二月，史彬復至白龍故道，了不見菴，山旁詢一老婦，則曰：「官司毀之矣。」問僧徒，曰：「不知所之。」至是，彬忽與帝遇於鶴慶之大喜菴，深林密樹，不下數里。先是，楊應能、葉希賢所建者，甫落成，而兩人死，卽於菴東葬之。十一月，帝避囂東行，至衡山。

十六年（戊戌，一四一八）春三月，建文帝還至黔。

十七年（己亥，一四一九）夏六月，建文帝始觀佛書。

十八年（庚子，一四二〇）夏六月，建文帝命程濟移居菴西偏。

冬十月，帝入蜀，程濟從，偏游諸勝，登峨眉，有詩云：「登高不待東翹首，但見雲從故國飛。」

十九年（辛丑，一四二一）秋七月，建文帝入粤，遊海南諸勝。十一月，帝還菴。

二十年（壬寅，一四二二）夏四月，建文帝避囂於菴南四十里，名滌泉。

二十一年（癸卯，一四二三）春二月，建文帝入楚，程濟從，登章臺山，賦弔古詩：「楚歌趙舞今何在？惟見寒鴉繞樹啼。」六月，帝遊漢陽，登晴川樓，吟云：「江波猶湧憾，林靄欲翻愁。」七月，帝留大別山。

二十二年(甲辰，一四二四)春二月，建文帝東行，冬十月，與史彬相遇於旅店，言及榆木川，稍色喜。史彬問道路起居狀，答曰：「近來強飯，精爽倍常。」卽同彬下江南，至彬家。彬具酒餚於所居之重慶堂，帝上座，程濟東列，彬西列。彬有從叔祖名弘者，嘉興縣史家村人也，直入，至堂上，彬不得已，亦與坐。問：「師何來？」彬未答。卽起趨出，招彬曰：「此建文皇帝也。」彬曰：「非也。」弘曰：「吾曾於東宮見之。當吾家籍沒時，非帝，吾無死所矣。帝實活我，恩無以報。」彬不得已，實告之。卽頓首堂下，涕泣問向來狀。帝曰：「賴諸從亡者給我衣食，周旋險阻之間，二十年來，戰戰兢兢。」復大慟。慟已，曰：「今想可老終矣！」弘曰：「帝今欲何之？」曰：「游天台諸勝。」弘曰：「吾當具一日之積隨行。」居數日，帝行，戒彬曰：「有叔在，爾勿往也。」弘從之去。十一月，至寧波渡蓮花洋。

仁宗洪熙元年(乙巳，一四二五)春正月，建文帝謁大士於潮音洞。五月，自閩、粵還山，止程濟從。聞仁宗崩，帝曰：「吾心放下矣！今後往來亦少如意也。」且悲且喜。

宣宗宣德元年(丙午，一四二六)秋八月，建文帝祭從亡諸臣於菴前。

二年(丁未，一四二七)春正月，建文帝移居鶴慶之靜室。

秋八月，滇寇亂，帝入蜀，程濟從。冬十月，宿永慶寺，題詩云：「杖錫來遊歲月深，山雲水月傍閑吟。塵心消盡無些子，不受人間物色侵。」

三年（戊申，一四二八）夏五月，建文帝遊神女廟。
秋七月，遊黄牛磯。
冬十月，遊漢中。
四年（己酉，一四二九）春正月，建文帝至成都，再宿而去。
五月，帝還浪穹。
六月，至鶴慶山中。
五年（庚戌，一四三〇）夏四月，建文帝欲稍廣其菴，程濟等出募。
六年（辛亥，一四三一）春二月，建文帝往陝西。
夏四月，至延安。
秋七月，南行入蜀。
九月，至夔，阻雪。
七年（壬子，一四三二）春正月，建文帝入楚，至公安。
夏五月，至武昌。
秋八月，下九江。
九月，游杭州吳山。

冬十一月，游天台。

八年（癸丑，一四三三）春正月，建文帝在赤城。

九年（甲寅，一四三四）夏五月，建文帝復至吳江史彬家，程濟從。時彬已死，帝悲悼久之，慰勞其子倍至。復爲會稽之游，八月，還。

十年（乙卯，一四三五）春三月，建文帝往粵西。

英宗正統元年（丙辰，一四三六）秋八月，建文帝還至滇，卜築舊日之浪穹。

二年（丁巳，一四三七）夏五月，建文帝復游峨眉。

冬十一月，還至浪穹。

三年（戊午，一四三八）秋七月，建文帝欲往粵西，不果，會有弟子亡去，帝恐跡露，遂有粵西之行。

四年（己未，一四三九）夏四月，程濟勸建文帝還滇，不聽。

五年（庚申，一四四〇）春三月十三日，建文帝謂程濟曰：「我決意東行，子盍爲我著？」得兌之歸妹，濟拊几大呼曰：「大凶！今太歲干支皆金，火必尅之，行夏之時，其危乎！」帝好文章，能爲詩歌，嘗賦詩曰：「牢落西南四十秋，蕭蕭白髮已盈頭。乾坤有恨家何在？江、漢無情水自流。長樂宮中雲氣散，朝元閣上雨聲收。新蒲細柳年年綠，野老吞聲哭未休。」

後至貴州金竺長官司羅永菴，嘗題詩壁間，其一曰：「風塵一夕忽南侵，天命潛移四海心。鳳返丹山紅日遠，龍歸滄海碧雲深。紫微有象星還拱，玉漏無聲水自沈。遙想禁城今夜月，六宮猶望翠華臨。」其二曰：「閱罷楞嚴磬懶敲，笑看黃屋寄團瓢。南來瘴嶺千層迥，北望天門萬里遙。款段久忘飛鳳輦，袈裟新換袞龍袍。百官此日知何處？唯有羣烏早晚朝。」至是，出亡蓋三十九年矣。會有同寓僧者，竊帝詩，自謂建文帝，詣思恩知州岑瑛，大言曰：「吾建文皇帝也。」瑛大駭，聞之藩司，因繫僧，幷及帝，藩章以聞，詔械入京師，程濟從。八月，至金陵，九月，至京，命御史廷鞫之。僧稱：「年九十餘，且死，思葬祖父陵旁耳。」御史言：「建文君生洪武十年，距正統五年，當六十四歲，何得九十歲！」廉其狀，僧實楊應祥，鈞州白沙里人。奏上，僧論死，下錦衣獄，從者十二人，戍邊。而帝適有南歸之思，白其實，御史密以聞。閹吳亮老矣，逮事帝，乃令探之。建文帝見亮，輒曰：「汝非吳亮耶？」亮曰：「非也。」建文帝曰：「吾昔御便殿，汝尙食，食子鵞，棄片肉於地，汝手執壺，據地狗餂之，乃云非是耶？」亮伏地哭。建文帝左趾有黑子，摩視之，持其踵，復哭不能仰視，退而自經。於是迎建文帝入西內，程濟聞之，歎曰：「今日方終臣職矣。」往雲南焚菴，散其徒。帝既入宮，宮中人皆呼爲老佛，以壽終；葬西山，不封不樹。

谷應泰曰：聞之國君死社稷，義之正也。然而乘機察變，忍恥圖存，一旅而中興奏，五年而天節反，則惠王居櫟，仍殺子頹，襄王居鄭，終誅太叔，建文之倉皇出奔，或亦有深意焉。又況鐵函鎖柙，度牒剃刀，先皇所遺也。龍漦帝后，妖讖亡周，燕啄皇孫，天心割漢，厥有定數，又非智力所移耳。

乃遜國之期，以壬午六月十三日，建文獨從地道，餘臣悉出水關，痛哭仆地者五十餘人，自矢從亡者二十二士。而廖平之議，以爲多人必生得失，不若遙爲應援，于時謹侍左右者三人，楊應能、葉希賢稱比丘，程濟稱道人是也；往來道路，給辦資糧者六人，馮潅、郭節、宋和、趙天泰、王之臣、牛景先，各諱名號，潛相通問是也。其經由之地，則自神樂觀啓行，由松陵而入滇南，西游重慶，東到天台，轉入祥符，僑居西粤。中間結菴於白龍，題詩於羅永，兩入荆楚之鄉，三幸史彬之第，踪跡去來，何歷歷也。特以年逼桑榆，願還骸骨，岑瑛據之以聞，吳亮辨其非妄。夫不復國而歸國，不作君而作師，雖以考終，亦云慝矣。

然以予論之，假令成皇方死沙場，昭帝新居諒闇，此時兵力黷於邊關，内難伏於高煦，國勢危疑，人情牽制，必不能長駕遠馭，經營萬里之外者。而滇、黔地險，沐氏兵強，因兹遁跡之時，宜申控告之義，非流彘而藉共和，則東遷而依晉、鄭，一軍出荆門，即襄、鄧可搖，一軍出漢南，即長江可據。狐、先河水之功，馮、鄧雲臺之業，後輓前推，匪異人任也。奈何枕席有涕泣之痕，行旅多槖饘之奉，而興復大計，闕焉不講，譬猶危葉畏飈，驚禽易落，正所謂亡國之大夫不足與言事者也。

洎乎正統改元，帝易四朝，統踰五紀，內鮮惠、懷之亂，外無連、管之謀，嗣服相承，天定之矣。而況主君已老，從者凋零，方險阻備嘗之時，正精志消亡之日，魯展喜之已衰，晉銅鞮而既死，崦嵫待盡，尙安望其復振乎！至若從亡諸臣，國爾忘家，捍王於艱，四十餘年，櫛風沐雨，卽無包胥之義，復楚王於郢中，亦有子家之忠，哭昭公於野井，推此志也，雖與日月爭光可也。

而議者據成祖之實錄，謂建文之自焚，疑一龍之未出，擯衆蛇而不載。夫隱、巢之事，不直序於貞觀，燭斧之疑，亦依違於興國，時史所書，非無曲筆矣。而況胡濙訪仙，思恩擢職，以及陵在西山，不封不樹，有目者所共睹，又豈得以傳聞異辭也。

明史紀事本末卷之十八

壬午殉難

文皇發北平，僧道衍送之郊，跪而密啓曰：「臣有所託。」上曰：「何爲？」衍曰：「南有方孝孺者，素有學行，武成之日，必不降附，請勿殺之，殺之則天下讀書種子絕矣。」文皇首肯之。及師次金川門，大內火，建文帝遜去，卽召用孝孺，不肯屈，逼之，孝孺衰絰號慟闕下，爲鎮撫伍雲等執以獻。成祖待以不死，不屈，繫之獄，使其徒廖鏞、廖銘說之。叱曰：「小子從予幾年所矣，猶不知義之是非！」成祖欲草卽位詔，皆舉孝孺，乃召出獄，斬衰入見，悲慟徹殿陛。文皇諭曰：「我法周公輔成王耳！」孝孺曰：「成王安在？」文皇曰：「伊自焚死。」孝孺曰：「何不立成王之子？」文皇曰：「國賴長君。」孝孺曰：「何不立成王之弟？」文皇降榻勞曰：「此朕家事耳！先生毋過勞苦。」左右授筆札，又曰：「詔天下，非先生不可。」孝孺大批數字，擲筆於地，且哭且駡曰：「死卽死耳，詔不可草。」文皇大聲曰：「汝安能遽死。卽死，獨不顧九族乎？」孝孺曰：「便十族奈我何！」聲愈厲。文皇大怒，令以刀抉其口兩旁至兩耳，復錮之獄，大收其朋友門生。每收一人，輒示孝孺，孝孺不一顧，乃盡殺之，然後出孝孺，磔之聚寶門外。孝孺慷慨就戮，爲絕命詞曰：「天降亂離兮孰知其由，奸臣得計兮謀國用猶。忠臣發憤兮血淚交流，以此殉君兮抑又何求。嗚呼哀哉，庶不我尤！」時年四十六。復詔收其妻鄭氏，妻與諸子皆先經死。悉燔削方氏墓。初，籍十族，每逮至，輒以示孝孺，孝孺執不從，乃及母族林彥清等、妻族鄭原吉等。九族既戮，亦皆不從，乃及朋友門生廖鏞、林嘉猷等爲一族，並坐，然後詔磔于市，坐死者八百七十三人，謫戍絕徼死者不可勝計。孝孺季弟方孝友就戮時，孝孺目之，淚下。孝友口占一詩曰：「阿兄何必淚潸潸，取義成仁在此間。華表柱頭千載後，旅魂依舊到家山。」士論壯之，以爲不愧孝孺之弟。孝孺又有二女，年俱未笄，被逮過淮，相與連袂投橋水死。

兵部尚書鐵鉉被執至京，陛見，背立廷中，正言不屈，令一顧不可得，割其耳鼻，竟不肯顧。爇其肉，納鉉口中，令啖之，問曰：「甘否？」鉉厲聲曰：「忠臣孝子肉有何不甘！」遂寸磔之，至死，猶喃喃罵不絕。文皇乃令舁大鑊至，納油數斛熬之，投鉉屍，頃刻成煤炭；導其屍使朝上，轉展向外，終不可得。文皇大怒，令內侍用鐵棒十餘夾持之，使北面。笑曰：「爾今亦朝我耶！」語未畢，油沸蹙濺起丈餘，諸內侍手糜爛棄棒走，屍仍反背如故。文皇大驚詫，命葬之。鉉年三十有七，父仲名，年八十三，母薛氏，並海南安置，子福安年十二，發河池編伍，康安鞍轡局充匠，尋皆戮死。妻楊氏幷二女發教坊司，楊氏病死，二女終不受辱，久之，鉉同官以聞，文皇曰：「渠竟不屈耶？」乃赦出，皆適士人。

戶部侍郎卓敬被執，責以不迎乘輿之罪，曰：「爾前日裁抑諸王，今復不臣我耶？」敬曰：「先帝若依敬言，殿下豈得至此！」文皇怒，欲殺之，而憐其才，且繫獄，命中人諷以管仲、魏徵事，敬涕泣不可。文皇感其至誠，猶未忍殺，而姚廣孝力言養虎遺患，意遂決。敬臨刑，從容嘆曰：「變起宗親，略無經畫，敬死有餘罪。」神色自若，經宿面如生，誅三族，沒其家，圖書數卷而已。文皇雅聞敬名，既死，猶惜之曰：「國家養士三十餘年，不負其君者，唯卓敬耳！」

禮部尚書陳廸，受建文帝命督軍儲于外，過家不入。聞變，卽赴京師。文皇登極，召廸責問，廸抗聲指斥，幷收其子鳳山、丹山等六人，同磔于市。將刑，鳳山呼曰：「父累我。」廸叱勿言，謾罵不已。命割鳳山等鼻舌食廸，廸唾，益指斥，遂凌遲死。宗戚被戍者一百八十餘人。廸既死，衣帶中得詩云：「三受天皇顧命新，山河帶礪此絲綸。千秋公論明於日，照徹區區不二心。」又有五噫歌，皆悲烈云。

刑部尚書暴昭被執，抗罵不屈，文皇大怒，先去其齒，次斷手足，罵聲猶不絕，至斷頸乃死。

左僉都御史景清，建文中以左都御史改北平參議，往察燕邸動靜，王嘗宴之，清言論明爽，大被稱賞。尋召還舊任。及燕師入，清知帝出亡也，猶思興復，詭自歸附，乃詣見文皇。文皇喜曰：「吾故人也！」厚遇之，仍其官。清自是恆伏利劍于衣袵中，委蛇侍朝，人疑焉。八月望日早朝，清緋衣入。先是，靈臺奏文曲犯帝座急，色赤。及是見清獨衣緋，疑之。朝畢，出御門，清奮躍而前，將犯駕。文皇急命左右收之，得所佩劍，清知志不得遂，乃起植立謾罵。抉其齒，且抉且駡，含血直噀御袍。乃命剝其皮，草櫝之，械繫長安門，碎磔其骨肉，是夕精英迭見。後駕過長安門，索忽斷，所械皮趨前數步，爲犯駕狀，上大驚，乃命燒之。已而上晝寢，夢清仗劍追繞御座，覺曰：「清猶爲厲耶！」命赤其族，籍其鄉，轉相扳染，謂之瓜蔓抄，村里爲墟。有青州教諭劉固者，建文元年，以母老乞歸。清爲御史，移書招固，因依清同居京師。金川門陷，固弟國勸兄出降，固曰：「固受朝廷厚恩，以老母在，未能即死，矧降耶！」後清遇害，連及固，遂與弟國、母袁氏同日受刑于聚寶門外。固子超年十五，有膂力，臨刑，仰天一呼，綑索俱斷，因奪劊子刀連殺十餘人。事聞，詔磔之。

右副都御史練子寧，名安，以字行，被臨安衞指揮劉傑縛至闕，語不遜。文皇大怒，命斷其舌，曰：「吾欲效周公輔成王耳！」子寧手探舌血，大書地上「成王安在」四字。文皇益怒，命磔之。宗族棄市者一百五十一人，又九族親家之親被抄沒戍遠方者又數百人。越數年，吉水錢習禮以練氏姻族，未及逮，既官中朝，恆爲鄉人所持，以告學士楊榮，榮乘間以聞。文皇曰：「使子寧尚在，朕固當用之，況習禮耶！」

兵部尚書齊泰聞建文帝遜去，追至廣德，欲往他郡起兵興復，被執，見文皇，不屈，死之。從兄弟敬宗、宰皆死，叔時永、陽彥等謫戍。兒甫六歲，給配，赦還。

太常卿黃子澄，初，執李景隆于朝，請誅之，不聽。江、淮連敗，拊膺慟哭曰：「大事去矣！誤薦景隆，萬死不足贖。」建文帝密使子澄召兵，不及。責問不屈，族其家。一子走，易姓名田經，遇赦，家湖廣。

吏部尚書張紞，遜國後，自經死。侍郎毛太，燕兵起，數上封事，條方略。紞死，太亦死。

禮部侍郎黃觀，字瀾伯，奉命徵兵上江諸郡，奮不顧家，且行且募。至安慶，聞金川失守，痛哭，謂人曰：「吾妻素有志節，必不辱。」遂招魂葬之江上。明日，家人報至，云：「家已被收，夫人幷二女給配象奴。夫人翁氏持釵釧佯使出市酒餚，急攜二女同家屬十餘人投通濟門淮清橋下死。」觀復痛哭。至李陽河，聞建文帝已遜位，知事不可爲，乃朝服東向再拜，自投羅剎磯湍激處，舟人急鉤之，僅得珠絲粽帽以獻。命東蜀象觀，帽之，而剉于市，籍其家，幷連姻黨百餘人謫戍。

蘇州知府姚善，合鎮、常、嘉、松四郡守，練兵勤王。未及戰，文皇卽位，索黃子澄甚急。

子澄匿善所，約共航海舉兵，善謝曰：「公可去，善不可去。公朝臣，可四往號召圖興復，善職守土，義當與城存亡。」子澄遂去。善爲麾下許千戶縛獻。文皇詰善曰：「若一郡守，乃敢舉兵抗我耶？」善厲聲曰：「臣各爲其主耳！」語多不遜，遂磔之。善友黃鉞者，仕爲給事中，與善相期許國。鉞以親喪家居，聞善被執，鉞遂閉目三四日求死。或傳善款伏，已得宥，鉞復瞪目曰：「吾知善決無二心，且少俟之，脫善果不死，吾將下報希直。」希直，方孝孺字也。乃稍稍食。已而善就刑，報至，鉞登琴川橋，西向再拜，祀而哭之曰：「吾與君同受國恩，國有難，義同許身，今君與希直同死，吾忍背義獨生乎！」祀畢，給家人歸祭具，遂從容整衣冠，奮身入水死。時家人俱竄伏，有友楊福日夜泣橋側，求鉞屍不得，更數日，屍忽自出立水中，成禮葬之。

翰林修譔王叔英，奉詔募兵，行至廣德，聞建文帝遜位，大慟。會齊泰來奔，叔英曰：「泰二心矣！」令執之。泰告之故，乃相抱慟哭，與泰圖後舉。已知事不可爲，沐浴衣冠，書絕命辭，藏衣間，詞曰：「人生穹壤間，忠孝貴克全。嗟余事君父，自省多過愆。有志未及竟，奇疾忽見纏。肥甘空在案，對之不能嚥。意在造化神，有命歸九泉。嘗念夷與齊，餓死首陽巔。周粟豈不佳，所見良獨偏。高蹤邈難繼，偶爾無足傳。千秋史官筆，愼勿稱希賢。」又題其案曰：「生既久矣，未有補于當時；死亦徒然，庶無慚于後世。」遂自縊于玄妙觀銀杏樹下。夫人金氏亦自經死，二女俱赴井死。

翰林王艮，初，聞北平兵起，輒憂憤不食，及渡淮，與妻子訣曰：「吾不可復生矣，安能顧若等哉！」北師入城，胡靖、解縉、吳溥爲艮鄉人，皆集溥舍。縉陳説大義，靖亦憤激慷慨，艮獨流涕不言。溥曰：「三子受知最深，事在頃刻，若溥去就，固可從容也。」隨別去。溥子與弼尙幼，嘆曰：「胡叔能仗義，大是佳事。」溥曰：「不然，獨王叔死耳！」語未竟，隔牆聞靖呼曰：「外鬧甚，可看豬。」溥顧與弼曰：「一豬不忍，寧自忍乎！」須臾，艮舍哭聲動，已伏鴆死矣。初，洪武中，禮部廷試，艮最優。太祖以艮貌不揚，易靖第一，艮次之。至是艮死。靖改名廣，降於燕。

浙江按察使王良聞燕師入京，慟哭，誓以必死。會命使召之，良執使者下獄。詰旦，縛出，期戮以徇。道中忽遇衆譟起而奪使者去。良還坐堂上，悉收諸司印，攜歸廨舍，嗟嘆久之。妻問故，良曰：「吾分應死，顧思所以處汝，未決耳！」妻笑曰：「吾何難，君爲男子，乃爲婦人謀乎？」遂命妾饋食，抱其子，歔欷于廁，置子池傍，自投水死。良起而殮之，卽列薪于戶，閉其家人，毋得出，令妾抱幼子，托鄉人之客於杭者，遂舉火抱印，闔室焚。

兵部郎中譚翼，金川陷，赴火死，妻鄒氏、子謹自縊。

御史曾鳳韶請從建文帝出亡，帝麾使去，鳳韶泣曰：「臣頃卽以死報陛下。」文皇後以原官召，不至，尋加侍郎，亦不至。乃刺血書憤詞于襟上，曰：「予生廬陵忠節之鄉，素負立朝骨鯁之腸。讀書而登進士第，仕宦而至繡衣郎。既一死之得宜，可以含笑于地下而不愧吾文天祥。」屬妻李氏、子公望曰：「吾死勿易衣斂。」遂自殺。李氏亦自經死。

衡府紀善周是修，爲人卓犖有大志，嘗曰：「忠臣不爲得失計，故言無不直。貞女不爲生死累，故行無不果。」乃輯自古今忠節事，爲觀感錄。當金川失守，宮中自焚，是修留書別友人，付以後事，具衣冠，爲贊，繫衣帶上，入應天府學，拜先師畢，自經死。初，是修與楊士奇、解縉、胡廣、金幼孜、黃淮、胡儼約同死義，惟是修不負其言。後楊士奇爲作傳，語其子轅曰：「當時吾亦同死，誰爲爾父作傳！」聞者笑之。

監察御史魏冕，力請建文帝誅徐增壽。及宮中火起，或謂冕宜急迎附，冕厲聲曰：「使吾改臣節，明君亦不用也，奈何徒自汚！」遂自殺。陳瑛請追罪，詔誅其族。同邑鄒朴，建文初，仕周府，諫王邪謀，錮獄。上嘉其忠，召至京，授御史。歸省，聞冕死，亦不食死。時稱永豐雙烈。

刑科給事中葉福，守金川門，兵入死之。

大理寺丞鄒瑾，與甥魏冕同毆徐增壽于朝，請誅之。京師陷，自殺。詔誅其族，凡男婦四百四十八人。

戶科給事中陳繼之，被執，責問不屈，磔于市。

大理寺丞劉端，約刑部郎中王高同棄官去。跡露，被執。召問：「練安、方孝孺何如人？」端曰：「忠臣也。」文皇曰：「汝逃，忠乎？」端曰：「存身以圖報耳！」命與高俱劓其鼻。文皇笑曰：「作如此面目，還成人否？」端詈曰：「我猶有面目，卽死可見皇祖！」文皇怒，立捶殺之，戍其家。

駙馬都尉梅殷，擁重兵淮上。文皇既卽位，迫公主。公主，高皇后長女，大長公主也。公主嚙指血作書招殷。中使至，殷得書慟哭，詢建文帝所在。中使曰：「去矣。」殷曰：「君亡與亡，君存與存，吾姑忍俟之。」乃還京，見文皇。文皇曰：「駙馬勞苦。」殷曰：「勞而無功，徒自愧耳！」文皇唧之。久之，殷不能平，時見詞色。文皇嘗夜遣小中官潛入殷第，察之，殷愈怒。永樂二年冬，都御史陳瑛言殷招納亡命，私匿番人，與女秀才劉氏朋邪詛咒，幾得罪。明年冬，早朝，都督譚深、指揮趙曦令人擠殷死笪橋下，誣殷自投水死。都督許成發其事，文皇罪深、曦。二人對曰：「此上命也，奈何殺臣！」文皇大怒，立命力士持金瓜，落二人齒，斬之。謚殷榮定。公主牽文皇衣，大哭，問駙馬安在？文皇笑曰：「爲公主踪跡賊，毋自苦。」公主謹護二子。」乃官其子順昌爲中府都督，景福爲指揮旗手衛僉事。時駙馬都尉耿璿，炳文子也，尙孝康帝長公主，與弟都督瓛俱論死。

谷府長史劉璟，誠意伯劉基仲子也。自少靜朴峻厲，博通經書，究兵略。嘗同兄璉侍父入朝，太祖奇之曰：「阿璉明秀，阿璟凝重，伯溫有子矣。」授谷王長史，之國宣府。建文初，燕師起，璟隨谷王還朝，獻十六策，不能用，以病辭歸。文皇登極，璟臥家不起。上欲用之，罪以逃叛親王，逮繫之。臨別，姻戚舉餞，戒之曰：「皇上神武，何止唐文皇，先生忠良，允爲魏徵可也。」璟瞪目曰：「爾謂我學魏徵耶？吾死生之分決矣。」至京，授以官，不受。對上語，猶稱殿下，遂大忤旨，下獄。一夕，辮髮自經死。

漳州府學教授陳思賢，聞卽位詔至，慟哭曰：「明倫之義，正在今日。」遂堅臥不出迎，率其徒伍性原、陳應宗、林玨、鄒君默、曾廷瑞、呂賢集明倫堂，爲舊君位哭臨如禮。郡人執送京師，思賢與六生，皆死之。

參軍斷事高巍，洪武十七年旌孝行。巍嘗上書燕王曰：「臣竊自負，既爲孝子，當爲忠臣，死忠死孝，臣願也。」京城破，縊死驛舍。又有高不危者，同時死義。弟宣戍南海衞。

大常寺少卿盧原質，少從方孝孺游。後文皇召見，不屈，死之，族其家。教授劉政聞孝孺死，痛哭不食斃。

刑部右侍郎胡子昭，坐方黨受戮。臨刑詩曰：「兩間正氣歸泉壤，一點丹心在帝鄉。」弟僉事子義，聞子昭死，辟世丹稜。蜀獻王聞而憐之，令爲僧，子義以親遺體辭。有子二人。數歲，子義曰：「吾兄無後，天不絕吾姓，二子當免于難。」竟棄去，莫知所終。

右副都御史茅大方，聞燕王兵起，遺詩淮南守將梅殷曰：「幽燕消息近如何？聞道將軍志不磨。縱有火龍翻地軸，莫敎鐵騎過天河。關中事業蕭丞相，塞上功勛馬伏波。老我不才無補報，西風一度一悲歌。」文皇登極，大方逮至，責問不屈，與其子順童、道壽、文生同日棄市。二孫添生、歸生死獄中。妻張氏發敎坊，病死，命棄其屍。

僉都御史司中，召見，不屈，命以鐵帚刷其膚肉，至盡而死。姻婭同死者八十餘人。

監察御史鄭公智，坐方黨，召見，不屈，死之，戍其族。

大理寺少卿胡閏，字松友，日夜與齊、黃密謀，設法防禦，又請誅徐增壽。遜國後，文皇召方孝孺草詔，繼召閏及高翔，皆衰絰至，哭聲徹殿陛。文皇召閏先入，諭令更服，閏曰：「死卽死，服不可更。」文皇以族誅恐之，閏不屈。命力士以瓜落其齒，齒盡，駡聲不絕。文皇大怒，縊殺之，以灰盠水浸脫其皮，剝之，實以草，懸武功坊。子傳慶同日論死，傳福方六歲，戍雲南。抄提全家二百十七人。女郡奴，年四歲，其母王氏縛就刑，郡奴自懷中墮地。一卒提入功臣家，付爨下婢收之。稍長，識大義，髮至寸，卽自截去，日以灰污面，禿垢二十餘年，功臣不以人畜之。洪熙初，赦諸死事者苗裔，郡奴得同女輩行丐歸鄱陽，貧無所依。鄉人憐之曰：「此忠臣女也。」爭饋遺不絕。郡奴所受免死而已。年五十六終，尙處子也。鄉人諡曰忠胤貞姑。

監察御史高翔，在建文時，戮力戎事，激發忠義。文皇聞翔名，召之，翔持喪服入見，大哭，語不遜，乃命殺之，沒產誅族。諸給高氏產者，皆加稅，曰：「令世世罵翔也。」親戚悉戍邊。又發其先墓，雜犬馬骨焚灰揚之，而以其地爲漏澤院。

刑部尚書侯泰，督餉至淮安，聞京師失守。泰行至高郵，被執，下錦衣衞。泰不屈，死之。妻曾氏配象奴，弟敬祖、子玘皆論死，籍其家。

左拾遺戴德彝，被執，責問不屈，死之。德彝死時，有兄俱從京師，嫂項氏家居，聞變，度禍且赤族，令盡室逃，幷藏德彝二子于山間，毁戴族譜，獨身留家。及收者至，一無所得，械項氏焚炙，遍體焦爛，竟無一言，戴族遂全。

戶部侍郎郭任，不屈，死之。子經亦坐死，少子金、山、保戍廣西，三女給配。

戶部侍郎盧迥，不屈，縛就刑，長謳而死，聞者悲之。

袁州太守楊任，與黃子澄謀求舊君，以圖大舉，事泄，被執至京，磔于市。子禮、益坐死。籍產族誅，親戚莊毅衍等百餘家皆遠戍。

禮部侍郎黃魁，不屈，死之。

御史連楹，立金川門下，自馬首數文皇，詞色不屈，命收之，引頸受刃，白氣沖天，尸僵立不仆。

太常少卿廖昇，聞茹瑺使燕軍還，見燕王起兵。痛哭與家人訣，自縊死。

監察御史王度，奉敕勞軍徐州，比還，鳳陽失守，方孝孺與度書，誓死社稷。壬午秋，坐黨戍賀縣千戶所，以語不遜論死，誅其族。

監察御史董鏞，會諸御史中有氣節者于鏞所，相誓以死。後被執論死，女發教坊，姻族死戍者二百三十人。

監察御史甘霖，被執，抗言求死，從容就戮。子孫相戒，不復求仕。

御史林英，劾李景隆誤國，謫知瑞安。賜還，同王叔英募兵廣德，力屈，自經。妻宋氏繫獄，亦自經死。

監察御史丁志，方燕兵逼京城，謂妻韓氏曰：「師至城必克，吾惟一死報國。汝其攜幼子潛歸，撫之，以延丁氏後。」及兵入，被執，不屈，死之。

晉府長史龍鐔，被執，不屈，死之。有收其遺骨，得所自書贊云：「捐生固殞，弗事二主。別父與兄，忍慟肝腑。盡忠爲臣，盡孝爲子。二端于我，歸于一所。」

宗人府經歷宋徵，嘗上疏請削罪宗屬籍，數言李景隆失律，懷二心。被執，責問不屈，遂磔之，誅其族。

徽州知府黃希范，聞金川門失守，素服不治事，坐與長史程通善，嘗共上防禦策，論死，籍其家。

遼府長史程通，上防禦燕兵數千言。衞士紀綱者，方幸遼王，通輒辱之，文皇卽位，綱乘間言通有封事指斥，遂械通論死，家人戍遼。簿錄其家，得遺書數百卷而已。

賓州知州蔡運，有善政，遜國後，論死，百姓憐而思之。

燕山衞卒儲福，建文末，攜母妻逃去。文皇卽位，錄戍卒入衞，福在錄中，挈妻母行，仰天哭曰：「吾雖一介賤卒，義不爲叛逆之人。」在舟中日夜泣不輟，竟不食而死，母韓、妻范爲營地葬之。范年二十，有姿色，居貧，奉姑甚謹，每哭其夫，則走山谷中大號，不欲聞之姑也。官有聞其寡者，欲委禽焉，旣而聞其事，曰：「節孝婦也，我何忍犯之。」皆以壽終。

中書舍人何申，奉使至四川，至峽口，聞金川不守。慟哭吐血，不數日死。

北平按察僉事湯宗，上言按察使陳瑛密受王府金錢，有異謀，逮瑛謫廣西。遜國後，瑛召還，窮治建文諸臣，宗論死。

盧振，當燕兵起時，與徐輝祖攻守力爲多，後逮至京，不屈，榜振名，數其罪，殺之，誅其族。牛景先，聞金川失守，變姓名出走。已而治齊、黃黨，逮景先妻妾，發敎坊司。振、景先俱不知何許人。

監察御史巨敬，被執，不屈，死之，誅其族。

戶科給事中韓永，遜國後，杜門不出，召入見，欲復其官。曰：「吾王蠋耳，何以官爲？」不屈死。

國子監博士黃彥清，在駙馬都尉梅殷軍中，私諡建文帝，論死，并逮從子貴池典史金蘭等繫獄。

僉都御史程本立，出爲江西副使，未及行，值北師渡江，本立悲憤自縊死。詔奪其恩典，籍其家，止斂衣數襲而已。

給事中龔泰，北兵渡江，奉命巡城，泰與妻傅氏訣曰：「國事至此，我自分必死。爾第攜幼稚歸，否則俱溺井，無辱。」俄宮中火起，泰馳赴，爲兵校所執，見文皇金川門，以非奸籍得釋，自投城下死。

四川都司斷事方法，爲方孝孺所取士，文皇卽位，諸司皆表賀，法不肯署名，尋被逮，舟過安慶，投江死。

指揮張安，被執，道亡，隱于樂清，以樵爲業，人莫知其姓氏。自山採樵歸，聞京師陷，卓侍郎被殺，呼天號哭曰：「國既就簒，我不願爲其民。」遂棄柴投水死。

工部侍郎張安國，當燕兵逼京師，與妻賈氏曰：「大事去矣，無能爲也！余職非司馬，既不能率師應敵，又不能屈膝事人，奈何？」賈氏曰：「盍隱諸？」安國曰：「然。」乃與其妻乘舟入太湖，忽聞人說京師陷，皇帝自焚，安國大慟，與妻曰：「食人之祿而存身于新主之世，耻莫大焉！」乃鑿其舟以沈。

知府葉仲惠，以修高帝實錄，指斥燕師爲逆黨，論死，籍其家。

刑部主事徐子權，聞練子寧死，慟哭賦詩，有「翹首謝京國，飛魂返故鄉」之句，自經死。

神策衞經歷周璿，建文時言事，擢僉都御史。遜國後，逮至京，不屈死。妻王氏、子鑾兒繫獄。

御史謝昇，建文時給兵餉，有功，後不屈死。父旺，子旼住戍金齒，妻韓氏，四女，發敎坊司。

松江同知周繼瑜，募戰勇入援。文皇卽位，械至京，不屈，磔于市。

徽州知府陳彥回，奉命募義勇至京師赴援，被擒不屈而死。妻屠氏爲奴。

給事中張彥方，改樂平知縣，勤王詔下，彥方糾義起兵，一邑響應。或阻之，彥方大哭曰：「君父在水火，吾可自緩乎！」遂率所部抵江口，遇燕游兵執至樂平，梟其首，暴屍譙樓。時暑月經旬，顏面如生，無一蠅集。父老竊葬縣治之淸白堂後。東平吏目鄭華亦不食死。

東湖樵夫，不知何許人，樵浙東臨海東湖上，日負柴入市，口不二價。建文壬午秋，詔至臨海，湖上人相率縣庭聽詔。或歸語樵夫曰：「新皇帝登極。」樵夫愕然曰：「皇帝安在？」答曰：「燒宫自焚。」樵夫大哭，遂投湖中死。

谷應泰曰：聞之川澤納汙，瑾瑜匿瑕，王者之大度也。以故什方舊怨，漢帝首封，射鈎小嫌，齊侯不問，況吠堯者主未必桀而詈我者節重于許乎！若乃文皇之正位金陵也，宜發哀痛之言，爲謝過之舉。其能從我游者，固且厚糈以寵范陽，尊官以禮魏徵矣。若或天命雖改，執志彌堅，亦復放還山林，聽其自適。逢萌之掛冠東都，伯況之杜門廣武，狂奴故態，何相迫乎？而文皇甫入清宫，即加羅織，始而募懸賞格，繼且窮治黨與，一士秉貞，則祖免並及，一人厲操，則里落爲墟，雖溫舒之同時五族，張儉之禍及萬家，不足比也。乃若受戮之最慘者，方孝孺之黨，坐死者八百七十人；鄒瑾之案，誅戮者四百四十人；練子寧之獄，棄市者一百五十人；陳廸之黨，杖戍者一百八十人；司中之繫，姻婭從死者八十餘人；胡閏之獄，全家抄提者二百十七人；董鏞之逮，姻族死戍者二百三十人；以及卓敬、黃觀、齊泰、黃子澄、魏冕、王度、盧原質之徒，多者三族，少者一族也。又若赴義之最烈者，鐵鉉之屍還反背，景清之死猶犯駕。就義之最潔者，敎授之明倫慟哭，樵夫之自投東湖，若此之儔，則又未易更僕數也。

嗟乎！暴秦之法，罪止三族，強漢之律，不過五宗，故步、闡之門皆盡，機、雲之種無遺。世謂天道好還，而人命至重，遂可滅絕至此乎！又況孔融覆巢之女，郭淮從坐之妻，古者但有刑誅，從無玷染，而或分隸教坊，給配象奴，潘氏承恩于織室，才人下降於廝養，此忠臣義士尤所爲植髮衝冠，椎胸而雪涕者也。

抑予聞之，蕩陰之戰，血惟嵇紹，靖康之禍，死僅侍郎。而建文諸臣，三千同周武之心，五百盡田橫之客，蹈死如歸，奮臂不顧者，蓋亦有所致此也。方高皇英武在上，其養育者率多直節，不事委蛇。而文皇刑威劫人，其搜捕者易于抵觸，難于感化。雖人心之不附，亦相激而使然也。至于宋朝忠厚，不殺大僚，孫皓凶殘，恆加燒鋸。臣以禮使，士不可辱。嗚呼！成祖之作法涼矣。

明史紀事本末卷之十九

開設貴州

太祖洪武十五年（壬戌，一三八二）春正月，置貴州都指揮使司，命平涼侯費聚、汝南侯梅思祖署司事。貴州古羅施鬼國，自蜀漢彝有火濟者，從諸葛亮南征孟獲有功，封羅甸國王，歷唐、宋皆以歸順，不失爵土。至是，遣傅友德等平雲南，上遣使諭友德曰：「前已置貴州都指揮使司，然靄翠輩不盡服，雖有雲南，不能守也。」靄翠故元宣慰使，已而見雲南俱平，乃與同知宋欽皆降。上仍授靄翠宣慰使，欽宣慰同知，各領所部居水西，爲貴州宣慰使，隸四川。其思州宣慰使田仁智、思南宣慰使田茂安，暨鎮遠等府，隸湖廣。普安、鎮寧等州，隸雲南。已而靄翠請兵討部落隴居，上曰：「中國之兵豈荒服報怨之具耶！」不許。

十八年（乙丑，一三八五）夏四月，思州諸洞蠻作亂，命信國公湯和、江夏侯周德興從楚王楨討平之。時蠻寇出沒不常，王師至輒竄匿，退則復出剽掠。和等抵其地，恐蠻人驚潰，乃于諸洞分屯立柵，與蠻民雜耕，使不復疑。久之，以計擒其渠魁，餘黨悉潰。師還，留兵鎮之。

三十年（丁丑，一三九七）三月，古州洞蠻林寬自號「小師」，聚衆作亂，攻龍里。千戶吳得率麾下馳擊之，中毒弩死。命左都督楊文爲征蠻將軍，都督同知韓觀副之，統京衛、江、湖兵往征。已，林寬爲指揮朱俊所縛，送京師。

冬十月，兵至沅州，伐山開道二百里，抵天柱。遂涉苗境營小坪，而以偏師別由渠陽零溪西南山徑銜枚夜發，犄角以進，分道夾攻，直抵洪州、泊里、福祿、永從諸洞，大破之。都督顧成亦勦平臻部六洞、螃蟹、天柱、天堂、大坪、小坪諸寇。班師還京。

成祖永樂元年（癸未，一四〇三）春正月，設普安安撫司，以土目慈長爲安撫，賜銀印，置流官，隸四川布政司。

三月，鎮守貴州鎮遠侯顧成奏：「金筑安撫司諸處土軍，宜一概訓練。」上以蠻人憚拘束，止之。已而以貴州安寧，特賜成銀幣。上謂侍臣曰：「漢武帝窮兵黷武，以事遠方，罷敝中國，朕無取焉。顧成老成，能持重安邊，非喜功好事之流，以是特嘉奬之。」

十一年（癸巳，一四一三）二月，設貴州等處承宣布政使司及思州、新化、黎平、石阡、思南、鎮遠、銅仁、烏羅八府，以工部侍郎蔣廷瓚爲左布政使。初，洪武中止設貴州、思南州諸宣慰使，思州所轄二十二長官司，思南所轄十七長官司，仍設都指揮使司鎮守其地。及靄翠死，妻奢香代立，宋欽死，妻劉氏代立。劉氏多智術。時馬燁以都督鎮守其地，政尙威嚴，欲盡滅諸羅，代以流官，乃以事裸撻奢香，欲激怒諸羅為兵端。諸羅果憤怒，欲反。劉氏聞止之，為走愬京師。上召問，令入宮見高皇后。復令折簡招奢香至，詢故，上曰：「汝誠苦馬都督，吾為汝除之，然何以報我？」奢香叩頭曰：「願世世戢諸羅，令不敢為亂。」上曰：「此汝常職，何云報也！」奢香曰：「貴州東北有間道，可通四川，梗塞未治，願刊山通道，以給驛使往來。」上許之。謂高皇后曰：「吾知馬燁忠無他腸，然何惜一人，不以安一方也。」乃召燁，數其罪，斬之，遣奢香等歸。諸羅大感服，為除赤水、烏撒道，立龍場九驛，達蜀。後安氏卽靄翠後也。

至永樂初，思州宣慰使田仁智子琛，思南宣慰使田茂安子宗鼎，各嗣立，以爭沙坑故，日尋兵。上遣行人蔣廷瓚往勘之，琛從廷瓚入見上白事，自言思南故思州地，當歸之，又數宗鼎罪狀。上曰：「思南舊歸明玉珍時，汝何不取以自屬，乃今言耶？且罪惡在彼，汝何與焉。亟歸守爾土，靖爾封疆，愼勿搆釁啓兵端，再犯，吾磔汝矣！」琛歸與宗鼎仇殺如故，屢禁之不能止。至是，上密遣鎭遠侯顧成率校士數人，潛入二境執琛、宗鼎去。二人既就執，城中猶寂無知者。忽一日使出，揭榜諭諸羅曰：「朝廷以二凶日搆殺，荼苦百姓，故特遣使執問狀，首惡既擒，餘一無所問，敢譁者族。」諸羅帖然。琛、宗鼎至京師，俱斬之。乃命戶部尚書夏原吉等曰：「思州、思南苦田氏久矣，不可令遺孽復踵為亂，其易為府治，改思州宣慰司爲思州府，思南宣慰司爲思南府，易置諸官僚。」遂設貴州布政司，立三司等官，治貴州宣慰司本司及思州、思南、鎮遠、石阡、銅仁、黎平六府，普安、永寧、鎮寧、安順四州，金筑安撫司及普定、新添、平越、龍里、都匀、畢節、安莊、清平、平壩、安南、赤水、永寧、興隆、烏撒、威清十五衞，普市千戶所，皆屬焉。改蔣廷瓚爲左布政使，以廷瓚會勘思州事，諳夷情也。

十四年（丙申，一四一六），設貴州提刑按察司。戶部、刑部各增貴州一司，其鄉貢附於雲南。

谷應泰曰：秦皇開邊，桂林、象郡旋沒尉氏；武帝窮兵，越嶲、牂牁僅附臣屬。或聚干戈，或通璧幣，用力若此，獲効若彼。蓋拓疆域，通文教，易稱革面，書載頑民，帝王若斯之難也。

貴州西接滇、蜀，東連荆、粤，地鹵神州，久淪荒服。特以其地皆毒霧瘴山，蠻峒夷寨，無宛馬邛竹，動中國愛慕，而其君長世樂奉藩，保不失禮，貽憂邊吏，黔遂無日通上國矣。

洪武初，湯信國使之民蠻雜耕，兵夷互習，豈非天啓荒徼，漸染華風，朝鮮將開，乃來箕子，勾吳當治，始有姬雍者與？乃宋欽妻之乘間奔朝，安奢香之聞呼赴闕，兩女子觀變決機，勇於丈夫。甚至入見高皇后，使高帝竟斬馬都督。蒲伏掖門，瞻仰天日，指陳險阨，立誓河山。開赤水之道，通龍場之驛，智溢唐蒙，功高博望。彼地有此異人，山川豈能再阻蠻方耶？

永樂中，二田復自相攻殺，金鷄命使，特遣解紛，翠華臨軒，親承戒諭，猶復怙終不遷，攻殺如故。夫亦夜郎恃遠，于闐負險，抑或天誘其衷，折入中國，閩人侵逼，南粵歸漢，延陀攻殺，敕勒入唐，廢興有數，革置有時乎？而顧成以校士數人，入執二田，繫頸檻車，寂無知者，比之介子樓蘭斷頭酒後，班超鄯善捕使中宵，天子神靈，兵威不測，斯爲至矣。此豈一時掩襲，虎穴得子，實乃二祖英武先聲奪人也。

二田授首，處分郡縣，爲布政司者一，爲府者六，爲州者四，爲安撫司者一，爲衞者十五，而黔中一省，儼然進明堂，分符瑞，受冠帶，祠春秋，廁肩內地，附麗皇輿矣。國家無斗粟介士之勞，邊臣無亡矢遺鏃之失，自古開疆廓宇，又未有若斯之易者也。然則天馬蒲桃，志寶物者不知略地；樓船橫海，志略地者不知化俗。詩曰：「日闢國百里。」伊惟二祖有焉。

明史紀事本末卷之二十

設立三衞

成祖永樂元年（癸未，一四〇三）三月，改北平行都司爲大寧都司，徙保定，以大寧故地畀三衞。大寧，故兀良哈地也。在烏龍江南，漁陽塞北。春秋時爲山戎，秦時爲遼西北境，漢爲奚所據，後魏韓車莫奚服屬契丹，唐爲奚、契丹，元爲大寧路。洪武中，元兵遁沙漠，屢侵之，乞降。高皇帝割錦、義、建、利諸州隸遼東，而於古會州、大寧地北設北平行都司，領興、營等二十餘衞所。十四年，封皇子權於大寧，爲寧王。時宋國公馮勝征納哈出，據大寧塞，列戍控制，遂築大寧、寬河、會州、富峪四城，卒破降納哈出。二十二年，封兀良哈爲三衞，處降人，而以阿扎失里等爲三衞指揮使同知。自大寧前抵喜峰，近宣府，曰朵顏。自錦、義歷廣寧，渡遼河至白雲山爲泰寧。自黃泥窪逾瀋陽、鐵嶺，至開原，曰福餘。惟朵顏最強，其貢路入自喜峰口，而市則在遼東，防其變也。後竟叛去，附於元。

燕王起兵，從劉家口徑趨大寧，不數日奄至，寧王猝出不意，降，燕王乃移王與其軍內地。盡拔降騎還北平，從戰有功，遂以三衞地畀兀良哈，使仍爲三衞，其官都督至指揮、千百戶有差，約以爲外藩，居則偵保，警則捍衞，歲給牛、具、種、布帛、酒食良厚。此棄大寧設三衞之始也。

三衞自遼、瀋抵宣府幾三千里。大寧既棄，天壽山與異域爲隣，而宣府、遼東斷左右臂，乃調營州左屯衞於順義，右屯衞於薊州，中屯衞於平谷，前屯衞於香河，後屯衞於三河。衞設左、右、中、前、後五所，仍隷大寧都司。復設東勝中、前、後三所千戶于懷仁等處守備。然諸部落已列我門庭矣。亡何，三衞復叛附阿魯台。終明之世，泰寧、福餘常與東合，而朶顔常與西合，爲中國膏肓之患，則皆三衞爲之鄉導也。

二十年（壬寅，一四二二）秋七月，上親征阿魯台，旋師討兀良哈，大破之。永樂初，福餘衞請鬻馬，令於廣寧、開原互市。尋三衞爲本雅失里所脅，掠我邊卒，上遣使諭之，納馬贖罪，然時附阿魯台出沒塞下。至是，上北征，旋師，召諭諸將曰：「阿魯台敢爲悖逆，以兀良哈爲之羽翼也，當分兵剪之。」遂簡步騎數萬，分五道往，而身率鄭亨、薛祿等將大軍邀其西。師次屈裂兒河，兀良哈驅衆數萬，西奔陷澤中，上麾騎兵前擊之，斬級數百，遂自相蹂藉，死無算。上乘高瞭望，見其衆復聚，遂張左右翼嚴陳夾攻，命吏士持神機弩伏深林，戒寇至乃發。頃寇騎突而左，左師馳之，走林中，中伏驚潰，死傷略盡。追奔三十餘里，蕩其巢而還。自是三衞稍創。

宣宗宣德三年（戊申，一四二八）九月，兀良哈犯大寧，上親征，出喜峰口，至寬河，大破之。宣德初，朶顏衛指揮哈剌哈孫等朝貢不至，武進伯朱榮鎮遼東，請掩擊之，上不許。至是，上親歷諸關塞，駐蹕石門驛。守將奏兀良哈萬衆盜邊，已入大寧經會州，將及寬河，諸將請益徵兵。上曰：「孽寇無能爲也。但謂吾邊無備，故來。若知朕在此，當驚駭走矣。今出喜峰口，路隘且險，單騎可行，若候諸軍並進，恐緩事機。朕以鐵騎三千先進，出其不意，擒之必矣。」或言三千未必足用。上曰：「兵在精不在多，三千足辦擒賊。」遂決策親征。簡士三千人，人二騎，持十日糧，夜銜枚出喜峰口，馳四十里，昧爽至寬河，距其營二十里。寇望見，以爲乘障卒，遂悉衆前。上麾鐵騎分兩翼進，夾攻之。上親射其前鋒，殪三人，飛矢雨集，神機銃疊發，寇不能當，大潰走。上以數百騎直前，寇望見黃龍旗，知上親在也，大驚。悉下馬羅拜請降，皆生縛之，斬其渠。駐蹕寬河，分命諸將窮搜窟穴。忠勇王金忠，故韃靼名王子也，及其甥都督把台請自效，上許之。或密言忠往不反矣，上不聽。忠與把台果大克獲歸。上飲以金爵，遂輟賜，顧謂侍臣：「王者宜推誠待人，漢用金日磾，庸不足法耶？」遂班師。

五年（庚戌，一四三〇），徙開平衛於獨石。洪武初，李文忠克元上都，設開平衛守之，置驛八：東曰涼亭、泥河、賽峰、黃崖四驛，接大寧、古北口；西曰桓州、威虜、明安、隰寧四驛，接獨石。永樂間，大寧既棄，而開平勢孤難守。至是，遂城獨石，徙開平衛於此，棄地蓋三百里，自是盡失龍岡、灤河之險，邊陲斗絕，益騷然矣。

九年（甲寅，一四三四）夏四月，瓦剌脫歡攻阿魯台殺之，因通兀良哈。先是，詔錮三衛罪，予自新。以泰寧衛印沒于寇，更給。兀良哈遂駐牧遼東塞。

英宗正統二年（丁巳，一四三七）十二月，福餘等衛阿魯歹等，以五百騎掠葭州、獨石，守將楊洪遮擊西涼亭，生擒百戶乞㾓里等，奪所掠，命集兀良哈貢使，戮之市。進洪都指揮同知。初，正統元年，福餘衛失印，更給如泰寧例。而脫歡遣使通兀良哈，潛伺，屢諭不悛。至是，復諭都指揮安出等縛首惡以獻。

四年（己未，一四三九）夏六月，福餘衛都指揮歹都等數言賞薄，互市失利，非永樂時比。上因使者還，敕曰：「文皇帝以爾通阿魯台，歲徵馬三千匹贖罪，爾俛首聽命。朕實爾寬，而妄意無厭，是速敗也，其亟圖改。」已而以通瓦剌，罷其部落貢獻。

九月，兀良哈犯邊，右參將楊洪追擊于白塔兒三岔口，值兀良哈五百騎，擊敗之，射死十二人，擒三人。

六年（辛酉，一四四一）冬十月，左參將黃直巡邊，至閔安山，值兀良哈三百餘騎，擊敗之，福餘衛脫火赤完哈等，假射獵，屢犯邊，至是被擒，磔於市。尋復以游騎犯寧雲扒頭崖塞，射傷戍卒，又掠牛心山。

七年（壬戌，一四四二）冬十月，兀良哈千騎自氊帽山犯廣寧、前屯等衞，守將曹義擒其將孛台。會三衞來朝，戮示之。

九年（甲子，一四四四）秋七月，兀良哈入寇，命成國公朱勇等率諸軍二十萬，分道出塞擊之。朱勇同太監錢僧保由中路，出喜峰口；興安伯徐亨同太監曹吉祥由南路，出劉家口；左都督馬諒同太監劉永誠由北路，出界嶺口；都督劉懷同太監但住由西北路，出古北口。踰灤河，渡柳河，經大小興州，過神樹，破福餘于全寧，復破泰寧、朶顏于虎頭山，出所掠萬計。而都督楊洪出黑山，俘斬安出部。各論功加秩。三衞從是寖衰，然怨中國益刺骨，因糾也先入寇，爲之鄉導矣。

十二年（丁卯，一四四七）春正月，都御史王翺同總兵曹義巡邊，抵廣寧。兀良哈伏騎林中，義擊敗之，時瓦剌也先亦東侵三衞，乃遣使敕諭之，毋爲瓦剌誘。

十四年（己巳，一四四九）三月，福餘、泰寧共潛結也先入寇，朶顏獨扼險不從。也先至，不能入，大掠二衞人畜去。其秋，旋與也先合。土木北狩，命都御史鄒來學經略京東，并設參將總兵，罷朶顏三衞互市。

景帝景泰六年（乙亥，一四五五），朶顏諸衞來朝，乞耕地及犁鏵種糧，詔予糧三十石。未幾，寇獨石。

先是，旣罷三衞互市，景泰二年，復議予貢。然三衞常竄名瓦剌使中，窺我遇北使厚，不無心望，且結婚漠北挾爲重，稍侵軼，盡沒遼河東西三岔河北故地，薊、遼多事自此始。四年，兵部尚書于謙言三衞使疊至，頗爲瓦剌間，宜令邊臣嚴備，因條上防禦事。詔自是使至，伴二三人入京，餘不得輒入關。已而泰寧衞都督僉事革于帖木兒乞大寧廢城及甲盾，謙持不可。帝重絕三衞歡，遣譯者語大寧城逼近塞，不便馳獵，又炎暑，多生疫，其甲楯須寇至乃給，謀遂沮。至是寇邊，參將葉盛督兵破走之。

憲宗成化元年（乙酉，一四六五）春二月，孛來爲三衞請賞，不許。自景泰末，三衞多與孛來通，貢使浮額，隨孛來使者走雲中，朝廷羈縻不問。至是，孛來爲請賞，敕諭四方貢使，賞有成額，三衞曩朝貢從東路喜峰口，今朶顏都督朶羅干等擅易貢道，希混賞，朝廷照例分別，又何誅焉。尋復闌入邊，遣都督李鐸往諭，至泰寧還。兵部以奉使無狀請逮治，詔貸之。

十二月，泰寧衞都督劉玉、兀喃帖木兒等，請市牛及農具塞下，幷乞賜蟒。上諭蟒衣勿與，他聽與民交易。朶顏衞兀研帖木兒因請職事，兵部覆未有成勞，例無陞授，不許。

二年（丙戌，一四六六）十二月，瓦剌遣使貢馬，挾三衞從喜峰口入。詔待以三衞禮，敕其渠阿失帖木兒無糾朶顔妄更貢道。

十四年（戊戌，一四七八）秋七月，三衛部落各請從便道入貢，幷求開市。時太監汪直方與兵部侍郎馬文升爭遼東撫勦異同，故三衛乘間挾我也。詔邊吏以朝廷恩義諭之。

孝宗弘治二年（己酉，一四八九），兵部尚書馬文升請修邊備。先是，自天順後孛來潛通三衛，屢入塞，中國羈縻不絶，誘致之，亦不敢大爲寇。至是，文升奏往歲三衛盜漠北馬，經大同、宣府，報敵老營。今兩鎮經年不報，疑彼此相通，乞于團營選馬步三千赴永平、三千赴密雲防禦，及會兩鎮巡操。從之。

十一年（戊午，一四九八）冬，朶顔入寇。先是，邊軍燒荒出塞，遇寇騎掩殺之，邊釁遂起。馬文升檄守臣分據要害，相機勦殺。仍請璽書切責三衛頭目。從之。

十七年（甲子，一五〇四）秋七月，朶顔道小王子入寇大同。上御煖閣，召大學士劉健等議出兵。李東陽言：「朶顔通潮河川、古北口，距京師一日而近，宜固根本，無遠出師自疲。」上深然之。時朶顔部落益蕃，屢侵盜，而諸部獨花當以完者帖木兒裔種最貴。花當次子把兒孫驍勇敢深入，結婚小王子，爲中國患滋甚。

武宗正德四年（己巳，一五〇九）冬，泰寧衛滿蠻率部落二萬餘，欲附居塞下避北敵。令居故鎭安堡，戒無旁嚙。其後花當部屢挾增貢，詔暫增一年，不爲額。花當部堅請，不從，乃益勾小王子與合謀。

十年（乙亥，一五一五）夏四月，朶顏把兒孫自鮎魚關毁垣入馬蘭谷，殺參將陳乾，命都督桂勇討之。巡撫順天都御史王倬謀曰：「敵知吾兵屯西，必東入。」乃命指揮葉鳳伏山下，敵果入，伏發，敗之。把兒孫遣杜禿等來請貢，且獻馬贖殺陳乾罪。兵部尚書王瓊持議，必以把兒孫償乾，乃罷兵予貢。把兒孫輒謾言，呼杜禿等去。竟予把兒孫貢，班師。亡何，復入寇，參將魏祥全軍歿，終正德世不能討。

世宗嘉靖十一年（壬辰，一五三二）十二月，朶顏三衞寇邊。先是，朶顏都督花當長子革列孛羅早死，其次把兒孫謀奪嫡不得。把兒孫尋亦死。革列孛羅子革蘭台貢馬請嗣，兵部令轉譯部落方許貢。革蘭台乃寇漁陽諸小關堡，率殘破。至是，巡撫都御史王大用欲厚創朶顏，城其霧靈山，不果。會阿堆哈利赤頻入建昌、喜峰口，恣殺掠，革蘭台又請陞秩。御史連疏詆大用，請以毛伯溫代。大用既去，諸衞益盜邊，邊人皆廢耕牧，而朶顏諸部日益橫。

二十年（辛丑，一五四一）秋七月，革蘭台求增貢衞三百人，不許；請二百人，亦不許。時剽掠塞下，聲言結小王子入寇。會俺答自雲中深入太原，邊吏恐，謬曰：「山海關諸邊無儆，亦朶顏諸衞功也。」詔補前貢失期者衞二百人。

二十三年（甲辰，一五四四），朶顏侵薊州塞。先是，薊鎮總兵郤永出塞，襲朶顏別部李家莊，斬四十餘級。李家莊零騎居近獨石，不通大部，慣盜馬，狡而善射，敵追輒走險，亦頗爲我捍邊。是役藉怨轉與敵合，而遼東塞亦以朶顔故頻邊警。

二十六年（丁未，一五四七）冬十月，朶顔益結海西諸部，出沒遼東、西塞。無何，革蘭台死，子影克襲。故事，三衞以貢時身受職，至革蘭台父子始遣人代請。而影克剽悍踰于父，益誘俺答大入塞。

二十九年（庚戌，一五五〇）九月，始置薊遼總督，以薊州、保定、遼東三鎮隸焉。改孫襘爲兵部侍郎，總督薊遼。未幾，以何棟代之。初，俺答逼都城，數言遼陽軍。遼陽軍者，俺答所呼朶顔也。至是始設薊遼總督，以兵戍之。然朶顔部時時犯塞，咸寧侯仇鸞詗知影克實首禍，欲發兵掩之。何棟曰：「朶顔犬羊也，縱有反覆，爲患尚小。若剪除朶顔，漠北窺隙，必且憑爲巢穴。是毀藩籬，延寇以自近也。」上從棟言。已而，棟設計擒叛人哈舟兒、陳通事，傳首九邊。

三十六年（丁巳，一五五七）三月，土蠻打來孫始收三衞，導入薊州長林口，踰建昌，營灤河，掠永平諸邑。

三十八年（己未，一五五九）二月，薊州塞警。自練兵議起，鎮兵減什之二，而春防視秋防，又殺什之五，以故最單弱。把都兒、辛愛擁數萬騎，以朶顔影克爲鄉導，入寇。總督侍郎王忬所遣偵諜皆被殺，遂薄塞下。忬疏請援兵，大學士嚴嵩謂忬掞寇爲重，欲坐糜金錢。不報。敵騎度灤水，由潘家口入，大掠薊。忬遣總兵馬芳等以輕兵八千，夜馳出其後牽之，遂不敢深入，三日引去。忬兵尾而擊之，頗有斬獲。詔逮忬及總兵歐陽安，俱論死。

六月，改宣大總督楊博于薊遼。博聞命馳至鎮，區畫戰守。以朶顏諸衞每外通，不爲我用，乃約諸帥同時舉烽燧，揚旄纛，自居庸至山海關，彌漫千餘里，旌旗蔽空，砲石震山谷。如是者三，漠北大駭，以爲邊兵頓增益，終歲不敢近塞。

三十九年（庚申，一五六〇）三月，影克復糾把都兒、辛愛等犯一片石，參將佟登禦却之。

四十年（辛酉，一五六一）冬十月，影克糾東西數萬騎，潰牆子嶺而入，大掠通州，總督侍郎楊選逮論死。

穆宗隆慶元年（丁卯，一五六七）九月，朶顏董狐狸糾土蠻數萬騎入界嶺口，援師四集，引還失道，墜崖死者甚衆。董狐狸亦革蘭台子也，時影克出義院口，邊軍以火鎗擊之，斃，而子長昂與狐狸頡頏。

二年（戊辰，一五六八）夏四月，以侍郎譚綸爲總督，拜戚繼光大將軍，專理練兵。綸上言：「今之策邊防者，皆日乘障。夫薊、昌見卒不滿十萬，而老弱且半，散布于二千里之間，畫地而守。彼以十萬衆攻我一軍，欲不破不可得也。故臣以爲禦敵莫如游兵，燕、趙之士，自邊警以來，銳氣盡矣。非募吳、越習戰卒萬二千人雜教之，必無成功。此萬二千人者，臣與戚繼光召可立至，用之可立效，散之歸農，可使無後憂。而時方虞其有他，是尙疑臣與繼光不可信，安能勝敵。夫我兵素未一當敵，戰而勝，彼不心服，再破之，乃終身創矣。」繼光亦上言：「邊鎭之卒，壯者役于私門，老弱僅以充伍，有火器而不能用，棄土著而不能練。弓矢之力，不強于賊，而與賊共之，且不知兵法長以衞短、短以救長之數。敎練之法，實用則不美觀，美觀則不實用，今皆虛名耳，其實無有也。臣又聞薊之地有三，平易交衝，內地之形也；險易相半，近邊之形也；山谷仄隘，林薄蓊翳，邊外之形也。敵入平原利于車，在近邊利于騎，在邊外利于步，三者迭用，乃可制勝。今邊兵惟習馬耳，未閑山戰谷戰林戰之道；惟浙兵能之。臣發迹浙江，思用浙人，願陛下更予臣浙江殺手三千，鳥銃手三千，更于西北召募得馬軍五枝，步兵十枝，聽臣統練。方今朝議紛呶，易于改絃，而臣擁重兵，易生嫌二，請設監軍科道官一人以督臣，使臣無掣肘虞。」疏上，俱報可。綸、繼光浚隍增陴，邊備甚設，而時俺答亦奉款，迄隆慶，三衞修職謹，邊鄙稍息。長昂襲職爲都督。

神宗萬曆元年（癸酉，一五七三），董狐狸索賞喜峰口，啓釁。總兵戚繼光猝勒兵青山圍之，狐狸以身免。尋縛首惡獻，予款，始改喜峰口守備爲參將，彈壓之。

三年（乙亥，一五七五）二月，總兵戚繼光追逐長昂墜馬，幾獲之，跳而免，馳去。生縛其叔長禿，羈董家口，昂納馬鑽刀盟，乃釋之。已長禿復叛，合董狐狸縱掠。

六年（戊寅，一五七八）二月，泰寧衞速把亥犯遼東，總兵李成梁直擣劈山，大創之。長昂勒賞，阻諸部入貢。遣弟蟒金率精騎窺喜峰西，掠前屯，薄山海、一片石。

十一年（癸未，一五八三）五月，泰寧衞伯言把都糾衆花大等，大舉攻鎭寧堡。伯言故速把孩子也。先是速把孩入鎭彝堡，李成梁遣裨將李平胡逆之，射速把孩中脇墜馬，蒼頭李有名斬之。至是報仇，入犯，成梁出兵黑山佯爲北伐，而夜遣李得全馳入鎭寧爲內應，旦日親自搏戰，李寧以刀擊花大傷額，復貫矢中膊，大哭失聲遁。既而伯言復偕長昂、董狐狸三萬騎犯廣寧，殺掠吏士一百二十有奇，李平胡跳擊之。會大風揚沙，晝晦，頃之，雷雨大作，水深數尺，走出塞。時三衞屬部八十餘種，而昂與董狐狸兵最強，然部落不踰萬。

十二年（甲申，一五八四）春，董狐狸犯前屯，錦、義備禦祖承訓擊敗之，總兵李成梁追奔太康大定堡，多斬獲。

八月，長昂入下莊，總兵楊四畏、副總兵徐從義擊卻之，追至老鴉嶺而還。已復糾哈不愼等數萬騎，以打牲爲名，圖盜邊。會上視山陵，昂往來紅螺山射獵，調部落東西馳甚恣也。然亦以犯邊罷賞，頗窘。

十三年（乙酉，一五八五）夏四月，伯言把都復入塞，遊擊周思孝逐之，走遼河，河深不能猝渡。李成梁追襲之，從丁字泊堡出，布陣爲一二字，一字衝鋒，二字繼進。伯言望見兵至，跳騎挑戰，成梁馳之，巡撫李松趨二字陣，鼓行而前，大敗之，斬首八百級，得名王扯𢓡、孛來等十三人。

六月，董狐狸率其屬三百餘，叩關脫帽，請甚哀，言犯遼皆東西部落同姓名者，非其罪，願得奉撫賞。長昂以李成梁聲搗穴，一夜數徙帳，亦哀請款。及已得撫，則愈驕。

十四年（丙戌，一五八六）春正月，花大、伯言等復糾土蠻犯前屯，李成梁選輕騎出塞，繞其後，而自率兵當之，夾擊，大敗走。

九月，伯言把都復入塞，攻鎭彝堡，邊軍禦之，三晝夜不解甲，復大敗去。伯言痛哭曰：「阿父怨終不可報矣。」

十八年（庚寅，一五九〇）春正月，長昂部落入貢，奪賞會同館，大譁，欲殺禮部尙書于愼行，主事張我續諭解之。

長昂遣弟𤜱兔撥計來詗盟，石門遊擊陳愚聞紿執通事張五烈等戮之。長昂同弟蟒金犯董家口。

二十二年（甲午，一五九四）冬十二月，伯言復入塞，總兵董一元伏精騎鎭武堡，俟其深入，士卒從中起，循牆而進，搏戰，大敗之。伯言中流矢死。哨騎生得伏諜郎打兒罕等七人。

郎打兒罕，長昂心膂也，昂願革二年舊賞請贖，上幸許，昂自是稍戢。

二十四年（丙申，一五九六）冬十月，福餘衛伯牙兒挾賞羅文峪，拒卻之。尋以千騎突青山口，連犯扒頭崖、三道嶺，並失利去。

二十九年（辛丑，一六〇一）冬十月，伯牙兒妻唐翠阿不亥叩關求款，命給半賞。

十二月，長昂求款，命復朶顏諸衞馬市木市于寧前。已而獐兔撥計修石門郗，掠車廠莊，總兵尤繼先出塞至紅草溝，擊斬八十有奇，昂與蟒金代叩關。

三十四年（丙午，一六〇六）冬十一月，撥計挾賞葦子谷。長昂、蟒金復勾西部班不來世等萬騎犯山海關，總兵姜顯謨擊之。時督稅太監高淮在遼東聞警，倉卒調兵自衞，及長昂退，稱斬獲功。未幾，長昂圍獵墜馬死，子賴暈歹踵昂轍，同蟒金糾阿鎭等挾賞擦崖子關。

三十六年（戊申，一六〇八）冬十一月，賴暈歹入建昌河流口，大掠而去，復糾插漢鬼台吉等，入寇連山驛，總兵杜松出中左所長嶺山，夜至哈流兔襲拱兔營，大斬獲。然諸部益閧，因入大勝堡。總督侍郎王象乾諭諸部各聽撫，專勦賴、蟒，賴、蟒勢孤，乃屬西部啞拜台吉請款。

四十年（壬子，一六一二）十一月，蟒金、賴暈歹乘邊軍燒荒，入圍山堡，縱掠曹莊，寧遠參將李應選失亡官軍九十人。

四十一年（癸丑，一六一三）春三月，朶顏衞頭目脫來、福餘衞頭目火燒赤各授指揮僉事，賜敕。

四月，炒化、宰賽、煖兔等以三萬騎屯玉文谷，陷七臺，殺千總佟修鳳等，邊軍失亡五百人。

朶顏滿旦孌只亦連犯掛甲嶺、麻郎谷。

四十三年（乙卯，一六一五）夏六月，遼東邊將率兵出獵曹莊，蟒金乘機入犯，殺掠五十餘人，喪卒二百二十餘人。

十二月，杜松擊火落赤于柳門，敗之。

四十六年（戊午，一六一八）夏四月，滿旦及男溫布台吉等，睥睨石塘間，而馬蘭亦報蟒金聲犯桃林、界嶺，薊鎭戒嚴。未幾，石塘遊擊朱萬良調援遼，滿旦母子益恣，以萬騎攻白馬關及高家堡。頃之，尋盟。蓋自隆慶來，長昂稱梟桀，雄塞上，垂四十年，而土蠻部落如虎墩、炒花、宰賽、煖兔輩東西颺動，邊吏疲于奔命。至滿旦以一婦躑躅曹、石間，竟不可制，然亦自此漸微弱，不能自立矣。

明史紀事本末卷之二十一

親征漠北

成祖永樂元年（癸未，一四〇三）春二月，遣使齎璽書往諭韃靼可汗鬼力赤，賜金綺四，幷敕太師右丞相馬兒哈（咱）〔咱〕（據永樂實錄卷十六改）、太傅右丞相也孫台、太保樞密知院阿魯台等以遣使往來意，各賜文綺二。未幾，犯遼東塞。十月，寇永平。是時鬼力赤非元種，其臣不肯下。已而鬼力赤與阿魯台擊瓦剌馬哈木，戰大敗。馬哈木、阿魯台皆遣人入貢。

閏十一月，阿魯台寇灰溝村、黃甫川。

三年（乙酉，一四〇五）春正月，阿魯台部落掃胡兒來歸，且告鬼力赤聞兀良哈內附，遂相猜防，數遣人伺塞下。令謹備之。

四年（丙戌，一四〇六）春三月，書諭鬼力赤可汗，不報。時諸部不服鬼力赤，阿魯台執而殺之，遂迎立蒙古族本雅失里，以阿魯台爲大師，始與中國不通。瓦剌馬哈木與阿魯台勢不相一，遂各相讐殺。

六年（戊子，一四〇八）春三月，遣鴻臚寺丞劉帖木兒不花以織金文綺，持璽書，諭本雅失里，不報。都督僉事吳允誠子答蘭、柴秉誠子別立哥請出塞自效，從之。允誠初名把都帖木兒，秉誠初名倫都兒灰，皆降人也。

七年（己丑，一四〇九）夏四月，遣都督指揮金塔卜歹、給事中郭驥以綵幣齎書諭本雅失里，并賜阿魯台、馬兒哈（咱）〔咱〕、脫火赤、哈失帖木兒等綵幣，竟殺驥。

五月，封瓦剌馬哈木爲順寧王。

秋七月，以淇國公丘福爲大將軍，武城侯王聰爲左副將軍，同安侯火眞爲右副將軍，靖安侯王忠、安平侯李遠爲左右參將，帥師北征。陛辭，上密授以方略，且戒之曰：「毋失機，毋輕犯，毋爲所紿。一舉未捷，俟再舉，爾等愼之。」

八月，丘福出塞，率千餘騎先至臚朐河南，遇游兵與戰，敗之。福遂乘勝渡河，又獲間我者尙書一人，福飲之酒，問：「本雅失里今安在？」尙書詐言：「本雅失里聞王師來，北遁，去此未遠，可三十里。」福大喜曰：「當疾馳擒之。」時諸軍未集，諸將皆恐，李遠曰：「將軍輕信諜者，孤軍深入，進必不利，莫若結營自固，以待我軍畢至。」王聰亦力言不可。福不聽，先馳馬揮士卒行，諸將不得已，與之俱行，大衆奄至，圍之，李遠、王聰率五百騎突陣，聰戰死，丘福及火眞、王忠、李遠竝被執死，全軍皆沒。事聞，上大怒，以書諭皇太子曰：「比遣丘福北征，以其久在兵間，必能任事，何意福違棄朕言，孤軍輕進，安平侯等泣諫不從，遂皆陷沒。若不早舉殄滅之，邊患未已，今選將練兵，來春朕決意親征。」

冬十月，詔戶部尚書夏原吉議北征糧運。上曰：「近工部所造武剛車，足可輸運，然道遠人力爲難。朕欲以所運糧，沿途築城貯之，量留兵守，以俟大軍之發。」於是原吉議用武剛車三萬輛，約運糧二十萬石，踵大軍行。每十日程築一城，斟酌貯糧，以候軍還。上然之。

八年（庚寅，一四一〇）春正月，以皇長孫留守北京，命夏原吉兼掌行在六部及都察院事輔之。丁未，車駕發北京親征，學士胡廣、庶子楊榮、諭德金幼孜從。

三月，出塞，次淩霄峰，登絕頂，望漠北，萬里蕭條，顧廣等曰：「元盛時，此皆民居也。」至清水原，其地水鹹苦，不可飲，人馬皆渴。明日，營西北二里，有泉湧出，甚甘冽，軍中賴以不困。上取親嘗之，賜名神應泉。

四月，次長清塞，地極北，夜望北斗已在南矣。師次闊灤海，其水周圍千餘里，斡難、臚朐，凡七河水注其中。

五月丁卯朔，入臚朐河，哨馬略黃峽，遇寇騎，得箭一矢、馬四匹而還。甲戌，指揮款台略玉華峯，擒一騎譯之，始知寇在兀古兒札河，大兵遂渡飲馬河。乙亥，以淸遠侯王友駐兵河上，留金幼孜營中。上以輕騎前進，人賷二十日糧，以方賓、胡廣隨。戊寅，至兀古兒札河，本雅失里先遁，夜倍道追之。己卯，至斡難河，元太祖始興之地也。本雅失里率衆拒戰，上麾前鋒迎擊，一鼓敗之，本雅失里棄輜重，以七騎渡河遁去。

六月，班師至飛雲壑，阿魯台復來戰，上率精騎衝陣，大呼奮擊，阿魯台墮馬復上，我師乘之，追奔百餘里，斬其名王以下百數十人，阿魯台攜家屬遠遁。時熱甚乏水，軍士饑渴，遂收兵還營。己酉，車駕發廣漠，時殘騎尚出沒尾我，上命伏兵河曲，佯以數人載輜重誘之，上按精兵千餘最後發。寇望見大兵渡河，貪所載物，競趨而至，伏發，倉皇走，上率兵扼之，奔渡河，馬陷入泥淖，生擒數十人，遂無敢窺我後。師次擒(狐)〔胡〕山(據鴻猷錄卷八改)，上令勒銘曰：「瀚海爲鐔，天山爲鍔，一掃(風)〔胡〕(據鴻猷錄卷八改)塵，永清沙漠。」次清流泉又勒銘曰：「於鑠六師，(禁暴止侮)〔用殲醜虜〕(據鴻猷錄卷八改)。山高水清，永彰我武。」會軍士乏食，上令以所儲供御糧(鈔)〔炒〕(據鴻猷錄卷八改)散給之，下令軍中糧(鈔)〔炒〕多者許借貸，還京倍酬其直，軍中賴之。上在師中，每日暮猶未食，中官具進膳，上曰：「軍士未食，朕何忍先飽！」

七月，還次開平，宴勞將士。上曰：「朕自出塞，久素食，非乏肉也。念士卒艱食，朕食肉豈能甘味，故寧已之。」車駕還至北京。

九年(辛卯，一四一一)冬十二月，阿魯台遣使來納款，且請得部署女直、吐蕃諸部。上以問左右，多請許之，黃淮獨不可，曰：「此屬分則易制，合則難圖矣！」上顧左右曰：「黃淮如立高岡，無遠不見。諸人處平地，所見惟目前耳！」乃不許阿魯台之請。

十年（壬辰，一四一二）秋九月，瓦剌順寧王馬哈木滅本雅失里，立其族答里巴，馬哈木實專政。

十一年（癸巳，一四一三）秋七月，上巡北京，敕阿魯台無以丘福事懷慮，比之漢呼韓邪、唐阿史那社爾，賜金錦諭意。先是，阿魯台爲瓦剌攻敗，窮蹙，以其妻孥部落奔竄而南，保息塞外。于是遣使奉表稱臣，貢駝馬。上言馬哈木滅本雅失里之罪，請討之。上曰：「阿魯台勢窮來歸，非其本心。然天地覆育，豈有所擇。」納其貢使，封爲和寧王，賜金帛，仍居漠北。」瓦剌馬哈木怨阿魯台朝貢不至。

十二年（甲午，一四一四）春二月，詔親征瓦剌，以安遠侯柳升、武安侯鄭亨將中軍，寧陽侯陳懋、豐城侯李彬領左右哨，成山侯王通、都督譚青領左右掖，都督劉江、朱榮爲前鋒。

三月，車駕發北京，皇太孫從，上謂侍臣曰：「朕長孫聰明英睿，勇智過人。今肅清沙漠，使躬歷行陣，見將士勞苦，征伐不易。」又謂胡廣、楊榮、金幼孜曰：「每日營中閒暇，爾等卽以經史於長孫前講說，文事武備，不可偏廢。」夏四月，駐蹕興和，大閱，五軍盡出塞。五月，師次楊林城。上閱武之暇，皇太孫侍，語及創業守成之難。

六月三日甲辰，師至撒里怯兒之地，前鋒劉江遇敵三峽口，擊走之。上度其必大至，嚴陣以待。乙巳，獲諜，知馬哈木距此百里，兼程赴之。戊申，發蒼崖峽，次〔忽〕蘭忽失溫（據國榷卷十六補）。答里巴、馬哈木、太平、孛羅掃境以三萬人來戰，頓山巔不敢發。上遣鐵騎挑之，敵奮而下，安遠侯升以神機砲斃其騎數百，上率鐵騎乘之，遂敗却。武安侯亨追擊，中流矢退；寧陽侯懋、成山侯通率兵薄其右掖，不動；豐城侯彬、都督青攻其左，敵殊死戰，都指揮滿都死。上遙見，率鐵騎馳擊，呼聲動天地，馬哈木不能支，大軍乘之，遂大潰走。追至土剌河，生擒數十人，馬哈木乘夜北遁。時瓦剌雖大創去，然殺傷亦略相當。夜二鼓，上還帳中，遂下令班師。壬子，師出三峽口，餘衆復聚山上，數百人據海子，諸軍以火銃擊之遁去。還至飲馬河，阿魯台遣頭目鎖住等來朝，言阿魯台有疾，不能至。上遣使賜之米百石、驢百匹、羊百牽，別賜其部屬米五千石，慰撫甚厚。是役也，內侍李謙恃勇，引皇太孫於九龍口臨戰，幾危，上大驚，急追回大營，謙懼罪，自經死。師次黑山峪，頒詔天下。己亥，駐蹕沙河，皇太子遣兵部尚書金忠等迎表至。八月，上還北京。

十三年（乙未，一四一五）冬十月，瓦剌馬哈木遣使貢馬謝罪。瓦剌使者言馬哈木慮阿魯台與中國和好，將爲己害，擬率衆至斡難河北，俟冬襲阿魯台。敕鎮守寧夏寧陽侯陳懋防邊，大同、開平、遼東皆如之。

十四年（丙申，一四一六）春三月，阿魯台遣使奏戰敗瓦剌，獻所俘人馬，特使宴勞彩幣。

秋九月，瓦剌順寧王馬哈木、賢義王太平、使臣觀音奴不哈來朝，辭還。賜鈔爲道里費，遣使齎璽書同往，諭以順逆禍福之道，賜綵幣。

十五年（丁酉，一四一七）秋八月，瓦剌順寧王馬哈木死，以其子脫歡襲順寧王。

十九年（辛丑，一四二一）冬十月，阿魯台叛，數寇邊。初，阿魯台爲瓦剌所攻，窮蹙南竄。久之，生聚蕃富，遂桀驁。每朝使至，輒嫚侮或拘留苦之。時時部落出沒塞下，爲寇。上嘗諭其使還語阿魯台，竟不悛。至是，大舉圍興和，都指揮王祥戰死，上遂議親征。

十二月，上命大臣集議，戶部尚書夏原吉等共議，宜且休養兵民，嚴敕邊將備禦，未奏。會上召兵部尚書方賓，賓言：「今糧儲不足，未可興師。」遂召原吉問邊儲多寡，對曰：「僅給將士備禦之用，不足以給大軍。」且言：「頻年師出無功，戎馬資儲，十喪八九。災眚間作，內外俱疲。況聖躬少安，尚須調護，勿煩六師。」上不懌，令原吉往視開平糧儲。既而刑部尚書吳中入對，與方賓同，上益怒。賓懼，自縊。命錦衣官取原吉還，至則方啓廒理儲，錦衣促之，原吉曰：「姑俟畢此，不然，恐有侵盜。死吾安之，不以累公。」及至，上問親征得失，具對如初。上令同中繫于掖庭獄。時禮部尚書呂震數乘間言賓與中、原吉皆儉邪誣罔，上信之，命戮賓尸。將殺原吉，召楊榮問原吉平昔所爲，榮力言其無他，怒稍釋，置不問。

二十年（壬寅，一四二二）春二月，命英國公張輔等議北征餽運，輔等議分前後運，前運隨大軍行，後運繼之。前運總督官三人，隆平侯張信、尚書李慶、侍郎李昶。車運騾運各分官領之，領車運者二十六人，泰寧侯陳愉、都御史王彰等；領驢運者二十五人，鎮遠侯顧興祖、尚書趙狃等。後運總督官二人，保定侯孟瑛、遂安伯陳英等。各率騎兵千人，步兵五千人護行。凡前後運用驢三十四萬，車一十七萬七千五百七十三輛，挽車民夫二十三萬五千一百四十六人。運糧凡三十七萬石，並出塞分貯。

三月丁丑，親征阿魯台。戊寅，車駕發北京。辛巳，師次鷄鳴山。阿魯台聞上親征，遂夜遁。諸將請追之，上曰：「彼非有他計，譬諸狼貪，一得所欲，急走，追之徒勞。少俟草青馬肥，道開平，踰應昌，出其不意，直抵窟穴，破之未晚。」

四月辛丑，師次龍門，戍卒言阿魯台倉卒遁去，遺馬二千餘匹於洗馬嶺。敕宣府指揮王禮盡收入城。

五月辛酉，師次獨石，端午，賜隨征文武羣臣宴。乙丑，師度偏嶺，命將士獵於道旁山下。丁卯，大閱諸將。戊辰，觀士卒射，有一卒三發皆中，賜牛羊銀鈔。上親製平戎曲，俾將士歌之。辛未，師發隰寧西涼亭。西涼亭者，故元往來巡遊之所。上望其頹垣遺址，樹木鬱然，謂侍臣曰：「元氏創此，將遺子孫爲不朽之圖，豈計有今日？書云：『常厥德，保厥位，厥德靡常，九有以亡。』況一亭乎！」因下令禁軍士斬伐樹木。癸酉，次閔安，下令軍中樵牧不得出長圍外。時營陣大營居中，營外分駐五軍，建左右哨掖以總之。步卒居內，騎卒居外，神機營在騎卒之外，神機營外有長圍周二十里。癸未，師發威鹵鎮，次行州，命戶部以山西、河南、山東所運糧六萬餘石儲于山海。

六月癸巳，師次威遠川，開平來報阿魯台進攻萬全，諸將請分兵還擊之，上曰：「此詐也。彼方慮吾搗巢，故爲牽制之術。」疾驅之，果遁去。

七月己未，師次煞胡原，前鋒都督朱榮等獲阿魯台部屬，送御營，備言阿魯台聞大軍發，所部日憂懼，有散去者，其母及妻皆罵曰：「大明皇帝何負爾，而必欲爲逆？阿魯台盡棄其馬駝牛羊輜重於闊灤海，與其家屬北走矣。」上曰：「獸窮則走，然或挾詭謀，示弱誤我，不可不備。」前哨繼獲其部曲，亦言悉衆夜遁，乃召都督朱榮、吳成等還，發兵盡收所棄牛羊駝馬，焚其輜重，命旋師。簡精兵還擊兀良哈，大破之。事見設立三衞。詢降騎言屈裂河東北深谷，有賊千餘人，令寧陽侯懋以騎兵五千追之。懋率精騎伏隘中，以羸兵輜重誘之。方接戰，發伏，大潰走，斬獲過半。

八月，以班師，遣書諭皇太子，頒詔天下。

九月，上入居庸關，次龍虎臺，饗隨征將校，京師文武大臣迎見，上乘法駕入京城。（十二月，阿魯台殺其主本雅失里，自稱可汗。（按：永樂十年九月，本雅失里已被殺，此係衍文。）

二十一年（癸卯，一四二三）夏四月，瓦剌脫歡攻阿魯台，敗之。

秋七月，諜報阿魯台將犯邊，上曰：「去秋親征，彼意吾不能復出，當亟馳塞外待之。」命安遠侯柳升、遂安伯陳英將中軍，武安侯鄭亨、成國公朱勇、英國公張輔、成山侯王通將左右軍，寧陽侯陳懋將前鋒，從征阿魯台。

八月壬子，宴大營五軍諸將，因大閱。癸丑，發京師，命大學士楊榮掌軍中機務。丙寅，發宣府，次沙嶺，賜諸將內廐馬。戊辰，次萬全。

九月，師次沙城，知院阿失帖木兒、古納台等率其妻子來降，言：「今夏阿魯台爲瓦剌所敗，部屬潰散無所屬。今聞大軍復出，必疾走遠避，豈復萌南向之意。」上命賜之酒，俱授正千戶。

冬十月，師次上莊堡，先鋒陳懋知寇在飲馬河北，爲瓦剌所敗，追至宿嵬山口，遇韃靼王子也先土干率妻子部屬來歸。懋引入見，上喜，謂羣臣曰：「遠人來歸，宜有以旌異之。」乃封爲忠勇王，賜姓名金忠。以其甥把罕台爲都督，其部屬察卜等七人皆爲都指揮，賜冠帶織金襲衣。上曰：「昔唐突厥頡利入朝，太宗言胡、越一家，有矜大自得之意，朕所不取。唯天下之人，皆遂其生，邊境無患，兵甲不用，斯朕志也。」遣書諭皇太子，以也先土干納款之故，遂下詔班師，發萬全。十一月，次懷來。甲申，還京師。

二十二年（甲辰，一四二四）春正月，阿魯台寇大同。初，忠勇王金忠來歸，屢言：「阿魯台弑主殘民，數爲邊患，請討之，願爲前鋒自效。」上曰：「卿意甚善，但師出須有名，文帝嘗言漢過不先，姑待之。」至是，大同守將奏阿魯台侵塞，遂大閱，議北征。命安遠侯柳升將中軍，遂安伯陳英副之；英國公張輔領左掖，成國公朱勇副之；成山侯王通領右掖，興安伯徐亨副之；武安伯鄭亨領左哨，保定侯孟瑛副之；陽武侯薛祿領右哨，新寧伯譚忠副之；寧陽侯陳懋、忠勇王金忠爲前鋒，從征阿魯台。

夏四月戊申，詔命皇太子監國，發京師，大學士楊榮、金幼孜從。庚午，師次隰寧，忠勇王金忠所部指揮同知把里禿等獲諜者，言：「阿魯台去秋聞朝廷出兵，挾其屬遁。及冬，大雪丈餘，人畜多死，部曲離散。比聞大軍且至，復遁往答蘭納木兒河，趨荒漠以避。」遂命諸將速進。以獲諜功，陞把里禿爲都指揮僉事。

五月己卯，次開平，遣中官伯力哥齎敕往諭阿魯台部落曰：「王師之來，止罪阿魯台一人，頭目以下輸誠來朝者，優與恩賚。」命柳升率軍士拾道中遺骸，爲叢塚瘞之，上親爲文祭焉。」

六月戊午，進次玉沙泉，上以答蘭納木兒河已近，令諸將各嚴兵以俟。己未，命陳懋、金忠率師前進，戒之曰：「兩軍相當，彼投戈下馬者皆良民，勿殺。如其來敵，先以神機銃攻之，長弓勁弩繼其後。遇阿魯台亦生擒以來。」庚申，懋等遣人奏言：「臣等已到答蘭納木兒河，彌望惟荒塵野草，車轍馬跡亦多漫滅，其遁已久。」上遣張輔、王通等分兵山谷大索。仍命陳懋、金忠前行覘賊，車駕進駐河上以俟。張輔等相繼引兵還奏：「臣等分索山谷，周圍三百餘里，一人一騎之迹無睹者。」癸亥，陳懋、金忠亦還奏：「引兵抵白邙山無所遇，以糧盡故還。」張輔奏：「願假臣一月糧，率騎深入，罪人必得。」上曰：「今出塞已久，人馬俱勞，北地早寒，一旦有風雪之變，歸途尚遠，不可不慮。卿等且休矣，朕更思之。」甲子，召輔等諭旋師。時軍士乏食，楊榮請供御之贏盡給之，令軍中有餘者貸不足，入塞官倍償之，衆賴以濟。上悅。秋七月庚辰，淸水源道旁有石崖數十丈，命大學士楊榮、金幼孜刻石紀功，曰：「使萬世後知朕親征過此也。」丁亥，次翠微岡，上御幄殿，憑几而坐，大學士楊榮、金幼孜侍。上顧內侍海壽問曰：「計程何日至北京？」對曰：「其八月中矣。」上頷之。既而諭楊榮曰：「東宮涉歷年久，政務已熟。還京後，軍國事悉付之。朕惟優游暮年，享安和之福。」戊子，上次雙流濼，遣禮部尚書呂震齎書諭皇太子，幷詔告天下。己丑，次蒼崖，上不豫，下令大營五軍將士嚴部伍，謹哨瞭。庚寅，次楡木川，上大漸，召英國公張輔受遺命，傳位皇太子。辛卯，上崩。

明史紀事本末卷之二十二

安南叛服

成祖永樂元年（癸未，一四〇三）閏十一月，封黎蒼爲安南國王。

安南古交趾地，唐、虞時曰南交，秦爲象郡。漢初，南越王趙佗據之，武帝平南越，置交趾、九眞、日南三郡，設刺史。建武中，任延、錫光爲守，教民耕種，制冠履，漸立學校。女子徵側、徵貳反，馬援討平之，立銅柱爲界。建安中，吳分立廣州，而徙交州，治龍編縣。唐初，改安南都尉府，屬嶺南，安南之名始此。唐亡，爲南漢劉隱所幷，未幾，國內亂，擁立豪渠丁部領。宋乾德初，南漢平，上表內附。黎桓篡丁氏，李公蘊又篡黎氏。公蘊死，孫日尊嗣，淳熙間封爲安南國王，安南之爲國自此始。再傳無子，一女壻陳日煚。王死，女主國事，日煚得立。再傳爲日烜，僭稱越皇帝。累世名皆取日，下易一字，從火上陽之義，亦效日尊而然也。元世祖平雲南，遣人召之入覲，不行，大發兵，遣其將脫懽等討之，十七戰皆捷。日烜棄城遁入海，以糧運不繼還。日烜歸國，勢復振。日烜卒，子日尊嗣，曰：「吾祖舊名也。」自是爲藩臣，貢獻不絕，封安南國王。日尊卒，子日燇立。

洪武初，漢陽知府易濟頒詔安南，日煃遣使朝貢，上嘉之，封日煃安南國王。日煃卒，兄子日熞嗣，荒淫不治，其兄叔明逼死之，自立。上曰：「叔明王法所必誅，速擇日熞親賢立之。」叔明懼，請老，傳政弟日煓。日煓卒，弟日煒嗣，而叔明實耑制國事，與占城搆兵十餘年，數侵思明地。叔明卒，日煒爲國相黎季犛所弒，立叔明子日焜。季犛，叔明壻也。上曰：「叔明弒日熞而有其國，今季犛又殺日煒矣，復以禮待，是厚助亂賊也。」遣行人呂讓移書責之。未幾，日焜亦爲季犛所弒，立其子顒，又弒顒立其幼子𡨺，在襁褓中，又斃之，因大殺陳氏。自爲舜裔胡公滿之後，國號大虞，紀元天聖，上表竄姓名爲胡一元，子蒼易名奃，稱皇帝，自稱太上皇。至是，詐稱陳氏絕，奃爲陳氏甥，求權署國事，上不虞其詐，許之。

二年（甲申，一四〇四）夏六月，胡奃遣使奉表歸思明侵地。

八月，老撾軍民宣慰使（刁綫）〔刀線〕歹（據永樂實錄卷三十改）遣使護前安南王孫陳天平來朝，奏曰：「臣天平前安南王日烜之孫，天明之子，日煃弟也。日煃恭遇天朝，率先歸順，太祖高皇帝封爲安南王，賜之章印。數傳至日焜，賊臣黎季犛當國，擅作威福。日焜稍抑損，季犛弒之，立其子顒。未幾，復弒顒而立𡨺，蒙然幼稺，尚在襁褓，季犛父子乃大殺陳氏宗族，并𡨺弒之，而取其位，更姓名胡一元，子曰胡奃。臣以先被棄斥，越在外方。季犛父子志圖簒奪，臣幸以遠外見遺。臣之僚佐，激於忠義，推臣爲主，以討賊復讐。方議招軍，而賊兵見逼，倉皇出走，左右散亡。逆黨窮追，遣兵四索，臣竄伏窮荒，採拾自給，饑餓困阨，萬死一生。度勢少息，稍稍間行，艱難跋踄，以達老撾。其時老撾多事，不暇顧臣，瞻望朝廷，遠隔萬里，無所控告，屢欲自絕，苟且圖存，延引歲月。忽讀詔書，知皇上入正大統，率由舊章，臣心欣忭，有所依歸。伏念先臣受命太祖高皇帝，世守安南，恭修職貢。此賊造逆滔天，陳氏宗屬橫被殲滅，存者惟臣，臣與此賊不共戴天。」因叩頭流涕，上憐而納之。安南故臣裴伯耆亦來告急，請討黎季犛，願爲前驅效死，自比申包胥。

冬十二月，安南遣賀正旦使者至，上令禮部出陳天平見之，使者識其故王孫也，皆錯愕下拜，有感泣者。裴伯耆亦責使者以大義，皆惶恐不能對。上聞之，謂侍臣曰：「安南胡奃初云陳氏已絕，彼謂其甥權理國事，請襲王封，朕固疑之。及下詢其陪臣父老，皆對曰可，乃下詔封之。今聞弒主篡位，暴虐國人，而臣民共爲蒙蔽，是一國皆罪人也。」

三年（乙酉，一四〇五）春正月，遣御史李琦、行人王樞齎敕往安南問胡奃篡奪陳氏之故。

六月，安南胡奃遣使阮景眞隨御史李琦上表謝罪，請陳天平歸國，仍命行人聶聰齎敕往諭胡奃。

十二月，安南胡奃復遣阮景眞隨行人聶聰來貢，請迎陳天平。遂敕行人聶聰送陳天平歸國，命征南副將軍黃中、呂毅、大理卿薛嵓以兵五千人護行。

四年（丙戌，一四〇六）春三月，黃中等護送陳天平至丘溫，胡奃遣其臣黃晦卿等以廩餼迎候，禮甚恭，具牛酒犒師。晦卿及諸從者見天平，皆拜舞踴躍。中問：「胡奃不至何也？」則曰：「安敢不至，屬有微疾，已約嘉林江矣。」嘉林江，季犛所居也。中遣晦卿還促奃，且遣騎覘之，迎者壺漿相繼於道。中信之，徑進，度隘留、雞陵二關。將至芹站，山路險峻，林木蒙密，軍行不得成列。會雨潦，忽伏發，大呼鼓譟動山谷，遂殺天平，大理卿薛嵓、行人聶聰亦遇害。中等亟整兵擊之，橋斷不得前，賊遙拜曰：「遠人非敢抗王師。天平小人也，非陳氏親屬，敢肆巧僞，今幸得殺之，以謝交人，吾王即上表待罪。天師遠臨，小國貧乏，不足久淹。」中等引兵還。奏聞，上大怒，謂成國公朱能曰：「蕞爾小醜，乃敢欺我。此而不誅，兵則何用！」能頓首曰：「逆賊罪大，天地不容。臣等請仗天威，一舉殄絕之。」上遂決意興師。敕鎮守雲南西平侯沐晟調兵南伐，以蜀兵七萬五千益之。徵黃中、呂毅赴京，以送陳天平失律也。

秋七月辛卯，以成國公朱能爲大將軍，西平侯沐晟、新城侯張輔爲左右副將軍，豐城侯李彬、雲陽伯陳旭爲左右參將。大將軍率右副將軍、右參將及清遠伯王友，統神機將軍程寬、朱貴，遊擊將軍毛八丹、朱廣、王恕等，横海將軍魯麟、王玉、商鵬，鷹揚將軍呂毅、朱吳、江浩、方政，驃騎將軍朱榮、金銘、吳旺、劉箚出等二十五將軍，以兩京畿、荆、湖、閩、浙、廣西兵出廣西憑祥。左副將軍、左參將統都指揮陳睿、盧旺等，以巴蜀、建昌、雲、貴兵出雲南蒙自。兵部尚書劉儁參贊戎務，尚書黃福、大理寺卿陳洽轉餉。是日，上幸龍江禡祭，誓衆曰：「黎賊父子，必獲無赦，脅從必釋。毋養亂，毋玩寇，毋毀廬墓，毋害稼穡，毋恣取貨財，毋掠人妻女，毋殺降。有一犯者，雖功不宥。毋冒險肆行，毋貪利輕進。罪人既得，即擇立陳氏子孫賢者撫治一方，班師告廟，以次定功。」

冬十月，成國公朱能卒於龍州。先是，上察占天象，謂侍臣曰：「西師有憂，朱能其不免乎？」亡何，能卒。事聞，上震悼，輟朝，乃以輔代能。輔發憑祥，度城壘關，進攻隘留及雞陵二關，破之，傳檄數季犛二十罪，諭其境內立陳氏意。進度芹站，兩傍皆有伏，遣黃中、呂毅搜捕之，遁。進次昌江市，造浮橋濟師，遣方政、王恕哨探，直抵富良江。而大軍自芹站西折至新福縣，遣驃騎朱榮往約沐晟。晟軍自臨安府蒙自縣經野蒲，斬木通道，攻奪猛烈柵、華關隘，賊徒悉奔，築壘駐兵洮江北岸，造舟徑渡，至白鶴遣人來會。時賊恃東、西都及宣江、洮江、沱江、富良江以爲固，于江北岸緣江樹柵，多邦隘增築土城，城柵相連，亙九百餘里，盡發江北諸郡民守之，號二百萬。又於富良江南岸緣江置樁，盡取國中船艦列於樁內。諸江海口，俱下捍木，以防攻擊。賊之東都，守備亦嚴，時列象陣於城柵內，欲守險以老我師。輔等遂自新福移營三帶州招市江口，造船圖進取。驍騎朱榮敗賊衆於嘉林江，沐晟軍亦至洮江北岸，與多邦城對壘。輔率大軍營於城北之沙灘，與晟合勢。時賊所立柵，皆逼江不可上，惟多邦城下沙坦可駐師，而土城高峻，城下設重濠，濠內密置竹刺，濠外坎池以陷人馬，城上守具嚴備，賊兵如蟻。時官軍攻具亦完，輔乃令軍中曰：「賊所恃者此城，大丈夫報國立功，在此一舉，先登者賞不次。」於是將士踴躍，期夜襲城，以燃火吹銅角爲號。是夜四鼓，輔遣都督黃中等啣枚舁攻具，過重濠至西城下，以雲梯附城。指揮蔡福等先登，諸軍繼之。城上火炬齊鳴，銅角競響，賊倉皇失措，矢石不得發，皆走，師遂入城。賊復巷戰，列象爲陣，輔等督遊擊將軍朱廣等以畫獅蒙馬，神機將軍羅文等以神銃翼而前，象皆股栗，多中銃箭，皆退走奔突，賊衆潰亂。官軍長驅而進，殺賊帥梁民獻、蔡伯樂等，追至傘圓山，賊死者不可勝數。辛酉，輔等遂克東都。輔與晟駐師撫諭，遣左參將李彬向西都。西都賊聞之，焚宮室倉庫，遁入海，於是三江路、宣江、洮江等州縣次第詣軍門降。輔等督舟師進逼膠水，賊復遁入黃江、悶海等處。

五年（丁亥，一四〇七）春正月，張輔、沐晟等襲賊籌江柵，大破之。又追敗賊於萬劫江普賴山，斬首三萬。又敗賊胡杜於盤灘江。兩旬，輔等進次魯江，賊五百艘逆戰木丸江，大敗之，殺其將阮子仁、黃世岡百餘人。

三月，窮追至膠水縣悶海口，地下濕不可駐，乃陽爲還師，至鹹子關，令都督柳升守之。

賊果來躡，輔還軍遇於富良江，賊舟亙十餘里，橫截江中，用刳船載木立柵，迎拒，又以精卒數萬趨陸來戰，奮擊大敗之，斬獲數萬，江水爲赤，乘勝追至悶海口。季犛父子僅以數小舟遁走義安，其尚書范見覽等降。四月，輔率舟師追至海門涇鵲淺。時晴久水涸，賊棄舟遁，我師舟膠不得前。俄大雨，水漲數尺，舟畢渡，衆喜曰：「天贊我也。」五月丁卯，輔與晟等率步騎夾江東西，柳升率舟師水陸並進。甲戌，輔等至茶龍，柳升等舟師亦至，又敗賊，獲船三百艘，賊遁走。輔等乘勝追之，又敗之於奇羅海口。賊屢敗困，衆遂潰。

乙卯，柳升所領永定衞卒王柴胡等七人，詗得黎季犛所在，前格之，縛送升軍，幷其子澄於海口山中。次日，土人武如卿獲黎蒼及僞太子芮、將相王侯、柱國黎季貔等，皆縛獻軍門，安南平。輔奏：「安南本中國地，陳氏子孫已誅盡，無可繼，其國中耆老民庶俱請爲郡縣如中國制。」乃置交阯布政使司、都指揮使司、按察司，分十七府，曰交州、北江、諒江、三江、建平、新安、建昌、奉化、清化、宣化、太原、鎭蠻、諒山、新平、義安、順化、升華，四十七州，一百五十七縣，衞十一，所三，市舶司一，改雞陵關爲鎭彝關，安撫人民三百二十萬，獲蠻人二百八萬七千五百，糧儲一千三百六十萬石，象馬牛十三萬五千九百，船八千七百，軍器二千五十三萬九千。敕尚書黃福兼掌布、按二司事，又以侍郎張顯宗爲左布政使，以都督呂毅掌都司事。敕張輔、沐晟、劉儁：「交阯有懷才抱德之人，悉心訪求，送京師擢用。」

九月，張輔、沐晟遣都督柳升等齎露布檻送黎季犛、黎蒼等獻俘至京，上御奉天門受之。文武羣臣偕兵部侍郎方賓讀露布，至「弑主篡國，僭號紀元」等語，上問季犛父子，曰：「此爲人臣之道乎？」季犛父子不能對。詔以季犛及子蒼下之獄，赦其子澄孫芮等。後季犛釋自獄，戍廣西。子蒼、澄以善兵器，赦用之。

冬十月，以交趾所舉明經士人甘潤祖等十一人爲諒江等府同知，贈故安南國王後陳氏子孫七人官。裴伯耆爲交趾按察副使。

六年（戊子，一四〇八）春三月，交趾總兵張輔、沐晟振旅還。輔等上交趾地圖，其地東西相距一千七百六十里，南北相距二千八百里，建設軍民大小衙門四百七十二。上嘉勞之，賜輔、晟及諸將宴於中軍都督府，旗軍人賜鈔五錠。

七月，論平交趾功，進封新城侯張輔英國公，西平侯沐晟黔國公，豐城侯李彬、雲南侯陳旭各增祿五百石，淸遠伯王友進封淸遠侯，都督僉事柳升封安遠伯，戰死都督僉事高士文追封建平侯，並子孫世襲，親擒黎季犛軍校王柴胡超擢指揮使，爲從者李福等四人，皆陞指揮僉事。

先是，交趾平，上問戶部尚書夏原吉曰：「陞與賞孰便？」原吉對曰：「賞費於一時，有限；陞費於後日，無窮。多陞不如重賞。」上從之。於是惟陞元功，餘皆班賚有差。

秋八月，交趾蠻寇簡定反。定，陳氏故官，不肯臣黎氏，而輕騎跳歸我，從下安南爲別將，頗有功，知上不欲復陳氏，遂逸去。至化州，說羣盜鄧悉等下之。悉等推定爲主，稱日南王，改元興慶。出攻鹹子關，黎賊餘黨多應之，而陳季擴、鄧景異尤猖獗。黄福奏請益兵，遂命黔國公沐晟發雲南、貴州、四川兵數萬往征之，仍命兵部尚書劉儁往贊軍事。

十二月，沐晟帥師與交趾賊簡定戰於生厥江，敗績，兵部尚書劉儁、都督僉事呂毅、交趾布政司參政劉昱等皆死之，勢益熾，攻陷諸郡縣。事聞，復命英國公張輔爲總兵官，清遠侯王友爲副，帥師二十萬往征之，敕曰：「晟出師失律，致賊猖獗。今聞鄧悉死，而八百媳婦、老撾猶供餽者何人？賊云有象五萬，又謂我將帥皆易與，宜戒愼，同心協力，早滅此賊。」

七年（己丑，一四〇九）夏五月，簡定稱上皇，立陳季擴爲大越皇帝，改元重光。季擴者蠻人，自云陳氏後也。安南民不忍棄陳氏，則相率歸季擴。

秋八月，鄧景異攻盤灘，守將徐政戰死。張輔兵至交趾，敗賊於鹹子關、太平海口等處，斬首數千，溺死無算，生擒賊黨監門衛將軍潘抵等二百餘人，獲船四百餘艘。賊酋阮世美、鄧景異跳身奔季擴。季擴稱故王後，請封，輔不聽，進兵至清化。時季擴據地稍遠，而我兵悉窮追簡定至演州，分沐晟兵從磊江南，都督朱榮舟師抵牛鼻關，輔自率騎兵至美良。

簡定棄馬走吉利深山，搜得之。并獲其將相陳希葛、阮宴等檻送京師，惟陳季擴、鄧鎔、景異逃於義安。簡定至京伏誅。

八年（庚寅，一四一〇）春正月，張輔敗賊黨阮師檜於凍潮州，斬首五千級，生擒僞將軍范友、陳原卿等二千人，悉坑之，築尸爲京觀。上勞苦張輔久暴師役，召輔還。輔奏餘賊未平，請留黔國公沐晟鎮之。五月，追敗季擴於靈長海口，别將江浩至魯江，戰不利。

十二月，季擴遣使胡彦臣上表請降，上遣方政諭季擴以爲交趾右布政使，又以其黨陳原樽爲參政，胡具澄、鄧景異、鄧鎔爲都指揮，潘季祐爲按察副使。然季擴實欲緩師期耳，不肯之任，而掠如故。

九年（辛卯，一四一一）春正月，命英國公張輔爲副將軍，會征夷將軍沐晟討交趾陳季擴。敕四川、廣西、江西、湖廣、雲南、貴州六都司，安慶等十四衞，發兵二萬四千隨征。

七月，張輔至交趾，督兵敗賊黨阮朔、胡具澄、鄧景異等於九眞州月常江，尋復率舟師追梟賊黎蕊斬之。慈廉、福安諸州縣皆平。

十年（壬辰，一四一二）秋八月，英國公張輔破賊於神投海口，擒其翊衞將軍鄧汝戲。少保潘季祐遁可雷山乞降，輔承制以季祐仍按察副使，理義安。

冬十月，命鎮守交趾都督韓觀運廣東糧萬石赴交趾，給軍食。張輔破賊於西心江。

十一年(癸巳，一四一三)冬十二月，英國公張輔、黔國公沐晟合兵敗賊於愛子江。時輔、晟等進兵順州，賊黨阮師檜屯愛子江，設象伏兵候官軍。輔偵知之，以戒先驅。羣象來衝，一矢落其象奴，再矢破其象鼻，奔還賊陣，自相蹂踐，官軍乘之，大敗，斬賊將阮山，生擒僞將軍潘經等數十人，賊衆死者無算。

十二年(甲午，一四一四)春正月，兵至政和縣羅蒙江，皆懸厓側徑。英國公張輔捨騎步進，大索，射中鄧景異，擒之，並獲阮師檜於南靈州。季擴遁走老撾，都指揮師祐躡之，進克老撾三關，蠻人潰散，棄季擴及其妻妾於南麽，生縶以歸。八月，交趾陳季擴伏誅。

十三年(乙未，一四一五)夏四月，命英國公張輔鎮守交趾，加陳洽兵部尚書，贊軍務。輔下交南，凡三擒僞王，威鎮西南，而尙書黃福有威惠，交人懷之，戢伏莫敢動。

十四年(丙申，一四一六)夏四月，交趾鎮彝衞百戶丁仕驗來朝，貢馬謝恩。賜鈔幣，遣還。五月，設交趾府州縣儒學及陰陽、醫學、僧綱、道紀等司。英國公張輔奏自廣東欽州天津驛經猫尾港至涌淪、佛淘，從萬寧縣抵交趾，多由水道，陸行止二百九十一里，比丘溫故路近七驛，傳便往來，從之。尋交趾布政司右參議莫勛，三江等府土官杜惟忠等來朝，貢馬及金銀等物，特賜宴勞，陞勛爲右布政使，杜惟忠爲參議。鎮彝衞幷交州中左右衞指揮陶弘等，各遣人貢馬及方物，各賜鈔幣遣還。

冬十一月，召交趾總兵英國公張輔還京，命豐城侯李彬代鎮守。輔經營交趾，前後十年。命監察御史黃宗載巡按交趾。交趾營房皆覆茅，多火，宗載令三司募官伐材陶瓦，不半年，營房皆覆瓦，火患遂息。

十六年（戊戌，一四一八）春正月，交趾清化府俄樂縣土官巡檢黎利反。利初從陳季擴充僞金吾將軍，後束身歸降，以爲巡檢，然中懷反側。張輔還京，至是，僭稱平定王，以弟黎石爲相國，段莽爲都督，聚黨范柳、范晏等四出剽掠。總兵豐城侯李彬遣都督朱廣討之，擒斬數百人。利敗走，擒晏，彬請就交趾戮晏以徇。先是，李彬代張輔鎮交趾，中官馬騏爲監軍，定歲貢扇萬柄，翠羽萬箇。騏墨而殘，交人苦之，三年間叛者四五起，而黎利最劇。

十七年（己亥，一四一九）冬十二月，巡按交趾御史黃宗載上言：「交趾人民新入版圖，勞來安輯，尤在得人。而郡縣官多兩廣、雲南舉貢，未歷國學，遂授遠方，牧民者不知撫字，理刑者不明律意，若俟九年黜陟，廢弛益多。宜令至任二年以上者，巡按御史及布、按二司嚴加考覈，上其廉污能否，以憑黜陟。」疏上，報可。

十八年（庚子，一四二〇）夏五月，敕豐城侯李彬：「叛寇黎利、潘僚、車三農、文歷等迄今未獲，宜盡心畫方略，早滅此賊。」交趾左參政馮貴、右參政侯保討黎利，戰死。保，眞定贊皇人，由國子生知廣城縣，有善政。初設交趾郡縣，擇人撫治，陞交州知府，遷參政。時黎利剽掠郡縣，保率民兵築堡於要害禦之。賊來攻，保與戰不勝而死。貴，湖廣武陵人，舉進士，爲給事中。陞交趾參政，能撫輯流民，歸附者衆。有士兵二萬餘人，皆勁勇習戰，每出陣有功。後中官馬騏疾之，盡奪其士兵。及黎利反，衆強貴勦捕。獨以羸卒數百，遇賊兵衆，貴力戰而死。保爲政廉恕，貴有方略，其死也，人皆惜之。

十九年（辛丑，一四二一）夏五月，豐城侯李彬上言：「交趾地荒遠，不通餽運，乞依各都司衞所例，分軍屯田以供糧餉，度地險易爲屯守征調之多寡。」從之。

秋九月，李彬言：「黎利奔老撾。進兵討捕，老撾輒遣頭目覽耆郎阻我兵勿入境，云卽發兵，大索利送軍門。久之，竟不獲利。」上以老撾匿賊持兩端，令彬遣頭目至京詰之。尋召彬還，以榮昌伯陳智代。

冬十月，赦黎利爲清化知府，遣內官山壽諭利，竟不赴。

二十二年（甲辰，一四二四），仁宗卽位，黎利自老撾復還寧化州，僞求降，不出。

九月，掌交趾都司都督方政與黎利戰於義安府茶龍州，不利，昌江衞指揮伍雲死之。都指揮陳忠與黎利戰於清化，破走之。

召工部尚書黃福還京。敕兵部尚書陳洽代掌交趾布、按司事，仍參贊軍務。福治交趾，視民如子，勞輯訓飭，每戒郡邑吏修撫字之政。新造之邦，政令條畫，無鉅細咸盡心焉。

中朝士大夫以遷謫至者，必加賙恤，拔其賢者與共事。中官馬騏，怙恩肆虐，福數裁抑之。騏誣奏福有異志，文皇知其妄，得寢。福居交阯十八年，上念其久勞於外，召還。交人扶老攜幼送之，皆號泣不忍别。

冬十一月，交阯參將保定侯孟英、榮昌伯陳智言：「山壽未至，黎利復反，先後破茶龍、諒山，茶龍守琴彭、諒山守易先皆堅守，力盡，俱死之。」命侯山壽至彼，計議確當以聞。

仁宗洪熙元年（乙巳，一四二五）春二月，以榮昌伯陳智爲征彝副將軍，討黎利。

冬十月，總交阯布、按二司兵部尚書陳洽奏：「賊首黎利名雖求降，實則攜貳，招聚逆黨，日以滋蔓，望敕總兵早滅此賊，以靖邊方。」

宣宗宣德元年（丙午，一四二六）春三月，總兵陳智、方政討黎利，進至茶龍川，敗績。時山壽主招撫，擁兵自衞，陳洽力爭不聽，陳智、方政復不相能，洽以上聞。上下璽書，切責智等，而以成山侯王通佩征彝將軍印充總兵官，都督馬瑛充參將討黎利，仍命洽參贊軍務，安平伯李安掌交阯都司事，削陳智、方政官爵，隸軍中自效。上視朝罷，御文華殿，蹇義、夏原吉、楊士奇、楊榮侍，上曰：「太祖皇帝祖訓有云：『四方諸彝及南蠻小國，限山隔海，僻在一隅，得其力不足供給，得其民不足使令，吾子孫毋倚富強要戰功。』後因黎氏弒主虐民，太宗皇帝有弔伐之師，蓋興滅繼絶盛心也。而陳氏子孫爲季犛殺戮已盡，不得已徇土人之請，建郡縣，置官守。自是以來，交趾無歲不用兵，皇考念之，深爲惻然。昨遣將出師，朕反覆思之，欲如洪武中使自爲一國，歲奉常貢，以全一方民命，卿等以爲何如？」義、原吉對曰：「太宗皇帝平定此方，勞費多矣。二十年之功，棄於一旦，臣等以爲非是。」上顧士奇、榮曰：「卿兩人云何？」對曰：「交趾，唐、虞、三代皆在荒服之外，漢、唐以來雖爲郡縣，叛服不常。漢元帝時，珠崖反，發兵擊之，賈捐之議罷珠崖郡，前史稱之。夫元帝中主，猶能布行仁義，況陛下父母天下，與此豺豕較得失耶！」上頷之。

冬十月，黎利弟黎善據廣威州，擁衆數十萬，分道攻交趾。

十一月，參將馬瑛大破賊於清威，與成山侯王通合兵石室縣，進屯寧橋。尚書陳洽以爲宜駐師石室縣之沙河，以覘賊勢，通欲渡河而陣，洽反覆言地險惡，宜遠斥堠持重，不從。五鼓麾兵竟渡，天雨且泥濘，伏驟起，衝盪，遂大敗。洽奮馬突入賊陣，死之，失亡二三萬人。通懼，師却。黎利時在義安，聞之，自以精兵來會，圍東關。通敗後，氣大沮，陰許爲利請封，而檄清化迤南歸黎氏。清化羅通曰：「非君命而欲賣城，義不可。」連戰敗走之。初，都督蔡福守義安，被圍，福不戰，率都指揮朱廣、薛聚、于瓚，指揮魯貴，千戶李忠降賊。至是，福馳馬清化城下，大呼守城者宜見幾全首領，羅通大罵而去。賊又逼鎮城，平州知州何忠懷奏潛請王師，夜步走出城二百餘里，爲賊所得。賊喜曰：「何知州聞名久矣。」共舉酒酌忠，曰：「能從我，同享富貴。」忠唾地罵曰：「賊奴！吾天朝臣，豈食汝犬彘食！」奪杯擲中賊面，流血盈頤，遂遇害。事聞，上深悼惜之，敕旌其門，賜謚忠節。

十二月，交趾布、按上言：「尙書黃福，舊在交趾，民心思之，乞令復至，以慰民望。」遂召福於南京，赴闕議之。

以安遠侯柳升爲征彝副將軍，保定伯梁銘、都督崔聚由廣西，黔國公沐晟爲征南將軍，興安伯徐亨、新寧伯譚忠由雲南，二道討交趾。尙書李震參贊軍務，黃福仍掌布、按二司事，敕王通守城練兵，候升等至同進。

二年（丁未，一四二七）春正月，上御文華殿，召大學士楊士奇、楊榮諭曰：「前者論交趾事，蹇義、夏原吉拘牽常見。昔徵舒弑陳靈公，楚子討之，殺徵舒。既縣陳，申叔時以爲不可，楚子卽復封陳。古人服義如此。太宗初得黎賊，定交趾，卽欲爲陳氏立後。今欲承先志，使中國之人皆安無事，卿等爲朕再思。」士奇、榮對曰：「此盛德事，惟陛下斷自聖心。」上曰：「朕志已定，無復疑者。但干戈之際，便令訪求，恐未暇及。俟稍寧靜，當令黃福專意求之。」

二月，交趾賊黎利攻交趾城，總兵王通出不意猝擊，大敗之，斬其司空丁禮、司徒黎豸而下萬餘級，利惶懼不能軍。諸將請乘勢亟擊，通猶豫不決，賊得以暇樹柵掘塹修器械，四出剽掠，未幾，勢復張。

三月，命行在刑部侍郎樊敬往廣西，副都御史胡廙往廣東，總督運糧赴交阯。又敕調武昌、成都護衛，中都留守司，湖廣、浙江、河南、山東、廣東、福建、江西、雲南、四川都司，福建、四川行都司官軍數萬，俱從安遠侯柳升、黔國公沐晟等征交阯。黎利圍溫丘，都指揮孫聚拒破之。

夏四月，黎利攻昌江。初，蔡福教賊造攻具，攻東關，我兵九千人憤欲焚賊營，福報賊，賊盡殺之，遂攻昌江，都指揮李任、顧福日夜拒戰，凡九閱月城陷，任、福皆自刎死。中官馮智大哭北向再拜，與指揮劉順、知府劉子輔自縊死。子輔有惠政，民愛戴之。一子一妾，皆先子輔死。軍民俱立鬬盡，無一人降者。賊縱火焚民居，大殺掠。王通斂兵不出，賊致書請和。通自寧橋之敗，氣大沮喪，雖獲城下一勝，而志不固，且意柳升師雖出，未能猝至，道路多梗，黎利既求和，不如徇其所請。按察司楊時習曰：「奉命征討，乃與賊和，棄地旋師，何以逃罪！」通厲聲叱之曰：「非常之事，非常人能之，汝何所知！」遣人同利所遣人進表及方物。

秋七月，黎利攻隘留關，鎮遠侯顧興祖擁兵南寧不赴。隘留城陷，逮興祖下獄。

九月，安遠侯柳升等師至交阯隘留關，黎利及諸大小頭目具書遣人詣軍門，乞罷兵息民，立陳氏後主其地。升等受書不啓封，遣人奏聞。時賊於官軍所經處，悉列柵拒守，官軍連破之，直抵鎭彝關。升勇而寡謀，連勝易賊。梁銘、李慶曰：「主帥氣甚驕，兵累日不得休，困罷而少斥堠，不拒險握重，而欲急發卒，如敵伏何？」慶力疾語升，升唯唯。前至倒馬坡，獨與百騎先馳渡橋，既渡而橋遽壞，後隊阻不得進，賊伏兵四起，升中鏢死，梁銘、李慶皆死。崔聚率官軍進至昌江，遇賊，奮力死戰。聚宿將，然倉卒新喪元帥，吏士沮且囂，賊驅象乘之，官軍大潰，聚被執。賊大呼降者不殺，官軍或死或奔散，竟無降者。郎中史安、主事陳鏞、李宗昉等皆死，惟主事潘原大脫歸，七萬人皆沒。王通諜知升敗，益大懼，決意與和。工部尚書黃福爲賊所得，皆下馬羅拜，曰：「我父母也，公向不北歸，我曹不至此。」言已皆泣，福斥之，諭以順逆，賊終不忍加害。其渠長餽以餱糧，乘以肩輿，贈金幣出境，至龍州，福悉以所贈歸之官。時晟兵竟不出。

冬十月，王通與黎利立壇爲盟，退師，遣指揮闞忠同黎利所遣人，奉表及方物至。表曰：「安南國先臣陳日煃三世嫡孫臣陳暠惶恐頓首上言，曩被賊臣黎季犛父子簒國，弑戮臣族殆盡，臣暠奔竄老撾，以延殘息，今二十年。近者國人聞臣尚在，逼臣還國。衆云天兵初平黎賊，卽有詔旨訪求王子孫立之，一時訪求未得，乃建郡縣。今皆欲臣陳情請命，臣仰恃天地生成大恩，謹奉表上請。」上覽之，密示英國公張輔，輔對曰：「此不可從，將士勞苦數年，然後得之。此表出黎利之譎，當益發兵誅此賊耳！」尙書蹇義、夏原吉皆言不宜隳成功，示賊以弱。大學士楊士奇、楊榮言：「兵興以來，天下無寧歲，今瘡痍未起，而復勤之兵，臣不忍聞。且求立陳氏後者，太宗皇帝心也。求之不得，而後郡縣。叛亂相尋，至深廑先帝憂。今因其請，撫而建之，以息吾民，於計大便。漢棄珠崖，前史榮之，安在爲示弱乎？」上曰：「卿二人言是。先帝意朕固知之。」明日，出暠表示羣臣，且諭以息兵養民意，羣臣頓首稱善。於是以禮部侍郎李琦、工部侍郎羅汝敬充正使，通政王驥、鴻臚卿徐永達爲副使，詔諭安南，言：「黎利表言，前國王遺嗣暠尙在老撾，國人乞封暠王，永奉職貢。頭目耆老其以實對，卽遣使受封，朝貢如洪武故事。」又敕通等卽日班師，內外鎭守、三司、衞、所、府、州、縣文武吏士，攜家來歸。

三年（戊申，一四二八）閏四月，王通至京，羣臣交劾通及梁瑛、馬騏、山壽等，廷鞫王通失律喪師棄地，山壽曲護叛賊，馬騏激變藩方，皆論死，詔繫獄籍其家，梁瑛等坐罪有差。詔褒贈安南死事諸臣。蔡福、朱廣、薛聚、于瓚、魯貴、李忠皆伏誅。黎利遣頭目黎公僎送還官吏百五十七人，戍卒萬五千一百七十人，馬千二百匹，閉留不遣者無算。已而使還，利奉表言暠死，陳氏絕。上心知其妄，然業置之不問。先是，文皇時用兵交阯，侍讀解縉力言交阯古羈縻國，通正朔、時賓貢而已，得其地不足郡縣。文皇不悅，至是言始驗云。

憲宗成化十六年（庚子，一四八〇），安南國王黎灝侵占城。先是，黎利死，子麟立。麟死，子濬立。濬爲庶兄琮所弒，因自立。侵老撾宣慰刁扳雅蘭掌，爲八百敗歸，黎壽域等殺琮而立濬弟灝。至是，太監汪直用事，好邊功，議討之。職方郎中陸容上言：「安南臣服已久，今事大之禮不虧，叛逆之形未見，一旦加兵，恐遺禍不細。」直意猶未已，傳旨索永樂中調軍數甚急。時劉大夏在職方，故匿其籍，徐以利害告尚書余子俊力沮，事得寢。而中官錢能鎭雲南，復私與灝通，闌結諸彝，姦宄繹騷，幾危雲南，賴巡撫王恕發其姦，亂乃弭。

世宗嘉靖元年（壬午，一五二二），莫登庸立黎懬，僭號統元，追謚黎晭爲襄翼帝。先是，黎灝死，子暉立。暉死，子敬立，未封而死，弟誼立。正德間，誼母戚阮种用事，屠戮宗親，逼誼自殺。頭目黎廣討平之，立灝庶子晭。晭多行不義，國人惡之。諒山都將陳立孫與其子昺、昪作亂，鄭綏、鄭惟鐩攻誅之，遂弒晭立譓。鄭氏國世臣，譓母、妻族也。諸大臣疾鄭氏典兵，攻之。綏等亡走清華，昺、昪猶據諒山。莫登庸者，本都齋漁人，負勇力，時時凌波而飛，持劍下刺魚，得巨魚，呼噪爲樂，詭言莫邃之後。以武舉從立孫，官參督，有罪，自拔歸，譓用爲宜陽參將，將而與昺戰，大敗之，殺昺，封武川伯，總水步諸營。時鄭氏既去，譓倚登庸自強，諸大臣皆受其賂，方喜登庸起微陋可托，因請以兵盡屬之，加封太傅仁國公。登庸權日盛，乃銷九鼎爲兵器，竊庫藏金寶，潛使其弟㰒燒宮室人居，殺傷吏民，若他盜者。因言寇急，請自爲興安王鎮之。謀殺譓兄弟，夜率兵圍其宮。譓易服間行得脫，至清華，復依鄭綏，國中大亂。登庸乃立譓弟廮。初，登庸妻譓母，廮，登庸所生也。

六年（丁亥，一五二七），莫登庸酖殺黎廮，并其母殺之而自立。時譓尙據清華、義安、順化、廣南四道，其舊臣不服登庸者，分據險阻，爲之聲援。登庸立其子方瀛，居守僞都，自稱太上皇，率兵擊譓，取清華據之。譓走義安，又追敗之。譓走葵州，又棄葵州走老撾。

九年（庚寅，一五三〇）秋九月，黎譓憤恚死，衆復立其子寧，號曰「世孫」，有兵三千。登庸屢攻之，老撾爲援，不能克。寧結國人襲擊登庸，大敗之。登庸走海陽，據上洪、下洪、荆門、南策、太平諸郡。寧還國，誅大臣爲請者，悉發兵二十萬，起鄭綏將而攻海陽，一月，固守不下。登庸別選兵萬人，舟行出大江，竟掩國都。寧錯愕復走清華，登庸掠庫藏，取世孫旗蓋張而還，呼曰：「得王矣！」鄭綏兵大潰。久之，寧復悉清華兵討登庸，相拒不決。登庸陰結土帥郭遼鶴使襲寧，大敗之，擒寧妃淑寶沉於江，寧與鄭綏子惟墋走老撾，聚兵八千人，保漆馬江。登庸以其子方瀛爲大王，改國大正。

十六年（丁酉，一五三七）夏四月，議討安南。先是，皇子生，當頒詔安南。大學士夏言請問安南罪。下廷議。兵部尙書張瓚言：「登庸弑逆當討。」戶部侍郎唐冑謂：「帝王之於荒服，以不治治之。自安南內難，兩廣遂少邊警，不必疲中國爲黎氏復仇。」然上意甚銳，而安南使者鄭惟憭適至。初，黎寧居海曲，屢馳書總鎮告難，俱被邀殺。惟憭等十人泛海自占城，附廣東商船，凡二年方得至京，陳禍亂始末，乞興師問罪。惟憭有志操，能文章，爲書引申胥、張良、豫讓爲比，讀者悲之。禮、兵二部議登庸有大罪十，不容不討。兵部侍郎潘珍言：「安南不足置郡縣，其叛服無與中國，釋門庭之寇，遠事瘴島非計，宜擇文武重臣佩印而往，移檄自定。」上責珍妄言，對狀，閑住。廉州知府張岳亦上書諫，不報。

八月，雲南巡撫汪文盛奏：「莫登庸聞發兵進討，陰遣知州阮景等行覘至納更山，爲土舍李孟光所擒，併獲僞撰大誥一册。」上怒，復敕征討。先是，交人武文淵以其衆來降，汪文盛遣指揮趙光祖往撫諭。文淵獻進兵地圖及登庸可破狀，授冠帶，賜四品武服，賚金帛。

冬十月，廣東巡按余光疏：「安南自宋以來，丁移於李，李奪於陳，陳篡於黎，黎又轉於莫，互相爲賊，天道好還。今於安南，直宜問其不庭，彼若聽服，因而授之。若必用兵，勢難窮追，必生他變。古人臣出疆，苟利社稷，可以專之。廣東去京八千餘里，去安南又四千餘里，若往復陳請而行，將失機事，乞假臣便宜往諭。」以輕率奪俸。

十七年（戊戌，一五三八）夏四月，命咸寧侯仇鸞爲征彝副將軍，兵部尚書毛伯溫參軍務，討安南。雲南巡撫汪文盛傳檄諭以禍福。武文淵攻登庸守鎮營，破之。莫方瀛帥兵攻文淵，不克。文盛以蒙自縣蓮花灘當交、廣水陸衝，遣兵據其地，以爲諸來歸人聲援。方瀛懼，乃遣其黨范正毅齎公移詣雲南沐朝輔，言前國王黎晭，被逆臣陳暠殺害，無子，登庸同國人推立晭弟譓。亡何，譓被奸人杜溫、鄭綏誘遷清華，登庸仍推立譓弟懬。旋自清華迎譓歸，與懬俱以病死，黎氏無嗣，懬垂死與羣臣議，以登庸父子有功於國，召登庸子莫方瀛入，付以印章，命嗣主國事，遂爲國人所推。其不上表通貢者，先緣陳昇據諒山爲梗，後乃守臣閉關不納耳。黎寧乃亂臣阮淦之子，冒稱黎姓，非譓子也。其所自列如此，然事皆誣罔，多自飾。沐朝輔乃以范正毅等并表疏公移送至京。朝廷知登庸父子奸僞，且雖稱求降，而詞不款服，又不束身歸罪，乃決意討之。以鸞總兵，伯溫參贊。未幾，巡撫蔡經上言：「安南水陸路有六，憑祥、龍州、歸順、欽州、海洋、西路，皆接安南境，用兵須二十萬，輕調大衆，終非完計。」上不悅，然伯溫師亦罷。

十八年（己亥，一五三九）冬十月，以莫登庸請降，命禮部尙書黃綰、翰林學士張治往諭登庸歸國黎氏。未入境，召還，諭兵部會議以聞。兵部言：「登庸篡逼，罪所必討，宜臨以兵。如束身聽命，然後待以不死。」上從之。仍命咸寧侯仇鸞、兵部尙書毛伯溫帥師往討。

十九年（庚子，一五四〇）夏四月，欽州知州林希元上言：「臣聞莫方瀛請降，命大臣查勘。夫降者，將籍其土地人民以獻也。今殺我士卒，奪我戰船，降者固如是乎？臣以爲欲得其請，宜約之曰：必歸我四洞，必令黎寧不失位，必令黎氏舊臣鄭惟憭、武文淵者皆有爵土，必奉我正朔。能從者降也，不然則詐也。而後興問罪之師，以順討逆，何憂不克。方瀛之所恃者都齋耳，其地濱海，淤塗十餘里，舟不得泊。計以爲王城不支，即守都齋；都齋不支，即奔海上耳！若以東莞、瓊海之師助占城擊其南，賊不得奔矣；以福建之師航海出枝封，湖廣之師出欽州，與之合，都齋無巢穴矣；以廣西之師出憑祥，雲、貴之師出蒙自，與之合，以攻龍編，則根本拔矣。如此，莫氏可一舉而定也。」書凡四上，而爲御史錢應揚所劾，言希元所稱祕策者，固道路傳聞之語，不足聽。

六月，毛伯溫等既至廣西，徵集兩廣、福建、湖廣狼土官兵，并檄雲南守臣集兵，候師期，又檄諸司於臨邊諸郡縣儲積糧餉。議分正兵爲三哨：廣西憑祥州爲中哨，兵四萬人，參政翁萬達、副總兵張經督之；龍州羅回峒爲左哨，兵一萬四千人，副使鄭宗、右參將李榮督之；思明府思明州爲右哨，兵一萬四千人，副使許路、都指揮白泫督之。分奇兵爲二哨：歸順州爲一哨，一萬四千人，參政張岳、都指揮張輗督之；廣東欽州爲一哨，兵一萬四千人，副使陳嘉謀、參將高誼督之。又烏雷山等處爲海哨，兵一萬四千人，副使涂楗、都指揮武鸞督之。中軍都指揮董廷玉率五百人爲親兵，共兵一十二萬餘人。又議雲南兵於蓮花灘分三哨，哨各兵二萬一千人，中哨以副使倪象賢、都指揮王紹監督，而督餉則布政使胡宗明；左哨以副使鄭騊、都指揮方策監督，而督餉則右參政生方；右哨以副使張綱、都指揮馬立監督，而督餉則右參政程旦：皆黔國公沐朝輔、都御史汪文盛經畫。既定，馳檄安南臣民，諭以朝廷興滅繼絕之義，討罪止莫登庸父子，有能舉郡縣來降者，即以其郡縣授之，擒斬登庸父子來降者，賞二萬金，官顯秩。又諭登庸父子，果能束身歸罪，盡籍其土地人民納款聽命，亦待以不死。而伯溫等駐師近邊，登庸聞之大懼，遣使詣軍門陳乞，願出境降，躬聽處分，詞頗卑切。伯溫等承制許之，約以十一月初三日來降，守臣於鎮南關內設幕府將臺以待。時登庸子方瀛已死，登庸乃留其孫福海守國，與其姪莫文明及諸頭目阮如桂等四十餘人入關，各跣足尺組繫頸詣壇，匍匐稽首納款書。復詣轅門，獻所部土地軍民籍，還所侵欽州四峒境土，請奉正朔及舊賜印章，護守本國，以俟更定。伯溫等宣諭朝廷威德，稱制赦之，暫令歸國，待命處分。

二十年（辛丑，一五四一）春二月，以莫登庸為安南都統使。初，毛伯溫疏言：「登庸畏威，束身歸罪，而黎寧所稱黎氏後，譜系不詳，莫可為據，乞宥納登庸，削去故爵，量授新秩，使撫安南。」因送莫文明等至京師。下廷議，僉如伯溫言。乃降安南為安南都統使司，以登庸為都統使，從二品，子孫世及，別給印章。其所僭擬制度，令削除改正。海陽、山南等一十三路，各設宣撫司正、佐職官，襲替黜陟，俱聽登庸總理，通隸廣西藩司。歲頒正朔，令三歲一貢。其黎寧，仍令守臣體勘，果係黎氏子孫，授與清華等四府，妄則勿予。莫文明等諸頭目，賜賚有差。制下，登庸已死。伯溫上疏，請以制命授其孫福海，從之。

夏六月，毛伯溫班師，朝廷論功，加伯溫太子太保，諸將校陞賞有差。已而莫福海不能輯衆，爲黎寧所逐，居南海上，朝廷亦置不問。久之，福海子洘瀷復振，卒逐黎氏有其國。

神宗萬曆九年（辛巳，一五八一），安南莫茂洽來貢。茂洽，洘瀷子也。隆慶中，洘瀷爲其下黎伯驪所逐，死於海陽。至是，茂洽始得襲。

二十四年（丙申，一五九六）夏四月，黎維潭來降。黎氏自寧死，其舊臣鄭簡立寧子寵於西都。簡，惟憭子也。寵死無子，簡等共立黎暉四世孫維邦。維邦死，次子維潭立，簡子松輔之，攻殺茂洽，復據安南。莫敬用竄居高平，維潭浮海遣使詣督臣，歸罪請款。因與約，以高平居莫氏，如黎氏漆馬江故事。維潭難之，謂高平乃其故土，莫氏篡臣，不宜以漆馬江爲比。守臣曰：「莫氏在先世爲篡逆，今日國家外臣也。使得假息一隅，毋遽殄絕，國家鎭撫四裔良厚。」維潭乃聽命。至是，築壇具儀受其降，俱如莫登庸故事。督臣陳大科上言：「莫之簒黎，其事逆，黎之復讐，其名正，宜許其來歸，如祖宗成法。」詔以維潭爲都統使，予莫敬用高平令，維潭毋得侵害，安南復定。安南東至海，西至老撾，南接占城，北連思明，衡二千八百里，縱一千七百里，界兩廣、雲南三省。軺車往來，必由廣西憑祥州、鎭南關、龍州爲孔道。由雲南臨安，則蒙自縣蓮花灘，可四五日至東都。國中設十三道，道不過中國一縣。自黎氏以來，雖奉貢稱藩，然帝其國中，如尉佗故事，死則加謚稱宗。黎晭之弑，或曰鄭惟鐩爲之。鄭宗強，亡黎復黎皆鄭也。鄭以江華爲重，莫以都齋爲重。維潭死，子維新立。維新死，子維祺立，補貢。

谷應泰曰：交趾自漢入爲郡縣，此與番禺、桂林，同歸中國，非屬彝附庸，僅稱職貢比也。洪武陳氏奉國稱臣，率先入貢，太祖許爲外藩，不利土地。及永樂中，黎氏弑主盜國，稱帝改元，非徒得罪本國，意實抗衡天朝，俘馘其衆，不得云暴，編伍其地，不得云貪也。既分郡縣，編置官僚，垂三十年，儼然宇下。一旦匹夫犯順，遽爾割土加王。嗟乎！是賞叛也，是獎奸也。若曰存亡繼絕，則陳乃孤也，以義當立；黎乃賊也，以法當誅。若曰勤民略遠，則將立黎利，乃定之矣；若猶未也，不如勿伐。王通力屈而請和，柳升再入而敗歿，然後下詔遣使，修好撤藩，城下之盟，耻同新鄭，割地之議，辱比敬瑭矣。夫文帝不加兵南越，光武罷西域都護，所謂量力度德，懼啓兵端，未有徒敗車奔，師夷將隕，形見勢絀，忍詬攘詢，韓王按劍牛後，魯連誓死帝秦，而乃君臣相賀，自鳴聖德。至於旌節符紱，狼籍裔土，將吏公卿，流離草莽，戰士污魂，哭聞中夜，孤臣噀血，碧化千年，計其班師之日，文武吏士攜家而歸者八萬六千六百四十人，爲黎賊遮留不遣者尚數萬人，死者君其問諸水濱，生者不望生入玉門，貽笑蠻方，損威中國，誰秉國成，至此極乎！

漢火方昌，呼韓稽顙，元、成不競，乃棄珠崖，唐美貞觀，組加突厥，文、昭板蕩，始棄維州。宣宗四海乂安，九州鼎盛，王通敗因紈袴，柳升失在輕浮，乃拾捐之爲美譚，比祖宗於穆滿。夫曹公東下，子布請迎，澶淵戒嚴，堯臣勸避，自古儒生狃安憚勞，撫經誤國。二楊太平宰輔，黼黻承明，恆若有餘，決機危疑，必形不足。不然，迎新主於金川，阿黨璫於末路，豈有立身朝堂，進退狼狽而顧，預謀閫外，貽謀遠大者哉。夷考其後，名爲陳後，實爲黎竊。嘉靖中，黎世中葉，莫登庸復睥睨之。黎又匍匐告哀，朝臣又主二楊之說。而世宗赫怒，竟伸天討。兵未出於國門，莫巳父子自縛，泥首軍門，削其王號，世守吏職，不聞其倔強自大，勞弊中國也。

所可異者，太祖使沐英取雲南，卽留英世鎭滇中；成祖使張輔取交趾，不以輔留鎭彼國，二十年後，幷召還黃福。禍發於中官，亂成於庸帥，(勃)〔齊〕貂、多魚，特徵漏師，短轅牠犢，必敗乃公。三百年來，終淪王化。夫亦廟算有遺策，而春秋多責備也。

明史紀事本末卷之二十三

平山東盜

成祖永樂十八年（庚子，一四二〇）三月，山東蒲臺縣妖婦唐賽兒作亂。賽兒，縣民林三妻，少好佛誦經，自稱「佛母」，詭言能知前後成敗事，又云能剪紙爲人馬相戰鬬。往來益都、諸城、安州、莒州、卽墨、壽光諸州縣，煽誘愚民。于是奸人董彥杲等各率衆從之，擁衆五百餘人，據益都卸石棚寨爲出沒。青州衛指揮高鳳領兵捕之，賊夜乘間擊官兵潰散，鳳等皆陷。都、布、按三司以聞，遣人馳驛招撫之。直隸沂州衛亦奏：「莒州賊董彥杲等聚衆二千餘人，以紅白旗爲號，大行劫殺。莒州千戶孫恭等往招撫，不服，殺其從者，勢甚猖獗。」上敕安遠侯柳升分兵勦之。柳升兵至益都，圍賊于卸石棚寨。賊遣人乞降，詐云：「寨中食盡，且無水。」升以東門舊有汲道，卽往據之。夜二鼓，賊襲官軍營，都指揮劉忠力戰死。黎明，柳升始覺，分兵追捕，獲賊黨劉俊等男婦百餘人，而賽兒等竟遁。時賊黨賓鴻等攻安丘，知縣張瑛、縣丞馬撝集民夫八百餘人以死拒戰。賊不能攻，復帥莒州、卽墨之衆，合萬餘人，併力攻之，聲言屠城。于是都指揮衛青備倭海上，聞安丘圍，急率千騎晝夜兼行，奮擊敗之。賊收餘衆再戰，城中人亦鼓譟出擊，賓鴻遁去。殺賊二千餘人，生擒四十餘人，皆斬之。時城中已不支，使青至稍遲，卽陷賊矣。既而柳升至，青迎謁。升怒其專制，捽出之，青不爲屈。是日，鰲山衞指揮王貴亦以兵一百五十人擊敗賊衆于諸城，盡殺之，山東悉平。行在刑部尚書吳中等劾奏：「柳升奉命征勦，不卽就道。敕諭以『賊憑高無水，且乏資糧，當坐困之，勿圖近功』。升賊臨境不設備，至賊夜斫營殺傷軍士。時都指揮劉忠與升夾攻，忠身先軍士，幾破賊壘。升忌其成功，更不救援，致忠力盡而斃，賊遂得乘間遁去。升遣指揮馬貴等追之，所過騷擾，升亦不問。及備倭都指揮衞青聞賊圍安丘，急躬率所部兵晝夜兼行，遂敗賊衆。後三日升始至，反忌青功，故行摧擊。人臣不忠，莫此爲甚，請治其罪。」上曰：「朕每命將遣師，必丁寧告戒，俾圖萬全。今升方命失機，娼功忌能，罪不可宥。」遂下升于獄。上以唐賽兒久不獲，慮削髮爲尼或混處女道士中。遂命法司：凡北京、山東境内尼及道姑，逮至京詰之。

七月，以段民爲山東左參政。是時，大索唐賽兒甚急，盡逮山東、北京尼。既又盡逮天下出家婦女，先後幾萬人。段民撫定綏輯，曲爲解釋，人情始安。初，唐賽兒夫死，賽兒祭墓，回經山麓，見石罅露石匣角，發之，得妖書、寶劍，遂通曉諸術。劍亦神物，惟賽兒能用之。因削髮爲尼，以其教施里閈間悉驗，細民翕然從之。欲衣食財物，隨所須以術運致。

初亦無大志。乃妖徒轉盛，至數萬，官捕之急，賽兒遂反，殺傷軍兵甚衆。三司皆以不蚤發繫獄。既而捕得之，將伏法，怡然不懼。裸而縛之，臨刑刃不能入，不得已，復下獄。三木被體，鐵鈕繫足，俄皆自解脫，竟遁去，不知所終。三司郡縣將校等官，皆以失寇伏誅。

谷應泰曰：自古盜賊之起也，莫不好爲妖瞀惑亂，陳勝以篝狐，張角以斗米，而號則天公、地公，霧則三里、五里，何其怪也。予以爲男誠有之，女亦宜然。史稱瑯邪呂母，聚黨數千人，殺海曲宰，入海中爲盜。而同時平原女子遲昭平，亦聚數千人，屯河阻兵。以是知婦女之輕剽好作亂，大抵不少概見也。成祖時，有蒲臺唐賽兒者，自號「佛母」，能刻楮爲人馬相戰鬭，衆益信之。于是莒、卽墨諸奸民遂蠭起，而賊黨董彥杲、賓鴻等亦掠兵應之。幸所據不過數州，轉戰不過旬月，衛青、王貴兩軍急擊，旗靡轍亂，魚爛而亡矣。然則賽兒妖術果安在耶？豈王凝之鬼兵相助，而大道竟不可信耶？抑費長房役使鬼物，而遂爲羣鬼所殺耶？是皆不可知。而獨是柳升以通侯之尊，授鉞出師，驛騷供億，逍遙河上，乃更切責衛青，忌嫉有功。假令大敵在前，將校不和，王師可一戰而潰也。雖然，成祖之用兵也，南定金陵，北征沙漠，地拓三佬，威行萬里，而賽兒以一愚婦人躑躅其間，乃欲結娘子之軍，乘夫人之城，譬之薄石擊柱，多見其不知量矣。然而予以賽兒之亂，則黷武之所致也。秦風尙首功，而小戎亦談車戰。河北盛藩鎮，而女子亦通劍器。牝雞之晨，或亦怒蛙之式乎！至于賽兒遁去，而燕、齊諸尼，并天下奉佛婦女，逮者幾萬人。猶之石閔戮羯部，多髯高鼻者并誅；袁紹斬宦官，面不生鬚者亦殺。玉石俱焚，勢固然也。尤可異者，賽兒踪跡杳不可問，豈軍中張燕，羣號衝飛，河上孫恩，相傳水化。妖耶？人耶？吾弗知之矣。

明史紀事本末卷之二十四

河漕轉運

成祖永樂元年（癸未，一四〇三）三月，濬陽中屯衞軍士唐順言：「衞河之原，出衞輝府輝縣西北八里太行蘇門山下。其流自縣城北經衞輝城下，入大名濬縣界，迤邐抵直沽入海。南距黃河陸路五十餘里。若開衞河，距黃河百步置倉廒，受南京所運糧餉，轉致衞河交運，則公私交便也。」上命廷臣議，俟民力稍甦行之。

四年（丙戌，一四〇六）秋七月，命平江伯陳瑄兼督江、淮、河、衞轉運。洪武中，航海侯張赫、舳艫侯朱壽俱以海運功封，歲運糧七十萬石，止給遼左一方。永樂初，北京軍儲不足，以瑄充總兵，帥舟師海運，歲米百萬石。建百萬倉于直沽尹兒灣。城天津衞，籍兵萬人戍守。至是，令江南糧一由海運；一由淮入黃河至陽武，陸運至衞輝，仍由衞河入白河至通州。是爲海陸兼運。

八年（庚寅，一四一〇），以舊額漕運二百五十萬石，不足給國用，特令江、浙、湖廣三省各布、都官自行督運，共三百萬石有奇。

九年（辛卯，一四一一）春二月己未，命工部尚書宋禮、都督周長開會通河。自濟寧至臨清，舊通舟楫。洪武中，河岸衝決，河道淤塞。故于陸路置八遞運所，每所用民丁三千，車二百輛，歲久民困其役。永樂初，屢有言開河便者，上重民力未許。至是，濟寧同知潘叔正言：「會通河道四百五十餘里，其淤塞者三之一。浚而通之，非惟山東之民免轉輸之勞，實國家無窮之利也。」乃命禮等往視。禮等極言疏浚之便，且言天氣和霽，宜及時用工。于是遣侍郎金純發山東、直隸、徐州民丁，及應天、鎮江等府民丁，併力開浚。民丁皆給糧犒賞，蠲他役及今年田租。命宋禮總督之。

河南河水屢歲爲患。先是，遣工部侍郎張信往視。信訪得祥符縣魚王口至中灤下二十餘里，有舊黄河岸，與今河面平，浚而通之，俾循故道，則水勢可殺，遂繪圖以進。詔發河南民十萬，命興安伯徐亨、工部侍郎蔣廷瓚、金純相度開浚，併命禮兼督之。

六月，會通河成。以汶、泗爲源，河水出寧陽縣，泗水出兗州，至濟寧而合。置天井閘以分其流，南流通于淮。而新開河則居其西，北流由新開河道東昌入臨清，計三百八十五里。自濟寧至臨清置十五閘，以時啓閉。又于寧陽築堽城壩遏汶水，盡入漕河。禮還京上言：「會通河源于汶、泗，夏秋霖潦泛溢，則馬常泊之流亦入焉。汶、泗合流，至濟寧分爲二河：一入徐州，一入臨清。河流深淺，舟楫通塞，繫乎泊水之消長。泊水夏秋有餘，冬春不足，非經理河源，及引別水以益之，必有淺澀之患。今汶河上流，上自寧陽縣已築壩堰，使其水盡入新河。東平州之東境，有沙河一道，本汶河支流，至十里口通馬常泊。比年流沙淤塞河口，宜及時開濬。況沙河至十里口，故道具存，不必施工。河口當濬者僅三里，河身宜築堰者計百八十丈。」從之。

十年（壬辰，一四一二）春正月，巡按山東御史許堪言：「去年衞河水溢，河岸倒塌。」命工部尚書宋禮相度措置。夏四月，尚書宋禮奏：「自衞河東北至舊黃河一十二里內，五里舊河有溝渠。五里係古路，二里係平地。今開河泄水以入舊黃河，則至海豐大沽河入海。」上命俟秋成爲之。

九月工部主事藺芳言：「中灤分導河流，使由故道北入于海。河南之民，免于昏墊，誠萬世之利。然緣河新築護岸埽座，用蒲繩泥草，不能經久。臣愚以爲若用木編成大囤，若欄圈然，置之水中，以椿木釘之，中實以石，却以橫木貫于椿表，牢築堤土，則水可以殺，堤可以固，而河患息。」從之。尚書宋禮薦其才，擢爲工部右侍郎。

十一月，浚鎮江京口、新港、甘露三港達于江。

十三年（乙未，一四一五）三月，罷海運糧。命平江伯陳瑄于湖廣、江西造平底淺船三千艘，以從河運，歲運三百餘萬石。初，漕運北京，舟至淮安，過壩渡淮，以達清河，輸輓甚艱。故老爲瑄言：「淮安城西有管家湖，自河至淮河鴨陳口，僅二十里，與清河口相值。宜鑿河引湖水入淮，以通漕舟。」瑄從之。乃鑿清江浦，引水由管家湖入鴨陳口達淮。就管家湖築堤亙十里，以便引舟。置四閘，曰：移風、清江、福興、新莊，以時啓閉。浚儀眞、瓜州通湖。鑿呂梁、百步二洪石，平水勢。開泰州白塔河，通大江。築高郵湖堤，堤內鑿渠，亙四十里。淮濱作常盈倉五十區，貯江南輸稅。徐州、濟寧、臨清、德州皆建倉，便轉輸。議以原坐太倉歲糧，蘇州并山東兗州，送濟寧倉；河南、山東送臨清倉，各交收。浙江并直隸衞分官軍于淮安，運至徐州；京衞官軍于徐州，運至德州；山東、河南官軍于德州，接運至通州。名爲「支運」。年凡四次。河淺膠舟處，濱河置舍五百六十八所。舍置淺夫，俾導舟。其可行處，緣河堤鑿井樹木，以便行人。乃增置淺船三千餘艘，海運遂罷。凡漕渠在齊、魯間者，宋禮功爲多。在江、淮間者，陳瑄功爲多。

十四年（丙申，一四一六），設淮安之清河、福興，徐州之沽頭、金溝，山東之谷亭、魯橋等閘，各置官。于是漕運始達通州。

宣宗宣德五年（庚戌，一四三〇）三月，陳瑄復言：「支運法軍民均勞甚善。但民病舍穡往還，不若益耗兌軍便。」帝是其議，改爲「兌運法」。行之既久，耗亦納官，失初意矣。

七年（壬子，一四三二），置呂梁漕渠石閘。初，陳瑄以呂梁上洪地險水急，漕舟難行，奏令民于舊洪西岸鑿渠深二尺，闊五丈有奇，夏秋有水，可以行舟。至是，復欲深鑿，置石閘三，時其啓閉以節水，庶幾往來無虞。事聞，命附近軍衛及山東布政司量發民夫工匠協成之。

憲宗成化四年（戊子，一四六八），初，正統間，漕米入庾，始有鋭。至是，帝詰鋭米，戶部執曝揚之數。取米石，一其鋭曝之，得九斗有六升，乃以升爲耗。

巡撫江南邢宥修復運河壩閘。先是，正統初，巡撫周忱經理運道，武進奔牛、呂城設爲壩閘，俾漕舟由京口出江，最稱便利。迨景泰間，壩閘漸頹，水道淤淺。有議從蔡涇、孟瀆出江者，因迫海洋，漕舟多覆溺。天順間，巡撫崔恭奏請從周忱故道，增置五閘。至是成之。

七年（辛卯，一四七一），罷瓜、淮兌運。并改四倉之支運者，俱令兌各附近水次。其瓜、淮者于原耗外，益以脚米。四倉故無耗者，准量給耗米。又復歸軍運。尋復定兌運改兌之額：河、淮以南，以四百萬供京師；河、淮以北，八百萬供邊境。別貯額外米于臨、德，曰「預備米」，以備漕米之撥補也。先是，宣德間，定耗例，二米一他物，蓋倣洪武時附載土物之意，用以資君便民。至成化爲改兌法，則悉從本色，聽軍易用，然多滯不便。

世宗嘉靖七年（戊子，一五二八），通惠河成，糧運從河入，省輕齎銀一十一萬，詔給軍三之一，并令三歲後，量減加耗以寬民。初，弘治中，議定折耗銀曰輕齎，凡輕齎之銀官給之。大抵米以備遠涉及顯加之耗，銀以備傭僦鋪墊之用。要之，正米無缺而止。正外諸羨，盡歸旗卒，官無利焉。一時軍卒饒逸，漕運于斯爲盛。亡何，漕撫李蕙請齎餘貯庫，聽來年缺者貸償之。上可其奏，著爲令。嘉靖初，河漕總兵楊宏奏：「輕齎隨軍人，緩急有濟。若貯漕庫，非法也。」大學士費宏言：「衞軍終歲勤勞，給京軍幸有羨，宜與之。」詔皆給軍，軍歡然。久之，戶部言：「輕齎之費倉爲甚，譬雀鼠之嚙，蟣蝨之吮，雖禁不可止也。上日禁革，下日扣除，不如其已。請令運官備列倉費前規，聽官給領之。」而給軍遂革。至是，通惠河成，遂有是命。

八年（己丑，一五二九），疏治清江浦復舊，乃由江入淮之道。

神宗萬曆七年（己卯，一五七九），復築高堰。隆慶中，高堰廢，淮水壞民田。至是，議復築之。起新莊至越城，長一萬八百七十餘丈。堰成，淮水復由清口會黄河入海，而黄浦不復衝決。又以通濟閘逼近淮河，舊址坍損，改建于甘羅城北。仍改濬河口斜向西南，使黄水不得直射。因發拆新莊閘，又改福興閘于壽州廠適中處所，其清江板閘照舊增修。又議修復五壩，惟信字壩久廢不用；智、禮二壩加築，仍舊車盤船隻；仁、義二壩與清江閘相鄰，恐有衝浸，移築天妃閘內。復命官修揚州、高、寶運河，減水閘四座，加高閘石九座。自是，寶應諸河堤岸相接。

九年（辛巳，一五八一），于淮安府城南運河之旁，自窯灣楊家澗歷武家墩，開新河一道，長四十五里，曰永濟河。因置三閘，以避清江浦之險。

十一年（癸未，一五八三），建清江浦外河石堤長二里，磯嘴七座。又建西橋石堤長九十八丈，以禦淮河之衝。又議淮由昭靈祠南黄河出口，歷羊山、内華山、梁山接境山，開河置閘，以避戚港之溜。

十二年（甲申，一五八四），揚州高、寶運道石堤之東，傍堤開新河三十餘里，以避槐角樓一帶之險，曰弘濟河。

谷應泰曰：堯都冀方，九州通貢，水陸分道，舟車遞輿。然皆方物篚篚，非秸秷粟米，負重致遠也。秦人輸粟入邊，十鍾而致一石，蓋難之矣。漢興，海陵之粟，號甲天下，而分封列侯，天子仰食，不過中原三輔。唐郡縣天下，關中運道，龍門險峻，舟桴罕入。歲值霖潦，車牛不給，天子至率百官就食東京。奉天告匱，蔓菁採食，韓滉粟至，脱巾歡呼。宋都汴京，運道四達，路置兑倉，號爲轉運。此劉晏遺規，非豐、熙創法也。明元建都北平，張萬戶以鹽盜出沒，習知海上險易，獻書海運，成山、直沽，無異安瀾。明初海運，猶致百萬。文皇遷鼎，屢勤宵旰。海漕並進，水陸互輸。漕制漸增，海運遂罷。安危之勢易明，内外之形易判也。

夫蜀道千年，蠶叢不啓；臨海咫尺，台、宕猶遺。自燕迄吴，徑四千里，踰江涉淮，天限之已。然而平江築堤，考自張吴；丹徒王氣，鑿由孫氏。黄池夫差之故跡，邗溝隋帝之遺規。假勾吳之霸烈，爲聖主之驅除；藉荒王之游幸，啓千年之利涉。至于渡淮而北，昭陽、獨山，滕、薛瀕湖；洸、沂、汶、泗，魯郊多水。齊擅淸濟，燕誇濁漳。直沽至海，潞水踰燕。古今人力，輸灌裁通。遠近地形，蓄潴本盛。蓋東南舟楫，利盡人功；西北高平，險因天設。莫不枝延蔓引，自成萬里之形；璧合珠連，已見百川之赴。因而按圖求轍，度地施工。所以因山壘石，計日成城，依井求泉，終朝獲汲者也。

稽其道里之略，京口設閘。而浙舟入江，謂之「浙漕」。高郵築堤，而江舟入淮，謂之「江漕」。入淮以後，謂之「出黃」。初鑿呂梁洪，舟河行者五百十餘里。繼開董家口，避河險者二百七十餘里。河行至此，謂之「入口」。南陽夏村，皆引諸湖。既達濟寧，而湖漕入濟，謂之「湖漕」。而進此皆會通河矣。由天井閘至臨淸三百八十餘里，而濟漕入衞，謂之「出口」，而會通河盡矣。衞水順流，直抵天津，謂之「衞漕」。衞漕入潞，潞水之流，謂之「白漕」，白漕既入，徑抵通州矣。

若夫江、淮以南，陳瑄功著；齊、魯以北，宋禮功多。潘季馴之鑿開董口，朱衡之廬居夏村。而天井一閘，南北之脊，地如建瓴。從老人白瑛之請，出七十二泉之水。南流達徐，北流達衞。觀其神功，此亦秦皇驅石，鞭跡猶存；大禹鑿山，掌形宛在。漕河之底績，古今之明德也與！

明史紀事本末卷之二十五

治水江南

成祖永樂元年（癸未，一四〇三）夏四月，命戶部尚書夏原吉治水江南。時嘉興、蘇、松諸郡，水患頻年，屢敕有司，督治無功，故有是命。

六月，命侍郎李文郁往佐尚書夏原吉，相度水田，量免今年租稅。

秋八月，遣都察院僉都御史俞士吉賫水利集賜夏原吉，使講求疏治之法。原吉上言：「江南諸郡，蘇、松最居下流。常、嘉、湖三郡土田，高多下少。環以太湖，亙綿五百里，納杭、湖、宣、歙諸山水，注澱山諸湖，入三泖。頃浦港湮塞，匯流漲溢，傷害苗稼。拯治之法，宜浚吳淞諸浦港，洩其壅淤，以入于海。吳淞江袤二百餘里，廣百五十餘丈。西接太湖，東通海。前代屢疏，以當潮汐，沙泥淤積，旋疏旋塞。自吳江長橋至下界浦約百二十餘里，雖稍通流，多有淺窄。又自下界浦抵上海南倉浦口，可百三十餘里，潮汐壅障，茭蘆叢生，已成平陸。欲即開浚，工費浩大。臣相視得嘉定劉家港，即古婁江，徑通大海，常熟白茆港，徑入大江，皆廣川浚流。宜疏吳淞江南北兩岸安平等浦港，引太湖諸水入劉家、白茆二港，使直注海。松江大黃浦，乃通吳淞要道，下流壅塞，難卽疏浚。傍有范家濱至南倉浦口，可徑達海，宜浚令深闊，上接大黃浦以達泖湖之水。此卽禹貢『三江入海』之迹。俟既開通，相度地勢，各置石閘，以時啓閉。每歲水涸時，修圩岸以禦暴流。」疏上，行之。役夫凡十餘萬。原吉布衣徒步，日夜經畫，盛暑不張蓋，曰：「百姓暴體日中，吾何忍！」于是水洩，農田大利。

二年（甲申，一四〇四）春正月，復命戶部尚書夏原吉往蘇、松疏通舊河，以大理寺少卿袁復副之。六月，以陝西按察司副使宋性爲布政使右參政，從夏原吉蘇、松治水。九月戊辰，戶部尚書夏原吉治水功成，還朝。

三年（乙酉，一四〇五）夏六月，命戶部尚書夏原吉、僉都御史俞士吉、通政使趙居任、大理寺少卿袁復賑濟蘇、松、嘉、湖饑民。上曰：「四郡之民，頻年厄于水患。今舊穀已罄，新苗未成，老稚嗷嗷，朕與卿等能獨飽乎？其往督郡縣發倉廩賑之。所至善加撫綏，一切民間利害，有當建革者，速以聞。」

宣宗宣德七年（壬子，一四三二）九月，蘇州知府況鍾上言：「蘇、松、嘉、湖之地，其湖有六：曰太湖，曰傍山，曰陽城，曰昆承，曰沙湖，曰南湖。聯屬廣袤凡三千里。其水東南出嘉定吳淞江，東北出崑山劉家港，東北出常熟白茆港。永樂初，朝廷命尚書夏原吉督理疏濬，水不爲患。年久淤塞，一遇久雨，遂成巨浸，田皆溺焉。乞仍遣大臣督郡縣吏于農隙時，發民疏濬，則一方永賴矣。」上命周忱與鍾計工力多寡難易行之。

世宗嘉靖元年（壬午，一五二二），巡撫李克嗣開吳淞江。吳淞自周忱修治後，天順中命巡撫崔恭濬大盈浦出吳淞。弘治中，設水利僉事伍性，復濬吳淞中股及顧會趙屯浦。又命工部侍郎徐貫復治吳淞，自帆歸浦至分莊七十餘里。至是，克嗣用華、上、嘉、崑四縣民力，開吳淞江四十餘丈，十餘年無水旱之憂。

二十二年（癸卯，一五四三），巡按呂光詢疏修水利三事：「一曰廣疏濬以備瀦泄。蓋三吳澤國，西南受太湖、陽城諸水，形勢尤卑，而東北際海，岡隴之地，視西南特高。昔人于下流疏爲塘浦，導諸湖之水，由北以入于江，由東以入于海。而又畎引江潮，流行于岡隴之外，是以瀦泄有法，而水旱皆不爲患。今惟二江頗通，一曰黃浦，一曰劉家河。然大河諸水，源多勢盛，二江不足以泄之。而岡隴支河，又多壅絕，于是高下俱病。治之之法，先其要害者。宜治澱山等處茭蘆之地，導引太湖之水，散入陽城、昆承、三泖等湖。又開吳淞江并太石、趙屯等浦，泄澱山之水，以達于海。濬白茆港并鮎魚口等處，泄昆承之水，以注于江。開七浦、鹽鐵等塘，泄陽城之水，以達于江。又導田間之水，悉入于大浦。使流者皆有所歸，而瀦者皆有所泄，則下流之地治，而澇無所憂矣。于是乃濬臧村、第港以溉金壇，濬澡港等河以溉武進，瀆艾祁、通波以溉青浦，瀆顧浦、吳塘以溉嘉定，瀆大瓦等浦以溉崑山之東，瀆許浦等塘以溉常熟之北。二曰修圩岸以固橫流。蓋蘇、松、常、鎮最居東南下流，而蘇、松又居常、鎮下流，秋霖泛漲，風濤相薄，則河浦之水，逆行田間，衝齧爲患。宋轉運使王純臣常令蘇、吳作田塍禦水，民甚便之。而司農丞郟亶亦云：『治河以治田爲本。』蓋惟田圩漸壞，而歲多水災也。三曰復板閘以防淤澱。河浦之水，皆自平原流入江海。水緩而潮急，沙隨浪湧，其勢易淤，不數年旣沮洳成陸。歲歲修之，卽不勝其費。昔人權其便宜，去江海十餘里，或七八里，夾流而爲閘。平時隨潮啓閉，以禦淤沙。歲旱則閉而不啓，以蓄其流。歲澇則啓而不閉，以宣其溢。志稱置閘有三利，蓋謂此也。而宋臣郟僑亦云：『漢、唐遺跡，自松江而東至于海，又導海而北至于揚子江，又沿江而西，至于江陰界。一河一浦，大者皆有閘，小者皆有堰。』臣按郡志，與僑頗合，然多湮廢，惟常熟縣福山閘尙存。正德間，巡按御史謝琛，議復吳塘等閘而不果。卽今金壇縣議復莊家閘，江陰縣議復桃花閘，嘉定縣議于橫瀝、練塘、鹽鐵各置閘如舊。」

穆宗隆慶四年（庚午，一五七〇），巡撫海瑞委松江府同知黃成樂、上海知縣張嵿，開浚王渡起至宋家港，其長一萬一千五百七十一丈，闊三十餘丈。今議減半，開河面一十五丈、底闊七丈五尺、深一丈五尺六寸。共用工銀六萬餘兩。是歲大饑，畚鍤雲集，不兩月而河工告成，民得仰食焉。

神宗萬曆十五年（丁亥，一五八七），以吳中歲遭水患，奏請特設水利副使一員，駐松江。是歲，命許應逵蒞任，發帑金十萬爲修治費。及首濬吳淞，後及支幹。開浚未完，而故道反塞。不一年盡爲平壤，功未竟。

谷應泰曰：天下之賦，半在江南，而天下之水，半歸吳會。蓋江南之田，資水灌沃，特號塗泥，又易霑足，偃鼠飲河，酌多孔取，非如雍州土厚水深，冀州神皋天黨也。考浙西及蘇、松諸郡，以杭、湖、宣、歙萬山之水，奔騰涌溢，盡入太湖。太湖蓄瀦之餘，溢于三江，東流入海，所謂「三江既入，震澤底定」是也。然則三江無可入之道，則震澤無可定之波也明矣。而乃吳淞、婁江，率皆淤塞，黃浦、白茆，僅見虛名，江海之門洩瀉既少，震澤汪洋承流遂緩矣。加以山水多沙，夏秋暴漲，乘勢飄流，勢緩波平，沙因類聚，瀕湖諸泖相繼堙蕪矣。

夫縣師井陘，僅容單騎，則良將爲之躊躇；入告君門，路隔九閽，則忠臣爲之泣血。況于滔天巨浸，洩于一綫之流；倒峽傾江，阻于一抔之土。其魚之歎，能不爲之寒心哉！而或者謂溪不入湖，皆由吳江長橋之築。水清沙滯，勢至壅閼。賴江流剽疾，聚族兼行。今橋梁既立，水勢紆迴，清浮則去，濁重則沈。此猶賈讓治河，必欲盡徙民居，故河北流，以入渤海。而宣房築渠，更播德、棣，分爲八河，以息民患。誠云上策，其事蓋難言之。大抵嘉、湖地據上流，故溪不入湖，則嘉、湖代受震澤之水。蘇、松勢處下流，故湖不入江，蘇、松且代受三江之水。夏原吉躬履勘驗，始稱太湖汎溢宜浚吳淞。然蘇之吳淞，沙泥淤塞，旋疏旋積。松之吳淞，茭葦叢生，漸成陸地。請于嘉定開劉家港，常熟開白茆港，而蘇水入海。于松江更開范家塆以達大黃浦，而松水亦入海。廣濬分支，共受三江之水，卽所謂三江既入。多爲尾閭，以殺震澤之怒，卽所謂震澤底定。禹貢所書，明易簡盡。原吉所治，委曲詳至。江南水勢，大略可睹矣。

至宣德七年，況鍾復請修舉夏緒，起民昏墊。夫鍾之去夏，僅三十年。芍陂煩艾，渭渠需莊。而況金城柳大，滄海田成，世紀奄逝，陵谷摧移。又有呂光詢治水三利，海瑞濬築奏功。苟非泥橇山樏，視同推溺，何以稱焉。

明史紀事本末卷之二十六

太子監國

成祖永樂二年（甲申，一四〇四）四月，册立世子爲皇太子。先是，洪武二十八年，太祖親册爲燕世子。時秦、晉、燕、周四世子，太祖皆敎而試之。一日，使分閱衞士，燕世子還獨後。問之，對曰：「寒甚，士方食。」太祖喜。使閱章奏，擇可施行者報命，太祖益愛之。後成祖卽位，議建儲，武臣多請立高煦者，謂其有扈從功。金忠以爲不可。上猶豫未定，遂召解縉預議。縉言立嫡以長，復曰：「好聖孫。」蓋指宣宗也。上又密以問黃淮，淮亦曰：「長嫡承統，萬世正法。」復召問尹昌隆，昌隆對與淮同，上意遂決。及文華寶鑑成，上召皇太子諭之曰：「修己治人之要，具于此書。堯、舜相傳，惟曰『允執厥中』。帝王之道，貴乎知要。汝其勉之！」皇太子拜受而退。上顧侍臣解縉等曰：「朕皇考訓戒太子，嘗揀經傳格言爲書，名曰儲君昭鑒錄。此書稍充廣之，益以皇考聖謨大訓，以爲子孫萬世帝王之法。誠能守此，足爲賢君。昔秦始皇敎太子以法律，晉元帝授太子以韓非書，帝王之道廢而不講，所以亂亡。朕此書皆大經大法，卿等兼輔東宮，從容閒暇，亦當以此爲說，庶幾成其德業，他日不失爲守成令主。」侍講學士王達侍皇太子，進講乾九四爻，舉儲貳爲說。講畢，皇太子召楊士奇問曰：「經旨於此，恐無儲貳之說，達不含譏否？」士奇對曰：「講臣非正道不陳，豈敢含譏。此本宋儒胡瑗之說也。」皇太子曰：「然則常人得此爻，亦舉此說耶？」士奇曰：「殿下此問甚善。」因舉程子云：「凡卦六爻，人人有用。聖賢有聖賢用，衆人有衆人用，君有君用，臣有臣用，無所不通。」太子悅。

六年（戊子，一四〇八）八月，詔曰：「成周營洛，肇啓二都。有虞勤民，尤重巡省。朕君臨天下，祗率彝典。統極之初，已陞順天府爲北京。今四海清寧，萬民安業，國家無事，省方以時。將以明年二月巡幸北京，命皇太子監國。朕所經過處，親王止離王城一程迎接，軍民官吏于境內朝見。一切供億，皆已有備，不煩于民，諸司無得有所進獻。」

冬十一月，命丘福、蹇義、金忠、胡廣、黃淮、楊榮、楊士奇、金幼孜等兼輔導皇長孫，諭之曰：「朕長孫天章日表，玉質龍姿，孝友英明，寬仁大度。年未一紀，夙夜孜孜，日誦萬言，必領要義。朕嘗試之以事，輒能裁決，斯實宗社之靈。卿等其悉心輔導。」

七年（己丑，一四〇九）春正月，敕皇太子監國。惟文武除拜、四裔朝貢、邊境調發，上請行在，餘常務不必啓聞。仍命吏部尚書兼詹事蹇義、兵部尚書兼詹事金忠、左春坊大學士兼翰林侍讀黃淮、左諭德兼翰林侍講楊士奇輔導監國。諭義等曰：「居守事重。今文臣中留汝四人輔導監國，若唐太宗簡輔監國必付房玄齡等。汝宜識朕此意，敬恭無怠。」命學士胡廣，侍講楊榮、金幼孜及戶部尙書夏原吉等扈從。賜皇太子聖學心法。上出一書，示胡廣等曰：「朕因政暇，采聖賢之言，若執中建極之類，切于修齊治平者，今已成書，卿等試觀之。」廣等覽畢，奏曰：「帝王道德之要，備載此書。」遂名曰聖學心法，命司禮監刊行。上諭黃淮、楊士奇曰：「東宮侍側，朕問：『講官今日說何書？』對曰：『論語君子小人和同章。』因問：『何以君子難進易退，小人則易進難退？』對曰：『小人逞才而無恥，君子守道而無欲。』又問曰：『何以小人之勢常勝？』對曰：『此係上人之好惡，如明主在上，必君子勝矣。』又問：『明主在上，都不用小人乎？』曰：『小人果有才，亦不可盡棄。須常謹備之，不使有過可也。』朕甚喜其學問有進，爾等其盡心輔之。」

二月，帝發京師，三月，帝至北京。

都御史虞謙、給事中杜欽奉命巡視兩淮，啓潁川軍民缺食，請發廩賑貸。太子遣人馳諭之曰：「軍民困乏，待哺嗷嗷，卿等從容啓請待報，汲黯何如人也？卽發廩賑之勿緩。」

贊善王汝正每于皇太子前論說賦詩之法，皇太子問楊士奇曰：「古人爲詩者，其高下優劣何如？」對曰：「詩以言志。『明良喜起』之歌，『南風解愠』之詩，唐、虞之君，其志尙矣。後世漢高帝大風歌，唐太宗雪恥百王之作，則所尙者霸力，皆非王道。漢武秋風辭，志氣已衰。如隋煬帝、陳後主所爲，則萬世之鑒戒也。殿下欲娛意文事，則兩漢詔令亦可觀，非獨文辭高古，其間亦可俾益治道。如詩，無益之辭，不足爲也。」太子視朝之暇，專意文事，因覽眞德秀文章正宗，羨其學識純正。楊士奇曰：「德秀所著大學衍義一書，尤有益學者，爲君爲臣，皆不可不知。」太子卽召翰林典籍取閱，大喜曰：「此爲治之鑒戒，不可無。」遂命重刻，以賜諸皇孫及廷臣。

八年（庚寅，一四一〇）冬十月，上還南京。

十一年（癸巳，一四一三），上幸北京，皇太孫從。命尚書蹇義、學士黃淮、諭德楊士奇及洗馬楊溥等輔導太子監國。

十二年（甲午，一四一四）三月，帝發北京，親征瓦剌。六月，班師，駐蹕沙河，太子遣兵部尚書金忠等齎表往迎。八月，帝至北京，以太子所遣使迎車駕緩，且書奏失辭，怒曰：「此輔導者之咎也。」漢王高煦復譖之，遂遣使逮尚書蹇義，學士黃淮，諭德楊士奇，洗馬楊溥、芮善及司經局正字金問等至。中途有旨宥蹇義回南京，黃淮先至北京下獄。次日，士奇及金問繼至，上曰：「楊士奇姑宥之。朕未嘗識金問，何以得侍東宮？」命法司鞫之。尋召士奇至，問東宮事。士奇叩頭稱太子孝敬誠至，凡所稽違，皆臣等之罪。乃下士奇錦衣衛獄。未幾，特宥復職。時金問詞連溥等，遂相繼下獄。有白事者曰：「殿下知讒人乎？」太子曰：「吾不知，知爲子耳。」

十三年（乙未，一四一五）秋九月，直隸鹽城縣颶風，海水泛溢，傷民田二百一十五頃有奇。太子令蠲田租一千一百七十餘石。帝至京師。

十二月，歷代名臣奏議書成。先是，上以璽書諭太子，命翰林院儒臣黄淮、楊士奇等，採古名臣直言彙錄，以便觀覽。至是書進，上覽而嘉之，命刊印以賜皇太子、皇太孫及諸大臣。

十五年（丁酉，一四一七）春三月，上巡北京，命吏部尚書兼詹事蹇義、翰林學士兼諭德楊士奇、侍讀兼贊善梁潛輔太子監國。七月，賜皇太子務本之訓。

十六年（戊戌，一四一八）春三月，太子手書賜贊善徐善述言：「覽卿爲予改詩甚善。但今卿年邁，恐輔余爲勞。似卿朴直苦口者，百無一二，面諛順顔者，比比有之。卿無憚勞，弼成余業，惟望藥石之言日甚一日，毋生犯鱗觸諱之慮。余今欲學作表，卿可一如詩題立例，具詩題與表題間日封進，以廣琢磨。春煖順時將息，以慰余懷。」書函曰：「皇太子賚書贊善好古先生。」好古者，善述字也。太子視朝之暇，手不釋卷，被服寬博，大類儒者云。

夏五月，上殺贊善梁潛、司諫周冕。時太子監國，上不時有疾。兩京距隔數千里，小人陰附漢府者，讒搆百端。侍從監國之臣，朝夕惴惴，人不自保。會有陳千戶者，擅取民財，事覺，太子令謫交趾立功。數日，復念其軍功，宥之。有譖于上曰：「上所謫罪人，太子曲宥之矣。」遂逮陳千戶殺之。以潛、晃不諫止，并逮下獄，皆死。

六月，上遣禮部左侍郎胡濙巡江、浙諸郡，陛辭，上諭曰：「人言東宮多失，當至京師，可多留數日，試觀何如，密奏來。奏字須大，晚至卽欲觀也。」濙至京師，日隨朝，凡見東宮所行之善，退卽記之。勳臣某者語不謹，侍衞捶之，仍當陛口奏，有旨不問。既退，亟宣侍衞者賞鈔若干錠。於是羣臣皆言不顯責大臣，而旌禁衞，所以寬其罪而愧其心，見殿下之仁明也。居稍久，楊士奇曰：「公命使也，宜亟行。」濙權辭謝曰：「方治冬衣未完爾。」至安慶始書奏，以所見皆誠敬孝謹七事，密疏以聞。上覽之大悅，自是不復疑皇太子。

十八年（庚子，一四二〇）秋九月己巳，北京宮殿垂成，欽天監言：「明年正月朔吉，宜御新殿。」命戶部尚書夏原吉召太子、太孫于京師，期十二月終至北京。太子赴北京，過滁州，登瑯琊山，指示楊士奇曰：「此醉翁亭故址也。」因歎歐陽修立朝正言不易得，今人知其文，鮮知其忠。蓋太子爲文章尤善修，每曰：「三代以下，文人獨修有雍容和平氣象。」尤愛其奏議切直，嘗命刊修文以賜羣臣，且諭之曰：「修之賢，非止于文，卿等當考其所以事君者而勉之。」十一月，太子過鳳陽，謁祭皇陵畢，周步陵傍，顧張本、楊士奇曰：「國家帝業所自也。」徘徊久之。耆老進謁，有知太祖時事者，從容與語，賜勞優厚。先是，原吉自南京先馳奏，上復命迎之，且曰：「東宮緩行。」至是，原吉迎見太子于鳳陽，道上旨。太子以不敢緩諭之，且手書付原吉與士奇，詢訪沿途軍民利病，政事得失，備顧問。太子過鄒縣，見男女持筐，路拾草實者，駐馬問所用，民跪對曰：「歲荒以爲食。」太子惻然。稍前，下馬入民舍，視民皆衣百結，竈釜傾仆，歎曰：「民隱不上聞至此乎？」顧中官賜之鈔，而召鄉老問其疾苦，輟所食賜之。時山東布政石執中來迎，責之曰：「爲民牧而民窮如此，亦動念乎！」執中言：「凡被災之處，皆已奏乞停止今年秋稅。」皇太子曰：「民餓且死，尚及徵稅耶？汝宜速發官粟賑之，事不可緩！」執中請人給三斗。曰：「且與六斗，汝毋懼擅發倉廩，吾見上當自奏也。」十二月，太子及太孫將至北京，原吉先入奏。上問原吉東宮來何速，對曰：「陛下慈注之深，東宮孝思之切。」上喜，賜鈔二百錠。命諸臣先期分官出候于良鄉。太子至北京，奏前過山東境內遇民飢，即令布政司發粟賑之。上曰：「昔范仲淹子猶舉麥舟濟父之故舊，況百姓吾之赤子乎！」

十九年（辛丑，一四二一），禮部尚書呂震語太子曰：「殿下前在南京，數遣中使進案牘，每有事以殿下過失聞，上指其妄言。今宜疏此人。」太子曰：「過失，吾豈能無。今至尊既不信之，我又與人較耶？」

二十年（壬寅，一四二二）春三月，上北征，秋九月，還京師。

二十一年（癸卯，一四二三）夏五月，常山中護衛總旗王瑜上變，言：「常山中護衛指揮孟賢糾合羽林衛指揮彭旭等，舉兵將推趙王高燧爲主，而謀不利于上及皇太子。」上命急捕。賊既悉得，遂召太子、趙王及文武大臣皆至。上御右順門親鞫之。先是，上以疾多不視朝，中外事悉啓太子處分。太子往往裁抑宦侍，宦官黄儼、江保尤見疏斥。儼等日讒之于上，且素厚高燧，常陰爲之地。因僞造毁譽之言，傳播于外，謂上注意高燧，以紿外廷，由是賢等遂起邪心。欽天監官王射成與賢密，言于賢曰：「觀天象，當有易主之變。」賢等邪謀益急，與其弟孟三，常山左護衛老軍馬恕、田子和，興州後屯衛老軍高正，通州右衛鎮撫陳凱等，日夜潛謀，連結貴近，圖就宫中進毒藥于上。候上晏駕，即以兵劫内庫兵仗符寶，分兵執府部大臣。豫令高正僞撰遺詔，付中官楊慶養子。至期從禁中議以御寶領出，廢皇太子，而立趙王高燧爲帝。布置已定，正密告其甥瑜，瑜曰：「此舅氏滅族之計。」力止不從；瑜遂入告。上覽僞撰遺詔，震怒，立捕楊慶養子誅之，顧高燧曰：「爾爲之耶？」高燧惴慄不能言。太子爲之營解，曰：「高燧必不與謀，此下人所爲耳。」上命文武大臣及三法司鞫治，羣臣奏賢等所犯大逆，且有顯實，當並寘極典。上曰：「且先籍其家。王射成以天象誘人，速誅之。賢等更加窮鞫，毋令遽死。」遂下錦衣衛嚴治，尋逮其黨悉誅之。八月，帝發京師北征，十一月，還京。

二十二年（甲辰，一四二四）春三月，上議北征。夏四月，詔太子監國，駕發京師。秋七月，庚寅，上崩于榆木川。大學士楊榮、少監海壽奉遺命馳訃太子。太子慟絕，強拜受，即遣太孫出居庸，赴開平迎梓宮。瀕行，太孫啓曰：「出外有封章白事，非印識無以防僞。」太子曰：「言良是，但行急，新製不及。」士奇曰：「殿下未踐祚，有事自應行常用之寶。其東宮小圖書，可假之行。此出一時之權，歸即納上。」太子即取付太孫曰：「有啓事以此封識，不久當歸汝，汝可留之。」既行，太子顧士奇曰：「昔大行臨御，儲位久未定，浮議喧騰。今即以付之，浮議何從興！」壬子，太孫奉大行柩至郊，太子及親王以下文武羣臣皆衰服哭迎。至大內，奉安于仁智殿，加歛奉納梓宮。八月十五日丁巳，皇太子即位，赦天下，以明年爲洪熙元年。

谷應泰曰：古之敎太子者，愼選師傅，訓之德義。過龍樓而問寢，入虎圍而齒胄，蓋若是其恖也。及乎六師撻伐，有事行間，則從曰撫軍，守曰監國。非特重器所寄，亦以周知艱大，練察治忽，爲嗣王之要務耳。

方仁宗之未正青宮也，睿質仁明，天姿愷惻。然而如意類上，申生無寵。非黃淮進賈詡之謀，解縉效鄴侯之議，則烏烏向背，羽翼無成，金玦偏駁，憂方大矣。幸而皇祖親册，嫡長分定。乘危履險，克正重輪。重耳之艱阻備嘗，楚王之朝嬰夕側。非特生于深宫之中，長于阿保之手者也。又若儲君昭鑒，傳自高皇，聖學心法，頒于成祖。比之始皇之敎以法律，元帝之授以韓非。貽謀度越，抑何偉歟！而況金忠、蹇、夏輔導于前，黃淮、楊士奇糾繩于後，則商山茹芝之佐也。學識特崇眞氏，文章獨許歐公，則家丞秋實之采也。賑潁川之饑而先發後聞，恤鄒縣之荒而賜鈔輟食，則豳風農事之規也。又考成祖巡幸順天，親征漠北，駕凡五出，年垂二紀。中間大官大邑，雖復啓聞，而庶政庶獄，咸就諮決。名爲儲位，實則長君；名爲監國，實則御宇。故人以仁宗之歷祚短，而予以仁宗之沛澤長也。

若夫宫闈煽禍，國本瀕傾，管、蔡流言，備極讒搆。一時並集，何以爲懷。又且迎駕緩期，而逮捕官屬，則高煦贊之。僞撰遺詔，而陰行廢立，則高燧主之。蓋以突陣者自命黃須，樹力者侈談天策，而又加之敬禮之密推曹植，輔國之交鬬兩宫，夫是以勢同孤孽，危如累卵，救過而不暇也。自非胡濙密書七事，王瑜上變一言，則豫敎之淑質壅于上聞，含沙之哆口交亂四國，非蒙戾園之誅，必賜扶蘇之詔。而仁宗一載之郅理，又烏能睹其盛耶！嗟乎！安慶復而後良鄉侯，孟賢敗而後榆川崩，天祚人國，以有此也。

〔清〕谷應泰撰

明史紀事本末

第二册

卷二七至卷五二

中華書局

明史紀事本末第二册目録

明史紀事本末卷之二十七

高煦之叛　釋趙王高燧附

成祖永樂二年（甲申，一四〇四），立郡王高煦爲漢王，仁宗同母弟也。初，文皇起兵時，世子居守。高煦狙詐多智，以材武自負，善騎射，從征白溝、東昌有功。江上之戰，文皇兵却，高煦適引騎兵至，文皇撫其背曰：「吾病矣，汝努力，世子多疾。」已而議建儲藩府，舊臣淇國公丘福、駙馬王寧皆善高煦，時時稱二殿下。文皇曰：「居守功高于扈從，儲貳分定于嫡長。且元子仁賢，又太祖所立，眞社稷主，汝等勿復言。」至是，立世子東宮，封高煦漢王，國雲南；高燧趙王，國彰德。高煦怏怏不肯去，曰：「我何罪，斥我萬里。」文皇不悅。太子力解，得暫留京師。又請得天策衞爲護衞，曰：「唐太宗天策上將，吾得之豈偶然。」又請益兩護衞，曰：「我英武，豈不類秦王世民乎？」又嘗作詩，有「申生徒守死，王祥枉受凍」之語。

上嘗命太子及漢王高煦、趙王高燧、皇太孫同謁孝陵。太子體肥重，且足疾，兩中使掖之行，恆失足。高煦從後言曰：「前人失跌，後人知警。」皇太孫應聲曰：「更有後人知警也。」高煦回顧色變。太孫，卽宣宗也。東宮性仁厚，篤好經史，有人君之度。高煦不肯竟學，然英武頗類上。長七尺餘，輕趫，兩腋若龍鱗者數片。上每北征，令從左右。上嘗與諸大臣微語及儲宮事，大臣亦多謂東宮守成令主，上意頗釋。一日，上及后御便殿，東宮妃張氏親執庖爨，上御膳恭謹。上大喜，曰：「新婦賢，他日吾家事多賴也。」自此無易儲意。然高煦時媒孽東宮事以聞。嘗譖解縉泄上易儲語，縉坐貶交趾。又譖之，逮繫，死獄中。

十二年（甲午，一四一四）（三）〔八〕（據國榷卷十六校改）月，上北征還，東宮遣使迎上遲。高煦日夜謀奪嫡，復造飛語，動搖監國，幷中傷黃淮等。于是坐淮等奉表不敬，逮下獄。

十三年（乙未，一四一五）三月，改趙王高燧封國于彰德，漢王高煦于青州。時高煦奏願常侍左右，不欲之國。復賜敕曰：「既受藩封，豈可常在侍下。前封雲南，憚遠不行，與爾青州，今又託故。如果誠心留侍，去年在此，何以故欲南還？是時朕欲留爾長子，亦不可得。留侍之言，殆非實意。青州之命，更不可辭。」

十四年（丙申，一四一六）九月，漢王高煦選各衛壯健藝能軍士隨侍。敕都督僉事歐陽青悉還原伍，不許稽留。

十五年（丁酉，一四一七）三月，漢王高煦有罪，居之山東樂安州。高煦所爲不法，上以其長史程棕、紀善周巽等不能匡正，皆斥交趾爲吏。高煦猶不悛，府中有私募軍士三千餘人，不隸籍兵部；縱衛士于京城內外劫掠，支解無罪人投之江；殺兵馬指揮徐野驢，及僭用乘輿器物。上頗聞之，還南京以問蹇義。義不敢對，固辭不知。又問楊士奇，對曰：「漢王始封國雲南，不肯行，復改青州，又堅不行。今知朝廷將徙都北京，惟欲留守南京。此其心路人知之，惟陛下早善處置，使有定所，用全父子之恩，以貽永世之利。」上默然。後數日，上復得高煦私造兵器，陰養死士，招納亡命，及漆皮爲船，教習水戰等事。上大怒，召至面詰之，褫其衣冠，縶之西華門內。皇太子力爲營救，乃免。上厲聲曰：「吾爲爾計大事，不得不割。汝欲養虎自貽患耶！今削兩護衛，處之山東樂安州。去北京甚邇，卽聞變，朝發夕就擒矣。」比至樂安，怨望，異謀益熾，太子數以書戒之，竟不悛。

二十二年（甲辰，一四二四），成祖崩，仁宗卽位。八月己丑，召漢王高煦赴京。九月甲申，漢王高煦至京。

仁宗洪熙元年（乙巳，一四二五）夏四月，遣漢王高煦子瞻圻于鳳陽守陵。當文皇北征晏駕時，高煦子瞻圻在北京，凡朝廷事，潛遣人馳報，一晝夜六七行。高煦日亦遣數十人入京師潛伺，幸有變。上固知之，顧益厚遇，倍加歲祿，賜賚萬計。先是，瞻圻憾父殺其母，屢發父過惡。文皇曰：「爾父子何忍也。」至是，高煦悉上瞻圻前後覘報中朝事，又曰「廷議旦夕發兵取樂安」。上召瞻圻示之，曰：「汝處父子兄弟間，讒搆至此乎？稚子不足誅，遣鳳陽守皇陵。」

五月辛巳，仁宗崩。六月，太子自南京奔喪，高煦謀伏兵邀于路，倉卒不果。庚戌，太子即位，改明年宣德元年。

七月，高煦陳奏利國安民四事。上顧侍臣曰：「永樂中，皇祖常諭皇考及朕，謂此叔有異心，宜備之。然皇考待之極厚。如今日所言，果出于誠，則是舊心已革，不可不順從也。」命有司施行，仍復書謝之。

宣宗宣德元年（丙午，一四二六）春正月，漢王高煦遣人獻元宵燈。有言于上曰：「漢府所遣來者，多是窺瞰朝廷之事，特以進獻爲名。」上曰：「吾惟推誠以待之耳。」復書報謝。

秋八月，北京地震，漢王高煦反。初，高煦既之國樂安，反謀未嘗一日忘。及仁宗崩，帝即位，賜高煦視他府特厚。高煦日有請，及言朝政，上曲徇其意。索駝與之四十，索馬與之百二十，索袍服又與之。高煦益自肆，八月壬戌朔遂反。遣枚青潛來京，約英國公張輔內應，輔暮夜繫青聞于朝。又約山東都指揮靳榮等反濟南爲應。又散弓兵旗，令眞定諸衞所，盡奪傍郡縣畜馬。立五軍都督府：指揮王斌領前軍，韋達左軍，千戶盛堅右軍，知州朱烜後軍。諸子瞻坴、瞻域、瞻埣、瞻墿各監一軍。高煦率中軍，世子瞻垣居守。指揮韋賢、韋興，千戶王玉、李智領四哨。部署已定，僞授王斌、朱烜等大帥、都督等官。御史李濬，樂安人，棄其家，變姓名，間道詣京上變，言高煦刻日取濟南，然後率兵犯闕。陞濬行在左僉都御史，遣中官侯太賜書高煦，言：「昨枚青來，言叔督過朝廷，予誠不信。皇考至親唯二叔，予所賴亦唯二叔。小人離間，不得不敷露中懇。且傳播驚疑，或有乘間竊發者，不得不略爲之備。唯叔鑒之。」太至樂安，高煦陳兵見太，傲倨不拜敕，南面坐，跪太大言曰：「我何負朝廷哉！靖難之戰，非我死力，燕之爲燕，未可知也。太宗信讒，削我護衛，徙我樂安。仁宗徒以金帛餌我。今又輒云祖宗故事，我豈能鬱鬱無動作？汝循營視漢士馬，豈不可洸洋天下耶？速報上，縛奸臣來，徐議吾所欲。」太懼，唯唯歸。上問高煦何言，太對無所言。上曰：「太二心。」已而，錦衣官從太往者，具陳所見。上大怒太曰：「事定必治汝。」

是月丁卯，高煦遣百戶陳剛進疏，言仁宗違洪武、永樂舊制，與文臣誥敕封贈，今上修理南巡席殿等事，爲朝廷罪過。又斥二三大臣夏原吉等爲奸佞，並索誅之。又書與公侯大臣，驕言巧詆，污衊乘輿。上歎曰：「高煦果反。」議遣陽武侯將兵討高煦，大學士楊榮力言不可，曰：「皇上獨不見李景隆事乎？」上默然。顧原吉，原吉曰：「往事可鑒，不可失也。臣見煦命將而色變，退語臣等而泣，知其無能爲也。且兵貴神速，宜卷甲韜戈以往，一鼓而平之，所謂先聲有奪人之心也。若命將出師，恐不濟。楊榮言是。」上意遂決。立召張輔諭親征，輔對曰：「高煦鷙而寡謀，外戇中恇，今所擁非有能戰者。願假臣兵二萬，擒逆賊獻闕下。」上曰：「卿誠足辦賊，顧朕新卽位，小人或懷二心，行決矣。」令大索樂安奸諜。

乙丑，敕遣指揮黃謙，同總兵、平江伯陳瑄防守淮安，勿令賊南走。令指揮芮勛守居庸關。令法司盡弛軍旗刑徒從征。

戊辰，命定國公徐永昌、彭城伯張昶守皇城；安鄉侯張安、廣寧伯劉瑞、忻城伯張榮、建平伯高遠守京師。己巳，命豐城伯李賢、侍郎郭璡、郭敬、李昶督軍餉；鄭王瞻埈、襄王瞻墡留守北京；廣平侯袁容、武安侯鄭亨、都督張昇、山雲，尚書黃淮、黃福、李友直協守；少師蹇義、少傅楊士奇、少保夏原吉、太子少傅楊榮、太子少保吳中、尚書胡濙、張本、通政使顧佐扈行；陽武侯薛祿、清平伯吳成爲先鋒。辛未，以高煦之罪，告天地宗廟社稷山川百神，遂親征。發京師，率大營五軍將士以行。東南天鳴，聲如萬鼓。癸酉，駕過楊村，馬上顧問從臣曰：「試度高煦計安出？」或對曰：「樂安城小，彼必先取濟南爲巢窟。」或對曰：「彼曩不肯離南京，今必引兵南去。」上曰：「不然。濟南雖近，未易攻；聞大軍至，亦不暇攻。護軍家在樂安，不肯棄此走南京。高煦外多誇詐，內實怯懦，臨事狐疑，展轉不斷。今敢反者，輕朕年少新立，衆心未附。又謂朕不能親征，卽遣將來，得以甘言厚利誘餌幸成事。今聞朕行，已膽落，敢出戰乎！至卽擒矣。」戊寅，獲樂安歸正人，益知賊中虛實。言：「賊初約靳榮取濟南，山東布、按二司官覺之，防榮不得發。又聞大軍至，不敢出。朱煊力言：『宜引精兵取南京，得南京大事成矣。』衆不從，曰：『南人謀家耳，奈我輩何！』」又曰：「高煦初聞陽武侯等將兵，攘臂喜曰：『此易與耳。』聞親征，始懼。」于是授歸正人官厚賞，給榜令還樂安諭衆。上仍書諭高煦曰：「人言王反，朕初不信。及得王奏，知王志在禍生靈，危宗社。朕與師問罪，不得已也。王太宗皇帝之子，仁宗皇帝之弟。朕嗣位以來，事以叔父，禮不少虧，何爲而反耶？朕惟張敖失國，本之貫高；淮南受誅，成于伍被。自古小人事藩國，率因之以身圖富貴，而陷其主于不義。及事不成，則反噬主以圖苟安，若此者多矣。今六師壓境，王能悔禍，即擒獻倡謀者。朕與王削除前過，恩禮如初，善之善者也。王如執迷，或出兵拒敵，或嬰城固守，圖僥倖于萬一，當率大軍乘之，一戰成擒矣。又或麾下以王爲奇貨，執以來獻，王以何面目見朕？雖欲保全，不可得也。王之轉禍爲福，一反掌間耳！其審圖之。」上英暢神武，詞旨明壯。六軍氣盛，龍旗鉦鼓，千里不絕。庚辰，薛祿馳奏前鋒至樂安，約明日出戰。上令大軍蓐食兼行，文臣請愼重，武臣曰：「林莽間或設伏，百里趨利不可。」上曰：「兵貴神速，我抵城下營，彼阱中虎，爪牙安施！大軍至，烏合之衆方洶洶，何暇設伏！」遂行，夜分至陽信。時慶雲、陽信吏人皆入樂安城，無來朝者。辛巳，駐蹕樂安城北，城中黑氣黯黲，大軍壁其四門。賊乘城舉砲，大軍發神機銃箭，聲震如雷，城中人股慄。諸將請卽攻城，上不許。勑諭高煦，不報。已，復遣勑諭之曰：「前勑諭爾備矣。朕言不再，爾其審圖之。」又以勑繫矢射城中，諭黨逆者以禍福，于是城中人多欲執獻高煦者。高煦狼狽失據，密遣人詣御幄陳奏，願寬假，今夕與妻子別，明旦出歸罪。上許之。是夜，高煦盡取積歲所造兵器與凡謀議交通文書，盡燬之。城中通夕火光燭天。壬午，移蹕樂安城南。高煦將出，王斌等固止之，曰：「寧一戰以死，就擒，辱矣。」高煦曰：「城小。」紿斌等復入宮，遂潛從間道，衣白席藁出見上，頓首自陳。羣臣列奏其罪，請正典刑。上曰：「彼固不義，祖訓待親藩自有成法。」羣臣復言：「春秋大義滅親。」上却之，以羣臣劾章示煦。煦頓首言：「臣罪萬死萬死，生殺惟陛下命。」上令煦爲書，召諸子同歸京師。罪止倡謀數人，赦城中脅從者。遂執王斌等下行錦衣獄。癸未，令祿、本鎮撫樂安，改樂安爲武定。乙酉，班師，命中官頸繫高煦父子赴北京，錦衣衛械繫王斌、朱煊、盛堅、典仗侯海、長史錢巽、教授錢常、百戶井授等以歸。庚寅，駐蹕獻縣之單橋，戶部尚書陳山迎駕。山見上言：「宜乘勝移師向彰德，襲執趙王，則朝廷永安矣。」上召楊榮以山言諭之。榮對曰：「山言國之大計。」遂召蹇義、夏原吉諭之，兩人不敢異議。榮言請先遣敕趙王，詰其與高煦連謀之罪，而六師奄至，可擒也。從之。榮遂傳旨令楊士奇草詔，士奇曰：「事須有實，天地鬼神豈可欺哉！且敕旨以何爲辭？」榮厲聲曰：「此國家大事，庸可沮乎！令錦衣衛責所係漢府人狀，云『與趙連謀』，卽事之因，何患無辭？」士奇曰：「錦衣衛責狀，何以服人心！」士奇因往見蹇義、夏原吉，義曰：「上意已定，衆意已定，公何能中阻！」原吉曰：「萬一上從公言，今不行。趙後有變，如永樂中孟指揮之舉，誰任其咎？」士奇曰：「今時勢與永樂中異。永樂中，趙擁三護衞，今已去其二。且昔孟指揮所爲，王實不預聞。不然，趙王豈至今日乎？」義曰：「卽如公言，今若何？」士奇曰：「爲今之計，朝廷重尊屬，厚待之。有疑，則嚴防之，亦必無虞，而于國體亦正矣。」義、原吉曰：「公言固當，然上特信楊榮言，不係吾二人可否也。」士奇退與榮曰：「太宗皇帝惟三子，今上親叔二人。一人有罪者不可恕，其無罪者當厚之，庶幾仰慰皇祖在天之靈。」榮不肯。時楊溥亦與士奇意合，溥曰：「吾二人請入見上，兵必不可移。」榮聞溥言，卽趨入見，溥、士奇亦踵其後，而門者止二人，不得入。已，有旨召蹇、夏。義以士奇言白，上不懌，然亦不復言移兵矣。車駕遂還京。

九月，帝還京師，御奉天門。高煦父子家屬皆至京師，命工部築館室于西安門內，處高煦夫婦男女，其飲食衣服之奉，悉仍舊無改。上出御製東征記，以示羣臣，凡高煦之罪，及朝廷不得已用兵之故，皆詳書之。逆黨王斌、朱煊等伏誅，同謀伏誅者六百四十餘人，其故縱與藏匿坐死戍邊者一千五百餘人，實口外者七百二十七人。獨長史李默免。

上至京，始思楊士奇言，不復及彰德事。然言者猶喋喋，請盡削趙護衞，且請拘趙王京師，上皆不聽。乃召士奇諭曰：「言者論趙王益多如何？」對曰：「今日宗室，惟趙王最親，當思保全之，毋惑羣言。」上曰：「吾亦思之，皇考于趙王最友愛，且吾今惟一叔，奈何不愛。

然當思所以保全之道。」乃封羣臣言章，遣駙馬都尉廣平侯袁容、左都御史劉觀齎以示之，使自處。士奇曰：「更得璽書親諭之尤善。」上從之。容等至，趙王大喜曰：「吾生矣。」卽獻護衞，且上表謝恩，而言者始息。

漢庶人高煦鎖縶之內逍遙城，一日，帝往，熟視久之。庶人出不意，伸一足勾上踣地。上大怒，亟命力士舁銅缸覆之。缸重三百斤，庶人有力，項負缸起。積炭缸上如山，燃炭，逾時火熾銅鎔，庶人死。諸子皆死。

谷應泰曰：高煦爲文皇第二子，强力善騎射。燕藩兵起，摧鋒陷敵，從征有功。而仁宗之在青宮也，性仁柔，體肥足耎，高煦輕之，以爲可取而代也。于是潛謀奪長，飛語傾危，私造兵器，陰養死士，中傷東宮官屬，自比天策上將。而駙馬王寧、淇國公丘福，亦復官府交通，陰圖翼戴。自非居守功高，嫡長分定，又且張妃執爨，陰教克修，則成師名子，如意類吾，文皇之意亦未保其克終也。然而煦者，不過桀驁不臣，非有深圖遠算，特以成祖喜其猛鷙，昭帝曲加友愛，于時父兄見驕，恃愛肆奸。封雲南，則恚怒不去，封青州，則托故不行。支解無罪，僭用乘輿，逆節所萌，有自來矣。然而煦之謀，非有湘東刻檀之狡也；煦之才，非有曹植自試之敏也；地不過樂安，煦非有吳、楚七國之強也；人不過王斌、朱烜，煦非有貫高、伍被之佐也。乃以宣宗初御，輕其年少，陳兵踞坐，聲罪朝廷。所幸神機内斷，親督六師。煦不先爭濟南，轉躪河北，而困守孤城，束身就縛，豈非外多誇詐，内實怯懦，宣宗料敵眞神算也。

至若陳山迎駕，請襲趙藩，楊榮希旨，贊決大計，賴士奇一言，克保親親，獻還護衛耳。昔袁盎勸卹淮南，田叔燒梁獄辭，卽令罪狀果明，猶當曲全恩紀，而況齊王後悔，背約城守，馬攸德望，舉朝共知，又安可借金吾片紙，使有殺叔父名乎？

其後逍遙城中，煦嬰鎖縶。檻猿未嘗不牢，縛虎未嘗不急，而忽伸一足，勾上踣地，以致銅缸燃炭，身首爲灰。彼豈眞有閭牀戴吳，筑擊秦庭之智哉！要不過桀驁不臣，適以殺其軀耳。雖然，高煦之後，寘鐇、宸濠，反者踵起，豈前車之鑒，不足懾以天誅，抑靖難之風，若或貽以家法。蓋觀于漢庶人之變，而歎螟蠃之類我也。

明史紀事本末卷之二十八

仁宣致治

成祖永樂二十二年（甲辰，一四二四）秋七月，上北征，崩于榆木川。衆倉卒，莫知所措。大學士楊榮曰：「六師去京尚遠，不宜發喪，所至宜上食如常儀。」時有議欲借他事齎璽書馳訃者。榮曰：「大行皇帝在稱敕，今稱敕，是詐也。罪孰當之？」乃作啓先馳報，皇太子遣皇太孫往迎梓宮。時京兵皆隨征，城中空虛，浮議藉藉，慮趙王兵爲變。皇太孫辭行，啓曰：「出外有封章白事，非印識無以防僞。」皇太子然之，急未有所與，以問大學士楊士奇。士奇言：「上所用東宮圖書，今暫假之，歸卽進納。」太子悟，乃曰：「卿言誠是。昔大行臨御，儲位久未定。吾今卽以付之，浮議何由興！」

八月，皇太子卽皇帝位，大赦天下。楊士奇草詔，如下西洋寶船、雲南取寶石、交趾採金珠、撒馬兒等處取馬，幷採辦燒鑄進供諸務，悉皆停罷。

出戶部尚書夏原吉、刑部尚書吳中、侍郎楊勉、右春坊大學士黃淮、洗馬楊溥、正字金問于獄，復其官。以大學士楊榮爲太常寺卿，金幼孜爲戶部侍郎仍兼前職，左春坊大學士楊士奇爲禮部右侍郎兼華蓋殿大學士，黄淮爲通政使兼武英殿大學士。榮、幼孜、士奇、淮俱掌內制，備顧問，不預所陞職務。洗馬楊溥爲翰林院學士，正字金問爲翰林院修撰。初，上嘗諭士奇曰：「自今朝廷事，仗蹇義與汝。」士奇對曰：「漢文卽位，首進宋昌，史以爲貶。臣兩人侍陛下日久，雖聖恩不遺，不應先及臣等。」上益重之。

命減惜薪司賦棗之半。初，楊士奇入謝新命畢，聞惜薪司奏准歲例，賦北京、山東棗八十萬斤，爲宮禁香炭之用，將復入奏。時蹇義、夏原吉奏事未退，上見士奇，顧義等曰：「新華蓋學士來奏事，必有理，試共聽之。」士奇因言：「詔下才兩日，今聞惜薪司傳旨，賦棗八十萬斤，得無過多？雖係歲例，然詔書所減除者，皆歲例也。」上喜曰：「吾固知學士言有理。吾數日來，宮中叢脞，此是急遽中答之，不暇致審。」卽命減其半。復語義等曰：「卿三人朕所倚，宜盡言，匡朕不逮。」命吏部汰冗官。

九月，上念山林川澤，皆與民共，命自居庸以東，與天壽山相接，禁樵採，餘俱弛禁。河南黄河溢，令右都御史王彰往撫軍民，免今年糧稅。工部奏修軍器，請徵布漆于民。命給鈔市之。上曰：「古者土賦，隨地所產，不強其所無。比年如丹漆、石青之類，所司不究物產，概下郡縣徵之。小民鳩斂金幣，博易輸納，而吏胥因以爲奸。其一切禁止。」

禮部尙書呂震請卽吉，不從。時上喪服已踰二十七日，震請如太祖倣漢制，易吉服。

上未答。震退，偏語羣臣，令釋服。楊士奇謂震曰：「洪武中有遺詔，今未可援以爲例。且仁孝皇后崩，太宗衰服後，仍服素衣冠經帶月數日。今可遽即吉乎？明旦，君臣宜素衣冠黑角帶。」遂以上聞，上亦未答。已而視朝，上素冠麻衣麻經。文臣惟學士，武臣惟英國公如上所服。上歎曰：「張輔知禮，六卿乃反不及，士奇所執是也。」

以靈壁縣丞田誠爲州判官，仍佐靈壁縣事。誠居官廉能，撫字九年，考滿，父老詣闕留之，遂有是命。

長沙府民自宫，求爲內侍。上以其游惰不孝，發爲卒戍邊。

以太常寺卿周訥爲交趾升華府知府。訥永樂中爲祠祭司郎中，請封禪，太宗不聽。後以方賓薦入太常。上曰：「諛佞之人，宜置遠徼，不可以玷朝行。」遂有是命。

治水左通政樂福奏蘇、松、常、杭、嘉、湖六府水災，請俟來歲并徵。命以鈔布代輸。直隸廣宗縣水溢，命賑給之。諭兵部尚書李慶，以太僕寺馬分給諸衞所，及沿邊戍卒牧養。上念民力，恐廢耕桑也。

賜蹇義、楊士奇、楊榮、金幼孜「繩愆糾謬」圖書。

冬十月，革戶部及南京戶部行用庫。初建行用庫，專市民間金銀，至是罷革之。

賜衍聖公孔彥縉宅。初，彥縉來朝，館于民間。上聞之，顧近臣曰：「四裔來朝之使，至京皆有公館，先聖子孫，乃寓民家，何以稱崇儒重道之意。」命工部賜宅。

山東登、萊諸郡水災，蠲逋租。蘇州、徐州水災，免今年稅。浙江於潛、樂清民饑，命發倉賑之。

大理寺卿虞謙上言七事：「曰愼用人。用得其人則治道興，非其人則治道隳。曰興學校。敎育之道，本于師範，不在于備而在得人。曰端風憲。都察院綱紀之職，今俾耑治獄，非設官本意。曰廣儲蓄。國用空乏，宜預爲備。曰惜民力。畿南之兵，困于牧養，宜分給無馬郡縣。曰通貨財。鈔法不行，由于出多而入少。但多方收之而不輕出，則自能流通。曰治奸宄。畿民多盜賊，宜編里甲相覺察，犯者坐。」命議行之。

大理寺奏決四。命同大學士審錄，召楊士奇等諭以欽恤至意。

命翰林院嚴考歲貢生。上諭楊士奇曰：「百姓不蒙福者，由守令匪人；守令匪人，由學校失敎；自今宜嚴試之。五經四書義，不在文辭之工拙，但取其明理者。或人材難得，即數百人中得一人亦可。蓋取之嚴，則不學者不敢萌僥倖之望。」

十一月，宥建文諸臣家屬。上嘗語廷臣曰：「方孝孺輩皆忠臣。」遂及寬典。

改大理寺卿楊時習交阯按察司，復虞謙爲大理卿。先是，謙奏事，侍臣有言其當密請，不宜于朝中敷奏沽名者。又言其屬官楊時習導之密陳，而謙不納。上乃降謙，擢時習爲卿。至是，楊士奇從容言之，且曰：「謙歷三朝，得大臣體，今犯過極小。」上曰：「吾亦悔之。顧時習其人若何？」對曰：「雖起于吏，然明習法律，公正廉潔。」上喜曰：「吾有以處之。」遂有是命。

召太監馬騏還京。騏還未幾，矯旨下內閣書敕，復往交趾辦金珠。內閣復請，上正色曰：「朕安得有此言！騏在交趾，荼毒軍民，卿等獨不聞乎？自騏召還，交人如解倒懸，豈可再遣。」然亦不誅騏也。

遣監察御史分巡天下，考察官吏。進戶部尚書郭資太子太師，命致仕。蹇義、夏原吉言其偏執妨事，且多病。上問楊士奇，對曰：「資強毅能守廉，人不得干以私。但性偏執，甚至沮格恩澤，不得下究。」上問其故。對曰：「詔書數下蠲免災傷租稅。不聽開除，必令有司依額徵納，此其過之大者。」遂有是命。

賜戶部尚書夏原吉「繩愆糾謬」圖書。上諭夏原吉曰：「古者寓兵于農，民無轉輸之勞，而兵食足。後世莫善于漢之屯田。先帝立屯種法甚善，但所司數以征徭擾之。自今天下衞所屯田軍士，毋擅役妨其農務，違者治之。」

命都察院捕治湖廣副使舒仲成，以楊士奇言罷之。上監國時，仲成爲御史，常奉旨理木植歲課之弊，忤旨。至是，因吏部奏仲成他事，命捕治之。士奇上疏曰：「向來小臣得罪者衆，陛下卽位以來，皆已宥之，今復追理前事，則詔書不信。漢景帝爲太子時，召衞綰，稱疾不赴，卽位，進用綰，前史美之。」上覽疏喜，卽有旨罷仲成，而降璽書褒士奇，賜鈔幣，面諭之曰：「卿盡心如此，朕復何憂。」

上嘉羣臣能言，謂楊士奇曰：「朕嘗處事有過，退朝思之，方自悔，而廷臣已有言者，甚愜朕意。」士奇對曰：「宋臣富弼有言，願不以同異爲喜怒，不以喜怒爲用舍。」上曰：「然。書云：『有言逆于汝心，必求諸道。』羣臣所言，有咈意者，朕退必自思。或朕實有失，亦未嘗不悔。」士奇曰：「成湯改過不吝，所以爲聖人。」上曰：「朕有不善，患未知耳。知之，不難于改。」

十二月，諭吏部愼選師儒。令吏、兵二部書各都司、布政司、按察司官姓名于奉天門內西序。上諭蹇義等曰：「庶官賢否，軍民休戚之所係也。昔唐太宗書各刺史于屏間，有善政，則各書于下。皇考亦嘗書中外官姓名于武英殿，時復觀之。今五府、六部之臣，朕朝夕接見，詢察其賢否。而在外諸司官，既久不能不忘。爲臣有善而上忘之，誰肯自勉；有不善而上忘之，誰復自戒。爾吏部、兵部具各司官姓名，揭諸西序，朕將考其行事而黜陟焉。」

罷海子、西湖巡視官。上謂蹇義曰：「朕之心，苟可推以利民，雖府庫之儲不吝，況山澤之利哉！」命戶部，被災田土，分遣人馳諭各郡縣，停免催徵糧稅。命刑部、都察院、通政司，自今內外官貪贓者，錄其姓名藏于官，以便稽閱。

仁宗洪熙元年（乙巳，一四二五）春正月壬申朔，上諭奉天殿，朝羣臣，命禮部、鴻臚寺不作樂。先是，禮部尚書呂震請于上，宜受賀作樂如朝儀，上不從。震固請之，大學士楊士奇、楊榮、黃淮、金幼孜皆言陛下言是。震曰：「四方萬國之人，遠朝新主，皆欲一觀天顏，固聖孝誠至，亦宜勉徇下情。」上顧士奇等曰：「禮過矣。」對曰：「誠如聖諭，必欲俯徇輿情，亦不宜備禮。」上從之。明日，召士奇等諭曰：「爲君以受直言爲明，爲臣以能直言爲忠。如昨日朝會從震言，今悔何及。自今朕行有未當，但直言之，毋以不從爲慮。」各賜鈔文幣。

南京龍山產靈芝，禮部尚書呂震請賀，不許。

建弘文閣于思善門，命翰林學士楊溥掌閣事。上親舉印授溥曰：「朕命卿等于左右，非止助益學問，亦欲廣知民事。卽有建白，封識以進。」

大祀天地于南郊。頒詔天下，罷山場、園林、湖池、坑冶，聽民採取，悉照洪武年間例辦納。

罷給朝覲官孳牧馬。初，兵部尚書李慶言于上曰：「民間牧馬蕃衍，已散之軍伍，尙餘數千。請令朝覲官領之，太僕苑馬，歲課其息。有虧，罰與民同。」楊士奇不可，慶忿不納。士奇奏曰：「朝廷求賢任官，今乃使養馬而課，責與民同。且所散不及三千，而朝廷負此名於天下，豈貴賢賤畜之意乎？」上許出內批罷之，已而不聞。明日，士奇又言之，上曰：「偶忘之。」有頃，上御思善閣，召士奇諭曰：「內批豈眞忘之！朕聞呂震、李慶等皆忿卿，朕念卿孤立，恐爲衆所傷，不欲因卿言而罷，今有名矣。」出示章，則陝西按察使陳智言畜馬不便，命士奇據此草敕止之。士奇頓首言：「陛下知臣，臣不孤矣。」上謂士奇曰：「繼今令有不便，惟密與朕言。李慶、呂震輩不識大體，不足語也。」

二月，舞陽、清河、睢寧民饑，命發本縣倉粟賑之。

大理寺少卿弋謙言事過激，呂震等交奏其沽名，上頗厭之。楊士奇以主聖臣直，從容爲上言之，且曰：「謙雖昧于大體，蓋亦感恩圖報耳。」上因免謙朝參而視事如故。士奇復進曰：「四方朝覲之臣咸在，豈能盡知謙過。傳之于遠，將謂朝廷不能容直言。」上惕然曰：「此呂震誤朕也。朕非惡言事，謙言自有過者。卿可以朕言諭衆人。」士奇曰：「此非臣所能諭，當以璽書開喩之。」上遂命士奇書敕引過，而待謙如初，命百官毋以謙爲戒。已而召謙爲副都御史。時有中官採木四川擾民者，召謙諭曰：「爾素清直，其爲朕窮治之，勿懷疑畏。」

三月，諭三法司，自今誹謗者悉勿治。

樂亭、連城、萊蕪、蓬萊、黃巖民饑，命發本縣倉賑之。

夏四月，詔免山東、淮安、徐州今年夏税之半。停罷一切官買物料。時有至自南京者，言徐、淮、山東民多乏食，而有司催科方急。上問蹇義，義對亦同。上命楊士奇草詔蠲恤。士奇言：「不可不令戶部、工部與聞。」上曰：「姑徐之，救民如拯溺，不可須臾緩。有司慮國用不足，必持不決。」因命中官給筆札，士奇就西角門草詔。上覽畢，卽遣使齎行，顧士奇曰：「卿今可語部臣，朕悉免之矣。」左右或言宜有分別，庶不濫恩。上曰：「恤民寧過厚。為天下主，可與民較錙銖耶！」大名府民饑，命發長垣倉粟賑之。河南鎮、汝、鈞、許四州，延津、襄城等二十二縣，及山東昌邑，直隸邢臺等縣民饑，命所在發倉粟賑之。

時近臣有進言太平之政者，楊士奇進曰：「流徙未歸，瘡痍未復，遠近猶有艱食之民，須休養數年，庶幾人得其所。」上嘉納之。復諭蹇義等曰：「曩與卿『繩愆糾謬』銀章，惟士奇封入五疏，餘皆無有，豈朝政果無闕，生民果皆安乎？」諸臣頓首謝。

太常寺卿兼學士楊溥上言犧牲少，請遣官市。上曰：「愛人而後可以事神，其令有司監市，毋擾民。」

五月，諭吏部慎選御史，以清風紀，咨訪可任都御史以聞。上曰：「都御史，十三道之表，都御史廉，御史雖不才，亦知畏憚。今不才者無復畏憚矣。」時左都御史劉觀有貪名。

上崩。洪武中，上隨文皇入侍，太祖令閱皇城衛卒。還奏遲。問：「何後也？」對曰：

「且寒甚，衞士方食，俟食畢，乃閱，以故遲。」太祖曰：「善。孺子知恤下乎！」又令閱奏疏，多取言民瘼者上白，太祖曰：「兒生長深宮，乃知民間疾苦。」嘗問：「堯九年水，湯七年旱，百姓何所恃？」對曰：「恃聖人有恤民之政耳。」太祖大喜，稱善。文皇卽位，爲皇太子監國，多仁政。既卽位，天下益歸心。每邊將陛辭輒戒曰：「民力罷矣，毋貪功。脫擾塞下，驅之而已。」用法尚寬厚，然深惡贓吏，每戒法司曰：「國家恤民，必自去贓吏始。」在位僅十月，而百政俱舉云。

六月，皇太子卽皇帝位。

罷浙江布政司參議王和、袁旻、陝西按察司僉事韓善爲民。和等坐贓遇赦，吏部奏擬還職，上曰：「士大夫當務廉恥，三人皆貪汙，豈可復任方面。」

河南新安知縣陶鎔奏民饑，借驛糧千石賑救，秋成償還。上謂夏原吉曰：「有司拘文法，饑荒必申報賑濟，民饑死久矣。陶鎔先給後聞，能稱任使，毋責其耑擅。」

定會試分南、北卷取士例。先是，仁宗嘗與侍臣論科舉之弊。楊士奇曰：「科舉當兼取南、北士。」仁宗曰：「北人學問遠不逮南人。」士奇曰：「長才大器，俱出北方，南人雖有才華，多輕浮。」仁宗曰：「然則將何如？」士奇曰：「試卷例緘其姓名，請于外書『南』、『北』二字，如當取百人，則南六十，北四十，南北人才，皆入彀矣。」仁宗曰：「然。往年北士無入格者，故怠惰成風。今如是，則北方學者亦感奮興起。」命與禮部議聞，未上而仁宗崩。上即位，遂行之。後復定南、北、中卷。北卷則北直隸、山東、河南、山西、陜西，中卷則四川、廣西、雲南、貴州及鳳陽、廬州二府，徐、滁、和三州，餘皆南卷。

御史何文淵言：「太祖令州縣設老人，以年高有德者爲之。比年所用，多非其才，或出自僕隸，憑藉官府，肆虐閭閻。」上命戶部申舊制，違者并有司置之法。

冬十月，思州府通判檀凱九載考滿，其民詣闕乞留，令予正五品俸以優之。

十一月，工部尚書吳中言：「製造御用器物不足，請買于民間。」上曰：「漢文服御帷帳無文繡，史稱其恭儉愛民。朕方以儉約率下。」命止之。

宣宗宣德元年（丙午，一四二六）二月，禮部進籍田儀注，上觀之，謂侍臣曰：「先王制籍田，率天下務農，天子公卿躬秉耒耜，貴有實心耳。不然，三推五推，何益于事！」侍臣頓首曰：「先王制禮有本有文，陛下言及此，蒼生之福也。」

夏四月，戶部奏青州借官糧賑饑，乞復勘，然後給。上曰：「民饑無食，當如拯溺救焚，即命就便分給。」

五月，諭三法司審錄繫囚，務在平恕。御左順門，諭廷臣遵守皇祖舊典。上曰：「皇太祖肇建國家，皇祖考相承，謀慮深遠。子孫遵而行之，猶恐未至。世之作聰明，亂舊章，馴至敗亡，往事多有可鑒。古人云：『商、周子孫，能守先王之法。』至今存可也。」不許。

秋七月，命六科給事中，凡內官傳旨，皆須復奏，然後行。

朶顏衞朝貢不至，遼東總兵武進伯朱榮請掩擊之。上曰：「馭夷之道，毋令擾邊而已。」

八月，漢王高煦反，上親征，高煦降。尙書陳山請移師彰德襲趙王，楊士奇力止之。詳高煦之叛。

冬十月，復李時勉翰林侍讀。先是，洪熙中，時勉言事過激，仁宗怒，命武士撲以金瓜，斷脇不死，繫獄。時上面訊釋之，復召入翰林。

二年（丁未，一四二七）二月，上御文華殿，賜輔臣蹇義、夏原吉、楊士奇、楊榮、胡濙範銀圖書。義曰「忠厚寬弘」，原吉曰「含弘貞靖」，士奇曰「淸方貞靖」，榮曰「方正剛直」，濙曰「淸和恭靖」。

上御左順門，夏原吉等侍。上曰：「讒慝小人，直能變白爲黑。聽其言若忠，究其心則險。汲黯正直，奸邪寢謀，卿等所宜法也。」原吉等頓首受命。

八月，禁有司沮格詔令。

九月，命浙江按察使林碩復職。碩振舉憲法不稍貸，中官裴可立督事浙江，以沮格詔令誣之。上遣人逮碩至，親問之曰：「爾毋怖，但盡實對。」碩頓頭具言故，立命馳驛復任，而降敕切責可立。

冬十月，上御文華殿，儒臣講易觀大象畢，上曰：「古者帝王有巡狩之禮，後世何以不行？」對曰：「古之君臣，上下往來，以通禮意。至秦尊君抑臣，斯禮遂廢。」上曰：「亦時勢不同也。舜時五載一巡狩，虞書所載一年徧天下。後世人君一出，千乘萬騎，百姓騷驛。成周十二年一巡，已與虞時不同矣，況後世乎！予謂治貴實效。巡狩之禮，考制度，觀民風，明黜陟，此其大節也。誠能體帝王之心，選賢任良，不患不振。若以後世侍衛之衆，征求之廣，欲行時巡之禮，難矣。」時征交阯屢失利，上密問英國公張輔，輔請益發兵誅之。楊士奇、楊榮力言棄交阯便。上從之，赦交阯罪。詳議棄交阯（按當作詳安南叛服）。

三年（戊申，一四二八）二月，易皇后胡氏，册妃孫氏爲皇后。先是，上嘗召張輔、蹇義、夏原吉、楊士奇、楊榮諭之曰：「朕年三十未有子，今幸貴妃生子，母從子貴，古亦有之。但中宮宜何如處置？」因舉中宮過失數事。榮曰：「舉此廢之可也。」上曰：「廢后有故事否？」義曰：「宋仁宗降郭后爲仙妃。」上問輔、原吉、士奇何無言？士奇對曰：「臣于帝后，猶子事父母。今中宮母也，羣臣子也，子豈當議廢母！」上問輔、原吉云何？二人依回其間，曰：「此大事，容臣詳議以聞。」上問：「此舉得不貽外議否？」義曰：「自古所有，何得議之！」士奇曰：「宋仁宗廢郭后，孔道輔、范仲淹率臺諫十數人入諫被黜，至今史册爲貶，何謂無議！」既退，榮、義語原吉、士奇曰：「上有志久矣，非臣下所能止。」原吉曰：「但當議處置中宮。」士奇曰：「今日所聞中宮過失，皆非當廢之罪。」議不決。明旦，上召士奇、榮至西角門，問：「議云何？」榮懷中出一紙，列中宮過失二十事進，皆誣詆，曰：「卽此可廢也。」上覽二三事，遽艴然變色曰：「彼曷嘗有此，宮廟無神靈乎？」顧士奇：「爾何言？」對曰：「漢光武廢后，詔書曰：『異常之事，非國休福。』宋仁宗廢后，後來甚悔。願陛下愼之。」上不懌而罷。他日又詔問，士奇曰：「皇太后必有主張。」上曰：「與爾等語，太后意也。」一日，獨召士奇至文華殿，屏左右，諭曰：「若何處置爲當？」士奇因問：「中宮與貴妃若何？」上曰：「甚和睦，相親愛。但朕重皇子，而中宮祿命不宜子，故欲正其母以別之。中宮今病踰月矣，貴妃日往視，慰藉甚勤也。」士奇曰：「然則乘今有疾，而導之辭讓，則進退以禮，而恩眷不衰。」上頷之。數日，復召士奇曰：「爾前說甚善，中宮果欣然辭。貴妃堅不受，太后亦尙未聽辭。然中宮辭甚力。」士奇曰：「若此，則願陛下待兩宮當均一。昔宋仁宗廢郭后，而待郭氏恩意加厚。」上曰：「然，吾不食言。」其議遂定。敕曰：「皇后胡氏，自惟多疾，不能承祭養，重以無子，固懷謙退，上表請閑。朕念夫婦之義，拒之不從。而陳詞再三，乃從所志，就閑別宮。其稱號、服食、侍從悉如舊。貴妃孫氏，皇祖太宗選嬪于朕。

十有餘年，德義之茂，冠于後宮。實生長子，已立爲皇太子。羣臣咸謂春秋之義，母以子貴，宜正位中宮。今允所請，册妃孫氏爲皇后。」

上御文華殿，諭侍臣曰：「治民有本末。制田里，設學校，本也。不幸而有愚頑者，然後刑之。然觀肉刑，則過于慘。」侍臣曰：「古人用肉刑，則人人自愛而重犯法。至漢文帝除之，自是人輕冒法。」上曰：「古人敎民之道周備，故犯法者少，後世敎民之道不至，故犯法者多，未必係肉刑之存否。舜法有流宥金贖，而四凶之罪止于流放竄殛，可見當時被肉刑者，必當重罪。況漢承秦敝，以不敎之民而遽斷其支體，刻其肌膚，傷殘者多矣。隋、唐以後，以笞杖徒流死爲五刑，亦良法也。」又曰：「漢文除肉刑，唐太宗觀明堂針灸圖，禁鞭背，皆後世仁政。漢、唐享國長久，有以哉！」

三月，召蹇義、夏原吉、楊士奇、楊榮等十有八人遊萬歲山，命乘馬，中官導引，登山周覽。上指御舟曰：「以操以濟，羣卿之力也。」義等叩頭呼萬歲。上喜，特召士奇、榮諭曰：『天下無事，雖不可流于安逸，然古人遊豫之樂，不可廢也。」復命乘馬遊小山。中官出酒饌，皆珍奇。及歸，醉，出西安門，天已暝。

工部侍郎李新自河南還，言：「山西民饑，流徙至南陽諸郡，不下十餘萬。有司遣人捕逐，民死亡者多。」上諭夏原吉曰：「民饑流亡，豈其得已。昔富弼知青州，飲食居處醫藥，皆爲區畫，山林河泊之利，聽民取之，全活五十餘萬人。今乃驅逐使之失所，不仁甚矣。」乃遣官往山西、河南賑濟，禁捕治。

夏四月，吏部尚書蹇義請裁內外冗員，從之。

寧王權奏乞賜南昌土田。上曰：「王者食租衣稅，今有歲祿足矣。一鄉之田，民所衣食，不當奪以自養。」

五月，巡撫大理卿胡槩請增設杭、嘉、湖管糧布政司官一員。上曰：「糧稅自有常賦，朕方裁抑冗濫。古語：『省事不如省官。』」不許。

六月，出左都御史劉觀，以通政使顧佐爲左都御史。上罷朝，諭朝臣：「貪濁奈何？」楊士奇對曰：「貪風始永樂末，今更甚。」上問：「何如？」對曰：「太宗自十五六年，數疾不視朝，扈從之臣，請託賄賂，公行無忌。」楊榮曰：「當是時，惟方賓有貪名。」上即顧榮問：「今日貪者誰甚？」對曰：「莫甚劉觀。」士奇曰：「風憲所以肅百僚。憲長如此，則不肖御史皆效之。御史奉巡四方，則不肖有司皆效之。」上歎息曰：「除惡務本，顧觀去，誰代觀者？」士奇曰：「通政使顧佐廉公有威。」榮曰：「佐爲京尹，能禁防下吏，政清弊革。」上喜曰：「顧佐乃能如是！」閱數月，乃命觀巡閱河道，而以佐代之。尋下觀獄。工部尚書吳中，以官木磚瓦私遺太監楊慶作私第，甚弘壯。上登皇城，遙望見之，詰左右，得其實，下中獄。尋釋之。

上閱皇明祖訓，諭侍臣遵舊法。侍臣對曰：「誠如聖諭。但躬蹈當自陛下始。」上嘉納之。

秋七月，召蹇義、夏原吉、楊士奇、楊榮遊東苑，賜宴于東廡。上與義等語良久，乃曰：「此中復有草舍，朕致齋之所。非敢比茅茨不剪之意，然庶幾不忘乎儉矣。卿等可徧觀。」上臨河舉網取魚，令中官賜食。

青州民劉中等奏：「自永樂中歲歉，流徙畿南棗強縣凡二百餘戶，居二十年，已成家業。今有司遣還山東，乞附籍棗強。」上謂夏原吉曰：「彼此皆吾土，但得民安即已。唐宇文融括流民，過期不首者謫邊。州縣承風勞擾，百姓逃竄。爾其申飭有司，以此爲戒。」

八月，上御文華殿，與侍臣論歷代戶口盛衰。上曰：「戶口之盛衰，足以見國家之治忽。其盛也本于休養生息，其衰也必有土木兵戈。漢武承文、景之餘，煬帝繼隋文之後，開元之盛，遂有安史之亂，豈非恃富庶不知儆戒乎？漢武末年乃悔輪臺，煬帝遂以亡國，玄宗卒至播遷，皆足爲世大戒。」

車駕巡邊，發京師，英國公張輔、陽武侯薛祿帥師從。駐蹕虹橋，諭諸將曰：「朕深居九重，豈不自逸，但朝夕思念保民，故有此行。今渡河道路所經，皆水潦之後，秋田無穫，朕甚憫焉。其將士有擾民者，殺無赦！」

九月庚戌朔，駐蹕薊州，進州官諭之曰：「此漢漁陽郡也。昔張堪爲政，民有樂不可支之謠，爾曹勉之！」又進耆老諭曰：「今歲豐稔，無他虞，善訓厲子孫，務禮義廉恥，毋安溫飽自棄。」衆叩頭退。

四年（己酉，一四二九）春正月，上御齋宮，召大學士楊溥諭曰：「朕每念創業難，守成不易，夙夜惓惓。今幸百姓稍安，顧禍亂生于不虞。邇來羣臣好進諛辭，令人厭聞，卿宜勉輔朕。」溥頓首謝：「臣不敢忘報。」上曰：「直箴朕過，報朕多矣。」溥又頓首謝曰：「直言求之非難，受之爲難。」上曰：「然。」

二月，南京守備襄城伯李隆獻騶虞二，出滁州來安縣石固山，禮部尚書胡濙請上表賀。上曰：「朕嗣位四年，民生未能得所，騶虞之祥，于德弗類。」不許。

夏四月，上御便殿，問侍臣：「漢、唐諸君在位孰久？」對曰：「漢之武帝，唐之玄宗。」上曰：「漢武好大喜功，海內虛耗，末年能懲前過。玄宗初政，有貞觀之風，久而縱欲，遂致禍亂。武帝猶爲彼善于此。」又曰：「武帝以田千秋爲賢，玄宗以李林甫爲賢，此治亂所由異也。」

工部尚書吳中言：「山西圓果寺，爲國釐祝之所。舊塔損壞，乞役民爲之。」上曰：「卿欲藉此求福乎？朕以安民爲福。」不許。

五月，諭六部、都察院戒濫差擾民，巡按御史及按察使不察舉者同罪。命工部尙書吳中申飭郡縣，務及時修築陂池隄堰，慢令者罪之。

六月，裁湖廣採辦竹木。先是，命侍郞黃宗載往湖湘採宮殿大材。至是，上聞湖廣災，諭吳中曰：「百姓艱難宜恤。比聞工部採辦竹木，動以萬計，不爲國家愛惜民力，而勞擾如此，其斟酌裁之。寬一分，則民受一分之賜。」

秋七月，戶部上戶口登耗之數，上曰：「隋文帝戶口繁殖，自漢以來，皆莫能及。議者以當時必有良法，享國不永，故無傳焉。此未必然。夫法存乎人，理財國之大務，漢、唐初政，立法未嘗不善，而子孫力役繁興，費用無度，天下不能不凋弊。隋文克勤克儉，足致富庶，豈徒以其法哉。秦法多非先王之制，後世猶有存者，亦未嘗計其享國長短也。大抵人君恭儉，則生齒日繁，財賦自然充足。」

廣東海陽縣進白烏二，胡濙請率羣臣上表賀。不許。

謫御史沈潤戍遼東。潤受金出死罪，事覺。上曰：「御史朝廷耳目，受重賂縱死罪，是耳目蔽矣。」時事在赦前，特命謫戍。

九月，命戶部申明栽種桑棗舊令。自洪武來，栽種之令，多廢不講。上曰：「古人宅不毛者罰布，其申明之。務求成效，毋具文。」

冬十月，上再幸文淵閣，命增直字，設飲饌器用。大學士楊士奇等上表謝。降璽書，賜詩褒答。

改大學士張瑛南京禮部尚書，陳山專授小內史書。上御左順門，望見山，謂楊士奇曰：「山爲人何如？」士奇頓首對曰：「君父有問，不敢不盡誠以對。山雖侍陛下久，其人寡學多欲，而昧大體，非君子也。」上曰：「然，趙王事幾爲所誤。近聞于諸司徵求不厭，當不令溷內閣也。」數日，遂有是命。山、瑛俱東宮舊臣，瑛行事亦類山。朝士皆多上明決云。

十一月，奸吏捃左都御史顧佐過，謂受皂隸賂放歸，訴通政司以聞。上密示楊士奇，且曰：「爾不舉佐廉乎？」對曰：「所訴事，誠有非誣。蓋朝臣月俸，止給米一石，薪炭、馬芻，咸資于皂，不得不遣半歸，使備所用。而皂亦皆樂得歸耕，實官皂兩便。此京師臣僚皆然，臣亦不免。仁宗皇帝知之，增朝臣俸，蓋爲此也。」上曰：「朝臣之艱如此。」因怒訴者，欲罪之。士奇曰：「此末事，不足干聖怒。但付佐自治，恩與法並行矣。」士奇退，上召佐以狀授之，諭之曰：「此京官皆然，不足爲過。小人不樂檢束，誣陷正人，汝自治之。」佐頓首退，召吏示之狀。吏惶恐請死，佐曰：「汝但改行爲善。」竟不治。上聞之，喜曰：「佐得大體矣。」時又有囚告佐枉法者，上怒，召楊士奇、楊榮諭曰：「此必有重囚教之陷佐。」因命法司窮治之。得千戶臧清，殺無罪三人，當死，教之誣告。上曰：「不誅之，佐何以行事！」立命磔清于市。上明決類如此。

五年（庚戌，一四三〇）春正月，吏部奏選官。上曰：「省官，安民之道。唐、虞建官惟百，夏、商官倍，秦、漢以下，設官益多何也？」侍臣對曰：「時不同也。」上曰：「唐、虞、三代，事簡民淳，不可比擬。唐太宗定內外官七百三十員，去古未遠，亦可爲法。」侍臣對曰：「然必君心清，則事簡；事簡，則官可省；官省，則民安矣。若政務龐雜，小人倖進，則冗食者多。」上嘉納之。

二月，上御齋宮，召大學士楊士奇議寬恤。士奇首以蠲災傷田租進，因及寬馬畜、免薪芻、蠲采買、恤刑獄、覈工匠、淸糧運數事。詔下，民大悅。

三月，上奉皇太后謁陵，命召張輔、蹇義、楊士奇、楊榮、金幼孜、楊溥六臣。太后曰：「卿等先朝舊臣，勉輔嗣君。」太后退謂上曰：「先帝曩在宮時，議諸臣優劣。輔武臣，達大義，厚重小心，但多思少斷。士奇能持正，不避忤意，每議事，先帝數不樂，後竟從士奇言。」帝還京師，道中見耕者，以數騎往視之。下馬從容詢稼穡事，因取所執耒三推。耕者初不知上也，中官語之，乃驚，羅拜。上顧侍臣曰：「朕三舉耒，已不勝勞，況常事此乎！人恆言勞苦莫如農，信矣。」命耕者隨至營，人賜鈔六十錠。已而道路所經農家，悉賜鈔如之。旣還京,因錄其語,作耕夫記以示蹇義、楊士奇等。

夏四月,江西、淮安饑,吉水民胡有初、山陽民羅振出穀千餘石賑濟。命行人齎璽書旌爲義民,復其家。

工部尚書黄福請:「濟寧以北,衞輝、眞定以南,近河之地,役軍民十萬人,屯田積穀,以省漕粟。」下戶、兵部議。尚書郭資、張本皆言:「屯田便。鳳陽、淮安以北,及山東、河南、北直隸近河二百里內通舟楫處,擇荒閑地,以五萬頃爲率,發附近軍民五萬人耕之,官給牛器。但山東邇年饑旱,流徙初復,宜遣官行視,以示開墾。」上從之,遣郎中趙新等經理,而以福總其事。已而有言:「軍民各有常業,恐分田滋勞擾。」竟寢不行。

五月,上以除郡守由資格,多不稱任。命部、院大臣各舉薦擢用之。禮部郎中況鍾以楊士奇薦,知蘇州,御史何文淵以顧佐薦,知溫州,皆有善政,而鍾出吏員尤有聲。

豹房勇士奏與民分居。上曰:「勇士在京師十年,安得今尚無居!此必民居寬好,欲舍而就民。民何罪!」命杖之,荷校示警。召六科給事中諭曰:「此曹敢犯法,恃中官爲之救解也。自今中官傳朕言釋有罪人,須覆奏。」

六月,上御文華殿,召楊士奇,屏左右言:「張瑛嘗言:『楊榮畜馬甚富。』今察之,皆邊將餽榮,榮大負朕。」士奇對曰:「榮屢從文皇北征,典兵馬,以故接諸將。今內閣臣知邊將才否、阨塞險易遠近及寇情順逆，臣等皆不及榮遠甚。」上笑曰：「朕初卽位，榮數短汝，非義、原吉，汝去內閣久矣。汝顧爲榮地耶？」士奇頓首曰：「願陛下以曲容臣者容榮，使改過。」

秋七月，諭吏部甄別郡縣守令。上曰：「郡縣守令，所使安民者，若賢否溷淆，無所激勸，則中才之士皆流而忘反。吏部以進退爲職，未聞有所甄別，何也？」因降璽書申諭。

八月，日食，陰雨不見。禮部尚書胡濙請率羣臣賀。上曰：「日食，天變之大者。陰雨不見，得非朕昧于省過而然歟！古人云：『京師不見，四方必有見者。』其止勿賀。」

上罷朝，諭吏部尚書郭璡等曰：「東漢初，竇融保河西，以孔奮爲姑臧長。姑臧最富饒，而奮守甚潔。光武知之，擢奮武都郡丞。夫激濁揚清，爲治之道，光武卽位未幾，舉卓茂，又舉孔奮，故東漢多循吏。卿其甄別以聞。」

上與學士楊溥論人才，溥對曰：「嚴薦舉，精考課，不患不得。」上曰：「此恐非探本之論。若不素敎預養，則人才已壞，猶濁其源而求其流之淸也。」溥頓首稱善。

九月，初設巡撫。

冬十月，車駕巡近郊，駐蹕雷家站，召楊士奇、楊榮、金幼孜、楊溥問曰：「唐太宗過此，非征遼時乎？」衆對曰：「然。」上曰：「太宗恃其英武而勤遠略，此行所喪不少，帝王之鑒戒也。」

廣平、大名水災，命蠲其租。

六年（辛亥，一四三一）二月，逮江西巡按御史陳祚下錦衣衛獄。祚上疏勸上務帝王實學，退朝之暇，命儒臣講説眞德秀大學衍義一書。上覽疏怒曰：「朕不讀書，大學且不識，豈堪作天下主乎！」命緹騎逮至京，幷其家下錦衣獄，禁錮者五年。時上方以博綜經史自負，祚之措詞，若上未嘗學問者，故怒不可解。

敕賜少師蹇義、少傅楊士奇、楊榮等御製招隱歌及喜雨詩。

令北直隸地方，如洪武間山東、河南事例，民間新開荒田，不問多寡，永不起科。

秋七月，帝幸楊士奇宅。時上頗微行，夜半，從四騎至士奇家。比出迎，上已入門，立庭中。士奇悚懼，俯伏地下言：「陛下奈何以宗廟社稷之身自輕？」上笑曰：「思見卿一言，故來耳。」明早，遣太監范弘問：「車駕幸臨，曷不謝？」對曰：「至尊夜出，愚臣迨今中心惴慄未已，豈敢言謝！」又數日，遣弘問：「堯不微行乎？」對曰：「陛下恩澤豈能徧洽幽隱，萬一有怨夫寃卒窺伺竊發，誠不可無慮。」後旬餘，錦衣衛獲二盜，嘗殺人，捕急，遂私約候駕之玉泉寺，挾弓矢伏道旁林叢中作亂。捕盜校尉變服如盜，入盜羣，盜不疑，以謀告，遂爲所獲。上歎曰：「士奇愛我。」遣弘賜金綺。賜蹇義、楊士奇、楊榮等御製豳風圖詩。

圖，元趙孟頫所繪也。

九月，宛平民以地施崇國寺，請蠲其稅。上曰：「民地衣食之資，乃以施僧，且求免稅，甚無謂。」令亟以還之民。

十一月，敕賜蹇義、楊榮、楊士奇御製喜雪歌。

太監袁琦假公務擅遣內使，事發伏誅。

七年（壬子，一四三二）二月，上御文華殿，召大學士楊士奇諭曰：「憶五年二月，共爾齋宮諭寬恤事，今兩閱歲矣，民事不更有可恤者乎？」對曰：「誠有之，即五年官田減租額一事，璽書已下，戶部格而不行。」上怒曰：「戶部可罪也。」對曰：「此永樂末年循習之弊。往年高煦反，以夏原吉為罪首，亦指此事。」上怒稍解，曰：「今必舉此為第一事，如再格不行，朕必罪之。卿試言今日更當寬恤者。」對曰：「所在官司不能容逃民，則相結為非，宜令郡縣撫恤。不願歸者，聽附籍為民，亦弭患于未萌。」又言：「方面郡守，小民安危係焉。吏部往往循資格陞受，不免賢愚雜進。請自今令京官三品以上及布政、按察使薦用，犯贓者坐。又乞極刑之家，有賢子弟勿棄。」上皆從之。士奇請更得一人論此事，上曰：「胡濙謹厚，汝與之密議。」于是士奇等議增十數事以進。上悅。

三月，賜大臣御製猗蘭操及招隱詩。

五月，上御便殿觀宋史，曰：「宋有國三百餘年，武事終于不振，何也？」侍臣對曰：「宋太祖、太宗以兵定天下，其子孫率流于弱，致武備不飭。」上曰：「宋之君，誠失之弱。將帥雖才，亦不得展，蓋爲小人所壞。大抵宋之亡，柄用小人之過也。」

六月，巡按湖廣御史朱鑑上言：「洪武間，郡縣皆置東西南北四倉，以貯官穀，設富民守之，遇水旱饑饉，以貸貧民。今廒倉廢弛，贖穀罰金，有司皆掩爲己有，深負朝廷仁民之意。」上從其言，命違者從按察使、監察御史劾奏。

秋七月，賜大臣御製祖德詩九章。上曰：「朕與卿等當思祖宗創業之難，守成不易。國家安，卿等亦與有榮焉。」又賜織婦詞一篇。上曰：「朕非好爲詞章，昔眞西山有言：『農桑，衣食之本也。』朕作爲詩歌，使人誦于前。又繪圖揭于宮掖戚里，令皆知民事之艱，是以賦此。」

上登萬歲山，坐廣寒殿。上曰：「此元之故都也。世祖知人善任使，故能成帝業。泰定以後，享祚不久。順帝荒淫，紀綱蕩然。使長守祖宗之法，天下豈爲我有！」侍臣頓首曰：「桀、紂之跡，殷、周之鑒也。」上曰：「然。」

八月，釋故城縣丞陳銘復任。先是，上聞內官奉使者，多貪縱爲民害。以太監劉寧清謹，命同御史馳往各郡，盡收所差內官資橐，并其人解京師。既還，道經故城。縣丞陳銘聞有內官至，不問從來，輒奮前捽寧，手擊之。御史奏丞無狀，逮至。上曰：「丞固可罪。朕以其一時偏於所惡，姑宥之。」侍臣言：「縱赦之，亦不可使復任。」上曰：「朕既釋之，彼當知所改過也。」

冬十月，八百大甸宣慰司刀之雅貢方物，且云波勒來侵掠，乞發兵討之。上曰：「八百去雲南五千里，荒服之地也，豈能勞中國爲遠人役乎！」不許。

八年（癸丑，一四三三）春正月，天下朝覲官在京，賜宴溫州知府何文淵等七人于廷，以招隱詩賜之。命致仕大學士黃淮與張輔、蹇義、楊士奇等十人遊西苑，賜宴萬歲山之麓。淮尋辭歸，上宴之于太液池，親灑宸翰送之。

夏四月，畿內、河南、山東、山西旱，詔賑恤之。上作閔旱詩示羣臣。

八月，南海諸國獻麒麟四，景星見天門。少傅楊士奇等進頌，上謙不自居，降璽書推功天地宗廟，而勵羣臣勿恃以驕。

十一月，命楊士奇、楊榮試吏部引進庶官六十八人，錄其優者：知縣孔友諒，進士廖莊、胡莊禎、宋璡，教諭黃純、徐惟超，訓導晏昪七人。命吏部改進士爲庶吉士，知縣、教諭歷事六科備用。

巡撫南直隸工部侍郎周忱奏定濟農倉之法，令諸縣各設倉，擇縣官之廉公有威與民之賢者司其籍。每歲種蒔之際量給之，秋成還官。明年，江南大旱，諸郡發濟農米以賑貸，民不知饑。

九年（甲寅，一四三四）三月，廬陵民陳謙出穀一千二百石賑饑，遣行人齎敕旌爲義民。

上御便殿，觀晉史，上曰：「晉武開創之主，不爲遠圖，托付非才。羌、胡、鮮卑雜處內郡，不能以時區處。國禍方殷，戎寇遽至。東晉僅能立國，而逆臣接跡，然猶延數世者，亦有賢人爲之用也。」又曰：「帝王維持天下，以禮教爲本。兩晉風俗淫僻，教化蕩然，豈久安之道！」

九月，上臨朝諭曰：「天下雖安，不可忘武。今穡事既成，朕將親帥六師，以行邊塞，飭武備。」于是車駕發居庸關，駐蹕宣府洗馬林。晚御幄殿，楊士奇、楊榮侍，上曰：「人君馭世之權孰重？」榮對曰：「命德討罪。」上曰：「然，二者天下公器。舜舉十六相，誅四凶，而天下服，以天下之好惡爲好惡也。齊威王烹阿，封卽墨，不以左右之好惡爲好惡也。」二臣頓首稱善。

十二月，瓦剌順寧王脫歡使臣昂克等來朝貢，請幷獻前元玉璽。降敕褒諭曰：「王克紹爾先王之志，遣使來朝進馬，具悉王意。所得玉璽，朕觀前代傳世之久，歷年之多，皆不在此。王既得之，可自留用，其毋獻。」

時有僧自陳修寺祝延聖壽，上斥之，謂侍臣曰：「人情莫不欲壽。古之人君，若商中宗、高宗、祖甲、周文王享國最久，其時豈有僧道神仙之說！秦皇、漢武求神仙，梁武帝、宋徽宗崇僧道，效驗可見。世人不悟，可歎也！」上御文華殿，召楊士奇等，出御書洪範篇及御製序文示之。上曰：「所論或未當，卿等當直言無隱。」士奇等對曰：「聖論眞得古人之精蘊。」上曰：「朕在宮中，雖寒暑不廢書册。」對曰：「帝王學問，則宗社生民有賴矣，惟願陛下始終此心。」上嘉納之。

宣德十年（乙卯，一四三五）春正月，上崩。皇太子卽皇帝位。時太子方九歲，大學士楊溥復入内閣，首言：「聖帝明王，莫不務學。先帝在時，屢諭臣等勸學東宮，遺音尙在。皇上肇登寶位，必明堯、舜之道，以圖唐、虞之治。乞早開經筵，擇老成識大體者輔之。太皇太后、皇太后，爲皇上愼選左右侍從之臣，涵養本源，輔成德性。」太皇太后喜。時中官王振，故青宮舊侍，上卽位，命掌司禮監。一日，太皇太后坐便殿，上西面立，召三楊及國公輔、尙書濙諭曰：「卿等老臣，嗣君沖年，幸同心協力，共安社稷。」又召溥前諭曰：「先帝每念卿忠，屢形愁歎，不謂今日復得見卿。」溥伏地泣，太皇太后亦泣，左右皆悲愴。蓋先是永樂中，上巡幸北京，太子居守，以讒故，官僚大臣輒下詔獄，陳善、解縉等相繼死，而溥及黃淮一繫十年。仁宗每與后言，輒慘然泣下，以故太皇太后爲言。又顧英宗曰：「此五臣，三朝簡任貽皇帝者。非五人所言，不可行也。」又召王振至，欲置之死。英宗跪請得免。詳王振用事。踰年，太后崩。時蹇、夏皆先卒，而三楊相繼老，振漸居中用事，仁、宣之業衰焉。

谷應泰曰：明有仁、宣，猶周有成、康，漢有文、景，庶幾三代之風焉。然高、成肇造，享國長久，六七十年之間，倉廩贍足，生齒繁殖，而兵革數起，脫劍未祀。後之哲王，但當愉愉煦煦，撫摩瘡痏，斲雕爲樸，廢觚爲圓，是所尙矣。語有之，承平之主，與戡亂異。假令永樂以前，施仁、宣之政，則行軍而用鄉飲；洪熙以後，用高、成之治，則無疾而食烏喙也。故余以仁、宣之朝，專務德化，雖曰度量，蓋亦有時勢焉。

乃仁宗之初御也，停罷采買，平反寃濫，貢賦各隨物產，陂池與民同利，施經帶于常朝，錄外吏于西省，凡此皆善政也。而弋謙直言坐徙，馬騏矯旨不誅，李時勉廷諍被擊，毋亦外示止輦，內則瑱規，讓善卽喜，翹君卽怒耶？此則仁宗之失也。方宣宗之卽位也，法祖重農，賑荒懲貪。文事則經史在御，武備則車駕行邊。又且却騶虞之祥，禁白烏之瑞。豳圖織婦，訓誥同風。招隱猗蘭，四詩媲美。凡此皆善政也。而棄交趾于荒外，廢胡后于長門，擊陳祚于犴狴。毋亦稽中之德，大醇小疵，克終之規，百里九十耶？此則宣宗之失也。雖然，創業固難，守成匪易。仁、宣之治，非高、成不開；而高、成之政，非仁、宣不粹也。嘗考仁宗一祀不永，而繼以宣之濟美，則久道化成。宣宗十載未多，而溯于仁之監國，則重熙累洽。故原其初造，則仁危于宣，席其已安，則宣光于仁。劉緒纘于元嘉，宋治盛于慶曆。王道無旦夕之效，禮樂必百年而興。嗚呼！此其時哉。

然而三楊作相，夏、蹇同朝。所稱舟楫之才，股肱之用者，止士奇進封五疏，屢有獻替耳。其他則都俞之風，過于吁咈；將順之美，踰于匡救矣。假使齊桓樂善，管子勉之至王；孝公奮烈，商鞅進之於帝，則仁、宣之間，化理郅隆，又能進賢退不肖，而數世之後，固可蒙業而安也。奈何章帝賓天，太后震怒，論誅王振，大臣緘口，坐令勃鞮之禍伏于多魚，石顯之專萌于病已。而仁、宣之業，則幾乎熄，朝廷尚爲有人哉！

明史紀事本末卷之二十九

王振用事

宣宗宣德十年（乙卯，一四三五）春正月甲戌，帝崩于乾清宮。時皇太子方九歲，卽皇帝位，詔以明年爲正統元年。

秋七月，命司禮太監王振偕文武大臣閱武于將臺。振矯旨以隆慶右衞指揮僉事紀廣爲都督僉事。振，山西大同人。初侍上東宮，及卽位，遂命掌司禮監，寵信之，呼爲「先生」而不名，振遂擅作威福。時輔臣方議開經筵，而振乃導上閱武將臺。臺在朝陽門外近郊，集京營及諸衞武職試騎射，殿最之。紀廣者，常以衞卒守居庸，往投振門，大見親暱，遂奏廣第一，超擢之。宦官專政自此始。太皇太后張氏嘗御便殿，英國公張輔，大學士楊士奇、楊榮、楊溥，尙書胡濙被旨入朝。上東立，太皇太后顧上曰：「此五人，先朝所簡貽皇帝者，有行必與之計。非五人贊成，不可行也。」上受命。有頃，宣太監王振。振至，俯伏，太皇太后顏色頓異，曰：「汝侍皇帝起居多不律，今當賜汝死。」女官遂加刃振頸。英宗跪爲之請，諸大臣皆跪。太皇太后曰：「皇帝年少，豈知此輩禍人家國。我聽皇帝暨諸大臣貸振，此後不可令干國事也。」

英宗正統元年（丙辰，一四三六）冬十月，上閱武于將臺，命諸將騎射，以三矢爲率。受命者萬騎，惟駙馬都尉井源彎弓躍馬，三發三中。上大喜，撤上尊賜之。觀者皆曰：「往年王太監閱武，紀廣驟陞。今天子自來，顧一杯酒耶？」然竟無殊擢。

四年（己未，一四三九）冬十月，福建按察僉事廖謨杖死驛丞。丞故楊溥鄉里，僉事又士奇鄉里也。溥怨謨，論死。士奇欲坐謨因公殺人。爭議不決，請裁太后。振曰：「二人皆挾鄉故，抵命太重，因公太輕，（因）〔宜〕（據明通鑑卷二十二改）對品降調。」太后從之，降謨同知。振言既售，自是漸摭朝事。

五年（庚申，一四四〇）春二月，命侍講學士馬愉、侍講曹鼐並直內閣，預機務。先是，王振語楊士奇曰：「朝廷事賴三位老先生。然三公亦高年倦勤矣，後當何如？」士奇曰：「老臣當盡瘁報國，死而後已。」榮曰：「先生安得爲此言。吾輩老，無能效力，當以人事君耳。」振喜。越日，即薦曹鼐、苗衷、陳循、高穀等，遂次第擢用。士奇因尤榮，榮曰：「彼厭吾輩，吾輩縱自立，彼容能已乎？一旦內中出片紙，命某某入閣，則吾輩束手矣。今四人竟是我輩人，何傷也。」士奇是其言。

六年（辛酉，一四四一）夏四月，太監王振矯旨以工部郎中王佑爲工部右侍郎。振既弄權，佑以諂媚超擢，與兵部侍郎徐晞極意逢迎之。佑貌美而無鬚，善伺候振顏色。一日，振問曰：「王侍郎何無鬚？」對曰：「老爺所無，兒安敢有。」聞者鄙之。

五月，兵科給事中王永和劾掌錦衣衞事指揮馬順怙寵驕恣，欺罔不法。不報。順，王振黨也。

八月，召山東提學僉事薛瑄爲大理寺左少卿。初，王振問楊士奇曰：「吾鄉人誰可大用者？」士奇薦瑄，乃有是召。至京朝見，不謁振。振至閣下，問：「何不見薛少卿？」三楊爲謝。振知李賢素與瑄厚，召至閣下，令致己意，且言振素問之。賢至朝房與瑄言，瑄曰：「厚德亦爲是言乎？拜爵公朝，謝恩私室，吾不爲也。」久之，振知其意，亦不復問。一日，會議東閣，公卿見振皆拜，一人獨立。振知其爲瑄也，先揖之，且告罪。然自是益深銜之。

十月，三殿工成，宴百官。故事，宦者雖寵，不得預王庭宴。是日，上使人視王先生何爲。振方大怒，曰：「周公輔成王，我獨不可一坐乎！」使以聞，上爲蹙然，乃命東華開中門，聽振出入。振至問故，曰：「詔命也。」至門外，百官皆望風拜，振悅。

械戶部尚書劉中敷，侍郎吳璽、陳瑺于長安門。時以京城乏草，御用牛馬欲分牧民間。言官劾其紊制，王振命械之。閱十六日得釋，以侍郎王佐署部事。

七年（壬戌，一四四二）冬十月，太皇太后張氏崩。初，宣宗崩，上沖年踐祚，事皆白太后然後行。委用三楊，政歸臺閣。每數日，太后必遣中官入閣，問施行何事，具以聞。或王振自斷不付閣議者，必立召振責之。太后既崩，振益無所憚矣。

太監王振盜去太祖禁內臣碑。洪武中，太祖鑒前代宦官之失，置鐵碑高三尺，上鑄「內臣不得干預政事」八字，在宮門內。宣德時尚存，至振，去之。

十二月，太監王振矯旨以徐晞爲兵部尚書。時振權日重，晞以諂見擢。于是府、部、院諸大臣及百執事，在外方面，俱攫金進見。每當朝覲日，進見者以百金爲恆，千金者始得醉飽出。由是競趨苞苴，乃被容接，都御史陳鎰、王文俱跪門俯首焉。振姪千戶山，爲錦衣衛指揮同知世襲，尋命侍經筵。

八年（癸亥，一四四三）夏四月，雷震奉天殿鴟吻，詔求直言。初，張太后既崩，王振遂無忌憚，作大第于皇城，又作智化寺于居東，以祝釐，自撰碑，始弄威福。時楊榮先卒，楊士奇以子稷故，堅臥不出。惟楊溥在朝，年老勢孤。繼登庸者悉皆委靡，于是大權悉歸振矣。侍講劉球上言十事：「勤聖學以正心德，親政務以總乾綱，別賢否以清正士，選禮臣以隆祀典，嚴考核以篤吏治，愼刑罰以彰憲典，罷營作以蘇民勞，定法守以杜下移，息兵威以重民命，修武備以防外患。」疏入，下獄。初，王振憾球阻麓川之師。錦衣指揮彭德清，球鄉人也，往來王振門用事。公卿率趨謁，球獨不爲禮，德清銜之。會球疏上，乃激振曰：「公知之乎？劉侍讀疏之三章，蓋詆公也。」振怒，欲置之死。會編修董璘自陳願爲太常，而球疏有「太常不可用道士，宜易儒臣」語，乃逮璘及球俱下獄。振卽令其黨錦衣衛指揮馬順以計殺球。一夕五更，順獨擕一校，推獄門入，球與董璘同臥，小校前持球，球知不免，大呼曰：「死訴太祖、太宗！」校持刀斷球頸，流血被體，屹立不動。順舉足倒之，曰：「如此無禮！」遂支解之，裹以蒲，埋衞後隙地。董璘從旁匿球血裙。尋得釋，密歸球家，家人始知球死。子釪、鉞求屍，僅得一臂，乃以血裙葬焉。小校，盧氏人，故與耿九疇鄰。一日，見九疇，視其瘠不類平時，曰：「汝得無疾乎？」校具以實告，且曰：「馬順將舉事，密語我曰：『今夕有事，汝當早來。』至則使懷刃相隨，迫于勢，不得不爾。比聞劉公忠，吾儕小人，死有餘罪矣。」因慟哭死。未幾，馬順子亦死，死時捽順髮，拳且蹴之，曰：「老賊！令爾異日禍踰我。我劉球也。」

太監王振陷大理寺少卿薛瑄下錦衣獄，誣死罪。瑄素不爲振屈，振銜之。會有武吏病死，其妾有色，振姪王山欲奪之，妻持不可，妾因誣告妻毒其夫。都御史王文究問，已誣服。瑄辨其寃，屢駁還之。王文諂事振，譖之，嗾御史劾瑄受賄，故出人罪。廷鞫，竟坐瑄死，下獄。瑄怡然曰：「辨寃獲咎，死何愧焉。」在獄讀易以自娛。初，瑄既論死，子淳等三人請一人代死，二人戍，贖父罪。不許。將決，王振老僕泣于爨下，振問之，曰：「薛少卿不免，是以泣。」曰：「何以知之？」曰：「鄉人也。」因述其平生。振少解。會侍郎王偉申救之，得免死，除名放歸田里。

南京國子監祭酒陳敬宗考績至京，振素慕敬宗名，欲致之門下。適南畿巡撫周忱亦在京師謁振，知忱與敬宗同年，語之意。忱詣敬宗達之，敬宗曰：「爲人師表而求謁中官，可乎？」忱乃謂振曰：「陳祭酒善書法。以求書爲名，先之禮幣，彼將謁謝矣。」振然之，乃遺金綺求書程子四箴。敬宗爲書之，而返其幣，竟不往見。敬宗爲祭酒十八年不遷。

秋八月，王振枷祭酒李時勉于國子監門，尋釋之。王振嘗詣監，銜時勉無加禮，令人廉其事，無所得。彝倫堂有古樹，故許衡所植也。時勉嫌其陰翳，妨諸生班列，稍命伐其旁枝。振遂誣以伐官木，私家用，矯旨令荷校，肆諸成均。時爲三楲，與司業趙琬、掌饌金鑑同校。時勉校特重，而簸隘。鑑請易之，時勉不可。監生石大用乞以身代，號哭奔走闕下。上疏求解者數千人。會昌伯孫繼宗言于孫太后，太后爲上言之，始知振所爲也，命立釋之。內使張環、顧忠匿名寫誹謗語，錦衣衛鞫之，得實，詔磔于市。仍令內官出觀，乃知誹謗者訐振惡也。

九年（甲子，一四四四）秋七月，駙馬都尉石璟詈家閹呂寶，太監王振惡之，下錦衣獄。

冬十月，下監察御史李儼錦衣獄。時儼監收光祿寺祭物，值太監王振不跪，遂得罪，戍鐵嶺衛。

十年（乙丑，一四四五）春正月，錦衣衛卒王永陰揭王振罪于通逵，匿其名。邏校緝得之，詔卽磔于市，不覆奏。

秋七月，霸州知州張需下錦衣獄。需善字民，順天府丞王鐸嘗旌異之。有牧馬官擾民，需置于法。牧馬官以譖太監王振，遂被逮，箠楚幾死，謫戍邊。併坐鐸私舉，下于理。

十一年（丙寅，一四四六）春正月，賜司禮太監王振白金、寶楮、綵幣諸物，振姪林爲錦衣衛指揮僉事。賜振敕曰：「朕惟旌德報功，帝王大典。忠臣報國，臣子至情。爾振性資忠孝，度量弘深。昔皇曾祖時，特用內臣選拔，事我皇祖。敎以詩書，玉成令器。眷愛既隆，勤誠彌篤。肆我皇考，以爾先帝所重，簡朕左右。朕自在春宮，至登大位，幾二十年。爾夙夜在側，寢食弗違，保護贊輔，克盡乃心，正言忠告，裨益實至。特茲敕賞，擢爾後官。詩云：『無德不報。』書曰：『謹終如始。』朕朝夕念勞，爾其體至意焉。」

三月，降巡撫山西、河南兵部侍郎于謙爲大理寺左少卿，仍巡撫。謙撫梁、晉十餘年，惺盈滿，舉參政孫原貞、王來自代。時王振方用事，謙每入京，未嘗持一物交當路。又御史有姓名類謙者嘗忤振，振意以爲謙，嗾言官劾之，罷爲大理少卿。二省民倍道赴闕乞留，親藩亦以不可無謙請，乃復命巡撫。

十三年（戊辰，一四四八）春二月，修大興隆寺。寺初名慶壽，在禁城西，金章宗建。太監王振言其敝，命役軍民修之，費巨萬，壯麗甲于京都。上臨幸焉。

十四年（己巳，一四四九）秋七月，瓦剌也先大舉入寇，王振挾帝親征。八月，師潰于土木，帝北狩。護衞將軍樊忠者，從帝旁以所持棰捶死振，曰：「吾爲天下誅此賊！」遂突圍殺數十人，死之。報至，廷臣請族誅振。振所親馬順及王、毛二侍一時被擊死。都御史陳鎰奉郕王令旨籍其家，并振從子山臠于市，族屬無少長皆斬。振家當京城內外，凡數處，重堂邃閣，擬于宸居，器服綺麗，尚方不逮，玉盤百面，珊瑚高六七尺者二十餘株，金銀六十餘庫，幣帛珠寶無算。

天順元年（戊寅，一四五八）五月，英宗復辟。思振，諱爲忠所殺。詔復振官，刻木爲振形，招魂葬之。祀智化寺，賜額曰「旌忠」。

谷應泰曰：宣皇晏駕，新主幼沖。王振以青宮舊侍，儼然自負顧命。其時三楊猶在位也。太后賢明，有漢馬氏、宋高后風。當其責振掖庭，呼刃加頸，三楊能叩首力爭，遠竄裔土，勢如摧枯，非直、瑾城狐，外庭口舌比也。乃競庇鄉曲，爭辨朝堂。振陽持平允之名，陰得中宮之喜。然後知三楊之瑕，振固已窺之早矣。匡衡入相，不制弘恭；胡廣三公，難除甫、節。心熏祿位，志怵禍機，前有讒而不見，後有賊而不知，而小人遂得乘其隙也。太后升遐，東楊謝世，二楊衰老，後進孤危。以諸賢垂暮之氣，當奸人新發之鋒。李時勉，祭酒也，頭囊三木。劉中敷，上卿也，荷械九門。石璟，帝婿也，待繫請室。薛瑄，廷尉也，論斬禁獄。而侍中劉球，竟爲振黨竊殺。蒲埋犴狴，歸葬血裙。悲夫！侍中戰死，僅返污衣；呂祉魂歸，惟持括帛。雖范滂不祭皋陶，（絳侯）〔安國〕（據史記韓長孺傳訂正）見溺死灰，未有若斯之慘者也。

英宗初立，年僅九齡。至張后崩時，年已十六。質果英敏，亦當知上官之詐矣。何至呼爲「先生」，使振周公自待。大宴不預，懼振慚憤，乃開東華中門，令振出入以悅之。此何異哀寵董賢，願讓天下；僖呼阿父，遂作門生者與！夫宵人搆禍，自古多有。然或驪龍乘睡，盜竊寵靈。以故武愛韓嫣，旋爲賜死；文信新垣，亦隨誅滅。小人敗露，固有時也。亦或受制家奴，危同履虎。晉簡文風神憔悴，唐文宗涕下沾袍，猶曰勢已去矣，云如之何。未有奸形屢敗，酷政亟聞，外戚入暴其非，親藩共聞其狀。振又勢若孤雛，根非磐據，而白金綺幣，頒賜寵褒，擅殺剬威，概置不問。土木之變，六軍敗績，九廟震驚，青城覆轍，躬自蹈焉。馬嵬播越，應思林甫之奸；回紇稱戈，當悟元載之罪。而乃復辟以來，常懷聖慮，九原可作，發歎拊髀，三徑猶存，空悲廬宅，招魂榆塞，雕木浮屠，爲振復讎，貽譏後世，何其謬哉。考直、瑾、忠賢，皆蒙主眷，而沒後追思，惟振一人。

天祐人國，假手也先。樊忠殺振而後戰沒，功何偉也。嚮令英宗不陷賊，兇璫不授首，天假之年而滋其毒，明社之屋，寧竢今矣。

明史紀事本末卷之三十

麓川之役

英宗正統二年(丁巳,一四三七)冬十月,雲南麓川宣慰司思任叛,侵南甸州。洪武中,麓川思倫發內附,授麓川宣慰。按思倫所居本麓川地,與緬接境,皆在金沙江之南,在元爲平緬宣慰司,思倫不言麓川,蓋已據緬爲己有。洪武中,大兵下雲南,改平緬爲麓川平緬軍民宣慰司,麓川之名始見。至二十九年,平緬入貢,更立宣慰司,不相混一。未幾思倫叛,黔國公沐英討平之。其後失官,改孟養宣慰使,以刁氏代之。正統初,宣慰使刁賓玉弱不能輯諸夷,思倫發次子思任者狡獪踰父兄,差發金銀,不以時納,朝廷稍優容之。會緬甸危,思任侵有其地,遂欲盡復父所失故地,於是擁衆叛於麓川。先是,侵孟定、灣甸,大殺掠,雲南總兵黔國公沐晟以聞。至是復侵南甸州土官刁貢罕地,命沐晟遣官齎金牌信符,諭還所侵地,思任不奉詔。

三年(戊午,一四三八)冬十二月,思任侵掠騰衝、南甸,畧取孟養地,刁賓玉奔永昌,死,無嗣。思任屠騰衝,據潞江,仍自稱曰「法」。「法」,滇王號也,中國遂訛爲思任發云。事聞,上遣刑部主事楊寧往諭之，不服。

四年（己未，一四三九）春正月，命鎮守雲南黔國公沐晟、左都督方政、右都督沐昂率師討思任發，太監吳誠、曹吉祥監軍。兵至金齒，思任發遣其將緬簡斷江立栅而守，師不得渡。初，思任未叛時，刁賓玉嘗遣詣晟，晟兒畜之。至是晟遣指揮車琳等諭之降，思任佯許諾，晟信之，無渡江意。刑部主事楊寧曰：「不可。兵未加，稱降，此詐也。懼有後悔。」晟不從，檄寧督餉金齒。賊將緬簡數挑戰，政怒，造舟六十艘，欲渡江。晟不可，政不勝憤，夜獨率其麾下渡擊緬簡，走之，破賊栅。賊奔景罕寨，指揮唐清擊敗之，指揮高遠等又追敗之高黎共山下。共斬三千餘級，乘勝深入，逼思任上江。上江，賊重地也。遠攻疲甚，求援於晟。晟怒其違節制渡江，不遣。久之，以少兵往，至夾象石不進。政渡江追至空泥，知晟不力援己，賊伏兵四起，出象陣衝擊，乃遣其子瑛還曰：「若急歸，吾死分也。」遂策馬突陣死，軍殲焉。晟聞敗，適春暮，慮瘴發，遂焚江上積聚，倉卒奔還永昌。至楚雄，上遣使者責狀，仍以四萬五千人助之。晟懼罪，暴卒。思任發犯景東、孟定，殺大侯知州刁奉漢等，破孟賴諸寨，降孟達等長官司。

五月，以沐昂爲左都督征南將軍，右都督吳亮爲副將軍，馬翔、張榮爲左右參將，進討思任發。昂上潞江之捷，陞賞有差。

五年（庚申，一四四〇）春二月，沐昂討麓川，軍抵隴把，去賊巢甚近，右參將都督僉事張榮先令都指揮盧鉞擊賊，大敗。榮棄符驗軍器遁，昂等不能救。師還，敕責沐昂等，留昂鎮守，右都督吳亮、左參將馬翔俱逮下理。

秋七月，思任發屯孟羅，大掠，據者章硬寨。沐昂率都指揮方瑛、柳英等進克之，賊宵遁。威遠州土知州刁蓋罕戰威江，亦敗之。已而思任發遣流目陶孟、忙怕等入貢，禮部議減其饗賚，上曰：「彼來雖緩我師，而朕不逆詐。」遂賚而不宴，賜敕諭之。

六年（辛酉，一四四一）春正月，命定西伯蔣貴爲征蠻將軍，總兵討麓川思任發，以太監曹吉祥監督軍務，兵部尚書王驥提督軍務，侍郎徐晞督軍餉。初，雲南總兵沐晟等議麓川險遠，攻之非十二萬人不可。宜徵兵湖廣、川、貴，各委善戰指揮，分三道，灣甸、芒布、騰衝，刻期並進。上下廷議，英國公張輔等言分兵勢孤，彼或扼險邀我，非萬全計，宜擇大臣往雲南專征。會思任發遣使謝，刑部侍郎何文淵上言：「麓川之在南陲，彈丸耳！疆里不過數百，人民不滿萬餘，宜寬其天討。宜軍于金齒，且耕且守。舜德格苗，不勞征伐，而稽首來王矣。」大學士楊士奇主其說。張輔謂思任發世職六十餘年，屢抗王師，釋此不誅，恐木邦、車里、八百、緬甸等覘視窺覦，示弱小夷，非策。上從之。遂命貴、驥先赴雲南，復以副總兵李安、參將宮聚領川、貴兵，副總兵劉聚、參將冉保領南京、湖廣兵，大發兵十五萬，轉餉半天下。驥薦太僕寺少卿李蕡、郎中侯璡、楊寧，主事蔣琳等爲參謀。陛辭，上賜驥、貴等金兜鍪細鎧弓矢蟒衣以行。侍讀劉球上疏言：「麓川荒遠偏隅，卽叛服不足爲中國輕重。而脫歡、也先併吞諸部，侵擾邊境，議者釋豺狼攻犬豕，舍門庭之近，圖邊徼之遠，非計之得也。請罷麓川兵，專備西北。」不報。蓋王振專政，欲示威荒服也。

十一月，定西伯蔣貴、兵部尚書王驥等討麓川，大破之，思任發遁去。先是，思任發率衆三萬，至大侯州，欲攻景東、威遠，兵部郎中侯璡、都指揮馬讓、盧鉞擊之，驥等遂進至金齒。鎭康守陶孟、刁門俸乞降，令右參將冉保以五千人入據之，因其衆破昔剌寨，移攻孟通。王驥誓師分三道進取，參將冉保自緬甸趨孟定，會木邦、車里之師；驥同蔣貴中路，至騰衝；內官曹吉祥、副總兵劉聚等自下江、夾象石合攻，徑抵上江。上江者，賊砦所在也。攻二日不下，會天大風，驥命縱火焚柵，大破之，拔上江寨。賊千餘猶迎戰，官軍奮長戈蹴之，賊將刁放戛父子俱沒，刁招漢闔家自焚，生擒刁門項，先後斬五萬級。上江平，賊散走。大兵由夾象石、下江通高黎貢山道至騰衝，留副總兵李安戍之。王驥等取道南甸，至羅卜思莊，令指揮江洪等以八千人抵木籠山。思任發乘險以二萬人列七營相救，副總兵劉聚、參將宮聚分攻之，不下。驥、貴同奉御監蕭保自中路進，左右夾攻，敗之，斬數百餘級，乘勝至馬鞍山，破其象陣，死者十餘萬，麓川大震。

十二月，王驥等直擣巢穴，山周三十里，柵堅塹廣，其東南依江壁立。以三千人探之，賊象陣伏泥溝突起，敗之。賊又自永毛摩尼寨至馬鞍山，伺我後。令都指揮方瑛以六千人攻拔之。瑛，方政子也。而右參將冉保從東路合木邦、車里、大侯之兵，先後斬三千三百九十餘級。于是進攻麓川，積薪焚其柵，思任發挈妻子間道渡江走緬甸，焚溺數萬。驥等班師，叙平麓川功，進封蔣貴定西侯，王驥靖遠伯，以郎中侯璡、楊寧爲侍郎，餘陞賞有差。

七年（壬戌，一四四二）冬十月，復命定西侯蔣貴、靖遠伯王驥征麓川、緬甸。先是，思任發既敗走緬，大軍還，復出爲寇。上謂驥曰：「卿爲朕再行。」遂起兵如前，復命驥等往討之。

八年（癸亥，一四四三）春二月，定西侯蔣貴、靖遠伯王驥軍至金齒，遣諭緬甸送思任發軍前。緬人佯諾，不遣。驥曰：「緬甸黨賊，不可不討也。」乃至騰衝，分爲五營，與蔣貴及都督沐昂分道並進。木邦宣慰使統兵萬餘，駐于蠻江滸，覘我軍容。驥責以忠義，賜牛酒，遂感悦效死。緬人擁衆大至，蔣貴率兵蔽江而下，焚其舟數百艘，大戰一晝夜，賊潰，思任發復遁去，俘其妻子，班師。蔣貴起自行伍，屢立顯功，與士卒同甘苦。凡出征，衣糧器械不役一人。臨陣身先士卒，敵皆披靡，必手擊殺數十人。不知書。然貴爲大將，拱手聽人指揮，無傲色，故所向成功。

九年（甲子，一四四四）春二月，王驥合木邦等諸部，進兵緬甸，累捷。緬人用大金縷船載思任發至江上覘我，復匿之。欲以麓川予木邦，孟養、戞里予緬甸，始獻思任發，詭以思任子思機發致仇爲解。驥等乃縱兵搗思機發寨，俘其妻子及從賊九十餘人、象十一。事聞，上詔驥還京。然思機發尙竊據孟養，負固不服。

十年（乙丑，一四四五）冬十二月，雲南千戶王政奉敕幣諭緬甸宣慰（男）〔使〕（據國榷卷二十六改）卜剌浪馬哈省索思任發，未即遣。適晝晦二日，術者曰：「天兵至矣。」卜剌浪馬哈省懼，以思任發及妻孥部屬三十二人付政。思任發不食，垂死，政遂斬首，函獻京師。

十三年（戊辰，一四四八）春三月，初，思機發復據孟養地爲亂，屢諭不從。復命靖遠伯王驥提督軍務，都督宮聚爲總兵，張軏、田禮爲左右副總兵，方瑛、張銳爲左右參將，率南京、雲南、湖廣、四川、貴州土漢軍十三萬討之。以孟養舊宣慰刁孟賓爲嚮道，又敕木邦、緬甸、南甸、干崖、隴川宣慰使刁蓋發等，各輸兵餉。命戶部右侍郎焦宏督餉雲南。

十月，師抵金沙江，賊栅西岸以拒。驥造浮梁以渡，攻破之，乘勝進至孟養。賊歛衆據鬼哭山及芒崖山等寨，皆攻拔之，斬獲無算。貴州都指揮使洛宣、九谿衛指揮使翟亨皆戰死。思機竟失所在，或謂死于亂兵也。王師踰孟養至孟那。孟養在金沙江西，去麓川千餘里，諸部皆震怖，曰：「自古漢人無渡金沙江者，今王師至此，眞天威也。」驥還兵，部落復擁思任子思祿爲亂，攻銀起莽，敗之，復據孟養地。驥等慮師老，度賊不可滅，乃與思祿約，許以土目得部勒諸夷，居孟養如故。復與立石金沙江爲界，誓曰：「石爛江枯，爾乃得渡。」思祿亦懼，聽命。乃班師，以捷聞，詔增驥祿，賜鐵券，子孫世襲伯爵。

谷應泰曰：麓川地接平緬，雖彈丸黑子，然固皇輿以內地也。洪武初，思氏失官，刁氏逐思，據有平緬。至正統時，刁又衰弱，思氏復振，賓玉走死，思任坐大，且爭衡上國矣。蠻夷自相攻殺，趙奢所謂兩鼠鬬穴，天子不必問也。天使亟行，誚讓數四，而尉陀箕踞，初無降意，子陽不省，乃更治兵。倔強如是，而討逆之旗不見於金齒，問罪之旅不戰於昆池，尚謂國有人乎？且宣帝卽位，已棄交趾，新君踐祚，又廢麓川。雲、貴、二廣，土夷環疆，動以百計；溪蠻苗峒，列處內地，耕牧成羣。麓川不逞，既有徵矣，異類襲是跡而動，誅戮子弟，憂患長老，甚者屠掠郡國，并吞諸部。再復數年，蒟醬不見于番禺，邛杖不來于大夏，使斷牂牁之北，地盡越嶲之東矣。爾時而欲用兵，敗固不測，勝亦大創。且高帝定雲南，思氏竊發，沐英以三萬騎破其三十萬衆，思然後俯首歸命。既而刁氏又叛，沐春疾驅力戰，擒斬諸刁，納其故主。其論傅友德曰：「雲南雖平，尚煩區置，翠羉諸地，不盡服從，雖有雲南，亦難守也。」蓋小懲大戒，柔遠之良規，一勞永逸，王師之勝算。故殷與夏緒，必克鬼方；蜀出中原，先渡瀘水。控遠與綏邇不同功，討貳與貪功不同道也。

西楊主議，舜德格苗，劉球上書，不稱荒服。或亦朝多濁亂，內憂羣小。北敵陸梁，外憂方大。文子不願楚敗，山濤方懼吳亡，大臣之用心固如是耶！若乃長駕遠馭，則亦公孫弘之罷朔方，淮南安之諫閩、越者也。

蔣貴、王驥，初下麓川，三路分進，斬首三千，思任竄緬，僅以身遁，再攻平緬，五營並進，焚其援舟。思任父子，又竄孟養，然而緬人內懼，傳首京師，勒石金沙，誓臣石爛，此亦勳著燕然，功高銅柱，豈僅唐蒙夜郎，相如卭笮者乎？然史稱其起兵十五萬，轉餉半天下，冒躐五等，橫被冕玉。嗟乎！陳湯貪賕，曹翰凶殘，武臣之故態，而屯守之說不行，飛輓之繁不給，此則其智遜金城，而功比貳師者已。

明史紀事本末卷之三十一

平浙閩盜

英宗正統七年（壬戌，一四四二）十二月，麗水盜陳善恭、慶元盜葉宗留合衆盜福建寶峰場銀冶，命浙江、福建有司捕治之。

十二年（丁卯，一四四七）春二月，葉宗留聚衆盜掘少陽坑，數月，計所獲微甚，棄去。九月，率衆之雲山，遍掘諸坑場，無所得，還慶元。居數日，往政和掘少亭坑，亦不給用。謂其徒曰：「以吾之衆，卽索金于市易耳，何至自疲山谷間，常苦不給也。」衆從之。時已數百人，遂掠政和縣及村落。還慶元，號召得千餘人。遣召龍泉良葛山人葉七爲敎師，訓練武藝。由浦城劫建陽，所過焚掠，從者益衆。遂掠建寧，官民皆逃匿。分衆截車盤嶺，鉛山惴恐，行旅斷絕。

十三年（戊辰，一四四八）夏四月，福建沙縣鄧茂七反，自稱閩王。命都督劉聚爲總兵，陳榮爲副總兵，陳詔、劉德新爲左右參將，僉都御史張楷監軍，討之。茂七，江西建昌人，初名鄧雲，豪俠爲衆所推。殺人亡命，入閩。至寧化縣，依豪民陳正景，易名茂七。聚衆集會，常數百人，遠近商販至，皆依之，漸恣横，頤指殺人。先是，御史柳華按閩，檄各郡縣，令村落各置隘門望樓，編鄉民爲什伍，茂七與弟茂八皆編爲長。嘗佃人田，例輸粟主家，餽少物。茂七令毋餽，而田主自往受粟。田主訟之，不受縛，乃下巡檢追攝之，因殺弓兵數人。聞于上官，調官軍三百人與之格鬬，殺傷略盡。懼討，遂刑白馬，歃血誓衆，舉兵反。游兵皆舉金鼓器械應之，烏合至萬餘人，自稱閩王。與正景率黨劫上杭，還攻汀州，爲推官王得仁所敗，三戰，正景被擒，送京師斬之，獨茂七黨盛不可制。

至是，率其黨據杉關，劫商旅，遂攻光澤縣，大掠。順流下邵武，官民悉逃匿，至順昌據之。賊去邵武，官民始復入城，順昌官民亦入保邵武。時福建參政宋彰，交趾人，與中官多故舊，侵漁萬計，賄王振得爲左布政使。抵任，將責償焉。小民苦爲所迫。于是尤溪爐主蔣福成號集居民貧人無賴者悉歸之，旬日有衆萬餘，遂襲尤溪據之，與茂七聲相聞，將劫沙縣及延平。延平上其事，御史丁宣偕藩、臬諸使至延平，遣同知鄧洪等帥兵二千，往沙縣勦之。福成遂與茂七合，官軍殲焉。丁宣乃遣使招諭，令解散得免死。茂七笑曰：「吾豈畏死求免者！吾取延平，據建寧，塞二關，傳檄南下，八閩誰敢窺焉！」殺齎書使者，據貢川及玉臺館，締置里圖甲役，遂據沙縣，勢益猖獗。御史張海始至延平，遣都指揮張某率兵四千往勦之，行二十里至雙溪口，道險，賊僅二十餘人，伏左右村店中，俟兵過且盡。都指揮後殿至，賊伏猝起，舉排栅塞道，前驅不可返，從兵不敷十人，賊遂搏都指揮並其從兵，皆殪之。前驅兵覺，還禦之無及，賊登山擁衆喊聲，官軍大潰。茂七進攻延平，張海登城諭之，有緋衣賊曰：「我曹苦富民魚肉，有司不我直耳！如朝廷宥我，且立散，乞免徭三年。」都指揮范眞等戰于城外，衆潰，眞與指揮彭璽等俱死。御史上其事，請兵討賊。上乃召都御史張楷至，面諭以閩賊猖獗狀，令偕都督劉聚、陳榮等往討之。

九月，張楷等師至南畿，分遣劉得新率兵由江西道建昌會邵武。楷率兵由浙入閩。

十一月，指揮戴禮擊葉宗留，斬之，禮與都督陳榮亦戰死。初，張楷奉命討鄧茂七，至廣信，以葉宗留道梗，留不敢進。福建遣使促楷師，浙江藩、臬諸司請楷便宜移兵擊宗留。江西御史韓雍亦言：「宗留近在咫尺，門庭之寇，皆國家事，豈可畫疆而計耶？」楷不知所從。指揮戴禮願往勦之，楷乃命率兵五百往。都督陳榮謂楷曰：「受朝命討賊，今延平事急，而鉛山不通，大軍密邇二寇，逗遛不進，乃遣一步將往，朝廷知之，何所逃罪耶？」楷然之，遣榮以二千人率禮等往。禮先驅與賊遇于黄柏舖，麾兵擊之，死傷相半。宗留衣緋率衆前，中流矢死。官兵不知爲宗留也。賊退奔入山，復擁葉希八爲渠魁，劫車盤嶺，悉衆駐十三都，欲回浦城。會陳榮兵亦至，併戴禮軍搜山。至玉山十二都中伏，榮、禮皆死。葉希八焚浦城，還龍泉，衆數萬人屯雲和、麗水，陶得二、陳鑑胡俱率衆從之。楷聞報，方益兵進，而劉得新已率江西兵敗茂七于建陽，道始通。楷遂間道入閩，會劉得新等取道走建寧。

十二月，守備處州監察御史朱瑛，計擒賊黨周明松等，尸于市。時葉宗留黨周明松等，四出剽掠金華、武義、崇安、鉛山諸縣。朝廷慮其與閩寇合，命瑛及中官分守要地。瑛榜諭脅從，示以禍福，降者甚衆。以計生致明松等數人，械于慶元。諜報賊首黑面大王領衆三萬，來劫明松等，中官大懼欲走，瑛不爲動，立誅明松等，尸于市。賊聞之，逡巡遁去。

鄧茂七遣別將陳敬德、吳都總等，由德化、永春、安溪寇泉州。知府熊尚初逆戰于五陵坡，兵敗被執，不屈死之。

以建寧知府張瑛爲福建右參政。鄧茂七以二千餘人攻建寧，瑛率建安典史鄭烈、鄉兵吳保等，合都指揮徐信，分道乘霧襲斬五百餘，拔其寨，故有是命。

十四年（己巳，一四四九）春正月，上以閩師久無成功，命寧陽侯陳懋爲征南將軍，保定伯梁瑤、平江伯陳豫爲左右副總兵，都督范雄、董興爲左右參將，尚書金濂總督軍務，太監曹吉祥、王瑾監軍，御史張海、丁宣紀功，率京營及江西、浙江諸處大軍討之。未至，茂七等攻延平久，餘賊至太平驛，副使邵宏譽等率兵與賊戰，射死百餘人，軍士亡者倍之，以捷聞。

初，賊于近城五里許，斷橋爲守，道阻不通。劉得新既敗賊，張楷乃遣使諭之，降其黨黃琴等三十餘人，令復業，禁諸民不許復私讐。建陽路既通，沙縣賊首張綵孫至延平降。

又引從賊羅汝先等詣楷，願殺賊贖罪，且云：「賊敗後，皆據險自衛。必欲取之，吾爲公說令攻城，公悉大軍擊之，吾爲內應，可覆也。」許之。賊首劉宗、羅海、郎七等，俱茂七僞將，掠財聚陳山寨。黄琴等計擒之，詣軍門，械送京師。楷遂益兵趨延平，遇賊攻城，擊殺千餘人，賊衆稍却。茂七等復移兵寇建寧，參政張瑛與賊戰，死之。于是楷等還建寧，賊遂退保陳山。

二月，賊復下山攻延平，蓋張繇孫、羅汝先誘之出也。楷以浙江軍伏後坪，南京軍伏後洋，江西軍伏沙溪之南，而以福建軍素爲賊所易者，出城挑之。賊乘浮橋竟進，伏起，炮作，合擊，大破之。官軍乘勝進殺，擒數十人。茂七中流矢死，乃斬其首函之。馳露布，以捷聞。而寧陽侯陳懋等大兵亦繼至。楷等至順昌諸處，慰撫居民。餘賊復擁茂七兄子鄧伯孫聚後洋。或散走，各分據山砦。平江伯陳豫等分道捕之。賊據九龍山，楷遣兵二千出山後，戒之曰：「明日，賊必空寨攻我，若疾入其寨，據之。」比旦，賊覘營兵少，果至溪上，無筏而還，山後兵已據其寨，驚潰。

三月，指揮王鉞捕賊于高陽里，獲女賊廖氏，僞號「女將軍」。廖氏，甌寧人。被掠至鄧伯孫所，妖淫善幻，尤驍捷。兵敗，歸母家，獲之。諸將各先後捕獲從賊首數多，俱檻送邵武。大軍至邵武，皆斬之。璽書至，褒諭諸將。以降賊黄琴爲主簿，羅汝先爲縣丞，賞其誘賊功也。餘候班師論功。令陳懋等留勦閩賊未盡者，張楷還師討處州賊。懋等乃立賞格，能自擒殺來降者，與斬敵同。賊將張留孫者，驍勇善戰，茂七起事多倚之。茂七死，仍從鄧伯孫。千戶龔遂榮僞貽留孫書，若素有約者，佯使諜誤致之伯孫。伯孫果疑留孫，殺之，由是賊黨人人自疑，棄伯孫來降。遂進兵沙縣，破貢川、掛口、陳山諸砦，執伯孫送京師，斬之。左都督劉聚兵至南平、順昌、甌寧，擒餘黨六十三人，斬首無算。諸將先後擒斬，招撫略盡，八閩悉平，懋等乃班師。

張楷、劉聚等還師討處州寇。先是，葉希八等據雲和山中數月，謂其黨曰：「山中出掠不便，不若由朱湖盡掠府城，乃結寨駐鮑村，取貨于義烏，掠人于松楊。官軍雖衆，不能越馮公嶺迫我矣。」衆從之，遂掠處州。守臣遣使從溫、台告急于杭州，御史命都指揮沈鱗、參議耿定、僉事王定帥兵四千，至處州擊之。諸守臣復遣使詣省告急，御史盛琦、黃英先後以聞，朝廷命都指揮徐恭爲總兵，孫鏜、陶瑾爲左右參將，工部尚書石璞督諸軍討之。會沈鱗、耿定、王晟率千戶錫清等擊賊麗水，敗沒。徐恭帥兵二千馳至處州，亦守城不敢出。賊攻處州，聲言取金華，時楷等兵尚未至。

葉希八分犯江西廣信境，永豐知縣鄧顒死之。時賊侵上饒，顒奉張楷檄禦却之。賊大至，或勸其走，不聽，遂被執，不屈，罵賊死。

陳鑑胡破松陽、龍泉，屯金山岩，分劫青田、武義、義烏、東陽，自號太平國王，改泰定元年。麗水縣丞丁寧以老人王世昌等入賊巢，諭鑑胡，降之，進寧處州府同知，世昌等授巡檢。鑑胡至京，錮錦衣獄。有詔鑑胡擬死，免其妻子。民兵張祜、王應參、王金禮等亦殺賊千餘人，獲皮甲八百，上俱授巡檢。責尚書石璞、總兵徐恭玩寇。

五月，張楷入浙至衢州，僉事陶成往迎之，陳危急狀。時處州城中乏食，諸將登陣而泣。楷分兵水陸並進，至蘭溪，御史黃英、林延舉來會，請速進兵。至金華，令軍中製竹笆數百面，笆如牌製，糊以紙，畫獸形，可禦賊鎗，乃兼程進。至處州界，知府陸鍾等來迎，至銅山寺駐師。賊陽遣人求撫，實覘之耳。遂給榜示付之去。時官兵陣于平地，賊衆萬人出山索戰。官兵分三陣，賊攻中軍，楷等令回，趨馬軍射之，死者三百餘人。左右合擊，死者又二百人。持鎗者，多爲竹笆所制。蓋鎗入竹隙，急不得出，悉被擒獲。賊敗潰，斬首六百餘級，生擒百餘人。

初，賊勢甚迫，僉事陶成請招諭之。乃從僕隸四五人，徑抵賊巢，諭以禍福，言詞懇惻，賊黨環動悚聽，多率其黨降。惟陶得二殺使者，引餘黨入山中。至是，千戶沈俊謂其部下多麗水鮑村人，父子兄弟陷賊中者衆，有何受等三人自言于陣前見其親屬，今欲招撫，請以此三人往可得也。楷從之，令齎榜入山，反覆譬曉，詞亦過徇，楷至以老母百口與誓。陶得二乃先出見，楷優賞加賚，令歸山中同賊首葉希八、楊希、陶秉倫率其黨十餘人來見。楷納其降，給帖令復業。始知前黄柏舖緋衣中流矢死者，卽葉宗留也。明日，受等三人又招得賊首余海四、陳川十、余卞等三百餘家出降，亦許令復業。

六月，上下璽書諭張楷相機勦撫之宜。楷等奏報賊前後聽招撫復業者九千餘家，男婦二萬餘人。疏既上，賊首陶得二等回山，復疑懼，擁衆如故。欲以書招楷入，楷亦復書諭之。

景帝景泰元年（庚午，一四五〇）五月，賊在慶元大社者，又出掠麗水、青田諸縣，進攻武義。武義無城郭，副使陶成力禦之。賊鋭甚，麾下勸稍却，以避其鋒，成不可，帥兵更進戰。自辰至申。俄而城中火起，兵潰，成策馬突陣，死之。成有威惠，屢捍海寇有功。至是死，民思之不置。未幾，復得璽書，諭楷等將已降賊令所司撫處，廣布恩信，戒官吏勿相激擾，不聽撫者，調兵勦滅。楷復遣郡邑丞倅等官齎入山再招之，陶得二等始聽招，盡焚其砦出降。餘黨因陶得二降，悉解散復業，所司隨在撫諭之，楷等乃班師，露布以聞。楷還京，會帝北狩，舊經事大臣多陷沒，廷議楷無功，追論下于理。議上，以寇平功贖罪，得放歸。

二年（辛未，一四五一）秋七月，鎮守浙江、福建侍郎孫原貞以處州盜平，奏析麗水、青田二縣，置雲和、宣平、景寧三縣。福建置永安、壽寧二縣。從之。

谷應泰曰：浙東入閩，道險而狹，迤邐千里，山勢嶢嶫，灌木蓊翳，糾紛盤互，不逞之徒，往往跳穴其間。內可以聚糗糧，下可以伏弓弩，急可以遠遁走，緩可以縱剽掠。以故浙、閩多寇盜，好作亂，長吏不敢問，將兵者難撲滅，地險然也。又況括蒼諸坑，頗產貢金，椎埋嗜利者因緣爲奸，趨之如鶩，聚衆益多。以故慶元葉宗留，以千餘人攻政和，此亂之始也。然其由浦城，劫建陽，則自浙犯閩。攻上饒，破永豐，則自浙犯江。而葉希八又焚浦城，屯雲和、麗水，則自閩還犯浙矣。其時閩地鄧茂七反寧化，蔣福成反尤溪，莫不據地稱王，摧鋒陷敵，擁衆萬餘，轉戰數郡，比之于浙爲尤劇焉。

昔武帝之時，東甌、閩越治兵相攻，遼闊阻深，尚煩漢救。而使其合兵連横，侵暴吏民，咸陽雖遠，可付之度外耶？于是中丞張楷啣命督師，劉聚、陳榮分兵進討。既而榮既敗沒，賊又滋蔓。宗留雖死，明松復來；希八未亡，鑑胡更作。何異淮裔煽亂，徐戎並興，甲午祠兵，魯師欲潰。乃始一侯二伯授鉞南征，六將兩璫協謀東伐，猶之赤眉敗禹，更命馮異；盧循摧毅，還仗宋公。雖望桑榆之收，亦苦潢池之酷矣。所幸者，閩寇自閩，浙寇自浙，地雖旁掠，勢不交通，取虞取虢，此成擒耳。假令浙寇北下婺州，東收廣信，閩寇南驅光澤，西薄建昌，聯師有犄角之形，事成有中分之約，則八閩既困，江、浙亦搖，而更待朱瑛横格鉛山，中官分守要地，不已晚乎！雖其後福成、茂七，先後並殲；希八、鑑胡，同歸款附，東陵渠帥，次第盡矣。而獨參政宋彰者，輸賂王振，責償閭閻，民苦誅求，盜所自起。五年之間，村落爲墟，赤羽徵兵，青芻轉餉，土木之妖，先萌內地，奸閹柄政，禍如是乎。至于陶得二屢叛而貸死，張楷捷奏而下獄。蓋二以楷庇獲全，楷以振黨受過。刑賞失中，亦云忒矣。

若夫孫原貞條奏浙增雲、宣三邑，閩置永、壽二縣，犬牙相錯，馭險之規也。但磴道素多槎枒，羣盜易于伏莽，黃門薙髮，蝨乃不生，馬援伐樹，寇遂永絕。原貞之策，乃更不及此耶？

明史紀事本末卷之三十二

土木之變

英宗正統八年（癸亥，一四四三）夏四月，瓦剌太師順寧王脫歡死，子也先嗣。自脫歡殺阿魯台，併吞諸部，勢浸強盛，至也先益橫，屢犯塞北，邊境自此多事。

十二年（丁卯，一四四七）春正月，巡撫宣大僉都御史羅亨信上言：「瓦剌也先專候釁端，圖入寇，宜預于直北要害，增置城衛土城備之。不然，恐貽大患。」奏聞，兵部尚書鄺埜畏王振不敢主議。時參將石亨欲以大同四州七縣之民，三丁籍一兵。又有敕令軍餘盡撥屯種，量畝起科。亨信奏言：「瓦剌方驕，邊民疲甚。兼以邊地磽薄，若如所言，是絕衣食而逼其竄也。且當今事勢，正宜布恩信以結人心，苟絕其衣食，未有得其心者。」詔從之。

十四年（己巳，一四四九）春二月，也先遣使二千餘人進馬，詐稱三千人。王振怒其詐，減去馬價，使回報，遂失和好。先是，也先遣人入貢，通事輩利其賄，告以中國虛實。也先求結婚，通事私許之，朝廷不知也。至是，貢馬，曰：「此聘禮也。」答詔無許姻意，也先益愧忿，謀寇大同。

夏六月丙辰，夜雷電大震，風雨驟作。謹身殿火起，延奉天、華蓋二殿，奉天諸門皆燬。自王振擅權，災異疊見，振畧不警畏，狠恣愈甚，且諱言天變。時浙江紹興山移于平地，官不敢聞。又地動，白毛遍生，奏入不省。陝西二處山崩，壓沒人家數十戶，山移有聲，三日不絕，移三里，不敢詳奏。黃河改往東流于海，渰沒人家千餘戶。又振宅新起，未踰時，一火而盡。南京宮殿火，是夜大雨，殿基上荆棘二尺高。始下詔赦天下。

秋七月，也先圖犯邊，其勢甚張。侍講徐珵語其友劉溥曰：「禍不遠矣！」亟命妻子南歸，皆重遷，有難色。珵怒曰：「爾不急去，不欲作中國婦耶！」乃行。八日，也先大舉入寇，兵鋒鋭甚。大同兵失利，塞外城堡，所至陷沒。邊報日至，乃遣駙馬都尉井源等四將，各率兵萬人出禦之。源等既行，太監王振勸上親征。命下，二日卽行，事出倉卒，舉朝震駭。命太師英國公張輔、太師成國公朱勇率師以從，戶部尚書王佐、兵部尚書鄺埜、學士曹鼐、張益等扈征。吏部尚書王直及大小羣臣，伏闕懇留，不允。十七日，命太監金英輔郕王居守，每旦于闕左門西面受羣臣謁見。遂偕王振並官軍五十餘萬人，至龍虎臺駐營。方一鼓，衆軍訛相驚亂，皆以爲不祥。明日，出居庸關，過懷來，至宣府。連日風雨，人情洶洶，聲息愈急。隨駕諸臣連上章留，振怒，悉令掠陣。未至大同，兵士已乏糧，僵屍滿路。寇亦佯避，誘師深入。

八月戊申朔，至大同。振又欲進兵北行，鄺埜請回鑾，振矯旨令與王佐隨老營。埜乘馬蹀躞而前，墜地幾殆。王佐竟日跪伏草中請還。欽天監正彭德清斥振曰：「象緯示警，不可復前。若有疎虞，陷乘輿于草莽，誰執其咎？」學士曹鼐曰：「臣子固不足惜，主上係天下安危，豈可輕進！」振怒曰：「倘有此，亦天命也！」于是井源等報敗踵至。會暮，復有黑雲如繖罩營，雷雨大作，王振惡之。會前軍西寧侯朱瑛、武進伯朱冕全軍覆沒，鎮守大同中官郭敬密言于振，勢決不可行，振始有還意。明日班師，大同總兵郭登告學士曹鼐等，車駕入，宜從紫荆關，庶保無虞。王振不聽。振，蔚州人，因欲邀駕幸其第；既又恐損其禾稼，行四十里，復轉而東。還至狼山，追騎且及。十三日庚申，遣朱勇等率三萬騎禦之。勇無謀，進軍鷂兒嶺，敵于山兩翼邀阻夾攻，殺掠殆盡。是日，駕至土木，日尚未晡，去懷來僅二十里。衆欲入保懷來，以王振輜重千餘輛未至，留待之。鄺埜再上章請車駕疾驅入關，而嚴兵爲殿。不報。又詣行殿力請，振怒曰：「腐儒安知兵事！再妄言必死！」埜曰：「我爲社稷生靈，何得以死懼我！」振愈怒，叱左右扶出。遂駐土木。旁無水泉，又當敵衝。十四日辛酉，欲行，敵已逼，不敢動。人馬不飲水已二日，飢渴之甚，掘井深二丈不得水。其南十五里有河，已爲也先所據。也先分道自土木傍麻谷口入，守口都指揮郭懋拒戰終夜，敵益增。時楊洪總兵在宣府，或勸洪急以兵衝敵圍，駕可突出，竟閉城不出。十五日壬戌，敵遣使持書來，以和爲言。遂召曹鼐草敕與和，遣二通事與北使偕去。振急傳令移營，踰塹而行，迴旋之間，行伍已亂。南行未三四里，敵復四面攻圍，兵士爭先奔逸，勢不能止。鐵騎蹂陣而入，奮長刀以砍大軍，大呼解甲投刀者不殺。衆裸袒相蹈藉死，蔽野塞川，宦侍、虎賁矢被體如蝟。上與親兵乘馬突圍不得出，被擁以去。英國公張輔，尚書鄺埜、王佐，學士曹鼐、張益而下數百人皆死。從臣得脫者蕭惟禎、楊善等數人。軍士脫者踰山墜谷，連日飢餓，僅得達關。騾馬二十餘萬，並衣甲器械輜重，盡爲也先所得。太監喜寧降于也先，盡以中國虛實告之。初，師既敗，上乃下馬盤膝面南坐，惟喜寧隨侍。有一胡索衣甲，不與，欲加害，其兄來曰：「此非凡人，舉動自別。」擁出雷家站，見也先之弟賽刊王。上問曰：「子其也先乎？其伯顏帖木兒乎？賽刊王乎？大同王乎？」聞其語大驚，馳見也先，曰：「部下獲一人甚異，得非大明天子乎？」也先乃召使中國二人問是否，二人見，大驚曰：「是也。」也先喜曰：「我常告天，求大元一統天下，今果有此勝。」問衆何以爲計？其中一人名乃公，大言曰：「天以仇賜我，不如殺之。」伯顏帖木兒大怒，呼也先爲「那顏」，「那顏」者，華言大人也。「安用此人在傍！」摧其面，曰：「去！」因力言：「兩軍交戰，人馬必中刀箭，或踐傷壓死。今大明皇帝獨不踐壓中刀箭，而問那顏，問我等，無驚恐怨怒。我等久受大明皇帝厚恩賞，雖天有怒，推而棄之地下，而未嘗死之，我等何反天！那顏若遣使告中國，迎返天子，那顏不有萬世好男子名乎？」衆皆曰「者」。胡語云「者」，然辭也。于是也先以上送伯顏帖木兒營，令護之。時惟校尉袁彬侍，命彬遣前使臣梁貴持手書，示懷來守臣，言被留狀，且索金帛。城閉不可入，縋之上。守臣遣人送至京，以是夜三更從西長安門入報。十七日，百官集闕下，頗聞敗報，私告語，驚懼。出朝見敗卒裹創纍纍至，訊之，皆不知上所在。是日，皇太后遣使齎重寶文綺，載以八騎，皇后錢氏盡括宮中物佐之，詣也先營請還車駕。不報。

谷應泰曰：古者天子有道，守在四裔。及其季也，保境固圉，毋生戎心。是故馬邑之誘，加罪王恢；郅支之誅，靳封延壽。蓋以勤兵遠畧，輕開邊釁，非細故也。況乃撐犁之帳，甫逼關門，而黃屋之尊，自爲鎖鑰。晉明帝深窺姑孰，趙武靈突入咸陽，誰實謀國，而乃身試不測之淵，輕入虎狼之穴哉。

若夫英宗踐祚，王振擅權，也先桀黠，狡焉啓疆。其時如羅亨信之議備土城，石亨之撥軍屯種，則先事之防也。王直之伏闕懇留，鄺埜之堅請回鑾，王佐之草間跪伏，則臨事之救也。而王振威福自擅，從來日久，銳意親征，有進無退，豈眞楚國聯師，滅此朝食，驃姚報漢，無以家爲者乎？乃從來嚬笑竊弄者，必須假禦侮以固主恩，而勢焰炙手者，易于倖邊功以邀富貴。此振之所以據鞍顧盼，走死地如騖耳！至于千金之子，坐不垂堂。十室之邑，可以免難。而英宗是時勸駕之言易入，斷鞅之議不行者，毋亦文皇自征瓦剌，狃于易與；而宣宗自將待邊，又所親見者耶！以故追戎濟上，專目魯公；北伐令支，羣推小白。然而天時人事，則有異焉。

方其天變見于上，地變見于下，南宮荆棘，北殿塵灰，比于梅福之金鐵皆飛，宗周之三川告亡，此何景也？至龍臺而一軍皆亂，出居庸而連宵風雨，薄大同而殭屍滿路，比于苻堅之犬嘷宮門，管子之鼙鼓皆濁，此何兆也？逮夫井源敗衂踵至，朱冕全軍覆沒，而振始還屯左次，定議班師，嗚呼晚矣！蕩陰之血，酷于染衣；平陽之辱，幾于執蓋。徒使師武臣封尸俱死，諸大夫芟舍無從。楚三戶之衆，見懷王以何期；銳司徒之妻，嘆吾君之不免。幸而共和行政，叔武入守；適來那顏之怒，不用乃公之謀，則貨匪居秦，璧還入趙矣。不然而皇太后遣齎重寶，錢皇后盡括宮中，幣與地同盡，人與幣俱往，徽、欽之禍，復見于茲，雪窖冰天，魂終漠北矣。

然予嘗論之，寇準饒學術，可以戰而眞宗受盟；王振少方畧，不可以戰而英宗驟舉。是則澶淵之會，以重發而喪功；土木之變，又以輕爲而至敗耳。彼王振倡謀，喜寧反噬，雖一死沙場，一膏斧鑕，而罪浮罄竹，報不蔽辜。宜乎靖康誅童貫，而賈生之書必欲縛中行說而笞其背也。

明史紀事本末卷之三十三

景帝登極守禦

英宗正統十四年（己巳，一四四九）秋八月，上北狩，太后召百官入集闕下，諭曰：「皇帝率六軍親征，已命郕王臨百官。然庶務久曠，今特敕郕王總其事，羣臣其悉啓王聽令。」辛未，太后詔立皇長子見深爲皇太子，時年二歲，命郕王輔之。詔天下曰：「邇者寇賊肆虐，毒害生靈。皇帝懼憂宗社，不遑寧處，躬率六師問罪。師徒不戒，被留王庭。神器不可無主，茲于皇庶子三人，選賢與長，立見深爲皇太子，正位東宮。仍命郕王爲輔，代總國政，撫安萬姓。布告天下，咸使聞知。」癸酉，郕王臨午門，言官大臣次第宣讀彈劾王振啓章，言：「振傾危宗社，請滅族以安人心。若不奉詔，羣臣死不敢退。」因哭，聲徹中外。王起入，內使將闔門，衆隨擁入。有令旨籍沒振，遣指揮馬順往。衆曰：「順，振黨也。宜遣都御史陳鎰。」時太監金英傳旨，令百官退。衆欲捽毆英，英脫身入。馬順從旁叱百官去，給事中王竑憤起捽順首，曰：「馬順往時助振惡，今日至此，尚不知懼！」衆爭毆之，或就脫順鞾，捶擊驪踣，立斃順。衆又索振黨內使毛、王二人，英捽令出，亦擊殺之，曳三屍陳東安門，軍士猶爭擊不已。逾時，執振姪錦衣衛指揮王山，反接跪于廷，衆唾罵之。于是衆競喧嘩，班行雜亂，無復朝儀。百官既毆殺順，益恟懼不自安。王亦屢起，欲退還宫。兵部侍郎于謙直前攬王衣，曰：「殿下止。振罪首，不籍無以泄衆憤。且羣臣心爲社稷耳，無他。」王從之，降令旨獎諭百官歸莅事，馬順罪應死，勿論。衆拜謝出。是日，事起倉卒，賴謙鎮定。謙排衆翊王入，袍袖爲裂。既出，吏部尚書王直者，篤老臣，執謙手而歎曰：「朝廷正藉公耳！今日雖百王直，何能爲！」丙子，移王座入奉天門左受朝。陳鎰奉令旨，籍振並其黨彭德清等家。振第宅數處，壯麗擬宸居，器服珍玩，尚方不及，玉盤徑尺者十面，珊瑚高者七八尺，金銀十餘庫，馬萬餘匹，皆沒官。臠山于市，族屬無少長皆斬。振暨山弟林等皆從駕，死于兵。太后命以于謙爲兵部尚書。

二十三日，也先擁上至大同城下，索金幣，約賂至卽歸上。都督郭登閉門不納。上傳旨曰：「朕與登有姻婭，何外朕若此！」登遣人傳奏曰：「臣奉命守城，不敢擅啓閉。」隨侍校尉袁彬以頭觸門大呼，于是廣寧伯劉安、給事中孫祥、知府霍宣同出見，獻蟒龍袍。上以賜伯顏帖木兒及也先弟大通漢英王。上曰：「秋稼未收，軍士久飢，可令刈以入城。」又曰：「也先聲言歸我，情僞難測，且嚴爲備。」從騎叩城下索犒軍資，並內官郭敬等金銀共萬餘兩來迎駕。既獻，復不應。

初，也先來索賂，郭登曰：「此給我耳！莫若以計伐其謀，劫營奪駕入城，此爲上策。」乃謀以壯士七十餘人，餉之食，令奮前執其弓刀，因擁上還。召壯士與之盟，激以忠義，約事成高爵厚祿。士皆奮躍用命，已書券給之。會有沮者，旣淹久，寇覺，驚擾而去。時登練兵振武，誓以死守大同。將士咸感奮，屢出奇挫敵，故以孤城得全。

也先擁上道宣府，總兵楊洪閉城門不出。事聞，逮洪繫詔獄。上出塞，過猫兒莊、九十海子，歷蘇武廟、李陵碑。二十八日，至黑松林，也先營在焉。上始入也先營，也先拜稽首，侍坐設宴，令妻妾出上壽，歌舞爲樂。仍奉上居伯顏帖木兒營，去也先營十餘里。伯顏帖木兒與其妻見上，亦如也先禮。也先屢欲謀害，會夜大雷雨，震死也先所乘馬，謀乃沮，且加禮焉。袁彬侍左右，頗知書，性警敏。又有哈銘者，先隨使臣吳良羈留在北，至是亦與彬同侍。又有衞沙狐狸者，亦隨上至漠北，供薪水，勞苦備至。

二十九日，太后遣太監金英傳旨：「皇太子幼沖，郕王宜早正大位，以安國家。」時議者以時方多故，人心危疑，思得長君以弭禍亂。于是文武羣臣交章勸進，王再辭讓。衆請遵太后命，允之，遂擇日行禮。

九月戊寅朔，上在迤北，也先遣使來言，欲送上還京師。使還，以金百兩、銀二百兩、綵幣二百匹賜也先。

癸未，郕王卽皇帝位，遙尊上爲太上皇，詔赦天下，改明年爲景泰元年。

也先復遣使致書，辭悖慢。兵部尙書于謙見帝泣言曰：「寇賊不道，勢將長驅深入，不可不預爲計。邇者各營精銳，盡遣隨征，軍資器械，十不存一。宜急遣官分設，召募官舍餘丁義勇，起集附近民夫，更替沿河漕運官軍。令其悉隸神機等營，操練聽用。仍令工部齊集物料，內外局廠晝夜併工，成造攻戰器具。京師九門，宜用都督孫鏜、衞穎等給領兵士，出城守護，列營操練，以振軍威。選給事中御史如王竑等，分出巡視，勿致疎虞。徙郭外居民于城內，隨地安插，毋爲寇掠。通州壩上倉糧，不可捐棄以資寇，令在官者，悉詣關支准爲月糧之數，庶幾兩得。」帝嘉納之。以兵部郎中羅通、給事中孫祥並爲副都御史，分守居庸、紫荆等關。以薛瑄爲大理寺丞，分守北門。命侍講徐珵、楊鼎，檢討王詢等行監察御史事，分鎭河南、山東等處要地，撫安軍民。令各處招募民壯，就令本地官司率領操練，遇警調用。起楊洪、石亨于詔獄，命洪仍守宣府，亨總京師兵馬。亨有威望，方面鉅軀，鬚垂至膝。先協守萬全，坐不救乘輿，械繫詔獄。至是，以于謙言赦出之，使總京營兵馬贖罪。

十月，也先以送上皇還京爲名，與可汗脫脫不花寇紫荆關，京師戒嚴。

先是，太監喜寧，故韃靼也。土木之敗，降于也先，盡以中國虛實告之，爲彼嚮道，奉上皇入寇。七日，至大同城下，守臣郭登曰：「賴天地祖宗之靈，國有君矣。」也先知有備，不攻去。九日，至廣昌，破紫荊關，殺指揮韓清等，都御史孫祥走死。朝野洶洶，人無固志。赦交阯敗績論死成山侯王通爲都督，陞鴻臚寺卿楊善爲副都御史，協守京城。太監興安問王通計將安出，通以挑築京師外城濠爲對，興安鄙之。侍講徐珵方有時名，亦銳意功業。太監金英召徐珵問計，珵曰：「驗之星象曆數，天命已去，請幸南京。」英叱之，令人扶出。明日，于謙上疏抗言：「京師天下根本，宗廟、社稷、陵寢、百官、萬姓、帑藏、倉儲咸在，若一動則大勢盡去，宋南渡之事可鑒也。珵妄言當斬。」太監金英宣言于衆曰：「死則君臣同死。有以遷都爲言者，上命必誅之。」乃出榜告諭，固守之議始決。謙聞寇迫關，思各處芻粟數萬計，恐爲敵資，急遣使焚之，然後奏聞。或請姑待報，謙曰：「寇在目前，若少緩，彼將據之，適以齎盜糧耳！獨不見宋牛駝崗事乎？」衆皆是之。

己卯，也先長驅至京城西北關外。命石亨等軍于城北，兵部尚書于謙督其軍；都督孫鏜軍于城西，刑部侍郎江淵參其軍，皆背城而陣。以交阯舊將王通爲都督，與御史楊善守城。時衆論戰守不一，主將石亨欲盡閉九門，堅壁以避賊鋒。謙曰：「不可。賊張甚矣，而我又先弱，是愈張也。」乃率先士卒，躬擐甲冑，出營德勝門，以示必死。泣以忠義諭三軍，人人感奮，勇氣百倍。尚寶司丞夏瑄陳四策：一謂寇多騎，長于野戰，短于攻城，且堅壁勿戰，使之氣沮，然後出奇設伏，諸道奮擊。一謂寇深入，宜令死士夜襲其營，設伏內地，以待追者。一謂寇既舉國入犯，邊無所禦，宜分邊兵內外夾攻，彼將自潰。一謂我軍依城爲營，退有所歸，宜以三隊爲法，前隊戰退，令中隊悉斬以徇，不斬者同罪，使士知畏法。詔趨行之。喜寧嗾也先遣使來議和，索大臣出迎駕。衆莫敢出，乃以通政參議王復爲禮部侍郎，中書舍人趙榮爲鴻臚寺卿，出朝上皇于土城廟。也先、伯顏帖木兒擐甲持弓矢侍上皇。復等見上皇，進書敕。上皇視漢字書，也先視番字敕。也先曰：「爾皆小官，急令王直、胡濙、于謙、石亨來。」上皇諭復、榮曰：「彼無善意，汝等宜急去。」二人辭歸。寇益四出剽掠，焚三陵殿寢祭器，逼宣武門，南逾蘆溝橋，散掠下邑，攻城益急。石亨折弓厲聲曰：「宰臣不出計，莫能支矣。」大學士陳循等疏請敕宣府、遼東總兵楊洪、曹義各選勁騎與官軍夾擊。又請旨募斬也先者，賞萬金，封國公。復僞作喜寧與太監興安書云：約誘也先入寇，欲乘其孤軍取之。書爲也先邏卒所獲，也先頗疑喜寧。既而宣府、遼東兵至，軍大振。時諸軍二十二萬列城下，寇見大軍盛而嚴，不敢輕犯。以數騎來嘗，謙設伏空屋，遣騎誘之。遂以萬騎來薄，伏發敗之。石亨出安定門，與其從子彪持巨斧突入中堅，所向披靡，敵却而西。亨追戰城西，復却而南。彪率精兵千人誘寇至彰義門，寇見彪兵少，逼之，亨率衆乘之，寇敗走。神機營都督范廣以飛鎗火箭殺傷甚衆。都督孫鏜禦寇西直門失利，諸將不相援。鏜急叩門求入，給事中程信監軍西城，言鏜小失利，即開門納鏜。賊益張，人心益危。乃閉城趨鏜戰，寇逼城，鏜兵走死地，亦附城戰。信與都督王通、都御史楊善城上鼓譟，鎗砲佐鏜。于謙毛福壽、高禮往援，禮中流矢。石亨兵亦至，乃引退。于是也先知我有備，氣稍沮。于謙使諜，諜知上皇移駕遠，命石亨等夜舉火，大砲擊其營，死者萬人。也先以上皇北遁，脫脫不花聞之，遂不敢入關，亦遁。也先出居庸關，伯顏帖木兒奉上皇出紫荆關。諸將分兵躡其後，石亨與從子彪復破寇于清風店，孫鏜、楊洪、范廣逐寇至固安，又捷，奪回人口萬餘。時寇騎散掠各郡，不過百餘騎，驅人畜以自衞，望之若萬衆，然猶殺官軍數百人，洪子俊幾爲所獲。上皇出紫荆關，連日雨雪，乘馬蹈雪而行，上下艱難，遇險則袁彬執控，哈銘亦隨之。既入寇營，也先來見，宰馬，拔刀割肉，燎以進，云：「勿憂，終當送還。」食訖辭去。脫脫不花遣使來獻馬，議和，朝廷却之。胡濙、王直曰：「脫脫不花、也先君臣素不睦，宜受其獻以間之。」從其言，使人入見，賜衣服酒饌金帛。

協守大同都督郭登議率所部，並糾集義勇，從鴈門入援。先以蠟書馳奏，大畧謂：「戎馬南驅，三關失險，留連內地，爲患非輕。欲悉起各處官軍民壯，入護內廷。京兵擊于內，臣兵擊于外，使賊有腹背受敵之虞，首尾不救之患。」且曰：「忠誠切己，敢忘報國之心；成敗在天，不負爲臣之節。」以賊退，優詔褒答之。時我師屢衂，邊陲無完地。大同兵士戰沒之餘，城門晝閉，人心土崩。有愛登者，泣謂之曰：「事已至此，奈何？」登曰：「天若祚國，必無他憂。若敵勢莫遏，吾與此城誓相存亡，當不使諸君獨死也。」大同孤危，登氣益壯。弔死問傷，親爲痛恤。晝夜籌慮，修城繕兵，以圖後舉。尋京師圍解，登上疏言：「寇騎雖回，離邊不遠。傳報有云，黃河已凍，且向延綏。青草復生，再侵京闕。事雖未信，備必先修。乞推誠待下，側席求賢；明理克欲，以成聖學；親賢遠佞，以收人望。」既又傳也先將復犯京師，登以京兵新選，不可輕戰，又疏曰：「今日之計，可以養銳，不可浪戰；可以用智，不可鬭勇。兵法知彼知己，可守則守。其淶水、易州、眞定、保定一帶，皆堅壁淸野，京兵分據，犄角安營。以逸待勞，以主待客，勿求僥倖，務在萬全。此謂不戰而屈人兵，善之善者也。」

命都指揮董寬率兵督河間、瀋陽等衞，緝捕盜賊。時降人安置畿內者，乘時並起爲盜。

十一月，以寇退，京城解嚴，降詔撫安天下。楊洪等班師還京。論功封楊洪昌平侯，石亨武淸侯。加于謙少保，總督軍務。謙固辭，不許。有誦謙功者，輒謝曰：「四郊多壘，卿大夫之恥。今但不城下盟，何功也。」學士陳循疏言：「守居庸副都御史羅通曉暢軍事，宜召還。守宣府總兵楊洪及子俊皆善戰，宜留之京師。」于謙曰：「宣府，京師之藩籬，居庸，京師之門戶，邊備既虛，萬一也先乘虛據宣府爲巢窟，京師能安枕乎！」兵科給事中葉盛亦上言：「今日之事，邊關爲急。往者馬營、獨石不棄，則六師何以陷土木；紫荆、白羊不破，則寇騎何以薄都城！卽此而觀，邊關不固，則京城雖守，不過僅保九門，其如寢陵何？其如郊社壇壝何？其如四郊生靈荼毒何？宜急令固守爲便。」

先是，土木既敗，邊城多陷，宣府孤危。既而復召宣府總兵入衞京師，人心益懼。或欲遂棄宣府，紛然就道。都御史羅亨信不可，仗劍坐當門拒之，下令曰：「敢有出城者必斬。」衆始定。城中老稚歡呼曰：「吾屬生矣！」因設策捍禦，督將士誓死守。寇知有備，不敢攻。至是，上從于謙、葉盛言，乃以左都督朱謙佩印鎮宣府，紀廣、楊俊副之。僉都御史王竑鎮居庸。

上皇北至小黄河蘇武廟，伯顏帖木兒妻阿撻剌阿哈剌令侍女設帳迎駕，宰羊遞杯進膳。尋值聖節，也先上壽，進蟒衣貂裘，筵宴。哈銘、袁彬常宿御寢傍，天寒甚，每夜上皇令彬以兩脇溫足。一日晨起，謂銘曰：「汝知乎？汝夜手壓我胸，我俟汝醒乃下手。」因言光武與子陵共臥事。銘頓首。上皇夜出帳房，仰觀天象，指示二人曰：「天意有在，我終當歸也。」上皇使哈銘致意伯顏妻，令勸伯顏送還朝。妻曰：「我婦人何能爲！然官人洗濯，我侍巾帨，亦當進一言。」伯顏嘗因獵得一雉，並酒一卣來獻。銘時時設喻慰上皇勿憂，或成疾。

時也先聲言欲送上皇還，衆遂多主和。于謙獨排衆議曰：「社稷爲重，君爲輕。」遣人申戒各邊將，毋墮賊計。命尚書石璞鎮守宣府，都御史沈固鎮守大同，都督王通守天壽山，僉都御史王竑城昌平，都御史鄒來學提督京都軍務，平江伯陳豫守臨清，副都御史羅通守山西。

景帝景泰元年（庚午，一四五〇）春正月，上皇書至，索大臣來迎。命公卿集議，廷臣因奏請遣官使北，賀節進冬衣。上謂必能識太上皇帝者始可行。羣臣懼，謝罪。事遂寢。

大同總兵郭登敗寇于栲栳山。寇入大同境，登率兵躡之。行七十里，至水頭，日暮休兵。夜二鼓，有報云：「東西沙窩賊營十二，皆自朔州掠回。」登召諸將問計，或言：「賊衆我寡，莫若全軍而還。」登曰：「我軍去城百里，一思退避，人馬疲倦，賊以鐵騎來追，卽欲自全得乎？」按劍起曰：「敢言退者斬。」徑薄賊營。天漸明，賊以數百騎迎戰，登奮勇先登，諸軍繼進，呼聲震山谷。登射中二人，手刃一人，遂大破其衆。追奔四十餘里，至栲栳山，斬首二百餘，奪還人馬器械萬計。進封定襄伯，食祿千一百石，與世券。是役也，登以八百騎破寇數千，爲一時戰功第一。登爲將智勇，善撫士卒，紀律嚴明，料敵制勝，動合機宜。在大同與賊相拒一年，大小數十戰，未曾挫衄。常恨馬少，步卒追賊不及。乃以己意設爲夾地龍、飛天網，鑿爲深塹，覆以土木，人馬通行，如履實地。賊入圍中，令人發機，自相擊撞，頃刻十餘里皆陷。又用砲石擊賊，一發五百餘步，人馬死者數十，賊傳以爲神云。時也先分調各部擾邊，朱謙敗之于宣府，杜忠敗之于偏頭關，王翺敗之于遼東，馬昂敗之于甘州。修城堡，簡精銳，各邊皆有備。石亨佩大將軍印巡邊，石彪、楊俊亦間出，中國勢遂振。

閏正月，叛人小田兒伏誅。小田兒爲也先鄉導，雜使中來瞷虛實，于謙授計侍郎王禕，就大同道誅之。二月，叛臣喜寧伏誅。寧懷二心，教也先擾邊。已不欲送上皇還，上皇深惡之。寧又忌袁彬，誘彬出營，將殺之，上皇急救之，乃免。彬與上皇謀，遣寧傳命入京，令軍士高磐與俱。密書繫磐髀間，令至宣府，與總兵等官計擒之。既至宣府，參將楊俊出，與寧飲城下，磐抱寧大呼，俊縱兵，遂縛寧送京，誅之。也先聞寧誅，與賽刊王等分道入犯。

三月，也先、賽刊王寇大同、陽和，大同王寇偏頭關，荅兒不花王寇亂柴溝，鐵哥不花王寇大同八里店，鐵哥平章寇天城，脫脫不花王寇野狐嶺，幷萬全。

夏四月甲戌，戶部尚書金濂等議寇騎犯邊，大軍失利，遺有馬營、獨石、龍門、鵰鶚等處芻糧，宜令督儲侍郎劉璉、提督軍務副都御史羅通及宣府總兵朱謙、遊擊楊能會計徙運宣府。從之。

都督楊俊請大舉出塞，大同、宣府列營堅守爲正兵，獨石、偏頭乘間設伏爲奇兵，悉發京營與諸鎭兵，出塞逐北，而犁其王庭，可以得志。于謙曰：「報仇雪恥，臣等職也。顧興兵舉事，係社稷安危。卽如俊所言，萬一我軍出塞，賊以偏師綴我，而別遣部落間道乘虛入寇，是自撤藩籬，非萬全計，臣愚未見其可。」上從謙議。

大同參將許貴請遣使賻幣，以款寇兵，而徐爲討伐計。于謙曰：「前者固非不遣使。都指揮季鐸、指揮岳謙遣，而寇騎已至關口。通政王復、少卿趙榮遣，而不獲徼太上一信。其狡焉侮我而齕我，何似而可言和？況也先不共戴天仇也，理固不可和。萬一和而彼遂肆無厭之求，從之則坐弊，不從則生變，勢亦不可和。貴介胄之臣，而委靡退怯，法當誅。」是時上任謙方專，疏既入，于是邊將人人言戰守。也先不得挾重相恫喝，抱空名不義之質，始謀歸太上矣。

諜報也先逼總兵朱謙于關子口。明日復報追石亭于雁門關。烽火連屬，衆皆恐，請大發兵援之。于謙策也先大隊尙遠塞，必張疑兵以脅我。乃上方畧，授石亭，使皆堅壁，而令各營秣馬厲士，若將大舉者。仍遣延綏總兵帥騎渡河，于保德州設伏截殺。從之。已而賊果不至。

于謙以畿輔諸州郡兵力單甚，乃皆宿兵。奏遣都指揮陳旺、石端、王信、王竑等分屯涿鹿、眞定、保定、易州諸處，而以右都督楊俊帥焉。久之，皆屹然重鎮。

五月乙巳，巡撫山西都御史朱鑑奏：「也先分道入寇，請令關隘守將畫地救援。寇犯河曲、保德、岢嵐，宜令偏頭關策應；犯寧化、靜樂、忻州、定襄、太原、淸源、交城、文水，宜令山西策應；犯五臺、繁峙、崞縣，宜令雁門關策應。其石州、寧鄉，宜令汾州守備分兵協守。」從之。武清侯石亨奏：「寇騎六萬圍代州，官軍出戰有斬獲。又分營雁門關一路，恐侵京師。」下廷臣議，「黄花鎮、鞍口，外衞西北邊境，內護陵寢京師，宜益兵守備」。從之。仍令兵部稽在京軍馬數以聞。寇騎犯宣府，總兵都督朱謙等率兵力戰，却之，官軍陣亡者百四十人。都督江福等兵應援不利，殺傷百餘人。

兵部言：「通事馬雲、馬青先奉使迤北，許也先細樂伎女，又許與中國結婚，皆出自指揮吳良，致開邊釁，請寘諸法。」詔下錦衣衞鞫之。

立京團營操法。初，太宗以北伐故，宿重兵燕中。會承平久，不能無老弱，公侯中貴人往往役占。土木之難，精銳畧盡，雖有五軍、神機、三千諸營，然不相統一，每遇調遣，號令紛更，兵將不相識。于謙上言：「兵冗不練，遇敵輒敗。額四十餘萬，非盡可用者，徒費大家米。」于是卽諸營選馬步驍悍者十五萬，分爲十營。每營各以都督領之。五千人爲一小營，營以都指揮領之。團操以備警急，是爲團營，而以謙總督。列侯石亨、楊洪、柳溥爲總兵，太監曹吉祥、劉永誠等監之。餘步騎仍歸三大營，曰老營。自是兵將相識，每出征卽令原管都督領之，故號令歸一。洪、亨皆老將宿猾，而亨尤貪縱。謙威令嚴密，目視指屈口奏，悉合機宜。亨等雖爲大帥，進止賞罰一由謙，相顧頫首而已。

戮左都督楊俊。俊，楊洪子也。恃勇桀驁不可馴。先備獨石、馬營等。土木之變，棄城逃歸，馬營、龍門等八城皆不守。既而命爲參將，帥兵巡哨懷來等處，復輒調永寧守備官軍于懷來，將永寧城西門砌塞。于謙劾其「方命專權，擅作威福」。詔宥不問。俊又以私怒都指揮陶忠，杖撻死。父洪懼禍，奏取俊還京，隨營操練。既至，謙併劾其獨石棄城，喪師辱國，及懷來私仇，捶死邊將之罪，謂：「非誅俊，無以懲戒將來。」兵科給事中葉盛等亦劾之。于是逮繫法司，議罪，斬于市。

阿剌遣使貢馬請和，邊臣留之懷來，以聞。是時，韃靼政事，也先專之，兵最多。脫脫不花雖爲可汗，兵少。知院阿剌兵又少。君臣鼎立，外親內忌。其合兵南侵，利多歸也先，而弊則均受。及也先欲和，恥屈意，陰使阿剌等來言。于是禮部會議，請遣太常少卿許彬、錦衣都指揮同知馬政譯來使情僞。彬等言：「也先果欲議和罷兵，且奉還上皇。」奏至，帝問尚書學士陳循曰：「也先可和耶？」循曰：「遣而備之。」上曰：「然。」乃降璽書厚賜阿剌，數「也先挾詐，義不可從。卽阿剌必欲和好，待瓦剌諸部落北歸，議和未晚。不然，朕不惜戰也」。

六月，吏部尙書王直等言：「也先遣使請上皇還京，蓋上下神祇陰誘其衷，使之悔悟。伏望皇上許其自新，遣使臣前去審察誠僞。如果至誠，特賜俯納，奉迎上皇以歸，不復事天臨民。陛下但當盡崇奉之禮，庶天倫厚而天眷益隆。」上曰：「卿言甚當。然此大位非我所欲，蓋天地祖宗宗室文武羣臣之所爲也。自大兄蒙塵，朕累遣内外官員齎金帛迎請，也先挾詐不肯聽。若又使人往，恐假以送駕爲名，羈留我使，率衆來犯京畿，愈加蒼生之患。卿等更加詳之，勿遺後患。」

上皇駕至大同。先是，也先入寇，聲言選戰馬奉上皇南歸。是日至大同，定襄伯郭登設計于城月門裏，具朝服以候。潛令人伏城上，俟上皇入，即下城閘板。既及門，寇覺之，遂擁上皇退去。

武清侯石亨言：「雁門關一帶山口，雖已築塞，賊猶漫山徑過，須斷其半山可行之處。京城四面，宜築墩臺以便瞭望。」署都督僉事劉鑑言：「京師與懷來止隔一山，請自懷來築烟墩，直至京師土城。遇事，舉火以報。」從之。

秋七月，也先屢以和議不成，復俾其知樞密院阿剌爲書，遣參政完者脱歡等五人至京師請和。禮部議。尙書胡濙等奏奉迎上皇，帝不允。次日，帝御文華殿，召文武羣臣諭曰：「朝廷因通和壞事，欲與寇絶，而卿等屢以爲言，何也？」吏部尙書王直對曰：「上皇蒙塵，理宜迎復。乞必遣使，勿使有他日悔。」帝不懌曰：「我非貪此位，而卿等強樹焉，今復作紛紜何！」衆不知所對。于謙從容曰：「(大)〔天〕(據李贄續藏書卷十五于謙傳改)位已定，孰敢他議！

答使者，冀以舒邊患，得爲備耳！」帝意始釋，曰：「從汝，從汝。」言已，卽退。羣臣出文華門，太監興安傳呼曰：「孰堪使者？有文天祥、富弼乎？」衆未答，王直面赤，厲聲曰：「是何言！臣等惟皇上使，誰敢勿行者！」安語塞，入復。時李實任禮科都給事中，帝命興安傳旨欲遣之，對曰：「實不才。然朝廷多事，安敢辭。」興安入復命，遂以李實爲禮部右侍郎，充正使，羅綺爲大理寺少卿，充副使，馬顯授指揮使，爲通事。上御左順門召實等面諭曰：「爾等見脫脫不花、也先，立言須有體。」上遺書脫脫不花可汗曰：「我國家與可汗，自祖宗來，和好往來，意甚厚。往年奸臣減使臣賞，遂失大義，遮留朕兄。今各邊奏報，可汗尙留塞上，殺掠人民。朕欲命將出師，念彼此人民，上天赤子，可汗殺朕人，朕亦殺可汗人，與自殺何異？朕不敢恃中國之大，人民之衆，輕于戰鬭，恐逆天也。近得阿剌使奏言已將各路軍馬約束回營，是有畏天之意，深合朕心。特遣使齎書幣達可汗，其益體朕意，副天心。」復降璽書諭也先及阿剌，遺可汗、也先、阿剌白金文綺。時閣臣及府部諸臣承上意，止言息兵講和，不及迎復上皇意。實等遂偕完者脫歡行。以十七日至也先營，地名失八禿兒。旣見也先，讀璽書畢，乃引見上皇。上皇居伯顔帖木兒營，所居氈毳帳服，食飲皆羶酪，牛車一乘，爲移營之具。左右惟校尉袁彬暨哈銘侍。實等見上皇泣，上皇亦泣。上皇曰：「朕非爲遊畋而出，所以陷此者，王振也。」因問太后、皇上、皇后俱無恙，又問一二三大臣。上皇曰：「曾將有衣服否？」實等對曰：「往使至，皆不得見天顏，故此行但擬通問，未將有也。」實等乃私以所有糗餌常服獻。上皇曰：「此亦細故，但與我圖大事。」也先欲歸我，卿歸報朝廷，善圖之。儻得歸，願爲黔首，守祖宗陵墓足矣。」言已，俱泣下。實等因問：「上居此，亦思舊所享錦衣玉食否？」又問：「何以寵王振至此，致亡國？」上皇曰：「朕不能燭姦。然振未敗時，羣臣無肯言者。今日皆歸罪于我。」日暮，實等歸宿也先營，酌酒相待。也先、伯顏貂裘胡帽，其妻珠緋覆面垂肩。盌酪盂肉，更互彈琵琶，吹笳兒，按拍歌勸酒。也先曰：「南朝我之世仇。今天使皇帝入我國，我不敢慢。南朝若獲我，肯留至今日乎？」又言：「皇上在此，吾輩無所用之。每遣使南朝令來迎，竟不至，何也？」實等反覆譬曉，欲奉迎上皇意。也先曰：「南朝遣汝通問，非奉迎也。若歸，亟遣大臣來。」實等遂辭歸。上皇出三書授實，其一上皇太后，其一達於上，其一諭羣臣。伯顏帖木兒約實速來成和好，且指也先幼子曰：「此與朝廷議姻者。」實不敢對。實未至京，會脫脫不花亦遣使皮兒馬黑麻請和，右都御史楊善慨然請行。人皆危善，善曰：「上皇在沙漠，此爲臣者效命之秋也。」中書舍人趙榮亦請往，乃遣善、榮及指揮王息、千戶湯胤勣，同皮兒馬黑麻往。道遇實，實告以故。善曰：「得之矣，即敕書所無，可權以集事也。」實既還朝，具述也先情，及上皇起居狀。諸文武大臣合疏言：「李實出塞，道中行，北騎聞欲議和，皆舉手加額，及見也先，殊喜，言迎使夕來，大駕朝發。」實又具道也先悔過，宜迎復。上曰：「也先詐。楊善已去。第以迎復意書敕付也先。」使還，大臣言：「也先非詐也，臣等詢李實詳矣。彼使來和，當遣使答。今請迎復，乃不與偕，是輕迎駕重講和也。不迎駕歸何以和爲？」帝令再議。李實言：「也先約臣迎駕，毋出八月五日。臣言須得旨，不敢擅爲期。也先言期必不可失，遂令渠長偕羅綺往大同，調還擾邊人馬。臣還過懷來、宣府，見軍民始敢出郊芻牧，誠非空言。伏望陛下俯從羣請，脫有虞詐，亦可塞之。若過所期，更欲使臣，亦不敢往。」帝竟付迎復于敕書而已，不遣使，曰：「待楊善歸。」監察御史畢鑾復言：「羣臣之請切矣。陛下必待善歸。夫中國所恃者信義也，不迎不義，失詞非信。就令彼詐，我備在也。」翰林邢讓亦以爲言。帝曰：「上皇朕兄，豈有不迎？彼情叵測，正欲探之。情誠而迎，又何暮焉。」楊善既出境，也先使所善田民者，爲館伴來迎，且有所探，飲帳中，謂善曰：「我亦中國人，被留于此。前土木之役，六師抑何弱也？」善曰：「當是時，六師之勁悉南征，而中貴人振欲邀太上幸故里，止扈從，一不爲備，故潰。雖然，彼幸而勝，未見爲福。今者南征之士悉歸，可二十萬。又募中外材官技擊，得三十萬。悉敎以神鎗、火砲、藥弩，射命中，百步之外洞人馬，復穿七札。又用言者計，沿邊要害，皆隱金椎三尺，所值蹄立穿。刺客林立，夜度營幕若猿猱。而皆已矣，置之無用矣。」問：「何以言無用？」曰：「和議成，方且歡飲若兄弟，而又何用也！」其人悉以語也先。二十九日，至也先營，值其出獵。八月初二日丁卯，與也先相見，也先問減馬價故。善曰：「往時外使，不過三十人。今多至三千餘人，卽稚子亡弗賚者，金帛器服絡繹載道，而豈得言薄。」也先曰：「然則奈何留我使？予我帛，時剪裂幅不足者？」善曰：「帛有剪裂不足者，通事爲之也，事露而誅矣。卽所進馬有劣弱，而貂皮黴，豈太師意耶？至使臣所從人，爲奸盜他所，或遇害，中國留之何用！」也先又問市釜事，善言：「此小民市易，朝廷豈知。」善因歷述累朝恩遇之厚不可忘。且言天道好生，今縱兵殺掠，上干天怒，反覆辨論，數千百言。也先喜。也先問：「上皇還，更臨御否？」善言：「天位已定，不得再易。」也先問：「古堯、舜事如何？」善言：「堯讓位于舜，今日兄讓位于弟。」也先悅服。平章昂克問善：「欲迎復，來何操？」善言：「若操賄來迎，後人以爾貪賄歸上皇。今無所操而歸，書之史册，後世皆稱述。」也先然其言，曰：「史中好爲書也。」伯顏帖木兒請留使臣，遣使欲南朝更請上皇臨御。也先曰：「曩令遣大臣來迎，大臣至矣，不可無信。」引善見上皇。明日，也先設宴餞上皇于其營，善侍。也先與妻妾以次起爲壽。酒中，令善坐。上皇亦曰：「從太師言，坐。」善曰：「雖草野，不敢失君臣禮。」也先顧羨曰：「中國有禮。」罷酒，送上皇出。明日，宴使臣。又明日，伯顏帖木兒設宴餞上皇。又明日，亦宴使臣。又明日，癸酉，上皇駕行，也先與渠帥送車駕可半日許，下馬，解弓箭戰裙以進，諸渠帥羅拜哭而去。伯顏帖木兒獨送上皇至野狐嶺，進酒帳房。既畢，屏人語哈銘曰：「我也先順天意，敬事皇帝一年矣。皇帝此來，爲天下也，歸時還當作皇帝，卽我主人，有緩急我可得告愬。」衆皆道傍送駕，進牛羊。善口呼：「皇帝行矣！」伯顏帖木兒再送駕出野狐嶺口，上皇攬轡，慰藉而與之別。伯顏帖木兒大哭歸，仍命渠帥率五百騎送至京師。既別去，行數里，復有追騎至，上皇失色。既至，乃其平章昂克出獵得一獐，馳使來獻。受之，乃去。駕入關。丁丑，上皇至宣府南城。上遣太常少卿許彬奉迎。工部尚書高穀、給事中劉福等言：「奉迎上皇，禮不宜薄。」禮部連日會議未定。壬午，上皇至宣府。癸未，千戶龔遂榮投書于高穀所。穀袖入，傳示文武大臣。王直、胡濙謂：「禮失而求諸野。」欲以上聞，中止。給事中葉盛、程信、于太上疏言：「諸大臣持一帖，羣立午門傍聚觀，議論藉藉，乞宣問之。」書言上皇之出，以宗社故，非遊獵也。都人聞上皇且還，無不喜躍，迎復禮宜厚，上亦當避位懇辭，然後復位，否則貽譏後世。上詰諸大臣，已而知書出穀所。上曰：「朕未嘗塞言路，穀大臣，胡不告朕，爲匿名書耶？」遂榮恐累穀，乃發憤自白。陳循、王文見之恚甚，請治其罪，下錦衣衛獄。然上不深罪也，尋釋之。己卯，上皇至懷來。將抵居庸，禮部始得旨，羣臣同禮部議迎復儀注，兵部總戎議防變方畧，百官集會議所，都御史王文忽厲聲曰：「孰以爲來耶？黠寇不索金帛，必索土地耳！」衆素畏文，相顧莫敢言。給事中葉盛等造禮部問，時胡濙已具儀注送內閣矣。畧謂：「天寶之亂，玄宗幸蜀，肅宗卽位靈武，尊玄宗爲太上皇帝。肅宗收復兩京，迎還上皇。至咸陽，備法駕望顔樓。上皇在宮南樓，肅宗著紫袍，望樓上，拜舞樓下。上皇降樓，撫肅宗而泣，辭黄袍，自爲肅宗著之。肅宗伏地，頓首固辭。上皇曰：『天下人心皆歸于汝，使朕得保餘齡，汝之孝也。』肅宗乃受。今備法駕安定門外，誠爲太簡。」帝曰：「虜墮狡寇計，故簡其禮。大兄入城，朕知尊親。」遂備法駕候安定門外。庚辰，上皇至唐家嶺，遣使回京，詔諭避位，免羣臣迎。丙戌，百官迎上皇于安定門。上皇自東安門入，上迎拜，上皇答拜，各述授受意，遜讓良久。乃送上皇至南宮，羣臣就見而退，大赦天下。

命保定伯梁珤征苗寇，以河間等降丁從征。先是，永樂間，塞北部落來降者，多安置河間、東昌等處，生養蕃息，強悍不可制。方也先入寇，乘機騷動。至是，大發兵征兩廣、湖、貴苗寇，兵部尚書于謙奏遣之。其有名號者厚賞犒，隨軍有功則官之。已而更遣其妻子往，自是肘腋無他患。

二年（辛未，一四五一）秋九月，也先遣使求通好，固邀我使往報。上從言官議，詔絕之。

三年（壬申，一四五二）夏四月，命都督同知孫安鎭守獨石、馬營，以兵科都給事中葉盛爲山西右參政，協贊軍務。

先是，楊洪鎭獨石、馬營等八城。己巳失守，殘毀未復，議者欲棄之。于謙曰：「棄之則不但宣府、懷來難守，京師不免動搖。」乃薦安，授以方畧，仍命盛贊其軍務。盛至，列利害八條以進，次第行之。率兵度龍門關，且戰且守，八城完復如舊。盛又請帑金五千兩，買牛犢，簡戍卒不任戰者，俾事耕稼，歲課餘糧于官，凡軍中買馬、修器、勞功、恤孤諸費皆取之。盛在獨石五年，軍民賴之，邊境得安。時土木北狩，浙、閩、三楚、貴、竹盜賊蠭起，前後命將將兵，皆出謙獨運，號令明審，動合機宜。雖宿舊勳臣，少不中程律，卽請旨切責不貸。片紙行萬里，雷燿霆擊，靡不惴惴效力，毋敢飾虛辭以抵者。以故天下咸服謙，而歸上能用人。

谷應泰曰：英宗北狩，戰士兵甲死亡畧盡，邊關守隘望風奔潰，搖足之間，黃河以北非國家有矣。幸而遷都議格，鍾簴不驚。然而君父叩關，臣子拒敵，彼出有名，我負不義。狐疑旣生，上下瓦解，講使亟行，責問無已。長安必不可守，英宗必不能歸，徒使有貞之輩操星象而笑其後也。嗟乎！南遷不行，然後國存；和議不行，然後君存。兩議俱息，君國皆存，而少保之禍不得旋踵矣。當夫北兵四合，守禦單寒，虎穴故君，已置度外，圍城新主，亦危孤注，身先矢石，義激三軍，家置環寺之薪，人守州兵之哭。傲如石亨，怯如孫鏜，懦如王通，無不斬將搴旗，緣城血戰，追奔逐北，所向披靡。此一役也，軍聲復振，君臣固守，陵闕磐石矣。然而遣使入朝，動請迎駕，懸師剽掠，輒托回鑾。彼直我曲，彼壯我老。也先者，方且挾此奇貨，羈制中原。以戰不敗，以和可成，輸幣不還，進而割地，割地不歸，誘之稱臣，中原生靈，自此無安枕矣。而乃兄終弟及，父子之情既割；社稷爲重，君臣之義亦輕。至則龍衣糗食，敬輸稾饘之忱；歸亦別院閒宮，不過漢家之老。然則挾天子者，挾一匹夫耳！邀利之心懈，而好義之心萌，郭登之言決，而楊善之說行，英皇自此生入玉門矣。

昔太公置鼎，漢祖分羹；徽、欽被執，宋高哀請。一則新豐鷄犬，還老闕庭；一則淚灑冰天，終于輿櫬。蓋相如碎璧而璧存，賈胡藏珠而珠去，擁空名者視同虛器，居必爭者勢難瓦全也。夫昭王沉漢，穆滿難歸；楚懷入秦，頃襄不反。彼此得失，危不間髮。故漢高分羹之語，乃孝子之變聲；郭登有君之謝，實忠臣之苦節。英宗不感生還，反疑予敵。謙死東曹，登貶南都，忠臣義士所以仰天椎心而泣血也。景帝外倚少保，內信興安，狡寇危城，不動聲色。當時朝右，豈乏汪、黄；建炎踐祚，亦有宗、李。相提而論，景誠英主。而乃戀戀神器，則又未聞乎大道者也。

明史紀事本末卷之三十四

河決之患

英宗正統十三年（戊辰，一四四八）秋七月，河決滎陽，經曹、濮，衝張秋，潰沙灣東堤，奪濟、汶入海。尋東過開封城西南，經陳留，自亳入渦口，又經蒙城至淮遠界入淮。命工部尚書石璞治之，弗就。尋復以侍郎王永和代璞。

舊黃河在開封城北四十里。洪武二十四年，河決原武，東經開封城北五里，又南行至項城，經潁州潁上縣，東至壽州正陽鎭，全入于淮，而元會通河遂淤。永樂九年，尚書宋禮濬會通河，開新河，自汶上縣袁家口左徙二十里，至壽張之沙灣接舊河，九閱月而績成。侍郎金純，從汴城金龍口，下達塌塢口，經二洪，南入淮，漕事定，爲罷海運。至是，又決滎陽，過開封城西南，而城北之新河又淤，自是汴城在河北矣。隋、唐以前，河與淮分，自入海。宋中葉以後，河合于淮以趨海。然前代河決，不過壞民田廬，至明則妨漕矣，故視古尤急。

十四年（己巳，一四四九）春三月，工部右侍郎王永和奏治河事宜。先是，沙灣之役，永和以冬寒，遽停工。又以決自河南，敕彼共事，上切責之。至是言黑陽山西灣已通，水從泰通寺資運河，東昌則置分水閘，設三空泄水，入大清河歸于海。八柳樹工猶未可用，沙灣隄宜時啓，分水二空瀉上流，庶可亡後患。從之。

景帝景泰三年（壬申，一四五二）春二月，河決沙灣隄，命左都御史王文巡視河道。

四年（癸酉，一四五三）冬十月，以左諭德徐有貞爲右僉都御史，遣治張秋決河。先是，河溢滎陽，自開封城北，經曹、濮以入運河。至兖州沙灣之東隄大洪口而決，濟、汶諸水皆從之入海，會通河遂淤，漕運艱阻。工部尚書石璞、侍郎王永和、都御史王文相繼治之，凡七年，皆績弗成。乃集廷臣議于文淵閣，舉可治水者，以有貞名上。乃進有貞都察院右僉都御史，治之。河以決故涸，而有貞至，方冬月，水暴漲，公私之艘畢達，治河卒踰數萬人，悉與之期而遣之，乃乘輕航究河源，遂踰濟、汶至衞、（沚）〔沁〕，（據李贄續藏書卷十三徐有貞傳改）循大河道濮、范還。上疏曰：「臣聞平水土，要在知天時地利人事而已。蓋河自雍而豫，出險之平，水勢既肆，又由豫而兖，土益疎，水益肆，沙灣之東所謂大洪口者，適當其衝，于是決而奪濟、汶入海之路以去；諸水從之而洩，隄潰渠淤，澇則溢，旱則涸，此漕途所由阻。然欲驟堙，則潰者益潰，淤者益淤。今請先疏上流，水勢平，乃治決，決止，乃濬淤。多爲之方，以時節宣，俾無溢涸。必如是，而後有成。」上從之。

七年（丙子，一四五六）夏四月，僉都御史徐有貞治河功成。

先是，有貞疏上，既報可，乃鳩工。而前所遣卒，亦依期至。乃爲渠以疏之，中置閘以節宣之。渠起金隄、張秋之首，西南行九里，至濮陽濼；又九里，至博陵坡；又六里，至壽張沙河；又八里，至東西影塘；又十有五里，至白嶺灣；又三里，至李隼。由李隼而上，又二十里至蓮花池；又三十里，至大豬潭，乃踰范暨濮。又上而西，凡數百里，經澶淵，以接河、沁。有貞曰：「河、沁之水，過則害，微則利。」乃節其過而導其微，用平水勢。既成，渠名廣濟，閘名通源，渠有分合，而閘有上平。凡河流之旁出而不順者，則堰之。堰有九，長各萬丈。九堰既設，水遂不東衝沙灣，而更北出濟漕渠。阿西、鄄東、曹南、鄆北，出沮洳而資灌溉者爲田百數十萬頃。凡堰，楗以水門，繚以虹隄，堰之崇，三十餘尺，其厚什之，長百之；門之廣三十六丈，厚倍之；隄之厚如門，崇如堰，長倍之。架濤截流，柵木絡竹，實之石而鍵以鐵，蓋合五行，用平水性。而導汶、泗之源出諸山，滙澶、濮之流納諸澤。又濬漕渠，由沙灣北至臨清，凡二百四十里；南至濟寧，凡三百一十里；復建閘于東昌之龍灣、魏灣者八，積水過丈，則閘而洩之，皆道古河以入于海，用平水道。

初，議者欲棄渠勿治，而由河、沁及海以漕，又欲出京軍疏河。有貞因奏蠲瀕河民馬牧庸役，專力河防，以省軍費，紓民力。工部請如有貞言，不中制，以是得有功，蓋三年而告成。是役也，聚而間役者四萬五千人，分而常役者萬三千人，用木大小十萬，竹倍之，鐵斤十有二萬，錠三千，絙八百，釜二千八百，麻百萬觔，荆倍之，藁秸又倍之，而用石若土不可算，然用糧于官僅五萬石。功成，進副都御史。

初，有貞方鳩功，有言沮者，上使中使問之。有貞示以二壺，一壺之竅一，一壺之竅五，注水二壺，五竅先涸。中使還報上。上惟有貞之所爲。有貞常欲築一決口，下木石則若無者，心怪之。聞僧居山中有道，有貞往叩焉。僧無所答，徐曰：「聖人無欲。」有貞沉思竟日，悟曰：「僧言龍有欲也，此其下有龍穴。吾聞之，龍惜珠，吾有以制之矣。鐵能融珠。」乃鎔鐵數萬斤，沸而下之，龍一夕徙，而決口塞。

孝宗弘治二年（己酉，一四八九）夏五月，河決開封，入淮。復決黃陵岡，入海。

三年（庚戌，一四九〇）夏四月，河決原武。命戶部左侍郎白昂往治之。河決支流爲三：其一決封丘金龍口，漫于祥符、長垣，下曹、濮，衝張秋長堤；一出中牟，下尉氏；一汜溢于蘭陽、儀封、考城、歸德，以至于宿。瀰漫四出，不由故道，禾盡沒，民溺死者衆。議者奏遷河南藩省，以避其害。左布政使徐恪力陳不可，乃止。命昂往治之，昂舉南京兵部郎中婁性協治。乃築陽武長隄，以防張秋，引中牟之決以入淮，浚宿州古睢河以達泗，自小河西抵歸德飲馬池，中徑符離橋而南，皆浚而深廣之。又疏月河十餘，以殺其勢，塞決口三十六；由河入汴，汴入睢，睢入泗，泗入淮，以達于海，水患稍息。昂又以河南入淮，非正道，恐不能容，乃復自魚臺歷德州至吳橋，修古河隄，又自東平北至興濟鑿小河十二道，引水入大清河及古黄河以入海。河口各作石堰，相水盈縮，以時啓閉。蓋東北分治，而東南主疏云。

五年（壬子，一四九二）秋七月，張秋河決，命工部侍郎陳政督治之。時河溢汴、梁之東，蘭陽、鄆城諸縣皆被其患。復決敭家、金龍等口東注，潰黄陵岡，下張秋隄，入漕河與汶水合而北，行張秋隄，乃遣政往，政尋卒。

六年（癸丑，一四九三）春正月，命浙江左布政使劉大夏爲右僉都御史，督治張秋決河。

七年（甲寅，一四九四）春二月，河復決張秋，命平江伯陳鋭、太監李興協同都御史劉大夏督治之。

先是，大夏既受命，循河上下千餘里，相度形勢。乃集山東、河南二省守臣議之。上言：「河流湍悍，張秋乃下流襟喉，未可輒治。治于上流，分道南行，復築長隄，以禦横波，且防大名、山東之患，俟其循軌，而後決河可塞也。」疏上，報可。

工方興，而張秋東隄復決九十餘丈，奪運河水，盡東流，由東阿舊鹽河以入于海。決口闊至九十餘丈，訛言沸騰，謂河不可治，宜復元海運，或謂陸輓雖勞無虞。乃復命鋭等協治之。河南巡撫都御史徐恪上言：「臣按地誌，黄河舊在汴城北四十里，東經虞城，下達濟寧。洪武二十四年，決武原縣黑洋山，東經汴城北五里，又南至項城入淮，而故道遂淤。正統十三年，決于張秋之沙灣，東流入海。又決滎澤縣，東經汴城，歷睢陽，自亳入淮。景泰七年，始塞沙灣之決，而張秋運道復完。以後河勢南趨，而汴城之新河又淤。弘治二年以來，漸徙而北，又決金龍口諸處，直趨張秋，橫衝會通河，長奔入海，而汴南之新河又淤。百餘年間，遷徙數四，千里之內，散逸瀰漫。乃者上廑聖衷，特命都御史劉大夏經理，而伏流橫溢，功力未竟。議者以黃陵岡之塞口不合，張秋之護隄復壞，遂謂河不可治，至有爲海運之說者，得毋以噎而廢食哉。夫黃陵岡口不可塞者，非終不可塞也，顧以修築隄防之功多，疏濬分殺之功少，故湍悍之勢不可遽回。今自滎澤縣孫家渡口舊河，東經朱仙鎮，下至項城縣南頓，猶有涓涓之流，計其淤淺，僅二百餘年，若疏而濬之，使之由泗入淮，以殺上流之勢；又以黃陵岡賈魯舊河，南經曹縣梁進口，下通歸德丁家道口，且可以分水勢；今梁進口以南，則滔滔無阻，以北則淤塞將平，計其功力之施，僅八十餘里，若疏而濬之，使之由徐入淮，以殺下流之勢，水勢既殺，則決口可塞，運道可完。毋求近功，毋惜小費，毋以小債敗輒阻，幸而成功，則萬世之利也。」命下部議行之。山東按察司副使楊茂仁上言：「宜多則民擾，治河既委劉大夏，又命李興、陳銳，事權分而財力匱。且水陰也，其應爲宮闈，爲四彝，宜戒飭后戚，防禦邊患。」疏上，興等切齒之，誣茂仁爲妖言，逮繫獄。科道交章論救，乃謫同知。茂仁，守陳子也。

夏四月，塞張秋隄，更名安平鎮。先是，劉大夏發民丁數萬於上流西岸，鑿月河三里許，屬之舊河，使漕通，不與河爭道。乃浚孫家渡口，別開新河一道，導水南行，由中牟至潁州東，入于淮。又浚祥符四府，營縣淤河，由陳留至歸德，分爲二道，一由宿遷小河口，一由亳州渦河會于淮。又于黃陵岡南浚賈魯舊河四十里，由曹縣出徐州，支流旣分，水勢漸殺，乃築西長隄，起河南胙城，經滑、長垣、東明、曹、單諸縣，盡徐州，長三百六十里，五旬而事竣，費輕功重逾于徐有貞云。璽書褒賞，入爲戶部右侍郎。始河自淸河隙入淮，大夏治之，自宿遷小河入淮，則北三百里矣，已又北三百里，至徐州小浮橋入淮。

九月，加山東參政張縉秩爲通政使，代劉大夏理河道。初，大夏治決河委縉調度，及成功，遂陞爲通政司右通政。時衝決之餘，溝防不治，縉相其緩急，以漸修濬。無所遺。又于決口之東，砌石岸數里，以固舊防。又新築南旺東隄，樹柳其上，每歲夏秋水溢，挽卒得分行無阻，至今便之。

武宗正德四年（己巳，一五〇九）河決曹、單趨沛，出飛雲橋，命工部侍郎崔巖往治。巖發丁夫四萬餘人，塞垂成，漲潰。代以右侍郎李鏜，四月弗成，盜起而罷。

七年（壬申，一五一二）秋九月，以右都御史劉愷總理河道。愷築大隄，起魏家灣，亙八十餘里，至雙堌集，都御史趙璜又隄三十里續之，曹、單以寧。

世宗嘉靖七年（戊子，一五二八）春正月，鑿新漕，不成。先是，河決曹、單、城武、陽家口、梁靖口、吳士舉莊，衝鷄鳴臺，沛北皆爲巨浸。東溢逾漕，入昭陽湖，沙泥聚壅，運道大阻。刑部尚書胡世寧上言：「運道之塞，河流致之也。請先述治河之說。河自經汴以來，南分二道：其一出滎澤，經中牟、陳、潁，至壽州入淮；其一出祥符，經陳留、睢、亳，至懷遠入淮。其東南一道，自歸德、宿、虹出宿遷。其北分新舊五道：一自長垣、曹、鄆出陽穀，一自曹州雙河口出魚臺塌場，一自儀封出徐州小浮橋，一出沛縣飛雲橋，一出徐沛之間，境山之北溜溝。此六者皆入漕渠而南滙于淮，而今且湮塞矣。止存沛縣一河，勢合岸狹，不得不溢，所以豐、沛、徐州漫爲巨浸，溢入沛北之昭陽，以致運道壅淤。然壅淤既久，勢必復決。決而東南，有山限隔，其禍小。決而東北，前宋澶州之決，郡縣數十皆灌，禍不可言矣。故今治河，當因故道而分其勢也。其陽穀、魚臺二道，勢近東北，不可復開。而汴西滎澤孫家渡至壽州一道，決宜常濬，以分上流之勢。自汴東南，原出懷遠、宿遷、小浮橋、溜溝四道，宜擇其便利者，開濬一道，以分下流之勢。或恐豐、沛漫流久而北徙，欲修城武以南廢隄，至于沛縣之北廟道口，以塞新決，而防其北流，此亦一計也。至于運道，臣與李承勛同行擬議，莫若于昭陽湖左，滕、沛、魚臺之中，地名獨山、新安社諸處，別開一河，南接留城，北接沙口，闊五六丈，以通二舟之交；來多冰結船止，更加濬闊，以爲運道，此其上策也。」至是，河道都御史盛應期上言：「宜于昭陽湖左，別開新渠，北起姜家口，南至留城一百四十餘里，以通漕舟。」其說與世寧合。工部尚書童瑞覆議，從之。乃集民夫萬人，分標開鑿，已而其地居河上流，土皆沙淤，功弗就。應期日夜止宿水次，益卒數萬治之，百姓滋怨，言者謂糜財用，勞民力，功必不可成。上怒，奪應期官，歸田里，而新渠之議寢焉。以侍郎潘希曾往代，踰年，豐、沛、單三縣隄成。

十三年（甲午，一五三四），初，飛雲橋之水，北徙魚臺、穀亭，舟行閘面，豐、沛以北，稍遠水患。久之，復決趙皮寨，穀亭流絕，而廟道口復淤。議者欲引沁鑿衞，置敖倉衞輝，由渦經汴達陽武，陸輓之，始由衞北運，言人人殊。時治河者工部侍郎劉天和，專修復故道，未幾河忽自夏邑、太丘等集衝數隙，轉東北流，經蕭縣出小浮橋，下濟二洪，趙皮寨尋塞，蓋河勢南徙。

十九年（庚子，一五四〇），河決睢州野雞岡，經渦入淮，二洪大涸。上命兵部左侍郎王以旂督理。以旂役丁夫七萬，開李景高支河一道，引水出徐濟洪，八月而成，糧運無阻，上悅，加以旂秩。尋復淤。是時河益南徙，頗便漕。然五河、蒙城、臨淮諸州邑，鳳、泗之北，祖陵在焉，議者以爲憂。

三十一年（壬子，一五五二）秋八月，河決房村，至曲頭集，凡決四處，淤四十餘里，都御史曾鈞役丁夫五萬六千有奇，濬之，三閱月而成。

三十七年（戊午，一五五八），河北徙新集淤而爲陸二百五十餘里，視故道高三丈有奇，河分流弱，離爲十一，河南、山東、徐、邳皆苦之。

四十四年（乙丑，一五六五）秋七月，河盡北徙，決沛之飛雲橋，橫截逆流，東行踰漕，入昭陽湖，泛濫而東，平地水丈餘，散漫徐促沙河至二洪，浩渺無際，而河變極矣。初，漕渠左視昭陽湖，其地沮洳，去河不數十里，識者危之。嘉靖初，盛應期督漕，議鑿渠湖左以避河患，朝廷從之。鳩工未半，爲異議所阻，至是漕堙，以吏部侍郎朱衡出督濬鑿。衡與僉都御史潘季馴尋應期所開故道，以爲運道之利，無逾于此，疏請鑿之，開新河，自南陽達留城百四十一里，濬舊河自留城達境山五十三里，役丁夫九萬餘，八閱月而成，而水始南趨秦溝。

穆宗隆慶元年（丁卯，一五六七）春正月，開廣秦溝以通運道。先是，河決沛縣，議者請復故道，乃議新集、郭貫樓諸處上源。尙書朱衡言：「古之治河，惟欲避害，今之治河，兼欲資利，河流出境山之北，則閘河淤；出徐州之南，則二洪涸。惟出自境山至徐州小浮橋四十餘里間，乃兩利而無害。自黃河橫流，碭山、郭貫樓支河皆已淤塞，改從華山，分爲南北二支，南出秦溝，正在境山以南五里許，此誠運河之利也。惟北出沛，西及飛雲橋，逆上魚臺，爲患甚大。陛下不忍沛、魚之民橫罹昏墊，欲開故道，臣考之地形，參之輿論，其不可者有五：自新集至兩河口，背平原高阜，無尺寸故道可因，郭貫樓至龍溝一帶，頗有河形，又係新淤，無可駐足，其不可一也。河流由新集，則商、虞、夏邑受之，由郭貫樓，則蕭、碭受之，今改復故道，則魚、沛之禍復移蕭、碭，其不可二也。黃河西注華山，勢若建瓴，欲從中鑿渠，挽水南向，必當築壩，爲力甚難，其不可三也。曠日持久，役夫三十萬，騷動三省，其不可四也。工費數百萬，司農告匱，其不可五也。臣以爲上源之議可罷，惟廣開秦溝，使下流通行，脩築長隄，以防奔潰。」上從之。乃鑿舊渠深廣之，引鮎魚諸泉、薛沙諸河，注其中，壩三河口，疏舊河，築馬家橋隄，道之出飛雲橋者使盡入秦溝。自留〔城〕（據明史卷八三河渠志補）至赤龍潭，又五十三里，凡爲閘八，減水閘二十。爲壩十有二，隄三萬五千二百八十丈，石隄三十里。已而鑿王家口導薛河入赤山湖，鑿黃甫導沙河入獨山湖，凡爲支河八，旱則資以濟漕，潦則洩之昭暘湖，運道盡通，是名夏鎮河。工成，加衡太子少保，于是河專由秦溝入洪，而河南北諸支河悉幷流秦溝。

三年（己巳，一五六九）秋七月，河水溢，自淸河抵淮安城西，淤者三十餘里。決方、信二壩出海，平地水深丈餘，寶應湖隄崩壞，山東莒、郯諸處水溢，從沂河、直河入邳州，人民溺焉。

四年（庚午，一五七〇）秋九月，河決邳州，自睢寧白浪淺至宿遷小河口，淤百八十里，溺死漕卒千人，失米二十餘萬石。總督河道侍郎翁大立言：「邇來黃河之患，不在河南、山東、豐、沛，而專在徐、邳，故欲先開泇河以遠河勢，開蕭縣河以殺河流者，正謂浮沙壅聚，河面增高，爲異日慮耳！今秋水洊至，橫溢爲災，臣以爲權宜之計在棄故道而就新衝，經久之策在開泇河以避洪水。」疏下部。

五年（辛未，一五七一）河決雙溝。先是，河漲徐州上下，茶城至呂梁兩厓束山，不得下，又不得決；至是乃自雙溝而下，北決油房、曹家、青羊諸口，南決關家、曲頭集、馬家淺、閻家、張擺渡、王家、房家、白糧淺諸口，凡十一，枝流既散，幹流遂微。乃淤自匙頭灣八十里，而河變又極矣。趙孔昭、翁大立前後治之無功。議者欲棄幹河，而行舟于曲頭集、大枝間。冬初水落，則幹已平沙，而枝復阻淺。又議棄黃河運，而膠河、泇河、海運紛沓莫可歸一。于是卽家起都御史潘季馴治之。

季馴之治水，惟求復故道而已。乃上言：「老河故道，自新集歷趙家圈出小浮橋，安流無患。後因河南水患，別開一道，出小河口本河漸被沙淺。嘉靖間，河北徙，故道遂成陸地。臣奉命由夏鎭歷豐、沛，至崔家口；由崔家口歷河南歸德、虞城、夏邑、商丘諸縣至新集，則見黃河大勢，已直趨潘家口矣。父老言去此十餘里，自丁家道口以下二百二十里，舊河形跡見在，可開。臣卽自潘家口歷丁家道口、馬牧集、韓家道口、司家道口、牛黃堌、趙家圈，至蕭縣一帶，皆有河形，中間淤平者四分之一，河底皆滂沙，見水卽可衝刷。臣以爲莫若修而復之。河之復，其利有五：從潘家口出小浮橋，則新集迤東，河道俱爲平陸，曹、單、豐、沛永無昏墊，一利也。河身深廣，每歲免泛溢之患，虞、夏、豐、沛得以安居，二利也。河從南行，去會通河甚遠，閘渠無虞，三利也。來流既深，建瓴之勢，導滌自易，則徐州以下，河身亦因而深刷，四利也。小浮橋來流既遠，則秦溝可免復衝，而茶城永無淤塞之患，五利也。」既報可，乃役丁夫五萬，開匙頭灣，塞十一口，大疏八十里，故道漸復。已而以漕舟壞，季馴閑住。

六年（壬申，一五七二）春，河決邳州，運道阻。總河侍郎翁大立復議開泇河，以遠其勢。潘季馴言：「泇與黃河相首尾，今河南決淮、揚，北決豐、沛，漕渠不相屬，泇處中，將焉用之？」已而以漕舟壞，季馴被劾歸。給事中雒遵言治河有效，無如工部尚書朱衡者。乃詔衡與總河都御史萬恭覆視，則泇口限嶺阻石，竟報罷，而一意事徐、邳河。衡上言：「茶城以北，防黃河之決而入；茶城以南，防黃河之決而出。故自茶城至邳州、宿遷，高築兩隄，宿遷至淸河，盡塞決口，蓋防黃河之出，則正河必淤，昨歲徐、邳之患是也。自茶城、秦溝口至豐、沛、曹、單，以接縷水舊隄，蓋防黃河之入，則正河必淤，往年曹、沛之患是也。二處告竣，沛縣窰子頭至秦溝口，應築隄禦之。」命萬恭總理其事，役丁夫五萬有奇，分工晝地而築之。

夏四月，兩隄成。北隄起磨臍溝，迄邳州之直河；南隄起離林鋪，迄宿遷之小河口。各延袤三百七十里，運艘束于河流，睢、邳之間可以稼，建鋪立舍，設軍民守之，如河南、山東黃河例。河乃安運道，嘉、隆之間，治河者以衡、恭、季馴爲能。

神宗萬曆五年（丁丑，一五七七）秋八月，河決崔鎭，淮決高家堰，橫流四溢，連年不治。詔復以潘季馴爲右都御史總理河漕。時有議當疏海口者。季馴言：「海口不能以人力疏治，而可以水勢衝決，計莫如築高家堰塞崔鎭東，河、淮正流，使並趨入海。」上可其奏。季馴爲之三年，而高家堰成。一夕黃浦涸，得龍首以獻，其大專車，時以比龍首渠云。

十五年（丁亥，一五八七）冬十月，命工科給事中韋居敬相度黃河，議修治之策。時黃河漫流，自開封、封丘、偃師，及東明、長垣，多衝決，大學士申時行言失今不治，河將北徙上流，不下徐、淮，則運道可憂，故有是命。已而督河楊一魁議，因決濟運，導沁入衞。居敬言：「衞輝城卑于河，恐一決有衝潰之患，沁水多沙，善淤，入漕未便，不如堅築決口，開河身，加浚衞河，民得灌田，尤爲完計。」上從之。

十六年（戊子，一五八八）春三月，禮科給事中王士性上言：「黃河自徐而下，河身高而束以隄，行隄與徐州城平。委全力於淮，而淮不任。黃水乘運河如建瓴，淮安、高、寶、興、鹽諸生民，託之一丸泥，決則盡化魚鱉。而議者如蟻穴漏巵，補救無寧歲，總不如復故道，爲一勞永逸之計也。河故道，由桃源三義鎮達葉家衝與淮合，在清河縣北。別有濟運一河在縣南，蓋支河耳。河強奪支河，直趨縣南，而自棄北流之道，久且斷，河形固在也。自桃源至瓦子灘九十里，地下不耕，無廬墓之礙。至開河費視諸說稍倍，而河道一復，爲利無窮。」章下所司，韋居敬言故道難復。不行。復議開訾家營支河，尋諸決口皆塞，淤者復疏。

夏六月，總理河道潘季馴上言：「河水濁而強，汶、泗清而弱，交處則茶城也。每至秋，黃水發入淮，沙停而淤，勢也。黃水減，漕水從之，沙隨水流，河道自通，縱有淺阻，不過旬日。往者立石洪、內華二閘，遇水發，即閉之，以遏其橫；黃水落，則啓之，以出泉水。但建閘易，守閘難，貢使之馳行，勢要之開放，急不能待，而運道阻矣。乞禁啓閉之法。」報可。

十七年（己丑，一五八九），河決雙溝單家口，于是專議築趙皮寨至李景高口遙隄，築將軍廟至塔山長隄，築羊山至土山橫隄，河防幸無事。

十九年（辛卯，一五九一）秋九月，泗州大水，淮水泛溢，高于城，溺人無算，浸及祖陵。總督河道潘季馴上言：「水性不可拂，河防不可弛，地形不可強，治理不可鑿。人欲棄舊以爲新，而臣謂故道必不可失；人欲支分以殺勢，而臣謂濁流必不可分。霖霪水漲，久當自消。」

時季馴凡四治河，河皆治。季馴之議，以爲河性湍悍善徙者，水漫而沙壅也。法莫若以隄束水，以水攻沙，循河故道，束而湍之，使水疾沙刷，無留行，而又近爲縷隄；縷隄之外復爲遙隄，故水益淺遠，不至旁決。

二十三年（乙未，一五九五）夏四月，命工科給事中張企程勘淮、泗工。先是，邳州、高郵、寶應大雨水，湖決壞隄，泗州水，浸祖陵。巡按御史牛應元言：「治河在闢清口浮沙，次疏草灣下流，達伍港、灌口，廣其途入海。次開周家橋達芒稻河入江，而鮑、王諸口，決爲巨浸，難以施工，或分其水築黃堌、戎口之壩，疏符離集、睢水之淺，濬宿遷小河入黃之口。」故有是命。已而企程覆奏：「隆慶末，高、寶、淮、揚告急，當事狃于目前，清口既淤，又築高堰，隄張福以束之，障全淮以角黃，舉七十二溪之水滙于泗者僅口數丈出之。出之十一，瀦之十九，河身日高，安得不倒溢以灌泗乎？今高家堰費鉅，未可議廢，且並高、寶、淮、揚亦不可少，周家橋北去高堰五十里，其支河接草子湖，若浚三十餘里，一自金家河入芒稻河注之江，一自子嬰溝入廣洋湖注之海，則淮水泄矣。武家墩南距高堰十五里，偪永濟河，引水自窰灣閘出口，直達涇河，自昭暘湖入海，則淮之下流有歸，此急救祖陵之議也。」

九月，總督漕運褚鐵議導淮。總理河道楊一魁議先分黃，次導淮。御史牛應元議合行之，又爲祖陵計，黃堌口決當制，小林口淤當挑，歸仁隄當培。上從之。括帑五十萬，役夫二十萬，分黄導淮。自黄江嘴導河，分趨五港、灌口徑入海，以殺黄勢，毋盡入淮。導淮則自清口，闢積沙數十里，又于高堰旁，若周家橋、武家墩，稍引淮支流入于湖，爲預浚入江入海路以泄之，祖陵水漸退，而水患息。

二十四年（丙申，一五九六）九月戊戌，河工成。總理河道楊一魁、總督漕運褚鐵等賞賚有差。

二十五年（丁酉，一五九七）春正月壬寅，河決黄堌口。總督漕運尚書褚鐵言：「黄口宜塞，否則全河南徙，害將立見。」

三月，濬小浮橋沂河口，小河口工成。自河南徙徐、邳，復見清泗，議者謂全河水微，妨運，決口不塞，恐下嚙歸仁，爲二陵患。獨總河尚書楊一魁謂黄堌口深淵難塞，議浚小浮、沂、泗，築小河口。工成，果利運。尋久旱，運河澀，而河又決義安東壩。一魁議浚黄堌口及上歸灣活嘴，以受黄水，救小浮橋、泗上之涸。因繪河圖上言：「黄河自古爲患，近自分黄導淮，工成，鳳、泗、淮、揚免昏墊之災，又自黄堌一決，全河南徙，兖、豫、徐、邳得免河患，而其餘波出於義安者，又導之入小浮橋足以濟二洪之涸，則今日之河既有合于決隄放水之議矣。而議者猶曰：運道有淺澀之虞，祖陵有意外之患，地方有淹沒之苦。不知國家運道，原不資于河。全河初出亳、壽之郊，以不治治之。故歲無治河之費，其後全河漸決入運，因遂資其灌輸，五十餘年，久假不歸，又日築垣而居之，涓滴不容外洩，于是濁沙日澱，河身日高。上遏汶、泗，則鎮口受淤，魚、滕被侵；下壅清、淮，則退而內瀦，盱、泗爲魚；以至瀕河汲溺，歲運飄流，甚至浸及祖陵。而當事者猥以運道所資，勢不能却之他徙。臣奉明命，改絃易轍，首開武墩經河，次疏貝壩、固莊，又挑小浮橋、小河口、沂河口故道，幸小浮橋股引之水，李吉口未斷之流，已足濟運矣。以汶、泗、沂、兖之水，建閘節宜，運道自在，固不必殫力決塞，以回全河。蓋決河所經，有山西、阜子諸陂湖以爲之滙，有小河、白洋、固朱等河溝以爲之委。祖陵雄據上游，崇岡疊嶂，諒無可慮。即歸仁一隄，見爲險要，亦非水衝，萬一失守，亦不過下浸桃清，由洪澤諸湖以下清口，勢不能逆流倒灌上及盱、泗也。至南流泛濫，雖不免爲下邑民生之害，碭山水道當衝，南流北流俱不得免，必須遷城以避河患。其以涸口被災者，惟有蕭、宿、靈、睢。往者，全河未徙之時，豐、沛、魚、滕、徐、邳不被淹沒乎？近庚寅、癸巳之秋，徐、邳二州不幾爲魚鱉乎？較之今日，孰重孰輕？故臣始終自信，以爲止就已成之功，稍終未完之緒，則自不至爲運道之虞，亦不能爲陵寢生民之患。抑臣又有說焉，禹之導河，析二渠，播九河，隨水之所向，不與爭利。今河南、山東、江北州縣，碁列星布，在在隄防，水不及汴梁矣，則恐決張秋；不及張秋矣，又恐淤鎮口；不及鎮口矣，又恐淹宿州。凡禹之所空以與水者，今皆爲我所占，無容水之地，固宜其有衝決也。今若空碭山一邑之地，北導李吉口，下濁河；南存徐溪口，下符離；中存盤岔河，下小浮橋。三河並存，南北相去五十里，任水游蕩，以不治治之。量蠲一邑千金之賦，歲省修河萬金之費，此亦一時之省事，萬世之良圖也。」

二十六年（戊戌，一五九八）春三月，工科給事中楊應文請開泇河。泇河在滕、嶧、沂、洙下流，南通淮海。隆慶以來，翁大立數議未決。舒應龍嘗鑿韓莊，中輟。時河決黄堌口，請終其功。報可。

夏六月，以工部侍郎兼右僉都御史劉東星總理河道漕運。東星循行河隄，謂阻漕治在標，決河治在本，兩利而並存之。議開趙渠，蓋商城、虞城以下，至于徐州，元賈魯故道也。嘉靖末，北徙，潘季馴議開之，計費四百萬而止，及河決單縣黄堌口稍通成渠，惟曲里舖至三仙臺四十里如故。東星因欲浚之，又自三仙臺至泗州小浮橋開支河，又濬漕河，起徐、邳至宿，費可十萬緡。

二十九年（辛丑，一六〇一）秋九月，河決蕭家口。先是，開封歸德大水，商城、蒙城等處，河衝蕭家口百餘丈，全河南徙，淮、泗賈舟不及去，置于沙上。

總督河漕工部尚書劉東星卒于濟寧。東星浚趙渠，開泇河，工未竟而卒。

十一月，河南道御史高舉言：「膠、萊海運，嘉靖間，山東副使王憲議開膠萊河，河之南口，起庥灣，北口至海滄，相距三百三十里，其地河形至今尚在。兩口皆貯潮水，不假濬者二百餘里，濬者一百三十里。但其下多石，水微細，使極力開鑿，止三十里遠耳。如河成，我江漕由淮安清江浦，歷新壩馬家濠而來，計良便。國初罷海運者，以馬家濠未通，舟出大洋故也；馬家濠通，舟行小海中，自不險。從庥灣、海滄二口徑抵天津直沽。」至是舉循其議上，格于守臣而止。

〔先是，張居正柄國，卽有議開洳河者，山東參政馮敏功曰：「洳口穿葛墟諸山，皆砂石，不可鑿，南北大湖相連，不易隄，甚非計也。」事遂寢。又欲由海道開膠河。敏功奏議曰：「膠河僅衣帶水，餘悉高嶺大阜，且地皆礀石，山水奔瀑，工難竟。卽竟矣，海水挾淖沙而入必復淤，不若舍膠、洳而專治河，河漕合治則國儲民命兩利，分治則兩敗矣。」然居正竟促撫、按開濬，纔及數尺，果皆礀石黑沙難施畚鍤，費帑金十三萬，迄無成功乃止。〕（據江西本補）

三十一年（癸卯，一六〇三）春正月，山東巡撫黃克纘言：「開王家口爲蒙牆上流，上流旣達，則下流不宜旁泄，宜塞。」從之。

夏四月，總理河道侍郎曾如春卒。如春治河，力主開黃家口。領六十萬金，竭智畢慮，旣開新河，雖深廣，其南反淺隘，故水不行。所決河廣八十餘丈，而新河僅三十丈，不任受。

或告如春曰：「若河流既回，勢如雷霆，藉其自然之勢衝之，何患淺者之不深。」如春遂令放水，河流濁，下皆泥沙，流勢稍緩，下已淤半矣。一夕水漲，衝魚臺、單縣、豐、沛間，如春聞之，驚悸暴卒。以工部右侍郎李化龍總理河道。

三十二年（甲辰，一六〇四）春正月，總理河道侍郎李化龍請開泇河。曰：「河自開封、歸德而下，合運入海，其路有三：由蘭陽出茶城，向徐、邳，名濁河，爲中路；由曹、單、豐、沛出飛雲橋，向徐溝，名銀河，爲北路；由潘家口入宿遷，出小河口，名符離河，爲南路。南路近陵，北路近運，惟中路既遠于陵，亦濟于運。前督臣排羣議，興茲役，竟以資用乏絕，不得竣事。然自堅城以至鎭口，河形宛然，故爲今計，惟守行堤，開泇河爲便。」上從之。

秋八月，河決蘇家莊，淹豐、沛，黄水逆流，灌濟寧、魚臺、單縣，而魚臺尤甚。九月壬申，分水河成。

三十三年（乙巳，一六〇五）秋七月壬午，呂梁河澀。給事中宋一韓論前總督李化龍泇河之誤。不報。

三十四年（丙午，一六〇六）夏四月癸亥，河工成。自朱旺口至小浮橋袤百七十里，河歸故道，役五十萬人，費八十萬金，五閱月而竣。

懷宗崇禎六年（癸酉，一六三三）夏五月，運河淺阻，降總理河道尙書朱光祚一級。

七年（甲戌，一六三四）冬十一月，漕運總督楊一鵬議濬泇河。從之。

八年（乙亥，一六三五）秋九月，逮總理河道尚書劉榮嗣。初，榮嗣以駱馬湖阻運，自宿遷至德州開河注之，既鑿，黃水朝暮遷徙，不可以舟。給事中曹景參劾之，被逮。

九年（丙子，一六三六）夏四月，泇河重濬成。

十五年（壬午，一六四二）秋九月，李自成圍開封，河決城陷。先是，開封城北十里枕黃河，至是賊圍城久，人相食。壬午夜，河決開封之朱家寨，溢城北。越數日，水大至，灌城，周王恭枵走磁州，以巡按御史王漢舟迎之也。巡撫高名衡、推官黃澍等俱北渡，吏卒倉猝各奔避，士民湮溺死者數十萬人，城俱圮。賊屯高地獨全。開封古都會，富庶甲于中原，竟成巨浸。水大半入濁，入泗，入淮，與故河分流，邳、亳皆災。

谷應泰曰：河自龍門下浮，東于萬山，南至豫州，地平勢怒，而河無安流矣。故河之決，必在河南，而既決之後，不南侵全淮，卽北衝齊、魯。侵全淮者，潰散于潁、亳、徐、宿，而害在田廬民業。衝齊、魯者，橫激于曹、濮、單、鄆，而患兼在堤防運道。然淮近而身大，決入淮者患小而治速；漕遠而身小，決入漕者患大而治難也。洪武初，河決原武，自潁、壽入淮。正統十三年秋，河決滎陽入漕，潰沙灣入海。景泰三年春，河又決沙灣。弘治二年夏，河決開封入淮。三年夏，河決原武支流三：一自封丘下衝張秋；一出中牟尉氏；一溢蘭陽及歸德，瀰漫至宿。五年秋，河決張秋。七年春，河又決張秋。世宗十九年，河決睢州野鷄崗。四十四年，河決沛之飛雲橋。神宗五年，河決崔鎮。二十五年，河決黄堌口。懷宗十五年，河決汴城。大抵決口必在開封南北百里，而被害之地，淮三漕七。後乃駸駸數病漕河焉。

蓋合大河以歸一淮，物不能兩大，況水又泥淖多滓，驅二瀆之水，行闕遏之途，其必潰也明甚。而兖州卑下，齊、魯瀕海，黄河所向，並牽漕河諸水，盡瀉入海。故河決之世，陸則病水，水則病涸，發則病水，去則病涸，齊、魯病水，漕河病涸，一隅病水，全河病涸。而説者謂河既欲自豫決兖，入漕達海，何不盡浚豫、兖諸決地，聽河北流，過濟寧，下臨清，出直沽，漕與河合，漕不病竭，淮與河分，淮不病溢，策至便也。不知淮河浩瀚，千里一瀉，猶不能洩，怒時思沸湧，漕水千步百折，委紆盤曲，河豈能按轡徐行乎？若必廢漕制以伸河體，取咽喉之地爲尾閭之衝，必無幸矣。

故治河之道，古無上策，史册所載，不過三説：曰疏，曰浚，曰塞。塞在上流，堙谷截流是也。疏在下流，分支灑澤是也。浚在河身，築堤固岸，使之安行是也。疏近上策，神禹北播九河，賈讓北放渤海，棄地遷民，費以鉅萬，効已難言之。近世以來，浚塞兼施，徐有貞謂水平後可治決，決止乃可濬淤，此先塞繼浚之法也。故力築張秋、金堤，堅塞決口，而徐濬漕河之淤，水道乃平。劉大夏言河道不治，乃修築隄防之功多，疏濬分殺之功少，此先浚後塞之法也。故力浚賈魯河、孫家渡，殺水入淮。又浚淤河，出宿遷、亳州入淮。後築長堤，起豫達徐，衝決遂止。他如潘季馴之不失故道，不分濁流。楊一魁之首開武墩，次疏具嶠，皆良策也。

夫殷都帶河，囂、耿屢遷；武帝刑牲，宣瓠時決。終明之世，河患時警，未嘗一歲沮運者，浚塞之力也。九河故道，已不能修，漕河一綫，勢不能廢。然則塞浚之功，與河終始，倘其借鑒于茲！

明史紀事本末卷之三十五

南宮復辟 易儲附

景帝景泰元年（庚午，一四五〇）八月丙戌，上皇至自迤北，入居南宮，羣臣朝見而退，大赦天下。

冬十月，命靖遠伯王驥守備南宮。

十一月，上皇在南宮。萬壽聖節，禮部尚書胡濙請羣臣朝賀，不許。既又請明年正旦百官朝上皇于延安門，亦不許。荆王瞻堈表請朝上皇，有詔止之。

三年（壬申，一四五二）五月甲戌，廢上皇長子皇太子見深爲沂王，出就沂邸。立皇子見濟爲皇太子。先是，上欲易儲，語太監金英曰：「七月初二日，東宮生日也。」英頓首對曰：「東宮生日是十一月初二日。」上默然。至是，上意既定，恐文武大臣不從，乃分賜內閣諸學士金五十兩，銀倍之，陳循、王文等遂以太子爲可易。

時有廣西潯州守備都指揮黃𤥭者，思明土知府㻛庶兄也。㻛老，子鈞襲知府。𤥭欲謀奪之，與其子矯軍門令徵兵思明，率驍悍數千人，夜馳入㻛家，支解㻛父子，納甕中，瘞後圃。瑀僕福童潛走憲司，訴玹父子殺瑀父子狀。總兵武毅知之，疏聞于朝。玹懼，乃謀爲逃死計，遣千戶袁洪走京師，上疏請易太子，上大喜曰：「萬里外有此忠臣。」亟下廷臣集議，且令釋玹罪，予官都督。尚書胡濙、侍郎薛琦、鄒幹會廷議，王直、于謙相顧眙愕。久之，司禮監太監興安厲聲曰：「此事不可已，卽以爲不可者勿署名，無得首鼠持兩端。」羣臣皆唯唯署議。

於是禮部尚書胡濙等上言：「陛下膺天明命，中興邦家，統緒之傳，宜歸聖子。黃玹奏是。」詔從之。王直得所賜金，扣案頓足曰：「此何等事，吾輩愧死矣！」

秋七月，殺太監阮浪、王堯。時浪侍上皇南宮，浪門下內豎王堯者，往監蘆溝橋，浪以上皇所賜鍍金繡袋及束刀貽之。堯偶飲錦衣衛指揮盧忠家，解衣蹴踘。忠見刀袋非常製，命妻進酒醉之，解其袋刀入告變，謂「南宮謀復皇儲，遺刀求外應」。上怒殺浪、堯，猶欲窮治不已。

忠屏人詣卜者仝寅筮之，寅以大義叱之曰：「是大凶兆，死不足贖。」忠懼，乃佯狂。學士商輅與司禮監太監王誠言：「盧忠狂言不可信，壞大體，傷至性，所關不小。」事得寢。後英宗復辟，忠果伏誅。

寅，山西安邑人。少瞽，性聰敏，學京房易，占斷多奇中，四方爭傳之。正統中，客遊大同。上皇既北狩，陰遣使諭鎮守太監裴富，富私問寅，寅筮得乾之初九，附奏曰：「大吉，可以賀矣。龍，君象也。四，初之應也。龍潛躍必以秋，應以壬午，浹歲而更。龍，變化之物也。庚者，更也。庚午中秋，車駕其還乎。還則必幽，勿用故也。或躍應焉，或之者疑之也，計七八年，當必復辟。午，火德之王也。丁者，壬之合也。其歲丁丑，月壬寅，日壬午乎。自今歲數更九，躍則必飛。九者，乾之用也。南面，子衝午也。其君位乎。故曰大吉。」也先欲奉上皇南還，朝廷率以爲詐，寅力言于石亨，亨與于謙協議，奉迎而歸。及後復辟，其言皆驗。

四年（癸酉，一四五二）春正月，吏部尚書何文淵罷。時言官劾文淵貪縱，下獄。文淵自言易儲有功，詔書所云「天佑下民作之君，父有天下傳之子」，己所屬對也。乃令致仕。

十一月，皇太子見濟卒。

五年（甲戌，一四五四）夏四月，御史鍾同上疏請復儲。先是，同嘗因待漏，與儀制郎中章綸論易儲事，繼之以泣。至是，遂上疏言：「宗社之本在儲位，宜復不宜緩。」聞者韙之。

五月，下禮部儀制郎中章綸、御史鍾同于獄。綸上修德弭災十四事，又曰：「太上皇帝君臨天下十四年，陛下嘗親受册封爲臣子，是天下之父也。陛下宜率羣臣每月朔望及歲時節旦，朝見于延安門，以極尊崇之道。而又復皇后于中宮，以正天下之母儀；復皇儲于東宮，以定天下之大本。」疏上，下錦衣獄鞫訊，體無完膚。御史鍾同先有言，故併逮之。

以進士楊集爲六安州知州。集上書于謙曰：「姦人黃玹進易儲之說，以迎合上意，本逃死之計耳。公等國家柱石，乃戀官僚之賞，而不思所以善後乎？脫章綸、鍾同死獄下，而公坐享崇高，如清議何！」謙以示王文，文曰：「書生不知朝廷法度，然有膽，當進一級處之。」進士選知州始此。

謫給事中徐正戍鐵嶺衛。正密請召見便殿，屏左右言：「今日臣民有望上皇復位者，有望廢太子沂王嗣位者，陛下不可不慮。宜出沂王于沂州，增高南城數尺，伐去城邊高樹，宮門之鎖亦宜灌鐵，以備非常。」上怒，謫戍。御史高平亦言城南多樹，事叵測，遂盡伐之。時盛暑，上皇嘗倚樹憩息。及樹伐，得其故，大懼。復辟後，正、平皆伏誅。

南京大理少卿廖莊上言：「宜篤親親之誼，時朝見上皇于南宮。上皇諸子，皇上之猶子也，亦宜令親近儒臣，以待皇嗣之生，使天下曉然知皇上公天下之心。」不報。

六年（乙亥，一四五五）八月，杖大理寺少卿廖莊、禮部郎中章綸、御史鍾同于闕。同死杖下，綸仍詔獄，謫莊定羌驛丞。先是，莊上疏忤旨。至是，赴京陛見，上念及，命杖之。

英宗天順元年（丁丑，一四五七）春正月壬午，武清侯石亨、副都御史徐有貞等迎上皇復位。

先是，景帝不豫，以儲位未定，中外憂懼。兵部尚書于謙日與廷臣疏請立東宮，蓋謂復憲宗也。中外藉藉，謂大學士王文與太監王誠謀白太后，迎取襄王世子。十有一日，都御史蕭維楨同百官問安于左順門外，太監興安自內出，曰：「若皆朝廷大臣，不能爲社稷計，徒問安耶？」即日，維楨集御史議曰：「今日興安之言，若皆達其意否？」衆曰：「皇儲一立，無他慮矣。」衆還，道作封事草，會稿于朝，衆謂：「上皇子宜復立。」惟王文意他有所屬。陳循知文意，獨不言。李賢以問蕭鎡，鎡曰：「既退不可再。」文遂對衆言曰：「今只請立東宮，安知朝廷之意在誰？」維楨因舉筆曰：「我更一字。」乃更「早建元良」爲「早擇」。笑曰：「吾帶亦欲更也。」疏進，有「候十七日御朝」之旨。

時武清侯石亨知景帝疾必不起，念請復立東宮，不如請太上皇復位，可得功賞。遂與都督張軏、太監曹吉祥以南城復辟謀，叩太常卿許彬，彬曰：「此社稷功也。彬老矣，無能爲矣，盍圖之徐元玉。」元玉，徐有貞字也。初名珵，以己巳倡南遷議，朝廷（薄）〔鄙〕（據鴻猷錄卷十改）之，後更名有貞。亨、軏從其言，遂往來有貞家；有貞亦時時詣亨，人莫知也。

是月十四日，夜會有貞宅，有貞曰：「太上皇帝昔者出狩，非以遊畋，爲國家耳。況天下無離心，今天子置不問，乃紛紛外求何爲也。如公所謀，南城亦知之乎？」亨、軏曰：「一日前已密達之。」有貞曰：「俟得審報乃可。」亨、軏去。

至十六日，既暮，復會有貞，曰：「得報矣，計將安出？」有貞乃升屋，覽步乾象，亟下，曰：「事在今夕，不可失。」遂相與密語，人不聞。而是時會有邊吏報警，有貞曰：「宜乘此以備非常爲名，納兵入大內，誰不可者！」亨、軏然之。計定，倉皇出。有貞焚香祝天，與家人訣，曰：「事成社稷之利，不成門戶之禍。歸，人；不歸，鬼矣。」遂與亨、軏往會吉祥及王驥、楊善、陳汝言，收諸門鑰。夜四鼓，開長安門，納兵千人，宿衞士驚愕不知所爲。兵既入，有貞仍鎖門，取鎖投水竇中，曰：「萬一內外夾攻，事去矣！」亨、軏亦惟有貞處分，莫知所爲。時天色晦冥，亨惶惑，叩有貞曰：「事當濟否？」有貞大言曰：「時至矣，勿退！」率衆薄南宮，門錮不可啓，扣之不應。俄聞城中隱隱開門聲，有貞命衆取巨木懸之，數十人舉之撞門。又令勇士踰垣入，與外兵合毀垣，垣壞門啓，亨、軏等入見。上皇燭下獨出，呼亨、軏曰：「爾等何爲？」衆俯伏合辭云：「請陛下登位。」呼兵士舉輦至，兵士驚懼，不能舉，有貞等助挽之，掖上皇登輦以行。忽天色明霽，星月皎然。上皇顧問有貞等爲誰，各自陳官職姓名。入大內，門者呵止之，上皇曰：「吾太上皇也。」門者不敢禦。衆掖升奉天殿，武士以瓜擊有貞，上皇叱之，乃止。時黼座尙在殿隅，衆推之使中，遂升座，鳴鐘鼓，啓諸門。

是日，百官入候景帝視朝。既入，見南城，暨殿上呼譟聲，尙不知故。有貞號于衆曰：「上皇復辟矣。」趣入賀，百官震駭，乃就班賀。上皇宣諭之，衆始定。景帝聞鐘鼓聲，大驚，問左右曰：「于謙耶？」既知爲上皇，連聲曰：「好，好。」明日，上皇臨朝，謂諸臣曰：「弟昨日食粥，頗無恙。」詔逮少保于謙、王文，學士陳循、蕭鎡、商輅，尚書俞士悅、江淵，都督范廣，太監王誠、舒良、王勤、張玉下獄。命副都御史徐有貞以本官兼翰林院學士直內閣，典機務，尋晉兵部尚書，兼職如故。出前禮部郎中章綸于獄，擢禮部侍郎。上以綸建議復儲，出之獄，喜嘆良久，遂有是擢。

丁亥，殺少保兵部尚書于謙于市。

先是，己巳城下之役，石亨功不如謙，而得侯爵，心媿之，乃推謙功，詔予一子千戶。謙固辭，且曰：「縱臣欲爲子求官，自當乞恩于君父，何必假手于石亨！」亨聞恚甚。亨從子彪貪暴，謙奏出之大同，亨益啣之。徐有貞者，常因謙求祭酒，景帝召謙，辟左右諭之曰：「有貞雖有才，然奸邪。」謙頓首退。有貞不知，亦恨謙。

方上之復辟也，有貞嗾言官以迎立外藩議，劾王文，且誣謙，下獄。所司勘之無驗，金牌符敕見在禁中。有貞曰：「雖無顯跡，意有之。」法司蕭維楨等阿亨輩，乃以「意欲」二字成獄。文憤怒，目如炬，辯不已。謙顧笑曰：「辯生耶？無庸。彼不論事有無，直死我耳！」獄具，上猶豫未忍，曰：「于謙曾有功。」有貞直前曰：「不殺于謙，今日之事無名。」上意乃決，遂與王文及太監舒良、王誠、張永、王勤斬東市，妻子戍邊徼。

謙有再造功。上北狩，廷臣間主和，謙輒曰：「社稷爲重，君爲輕。」以故也先抱空質，上得還，然謙禍機亦萌此矣。景帝嘗賜謙甲第，謙頓首曰：「去病豎子，尚知此意，臣獨何人，而敢饕此！」不許。乃置上前後所賜璽書、袍鎧、弓劍、冠帶之屬于堂，而加封識，歲時一謹視。謙以國家多事，寓直房不歸家。謙與中貴曹吉祥等共兵事，氣陵之，故小人無不憾謙者。謙既死，籍其家，無餘貲，蕭然僅書籍耳。而正室鎖鑰甚固，則皆上賜也。謙死之日，陰霾翳天，行路嗟嘆。吉祥麾下指揮朶耳者，以觴醻地而慟，吉祥恚朴之，明日復醻慟如故。天下無不寃之。都督范廣勇而知義，爲謙所任，亨惡之，幷斬廣。

論迎復功，封武清侯石亨爲忠國公，都督張軏爲太平侯，張輗爲文安侯，都御史楊善爲興濟伯。石彪封定遠伯，充大同副總兵。以袁彬爲錦衣衞指揮僉事。奪大同總兵郭登定襄伯，以爲南京都督僉事。召廖莊于定羌驛，賜還官。贈故御史鍾同大理左寺丞，謚恭愍，廕其子入太學。

二月乙未朔，皇太后誥諭，廢景泰帝仍爲郕王，歸西宮，廢皇后汪氏仍爲郕王妃。欽天監奏革除景泰年號，上曰：「朕心有所不忍，可仍舊書之。」郕王薨，祭葬禮悉如親王，謚曰戾。妃嬪唐氏等賜帛自盡，以殉葬。

命汪妃出居舊王府。先是，景帝卽位，立妃爲皇后，后無子，有二女，次妃杭氏生見濟。

景帝廢立時，后泣諫以爲不可。景帝竟立見濟，而以杭氏爲皇后。以后諫，故幽之宮中。至是，上以郕王薨，欲令妃殉葬。大學士李賢曰：「汪妃雖立爲后，卽遭廢棄，與兩女度日，若令隨去，情所不堪。況幼女無依，尤可矜憫。」上惻然曰：「卿言是。朕以爲弟婦少，不宜存內，初不計其母子之命。」而皇太子雅知妃不欲廢立意，事之甚恭，遂得出舊府。太子又時時護持之，悉得挾貲屬外，二女育宮中如故，由是母子得全。

三月，封直內閣兵部尚書徐有貞爲武功伯，兼華蓋殿大學士，掌文淵閣事。初，于謙之獄，中外咸側目有貞，而有貞意殊自得，請于石亨曰：「願得冠側注而從兄後。」石亨爲言之上，上曰：「爲我語有貞，但戮力，不患不封也。」居旬日，亨復言，上乃下詔封之。歲支祿一千一百石，子孫世錦衣指揮使，賜貂蟬冠玉帶。旬月之間，恩賜赫奕，與石亨、張軏埒。

夏四月，復立元子見深爲皇太子。

襄王瞻墡來朝。先是，土木之變，王兩上疏慰安皇太后，乞命皇太子居攝天位。急發府庫，募勇敢之士，務圖迎復。仍乞訓諭郕王，盡心輔政。疏上，景帝已立八日矣。至是，得疏宮中，上覽之感嘆，手敕取王入朝，禮待甚隆。王辭歸，上送至午門，王伏地不起，上曰：「叔父欲何言？」王頓首曰：「萬方望治如饑渴，願皇上省刑薄斂。」上拱手謝曰：「敬受教。」

六月，逮徐有貞下獄。曹吉祥、石亨憾有貞，嗾諸閹巧詆，數爲險語觸上，上殊不爲動。錦衣官門達復劾其阿比，排陷石亨。詔執鞫之，降廣東參政。既有以飛章謗國是者，其語復多侵亨、吉祥，于是復訴上謂有貞實主使。逮歸置獄，窮極鍛鍊無所得，摘其誥詞「纘禹神功」語，爲所自草，大不敬，無人臣禮，當死。以雷震奉天門，宥爲黔首，謫戍雲南金齒。有貞去，而曹、石日益專橫矣。

谷應泰曰：土木之變，司徒不戒，車駕蒙塵，九廟震驚，百官拔舍，國無長君，不幾青城五國乎？郕王膺統，喪君有君，天誘其衷，擁駕還國。當是時，新君有捉髮之迎，故主效止郊之哭，弟兄握手，且喜且悲。夫蘇、李相違，河梁戀別，聲、椒偶值，異國班荆，矧在同氣，又何能已！棠棣之詩，所爲作也。弟又北面稽首，恭上璽紱；兄且自陳失德，不敢復事宗廟。以臣避君，弟不先兄，景能辭位，史著美談。實則大寶已登，南向讓三，西向讓再，抑又何傷焉。至于菟裘營室，吾將老焉，千秋之後，願屬梁王。舍賢與子，如上皇何！廢不復興，如天下何！

而乃初聞返蹕，不欲郊迎，旋入南宮，復止朝賀，勢且駸駸焉登臺授兵矣。不幾貪天之位，應憎寡兄，實逼處此。繼乃授旨廷臣，廢深立濟。忘餘祭傳札之言，貽德昭憂死之漸。君子謂郕王末路，自同盜國，奪門之釁，身實召焉。

若上皇者，亦宜追悔前愆，不預國事。夫平王東遷，春秋貶之，降爲王風。英宗身受祖宗重器，輕信宵小，被縶北庭，幸而脱還，亦已得罪祖宗矣。辟之閫外之吏，棄師而歸，封疆之吏，委城而走。高帝之法，尚當引繩批根，況在至尊，短垣而自踰之乎！

卽至景帝賓天，羣臣力請，英宗亦宜開諭至誠，明予慚德，嗣王可輔，大統有人。玄宗出奔，靈武卽位，道君北狩，康構稱尊，父子兄弟之間，豈不克全無憾者與！而乃暮夜倉皇，驅車踐位，逼景帝于彌留，假闔弁于翊戴。「奪門」二字，英皇不得正始，景皇不得正終。授受之際，弟兄交失。而況升遐日月，史無明文，燭影斧聲，不無疑案。以至革除帝號，加戮于謙。夫景受國有名，非少帝、昌邑之比，而謙功在社稷，豈產、祿、舞陽之徒乎！觀其軫念煢嫠，撫恩弱息，豈其瓜蔓之涕，又何淫淫也。始知曹、石所謀不臧，小人貽誤人國，刻薄寡恩如是哉！

獨惜于謙者，百折不回于社稷無君之日，不能出一言于東宫易位之辰。處人骨肉，自古其難，漢留、唐鄴所由擅美千載也。

明史紀事本末卷之三十六

曹石之變

英宗正統六年（辛酉，一四四一）春正月，以定西侯蔣貴爲征蠻將軍，太監曹吉祥監軍，兵部尚書王驥提督軍務，郎中侯璡、主事楊寧隨軍贊畫，討思任發。吉祥，欒州（按明史卷三〇四宦官傳，「欒州」作「灤川」）人，出王振門下。至是監軍，號都督，多選降丁騎射以從。此內臣總兵之始也。

十二年（丁卯，一四四七）春二月，以都督僉事石亨爲左參將，守萬全。亨，渭南人。伯父巖，寬河衛指揮僉事，無子，亨嗣。亨善騎射，有膽略，方面豐軀，美髯及膝，提大刀輪舞如飛。每從征，挺刃先登，輒立奇功，累官都指揮使。姪彪亦驍勇，能挽強弓，善揮斧，以官舍從亨有功，授大同衛鎮撫。是年，亨爲都督僉事，彪亦爲指揮使，從亨參謀。

十四年（己巳，一四四九）春正月，命太監曹吉祥監寧陽侯陳懋軍，進討鄧茂七餘黨，悉平之。（事見平浙閩寇）

七月，上北狩。八月，太后命郕王權總國事，逮宣府總兵楊洪、萬全左參將石亨，繫錦衣獄。

九月，郕王卽皇帝位，出楊洪、石亨于獄，命亨總京營兵。

十月，也先犯京師，于謙、石亨分營城北。也先縱騎剽掠，焚三陵殿寢祭器，逼宣武門，南逾蘆溝橋，散劫下邑。謙督軍出德勝門，背城而戰。時孫鏜、范廣皆小捷，而亨功爲第一。

也先宵遁，亨復追擊至定州清風店。敵懼，且出倒馬關。亨使紿曰：「石將軍行未至，來者皆假將軍名耳。」敵以爲然，皆反戰，亨、彪合擊之，大敗，始知石將軍在也，皆倉皇盡棄其羊馬輜重，自紫荊關遁出。

當是時，亨、彪名震幕北矣。既論功，封亨武清伯，尋進侯。彪都督僉事，爲大同左參將。

景泰元年（庚午，一四五〇）閏正月，命鎭朔大將軍石亨、都督范廣率兵出大同、宣府，尋召還。

八月，石亨、楊洪率師分道出紫荊、居庸關。

始立團營，以曹吉祥、劉永誠節制諸軍，此內臣總京營之始也。

三年（壬申，一四五二）春正月，普化可汗與也先仇殺，石亨請率兵出宣府、大同，討寇復仇。不許。

天順元年（丁丑，一四五七）春正月，景帝不豫，會當郊，使石亨攝，召命于榻前。亨見帝委頓狀，出與張軏、張輗謀，謂：「帝疾必不起，不若迎復上皇。」陰約徐有貞結太監曹吉祥、蔣冕，內白皇太后，外爲飛語，言于謙且與王文謀立襄世子爲東宮。遂率其羣從子弟家兵，與吉祥等夜叩南城，迎上皇復辟。乃譖于謙於上，殺之。論奪門功，又第一，進封忠國公。召彪大同，以爲都督同知，充遊擊將軍。其家人石寧等數十人，皆授指揮，千、百戶。時吉祥已晉司禮監矣。姪欽封昭武伯，鐸、鉉、鏳皆都督。此內臣子弟封爵之始也。

三月，以戶部侍郎陳汝言爲兵部尚書。汝言附石亨，曹吉祥謀奪門，故亨薦用之。及理部事，益阿比，表裏爲奸，亨冒功陞賞，不下四千餘人，天下都司及邊吏爭趨之。

夏四月，石亨、張輗請盡罷各邊省巡撫及提督軍務等官，從之。

逮巡撫大同都御史年富下獄。上問李賢曰：「年富何如？」賢曰：「行事公廉，在彼能革宿弊。」上曰：「此必石彪憚富，不得遂其私耳。」賢曰：「陛下明見，眞得其情。」由是富得致仕歸田里。

削都御史王竑籍，安置江夏。石亨忌竑，嗾言官論其犯闕也。

五月，石亨擅令守關軍放歸，徐有貞、李賢言于上，命別遣兵戍之。

御史楊瑄劾太監曹吉祥、忠國公石亨奪民田，且言其怙寵擅權之罪。上顧徐有貞、李賢曰：「御史敢言如此，國家之福也。」曹吉祥在旁慚懼，已，盛怒，欲罪之，上不許。及亨出兵歸，聞之怒，訴御史言不實，意賢、有貞主使，乃激吉祥曰：「今在內惟爾，在外惟我，賢等欲排陷，其意可知矣。」初，吉祥見亨冒濫恩賞，頗不平，恆訐其短。至是，聞亨言，勢復合。

六月，彗孛見。御史張鵬、周斌交章劾石亨諸不法事，疏未上，給事中王鉉知之，潛告亨。亨與曹吉祥馳訴上，謂「鵬乃已戮兇豎張永猶子，今結御史爲永報仇。」上震怒，御文華殿，悉收諸御史面詰之。斌執彈章，且誦且對，言亨事且有驗。上曰：「事卽實，汝曹何不早言之？」下錦衣獄，問訊瀕死。

逮大學士徐有貞、學士李賢、都御史耿九疇下錦衣獄。初，有貞得首輔，欲立功名自異，稍與石亨左。李賢入閣力助之，知無不言，曹吉祥不能堪。會御史張鵬等既下詔獄，給事中王鉉、錦衣指揮門達乃上疏言：「九疇阿附有貞、賢，嗾御史排陷石亨。」吉祥復乘間頓首言：「臣等萬死一生，迎復皇上，內閣必欲殺臣。」伏地哭不起。上從之，乃逮有貞等置于理。會京城大風雹，拔木壞屋，走正陽門下馬牌于郊，吉祥門老樹皆折，亨家水深數尺餘。翼日，乃降有貞、賢參政，九疇右布政。張鵬、楊瑄等從末減，戍邊衞。既而上曰：「近日行事，惟有貞一人，李賢不可去。」命召還。

以贊善岳正直文淵閣。正以吏部尚書王翺薦，召見文華殿，特用之。正出赴閣，至左順門，石亨、張軏自外入，愕然曰：「何以至此？」正不敢對。時亨、軏已不平，比入見，上曰：「今內閣朕自求得一人。」問爲誰？上曰：「岳正。」亨、軏陽賀。上曰：「官卑奈何？」亨、軏因奏曰：「陛下陞正亦甚易。但姑試之，果稱職，未晚也。」上默然。

秋七月，有投匿名書指斥時政者。石亨、曹吉祥請上出榜，募能捕告者，賞以三品職。令內閣撰榜格。岳正言于上曰：「爲政自有體，盜賊責兵部，奸宄責法司，豈有天子自出榜募購之理！」時吉祥在旁，請甚力，上徐曰：「正言是也。」已而亨等譖徐有貞怨望，謫戍金齒。

謫內閣贊善岳正爲廣東欽州同知。初，正入値文淵閣，上嘗召問曰：「卿何以輔朕？」正曰：「今內臣武臣權過重。」上頷之。正退語曹欽、石彪，令謝兵歸第。欽、彪走告吉祥，吉祥詣上，垂泣免冠請死，具道所由。上曰：「無之。」乃召正，責其漏言，正曰：「固也。臣觀二家必有背叛之滅，卽今無可按之誅。臣欲全君臣共難情，故令早自爲計。」上不悅。會承天門災，上命正草詔罪己，歷陳奸邪蒙蔽狀。亨見之怒，遂指爲謗訕，嘗內批，有是謫。兵部尚書陳汝言者故恨正，復中以私事，戍肅州衞。

陳汝言阿曹吉祥意，取還征雲、貴、兩廣降丁。

九月，敕左順閽者，今後非有宣召，總兵官不得輒入。

先是，石亨、張軏怙寵，干請無算。一日，率千戶盧旺、彥敬入侍文華殿，上問爲誰？亨曰：「此臣腹心也。迎復功，二人居多。」立請擢二人錦衣指揮使。工部侍郎孫弘，亨鄉人，以亨薦得官，復請以爲尚書，上曰：「且使侍郎，再遷則尚書矣。」亨出曰：「一遷尚書何不可者，乃再遷耶！」其驕恣如此。上亦頗知亨，然念其功。間屏人語大學士李賢，賢對曰：「權不可下移，惟獨斷乃可。」既又與賢語及奪門功，賢對曰：「迎駕則可，『奪門』二字豈可傳示後世。陛下順天應人，以復大位，門何必奪，且內府門寧當奪耶！當時亦有以此事邀臣者，臣辭不與。」上驚問故，賢對曰：「景皇帝不起，羣臣自當表請陛下復位。此名正言順，無可疑者，何至奪門。假事泄，此輩固不足惜，不審置陛下於何地？此輩藉陛下圖富貴耳，豈有「一毫」（據鴻猷錄卷十補）爲社稷之心哉。」上大悟，寖疏之。

十月，孛來近邊求食，石亨請領兵巡邊襲之，取寶璽，以李賢言，止不行。

十一月，逮兵部尚書陳汝言下錦衣獄，籍其家。給事中高明等交章劾汝言「怙勢亂法，贓私籍甚」，故逮之。上命所司陳籍汝言物于大內廡下，召大臣入視，且曰：「景泰間，任于謙久，籍沒無餘物。汝言未朞，得賂多若是耶！」時上怒甚，色變，石亨等皆俛首。自是上漸悟謙寃，而惡亨等矣。

初，謙之死也，皇太后不及知，後爲上備言迎立外藩之誣。上疑之，每詰亨、軏、吉祥等，皆對曰：「臣亦不知，徐有貞向臣言耳。」由是上深惡之。軏尋死。

二年（戊寅，一四五八）春正月，三大營將石亨、曹欽言：「太僕亟徵諸衞馬非便，請隸兵部。」太僕卿程信執奏言：「太僕職專馬政。高廟有旨，馬數不令人知。今隸兵部，使馬之登耗太僕不與聞。脫肘腋變生，馬不備給，孰任其咎？」兵部懼，亦以爲言，詔復其事歸太僕。

夏四月，復設督鎭巡撫官。初，石亨以文官提督軍務，武臣不得逞，請罷之，邊儌騷然，軍無紀律。上謂李賢曰：「朕初復位時，奉迎之人皆以此爲不便，今乃知其謬也。」

三年（己卯，一四五九）春正月，大同總兵石彪誣奏都御史李秉，坐除名。

八月，定遠侯石彪有罪下獄。彪之出鎭大同也，禦寇磨兒山，斬（犯）〔把〕禿王（據明史卷一七三改），搴其衣甲旗幟，大敗之三山墩，以功封定遠伯，召還。其明年，寇屯賀蘭山，又使彪往。彪與寇戰安邊營，追至昌平墩，大敗之埜馬澗、半坡墩。轉戰六十餘里，斬鬼力赤平章，擒獲無算。又召還，進侯。彪至京，會北使入貢者見彪于朝，羅拜稱「石王」，其威望如此。然性陰狡兇暴，在大同素侮總兵官。總兵官因彪嘗奏城威寧海子，遂爲流言，稱彪有異志。上固疑彪，屢有功，屢召還。彪乃陰使大同千戶楊斌等五十人詣闕，乞留爲鎭守。

上知其詐，下彪獄，詞連亨，上猶念亨功，宥之。惟罷其兵權，令以本籍歸第。

四年（庚辰，一四六〇）春正月，彗星見，日暈。錦衣指揮逯杲上言：「石亨怨望，與其從孫石俊謀不軌。」上以章示羣臣，遂下錦衣獄。

初，亨見上稍疎斥，懷怨望。嘗往來大同，顧紫荊關謂左右曰：「若塞此關守之，據大同，京師何由得至。」一日，退朝歸私第，語盧旺、彥敬曰：「吾所居官，皆爾等所欲爲者。」旺、敬不知所謂，對曰：「旺、敬以公得至此，他何敢言。」亨曰：「陳橋之變，史不稱其篡。爾能助吾，吾官非爾官乎。」旺、敬股慄，莫敢對。

會瞽人童先出妖書曰：「惟有石人不動。」勸亨舉事。亨謂其黨曰：「大同士馬甲天下，吾撫之素厚，今石彪在彼可恃也。異日以彪代李文，佩鎮朔將軍印，專制大同，北塞紫荊關，東據臨清，決高郵之堤，以絕餉道，京師可不戰而困矣。」遂請以盧旺守裏河。及孛來寇延綏，上命亨往禦之。先又力勸亨，亨曰：「爲此不難，但天下都司，除代未周，待周，爲之未晚也。」先曰：「時者，難得而易失。」亨不聽，先私謂所親曰：「此豈可與成大事者！」會彪敗，上猶念亨功，置不問，罷其兵。而亨之謀漸急，事益露。其家人上變告亨謀反，逮治之，死獄中。斬彪于市，其黨童先等俱坐死。

先是，上使工部爲亨營宅，至三百餘間。上登翔鳳樓，恭順侯瑾、撫寧侯永侍。上指宅顧問，永謝不知，瑾曰：「必王府耳。」上笑曰：「非也。」瑾頓首曰：「非王府孰敢！」上顧太監裴當曰：「人乃不敢言石亨！」亨生子彌月，上召見，摩其項曰：「虎兒也，善撫之，朕行與卿結婚姻。」取金鎖繫兒項，名曰「鎖定侯」。蓋諷云。

五年（辛巳，一四六一）秋七月，太監曹吉祥及昭武伯曹欽反，殺恭順侯吳瑾、都御史寇深。懷寧伯孫鏜、兵部尚書馬昂率兵討平之，吉祥、欽俱伏誅。

方石亨之敗也，上命由亨冒功以進者，許自首革。吉祥念與亨同功，亨敗己且不得獨完，因日犒諸降丁金帛，倚爲腹心。諸降丁亦念己由吉祥冒功進，一旦不測，身且隨後，相與爲死黨。吉祥之客有馮益者，欽一日問曰：「自古有宦官子弟爲天子者耶？」益曰：「君家魏武，蓋中官節之後。」欽大喜，出其妻行酒馮先生。由是陰畜異志，未發也。錦衣百戶曹福來嘗役欽家，常之外貿易。欽慮其洩，遣福來妻告福來病狂出走，錦衣指揮逯杲奏捕之。欽又遣家人亮追獲福來，箠楚瀕死。廷臣疏劾欽，上是之，出彈文示欽，曰：「速改過，不悛，罪無赦！」而下諭廷臣守法，無有專縱似欽者。

先是，石彪得罪，上亦先諭羣臣，欽以故大懼。又逯杲伺欽甚急。會是月孛來寇甘、涼，上使懷寧伯孫鏜統京軍往征之，兵部尚書馬昂監其軍，擇庚子昧爽出師。于是欽與諸昆季、其黨都督伯顏也先數十人謀曰：「縣官持我急，不發，我爲石彪續矣。」遂分勒死士番漢軍五百人，約以是日昧爽朝門開，則擁殺鏜、昂，奪門入。此時吉祥素所部禁兵，且可爲內應。謀定，以其夕飲諸降丁酒，厚贈之。酒半，夜可二鼓，鏜與恭順侯瑾、廣義伯琮方待漏朝房。都指揮完者秃亮（按明史作「馬亮」，完者秃係原名）從欽席上亡走，見瑾、琮告變。瑾、琮趨告鏜，相與去匿他所，手作奏，投門罅聞上。上止開門，縋入吉祥，鎖繫之。欽不知也，與弟鉉、鐐、鐸率番將伯顏也先至東長安門，門閉。欽知事泄，卽召死士馳至逯杲門，杲方出，斬之，碎其屍。杲故吉祥黨，被恩遇素厚，後爲上伺欽，欽大恨。都御史寇深亦善欽，既乃與言官疏劾之，欽亦以爲恨，與鐸馳入西朝房索深，斫深肩，破其身爲兩。時長安街中甲卒馳驟，入朝者以爲征西軍也。及訊知，各悸散去。大學士李賢待朝東朝房，欽復馳索之，戶外之聲洶洶。賢驚出，則甲而刃者數人，一人砍賢肩，傷耳，刃跗擊賢背。少選，欽持逯杲頭來，叱刃者，執賢手，曰：「今日直爲此激變，非得已也，可爲我草疏進上。」亡何，又執尙書王翺。賢乃就翺所索紙爲草疏，同翺投入長安左門隙。門堅不啓，欽火之，守衞軍拆御河之岸磚以壘門。欽往來嘯呼，擬賢刃者數，舍之馳去，又索馬昂不得，時已昧爽矣。懷寧伯鏜謂其子輔、軏曰：「若號于道，有獄賊反，獲者得厚賞，征西軍可集也。」已，稍集至二千人，甲兵具。鏜曰：「不見長安門火耶！曹欽謀反。兵少，擊殺者予金。」皆曰：「諾。」工部尙書趙榮被甲躍馬奮呼市中，曰：「能殺賊者從我！」從者亦數百人。鏜之東安門逐賊，欽退屯東華門。鏞接戰，鐙軍銳甚，賊衆披靡。自辰至午，擊斬鏞，欽中流矢創巨，振策馳。恭順侯瑾將五六騎出覘賊，猝與遇，力戰死。欽還駐東大市街，相拒至酉。鉉以百餘騎往來馳突者三，官軍環結自潰，鐙執斬潰者以徇，發神臂弓射之，遂追斬鉉。鐙子軏遇欽于道，奮砍中其膊，軏亦死。欽懼，率騎還攻朝陽門，不克，走安定、東直、齊化諸門，門盡閉，大雨，夜竄歸。鐙督兵與戰，馬昻以精兵殿。會昌侯孫繼宗兵又集，鏖戰。軍士奮呼而入，欽迫，投井死，鐸見殺。遂屠其家，親黨同謀，一時盡死。捷聞，上以是夕御午門，下吉祥都察院獄，明日磔于市。且追磔欽、鐸、鏞、鉉，伯顏也先、馮益、湯序伏誅，餘並流嶺南。有賀三老者，欽妻父也。見欽勢盛，絕不與通。欽嘗欲爲求一官，力辭不可。欽敗，姻黨株連，三老獲免。

八月，進伯孫鐙爲懷寧侯，馬昻、王翺、李賢並加太子少保，完者禿亮爲都督，將士陞賞有差。追封吳瑾梁國公，謚忠壯。贈寇深少保，謚莊愍。以擒賊詔示天下，布寬卹，開言路。

時李賢奏言：「曹賊就擒，此非小變。宜詔天下，一切不急之務，悉予停罷。」又言：「自古治朝，未有不開言路者。惟奸邪之臣，惡其攻己，必欲塞之，以肆其非。」上曰：「此石亨、曹吉祥實爲之，今宜列之于詔，使天下聞知。」

谷應泰曰：石亨、石彪驍勇善戰，有隴西李氏之風。使之臥虎北陲，自當匹馬不南矣。帝既北狩，也先再薄京師，陵寢崩摧，祭器灰燼，朔騎憑陵，目無中國。于謙督軍九門，亨、彪轉戰甚力。德勝、安定、彰義、清風店、倒馬關諸捷，軍聲復振。也先諸部慟哭出關，既懼且悔，乃擁還上皇，以結好中國，戰之力也。

既而龍歸興慶，幕徙南庭。亨、彪窺伺君側，逆知不起，合謀曹寺，取功奪門。李賢有言：「陛下應天順人，門何必奪！」當前星已隕，震位久虛，聖敬方躋，乾符奪算，上天垂象，蓋可見矣。卽在景帝憑扆，羣臣憂懼，或心歸沂邸，或意屬襄藩。然而襄王自外入內，憲宗以子先父，則上皇之必能復辟，不待仰步乾象而後決也。一旦挾萬乘之尊，行僥倖之事，乘晦勒兵，登垣掖駕，萬一謀臣不謹，郕邸預知，曹、石之肉其足食乎？邀天之幸，私爲己功，吉祥蒙狐、趙之勛，亨、彪受蕭、曹之賞。功以倖成，福以滿敗。當其請官卿貳，建第長安，武安侯之除吏，賫都鄉之沁園，曹、石此時，帝固已芒刺在背矣。

于時彪鎮大同，亨守延綏，分控要害，屢斬名王。捷聞幕府，帝輒召還。帝既疑石，石遂自疑。妖言遽興，同悲黃犬。向使石氏無奪門之功，亨、彪豈少通侯之賞，積勞汗馬，以功名終，石氏子孫雖至今存可也。

吉祥無尺寸微勞，欽、鐸、鑌、鉉，蟬貂簪玉。稍加抑裁，輒生怨望，犯闕稱兵，反形尤著。易著負乘，詩歌相鼠，身族誅滅，固其宜爾。嗟乎！方其論吉祥之功，曹欽身膺五等。未幾論誅吉祥之功，懷寧又進列侯。高帝白馬之盟，唐叔桐圭之賜，稍稍淩遲衰微矣。

英宗間關險阻，再御萬幾。祭則寡人，有同王振。至天順五年，始下詔悔恨曹、石，君子以爲不勝其悔也。

明史紀事本末卷之三十七

汪直用事

憲宗成化十三年（丁酉，一四七七）春正月，置西廠，命太監汪直詗刺外事。汪直者，大藤峽猺〔種〕（據明史卷三〇四宦官傳補）也。猺賊平，直以幼男入禁中，爲昭德宫内使，尋掌御馬監事。年少黠譎，上寵之。

先是，妖人李子龍以左道惑衆，内使鮑石、鄭忠敬信之。夤緣入内府，時引至萬歲山觀望，謀不軌。錦衣官校發其事，伏誅。

自是上鋭意欲知外事，乃選錦衣官校善刺事者百餘人別置廠於靈濟宫前，號西廠。永樂中，盡戮建文諸臣，懷疑不自安，始設東廠主刺奸。至是，名西廠，以別東廠也。縱直出入，分命諸校，廣刺督責，大政小事，方言巷語，悉採以聞。

二月，籍沒福建都指揮楊（曅）〔業〕（據明史卷一四八楊榮傳改）家。（曅）〔業〕少師榮曾孫也。居鄉逃罪入京師。錦衣百戶韋瑛故無賴，冒内官韋姓者從征延綏，陞百戶。至是，詣汪直報之，謂（曅）〔業〕家貲巨萬，常殺人，將招納亡命下海。直喜，發卒捕之。詞連兵部主事楊仕偉、中書舍人董璵，俱下獄瀕死。（暈）〔業〕竟斃，復遣瑛籍其家。

三月，左都御史李賓奏擬妄報妖言者坐斬。時西廠旗校以捕妖言圖官賞。無籍者多爲贋書誘愚民。行事者捕之，加以法外之刑，寃死相屬，無敢言者，故賓奏之。

夏四月，汪直令韋瑛執左通政方賢、太醫院判蔣宗武下西廠獄。禮部郎中樂章、行人張廷綱使安南還，刑部郎中武清廣西勘事還，浙江布政使劉福起復至京，汪直並令韋瑛執繫之。御史黃本雲南、貴州清軍刷卷還，汪直令韋瑛搜得象笏一，執送錦衣衛，問爲民。

五月，罷西廠。時汪直開西廠，羅織數起大獄，臣民悚怵。大學士商輅疏言：「近日伺察太繁，政令太急，刑網太密，人情疑畏，洶洶不安。蓋緣陛下委聽斷於汪直，而直又寄耳目於羣小也。中外騷然，安保其無意外不測之變。往者曹欽之反，皆逯杲有以激之。一旦禍興，卒難消弭。望陛下斷自宸衷，革去西廠，罷汪直以全其身，誅韋瑛以正其罪。」疏入，上怒曰：「一內豎輒危天下乎！」太監懷恩傳旨詰責甚厲，輅曰：「朝臣無大小，有罪皆請旨收問，直敢擅逮三品以上京官。大同、宣府，北門鎖鑰，守備不可一日缺，直則一日擒械數人。南京祖宗根本重地，留守大臣，直輒收捕。諸近侍，直輒易置。直不黜，國家安得不危！」恩齧指而退，奏上，上立命去西廠。召懷恩數直罪責之，謫韋瑛戍宣府。

兵部尚書項忠削籍爲民。初，汪直掌西廠，士大夫無與往還。左都御史王越因西征識韋瑛，遂深相結，日往伺直。吏部尚書尹旻偕諸卿貳欲詣直，屬越爲介。既見直，相率諸卿貳叩頭出，直大悅。

一日，項忠途遇直。既過，覺之。追及，下輿謝，忠不爲禮。尋辱忠於朝，復遣校卒直上堂，辭色甚厲，忠亦不爲禮。而王越謀代忠，又毁短之。直以是啣忠，日掇拾其事，危甚。忠具疏倡九卿劾奏直，令武選郎中姚璧持赴旻署名，旻曰：「本項公所撰，當以兵部爲首。」璧曰：「公，六卿長也。」旻怒曰：「今日亦知六卿長乎？」即遣人報韋瑛，直愈怒，思有以中忠。

會千户吴綬者，先在楚軍撓法，忠逐綬。綬從直營求書記，頗工文詞。直喜，得授錦衣副千户。及西廠罷，上有時密召直察外間事，直因以吴綬能文事封進，遂命綬於鎮撫司問刑。直乃嗾東廠官校，發江西都指揮劉江、指揮黄賓事誣搆忠。給事中郭鏜、御史馮瓘附直，交論忠違法，忠廷辯慷慨不少屈。獄成，竟坐削籍。璧亦降調。璧，故尚書夔子也。

六月，以御史戴縉、王億言，復西廠，命汪直仍刺事。縉言：「近年災變洊臻，未聞大臣進何賢，退何不肖。惟太監汪直釐奸剔弊，允合公論。而止以官校韋瑛張皇行事，遂革西廠。伏望推誠任人，命兩京大臣自陳去留，斷自聖衷。」上悦。時縉九年不遷，以覬進，故頌直。其自陳一事，尤直所喜，蓋直常惡商輅、李賓難於施行也。億言：「汪直所行，不獨可爲今日法，且可爲萬世法。」天下聞而唾之。

大學士商輅，尚書薛遠、董方，左都御史李賓並致仕，以王越爲兵部尚書兼左都御史掌院事。時越附汪直，嗾御史馮瓘排諸大臣。輅既致仕，遠等相繼自陳去。

十一月，以御史馮瓘爲大理寺丞，戴縉爲尚寶司少卿。縉尋擢僉都御史，王億爲湖廣按察副使。

十四年（戊戌，一四七八）夏五月，汪直奏請武舉設科，鄉、會、殿試如進士例。

秋七月，兵部右侍郎馬文升撫遼，尋還京。

先是，海西兀者都指揮散出哈上書，言開原驗放管指揮索其珍珠豹皮。命遼東守臣勘之，管指揮者懼。會散出哈姪產察入貢，指揮賄之，察乃言其誣。散出哈聞之怒，謀聚衆入犯邊。守臣乃譯番書，招散出哈來廣寧面質之。散出哈遂率所部，欲由撫順關進赴廣寧。時參將周俊守開原，恐散出哈至則事泄，遣使馳報廣寧守臣，詭云：「海西人素不由撫順進，恐啓他日之患。」守臣不虞其詐也，即阻之。散出哈已入關，聞之大怒，折矢誓恨去。而遼左諸衞，故有執殺董山之怨，既藉海西之勢，遂留散出哈相煽結，合兵入邊，勢漸熾。汪直惑於王英，謂往撫可邀大功。上欲遣之，懷恩以直年少喜功，同覃昌至南閣，集尚書余子俊、侍郎馬文升議，僉言：「彼既有使入貢，又屠其家，今若何可以消弭？」或言：「酬以大官。」文升曰：「官不足以釋其忿。且宋以李繼遷爲京官，遂至西夏之患。」懷恩曰：「然則遣大臣同大通事往撫之。」衆皆曰：「諾。」既傳旨，命馬文升、詹升往。直令王英與俱，文升謝之，直深以爲恨。

文升疾馳至撫順，縱貢使重陽歸諭其衆，使知朝廷德意。尋召其部長聽宣璽書，慰勞備至。已而海西復縱兵寇掠，文升擊敗之，旋撫定。事聞，直言：「既受撫，何又入寇？」終信王英言請自往。諸部聞直聲勢，久無一人出聽撫者。直至開原，文升在撫順，直不與之接。於是文升所招兀者、野人、堵里吉三百餘人皆怒欲歸。參將周俊恐敗事，謂直曰：「不可不請馬侍郎來。」直乃遣人邀文升。文升馳至，直曰：「若之何？」文升曰：「太監既至，此屬卽太監招出者也，何間彼此。」直揣知事不易，聽文升言犒之，遂與文升俱歸遼陽，會聞於上。

秋七月，江西人楊福僞稱汪直，伏罪。

福嘗爲崇府內使，隨入京。既而逃還，過南京，遇所識者，謂其貌酷似直。福乃詐稱爲直，而所識者，卽僞爲校尉。自蕪湖乘傳給廩，歷常、蘇，由杭州抵四明，有司及市舶官皆屏息奉命，威福大張。

既至福州，爲鎭守太監盧勝所覺，執問如律。

十五年（己亥，一四七九）夏六月，命汪直同刑部尙書林聰卽訊遼東事，逮兵部侍郎馬文升下錦衣獄，謫戍重慶。初，陳鉞巡撫遼東，行事乖方。文升更置之，約束不得動。汪直至遼東，鉞戎服伏道左，除道飾廚，供帳鮮麗。文升獨與直抗禮，頤指左右，左右多譽鉞毀文升。鉞又乘間譖之。

會給事中張良劾鉞激變屬部，逮至京。鉞賂直，言：「海西皆以文升禁農器，不與交易，故屢寇邊。」直遂奏文升「妄啓邊釁，擅禁農器」。仍遣直同聰往訊。直繆致恭敬，深自結納於聰，聰上報竟如直言。然文升所禁鐵器，非農器也。

秋七月，命汪直行邊。

冬十月，遼東巡撫陳鉞請討海西，以撫寧侯朱永爲總兵，陳鉞提督軍務，汪直監之。直既至遼東，有頭目郎秀等四十人入貢，遇直於廣寧，直誣以窺伺，掩殺之。出塞掩不備，焚其廬帳而還，以大捷聞。論功，加汪直歲祿，監督十二團營。朱永進保國公，陳鉞戶部尚書。

已而海西諸部以復仇爲辭，深入雲陽、青河等堡，殺掠男婦，皆支解以徇。邊將斂兵不出，鉞隱匿不以聞。以太僕少卿王宗彝爲僉都御史，巡撫遼東。宗彝故大學士文子也。以郎中督餉遼東，阿汪直，得驟進。

十六年（庚子，一四八〇）春正月，給事中孫博上言：「東、西廠緝事旗校多舉細故，中傷大臣。旗校本厠役之徒，大臣乃股肱之任，傷國體，非治世事。」疏入，切責。

三月，命太監汪直、保國公朱永、尙書王越率兵出塞，襲敵於威寧，破之，越封威寧伯。

夏四月，巡按遼東御史強珍上疏，劾太監汪直、總兵侯謙、巡撫陳鉞前失機隱匿罪。於是都給事中吳原、御史許進等亦以鉞爲言，比之黄潛善、賈似道。詔罰鉞俸，鉞因怨王越掌院事縱珍。而汪直適巡邊還京，鉞郊迎五十里，訴珍承越意旨見劾。直怒，越亦來迓，不見越。巡撫遼東王宗彝遂阿直意，誣珍妄奏，械珍至京，下錦衣衞獄，戍遼東。

秋七月，汪直議征安南。時安南累歲侵擾占城，占城遣使入奏，請討之，直因獻取安南之策。郎中陸容上言：「安南臣服中國已久，今事大之禮不失，叛逆之形未著。一旦以兵加之，恐貽禍不細。」直意猶未已，傳旨索永樂中調軍數。時劉大夏在職方，故匿其籍，徐以利害告尙書余子俊，力言沮之，事乃寢。

十七年（辛丑，一四八一）秋八月，亦思馬因寇大同，以威寧伯王越佩征西前將軍印鎭守，太監汪直監其軍。

冬十月，巡撫宣府都御史秦紘密疏汪直縱旗校擾民，上釋之。紘既抵宣府，直亦以事至，聲勢烜赫，他巡撫官率屈禮，紘獨與抗，直亦不爲較。紘乃密疏論直。後直還，上問各撫臣賢否，直獨稱紘廉能。上以紘疏示直，直叩頭伏罪，稱紘賢不置。

十八年（壬寅，一四八二）春三月，復罷西廠。先是，有盜越皇城入西內，東廠校尉緝獲，太監尚銘以聞，上喜甚，厚賜賚。直聞怒曰：「銘吾所用，乃背吾獨擅功。」思有以傾之。銘懼，潛以直搆禍事達於上。上自直行後，李孜省用事，萬安結昭德宮，頗攬權，惡直浸淫，上亦漸疎之。於是科道交章奏西廠苛察，非國體。萬安亦謂宜罷，劉珝不可。上竟罷西廠，中外欣然，珝有慚色。

秋八月，調威寧伯王越守延綏，都督許寧代。時萬安恐汪直爲越所誘，求復用，故有是調。

十九年（癸卯，一四八三）夏六月，調汪直南京御馬監。直與總兵許寧不協，巡撫郭鏜以聞，故有是命。方直之貴盛也，車蓋所至，有司迎候不及，動遭箠撻，率皆預治具，夙戒以待，使僕從皆醉飽，直然後悅。至是被調，過州縣，有司皆避之。直困頓仰臥公館，孤燈熒然。有知州裴泰者，向供具甚肅且備。適迎謁上官，遇直，直喜求食，曰：「吾非復前比矣。吾南行，上意未可測。旦日發，得馬夫足矣。」泰拱手而立。

秋八月，御史徐鏞上疏劾汪直欺罔罪，曰：「汪直與王越、陳鉞結爲腹心，自相表裏。肆羅織之文，振威福之勢，兵連西北，民困東南，天下之人但知有西廠而不知有朝廷，但知畏汪直而不知畏陛下。漸成羽翼，可爲寒心。乞陛下明正典刑，以爲奸臣結黨怙勢之戒。」

上深納其言。汪直有罪罷。削王越威寧伯，追奪誥券，編管安陸州。兵部尚書陳鉞、工部尚書戴縉、錦衣指揮使吳綬革職爲民。起前兵部尚書項忠，復其官。召還馬文升，以爲左副都御史，巡撫遼東。

初，汪直用事久，勢傾中外，天下凜凜。有中官阿丑善詼諧，恆於上前作院本，頗有諷諫風。一日，丑作醉者酗酒狀，前遣人佯曰：「某官至。」酗罵如故。又曰：「駕至。」酗亦如故。曰：「汪太監來。」醉者驚迫帖然。旁一人曰：「駕至不懼，而懼汪太監何也？」曰：「吾知有汪太監，不知有天子。」又一日，忽效直衣冠，持雙斧趨蹌而行。或問故，答曰：「吾將兵，惟仗此兩鉞耳！」問鉞何名，曰：「王越、陳鉞也。」上微哂，自是而直寵衰矣。及其罷斥，中外莫不快之。尋尙銘亦有罪黜，籍其家，得貲數萬輦。韋瑛譎萬全衞，計要功起用，自撰妖言，誣巫人劉忠興十餘人不軌。會鞫得白，瑛伏誅。

谷應泰曰：有明百餘載，海內乂安，朝野豪業，太阿潛移，刑人執柄，中官之禍屢作。至憲宗命汪直設西廠，喟然廢書嘆曰：嗟乎！法之涼也，國制亂矣。夫千尋之木，必有壞枝；徑尺之璧，必有微瑕。故黈纊塞聰，垂旒蔽明，山澤納污，國君含詬。愧張武之金錢，隱河東之酒過。所以匿疵呈瑜，鼓策羣力也。

國武好言人過，君子知其見殺；隋文苛細繩下，識者陋其貽謀。乃欲刺事暮夜，詗人牀第，方言巷語，競入宸聽；瓜蔓枝連，立成大獄。不知竹箭鉤距，賢吏薄之，謂其行衰俗惡。況以萬乘之尊，行攻訐之智乎？而且委柄匪人，寄權近寺，招致奸民，顯行繫械。其始也，李膺破柱，將閭呼天。因而權歸北寺，獄奏黃門，禍發清流，慘同白馬。繼也，薑桂皆鋤，脂韋成習，呈身宮掖，屈膝私人，中官勢成，而主上孤立矣。

憲宗躬法桓、靈，養奸甫、節。卿貳大臣，直皆收問；局司近侍，直得更張。檻車逮治，南署空曹；緹騎行邊，北門不守。明世中人，多竊寵靈，亦未有顯挈利器，授人斷割如憲宗者。昔高皇帝罷錦衣衛獄，焚其械具，垂示子孫，刑人於市，以明大公，勿幽置禁闥，委命奄豎也。西廠繼罷，弊不復革，瑾讀直書，魏傾善類。至懷宗手平內亂，晚年東廠，羅捕無遺。商鞅治秦，道無偶語；元濟竊蔡，火不夜燃。斯亦酷吏哀痛之風，衰國亂亡之漸也。

彼汪直以大藤瑤賊，幼畜禁中，不思日磾竇瑟之忠，妄有祿山赤心之詐。酷好用兵，輒開邊釁，海西一役，幾激降人。而垂羽北陲，邀功南服，不知南海明珠，寂寥久矣。馬文升撫順推功，劉大夏安南焚籍，大臣之委蛇人國，固如是也。阿丑詼諧悟主，談笑除奸；覃懷乃心王室，倚呲正人。夫亦寺人女子之流，淳于、優孟之智也與！談言微中，說人主者又何可不察也。

明史紀事本末卷之三十八

平鄖陽盜

憲宗成化元年（乙酉，一四六五）夏四月，荆、襄盜劉千斤反。

荆、襄之上游爲鄖陽，鄖，古麇國，春秋時爲楚附庸，地多山。元至正間，流賊作亂，終元世，竟不能制。明初命鄧愈以大兵勦除之，空其地，禁流民不得入。然地界湖廣、河南、陝西三省間，又多曠土。山谷阨塞，林箐蒙密，中有草木，可採掘食。正統二年，歲饑，民徙入不可禁。聚既多，無所稟約束，中巧黠者，自相雄長，稍能驅役之。漢中守臣以聞，且言：「不即誅，恐有後患。」上曰：「小民爲饑寒所迫，奈何遽用兵誅之！」命御史金敬往撫輯。敬至，謫數人戍，餘陽聽撫，而大奸皆潛伏不出。尋復縱，勢益滋蔓。有錦衣千戶楊英者，奉使河南，策其必反，上疏言：「流逋之衆，宜選良吏賑恤其饑，漸圖所以散遣之。」辭甚諄切，不報。三省長吏又多諉非己境，因循不治。至是，千斤遂倡亂。

千斤名通，河南西華人，有膂力。縣治門有石獅重千斤，通手舉之，人因號爲劉千斤。正統中，潛往襄陽房縣，與僧尹天峯謀亂。成化元年，有石龍，號石和尚，糾合馮子龍數百人，四散剽掠。通令男聰約子龍舉事。乃於大石廠立黄旗聚衆，據海溪寺稱王，僞號漢，建元德勝。僞署將軍元帥，以石和尙爲謀主，劉長子、苗龍、苗虎爲羽翼，衆至數萬，劫襄、鄧境。時王恕方以副都出撫，懸榜曉諭，而未受分討之命。賊狃爲故常，不肯散。恕聞於朝，曰：「民可撫也。而奸民好亂者，非兵不威。」

五月，命撫寧伯朱永爲總兵官，兵部尙書白圭提督軍務，太監唐愼、林貴監軍，合湖廣總兵李震討劉千斤，副都御史王恕會三師並進，擣其巢。

二年（丙戌，一四六六）春二月，擢鎭守荆、襄王信爲都指揮同知。劉千斤之亂，荆、襄震驚。信度房陵險要，自率數十騎往據之。調集民兵，不滿千人。賊四千餘人突至，圍攻之。援絶，信多張旗舉火，日夜不息，歷四旬。間以死士出城五六里舉火砲，賊以爲援兵也，驚潰，信追擊大利。

三月，提督荆、襄軍務兵部尙書白圭奏言：「賊首劉千斤在襄陽房縣、豆沙河諸處萬山之中，分作七屯。臣等議欲分兵四路：一從南漳，一從遠安，一從房縣，一從穀城，犄角並進，尅期會勦。」上報曰：「兵不可遙制，悉如卿所議行。」

五月，兵部尙書白圭及湖廣總兵都督李震帥師討荆、襄賊，平之。先是，圭至南陽，與撫寧伯朱永由南漳入，遇賊，誘之臨城，擊破之。永適有疾留鎭，圭與唐愼、李震、湖廣巡撫王儉進兵潭頭坪，林貴、鮑政自遠安進兵馬良坪，喜信、王信自房縣進兵浪口河，王恕率都指揮劉清等亦自穀城進兵洞庭廟。賊見勢逼，千斤走壽陽，欲出陝西；苗龍走大市，欲出遠安。卽調兵往壽陽，截其奔軼，千斤退保大市，與龍合。都指揮田廣進至鴈坪，擊賊敗之，追及於古口山。

明日，廣與諸軍皆會，進攻賊陣。斬其子劉聰、僞都司苗虎一百餘人。乘勝進兵，賊退入巢穴。山險，復雨淖，圭身先士卒，至格兜，賊憑險爲拒。時諸路兵會已二日，攻之不能下。士卒聞圭來，倍奮勇。圭乃命劉清將兵千餘，由間道出賊後，焚其營，而自以大軍臨之。圭與震、儉攻其右，王信擊其左，鮑政衝其中。賊數萬餘迎戰，顧其營火，遂驚走，蹂躪死者無算，擊斬萬人。生擒劉千斤，獻俘京師，與苗龍等四十人，皆磔於市。男子十歲以上者斬之，惟劉長子、石和尚遁去，深入巖險。會永病愈，更帥兵搜餘賊。

六月，石和尚集衆千餘，焚劫四川大昌縣，殺夔州通判王禎。命分兵討之。

冬十月，提督湖廣軍務白圭誘執賊首石和尚。時石和尚、劉長子聚衆巫山，圭遣參將喜信、鮑政，都指揮白玉隨賊向往勦之。賊計窮食盡，乞降。圭遣指揮張英誘之，劉長子遂縛石和尚送至喜信營，受之。長子詣信營乞食，信餉之，俾居近營。既而幷誘執劉千斤妻連氏及其僞職常通、王靖、張石英等六百餘人。事聞，上命搜捕餘黨，賊平。諸將忌張英功，譖於朱永，謂英多獲賊賄。以事捶殺之，遂班師。

十一月，磔石和尙、劉長子於市。敍平荆、襄功，進撫寧伯朱永爲侯，李震興寧伯，白圭進太子少保。

四年（戊子，一四六八）春三月，改戶部右侍郎楊璿爲右副都御史，撫治荆、襄、南陽流民。

六年（庚寅，一四七〇）冬十月，荆、襄賊李鬍子聚衆反。

先是，賊平，諸郡邑控制戍守皆未設。會歲大旱，流民入山者九十萬人。李鬍子，新鄭人，劉千斤餘黨也。千斤敗，與其黨王彪走免。糾合餘黨小王洪、石歪膊往來南漳、內鄉、渭南間，復倡流民爲亂，僞稱太平王，立「一條蛇」「坐山虎」等號，官軍累捕不獲，荆、襄、南陽爲之騷然。

十一月，命都御史項忠總督河南、湖廣、荆、襄軍務，討李鬍子。

七年（辛卯，一四七一）春正月，右都御史項忠至襄陽，以見卒寡弱，請調永順等土兵。從之。諸將請速進，忠曰：「流民逃聚山谷，陷盜中，不能自脫耳。」乃駐兵分布險要，遣人持榜招諭，有能去賊自歸者，禁勿殺。於是民多攜老弱來歸。王彪引數十人覘軍，且阻歸者，出不意擒之。兵部尙書白圭言：「賊黨困饑寒，出於迫脅。宜敕項忠相度機勢，計撫綏長策。不必調永順、保靖土兵，以滋騷動。」忠奏曰：「賊據險在萬山中，復有流民從之，患將不測。臣奉詔旨，開諭生路，流民攜扶老幼出山，日夜不絕，計四十餘萬。今若中止土兵，恐民聞之，仍懷疑懼。且王彪雖授首，而渠魁李鬍子尚伏竄。設復再聚，重調爲難。」上報曰：「土兵已到，嚴約不得擾民。其流民在山，眷戀生業，不至爲非者，用心設法撫安之。」

十一月，荆、襄、南陽流賊平，進總督軍務項忠右都御史，敕留撫治。忠之用兵荆、豫也，遣人持榜，入山招諭。負險不服，卽縱兵勦不赦。李鬍子勢孤，潛伏山寨。忠遣副使余洵、都指揮李振率兵追捕，遇鬍子於竹山縣，盡死拒敵，爲官軍所擒。小王洪尚有衆五百，屯於鈞州龍潭，亦破擒之。凡遣還鄉者四十萬人，俘斬二千人，編戍者萬餘人。

時流民有自洪武以來家業延子孫，未嘗爲惡者。兵入，盡草薙之，死者枕藉山谷。其戍湖、貴者，又多道死，棄屍江滸。議者謂忠此役，實多濫殺。既樹平荆、襄碑，或亦呼爲「墮淚」，以嘲忠云。

十二月，都御史項忠獻荆、襄俘李鬍子一百二十九人，刑部尚書陸瑜等會奏，坐罪有差。

八年（壬辰，一四七二）夏四月，給事中梁璟疏劾都御史項忠偏聽檢討張寬、御史劉潔、總兵李震，縱殺要功。上曰：「荆、襄流民爲患，中外皆以爲慮。今及蕩平，卽議其後，非所以激勸天下也。」兵部尚書白圭又言：「忠所上荆、陽功次文册，與震前後不同，請勘。」上亦不聽。

五月，都御史項忠乞致仕，慰留之，召還院。先是，有星孛於天田，言者謂荆、襄殺戮所致。忠再疏自列，因乞骸骨。上溫旨答之。

十二年（丙申，一四七六）春二月，命都御史原傑經略鄖陽，撫定流民。自成化初年，陝西至荆、襄、唐、鄧之間，皆長山大谷，綿亘千里，所至流逋藏聚爲梗，劉千斤之亂因之。至李鬍子復亂，流民無慮百萬。都御史項忠奉命捕逐之，死者不可勝計。祭酒周洪謨乃著流民說，略曰：「昔因修天下地理志，見東晉時廬、松之民，流至荆州，乃僑置松滋縣於荆江之南；陝西雍州之民，流聚襄陽，乃僑置南雍州於襄西之側。其後松滋遂隸於荆州，南雍遂併於襄陽，垂今千載，寧謐如故。此前代處置荆、襄流民者，甚得其道。若今聽其近諸縣者附籍，遠諸縣者設州縣以撫之，置官吏，編里甲，寬徭役，使安生業，則流民皆齊民矣。」都御史李賓深然其說。至是流民復集如前，賓乃援洪謨說疏上之，上可焉，命傑往蒞其事。

秋七月，北城兵馬吏目文會疏言：「荆、襄自古用武之地。宣德間，有流民鄒百川、楊繼保匿聚爲非。正統中，民胡忠等開墾荒田，始入版籍，編成里甲。成化年來，劉千斤、石和尙、李鬍子相繼作亂，大臣處置失宜，終未安輯。今河南歲歉民饑，入山就食，勢不可止，能保無後日之患？謹條上三事：曰荆、襄土地肥饒，皆可耕種，遠年入籍流民，可給還田土，所附籍者領田土力耕，量存恤之，其願回籍者聽。曰流民潛處，出沒不常，乞選良有司爲之撫綏，軍衞官爲之守禦，則流民自安。曰荆、襄上流，爲吳、楚要害，道路多通，必於總隘之處，加設府、衞、州、縣，立爲保甲，通貨賄以足其衣食，立學校以厚其風俗，則其民自趨於善矣。」上大是之，命都御史原傑採其言用之。

九月，都御史原傑奏言：「信陽、固始等州縣，南抵蘄、黄，西接荆、襄，東連鳳陽、霍丘，山勢綿亙，河流四達，盜易出沒。且鳳陽、陳州，近皆被災，流民載道。盜入霍丘，劫帑藏，執縣官，民庶騷動，誠宜思患預防。今請於汝寧所屬信陽等一十三州縣，令二司巡守官選壯丁，備器械馬匹。委任二官督之，緝捕盜賊。又信陽軍民雜處，奸盜尤衆，請調守備南陽河南都指揮官，俾得專禦盜賊，禁治銀洞。又商城縣南接六安州二百餘里，四野曠漫，而金剛臺巡檢司乃在縣北，今請遷置縣馬頭山。」詔悉如所言行之。

十一月，開設湖廣鄖陽府，卽其地設湖廣行都司、衞、所及縣。時都御史原傑徧歷諸郡縣，深山窮谷，無不親至。至則宣朝廷德意，問民疾苦。諸父老皆忻然願附版籍爲良民。於是大會湖廣、河南、陝西撫、按、藩、臬之臣，籍流民得十一萬三千餘戶，遣歸故土者一萬六千餘戶，其願留者九萬六千餘戶，許各自占曠土，官爲計丁力限給之，令開墾爲永業，以供賦役，置郡縣統之。於是湖廣割竹山地，分置竹溪縣；割鄖、津地，分置鄖西縣；河南割南陽、汝州、唐縣地，分置桐柏、南召、伊陽三縣；陝西析商縣地，爲商南、山陽二縣，而以商縣爲商州。使流寓土著者參錯以居。又卽鄖縣城置鄖陽府，以統鄖、（及）〔房〕（據鴻猷錄卷十一改）、竹山、竹溪、鄖西、上津六縣，且立行都司、衞於鄖陽，以保障控禦之。經畫既定，乃上其事。因薦鄧州知州吳遠爲鄖陽知府，諸州、縣皆選鄰境良能吏，習知其事者爲之。又以地界三省，無統紀，薦御史吳道宏才望，請代己任，得兼制三省，撫治八郡，居鄖陽。上遂擢道宏爲大理少卿，代傑撫治。馳璽書賜傑召還，以爲南京兵部尚書。傑勞苦成疾，南還，竟卒於驛舍。荆、襄之民聞之，無不流泣者。尋以撫治鄖陽大理少卿吳道宏爲右僉都御史，開府鄖陽，著爲令。

谷應泰曰：鄖陽斗絕，西北錯處陝、蜀，南下則光、信、南陽、豫州之域。漢北楚山，又皆蜿蜒亙屬，下抵鳳陽、廬、霍。地徧千里，壤接數省，河流四達，複嶺萬重，麇羅之故國，鬻熊之邊陲也。終元之世，嘯聚不散。高皇剷平，竟虛其地，禁民勿入。夫亦周終徙洛，漢不復豐，惡其淵藪，遂作丘墟。然而鄖處萬山，林篁叢密。地既紆迴，利堪樵給。流民生長，莫隸版圖，家占土田，不知租稅。此亦桃源之於武陵，五丁之於蜀道矣。

流聚既多，遂生雄長，天水泥丸之志，尉陀坐大之形。劉通以膂力號劉千斤，石龍以妖讖號石和尚。憲宗之世，僭號改元，唐、鄧、荆、襄，騷然不靖。白圭以大司馬出督，五道俱進，敗之南漳，懸軍深入，焚其中營。千斤獻俘闕下，而臨陣斬獲者萬有餘人，蹂亂走死者不可勝算。兵威懲創，於斯烈矣。既而劉長子又以餘黨復聚巫山，圭發師掩捕，連營入討。食盡援窮，誘殺渠帥，獲縛者復六百餘人。而上猶命縱兵誅勦，必無噍類。示不臣之炯鑒，明天威之莫犯也。既而李鬍子又以餘黨搆亂荆、襄，項忠主勦尤力。徧召土兵，進營竹、房，陳俘二千，編戍滿萬。乃史稱其草薙良民，枕籍山谷，戍多道死，尸棄江干。項羽盡屠外黃，(晉)〔荆〕楚遂築京觀，不是過也。

然而流民入山就食，雲集如前。大臣悔禍，始議更張。洪謨著流民之說，文會有三事之陳。原傑乃披榛履險，宣布慰問。於是山東之民扶杖聽詔，河北之老流涕觀軍。入籍者十一萬三千，願留者九萬六千餘戶。各占曠土，並輸賦役。割地三省，設置六縣，而鄖陽巍然重鎮矣。鄖國成渠，秦溉萬頃；受降河外，唐築三城。國寶慢藏，利器誨盜。非惟棄險，實啓戎心。故一介之吏，賢於十萬之師，耰鉏之民，勝於組練之甲。然後知飲至凱旋，稱俘獻廟。當時虔劉我赤子，抑又何多也。原傑崎嶇布置，竟以勞卒。萊公雷竹，叔子峴碑，視死人如刈，以爲己功者，吾又以傑爲百世如生也。

明史紀事本末卷之三十九

平藤峽盜

憲宗成化元年（乙酉，一四六五）春正月，兩廣蠻寇亂，以都督同知趙輔爲征蠻將軍，都督僉事和勇爲游擊將軍，擢浙江左參政韓雍右僉都御史，贊理軍務，率兵討之。太監盧康、陳瑄爲監軍，戶部尙書薛遠督餉，御史劉慶、汪霖紀功。

廣西潯州之境，萬山盤亘，中有水曰潯江，發源柳、慶，東遶至潯，帶象州、永安、修仁、荔浦、平樂諸郡縣。夾江諸山，皆峆岈巀嶪，其最險惡地爲大藤峽。蓋有孤藤渡峽磵如徒杠也。南截潯水爲府江，自藤峽至府江約三百餘里，地惟藤峽最高。登藤峽巔，數百里皆歷歷目前，軍旅之聚散往來，可顧盼盡也。諸蠻以此爲奧區，桂平大宣鄉、崇姜里爲前庭，象州東鄉、武宣北鄉爲後戶，藤縣五屯障其左，貴縣龍山據其右，若兩臂然。峽北巖峒以百計，如仙人關、九層崖其極險阨者；峽以南有牛腸、大岵諸村，皆緣江立寨。藤峽、府江之間爲力山，力山之險倍藤峽焉。又南則爲府江，週遭蓋六百里，其中多冥巖陝谷，（層）〔懸〕（據鴻猷錄卷十一改）磴絕壁。入者手挽足移，十步九折，一失足則隕身數百仞下。中產瑤人，藍、胡、侯、盤四姓爲渠魁。力山又有僮人，善傳毒藥弩矢，中人無不立斃者，雖四姓猺亦憚之。

景泰中，猺渠侯大狗等倡亂，嘯聚萬人，修仁、荔浦、力山、平樂皆應之。攻墮郡縣，出沒山谷，守吏不能制，率以招撫縻之。時朝廷方北患瓦剌，未遑也。天順中，益縱恣。詔能捕大狗者，予千金，爵一級，竟不可得。久之，蔓延廣東高、廉、雷之境，所至殘燬，兩廣守臣皆待罪。至是，兵部尚書王竑言：「峽賊爲亂久矣，其始皆由守臣以招撫爲功。譬之驕子，愈恤愈啼，非流血撻之，啼不止。浙江左參政韓雍有文武才，以討賊屬之，可抒南顧憂。而諸將中惟都督趙輔勇略可任。」故有是命。閫外之事，一以屬雍。制曰：「將士有功者得自署，三司而下不用命者，以軍法論，朕不中制也。」

夏六月，韓雍至南京，會諸將議進兵方略，皆曰：「兩廣殘破，盜所在屯聚，宜分兵撲滅之，令一軍由庾嶺入廣東，而大軍出湖廣入廣西。賊在廣東者驅之，在廣西者困之，如是乃可滅。」雍曰：「不然。賊已流劫蔓出，而所至與戰，是煽禍也。大藤峽賊之巢穴，今以全師擣之。既至彼地，南可以援高、廉、雷，東可以應南、韶，西可以取柳、慶，北可以斷陽峒諸路，勢如常山之蛇，動無不應，舉無不克。心腹既潰，諸處之賊，假息遊魂耳，何煩于逐乎。舍此不圖，而分兵四出，則賊愈奔突汗漫，郡縣愈殘燬。所謂救火而噓之也，未見其濟。」諸將曰：「誠如公言。」乃以官軍三萬人兼程而進。

秋七月，韓雍大軍至全州，會陽峒、西延苗賊爲梗，出偏師擊滅之，斬失律指揮李英等四人，軍中股栗。

九月，大軍至桂林，雍按圖籍與諸將議曰：「修仁、荔浦，藤峽之羽翼也，不剪除此，藤峽勢不孤。」乃以永順、保靖及西江土兵十六萬人，分五路進。先破修仁，窮追至力山，大敗之，生擒一千二百餘人，斬首七千三百餘級。

冬十一月，大軍至潯州，雍延父老問計，皆曰：「大藤天險，重崑密箐，三時瘴癘。某等生長其地，不能得其要領。且賊聞大兵至，爲備益堅。莫若屯兵圍之，且戰且守，可不戰自斃。」雍曰：「不然。峽山遼遠，紛披錯雜六百餘里，安可圍也！且屯兵日久，將士懈弛，睥睨衝突，豈能悉防。兵法曰：『寧我薄人。』又曰：『先人有奪人之心。』今我軍新破府江，勇氣百倍，賊聞震恐喪魄矣，因而乘之，可立破也。」乃以總兵歐信、參將孫騏、高瑞等帥六萬八千人爲右軍，自象州、武宣分五道入攻其北；以都指揮白全、楊嵮、張剛、王岊等帥九萬二千人爲左軍，由桂林、平南分八道入攻其南；以參將孫震、指揮陳文章等守左江及龍山、五屯，防其奔軼；雍與趙輔、和勇營高振嶺以督諸軍。雍復令歐信曰：「山北既破，便可提兵深入，夾攻桂州、橫石諸崖。」令夏正曰：「林峒，沙田、府江間道也，宜越古眉、雙髻諸山，伏兵林峒，扼其東奔。」諸將聽命。

十二月朔，韓雍督諸將四面並進攻之，別遣兵斷諸山口。賊聞兵來，置婦女積聚于桂州横石、寺塘諸崖，乃悉力出捍。峽南排栅堅密，滚木、礧石、鏢鎗、毒矢下如注。官軍登山仰攻，雍督戰益急，敵少息。雍覘其怠，急擊之，將士用團牌、扒山虎、壓二笆等器，魚貫以進，皆殊死戰，呼聲撼山峽若崩，賊氣奪。雍命縱火焚烈，烟焰蔽天，日晝晦，賊大潰散。盡破山南、石門、大信、道袍、屋厦、諸舍、老鼠、寨嶺、竹踏、梁腦、紫荆、林峒、沙田、古營、牛腸、大岾、大寨等寨，賊屋廬藏積皆赭。日暮，雍命就營賊巢中，衆栗栗覡。雍恬然整暇，咸恃以安。賊既潰入横石諸崖，雍飭兵窮追，伐山通道，行數日至其地。賊上九層樓等山，絕崖懸壁，勢控霄漢，林箐叢惡，非人所處。樹栅據之，用千觔礧石大木轉而下，聲若雷，巖谷皆應，弩矢雨注。雍誘使大發，而令人間道潛陟其巔，覘賊發竭，舉砲爲應。自卯至未，賊發竭，砲舉，大駭。雍督將士緣木扳蘿而升，猨引蟻附，漫山奮擊，連數日夜，鏖戰數百合，發火箭焚其栅。而夏正等亦自林峒來援，與大兵合。賊大驚潰。生擒侯大狗等七百八十餘人，斬首三千二百餘級，磨崖石紀歲月而還。土人謂自國初但禁禦無出掠，未有窮入巢穴破之者。峽中有大藤如斗，延亙兩崖，諸蠻蟻度，故曰大藤峽。乃斬峽藤斷之，易名斷藤峽。分兵捕雷、廉、高、肇諸寇，先後平之。

先是，大軍由修仁、荔浦抵大藤峽，道有儒生里老數十百人，跪持香，曰：「我輩苦賊久矣，莫敢自拔。今幸遇天兵，得自爲良民，願先三軍鋒。」雍大怒，顧左右叱曰：「此皆賊耳，縛斬之！」左右初疑雍何乃殺良民，既縛而袂中利刃出，廼知間也。悉斷頸、散手足、刳腸胃，分掛箐棘中，累累相屬。賊大驚沮，曰：「韓公天威也。」

有新會丞陶魯隸麾下，雍威嚴擬王公，軍門設銅鼓數千，儀節詳密。三司長吏見，長跪白事，慴悚如小吏。一日，顧峒賊最強險難下者，方設策。魯時直膳侍左右，謾謂曰：「丞揣我何意？」魯曰：「得非某賊耶？」雍曰：「然。丞能往否？」曰：「匪直能，且易易耳！」雍怒曰：「賊鋭甚，又搤阻自衞，非大兵不可入。部下文武數百千人，熟視無可當吾寄者。吾方欲身往，若安得易？且使若食粟能之耳！蕞爾邑不能理，乃言擊賊。若妄當笞！」魯不拜，抗言曰：「謂魯解食粟，不解擊賊者，明公未悉魯也。蔣琬、龐統廢邑事矣，後乃爲蜀名臣。公幸毋棄魯，使得畢技，當悉縛諸醜以獻。」雍異之，改容曰：「若所將幾何而辦？」曰：「三百人。」曰：「何少？」曰：「魯猶以爲多也。兵貴精，請擇。」雍曰：「任若自爲之。」魯乃標式，約曰：「有能力舉百鈞，矢射二百步者來。」三軍之士十五萬人，其比于式者得二百五十人。曰：「未也。」請復下令募，募數日，足。魯乃爲別將，自操練陣法，椎牛酒犒，甘苦共之，士爭願爲死。率以先登，大破賊，斬首無算。賊聞陶家軍駭慓遁避，叩首乞爲良民，得毋死幸甚。魯，成子也。

雍又奏調達官軍千餘，專命偏將領之。瑤、僮出入山林，利用標鎗牌刀諸短兵，不能當騎射，故達軍所向輒克，賊畏之。

既平，雍乃上言：「諸瑤之性，憚見官吏，攝以流官，終難靖亂。有上隆州土知州岑鐸以罪在禁，而事屬曖昧。蠻戎之族，不必責以彝倫。請復其職，俾領藤峽，開設州縣，仍隸潯州。又以各處巡檢，俱係流官，不諳民情，不辨地里，往來遷轉，難以責成。而部下有功土人李昇等，效有勤勞，請量授土巡檢官秩。彼皆感恩圖報，必能保障一方。又請移周沖巡檢司于勒馬，移靖寧巡檢司于獻俘，移思隆巡檢于碧灘，東鄉、龍山各宜添設。」又〔謂〕(據鴻猷錄卷十一補)：「別類僮人，國初曾充戎伍。近用兵時，遣千戶李慶招之，多肯效順。請卽本地開設千戶所，因其故俗，卽以李慶爲之渠帥統之，亦可羈縻獷悍，藉以保障地方。」奏上，上皆納之。卽斷藤峽設武靖州，以岑鐸爲知州，屬潯州府。班師論功，擢雍左副都御史，賜文綵幣六，官一子錦衣鎭撫。封趙輔武靖伯，子孫世襲。初出軍時，趙輔知雍才，軍事一聽雍，而輔但用命戰，故所向有功。

世宗嘉靖六年（丁亥，一五二七）夏五月，起新建伯王守仁以兵部尚書總制兩廣、江西、湖廣軍務。

先是，成化中，韓雍平斷藤峽，民獲寧居者二十餘年。正德五年後，遺孽漸熾，峽南賊尤甚，横江禦人。總制都御史陳金，謂諸蠻不過利魚鹽耳，乃與約：商船入峽者，計船大小給魚鹽與之。諸蠻就水濱受去，如榷稅然，不得爲梗。蠻初獲利聽約，道頗通。金亦謂此法可久，易峽名永通。亡何，諸蠻緣此益無忌，大肆掠奪，稍不愜卽殺之，因循猖獗，遂負固大爲寇。至是，守仁至兩廣，定田州，盧蘇、王受降，而兩江父老遮道言斷藤峽及八寨賊猖亂狀。守仁上疏請討，從之。

七年（戊子，一五二八）春二月，王守仁以湖廣兵至南寧，而盧蘇、王受初降，亦願立功自贖。守仁乃集諸守臣將帥議，命湖廣僉事汪溱、廣西副使翁素、僉事吳天挺及參將張經、都指揮謝珮監湖廣土兵，襲勦斷藤峽賊。仍督分永順兵進勦牛（鵬）〔腸〕（據鴻猷錄卷十五改）等寨，保靖兵進勦六寺等寨，期以四月初二各至信地。

先是，峽賊聞軍門檄湖廣土兵至，皆逃匿深險。（復）〔後〕（據鴻猷錄卷十五改）聞以蘇、受降罷兵，又守仁駐南寧，故爲散遣諸兵狀，寇弛不爲備。〔至是〕（據鴻猷錄卷十五補），湖廣兵皆偃旗臥鼓馳至，與官軍突進，四面夾攻之。賊敗，退保仙女大山，據險結砦。官軍攀木緣崖仰攻之，初四日破賊寨，初五日復攻破油榨、石壁、大陂等巢，賊敗奔斷藤峽。官軍追擊破之，賊奔渡横石江，覆溺死者六百餘人。官軍自後急擊，俘獲甚衆，賊潰散。初十日遍搜山峒無遺，還兵至潯州。守仁密檄諸將移兵勦仙臺等賊，二十一日，仍前分布各哨，永順兵由磐石、大黃石登岸，進勦仙臺、花相等處；保靖兵由烏江口、丹竹埠登岸，進勦白竹、古陶、羅鳳等處，期五月十三日抵巢。各賊聞牛腸等寨破滅，則大懼。方據險設伏待之，官軍驟進，奮勇夾擊。賊不支，奔入永安力山。乃分兵圍之，賊復大潰，奔諸路者多爲防截參將沈希儀等所擒。于是斷藤之賊略盡。

先是，守仁因八寨賊去斷藤稍遠，〔四月初五日〕（據鴻猷錄卷十五補），別遣布政使林富、副總兵張佑監督土目盧蘇、王受五千餘衆，進勦八寨猺賊，各兵乘夜啣枚襲之。〔二十三日〕（同上），昧爽抵賊巢，遂破石門天險，賊始驚覺，且戰且走。日午，賊結聚二千餘人來拒，官軍奮擊之。賊既失險氣奪，不能支，遂大潰，奔入重險。官軍夜募死士掩其不備，〔二十四日〕（同上），襲古蓬寨，破之。連克（固）〔周〕安（據鴻猷錄卷十五改）、古鉢、都者峒諸寨，於是八寨之賊亦盡。前後擒斬三千餘人，兩江底定。守仁乃班師，疏薦林富爲都御史，巡撫其地，論功褒賞有差。

十五年（丙申，一五三六）夏六月，斷藤峽盜攻殺戍卒。

先是，王守仁既歸，卒于道。而武靖州知州岑邦佐不能鎮輯，且墨賊賄，多曲庇之，故峽以北賊復漸肆猖獗。其目侯勝海者，居弩灘爲亂。指揮潘翰臣聽土目黃貴、韋香言，誘勝海殺之，實貴、香利勝海田盧也。勝海弟公丁集衆噪城下殺人，僉事鄔閱、參議孫繼武言于都御史潘旦請討之，參將沈希儀沮之，曰：「滑賊未易取，須春江漲，以數千人從武宣順流下撲之，乃可。」不聽。閱、繼武還潯州，以千人往擊。賊先遁去，斬一病夫而還。遂言：「賊已斂跡，請立堡戍。」旦從之。希儀復言：「賊未大創，兵威不振，立堡難守。」旦不聽。六月，堡成，閱令黃貴、韋香以三百人戍之，許擇取勝海田盧不禁。諸猺大憤恚，邦佐又陰黨之，公丁遂集衆二千人夜寇堡，殺戍卒二百餘人，貴、香走免。巡按御史諸演疏其事，閱與繼武以啓釁罷去。亡何，旦亦去，侍郎蔡經代之。

十七年（戊戌，一五三八）春正月，蔡經集諸司議發兵，曰：「諸君度滅賊，須兵幾何？」副總兵張經曰：「不過萬人。」蔡經曰：「太少。」沈希儀曰：「非八萬人不可。」蔡經曰：「太多。」副使翁萬達曰：「二君言各有據。襲而取之曰勦，聲罪討之曰征。由張君言，勦也；由沈君言，征也。然賊爲備久矣，勦之無功，從沈君言便。」會朝議欲征安南，事遂已。公丁等益横，時出殺掠，潯人苦之。

冬，侯公丁伏誅。先是，副使翁萬達力請討公丁，御史鄒堯臣亦贊之。蔡經乃會安遠侯柳珣決計發兵，以兵事屬萬達。萬達廉得百戶許雄素通賊狀，劫之，曰：「能擒公丁貸汝死。不，卽論如法。」雄懼，請效力自贖。萬達陽庇公丁，謂讎家誣之耳。乃捕係訐訟公丁者數人，責其啓釁。公丁果遣人自列，萬達陽許之。又令雄假稱貸爲賄，公丁喜，益信雄。會萬達巡他郡，以事屬參議田汝成。汝成召雄申飭之，雄乃紿公丁曰：「潯人久以爾爲口實，幸上之人不信。今分守公新到，何不自訴寇堡事由他猺，庶相信也。」公丁然之，隨雄來見汝成，復列寃狀，汝成曰：「聞仇家誣汝，已逮治之矣。」慰遣之。乃密授意城中居民被賊害者，家出毆公丁，一市皆譁，遂逮入係獄。遣雄諭其黨曰：「寇堡事公丁委罪諸猺，須鞫實坐之。若等誠謂公丁寃，須罪人得，釋之。萬一事自公丁，當共棄之，勿以一公丁自取滅亡也。」諸猺競言：「事果由公丁，聽論之，不敢黨。」乃檻致公丁軍門，磔誅之。

十八年（己亥，一五三九）春三月，兵部侍郎蔡經平斷藤峽諸盜。先是，田汝成既誅公丁，乃言之督府，謂「首惡既擒，賊方震駭，宜乘此時進兵討賊」。經許之。會沈希儀病，乃以副總兵張經將左軍，副使翁萬達監之，南寧指揮王良輔、朱昇、凌浦、柳浦、周新、孫文繡屬焉。以都指揮高乾將右軍，副使梁廷振監之，賓州指揮馬文傑、王俊、戚振、吳國章屬焉。副使蕭畹紀功，參政林士元及汝成督餉。張經議欲以少兵勦之，略示威，勿深入，又欲舍紫荊諸處賊藪勿擊。萬達持不可，謂「少出兵墮損軍威。諸猺恣肆久，不大創之，不足懾其心」。汝成亦如萬達議。萬達又言之督府，曰：「峽南亦劇賊，但今兵力不能幷及，姑緩之以俟後。」經然之。乃以二月兩軍齊發，左軍則王良輔由牛渚灣越武靖攻紫荊、姜老鼠諸巢，朱昇由三等村渡蓼水攻石門、黃泥嶺諸巢，柳浦由白沙灣攻道袍、梅嶺諸巢，凌浦由白沙灣攻〔水〕〔大〕昂（據鴻猷錄卷十五改）、〔小〕梅嶺（據鴻猷錄卷十五補）諸巢，周維新由白沙灣攻藤冲、綠水冲諸巢，孫文繡由藤峽夾攻大坑巢，共三萬五千人，分六道進。右軍則馬文傑由武宣攻碧灘、綠水諸巢，王俊等由武宣入山攻羅淥、上峒，戚振攻中峒，吳國章攻下峒，共一萬六千餘人，分四道〔進〕（據鴻猷錄卷十五補）。南北夾攻之，賊大窘，擁衆奔林峒而東。王良輔邀擊之，中斷，復西奔。諸軍合擊，斬首千餘。賊謂往年據險結巢，故被官兵擊破皆殲焉。至是，不復立砦，惟漫走山谷間，令官兵疲于追逐。且曠日久，多費糧饟，必速退。其東奔者入羅連山，萬達移兵攻之。檄右軍抵長洲，沿江繞出賊背。賊于諸險隘伏械器防禦甚多，官兵皆以計發之，追斬百餘級，賊益窘。會右軍迷失道，愆期三日。又土兵盧蘇受賊賂，歛兵縱之，漫匿諸山谷。人言羅連山官兵古所未至者，賊遁深入，不復窮追云。

時平南縣有小田、羅應、古陶、古思諸瑤，亦據險勿靖，萬達等移兵勦之。三月班師，招賊餘黨二百餘人，降之。江南胡姓諸瑤歸順者亦千餘人，藤峽盡平。萬達、汝成獻議于督府凡七事，曰：編保甲以置新民，立營堡以通江道，設備禦以控上遊，清狼田以正疆界，改州治以建屯所，處欵兵以愼邊防，榷商稅以資公費。蔡經多採納，疏〔請〕（據鴻猷錄卷十五補）行之。捷聞，諸將帥守臣皆陞賞有差。

谷應泰曰：大藤當粤西潯州地。其水則潯水、府江，環五百里。其山則夾江峻嶺，峆岈峭削，盤礨捫天，高瞰數百里，下乃臨不測入邃谷矣。其徑則引一綫，歷千盤，非手援足躡，不得施步而上也。其中則前庭後戶，左障右屯，一夫荷戟，千夫辟易也。其前則牛腸、大岵，臨江壁立，敵不敢仰闕而攻也。其後則仙人、九層，岩峒星列，道里不可裹糧而窮也。其產則密箐叢篁，毒瘴惡霧，非人所處也。其器則長矢勁弩，淬毒傅藥，人且應弦輒斃也。披圖考俗，綜其大略，而大藤之勢，蓋不特蜀有鳥道、蠶叢，華有天門、箭括已。爲之開立郡縣，而流官土官，交錯難治。建置學校，而猺、僮獷悍，淫殺性成。通魚鹽以誘之，則見利犬狺。建營堡以備之，而失勢獸駭。辟之瘿瓠腫樗，輪匠不能斲；籧篨戚施，官司不能材。神皐之甌脫，上天之驕子也。

然而俗編赤縣，未可不臣；地屬神州，終難度外。而嚴尤論狄，古無上策；賈讓治河，僅行中計。大軍不可久駐，孤軍不敢追險，合圍防其軼出，屯守更苦劫掠。癬疥之疾，能廢七尺之軀；涓滴之流，可盡江河之水。王竑所以決戰，韓雍所以肆伐也。先渡潯水，決其攀籬，縱火大藤，空其巢穴。賊乃悉衆憑險，斂兵拒戰。而王師援木攀蘿，楚歌四合；猨牽蟻附，漢幟先登。磨石横崖之谷，題銘九層之樓。鋸藤絶絙，奪其世險。至于支離身首，刳剔肝腸，金鼓陳兵，旌旗秉纛，蓋以天兵不易至，重險不易得，扼吭拊背，急擊勿失，宣暢皇靈，顯彰天殛，取威定亂，在是役也。然猶武備中弛，苞孼復盛，二十年而有新建之師，又十年而有蔡經之捷。賊勢稍殊，兵形亦異。類皆窮追深入，耀甲横戈。蓋孔明巴蜀，率用嚴刑；張詠益州，輒行捕斬。亂國重典，有自來矣。然而興利除弊，勿擾其俗；仁漸義摩，久革其故。蠻戎猶有人性，長吏者又何可以馬上治之也與！

明史紀事本末卷之四十

興復哈密

憲宗成化九年（癸巳，一四七三）秋九月，土魯番速檀阿力王入哈密，掠王母并金印去。又哈密，漢西域、唐伊州地也。漢武帝置酒泉、張掖、燉煌三郡，即今甘、涼、肅之境。又出玉門關通西域，置都護及戊己校尉，以斷單于右臂，則今之哈密云。晉爲涼州牧張寔所據。歷後魏，西域復通。隋煬帝因裴矩進圖記，躬度玉門關，置伊吾、且末鎭。唐隸隴右道，安史之亂，盡沒吐蕃。地無水而常寒，多雪，雪銷乃得水。元封其裔勿納失里爲威武王，居之。明初，高皇帝定陝西、甘肅諸鎭，嘉峪關以西置不問。永樂二年，安克帖木兒貢馬，詔封爲忠順王，卽其地置哈密衞。關以西衞七：曰哈密、安定、阿瑞、赤斤蒙古、曲先、罕東、罕東左，而哈密最西。東去肅州，西去土魯番各千五百里。北數百里抵瓦剌，以天山爲界。授其目馬哈麻火只目等指揮，分居苦峪城，賜金印詔命，凡西域入貢，悉道哈密譯上，亦漢武遺意也。

洪熙元年，哈密貢硫黃，上曰：「哈密旣有硫黃，猝遇戰鬬，須有備。」敕邊吏知之。正統四年，瓦剌強，數侵哈密，哈密懼，稍持兩端。璽書諭毋背德，終不悛，至拘留漢人轉鬻，使至多暴橫。邊吏請責，詔曲貸之。而忠順王再傳爲孛羅帖木兒，天順末，見弑，無子。王母弩溫答失力署國事，爲乩加思蘭所破。成化二年，兵部奏：「王母以乩加思蘭侵掠，避居赤斤苦峪，今寇退，宜敕復還哈密。」乃以把塔木兒爲右都督守哈密。把塔木兒本畏兀族，故忠義王外孫也。把塔木兒死，子罕愼嗣。而土魯番時強盛，控弦可五萬，其速檀阿力尤雄黠。

至是，挾哈密、赤斤諸夷，王母不從，遂見掠及劫金印去。罕愼竄苦峪城，衆或歸附居肅州，亦有隨土魯番去者。甘肅撫臣婁良以聞，兵部尙書白圭言：「哈密爲我西藩，土魯番無故凌奪，不救則赤斤諸衞盡爲蠶食。嘉峪外皆強敵，而禍中甘肅。請集廷議恢復。」因舉高陽伯李文、右通政劉文往經略之。比至哈密，衆已潰散。文等不敢深入，止調集罕東、赤斤諸番兵數千駐苦峪不敢進，謬言：「阿力欲乘虛擣二衞，宜還兵自爲守。」遂引還。阿力始輕中國，益侵內屬諸衞矣。

十二年（丙申，一四七六）秋八月，土魯番速檀阿力遣使赤兒米郎來貢，且致書鎭巡飾罪。稱王母已死，朝使至，卽歸金印城池，然特漫語無還意。其冬，更鑄哈密衞印賜罕愼，于苦峪立衞居之，給土田及牛具穀種。

十四年（戊戌，一四七八）秋九月，土魯番速檀阿力死，子阿黑麻立。甘肅撫臣王濬請乘間納罕慎。

二十年（甲辰，一四八四）冬十一月，罕慎入哈密，嗣忠順王。罕慎貪殘，國人觖望，西域諸貢使苦要索，亦有違言。

孝宗弘治元年（戊申，一四八八）冬十二月，土魯番阿黑麻殺忠順王罕慎，復據哈密。時有奸回誘阿黑麻攻哈密，阿黑麻亦壯，乃曰：「罕慎非脫脫族，安得王？王故應我。」陽好語罕慎聯姻，至哈密城下頂經盟，誘殺之。亦未敢頌言據哈密，遣使入貢，請代領西域職貢。且乞大通事往和番。兵部尙書馬文升議：「阿黑麻與哈密各有分地，安得相併。以北敵之強，我屢卻欵，何小蠢輒與我搆，且惘然王也！姑許如例入貢，請敕阿黑麻還王母及金印，歸我哈密。」璽書下，阿黑麻怒，欲勒兵近塞，要求之。其帥牙蘭曰：「哈密去吾土千餘里，敵國輻輳，遠出已難，況又近塞乎？今既殺其國王，番漢之心皆怒。若合謀幷進，非我利也。不如乘勢還城印以欵之，再圖後舉。」阿黑麻以爲然。

四年（辛亥，一四九一）秋九月，遣哈密衞目寫亦虎仙齎敕諭阿黑麻。時王母已死，阿黑麻亦悔禍，上金印及所據城。詔褒予金幣，以寫亦虎仙爲都督僉事。

五年（壬子，一四九二）春二月，封哈密陝巴爲忠順王，遣使護歸之。馬文升謂：「戎俗重種類，且服元久。哈密故有回回、畏兀兒、哈剌灰三種，而北山又有小列禿乜克力相侵逼，必得元裔塡之，可懾諸番。」乃行求忠順近屬，得曲先安定王姪陝巴，奏令甘肅守。再詢諸番族，立陝巴可否狀。番族合詞稱「陝巴可立爲王，主國事」。乃遣使立之，輔以奄克孛剌、阿朮郎。未幾，諸番索陝巴犒賜不得，阿朮郎更引哈剌灰夷掠土魯番牛馬。阿黑麻怒，復搆兵。

六年（癸丑，一四九三）冬十月，土魯番復入哈密，執陝巴，支解阿朮郎，掠金印去。事聞，大學士丘濬謂馬文升曰：「哈密事重，須公一行。」文升曰：「方隅有事，臣子豈敢辭勞。但西域賈胡嗜利，不善騎射，古未有西域能爲中國大患者，徐當靖之。」濬復言，文升乃請行。諸大臣言：「北寇方強，文升不當往甘、涼，委四方邊事。」乃敕兵部侍郎張海、都督侯謙往經理之。會阿黑麻前遣部目寫亦滿速兒等四十餘人修貢至京。事下廷議，通事王英言：「罕東及野乜克力諸部怨土魯番剌骨，撫而用之，皆吾兵也。西域使者方扣關互市爲利，我聲阿黑麻罪，謝勿與通。令彼窮而歸怨，皆吾間也。」而廷議皆欲命海以檄往，如土魯番歸陝巴，聽予貢；否則留前使勿遣，而絕其後使。上從之。海等至甘州，遣哈密人齎璽書往責阿黑麻歸陝巴，不報。乃修嘉峪關，捕哈密奸回通阿黑麻者二十餘人，奏請戍廣西。

七年（甲寅，一四九四）春三月，下張海、侯謙于獄。張海等不俟命，遽歸，上言：「西域遠方，勢難興師。哈密存亡，不必過煩中國。」上怒其無功，下海、謙獄，黜之。馬文升乃請「安置寫亦滿等四十餘人于閩、廣，示懲創。而稍用王英策，閉嘉峪關，命西域諸賈胡歸怨阿黑麻，以攜其黨。」從之。乃閉嘉峪關，絕西域貢。時西域諸胡皆言：「成化間，我入貢，皇帝先遣中貴人迓我河南，至京宴賜甚夥。今不撫我，我泛海萬里貢獅子，謂我開海道，却不受。即從河西貢者，賞宴亦薄。天朝棄絕我，相率從阿黑麻，且拒命，中國能奈我何。」阿黑麻遂復入據哈密，自稱可汗，大掠罕東諸郡。諜言：「土魯番用雲梯攻肅州，且躪甘州。」文升曰：「是虛聲恫喝我耳！土魯番至哈密十數程，中經黑風川，哈密至苦峪又數程，皆絕水草，貢使往返馱水行。我第整師旅，謹斥堠，俟彼至肅州，出奇縱擊，以逸待勞，可匹馬不返也。」

八年（乙卯，一四九五）春正月，阿黑麻西去，留其將牙蘭與撒他兒率精鋭二百守哈密。牙蘭機警，驍勇絕人，能幷開六弓，夜宿十徙，雖近人莫知所在。哈密脅從者，皆懾服不敢動。其雄黠者反從之，敎以撓中國之術。馬文升聞之，曰：「是可襲而執也。」召肅州指揮楊翥至計事，撫其背曰：「爾諳番情，悉西域道里。今欲擒斬牙蘭，計安出？」翥言：「罕東有間道可進兵，不旬日達哈密。」文升曰：「如若言，以罕東兵三千爲鋒，我師三千後繼，各持數日熟食，兼程襲之若何？」翥稱善。而甘肅巡撫都御史許進亦以方略聞，且曰：「不斬牙蘭則天威不振，土魯番終不知懼。」文升乃即以前策屬之。遣副總兵彭清統鋭卒由南山馳至罕東，即調罕東諸番兵，乘夜倍道襲牙蘭。冬十一月，許進及總兵劉寧抵肅州，駐師嘉峪關外。遲罕東兵不至，乃偕彭清循大路行，以水草乏絕不得馳。牙蘭詗知，乘千里馬宵遁，惟餘番人八百，登臺自保。師入哈密，得陝巴妻女幷牛羊三千，斬級六十。拔哈密脅從者八百餘人還。我士馬乏糧，多物故。文升徒取空城，竟失牙蘭。然西域亦自是頗憚中國。上念邊吏冒險出塞，進等及太監陸誾皆以功陞秩。

九年（丙辰，一四九六）三月，阿黑麻自將撒他兒等復襲哈密，據之。先是，王師入哈密，牙蘭遁歸。阿黑麻方與赤斤蒙古衞相讐攻，不能大發兵。使別將將輕騎五百，圖復哈密，復爲赤斤蒙古所邀，殺殆盡。至是，乃自率兵下之，令撒他兒、奄克孛剌居守。撒他兒不敢守哈密，就剌木城駐軍。奄克孛剌密結瓦剌小列秃，襲斬撒他兒還守哈密。阿黑麻遣兵圍之，哈密人舉火，小列秃來援，退走。

十年（丁巳，一四九七）冬十月，阿黑麻以絕貢失互市。又自許進撫甘肅，小列秃及乜克力等部，中國撓之，窘甚。令其兄馬黑上書，願悔過。還陝巴及金印，易前四十餘使，予貢如故。馬文升恐挾詐，請俟陝巴金印至甘州，始取寫亦滿速等于閩、廣。十一月，起前左都御史王越，總制甘、涼等處邊務，經略哈密。

十一年（戊午，一四九八）秋八月，復封陝巴爲哈密忠順王。

先是，都御史王越出河西，而陝巴至甘州。越乃令三種都督，回回則寫亦虎仙，畏兀兒則奄克孛剌，哈剌灰則拜迭力迷失，共佐陝巴。奄克孛剌以罕愼弟，與陝巴不協，乃妻陝巴以罕愼女結好。遂賜陝巴蟒玉大帽，爲忠順王，而釋寫亦滿速等西歸。會越卒，哈密三種人久厭兵，初以國亂，入居甘肅境上，射獵爲生，不願歸哈密。文升請留家之半肅州，往來自便。

十二年（己未，一四九九）春正月，遣兵護忠順王陝巴還哈密，以都督寫亦虎仙、奄克孛剌、拜迭力迷失三種輔之，主國事。土魯番諸部許復入京朝貢，勞賜良厚。已而陝巴嗜酒，掊尅諸部，阿孛剌等咸貳。

十七年（甲子，一五〇四）春三月，阿孛剌陰搆阿黑麻，迎其次子眞帖木兒來王哈密，陝巴棄城走沙州。邊吏遣指揮董傑及奄克孛剌往諭部衆，迎陝巴還，阿孛剌不從。傑等遂擒殺阿孛剌并其黨六人，餘怖服。乃別令都指揮朱瑄勒兵送陝巴復王，而以眞帖木兒還土魯番。眞帖木兒時年十三，其母亦罕愼女也。會阿黑麻死，諸子讐殺，眞帖木兒懼，不敢還，願依奄克孛剌，曰：「吾外祖也。」守臣恐與陝巴嫌，乃攜還，使居甘州。而其兄滿速兒尋定國亂，自立。

武宗正德元年（丙寅，一五〇六）秋九月，忠順王陝巴死，子拜牙郎嗣位，淫虐不親政事。

八年（癸酉，一五一三）春二月，眞帖木兒還土魯番。

先是，滿速兒稱速檀朝貢，上書求眞帖木兒。兵部議質所愛，不予。尋逸出城，追獲之。七年冬，始令哈密三都督送眞帖木兒西還。至哈密，奄克孛剌欲止之，寫亦虎仙、滿剌哈三不可，護至土魯番。以國情輸滿速兒，潛誘拜牙郎叛中國。拜牙郎淫暴，心怵屬部謀害，欲掩奄克孛剌往。不從，奄克孛剌奔肅州。八月，拜牙郎棄城叛歸土魯番，滿速兒令頭目火者他只丁與寫亦虎仙、滿剌哈三取金印，守哈密。又令火者馬黑木等至甘州索賞。哈密諸部乃譯書言：「拜牙郎棄國從番，乞命將守哈密。」巡撫趙鑑謬謂：「滿速兒忠義，守城勤勞。」命撫戎官賜之金幣。撫戎官入哈密，滿速兒亦率衆至，分據剌木等城。眞帖木兒又言：「河南大饑，人死亡且半。甘州城南黑河可引灌城。」于是滿速兒及火者他只丁、牙木蘭日夜聚謀侵甘肅矣。

九年（甲戌，一五一四）秋八月，命右都御史彭澤總督甘肅，統延寧、固原諸鎭兵，經略土魯番。滿速兒旣據哈密，遺書鎭巡索金幣萬，贖哈密城印。總制都御史鄧璋以聞，故有是命。敕都督奄克孛剌、寫亦虎仙等共守哈密、赤斤等衞，如遇土魯番內侵，幷力捍禦。

十年（乙亥，一五一五）春正月，土魯番火者他只丁寇赤斤、苦峪諸處，殺掠甚慘。彭澤抵甘州。復遣澤書，索金幣。澤度滿速兒強，未易兵定，番戎可以利啗，乃以綵綺二千，白金器，遣通事火信同寫亦虎仙入土魯番，說令和好。滿速兒喜，許增幣歸金印土地。澤不俟報，遽上言：「速檀滿速兒畏威悔禍，已還哈密侵地及金印。」四月，遂召澤還京。巡按甘肅御史馮時雍言：「澤處置失宜，講和辱國。」兵部尚書陸完寢其奏。滿速兒諜知兵罷，益驕，四出侵掠關外諸衛，及結瓦剌寇我河西，且遣人索所許增幣歸印。

十一年（丙子，一五一六）秋九月，土魯番復據哈密，侵肅州。初，彭澤既召還，趙鑑亦去陝西，左布政使李昆代鑑巡撫甘肅。滿速兒以金印來歸，兵備副使陳九疇語昆曰：「彭總督遇事多模稜，何面目立天地間！」昆不能違，以雜幣二百貽之，令送拜牙郎還國，質留來使虎都六、撒者兒麋其意。滿速兒聞留二使，怒，令火者他只丁、牙木蘭復據哈密。而身引萬騎，直犯肅州。總兵史鏞欲自甘州來援，九疇以乏食止之。肅州急，乃以游擊芮寧出禦。土魯番鋒銳甚，芮寧陣沒，亡七百騎。兵迫城下，哈密降回居肅州城，頗爲內應。九疇廉得其情，收繫諸回，及都督失拜烟答等。凡衷甲者，捶殺之，嬰城守。調屬部兵劫其老營，而潛遣使誘瓦剌擣巢穴，破其三城，滿速兒狼狽走。副總兵鄭廉及奄克孛剌尾擊，敗之瓜州土魯番乃引去。九疇遂發寫亦虎仙傾陷哈密狀。滿速兒復請和，巡撫李昆以聞。時方命彭澤及中使張永視師，疏至罷遣。而滿速兒實無意和，又不歸拜牙郎。九疇謂：「土魯番不臣，宜絕其使，勿通。」與昆異議。兵部尚書王瓊修郤澤，雅右昆，且忌九疇功，日媒孽河西事。

十二年（丁丑，一五一七）夏六月，失拜烟答子米兒馬黑麻方入貢在京，覘知王瓊與彭澤郤，突入長安左門訟寃，下錦衣衞。會兵部三法司奏行河西訊報，瓊因發澤欺罔辱國，及陳九疇輕率激變罪。逮昆、九疇至，請廷鞫。戶部尚書石玠曰：「大夫出使于外，苟利社稷，專之可也。」王瓊曰：「納幣寇廷，致貽後患，利乎不利乎？」衆不能奪，澤幾不免。大學士楊廷和善澤，得與九疇並削籍，昆謫浙江副使。已刑部會訊，幷脫寫亦虎仙死。上幸會同館，寫亦虎仙以秘術干進，得賜國姓，隨上南征。

十六年（辛巳，一五二一）夏四月，帝崩，世宗踐祚。六月，逮兵部尚書王瓊下獄，謫戍楡林。言官劾其忌功，陷彭澤、陳九疇也。遂起彭澤兵部尚書，九疇僉都御史巡撫甘肅。寫亦虎仙論斬，死獄中。

世宗嘉靖元年（壬午，一五二二）秋八月，土魯番滿速兒大舉入寇，以二萬騎入甘州。都御史陳九疇率衆先登，力戰，解甘州圍。滿速兒走肅州，九疇乘夜倍道間抵肅州，夾擊破之。殺其驍將火者他只丁，衆譁，滿速兒中流矢死，遂以聞。時上以河西危急，方遣兵部尚書金獻民、都督杭雄濟師，至蘭州，聞捷。用九疇議，遷其使，閉關絕貢，而滿速兒故無恙也。滿速兒歸，路遇亦不剌兵，復邀擊之，大創去。

四年（乙酉，一五二五）春二月，土魯番牙木蘭復據哈密，率衆入沙州，侵及肅州。

五年（丙戌，一五二六）春三月，命尚書王憲提督陝西邊務。先是，起楊一清提督軍務，一清請覊縻土魯番還城印。未幾，召入閣，以憲代。憲盡出平涼覊留貢使，往諭土魯番。令悔過伏罪，歸我哈密。

七年（戊子，一五二八）春正月，起王瓊爲兵部尚書，兼右都御史，提督陝西軍務。

初，哈密二種避讐內徙，一居肅州東關，一居金塔寺諸處。陳九疇議移肅州北境棄地，以杜後患。大學士楊一清以各部一旦外徙，不北合瓦剌，必西連察台，徒足召釁。議遂寢。尋王憲爲提督，復遣使往諭之，土魯番亦未肯服。而楊廷和坐議禮罷，彭澤亦去職。張璁、桂萼等用事，方讐廷和。知王瓊故怨之，言：「哈密不靖由彭澤，澤以廷和曲庇。惟急用瓊，西鄙乃可寧也。」至是，遂以瓊代憲總督。

瓊被用，卽上書論澤、九疇事，言：「滿速兒實不死。」按驗九疇誣罔，璁、萼擬坐斬，幷罪廷和。刑部尚書胡世寧力爭，「九疇雖上首功失實，然其人忠勇，再保河西有功，爲土魯番所忌」。得不死，戍邊。澤、金獻民歸里，廷和得免。

十二月，牙木蘭率衆來歸。牙木蘭者，本曲先人。幼爲土魯番所掠，黠而善兵，滿速兒倚之。寫亦虎仙等專伺我虛實，且數盜邊。至是滿速兒令牙木蘭據沙州，索羈留貢使，且率帖木哥土巴攻肅州。以遲回欲殺之，牙木蘭懼，率劉帳二千、老稚萬人奔肅州降，乞白城山、金塔寺住牧。未報。滿速兒以討牙木蘭爲辭，糾瓦哈寇肅州，副使趙載、遊擊彭濬等拒卻之。

八年（己丑，一五二九）春二月，置哈密諸部于肅州。滿速兒以牙木蘭叛，乃遣人貢獅子，因齎譯書，言：「願歸哈密城及原掠人口，求牙木蘭。」王瓊上言：「哈密既歸，乞令失拜烟答子米兒馬黑木守之。其所歸各番貢使千餘人，宜散置沙州。土巴帖木哥部落五千四百人，置白城山。哈密都督乩吉孛剌部落置肅州東郭。赤斤都督瑣南東置肅州北山金塔寺。罕東都指揮枝丹置甘州南山。」且欲縛牙木蘭予之。下兵部議，廷臣頗言哈密難守，詹事霍韜力言：「置哈密者，離西北之交，以屏藩內郡。或難其守，遂欲棄之。將甘肅難守，亦棄不守乎？太宗之立哈密，因元遺孽力能自立，借虛名以享實利。今嗣王絕矣，天之所廢，誰能興之！惟於諸戎中求雄傑能守城印戢部落者，因而立之，毋規規忠順後可也。」兵部尚書胡世寧言：「先朝不惜棄大寧、交趾，何有於哈密。哈密，非大寧、交趾比也。忠順自罕慎以來，狎比土魯番，且邀索我矣。國初，封元孽和寧、順寧、安定俱爲王。安定又在哈密之內，近我甘肅。今存亡不可知，一切不問，而議者獨言哈密何也？臣愚謂宜專守河西，謝哈密，無煩中國便。」又言：「牙木蘭本屬部歸正，非叛者，不宜遣還。唐悉怛謀之事可鑒也。」張璁等不聽，力主王瓊議，安置諸戎于肅州境內。獨留牙木蘭不遣，如世寧言。

九年（庚寅，一五三〇）冬，滿速兒遣虎力奶翁及天方諸使貢方物，復索牙木蘭。不予。滿速兒欲伺奶翁歸，卽率諸戎寇肅州。會虎力奶翁歸道死，瓦剌又攻其北鄙，我稍息肩。來降人言：「土魯番欲以哈密城與失拜烟答妻。」兵部因請許土魯番貢，令三年或五年爲期，使十二人入京，餘留塞上。是後名存哈密，而金印遂失，忠順王拜牙郎終不可復。無何，哈密竟爲土魯番所據。諸戎部落皆爲薦食，失故土，雲翔河西塞。而北寇竄西海，瓦剌巢北山，河西三面，並居寇盜。守臣頻歲備羌戎，無暇及關外事矣。

谷應泰曰：環西北鄙部落百千，非叩邊而臣，卽仰關而攻也。漢武帝開河西四郡，以隔絕西羌，收三十六國，以斷單于右臂。殫財隕兵，浮河抵漠，其與蒲桃天馬，妄事異域者殊矣。高帝開置甘、肅二鎮，勢甚孤危。成祖乃設立哈密七衛，西出肅州千五百里，北抵天山，所謂斷右臂隔西羌也。取不亡矢遺鏃，守不留兵屯戍，百年逋寇，扼其吭而有之，爲國西藩，計誠盛哉。英宗卽位，土魯番始盛，控弦數萬，奄有哈密，劫其王母。夫晉、楚勢鈞，猶爭新鄭；蜀、吳通好，必取荊州。以世守西藩，不能出一旅相存活，僅鑄哈密衛印，更賜罕慎，棄地損威，端先見矣。

其後乘喪納主，蓋非長策，阿黑麻既壯，復修夙釁，再殺罕慎，孝宗仍聽其欵，更立陝巴。至七年，陝巴就執，張海見欺。朝議方主用兵，許進上方略，楊翥議乘間。夫定遠以一介使者，決機俄頃。猶然橫行絕塞，諸部忧息。至甘英抵條支，歷安息，臨西海。而進等策召罕東，罕東不赴；計斬牙蘭，牙蘭宵遁。兵不遇敵，死亡略盡，僅得空城，爲世口實，中國長技，蓋可見矣。自此以後，賀蘭以外，不見漢室旌旗；成紀以西，無復李家部曲。然土魯猶心憚中國，蒲伏納土。自武宗時，忠順王拜牙郎棄城抱印歸番。而番長乘釁移書邊將，責取金幣贖還城印。巡撫彭澤復私許繒幣，邀功恢復，罪過王恢，辱浮廣利。自西方用兵，幾四十年，土番未嘗一矢及關也。自此心輕中國，徑薄甘、肅，中國稍稍被兵焉。

封疆之寇未除，中朝之鬬旋作。左祖彭澤者輔臣，力排彭澤者司馬。訟大禮者，又借封疆爲赤幟；修小隙者，還假通敵爲兵端。嫉輔臣之激，始訐彭澤之欺；發主帥之謀，并陷九疇之罔。去年對簿，今歲賜環；暮入軍門，朝流荒徼。置大帥如弈棋，視岩疆如孤注。而河西以外，拱手授之他人。若夫天府金湯，棄同敝屣，而西藩甌脫，又當罪從末減矣。

明史紀事本末卷之四十一

平固原盜

憲宗成化四年(戊子,一四六八)夏四月,固原土達滿四叛,據石城。

初,洪武中,平陝西,故元平涼萬戶把丹率衆歸附,高帝授平涼衞千戶。其部落散處開城等縣,號土達。以畜牧、射獵爲生,家多殷富。把丹孫滿四,以貲力雄諸族。成化初,孛來毛里孩內侵,土達李俊者,獨以羊酒奉孛來。孛來喜,賜以馬,俊遂有北徙意。致仕都督張泰牧鳴沙州,與土達鄰,張把腰等時時假寇盜劫掠之,泰以狀聞于巡撫陳介。會有通渭縣民避徭役,匿滿四所,陳介下吏捕治之。滿四素縱佚不知法,頗危懼。參將劉淸初至,指揮馮傑歛諸土達賄利爲餽。李俊素狡黠,遂以言激滿四等爲亂。滿四姪滿璹爲平涼指揮,有司移檄平涼衞,捕滿四、張把腰甚急。璹素戇,不知滿四等異謀,率衆往捕。滿四知之,俟璹至,佯許歸罪有司,給遣其衆散,遂劫璹,號集諸土達,以四月叛,入石城。

石城在衆山中,去平涼千里。四面峭壁數十仞,無徑,非引繩不可登。西山頂平,可容數千人。山罅皆墻,高二三丈。城中有數石池可汲,池外設棧道,而棧道下則築小城護之。

前有小山高數仞，如拱壁狀。山後悉築墻，高二丈五六尺。各留小門，僅容單騎。城外皆亂山，蓋昔人造之避亂者，不知所始。滿四等往獵射，故熟知其險可據。而先掘地，得前代行帥府印，心動，遂叛，入居之。其徒相率僞尊四爲招賢王、李俊順理王，散劫甘州。旋攻固原千戶所，李俊戰死。劉清自靖鹵率衆馳戰，不利。都指揮邢瑞、申澄率各衛軍往捕，戰于城下。兵敗，申澄死之。賊勢大振，民失職者多從之，遠近震駭。

五月，敕陝西巡撫都御史陳介，總兵寧遠伯任壽、廣義伯吳琮，巡撫綏延都御史王銳，參將胡愷各率所部兵討之。秋七月，寧夏兵先至，介等不候綏延兵，自固原急趨蔡祥堡。夜二鼓，營壘始定，軍士勞疲。比曉，即出架梁順嶺而行。去石城十里許，賊數千出迎，請降。有卒馮信頗知兵，言于介等曰：「賊雖降，誠僞叵測。然我軍夜至，未休暇即行，且乏水飲，力疲矣，不可戰。姑聽彼請緩師，徐議攻討。」吳琮叱之曰：「賊計欵我兵至此，豈可退乎！」遂麾兵進。賊遁去，至城，遂驅牛羊數千在前，而精兵後繼。時賊尚無兵械，執木挺而鬭，官兵大敗。任壽、吳琮俱退保東山。陳介欲自殺，左右救免。遺失軍資甲械千數，兵有被圍在山者，（皆棄之而歸）（據鴻猷錄卷十一删）盡殲焉。賊乃益猖獗，凡係土達，盡逼入城。時截靜寧州道，掠奪甘肅糧運無算。且聲言欲窺陝西。事聞，逮陳介、任壽、吳琮、劉清、馮傑等下錦衣獄。命都御史項忠總督軍務，總兵劉玉、參將夏正率京營兵，並發陝西三邊兵五萬人往討之。起大理寺少卿馬文升爲都御史，巡撫陝西協勦。

冬十月朔，項忠、馬文升先後至固原。明旦，于營外得賊所遺書，求宥罪，容居石城，免其徭役。衆知爲緩兵計，置之。忠等議進兵方略，令善畫者圖其山谷形。分六路進兵：忠與文升等屯中路，由莽金佛溝進；延綏巡撫王銳、參將胡愷由李俊溝進；伏羌伯毛忠由木頭溝進；右參將夏正由亂麻川進；都指揮姜盛由壘城子進；副總兵林盛由好水川進；都指揮張英由驢母川進。期三日諸路少出兵嘗賊，且探地勢，後乃大舉。比至城外，賊來迎敵，延綏兵恃勇輕進失利。明日，復會戰。賊佯敗，斂衆入城。伏羌伯毛忠麾其兵，進據木溝。翼日，忠督精銳四千先登，奪山北三峯，又奪山西四峯，與各路官軍會，進攻石城，擒斬甚衆。忠爲流矢所中，還至半山而卒，諸軍皆却。劉玉被圍城下，衆潰，玉中流矢。項忠斬退縮千戶一人以徇，衆懼，不敢退，玉得免。項忠以兵敗憂失色，文升曰：「勝負常事耳。況賊死亦多，勢已不振。此時黃河未凍，賊不能北徙，無深憂，可徐圖之。」

朝廷聞毛忠敗死，兵部尚書程信、撫寧侯朱永、定襄伯郭登等議，恐賊連北寇，奏遣朱永率京兵四萬往益師。朱永欲張大其事，請定賞格乃行。事下閣議，大學士彭時知賊可平，嫌其張皇。會項忠報軍中事至，時曰：「賊四出掠，信可慮。今入保山，我師圍之甚固。賊已困，行當就擒矣。京兵何庸再出？」大學士商輅亦曰：「觀項忠布置，賊不足慮也。」程信忿其言不行，出危言曰：「項忠軍若敗，必斬一二人，然後發兵去耳！」時廷臣羣然附和，謂：「不出師，必遂失關中。」多尤時輕敵。時曰：「觀項忠疏曲折，保無虞也。」詔問忠：「須益兵否？」忠上疏言：「京軍怯，不諳戰，益之無補。請命永率精兵五千沿邊西。得賊平報，止不來；未平，則西，戮力攻之。」信等以忠異己，各煽浮言。會有星孛于台斗，中外洶洶。占者以爲木在秦州，不利西師。忠聞之，曰：「賊虐害生靈，惡貫滔天。今仗皇威問罪，師直而壯。兵法曰：『禁祥去疑。』昔李晟討朱泚，熒惑守歲，卒以成功。今類此。」乃不待援師至，卽督兵攻圍。賊堅壁不出戰，文升與忠謀曰：「賊城中無水，芻粟亦漸乏。若絕其芻汲，則釜魚當自斃矣！」忠然之。令官軍掩捕。芻汲者多被擒，乃知城中無水。忠等日引兵至城下挑戰，至暮引還，以疲之。賊信胡神，神降曰：「若今日出戰，勝則利；不勝已矣。」是日，賊一出，敗歸，始大懼。會調甘州兵三千至，乃益兵攻城。兵已登山，山高險，卒不能克。會日暮，兵在山上者數千人，未能退，方懼。賊亦自危，詐請降。忠等遂許之，以退山上兵。賊邀忠、文升等詣城下與語，忠與劉玉皆單騎往。賊數百人擐甲馳遶門外以示武。文升在溝外，賊來邀，亦赴之。帥數十騎往叱賊，使歛兵。滿四等訴被劉參將、馮指揮激變故，乞宥死，請降。忠等言：「劉、馮二人，朝廷已械赴京，下獄矣。爾速降，朝廷必宥爾死。」又問滿璹曰：「爾被劫入城，非反者。」璹乞命，忠等遂納其降，撫璹歸營。而滿四狐疑，復走上山。明日，復設木栅請戰，不降。

十一月，諸將相持久。時天寒甚，士卒墮指。忠等言曰：「師老矣，恐生他變。即黄河凍，倘有外警，我師豈能久駐？倘賊乘間突出，與西戎合，患有不可言者，須急攻城破之。」衆不能決。文升議欲縛木爲廂車，渡濠攻城。衆恐多傷人，不果。然賊見攻具甚懼，漸有出降者，忠等皆給票縱之歸。賊聞，出降者益衆。

有楊虎貍者，最驍悍，滿四所任倚。夜使虎貍出營遠汲，被擒。忠先揚言斬之，虎貍乞命。仍諭之順逆，許以不死，解所束金鈎賜遺之，令爲內應。劉玉刮刀與誓，曰：「爾能生擒滿四，或殺之來，朝廷有賞格，必不爾負。」虎貍請自效，且曰：「賊兵精，當以計移其精騎于山上。誘四由東山口出戰，可擒也。」忠等厚撫慰遣之。明日，整兵至山下。東山口係延綏兵所守，忠等不欲泄，謂其將曰：「爾暫休，今日余代爾守。」乃令人登高覘之，見一人〔乘〕（據鴻猷錄卷十一補）白馬出城，即滿四也。既而果有精兵駐山上，忠等始信虎貍約，乃伏兵東山口。滿四出，諸軍競前撲之，伏兵四起，滿四倉皇突陣墜馬，遂就擒。斬首七千餘級，俘獲二千餘。文升欲乘勝擣城，忠恐猝難拔，遂以滿四歸營。乃奏捷，止援兵。

明日，城中復立舊達官火敬爲主。忠等乃遣偵夜探城下，賊北行即捕，南行勿追。蓋欲散其黨，使易成擒。劉玉欲撤兵退，令賊自解散。忠曰：「賊自叛逆以來，前後大小三百餘戰，殺我一伯、三指揮，官軍死者數千人。今若縱之逸去，他日必爲陝患。」乃屯兵日覘之。賊度不能支，一夜潰走散去。因發兵分捕，復斬首數千級。滿四從子滿能者，最驍捷，逸去。詢其黨，知入青山洞。乃用火薰之出，亦就擒。並獲家屬百餘口。諸營搜山，又獲賊五百餘人，幼男婦女不下數千人，盡分給諸軍。惟有楊虎貍家。文升謂忠曰：「石城之險，非盡毀前後所築墻垣，恐後有叛者，必據此爲巢窟。」遂令萬人悉平之，立石紀平賊歲月于山。餘賊百餘人，走據彗箒山。會有報西戎入套，乃留精兵三千人伺勦餘賊，忠等還固原。時生擒千人，惟滿四、火敬等並各罪大者械送京師，餘八百人就軍中斬之。捷奏至，人始服彭時料敵明審，鎮靜得體云。初，忠日披堅于石城下，矢石如雨，略不退怯。文升勸其持重，忠曰：「奉命討賊，久無成功，死所甘心。」時論偉之。

五年（己丑，一四六九）正月，彗箒山賊首毛哈喇被獲，誅之。餘賊解散，忠等下令各歸農業不問。奏于石城北〔古〕（據鴻猷錄卷十一補）西安州增設一千戶所，設兵防守之。忠等遂班師，論功陞賞有差。

谷應泰曰：太祖之平陝也，元部落把丹率衆歸附，授平涼衞千戶。以畜牧射獵爲生，頗饒樂足用。而成化初年，把丹孫滿四，又以貲雄諸族。然招納亡命，抵觸文網。石勒倚嘯東門，劉淵請歸會葬，蓋未嘗一日忘北徙也。乃以撫臣陳介捕治逋逃，參將劉清歛錢餽贈，而遂聽李俊之狡黠，劫滿璹以鼓亂。然不西通甘肅，東屯河套，而但入據石城，憑險負固者，此直緩死之圖，非有啓疆之志也。

夫石城去平（陽）〔涼〕（據鴻猷錄卷十一改）千里而遥，緣峭壁十仞而上。縄行懸度，四面陡絶，昔人經營以避禍亂者。萬年奄有氐服，豈居鄜塢之中；劉曜入據長安，匪保桃源之境。吾知滿四者，特僨轅之小犢，非飛食之攫獸矣。比至陳介出討，賊衆僞降。斥馮信緩師之謀，用吳琮進兵之策。薄城一戰，軍盡殲焉。假令禁馬謖之輕出，則街亭無敗；用許歷之據險，則閼與可勝。介實輕敵，罪則奚辭。

若夫項忠身冒矢石，馬文升躬擐甲胄，圖山谷則聚米成形，斷樵牧則困獸自斃。而且金鈎賜虎貔，刮刀誓賞格。數月之內，俘獻京師，功垂竹帛。乃知岳節使之神算，竟定湖、湘；祭征鹵之奉公，終摧隴、蜀者也。然其始王師屢挫，兵力單微，中外洶洶，頗言星孛不利西方，書生豈能料敵。而忠以晟討朱泚，熒惑守歲；安拒苻堅，（郗）〔郢〕（參考晉書桓沖傳改訂）部遣罷。豈非意思安閑，知彼知己者耶！

總之，辨賊之方，由於將帥；命將之略，本于政府。所喜者，彭時斷其就擒，商輅欽其布置。夫論思密勿之地，決勝千里之外，比于眞長料桓溫之必克，郗超識謝玄之有成，猶爲過之。而彼張解設難，發言盈廷，豈非肉食者鄙哉。若夫丹穴之逃，薰以蕭艾，東門之役，撤其關梁，則尤長駕遠馭之規，毋俾易種于兹邑也。

明史紀事本末卷之四十二

弘治君臣

憲宗成化二十三年（丁未，一四八七）九月壬寅，皇太子卽位，詔赦天下，以明年爲弘治元年。

妖人李孜省伏誅，妖僧繼曉發原籍爲民，太常卿道士趙玉芝、鄧常恩謫戍邊，番僧國師領占竹等悉革職。斥佞豎梁芳、陳喜等往孝陵司香。先朝妖佞之臣，放斥殆盡。繼曉尋伏誅。

冬十月，召致仕南京兵部尚書王恕爲吏部尚書。初，太監懷恩以直道屏居鳳陽，上素知之，至是召還。恩言大學士萬安諛佞，王恕剛方，請上去安而召恕，遂有是命。恕至京，庶吉士鄒智往語之曰：「三代而下，人臣不得見君，所以事事苟且。公宜先請見君，卽時政不善者，歷陳上前，庶其有濟。一受官職，更無可見時矣。」恕善其言。時恕負重望，其居冢宰，銓政多釐正焉。

十一月，大學士萬安罷。先是，安結萬貴妃兄弟，進奸僧繼曉以固其寵。與李孜省結納，表裏奸弊。上在東宮，稔聞其惡。至是，于內中得一篋，皆密術也。悉署曰「臣安進」。上遣懷恩持至閣下，曰：「是大臣所爲乎？」安慚汗，不能出一語。已而科道交章論之，遂命罷去。安在道猶夜望三台星，冀復進用。尋卒。

禮部右侍郎丘濬進所著大學衍義補，擢禮部尙書。先是，濬以眞西山大學衍義有資治道，而治國平天下之事缺焉。乃采經、傳、子、史有關治國平天下者，分類彙集，附以己意，名曰大學衍義補。至是書成，進之。上覽之，甚喜，批答曰：「卿所纂書，考據精詳，論述該博，有輔政治，朕甚嘉之。」賜金幣，遂進尙書。仍命禮部刋行。十二月，加祀先師孔子籩豆舞佾。

孝宗弘治元年（戊申，一四八八）春正月，召南京兵部尙書馬文升爲左都御史，文升陛見，賜大紅織金衣一襲。蓋上在東宮時，素知其名故也。文升感殊遇，自奮勵，知無不言。

閏正月，詔天下舉異才。

二月，上耕籍田畢，宴羣臣，敎坊以雜伎承應，或出褻語。文升厲色曰：「新天子當知稼穡艱難，豈宜以此瀆亂宸聰！」卽斥去。時山陵未畢，而中官郭鏞請選妃以廣儲。謝遷力言不可，文升主之。御史以糾儀下獄，文升謂「卽位之初，不宜輒罪言官」。于是得釋，時論偉之。

三月，上視學，釋奠先師，吏部尚書王恕請加禮于孔子前，特用幣，改太牢。

起用謫降主事張吉、王純，中書舍人丁璣，進士敖毓元、李文祥。先是，五人並以言事遠謫，南京吏部主事儲瓘上言：「五人者，既以直言徇國，必不變節辱身。今皆棄之嶺海之間，毒霧瘴氣，與死爲伍，情實可憫。乞取而寘之風紀論思之地，則言論風采必有可觀。與其旋求敢諫之士，不若先用已試之人。」上命吏部皆起用之。

少詹事楊守陳上開講勤政疏，上嘉之。初開經筵。講畢，賜講官程敏政等茶及宴，上皆呼先生而不名。

吏部尚書王恕上言：「正統以來，每日止一朝，臣下進見，不過片時。聖主雖聰明，豈能盡察，不過寄聽明于左右。左右之人，與大臣相見者不多，亦豈能盡識大臣賢否。或得之毀譽之言，或出于好惡之私。欲察識之眞，必須陛下日御便殿，宣召諸大臣詳論治道，謀議政事，或令其專對，或閱其章奏。如此非惟可以識大臣，而隨材任使，亦可以啓沃聖心而進于高明矣。」

馬文升條時政十五事，曰選廉能以任風憲，禁撫拾以戒貪官，擇人才以典刑獄，申命令以修庶務，逐術士以防扇惑，責成效以革奸弊，擇守令以固邦本，嚴考課以示勸懲，禁公罰以勵士風，廣儲積以足國用，恤士人以防後患，淸僧道以杜遊食，敦懷柔以安四裔，節費用以蘇民困，足兵戎以禦外侮。上嘉納之，悉施行。于內節用一條，云：「一應供應之物，陛下量減一分，則民受一分之賜。」言尤剴切。

夏四月，右庶子張昇劾大學士劉吉，不報。先是，大學士萬安、尹直既劾罷，吉附阿科道，建言當超遷，待以不次之位。昇遂上疏言：「應天之實，以人才爲先，人才以輔臣爲先。初科道以萬安、劉吉、尹直爲言，安與直以次罷遣，惟吉獨存，遂建言超遷科道。自是無復肯言，而羣臣靡然附之。李林甫之蜜口劍腹，賈似道之牢籠言路，吉實合而爲一。請亟遣斥，以應災異，以回天心。」不報。御史魏璋附吉劾昇，遷南京工部員外。

六月，王恕上言禁文職奪情起用。上從之。

冬十二月，徽州敎諭周成進治安備覽，謂商鞅有見于孔門立信之說，少詹事程敏政摘其狂妄。置不問。

二年（己酉，一四八九）春正月，左贊善張元禎上疏，言定聖志，一聖敬，廣聖知，勸行王道，反覆萬言。上嘉納之。

二月，御史湯鼐、壽州知州劉槩下獄。先是，萬安、劉吉、尹直在政府，嘗語鼐：「朝廷不欲開言路。」鼐卽以其言劾之。已而安、直皆免官，鼐與李文祥等以爲小人退，則君子進，雖劉吉在，不足慮也。吉使客徐鵬啗御史魏璋以殊擢，使伺鼐。鼐家壽州，知州劉槩與書，言夢一人牽牛陷澤中，翀手提牛角，引之而上。人牽牛，象國姓。此國勢瀕危，賴翀復安之兆也。翀大喜，出書示客。瑋以劾之，謂其妖言誹謗。下錦衣獄。辭連庶吉士鄒智，智身親三木，僅餘殘喘，神色自若，無所曲撓。議者欲處以死。刑部侍郎彭韶辭疾，不爲判案。獲免，左遷廣東石城吏目。大理寺評事夏鍭上言：「主事李文祥、庶吉士鄒智、御史湯翀等皆以言獲罪，實大學士劉吉誤陛下。豈知劉吉之罪，不減萬安、尹直乎？」疏留中，鍭謝病歸。

五月，以刑部侍郎彭韶爲吏部左侍郎。王恕爲尚書，得韶爲貳，皆不避權貴，請謁路絕。

六月，京城及通州大雨水，溢壞廬舍，人多溺死。詔求直言，兵部尚書馬文升上疏言：「正心謹始，以隆繼述。禁奇巧，却珍貢，愼毀譽，重諮詢，抑外戚，開言路。」所司議行之。

三年（庚戌，一四九〇）春三月，中官乞鷹坊、牧馬場千頃。戶部尚書李敏言：「場止二百餘頃，餘皆民業，安得奪耕種之地以爲飛走之所！」上從之。

夏四月，定預備倉。

冬十一月，有星孛于天津，詔大臣極言時政得失。吏部侍郎彭韶言：「正近侍，愼官爵，厚根本，減役錢。」上嘉納之。禮部尚書耿裕率羣臣條時政七事，上謂「有防微杜漸之意」。左侍郎倪岳上言：「當今民日貧，財日匱，宜節儉以爲天下先。」又言：「減齋醮，罷供應，省營繕。」上俱採納焉。

四年（辛亥，一四九一）春正月，南京國子祭酒謝鐸上言修明教化六事：擇師儒以重教化之職，愼科貢以清教化之原，正祀典以端教化之本，廣載籍以永教化之基，復會饌以嚴教化之地，均撥歷以拯教化之弊。

三月，御史鄒魯誣奏刑部尚書何喬新受餽遺，下獄。先是，喬新每重王恕，不平劉吉，吉銜之。會鄒魯謀陞大理寺丞，喬新薦魏紳補之，吉遂嗾魯有是奏。

禮部尚書耿裕上疏禁自宮，從之。

秋八月，吏部尚書王恕懇疏求致仕，不許。恕時有建白，衆議謂業已行矣。恕言：「天下事苟未得其當，雖十易之不爲害。若謂已行不及改，則古之納諫如流，豈皆未行乎？」恕遇事敢言，有不合，卽引疾求退，上每溫詔留之。

九月，大學士劉吉罷。時上欲封張皇后弟伯爵，吉言必盡封周、王二太后家乃可。上惡之，使中官至其家，勒令致仕去。初，吉屢被彈章，仍進秩，人呼爲「劉綿花」，謂其愈彈愈起也。或告吉監中老舉人爲之，吉因奏舉人三次不中者，不許會試。至是禁除。

冬十月，命禮部尚書丘濬兼文淵閣大學士。

五年（壬子，一四九二）春二月，右諭德王華上疏，略曰：「每歲經筵，不過三四御，而日講或間旬月始一行，則緝熙之功，毋乃或間。雖聖德天健，自能乾乾不息，而宋儒程頤所謂『涵養本源，薰陶德性』者，必接賢士大夫之時多，宦官宮妾之時少，後可免于一暴十寒之患。」上嘉納之。

三月，巡撫保定都御史史琳奏「宦戚假供應奪民園」。詔罷還之。

夏四月，大學士丘濬上疏言時政之弊，大略言：「陛下端身以立本，清心以應務。謹好尚勿流于異端，節財費勿至于耗國，公任用勿失于偏聽，禁私謁以肅內政，明義理以絕奸佞，愼儉德以懷永圖，勤政務以弘至治。庶可以回天災，消物異，帝王之治可幾也。」因擬爲二十二條，以爲朝廷抑遏奸言，杜塞希求，節財用，重名器之助，凡萬餘言。上覽奏甚悅，以爲切中時弊。

五月，遣廷臣齎內帑銀，賑杭、嘉、湖大水。太監李廣以城垣工完，乞恩量加內官俸級，王恕力持不可，止之。

冬十月，中官傳旨，以通政經歷高祿爲本司參議。吏部尚書王恕、侍郎周經執奏止之。

十一月，停止生員吏典開納事例，王恕言：「永樂、宣德、正統間，天下亦有災傷，各邊亦有軍馬，當時未有開納事例，糧不聞不足，軍民不聞困弊。近年以來，遂以此例爲長策。既以財進身，豈能以廉律己。欲他日不貪財害民，何由而得乎？」上從之。

六年（癸丑，一四九三）春正月，詔考察官未及三年被黜者，復其官。從大學士丘濬之言也。

三月，亢旱，求直言。吏部左侍郎張悅上弭災五事，並修德、圖治二疏。上嘉納之。吏部尚書王恕致仕。時大學士丘濬與恕俱階太子太保。一日內宴，濬以內閣位恕上，恕以己冢宰，不宜居禮部尚書下，頗有言。會太醫院判劉文泰援例求進，事下吏部，格不行。文泰訐奏恕變亂選法及不當令人作大司馬王公傳，詳述留中之疏。濬謂恕賣直沽名。恕上疏自劾，乃下文泰獄。恕求去益力，詔允之，命乘傳歸。于是言官交章劾濬娼嫉妨賢，上不聽。

秋七月，京師大雨雹，禮部尚書倪岳疏弭災急務，勸上勤聖學，開言路，止無功之賞，停不急之役，黜奸貪，進忠直，上嘉納之。

七年（甲寅，一四九四）冬十月，西域進獅子，禮部尚書倪岳言：「獅者外域之獸，眞僞不可知。使眞，非中國宜畜；非眞，無爲外域所笑。」詔還之。

八年（乙卯，一四九五）三月，中官傳旨命內閣撰三清樂章。大學士徐溥等上言：「三清乃邪妄之說，瀆于祭祀，時謂勿歆。且設內閣者，實欲其議政事，論經史，弼正得失，奈何阿順邪說，以取容悅也！」乃止。

十月，詔取番僧領占竹至京，禮部尚書倪岳執奏，給事柴昇上言其誕妄，引孟軻、韓愈爲證，反覆數千言。上讀之而悟，詔中止。天下誦之。

十二月，倪岳類奏各處災異，上令諸廷臣同加修省。先是，四方報災異，禮部類集，凡歲終一覆，以爲故事。岳乃以日月先後，彙分條析，末復援經史，懇切爲上言之。戶部主事胡爟上疏言：「災變異常，皆由奸宦楊鵬、李廣所致。」不報。

九年（丙辰，一四九六）閏三月，諭德王華日講文華殿，講唐李輔國與張后表裏用事。時內侍李廣方貴幸，招權納賄。華諷上，上樂聞之，命中官賜食。

六月，兵部尚書馬文升請飭武備。

秋八月，大學士徐溥、劉健、李東陽、謝遷疏諫燒煉齋醮。時中官李廣以左道被寵，溥等力言其邪妄，引唐憲宗、宋徽宗爲戒。上嘉納之。

冬十月，中使取寶坻港銀魚，並取廠峪山銀礦，橫索害民。順天巡撫都御史屠勳疏言不可，詔戒中使，俱止之。

十年（丁巳，一四九七）二月，上屢遊後苑，侍講王鏊侍經筵，講文王不敢盤于遊畋。上悟，納之。召李廣等戒之，曰：「今日講官所指，蓋爲若輩，好爲之！」竟罷遊。

三月，上御文華殿，召大學士徐溥、劉健、李東陽、謝遷議政事，賜茶而退。東陽謂「自天順末，至今三十餘年，嘗召內閣，不過數語卽退。是日經筵罷，有此召，因得見帝天姿明睿，廟算周詳」云。

五月，京師風霾，各省地震，詔求直言，祠祭郎中王雲鳳上言納忠言，罷左道、齋醮、採辦、傳奉諸事。上嘉納之。

秋八月，上欲施恩后家。外戚張氏有河間賜地四百頃，欲並其旁近民田千餘頃得之，且乞畝加稅銀二分。戶部尚書周經言：「河間地多沮洳。比因久旱，貧民卽退灘地耕之，遇潦輒沒。卽欲加稅，將貽無窮之害，不可。」疏三四上。後有雄縣退灘地，獻爲東宮莊者，上因經前奏，皆抵之罪。一時貴戚近倖有所陳請，一裁以法，皆歛不得肆。

十一月，詔取太倉銀三萬兩，周經言：「皆係小民脂膏。」上遂止。

十一年（戊午，一四九八）秋七月，以浙江大水，戶部尚書周經請停織造，從之。

九月，淸寧宮災，敕羣臣修省。大學士李東陽上疏弊政，上嘉納之。

以少監莫英等督京、通倉，周經言其弊，不納。

冬十月，太監李廣有罪自殺。廣以左道見寵任，權傾中外。會幼公主痘殤，太皇太后歸罪于廣。廣懼，飲鴆死。上命搜廣家，得納賄簿籍，中言「某送黄米幾百石」，「某送白米幾千石」。上曰：「廣食幾何，而多若是？」左右曰：「黄米，金也。白米，銀也。」上怒，籍沒之。已而太監蔡昭請廣祭葬祠額，許之。閣臣言其不可，上命止予祭。

十一月，下詔寬恤天下。

議修淸寧宮，兵部尙書馬文升請發內帑，免征派，停止四川採木之擾。從之。

十二年（己未，一四九九）春正月，給事中楊廉疏：「講書宜用大學衍義。」從之。

夏五月，吏部尙書屠鏞疏請禁內降，弭災變，大意言：「天下士事詩書而躬案牘，積數十年不可得。而奔競之士，或緣技藝蒙幸，如拾芥然，不可以爲訓。」又曰：「今日之傳奉，卽漢所謂西邸之爵，唐所謂斜封之官，宋所謂內批之降。陛下當遠宗堯、舜，豈可襲末世之弊轍乎？」下所司知之。

六月，刑部侍郎屠勳勘壽寧侯與河間民構田事，直田歸民。勳上言：「食祿之家不言利，況母后誕毓之鄉，而與小民爭尺寸地，臣以爲不可。」上嘉納從之。

秋九月，南京禮部尙書謝綬因災異率九卿陳時政二十八事，下所司議行之。

冬十一月，淸寧宮興工，詔番僧入宮慶讚，吏部尙書屠鏞上疏諫甚剴切，末云：「自今以後，乞杜絕僧道，停止齋醮。崇聖賢之正道，守祖宗之家法。使天下後世有所取則。」上悅，從之。

十三年（庚申，一五〇〇）春正月，上以法司律例繁多，命刑部尙書白昻會九卿大臣删定畫一，頒中外行之。

大學士劉健上言：「自古願治之君，必早朝晏罷，日省萬幾。祖宗黎明視朝，每日奏事二次。邇者視朝太遲，散歸或至昏暮，四方朝貢，奚所瞻觀？矧今各邊啓釁，四方薦災，尤爲可慮。怠荒是戒，勵精是圖，庶可以回天意，慰人心。」上嘉納之。

二月，命戶部侍郎許進往勘河間貴戚田莊。進會巡撫高銓勘之，寃聲撼野，至擁州縣吏不得行。進遽欲執以復命，銓曰：「若是，固爲民至意；萬一不測，如民重得罪何！請勘實以聞。上雅愛民，必不忍奪其業以利左右。」進以爲然，遂勘實上疏：「係民業，宜予民。」上從之。

三月，給事中曾昂上言，以邊方調度日煩，請令諸布政司，公帑積貯及均徭羨餘，盡輸太倉。戶部尚書周經言：「用不足者，蓋以織造、賞賚、齋醮、土木之故。若一切節省，自宜少裕。必欲盡括天下之財，豈藏富于民之意乎？」乃止。衆皆服其議。

夏五月，吏部尚書屠鏞、戶部尚書周經各以星變乞致仕，許之。

翰林檢討劉瑞上言八事：崇聖德，親儒臣，嚴近習，全孝思，旌直言，勵士風，畏小民，飭邊備。上嘉納之。

六月，陝西巡撫都御史熊翀得玉璽來獻。禮部尚書傅瀚言：「以史傳諸書考之，形制、篆刻皆不類，其爲贋作無疑。即使非贋，人主受命在德不在璽。」上廼屬庫藏之。

十四年（辛酉，一五〇一）春正月，陝西地震。南京僉都御史林俊上疏歷述漢、晉以來，宮闈內寺柄臣之禍。請減齋醮，淸役占，汰冗食，止工作，省供應，節賞賜，戒逸欲，遠佞幸，親正人。兵部尙書馬文升上言：「祗畏變異，痛加脩省。」勸上「積金帛以備緩急，罷齋醮以省浪費。止傳奉之官，禁奏討之地。將陝西織造羢褐內臣，早取回京，以蘇軍民之困。」上嘉納之。禮部尙書傅瀚率九卿疏弭災、時政三十一事，不報。瀚復言：「民心易感，在結之以恩；天意可回，在應之以實。屬者所陳，當如拯救，猶恐不及。而側聽彌月，未賜宸斷，何以爲理？」疏入，從之。時南北九卿上疏言事，俱報可。

三月，保定撫臣獻白鴉以爲瑞，禮部尙書傅瀚劾其不當，奏詔斥遣之。

秋九月，詔遣中官王端往武當設像修齋，大學士劉健、吏部尙書倪岳、兵部尙書馬文升各疏諫，上遽止。

冬十月，改馬文升爲吏部尙書。

十五年（壬戌，一五〇二）正月，大計天下吏。上召馬文升至煖閣，諭之曰：「天下覲吏畢集，卿其用心採訪，毋縱毋枉，以彰黜陟。」文升頓首曰：「陛下圖治若此，宗社福也，敢不仰承。」乃令中貴人掖之下陛。自是，汰不職者二千餘人，皆當。

召兩廣總督劉大夏爲兵部尙書。大夏素以安內攘外爲己任，命下，人心翕服。先是，大夏在廣東、西，一歲再求去，皆不許。既廷謝，上御帷殿，召問之曰：「朕素用卿，而數辭疾何也？」大夏對曰：「臣老且病，今天下民窮財盡，萬一不虞，責在兵部。臣自度力不足辦，故辭耳。」上默然。居數日，復召問：「徵歛俱有當，何至今而獨言民窮財盡也？」大夏對曰：「止謂其不盡有常耳，他固未暇論。卽臣在廣西取鐸木，廣東市香藥，費固以萬計。」上曰：「若嚮者言之，固已停止矣。其他徵歛，可一一議革也。」上一日問：「諸衞所卒強勇可用否？」對曰：「向者臣固言民窮，而卒殆甚焉，何以作其銳！」上曰：「在衞有糧，戍征有行糧，何乃窮也？」對曰：「江南困轉漕，江北困京操，他困又不止此。且所謂月糧、行糧者半與其帥共之，能無窮耶？」上歎息曰：「朕在位久不能知，何稱爲人主！」乃令九卿大臣，各以其職言軍民弊政，而擇行之。

二月，吏部尚書馬文升上言三事：一曰裁冗官。言近年以來，傳奉等官，將有八百餘員，每歲實支米不下萬石。能減一官，則省一官之俸，寬一分，則民受一分之賜。二曰杜奔競。言覲既已去之，又復留之，故覬覦之徒，干求復進。陛下以此不職之數人可惜，則天下千百萬困苦之蒼生獨不可惜乎？三曰革濫進。邊圉多警，許生員納馬入監，有七千餘名。川、陝荒歉，守臣又具奏上糧入監，通前共有數萬餘人。大害選法，人民受害。上皆納之。

冬十月，上欲于近畿地方團操人馬，爲左右掖。以問劉大夏，對曰：「京西保定地方獨設都司，統五衞，仰思祖宗亦即此意。」遂將保定兩班軍萬人，發回衞團操。乃有造飛語帖宮門，以誣大夏者。上召大夏示之，曰：「宮門豈外人可到？必內臣忿不得私役軍爲此耳。」上又問大夏：「兵餉何以常乏？」大夏意欲削鎮守中貴人，對曰：「臣無暇及他鎮，即臣在廣，而廣之會城撫、按、總兵三司，不能敵一中貴人，餉何以不乏？」上曰：「然。第祖宗來設置此輩已久，安能遽削之。今必令廉如鄧原、麥秀者而後補，不然，姑闕焉可也。」上復語大夏：「諸司言弊政詳矣，而不及御馬監、光祿寺者何？夫弊莫甚于二曹。」大夏曰：「上悉之幸甚。在獨斷而力行之耳！」先是，光祿供奉內府，自有常額。成化以來，內員漸繁，常供不足。乃責京師邸戶辦之，甚苦。至是，大夏因言光祿日辦煩費，殺牲數百，既損民財，復虧愛物之仁。上爲惻然，即敕兵部侍郎，同給事御史清理裁革。光祿卿艾璞曰：「劉東山此奏，歲省光祿金錢八十餘萬。古稱仁人之言其利溥，此之謂與！」然中官因是愈側目大夏矣。

十六年（癸亥，一五〇三）春二月，敕河南取牡丹三十本，巡撫都御史孫需上疏不可，上命止之。

夏五月，京師大旱，兵部尚書劉大夏因言：「兵政之弊，未能悉革。」乞退，不允，令開陳所言弊端。大夏條上十事，上覽奏嘉納，命所司一一行之。上又召大夏于便殿，諭之曰：「事有不可，每欲召卿議，又以非卿部事而止。今後有當行當罷者，卿可揭帖啓朕。」大夏對曰：「不敢。」上問：「何也？」曰：「臣下以揭帖進，朝廷以揭帖行，何異前代斜封墨敕！陛下宜遠法帝王，近法祖宗，事之可否，外付府部，內咨閣臣可也。如用揭帖，上下俱有弊，且非後世法，臣不敢效順。」上稱善。又嘗問：「天下何時太平？朕如何得如古帝王？」對曰：「求治不宜太急。凡用人行政，卽召內閣，並執政大臣面議行之，但求順理以致太平。」上曰：「劉健嘗薦劉宇才堪大用。朕觀宇小人，內閣亦豈盡可托？」時刑部尚書閔珪持法忤旨，上與大夏語及之而怒，大夏曰：「人臣執法，不過效忠朝廷，珪所爲無足異。」上曰：「古亦有之乎？」對曰：「舜爲天子，皐陶爲士，執之而已。」上默然，徐曰：「珪第執之過耳，老成人何可輕棄。」竟允珪請。一日，上召大夏入御榻前，上左右顧，近侍內臣退避去。奏事畢，復來。大夏對久，欲起不能，上命太監李榮掖大夏出。

十七年（甲子，一五〇四）春正月，內旨修〔建〕〔延〕壽塔（據明史卷一百八十一劉健傳改）于朝陽門外，大學士劉健疏諫止之。

三月，內旨行河南取樂工，巡撫都御史韓邦問疏諫止之。

夏五月，敕吏部都察院：「比年考察朝覲官，據撫按語多失實。務備細參訪，精白一心，秉持公道。庶幾澤被生民，上回天意。其欽承之！」

六月，小王子寇宣府，劉大夏請屯兵喜峰口、燕河營以備之。太監苗逵謀帥師擣其營，上召大夏問以王越威寧之捷，大夏曰：「臣聞之從征將士，當時所俘獲婦稚十數耳。幸而大寇方深入，不相值，值之則無噍類矣。」上曰：「卽爾，太宗何以屢得志？」大夏曰：「陛下神武固不後太宗，而將領人馬，不能什二三擬也。且其時淇國公一小違節制，而舉十萬衆悉委之沙漠，奈何易言之！度今上策，惟有守耳。」而戴珊亦從旁贊其語。上遽曰：「微二人，吾幾爲人誤。」事遂止。珊亦以材見知。上御文華，有所召對，必大夏，再宣必及珊。

秋九月，清寧宮未完，旨下兵部撥軍工萬人。劉大夏知工少人多，中官有所利爲此也，上言減去十分之五。督工者訴于上，上令內閣擬旨切責之。大學士劉健曰：「愛惜軍人，兵部職也。大夏每以老辭位，溫旨勉留，猶未已。若切責旨下，彼將以不職辭。」上欣然納之，用軍夫卒如所裁之數。

召大學士劉健等議日講事，上曰：「講書須推明聖賢之旨，直言無諱。若恐傷時，過爲隱覆不盡，雖日進講，亦何益乎！且先生輩與翰林諸官，是輔導之職，皆所當言。」健對曰：「臣等若不敢言，則其餘百官無復敢言者矣。」上曰：「然。」謝遷曰：「聖明如此，臣等敢不盡心。」諸臣叩頭出。

十一月，巡撫保定都御史王璟奏請免立皇莊等六事，上納之。

十八年（乙丑，一五〇五）春正月，上召兵部尚書劉大夏、左都御史戴珊面議政事。議畢，上曰：「述職者集矣，大臣皆杜門。若二卿，雖開門延客，誰復以賄賂通也。」因各手白金一錠賜之，曰：「小佐爾廉。」且屬「無廷謝，恐他人或觖望」。

一日，欲有召，大夏在班，而上不之見。次日，諭大夏：「吾欲召卿，卿不在班。恐不免御史糾，故已之。」

珊嘗以老病乞骸骨，不允。屬大夏一從臾，上謂：「卿珊何亟求去？」珊不敢對，大夏爲言：「珊實病。」上曰：「主人留客堅，客且爲強留，獨不能爲朕留耶？且天下尚未平，何忍舍朕！」已，泫然者久之，珊與大夏皆叩首泣。珊出而語大夏曰：「死此官矣。」

巡撫保定都御史王璟疏乞罷諸内璫田，盡歸之民。下部知之。

二月，上諭各司大小諸臣曰：「朕方圖新理政，樂聞讜言。除祖宗成憲定規不可紛更，其餘事關軍民利病，切于治體，但有可行者，諸臣悉心開具以聞。」

三月，戶部主事李夢陽上書指斥弊政，反覆數萬言，内指外戚壽寧侯尤切至。疏入，皇后母金夫人及張鶴齡深恨之，日泣訴于上前。上不得已，下夢陽獄。科道交章論救，金夫人猶在上前泣涕，求加重刑。上怒，推案起。既而法司具獄詞以請，上徑批「夢陽復職，罰俸三月。」他日，上遊南宮，二張夜入侍酒，皇后、金夫人亦在。上獨召大張膝語，左右莫聞知。第遙見大張免冠觸地，蓋因夢陽言罪壽寧也。既而劉大夏被召便殿，奏事畢，上曰：「近日外議若何？」大夏曰：「近釋李夢陽，中外歡呼，至德如天地。」上曰：「夢陽疏內『張氏』二字，左右謂其語涉皇后，朕不得已下之獄。比法司奏上，朕試問左右作何批行。一人曰：『此人狂妄，宜杖釋之。』朕揣知此輩欲重責夢陽致死，以快宮中之忿。朕所以卽釋復職，更不令法司擬罪也。」大夏頓首謝曰：「陛下行此一事，堯、舜之仁也。」

太常寺卿張元禎上疏，勸經筵講太極圖、西銘性理諸書，上急索太極圖以觀，曰：「天生斯人，以開朕也！」

五月，帝不豫。庚寅，召大學士劉健等受顧命。健等入乾淸宮，至寢殿，上便服坐榻中，健等叩頭，上令近前。健等直叩榻下，上曰：「朕承祖宗大統，在位十八年，三十六歲矣。乃得此疾，殆不能興，故與諸先生相見時少。」健等曰：「陛下萬壽無疆，安得遽爲此言？」上曰：「朕自知之，亦有天命，不可強也。」因呼水漱口。掌御藥太監張愉勸上進藥，不答。上又曰：「朕爲祖宗守法度，不敢怠荒，然亦諸先生輔助之力。」因執健手，若將永訣者。上又曰：「朕蒙皇考厚恩，選張氏爲皇后，生東宮，今十五歲矣，尙未選婚。社稷事重，可卽令禮部舉行。」皆應曰：「諾。」時諸內臣羅跪榻外，上曰：「受遺旨。」太監陳寬扶案，李璋捧筆硯，戴義就前書之。上曰：「東宮聰明，但年幼，好逸樂，諸先生須輔之以正道，俾爲令主。」健等皆叩首曰：「臣等敢不盡力。」諸臣出。翼日，上崩。

谷應泰曰：三代而上，成、康、啓、甲尙矣。降是，其漢文、宋仁乎？乃予所聞，于明之孝宗近是。人主在繦褓，則有阿姆之臣；稍長，則有戲弄之臣；成人，則有嬖倖之臣；卽位，則有面諛之臣。千金之子，性習驕佚，萬乘之尊，求適意快志，惡聞己過，宜也！漢文止輦受言，張釋之、馮唐皆以片言悟主；宋仁開天章閣圖治，韓、范、富、歐無不先後登朝。

孝宗之世，明有天下百餘年矣。海內乂安，戶口繁多，兵革休息，盜賊不作，可謂和樂者乎！而孝宗恭儉仁明，勤求治理，置亮弼之輔，召敢言之臣，求方正之士，絕嬖倖之門。卻珍奇，放鷹犬，抑外戚，裁中官，平臺煖閣，經筵午朝，無不訪問疾苦，旁求治安。非如曲江典慶，賞花釣魚，歌鳳凰于卷阿，醉豐草于湛露，流連淸讌，擬迹成周，恣詠太平，比蹤虞德者也。當是時，冰鑑則有王恕、彭韶；練達則有馬文升、劉大夏；老成則有劉健、謝遷；文章則有王鏊、丘濬；刑憲則有閔珪、戴珊。夫孔甲好龍，眞龍降豢；孝武好馬，天馬西來。上所好者，下有甚焉。延攬之門開，外吏封還誥敕；誹謗之禁疎，小臣執奏椒姻。黃鐘大呂，能生瓦石之音；帝室皇居，不棄櫨梲之器。雍雍濟濟，斯爲盛矣！

然而郭鏞、李廣以中宫進，壽寧、二張以外戚進，燒煉齋醮以方士進，番僧慶讚以沙門進。夫弘恭、石顯，已在病已之朝；廖光、防騭，不絶馬、鄧之世。牛腹玉杯，能號後元；譯書天竺，進自永平。蓋盛陽之月，必有伏陰，舜、禹之朝，不無共、鯀。得志則虎變，失志則鼠伏，用之則風生，不用則泥蟠。是故管隰在朝，刁開難亂；孔明作相，黄皓無權。世豈有無小人之日哉？人君進賢退不肖之間，安危倚伏不可不審也。

聞帝與張后情好甚篤，終身鮮近嬪御。琴瑟專一，出自掖庭，玄鳥呈祥，遂在中宫，尤古今僅事云。

明史紀事本末卷之四十三

劉瑾用事

武宗正德元年（丙寅，一五〇六）春正月，以神機營中軍二司內官太監劉瑾管五千營。瑾，陝西興平人。故姓（淡）〔談〕（據明史卷三百四宦官傳改），景泰中自宮，爲劉太監名下，因其姓。成化時，領教坊見幸。弘治初，擯茂陵司香。其後得侍東宮，以俳弄爲太子所悅。太子卽位，時瑾掌鐘鼓司。鐘鼓司，內侍之微者也。瑾朝夕與其黨八人者，爲狗馬鷹犬、歌舞角觝以娛帝，帝狎焉。八人者：馬永成、高鳳、羅祥、魏彬、丘聚、谷大用、張永，其一瑾。瑾尤獪給，頗通古今，常慕王振之爲人。至是，漸用事。

六月辛酉，雷震郊壇禁門、太廟脊獸、奉天殿鴟吻。大學士劉健、謝遷、李東陽聞帝與八人戲亡度，連疏請誅，略曰：「政在於民生國計，則若罔聞知，事涉於近倖貴戚，則牢不可破。臣等叨居重地，徒擁虛御。或旨從中出，略不與聞；或衆所擬議，竟行改易。若以臣言爲是，則宜俯賜施行；臣等言非，亦宜明加斥責。而往往留中不發，視之若無。臣等因循玩愒，竊祿苟容，既負先帝，又負陛下。」語甚切直，不報。

冬十月，戶部尚書韓文，每退朝對屬言，輒泣下。郎中李夢陽曰：「公爲國大臣，義同休戚，徒泣何益！」文曰：「計安出？」夢陽曰：「比言官章入，交劾諸內侍。章下閣，閣下持劾章甚力。公誠及此時，率諸大臣死爭，閣老得諸大臣，持劾章必益堅，去瑾輩易耳。」文捋鬚昂肩，毅然曰：「是也！卽事勿濟，吾年足死矣；不死不足以報國。」明日早朝，文密叩閣老，閣老許之；倡諸大臣，諸大臣皆應諾。文退，乃囑夢陽具疏草，文讀而芟之，曰：「是不可文，文恐上不省；不可多，多覽勿竟也。」疏具，遂合九卿諸大臣上言曰：「臣等待罪股肱之列，值主少國疑之秋，仰觀乾象，俯察物議，至於中夜起嘆，臨食而泣者屢矣。臣等伏思，與其退而泣嘆，不若昧死進言，此臣之志，亦臣之職也。伏覩近歲以來，太監馬永成、谷大用、張永、羅祥、魏彬、劉瑾、丘聚、高鳳等，置造巧僞，淫蕩上心。或擊毬走馬，或放鷹逐兎，或俳優雜劇錯陳於前，或導萬乘之尊與人交易，狎暱媟褻，無復禮體。日游不足，夜以繼之，勞耗精神，虧損聖德。遂使天道失序，地氣靡寧，雷異星變，桃李秋花，考厥占候，咸非吉祥。緣此輩細人，唯知蠱惑君上以行私，而不知皇天眷命，祖宗大業，皆在陛下一身。高皇帝艱難百戰，取有四海，列聖繼承，傳之陛下。先帝臨崩顧命之語，陛下所聞也。奈何姑息羣小，置之左右，爲長夜之游，恣無厭之欲，以累聖德乎！前古閹宦誤國，漢十常侍，唐甘露之變，是其明驗。今永成等罪惡既著，若縱而不治，爲患非細。伏望陛下將永成等縛送法司，以消禍萌。」疏入，上驚泣不食，諸閹大懼。先是，科道交章請除羣奸，閣議持章不肯下，諸閹已窘，相對涕泣。會諸大臣疏又入，於是上遣司禮監八人，齊詣閣議。一日三至，健等卒持不下。內司禮監太監王岳者，亦東宮舊臣也，素剛直，頗惡其儕所爲，獨曰：「閣議是！」明日，忽有旨召諸大臣入。大臣有歸咎韓文者，文不應。至左順門，太監李榮手諸大臣疏，曰：「有旨：諸大臣愛君憂國，言良是。第奴儕侍上久，不忍卽置之法，幸少寬之，上自處耳。」衆相顧，莫敢出一語。韓文曰：「今海內民窮盜起，天變日增，羣小輒導上游宴無度，荒棄萬幾。文等備員卿佐，何忍無言！」榮曰：「疏備矣。上非不知，第欲稍寬之耳，上固有處。」吏部侍郎王鏊曰：「脫不處，奈何？」曰：「是在榮，榮頸裹鐵邪，敢誤國！」是日，諸閹益窘，自求安置南京，而閣議又持不從。時王岳與司禮太監范亨、徐智等亦助文等，密奏上，上不得已允之，待明旦發旨，捕瑾等下獄。而吏部尙書焦芳者，故與瑾善，遂以所謀泄之瑾。瑾等亦廉知王岳密奏事，八人者遂夜趨上前，環跪哭，以頭搶地，曰：「微上恩，瑾等磔餧狗矣。」上色動，瑾輒進曰：「害瑾等者，岳也。」帝曰：「何也？」曰：「岳東廠也，外謂諫官，諸先生有言第言；而閣議時，岳又獨稱是。此何情也？夫狗馬鷹犬，岳買獻否？而獨咎瑾等。」帝怒曰：「吾收岳矣。」瑾曰：「狗馬鷹兎，何損萬幾？今左班官敢譁無忌者，司禮監無人也；有則惟上所欲爲，誰敢言者！」上怒，是夜立命劉瑾入掌司禮監兼提督團營。丘聚提督東廠，谷大用提督西廠，張永等並司營務，分據要地。瑾夜傳命榜岳、亨、智，逐之南京，而外廷未知也。晨伏闕，則旨下。健等知事不可爲，各上疏求去。瑾矯詔勒健、遷致仕，惟東陽獨留。蓋前閣議時，健嘗推案哭，遷亦詈瑾等不休，惟東陽稍緘默，故得獨留。東陽上言：「臣等三人，責任一同，而獨留臣，將何辭以謝天下！」不允。健、遷瀕行，東陽祖道欷歔泣。健正色曰：「何用今日哭爲！使當日出一語，則與我輩同去耳。」東陽無以應。瑾尋矯詔追殺岳、亨於途，擊折徐智臂，得免。初，舉朝必欲誅瑾，兵部尚書許進曰：「此屬得踈斥足矣！若峻其事，恐有甘露之變。」既而果如進言。刑科給事中吳翀、山西道御史劉玉俱上疏論劉瑾佞倖，棄逐顧命大臣。乞留劉健、謝遷，而以瑾正典刑。上怒，下獄，斥爲民。瑾既得志，於是內揣合帝意，外日以深文誅求諸臣，使自救不暇，而莫敢進言。帝喜，益謂瑾可委任矣。瑾又素善矯飾，谷大用用鎮守太監言，請臨清開皇店，瑾捕獻計者罪之。馬永成以私故欲陞錦衣百戶邵琪，瑾持不可。丘聚主東廠，頗恣肆，偶忤瑾，瑾發其事，調留都。王琇建新第於大內，誘上居之。因奏令賈人居積，代諸計吏輸物內帑，多獲羨餘利。瑾聞，怒曰：「安有天子而攬納稅糧者乎！」罪其人，事得寢。其善矯誣如此。

以吏部尚書焦芳兼文淵閣大學士，入閣辦事。芳潛通瑾黨，瑾遂引芳入閣，表裏爲奸。

凡變紊成憲，桎梏臣工，杜塞言路，酷虐軍民，皆芳導之。

欽天監五官監候楊源上言：「八月初，大角及心宿中星搖動，天璇、天璣、天權星不明。乞親元老大臣，罷去内侍寵倖，安居深宮，絕嬉戲，禁游獵，罷弓馬，嚴號令，毋輕出入。」章下禮部。

左都御史張敷華上言：「政令紛拏，百臣爭之不足，數幸豎壞之有餘。」工部尚書楊守隨言：「劉瑾等八人罔上誣下，恣意肆情，而瑾尤甚。」並不報。

初，劉健等致仕，給事中呂翀、劉菃上疏留之，南京兵部尚書林瀚聞而嘆息，於是南京六科給事中戴銑等、十三道御史薄彥徽等上疏請「斥權閹，正國法，留保輔，托大臣，以安社稷」。劉瑾矯旨遣緹騎逮繫錦衣衛獄。

罷戶部尚書韓文。劉瑾恨文，令人日伺其過。會有進納内府折銀者，内有假僞，矯旨文不能防姦，落職閑住。瀕歸，陰遣邏卒伺於途。文乘一騾，宿野店而去。戶科給事中徐昂上言：「文率九卿上疏，忠憤所激，不應停勒。」昂坐除名爲民。於是文子高唐州知州士聰、刑部主事士奇皆削籍。降戶部郎中李夢陽爲山西布政司經歷，尋罷之。劉瑾矯詔勒張敷華、楊守隨俱致仕，以宣府總督劉宇代敷華。宇附焦芳結瑾，故有是用。尋以宇爲兵部尚書。

十二月，吏部尚書許進奏南京科道皆要職，欲行南京部屬暫署，而待各官問畢還職。瑾怒，矯旨罰進俸。先是，進在兵部，與瑾同督京營，故改吏部。至是與瑾多不合，瑾啣之。尋劉菃、呂翀及戴銑、薄彦徽等二十人各廷杖，除名爲民。瑾復矯詔降南京兵部尚書林瀚爲浙江左參政，致仕。瑾素嫉瀚正直，南京科道官言事被逮，瀚獨往送謔，且議上章直之。瑾聞益怒，勒科道詞連瀚，矯旨降之。南京副都御史陳壽獨疏申救，瑾亦矯詔除名。

兵部主事王守仁上疏言：「戴銑等職居司諫，以言爲職。其言而善，自宜嘉納；如其未善，亦宜包容，以開忠讜之路。乃今赫然下命，遽事拘囚。在陛下之心，不過少示懲創，使其後日不敢輕率，妄有論列，非果有意怒絶之也。下民無知，妄生疑懼。在廷之臣，莫不以此舉爲非。然莫敢爲陛下訟言者，豈其無憂國愛君之心哉？懼復以罪銑等者罪之，則無補國事，而徒增陛下之過舉耳！臣恐自茲以往，雖有上關宗社危疑之事，陛下孰從而聞之？苟念及此，寧不寒心！況今天時凍沍。萬一遣去官校督束過嚴，銑等在道或遂失所，塡溝壑，使陛下有殺諫臣之名。然後追咎左右，莫有言者，則既晚矣！伏願追收前旨，使銑等仍舊供職，擴大公無我之仁，明改過不吝之勇，豈不休哉！」疏入，瑾怒，矯詔杖五十，斃而復甦，謫貴州龍場驛丞。既謫後，瑾使人伺之途，將置之死。守仁至錢塘，慮不免，乃乘夜佯爲投江，而浮冠履水上，遺詩有「百年臣子悲何極，夜夜江濤泣子胥」之句。浙江藩、臬及郡守楊孟瑛皆信之，祭之江上，家人亦成服。守仁遂隱姓名，入武夷山中。已而慮及其父華，卒赴驛。華時爲南京吏部尙書，劉瑾勒令致仕。

帝悉以天下章奏付劉瑾。瑾時雜搆戲玩娛帝，候帝娛，則多上章奏，請省決，帝曰：「吾安用爾爲？而一煩朕！」瑾由是自決政。瑾初亦送內閣擬旨，但秉筆者逆探瑾意爲之。其事大者，令堂候官至瑾處請明，然後下筆。後瑾竟自於私宅擬行，多出松江人張文冕手。張文冕者，故市儈。嘗犯法，南京兵部尙書何鑑捕置之理，亡匿附瑾，瑾倚之。府部等衙門官禀公事，日候瑾門，自科道部屬以下皆長跪。大小官奉命出外及還京者，朝見畢，必赴瑾見辭以爲常。惟瑾自建白本，則送內閣擬旨，東陽等必極爲稱美，有曰「爾剛明正直，爲國除弊」等語，識者鄙之。劉瑾使禁直指揮點視六科官，辰入酉出，毋離其次。

二年（丁卯，一五〇七）春正月，劉瑾矯旨枷尙寶卿顧璿、副使姚祥於長安左、右門外，郎中張瑋於張家灣，俱以違例乘轎爲東廠所發也。時瑾遣邏卒，伺韓文于途，無所得。遇璿等，遂以其事上。已而以大學士李東陽疏營救甚力，瑾不得已，乃瀕死而後釋之，各坐謫戍。

閏正月，劉瑾矯詔令吏、兵二部，凡進退文武官，先於瑾處詳議。兩京都察院各道有奏章，必先呈堂禀詳，然後上聞。

二月，以都御史曹元巡撫陝西。元故與劉瑾親，遂用之。

劉瑾矯詔遣科道查盤天下軍民府庫，其存留者，皆令解京。郡縣積儲，爲之空匱。

三月，劉瑾矯詔榜奸黨於朝堂，頒示天下，略曰：「朕以幼沖嗣位，惟賴廷臣輔弼其不逮。豈意去歲奸臣王岳、范亨、徐智竊弄威福，顛倒是非，私與大學士劉健、謝遷，尚書韓文、楊守隨、林瀚，都御史張敷華，郎中李夢陽，主事王守仁、王綸、孫(槃)〔磐〕（據國榷卷四十六改）、黄昭，簡討劉瑞，給事中湯禮敬、陳霆、徐昂、陶諧、劉蒞、艾洪、呂翀、任惠、李光翰、戴銑、徐蕃、牧相、徐暹、張良弼、葛嵩、趙仕賢，御史陳琳、貢安甫、史良佐、曹(蘭)〔閔〕（據國榷卷四十六改）、王弘、任(諾)〔訥〕（據國榷卷四十六改）、李熙、王蕃、葛浩、陸崑、張鳴鳳、蕭乾元、姚學禮、黄昭道、蔣欽、薄彥徽、潘鏜、王良臣、趙祐、何天衢、徐珏、楊璋、熊(倬)〔卓〕（據國榷卷四十六改）、朱廷聲、劉玉遞相交通，彼此穿鑿，各反側不安，因自陳休致。其敕內有名者，吏部查令致仕，毋俟惡稔，追悔難及。」是日朝罷，令廷臣跪金水橋南聽詔。

劉瑾矯詔京官養病三年不赴部者，革爲民；未久者，嚴限赴京聽選。瑾知科道等官忤己者，養病避禍，故嚴禁錮之。

夏四月，劉瑾矯詔令內閣撰敕，天下鎮守太監得預刑名政事。其最爲害者，河南鎮守廖堂，剝取民財，輦送數十萬於京師。畢貞者，初差天津取海鮮，後請敕自山東沿海達於蘇、松、浙江、福建，所至括民財，凌辱官司，莫敢言者。故事，六部奏准，備事由送內閣請敕書，未有不由六部，內閣自出敕者。瑾付內閣創爲之，東陽等不能執奏，唯唯而已。

逮南京巡撫、右副都御史艾璞下獄。先是，魏國公徐俌與無錫民家爭田，璞歸田於民。俌賂劉瑾，差官覆勘。使者乘瑾風旨，悉以其田予勳戚，且劾璞前勘非是。瑾矯旨逮赴詔獄訊之，璞不屈，曰：「此實民田也。」瑾怒，箠之幾死，數日方甦，謫海南。

罷禮部尚書李傑。時晉府鎮國將軍袁槺賂劉瑾，求封郡王，傑持不與，曰：「皇帝祖訓無載也。」瑾矯旨許之，而勒令傑罷去，復起前禮部尚書張昇代之。昇初以忤瑾致仕，已而復不合，罷。寧王宸濠厚賂劉瑾，請復其先世已革護衞，瑾矯旨與之。

劉瑾等誣逮工科給事陶諧，廷杖落職爲民。諧前後上疏戒逸游，遠讒佞，停止不急工作，差官賣鹹織造，皆直指羣奸欺蔽之罪，瑾等以是大恨之。已而復以他事逮之理，捃摭百端，終不屈，杖戍肅州衞。

五月，以講官詹事楊廷和爲南京戶部右侍郎，學士劉忠爲南京禮部右侍郎。舊事，御經筵畢，必獻規諫語。是日，廷和、忠直講既罷，上謂劉瑾曰：「經筵講官耳！何多詞？」劉忠與廷和皆舊東宮官，奏曰：「二人當令南京去。」遂有是遷。時南部無缺，皆添註。雖陞之，實遠之也。忠謂廷和曰：「此行須別瑾否？」廷和曰：「瑾所爲如此，不可再見之，人知必以我輩交瑾矣。」忠深然之。廷和乃以蜀錦餽瑾，瑾曰：「劉先生不足我耶？」遂厚廷和而疎忠。時劉宇爲中樞，托保國公家人朱瀛者，交通劉瑾，日數往來。兵部郎中楊廷儀，廷和弟也。每俟瀛出，必招入私署，留坐欵語。四司官有不附宇者，瀛必言於瑾，令外補。廷儀獨諂諛宇。廷儀能文，宇章奏皆廷儀爲之。

吏部推總督兩廣右都御史熊繡掌南京都察院事，劉瑾矯詔令致仕。繡在兵部，結怨中貴。至兩廣，供應裁革，日唯廩給數升而已。瑾使人踪跡，其人嘆息而去，瑾竟不能害。致仕歸之日，雖紙筆藥餌，一無所取。

六月，給事中許天錫手具登聞鼓狀，力陳時弊，懷中不敢奏，自經屋梁死。天錫在弘治中素言事，有氣節。時給事中郗夔覆視榆林功次，瑾私人冒功多，夔難所紀敍，亦自經死。給事中周鑰使還，當賂瑾，無所借資，自刎桃源舟次。

劉瑾議革天下提學官，吏部尚書許進謂提學作育人材之本，執奏不可，止之。

太監李榮傳旨：「御馬太監谷大用父奉、御用太監張永父友俱陞錦衣衞指揮使。」尋俱進都督同知。此內臣父兄授官之始。

秋八月，欽天監五官監候楊源奏：「自正德二年以來，火星入太微垣帝座之前，或東或西，往來不一。」勸上思患預防，意蓋指劉瑾也。瑾大怒，曰：「源何官，亦學爲忠臣耶！」矯旨逮送錦衣衞，杖三十，謫戍肅州，至懷慶卒，妻度氏斬蘆荻覆屍，葬於驛後。源父御史瑄以劾曹、石謫戍嶺外，猶幸生還。源忠直不愧其父，而身遂不免，朝野悲之。

劉瑾改其姪婿納粟監生曹謐爲千戶，起其妹夫致仕禮部司務孫聰贊畫大同軍務。

冬十月，南京戶部尚書楊廷和入朝，命改廷和爲戶部尚書，兼文淵閣大學士。南京尚書入閣，自廷和始。

起張綵復爲文選司郎中。綵美丰儀，先爲文選郎，與焦芳相得，給事中劉茝劾歸。至是，芳薦綵於劉瑾。綵，故瑾鄉人。謁朝數日後，始往見瑾，瑾喜迎，笑曰：「好鄉里。外官多不知事，朝後即來。鄉里遲來，最得也。」時許進議調驗封郎中石確於文選，疏已入，而瑾欲復用綵，迫進追回用石確疏，以綵易之。尋復以綵爲右僉都御史。而合水韓鼎者，亦由瑾陞戶部侍郎，與綵同廷謝。鼎先謝老不任，拜起，又吃吃不能致詞，谷、張輩屏後羣笑之。瑾甚愧，曰：「且看此人！」既謝，皆嘆曰：「好男子，此不負所舉矣！」綵歸過瑾，瑾設酒餚預待，曰：「非都憲，我爲老韓愧死矣！」相得益歡。

十一月，劉瑾矯詔革天下巡撫。

始遣科道查盤各邊芻糧。劉瑾素知邊方召商中納積弊，遣科道官三年一次查盤。回奏內有糧粗粃草浥爛者，瑾矯旨逮繫各巡撫及管糧郎中下獄。既至，鎖扭押至所任地方，勒令加倍賠償。凡各商人納過糧草，未給價銀，皆沒官不給。由是商賈困弊，邊儲日乏。

劉瑾矯詔裁革天下按察司兵備官。

十二月，逮順天府丞趙璜下詔獄，斥爲民。璜任濟南知府，裁抑鎮撫中貴，故瑾恨之。

巡撫四川都御史劉纓謂蜀水惡，請開通巫山道，可自彝陵達夔州。旨未下，遂開道。瑾矯旨械纓下詔獄，廷臣論救，釋之。

三年（戊辰，一五〇八）春正月，劉瑾令朝覲官，每布政司納銀二萬兩。考察朝覲官，既上奏，翰林學士吳儼家故富，劉瑾嘗有所求，儼不與，御史楊南金者，都御史劉宇廷撻之，不堪辱，養病去，瑾矯旨綴奏尾，曰：「學士儼，幃幙不修，其致仕。御史南金，無病欺詐，其爲民。」

逮李夢陽下錦衣衞獄，尋釋之。夢陽代韓文草疏，瑾已譎出之，猶未釋也，復羅以他事，械至京下獄，將置之死。時翰林修撰康海與夢陽同有才名，各自負不相下。瑾慕海，常欲招致門下，而海不往。瑾恆先施，海輒瞯亡答之，竟不一見。至是，夢陽客左氏者，詣獄語夢陽曰：「子殆無生路矣！惟康子可以解之。」夢陽曰：「吾與康子素不相下，今死生之際始托之，寧不愧於心乎？」左曰：「不謂李子而爲匹夫之諒也！」強之再，夢陽乃以片紙書數字，曰：「對山救我，唯對山爲能救我。」對山者，海別號也。左持書詣海，海曰：「是誠在我，我豈吝惡人之見，而不爲良友一避咎也！」遂詣瑾。瑾大喜，延置上座。海曰：「昔唐玄宗任高力士，寵冠羣臣，且爲李白脫靴。公能之乎？」瑾曰：「卽當爲先生役。」海曰：「不然。今李夢陽高於李白，而公曾不爲之援，奈何欲爲白脫靴哉！」瑾曰：「此朝廷事。今聞命，當爲先生圖之。」海遂解帶與之飲，達曙別去。夢陽由是得釋，而海與瑾往復，竟罹清議矣。

左都御史屠滽掌院事。一日，上審錄重囚本，內寫「劉瑾傳奉」字重復數多，瑾怒罵之，滽率十三道御史謝罪。御史跪於階下，瑾數其罪斥責，皆叩頭不敢仰視，久乃起。

二月，起前都御史雍泰提督操江。先是，馬文升、劉大夏交薦之。及給事中潘鐸等復疏：「泰有敢死之節，克亂之才。」許進薦於瑾，瑾以同鄉故起之。鄉人諭泰謝瑾，泰曰：「進退在天，若奈我何！」

三月，改翰林院編修顧清等爲部屬。時焦芳子焦黃中會試中式，芳意欲得大魁。旣而取呂柟第一，黃中居二甲首。芳謂諸執事抑之，遂入言於劉瑾，改清等官，而授黃中簡討及劉宇子劉仁等六七人俱爲庶吉士。數月，黃中、仁等俱擢編修。

劉瑾修理莊田，擅掘天、地壇後土，侵廠官地五十餘頃，毀官民房屋三千九百餘間，發民間墳二千七百餘冢。

降湖廣按察司僉事湯沐爲武義知縣，罷江西按察司副使陳恪。恪、沐爲御史時忤瑾，故降之。

逮御史涂禎下獄死。禎，江西新淦人。初爲江陰令，治行奏天下第一，徵爲御史，差巡長蘆鹽課。劉瑾欲令割送該年餘鹽銀兩，禎不從，瑾啣之。後禎復命，俟於朝門。遇瑾不爲禮，卽矯旨下錦衣衞獄，杖戍肅州衞，禎重傷死於獄。仍行原籍，查禎男涂樸，起解補伍。瑾敗，始得釋。

逮前總制三邊都御史楊一清下獄，尋釋之。先是，一清巡邊，上疏陳戰守之策，請復守東勝，開屯田數百里，省內運。奏上，報可。一清遂興築邊牆，尅期完工。而劉瑾憾一清，罷之，工亦止。至是，又惡其築邊糜費，下詔獄。大學士王鏊言於瑾曰：「一清有高才重望，爲國修邊，可以爲罪乎！」李東陽亦力救，乃得釋。

夏四月，劉瑾假湖廣災傷爲名，奏遣同鄉侍郎韓福出理糧餉。福科斂剝削，饋銀數萬。已，復命福兼副都御史，督理湖廣逋賦，民甚苦之。

逮御史王時中下獄。正德初，時中抗疏論瑾，瑾啣之，識名於屏。已而時中巡按宣、大，見綱紀隳弛，極意振厲。總督劉宇，瑾私人也，常以贓吏囑時中，不從。瑾旣憾時中，宇復譖之。瑾矯詔逮繫，令荷重枷，露立三法司之前三日，數踣且殆。李東陽援之，得釋。

以王佐爲南京戶部尚書。時遣科道稽覈各邊糧芻，先後巡撫憲臣多坐累繫獄。佐一日同尚書顧佐等見瑾，瑾言及茲事，曰：「朝廷必大誅戮，乃大懼耳。」佐曰：「本朝未嘗戮大臣。」有毀尚書許進者，瑾語諸大臣曰：「許進奸邪，若尚書劉宇可爲吏部。」佐曰：「佐與劉尚書素厚，與許尚書交淺；然許素有望，恐劉尚書不如也。」毀之者因曰：「王佐黨進。」瑾怒，遂有是遷，欲姑遣之去而徐圖之。

劉瑾矯詔令進士陳璋致仕。璋登弘治乙丑進士，旣歸，欲終身養母，母讓之曰：「不聞舍孝子而爲忠臣者乎？吾得汝祿養足矣。」促北上。至是抵京，値瑾竊政獲罪，遂矯命令致仕。許進宣言於朝，曰：「古今曾有進士致仕者乎？」欲援之而力不能。同事強璋賄瑾，璋曰：「官以賄成，吾不爲也。」怡然就道，及家甫一旬而母終，議者謂天所以成孝子也。後瑾誅，應詔起用。

五月，南京大饑，劉瑾矯詔敕運米三十三萬石，轉卹鳳陽。南京兵部尚書何鑑執奏，言留都地方重於鳳陽，災傷甚於淮西，止之，始得遣官賑濟。

劉瑾矯詔籍沒已故戶部尚書秦紘、通政強珍財產，家屬遣戍。西廠太監谷大用遣邏卒四出，刺南康民吳登顯等三家，以端午競渡，擅造龍舟捕之，籍其家。自是，偏州下邑，見華衣怒馬，京師語音，輒相驚告。官司密賂之，人不貼席矣。

六月，鎭守太監廖堂薦舉內外官，預擬陞調，吏部多徇之。吏科給事中何紹正劾堂雖奉旨，察賢否注遷，當付吏部。上責堂，下所薦於御史。

執朝官三百餘人下詔獄。時早朝有遺書丹墀者，上命拾以進，則告瑾不法狀也。瑾大怒，矯旨跪百官奉天門下，諸監立門東監之。有頃，命大臣出。翰林院官東向跪，曰：「內監雅待衆翰林，敢爾？」亦使出。御史等官東向跪，曰：「御史習知法度，亦寧敢爾？」瑾不聽。時暑甚，僵偃十數人，命曳出。內監黃偉忿曰：「書中所言，皆爲國爲民。好男子死即死耳！何不自言，嫁禍他人爲？」瑾怒目曰：「是何好男子！不露章，乃匿名。匿名，固死也，矧御前！」拉諸監入，李榮曰：「入矣，公等俛而舒。」令內豎擲冰瓜焉。有頃，瑾還來，榮曰：「來矣！」皆還跪。瑾目之怒，復入。至暮，盡送下詔獄，長安鬻飯者，爭飯百官市中。明日，李東陽疏救，瑾微聞出內寺，乃得釋。上手匿名書，曰：「汝謂賢，吾故不用；汝謂不賢，今用之。」遂退李榮、黃偉，任瑾益專。

逮前戶部尚書韓文下獄。瑾已勒文落職，怒不已，乃以戶部廣東司遺失簿籍，遣官校械繫至京，下錦衣衛考訊，欲置之死。監禁數月，罰米二千石，赴大同親納。時諸大臣忤瑾去者，瑾俱誣以舊事，令輸粟塞下。尚書王佐、張縉、楊守隨、何鑑，都御史熊繡、孫需、戈瑄等皆不免。鬻產不能給，稱貸以償，搢紳爲之騷然。

給事中安奎、潘希曾，御史張彧、劉子勵俱以查盤，先後忤瑾意，下獄。奎、彧荷校且死，李東陽疏救之，始釋。希曾、子勵杖三十爲民。

秋七月，以雍泰爲南京戶部尚書。瑾以泰不附己，恨之，併欲逐許進。尋遂矯詔令泰致仕。時保國公家人朱瀛者，謀傾許進，以劉宇代之。因進嘗薦雍泰，乘間言於瑾曰：「許尚書佯爲恭謹，而外示抗直。如雍泰爲山西按察使及宣府巡撫，皆以剛暴辱屬吏，朝廷屢貶不用。今進欺公舉用，又揚言公因泰同鄉用之，非吏部本意。」瑾大怒，立召原任文選郎中張綵入內，詰問雍泰貶謫事，如何不備入奏內？綵曰：「奏稿備載，許尚書塗之。」瑾索原稿視之，果然。於是擬旨以進欺罔，斥致仕，尋除名爲民。馬文升、劉大夏俱以薦雍泰削籍，編修劉瑞亦以薦泰罰粟二百石，輸大同。

八月，逮前兵部尚書劉大夏、南京刑部尚書潘蕃下獄，謫戍。大夏在中樞，議革勇士，節光祿無名供饋，歲省官府浮費數百萬，近幸滋不悅。大夏既歸，有激怒於上者，太監甯瑾素重大夏，叩頭諫曰：「此先帝意，非大夏建白。」乃免。又孝宗召見，嘗言劉宇在大同私養官馬，饋送權貴。孝宗密遣錦衣衞百戶邵琪往察之，以養馬未送回奏，太監李榮爲解得免。至是，宇啣舊怨，言於劉瑾，謂籍大夏家，可得數萬金，焦芳亦共譖之。會土目岑猛怨潘蕃，圖還田州。納賂瑾，瑾簡蕃原奏岑猛獄詞、大夏在兵部議覆。遂矯詔以猛爲田州同知，逮大夏、蕃至京下錦衣衞獄，將坐以「激變土官」罪死。大學士王鏊曰：「岑氏未叛，何名爲激變？」都御史屠滽亦言：「大夏不宜深罪。」瑾怒，謾罵曰：「卽不死，可無戍耶！」李東陽婉解之。瑾使使詷大夏家實貧，乃與宇謀，與蕃俱擬戍廣西。焦芳曰：「是送二人歸也。」遂發甘肅衞。大夏屝騾車出都門，觀者如堵。所在罷市，父老涕泣，士女擕筐進果食。有焚香密禱，願大夏生還者。

以南京右都御史張泰爲南京戶部尙書，致仕。泰素淸貧，爲都御史，奉表賀聖壽，以土葛遺瑾，瑾啣之。會吏部推補是職，瑾矯旨致仕。

劉瑾矯詔以劉宇爲吏部尙書，曹元爲兵部尙書。

南京提學御史陳琳上言：「惜老成，宥狂直。」謫廣東揭陽縣丞。琳因瑾排大臣出臺諫，故言及之。

九月，江西按察司副使王啓忤劉瑾，降廣西容縣知縣。啓爲御史時，敢言，忤中貴。瑾啣之，故有是降。尋又令廣西巡按提問，罰米三百石輸官。瑾又矯旨留巡按御史胡瓚二年。瑾以己陝西人，瓚不附己，故留之。未幾，論遼東事，罰米三百石。

劉瑾禁各處有司，不許奏災異。

冬十月，劉瑾矯詔以翰林學士張芮爲鎭江府同知，修撰何瑭爲開封府同知。芮、瑭皆抗直，見瑾不爲禮，坐事謫之。

下陝西舉人郝序於獄。序，戶部侍郎郝志義子。志義卒，序援例乞祭葬，瑾謂洪武禮制無此例，下錦衣衛獄，謫戍。瑾自擅政，馬永成等八黨父俱封都督，造墳葬祭。所命祭文，皆李東陽撰，臺諫不敢言。

劉瑾矯旨改惜薪司外廠爲辦事廠，榮府舊倉地爲內辦事廠。時既立西廠，以谷大用領之。瑾又自領內廠，比東、西廠尤酷烈。中人以微法，往往無得全者。市井遊食無業之人，如磨工、鬻水者，皆逐之四出，千餘人集城外東郊，持白挺劫人，聲言欲甘心瑾。瑾懼，乃復之。瑾又令寡婦盡嫁，及停喪未葬者盡焚棄之，京師閧然。瑾恐有變，乃罪其首倡言者一人，以安衆心。皆立內廠以後事也。

劉瑾矯詔天下，發遣盜賊連親屬。

十一月，劉瑾創玄眞觀於朝陽門外，大學士李東陽爲製碑文，極稱頌。

四年（己巳，一五〇九）春正月，總督漕運副都御史邵寶致仕。時公卿多出入瑾門，寶一無所通。瑾數以危言撼之，不爲動。瑾惡平江伯。平江伯，漕帥也，事與寶相關。瑾怒，禍且不測。李東陽力解之，乃得致仕去。

以山西提學副使王鴻儒爲國子祭酒。鴻儒在山西有聲，劉大夏嘗對孝宗稱其大可用。吏部從人望舉之，尋以守正忤劉瑾，回籍。罷興化知府張嵿爲民。嵿先任刑部郎中，時隆平侯張佑卒，無嗣，弟姪爭襲，賂瑾。瑾囑之，不爲徇。正德三年，出守興化，瑾有所餽，不報。郡人戴大賓弱冠登第，瑾欲奪其舊聘，以弟女妻之。以囑嶔，亦拒不許。瑾怒，遂摭隆平侯奪爵事，誣罷歸家。

二月，劉瑾矯詔行吏部，不時考察兩京及在外方面官。

勒原任大學士劉健、謝遷爲民。先是，詔舉懷才抱德之士，以餘姚周禮、徐子元、許龍，上虞徐文彪應詔。劉瑾以四人皆遷鄉人，而草詔由健，欲因而害之，矯旨下禮等鎮撫司鞫之。劉宇阿瑾意，劾有司訪舉失實。鎮撫詞連健、遷，瑾持至內閣，欲籍其家。李東陽徐爲勸解，得少釋。焦芳抗聲曰：「從輕處，亦當除名。」既而旨下，健、遷除名，禮等戍邊，令餘姚人從此毋選京朝官。

三月，以錢璣爲戶部尚書。璣附瑾，故不次用。

夏四月，大學士王鏊致仕。時瑾權傾中外，雖意不在鏊，然見鏊開誠與言，初亦間聽。及焦芳用事，專事媕阿，而瑾驕悖日甚，毒流搢紳。鏊欲遏之，力不能，居嘗戚然。瑾曰：「王先生居高位，何自苦乃爾耶？」鏊因求去，瑾意愈拂。衆虞禍且不測，鏊曰：「吾義當去，不去乃禍耳。」瑾使伺鏊無所得，鏊疏三上，許之，賜璽書乘傳歸。時方危鏊之求去，咸以爲異數云。

以王雲鳳爲國子祭酒，尙書張綵以人望起之。始被命，欲堅辭，及有遺書，言「執政者誦太祖『寰中士夫不爲吾用者，當殺身滅家』語」。雲鳳父大司徒佐曰：「吾老矣，汝置我何處死耶？」雲鳳泣就道，至無所餽。瑾怒，欲重以禍，不能得而罷。時國學敎廢，雲鳳立條約示諸生，約束甚嚴，士子卒感服。尋乞養病歸。

劉瑾矯詔以弘治中纂修大明會典壞祖宗舊制，雜以新例，悉毁之。降吏部尙書梁儲爲右侍郎，庶子毛澄、諭德傅珪等皆降職，大學士王鏊致仕免究。唯李東陽如故。

五月，逮廣東兵備僉事吳廷舉下獄。時鎭守恣横，廷舉劾太監潘忠二十罪，併及劉瑾。忠亦誣列廷舉，逮獄鞫之無狀，止以枉道歸家，荷校吏部門前，主事宿建輩謀救之。尙書張綵閱奏稾，心賞其能，言於瑾，凡十二日得釋，謫戍邊衞。踰月，赦爲民。

改翰林侍讀徐穆、編修汪俊等爲南京部屬。瑾素惡諸翰林不行跪禮。至是，修孝宗實錄成，例進秩，瑾謂文士不習世故，摘所忌十餘人爲南京員外郎、主事等，俾擴充政務。始，瑾以翰林慢己，與張綵謀欲調之外，綵不可。至是，瑾復持之，綵爲講解，意已平。而焦芳父子及段炅輩謂可乘此擠其素有讐隙者，乃以名投瑾，從臾成之。大學士焦芳以老病致仕。

遣御史等官清理各邊屯田。初，劉瑾既止各邊年例銀，又禁商人報納，邊儲遂大匱乏。因詢國初如何充足，議者以爲國初屯政修舉，故軍食自足。後爲世家所佔，以此不給。瑾遂慨然修舉屯田，分遣胡汝礪、周東、楊武、顏頤壽等往各邊丈量屯田。以增出地畝數多及追完積逋者爲能；否則罪之。各邊僞增屯田數百頃，悉令出租，人不聊生。周東在寧夏尤苛刻，加刑於軍官妻，人心憤怨。指揮何錦等遂與安化王寘鐇謀起兵，傳檄以誅瑾爲名，瑾禍自此始矣。

六月，進吏部尙書劉宇少傅兼太子太傅、文淵閣大學士，入閣辦事。以吏部左侍郎張綵爲吏部尙書。時吏、戶、兵尙書，皆瑾黨。

八月，榮王祐樞之國常德，劉瑾惡王居京邸，與張綵謀遣之。劉瑾受都督神英賂，加涇陽伯爵，給誥劵。

劉瑾招引四方術士余明、余倫、余子仁等占候天文，推測命數，私置軍器。明等妄稱瑾姪劉二漢當大貴，瑾陰令內使藏小刀二於扇內，出入禁闥。

閏九月，奪平江伯陳熊爵。正德三年，熊總督漕運，劉瑾横索金錢，不應。瑾因中以法，欲置之死，李東陽力爭之，瑾曰：「熊所犯罪重，不宜姑息。」東陽曰：「予誠姑息，然非姑息陳熊，乃姑息陳瑄耳。瑄在太宗朝開濟寧河道，通漕大有功，勒銘鐵劵，子孫免死，豈可盡革，傷天下武臣心！」瑾不悅，竟坐多買田宅，侵民利，謫海南衞，奪其誥劵。

劉瑾矯詔下刑部侍郎陶琰獄。陝西游擊徐謙訐奏御史李高，而謙故劉瑾黨也，又厚賂瑾，欲中高以危法。會上命琰往覈其事，琰據法直高，謙以告瑾，瑾矯詔下之獄，禁錮兩月，削籍。

冬十一月，命給事中張繪、御史房瀛等查盤兩直隸各省錢糧。先是，諸司官朝覲至京，畏瑾虐焰，恐罹禍，各斂銀賂之，每省至二萬兩，往往貸於京師富豪，復任之日，取官庫貯倍償之，名曰「京債」。上下交征，恬不爲異。時張綵聞而言之，瑾不自安，謀差官查盤，蓋欲掩其迹也。

劉瑾奏訪金華知府萬福老疾，蘇州知府鮑瓘、同知王㔻贓貪，江西左布政馬龍貪濫，僉事阮賓輕浮，謫降提問有差。巡按山東胡節斂銀饋瑾，瑾知之，捕下獄死。侍郎張鸞自福建還，斂銀二萬送瑾，瑾收之承運庫，降黜鸞。給事中歐陽雲、御史貝儀、少監李宣、指揮趙良，皆以賄瑾削籍。時瑾酷法繩人，內外貨賂不貲。吏部尚書張綵過瑾，從容爲瑾言，瑾殊納之，然終不能改也。

劉瑾擢都督僉事曹雄爲左都督。陝西自楊一清罷，邊寇猖獗不可制。總督尚書才寬好野戰，自將由興武擊套部，斬首數十級。狃勝深入，遇伏中流矢卒。巡按御史劾曹雄臨陣退縮不救，瑾挾私切責御史，而更超擢雄。

十二月，追奪大學士劉健、謝遷，尚書馬文升、劉大夏、韓文、許進等六百七十五人誥敕，爲民，充軍。從都給事中李憲言也。

改吏部尚書梁儲於南京。儲不附瑾，故有是調。

五年（庚午，一五一〇）春二月，以兵部尚書曹元爲吏部尚書兼文淵閣大學士，入閣辦事。正德中，不由翰林入閣者三人，楊一清以才望，劉宇、曹元皆附劉瑾得之。

劉瑾出太監張永於南京。瑾欲盡除軋己者。一日，伺間言於上，調張永於南京。旨未下，卽日逐永出就道，榜諸禁門，不許永入。永覺之，直趨至御前，訴己無罪，爲瑾所害。召瑾至，語不合，永奮拳欲毆之。谷大用等勸解，上令諸近臣置酒和釋。

夏四月，劉瑾矯詔令南京刑部尚書吳洪致仕。寧河王鄧愈後，有兄弟爭田宅者，其兄倚瑾爲援。洪直之，故及。

安化王寘鐇反，起都御史楊一清，命太監張永提督討之。一清與永西行，一日，嘆息泣謂永曰：「藩宗亂易除，國家內亂不可測，奈何！」永曰：「何謂？」一清曰：「公豈一日忘情？故無能爲公畫策者！」遂促席手書「瑾」字。永曰：「瑾日夜在上旁，上一日不見瑾則不樂。今其羽翼已成，耳目廣矣，且奈何？」一清曰：「公亦天子信幸臣。今討賊不付他人，付公，上意可知。公試班師入京，詭言請上間語寧夏事，上必就公問。公於此時上寘鐇僞檄，並述渠亂政，兇狡謀不軌，海內愁怨，天下亂將起。上英武，必悟，且大怒誅瑾。瑾誅，柄用公。公益矯瑾行事，呂強、張承業暨公，千載三人耳。」永曰：「卽不濟，奈何？」一淸曰：「他人言，濟不濟未可知；言出公，必濟。顧公言時，須有端緒且委曲。脫上不信，公頓首請死，願死上前。卽退，瑾必見殺。又涕哭頓首，得請卽行事，無緩頃刻。漏事機，禍不旋踵。」永攘臂起，曰：「我亦何惜餘生報主乎！」

六月，大學士劉宇致仕。宇附瑾排斥正人，知瑾將敗，先乞身免。

秋八月，劉瑾伏誅。初，寘鐇反，移檄數瑾罪，莫敢上聞。有指揮徐鯤者，傳檄示人，瑾捕下獄，論死。因下赦寬恤，以收人心。未幾而寘鐇就擒，悔欲反之，方侈然自爲功，矯旨加己祿米，擢兄劉景祥爲都督。張永等與瑾爭權勢不相下。至是，望日甲午，永至自寧夏獻俘，上迎之東華門，賜宴。比夜，瑾先退。夜半，永出疏懷中，謂瑾激變寧夏，心不自安，陰謀不軌狀。永黨張雄、張銳亦助之。上曰：「罷矣！且飲酒。」永曰：「離此一步，臣不復見陛下也。」上曰：「瑾且何爲？」永曰：「取天下。」上曰：「天下任彼取之！」永曰：「置陛下何地？」上悟，允其奏。當夜卽命禁兵逮瑾，永等勸上親至瑾第觀變。時漏下三鼓，瑾方熟寢，禁兵排闥入，瑾驚問曰：「上安在？」對曰：「在豹房。」瑾披衣起，謂家人曰：「事可疑矣！」趨出戶被執，就內獄。明日降爲奉御，閑住之鳳陽，命廷臣議其罪。瑾嘗招置術士余明等，太監孫和造衣甲弓弩遺瑾，瑾皆受藏之，竊有不軌圖。是時，瑾兄都督景祥死，將以八月甲午葬，百官多會送。瑾初嚴夜禁，星出後衢道四寂。有竊聽者，中夜聞兵甲聲錚然，里巷私語籍籍，謂傾朝送葬，瑾且因爲亂。

永之獻俘也，瑾使以乙未入。永知，即以甲午入，以故得先發。明日晏朝後，外人微聞瑾得罪，猶莫敢顯言者。及旨猝中發，邏卒飛騎交馳於道，浹日乃定。初，上尚未有意誅瑾，瑾聞鳳陽之命，曰：「猶不失富太監也！」及籍其家，得金二十四萬錠，又五萬七千八百兩。元寶五百萬錠，又一百五十八萬三千六百兩。寶石二斗，金甲二，金鉤三千，玉帶四千一百六十二束，獅蠻帶二束，金湯盒五百，蟒衣四百七十襲，牙牌二匱，穿宮牌五百，金牌三，衮袍八，爪金龍四，玉琴一，玉瑤印一，盔甲三千。冬月團扇飾貂皮，扇中置刀二。衣甲千餘，弓弩五百。上大怒，曰：「瑾果反。」乃付獄。吏部尚書張綵、錦衣衛指揮楊玉、石文義等六人，皆送都察院獄。於是六科、十三道共劾瑾罪三十餘條，上是之。命法司錦衣衛執瑾午門，廷訊之。都給事中李憲亦劾瑾。憲故出瑾門下，瑾聞之，笑曰：「李憲亦劾我耶！」鞫之日，刑部尚書劉璟猶噤不敢聲，瑾大言曰：「滿朝公卿，皆出我門，誰敢問我者！」皆稍稍却。駙馬都尉蔡震曰：「我國戚也。不出汝門，得問汝。」使人批瑾頰，曰：「公卿朝廷所用，何由汝！抑汝何藏甲也？」曰：「以衞上。」震曰：「何藏之私室？」瑾語塞。既上獄，上命毋覆奏，凌遲之，三日梟其首，榜獄詞處決圖於天下。諸被害人，爭買其肉啖之，有以一錢易一臠者。瑾親屬十五人，並二漢、張文冕、楊玉、石文義等皆論斬。張綵死獄中，大學士劉宇、曹元，前大學士焦芳，宇子編修劉仁，芳子侍讀焦黃中，戶部尚書劉璣，兵部侍郎陳震，並削籍爲民。黃中爲檢討，踰年即陞侍郎，性尤狂恣無耻。時土官岑濬沒入家口，內有殊色，芳求瑾得之。後臥病，黃中烝焉。瑾誅，言官交章暴其罪，並褫職。

瑾流毒五年，變易吏、兵二部選法。將官失律，有加封伯、都督者，或徑自傳奉。時綴批別本，惟意而已。又以事籍沒故大臣家，收其妻孥。日夜簡括天下庫藏，添設巡捕、巡鹽等官，四出誅求諸邊屯田賦稅，以肥私家，海內騷然。以有寘鐇之變，而卒及於禍。五年中，惟大理評事羅僑抗疏得脫，中外聞而異之。士大夫悉爲曲學阿世。瑾嘗有所借，以驗士大夫應違。一朝士某，從其門下某請見，某曰：「我公好近眉而冠，君之冠高，奈何？」曰：「業定矣，聊姑入。」及見，瑾瞪目視，朝士驚，更低冠入謝，瑾乃悅。祭酒王雲鳳，先提學陝西，榜笞生徒，有同囚訊。瑾聞而遷之。雲鳳於是往見瑾，瑾叱曰：「何物祭酒，一嘴猪毛耶！」雲鳳惶恐謝。既退，請瑾臨視太學，如唐魚朝恩故事。復請較刻瑾近行法例，永著爲令。給事中屈銓亦如雲鳳請。刑部尚書劉璟數被訴，懼，因劾奏其屬三人。瑾謂能督責，意乃悅。於是瑾以爲無所不可爲矣。一日，瑾涕泣語張綵曰：「始谷、張諸人，患外臣籍我輩，推余當之。余以身徇天下，所摧折衣冠多矣。今天下之怨，皆集於余，諸人晏然享之，予未知所稅駕也。」綵因辟左右曰：「今上未子，勢必立宗室子。若長且賢，公受禍矣。不如援幼弱者，公長保富貴無憂也。」瑾曰：「善。」居數日，忽變曰：「無以宗室爲，吾自立耳。」綵告不可，瑾怒，以茗盤擲綵，綵不敢言。瑾敗，坐綵同叛，綵呼曰：「皇天后土，太祖、太宗，可鑒其心！」

初，瑾被縛，有旨降鳳陽。李東陽語諸大璫，曰：「脫復用，當奈何？」張永曰：「有我在，無慮。」已而瑾上白帖，言：「就縛時，赤身無一衣，乞與一二敝衣蓋體。」上見帖，憐之，命與故衣百件。永始懼，謀之東陽，令科道劾瑾，劾中多及文武大臣。永持疏至左順門，付諸言官，曰：「瑾用事時，我輩莫敢言，況兩班官耶！今罪止瑾一人，可易疏入。」獄詞具，乃止連文臣張綵、武臣楊玉等六人。綵疏稱寃，盡發東陽阿瑾事，卒斃獄，剉尸市中。

詔焚諸與劉瑾往返書札。時籍瑾書，得秦府永壽王爲瑾慶壽詩序，過於卑諂。上怒甚，欲降旨切責，李東陽上疏曰：「自古治亂賊者，正名定罪，誅止其身。昔光武平王郎，得吏民交通文書數千章，皆燒之，曰：『令反側子自安。』當劉瑾專權亂政之時，假托朝廷威福，以劫天下，生殺予奪，惟其所欲，中外臣工，誰不屈意待之！況王府懿親，自非同惡助叛，法不可赦。其細故小過，亦須曲賜包容。若降旨切責，則凡有書信餽送者，傳聞驚駭，各不自安。臣願聖明廣大涵容，將一應文書涉叛逆事情者，悉焚之以滅其迹。」上從之。

封張永兄張富爲泰安伯，弟張容爲安定伯，魏彬弟魏英爲鎮安伯，馬永成弟馬山爲平涼伯，谷大用弟谷大玘爲永清伯，封義子朱德爲永壽伯，給誥劵世襲。李東陽奏：「旬月之間，二難交作，悉底平定，皆永等之功。」故加恩典。

命太監魏彬掌司禮監事。四川巡撫都御史林俊上疏請上還內宮，擇宗室之賢者，養於別宮。收召老臣劉健、謝遷、林瀚、王鏊、韓文等，以修舊政。又言：「瑾雖死，而權柄猶在宦豎，安知後無復有如瑾者？」詞旨剴切，大忤左右，不報。御史張芹劾大學士李東陽，「劉瑾專權亂政之時，阿諛承順，不能力爭。及陛下任用得人，潛消內變，又攘以爲功，冒膺恩蔭。乞賜罷斥」。不聽。時瑾雖誅，而政權仍在內，魏彬、馬永成等擅執朝政，兩河南、北、楚、蜀盜遂起。

谷應泰曰：嗟乎！宦寺之禍，自古烈矣。周禮重奄寺之司，秦風著寺人之制。蓋以其人進身刑餘，厠員灑掃，非有忠孝砥礪之素。而其入也，優游房闥，窺伺色笑；其出也，口啣天憲，手秉王章。固宜其威福剬恣，發不旋踵。而傾輈覆軫，動成炯鑒者也。

劉瑾以青宮舊侍，狐蠱君側。當其始也，豈遂有莽、懿非常之志，溫、卓不軌之謀乎？假狗馬、音樂以冀君王之憐惜，取富貴苟容足矣。而乃毒蛇不斷，壯夫螫手。韓文一發不中，而顧命諸臣斥逐無遺。六給事、十三御史之章再入，而諫官臺臣誅鋤略盡。於是北門之獄驟興，搢紳之禍尤烈。內閣樹其私人，部寺張其羽翼。威焰加於郡國，更置及於岩疆。瑾遂駸駸焉不能安於人臣之位矣。

夫水自湍也，風又激之；湯已沸也，火又烈之。廷臣自李東陽而下，無不靦顏要地，甘心頤指。間或微言解鬬，自托於太丘之弔張讓，然而固寵依違，詎殊於商君之因景監乎！清流之望既歸，宮府之權自一。小人得志，有自來矣。焦芳、劉宇寧足責哉！

然而李夢陽之閣部密謀，無異於楊一清之密說張永也。王岳、范亨、徐智之從中奏上，又無異於張永之叩頭哭泣也。李計中洩於政府，而楊謀獲成於閫外；岳、亨敗事於濡遲，而張永決策於立談。言於寘鐇倡亂之後者，信而有徵；言於狗馬娛心之日者，迷而難悟。卒之國家受恭、顯之禍，政府有匡、趙之羞，張永收桑榆之功，諸賢深徙薪之痛。易曰：「開國承家，小人勿用。」豈不信哉！

明史紀事本末卷之四十四

寘鐇之叛

武宗正德五年（庚午，一五一〇）夏四月，慶府安化王寘鐇反。寘鐇者，慶靖王曾孫也。祖秩熮，靖王第四子，永樂十九年封安化王。弘治五年，寘鐇嗣王。是時劉瑾擅權，毒流天下。寘鐇素有逆謀，與寧夏衞生員孫景文、孟彬往來甚密。覡王九兒降鸚鵡神，妄言禍福，每見寘鐇，輒呼「老天子」。寘鐇益懷不軌。

會瑾遣大理寺少卿周東度田寧夏，倍益頃畝，徵馬屯租甚急，敲扑慘酷，諸戍將衞卒皆憤怨。景文謂寘鐇曰：「殿下欲圖大事，此其時矣。」寘鐇遂令景文家寘酒，邀諸武弁素所被辱丁廣、楊泰等飲。景文以言激衆怒，且謂寘鐇多奇徵可輔。欲盡殺諸守臣，劫衆舉事。衆方怨，聞景文言，皆忻然從之，曰：「卽事不就，死無恨。」遂歃血盟，定計，衆散去。景文以報寘鐇，寘鐇令人往平鹵城說戍將及素所厚張欽等十餘人，皆從之，各集衆待。

時有邊警，總兵姜漢命周昂簡鋭卒爲牙兵，得申居敬等六十人，昂領之。初五日，寘鐇遂置酒，召都指揮何錦、周昂，指揮丁廣謀反。錦、昂者，故常托景文貸寘鐇金，納級陞都指揮，德寘鐇深。寘鐇大會巡撫安惟學、總兵姜漢、少卿周東、鎮守太監李增、鄧廣漢等，惟學、東辭不往。副總兵楊英以聞警帥兵出，亦不至。錦等詐言塞下警，急呼壯士申居敬備邊，執兵械跨馬呼譟。儀賓韓廷璋等伏兵府序下。錦等趨安化府，推門入，序中伏兵起，殺漢等，遂走行臺，殺惟學及都指揮楊忠。又殺周東，縛侯參議。放獄囚，焚官府，劫庫藏，奪河舟，大索慶諸王、將軍金幣萬計。召逆黨平鹵城千戶徐欽引兵入城，僞造印章旗牌。又令景文爲檄，數劉瑾諸罪狀，「張綵、劉璣、曹雄、毛倫文臣武將，內外交結，謀不軌。今特舉義兵，清除君側。凡我同心，並宜響應」。傳布邊鎮，以錦爲討賊大將軍，昂、廣左右副將軍，景文爲軍師，欽先鋒將軍，魏鎮等七人都護，朱霞等十一人總管。關中大震。陝西守臣將寘鐇等刊印劉瑾激變罪惡告示、榜文封奏，瑾匿不以聞。

總兵曹雄等聞變，率兵沿河堵截，遣廣武營指揮僉事孫隆將大、小二壩積埰捲掃柴草，盡皆焚燬。楊英率黃正等發靈州，順流而下。鐇遣魏鎮等至廣武營散賞，孫隆用弓箭神鎗拒却之。曹雄親帥兵至靈州。

初，寧夏游擊將軍仇鉞聞邊警，帥兵出玉泉營。寘鐇反，遣人招仇鉞，令以其兵來會。佯許之，帥衆還鎮，鐇奪其軍，單騎歸私第。京師訛言鉞已從賊。又興武營守備保勛故與賊聯姻，亦遂疑勛爲外應。朝議用勛爲參將，鉞爲副總兵，令率兵討賊。於是勛上疏言：

「臣母及妻子，俱在賊中。臣義不顧家，恨不飛渡黃河，食賊肉以謝朝廷。」鉞亦稱病臥，陰納游兵壯士，俟保勛等兵至，從中起爲內應。俄而總兵曹雄亦遣人持書約鉞。鉞蒼頭書童者，沒河潛入城，具言：「保勛、楊英、韓斌、時源各率兵屯河上，廣武營都指揮孫隆焚兩壩埽捲，河舟盡泊東岸矣。」鉞喜，嗾人謂賊：「宜急守渡口，防決河灌城，遏東岸兵，勿使渡河。」何錦果率都指揮鄭卿等三千人，出覘渡口，留昂守城。時四月二十三日也。

寘鐇出城祭祀社稷旗纛等神，使人呼鉞陪祭，鉞復稱病不出。昂日來問疾，鉞陽呻吟臥伏，諸蒼頭陶斌、來得俟昂入，用鐵骨朶擊殺之，割其首級。鉞卽披甲仗劍，跨馬出門，呼諸壯士楊眞等從者百餘人，直趨安化府，執朱霞、孫景文等十一人殺之，擒寘鐇及其子台溍、儀賓謝廷槐、韓廷璋，並黨李蕃、張會通等。詐傳鐇令，召錦還。而別遣古興兒密告鄭卿，令反正。錦方帥兵還，卿等卽以所部兵擊殺胡璽、魏鎭等十餘人，聲言城中事定，以攜衆心。又往河口，執劉鉞、姜永殺之，衆大潰。何錦、丁廣、張欽、楊泰(正)〔王輔等〕(據鴻猷錄卷十二改)脫身走，追擒之賀蘭山外，並獲申居敬等。曹雄、楊英各先後至寧夏。鐇起兵凡十八日而敗。

上聞寘鐇反，頒詔天下，慰安人心。詔內有「宥充軍罰米官員，停徵糧草」等件，出內閣草中。又欲取回各處差出官校。劉瑾有難色，以李東陽言，從之。

五月，命涇陽伯神英充總兵，太監張永總督軍務，太監陸誾管領神鎗，起前右都御史楊一清爲提督，率中外兵討寘鐇。時朝内不知四月二十三日事，故出師。神英等統京營兵，合陜西諸鎭兵馬，分道進勦。瑾矯詔改戶部侍郎陳震爲兵部侍郎兼僉都御史討寘鐇，暫行總制事。震附瑾，由光祿卿陞戶部侍郎，瑾倚之爲腹心。會寘鐇反，衆推楊一清提督軍務，瑾屈於公論，不得已從之。然度一清必辭，故遣震綱縫其間，冀其成功，將柄用之。已而聞寘鐇已就擒，楊一清上疏乞將京軍取回，以安反側。上詔涇陽伯神英以兵還，命張永及一清仍往寧夏綏安地方。時道路相傳，總督率京營兵，將屠寧夏。一清慮激變，遣百戶韋成齎牌曉諭寧夏官舍軍民：「大賊已擒，地方無事。天子遣二王重臣來撫定爾輩。」又出示：「朝廷止誅首惡，不究脅從，有功者許錄用。各部官員，不許聽人誣陷。敢有流造訛言者，治以軍法。」

侍郎陳震械寘鐇送京師。楊一清以事干宗室，處置少疎，恐生他變，又各犯有原謀、脅從，情罪不一，一槩解京，將無可活者，故馳往止之。時已渡河，乃收繫靈州以待。一清會太監張永檄鎭守、撫、按，督同王司官公審，分別首謀、共謀、隨從等。時鎭巡逮至千餘人，一清出者凡百餘，申居敬、徐欽、程保等，止逮其身，繫家屬，俟正犯誅後，徙其妻子。奏聞，下法司議從之。一清又謂永曰：「恩威當並行不悖。大變之後，堂陛陵替，不復知上下之分。維時造僞命僞符，手刃大臣者，戕殺主將奪其家者，遺姦尚存，無以善後。」乃密諭鎮巡捕指揮馮經等奏上伏誅。

八月，太監張永回京，楊一清仍總制陝西三邊軍務。削慶府護衛。寘鐇、錦、廣等械至京，皆伏誅。論功封仇鉞爲咸寧伯。

谷應泰曰：正德五年四月，慶府寘鐇反。十四年六月，寧府宸濠反。逆同罪均，固已。然古者天子居重馭輕，先奠根本，分建宗子，次固維城。無事則修職稱貢，率土歸王；有事則環甲荷戈，用紓國難。是以家裕苞桑，國鞏磐石，計深遠也。

劉瑾威劫大臣，權傾萬乘，帶刃畜何羅之謀，術士進蒯通之論，二世之禍，直須時耳。寘鐇聲罪發難，志清君側。夫產、祿在而興居之兵非叛，武曌篡而敬業之兵亦正。惜其溺志巫覡，擅殺命卿。狼狽稱戈，既無觀變之智；徘徊河上，初無撥亂之心。所以身膏斧鑕，而秦人莫之哀也。不然，扶蘇受沙丘之詔而吞聲自裁，湘岳得臺城之命而環甲不進，強枝固本，又何以稱焉！

雖然，寘鐇一狂悖豎子也。天誘其衷，狡焉思逞。天殆借鐇爲逆璫授首資乎？寘鐇不反，則張、楊夜半之謀不合；寧夏不亂，則武宗腹心之愛不割。張父趙母，社稷之憂，詎有艾歟！觀楊一清道聞鐇擒而急反京兵，緩誅惡黨，豈非狡童游魂，應時剪滅，而璫毒方深，人心易震，內憂未靖，外寧非福。豹房之計得行，而後戰勝之賀，乃在廟堂也。然則寧夏之功不在寧夏，在於楊一清乘寘鐇以誅城社之奸；南昌之捷不在南昌，在於王守仁滅宸濠以塞覬覦之膽。嗚呼！皆可謂大臣者矣。

明史紀事本末卷之四十五

平河北盜

武宗正德四年（己巳，一五〇九）秋九月，畿南盜起。時劉瑾用事，專恣驕横。京師之南固安、永清、霸州、文安地方，京衞屯軍雜居其地，人性驕悍，好騎射，往往邀路劫掠，號「響馬盜」。至是，聚黨益熾。瑾欲速除之，分遣御史甯杲於眞定，殷毅於天津，薛鳳鳴於淮陽，專事捕盜。舊例御史出，不得以家屬隨。至是，杲等許攜家往，以滅賊爲期。鳳鳴在歸德，與守備指揮石璽會飲，令人歌舞爲樂。邏卒奏之，傳旨降鳳鳴爲徐州弓手。毅在天津稍收斂。惟杲奏立什伍連坐法，盜賊捕獲無虛日，每械盜賊入眞定，用鼓吹前導，金鼓之聲彌日不絕。瑾以捕盜功擢杲、毅僉都御史，仍專督捕盜。

五年（庚午，一五一〇）冬十月，霸州降盜劉六、劉七叛。初，霸州文安縣大盜張茂家有重樓複壁，多爲深窖。同時劉六、劉七、齊彥名、李隆、楊虎、朱千戶等皆附之。諸大璫多文安人，茂通賂納交。太監張忠者，號北墳張，與茂居鄰，結爲兄弟。因得徧賂馬永成、谷大用輩，常因內官家人出入禁中，進豹房觀上蹴踘，益無忌憚。河間參將袁彪數敗賊，茂窘，乃求救於忠。忠置酒私第，招彪與茂東西坐，舉酒屬彪，字茂曰：「此彥實吾弟耳！今後好相看，無相扼也！」又舉屬茂曰：「袁將軍與爾好，今後無擾河間！」彪畏忠，不敢誰何。諸將聞風縮朒。及甯杲至，有巡捕李主簿承杲意，僞作彈琵琶優人入茂家，具知曲折。杲率驍勇數十人，乘不備掩擒之，斧折茂股，載歸。餘賊相率至京謀逭罪，忠與永成爲請於上，且曰：「必獻銀二萬，乃赦之。」劉瑾家人梁洪亦索萬金。六、七、楊虎計無所出，潛劫近境，冀以足所獻。會虎焚官署，六、七知事敗，散去。六、七膽力弓矢絕倫，諸盜皆畏之。涿州州官知其能，召至，協捕有功。御史蔣瑤亦用而賞之。或勸瑤並絕禍本，二人竟颺去。杲仍圖形捕之，逮繫妻孥，盡破其家。六等窮蹙憤恚，乃相聚抗官府，劫行旅。既，劉瑾伏誅，杲亦被劾，麾下健兒多歸之。詔下討賊，仍許自首免罪。六等遣其姊出首，自領三十四人詣州。知州郭坤以聞，貰之，令捕他盜自效。至是，復叛去，往附畿內盜白英。時英已流劫至山東。

六年（辛未，一五一一）春正月，霸州巨盜劉六、劉七聚衆攻安肅縣，劫取繫獄盜黨齊彥名。時窮民響應，旬日間衆至數千，劫掠畿南州縣。霸州文安生員趙風子者，名鐩，有勇力，好任俠，每大言自負。先是，劉六等攻掠文安，鐩率妻子避賊立水中，賊劫其妻，將汙之，鐩怒，奮往殺傷二賊。爲劉六、劉七所擒，說使降，許諾，歸家與弟鐇、鎬聚五百人，會於河間。

由是賊黨益繁，自畿南達山東，倏忽來去，勢如風雨。乃命指揮同知李瑾統京營千人往討。瑾至德州奏言：「白英約四百人，分爲二：一劫諸城、高密、安丘、沂水；一自穆陵關南陷魚臺，直趨金鄉。賊所得，皆民間馬，一晝夜數百里馳。而官軍馬少，無以追敵，請於山東、直隸取給備戰。」從之。命瑾充參將捕盜。

三月，賊入博野、饒陽、南宮、無極、東明等縣，深、冀、定、祁、開等州境，大肆殺掠。攻濱州、臨朐、臨淄、昌樂、日照、蒲臺、武城、陽信、曲阜及泰安州，皆破之。時賊衆強，多出不意突犯，所在單弱，勢不能支，李瑾東西奔命。吏部尚書楊一清建言推用大將及文臣有才望者，提督軍務。從之。命惠安伯張偉充總兵官，召馬中錫爲右都御史，提督軍務，統京營兵征流賊。

夏五月，兵部尚書何鑑奏禦盜事宜。時承平日久，民不知兵，郡縣望風奔潰，甚至開門迎款，以故南北不通，人情洶洶。鑑建議：「選將練兵，嚴號令，公賞罰，募義勇，起用舊將白玉等數人。奏行山東、直隸等處，修濬城隍，選補軍餘，錄用民間武勇，不許遺以資賊。鄉村鎭店結伍立寨，互相應援。河南、山西等處，設兵黄河，斷太行，以防奔突。京操官軍，俱留本處，分守郡縣。又於漕運十二把總部下，每船選精卒一人，沿河駐箚，以防運道商旅。」詔悉從所議。鑑復奏：「遣都督黄琮、張俊統兵分布霸州等處。」

六月，流盜趙鐩、劉三、邢老虎、楊虎分掠河南，劉六、劉七、齊彥名分掠山東。鐩等由河南、山西自西而東，踰曲周、威縣，直抵文安，復往河間、泊頭、慶雲。由山東陽信、海豐向西南上江爲散地。六、七等踰山東、河南出湖廣、江西，仍由故道入長清、齊河等縣，直抵霸州。復走山東，向東南下江爲絕地。所至縱橫，如蹈無人之境。大抵賊俱起畿內，恃馬力倏忽馳驟，棲野不佔城郭，蹈虛不立方所。每戰驅脅從者居前，呼號衝突。官軍見形卽縮，賊相與笑樂，恣所殺掠；稍遇勁兵，前者俱陷，自以精騎覘勢爲進退，莫可控揣。官軍雖屢有小捷，然失亡多。黠者又受賊賂，多縱舍賊。指揮桑玉嘗與劉六、劉七遇文安村中，六、七匿民家樓上，欲自刭，玉故緩之。有頃，齊彥名持大刀，脇官軍敗衄者數十人至樓下，彥名曰：「呼！」諸敗軍皆呼。彥名曰：「救至矣，無恐也！」六、七遂彎弓注矢以出，射殪數人去，各地方官互相推委。時馬中錫、張偉所領京營人馬，多不簡閱。中錫書生，欲效龔遂化渤海事，招撫解散。張偉紈袴子，怯不能戰。中錫遍檄諸路，榜示：「劉六等經過，所在官司不許捕獲，與供飲食。若聽撫，待以不死。」劉六等聞之，所至不殺掠，然且信且疑。中錫至德州桑兒園駐兵，單車從數卒直抵賊壘，開其自新。劉六等來謁，中錫開誠撫之。劉六欲降，劉七曰：「今內臣主國事，馬都堂能自踐其言乎？」潛使人至京伺諸中貴，無招降意。又以山東所劫金銀輦載至京饋權倖，求赦不得，遂益肆劫掠，衆至數萬。中錫，故城縣人，賊至故城，戒令勿焚劫馬都堂家。由是謗騰，謂中錫玩寇殃民。兵部尚書何鑑劾中錫、偉擁兵自衞，縱賊不戰，逮下錦衣衞獄論死。中錫竟死獄中。偉革爵閒住。

八月丁巳，劉六、劉七、齊彥名、楊虎等合兵以二千騎，破棗強縣，屠戮甚慘。知縣段豸死之。命伏羌伯毛銳充總兵官，太監谷大用總督軍務，兵部侍郎陸完提督軍務，大發兵討流賊。馬中錫等既無功，中官因以討賊非書生所能辦，遂以大用等帥兵討賊。何鑑奏令陸完率領主事田蘭等招募民兵，地方大擾。又奏調宣府副總兵許泰、遊擊郤永、大同總兵張俊、游擊江彬、延綏副總兵馮禎入征內地，俱聽谷大用、陸完節制。

逮巡撫山東都御史邊憲、眞定都御史蕭翀。憲等撫馭無方，遇賊失機，兵部奏逮下獄，除名爲民，且著爲令，凡州縣官失守者，比守邊將士例。

劉七等困滄州不克，進抵霸州、信安，京師戒嚴。時兵部侍郎陸完提督軍務，師已出涿州。賊在固安，甚急。上召大學士李東陽、楊廷和、梁儲，兵部尚書何鑑，諭曰：「賊在東，師乃西出，恐緩不及事，卿等何以處之？」鑑對曰：「邊兵已至涿州，賊來送死，但恐望風遁去耳。」上喜。初，副總兵許泰奉調率部下入居庸關，駐涿州；馮禎入紫荊關，駐保定。上乃諭鑑卽追還陸完，東出往信安。鑑承旨畢，退至部中，已秉燭矣。遣人留都門鎖鑰，齎牌馳諭，戒以失誤者斬。時陸完方欲整兵南行，而齎牌適至，遂直趨固安。許泰、郤永出霸州平口。賊易之，泰等逆擊，殺數百人，賊始懼，南奔天津。指揮賀勇遏之信安灣，賊復敗。泰等追擊於東光半壁店，擒斬二百七十人。永再破之景州鑑橋，馮禎敗賊於東明裴子巖，斬賊帥僞千戶。郤永復破賊棗強縣，合兵又破之三老集及薛家屯，擒斬千餘人，皆楊虎、趙鐩黨也。諸將進擊虎、鐩於景州朱門村，一日數戰，殺賊千餘人。賊奔遁小灘河北，保定都司田彬率指揮趙文等扼之，敗績，文被獲，尋走還。副總兵李瑾擊趙鐩於山東蒙山，亦敗。賊得我神器盔甲及蟒衣。虎、鐩衣蟒衣，沿途炫燿。過泰安縣題詩，有「縱橫六合誰敢捕」之句。沂州楊頭、管四、馬武、張通等皆歸賊，賊勢益熾。

冬十月，劉六等攻濟寧，不克。初，賊自滄州解圍南走，破日照、海豐、壽張、陽穀、丘、寧陽、曲阜、沂水、泗水、費十城。至是攻濟寧，焚運船千二百艘，執工部主事王寵，釋之。

給事中竇明言弭盜、安民、擇將事，下獄。太監張永選團營驍卒聽征。

擢山東樂陵知縣許逵爲山東按察司僉事，備兵武定州。逵，河南固始人，令樂陵期月，令行禁止。時流賊橫行河北，逵修城濬隍，踰月而成。又使民家各築牆，高踰屋簷，仍開牆竇如圭，僅可容一人。家令一壯丁執刀俟於竇內，其餘人皆入隊伍。令守號令，視旗皷進退，違者無赦。又設伏巷中，洞開城門。未幾，賊果至，旗舉伏發，賊火無所施，兵無所加，盡擒斬之。自是賊不敢近樂陵。撫按交薦其才，擢是職。

十一月，趙鐩等至宿遷。初，鐩等攻破靈山衞及日照諸縣，南攻徐州不下，至是至宿遷。淮安知府劉祥率兵逆賊，不戰自潰，溺水死者無算。祥被執縱還，遂渡河，殺高郵等衞官軍三百餘人，執指揮陳鵬。攻靈壁，知縣陳伯安戰敗被執。攻宿州不克，焚其西關。欲降伯安，不屈，劉三欲殺之，鐩止之得釋。又破虹縣、永城、夏邑、虞城等縣，執虞城知縣，尋亦釋之。又破歸德府，守備萬都司率衆追至亳州，武平衞指揮石堅率兵千人、僧兵三百人邀戰，皆敗，殺僧兵七十餘人。至白龍王廟，渡小黄河，武平衞百戶夏時扼之河。楊虎率壯士黄寧九騎渡河，時兵不知其爲虎也，擊之，虎奪舟欲濟，官軍以土石擊覆其舟，虎溺水死。鐩等推劉三爲主。總兵白玉擊劉三於泰和縣小南門，敗績，殺官軍一千五百餘人，失亡盔甲鎗刀二千，神器七十餘。攻破霍丘，殺萬人，執都指揮潘翀，釋之。殺都指揮王保，射殺河南布政司經歷任傑，軍民死者千餘人。至鹿邑，鹿邑潰，執守城千戶。有陳翰者，自稱兵部主事，乞爲劉三子。至新蔡，致仕知府張釋率衆遺劉三金帛萬計，不攻去。當是時，河淮南北官吏，望風遁。諸將利劫掠，戰不力，賊勢日盛。劉三妄欲舉大事，與陳翰、甯龍謀兵無主必亂，共推劉三爲奉天征討大元帥，趙鐩更名懷忠，稱副元帥，小張永前軍，管四後軍，劉資左軍，馬武右軍，邢老虎中軍，並稱都督，陳翰爲侍謀軍國元帥長史。分二十八營，應二十八宿，各樹大旗爲號。置金旗二，大書：「虎賁三千，直抵幽、燕之地；龍飛九五，重開溷沌之天。」又造鈞牌，令所至官吏修道路橋梁，備芻糧酒肉供軍，降者秋毫無犯，拒者寸草不遺。

劉六等攻徐州，掠淮西。劉七等覘知谷大用、毛鋭等駐軍臨清，復擁衆走霸州。賊以十二月朔車駕出郊宫省牲，圖犯御蹕。時兵部尚書何鑑未寢，左右無一吏卒，乃自具帖子，令廁卒遞入長安門。逐門遞入司禮監，轉奉上知。復傳示各衙門，嚴加防守。又縋城齎報通州、良鄉、涿州各守備官，整備兵馬，兼以常制駕出南郊，分調軍馬於南海子、蘆溝橋、羊房角三處下營，以防衝突。處分甫定，漏下五鼓矣。有頃，上命司禮監太監召鑑至左順門，問今日駕可出否？對曰：「駕當早出，以安人心。」車駕遂出，迄暮方回。賊知有備，不敢犯。

十二月劉六等西奔，掠新城、雄縣、定興、安肅、易州、淶水而南，破高陽、蠡縣、博野、容城、深澤、束鹿，覘知祁州有備，乃迂道竟攻臨城、高邑、成安、饒陽，由眞定掠趙州、安平，直抵晉州、藁城、柏鄉、内丘、南河、衡水等處。鑑計賊非東向臨清，必南奔彰德，移文促陸完督軍分道追襲。至彰德，賊方圍湯陰，聞官軍至，望風遁去。許泰、馮禎、郤永、金輔、李瑾、張俊、成釗追戰敗之，渡河溺死者無算。劉七等復糾衆萬餘，圍李瑾、馮禎營，許泰與禎、瑾内外夾攻，敗之，賊遁去。

劉六、劉七、齊彥名、劉三、趙鐩、邢老虎等復分掠山東、河南。賊欲牽制官軍，故分寇，其勢益熾。劉三等攻陷上蔡縣，知縣霍瑄死之。前鋒臨商水，知縣率吏民降。進攻西平，知縣王佐拒敵，被執，罵不絕口，賊支解之。乘勝攻破舞陽，劫獄，獄有僧德靜，僞稱唐府宮人子，賊黨賈勉兒留之。至葉縣，執知縣唐天恩，幷其父殺之。攻襄城，襄城人餽銀馬，不攻。攻破寶〔豐〕縣（據王鏊守溪筆記補），僉事孫磐賫黃榜撫賊。趙鐩復書曰：「羣奸在朝，濁亂海內，誅殺諫臣，屏斥元老。乞皇上獨斷，梟（雄）〔羣奸〕（據王鏊守溪筆記改）之首以謝天下，斬臣之首以謝羣奸。」有掠縣令妻子者，鐩殺之。破裕州殺都指揮詹濟、同知郁采，屠其城。

命遼東巡撫都御史彭澤提督軍務，以咸寧伯仇鉞爲平賊將軍，充總兵官，帥延綏、榆林諸路軍馬討河南賊。澤至，大陳軍容，擐甲引見諸大校，責以退縮，嚴軍政，諭行法，建纛，諸大校無不惕息，頓首請自効。良久釋之，遂皷行前。時河南親藩告急，何鑑建議復於宣府、大同、遼東、延綏諸將部下，續調未發官軍，分道赴之。復以諸賊分責諸將，計日勦滅。

七年（壬申，一五一二）春正月，劉六等復攻霸州。何鑑續調宣府邊兵在涿州者遏之，賊遁去。先是，陸完聞賊北奔，恐犯京師，卽調許泰、郤永追至德州。泰、永方恐後期獲罪，而賊東遁之報忽至，泰、永驚喜久之，乃知遏賊宣府續調兵也。嘗語人曰：「何公此舉，既解霸州之危，復舒吾輩之罪。」既而遼東續調軍亦至，郤永率邊軍追賊，至山東，大敗賊李隆於穆陵關。隆奔劉七營，劉七惡其反覆，斬之。幷其衆復歸河南。陸完分調諸將許泰等大敗賊衆於汴北。時撫治鄖陽李士實亦發兵夾攻，賊奔商水，倉皇阻河，不能渡。官軍併力蹙之，方可殄滅，而紀功御史雷宗力勸諸將朝崇府。盤薄久之，賊因得渡商水。何鑑劾宗阻誤兵機，逮下獄。

伏羌伯毛鋭至眞定，敗績。鋭衰老怯懦，所領京軍萬餘，皆怯不諳戰。谷大用擁衆觀望，不敢進。鋭帥師至眞定，遇劉七等，與戰大敗；適許泰援至，鋭僅以身免。失亡所佩將軍印，徵回京師，以與大用同事不問，罷歸第。

二月，趙鐩等攻唐縣。先後二十八日，不破。邢老虎病死，鐩併其衆，號十三萬，騎五千，轉掠襄陽、樊城、棗陽、隨州、新野。破泌陽，前大學士焦芳僅以身免，盡發其先世冢墓無遺骸。取芳衣冠被庭樹，歷數其惡，命劍士斬之，曰：「吾手誅此賊，以謝天下。」進攻鈞州，不克，賊黨聲言欲屠城。趙鐩以馬文升家在圍中，引衆去之。總制彭澤、咸寧伯仇鉞督各邊將帥敗鐩於西（河）〔平〕縣（據王鏊守溪筆記改），殺賊二千餘人，奪回馬騾器械無算。鐩奔鄢陵，焚掠而過。至新鄭、鄭州，攻城不能入，遂至滎陽、汜水，攻偃師。

陞陸完右副都御史。先是，楊一清議擒斬賊三名者，陞一級。時劉六、劉七、齊彥名雖擁衆數萬，然多劫掠脅從之徒，其親信驍勇善騎射者，不及千人。官軍每追及，賊首驅脅從良民對敵，并棄所掠財帛奔逸而去。官軍競取財帛，斬獲脅從首級，屢報捷音。陸完、谷大用降敕獎勵十餘次，前後報功萬計；而正賊卒無獲者，甚至賊已去而官軍遇平民，亦殺之以報功。大同游擊江彬過冀州，入民家，殺二十三人。有司申狀，大用、完皆不問。大用復奏帶權勢子弟僕從坐功冒級，日費餼廩。自出師以來，芻糧犒賞，費太倉銀二百萬餘，府庫爲之虛耗。

三月，劉三、趙鐩等至河南府，參將金輔懼不敢渡河。總兵馮禎率榆林兵方列陣，而姚信所部京軍馳越禎前，失利先遁。賊麾衆突至，禎下馬力戰死。賊亦殺傷多，乘夜奔汝州，復犯汝寧府，殺湖廣土軍數十人。入潁州朱皐鎮，官軍追敗之。前後斬賊及渡河淹死人馬五千有餘，沿途逃散者甚衆。鐩等由光山、六安州攻破舒城，劫掠人馬。

夏四月，桐柏知縣李聚率鄉兵敗趙鐩於縣外，生擒潘僧等八名。泌陽縣劉機率鄉兵擒獲逆盜劉喜等。總制彭澤督官軍敗趙鐩於六安州，殺獲四百餘人。追至定遠，連敗之。湖廣僉事郭韶敗劉三、趙鐩等於應山縣二郎畈、廣水店，追逐懸崖溺水者千餘人。彭澤同巡撫劉丙督各路軍馬追殺鐩等於應山井子鋪、隨州蓬甑山等處，劉三、劉資等潛匿山谷去。

李鋐率邊軍敗劉六等於臨朐沂水，殄之。劉六、劉七等東入登、萊，掠膠州、平度、萊陽，破文登、招遠，攻圍寧海。陸完復分調許泰、郤永合兵追勦。賊潰，分兩隊。一隊由高密西奔，李鋐追至沂水，勦殺無遺。劉六、劉七、齊彥名等復北走霸州，犯香河、寶坻、玉田諸縣。敗官軍，殺參政王杲於武清八里莊。兵部奏調參將成釗等統領京軍。陸完、甯杲亦分調諸將會兵截殺。賊過馬東圈，殺戮甯杲子弟兵甚衆，乃越霸州，竟往雄縣，迤南直抵山東。賊雖屢衄，然隨在脇聚，寡而復衆。先是，正月，劉六等自文安而下，二月，至宿遷，屯小河口，劫船欲渡。指揮周正禦之，不得前。退往桃源，屯於城子河，率衆萬餘掠邳州之泇口集。遂由贛榆過郯城。既擁衆，復寇邳州。賊皆白衣，瀰漫郊野，知州周尙化悉力拒走之。三月，賊過呂梁，沿途焚掠無遺。總兵劉暉破賊於滕之呂孟社。尋敗賊於邳之郭家莊，殺獲千餘人。賊且戰且走，至魚頭集，復破之。四月，賊奔登州海套，陸完率大軍與劉六、劉七、齊彥名等遇於嵩淺坡、古縣集等處。時宣、大鐵騎及中土材官、良家子悉集，將十萬人合圍。諸軍奮勇鏖戰，斬首二千三百，殺傷三千有奇，俘獲百餘，諸酋渠殆盡。六、七、彥名獨挾驍騎三百餘潰圍而走，間道馳至河西務，其勢無前。諸軍悉出，莫能禦。賊將北出塞外，阨關險不得通，乃復越臨淸而南下邳之新安，迤邐馬家淺、雙溝，頻欲渡不得，復由靈璧西南而去。

閏五月，劉三自河南入羅田，轉掠黃陂，都指揮陳表擊敗之，還據羅田。仇鉞擊賊於光山，神周、姚信爲左，時源、金輔爲右，大敗之，斬首三百九十人，盜奔六安。諸將進至七里岡，賊分爲三。神周追趙風子，姚信追賈勉兒。二賊急復合，其黨張通等率衆數千降。鐩屢與官軍戰不利，陳翰見勢敗，亦向總兵仇鉞降。時源、金輔追劉三，由黃陂、光、羅至桐柏、南召。從騎十七人，夜亡其半。至土地坡，指揮王瑾射劉三，中其左目，三縱火自焚，瑾滅火斬其首。都指揮朱忠等復追擊賈勉兒於扶溝，賊奔沙河，溺死者甚衆。追至永城，勉兒變姓名，匿項城之下村，老人王斌獲之，餘衆悉潰。趙風子走德安，知事不成，行至應山縣東化山坡下，遇僧眞安，因削剃鬚髮，藏度牒，令賊黨邢本道等各散。遂同眞安欲渡江從江西賊，再圖大舉。湖廣巡撫劉丙督官軍擒邢本道等三十餘人於隨州天王險寨等處，斬賊百餘級，獲馬騾器械千數。本道被獲，始知鐩削髮遁去，分命各道物色之。武昌衞軍人趙成、趙宗等行至黃陂縣九十三里坡遇鐩過，見鐩狀貌異常，思與頒示合，心疑之。追至武昌江夏縣管家套，鐩入軍人唐虎店飯，成等進擒之，搜獲眞安度牒，檻車入京伏誅。

劉七、楊寡婦以千騎犯利津，僉事許逵追至高苑，敗之。錢鸞以百騎劫德平，逵復引兵追至楊二莊，盡殲之。劉六、劉七圍邳州，督漕都御史張縉擊敗之。東海千戶張瀛率銳卒開柵迎敵。賊三騎馳突而前，皆渠帥也，中矢斃，其黨悉遁。六等遂從棗林渡邳，騎能屬者纔三百人。奔河南光山、確山入湖廣，棄馬登舟，沿江掠聚，復聚黨至七百人，駐兵武昌陽邏團風鎮。湖廣巡撫都御史馬炳然攜家赴官，賊遇之於爛泥鋪。脅與俱至南京，炳怒罵之，遂遇害，掠其家人。

內旨立監鎗名。太監陸闓以陸完討賊久不滅，謀出統軍。禮部尚書傅珪曰：「今兵老民疲，直以多冒功者失將士心，禍旦夕及宗社，諸公尚唯唯乎？」力爭之。明日，竟遣闓監鎗出征，傳旨令珪致仕。

劉六爲湖廣官軍所追，風折帆檣，擊死於水。其子劉仲淮數人亦死。劉七、齊彥名等糾合水寇，自黃州下九江，剽湖口、彭澤等一帶郡邑，經安慶、太平、儀眞，所過殘滅。

六月，陸完帥諸將邊兵，馳至揚州，斬退避指揮程鵬。劉七、龐文宣等舟過蕪湖，操江官軍不敢逼。直抵瓜州，燒燬戰船，搶奪軍器，鎭江官軍禦之，敗績。殺掠過壩，泊於通州之狼山、常熟之福山港。遂淩駕江面，縱橫上下，通、泰、如皐濱江之區，咸被創殘。秋七月，劉七等復自通州泝流上犯九江，劉七、彥名等在江，不安舟居，日上通州遊掠，欲自通、泰登岸趨淮安，復還山東，爲揚州官軍所拒。與其黨韓三等謀復自海門而上，泝流過釆石，泊蕪湖之月子湖。賊凡三過南京，往來如入無人之境。賊在海門東七里港，謀入海，由張網海口深入裏河不果，又泊隸上、斷腰地方。遂自湖口縣乘風而西，寇南康，迤邐蘄、黃，登光州、固始，還泛九江、安慶，至石灰河江口，遂往銅陵。時陸完自臨淸馳至江上，都御史張縉、王鎭、叢蘭、俞諫及副總兵時源等分兵守要害。賊復沿江東下，越瓜州，蹂周家橋，歷孟瀆下港，掠常州，殺常州守李嵩，遂犯江陰，殺縣丞余淩雲，仍泊狼山下。賊有舟三十餘，衆六七百人。陸完至鎭江，留總兵仇鉞駐溫恭，騎兵駐江北，劉暉、郤永以舟師趨江陰。（八）〔七〕（據祝允明江海殲渠記改）月，劉七等既泊狼山，其黨以失地利相尤，多潰去。丁丑，賊率衆二百餘攻通州，我軍擊之，賊退入船。是夕，颶風大作，賊船皆解散飄墮，其衆顛踣不支，嘔泄臭穢，自相擊撞。蘇人有應募獻計用火攻，其名「水老鴉」，藏藥及火於礮矢中發之。又爲形如鳥喙，持之入水，以喙鑽船，機發自爲運轉，轉透船沈。試賊一舟，沈之。賊益駭，勢迫，乃登山團聚，或下崖散逸，輒爲通州兵所殪。通州最與賊密邇，而守吏亦特嚴整。壬辰，夜三皷，副總兵劉暉帥遼東兵，千總任璽帥大同兵，游擊郤永帥宣府兵並進。癸巳，與賊戰，我軍聲燄震天，風火交熾，賊披靡，躋山巓古垣，憑高控險，鎗矢瓦石雨下，鏖戰。賊初不識山路，火勢既熾，僧行居人逸出，賊從之上（山）〔下〕（據祝允明江海殲渠記改）得路，而我軍方奮勇直前。日加晡，劉暉率部將張春、蕭澤、高雲、李春美、饒徵等誓死決戰。分軍爲三，劉暉在山北，郤永在山南，皆戴盾跪行而上，手施鎗礮，且上且攻，盾上矢集如蝟，不退，遂奪其垣。賊墜崖死者無算，其餘先具舴艋山下，以備逃竄。至是覓嬰谷下山，爭船不得入。劉暉立崖下，百矢齊發。劉七勢迫，遂赴水死。彥名爲宣府遊兵（十）〔小〕

（按明朝兵制，軍職有總旗、小旗。疑「十」字係小字形近之誤）旗張鑑斬首。劉暉擒獲餘賊及龐文宣等，解京伏誅。賊逸而北者，高雲追斬之，皆盡。

九月，論平流賊功，封谷大用弟谷大寬爲高平伯，陸誾弟陸永爲鎮平伯，咸寧伯仇鉞進封咸寧侯，並賜誥劵，世襲。都御史陸完、彭澤加太子少保，完召回掌院事，廕一子錦衣衛百戶。內閣李東陽、楊廷和、梁儲、費宏各廕一子錦衣衛正千戶。

谷應泰曰：劉六、劉七、齊彥名等初發難於霸州，趙鐩、邢老虎、劉三等附之，而盜愈劇。至鐩等入河南，七等入山東，是羣盜分寇之始也。既而幷兵薄都城，至尊倉皇，召對左順，中旨夜出，指授方略，社稷無人，幾於發蒙振落矣。乃馮禎纔破鐩於景州，而田彬沒全師於山左，許泰甫奏捷於裴巖，而劉七屠名城於冀右，徒敗車奔，旗靡轍亂，以此易彼，得不償失。游魂坐大，禍延淮北。賊騎有京觀之築，池隍無郎墨之堅。指斥乘輿，妄陳天命，而羣盜再薄都城矣。

夫金湯天險，百靈呵護，么麽小寇，敢爾蹂躪，則以七等固嘗潛入宮門，縱觀禁掖，窺龍顏於豹房，分天香於御苑。彼項籍偶觀會稽，石勒倚嘯東門，亦未有睥睨彤闈，鼾寢臥榻，如茲盜者也。於是宮門晨扃，南郊幾阻。徵調繁興，六師雲集，然後七等再入齊，鐩等再入豫。自此以後，盜不復合。劉三、趙鐩猖獗於兩河，巡撫彭澤以大同、遼東、宣府之師禦之。劉六、劉七滋蔓於濟北，少司馬陸完及禎、暉、許泰諸將禦之。其餘咸寧侯仇鉞、伏羌伯毛鋭、中貴谷大用、邊將江彬，類皆將門世胄，良卒信臣，莫不赤羽耀日，鐵騎屯雲。然而魚駭鳥窮，狼奔豕突，偏師少利，擁麾不前，軍氣初揚，緩追逸賊，甚至斬掠難民，邀動幕府。紈袴輿徒，動加青紫，太倉少府，濫若泥沙，此怨毒所以日深，中原所以不靖也。既而鐩等屢挫，自豫南竄楚境，楊虎溺而賊勢蹙，趙鐩擒而賊黨盡矣。七等自齊北掠京畿，南窺徐、宿，鋒似鴟張，勢亦窮迫，由邳流豫，由豫流楚，劉六沈於水濱，此亦天亡之秋也。然而舍陸登舟，死灰復燃，賈其餘勇，三江騷動，天門無安都之栅，京口無徐盛之城。踰楚窺吳，如履平地。幸而妖星已隕，風伯揚威。當是時，劉暉帥遼東兵，任璽帥大同兵，郤永帥宣府兵，聚天下之全力，撲窮途之逋寇，猶莫不水戰火攻，矢窮弦絕，然後骨載專車，頭行萬里。

當其始也，劉瑾以威激之，張忠以賄縱之。及其繼也，甯杲以酷激之，馬中錫以撫縱之。事發於中宮，禍成於庸帥。卒之封爵定勛，先及中人子弟焉。夫張讓通書張角，黃巾平而讓等俱封列侯；令孜致亂黃巢，長安破而令孜居功扈駕。敗亡之主，各賢其臣，而五省生靈，魚糜肉爛。悲夫！

明史紀事本末卷之四十六

平蜀盜

武宗正德三年（戊辰，一五〇八）冬十月，四川保寧賊藍廷瑞、鄢本恕走漢中，攻陷郡縣。起右副都御史林俊巡撫四川，兼贊理軍務，督兵討之。初，廷瑞行山中，得古秦印，亡何，又得一劍，自謂有天命，遂與其黨惑愚民倡亂。時保寧賊劉烈亦聚衆作亂，侵掠陝西漢中等處。

四年（己巳，一五〇九）十二月，藍廷瑞自稱順天王，鄢本恕自稱刮地王，廖惠自稱掃地王，合衆十萬，入寇湖廣、鄖陽等處。已而聞巡撫林俊督兵捕勦，因流侵他境。劉烈等復還至四川。初，烈等四出剽掠，侵陝西漢中，勢頗猖獗，至是復還。勅巡撫都御史林俊相機勦賊。未幾，劉烈爲亂兵所殺，餘黨廖廝子、喩思俸復熾。

五年（庚午，一五一〇）春正月，命刑部尚書洪鐘兼左都御史總督川、陝、湖廣、河南四省軍務，征勦四川等處流賊。

夏四月，藍廷瑞、廖惠等破通江縣，林俊遣官兵及調儸、回石砫等處土兵攻敗之，殺溺死者六千餘人，生擒廖惠。藍廷瑞奔紅口與鄢本恕合兵，過陝西、漢中三十六盤至大巴山。俊復遣兵追及，大敗之，賊棄輜重走。

六年（辛未，一五一一）春正月朔，江津賊曹甫自稱順天王，攻圍縣治，僉事吳景被殺。巡撫都御史林俊聞報馳赴，乘元日賊方醉酒，不設備，乃夜半蓐食，銜枚往圍燒之，賊奔潰。又於山坪、伏子岸等連戰敗之。抵賊營，殺死曹甫等。先後擒斬三千餘人，收回被掠男婦七百餘口，獲馬騾器仗無算。

五月，鄢本恕、藍廷瑞等縱掠蓬、劍二州。命總制尚書洪鐘同巡撫林俊、總兵楊宏相機勦捕，以靖地方。復勅巡視都御史高崇熙、鎮守太監韋興同洪鐘、林俊會勦劇賊藍廷瑞、鄢本恕。

六月，洪鐘至四川，與林俊議多不合，軍機牽制，不得速進。藍廷瑞招集散亡，勢復大振，攻燒營山縣治，殺僉事王源。鐘乃會俊督四川兵，陝西巡撫都御史藍章督陝西兵，及檄湖廣河南兵，分路進勦，鐘與俊親監督之。湖廣兵先追及於陝西石泉縣熨斗壩，賊見追急，求招撫，令至四川東鄉縣金寶寺聽撫。鐘給榜示并檄召廷瑞等，約日出降。賊意在緩師，延至六月十四日始至信地，依山駐營。廷瑞、本恕俱不出，俱使人來言欲得營山縣治，或臨江市駐其衆，方出見，且要取旗牌官爲質，鐘等俱許之。鄢本恕來見回營，藍廷瑞始復來見，且降且肆殺掠。仍於松樹埡劫掠民家，計欲脫走。官兵分七哨扼之，不得間，賊窘甚，漸潰散。十五日，廷瑞以所掠女子詐爲己女，嫁與領兵士舍彭世麟爲妾，結歡世麟。世麟白軍門受之，遂邀賊首至營宴會。鍾令廷瑞所親鮮于金說廷瑞及本恕於十六日帥諸賊二十八人同至，彭世麟赴宴，伏兵盡擒之。衆聞變，遂大潰，四出奔逸山谷。鍾等遣諸路兵分道追勦之，擒斬溺死幷俘獲老弱兵仗騾馬甚衆。未盡者，許自首撫之。惟賊首廖麻子未獲。捷聞，加鍾太子太保，浚、章陞賚有差。

江津賊曹甫餘黨方四、任鬍子、麻六兒等擁衆走綦江，入思南、石阡等府。方四僞稱總兵，任鬍子僞稱御史，賊首三十餘人僞稱評（士）〔事〕（據鴻猷錄卷十三改）等名。貴州兵敗之於思南，播州兵敗之於三跳等處，先後擒斬三千人。賊由貴州復入四川。

八月，賊攻南川、馬頸、雀子岡等關，官兵禦之。又攻東鄉、永澄諸處，羅、回兵禦之，前後頗有斬獲。會百戶柳芳等陣沒，官軍卻，賊遂聲言欲取江津、重慶、瀘州、敍州，以攻成都，遠近震駭。林俊駐江津，高崇熙駐瀘州，太監韋興駐成都，都御史王綸駐重慶。檄副使何珊、都指揮酈慶帥兵由合江進。副使李鉞、知府曹恕率兵由江津進，夾攻之。

九月，賊攻江津，會石砫兵至，幷力禦之，賊敗走。追至合小坪，破其四營。賊以八千人舁攻具復攻江津，林俊、李鉞、曹恕督酉陽、播州、石砫等兵，三道迎擊之。賊敗，追至高觀山，斬首五百餘級，俘獲二百餘人。官兵乘勝追擊，賊乃乘高下石，不得進。賊復擁衆，時出衝擊，李鉞幾不免，賴從吏何士昂等力戰得解。林俊見賊勢猶盛，遣降賊周大富入營招撫之。方四僞令其黨李廷茂出降，竟不出。高崇熙知賊首皆仁壽人，遣人詣仁壽，取各賊家屬入營，招之。方四等殺其族屬，不聽撫。遣人來言，聽其自散去乃從。翼日，李鉞督諸將校，分兵爲六哨，由大埡、小埡、月埡關並進，直衝高梁，賊不能支。六面皆合，破其中堅，斬賊首任鬍子等，賊大敗。追殺三十餘里，斬首一千八百餘級，生擒方四妻妾，俘獲男婦三千四百餘人。餘衆墜崖塡壑數里，奪獲馬騾四千五百有奇。土兵乘勝追勦，又殺二百餘人。賊見官兵少，還擊，殺千戶田宣、冉廷質等。方四妻妾復逸去，遂率餘賊二千餘人遁入思南境內。

巡撫右副都御史林俊乞致仕，許之。時宦者用事，各邊征勦必以其弟姪私人，寄名兵籍，冒功陞賞。俊一切拒絕，權倖惡之。又與洪鐘議多不合，因乞致仕。疏上，忌者謂盜已平，內批卽允之。臺諫疏留，不報。俊歸，蜀人號哭追送。未幾，廝六兒、喻思俸、駱松祥、范藻等賊復熾，內江、崇慶之境，騷然踰年，不能定矣。

命巡撫都御史高崇熙調兵討方四、廖廝子、廝六兒等。

七年（壬申，一五一二）二月，江津賊方四等，自去年正月奔貴州，八月復聚，至是劫掠南川等縣，高崇熙連戰敗走之。　閏五月，方四自南川破綦江，僉事馬昊敗之，奔婺川，衆遂散。乃變姓名潛走，開縣義官李清獲之，送於官。

十一月，漢中賊廖麻子、喻思俸，內江賊駱松祥，崇慶賊范藻等分劫州縣，衆號二十萬。洪鐘分勦不暇給，御史王綸劾鐘縱寇殃民，罷職。命右都御史彭澤總制軍務，同總兵時源征之。

八年（癸酉，一五一三）二月，巡撫四川右都御史高崇熙以盜賊不盡滅，逮下獄。以右僉都御史馬昊巡撫四川。

夏四月，彭澤率苗兵攻漢中劇賊廖麻子，破之。衆遯竄山寨，多伏匿箐棘中。澤分兵搤出入，奪水道渡，開一面縱賊，夾誅之且盡。廖有異術，能隱形，事急跳身遁，購之卒不獲。因移兵內江討松祥，平之。

九年（甲戌，一五一四）春正月，彭澤率兵討崇慶劇賊范藻等，平之。四川羣盜悉定，加總制軍務彭澤爲太子太保，左都御史時源爲左都督。

谷應泰曰：正德中，蜀盜藍廷瑞、鄢本恕、廖惠起漢中，曹甫、方四起江津。廷推林俊，優詔特起，俊時憂闋家居也。俊既受命，通江之戰擒廖惠，走廷瑞。賊勢窮蹙，轉窺秦、隴。吳景之死，曹甫授首，江津不振，僅走貴州。俊之視蜀初效，可謂李綱入來，方有朝廷，光弼代軍，旌旗變色者矣。而乃洪鐘出督，崇熙會勦，兵有連鷄之形，將無輔車之勢。我志方瑕，醜氛復振。然後羣帥戮力，數道並進，雖誘而殺降，疑近不祥，詎知縱之復叛，無異養癰。廷瑞、本恕檻車詣闕，保寧餘黨，誅鋤略盡。所不獲者，廖麻子一賊耳。方四再寇江津，俊又六面督攻，斬其渠帥，四之妻孥，悉俘帳下。雖蠻官小衄，四幸漏網，喙息黔中，已墮心膽。假令借籌有人，處置得宜，璽詔優獎，留俊撫綏，汲黯臥治淮陽，韋皐久鎮西川，錦江、三峽之間，遂將桴鼓不鳴乎？角巾扁舟，輕裝還里，蜀民追送，涕泗橫流。誰秉國成，何其謬哉！於是漢中餘孽廖麻子再與喻思俸等倡亂矣。黔中逋寇方四復與麻六兒等出掠矣。內江、崇慶相繼效尤，范藻、松祥人思雄長。

夫蜀寇紛紜，本非劇賊，王師壓境，實皆勁旅。然而中人邀爵，必使子弟監軍，鄙夫秉均，喜言賊平受賞。彭澤再出，餘黨旋平。蓋用兵六載，屢成屢衄。俊既去位，人多畏咎。至崇熙逮而洪鐘撤，爭利諸臣抑已知難而退矣。澤遂得專制閫外，削平全蜀。夫林俊當小腆初張，舉朝貪功之日，而彭澤當賊氛滋蔓，命臣畏禍之時，澤遂享有功名，俊以齎志老死，君子於俊，不無李廣、祖逖之慼焉！

明史紀事本末卷之四十七

宸濠之叛

武宗正德二年（丁卯，一五〇七）夏四月，劉瑾受寧王宸濠重賂，矯詔擅復護衞屯田。寧藩舊在大寧，今三衞地也。初，太祖諸子，燕王善謀，寧王善戰。靖難兵起，燕王以計挾寧王遷北平，後以其地與朵顏三衞，遂徙封江西。天順間，寧府不法，革去護衞，改爲南昌左衞。至是，宸濠遣內官梁安齎金銀二萬通瑾，朦朧奏請准改南昌左衞爲護衞，又准與南昌河泊所一處，侵奪民利。

五年（庚午，一五一〇）秋八月，劉瑾伏誅，兵部奏革寧王宸濠護衞，仍爲南昌左衞。

六年（辛未，一五一一）冬十月，寧王宸濠葬母於西山青嵐，乃先朝禁革舊穴也。

八年（癸酉，一五一三）夏四月，寧王宸濠建陽春書院，僭號離宮。宸濠懷不軌，術士李自然等妄稱天命，謂濠當爲天子。又招術士李日芳等謂城東南隅有天子氣，遂建書院當之。

九年（甲戌，一五一四）春三月，復寧王宸濠護衞屯田。先是，陸完爲江西按察司，爲宸濠所重。常曰：「陸先生他日必爲公卿。」完亦心附之。至是，完爲兵部尚書。濠喜曰：「全卿爲司馬，護衞可復得矣！」全卿，完字也。自完入內，與王歲時問遺不絕，王致書完欲復護衞，完答書須以祖訓爲言。時伶人臧賢者，有寵於上，左右近習錢寧、張銳、張雄輩皆陰結之，以求固寵。賢壻司鉞坐法充南昌衞軍，宸濠因之以通於賢，每手書寄賢，字賢爲良之。至是乞護衞，輦載金寶於賢家，分饋諸權要。大學士費宏知之，宣言曰：「今寧王以金寶鉅萬復護衞，苟聽其所爲，吾江西無噍類矣。」陸完知宏必阻之，乃密謀於錢寧等。會三月十五廷試進士，內閣與部院大臣皆在東閣讀卷，完遂於十四日投覆寧王乞護衞疏。十五日，中官盧明以疏下閣，密約楊廷和出下制許之，而宏竟不與聞。廷和與完懼宏發其狀，會言官交章論護衞不可復，乃謀去宏，以宏私其弟費寀入翰林，鄉人黃初及第譖之，且曰：「乾清宮災，下詔皆宏視草，歸咎朝廷。」傳旨令宏致仕。宏南歸，舟至清源，濠黨陰遣人入舟中縱火，行李皆爲煨燼。濠黨使人舟尾窺之，見舟焚而餘貲盡，遂以是復濠，濠乃已。

寧王宸濠自稱國主，妄傳護衞爲侍衞，改令旨爲聖旨。

夏六月，寧王宸濠密令承奉劉吉等招劇盜楊清、李甫、王儒等百餘人入府，號「把勢」。八月，寧王宸濠令撫臣以下朝服見，撫臣俞諫不可。時宸濠久畜異志，會有上賜，欲撫臣等朝服見，諫不可。又嘗去其左右爲惡者，濠深銜之。

冬十月，寧王宸濠招鄱湖賊首楊子喬統賊徒楊清等肆行劫掠。

十年（乙亥，一五一五）春二月，寧王宸濠招舉人劉養正入府密謀。濠聞養正有才名，習兵法，延至府，講論宋太祖陳橋之變。養正甚稱濠有撥亂之才，密約待時舉事。

夏六月，寧王宸濠忌都指揮戴宣，擅捶殺之。

冬十月，江西按察司副使胡世寧奏寧王宸濠無道罪狀，下兵部移文寧府，令鈐束其下。時宸濠反跡已著，人莫敢言。世寧發憤上疏，略曰：「寧王自復護衛以來，騷擾閭閻，鈐束官吏，禮樂政令，漸不出自朝廷，臣恐江西之患不止羣盜也。伏乞聖明廣集羣議，簡命才節威望大臣，兼任提督、巡撫之職，假以陳金、彭澤之權，銷隙寢邪於無形。勑王自王其國，仰遵祖訓，勿撓有司，以防未然。」疏上，宸濠頗懼，委過近屬以自解。

以河南左布政孫燧爲都察院右副都御史，巡撫江西。先是，俞諫以忤宸濠奪官閑住，宸濠謀益横，朘削百姓，輦珍寶結禁近以爲奥援，及結連各洞寨逋賊，縱其流劫。鎮巡藩臬以正自持者，必百計去之，畏禍者遂翕然依附。燧知大變將作，乃均征賦，飭戎備，實倉儲，散鹽利，諸凡摧剝黎萌者，漸次削除。偵姦黨置之法，以翦其羽翼。

宸濠奏副使胡世寧離間親親，妖言誹謗，賄營內旨逮之。先是，世寧已陞福建按察使，宸濠臨發毒之，下血幾殆。濠深銜世寧，必欲置之死，摘前疏語爲謗上，賂用事者中以危法，逮捕之。世寧既遷福建，便道抵浙歸家。濠屬其黨巡浙御史潘鵬發卒募取世寧，欲甘心焉。會李承勛爲按察使，匿世寧，變姓名，間道歸命京師，得不死，下錦衣獄。世寧獄中三上書，言：「江藩橫逆，朝野皆聞，微臣愚戇，天日共鑒。」兩京言官陳啓充、徐文華交章論救，世寧繫再經冬，訊鞫搒掠，幾瘐死。

十一月，江西豕生象，宸濠三司稱賀，左布政使張嵿以義折羣議，止之。

十一年（丙子，一五一六）春三月，寧王宸濠以上東宮未立，密遣萬銳、林華賄錢寧等，稱長子宜入太廟司香爲名，迎取來京，錢寧、臧賢受厚賂，陰助之。

夏五月，宸濠欲拓府居，擬大內，左布政張嵿以非制拒之。

秋八月，謫福建按察使胡世寧戍遼東瀋陽衛。初，世寧刑訊一年，錢寧、蕭敬、張雄、張銳、江彬等受宸濠重賄，脇刑官必坐以誣告親王罪至死，大理寺少卿胡瓚抗言曰：「濠謀賴世寧以發，而置之極刑，何以服天下！」衆直之。及行撫按孫燧、李潤奉勘委曲，明世寧無辜，得減死謫戍，奪瓚等俸。

九月，宸濠奪官池，賄李士實，左布政張嵿不可。濠遣承奉劉吉饋以四菓，啓視之，則棗梨薑芥也。嵿呼吉曰：「我知之矣，是欲我早離江西界也。臣子受命於君，行止豈人所能預！」濠聞之默然。

冬十月，以王守仁爲都察院右僉都御史，巡撫南贛、汀、漳等處。

十二年（丁丑，一五一七）春二月，寧府典寶閻順、內官陳宣、劉良奏宸濠不法事。濠遣承奉劉吉賄錢寧，矯旨發順等孝陵衛充軍。濠疑承奉周儀實使之，併家人六十餘人盡捶死。

三月，宸濠令王春、余欽等招募劇盜淩十一、閔廿四等五百餘人，四集亡命，同楊清等藏丁家山寺，劫掠官軍民財商貨。復厚結廣西土官狼兵，并南贛、汀、漳洞蠻，欲圖爲應。遣人往廣東，收買皮帳，製作皮甲，及私製鎗刀盔甲，并佛郎機銃兵器，日夜造作不息。

夏五月，宸濠忌布政使張嵿，賄錢寧囑吏部陞光祿卿以遠之。

秋七月，以許逵爲江西按察司副使。

宸濠以進貢方物爲名，遣徐紀、趙隆、盧孔章等赴京偵伺，沿途伏健步快馬，限十二日報知。

九月，巡撫孫燧奏宜重九江兵備之權，湖東分巡兼理兵備。佞倖阻之，不行。

冬十一月，宸濠仇大學士費宏，遣人焚毀其廬墓，并攻城掠羣從兄弟殺之。孫燧請兵擒捕，下兵部議。

十二月，命太監畢貞守江西，貞遂附宸濠謀逆。

十三年（戊寅，一五一八）春正月，寧王宸濠誣奏清軍御史范輅賄近倖，逮問除名。輅與畢貞爭坐，及辨朝王服色，故被陷。

秋八月，宸濠大集羣盜淩十一、閔廿四、吳十三等四出劫掠，有抗者，陰使盜屠其家。吳十三劫新建庫銀七千餘兩，南昌知府鄭瓛置其窩主何順於理。濠怒，誣瓛事，執送按察司監禁。

九月，宸濠賄佞倖，改中官畢貞鎮守浙江。

冬十月，巡撫孫燧捕賊首吳十三等，繫南康府獄，濠恐泄謀，陰令賊黨劫獄奪之。

十四年（己卯，一五一九）春二月，寧王宸濠持重賄交通南京留守太監劉琅。

夏四月，孫燧自劾乞罷。不許。時李士實、劉養正、王春、劉吉、萬銳等，日夜與宸濠謀，恐事起以反爲名，欲伺晏駕後乘變起。益遣奸黨盧孔章等分布水陸要道，萬里傳報，浹旬往返，蹤跡大露。先是，孫燧託禦盜名，城進賢、南康、瑞州。又請勅湖東道分巡兼理兵備，與饒相犄角，九江當湖衝最要害，請重兵備，兼設南康、寧州、武寧、瑞昌及湖廣、興國、通城，便控制。廣信、横峰、香山諸寨，地險人悍，設通判駐其地，兼督六縣。又恐宸濠一旦起，劫兵器，假討賊盡調衞城兵器於外。嘗笑曰：「即賊起，吾不滅賊，賊必以吾處分故速滅也。」會江西大水，淩十一、吳十三、閔廿四等出沒鄱陽湖爲寇，燧與許逵自江外掩捕之。夜大風雨，不克濟，三賊走匿宸濠林墓中，竟不得。濠恐，乃致書陸完曰：「急去孫燧，用梁辰、湯沐來，王守仁亦可，切勿用吳廷舉。」時燧疏宸濠逆謀，凡七上。宸濠奸黨邀諸途，皆不得達，燧又以朝廷懿親，不敢先發，故自劾乞休。不報。

五月，遣太監賴義、駙馬都尉崔元、都御史顏頤壽戒飭宸濠。時江彬、錢寧有隙，太監張忠等常欲借彬以傾寧。會濠居父喪，矯情飾禮。復令南昌生徒保舉孝行，挾孫燧幷巡按御史王金奏其事。燧等欲緩其逆謀，具疏上之。上見奏，驚曰：「百官賢當陞，寧王賢欲何爲？且將置我何地耶？」張忠乃乘間密言曰：「朱寧、臧賢交通寧王，謀不軌，陛下不知乎？稱王孝，譏陛下不孝也！稱王早朝，譏陛下不朝也！」上頷之。東廠太監張鋭、大學士楊廷和初亦黨濠，爲復護衞。已而鋭知有反謀，且知上入忠言，乃與廷和謀，欲復革去護衞，以免後患。於是御史蕭淮疏稱：「寧王不遵祖訓，包藏禍心，招納亡命，反形已具。」疏入，江彬、張忠贊其說，遂勅義等往革其護衞。給事中徐之鸞、御史沈灼各上疏宸濠不法事，詔發兵大索宸濠偵卒於臧賢家。時宸濠偵卒林華匿賢家，家多複壁，外鑰木廚，開則長巷，人無覺者。華以是得脫歸，不獲。

六月丙子，寧王宸濠反。都御史孫燧、按察司副使許逵死之。先是，朝廷遣賴義、崔元、顏頤壽等行，崔元過楊廷和詢之。廷和曰：「宣德中有疑於趙府，常令駙馬袁泰往，竟得釋，或此意也。」元等遂行，而京師競傳以爲且擒治寧王。偵卒林華者，即兼程逃歸，以六月十三日至江西，值濠生日，宴鎮巡三司等官，聞報大驚。蓋舊日擒荆王時，差太監蕭敬、駙馬蔡震、都御史戴珊過南昌，寧王親見之，遂以此必擒我，不復記廷和所云趙府事也。罷宴，遂密召劉養正、劉吉等謀之。養正曰：「事急矣！明早鎭巡三司官入謝宴，可就擒之，殺其不附己者，因而舉事。」乃夜集賊首吳十三、淩十一、閔廿四等飭兵器以候。待旦，急召致仕侍郎李士實入，以謀反告之，士實唯唯而已。尋各官入謝，拜畢，左右帶甲露刃侍衞者數百人。宸濠出立露臺，大言曰：「太后有密旨，令我起兵入朝監國，汝等知之乎？」都御史孫燧毅然曰：「密旨安在？」濠曰：「不必多言，我今往南京，汝保駕否？」燧張目直視濠，厲聲曰：「天無二日，臣安有二君？太祖法制在，誰則敢違？」濠大怒，命縛燧，衆駭愕，相顧失色。按察司副使許逵大呼曰：「孫都御史，朝廷大臣，汝反賊，敢擅殺耶？」顧燧語曰：「我欲先發，不聽，今制於人，尙何言！」濠併縛之。訊逵且何言？逵曰：「惟有赤心耳，豈從汝反！」且縛且罵。賊捶折燧左臂，幷縛逵，喝校尉火信等拽出惠民門外殺之。逵且死，罵曰：「今日賊殺我，明日朝廷必殺賊！」時烈日中，忽陰曀慘淡，城中聞之，無不流涕者。遂執御史王金，主事馬思聰、金山，右布政胡濂，參政陳杲、劉棐，參議許效廉、黃宏，僉事顧鳳，都指揮許淸、白昂，幷太監王宏，俱械鎖下獄。思聰、黃宏不食死。逆黨舉人劉養正至，宸濠自出城迎之。養正常言帝星明江、漢閒，故屬意宸濠。至是，與李士實謀令參政季斅，僉事潘鵬、師夔持檄諭降諸郡縣。左布政梁宸，廉使楊璋，副使唐錦爲所脅，移咨府部，傳檄遠近，革正德年號，指斥乘輿。以李士實、劉養正爲左右丞相，參政王綸爲兵部尚書總督軍務大元帥。分遣逆黨婁伯、王春等四出收兵。戊寅，閔廿四、吳十三等奪船順流攻南康，知府陳霖等遁走。進攻九江，兵備副使曹雷、知府汪潁等亦遁，城俱陷，宸濠卽令師夔居守。婁伯至進賢，知縣劉源清誅之。

提督南贛軍務都御史王守仁移檄遠近，暴露宸濠罪惡，起兵討之。先是，守仁提督江西，致仕侍郎李士實素與宸濠通。一日，守仁見宸濠舉宴，士實亦在座。宸濠因言上政事缺失，外示愁歎。士實曰：「世豈無湯、武耶？」守仁曰：「湯、武亦須伊、呂。」宸濠曰：「有湯、武便有伊、呂。」守仁曰：「有伊、呂何患無夷、齊。」於是守仁陰爲之備。會五月間，福州三衞軍人進貴等作亂，兵部尚書王瓊知宸濠且反，謂主事應典曰：「進貴亂，小事，不足煩王守仁；但假此便宜，勑書在彼手中，以待他變可也。」乃具題降勑，令守仁查處福州亂軍。故宸濠之叛，江西守臣俱遇害被執，惟守仁以往勘福建出。六月初九日，自贛起行，十五日，守仁至豐城，知縣顧佖告濠反，守仁易服潛至臨江，幾爲宸濠所及。臨江知府戴德孺聞守仁至，喜迎入城調度。守仁曰：「臨江居大江之濱，與省會近，且當道路之衝，莫若抵吉安爲宜。」又以三策籌之曰：「宸濠若出上策，直趨京師，出其不意，則宗社危矣。若出中策，趨南都，則大江南北亦被其害。但據江西省城，則出下策，勤王易爲也。」及行至中途，恐其速出，乃爲計：佯奉朝廷密旨，先知寧藩反狀，令兩廣、湖廣都御史楊旦、秦金晤伏要害地方，以俟寧藩兵至。復取優人數輩，厚賞以全其家，令其至伏兵處所，飛報竊發日期，將公文縫置袷衣絮中。臨發，適捕李士實家屬至舟尾，故令覘知之。守仁乃佯怒，令牽上岸處斬，而陰縱之，令其奔報。宸濠邏獲優人，果於袷衣絮中搜得公文，不敢卽發。庚辰，守仁飛報宸濠反，王瓊宣言曰：「有王伯安在，何患！不久當有捷報耳。」丁亥，守仁集兵糧，傳檄四方諸郡縣。知府伍文定等皆至，議所向。守仁曰：「兵家之道，急衝其鋒，攻其有備，皆非計之得。我故示以自守不出之形，彼必他出，然後尾而圖之。先復省城以搗其巢穴，俟彼還兵來援，然後邀而擊之，此全勝之策也。」宸濠果使人探守仁不出。

秋七月壬辰朔，宸濠會李士實、劉養正造僞檄，指斥朝廷。參政季斆同南昌教授趙承芳等齎僞檄，榜諭吉安，守仁執縛軍門。固封上進，疏略曰：「陛下在位十四年，屢經變難，民心騷動，尙爾巡遊不已，致使宗室謀動干戈，冀竊大寶。且今天下之覬覦，豈特一寧王！天下之奸雄，豈特在宗室！言念及此，可爲寒心。昔漢武帝有輪臺之悔，而天下向治。唐德宗下奉天之詔，而士民感泣。伏望陛下痛自刻責，易轍改絃，罷奸回以動天下忠義之心，絕遊幸以杜天下奸雄之望。」宸濠率兵出江西，留其黨宜春郡王拱樤同內官萬銳等守南昌，自與拱栟、李士實、劉養正、閔廿四等六萬人，號十萬，以劉吉爲監軍，王綸爲參贊，指揮葛江爲都督，載其妃媵、世子從，總一百四十餘隊，分五哨出鄱陽，舳艫蔽江而下，聲言直取南京。太監畢貞守浙江，許起兵應之。戊戌，宸濠趨安慶，知府張文錦、都指揮楊銳、指揮崔文，令軍士鼓譟登城大罵之，宸濠遂留攻安慶。時九江、南昌既陷，遠近震駭，三人憑孤城，以忠義激士，誓衆死守。僉事潘鵬，安慶人也。宸濠令鵬遣家屬持書入城諭降，崔文手斬之，磔其尸投城下。宸濠令鵬至城下說之，文引弓欲射鵬，鵬走免，張文錦卽鵬家盡誅之。宸濠盡攻擊之術，不能克。時朝廷聞濠反，乃收太監蕭敬、秦用、盧明，都督錢寧，優人臧賢，尚書陸完等俱下獄，籍其家。後蕭敬罰二萬金得免，秦用、陸完謫戍邊，餘死獄中。

癸卯，王守仁率知府伍文定等起兵會於臨江樟樹鎮。於是知府戴德孺引兵自臨江，徐璉引兵自袁州，邢珣引兵自贛州，通判胡堯元、童琦引兵自瑞州，通判談儲，推官王暐、徐文英，新淦知縣李美，太和知縣李楫，寧都知縣王天與，萬安知縣王冕，各以其兵至。十八日己酉，至豐城，衆議所往，或謂：「寧王經畫旬餘始出，留備南昌必嚴，攻之恐難猝拔。今寧王攻安慶，久不克，兵疲意沮，若以大兵逼之江中，與安慶夾攻之，必敗。寧王敗，南昌不攻自破矣。」守仁曰：「不然。我師越南昌下，與寧王持江上，安慶之衆僅能自保，必不能援我於中流。而南昌兵議其後絕我糧道，南康、九江又合勢乘之，腹背受敵，非利也，不若先攻南昌。寧王久不克安慶，精銳皆出，守禦必單弱。我兵新集氣銳，南昌可克也。寧王聞我攻南昌，必解安慶圍，還兵自救。暨來，我師已克南昌，彼聞之自奪氣，首尾牽制，此成擒矣。」乃分其兵爲十三哨，哨三千人，少者千五百人，令伍文定等各攻一門，以四哨爲遊兵策應之。諜報寧王別伏兵墳廠，爲城中聲援。守仁遣知縣劉守緒，夜從間道襲破之，以撼城中。十九日發兵，以二十日昧爽各至汎地。守仁下令曰：「一鼓附城，再鼓登，三鼓不登誅，四鼓不登斬其隊將。」又先期爲榜入諭城中居民，令各閉戶自守，勿助亂，勿恐畏逃匿。遂舁攻具至城下，梯緪而登。城上雖設守禦，聞風倒戈，城門有不閉者，兵遂入，守仁乃入城撫定之。時贛州、奉新等兵皆降盜，頗驍悍，然多肆殺掠，不遵約束，民被殺傷者衆。守仁執數人斬之，衆稍定。擒拱樤及萬鋭等十餘人，宮中皆縱火自燒殺，不盡者拘繫之，散遣脅從，府庫被宸濠取充軍資，及兵士略取不盡者籍封之，城中始安。時宸濠憤安慶不下，方自督兵塡壕塹，期在必克，聞守仁帥兵攻南昌，大恐。李士實等勸宸濠勿還兵，舍安慶，徑取南京，既即大位，江西自服。宸濠不從，解安慶圍，移兵泊沅子江。先遣兵二萬還援江西，宸濠自率大軍繼之。二十二日，諜報至江西，守仁乃集衆議，或謂：「寧王兵盛，憑其憤怒，悉衆而來。我援兵未集，勢不能支，不若堅壁自守，以待四方之援。彼久頓堅城之下，兵孤援絕，將自潰矣。」守仁曰：「寧王兵力雖強，然所至徒恃焚掠，劫衆以威，未嘗逢大敵與之旗鼓相當一鏖戰者。彼所誘惑其下，不過以事成封爵富貴爲說。今進取不能，巢穴又覆，沮喪退歸，衆心已離，我以鋭卒乘勝擊之，彼將不戰自潰矣。」是日，撫州知府陳槐亦帥兵至。於是守仁大賑城中軍民，慰諭諸宗室，榜示宥釋脅從，嘗受賊官爵，能自逃歸投首者，皆置不問。二十三日，諜報宸濠先鋒已至樵舍，守仁乃遣諸將帥兵迎擊之，令伍文定以正兵當其前，余恩繼文定後，邢珣帥兵繞出賊背，徐璉、戴德孺張兩翼分擊之，諸將各受命出。二十四日乙卯，賊兵乘風鼓譟而前，逼黄家渡，氣驕甚。伍文定、余恩佯北致之。賊爭進趨利，前後不相及。邢珣兵從後急擊，横貫其陣，賊敗走。文定、恩還兵乘之，徐璉、戴德孺兵合勢夾擊，賊不知所爲，遂大潰。追奔十餘里，擒斬二千餘級，溺水死者萬計，賊氣大沮，退保八字腦。是夜，宸濠問舟所泊地，其下對「黄石磯」。南人謂黄王，宸濠惡其音爲「王失機」，殺對者。賊衆見兵敗，稍稍散去。是日，建昌知府曾璵等帥兵至。守仁謂九江、南康不復，則道終梗，且湖廣援兵不能達，乃別遣知府陳槐帥兵四百，合知府林瑊兵攻九江；知府曾璵帥兵四百，合知府周朝佐兵攻南康。宸濠大賞將士，當先者千金，被傷者百金，使人盡發南康、九江兵至。丙辰，并力合戰，官兵敗死者數百人。伍文定急斬先卻者以徇，身立砲銃間，火焚其鬚鬢不移足，士殊死鬭。兵復振，砲及宸濠舟，賊遂大敗，擒斬二千餘級，溺水死者甚衆。賊復退保樵舍，聯舟爲方陣，盡出其金帛賞士。伍文定等乃爲火攻之具。邢珣擊其左，徐璉、戴德孺擊其右，余恩等分兵四伏，期火發兵合。丁巳，宸濠朝羣臣，執其不盡力者將斬之。爭論未決，官兵四集，奮擊之，火及宸濠副舟，賊復大潰。宸濠與諸妃嬪泣別，妃嬪皆赴水死。將士執宸濠及其世子、郡王、儀賓，幷僞丞相、元帥等官李士實、劉養正、徐吉、涂欽、王綸、熊瓊、盧行、羅璜、丁饋、王春、吳十三、淩十一、秦榮、葛江、劉勛、何鏜、王信、吳國士、火信等數百餘人；被執脅從官太監王宏，御史王金，主事金山，按察使楊源，僉事王疇、潘鵬，參政陳杲，布政司梁宸，都指揮郟文、馬驥、白昂等。擒斬賊黨三千餘級，溺水死者約三萬。棄其衣甲器仗財物，與浮尸積聚，橫亙若洲。餘賊數百艘，四散逃潰。復遣兵分剿，擊破之於樵舍，又破之於吳城，擒斬千餘級。守仁所遣曾璵、陳槐亦攻復九江、南康二郡，各於沿湖諸處，擒斬千餘級。將士執宸濠入江西，軍民聚觀，歡呼之聲震動天地。宸濠見守仁，呼曰：「王先生！我欲盡削護衞，請降爲庶民可乎？」守仁曰：「有國法在。」遂頫首不言。初，宸濠謀反，妃婁氏泣諫不聽。及宸濠被擒，於檻車中泣語人曰：「昔紂用婦人言而亡天下，我以不用婦人言而亡其國，今悔恨何及！」守仁爲求婁妃尸葬之。得宸濠交賄大小臣僚手籍悉焚，置不問。

八月，上下詔親征。時王守仁擒宸濠捷書未至，諸邊將在豹房者各獻擒濠之策，上亦欲假親征南遊。太監張永等見錢寧、臧賢事敗，又欲因此邀功。於是上自稱「奉天征討威武大將軍鎮國公」，邊將江彬、許泰、劉暉，中貴張永、張忠等俱稱將軍，所下璽書，改稱「軍門檄」。上方出師，駐蹕良鄉，而守仁捷奏至，且慮有沿途竊發，欲自獻俘闕下。疏略曰：「臣於告變之際，選將集兵，振揚威武，先收省城，虛其巢穴，繼戰鄱湖，擊其惰歸。今宸濠已擒，逆黨已獲，從賊已掃，閩、廣赴調軍士已散，地方驚擾之民已定。竊惟宸濠擅作威福，睥睨神器，招納叛亡，輦轂之動靜探無遺跡，廣置奸細，臣下之奏白百不一通。發謀之始，逆料大駕必將親征，先於沿途伏有奸黨，期為博浪、荊軻之謀。今逆不旋踵，遂已成擒，法宜解赴闕門，式昭天討。然欲付之部下各官，誠恐潛布之徒乘隙竊發，或虞意外，臣死有餘憾矣。」蓋時事方艱，賊雖擒，亂未已也。奏入，上屢檄止之，令以俘候車駕至。大學士梁儲、蔣冕屢請回鑾，不聽。

九月，上至南京，王守仁發南昌，將獻俘闕下。張忠、江彬等謂當縱之鄱湖，俟上親與遇戰，而後奏凱論功，屢遣人至廣信止之。守仁不得已，乘夜過玉山，械繫宸濠等取道由浙河以進。張永已候於杭州。守仁至杭，謂永曰：「江西之民，久遭濠毒，今經大亂，繼以旱災，又供京邊軍餉，困苦既極，必逃聚山谷為亂。昔助濠尚為脅從，今將遂成土崩之勢。然後興兵定亂，不亦難乎？」永深然之，乃徐曰：「吾之此出，為羣小在君側，調護左右，以默輔聖躬，非為掩功來也。但皇上意將順而行，猶可挽回萬一，若逆其意，徒激羣小之怒，無救於天下大計矣。」於是守仁信其無他，以濠付之，乘夜渡浙江過越，還江西。

太監張永復命，先見上，備言王守仁之忠，并江彬等欲害之意。初，江彬、張忠等謀欲奪功，誣守仁初附宸濠，及知其勢敗，然後擒濠攘功。張永知其謀，語家人曰：「王都御史忠臣爲國，今欲以此害之，他日朝廷有事，何以教臣子之忠！」乃先見上，備言其事，彬等毁遂不入。張忠又言：「守仁在杭，竟不至南京，陛下試召之，必不來，無君可知。」上召之，守仁卽奔命至龍江，將進見，忠殊失意，又從中阻之。守仁乃綸巾野服入九華山。張永聞之，又力言於上曰：「王守仁忠臣，今聞衆欲爭功，欲棄其官入山爲道士。」由是上益信之。命守仁巡撫江西，擢吉安知府伍文定爲江西按察司，贛州知府邢珣爲江西布政司右參政。

十一月，上在南京，張忠、許泰、劉暉等復營內旨，領京邊軍討宸濠餘黨。時守仁受命巡撫江西，許泰等領京邊軍萬餘人在南昌勦捕餘賊。給事中祝續、御史章綸隨軍紀驗，望風附會，肆爲飛語。北軍旦暮呼守仁名嫚罵，或衝道啓釁。守仁略不爲動，務待以禮。預遣官諭市人移家於鄉，而以老羸應門。始欲犒賞北軍，泰等預禁之，令勿受。守仁給示內外，述北軍離家苦楚，居民當致主客禮，每出遇北軍喪，必停車問故，厚與之櫬，嗟嘆乃去。久之，北軍咸曰：「王都堂待我有禮，我安得犯之！」會冬至，時新經濠亂，民間哭亡酹酒，聲聞不絕，北軍無不思家泣下求歸者。忠、泰自挾所長，校射教場，江西官軍射多不中，忠、泰乃強守仁。守仁故不得已，應之。忠、泰笑。守仁乃三發三中，每一中，北軍在傍，同聲踴躍，呼應遠近。忠、泰不樂而罷，且曰：「我軍皆附彼矣。」遂班師。時江西已寧，忠等搜求微隱，羅織平民，妄誅戮以爲功，而沒其貨財。軍馬駐省城五閱月，糜費浩煩，江西騷然，不勝其擾。

十二月，宸濠等至南京，上欲自以爲功，乃與諸近侍戎服，飭軍容，出城數十里，列俘於前，爲凱旋狀。既入，囚禁之。

十五年（庚辰，一五二〇）秋九月，上以大將軍鈞帖令巡撫江西都御史王守仁重上捷書。守仁節略前奏，入江彬、張忠等姓名於內上之。疏入，始議北旋。

冬十月，上自南京班師還京。

十二月，上至通州，賜宸濠死，燔其尸。餘黨至京師磔誅之。獨抑王守仁功未敘，至嘉靖初始起爲南京兵部尚書，封新建伯。

谷應泰曰：武宗慢棄神器，王綱不守，累葉金甌，視爲中原之鹿。於是羣邪睥睨，蕭牆之內，眈眈虎視，人有風雲之想矣。宸濠復護衞於正德二年，舉兵於正德十四年。十餘年之間，碁布星羅，賊黨幾徧海內。當其始也，覬螽斯龍種之衰，妄冀千秋萬歲之約，畜梁孝、淮南之志，要結伍被、嚴助之歡。輿服升朝，儼然大寶；稱戈喋血，詎其本懷。既而玉曆無疆，妖謀漸洩。羅落彌嚴，腹心愈廣。其骨鯁不附者，內則大學士費宏，外則巡撫孫燧、副使許逵數人已耳。宮掖樹其私人，六卿半其羽翼，京省津梁，飛騎立達，荆蠻、百越，振臂能呼。知義旗之莫舉，料乘輿之必東，設伏關輔之間，陰謀博浪之事。嗟乎！飛鷹颺羽，已上其鞲，遊魚鼓鬐，已吞其餌。武宗方且改號將軍，貶名鎮國，右挈江彬，左倚忠、永，張皇國門，有同兒戲，豈不危哉！所幸宸濠身居彭、蠡之間，結聚椎埋之客，地利既失，人謀不臧。玉燭灰而復明，皇輿昃而旋正，是乃天意，夫豈人事焉？

若王新建崎嶇江介，倡率羣僚，亟攻南昌，覆其巢穴，迎戰鄱陽，擊其惰歸，柴桑捷而長鯨晝徙，溢口圍而寶帳宵灰，兵甫萬餘，時纔旬日，天生李晟，爲國非爲朕也。大功甫立，疑謗旋生，角巾野服，口不言功，委蛇於羣閹之間，調護於悍軍之日，所憂在國釁而不在身危，所爭在民心而不在己爵。卒之上勳格而不行，五等加而又奪。然而陳湯之爵失而不泯其功，魏徵之碑仆而詎損其直。微彰柔剛，龍蛇伸屈，殆所謂浩然正氣，日月爭光者與？

若夫孤城單旅，牽制賊兵，不使下留都者，安慶知府張文錦，武臣楊銳、崔升也；聞難赴義，先登摧敵，佐成大功者，知府伍文定及邢珣、徐璉、戴德孺也；分翦支蔓，收復降郡者，知府陳槐、曾璵也。王瓊拔守仁於未有事之先，未雨綢繆，國之元臣；張永一寺人耳，片言感悟，力爲左右，呂彊、張承業之功，何以加焉。悲夫！樊噲以呂戚而得免葅醢，杜預賂朝貴而始遂功名，功臣志士所遇，抑又何窮與？

明史紀事本末卷之四十八

平南贛盜

武宗正德六年（辛未，一五一一）夏四月，江西盜起，命右都御史陳金總制軍務，右副都御史俞諫提督軍務討之。先是，江西諸郡盜賊蠭起，贛賊犯新淦，執參政趙士賢。靖安賊胡雷二等據越王嶺瑪瑙寨，華林賊陳福一破瑞州，既而撫州東鄉、饒州桃源洞等處賊亦作亂。金等奏調廣西田州、東蘭等處狼兵合征之。

七年（壬申，一五一二）春正月，南贛巡撫都御史周南率兵攻破大帽等山寨，盡平之。大帽山交界江、閩、廣三省，賊首張番壇、李四仔、鍾聰、劉條、黄鏞等聚徒數千流劫，攻陷建寧、寧化、石城、萬安諸縣。南分遣江西兵從安遠入，攻破巢穴七，廣東兵從程鄉入，攻破巢穴九，福建兵從武平入，攻破巢穴八，擒番壇等，悉斬之。俘獲賊屬，奪回良善甚衆。

二月，江西按察司副使周憲率兵討廬山、左湖、盆塘賊，敗之，擒斬數百人。

四月，周憲移軍攻華林賊於仙女寨，拔之。進克雞公嶺，先後擒斬千餘人。進薄華林，絕其出道，賊益窘。

五月，周憲攻華林賊，及其子幹俱死之。先是，陳金檄周憲等分兵三路討華林賊，憲率兵進，會諜者言賊飢疲，憲信之，遂檄兵夾攻。其二路失期不至，憲與賊戰，獨深入。山谷峻險，賊憑高發擂石下如雨，兵敗，憲被執，刀中憲首，血流滿面，左髀復中鎗，不能行，大罵賊不絕口。賊怒，支解之。子幹見父被執，躍馬直前，中流矢，力戰墮崖死，賊勢復振。事聞，贈憲官，諡忠愍，旌其子。

六月，南昌知府李承勳，會同按察使王秩督兵進攻華林賊，承勳招降賊帥黃奇，置麾下，有智略，任用之。人謂承勳宜防不測，承勳益親信，令宿帳中，奇感奮，誓以死報。承勳乃令奇入賊寨說其黨，多來降者，與約期，令俟報。至期，承勳令土酋岑猛選精兵五百人夜與俱至山下。承勳令黃奇密入寨，誘所與約降者來，既見，復縱之去，令爲內應。承勳乃與猛帥五百人夜銜枚登山，歷重險上，黃奇與數人前導。至壘，賊方鼾睡。直夜者擊三更，奇拔柵率衆入，五百人奮刀砍之，內應降賊亦合勢夾攻。賊倉卒不知所爲，求甲仗皆不得，斬首三千餘級。餘衆奔出壘，乘夜逃匿山谷。候曉，搜諸山，又斬獲千餘人，華林賊遂平。於是移兵擊靖安瑪瑙寨賊，盡俘之。都御史陳金奏江西華林賊已勦平，桃源賊王浩八願撫，加金太子少保，餘論功行賞有差。

冬十月，命右都御史陶琰總督諸軍務事。初，廷議以河北、江西諸寇未平，故復勅琰總理軍務事，至則劉六已滅，王浩八聽撫。琰慮浩八譎詐難信，乃奏設兵備，及簡拔郡寮有才者，分處要害。

八年（癸酉，一五一三）春正月，桃源賊王浩八等復作亂，率五洞蠻兵與東鄉賊分劫州縣。命操江副都御史俞諫提督軍務，同總兵劉暉率狼兵進勦。

夏四月，江西兵備副使胡世寧約王賽一內應，引兵征東鄉劇賊樂庚二、陳邦四等，盡擒之。東鄉故賊巢，世寧撫禦反側，務立信義，樂庚二、陳邦四怙亂復叛，悉擒馘。王賽一效順有功，奏原其死。既而修城濠，遷縣治，經武賑饑，百姓晏然。

五月，江西參政吳廷舉單騎入桃源，諭劇賊王浩八等，計擒賊渠以出。桃源賊用兵歷年，征討費以萬計，而賊益熾。廷舉欲用奇謀取勝，免冑單騎入賊巢，諭令解散，爲賊所留，耀武劫威，廷舉略不爲動。久之，因得以識其左右有謀勇者，陰結之，使執其渠，因奉廷舉歸。

俞諫率狼兵大敗桃源賊於裴源。初，諫因吳廷舉被執，移兵桃源進勦，知府李承勳曰：「賊乏食，必掠裴源積粟，請贛兵及南昌兵自岳陽分兩翼伏裴源待之。」賊果入裴源，大敗遁去。

桃源賊棄巢奔突四出，踰饒、信，縱掠徽、衢諸州縣。初，賊聞狼兵至，頗懼，欲降。按察司王秩欲受之，已有約。議者以賊反覆不可信，欲乘兵威撲滅，取降者殺之，賊復大亂，棄巢奔突四出，刦掠徽、衢等處，民被其害。

六月，總督浙江軍務都御史陶琰、巡撫應天都御史王縝會總制江西都御史俞諫，夾攻桃源賊王浩八於徽、衢，平之。初，琰慮桃源賊聽撫難信，預爲之防，至是，果突入境，督兵會勦，餘黨悉平。總制俞諫奏江西賊平，請建東鄉、萬年二縣，分治地方，撫安人民。從之。

十二月，俞諫調兵征建昌賊徐九齡等，平之。建昌賊爲患數年，勢逼益府，官軍不能討。至是，諫命師悉擒以還。

九年（甲戌，一五一四）三月，總制軍務俞諫檄兵備胡世寧等，會兵勦臨川四寨宿盜，盡平之。

十月，陞南昌知府李承勳浙江按察司。太監黎安欲奪承勳功，誣陷之，大理卿燕忠即訊廣信，得直。

十二年（丁丑，一五一七）二月，巡撫南贛都御史王守仁檄四省兵備官選募民兵操練。初，陳金討桃源、華林諸賊，多所招撫，未大示懲創；又民間父兄被殺者，不得報讐，時相詬訾，諸兇不自安，轉徙嘯聚，不數年仍起爲盜。又南贛地多山險，易爲巢穴。南安、橫水、桶岡諸寨，有賊首謝志山、藍天鳳，漳州、浰頭等寨有賊首池大鬢等。於是福建、江西、湖廣、廣東之界，方千里皆亂。兵部尚書王瓊知守仁才，特薦用之。守仁至，以前者多調狼達土軍，糜費踰萬，乃使四省兵備官於各屬弩手、打手、機快中，選驍勇有膽力者縣千人，少或八九百，選最者優廩餼，署爲將領。其兵備原額官軍，汰老弱三分之一，各縣賢能官統之，專守城隘。所募精兵，隨各兵備官屯札，別選官分隊統習之。於是各縣屯戍既足防守，而兵備召募者，又可應變出奇，盜賊漸知所畏。

三月，王守仁調三省兵，攻信豐、龍南流賊，連敗之。賊突至信豐，守仁令乘險設伏，厚集以待之，乃潛令兵往，徑道夾攻。賊奔潰象湖山拒守，又潛兵擣其巢穴，大敗之。賊復潰入流恩、山岡等巢，尋遁去。

五月，王守仁調兵攻何塘洞山寨，賊酋張師富等及長富村等處二十餘巢，平之。其脅從餘黨，悉願攜帶家口，出官聽撫，守仁委官安插復業四千餘人。復檄知府季斅調兵擒賊帥陳能，平其巢穴。

秋七月，王守仁請提督軍務。許之。初，守仁上疏論狼兵所過，不減於盜，轉輸之苦，重困於民。乃請便宜行事，期於成功，不限以時，兵衆既練，號令既明，事無掣肘，可以相機勦滅。衆迂其議，屢不報。尚書王瓊慨然曰：「朝廷有此等人，不與以柄，又將誰用？」因守仁疏覆議，卽奉旨改提督南贛、汀、漳等處軍務。

冬十月，王守仁討汀州左溪賊藍天鳳等，平之。天鳳等與贛南下新、穩下等洞賊雷文聰、高文輝等盤據千里，守仁集從事議曰：「諸巢爲患雖同，事勢各異。以湖廣言之，則桶岡諸巢爲賊之咽喉，而橫水、左溪諸巢爲之腹心；以江西言之，則橫水左溪諸巢爲賊之腹心，而桶岡諸巢爲之羽翼。今不先去腹心之患，而欲與湖廣夾攻桶岡，進兵兩寇之間，腹背受敵，非吾利也。況賊但聞吾檄湖廣夾攻桶岡，橫水、左溪必觀望未備。出其不意，可以得志。橫水、左溪既破，移兵桶岡，勢如破竹矣。」乃遣都指揮許清率兵自南康新溪入，知府邢珣率兵自上猶縣石人坑入，知縣王天與率兵自上猶縣白面峪入，皆會橫水。指揮郟文率兵自大庾縣義安入，知府唐淳率兵自大庾縣聶都入，知府季斅率兵自大庾縣穩下入，縣丞舒富率兵自上猶縣金坑入，皆會左溪。知府伍文定、知縣張戩各率兵從上猶、南康分入，以遏奔軼。守仁親率兵千餘，自南康進擣橫水，與諸軍會。分布既定，乃以初七日分道並進。守仁至橫水，謝志山等倉卒據險拒之。守仁未至賊巢三十里駐兵，夜募鄉兵善登山者四百人，各執一旗，齎銃砲，由間道攀崖上險，分布近賊巢左右極高山頂，伏覘賊。度我兵至險，舉砲火應。又預遣人夜率壯士緣崖上險，奪發其滾木礧石。十二日，守仁率兵進至十八面隘。賊方憑險迎敵，忽聞近巢諸山頂砲聲如雷，烟焰漲天。守仁麾兵進逼之，賊大驚失措，謂官兵已盡得其巢穴，遂棄險走。官兵乘勝驟進，指揮謝杲、馬廷瑞兵由間道先入，焚賊巢。賊退無所歸，大奔潰，遂破横水大巢。邢珣、王天與等各破數巢，皆會於横水。郟文、唐淳等各破數寨，皆會於左溪。會天霧雨，休兵。已諜知諸潰賊收集餘衆，據險立栅，然倉卒無資糧。守仁乃下令各營皆分兵爲奇正二哨，一前攻，一後繼，用土人爲鄉導。自是諸營各分道破餘巢，伍文定、張戩亦連破數巢，入會左溪，賊悉平。

十一月，王守仁會兵攻桶岡。初，守仁乘横水、左溪之勝，遣人諭以禍福。於是桶岡賊鍾景納款降。守仁使夜入賊巢諭之，期以初一日使人於鎖匙籠出降。賊方恐，見使至，皆喜。而横水、左溪賊持不可，遲疑未決，守仁遣使於鎖匙籠促降。而别遣邢珣率兵入茶坑，伍文定率兵入西山界，唐淳帥兵入十八磊，張戩帥兵入葫蘆洞，俱冒雨入。藍天鳳方於鎖匙籠聚議，忽聞諸兵已入險，皆震愕，急奔入内隘，阻水爲陣。邢珣麾兵渡水前擊，張戩衝其右，伍文定又自張戩右懸崖繞出賊旁，賊敗走。舒富、王天與亦由鎖匙籠入。賊悉衆奔十八磊，唐淳嚴陣迎擊之，賊又敗。會日暮，扼險相持。明日，諸軍合勢併擊，邢珣先破桶岡大巢，諸軍奮勇並進，俘斬甚衆。湖廣兵亦至，賊餘衆遁入山谷。守仁遣諸將分道捕之，於是横水、左溪、桶岡之賊略盡，賊首藍天鳳、蕭貴模等皆斬獲無遺。守仁出師凡兩月，平賊巢八十四處。遂議於横水等處建城，設安遠縣治，控禦三省。捷聞，擢守仁右副都御史。

十三年（戊寅，一五一八）春正月，王守仁討浰頭賊，平之。先是，守仁征横水、桶岡等賊，盧浰頭賊乘虛出擾，乃使人賞以銀布，諭降之。惟賊首池大鬢不從。守仁計兵力未暇羈縻之，勿深問。有金巢等率衆降，守仁厚撫之，令從征。及横水破，大鬢懼，遣其弟池仲安率老弱二百，詣守仁乞降，卽愿從征立功，實覘虛實爲内應也。守仁知之，令從別哨，遠其歸路。陰使人分召近浰頭諸縣被賊害者詢之，得其情，各授方略，遣之歸，令密集兵衆，候平桶岡後報師期。及桶岡平，大鬢益懼。守仁遣使至浰頭，賜諸賊牛酒，見賊嚴爲備，詭語使者曰：「龍川新民鄭志高、盧珂欲讐殺掩襲，故備，非虞官兵也。」守仁佯信其言，怒盧、鄭，移檄龍川，廉二人擅兵狀，且令大鬢除道，候還兵討之。大鬢假使來謝，無勞官兵，當自防禦之。盧珂、鄭志高、陳英者，龍川已招新民也，仍領舊部二千餘衆。時諸縣民皆爲大鬢所脅，三人者獨抗賊，賊讐之。守仁還兵，三人來告變，言大鬢反狀。時池仲安方領兵在守仁所，守仁乃佯怒三人，收縛，將斬之，曰：「大鬢方遣弟領兵報效，安得有此？」仲安遂叩首辨列三人罪惡，守仁佯信之，械繫珂等，置之獄。守仁密使人至獄中諭以意，令三人無恐，且遣使歸，集衆以候。十二月二十日，守仁還至贛，張樂大饗將士，下令横水、桶岡既平，浰頭歸順，境内無虞矣。民久勞苦，宜休兵爲樂。遂散兵使歸農，乃遣仲安歸報其兄，以盧珂被繫故，遣使令大鬢勿撤備，以防珂黨掩襲，大鬢意乃大安。守仁別購仲安所親，說仲安令自來投訴，云：「官意良厚，何可不親一往謝？況使盧珂等言無所入。」大鬢信之，謂其下曰：「欲伸先屈，贛州伎倆，須自往觀之。」遂帥其徒四十餘人自詣贛。守仁先已檄諸郡縣及龍川等，勒兵候報，至是探知大鬢就道，亟遣使發諸路兵候浰頭。然道經賊巢始達，則使別齎一檄爲捕盧珂黨與者，佯示賊。賊果問，見檄遂不爲意。大鬢至贛，謁守仁，見軍門無用兵形，又覘知珂等繫獄，意益安，遣人歸報其黨，謂事無他。守仁乃夜釋珂等，使間道歸發兵，而令諸官屬以次設牛酒，日宴犒大鬢等，緩其歸。久之，度珂已至家，諸郡縣兵當大集，守仁乃設犒於庭，先伏甲士，引大鬢等入，悉擒之。出珂狀訊之，皆服，遂悉置獄，而趣諸路兵同抵賊巢。守仁率親兵由龍南縣冷水徑直擣下浰大巢，諸路兵皆令入三浰。賊弛備既久，驟聞官兵四集，驚懼，乃分投出禦，而悉其精銳千餘，據險設伏於龍子嶺。官軍爲三衝，犄角進，指揮佘恩首擊賊，戰良久，賊敗。王受等追之，伏發被扼。適推官危壽兵至，鼓譟前衝之。千戶孟俊率兵遶其後，賊大潰，遂克三浰大巢。餘賊精銳尚八百人，聚九連山。山四面險絕，惟一面得上。賊設礧石滾木拒之，官兵不敢近。守仁乃令官兵衣賊衣，抵暮，詐爲賊敗奔者上山。賊見之，果相招呼，官兵乃得渡險，遂扼其路。賊覺，急禦，則大衆已闌入矣。賊不支，乃退走潰出，官兵先四路設伏待之，擒斬略盡。餘徒二百人慟哭請降，守仁納之。相視諸險隘，以和平地方控扼三省，奏設縣治。下部議，從之。遂班師。捷聞，賜璽書褒賞，餘功賞賚有差。南贛自此無警矣。

谷應泰曰：正德濁亂，羣盜蠭起，而江西之盜有五：大帽山者號贛賊，仙女寨、鷄公嶺者號華林賊，瑪瑙寨、越王嶺者號靖安賊，王浩八爲桃源賊，樂庚二、陳邦四爲東鄉賊。自江西副使周憲戰死華林，總督陶琰再撫浩八，而二賊稱最劇矣。至巡撫周南平贛賊，知府李承勳平華林、靖安，參政胡世寧、吳廷舉平桃源、東鄉，當是時，陳金、俞諫實箠節鉞，承勳、廷舉功最出奇，經營九載，至正德十一年而南贛賊黨略平。皇靈未暢，苞蘖旋萌，於是江西之賊復有四：藍天鳳等爲左溪賊，謝志山等爲横水賊，鍾景等爲桶岡賊，池大鬢等爲浰頭賊。新建以廷推舊望，簡荷新銜，規畫山川，廣行間諜，親破賊巢者八十餘，增設縣治者二，特設南贛提督軍門者一。自正德十二年受命，至十三年而江西賊悉平矣。

夫諸臣平賊，遲而變隨，新建平賊，速而賊定。蓋江西南臨百粤，北枕大江，東連閩嶠，西接荆蠻，地延千里，址交五省。又有崇山峻嶺，鳥道叢篁，車騎不得長驅，米芻不得時給。王師直指，則鳥遁深林，振旅還朝，卽鼠謀竊發。揆其形勢，則決地之翼不能離巢，徑丈之鱗終難失水。然而尉佗有七郡之計，任囂效坐大之志，庾嶺以南，舉足非國家有也。當四賊再發，浰頭遠在汀州，桶岡實處楚境，左溪、横水連亙其中，彼且視狡兔之窟，成率然之形，漢天子有神靈，豈能從天而下乎？而當時議者動思言撫，此何異招麋鹿於金鑣，呼亡猿於朱檻？有鄭躅徜徉去之惟恐不速耳。撫不就而用勦，徵調狼達，兼招苗峒，劫掠性成，罕知王制，引入內地，恃爲長城。賊甫獸駭，我已鴟張，賊苟帖耳求生，則我已受之恐後矣。羈縻勿絕，豈久安長治之道也哉！

新建悉罷客兵，自募鄉勇，養兵數月，觀釁旬時，德裕築籌邊之樓，文淵畫聚米之勢，猶慮賊兵四出，牽制我師，僞撫浰頭，佯委桶岡，使皆懷疑觀望。徘徊之間，鼓行而進，直擣中堅，奇兵雲擾，鐵騎飈馳，橫水覆巢，左溪失險矣。桶岡既斷右臂，王師已入門庭，兼兩寨逋逃自相駭觸，乘其破膽，一鼓遂登，兵法所謂「出其不意」者也。浰頭愚狡，新建玩弄股掌，賊首池大鬢等皆千里誘致，縛之樽俎。渠魁已在檻車，天兵已薄賊險，而彼且鼾寢晏然。鼓角一鳴，千山聲動。賊於斯時，登陴授兵則一木不支，倉皇出逸則四面楚歌，相顧解甲，慟哭請降。武侯五月渡瀘，而南人不復反矣。夫江介嶺表，限在天南，拊背扼吭，專支閫外。楊僕樓船，馬援銅柱，比之新建，何以稱焉！

明史紀事本末卷之四十九

江彬奸佞 錢寧附

武宗正德七年（壬申，一五一二）冬十月，內旨欲調邊兵入衛京師，大學士李東陽等及府、部、科、道力諫，不聽。時倖豎有獻密計者，言京軍不習戰陣，欲調宣府官軍入衛京師，而以京軍充數戍邊，每歲春秋更調，如班操例。上遣司禮監谷大用至閣議，東陽力持以爲不可。大用謂上有先入之言，不可破，姑試之以俟再議。東陽曰：「某等職在論思，今日曲從，即有後患，百死何贖！」乃上疏曰：「宣府，京師北門，切近漠北。朝廷屯宿重兵，分地防守，尚恐不給，每年河南等處邊軍輪班備禦。近因流盜猖獗，動調官軍，乃一時權宜，甚非得已。蓋京軍官軍，各有分地，無故而動，一不便也。京軍備邊，不習戰陣，恐傷國威，二不便也。京軍出京，駭人耳目，聞之各處，未免驚疑，三不便也。京軍在外，恃勢淫佔，將官護短而不可禁，邊方受害而不敢言，四不便也。邊軍在內，狎恩恃愛，傲睨軍民，蔑視官府，小則怠緩，大則違法，治之則或不能堪，縱之則愈不可制，五不便也。遠違妻子，棄捐墳墓，或風俗之不相宜，或糗糧之不相續，六不便也。糧草之外，必須行糧，布花之外，必須賞賚，糜費無紀，七不便也。往來交替，日無寧息，倉卒之際，或變起於道途，厭倦之餘，或患生於肘腋，八不便也。示京營之空虛，見中國之單弱，九不便也。西北諸邊，見報聲息，脣齒之地，正須策應，脫有疎失，咎將誰歸？十不便也。」疏上，翌日竟降內旨行之。

召大同遊擊江彬等入京師。彬，宣府人，驍勇狡險，時從宣府副總兵張俊征流賊於山東，惟殺掠良民以邀賞。班師入京，賂錢寧，引入豹房，得見上。彬機警，善迎人意，上喜，留侍左右，陞左都督，冒國姓爲義兒，時時在上前講說兵事，因請盡調遼東、宣府、大同、延綏四鎮精兵，入京操練。時許泰、劉暉等皆有寵於上，號「外四家」，而彬尤甚。邊卒縱橫驕悍，都人苦之。上嘗於西內練兵，令彬等率兵入習營陣，校騎射，或時爲角觝之戲。上戎服臨之，銃砲之聲不絕禁中。千戶周麒常叱之，彬竟陷麒死，於是左右皆畏彬。

八年（癸酉，一五一三）冬十月，以錢寧掌錦衣衛事，賜姓朱。寧，鎮安人。太監錢能鎮守雲南，寧幼鬻能家，能死，事劉瑾，因得見上，上甚悅之。嘗醉，枕寧臥，百官候朝至晡，莫得帝起居，但伺寧。寧內侍帝，外招權納賄，諸大臣造謁恐後，小拂意卽中害。內侍武臣率重貲投寧，求鎮守總兵。都察院經歷錢宏至拜寧爲父，密伺廷臣忤寧者彈斥之。是時，內臣張銳掌東廠，威勢與寧埒，中外號曰「廠衛」。

九年（甲戌，一五一四）春二月，帝始微行黃花鎮等處。近倖錢寧、張銳、張雄等日導上遊畋微行，不可諫止。

十年（乙亥，一五一五）秋七月，浙江左布政方永良劾錢寧鬻鈔害民，不報。時寧黷貨無厭，以鈔二萬發浙江，易銀三萬餘兩。永良上言：「四方羣盜甫息，瘡痍未瘳，邊塞多虞，浙東、西雨雹爲災，嗷嗷千里，臣苟隱忍不爲陛下言之，則已斂之財必入朱寧之手，而民心傷；民心傷則邦本搖，陛下寧不爲之寒心乎？臣惟朱寧竊寵以來，陛下之賜與無算，四方之餽遺不貲，篋笥之中必不少此，乃苛斂無已，負恩實深。伏乞陛下割偏私之愛，下之詔獄，明正典刑。仍急行浙江巡按監察御史，將已斂鈔銀盡給還民，民怨可慰，臣死且甘心。倘不以臣言爲然，置之不問，日復一日，尾大不掉，必蠹軍食民，肆無厭之求，有出於尋常所不料者，陛下悔之晚矣。」疏入，寧頗懼，乃委過下人，遣衛卒追所發鈔，而以價銀還之民。時寧怙寵藉威，舉朝屏息，獨永良訟言攻之，憾之不置。尋永良上疏乞致仕，從之。

十一年（丙子，一五一六）春正月，上御豹房，與江彬等同臥起。彬、泰、暉皆賜姓朱。彬等與都督錢寧，中貴張忠、盧明、秦用、蕭敬，優人臧賢表裏擅權爲奸，諸司章疏多阻格不上。然諸寵皆出彬下，彬時導上出宮禁，遊獵近郊，羣臣諫，不聽。

八月，大學士楊一清上疏乞休，略言：「宮府異體，用舍違宜，官帑空虛，浮費冗食不能革，民力困幣，徵求苛斂不能除。讒言可以惑聖聽，匹夫得以搖國本，禁庭雜介冑之夫，京師無藩翰之託，地震天鳴，日食星變，旱乾水溢，報無虛日，覥顏在位，將安用之！」疏入，忤錢寧，致仕歸。

十二年（丁丑，一五一七）夏六月，中旨革彭澤職爲民。先是，彭澤經略哈密，納幣土番，頗失國體。既召回，掌都察院事，常與言官論及錢寧，輒忿曰：「吾恨不手刃此賊！」兵部尚書王瓊數憾澤，因以語寧，且曰：「吾爲公致彼來，公自察之。」遂招澤相過，匿寧屛後，故以言激之，澤復大罵。寧由是深銜之。至是，瓊劾澤擅命納幣土番，致啓邊釁。奏上，寧嘗內旨除名。

八月，上出關遊獵。先是，江彬等屢導上出宮，遊戲近郊。彬並騎鎧胄，幾不可辨，因數數言宣府樂。至是遂出居庸關，至宣府臨塞下。巡關御史張欽上疏諫，不報。彬爲上營鎭國府第於宣府，輦豹房珍玩女御其中，時時入民家索婦女以進，帝樂之忘歸。九月，上幸大同，獵陽和諸城。上時獨乘一馬，鹵簿侍從皆不及。二十七日，方獵，天雨冰雹，軍士有死者。是夜，又有星隕之異。明日，駕赴大同，北寇數萬騎犯陽和，掠應州，上命諸將擊之，引去。

十月，南京吏科給事中孫懋上疏言：「都督江彬以梟雄之資，懷憸邪之志，自緣進用以來，專事從諛導非，或遊獵馳驅，或聲色貨利，凡可以蠱惑聖心者，無所不至。去年導陛下幸南海子，幸功德寺，又幸昌平等處，流聞四方，驚駭人聽。今又導陛下出居庸關，既臨宣府，又過大同，以致寇騎深入應州，使當日各鎮之兵未集，強寇之衆沓來，幾何不蹈土木之轍哉！是彬在一日，國之安危未可知也。」不報。上還京，封江彬平虜伯，許泰安邊伯，冒應州功也。

典膳李恭具疏請回鑾，指切江彬罪，擬朝賀上之。彬聞，逮恭拷斃於獄。給事石天柱刺血上疏，御史葉忠言尤深切，俱不省。

十三年（戊寅，一五一八）春正月，上郊祀畢，復出關游幸。太皇太后王氏崩，乃還京。江彬爲營卒報怨，遣百戶朱英執人於平谷。御史董相杖而繫之，且欲奏聞。彬遽譖於上，降相徐州判官。

夏四月，上以太后將祔葬，親詣天壽山祭告六陵，遂幸黃花鎮、密雲等處遊獵。

六月，寧夏塞有警，上復議北征，自稱「威武大將軍太師鎮國公朱壽」巡邊，以江彬爲威武副將軍扈行，令內閣草勅。大學士楊廷和、梁儲、蔣冕、毛紀上疏力諫，且云：「萬一宗藩中援祖訓，指此爲言，陛下何以應之？又或以朝無正臣，內有奸邪爲名，陛下之左右與臣等何以自解？」不聽。廷和遂稱疾不出。上御左順門，召梁儲，面趣令草制。儲對曰：「他可將順，此制斷不可草。」上大怒，挺劍起曰：「不草制，齒此劍！」儲免冠伏地泣諫曰：「臣逆命有罪，願就死。草制則以臣名君，臣死不敢奉命。」良久，上擲劍去，乃自稱之，不復草制，彬亦罷副將軍。

命禮部尚書李遜學等廷議建儲居守。時錢寧意在寧藩世子，江彬意別有屬，梁儲厲聲曰：「皇上春秋鼎盛，建儲未易輕言，萬一有他，吾輩伏斧鑕矣。邪謀豈可聽徇！」兵部尚書王瓊、吏部侍郎王鴻儒亦力言不可，議遂寢。

七月，上北巡，出居庸關。先是，上既還京，輒思宣府樂，稱曰「家裏」。至是，復歷宣府至大同。大同巡撫都御史胡瓚乞回鑾。瓚以沙漠之地，不宜久留，而扈從邊將恃江彬等怙寵，大爲邊地害，上疏極論，且引漢袁盎諫文帝爲言。不報。十月，上自偏頭關渡河幸榆林。彬索金璧裘馬數十萬，令邊吏獻虎豹犬馬。南京禮部右侍郎楊廉、兵部尚書喬宇上疏諫止。不報。

十四年（己卯，一五一九）二月，上自榆林還京。

三月，上自稱「總督軍務威武大將軍太師鎮國公朱壽」，制下南巡。上欲登岱宗，歷徐、揚至南京，臨蘇、浙，浮江、漢，祠武當，偏觀中原。時寧王宸濠久畜異謀。制下，人情洶洶。翰林修撰舒芬等約羣臣上疏乞留，俱會闕下。吏部尚書陸完迎謂曰：「主上聞直諫，輒引刀爲刎狀。」完意蓋以阻言者也。於是翰林修撰舒芬等疏先入，兵部郎中黃鞏、員外陸震聯疏入，吏部郎中夏良勝、禮部郎中萬潮、太常博士陳九川疏繼入，醫士徐鏊以醫諫，吏部郎中張衍慶、禮部郎中姜龍、兵部郎中孫鳳、陸俸等率部寮合疏入，工部郎中林大輅等、大理寺正周敍等、行人司副余廷瓚等，亦合疏先後入。上大怒，召江彬示之。以彬言下黄鞏、陸震、夏良勝、萬潮、陳九川、徐鏊錦衣獄。命舒芬、張衍慶、姜龍、孫鳳、陸俸等百有七人，跪午門外五日。林大輅、周敍、余廷瓚等二十餘人，俱下獄。明日，黄鞏等六人亦跪五日。時舒芬疏最切直，而鞏以事出江彬，故獨劾之。芬疏略曰：「陛下之出，以鎮國公爲名號，苟所至親王地，據勛臣之禮以待，陛下將朝之乎？抑受其朝乎？萬一循名責實，求此悖謬之端，則左右寵倖之人無死所矣。陛下大婚十有五年，而聖嗣未育，故凡一切危亡之迹，大臣知之而不言，小臣言之而不盡，其志非恭順，蓋聽陛下之自壞也。尙有痛哭泣血，不忍爲陛下言者，江右有親王之變，大臣懷馮道之心，以祿位爲故物，以朝宁爲市廛，以陛下爲弈棋，以革除年間事爲故事，特左右寵倖者知術短淺，不能以此言告陛下耳。使陛下得聞此言，雖禁門之外亦警蹕而出，安肯輕褻而漫游哉！」鞏疏略曰：「陛下臨御以來，祖宗紀綱法度，一壞於逆瑾，再壞於佞倖，又再壞於邊帥之手，至是將蕩然無餘矣。天下知有權臣，而不知有陛下；寧忤陛下，而不敢忤權臣，陛下勿知也。亂本已生，禍變將起，竊恐陛下知之晚矣。」因陳六事：一曰崇正學，二曰通言路，三曰正名號，四曰戒游幸，五曰去小人，六曰建儲貳。陸震見其疏稿，同署名以進。於是京師連日陰霾晝晦，禁中水自溢，高橋四尺許，橋下七鐵柱齊折如斬，時三月二十五日也。金吾衞指揮張英者，肉袒挾兩囊土數升，當蹕道哭諫，不允，即拔刀自刎，血流滿地。侍衞人縛送詔獄，問英囊土何爲？曰：「恐污帝廷，灑土掩血耳。」殞命獄中。是日，內旨舒芬等百有七人，俱廷杖三十。疏首謫外任，餘奪秩半年。黃鞏等六人，俱廷杖五十。徐鏊戍邊。鞏、震、良勝、潮俱削籍。林大輅、周敍、余廷瓚廷杖五十，降三級外補。餘杖四十，降二級外補。死杖下者，員外陸震，主事劉校、何遵，評事林公黼，行人司副余廷瓚，行人詹軾、劉槩、孟陽、李紹賢、李惠、王翰、劉平甫、李翰臣，刑部照磨劉珏十餘人。車駕竟不出，彬等亦知朝廷有人，稍畏憚之。

六月，寧王宸濠反。初，錢寧受濠賄，左右之。太監張銳思傾寧，力言濠不法事。銳言先入，寧不知也。見帝且盛稱濠賢，帝不應。寧懼，乃馳報濠，而委罪臧賢。賢謫戍邊，中道使校尉僞爲盜，掩殺之。帝亦執寧，下之獄。彬等欲邀功，贊上親征。會王守仁已擒宸濠以俘獻，上詔止之。

九月，上戎服至南京，令百官皆戎服迎，各官竟朝服往，上不問。

十五年（庚辰，一五二〇）春正月朔，上受朝賀於南京。時江彬率邊卒數萬扈從，恃恩無人臣禮，公卿而下，側足事之。魏國公徐鵬舉設宴招彬，不啓中道門，又不設座中堂。彬大怒，問故。對以高皇帝曾幸其第，遂爲故事。彬不得已，就宴。

六月，江彬遣兵官索南京各城門鎖鑰，兵部尚書喬宇危言止之。宇爲南京兵部，務持法守正，亦多材略。每事稍裁抑彬，人倚以爲重，彬亦頗憚之。一日，彬遣使索城門鑰，城中大駭。督府使問宇，宇曰：「守備者所以謹非常，城門鑰有祖宗法制在，雖天子詔不能得。」督府以宇言拒之，乃止。彬每矯制，日有所求，宇承制必請面覆始行，彬計少沮。時上駐蹕南京，久居舊邸，不入大內。復欲往幸蘇、浙、湖、湘間，宇倡九卿臺諫，三上章，伏闕請回鑾。上召彬議，彬怒，欲重譴。其黨勸之曰：「往歲京師已甚，何可再也！」彬意乃解，請慰諭百官各歸治事。七月，扈從大學士梁儲、蔣冕跪伏行宮門外泣諫，請從百官奏回鑾，自未至酉。上遣中官取奏入，且諭之起。對曰：「臣未奉旨，不敢起。」乃令中官復出傳旨：「不日卽還。」儲等出。閏八月，上至鎭江。十月，上自南京班師。

十六年（辛巳，一五二一）春正月，上還京。江彬益驕橫，其所部邊卒，桀驁不可制。

三月十四日丙寅，上以疾崩於豹房。皇太后張氏與大學士楊廷和等定議，奉遺詔迎取興獻王長子嗣皇帝位。初，上寢疾，彬猶改團營爲威武團練，自提督軍馬，中外慮彬旦夕反。帝崩，彬偶不在左右，皇太后召廷和等議，恐彬爲亂，祕不發喪，以上命召彬入。彬不知帝崩，并其子入，俱收之。皇太后下制暴彬罪惡，厚賞彬所部諸邊卒，散遣歸鎭。執其黨數人下詔錦衣獄論罪，磔於市。籍其家，金七十櫃，銀二千二百櫃，金銀珠玉珍寶首飾不可勝計，隱匿奏疏百餘本。世宗卽位，正彬黨罪惡，謫戍及論死者數十人，并誅錢寧。太監竄逐者亦數十人。

谷應泰曰：江彬以邊卒入侍，稔惡十年，顛越乘輿，幾危社稷。然跡其所爲，非有他謀，特倔強鷙悍庸材耳。方彬之起家塞上，睥睨宮闈，此何異祿山之侍玄宗乎？且其外握邊兵，內交近侍，錢寧、張忠皆其羽翼。辟之莽乃依恭，卓復結讓，庭湊內附守澄，沙陀通好令孜，區區之天下，一物亡商，二憾覆晉。武宗存，則挾天子以令諸侯，武宗崩，卽矯遺命以擅大寶，不待智者而決矣。而乃招致邊軍，入演大內，君臣戎服，凶器爲娛。繼遂厭心萬乘，屏足九重，誘導以離宮之歡，恣情於馳騁之樂，搏蒼鹿，搤玄熊，樂如是足矣。卽其殄滅善類，斥譴正人，血飛犴狴，逐半朝堂，亦猶之猛虎在檻，咆哮欲出，飢鷹在韝，忿颺思飛，初非有翦除異己之心，質劫公卿之志也。

夫彬本武人，而武宗所喜在戎服言兵。彬上沙磧，而武宗所喜在游巡天下。順其志，卽相與揚戈躍馬，拂其意，則相與嚴威峻法。同聲相應，同道相謀。書曰：「予有亂臣十人，同心同德。」非徒聖主，彼亦誠然。逮其震主之威已立，赤族之禍將成，雖有中庸，亦必巧營三窟，計成百足。乃至武宗彌留之際，彬猶晏然歸臥私第，命一介之吏，奉尺一之詔，召之而卽至，同車疾驅，父子駢首，何其愚與！

夫曹爽釋兵歸天子，求老私第；商鞅刑太子傅，孝公崩，欲自亡入魏。自古以來，器小而位高，威重則身危，奸邪前敗，禍患後隨，瀕死而不之悟者也。然予以爲武宗之世，逆瑾之變，十常侍、甘露之黨也。河北、山東、江西、四川之寇，黄巾、黄巢之亂也。寘鐇、宸濠之變，七國、八王之孽也。江彬之奸，董卓、祿山之釁也。然而陰噎甫合，旭日旋升。大厦欲傾，漂搖不入者，則以搆禍諸人，類皆乳臭，茫茫草澤，更無英雄。至於在內如六給事、十三御史、編修舒芬等百有七人，在外如楊一淸、王守仁、林俊、彭澤莫不慟哭斬奸，呼號阻駕，枕戈流涕，投袂登舟。觀於水溢宮門，橋柱七折，上天告譴，似爲言官。彗之明星夜隕，特勸回鑾，吳、楚颶風，盡飽魚腹，此非諸君子格天之功，抑或祖宗在天之祐與？傳曰：「善人，國之紀也。」詩云：「人之云亡，邦國殄瘁。」斯之謂與！

明史紀事本末卷之五十

大禮議

武宗正德十六年（辛巳，一五二一）夏四月，帝卽位。帝興獻王子，憲宗純皇帝孫也。憲宗生十皇子，長孝宗敬皇帝，次興獻王。弘治七年甲寅，興獻王之國安陸州。正德二年秋八月，帝生於興邸。時黃河淸，慶雲見，軫翼分。已而獻王薨，帝受敕嗣理國事。至是，年十有五矣。

武宗無子，臨崩遺詔曰：「朕紹承祖宗丕業，十有七年。有孤先帝付託，惟在繼統得人，宗社生民有賴。皇考孝宗敬皇帝親弟興獻王長子厚熜，聰明仁孝，德器夙成，倫序當立。遵奉祖訓『兄終弟及』之文，告於宗廟，請於慈壽皇太后，與內外文武羣臣合謀同辭。卽日遣官迎取來京，嗣皇帝位。」時三月丙寅也。翼日丁卯，遣司禮監太監韋彬、壽寧侯張鶴齡、駙馬都尉崔元、大學士梁儲、禮部尚書毛澄，齎詔諭金符之安陸州。戊寅，彬等至興邸，帝迎詔國門外，至承運殿開讀。已，乃登座受符朝藩衛。

四月壬午，帝辭興獻王園寢。癸未，發安陸，辭帝母蔣妃，嗚咽涕泗。帝母曰：「吾兒此行，荷負重任，毋輕言。」帝曰：「謹受敎。」比發安陸，帝以藩衞官校不隸有司，恐爲沿途擾，特命從官駱安等嚴勅之，所過辭謝諸王供饋，屏絕有司珍獻，禁行殿毋過奢。丁卯，禮部員外郎楊應魁上禮儀狀，請由東安門入，居文華殿。翼日，百官三上箋勸進，俟令旨俞允，擇日卽位。大學士楊廷和命儀部郞中余才所擬也。壬寅，車駕至良鄉，帝覽禮部狀，謂長史袁宗皐曰：「遺詔以吾嗣皇帝位，此狀云何？」癸卯，至京師，止城外。廷和固請如禮部所具狀，帝不許。乃御行殿受箋，由大明門入，日中卽位，以明年爲嘉靖元年。凡正德間冒濫軍功將校，奄緣監織榷稅諸弊政，盡行釐革。赦死雜犯以下末減有差。丙午，遣官往迎帝母興獻妃。

戊申，命禮官集議崇祀興獻王典禮。禮部尙書毛澄請於大學士楊廷和，廷和出漢定陶王、宋濮王事授之，曰：「此篇爲據，異議者卽奸諛當誅。」時有待對公車舉人張璁者，爲禮部侍郎王瓚同鄉士，詣瓚言：「帝入繼大統，非爲人後，與漢哀、宋英不類。」瓚然之，宣言於衆。廷和謂瓚獨持異議，令言官列瓚他失，出爲南京禮部侍郎，而以侍讀學士汪俊代之。尙書毛澄會公卿臺諫等官六十餘人上議：「漢成帝立定陶王爲嗣，而以楚王孫後定陶，承共王祀，師丹以爲得禮。今上入繼大統，宜以益王子崇仁主後興國。其崇號則襲宋英故事，以孝宗爲考，興獻王及妃爲皇叔父母。祭告上箋稱姪，署名。而令崇仁主考興獻王，叔益王。」帝覽曰：「父母可移易乎？其再議！」於是廷和及蔣冕、毛紀等復上言：「程頤濮議，最得禮義之正，皇上采而行之，可爲萬世法。興獻祀事，今雖以崇仁主，異日仍以皇次子後興國，而改崇仁爲親藩。天理人情，庶兩無失。」尚書澄、侍郎俊等六十餘人，亦復上議如廷和言。帝不聽，仍命博考典禮，以求至當。已而廷和復上言：「舜不追崇瞽瞍，漢世祖不追崇南頓君。皇上取法二君，斯聖德無累。」澄等七十餘人又上議：「武宗皇帝以神器授之陛下，有父道焉。特以昭穆既同，不可爲世。孝廟而上，稱祖、曾、高，以次加稱，豈容異議！興獻王雖有罔極恩，斷不可以稱孝廟者稱之也。」因錄魏明帝詔文以上。留中不報。御史周宣、進士屈儒、侯廷訓亦各奏議如禮官指，帝終不從。六月，敕修武宗實錄，仍命禮官集議追崇大禮。

七月，觀政進士張璁上大禮疏，曰：「朝議謂皇上入嗣大宗，宜稱孝宗皇帝爲皇考，改稱興獻王爲皇叔父，王妃爲皇叔母者，不過拘執漢定陶王、宋濮王故事耳。夫漢哀、宋英皆預立爲皇嗣，而養之於宮中，是明爲人後者也。故師丹、司馬光之論，施於彼一時猶可。今武宗皇帝已嗣孝宗十有六年，比於崩殂，而廷臣遵祖訓，奉遺詔，迎取皇上，入繼大統。遺詔直曰：『興獻王長子倫序當立。』初未嘗明著爲孝宗後，比之預立爲嗣，養之宮中者，較然不同。夫興獻王往矣，稱之以皇叔父，鬼神固不能無疑也。今聖母之迎也，稱皇叔母，則當以君臣禮見，恐子無臣母之義。禮：『長子不得爲人後。』況興獻王惟生皇上一人，利天下而爲人後，恐子無自絕父母之義。故皇上爲繼統武宗，而得尊崇其親則可；謂嗣孝宗，以自絕其親則不可。或以大統不可絕爲說者，則將繼孝宗乎？繼武宗乎？夫統與嗣不同，非必父死子立也。漢文帝承惠帝之後，則弟繼；宣帝承昭帝之後，則以兄孫繼。若必強奪此父子之親，建彼父子之號，然後謂之繼統，則古當有稱高伯祖、皇伯考者，皆不得謂之統矣。臣竊謂今日之禮，宜別爲興獻王立廟京師，使得隆尊親之孝，且使母以子貴，尊與父同。則興獻王不失其爲父，聖母不失其爲母矣。」疏入，上遣司禮監官送至內閣，諭曰：「此議實遵祖訓，據古禮，爾曹何得悞朕！」楊廷和曰：「書生焉知國體！」復持入，上熟覽之，喜曰：「此論一出，吾父子必終可完也。」是日，帝御文華殿，召廷和、冕、紀入，諭曰：「至親莫若父母。」因授以手敕曰：「卿等所言俱有見，第朕罔極之恩，無由報耳。今尊父爲興獻皇帝，母興獻皇后，祖母爲康壽皇太后。」廷和退而上言曰：「皇上聖孝，出於天性。臣等雖愚，夫豈不知禮謂所後者爲父母，而以其所生者爲伯叔父母。蓋不惟降其服，而又異其名也。臣等不敢阿諛順旨。」仍封還手敕。於是給事中朱鳴陽、史于光等，御史王溱、盧瓊等復奏：「興獻王尊號，未蒙聖裁，大小之臣，皆疑陛下垂省張璁之說耳。陛下以興獻王長子，不得已入承大統，難拘『長子不得爲人後』之說。璁乃謂統嗣不同，豈得謂會通之宜乎？又欲別廟興獻王於京師，此大不可。昔魯桓、僖宮災，孔子在陳聞火，曰：『其桓、僖乎？』以非正也。如廟興獻王於京師，在今日則有朱熹兩廟爭較之嫌，在他日則有魯僖躋閔之失。乞將張璁斥罰。」奏入，俱命禮部議。八月，尚書毛澄等仍議：「給事中朱鳴陽、御史王溱等，皆欲皇上早從原議，蓋有見於天理人情之公斷，不容以私意爲初政累也。御史盧瓊、給事中史于光歷數張璁建議之偏，若與仇者，豈得已哉！誠懼其上搖聖志，下起羣疑，宜將張璁戒諭。」不聽。

九月，興獻王妃至通州。先是，禮部具議：「聖母至京，宜由東安門入。」帝不從。再議由大明左門入，復不從。帝斷議由中門入，謁見太廟。朝議譁然，以婦人無謁廟禮，太廟非婦人宜入。張璁曰：「雖天子，必有母也，焉可由旁門入乎？古者婦三日廟見，孰謂無謁廟禮乎？九廟之禮后與焉，孰謂太廟非宜入乎？」上又命駕儀奉迎聖母，禮部請用王妃儀仗迓之，帝不從，命錦衣衞以母后駕儀往。又命所司製太后法服以待。至是，聖母至通州，聞朝廷欲考孝宗，恚曰：「安得以我子爲人之子！」謂從官曰：「爾曹已極寵榮，獻王尊稱胡猶未定？」因留通州不入。帝聞之，涕泗不止，啓慈壽皇太后，願避位奉母歸，羣臣惶懼。

冬十月，上諭內閣楊廷和、蔣冕、毛紀曰：「朕受祖宗鴻業，爲天下君長，父興獻王獨生朕一人，既不得承緒，又不得徽稱，朕於罔極之恩，何由得安！始終勞卿等委曲折中，俾朕得申孝情。」廷和上言：「聖諭令臣等委曲折中，以申孝情。竊念大禮關係萬世綱常，四方觀聽，議之不可不詳，必上順天理，下合人情。祖宗列聖之心安，則皇上之心始安矣。」張璁乃復爲〔大禮〕或問（據明史卷一百九十六張璁傳補）一帙，辨析統嗣之異及尊崇墓廟之說甚悉。吏部主事彭澤錄遺內閣及禮官，勸改前議，不從。璁乃齎至左順門上之，廷和令修撰楊維聰等阻之，不得。帝覽之，留中不下。廷和見勢不得已，乃草敕下禮部，曰：「聖母慈壽皇太后懿旨，以朕纘承大統，本生父興獻王宜稱興獻帝，母宜稱興獻后，憲廟貴妃邵氏稱皇太后。仰承慈命，不敢固違。」帝從之。廷和意假母后示，非廷議意也。

壬午，興獻后至自通州，由大明中門入，帝迎於闕內。朝議不謁太廟，止見奉先、奉慈二殿而已。

兵部主事霍韜見張璁言欲用，亦上言：「禮官持議非是。」時同知馬時中、國子監諸生何淵、巡檢房濬，各上言如璁議。帝益爲之心動矣。

甲午，楊廷和以追崇禮成，擬上慈壽皇后及武宗皇后尊號，帝因遣司禮監諭廷和曰：「邵太后、興獻帝、后亦各擬上尊號。」廷和等上言：「不可。宜俟明年大婚禮成，慶宮闈，加之可也。」

巡撫雲南都御史何孟春上言，以爲興獻王不宜稱考。廷和覽疏，乃擢孟春吏部侍郎。

給事中熊浹上言：「皇上貴爲天子，聖父聖母以諸王禮處之，安乎？臣以爲當稱帝、后，而祀興獻於別廟。則大統之議、所生之恩兼盡矣。」乃出爲按察司僉事。浹，大學士費宏鄉人也。宏慮廷和疑己，故出之。

十二月，除張璁南京刑部主事。先是，帝下大禮或問於禮部，時楊一清家居，遺書吏部尙書喬宇曰：「張生此論，聖人不易，恐終當從之。」宇不聽。至是，廷和銜璁，授意吏部，除爲南京主事。尙書石珤語璁曰：「愼之！大禮說終當行也。」廷和寄語曰：「子不應南官，第靜處之，勿復爲大禮說難我耳。」璁怏怏而去。

都御史林俊致仕家居，廷和寓書於俊，以定國是。俊上疏曰：「孔子謂『觀過知仁』。陛下大禮未協，過於孝故耳。司馬光有言：『秦、漢而下，入繼大統，或尊崇其所生，皆取譏當時，貽笑後世。』陛下純德，何忍襲之？」疏入，留中。廷和遂奏起林俊爲工部尙書。俊力辭，不聽。庚寅，帝下御札，諭加興獻帝、后以「皇」字。廷和等上言：「漢宣帝繼孝昭，後追謚史皇孫、王夫人曰悼考、悼后而已，光武上繼元帝，鉅鹿南頓君以上，立廟章陵而已，皆未嘗追尊。今日興獻帝、后之加，較之前代，尊稱已極。若加『皇』字，與慈壽、孝廟並。是忘所後而重本生，任私恩而棄大義，臣等不得辭其責，願罷歸。」吏部尙書喬宇等奏曰：「皇者，正統大義。若加『皇』字於本生之親，則與正統溷而無別。揆之天理則不合，驗之人心則不安，非所以重宗廟、正名分也。」上曰：「慈壽皇太后懿旨有諭：『今皇帝婚禮將行，其興獻帝宜加與皇號，母興獻皇太后。』朕不敢辭，爾羣臣其承后命。」廷和等見不可爭，乃俱求罷歸。不報。禮部尚書毛澄，侍郎賈詠、汪俊等上言：「若帝、后之上有加，則正統之親無別。恐不可以告郊廟而布天下。內閣大臣直言規諫，宜賜俞旨。」帝不聽，仍曰：「宜遵懿旨，稱興獻皇帝、興獻皇太后。」於是給事中朱鳴陽等、御史程昌等、編修陳沂等百餘人各上言：「加稱非是。」因請斥璁。不聽。

世宗嘉靖元年（壬午，一五二二）春正月，郊祀甫畢，清寧宮小房災，楊廷和、蔣冕、毛紀、費宏上言：「火起風烈，此殆天意。況迫清寧後殿，豈興獻帝、后之加稱，祖宗神靈容有未悅乎？」給事中鄧繼曾上言：「五行火主禮。今日之禮，名桼言逆，陰極變災。臣雖愚，知為廢禮之應。」主事高尚賢、鄭佐相繼上言：「鬱攸之災，不於他宮，而於清寧之後；不在他日，而在郊祀之餘。變豈虛生，災有由召。」帝覽之心動，乃從廷和等議，稱孝宗為皇考，慈壽皇太后為聖母，興獻帝、后為本生父母，而「皇」字不復加矣。

巡撫湖廣都御史席書具疏曰：「邇者，廷議大臣，比之宋事。竊謂英宗入嗣，在袞衣臨御之日。皇上入繼，當宮車晏駕之後。比而同之，似或未安。故皇上嗣纘大業，非繼孝宗之統，繼武宗之統也；非繼武宗之統，繼祖宗之統也。以皇上承繼武宗，仍為興獻王子，別立廟祀，張璁、霍韜之議，未爲迂也。禮本人情，皇上尊爲天子，慈聖將臨，設無尊稱，於情難已。故追所生曰帝、后，上慰慈闈。今踰年改元，尊號未上，明詔未頒，毋乃擬議之未定乎？臣愚謂宜定號『皇考興獻帝』，別立廟於大內，每時祭太廟畢，仍祭以天子之禮。蓋別以廟祀，則大統正，而昭穆不紊；隆以殊稱，則至愛篤，而本支不淪。尊尊親親，並行不悖。至於慈聖，應稱曰皇母某后，不可以『興獻』字加之。」吏部員外郎方獻夫亦具疏曰：「陛下之繼二宗，當繼統而不繼嗣；興獻之異羣廟，在稱帝而不稱宗。繼統者，天下之公，三王之道也；繼嗣者，一人之私，後世之事也。興獻之得稱帝者，以陛下爲天子也；不得稱宗者，以實未嘗在位也。請宣示朝臣改議，布告天下。稱孝宗曰皇伯，稱興獻帝曰皇考，別立廟祀之。夫然後合於人情，當乎名實。」二疏俱中沮，不果上。

三月，上孝宗太后尊號曰昭聖慈壽皇太后，武宗皇后曰莊肅皇后，聖祖母邵氏曰壽安皇太后，本生父曰興獻帝，母曰興國太后。先是，司禮監傳諭興獻帝册文，朕宜稱子。廷和等上言：「不可。」復傳諭宜稱孝子。廷和等言：「册文稱『長子』、『本生』，文情自明，請勉行正禮。」從之。遣官詣安陸，上興獻帝尊號。命司禮太監溫祥督禮儀，成國公朱輔上册寶，禮部侍郎賈詠題神主。詠遵廷和指，題其主曰「興獻帝神主」，不稱考及叔，亦不敍子名。

冬十一月，壽安皇太后崩，楊廷和定爲哭臨一日，喪服十三日而除，文移兩京，不以詔天下，禮官請素服御西角門。帝曰：「朕哀慕方切，豈忍遽從所請？」十二月，上壽安皇太后尊謚孝惠皇太后，羣臣奏：「壽安皇太后服制已滿，宜漸從吉典，御奉天門視事。」久之，乃允。仍命不鳴鐘鼓，不鳴鞭。

二年（癸未，一五二三）春二月，太常卿汪舉上言：「安陸廟宜用十二籩豆，如太廟儀。」從之。禮部請置奉祀官，又言：「樂舞未敢輕議。」帝命楊廷和集議之，禮部侍郎賈詠會公侯九卿等上言：「正統本生，義宜有間。八佾既用於太廟，安陸樂舞似當少殺，以避二統之嫌。」帝曰：「仍用八佾。」於是何孟春及給事中張翀、黃臣、劉最，御史唐僑儀、秦武等，南京給事中鄭慶雲各上言力爭。不報。

冬十一月，奉孝惠皇太后主於奉慈殿，遣官告安陸廟。南京刑部主事桂萼日與張璁討論古禮，其議符合。至是上言大禮，幷獻席書、方獻夫議草，疏曰：「臣聞古者帝王事父孝，故事天明；事母孝，故事地察。未聞廢父子之倫，而能事天地、主百神者也。今禮官以皇上與爲人後，而強附末世故事，滅武宗之統，奪興獻之宗。夫孝宗有武宗爲子矣，可復爲立後乎？武宗以神器授皇上矣，可不繼其統乎？今舉朝之臣，未聞有所規納者，何也？蓋自張璁建議，論者指爲干進。故達禮之士，不敢遽言其非。竊念皇上在興國太后之側，慨興獻帝弗祀三年矣。而臣子乃肆然自以爲是，可乎？臣願皇上速發明詔，循名考實，稱孝宗曰皇伯考，興獻帝曰皇考，而別立廟於大內。興國太后曰聖母，武宗曰皇兄，則天下之爲父子君臣者定。至於朝議之謬，有不足辨者。彼所執不過宋濮王議耳。臣按：宋臣范純仁告英宗曰：『陛下昨受仁宗詔，親許爲仁宗子。至於封爵，悉用皇子故事，與入繼之主，事體不同。』則宋臣之論，亦自有別。今皇上奉祖訓入繼大統，果曾親承孝宗詔而爲之子乎？則皇上非爲人後，而爲入繼之主明矣。然則考興獻帝、母興國太后，可以質鬼神俟百世者也。臣久欲上請，乃者復得見席書、方獻夫二臣之疏，以爲皇上必爲之惕然更改，有無待於臣之言者。至今未奉宸斷，豈皇上偶未詳覽耶？抑二臣將上而中止耶？臣故不敢愛死，再申其說，并錄二臣疏以聞。」疏奏，上曰：「此關係天理綱常，仍會文武羣臣集議可否。」

三年（甲申，一五二四）春正月，楊廷和罷，禮部尚書汪俊請曰：「公去，誰與主者？」適主事侯廷訓據宗法爲大禮辨，遍示羣臣，俊得之，喜曰：「違斯議者，當斬也。」於是吏部尚書喬宇率九卿上言：「必以孝宗爲考，而後大宗爲不絕。」俊復會公侯卿佐及翰林臺諫官上言：「祖訓『兄終弟及』，以同產言也。皇上爲武宗親弟，自宜考孝宗，母昭聖。前後章奏，惟張璁、霍韜、熊浹與桂萼議同。其他八十餘疏二百五十餘人，皆如部議。其當從違可知矣。」帝曰：「更參衆論議之。」給事中張翀等三十有二人，御史鄭本公等三十有一人，各抗章力論，以爲當從衆議。上怒其朋言亂政，俱奪俸。修撰唐皋亦言：「陛下宜考所後以別正統，隆所生以備尊稱。」帝謂臯模稜持兩可，亦奪俸。於是汪俊等更議「於興獻帝、興國太后止各加一〔『皇』〕（據明通鑑卷五十一補）字，以備尊稱。」不報。是時楚王榮誠以儀賓沈寶疏上，代府長史李錫、南京都察院經歷黄綰、錦衣衞千戶聶能遷各上疏議，其言與璁議合，帝益心動。乃命取督賑侍郎席書，南京刑部主事桂萼、張璁詣京集議。時霍韜居里中，亦並召之。

興國太后千秋節，命婦各上箋覲賀，宴賚倍常。是月晦日，昭聖皇太后聖旦。先期有旨，命婦免入朝賀。朱淛、馬鳴衡上言：「暫免朝賀，在尋常固可。然當議禮紛更之時，正人心恖惶之際，忽傳報罷，安得無疑？竊謂此意若出太后，其間必有因事拂抑之懷，往時存歿之感；若出自聖意，則母子至情，有隆無已。豈可以聖旦嘉節，而輟此盛禮哉？」疏入，帝怒，命逮訊。侍郎何孟春論救，不報。已而陳逅、李本，刑部員外郎林惟聰各抗言：「馬鳴衡、朱淛不知太后懿旨，輒有論列。原其本心，以爲議禮之初，太后輒不受朝。人將謂陛下之心有所偏主。而奸讒之流，或從而乘間獻媚，其禍有不可言爾。今乃下之詔獄，加以嚴刑。天下聞之，將謂陛下以宮闈之故，罪及言官。本生、正統之義，不能無所軒輊。而忠臣義士且將杜口結舌，不敢復議天下事矣。」帝怒其煩擾，併逮繫考訊。大理卿鄭岳論救。不報。

三月，奉興獻帝爲「本生皇考恭穆獻皇帝」，興國太后爲「本生母章聖皇太后」。初，帝召張璁等，都御史吳廷舉恐璁至，不變初說。請敕諸生及南京大臣及耆德舊臣，各陳所見，以備采擇。璁、蕚乃復上疏，申明統嗣之辨。璁且曰：「今之加稱，不在皇與不皇，實在考與不考。若徒爭一『皇』字，則執政必姑以此塞今日之議。臣恐天下知義禮者，仍必議之不已也。」帝嘉納之。是日，帝御平臺，召冕、紀、宏諭加尊號及議建室，冕對曰：「臣等願陛下爲堯、舜，不願爲漢哀。」帝曰：「堯、舜之道，孝弟而已矣。」冕等不能對。乃命草詔加上尊號，給事中張翀等、御史朱實昌等交章力諫，帝切責之。敕禮部曰：「聖母昭聖慈壽皇太后特加尊號爲昭聖康惠慈壽皇太后。」又敕曰：「本生父興獻帝、本生母興國太后今加稱爲『本生皇考恭穆獻皇帝』、『本生母章聖皇太后』。」又曰：「朕本生父母，已有尊稱，仍於奉先殿側別立一室，盡朕追慕之情。」禮部尚書汪俊上議曰：「皇上入奉大宗，不得祭小宗。爲本生父立廟大內，從古所無。惟漢哀帝嘗爲共王立廟京師，師丹以爲不可。請於安陸廟增飾爲獻皇帝百世不遷之廟，俟他襲封興王子孫，世世奉享。陛下歲時遣官祭祀，亦足以伸至情矣。」上曰：「朕奉太廟，豈敢間越，與漢哀帝不同，務協公論，以伸至情。」吏部尚書喬宇等復奏曰：「皇上聖睿，於宗法大小，必洞然無疑。故曰建室，以避立廟之名也。於奉先殿側，以避大內之名也。推此，則專於大宗，必降於小宗。安陸祭祀，無庸改議矣。」時湛若水、石珤、張翀、任洛、汪舉等皆具奏。不聽。於是汪俊求去，上切責，罷之。

戶部侍郎胡瓚等上言：「大禮已定，席書督賑江、淮，實關民命，不必徵取來京。」上從之。併止璁等勿來。時璁、萼已抵鳳陽矣。見邸報赦加尊號，乃復上疏，極論兩考之非。且曰：「臣知『本生』二字，決非皇上之心所自裁定，特出禮官之陰術。皇上不察，以爲親之之辭也。不知禮官正以此二字爲外之之辭也。必亟去二字，繼統之義始明，而人心信從矣。」疏入，上命復召來京。蔣冕言於帝前，曰：「二人若來，必撲殺之。」帝不問，而遣人趣使速來。遂降中旨，以書爲禮部尚書。給事中安磐等上言：「大禮之失，自霍韜、張璁欲考本生，而邪說始起。自桂萼進席書、方獻夫之論，而邪說益張。乞寢書新命，治萼等奸罪。」張漢卿等亦上言：「書督賑乖方，煮粥誤民，致死生民數萬，宜正國法，以快人心。」南京給事中黃仁山等亦上言：「書巧詐邪佞，私蓄議藁而不自進，陰託桂萼代奏干寵。而璁、萼每造書所，必在暮夜，其爲陰類憸人無疑。乞加罷斥，召還汪俊。」南道御史田麟等亦上言：「汪俊、席書邪正相反，進退失宜。且祖制上卿俱推舉簡用，今何取於書而出自內降耶？乞同璁、萼併黜，以避賢路。」俱不報。

禮部侍郎吳一鵬等會侯、伯、卿貳、翰林、臺、省，力言建室之非，且曰：「臣等遵祖訓、本禮經，守師丹、程頤之論，以悟主心。姑停建室，仍廟安陸，歲時遣官奉祭。俟異日皇子衆多，襲封興王，世世承享。」帝曰：「朕承天命，祗奉宗祀，孝養聖母。皇考陵園，遠在安陸，卿等安乎？今黨同執奏，敗父子之倫，傷君臣之義。欺朕沖年，眇忽綱常。其奉先殿西室，亟行修飾，盡朕歲時急切之情。」於是修撰呂柟、編修鄒守益俱上疏爭之。帝怒，俱逮赴鎮撫司考訊。給事中張翀、章僑，御史張鵬翰等交章論救。不報。已而獄具，謫柟解州判官，守益廣德州判官。

命內閣擬撰聖母昭聖皇太后與本生聖母章聖皇太后册文，帝遣司禮官傳諭，欲於昭聖册內稱嗣皇帝，獻皇帝册內稱孝長子。章聖册內加稱聖母，自稱長子。蔣冕等力言不可，仍以原文封進。帝覽之，遂於獻皇帝册內加一「孝」字，章聖册內欲去「本生母」三字。冕等復上言：「此字惟宗廟祝文用之，今稱長子，已盡孝情。又加此字，有干正統。且『本生母』三字，係勅諭擬定，亦難輕去。」仍封還。御批乃依原文，止稱長子，章聖册內加一「聖」字。

帝御奉天殿受賀，布詔天下，詔曰：「朕躬膺天命，嗣承皇兄武宗毅皇帝大統，祗奉宗祀。惟我皇考孝宗敬皇帝神謨聖政，是繼是行。仰惟聖母昭聖慈壽皇太后擁翊之功，莫罄名言。本生父、母興獻帝、興國太后鞠育之恩，罔殫報稱。尊稱未極，恆用歉然。恭奉册寶，加上聖母尊號曰昭聖康惠慈壽皇太后，興國太后曰『本生聖母章聖皇太后』。義專隆於正統，禮兼盡夫至情。」是時張璁至東昌，讀詔書歎曰：「執政忍爲此欺乎？兩考並稱，綱常紊矣。」蔣冕求罷歸，帝曰：「朕方倚任，共圖治理。建室禮儀，朕自裁定。」既而冕上言：「皇上恭詣仁壽宮，加上尊號，聖母昭聖皇太后遽有懿旨，免命婦入賀，其故非臣等所知。又命書爲禮部尚書，璁、萼復取來京，聖意所向，中外不能無疑。宜追寢前命。」不報。冕遂移疾乞去，帝從之。御史王泮等疏留不報。

五月，以奉先殿西室爲觀德殿，欲安獻皇帝主也。禮部侍郎吳一鵬、朱希周，郎中汪必東，員外郎翁磐，主事彭黯等上言：「獻皇帝主安安陸廟中，神靈攸依。奉先殿西室，宜設神位，以便時享，如奉慈殿之儀。」不報。遣司禮監太監賴義、京山侯崔元、侍郎吳一鵬之安陸，改題神主，奉上册寶，尊號曰「本生皇考恭穆獻皇帝」，迎如京師。一鵬等復上言：「歷考前代，無自寢園迎入大內者。況安陸乃啓封之地，獻皇帝神主不宜輕動。惟永祀安陸，則本生之情盡，而正統之義得。」不報。

霍韜將赴召，復上言力辨二統之非。而席書在鳳陽，亦上大禮考議，言：「諸臣講學不明，固執私意。」且曰：「斯禮也，廷臣耆舊，自有知者，不敢犯衆。而璁、萼等感激不平，力犯羣議，舉朝疾之如仇，甚可畏也。臣途窮矣，尚言此者，九廟神靈使之言耳。」

六月，璁、萼至京，復同上疏條七事，極論兩考之非，以伯孝宗而考興獻爲正。俱留中不下。鴻臚寺少卿胡侍上言：「唐睿宗不當兄中宗，宋太宗不當兄藝祖。不當稱兄，則不當稱伯明矣。」帝怒其狂率，出侍爲潞州判官。初，張璁、桂萼至京師，廷臣欲捶擊之，無一人與通，璁、萼稱疾不出。數日後，退朝班，恐有伺者，出東華門走入武定侯郭勳家。勳喜，約爲內助。臺諫官交章攻擊，以爲當與席書並正其罪。章十餘上，俱報聞。給事中張翀取羣臣彈章奏發刑部，令擬璁等罪。尚書趙鑑私語翀曰：「若得俞旨，便撲殺之。」帝廉知之，遂降中旨，命桂萼、張璁爲翰林學士，方獻夫爲侍講學士，切責翀、鑑，罪之。璁、萼、獻夫各上疏辭，不允。吏部尚書喬宇上言：「萼等偏執異說，搖動人心，願賜罷黜。」帝怒，切責之。宇遂求去，從之。修撰楊愼，廷和子也。率同官姚淶，編修許成名、崔桐，檢討邊憲、金皋等上言：「君子小人不並立，正論邪說不並行。臣等所執者，程頤、朱熹之緒也；萼等所言者，冷褒、段猶之餘也。學術不同，議論亦異，臣等恥與萼等同列。」上罷其俸。給事中李學曾等、御史吉棠等亦爭之，俱下獄外補。已而南京尚書楊旦、顏頤壽、沈冬魁、李克嗣、崔文奎及侍郎陳鳳梧，都御史鄒文盛、伍文定等復以爲言。俱切責之。員外〔郎〕（據明通鑑卷五十一補。又明史卷一百九十一本傳作「吏部考功郎中」）薛蕙著爲人後解，以駁璁、萼之議，略曰：「禮：『立後者，重大宗也。適子不爲後，輕小宗也。』『爲人後者爲之子。』言雖出公羊，實與儀禮相表裏。既爲之子，則當稱父矣，而可仍曰伯、叔父乎？」帝覽之怒，逮繫詔獄。已而釋之。

秋七月，璁、萼既拜新命，復列十三事以上：一曰三代以前無立後之禮，二曰祖訓亦無立後，三曰孔子射於矍圃，斥爲人後者，四曰武宗遺詔不言繼嗣，五曰禮輕本生父母，六曰祖訓姪稱天子爲伯、叔父，七曰漢宣帝、光武俱爲其父立皇考廟，八曰朱熹嘗論定陶事爲壞禮，九曰古者遷國載主，十曰祖訓皇后治內，外事無得干預，十一曰皇上失行壽安皇太后三年喪，十二曰新頒詔令決宜重改，十三曰臺諫連名上疏，勢有所迫。皆條列禮官欺罔之罪。疏入，留中。何孟春爲論條辨，帝切責之。璁、蕚復辭職，不許，乃就官。帝采其議，屢遣司禮監官至閣諭毛紀等，去册文「本生」字。紀等力言不可。亡何，帝御平臺，召紀等責之曰：「此禮當速改。爾輩無君，欲使朕亦無父乎？」紀等惶怖退。召百官至左順門，敕曰：「本生聖母章聖皇太后，今更定尊號曰『聖母章聖皇太后』，後四日，恭上册寶。」何孟春退，草疏達旦，語禮部侍郎朱希周曰：「此禮復更，禮官尤當爭之。」於是希周率郎中余才、汪必東等上言：「皇上考孝宗、母昭聖，已越三年。今更定之諭，忽從中出，則明詔爲虛文，不足取信於天下。」孟春與尚書秦金、學士豐熙等及翰林、寺、部、臺諫諸臣，各上言力爭「本生」二字不宜削。章十三上，俱留中不報。

戊寅，帝朝罷，齋居文華殿，金獻民、徐文華倡言曰：「諸疏留中，必改孝宗爲伯考，則太廟無考，正統有間矣。」何孟春曰：「憲宗朝尚書姚夔率百官伏哭文華門，爭慈懿皇太后葬禮，憲宗從之，此國朝故事也。」楊慎曰：「國家養士百五十年，仗節死義，正在今日。」王元正、張翀等遂遮留羣臣於金水橋南，曰：「萬世瞻仰，在此一舉。今日有不力爭者，共擊之！」何孟春、金獻民、徐文華復相號召。於是秦金、趙鑑、趙璜、俞琳、朱希周、劉玉、王時中、張潤、汪舉、潘希曾、張九敍、吳琪、張瓚、陳霑、張縉、蘇民、余瓚、張仲賢、葛檜、袁宗儒凡二十有三人，賈詠、豐熙、張璧、舒芬、楊維聰、姚淶、張衍慶、許成名、劉棟、張潮、崔桐、葉桂章、王三錫、余承勳、陸釴、王相、應良、金皋、林時、王思凡二十人，謝蕡、毛玉、曹懷、張嵩、王瑄、張珽、鄭一鵬、黃重、李錫、趙漢、陳時明、鄭自璧、裴紹宗、韓楷、黃臣、胡納凡十有六人，余翱、葉奇、鄭本公、楊樞、劉穎、祁杲、杜民表、楊瑞、張英、劉謙亨、許中、陳克宅、譚纘、劉翀、張錄、郭希愈、蕭一中、張恂、倪宗嶽、王璜、沈教、鍾卿密、胡瓊、張濂、何鼇、張曰韜、藍田、張鵬翰、林有孚凡三十有九人，余寬、党承志、劉天民、馬理、徐一鳴、劉勳、應大猷、李舜臣、馬冕、彭澤、張鵾、洪伊凡十有二人，黃待顯、唐昇、賈繼之、楊易、楊淮、胡宗明、栗登、党以平、何巖、馬朝卿、申良、鄭漳、顧可久、婁志德、徐嵩、張庠、高奎、安璽、王尚志、朱藻、黃一道、陳儒、陳騰鸞、高登、程旦、尹嗣忠、郭日休、李錄、周詔、戴亢、繆宗周、丘其仁、祖琚、張希尹、金中夫、丁律凡三十有六人，余才、汪必東、張檍、張懷、翁磐、李文中、張澯、張鏜、豐坊、仵瑜、丁汝夔、臧應奎凡十有二人，陶滋、賀縉、姚汝皋、劉淑相、萬潮、劉漳、楊儀、王德明、汪溱、黃嘉賓、李春芳、盧襄、華鑰、鄭曉、劉一正、郭持平、余禎、陳賞、李可登、劉從學凡二十人，相世芳、張嶷、詹潮、胡璉、范祿、陳力、張大輪、葉應驄、白轍、許路、戴欽、張儉、劉士奇、祁敕、趙廷松、熊宇、何鼇、楊濂、劉仕、蕭樟、顧鐸、王國光、汪嘉會、殷承敍、陸銓、錢鐸、方一蘭凡二十有七人，趙儒、葉寬、張子衷、汪登、劉璣、江珊、金廷瑞、范鏓、龐淳、伍餘福、張鳳來、張羽、車純、蔣珙、鄭騮凡十有五人，毋德純、蔣同仁、王瑋、劉道、陳大綱、鍾雲瑞、王光濟、張徽、王天民、鄭重、杜鸞凡十有一人，俱赴左順門跪伏，有大呼高皇帝、孝宗皇帝者。帝聞之，命司禮監諭退，不去。金獻民曰：「輔臣尤宜力爭。」朱希周乃詣內閣告毛紀，紀與石珤遂赴左順門跪伏。上復遣司禮太監諭之退，羣臣仍伏不起，自辰迨午。帝怒，命司禮監錄諸姓名，收繫諸爲首者豐熙、張翀、余寬、黃待顯、陶滋、相世芳、毋德純等八人於獄。楊愼、王元正乃撼門大哭，一時羣臣皆哭，聲震闕廷。上大怒，遂命逮繫馬理等凡一百三十有四人於獄。何孟春等二十有一人，洪伊等六十有五人，姑令待罪。

己卯，上聖母章聖皇太后册寶。

庚辰，錦衣衞以在繫官上請，初逮繫時有奔匿者。至是，悉追繫之。併待罪者，總二百有二十人。上責之，命拷訊豐熙等八人編伍，其餘四品以上者俱奪俸，五品以下者杖之。於是編修王相等一百八十餘人各杖有差，王相與王思、裴紹宗、毛玉、胡瓊、張日韜、楊淮、〔胡璉〕（據明史卷一百九十二王思傳補）、張燦、申良、臧應奎、仵瑜、余禎、安璽、殷承敍、〔李可登〕

（同上）等十有七人俱病創，先後卒。

恭穆獻皇帝主至自安陸，帝迎於闕內，奉謁奉先、奉慈二殿。已乃奉於觀德殿，上冊寶，尊號曰「皇考恭穆獻皇帝」，不復言「本生」。

是日，復趣席書來京。南京祭酒崔銑以災異陳言：「議禮一事，或擯斥，或下獄，非聖朝美事。」上不悅，令致仕。而陳洸先爲給事中，言事忤旨，出爲按察司僉事。至是，上言曰：「陛下察幾致決，毅然去『本生』二字，有人心者，咸謂始全父子之恩，無不感泣。乞罷喬宇、夏良勝以息邪說，復史道、于桂、曹嘉以作正氣。」帝悅，復以洸爲給事中。逮繫修撰楊愼，編修王元正，給事中劉濟、安磐、張漢卿，御史張原、王時柯於詔獄，復撲之。謫楊愼、王元正、劉濟戍邊。何孟春調南京工部。毛紀罷。

南寧伯毛良上言：「楊廷和要定策功，沮撓大禮，使陛下失天倫之正，廢追崇之典。」千戶聶能遷、百戶陳紀，欽諭王玠、錄事錢子威，各論奏議禮差謬，更正得宜。俱留中不報。

八月，席書至京。以孝宗考名未正，悉發諸議留中者，命禮部集議。鄭岳、徐文華仍力言：「孝宗祝享、昭聖冊寶，尊奉已久，不宜輕改。」帝切責之。胡世寧時居憂里中，亦上言與璁等合。帝嘉之。

九月，改稱孝宗敬皇帝爲皇伯考，昭聖皇太后爲皇伯母。初集議時，汪偉、鄭岳、徐文華等猶與璁等力辨可否，武定侯郭勳遽曰：「祖訓如是，古禮如是，璁等言當。」書曰：『人臣事君，當將順其美。』」於是書、萼、璁及獻夫會公鶴齡、侯勳、鸞等六十有四人上言：「三代之法，父死子繼，兄終弟及，人無二本。孝宗伯也，宜稱曰皇伯考。昭聖伯母也，宜稱曰皇伯母。獻皇帝主，別立禰室，不入太廟。尊尊親親，兩不悖矣。」議上，從之。乃改稱孝宗爲皇伯考，昭聖爲皇伯母。祭告天地宗廟，布詔天下。安陸松陵，帝既改名顯陵等諸陵矣。及大禮既定，百戶隨全請改遷顯陵。下工部議。尙書趙璜等上言：「太祖不遷皇陵，太宗不遷孝陵，願以爲法。」帝命禮臣會多官集議，尙書席書等會公、侯、九卿諸廷臣上言：「乞治全罪。」帝曰：「先陵遠在安陸，朕瞻仰哀切，其再議之。」書與璁、萼等復上言：「舉大事當順人心。今多官皆曰：『帝魄不可輕動，地靈不可輕洩。』臣等敢不盡言。」帝乃罷議，命顯陵祭如七陵。

十二月，評事韋商臣上言：「臣以廷平庶獄爲職。臣自今年七月授官以來，見以大禮伏闕，觸犯聖怒，大臣改任者，何孟春一人；編戍者，學士豐熙等八人；決杖死者，編修王思等十有七人；以忤使臣而逮繫者，副使劉秉鑑、知府羅玉等若干人；以織造抗使臣逮繫者，布政使馬卿、知府查仲道等若干人；以失儀下獄者，御史葉奇、主事蔡乾等五人；以京堂官爲所屬訐奏下獄者，御史任洛、副使任忠等二人。此皆國家大獄，上干天象，下駭民俗，所關甚鉅者也。臣不敢愛死，惟陛下大奮明斷，將諸臣錄復其官，及其子孫，庶不失欽恤之意。」疏入，調外。巡撫江西都御史陳洪謨亦言之，留中不報。

四年（乙酉，一五二五）春三月，詔修獻皇帝實錄。

夏四月，光祿寺丞何淵請立世室，崇祀皇考於太廟。帝命禮部集議，尚書席書等上議：「王制：『天子七廟，三昭三穆。』周以文、武有大功德，乃立世室與后稷廟，皆百世不遷。我太祖立四親廟，德祖居北，後改同堂異室。議祧則以太祖擬文世室，太宗擬武世室。今獻皇帝以藩王追崇帝號，何淵乃欲比之太祖、太宗，立世室於太廟，甚無據。」不報。張璁、桂萼俱言不可。璁曰：「臣與廷臣抗論之初，卽曰：『當改爲獻皇帝，立廟京師。』又曰：『別立禰廟，不干正統。』此非臣一人之私，天下萬世之公議也。今淵乃以獻皇帝爲自出之帝，比周文、武，不經甚矣。上干九廟之威監，下駭四海之人心，臣不敢不爲皇上言之。昔漢哀帝尊定陶共王爲共皇，立廟京師，比孝元帝，至今非之。今淵請入獻皇帝於太廟，不知序於武宗之上與？武宗之下與？昔人謂孝子之心無窮，分則有限。得爲而不爲與不得爲而爲之，均爲不孝。別立禰廟，禮之得爲者也。此臣昧死勸皇上爲之；入於太廟，禮之不得爲者也。此臣昧死勸皇上勿爲。」席書會羣臣復上議爭之。大學士費宏、石珤、賈詠，尚書廖紀、秦金及九卿、臺諫官，各上疏力爭，俱不報。璁、萼乃謂書曰：「觀德殿規制未備，宜聖心未慊也。須別立廟，不干太廟。尊尊親親，並行不悖。」書等遂上議：「宜於皇城內擇地，別立禰廟，不與太廟並列，祭用次日。尊尊親親，庶爲兩全。」從之。

六月，作世廟。初，席書上廟議有曰：「親盡之期，與孝廟同。」帝問其故，書對曰：「我朝德祖比后稷，太祖、太宗比文、武，皆百世不遷。懿祖以下，隨世而祧。獻皇帝與孝宗同世，親盡同祧。」帝曰：「別廟不與祖宗序列，他日奉祧，藏於何所？何以伸朕世享之情？其再議之。」書上言：「宜藏主寢殿，歲暮出祭，如太廟儀。」帝曰：「皇考生朕一人，入繼大統。今特立廟，世世不遷，伸朕孝思。」乃命工部相地，於太廟左環碧殿旁立廟。前殿後寢，一如太廟，而微殺其制。路由闕左門入。已而命定廟名曰世廟。禮科給事中楊言等上疏，乞罷世室，略曰：「祖宗身有天下，大宗也，君也。獻皇帝舊爲藩臣，小宗也，臣也。以臣並君，亂天下大分。以小宗並大宗，干天下大統，無一可者。」不聽。

十二月，席書上大禮集議，帝命頒賜藩府及中外羣臣，仍令各省刊布以傳。

五年（丙戌，一五二六）夏六月，獻皇帝實錄成。

秋七月，帝以觀德殿在奉慈殿後，地勢迫隘，欲啓建於奉先殿左。工部尚書趙璜言：「移觀德殿於奉先殿左，必與奉慈殿對峙。孝肅太皇太后，獻皇帝之祖母，孝惠皇太后，又聖母也。廟出其左，恐神靈有所不安。」席書亦言：「世廟之建，民勞踰年。今甫告成，力亦當節。」帝復諭大學士費宏等曰：「遷觀德殿與奉慈殿無預，卿等勿蹈前日之誤。」宏等乃乞敕禮、工二部卜日營度，給事中張嵩、衞道，御史郭希愈、陳察等各上言：「災異非常，乞仍舊以寬民力。」不報。丁丑，世廟成，帝自觀德殿奉獻皇帝主於世廟。復自武英殿迎獻皇帝神位於觀德殿。禮成，羣臣表賀，撰世廟樂章。

九月，帝奉章聖皇太后謁見世廟。先是，帝諭輔臣曰：「聖母欲謁世廟，卿謂何如？」費宏、楊一清曰：「國初禮制，皇后謁太廟。永樂時，改謁奉先殿，無至太廟者。」帝以問璁、萼，對曰：「唐開元禮有皇后廟見之儀。國初，皇后謁太廟，內外命婦陪侍。永樂止謁奉先。皆當時禮官失考，非祖制也。皇太后中宮，宜先見太廟，以補前禮之闕；次謁世廟，以成今禮之全。」宏、一清曰：「璁、萼所引開元禮，不可爲法。國初禮文未定，二臣欲復廟見，是彰祖宗之闕也，不可。」席書、劉龍曰：「高皇帝準古廟見禮，爲大婚册后之制，未及施行。復定册后，止謁奉先殿。璁、萼所引，俱大婚禮。今世廟告成，是大祭禮，不可附會。章聖皇太后宜於奉主之後，祗謁觀德殿，則祖宗法守之益堅矣。」璁、萼曰：「周天子宗廟之祭，王服袞冕而入，立東序；后服副褘而入，立西序。九獻各四拜，是天子與后共承宗廟也。皇上毅然舉行，以復古禮，未爲不可。」因自具儀以上，席書等不能難。大學士石珤上言：「祖宗家法，凡后妃入宮，未有無故復出者。太廟尊嚴，乃天子對越之所，非時享祫祭，亦未輕出入，而況后妃乎？漢、唐之季，事不師古，女禍時作，其患不可勝言，可不慮哉！」帝怒，切責之。席書等乃上請「聖母謁廟，必得上同行，以主斯禮」。從之。

禮部議：「祭世廟用太廟次日。」太常寺謂：「時享太廟及觀德殿，先三日齋戒，先一日視牲。今祭用次日，則齋戒、視牲日各不同。且歲暮之際，難於次日舉行。」禮部復請「歲暮權與太廟同日」。帝曰：「俱用同日次第舉行。」

六年（丁亥，一五二七）春正月，諭修典禮全書。張璁纂要略二卷以進，上言：「此禮之失，非今日也，自漢、宋諸君失之；此禮之爭，非今日也，自漢、宋諸臣爭之。故皇上之改，改漢、宋諸君也；臣等之爭，爭漢、宋諸臣也。昔唐有開元禮，宋有開寶禮，所載皆儀文制度而已。今宜如通鑑凡例，以年月日爲綱。事關大禮者必書，備載聖裁。乃輯爲要略以獻。」帝命付史館纂述。

費宏等定議世廟樂舞，止用文舞隨堂。何淵上言：「世廟樂舞未備。」下禮部集議，侍郎劉龍等議：「宜仍舊。」帝諭輔臣再議，大學士楊一淸、賈詠、翟鑾上言：「漢高帝以武功定天下，故奏武德文治舞。惠、文二帝不尙武功，故止用文治昭德。世廟止用文舞，亦此意也，不爲缺典。」張璁獨上言：「王制有曰：『祭用生者。』皇上身爲天子，尊獻皇爲天子父，宜以天子禮樂祀之，缺一不可。且天子八佾，爲人六十有四；諸侯六佾，爲人三十有六。

國朝太廟文武佾各八，計百有二十八人。王國宗廟，文武佾各六，計七十有二人。獻皇在藩時，固用七十有二人，今乃六十有四，可乎？以天子父不得享天子禮樂，何以式四方、法萬世？」帝從之。

七年（戊子，一五二八）夏六月，明倫大典成，加張璁少傅兼太子太傅、吏部尚書、謹身殿大學士。追奪議禮諸臣官，敕曰：「大學士楊廷和謬主濮議。尚書毛澄不能執經據禮。蔣冕、毛紀轉相附和。林俊著論迎合。喬宇爲六卿之首，乃與九卿等官，交章妄執。汪俊繼爲禮部，仍主邪議。吏部郎中夏良勝，脅持庶官，望遂邪志。何孟春以侍郎掌吏部，鼓舞朝臣，伏闕喧呼。朕不欲已甚，姑從輕處：楊廷和爲罪之魁，以定策國老自居，門生天子視朕，法當戮市，特寬宥削籍爲民。毛澄、林俊俱已病故，各奪其生前官職。蔣冕、毛紀、喬宇、汪俊俱已致仕，各奪職閑住。何孟春情犯特重，夏良勝釀禍獨深，俱發原籍爲民。其餘兩京翰林、科、道部屬，大小衙門各官，附名入奏，或被人代署而已不與聞者，俱從寬不究。其先已正法典或編戍爲民者不問。爾禮部揭示承天門下，俾在外者咸自警省。」

秋七月，加上皇考、聖母尊號，皇考爲恭睿淵仁寬穆純聖獻皇帝，聖母爲章聖慈仁皇太后。詔告天下。

八年（己丑，一五二九）十月朔，日食。刑部員外郎邵經邦上言：「詩十月之交，刺無良也。

意者陛下以議禮之故，亟用張璁。皇父專權，致召天變，則所議者不爲公禮矣。可守也，亦可變也；可成也，亦可毁也。」疏入，帝怒其疏末有引用茅焦語，謫鎮海衞，與楊愼等永遠不宥。死戍所。

十五年（丙申，一五三六）冬十月，更世廟爲獻皇帝廟。帝諭禮部尚書夏言曰：「朕思皇考廟名，似大不安。太宗百世不遷，故名世室。恐皇考亦敦讓太宗，宜別擬議。且『世』字，來者或用作宗號，今施於皇考，徒擁虛名。可會郭勳、李時議之。」既而又諭曰：「皇考廟止稱獻皇帝廟，庶別宗稱，以見推尊之意。」於是夏言上言：「禮惟有功德者，別立廟祀，百世不遷，名之曰『世』，周之文、武，世室是也。皇考獻皇帝雖篤生皇上，比跡契、稷。而前有文皇，既稱太宗，義當尊讓；後有聖帝，必爲世宗，理宜虛竢。今欽定獻皇帝廟，庶幾明祀正，而公議定。」帝從之，命以所議付史館。

十二月，九廟成，獻皇帝廟止修時祀，以避豐禰之嫌。

十七年（戊戌，一五三八）五月，議集明堂秋饗禮。先是，皇考獻皇帝止舉時祀，不祀太廟。於是揚州府同知致仕豐坊上言：「孝莫大於嚴父，嚴父莫大於配天。宜建明堂，尊皇考爲宗，以配上帝。又天下郡邑，宜各立明堂，歲時祝拜君上，以尊朝廷。勿寄位釋宮，褻體統。」下禮部議。坊，熙子也。尚書嚴嵩上言：「諸儒論禮不一。臣惟明堂、圜丘皆以事天地。今大祀殿在圜丘之北，正應古之方位。明堂秋饗之禮，卽此可行，不必更建。至於侑饗之禮，傳以爲萬物成形於秋，故秋祀明堂，以父配之。自漢武迨唐、宋諸君，莫不皆然，主親親也。至於錢公輔、司馬光、孫抃、程、朱諸賢所論，主祖宗之功德。今以功德則宜配文皇；以親則宜配獻皇。第揆以嚴父之旨，以皇考而不得配，陛下庸有所弗寧矣。至於稱宗之禮，則未有帝宗而不祔太廟者。臣不敢妄議，以負陛下，惟聖明裁擇。」帝以示夏言，言不敢議。帝曰：「明堂秋饗，宜於奉天殿行之，其配享皇考稱宗，不爲過情，何在爲不宜也。」復命集議。戶部侍郎唐胄疏爭之，曰：「三代之禮，莫備於周。郊祀后稷以配天，宗祀文王於明堂以配帝。未聞成王以嚴父之故，廢文王配天之祭，移於武王也。皇上嗣統之初，廷臣執爲人後之說，於是力正大倫者，惟張孚敬、席書諸臣。及何淵有建廟之議，陛下嘉答諸臣，亦云：『朕奉天法祖，豈敢有干太廟！』顧今日乃惑於豐坊耶？臣謂明堂之禮，誠不可廢。惟當奉太宗配，於禮爲宜。若獻皇帝得聖人爲之子，不待稱宗議配，而專廟之享，百世不遷矣。」疏入，上大怒，下胄錦衣獄，出爲民。尙書嵩乃上言：「考秋饗成物之旨，嚴父配天之文，皇考侑饗，允合周道。」帝嘉納之。

秋七月，議祔皇考於太廟。初，帝因嚴嵩請，旣敕禮部議，又諭嵩曰：「太宗靖難，功與開創同，當稱祖以別之。」嵩遂上議曰：「古者父子異昭穆，兄弟同世次。殷有四君一世而同廟，不係父子故也。晉則十一室而六世，唐則十一室而九世。宋眞宗詔議太廟禮，學士宋湜議以太祖、太宗合祭同位。其後禘祫圖，又以太祖、太宗同居昭位，皆古事之可據者。皇考親孝宗弟，臣謂宜奉皇考於孝宗之廟。我太祖即位，仁祖雖自布衣，必饗天子之祀。皇考顧獨闕焉，聖心必有所不安。」又曰：「古禮：宗，無定數；祖，非有功者不得稱。漢世稱祖者二：高祖，世祖。光武再造漢室，故無二祖之嫌。我文皇定鼎持危，功莫大焉。尊稱爲祖，聖見允宜。」嵩奏出，羣臣翕然無異議。時張孚敬死已六年矣。

九月辛巳，奉太宗文皇帝爲成祖，皇考獻皇帝爲睿宗。癸未，祔皇考於太廟。辛卯，大饗上帝於玄極殿，奉睿宗配享。

二十年（辛丑，一五四一）夏四月辛酉，九廟災。時久暘不雨，是日初昏，陰雨驟至，大雷雹以風。忽震火起仁廟，烈風噓之。須臾，燬其主，延及成祖主，亦燬，遂及太祖昭穆羣廟，惟獻廟獨存。

二十四年（乙巳，一五四五）秋七月，太廟成，布詔天下。

穆宗隆慶元年（丁卯，一五六七）春三月，禮科左給事中王治上言：「獻皇帝入廟稱宗，在今日猶有當議者。蓋獻皇雖貴爲天子之父，實未嘗南面臨天下，而今乃與祖宗諸宗、諸帝並列；雖親爲武宗之叔父，然嘗北面武宗，而今乃設位於武宗之右。揆之古典，終爲未合。

故先帝於獻皇帝祔廟之後，世廟之享，猶不忘設。是先帝之心，亦自有不安者。臣以爲獻皇祔太廟，千萬歲後，不免遞遷；若專祀世廟，則億萬世不改。惟陛下下廷臣議求至當，以妥獻皇之靈，以光先帝大孝。」章下所司，格不行。

谷應泰曰：孝宗仁聖，麟趾不蕃。武廟盤游，前星失耀。再世衰微，古今至變也。當是時，重繼嗣者私恩，重承統者大義。而世宗以臣紹君，以弟承兄。敷天臣民，誰忍孝宗之嗣一傳卒斬者？既已斬焉，則忠臣義士不能復續，求其同氣之近者立之，統在嗣亦在矣。所以武宗遺詔，不敢子視世廟也。既已兄稱武廟，因欲併考孝宗，則孝以無孫反因得子，於義爲誣；稱子逼武，二統嫌孝，於理亦礙。況父子至親，豈可隔世軼代，妄相附屬？比之定陶、濮王生視寢膳，死視歛含，曾有鞠養之恩，蚤定父子之分者，迥相刺也。既不考孝，即考興獻，天下有無父之人乎？漢宣不皇其父，未嘗不考皇孫；光武不皇其父，未嘗不考南頓。既考興獻，即當皇興獻，天下有子爲天子，父爲列侯者乎？據稱兵逆父，遂不敢皇，猶之舜不王瞍，禹不王鯀也。興獻以肇胤啓聖，儼然皇焉。亦猶之周王王季，周王文王也。湯不王商癸，而周王王季；光武不王南頓，而世宗王興獻。踵事增華，禮以義起，孝子之至也。所疑者，考興獻，則疑於無孝宗；皇興獻，則疑於躋武宗。憑几彌留，奉迓入繼，不能得世宗而延其嗣，反欲召興獻而亂其統，此舉朝所以沸騰，百官所以號泣也。

不知太廟者，承統之地，皇而不廟者有異；稱宗者，繼統之名，皇而不宗者亦殊。懿文太子亦得爲康皇帝，英宗斥郕王，然亦稱景泰帝。不入廟，則地不逼；不稱宗，則名不嫌。親近則尊，親盡則祧。辟之遙除之官，追贈之號。曲體罔極之私情，無預朝廷之名器。乃世宗尊爲天子，必欲使之不王其父；興獻爲天子父，必欲與之共臣其子，此則議禮諸臣之過也。至於觀德殿足矣，必欲遷近太廟，與之同門；獻皇帝足矣，必欲削去「興獻」，崇加徽號。見太后於世廟，著獻皇之實錄，折衷禮經，毋乃不倫。興國皇太后聖旦，則宴賚有加；昭聖皇太后千秋，即傳免朝賀。傳聞乖異，存歿傷心。卒之不加宗，不入廟，殺徽稱，止遷葬，則亦璁、萼有功於存統也。

若夫廷和等之伏闕呼號，甚於牽裾折檻；世宗之疾威杖戍，竟同元祐黨人。大禮未成，大獄已起，君臣交失，君子譏焉。而廷和戮及身後，楊慎謫死貶所。濮議諸臣，旋蒙賜環；興國之獄，無復金雞。此則世宗乏錫類之仁，亦璁、萼諸人無休休之量也。至於豐坊倡議，嚴嵩附和，嚴父之說興，睿宗之號進。孝宗幾疑逼宮，武廟嫌躋新鬼，以明察始，以豐禰終。蓋豐坊固子政之劉歆，分宜實議禮之林甫，善作者不必善成。惜乎！不令張孚敬見也。

明史紀事本末卷之五十一

更定祀典

世宗嘉靖九年（庚寅，一五三〇）二月，給事中夏言請更郊祀。洪武初，中書省臣李善長等進郊社宗廟議：「分祭天地於南北郊，冬至則祀昊天上帝於圜丘，以大明、夜明星、太歲從；夏至則祀地於方澤，以五嶽、五鎮、四海、四瀆從。德祖而下四代各爲廟，廟南向，以四時孟月及歲除凡五享。孟春特祭於各廟，孟夏、孟秋、孟冬、歲除則合祭於高祖廟。祀社稷以春秋二仲月上戊日。」太祖從之。行之十年，水旱不時，多災異。太祖曰：「天地猶父母也，泥其文而情不安，不可謂禮。」乃以冬至合祀天地於奉天殿，列朝仍之。至是，給事中夏言上言：「古者祀天於圜丘，祭地於方澤。是故兆於南郊，就陽之義；瘞於北郊，即陰之象。凡以順天地之性，審陰陽之位也。豈有崇樹棟宇，擬之人道者哉！至於一祖二宗之配享，諸壇之從事，不於二至而於孟春，稽之古禮，俱當有辨。因引程、朱之論，以駁合祀之不經。」疏入，上方以大禮恚羣臣，將大有更易，得之甚悅。賜言四品服織幣，以旌其忠。

夏四月，廷臣集議郊祀典禮。先是，夏言疏見納，詹事霍韜嫉之，上言「分郊爲紊朝政、亂祖制」。帝置不問。韜復爲書遺言，甚言「祖宗定制不可變。周禮爲王莽僞書，宋儒議論皆爲夢語。東西郊之説起，自是而九廟亦可更矣」。言飛章幷其書上之，帝怒，下韜獄。於是中允廖道南上疏，雜引周禮、漢志、唐六典諸書，以明我朝郊廟之禮，皆所當議。其略曰：「我太祖高皇帝初年建圜丘鍾山之陽，方丘鍾山之陰，分祀天地。至十年，感齋居陰雨之應，覽京房災異之説，始命卽舊址爲壇，行合祀。夫前之分祀，酌萬世帝王之道，禮本太始者也；後之合祀，感一時災異之應，禮緣人情者也。太宗遷都，當時未有建白，以復古制者，禮樂百年而後興，詎不信哉？至於宗廟之制，國初立四親廟，德祖居中，懿、熙、仁祖次分左右。昭穆有定位，禘祫有定時，視商、周七廟、九廟，其揆一也。九年十月，改建太廟，乃比漢人同堂異室之制。時享歲祫，則設累朝衣冠於神座而祀之。於是始以功臣配享矣，恐非古先聖王尊尊親親之道也。周禮大宗伯：『兆日於東郊，兆月於西郊。』我聖祖亦有朝日、夕月之禮，有其舉之，莫敢廢也。且今之大祀殿，正倣古明堂之制。宜法聖祖初制，兆圜丘於南郊以祀天，兆方丘於北郊以祀地。尊聖祖配享，以法周人尊后稷之意。而又宗祀太祖、太宗於大祀殿，以法周人宗祀文王於明堂之禮；兆大明於東郊，兆夜明於西郊，以法周人朝日、夕月之禮。增太廟大禘之祭，正太祖南向之位，移功臣於兩廡。庶尊尊有殺，親親有等，而古典復。」疏入，下禮臣議，贊善蔡昻，修撰倫以訓、姚淶，祭酒許詔，學士張潮，編修歐陽德，給事中陳侃、趙廷瑞，御史陳講、譚纘皆以合祀爲宜，而洙言猶切。夏言復疏，申明祀享之議，曰：「周人以后稷配天於郊，以文王配帝於明堂。欲尊文王而不敢以配天者，避稷也。今宜奉太祖配天於圜丘，所以尊太祖；奉太宗配上帝於大祀殿，所以尊太宗。」於是復會羣臣集議。右都御史汪鋐、編修程文德、給事中孫應奎、御史李循義等八十二人皆主分祀。大學士張璁、董玘、聞淵等八十四人亦主分祀，而謂成憲不可輕改，時詘不可更作。尙書李瓚、編修王教、給事中魏良弼、御史傅炯、行人秦鼇、柯喬等二十六人亦主分祀，而欲以山川壇爲方丘。尙書方獻夫、李承勳，詹事霍韜、魏校，編修徐階，郎中李默、王道二百六人皆主合祀，而不以分祀爲非。英國公張崙等一百九十八人無所可否。帝命再議。於是張璁雜引五經及諸史言郊祀者，條析合祀之非，明分祀之是，名曰郊祀考議，上之。又疏言：「太祖、太宗分配未當。」帝然其郊議，疏言不報。尙書方獻夫、詹事霍韜亦上言，前主合祀非是。帝不問，尋復韜職。

五月，初建四郊，羣臣議上，帝曰：「分祀良是。」乃命建圜丘於南郊，其北爲皇穹宇；建方丘於北郊，其南爲皇祇室；作朝日壇於東郊；夕月壇於西郊。

秋七月，罷姚廣孝配享太廟，移祀於大興隆寺，從禮部尙書李時之請也。

罷列代帝王南郊從祀及南京廟祭，命立帝王廟於京師。

初立文華殿聖師之祭，奉皇帝伏羲氏、神農氏、軒轅氏、帝師陶唐氏、有虞氏、王師夏禹王、商湯王、周文王、武王南向，左先聖周公，右先師孔子，東西向。凡歲，春秋開講先期一日，皇帝皮弁服，拜跪行奠禮。

冬十月，正孔子祀典，易木主及釐正從祀諸賢。

洪武初，司業宋濂上孔子廟堂議，略曰：「世之言禮者，皆出於孔子。不以禮祀孔子，褻祀也。古者，主人西向，几筵在西也。漢章帝幸魯祠孔子，帝西向再拜。開元禮：『先聖東向，先師南向，三獻官西向。』猶古意也。今襲開元二十七年之制，遷神南面，非神道尚右之意矣。古者，木主棲神，天子、諸侯廟皆有主。大夫束帛，士結茅爲菆，無像設之事。今因開元八年之制，摶土而肖像焉，失神而明之之義矣。古者，灌鬯焫蕭，求神於陰陽也。今用熏薌代之，非簡乎？古者，郊廟祭饗，皆設庭燎，示嚴敬也。今以秉炬當之，非瀆乎？古之道，有德者使敎焉，死則以爲樂祖，祭於瞽宗，謂之先師。若漢，禮有高堂生，樂有制氏，詩有毛氏，書有伏生也。凡始立學者，必釋奠於先聖、先師，非其師弗學，非其學弗祭。開元禮：『國學祀先聖孔子，以顏子等七十二賢配。諸州惟配顏子。』今以荀況之言性惡，揚雄之事王莽，王弼之宗老、莊，賈逵之忽細行，杜預之建短喪，馬融之附世家，亦廁其中，吾不知其何說也。古者，立學以明倫，子雖齊聖，不先父食。今回、參、伋坐饗堂上，而其父列食於廡間，吾不知其何說也。古者，士見師以菜爲贄，故始入學者必釋菜，以禮其先師，其學官時祭，皆釋奠。今專用春、秋，非矣。釋奠有樂無聲，釋菜無樂，是二釋之輕重，以樂之有無也。今襲用漢、魏律，所制大成樂，乃先儒所謂亂世之音，可乎？古者，釋奠、釋菜，名義雖存，而儀注皆不可考。開元禮彷彿儀禮饋食篇節文爲詳，所謂三獻，獻後各飲福，即尸酢主人、主婦及賓之義也。今憚其煩，惟初獻得行之，可乎？他如廟制之非宜，冕服之無章，器用雜乎雅俗，升降昧乎左右，更僕不可盡。昔者，建安熊氏欲以伏羲爲道統之宗，神農、黃帝、堯、舜、禹、湯、文、武次而列焉。皋陶、伊尹、太公、周公暨稷、契、夷、益、傅說、箕子皆天子公卿之師，式宜秩祀天子之學。若孔子，實兼祖述憲章之任，其爲通祀，則自天子下達。苟如其言，則道統益尊，三皇不淪於醫師，太公不辱於武夫矣。昔周立四代之學，學有先聖，虞庠以舜，夏學以禹，殷學以湯，東膠以文王。復取當時左右贊成其德業者，爲之先師，以配享焉。此天子立學之法也。」上不喜，謫濂安遠知縣，不果用。

天順間，林鶚知蘇州。時蘇學廟像，歲久剝落。或欲加以修飾，鶚曰：「塑像，非古也。我太祖於太學易以木主。彼未壞者，猶當毀之。幸遇其壞，易以木主，有何不可。」或以毀聖像疑之，鶚曰：「此土耳，豈聖賢耶！孔子生佛教未入中國之前，烏識所謂像哉？」於是併易從祀諸賢，皆爲木主，然其他郡縣如故也。至是，上因纂祀典議成，諭大學士張璁，「凡雲雨風雷之祀，以及先聖先師祀典，俱當以敍纂入。」璁因奏：「孔子祀典，自唐、宋以來，未有得其正者。臣謹採今昔儒臣議，上聖明垂覽，以爲百世永遵之典。一、謚號。漢平帝元年，初追謚孔子曰褒成宣聖公，唐玄宗追謚爲文宣王，元武宗加大成至聖文宣王。（宋）〔元〕（據元史卷一七四姚燧傳訂正）姚燧曰：『孔子卒，哀公誄之，子貢以爲非禮。平帝始封謚，蓋新莽以文其奸也。』國初，大學士吳沈孔子封王辨曰：『後世之禮，有甚似而實非者。春秋，列國僭王則黜之。夫子，人臣也。生非王爵，死而謚之，可乎？書曰：「天降下民，作之君，作之師。」師也者，君之所不得而臣者也。故曰：「詔於天子無北面。」所以尊師也。彼以王爵之貴，而隆於稱師者，習俗之見也。』布政夏寅曰：『唐玄宗開元既尊老子爲玄元皇帝，尊太公爲武成王，則追謚孔子不得而缺。豈可以李林甫不學無術之謬，制爲萬世程乎？』祭酒丘濬曰：『自漢平帝追謚孔子爲宣尼公，至開元加以「文」。文者，經天緯地者也。若夫「宣」之爲言，謚法之美，不過聖善周聞而已，何足爲聖人輕重哉？』又曰：『自古謚號，未聞有喩言者。「大成」之言，出於孟子，成者，樂之一終也。加此於至聖文宣王之上，於聖德無謂也。』一、章服。唐玄宗開元間，詔追謚文宣王，仍出王者袞冕之服以衣之。宋眞宗祥符間，加先聖冕服桓圭一，從上公之禮，冕九旒，服九章。徽宗崇寧間，始詔冕用十二旒，袞服九章。金世宗大定間，大成殿聖像冠十二旒，服十二章。朱熹曰：「宣聖之設像，非古也。」洪武間，創南京太學，止用神主不設像。今國子監有設像者，仍元之舊也。丘濬曰：『塑像之設，自佛教入中國始。』李元瓘言：『顏子立侍。』則像在唐前已有之矣。嗚呼！姚燧有言：『北史：敢有造泥人、銅人者，門誅。』則泥人固非祀聖人法也。後世化其道而爲之長短豐瘠，郡異縣殊，非神而明之之道也。一、籩豆樂舞。唐開元間，詔祀先聖，樂用九宮，舞用八佾。宋徽宗大觀間，賜禮器一副，內籩十冪全，豆十蓋全。國朝成化十三年，用禮部尚書周洪謨議，詔增六佾爲八佾，加籩豆爲十二，祭酒章懋及夏寅皆非之。以爲十二籩豆、八佾，惟太學可行，天子所自祭也。郡縣皆行之，祭禮僭矣。夫孔子不觀魯僭王之禮，寧自蹈非禮之祀哉！一、配享。唐貞觀間，始詔顏回配享。曾參、孔伋，俱宋咸淳間配享。孟軻，元豐間配享。宋洪邁曰：『自唐以來，以顏淵至子夏爲十哲，坐祀廟堂上。其後升顏子配享，則進曾子於堂，居子夏次。然顏子之父路，曾子之父點，乃在廡下從祀之列。子雖齊聖，不先父食，其何以安？』熊禾曰：『宜別設一室，以齊國公叔梁紇居中南面，杞國公顏無由、萊蕪侯曾點、泗水侯孔鯉、邾國公孟孫氏侑食西嚮。』弘治時，謝鐸、程敏政俱是之。敏政又以程子之父珦、朱子之父松請。珦不附王安石新法，松不附秦檜和議，其歷官行己足述也。一、從祀。程敏政疏曰：『唐貞觀三十一年，始以左丘明等二十七人從祀孔子廟庭，而并及馬融等。臣考列代正史，馬融初應鄧隲之召爲祕書，歷官南郡太守，以貪濁免，髡徙朔方。

又爲梁冀草奏殺李固，作西第頌美之。劉向初以獻賦進，喜誦神仙方術。嘗上言黃金可成，鑄作不驗，下吏當死。所著洪範五行傳，流爲陰陽術家之小技。賈逵以獻頌爲郎，附會圖讖，致通顯，不修小節，蓋左道亂正之人也。王弼、何晏倡清談，所註易，專祖老、莊。而范甯追究晉室之亂，以爲王、何之罪，深於桀、紂。何休則止有春秋解詁一書，黜周王魯，又註風角等書，班之於孝經、論語，蓋異端邪說之流也。戴聖爲九江守，多不法，何武劾之而免。及爲博士，毀武於朝。子賓客爲盜繫獄，武平心決之，得不死，則又造武謝。王肅仕魏封蘭陵侯，乃以女適司馬昭。又爲司馬師畫策討文欽、毋丘儉，濟其惡。杜預守襄陽，數餽遺洛中貴要。伐吳，因斫癭之議，盡殺江陵人。以吏則不廉，以將則不義。凡此諸人，皆當罷黜。而議者謂能守其遺經，轉相授受。臣竊以爲不然。夫守其遺經，若左丘明、公羊高、穀梁赤之於春秋，伏勝、孔安國之於書，毛萇之於詩，高堂生之於儀禮，后蒼之於禮記，杜子春之於周禮，可以當之。融等不過訓詁釋章句而已。至於鄭衆、盧植、鄭玄、服虔、范甯五人，雖若無過，然所行未能窺聖門，所著未能明聖學也。臣愚，乞罷戴聖等八人祀，鄭衆等五人祀於鄉。后蒼在漢初說禮數萬言，號后氏曲臺禮，禮記賴以傳。乞加封爵與左丘明等。至孔子弟子見於家語者，顏回而下六十六人。而司馬遷史記所載，多公伯寮、秦冉、顏何三人；文翁成都廟所畫，多蘧瑗、林放、申根三人。臣考宋邢昺論語註疏，申根，孔子弟子，在家語作「申續」，史記作「申黨」，其實一也。今朝廷從祀，申根，封文登侯，在東廡；申黨，封淄川侯在西廡，甚無謂。且公伯寮乃聖門之蟊螣，而孔子稱瑗爲夫子。家語、史記，林放俱不在弟子之列。秦冉、顏何，疑亦字畫相近之誤。臣愚以爲：申根、申黨位號，宜存其一；公伯寮等五人，宜罷其祀；而瑗、放者，各祀於其鄉。又洪武三十九年，行人司副楊砥請黜揚雄，進董仲舒。高皇帝納其言，行之。然荀況、揚雄，實相伯仲，而況以性爲惡，以禮爲僞，以子思、孟子爲亂天下，宜幷況黜之。其尚可議者：則隋之王通、宋之胡瑗也。先儒以通爲僭經，而瑗亦少論著。程子曰：「王通，隱德君子也。」其粹處，殆非荀、揚所及。朱子小學書，亦備載瑗事。以爲自秦、漢以來，師道之立，未有過瑗者。亦宜加封爵，使得從祀學宮。』臣按：敏政所奏，率多正論可採，而弘治初，禮官沮格不行。同時，謝鐸請祀楊時，罷吳澄。舉人桂萼亦請祀蔡元定，以爲律呂、大衍諸書，俱有功於性理。又授其子皇極範數，此亦衆論之公也。臣又按：歐陽修所著本論，有翊道之功。蘇軾曰：『自漢以來，道術不出孔子。五百餘年而得韓愈，愈之後三百餘年而得歐陽子。』夫韓愈旣已從祀，歐陽修豈可缺哉！」疏入，上命禮部會翰林諸臣議，編修徐階上言：「天子王祀孔子，承襲已久。一旦不王，衆人愚昧，將妄加臆度，以爲陛下奪孔子王爵，易惑難曉。且天子像祀孔子，衮冕章服，顯然王度，苟去王號，勢必撤毀。臣聞愛其人者，杖履猶加珍惜，況先聖之遺像乎！國家廟祀孔子，宮牆之制，下天子一等。樂舞籩豆，與天子同。今八佾、十籩，蓋猶諸侯之禮。苟去王號，將復司寇之舊。夷宮殺樂，以應禮文，恐妨太祖之初制矣。」帝覽疏，不懌，出階爲延平府推官。帝乃自著正孔子祀典說，頒賜羣臣。璁復爲孔子祀典或問上之，上嘉焉，衆議乃定。於是改大成至聖文宣王爲至聖先師孔子。其配享四子，仍稱復聖、宗聖、述聖、亞聖。從祀弟子稱先賢，左丘明以下稱先儒，俱罷公、侯、伯爵，撤像題主祀之。申棖、申黨二人，存棖去黨。罷公伯寮、秦冉、顏何、荀況、戴聖、劉向、賈逵、馬融、何休、王肅、王弼、杜預、吳澄十三人。林放、蘧瑗、鄭玄、盧植、鄭衆、服虔、范甯祀於其鄉。進后蒼、王通、胡瑗、歐陽修。又以行人薛侃議，併進陸九淵從祀，而別祀啓聖公叔梁紇，以顏無由、曾點、孔鯉、孟孫氏、程珦、朱松、蔡元定從祀焉。改稱大成殿爲先師廟。

十一月己酉，初有事於南郊。先是，上命製圜丘祀器，金爐、玉爵、錦幕、圭璧及鐘、磬、賁鼓諸樂器。既成，陳於文華殿，召大學士張璁閱視。是日，帝親祀於圜丘，奉太祖西向配，各騂犢一，用璧三，獻九，奏樂，舞用八佾。從祀四：大明、夜明各騂牛一，恆星、五曜、羣星及雲、雨、風、雷師各牛一、羊一、豕一。明日，布詔天下，頒恩錫於庶官，布寬恤於小民。

大學士張璁言：「頃者，生員李時颺疏請舉祀郊禖之禮，以祈聖嗣。夫古后稷之生，祈於禖；孔子之生，亦禱於尼山。大雅既醉之詩曰：『公尸嘉告。』曰：『君子萬年，永錫祚胤。』曰：『釐爾女士，從以孫子。』夫公尸之告，皆祖考之錫福也。臣願當茲愼選淑女之時，以廣求嗣續之誠，告於太廟、世廟，以祈祖考之祐，慰聖母之心。」上嘉其請，擇十二月二十四日行禮，夏言充祈嗣醮壇監禮使。

十年（辛卯，一五三一）春正月乙未，特享太廟，正太祖南向位。初，太祖立四親廟，德、懿、熙、仁同宮異廟，各南向。孟春特享於羣廟，三時各祭於德祖廟，序用昭穆。後改建太廟，同堂異室，亦各南向。四孟及歲除俱各祭於中室，仍序昭穆如初，罷特享禮。至英宗升祔，九室悉備。憲宗將祔，用禮官議，祧懿祖。孝宗祔，祧熙祖。武宗祔，祧仁祖。獨德祖不祧。時享，則太祖、太宗以下，俱東西向。至是，帝諭張孚敬曰：「朕欲自今春享，奉太祖居中，太宗而下，各居一室，行特享禮。三時仍聚羣廟於太祖之室，昭穆相向，行時祫禮。季冬中旬，並享太廟，親王、功臣配食兩廡，以存太祖當代之制。歲暮節祭，行於奉先殿。世廟止行四時之享，歲暮祭於崇先殿。庶祭義明而萬世可行也，邪論勿惑。卿會李時議上，或咨夏言以助之。」孚敬唯唯如諭。議聞，帝從之。乃命祠官於廟中設巒如九廟狀，奉太祖南向，羣宗遞遷就室，各南向，特享之。始退德祖於祧殿，不復預時享矣。

祈穀於大祀殿。初，帝以孟春上辛，行祈穀於大祀殿，祭皇天上帝，用騂犢一、蒼玉一、三獻九奏，樂舞八佾，奉太祖、太宗配享。夏言建議：二郊奉太祖配，祈穀奉太宗配。張孚敬以爲不可，留中不下。言又疏請，帝謂羣臣「違君悖禮」。切責之。乃命祈穀，太祖、太宗並配，二郊專奉太祖焉。已而驚蟄，始祈穀。

命議禘祭、大雩、秋報諸禮。帝既正太祖位向，欲復古禘祭。乃命輔臣及禮官集議。已而兼問大雩、秋報諸禮，命五品官亦與議焉。侍讀學士夏言上言：「惟天子有禘，故立始祖之廟。則有世系可考者，十世猶將立之。然則又以何者爲始祖自出之帝，而祀之始祖之廟乎？我祖宗之有天下，以德祖爲始祖，百有六十餘年，尊享太廟之祭。今又定爲大祫，統羣廟之主矣。然則王禘之祭，又可復尊德祖乎？身爲始祖，而又爲始祖之自出，恐無是禮也。三代而下，必欲如夏、商之禘黃帝、帝嚳則無所考。若強求其人，如李唐之祖眀，又非孝子慈孫之所忍爲也。臣愚以爲：宜設先祖虛位，而以太祖配享。蓋太祖始有天下，實始祖也。」疏入，帝深然之。時中允廖道南上言：「皇姓爲顓頊之後，宜禘顓頊。」大學士孚敬曰：「言虛位者失之幻，言顓頊者失之誣，惟禘德祖爲當。」李承勛等皆以爲然。夏言復抗疏折其非是。已而帝竟從言議，定以丙、辛年孟夏行大禘禮於太廟。凡祭，先一日，令中書官書神牌於太廟，曰「皇初始帝」。神南向。太祖配，位西向。帝又欲於奉天殿行秋報禮，中陞行大雩禮。夏言言：「秋報宜於大祀殿，奉文皇帝配。大雩宜於郊兆，傍爲壇，孟夏後雩祭。」帝謂：「孟春上辛，既行祈穀禮。若春夏雨暘以時，則雩祭代攝，否則躬禱。秋報禮姑寢不舉。」

二月庚辰，初朝日。是日春分，初行朝日禮於東郊，太牢一，用玉禮三獻，樂七奏，舞八佾。

三月，建大神殿於南郊。初，南郊撤屋爲壇祭之，奉上帝神牌圜丘上，配以太祖。既祭，而神牌莫知所藏，帝命建大神殿以藏之。帝又念舊存齋宮在圜丘北是踞視圜丘也，欲改建於丘之東南。夏言言：「向者大神殿之建，乃陛下竭誠事天，此制爲可。若更起齋宮圜丘之傍，似於古人埽地之意，未爲允協。且秦、漢以來，並無營室者。質誠尊天，不自封樹，以明謙恭之意。故惟大次之設，爲合古典。陛下前日考據精詳，豈今偶未之思耶？伏望齋宮寢建，以仰答太靈。」帝報可。

建土穀祇、先蠶壇於西苑。初議皇后親蠶於北郊，自夏言首發之。至是，帝召張孚敬、李時詣西苑相地，建土穀壇。乃併建先蠶壇於神壽宮側，而毀北郊蠶室焉。

五月壬子，初有事於北郊。是日夏至，帝祀地於方澤，用騂牛一，黃琮一，三獻九奏，樂舞八佾，太祖西向配，騂牛一。從祀四壇、五嶽及基運翊聖神烈山爲一，五鎭及天壽紀德山爲一，四海四瀆爲二，各太牢一。

八月癸未，初夕月祭於西郊，如朝日禮。

十一年（壬辰，一五三二）夏四月，初營九廟。帝御文華殿東室，召大學士李時、翟鑾，禮部尚書夏言，議復古七廟制。其太廟寢祧，俱存舊弗撤，惟度地分建羣廟，不決而退。廖道南疏請建九廟，併獻大祀禮成感雪賦及御札曾及其名者三。帝悅，下禮臣議。夏言上言：「昔唐、虞五廟，夏后因之。殷、周皆七廟。而祭法王制與劉歆宗說，又各不同。朱熹古今廟制引王制：天子七廟，外爲都宮，內敍昭穆。漢不考古，諸帝異廟異地，不合都宮，不敍昭穆。明帝撙儉自抑，遺命勿別爲廟，遂有同堂異室之制。魏、晉、唐、宋皆然。我太祖初立四親廟，始爲近古。後改建太廟，又用明帝之制。皇上大釐祀典，於廟制不能無疑，形諸翰札召論者屢矣。第太廟南近宮牆，東邇世廟，西阻前廟，地勢有限。垣外隙地，不盈數十丈。若依古制列六廟，卽盡闢其地，猶不能容。欲稍減規制，則太廟嵬然，而羣廟湫隘，於義未安。卽使廟成，皇上冠冕佩玉，循紆曲之途，遍列羣廟而奠獻之，日亦不足矣。議者謂：『羣廟可攝。』皇上仁孝誠敬，可終歲舉祭，止對越太祖，而不一至羣廟乎？丘濬謂：『宜間日祭一廟，自十四日而遍。』此蓋無據而強爲之說也。馬端臨曰：『後世失禮，豈獨廟制。漢儒以來，講究非不詳明，而卒不能復古者，以昭穆難定故也。』蓋昭穆必父子繼世而後可。兄弟相及則紊矣。故東都以來，同堂異室，未可盡非也。」帝曰：「朕於天地百神祀典，俱已釐正。獨太廟之禮，未能復古可乎？今太廟堂寢，俱有定制，不必更移。其昭穆廟次，卽會官相度地勢奏聞。」於是言惶懼謝罪，請「先詣太廟旁，量定地勢，審度方位以聞」，帝從之。乃撤故廟，改建新宮。太祖居中，昭穆各三廟。成祖廟在六廟之上，諸廟合爲都宮。廟各有殿，殿後有寢，藏主太廟。寢後別有祧寢藏祧主。太廟門殿皆南向，羣廟門東西相向，內門殿寢皆南向。

十三年（甲午，一五三四）三月，帝視太學，釋奠先師。帝以孔子改稱「先師」，服皮弁服謁拜。用特牲奠帛行釋奠禮，樂三奏，文舞八佾。從祀及啓聖分奠，用酒脯。已，視學，進諸生橫經布講。仍諭令敦本尙實，勿徒事辭章。

六月，南京太廟災，夏言上言：「京師宗廟，行將復古，而南京太廟遽罹回祿。陛下建德之意，聖祖啓後之靈，不可不默會於昭昭之表也。」帝喜，令亟起新廟，南京太廟不復建，遺址築周垣焉。時祀幷入南京奉先殿，蓋失鎬、洛遺意矣。

十四年（乙未，一五三五）二月，初建九廟。先是，夏言請定七廟額，謂：「陛下復古廟制，正太祖南向位，則太廟之名，實符周典。太宗功德隆赫，特建百世不遷之廟，宜曰文祖世室，在三昭上；仁宗、宣宗各爲昭穆第一廟；英宗、憲宗爲昭穆第二廟；孝宗、武宗爲昭穆第三廟，則萬世不刊之制也。」帝從之。

十五年（丙申，一五三六）二月，纂修祀儀成，自天地日月、神祇、帝王、社稷及禘祫、先師、先農諸祀，悉爲分類成書。首冠祀壇圖制及宸諭詩歌；中書禮儀、禮器、樂舞、樂章；末附諸王表箋、羣臣疏頌。於是侍讀學士廖道南撰禋頌九章以獻。

五月，建慈慶、慈寧宮，黜禁中佛像。時帝欲除去禁中釋殿，以其地奉建慈慶、慈寧二宮，命廷臣議，僉以爲可，帝卽命撤之。召李時、夏言入視大善殿，見金範佛像不下千百，俱命銷毁。其几案懸鍍金函藏貯，尙多佛骨、佛牙諸物。言退上疏，力請焚瘞。帝從之，於是禁中邪穢，迸斥殆盡。

六月，敕祀姜嫄、后稷於武功。

十一月，詔天下臣民得祀始祖，夏言據程頤議爲請也。

十二月，九廟成，詔天下。帝乃定五年一禘，祀皇初祖於太廟，以太祖配。每立春特享祖宗於羣廟，三時合享於太廟。季冬大祫於太廟。皇考獻皇帝止舉時祀。

十七年（戊戌，一五三八）秋九月，奉太宗文皇帝爲成祖，皇考獻皇帝爲睿宗，配上帝。詳大禮議

十一月，薦大號於天，改昊天上帝稱皇天上帝。

二十年（辛丑，一五四一）夏四月辛酉，九廟災。詳大禮議

二十四年（乙巳，一五四五）夏六月，撤元世祖廟祀及其侑饗木華黎等五人，從給事中陳棐議也。

秋七月，太廟成，復同堂異室之制。

穆宗隆慶元年（丁卯，一五六七），禮官言：「先農之祭，即祈穀遺意。今二祀並行於仲春，不無煩數。宜罷祈穀，於先農壇行事。大享禮亦宜罷。」詔可，惟四郊如舊。

谷應泰曰：漢制近古，然禮制缺焉。唐祖李聃，宋祀靈應，禮官式微，愈彰誣褻。明初，宋濂諸臣講禮戎行，頗多釐正。高祖喜簡易，不見採擇，豈禮樂必百年後興歟！後世謹守故府，學士大夫莫敢辨難。世宗自大禮議，慨然有更定制作之思，而諸臣紛紛言祀事矣。

嘉靖九年二月，議郊社禮。冬十月，議孔子禮。十一月，有事南郊。十年春正月，享太廟議祧禮。二月，祈穀議禘，行朝日禮，建土穀、先蠶壇。五月，有事北郊。八月，行夕月禮。十三年四月，視太學，行釋奠禮。十四年二月，建九廟。十七年五月，議明堂秋饗禮。九月，祔獻皇帝，加睿宗，配祀上帝。嗚呼，盛哉！

至尊莫大於天地，至親莫大於祖宗，敎天下莫大於孔子，養天下莫大於土穀。尊天地，故有郊社。郊壇於南，社壇於北，本其氣也。日月風雷、山海嶽瀆隨焉，從其類也。配以太祖，明受命也。秋復饗於玄極殿，報其功也。秋則配於太宗，告成功也。晚易睿宗，昵於私已。親祖宗故有太廟。太廟七，太祖、三昭、三穆也。文世室一，別祀成祖，不敢祧也。立春特享，三時合享，勤時祭也。季冬大祫，萃渙也。五年一禘，設皇初祖主，配於太祖，報本追遠也。德祖祧矣，禘宜用德祖焉。虛設皇初祖位，泥古而誣者也。黜德祖若羣帝然，嫌高帝已。

敎天下，故祀孔子。孔子加封，自漢平帝始也。王拜於帝，僭已。稱先師，禮也。廟祀設像，自唐開元始也。其褻已甚，易木主，禮也。八佾十二豆籩，自宋徽宗始也。祭用生祿，太學仍之，郡國減等，禮也。帝釋奠，舞六佾，謬已。從祀四聖、七十二賢矣，曾點、顏路，退食廡下，子先父食，改附啓聖，禮也。刪申黨，黜公伯寮等十三人，改蘧瑗等七人，進后蒼等五人，考證班班，勿僭勿瀆，禮也。

養天下，故祀土穀。祈穀於大祀殿，用人道也。配以太祖、太宗，有天下之主也。遷蠶室於西苑，申內禁也。土穀壇亦遷焉，非其類已。帝採稽典聞，精思禋祀，進退羣心，斟酌美備，庶幾一代之典，亦十世可知之故也。

明史紀事本末卷之五十二

世宗崇道教

嘉靖元年（壬午，一五二二）春三月，簿錄大能仁寺妖僧齊瑞竹財資及玄明宮佛像，毀括金屑一千餘，悉給商以償宿逋。齊瑞竹，正德間賜玉璽書金印，賞賚無算。至是，從工部侍郎趙璜言也。禮部郎中屠埧發檄，徧查京師諸淫祠，悉拆毀之。

七月，帝漸興寺觀，崇奉諸教。汪珊疏言十漸。其三言：「議復諸不經淫寺觀，非初罷之意。」章下所司。

二年（癸未，一五二三）夏四月，暖殿太監崔文以禱祀誘帝，乾清諸處各建醮，連日夜不絕。又命內監十餘人習經教於宮中，賞賚不貲。大學士楊廷和、九卿喬宇等疏「請斥遠僧道，停罷齋醮」。給事中周瑯、張嵩、張汝、安磐等交章劾文，乞置重典。俱不報。

閏四月，停齋祀。時給事中鄭一鵬上言：「臣巡光祿，見正德十六年以來，宮中自常膳外少有所取。邇者禱祀繁興，制用漸廣。乾清、坤寧諸宮，各建齋醮。西天、西番、漢經諸廠，至於五花宮、西暖閣、東次閣亦各有之。或連日夜，或間日一舉，或一日再舉，經筵俱虛設而無所用矣。傷太平之業，失天下之望，莫此爲甚。臣謂挾此術者，必皆魏彬、張銳之餘黨。曩以欺先帝，使生民塗炭，海內虛耗。先帝已誤，陛下豈容再誤！陛下急誅之遠之可也。伏願改西天廠爲寶訓廠，以貯祖宗御製諸書；西番廠爲古訓廠，以貯五經、子、史諸書；漢經廠爲聽納廠，以貯諸臣奏疏。選內臣謹畏者司其筦鑰，陛下經筵之暇，遊息其中，則壽何以不若堯、舜，治何以不若唐、虞哉！」帝曰：「天時饑饉，齋祀暫且停止。」

五年（丙戌，一五二六），以道士邵元節爲「眞人」，吳尙禮爲「左至靈」。

七年（戊子，一五二八）春正月，大學士楊一淸等言：「宮寢之中，非祀天之所，每日拜祝，恐勞且褻，請已之。」報聞。

十年（辛卯，一五三一）十一月，遣行人召大學士張孚敬還朝，建祈嗣醮欽安殿，以禮部尙書夏言充醮壇監禮使，侍郎湛若水、顧鼎臣充迎嗣導引官。文武大臣遞日進香，上親行初、終兩日禮。

十一年（壬辰，一五三二）冬十月，編修楊名上修省疏，斥汪鋐、郭勛之奸，乞罷工作禱祀。上怒，收繫械訊，瀕死，謫戍。

十三年（甲午，一五三四）五月，上御重華殿，召大學士張孚敬、武定侯郭勛等五人，入觀祀天青爵，作紀樂同遊詩。

十四年（乙未，一五三五）夏四月，大興隆寺災。御史諸演請「順天心，絕異端」，勅禮部尚書夏言覆奏，改僧錄司於大隆善寺，僧徒還俗者聽，併移姚廣孝神位。廣孝神位，帝更定祀典，撤太廟配享，移入〔大〕興隆寺（據明史卷一百四十五姚廣孝傳補）者也。

十五年（丙申，一五三六）春正月，加致一眞人邵元節道號，賜玉帶冠服。元節，興安〔貴溪〕（按：明史卷三百七佞倖傳：「邵元節，貴溪人。」）人。仙源范文泰見而奇之，授以龍圖龜範之祕。

嘉靖初，徵入京，召對便殿，首以「立敎主靜」之說進，帝嘉納之。已，爲禱雪輒應，命爲致一眞人，領金籙醮事，給玉金銀象印各一。會帝有事南郊，召元節分獻風雷靈雨壇，預宴奉天殿，班二品，幷封其師爲「眞人」。勅建眞人府都城西，落成，命夏言作記刻之庭。歲給祿一百石，遣緹騎四十人充掃除役，贍田三十頃，蠲其租徭。至是，寵待益隆。

夏四月，詔求紅黄玉以禮神。

五月，除禁中佛殿，建慈慶、慈寧宮。時帝欲除去釋殿，召武定侯郭勛、大學士李時、禮部尚書夏言入視大服千善殿，有金鑄象神鬼淫褻之狀，又金函玉匣，藏貯佛首佛牙之類及支離傀儡，凡萬三千餘斤。言退上疏，力請「瘞之中野，不得瀆留宮禁」。帝曰：「朕思此類，智者以爲邪穢而不欲觀，愚民無知，必以奇異奉之，雖瘞中野，必有竊發以惑民者。其燬之通衢，永除之。」於是禁中邪穢迸斥殆盡。

十一月，大修金籙醮於立極殿七日夜，以謝儲祥。以大臣爲上香監禮、迎嗣引導等使如舊。

十二月，以皇嗣生，錄致一眞人邵元節禱祀功，加授禮部尙書，給一品服俸，賜白金、文綺、寶冠、法服、貂裘。授其徒邵啓爲等祿秩有差。先是，上命中使即貴溪山中建仙源宮。既成，元節乞暫還山。已而帝遣錦衣千戶孫經往趨起之，舟至潞河，命中使迎入，賜彩蟒衣併「闡教輔國」玉印。時帝以祈嗣設醮，旦夕有雲氣見於圻壇。上大悅，越三日，皇子生，遂有是命。

十七年（戊戌，一五三八），命建金籙大齋於內皇壇，白鶴遶壇，卿雲捧日，賞賚天師張彥頨有加。嘉靖初，彥頨入賀。上賜問，以「清心寡慾」對，加封正一嗣敎眞人，賜金冠、玉帶、蟒衣、銀幣，遂留京邸。既而請還山，上遣行人持詔召之，稱卿不名。宅燬，爲作治。給事中黃臣諫曰：「昔者欒巴、郭憲噀酒止火，彥頨宅燬，陛下又安用治之？」上不從。彥頨尋卒，詔如列侯例，賜卹典。「天師永緒」，上所命名也。

十八年（己亥，一五三九）八月，致一眞人邵元節死。時上躬視顯陵，元節留京師。一日晨起，召其徒語之曰：「我殆將逝矣，安得走行在一見皇帝？」言未既，卒。帝駐蹕裕州，聞之慟，手詔勅行在禮部贈謚，命中官錦衣護其喪。喪還，勅有司營葬，卹典如伯爵例。

以方士陶典眞爲神霄保國宣教高士。典眞，一名仲文，黄岡人，少爲縣椽，喜神仙方術，嘗授符術羅田萬玉山。而邵元節微時，亦往來仲文家。嘉靖初，仲文授遼東庫大使，秩滿至京師。時元節貴幸，比老欲請骸骨，未有間。會宮中黑眚見，元節治之無驗，遂薦仲文代己。試宮中，稍能絶妖，帝寵異之。至是，扈駕南巡至衞輝，白晝有旋風繞駕不散，帝以問仲文，對曰：「當火。」遣仲文禳之，仲文曰：「火終不免，可謹護聖躬耳！」是夜，行宮果災，宮中死者無算。錦衣陸炳排闥入，負帝出，竟無恙。明日，勑行在吏部授仲文是職，給誥印，許攜其家於官。

九月，上諭輔臣曰：「朕欲命東宮監國，朕静攝一二年，然後親政。」太僕卿楊最上言：「聖諭至此，不過信方士調攝耳。夫堯、舜性之，湯、武身之，非不知修養可以成仙，以不易得也。不易得，所以不學。豈堯、舜之世無仙人，堯、舜之智不知學哉？孔子謂『老子猶龍』。龍，卽仙也。孔子非不知老子之爲仙，不可學也。不可學，豈易得哉？臣聞皇上之諭，始則驚而駭，繼則感而悲。犬馬之誠，惟望端拱穆清，恭默思道，不邇聲色，保復元陽。不期仙而自仙，不期壽而自壽。黄白之術，金丹之藥，皆足以傷元氣，不可信也。」帝覽之大怒，逮繫鎭撫司拷訊，久之死獄中。

十九年（庚子，一五四〇）春正月，上疾不朝，拜天玄極殿。二月，建宮祈禳三日。

八月，萬壽聖節，建三晝夜醮，告天玄極殿。郭勛以方士段朝用見，曰：「能化物爲金銀。」因以所化銀器進，上大悅，曰：「殆天授也。」因授朝用紫府宣忠高士，薦其器於太廟，加勛祿米百石。

十一月，進陶仲文爲忠孝秉一眞人，領道教事。尋加少保、禮部尚書，又加少傅，食一品俸。

二十年（辛丑，一五四一）春正月，逮繫御史楊爵下詔獄。爵上言曰：「君人者奉天安民，而使之各得其所也。今饑民顚連無告，委命溝壑，而土木之工十年不止。又重委部臣，遠建雷壇，以一方士之故，朘民膏血，民何以得其所哉？執左道以惑衆，聖主所必誅。今異言異服，列於廷苑；金紫赤紱，賞及方術。保傅之位，坐而論道。非極天下之選，不足以當此貴，而畀之迂怪之徒，名器之濫，至此極矣。陛下以天縱之聖，爲上天元子。若遠宗帝道，近守祖法，則和氣致祥，罔有天災。山川鬼神，亦莫不寧。安用此邪佞之術，列諸法禁之地，而藉之以爲福哉？古人有言：『君聖則臣直。』若震之以天威，加之以危禍，如往年楊最，言出而身卽死，近日羅洪先等以言罷黜，國體治道，所損實多。臣恐忠藎杜口，則讒諛交進，安危休戚，無由以見，而堂陛之近，遠於萬里矣。」疏入，帝大怒，命鎭撫司長繫之。

二十二年（癸卯，一五四三）春二月，段朝用下獄論死。初，朝用以黃白術結郭勛干進，久之技窮。勛有罪繫獄，脇索勛賂，捶死勛家廝役張瀾，復上疏瀆奏。帝怒，收送法司論死。宮婢楊金英等謀弒伏誅，帝曰：「朕非賴天地鴻恩，遏除宮變，焉有今茲！朕晨起至醮朝天宮七日。」醮之日，白鶴四十餘翔空中，羣臣賀。

二十三年（甲辰，一五四四）冬十月，大同邊卒獲叛人王三，上曰：「叛惡就擒，固義勇之効力，實神鬼有以默戮之。」加秉一眞人禮部尚書，陶仲文爲少師，餘如故。前此大臣無兼總三孤如仲文者。

二十四年（乙巳，一五四五）三月，建祈年醮朝天宮。

秋八月，永和王知㷆獻白鹿上壽，遂告鹿瑞於太廟。是時，上重箕仙。箕下，亦命有司掩骴骼，出故御史楊爵、給事中周怡、工部郎中劉魁詔獄。皆從之。爵、怡、魁甫出三日，吏部尚書熊浹諫止箕仙，復逮獄如故。浹乞休，命錦衣衛遣校尉送原籍爲民。

二十五年（丙午，一五四六）秋七月，久雨，上曰：「鹿瑞龜祥，洊呈去歲。今朕辰日近，醴泉復出承華，雖聖賢不恃以怠也，而不可不敬謝。其自二十五日至八月望舉謝，停封貢事，毋慢！」八月，加封陶仲文伯爵，仲文特進、光祿大夫、柱國，兼支大學士俸，任一子尚寶司丞。

二十九年（庚申，一五五〇）夏四月，加封陶仲文恭誠伯。先是，春不雨，上以問仲文，仲文曰：「疑有寃獄。」時陽武知縣王濂以罪坐絞，子策走京師，誣巡撫胡纘宗私隙，故入人罪。述纘宗迎駕詩有「穆王八駿（飛雲殿）〔空飛電〕」（據國榷卷五十九改），湘竹英、皇淚不磨」爲詛咒。上怒，逮訊久不決。至是，因仲文言釋之。是夜，漏下四鼓，大雨。明日，傳旨封仲文，賜誥，歲祿一千二百石。

三十年（辛亥，一五五一）夏五月，復事鎮鹵法壇。先是，帝從陶仲文請，設立符鎮鹵法壇，嚴事之，曰：「褫鹵魄，勿窺我邊圉。」至是，帝以馬市成，俺答款塞，欲撤之。忽報鹵有異謀，帝諭羣臣曰：「朕於十九日欲撤鎮鹵法壇，二十日卽有警報。玄威所至，亦不可忘。」遂益敬事之。冬十月，邊吏獲叛人哈舟兒、陳通事，禮部上言：「二逆就擒，實賴玄貺所致，宜告謝雷霆洪應壇，行獻俘禮。」從之。

三十一年（壬子，一五五二）二月，太上道君誕辰，建醮永壽宮九日。

三月，詔修太和山玄帝宮。

三十三年（甲寅，一五五四）秋七月，命駙馬都尉鄔景和、安平伯方承裕、吏部尚書李默、禮部尚書王用賓、左都督陸炳、吏部左侍郎程文德、禮部左侍郎閔如霖、吏禮右侍郎郭朴、吳山並直西內，撰玄文。景和以不諳玄理，辭免。俄以金幣賜玄修諸臣，猶及景和。景和自疏無功，辭，願洗心滌慮，效馬革裹屍之報。帝怒曰：「景和故出不祥語，當擬怨訕律。」乃革爵安置崑山。時諸臣覬撰玄營進，景和獨不屑直贊。

夏四月，舉祀高玄大典，止封停刑。工部尚書趙文華乞歸，以病請。上方修玄，禁奏疏，尤諱言疾。疏入，觸上怒，罷。

三十五年（丙辰，一五五六）夏四月丁巳，命翰林院侍讀嚴訥、修撰李春芳並爲翰林學士，右春坊右中允董份直西內撰玄。自是詞臣多舍本職，往往求供奉，希進用。

九月，廢徽王載埨爲庶人。王善伺上意，上宮中有需，王輒先時獻。道者南陽梁高輔年八十餘，手甲長數寸，善導引。王厚遇之，進之上，拜散人。高輔謹，有所賜予皆辭。王使人求謝，不能應。王故煉女癸服之，上亦需此。高輔馳求，王不與。而王方自恣，興土木，詐稱張世德，自走南京市美女。事聞，奪爵幽鳳陽，王聞之，自殺。

是歲，上睿皇帝道號三天金闕無上玉堂都仙法主玄元道德哲慧聖尊開眞仁化大帝，獻皇后號三天金闕無上玉堂總仙法主玄元道德哲慧聖母天后，孝烈皇后號九天金闕玉堂輔聖天后掌仙妙化元君。上自號靈霄上清統雷元陽妙一飛玄眞君，後加號九天弘教普濟生靈掌陰陽功過大道思仁紫極仙翁一陽眞人元虛玄應開化伏魔忠孝帝君，再號太上大羅天仙紫極長生聖智昭靈統三元證應玉虛總掌五雷大眞人玄都境萬壽帝君。

三十六年（丁巳，一五五七）冬十月，玄嶽諸山獻紫芝。已而總督胡宗憲、巡撫阮鶚、御史路楷等相繼上者，不可勝計。

三十七年（戊午，一五五八）夏四月，總督胡宗憲獻白鹿。五月，復獻白鹿於齊雲山，帝曰：「一歲二瑞，天眷也。」命告謝玄極殿、太廟。以宗憲忠敬，陞一級，百官表賀。

秋七月，禮部類進四方獻芝，凡千八百六十有四，詔更求廣徑尺以上者。

三十八年（己未，一五五九）六月，以陶世恩爲太常寺丞。世恩以蔭歷尙寶少卿，爲言官所列奪官。至是，仲文乞復子原職，帝命改爲太常寺寺丞兼道錄司右演法。是時仲文請假還里，帝下璽書襃諭之，遣錦衣千戶一人護歸。仍賜白金彩繒以示眷懷，令有司歲時存問。

三十九年（庚申，一五六〇）二月，浙江總督胡宗憲上汪直獄，上曰：「玄祐也。」命告玄極殿，而論宗憲功有差。已而宗憲獻芝草五、白龜二。上悅，賜金帛金彩鶴衣一襲。禮部請謝玄告廟，許之。不數日，白龜亡，上曰：「天降靈物，朕固疑處塵寰不久也。」

十一月，秉一眞人陶仲文死。仲文習祈禳術得幸，賜坐，稱爲師。然亦小心，憚帝威嚴，不敢他有所干。列爵五等，死謚榮康惠肅，以伯禮葬。隆慶初，奪爵，籍其家。

四十年（辛酉，一五六一）二月，分遣御史王大任、姜儆、奚鳳等往天下訪求仙術異人及符籙祕方諸書。

十一月，禮部奏四方進芝凡七百六十九本，命採五色盈尺者。

淮王獻白雁二，賜金幣，帝曰：「天降祥羽，其告廟。」

四十一年（壬戌，一五六二）三月，萬壽宮成。宮災於四十年十一月，不三月而告成。宮中有壽源、萬春、太玄、仙禧諸殿，極其宏麗。上悅，加大學士徐階等秩有差。

夏四月癸酉，方士鄠縣王金進五色龜、靈芝，授太醫院御醫，命成國公朱希忠告廟，表賀。

壬寅，大學士嚴嵩免。初，方士藍道行以箕幸，上故有所問，密封使中官至箕所焚之。不能答，則咎中官穢。中官乃合方士，啓示而後焚之，每答具如旨。上問：「今天下何以不治？」對曰：「賢不竟用，不肖不退耳。」則問其賢否，對曰：「賢如徐階、楊博，不肖如嵩。」上心動。會御史鄒應龍劾之，（詳嚴嵩用事）上曰：「人惡嚴嵩久矣。朕以其贊玄壽君，特優眷。乃縱逆子負朕，其令致仕。」已而上思嵩贊玄功，意忽忽不樂，諭徐階欲傳位，退居西內，專祈長生。階諫，上曰：「必皆仰奉上命，闡玄修仙乃可。有再言嵩者，併鄒應龍斬之。」嵩知上意，密賂左右發道行怙權及矯稱玉詔諸不法事，竟以妖言律論死。

秋七月，內苑獻嘉禾一莖三穗者、兩穗者三十有一。羣臣賀。

十二月辛酉，甘露降顯陵松上，守備太監張方、奉祀都督僉事蔣華等以進，上悅，告郊廟。

四十二年（癸亥，一五六三）夏四月，嚴嵩上祈鶴文檢及法祕。嵩罷，歸至南昌，延道士藍田玉等爲上醮鐵柱觀，〔田〕玉（據明史卷三百七佞倖傳補，下同）因以所藏召鶴符驗法書附奏，嵩、〔田〕玉皆賞賚有差。

秋八月，御苑龜生卵者五。

巡撫湖廣都御史徐南金獻白鵲，言出自景陵，羣臣表賀。

四十三年（甲子，一五六四）三月，妖人李應乾等伏誅。應乾居河南之濟源，一目微眇，兩手湼「日」、「月」字，懷、衞間不逞者多附之。陰鑄印章數百，太白旗數十，付徒衆爲符驗，約四月八日起兵。時山東、宣、大、眞、順諸處妖人尤衆，互相煽結。而呂某者，潛入京，以白社法惑衆，陰結無賴千餘人。其黨有以僞告身二帙，辟穀藥餌一裹，首告大學士徐階者，緝獲鞫實奏聞。應乾匿山西，久之乃獲，俱伏誅。

五月乙卯，桃夜降於御幄，左右云其空墮。上喜，修迎恩典五日。丙辰，桃復降。是夜，白兔生二子。上益喜，謝玄、告廟。頃之，壽鹿亦生二子，羣臣表賀。上以奇祥三錫，手詔答之。

四十四年（乙丑，一五六五）春正月，帝不豫，帝注意玄修。先是，王大任奉命陝西、湖廣，招致方外士王金等，能合內養諸藥。姜儆奉命江西、廣東，亦得能通符法者還。復命，俱授翰林侍講。徹不自安，乞還里。大任仍在朝，不爲翰林所齒。上雖修玄西内，而權綱總攬。夜分至五鼓，猶覽決章奏。自王金等以修鍊幸，與陶仲文子世恩希求恩澤，乃僞造五色靈龜、靈芝，以爲天降瑞徵。又與陶倣、劉文彬、申世文、高守中僞造諸品仙方、養老新書及以金石藥進御。其方詭祕不可辨，性燥熱，非神農本草所載。帝服，稍稍火發，不能愈。然倣竟得遷太醫院使，世恩太常寺卿，金太醫院御醫，文彬太常寺博士。

三月，方士熊顯、趙添壽各進法書數十册，帝令留覽，賜冠帶、銀幣遣還。添壽又進法祕，乞留靜虛觀祈咒。

五月，方士胡大順、藍田玉等伏誅。初，有藍道行者，以方術見帝，帝頗信之。已而事敗，下獄死。胡大順者，故陶仲文徒也。亦以事敗，斥去。希復進用，乃僞造萬壽金書一帙，詭稱呂祖以箕授者。用黑鉛取白，名「先天玉粉丸」，命其黨何廷玉齎至京。時嚴世蕃已敗，乃資以賄，因道行徒藍田玉通内侍趙楹獻之。帝曰：「既云箕書，扶箕者何在？」田玉等遽謂帝念之也，遂與羅萬象者，詐僞旨，徵大順至京，更名胡以寧，薦於帝，具奏求圖書及建宮地。及至，則大順也。帝惡之。時宮中屢有氛孽，田玉等遂以爲藍道行下獄，故至此。欲以動帝，帝頗惑之。以問徐階，階力言：「大順小人，不畏法紀，而田玉尤甚。且宮孽已久，恐非道行下獄所致。」帝悟，階又言：「田玉乃嚴世蕃黨，妄進白鉛，其意叵測。至妄傳密旨，罪惡尤重。」帝乃命收大順等下（詔）〔錦衣獄〕（據明史卷三百七佞倖傳改），獄具，帝猶欲寬之，復問階，階曰：「聖旨至重。若聽詐傳，他日夜半出片紙有所指揮，將若之何？」於是併楹論死。

八月，御几及褥各得藥丸一，躬謝太極殿，告宮廟。

冬十月，戶部主事海瑞上言：「陛下即位初年，敬一箴心，冠履辨分。除孔廟之像，立敬聖之祠，瘞斥元世祖於國門之外。宦官外戚，悉奪其權，天下忻忻謂煥然更始。無何而銳精未久，妄念牽之，謬謂長生可得，一意修玄，土木興作。二十餘年不視朝政，法紀弛矣。數行推廣事例，名器濫矣。二王不相見，人以爲薄於父子。以猜疑誹謗戮辱臣下，人以爲薄於君臣。樂西苑而不返大內，人以爲薄於夫婦。今愚民之言曰：『嘉者，家也。靖者，盡也。』謂『民窮財盡，靡有孑遺也』。然而內外臣工，修齋建醮，相率進香；天桃天藥，相率表賀。陛下誤爲之，羣臣誤順之。臣愚謂陛下之誤多矣，大端在玄修。夫玄修所以求長生也。堯、舜、禹、湯、文、武之爲君，聖之至也，未能久世不終。下之方外士，亦未見有歷漢、唐、宋至今存者。陛下師事陶仲文，仲文則既死矣。仲文不能長生，而陛下獨何求之？至謂天賜仙桃、藥丸，怪妄尤甚。臣聞伏羲御宇，龍馬圖河；大禹隨山，神龜書洛。天不愛道，猶日月星辰昭布森列，焉可誣也。宋眞宗獲天書乾祐山，孫奭諫曰：『天何言〔哉〕（據明史卷二百二十六海瑞傳補），豈有書也！』桃必採乃得，藥必搗乃成。茲無因而至，有脛行耶？云天賜之，有手授耶？然則玄修之無益可知矣。陛下玄修多年，靡有一獲。左右奸人，揣逆聖意，投桃設藥，以誤長生，理之所無，斷可見已。陛下誠翻然悟悔，日且視朝，與輔宰、九卿、侍從、言官，講求天下利害。洗數十年君道之誤，置身堯、舜、禹、湯、文、武之域，使諸臣亦洗心數十年阿君之恥，置身皋、夔、伊、傅、周、召之列。內之宦官宮妾，外之蔭恩敍勞，多有無事而官者。上之內廚內庫，下之寶物貨賄，多有無事而積者。諸臣必有爲陛下言者矣。諸臣言之，陛下行之，在一節省間耳。宦之侵漁，將之怯懦，吏之爲奸，諸臣必有爲陛下言者矣。諸臣言之，陛下行之，在一振作間耳。陛下爲此，非勞也。民熙物洽，薰爲泰和，陛下性中眞藥也。道與天通，命由我立，陛下性中眞壽也。此理之所有，可旋至立效。乃縣思服食不終之餌，鑿想遙興輕舉之方，切切然散爵祿、竦精神，求之終身而不得。大臣持祿外爲諛，小臣畏罪面爲順。君道不正，臣職不明，此天下第一事也。」疏上，帝大怒，命逮繫瑞下鎭撫。

交城王表栶得白兔於藐姑射山，撰頌以獻，賜金衾。

四十五年（丙寅，一五六六）春正月，上久病不痊，諭大學士徐階，欲幸承天，拜顯陵，取藥服氣。階奏止之。是年冬，帝崩於乾淸宮，詔曰：「朕奉宗廟四十五年，享國長久，累朝未有。一念惓惓，惟敬天勤民是務。祇緣多病，過求長生，遂至奸人誑惑。自今建言得罪諸臣，存者召用，沒者卹錄，見監者卽釋復職。」

穆宗踐祚，釋戶部主事海瑞於獄中，逮方士王金、陶倣、申世恩、劉文彬、高守中、陶世恩下詔獄，論死。

谷應泰曰：宋臣李沆之言曰：「人主當知四方艱難，不則土木禱祠，次第並作。」而伊尹之訓太甲，亦曰：「酣歌恆舞，時謂巫風。」此皆豫大之良規，嗣王之烱戒矣。世宗起自藩服，入纘大統，累葉昇平，兵革衰息，毋亦富貴吾所已極，所不知者壽耳。以故因壽考而慕長生，緣長生而冀翀舉。惟備福於箕疇，乃希心於方外也。爰考初政，卽設齋宮。及其末年，猶餌丹藥。蓋游仙之志，久而彌篤，未有若斯之甚者也。

方其前星未耀，玄鳥方來，瑤篚誕祥，高禖有應，世宗信之，欣然以天神可降焉。於是命道士邵元節爲致一眞人，金銀象印，陪祀南郊，風雨靈壇，職司祕籙。而且祠神紅玉，分諳詔使；享天青爵，召視重華。雖黃帝憑五城以授神人，漢武寵文成以延方士，未爲過也。繼又召眞人張彥頨，設金籙大齋。則有白鶴降庭，卿雲捧日。去天尺五，幾於呼吸可通矣。

然元節身死，玉棺不來；彥頨宅火，噀酒不滅。而世宗之意，冀遇其眞。復召陶仲文者，拜爲神仙高士。徐市既去，更用盧生；混康以還，復徵靈素。卽蓬萊之想愈殷，祈年之觀益麗矣。乃若旋風四繞，則行宮果災；疑獄初平，卽春霖早霈。以至白鹿一雙，獻於浙地；紫芝千本，貢自荆州。又且雲氣降於圻壇，綏桃來於御幄。比之建章宮中，芝房露掌；玉津園裏，幡節樓臺。以今準古，史不勝書，宜世宗之甘心於此也。雖其後段朝用下獄被戮，胡大順、藍田玉等以次伏誅，不過少翁牛腹致疑，新平玉杯得譴耳。而仲文死後，更訪異人，羈縻弗絶，一至此乎！

更可駭者，世宗淸虛學道，不御萬幾，奸嵩擅權，二十餘載。二世居深宮而趙高柄國，徽宗稱道君而蔡京專政。陰行蠱惑，吾無責焉。至於周琊、鄭一鵬等諫之於前，楊爵、海瑞等爭之於後，而永嘉再相，同游撰詩；貴溪典禮，充壇監醮。豈王旦附會祥符，寇準依阿乾祐，爲國大臣，洪涊宜爾耶！然而世宗初御，括爕佛金，燒除佛骨，海內喁喁，想聞聖學。而乃於佛則絀，於道則崇。崔伯深不事胡神，更奉天師；孔祭酒詆訶佛法，心存道黨。較長絜短，卽二氏何擇也。究之金石燥烈，鼎湖卽有龍升；王、陶論死，雲中不乏鷄犬。語云：「服食求神仙，多爲藥所誤。」又云：「君以此始，必以此終。」吁！可慨也夫。

〔清〕谷應泰撰

明史紀事本末

第三册

卷五三至卷七二

中華書局

明史紀事本末第三册目錄

明史紀事本末卷之五十三

誅岑猛

世宗嘉靖五年（丙戌，一五二六）夏四月，姚鏌督師討田州指揮岑猛。

按：廣西諸土族，岑氏爲大，自稱漢岑彭後。明初，元安撫總管岑伯顏以田州歸附。高帝嘉其誠，設田州府，令伯顏爲知府。子孫世襲，三傳爲岑溥。溥二子：長猇，次卽猛。弘治六年，猇以失愛弒溥，土目黄驥、李蠻發兵殺猇。嗣位未定，而驥與蠻搆釁。驥以猛奔梧州，督府奏以猛襲其父官。慮蠻方命，乃檄思恩知府岑濬以兵衞猛入田州。濬，猛族也，亦土官，兵力方雄兩江。洎至田州，李蠻拒猛不納，驥復以猛奔思恩，濬留之不遣。十一年，都御史鄧廷瓚檄濬歸猛，濬不從。以兵徵之，濬始釋猛，督府納之田州，遂與濬仇釁。十五年十月，濬襲攻陷田州，僞以其族子洪守之，猛走免。十八年，都御史潘蕃奏發兵討濬，戮之，并誅洪。改思恩爲流官知府，兼攝田州。降猛福建平海所千戶。正德初，猛賂劉瑾，得復爲田州府同知，領府事。猛撫輯遺民，兵威復振，稍蠶食傍郡自廣。嘗自言督府，有調發，願立功，冀復故秩。督府使至田州，猛厚賂之，衆譽猛籍甚。會江西盜起，都御史陳金檄猛討之。猛兵大肆侵掠，所至民徙村落避之。賊平，金疏猛功，稍遷指揮同知。猛冀復知府秩，授官不愜初意，遂怨望驕蹇。督府使又不得曩者厚賂，多譖猛不法。猛亦恃兵力，淩轢鄰府日甚。或言猛反者，都御史盛應期惴猛，冀得猛重賂，猛遂出不遜語。應期怒，疏猛反狀，請討之。未報，應期去，都御史姚鏌代，遽再疏請征猛，制曰：「可。」

至是，鏌遣都指揮沈希儀、張經、李璋、張佑、程鑒等五將軍帥兵八萬分道進，而令參議胡堯元爲監軍，督之。

九月，岑猛奔歸順州，知州岑璋誅之。

初，猛聞大軍至，令其下毋交兵，裂帛書寃狀，陳軍門乞憐察之。鏌不聽，督兵益急。沈希儀擊斬猛長子邦彥，諸軍繼入，猛懼，謀出奔。猛婦翁岑璋，歸順州知州也。以其女失愛於猛，素憾之。欲乘間擒猛自爲功，乃誘猛走歸順。

先是，軍門令諸土官，有能擒猛者，賜千金，爵一級，畀其半地；黨惡者，移兵誅之。又恐璋爲猛婦翁，或黨猛，召希儀問計，希儀知璋以女失愛，故憾猛，對曰：「俟旬日，當得實以復。」希儀察其部下千戶趙臣者，雅善璋，乃召臣問曰：「聞岑璋與猛有隙，吾欲遣說之，藉令破猛如何？」臣曰：「璋多智善疑，直語之必不信，當以計說之。」希儀曰：「計將安出？」臣曰：「鎮安與歸順爲世讎，督府往使人歸順，則鎮安疑；使人鎮安，則歸順疑。公今誠遣臣徵兵鎮安，臣迂道過璋，璋必詢故。臣爲好，故以死泄漏其事，璋要領可得也。」希儀曰：「善。」乃遣臣往檄鎮安兵。臣過璋，璋果喜，迓臣曰：「久不見故人，今肯念我來耶？」臣默然，佯爲不豫者。璋曰：「趙君有嗔乎？」臣曰：「感故人厚意，久契闊，故迂道來，何嗔也！」稍語，須臾，復歎息起，璋心疑之。明日，璋置酒款臣，臣愈不豫，若有沈思者。璋益疑，問故，曰：「軍門有意督我過耶？」臣曰：「無之。」璋曰：「鄰壤有所控訴，將逮勘耶？」臣曰：「無之。」璋挽臣臥內，跪叩之。臣潸然泣下，璋亦泣曰：「璋死即死耳，君何祕不告我？」臣乃曰：「託君肺腑，有急不敢不告。然今日非君死，即我死矣。」璋驚曰：「何故？」臣曰：「督府討田州，謂君猛婦翁，必黨猛，令我檄鎮安兵襲君。我不言君死；我言君必驟發，爲自脫計，即我泄漏機事矣，必我死。奈何？」璋頓首謝曰：「君實生我，君不言，我亦族不悟。猛取吾女儺視之，吾何暱焉。吾欲殺猛久矣，無間也。」臣曰：「君心如是，盍自列督府，匪直免禍，功有藉也。」璋遂強臣稱疾，留傳舍。亟遣〔人〕（據鴻猷錄卷十五誅滅岑猛補）馳詣希儀所告變，陳猛反狀。恐連及，願擒猛自效。希儀許之，遂陽使〔使〕（同上）追臣返，以其事白鏌。鏌喜，乃不備璋。

岑猛子邦彥，守工堯隘。璋以姻故，遣兵千人助之，實爲間。邦彥欣然納之。璋則遣報希儀曰：「已遣千人爲內應矣。衣別有識，幸勿加戮。」希儀許之。及戰，歸順兵先呼敗惑衆。田州兵驚潰。希儀斬邦彥。猛欲奔，璋使人招之，曰：「事急矣。願主君走歸順，三四夕可達安南，再圖興復耳。」猛倉卒無所之，又以姻故，遂佩印走歸順。璋佯涕泣迎之，處猛別館，盛供張，列侍美女。地（遠）〔邃〕（據鴻猷錄卷十五誅滅岑猛改）僻，左右無一田州人。璋日詭猛曰：「天兵退矣。」又曰：「天兵聞君走交南，不敢輒加兵交南境，遣使詣督府，請進止也。」猛喜不疑。

胡堯元與諸將見希儀已破隘，欲攘其功，頗聞猛走匿璋所，遂以兵萬人擣歸順。璋亟遣人持牛酒犒師境上，而自來見諸將，頓首謝曰：「猛敗，昨越歸順，欲走交南。璋邀擊之，猛目被流矢南走，不知所之。急之，恐入交南，連逆賊爲變。幸緩五日，當捕致之。」堯元等許之。璋歸，復詭猛曰：「天兵已退。非陳奏，事不白。爲君草封事，令人上之，如何？」猛曰：「固所願也。」乃爲疏，令猛出印印之。璋得知猛寘印所，乃置酒賀猛。樂作，持鴆酒一盃，獻曰：「天兵索君急，不能庇也，請自爲計。」猛大怒，罵曰：「悔墮此老奸計也。」遂飲鴆死。璋斬其首，並所佩印，遣使間道馳詣軍門，上之。諸將聞之，引還。

猛三子，長爲邦彥，既敗死。次邦佐、邦相，出亡。邦彥側室子曰芝，方襁褓，匿民間。諸惡目韋好、陸綬、馮爵俱被擒斬，惟盧蘇、王受未授首。捷聞，論功行賞，鏌請置流官治之，事下兵部覆奏，從之。

六年（丁亥，一五二七）五月，盧蘇、王受反。有自右江來者，言：「岑猛實不死，糾安南莫氏入寇，陷思恩矣。藩省旦暮當不保。」於是靖江諸宗室倉皇出奔，人情惶懼。藩臬諸司素銜姚鏌者，又倡言：「猛實未死，鏌爲歸順所紿。」御史石金聞之，遂劾鏌「攘（勦）〔夷〕」（據鴻猷錄卷十五改）無策，輕信罔上。圖田州不得，並思恩而失之。」帝大怒，落鏌職，以王守仁代之。

先是，鏌上言：「田州遺黨復叛，再乞集兵勦捕。軍興錢穀，相應議處。」帝命勳支廣東司府帑庫金錢，不得自分彼我，致誤事機。至是，守仁未至，鏌候代。偵知思恩未陷，欲徵兵擒蘇等自贖。乃徵廣西諸司議事，而銜鏌者紿郵吏，發檄交誤，各以檄誤不至。鏌竟不獲集兵而去。

七年（戊子，一五二八）春正月，王守仁將至田州，調集湖兵數萬人南下，諸土目皆憚之。守仁乃自弛晦，示以無事。及抵南寧，見盧蘇、王受勢熾，度不可卒滅，乃使人招諭，使來輸罪。會有造浮言誑蘇、受欲取其賄者，蘇、受疑懼不卽來。守仁遣使慰諭之，且與之誓。蘇、受言來見，必陳兵衞。又欲易軍門左右祗候，皆盡以田州人。守仁許之，蘇、受乃期日來見，盛兵自衞。守仁數罪箠之，蘇、受衷甲受箠，已而諭歸俟命。守仁乃上疏言：「思、田久苦兵革，民間已不勝。況田州外捍交阯，縱使克之，置流官，兵弱財匱，恐生他變。岑氏世有功，治田州，非岑氏不可。請降田州府爲田州，官猛子邦相爲判官，以盧蘇、王受爲巡檢。別立思恩府，設流官統之。」帝皆從焉。乃命邦相歸田州，盧蘇等各之官，田州以寧。守仁復薦布政使林富爲巡撫都御史，張佑爲總兵官鎮廣西，守仁乃往南寧。

三月，王守仁檄盧蘇、王受等攻斷籐峽八寨盜賊，盡平之，兩江底定。守仁上言，盛稱蘇、受等功，大獲賞賚。時兵部侍郎張璁及桂萼言守仁處田州非是，上頗疑之。

十三年（甲午，一五三四）秋九月，巡檢盧蘇殺田州判官岑邦相。

先是，林富代王守仁爲提督，奏言：「思恩改設流官，二十年兵不得罷，田州決非流官所能控禦。」竟主守仁前議，降田州爲州治，以邦相爲判官。命副總兵張佑鎮之，許以三年而代。時邦相年十五六，張佑兒子畜之。盧蘇自矜功大專橫，邦相不能平，遂有隙。會張佑將代去，望邦相厚賂己。邦相賄之不滿意，佑遂與盧蘇比，欲沮奪邦相。乃購得邦彥子芝，育之別所。邦相時時欲殺芝，佑不果代，留鎮庇芝，得免。尋佑中邦相毒，卒。芝奔梧州，督府都御史陶諧畜之。

至是，盧蘇遣其黨刺邦相不克，邦相與土目羅玉等伐盧蘇。事覺，蘇伏甲擒斬羅玉。遂劫諸土目攻邦相，執而殺之，燔其屍。賂陶諧，言：「邦相病死無後。」乃立芝，遣歸田州。於是猛仲子邦佐爭立。而鄰府諸土官皆不平盧蘇弒主也，合兵助邦佐攻田州，入之，蘇走免。亂復大作，兩江震駭。諧遣人諭諸土官曰：「邦相實病死，盧蘇何與？而爾等自相殘害也。」亡何，諧以憂去，都御史潘旦、蔡經相繼代，皆曰：「思、田苦兵革久矣。朝廷今復以盧蘇故，興問罪之師，征伐當何時已乎？」朝議下核實，副使葉僡、參議陳大珊曰：「盧蘇稱亂弒主，罪安可盡赦也！縱宥之不誅，當以上聞，令立功贖罪耳。」經不聽，上言：「邦相不孝，奪其母田，又虐殺其部下，盧蘇因衆怨殺之。」朝廷遂置蘇不問，仍官芝等如故。於是兩江土官聞之，莫不解體。

谷應泰曰：田州爲粵西南徼，蠻瘴荒裔，不足重輕。後失安南，議者稍稍視田州爲南海外屏，欲寄重焉。岑氏世守田州，自弘治六年，岑猛父膏逆鐨，身逼強鄰，間關奔走，存邢遷衛，朝廷視猛恩至渥也。至十八年，岑濬始懸首藁街。正德中，岑猛始克復舊業。黎子式微，重耳河水，猛身扞天朝，不忘舊德，分固應爾。

而乃晉惠入絳，遽絕秦關；衞燬廬漕，坐觀齊亂。猛之單騎棄軍，仰藥逆旅，天亡之矣。然猛桀驁性成，反形未見，追兵四集，猶飭下勿交鋒。裂帛書冤，上狀軍門，亦云哀已。而雲夢陳兵，決收韓信；陳平奉詔，竟斬舞陽。姚鏌輕於討賊，重於受降；信於請兵，疑於對壘。猛既寃死不白，鏌亦功名不終。猛負國恩而身殛，鏌貪軍功而官奪。天道好還，適相當也。

至盧蘇、王受之反，釁本姚鏌，失又似由新建。蓋新建憐田、思厭苦兵革，曲撫盧、王。立岑氏之後，設田州之官。陰假戰功，陽羈蘇、受。而所舉張佑，貪賄比匪，種禍岑族。張佑既隕邦相之毒，邦相旋膏蘇、受之戈。沈、王搆惡，義眞必棄關中；鍾、鄧相傾，姜維幾反蜀道。新建寄託不終，識者微有憾焉。

而繼佑來督者，陶諧也。邦相賊殺鎭臣，朝廷寢而不問；蘇、受執殺州主，大臣陽言病亡。夫天南末郡，不知天子；寵靈式憑，皆懸督府。張佑索裘不與，拘執唐侯；陶諧寶賂亟行，遂黨莒僕。處置舛錯，刑賞乖張，貽笑蠻方，損傷國體，君子知明綱不振，先在遠夷矣。

要之，姚鏌之非，在於捕反太急，而貽誤者，索賄之盛應期；陶諧之罪，在於有賊不討，而貽誤者，亦索賄之張佑。官邪賄章，邊釁日急。故皇甫安邊，奏免墨吏；奉仙載寶，僕固稱兵。好利亡國，好色亡身，古今龜鑑，蓋不誣矣。

明史紀事本末卷之五十四

嚴嵩用事

嘉靖十五年（丙申，一五三六）冬十二月，以南京吏部尚書嚴嵩爲禮部尚書兼翰林院學士。時禮部選譯字諸生，嵩至，卽要貨賄己。而苞苴過多，更高其價。御史桑喬列其狀，請罷黜之。嵩乃疏辨求免，帝曰：「卿所云『爲人臣於今日，卒皆觀望禍福，必使人主孤立自勞』。此言已盡，但盡心翼贊，以副簡任，不必復辭。」嵩意得甚。給事中胡汝霖復劾其「穢行旣彰，招致論列。不得飾辭自明，以傷大體」。帝乃令「以後大臣被劾，宜自省修，勿得疏辨」。嵩懼，益爲恭謹以媚上。

十六年（丁酉，一五三七）秋九月，禮部尚書嚴嵩劾應天試官，「品騭文字不書名，大不敬」。大學士夏言又謂：「策以戎祀爲問，多譏訕語，當寘於理。」遂命官校逮繫典試官江汝璧、歐陽衢下詔獄。其提調官孫懋、楊麒、何宏、沈應陽俱命南京法司卽訊。同試官舒文奎等，各行所在巡按卽訊。貢士不得應試南宮。

十一月，嚴嵩摘廣東試錄有「體存故可以厚本，用利故可以明微，厚本故可以合同，明微故可以鼓舞等語，參錯不經；飛衞、紀昌道遇交射及黄郊紫微碧虛子之問答，詭異尤甚；且中庸、畢命二篇，不道口指，俱戾體格」。帝怒，命監臨余光法司鞫問。提調陸杰、余鑑，監視蔣淦、鄒守愚，巡撫、都御史鞫問。試官王本才等，各巡按官鞫問。貢士不得赴試南宮。

十七年（戊戌，一五三八）夏五月，通州致仕同知豐坊上言：「請復古禮。尊皇考獻皇帝廟號稱宗，以配上帝。」下禮部集議，嚴嵩上言：「萬物成形於秋，故王者秋祀明堂，以父配之。自漢武迨唐、宋諸君，莫不皆然，主親親也。若稱宗之禮，則未有帝宗而不祔太廟者，恐皇考有所不寧。」帝悅。已而嵩復阿上旨，請「尊文皇帝稱祖，獻皇帝稱宗」。上從之。乃尊太宗文皇帝爲成祖，皇考獻皇帝爲睿宗，配上帝，詔天下。詳更定祀典

十八年（己亥，一五三九）二月，景雲見，夏言、顧鼎臣以聞。嚴嵩請帝御朝受羣臣賀，嵩乃作慶雲賦及大禮告成頌上之，詔付史館。

帝南幸，嚴嵩從，賞賚優渥，與輔臣等。嵩以桑喬、胡汝霖故，慚且恨，因於帝前以他事自白，且激怒帝。

十九年（庚子，一五四〇）春正月，巡按雲南御史謝瑜上言：「嚴嵩爲桑喬所劾，不自咎責，反謂贊議明堂、扈蹕南幸，爲諸臣所嫉，將以揚己功，激聖怒，箝衆口。且臣以嵩之可論，難

以枚數。選譯字諸生，通賄無算；宗藩有所陳乞，每事徵索，故王府胥吏交代，動以千計；至於齎詔官役，去索重賄，旋索土物；收買內外童子，充斥家庭，豈宗伯大臣所爲乎？嵩不以此自省，而巧佞誣罔，何奸邪無賴至此也！」不報。

二十年（辛丑，一五四一）秋七月，交城王絕，輔國將軍表柙謀襲之，遣校尉任得貴至京，以黃白金三千兩賂嚴嵩，復賂儀制司令史徐旭及王府科胥人，皆受焉。嵩乃題覆從之。東廠邏卒執其籍以聞，下法司問。受賂者皆戍邊，嵩無恙。既而永壽共和王庶子惟燱，與嫡孫懷熁爭立，以白金三千賂嵩，亦受之，爲覆允。永壽莊僖王妃遣人擊登聞鼓奏訴，於是御史葉經劾嵩貪狀，乞賜敕正。嵩急歸誠於帝，帝憫之，乃曰：「表柙、惟燱襲爵應否行，所司勘之，嵩安意任事，勿以介意。」

二十一年（壬寅，一五四二）夏六月，大學士夏言罷。言與嚴嵩同鄉，稱晚進。以議禮驟貴，嵩謹事之，言不爲下。時嵩爲禮部尚書，初見寵信。欲入閣，而言阻之，遂有郄。會言坐失旨當罷，呼嵩與謀。而嵩已造上所幸秉一眞人第，謀掎言。言覺之，囑所善者劾嵩。時上已心愛嵩，攻益力，上益憐之。上在西苑齋居，許入直諸貴人得乘馬。言獨用小腰輿以乘，上怪之，勿言。會上不欲翼善冠，而御香葉巾，命尚方倣之，製沈水香爲五冠，以賜言及嵩等。言密揭謂：「非人臣法服，不敢當。」上大怒。嵩於召對日，故冠香葉，而冒輕紗於外，令上見之。上果悅，留嵩慰諭甚至。因泣訴言見淩狀，上怒，卽下勅逐言。科、道官以失職不糾，降調奪秩者七十三人。

秋八月，以禮部尙書嚴嵩爲武英殿大學士，參預機務，仍掌部事。吏科都給事中沈良材、御史童漢臣等首論嵩奸污，不當乘君子之器。南京給事中王爗、御史陳紹等復論嵩幷及子世蕃「同惡相濟，關通苞苴，動以千百計」。嵩疏辨乞休，帝優詔百餘言慰留之。賜嵩銀記曰「忠勤敏達」。賜其家藏璽書之樓曰「瓊翰流輝」，奉玄之閣曰「延恩堂」，曰「忠弼」。

冬十月，給事中童漢臣、伊敏生、喻時等再上疏論嚴嵩。巡按四川御史謝瑜上言：「堯、舜相繼百四十年，誅四凶。而陛下數月之間，轉移之頃，四凶已誅其二，如郭勛、胡守中。而其二則張瓚、嚴嵩是也。請陛下奮乾斷，亟譴之，以快人心。」於是嵩復上疏乞罷，帝慰諭留之。已而謝瑜、童漢臣俱以他事謫去。

二十二年（癸卯，一五四三）夏四月，嚴嵩解部事。嵩既入內閣，竊弄威柄，內外百執事有所建白，俱先白嵩許諾，然後上聞。於是副封苞苴，輻輳其戶外。大學士翟鑾位望先嵩，而勢實不競，遂至不相能。給事中周怡上疏論之，語多侵嵩，疏入，下獄。已而鑾以二子倖第，削籍去。

秋九月，逮山東巡按御史葉經廷杖死。初，經劾嚴嵩受表柵、惟熗賂，嵩銜之。及經監山東鄉試，嵩摘試錄中有諷上語，激帝怒，逮之至京，杖闕下死。布政使陳儒以下皆遠謫。自是中外益側目畏嵩矣。

二十三年（甲辰，一五四四）秋八月，以吏部尚書許讚、禮部尚書張璧爲文淵閣大學士。嚴嵩事取獨斷，不相關白。讚論之，嵩乃上言：「獨蒙宣召，於理未安。往歲夏言惡與郭勛同列，以致生隙。夫臣子比肩事主，當協恭同心，不宜有此嫌異。今諸閣臣凡有宣召，乞與臣同，如祖宗朝蹇、夏、三楊故事。」嵩蓋欲示厚同僚，且明言妒也。

二十四年（乙巳，一五四五）夏五月，出南京吏部考功郎中薛應旂補外職。初，嚴嵩入內閣，南京給事中王燁首劾嵩，於是言者踵至，嵩恨之。是春大計京官，嵩令所私尚賓丞諸傑移書應旂，使黜燁。應旂執傑使幷其書，白尚書張潤，欲以奏聞。潤止之，釋其使。而傑先爲南京兵部主事，有貪聲。於是尚書潤及都御史王以旂並黜之。常州守符驗，故留臺御史也，亦在所黜，嵩乃嗾御史桂榮劾應旂「以私怨黜本郡守」，謫補外。

十一月，許讚削籍去。

十二月，復召夏言入閣。自嚴嵩入相，同事者多罷去，嵩獨相。以太廟工成，加太子太師。後帝微聞其橫，厭之。於是詔起夏言，言至，盡復其原官，且加少師，位在嵩上。言凡所擬旨，行意而已，不復顧問嵩。嵩亦唯唯，雖斥逐其黨，不敢救，心甚恨之。是時嵩子世蕃爲尙寶司少卿，通賂遺，且代輸戶轉納錢穀，多所朘削。言知之，欲以上聞。嵩懼甚，挈世蕃詣言求哀。言稱疾不出，嵩賂其門者，直走言榻下，及世蕃長跪泣謝，言遂置不發，嵩父子愈恨之。會御史陳其學以鹽法論都督陸炳，言擬旨令陳狀。炳等造言請死，有所進槖，皆長跪而解。嵩知之，日與謀傾言，言不悟。上左右小璫來，言恆僕視之。詣嵩，必執手延坐，持黃金置其袖中，故璫輩爭好嵩而惡言。上或使夜瞰嵩、言，言多酣寢。嵩知之，每夜視青詞草。初，言與嵩俱以青詞得幸。至是，言已老倦，思令幕客具草，不復簡閱，每多舊所進者，上輒抵之地，而左右無爲報言。嵩則精其事，愈得幸。言以是益危。

二十六年（丁未，一五四七）秋七月，以尙寶司少卿嚴世蕃爲太常寺少卿，仍掌尙寶司事。世蕃納賄日盛，嵩憚夏言知之，乃疏遣世蕃歸。帝特命馳驛往還，世蕃益橫。

二十七年（戊申，一五四八）春正月，夏言罷。嵩既忌言，都督陸炳亦怨言持己，陰比嵩圖之。會都御史曾銑議復河套，言主之。而嵩則極言其不可，語頗侵言。及言請給誓劍，得專戮節帥以下，上亦稍稍惡之。會澄城山崩裂，又京師大風，上益疑。以套議問嵩，嵩因詆言「擅權自用」。及退，復上疏劾銑「開邊起釁」，言「雷同誤國」。並自求去甚力。上溫旨留嵩，而切責言。於是吏部尙書聞淵、禮部尙書費寀、左都御史屠僑皆謂言誤國。帝乃命緹騎捕銑至京，因盡奪言師傅，俾以尙書致仕。

三月，殺都御史曾銑。銑既被逮，嚴嵩復令仇鸞訐之。刑部侍郎詹瀚、左都御史屠僑、錦衣衛都督陸炳阿嵩意，謂銑行賄夏言，論斬，棄西市。

冬十月，殺大學士夏言。先是，言既歸，舟至丹陽。復就逮至京，上疏極陳爲嚴嵩所陷。帝不聽。刑部尙書喻茂堅等據曾銑律以請，而謂言實當「八議」所謂「議貴」、「議能」者。帝怒，責茂堅等阿附言。值居庸報警，嵩復以開釁力持，竟坐與銑交通律，棄西市。言既死，大權悉歸嵩矣。

十二月，給事中厲汝進劾嚴嵩及子世蕃奸惡，謫爲典史，尋以大計削籍。

二十八年（己酉，一五四九）五月，杖給事中沈束於闕廷。初，大同總兵周尙文屢立邊功，卒，其家奏求卹典。不報。沈束上疏請卹尙文，語侵嚴嵩。嵩恚，乃下束法司訊鞫。法司論贖刑上，嵩恨未泄，仍予廷杖，長繫鎮撫司。

二十九年（庚戌，一五五〇）夏六月，以仇鸞爲宣大總兵。鸞坐廢已久，以重賂嚴世蕃得之。

八月，加嚴嵩上柱國。嵩力辭，謂「人臣無上」，引郭子儀不敢當尙書令爲比。帝悅，進嚴世蕃爲太常寺卿，仍行尙寶司事。

俺答薄都城，令人持書入朝求入貢，言多悖嫚。上召嚴嵩及禮部尙書徐階於西苑，曰：「事勢至此奈何？」嵩曰：「此窮寇乞食耳，毋足患。」帝曰：「何以應之？」嵩無以對。乃命階集羣臣議，司業趙貞吉抗言其不可，帝壯之。予金五萬，募戰士。而勅中無督戰語，不得統攝諸將。因謁嵩，嵩故與貞吉有郄，辭。貞吉怒，會通政趙文華趨入，謂曰：「公休矣！天下事當徐議之。」貞吉愈怒，罵曰：「汝權門犬，何知天下事！」叱守門者，嵩大恨。已而貞吉單騎出城，徧諭諸營將，諸將皆感奮。而大將軍仇鸞獨難之。比復命，嵩謂貞吉狂誕，且追論其申理周尚文、沈束非是，廷杖，謫嶺南。

殺兵部尚書丁汝夔。初，俺答薄都城，嵩授汝夔計，謂：「地近喪師難掩，當令諸將勿輕戰，寇飽自去。」諸將固怯戰，輒相謂曰：「有禁勿戰。」故民間歸罪汝夔。及被逮，嵩恐露前畫，紿曰：「毋慮，吾爲若地。」汝夔信之，弗自辨。臨刑，乃大呼曰：「賊嵩誤我！」遂棄市。

冬十二月，帝以俺答故，詔羣臣令人人盡言。刑部郎中徐學詩上言：「外攘之備，在急修內治；內治之要，貴先正本原。今大學士嵩，位極人臣，貪瀆無厭，內而勛貴之結納，外而羣小之趨承，輔政十年，日甚一日。釀成敵患，其來有漸。而嵩泄泄自得，謬引『佳兵不祥』之說，以謾淸問。縱子世蕃，受失事李鳳鳴金，使任薊州總兵。又受郭琮金，使補漕運。私徒南還，輜車數十乘，輧車四十乘，潞河樓船十餘艘，貯載而歸，悉假別署封識，以誑道路。嵩謀已得，如君父何？今士大夫語嵩父子，無不歎憤，而莫有一人敢牴牾者，誠以內外盤結，上下比周，積久而勢成也。世蕃狡黠，擅執父政。凡諸司奏請稍涉疑畏者，必關白然後上聞。蓋嵩之機械足以先發制人；利勢足以廣交耳目；乘機搆隙足以示威脅衆；文詞便給足以飾非強辨；精神敏給，揣摩巧中，足以趨避利害；而彌縫闕失，私交密會，令色脂言，足以結歡當路，而緘奪人口。故凡諸論嵩者，嵩雖不能顯禍之於正言直指之時，亦必託事假人，陰中之於遷除考察之際。如給事中王燁、陳愷，御史謝瑜、童漢臣等，當時已蒙聖恩寬宥，今則安在？天下之人，視嵩父子如鬼如蜮，不可測識。痛心疾首，敢怒而不敢言者，誠畏其陰中之也。臣請亟罷嵩父子，以淸本源。」疏入，帝謂其乘間報復，下鎭撫司拷訊，斥爲民。

三十年（辛亥，一五五一）春正月，杖錦衣衞經歷沈鍊於闕廷。初，俺答薄都城，求通貢，趙貞吉以爲不可。鍊在衆中，串貞吉旨不休。吏部尙書夏邦謨目之曰：「何小吏而言若是！」鍊曰：「大吏弗言，故小吏言之。」已而上疏，請「以萬騎護陵寢，萬騎護通州軍儲，而合勤王師邀擊其惰歸，必大捷」。是時大學士嵩用事，數寢格邊檄，不以上聞，故鍊書奏不報。鍊乃抗疏言：「嵩受國重任，貪婪愚鄙，不聞諮諏方略，治國安邊，惟與子世蕃爲全家保妻子計。以朝廷之賞罰爲己出，故人皆計嵩愛憎，不知朝廷恩威。」因歷數其十大罪，請戮之，以謝天下。詔以鍊詆誣大臣，廷杖之，謫佃保安。

三月，大計京官。嚴嵩授旨吏部，中傷善類甚衆。以徐學詩劾己，削籍，並黜其兄中書舍人應豐。吏部奏上，帝察其枉，留之，然亦不問。

三十一年（壬子，一五五二）冬十月，御史王宗茂疏論嚴嵩負國大罪八。帝謂其狂率，謫平陽縣丞。

三十二年（癸丑，一五五三）春正月朔，日食，陰雨不見。巡按御史趙錦請罷嵩，以應天變。疏上，帝方以供奉青詞悦嵩，命逮繫錦衣獄，久之，削籍爲民。

兵部員外郎楊繼盛上疏論嚴嵩十大罪、五奸，略曰：「方今在外之賊爲俺答，在内之賊惟嚴嵩。賊有内外，攻宜有先後，未有内賊不去而外賊可除者。故臣請誅賊嵩，當在勦絶俺答之先。嵩之罪惡，徐學詩、沈鍊、王宗茂等論之已詳。然皆止言貪污之小，而未嘗發其僭竊之大。去年春，雷久不聲，占云：『大臣專政。』夫大臣專政，孰有過於嵩者？又冬，日下有赤色，占云：『下有叛臣。』凡心背君者，皆叛也。夫人臣背君，又孰有過於嵩者？如四方地震與夫日、月交食之變，其災皆感應賊嵩之身，乃日侍左右而不覺。上天警告之心，亦恐怠且孤矣。不意陛下聰明剛斷，乃甘受嵩欺。人言不信，雖上天示警，亦不省悟，以至於此。臣敢以嵩之專政、叛君十大罪，爲陛下陳之：

我太祖高皇帝詔罷中書丞相，而立五府、九卿，分理庶政。殿閣之臣，唯備顧問、視制草，故載諸訓有曰：『建言設立丞相者，本人淩遲，全家處死。』及嵩爲輔臣，儼然以丞相自居。挾一人之權，侵百司之事。凡府部題覆，先面禀而後敢啓稾。嵩之直房，百官奔走如市；府部堂司，嵩指使絡繹不絕。一或少違，顯禍立見。及至失事，又嫁罪於人。是嵩無丞相之名，而有丞相之權；有丞相之權，而無丞相之責。壞祖宗之成法，一大罪也。權者，人君所以統御天下之具，不可一日下移。嵩一以票本自任，遂作威福。用一人，卽先謂曰：『我薦之也。』罰一人，則又號於衆，曰：『此得罪於我，故報之也。』羣臣感嵩，甚於感陛下；畏嵩，甚於畏陛下。竊君上之大權，二大罪也。人臣善則稱君，過則歸己。今陛下苟有一善，嵩必令子世蕃傳於人，曰：『上故無此意，我議而成之。』將聖諭及嵩所進揭帖，刻板刋行爲書，名曰嘉靖疏議，欲使天下後世謂陛下所行之善，盡出於彼而後已。掩君上之治功，三大罪也。陛下之令嵩票本，蓋取君逸臣勞義也。嵩何所取？而令子世蕃代票。又何所取？而約諸義子趙文華等羣會而擬。題疏方上，滿朝紛然。旣下，若合符契。如錦衣衞經歷沈鍊劾嵩疏，發大學士李本擬旨。本卽叩之世蕃，乃同趙文華自擬以上，此人所共知也。嵩旣以臣而弄君之權，世蕃復以子而弄父之柄。京師有『大丞相、小丞相』之謠。縱姦子之僭竊，四大罪也。邊事廢壞，皆原於功罪賞罰之不明。嵩爲輔臣，欲令孫冒功於兩廣，故置其表姪歐陽必進爲總督。朋奸比黨，將長孫嚴效忠冒功奏捷，遂陞鎮撫。效忠告病，嚴鵠襲代，加陞錦衣千戶。效忠、嚴鵠皆世蕃豢養乳臭子。冒朝廷之軍功，五大罪也。仇鸞總兵甘肅，以貪虐論革。世蕃乃受鸞重賄，薦爲大將。後知陛下疑鸞，遂互相誹謗，以掩初迹。是通寇者逆鸞，而受賄引用鸞者，嵩與世蕃也。進不肖，蒙顯戮。引悖逆之奸臣，六大罪也。俺答犯內深入，兵法：『擊其惰歸。』嵩乃曰：『京、邊不同勢。敗於邊可掩，敗於京不可掩。且俺答飽自退耳。』故丁汝夔傳令不戰。及汝夔臨刑，而後知爲嵩所給。誤國家之軍機，七大罪也。刑部郎中徐學詩，以論劾嵩、世蕃，革任爲民矣。又於考察京官之時，罷其兄中書舍人徐應豐。戶科給事中厲汝進，以劾嵩、世蕃，降爲典史矣。嵩於考察外官之時，逼吏部削汝進籍。夫考察，巨典也。陛下持之，以激厲天下之人心；賊嵩竊之，以中傷天下之善類。亂黜陟之大柄，八大罪也。府、部之權，皆撓於嵩。而吏、兵二部，尤大利所在。將官既納賄於嵩，不得不剝削乎軍士；有司既納賄於嵩，不得不濫取於百姓。皇上雖累加撫卹，豈足以當嵩殘虐之害？臣恐天下之患，不在塞外而在域中。失天下之人心，九大罪也。先朝風俗淳厚，近自逆瑾用事，始一少變。至嵩爲輔臣，守法度者，以爲固滯；尙巧滑者，以爲通材。厲節介者，以爲矯激；善奔走者，以爲練事。風俗之壞，未有甚於此者。壞天下之風俗，十大罪也。

嵩有十大罪，昭人耳目。以陛下之神聖，而若不知者，蓋有五奸以濟之。嵩知知陛下之意向者，莫過於左右侍從，厚以賄結之。聖意所愛憎，嵩皆預知，以得遂其逢迎之巧。是陛下之左右，皆嵩之間諜，其奸一。通政司，納言之官，嵩令義子趙文華爲之。凡疏到，必有副本送嵩、世蕃先閱而後進，早爲彌縫。是陛下之納言，乃嵩之鷹犬，其奸二。嵩既內外周密，所畏者，廠、衞之緝訪也。嵩則令世蕃籠絡廠、衞，締結姻親。陛下試詰嵩所娶者誰女，立可見矣。是陛下之爪牙，乃嵩之瓜葛，其奸三。廠、衞既已親矣。所畏者，科、道言之也。嵩於進士之初，非親知不得與中書、行人之選。知縣、推官，非通賄不得與給事、御史之列。是陛下之耳目，皆嵩之奴隸，其奸四。科、道雖入其牢籠，而部臣如徐學詩之類，亦可懼也。嵩又令子世蕃將各部之有才望者，俱網羅門下。各官少有怨望者，嵩得早爲斥逐。是陛下之臣工，多嵩之心腹，其奸五。

夫嵩之十罪，賴此五奸以濟之。五奸一破，則十罪立見。陛下何不忍割一賊臣，顧忍百萬蒼生之塗炭乎？陛下聽臣之言，察嵩之奸。或召問二王，令其面陳嵩惡。或詢諸閣臣，諭以勿畏嵩威。重則置之憲典，以正國法；輕則諭令致仕，以全國體。內賊去，而後外賊可除也。」

疏奏，帝怒其引用二王，命繫錦衣獄，詰訊主使者，繼盛曰：「盡忠在己，豈必人主使乎！」又問引用二王故，繼盛大言曰：「奸臣誤國，非二王誰不畏嵩者。」獄具，杖百，送刑部。尚書何鼇受嵩意，欲坐以詐傳親王令旨。郎中史朝賓曰：「疏中但云二王亦知嵩惡，原無親王令旨，三尺法豈可誣也！」嵩怒，降朝賓爲高郵判官。侍郎王學益助成其說，竟坐絞繫獄。

二月，逮兵部郎中周冕下詔獄。初，楊繼盛劾嚴嵩父子，言及歐陽必進竄嚴效忠名，冒功濫擢事。必進上疏辨，請下兵部查覈。世蕃乃自爲題草，遣人遺武選司郎中周冕，欲冕依草上覆。冕奏之，略曰：「臣職司武職，敢以冒濫軍功一事爲陛下陳之。按：二十七年十月，據通政司狀：『送嚴效忠，年十有六，考武舉不第，志欲報效。』本部資送兩廣聽用。次年，據兩廣總兵平江伯陳圭及都御史歐陽必進題：『瓊州黎寇平，遣效忠奏捷。』即援故事，授錦衣衞鎮撫。無何，效忠病廢，嚴鵠以親弟應襲。又言：『效忠前斬賊首七級，例宜加陞。』遂授千戶。問『效忠爲誰？』曰：『嵩之廝役也。』『鵠爲誰？』曰：『世蕃之子也。』不意嵩表率百僚，而壞朝亂紀，一至於此。今蒙明旨，下本部查覈，世蕃猶私創覆草，架虛遺臣，欲臣依草覆奏。天地鬼神，照臨在上。其草見存，伏望聖明特賜究正，使內外臣工知有不可犯之法。」疏入，帝以冕爲挾私，逮繫詔獄，削籍。

嚴嵩以十五載考滿，錄其二子。又以京師外城完，嵩與有閱視勞，遷世蕃爲工部左侍郎。嵩辭，帝諭以「修城、贊玄，實爲忠首」，不允。

三十三年（甲寅，一五五四）春，倭寇浙江，工部侍郎趙文華請禱海神殺賊，遂遣文華如浙。初，文華爲主事，有貪名，出爲州判。以賄嵩，得復入爲郎。未幾，改通政，與嵩子世蕃比周，嵩目爲義子。不二年，擢工部侍郎。至是往浙，淩轢官吏，搜括財物，公私苦之。

三十四年（乙卯，一五五五）冬十月，殺兵部員外郎楊繼盛。

初，仇鸞既誅，上思繼盛言，自謫所月餘遷主事，隨改兵部武選司員外。繼盛嘗感激思報，妻張氏曰：「公休矣，一鸞困公幾死。今相公嵩父子，百鸞也。公何以報爲？休矣，且歸耳。」繼盛不聽，密具疏。疏成，上方怒，遠諸言官。乃更越十五日而齋，齋三日，乃上，竟得罪。繼盛每出朝審，諸內臣士庶夾道擁視，共指曰：「此天下義士。」又指其三木，竊歎曰：「奈何不以此囊嵩頭？」司業王材詣嵩曰：「人言籍籍，謂繼盛且不免，公不憂萬世耶？」嵩曰：「吾行當救之。」令其子世蕃謀之胡植、鄢懋卿，懋卿曰：「此養虎自遺患也。」植亦言不可，嵩意遂決。乃以張經、李天寵疏覆奏，附繼盛於尾。上覽之，謂江南釀寇遺患，遂下旨行刑。是歲論大辟當刑者凡百餘人，詔決九人，而繼盛與焉。

將刑，張氏疏言：「臣夫諫阻馬市，預伐仇鸞，聖旨薄謫。旋因鸞敗，首賜湔雪。一歲四遷，臣夫銜恩圖報。誤聞市井之言，尚狃書生之見，妄有陳說。荷上不即加戮，俾從吏議。杖後入獄，割肉二觔，斷筋二條。日夜籠柙，備諸苦楚。年荒家貧，臣紡績供給。兩次奏〔讞〕（據明史卷二〇九楊繼盛傳補），俱蒙特宥。今混入張經疏尾，奉旨處決。儻以罪不可赦，乞將臣梟首，以代夫命。夫生一日，必能執戈矛，禦魑魅，爲疆埸效命之鬼以報陛下。」奏入，爲嵩所抑，不得達。蓋殺諫臣自此始，由是天下益惡嵩父子矣。

三十五年（丙辰，一五五六）春正月，趙文華自江南還京，與吏部尚書李默搆隙，知默與嵩異，疏劾之，摘其部選策題有「漢武征四夷而海內虛耗，唐憲復淮、蔡而晚業不終」爲謗訕。上怒，收繫獄拷訊，竟死獄中。嵩德文華，擢爲工部尚書，加太子太保。

二月，以大學士李本攝吏部事。本疏諸臣百十有三人，別爲三等：其上二十八人，吳鵬、趙文華、嚴世蕃等；其中七十人，鄢懋卿、徐履祥等；其下十五人宜斥免，乃葛守禮、艾守淳等，多可大用者。時論非之。

十一月，逮總兵俞大猷下錦衣衞獄。大猷不善滑刺，世蕃怒其不附己，授胡宗憲意，論其失事，故有是逮。逮至，大猷假貸三千金餽世蕃，得不死，罷職，發大同立功。

時有建議薊州增設戶部侍郎督糧練兵者，嚴嵩佯以推趙貞吉，且召之飲酒。詭曰：「是行非公不可。」貞吉曰：「人臣之義，死生以之。」酒半，貞吉徐曰：「今戶侍督糧，督京運乎？抑民運乎？若二運已有職掌，徒增擾耳。況兵之不練，其過宜不在是，縱十戶侍出無益也。」嵩作色而罷，嗾其黨張益劾之，奪官去。

十二月，賜大學士嚴嵩免朝賀，惟入直西苑，仍賜腰輿。先是，賜得乘馬入禁。至是，復加恩寵，爲異數云。

三十六年（丁巳，一五五七）冬十月，楊順、路楷殺前錦衣衛經歷沈鍊。

初，鍊既編保安，卽子身至。里長老問知鍊狀，咸大喜，遣其子弟從學。鍊稍與語忠義大節，乃爭爲鍊詈嵩以快鍊。鍊亦大喜，日相與詈嵩父子以爲常。嘗束芻爲偶人三，目爲林甫、檜及嵩而射之。語稍稍聞，嵩父子銜之。而侍郎楊順來爲總督，故嵩黨也。應州之役，多殺邊民掩敗。鍊怒讓之，且爲樂府以誚順。順大恚，以其私人經歷金紹魯、指揮羅鎧走世蕃所白之，且謂：「鍊結死士，擊劍習射，將以間而取若父子。」世蕃曰：「吾固知之。」卽以屬巡按御史李鳳毛，鳳毛謬爲謝曰：「有之，竊陰已解散其黨矣。」鳳毛得代歸。而御史路楷來，又嵩黨也。世蕃爲酒壽楷，而使謂順曰：「幸爲我除吾瘍。」楷至，則與順合策捕諸白蓮教通叛者，竄鍊名籍中，以叛聞。下兵部議，尚書許論不爲申理，嵩竟殺之，籍其家。嵩乃予順一子錦衣千戶，楷遷太常卿。順猶怏怏，曰：「丞相猶有所不足乎？」謀之楷，復取鍊二子杖殺之，併繫其長子襄。順、楷敗，乃得脫。

十二月，趙文華罷。

文華自浙歸，私行珍寶於嵩夫媍及世蕃，至入內室叩首嵩妻。嵩妻勞苦文華，謂：「相公尚不能爲郎君易腰帶耶？」兼以李默故，嵩亟稱文華於帝，進位尚書，躐加太子太保。然文華得寵眷，乃稍欲結知帝，不稟嵩命。一日，密進藥酒方，言：「授之仙，飲可不死，獨臣與嵩知之。」帝曰：「嵩有是方不奏，乃文華奏我。」嵩聞之，大懼且恨，立召文華問之，曰：「若何所獻？」對曰：「無有。」嵩取疏示之，文華慚，頓首謝罪。嵩怒，不令起，呼左右拽出，令門者毋得爲文華通。文華日憂懼不知所出，從世蕃乞憐，爲白夫人。夫人以其兒也，憐之。一日，嵩休沐，諸義兒及世蕃咸候起居，置酒堂上。嵩、夫人上坐，義兒及世蕃侍列。文華遙望不得入，乃曲賂左右，伏軒檽下。酒中，夫人曰：「今日舉家在座，何少文華？」嵩嘻曰：「阿奴負人，那得在此！」夫人因宛轉暴白，嵩色微和。文華竊望見，遽走入，伏席前涕泣。嵩不得已，遂留侍飲，然意未慊也。又文華初賂世蕃金絲幕一具，其姬二十七人皆寶髻一。世蕃以爲薄，恨之。乃爲疏草使上，引疾歸，帝從之。而是時帝方修玄，以其疏中有病語，怒削其職，子戍邊。

三十七年（戊午，一五五八）三月，給事中吳時來上疏劾嚴嵩「輔政十二年，引用匪人，邊事日壞。令其子世蕃入直，干預國政，窺覘幾微，以市私恩。引其親萬寀爲文選郎中，方祥爲職方郎中，比周爲奸，公行賄賂，進退一人，行止一事，必關白世蕃。不論賢否是非，唯視所入多寡。如趙文華南還，餽遺數萬，猶爲未足，而授草引疾。張經被逮，行金五千。及聖斷不貸，而爲治裝賻卹。王汝孝失律，以三千而得遣戍。蔡克廉撫淮陽，以三千而轉他卿。楊順誤國，而三蔭其子。吳嘉會修邊侵冒，而驟遷三官。邊事之不振，由於軍民之困窮；軍民之困窮，由於上官之貪縱；上官之貪縱，由於謀國之匪人。『拔本塞源』之喻，願皇上察之」。主事張翀、董傳策亦交章論之，俱下獄，廷杖，謫戍嶺南。

三十八年（己未，一五五九）夏五月，逮總督侍郎王忬下獄論死。嚴嵩以忬慼楊繼盛死，銜之，忬子世貞又從繼盛遊，爲之經紀其喪，弔以詩。嵩因深憾忬。嚴世蕃嘗求古畫於忬，忬有臨幅類眞者以獻。世蕃知之，益怒。會灤河之警，鄢懋卿乃以嵩意爲草，授御史方輅，令劾忬。嵩即擬旨逮繫。爰書具，刑部尚書鄭曉擬謫戍。奏上，竟以邊吏陷城律棄市。

三十九年（庚申，一五六〇）夏六月，以都御史鄢懋卿總理天下鹽運，懋卿益通賄無虛日。御史林潤劾其貪冒五罪，懋卿疏辨。不問。

四十年（辛酉，一五六一）春正月，以萬壽宮災，命大學士徐階、工部尚書雷禮與工重建。先是，嚴嵩在內閣，凡御札下問，辭旨深奧。西苑玄修，聖躬臥起不常，外廷得失，時廑於懷。內侍傳出，或早或暮。嵩耄而智昏，多瞠目不能解。世蕃一見躍然，揣摩曲中，據之奏答，悉當上意。又陰結內侍，纖悉馳報，報必重賚。每事必先有以待，上益喜。蓋上不能一日亡嵩，嵩又不能一日亡其子也。專政既久，諸司以事請裁，嵩必曰：「與小兒議之。」甚曰：「與東樓議之。」東樓，世蕃別號也。世蕃益自恣，一時無行之士，僨帥墨吏，羣然趨之。嵩妻歐陽氏嘗語嵩曰：「不記鈐山堂二十年清寂耶！」嵩甚愧之，馭世蕃尤嚴。歐陽氏卒，世蕃當護喪歸，嵩上言：「臣老無他子，乞留侍。」許之。以孫鵠代行。世蕃因大佚樂，干預各司事如故。然不得入直房代議，間飛札走問，則世蕃方擁諸姬狎客，徵逐胡盧，不甚了了，亦不能得當如往時。中使守直房迫促，嵩引領待片紙。不時至，乃自以意對。既至，追還復改，大抵故步皆失。上不懌，頗聞世蕃淫縱，心惡之。會方士藍道行以扶鸞見得幸，上以爲神。一日，從容問輔臣賢否，道行遂詐爲箕仙對，具言嵩父子弄權狀。上曰：「果爾，上玄何不殛之？」詭曰：「留待皇帝正法。」上默然。適萬壽宮災，宮在西苑，上自壬寅宮變，卽移於此，不復居大內。忽火作，乘輿服御皆燬，上暫居玉熙宮，隘甚，邑邑不樂。廷臣請還大內，上以列聖晏駕於此，不報。嵩請徙南內，故英宗幽錮所也，大不樂。次相徐階與尙書禮疏幷力營新宮，上喜，報允。自是，凡軍國大事悉諮之階。間有及嵩者，不過齋醮符籙之類而已。

十二月，吏部尙書吳鵬罷。鵬，嚴嵩黨也。先是，御史耿定向劾其六罪，故罷。嵩復薦所親歐陽必進代之，未久，亦勒歸。

進禮部尚書袁煒太子太保，入閣參預機務。時帝漸有疑嵩意，密諭徐階舉堪輔政者。階密奏曰：「人君以論相爲職，陛下斷自宸衷，則窺伺陰阻之私自塞矣。」帝從之，遂有是命。

四十一年（壬戌，一五六二）三月，萬壽宫成，加大學士徐階少師，任一子，袁煒少保。嵩加祿百石而已。

五月，嚴嵩罷，猶給歲祿。繫其子世蕃詔獄，以御史鄒應龍爲通政司參議。初，嵩見張璁、夏言以言禮驟貴，乃從臾興獻帝稱宗祔太廟，眷遇日隆，人言不復入。自徐學詩、王宗茂、楊繼盛、沈鍊、吴時來、張翀、董傳策或死或戍，搢紳側目不敢言。至是，徐階日親用事，廷臣多知之未發。御史鄒應龍欲具疏，一夕夢出獵，見一高山，射之不中。東有培壘樓，其下甚壯。樓俯平田，有米草覆其上，一注矢拉然，醒而悟曰：「此小兒東樓之兆也。」遂上疏劾世蕃，數其通賄賂行諸不法狀，乞置於理。因及嵩「植黨蔽賢，溺愛惡子」。且曰：「如臣言不實，願斬臣首懸之藁竿，以謝世蕃父子。」帝覽之心動，命嵩致仕乘傳去，而下世蕃於理。擢應龍，嘉其敢言。世蕃因行金內侍云：「鄒應龍疏，皆藍道行泄之。」帝怒，幷逮道行。鄢懋卿、萬宷復私致道行，許以金，令其委罪徐階，則無事矣。道行大言曰：「除貪官，自是皇上本意；糾貪罪，自是御史本職，何與徐閣老事！」懋卿、宷懼，乃囑法司量坐世蕃贓銀八百兩，擬罪上請。於是戍世蕃雷州衞，子嚴鵠、嚴鴻及其爪牙羅龍文、牛信等分戍邊遠衞。家人嚴年錮獄追贓。年最黠惡，卽士大夫所呼爲萼山先生者也。上猶以嵩故，特宥其孫鴻爲民。嵩旣去，上追思嵩贊玄功，意忽忽不樂。諭徐階「欲遂傳位，退居西內，專祈長生」。階極言不可。上曰：「卿等卽不欲違大義，必天下皆仰奉君命，闡玄修仙乃可。嚴嵩已退，伊子已伏罪，敢有再言同鄒應龍者俱斬。」嵩知上意已動，仍密賂左右，發道行怙寵招權諸奸狀，道行亦下獄論死。

六月，御史鄭洛劾大理卿萬寀、刑部侍郎鄢懋卿、太常少卿萬虞龍皆朋比奸贓不職。寀、懋卿罷，虞龍降調。

九月，給事中趙灼劾工部侍郎劉伯躍、刑部侍郎何遷、右通政胡汝霖、光祿少卿白啓常、副使袁應樞。給事中沈淳劾湖廣巡撫、都御史張雨。給事中陳瓚劾諭德唐汝楫、國子祭酒王材。俱罷去。伯躍女適嚴嵩之甥。應樞，嵩婿。遷撫江西時，厚斂遺嵩父子。汝霖，雨貪肆不檢。啓常匿喪遷光祿，入世蕃幕，至以粉墨塗面爲歡笑。汝楫，吏部尚書龍之子，以父事嵩得及第，世蕃弟畜之，與材俱出入臥內，交通請託。至是，士論大快之。

四十二年（癸亥，一五六三）夏四月，嚴嵩具奏起居，並進祈鶴文及各宗祕法，上優詔答之，仍賜銀幣。始嵩之致仕歸也，至南昌，值聖誕，卽鐵柱觀延道士藍田玉等爲上建醮。田玉自言能書符召鶴，嵩試之良驗。會上遣御史姜儆、王大任訪祕法，嵩乃索田玉所藏諸符籙以上。久之，疏言：「臣年八十四，惟一子世蕃及孫鵠，俱赴戍千里之外。臣一旦先狗馬塡溝壑，誰可託以後事？惟陛下哀其無告，特賜放歸，終臣餘年。」上曰：「嵩有孫鴻侍養，已恩逮矣。」竟不許。世蕃未達雷州，至南雄而返。龍文亦逃伍，潛住歙縣，藏匿亡命刺客，一日被酒大言曰：「要當取應龍與徐老頭，洩此恨。」階聞，厚爲備。嵩久之亦聞，驚曰：「兒誤我多矣！幸聖恩善歸。汝雖行戍，猶在枕席上，久可望赦。若作此舉，止如武元衡故事，橫屍都門。上方眷徐厚，陞應龍官，一震全族沈矣。」

初，階之入政府也，肩隨嵩者且十年，幾不敢講鈞禮。嵩懲夏言禍，亦頗自恭謹。惟世蕃多行無禮。階既曲忍，嵩亦不知也。方應龍疏上，階往謁，慰藉甚。嵩喜，頓首謝，世蕃亦盡出妻子爲託。既歸，其子密啓曰：「大人受侮已極，此其時已。」階僞罵曰：「吾非嚴氏不至此，負心爲難，人將不食吾餘。」嵩遣所親探之，語如前。蓋階亦知上猶眷戀，未能卽割也。嵩既去，書問不絕。久之，世蕃亦忘舊事，謂「徐老不我毒」。鳩工大治館舍，陰賊彌甚。先是，伊王不法，納數萬金求援。嵩既歸，遣校尉樂工三十餘人走分宜坐索，如數與之。密遣人邀於湖口，盡劫殺，取前貲以歸。其他睚眦必報類如此。嵩益老，謬示恭謹，而終不能禁世蕃，世蕃勢益橫。

四十三年（甲子，一五六四）冬十月，復逮嚴世蕃下獄。

先是，御史林潤既劾鄢懋卿罷去，知讐在必報。會袁州推官郭諫臣以公事過嵩里，工匠千餘，方治園亭，其僕爲督。諫臣至，箕踞不起。役人戲以瓦礫擲諫臣，亦不禁。或尤之曰：「京堂科道官候主人門，叱嗟誰敢動，此何爲者？」諫臣遂具揭上之潤，潤得之，大喜，乃上疏言：「臣巡視上江，備訪江洋盜賊，多入逃軍羅龍文之家。龍文卜築深山，乘軒衣蟒，有負險不臣之志。推嚴世蕃爲主，事之。世蕃自罪謫之後，愈肆兇頑，日夜與龍文誹謗朝政，動搖人心。近者假治第聚衆至四千人，道路洶洶，咸謂變且不測。乞早正刑章，以絶禍本。」疏入，詔「以世蕃、龍文卽付潤，逮捕至京」。潤下郭諫臣捕世蕃，徽州府推官栗祁捕龍文，自駐九江，勒兵以待。

四十四年（乙丑，一五六五）三月，嚴嵩削籍，沒其家，其子世蕃及羅龍文俱棄市。

初，林潤聞命，馳至九江。郭諫臣白監司，盡散其工匠四千人。龍文走匿世蕃家，捕得之。潤因諭袁州府，詳具嚴氏諸暴横狀，得之。復上疏，數世蕃父子罪，略曰：「世蕃罪惡，積非一日。任彭孔爲主謀，羅龍文爲羽翼，惡子嚴鵠、嚴珍爲爪牙。占會城廒倉，吞宗藩府第，奪平民房。而又改鼇祝之宫以爲家祠，鑿穿城之池以象西海。直欄横檻，峻宇雕牆，巍然朝堂之規模也。袁城之中，列爲五府：南府居鵠，西府居鴻，東府居紹慶，中府居紹庠，而嵩與世蕃則居相府。招四方之亡命，爲護衞之壯丁，森然分封之儀度也。總天下之貨寶，盡入其家。世蕃已踰天府，諸子各冠東南。雖豪僕嚴年，謀客彭孔，家貲亦稱億萬。民窮盜起，職此之由。而曰：『朝廷無如我富。』粉黛之女，列屋駢居。衣皆龍鳳之文，飾盡珠玉之寶。張象床，圍金幄，朝歌夜絃，宣淫無度。而曰：『朝廷無如我樂。』甚者，畜養廝徒，招納叛卒。旦則伐鼓而聚，暮則鳴金而解。郭寧三、劉相誼、洪斗、段回等數十百人，明稱官舍，出沒江、廣，劫掠士民。其家人壽二、銀一等陰養刺客，昏夜殺人。奪人子女，誘人金錢。半歲之間，事發者二十有七。而且包藏禍心，陰結典楧，在朝則爲寧賢，居鄉則爲宸濠。以一人之身而總羣奸之惡，雖赤其族，猶有餘辜。嚴嵩不顧子未赴伍，朦朧請移近衞。既奉明旨，居然藏匿。以國法爲不足遵，以公議爲不足恤。世蕃稔惡，有司受詞數千，盡送父嵩。嵩閱其詞而處分之，尚可諉於不知乎？既知之，又縱之，又曲庇之，此臣謂嵩不能無罪也。」

疏入，帝怒，詔下法司訊狀。世蕃猶抵掌曰：「任他燎原火，自有倒海水。」已而聚其黨竊議，自謂：「『賄』字自不可掩，然非上所深惡；『聚衆以通倭』之說，得諷言官使削去。而故塡楊、沈下獄爲詞，則上必激而怒；上怒，乃可脫也。」謀既定，乃令其黨揚言之。刑部尚書黃光昇、左都御史張永明、大理寺卿張守直亦以爲然，依其言具稿詣徐階議之。階固已豫知，姑問稿安在？吏出懷中以進，閱畢曰：「法家斷案良佳。」延入內庭，屏左右語曰：「諸君子謂嚴公子當死乎？生乎？」曰：「死不足贖。」「然則此案將殺之乎？生之乎？」曰：「用楊、沈正欲抵死。」階徐曰：「別自有說。楊、沈事誠犯天下公惡，然楊以計中上所諱，取特旨；沈暗入招中，取泛旨。上英明，豈肯自引爲過？一入覽，疑法司借嚴氏歸過於上，必震怒，在事者皆不免，嚴公子騎款段出都門矣。」衆愕然，請更議，曰：「稍遲，事且洩，從中敗事者必多，事且變。今當以原疏爲主，而闡發聚衆本謀，以試上意，然須大司寇執筆。」謝不敢當，羣以讓階。階乃出一幅於袖中，曰：「擬議久矣。諸公以爲何如？」皆唯唯。因曰：「前囑攜印及寫本吏同至，寧忘之乎？」皆曰：「已至。」卽呼入，扃戶令疾書，用印封識，而世蕃不知也。竊自喜計行，謂龍文曰：「諸人欲以爾我償楊、沈命奈何？」龍文不應，執其手，耳語曰：「且罔飲，不十日釋縲紲善歸。上因此念吾父，別有恩命未可知。雖然，先取徐階首，當無今日。吾父養惡，故至此。今且歸矣，用前計未晚，誰謂阿儂智者！」龍文喜問故，曰：「第俟之。」已而階改疏上，但言其通賄僭侈狀，且曰：「逆賊汪直徽州人，與羅龍文姻舊，遂投金十萬於世蕃，擬爲授官。兇藩典楧，陰冀非常，世蕃納其賄爲護持。向非聖神威斷，或徙或誅，則貽憂宗社矣。世蕃罪擢髮難數，陛下曲赦其死，謫戍邊衞，不思引咎，輒自逃歸。羅龍文招集汪直餘黨，謀與世蕃外投日本。世蕃班頭牛信者，徑自山海棄伍北走，擬誘至北寇，相爲響應。臣按：世蕃所坐死罪非一，而觖望誹上，尤爲不道，罪死不赦。」上覽疏曰：「此逆情非常，爾等第述潤疏一過，何以示天下？其會都察院、大理寺、錦衣衞鞫訊，具實以聞。」命下，階袖之出長安門，法司官俱集。階略問數語，速至私第，具疏以聞。世蕃雖善探，亦不得知也。疏中極言「事已勘實。其交通倭寇，潛謀叛逆，具有顯證。請亟正典刑，以洩神人之憤」。上從之，命斬世蕃、龍文於市。二人聞，相抱哭。家人請寫遺書謝其父，不能成一字。都人聞之大快，各相約持酒至西市看行刑。有讐階能翦大憝者，蹙額曰：「彼殺桂洲，我又殺其子，人必有不諒者，知我其天也。」已而籍嵩家，得銀二百五萬五千餘兩。其珍異充斥，踰於天府。江西巡按鞫彭孔及嚴氏家人，得其蔽匿奸盜，椎埋殺人及奪民田宅子女罪狀，二十七人各遣配有差。

十一月，山西巡按張檟言：「往者嚴嵩與逆子世蕃奸惡相濟，皇上納言官鄒應龍議，悉置之法，而籍其家矣。復顯陟應龍，以旌其直。第先年首發大奸諸臣，如吳時來、董傳策、張翀、王宗茂等，或雜列戎行，或流離瘴癘，臣竊痛之。乞赦過錄用，以旌直臣之節。」疏入，上大怒，命緹騎逮檟下於理。

十二月，謫原任大理寺卿萬寀充邊衞軍，廣西副使袁應樞充烟瘴軍。下刑部侍郎鄢懋卿於巡按逮問，尋亦遣戍。亡何，嵩寄食故舊以死。

谷應泰曰：嚴嵩相世宗，入於嘉靖二十年八月，去位於嘉靖四十一年五月。盤踞津要，盜竊寵靈，凡二十餘歲。比之林甫相玄，寵任十九載，元載輔代，驕佚十餘年，嵩且過其曆矣。考嵩以茸闒庸材，黷貨嗜利，帝號英睿，竟稱魚水，嵩遵何道哉？或者謂其議禮贊玄，曲當上旨。然議禮創自張、桂，嵩晚拾唾餘，不足要結主歡。惟佑贊玄功，帝心感嵩。夫加爵賜酺，封禪用以媚臣民；美酒明珠，天書用以結朝貴。英主好怪之心，避謗之智，方交戰於中。而朱能造書，寇準召相。桓譚非讖，光武加誅。桂洲胎禍於香冠，分宜追思乎召鶴。批逆鱗者無全功，盜領珠者有巧術也。況嵩又眞能事帝者：帝以剛，嵩以柔。帝以驕，嵩以謹。帝以英察，嵩以樸誠。帝以獨斷，嵩以孤立。贓婪累累，嵩即自服帝前。人言籍籍，嵩遂狼狽求歸。帝且謂嵩能附我，我自當憐嵩。方且謂嵩之曲謹，有如飛鳥依人。即其好貨，不過駑馬戀棧。而諸臣攻之以無將，指之以煬竈，微特訐嵩，且似污帝。帝怒不解，嵩寵日固矣。漢武寧用公孫賀、田蚡，不能用董仲舒、汲黯。德宗甚嘉盧杞、裴延齡，甚不喜陸贄、顏眞卿。猜忌之主，喜用柔媚之臣，理有固然，無足怪者。

嗟乎！嵩下有殺人之子，上事好殺之君，身之瀕死，固亦危矣。又從而固寵持位，鼓餘沫於焦釜，餂殘膏於兇鋒。二十七年殺曾銑，是年殺夏言。三十四年殺楊繼盛。

三十六年殺沈鍊。三十七年殺王忬。假令嵩早以賄敗，角巾里門，士林不齒已矣。乃至朝露之勢，危於商鞅；燎原之形，不殊董卓。非特嵩誤帝，帝實誤嵩。歐陽氏勸憶鈐山堂，鄒御史夢射培壘樓。霍山將誅，第門自壞；申生訴帝，披髮見形。嵩父子至此，寧有死所乎！夫羊舌之族將覆，叔向之母已知。獨惜世宗自負非常，而明殺輔臣，始於夏言；明殺諫官，始於繼盛。大禮之獄，猶云母子之恩，爲其太甚。夏、楊之誅，乃以憸壬之相，甘爲戎首。萊朱貽戒於自用，仲尼致恨於鄙夫，其所由來也久矣。

明史紀事本末卷之五十五

沿海倭亂

太祖洪武二年（己酉，一三六九）夏四月，時倭寇出沒海島中，數侵掠蘇州、崇明，殺略居民，劫奪貨財，沿海之地皆患之。太倉衞指揮僉事翁德帥官軍出海捕之，遇於海門之上幫，及其未陣，麾兵衝擊之，斬獲不可勝計，生擒數百人，得其兵器海艘。命擢德指揮副使，其官校賞綺幣白金有差，仍命德領兵往捕未盡諸寇。

三年（庚戌，一三七〇）三月，遣萊州同知趙秩，持詔諭日本國王良懷，令革心歸化。日本，古倭奴國，在東海中，緡波而宅。自玄菟、樂浪底於徐聞、東莞，所通中國處，無慮萬餘里。國君居山城，所統五畿、七道、三島，爲郡五百七十有三。然皆依水附嶼，大者不過中國一村落而已。戶可七萬，課丁八十八萬三千有奇。自元師討日本者沒於水，不得志，日本亦不復來貢。至是，帝遣使諭降之。

四年（辛亥，一三七一）冬十月癸巳，日本國王良懷遣其僧祖朝來進表箋，貢馬方物，並僧九人來朝，又送至明州、台州被掠男子七十餘人，詔賜文綺答之。

十二月，詔靖海侯吳禎籍方國珍所部溫、台、慶元三府軍士，及蘭秀山無田糧之民嘗充船戶者，凡十一萬一千七百餘人，隸各衞爲軍。仍禁濱海民不得私出海，時國珍餘黨多入海剽掠故也。禎既至，三郡每挾私意，多引平民爲兵，瀕海大擾。寧海知縣王士弘曰：「吾寧獲死罪，不可誣良民爲兵。」卽上封事，詞甚切，上立罷之。

六年（癸丑，一三七三）春正月，德慶侯廖永忠上言：「今北邊遺孽，遠遁萬里之外，獨東南倭寇負禽獸之性，時出剽掠，擾瀕海之民。陛下命造海舟，翦捕此寇，以奠生民，德至盛也。然臣竊觀倭夷竄伏海島，因風之便，以肆侵略，來若奔狼，去若驚鳥。臣請令廣洋、江陰、横海水軍四衞添造多櫓快船，令將領之。無事則沿海巡徼，以備不虞。倭來則大船薄之，快船逐之。彼欲爲內寇，不可得也。」上從之。

七年（甲寅，一三七四）夏六月，倭寇膠海，靖海侯吳禎率沿海各衞兵，捕至琉球大洋，獲倭寇人船，俘送京師。

十三年（庚申，一三八〇）春正月，胡惟庸謀叛，約日本，令伏兵貢艘中。會事覺，悉誅其卒，而發僧使於陜西、四川各寺中，示後世不與通。

十七年（甲子，一三八四）春正月，倭頻寇浙東，命信國公湯和巡視海上。築山東，江南、北，浙東、西海上五十九城，咸置行都司，以備倭爲名。

二十年（丁卯，一三八七）二月，置兩浙防倭衛、所。

夏四月戊子，命江夏侯周德興往福建福、興、漳、泉四郡視要害，築海上十六城，籍民爲兵，以防倭寇。增置巡檢司四十有五，分隸諸衞。

二十二年（己巳，一三八九）冬十二月，倭寇寧海，尋犯廣東。

二十七年（甲戌，一三九四）春二月，倭寇浙東，命都督楊文、劉德、商暠巡視兩浙。復命魏國公徐輝祖、安陸侯吳傑往浙，訓練海上軍士，同楊文等防倭。

秋八月，命吳傑同永定侯張全往廣東，訓練海上軍士防倭。

冬十月，倭寇金州。

三十一年（戊寅，一三九八）春二月，倭寇山東、浙東。

成祖永樂元年（癸未，一四〇三），日本王源道義遣使入貢，賜冠服文綺，給金印。

四年（丙戌，一四〇六）冬十月，平江伯陳瑄督海運至遼東。舟還，值倭於沙門，追擊至朝鮮境上，焚其舟，殺溺死者甚衆。

九年（辛卯，一四一一）春正月丙戌，命豐城侯李彬、平江伯陳瑄等率浙江、福建舟師勦捕海寇。

三月，中軍都督劉江守遼東，不謹斥堠，海寇入寨，殺邊軍。上怒，遣人斬江首；既而宥之，使圖後效。

夏五月，倭寇浙東。

十四年（丙申，一四一六）夏五月，敕遼東總兵、都督劉江及緣海衞、所備倭寇，相機勦捕。命都督同知蔡福等率兵萬人，於山東沿海巡捕倭寇。六月，倭舟三十二艘泊靖海衞楊村島，命福等合山東都司兵擊之。

十二月，置遼東金州旅順口望海堝、左眼、右眼、三手山、西沙洲、山頭、爪牙山敵臺七所。

十五年（丁酉，一四一七）春正月，倭寇浙江松門、金鄉、平陽。

冬十月，遣禮部員外郎呂淵等使日本。先是，帝命太監鄭和等齎賞諭諸海國，日本首先歸附，詔厚賚之。封其鎮山，賜勘合百道，與之期，期十年一貢。無何，捕倭將士俘數十寇獻京師，俱日本人，羣臣請誅之，以正其罪。上乃遣淵賜勅切責之。

十七年（己亥，一四一九）夏六月，遼東總兵、都督劉江大破倭寇於望海堝。

先是，江巡視各島，至金州衞金線島西北望海堝上。其地特高廣，可駐兵千餘。詢諸土人，云：「洪武初，都督耿忠亦嘗於此築堡備倭，離金州城七十餘里。凡寇至，必先經此，實濱海咽喉之地。」上疏請「用石壘堡，置烟墩瞭望」。上從之。一日，瞭者言：「東南夜舉火有光。」江計寇將至，亟遣馬、步官軍赴堝上堡備之。翼日，倭寇二千餘乘海艫直逼堝下，登岸魚貫行。一賊貌醜惡，揮兵率衆，勢銳甚。江令犒師秣馬，略不爲意。以都指揮徐剛伏兵於山下，百戶江隆帥壯士潛繞賊船，截其歸路。乃與之約曰：「旗舉伏起，鳴礮奮擊，不用命者，以軍法從事。」既而賊至堝下，江披髮舉旗鳴礮，伏盡起。繼以兩翼並進。賊衆大敗，死者橫仆草莽，餘衆奔櫻桃園空堡。官軍追圍之，將士奮勇，請入堡勦殺。江不許，特開西壁以待其奔，分兩翼夾擊之。生擒數百，斬首千餘。間有脫走艫者，又爲隆等所縛，無一人逸者。凱還，將士請曰：「將軍見敵，意思安閑，惟飽士馬。及臨陣，作眞武披髮狀。迨賊入堡，不殺而縱之，何也？」江曰：「窮寇遠來，必勞且饑。我以逸飽待饑勞，固治敵之道。賊始魚貫而來爲蛇陣，故披髮作此狀以鎮服之。所以愚士卒之耳目，作士卒之銳氣。賊既入堡，有死而已。我師攻之，彼必致死，未必無傷。寇出，縱其生路，卽『圍師必缺』之意。此固兵法，顧諸君未察耳。」事聞，上賜敕褒進，封江廣寧伯，子孫世襲，將士賞賚有差。先是，元末瀕海盜起，張士誠、方國珍餘黨導倭寇出沒海上，焚民居，掠貨財，北自遼海、山東，南抵閩、浙、東粵，濱海之區，無歲不被其害。至是，爲江所挫，斂跡不敢大爲寇。然沿海稍稍侵盜，亦不能竟絕。

英宗正統四年（己未，一四三九）夏四月，倭寇浙東。先是，倭得我勘合，方物戎器滿載而東。遇官兵，矯云入貢。我無備，即肆殺掠，貢即不如期。守臣幸無事，輒請俯順倭情。已而備禦漸疎。至是，倭大髻入桃渚，官庾民舍焚劫，驅掠少壯，發掘冢墓。束嬰孩竿上，沃以沸湯，視其啼號，拍手笑樂。得孕婦卜度男女，刳視中否爲勝負飲酒，積骸如陵。於是朝廷下詔備倭，命重師守要地，增城堡，謹斥堠，合兵分番屯海上，寇盜稍息。

世宗嘉靖二年（癸未，一五二三）五月，日本諸道爭貢，大掠寧波沿海諸郡邑。鄞人宋素卿者，初奔日本。正德六年，與其國人源永壽來貢。其從父澄識之，告素卿附倭狀。守臣以聞，置不問。至是，其主源義植幼闇不能制命，羣臣爭貢，各強給符驗。左京兆大夫內藝興遣僧宗設，右京兆大夫高貢遣僧瑞佐及宋素卿先後至寧波，爭長不相下。故事：番貨至，市舶司閱貨及宴坐，並以先後爲序。時瑞佐後，而素卿狡，賄市舶太監，先閱瑞佐貨，宴又坐宗設上。宗設不平，遂與瑞佐相讐殺。太監又以素卿故，陰助瑞佐，授之兵器。而宗設衆強，拒殺不已，遂燬嘉賓堂，劫東庫，逐瑞佐及餘姚江，瑞佐奔紹興。宗設追之城下，令縛瑞佐出，不許，乃去。沿途殺掠至西霍山洋，殺備倭都指揮劉錦、千戶張鏜。執指揮袁璡、百戶劉恩。又自育王嶺奔至小山浦，殺百戶胡源，浙中大震。宗設負固據海嶴，巡按御史歐珠、鎮守太監梁瑤奏聞，逮素卿下獄待訊。倭自是有輕中國心矣。

給事中夏言上言：「倭患起於市舶。」遂罷之。初，太祖時雖絕日本，而三市舶司不廢。

市舶故設太倉黄渡。尋以近京師，改設福建、浙江、廣東。七年罷，未幾復設。蓋以遷有無之貨，省戍守之費，禁海賈，抑姦商，使利權在上也。自市舶內臣出，稍稍苦之。然所當罷者市舶內臣，非市舶也。至是，因言奏，悉罷之。市舶罷，而利權在下。奸豪外交內訌，海上無寧日矣。

四年（乙酉，一五二五）二月，宋素卿伏誅。初，宗設遁海島不獲，獨素卿及瑞佐下獄。會朝鮮兵徼海者，得其魁仲林望、古多羅等三十三人，國王李懌奏獻闕下。於是發仲林等至浙，責與素卿對簿，備鞫遣貢先後及符驗眞僞。既悉，有司以爰書上請，乃論素卿死，釋瑞佐還本國。

十八年（己亥，一五三九），國王源義植復以修貢請，許之。期以十年，人無過百，船無過三。然諸夷嗜中國貨物，人數恆不如約，至者率遷延不去，每失利云。

二十五年（丙午，一五四六），倭寇寧、台。

自罷市舶後，凡番貨至，輒主商家。商率爲奸利，負其責，多者萬金，少不下數千，索急，則避去。已而主貴官家，而貴官家之負甚於商。番人近島坐索其負，久之不得，乏食，乃出沒海上爲盜。輒搆難，有所殺傷，貴官家患之。欲其急去，乃出危言撼當事者。謂：「番人泊近島，殺掠人，而不出一兵驅之，備倭固當如是耶！」當事者果出師，而先陰洩之，以爲得利。他日貨至，具復然。如是者久之，倭大恨，言：「挾國主貲而來，不得直，曷歸報？必償取爾金寶以歸。」因盤據島中不去。並海民生計困迫者糾引之，失職衣冠士及不得志生儒亦皆與通，爲之鄉導，時時寇沿海諸郡縣。如汪五峰、徐碧溪、毛海峰之徒，皆華人，僭稱王號。而其宗族妻子田廬，皆在籍無恙，莫敢誰何。

巡按浙江御史陳九德請「置大臣，兼巡浙、福海道。開軍門治兵捕討，聽以軍法從事」。從之。乃以朱紈爲右副都御史，巡撫浙江兼攝福、興、泉、漳。未至，而泊寧波、台州諸近島者已登岸，攻掠諸郡邑無算，官民廨舍焚燬至數百千區。巡按御史裴紳劾防海副使沈瀚，守土參議鄭世威因乞「勅紈嚴禁泛海通番，勾連主藏之徒」。從之。紈乃下令禁海，凡雙檣艅艎，一切毀之，違者斬。乃日夜練兵甲，嚴糾察，數尋舶盜淵藪，破誅之。因上言：「去外盜易，去中國盜難。去中國羣盜易，去中國衣冠盜難。」遂鐫暴貴官家渠魁數人姓名，請戒諭之。不報。於是福建海道副使柯喬、都司盧鏜捕獲通番九十餘人以上，紈立決之於演武場，一時諸不便者大譁。蓋是時通番，浙自寧波、定海，閩自漳州月港，大率屬諸貴官家，咸惴惴重足立，相與詆誣不休。諷御史周亮、給事中葉鏜奏改紈爲巡視。

未幾，紈復上言：「長嶼諸處大俠林參等，號稱『刺達總管』，勾連倭舟，入港作亂。更有巨奸，擅造艅艎，走賊島爲鄉導，躪海濱。鞫論明確，宜正典刑。」章下兵部，侍郎詹榮覆奏：「中國待外裔，不以向背責之，以昭天地之量。」納所論坐，俱關重刑。乞下都察院覆覈。」從之。於是御史周亮等劾紈「舉措乖方，專殺啓釁」。因及福建防海副使柯喬、都指揮使盧鏜「黨紈擅殺，宜置於理」。帝遂奪紈官，命還籍聽理。遣給事中杜汝禎往福建，會巡按御史陳宗夔訊喬等，併覈紈事。汝禎、宗夔勘紈「聽信姦回，柯喬、盧鏜擅殺無罪，皆當死」。奏下兵部，尚書丁汝夔如其議上。帝從之，命喬、鏜繫福建按察司待決。紈恚自殺，士論惜之。遂罷巡撫御史，不復設。

三十年（辛亥，一五五一）夏四月，浙江巡按御史董威、宿應參前後請寬海禁，下兵部尚書趙錦覆議，從之。自是船主土豪益自喜，爲奸日甚，官司莫敢禁。

三十一年（壬子，一五五二）夏四月，倭寇犯台州，破黄巖，大掠象山、定海諸邑。汪直者，徽人也。以事亡命走海上，爲船主渠魁，倭人愛服之。倭勇而戇，不甚別死生。每戰輒赤體，提三尺刀舞而前，無能捍者。其魁則皆浙、閩人，善設伏，能以寡擊衆。大羣數千人，小羣數百人，而推直爲最，徐海次之。又有毛海峰、彭老生不下十餘帥，列近洋爲民害。至是，登岸犯台州，破黄巖、四散、象山、定海諸處，猖獗日甚。知事武偉敗死，浙東騷動。

秋七月，廷議復設巡視重臣。以都御史王忬提督軍務，巡視浙江海道及興、漳、泉地方。忬巡撫山東，聞命卽日至浙。度所治軍府皆草創，而浙人柔脆不任戰。所受簡書輕，不足督率吏士。乃上疏請假事權，誅賞得便宜。且欲嚴內應之律，寬損傷之條。勅撫勿拘。從之，改巡視爲巡撫。忬乃任參將俞大猷、湯克寬爲心膂，徵狼、土諸兵及募溫、台諸下邑桀黠少年，分隸諸將，布列瀕海各鎮堡，嚴督防禦。浙人恃以無恐云。

三十二年（癸丑，一五五三）春三月，王忬破倭於普陀諸山。初，忬廉知俞大猷、湯克寬材勇，既虛己任之。而都指揮盧鏜坐前都御史朱紈事，尹鳳坐贓累，俱繫獄。忬知其能，奏釋之，以爲別將，亦募兵分帥之，日犒撫激勵，欲得其死力。倭魁汪直等結砦海中普陀諸山，時出近洋襲官軍。忬偵知之，乃夜遣俞大猷帥鋭兵先發，而湯克寬以巨艘佐之，徑趨其砦，縱火焚之。倭倉皇覓艅艎走，官軍隨擊，大破之，斬首一百五十餘級，生獲一百四十三人，焚溺死者無算。值颶風發，兵亂，汪直等乘間率衆逸去。都指揮尹鳳復以閩兵邀擊於表頭、北茭諸洋，斬首百餘級，生獲二百餘人。先後以捷聞，賜白金、文綺有差。

夏四月，汪直、毛海峰既潰散，剽忽往來不可測，溫、台、寧、紹俱罹其患。參將湯克寬率兵循海堧，護城堡，捕奔軼，斬獲亦相當。於是賊移舟而北，犯蘇、松郡。二郡素沃饒，賊至捆載而去。有蕭顯者，尤桀狡，率勁倭四百餘，屠上海之南匯、川沙，逼松江而軍。餘衆圍嘉定、太倉，所過殘掠不可言。王忬遣都指揮盧鏜倍道掩擊，斬蕭顯。餘衆復奔入浙，俞大猷等邀殺殆盡。先是，吳、浙間人習選愞，而文武大吏復不能以軍法繩下，遂至破昌國、臨山、霩霩、乍浦、靑村、柘林、吳淞江諸衞所，圍海鹽、平湖、餘姚、海寧、上海、太倉、嘉定諸州縣。忬不欲冒功，有所隱沒，隨擊走之。計倭所得亦不償失，前後俘斬共三千餘級，東南賴之。

五月，給事中賀涇奏：「留都根本重地，海洋密邇；鎭江、京口乃江、淮咽喉；瓜步、儀眞又漕運門戶。請設總兵駐鎭江。」從之。

秋七月，太平府同知陳璋，敗倭於獨山，斬首千餘，餘衆浮海東遁。

冬十月，倭寇太倉州，攻城不克，分掠鄰境。有失舟倭三百人，突至平湖、海寧等縣。自獨山之敗，倭東遁，江南稍寧。惟崇明南泊失風者，幾三百人，不能去。總兵湯克寬及僉事任環留兵守之。環屬兵三百，皆新募，勵以必死。不入與家人訣，爲書赴之而去。親介冑臨陣，士無敢不用命者。環敝衣芒履，與士雜行伍，依草舍間，嚙糒飲水同甘苦。至是，相守不下，賊潛出沒，環常夜追之，出其前後。宰夫佩恐有失，衣環衣，介馬而馳，故賊不知所取。環嘗匿溝中，賊過之不知。匿至明，士始得之。又遇矢石，士以死捍環。環被傷，舁之至水濱，梁已徹丈餘，超而過。追急，宰夫留禦之，死焉。環求其首，爲流涕，親酹之。相拒數月，不克。克寬復督邳、漳等兵擊之，敗績，失亡四百人。官軍疫，不能攻，乃開壁東南陬，倭遂潰圍出，掠蘇、松各州縣。百餘人由華亭縣漴缺登岸，流劫至木涇、金山衞，移舟泊寶山。克寬引舟師迎擊，及於高家嘴，毁其舟，斬七十三級，生擒十四人。倭别隊失風至興化，殺千戶葉巨卿。知府黄士弘、指揮張棟擊殲之。時沿海諸奸民乘勢流劫，眞倭不過十之二三。

三十三年（甲寅，一五五四）三月，倭自太倉潰圍出，乃掠民舟入海，趨江北，大掠通州、如皋、海門諸州縣，復焚掠鹽場。有漂入青、徐界者，山東大震。

改王忬爲右副都御史，巡撫大同，以徐州兵備副使李天寵代之。忬在浙江，薦盧鏜，釋柯喬，激勵諸將。鄧城、劉堂、孫敖等爭奮逐北，以死綏著節。復廣爲偵刺，凡沿海大猾爲倭内主者，悉繫之，按覆其家。自是倭不復知中國虛實與所從向往。而艅艎在海中者，亦無以菽粟火藥通，往往食盡自遁。又行視諸郡邑未城者，計寇緩急，次第城之，凡三十餘所。杭州官吏以烽火不時發，日集坊民登陴守，多怨苦。忬曰：「吾斥堠明，無慮勿及，奈何先敵受困耶！」令罷之，一郡皆歡。至是去，以徐州兵備副使李天寵爲僉都御史代忬。忬去，而浙復不寧矣。初，忬薦盧鏜爲參將鎮閩。閩人故忌鏜，劾鏜「兇險不可用」。罷之。而沿海大猾且言「忬令大猷擣巢非計」。欲搖動忬，忬不爲動。已而南京各官復薦鏜，乃用鏜爲參將，而以俞大猷爲浙直總兵。

以南京兵部尚書張經總督浙、福南畿軍務。時朝議方徵狼、土兵勦倭，以經嘗總督兩廣有威惠，爲狼、土所戴服，故用之。勅令節制天下之半，便宜從事，開府置幕，自辟參佐。經亦慷慨自負，中外忻然，謂倭寇不足平。

夏四月〔乙亥〕(據國榷卷六十一補)，倭寇自海鹽趨嘉興，參將盧鏜禦之，稍卻。次日，復戰於孟宗堰。伏發，殺官軍四百人，溺死無算，都司周應禎等死之。賊乘勝入據石墩山，分兵四掠。攻嘉興府城，副使陳宗夔帥兵禦卻之，焚其舟。賊遯入乍浦，與長沙灣寇合犯海寧諸縣。既而東掠入海至崇明，夜襲破其城，知縣唐一岑死之。倭自崇明進薄蘇州，大掠。六月，倭自吳江掠嘉興，都指揮夏光禦之，背王江涇而陣。倭鼓譟而前，我兵大潰。光急入舟，中流矢溺死。蘇州倭寇至嘉善，轉掠松江出海，總兵俞大猷擊敗之於吳淞，所擒七人，斬二十三級。八月，倭寇自嘉興還屯採淘港、柘林諸處，進薄嘉定。會募兵，參將李逢時、許國以山東民鎗手六千人至，與賊遇於新涇橋。逢時率麾下先進，敗之。賊退據羅店，官軍追及之，斬八十餘人。許國恨逢時與同事，不約己。乃別從間道擊賊，欲分逢時功。追至採淘港，乘勝深入，伏起，大潰，溺水死者千人，指揮劉勇等死之。

工部侍郎趙文華上言：「倭寇猖獗，請禱祀東海以鎮之。」帝命往祀，兼督察沿海軍務。文華至浙，淩轢官吏，公私告擾，益無寧日。

三十四年(乙卯，一五五五)，柘林倭奪舟犯乍浦、海寧，攻陷崇德，轉掠塘西、新市、橫塘、雙林、烏鎮、菱湖諸鎮，杭城數十里外，流血成川。巡撫李天寵束手無策，惟募人縋城，自燒附郭民居而已。張經駐嘉興，援兵亦不時至。副使阮鶚、僉事王詢竭力禦之，僅免失陷。致仕僉都御史張濂目擊時事，痛之，乃上言：「臣本杭人，頃復家居五載，頗知海寇始末。始以海禁乍嚴，遂致猖獗。而督、撫因循玩愒，養成賊勢。夫堂堂會城，閉門旬日，已有垂破之勢。徒以意得志滿而去，更無一兵一旅阻其去來。賊寇野心，欲如谿壑，能保其不復至哉？臣恐賊退之後，又復收拾殘傷首級，虛張功次，以欺陛下。仍有從而庇之者，則罰罪之典，又移而爲賞功之命矣。臣寓父母之邦，同舟共濟，志惟切於報君，嫌何避於出位，敢以三策爲陛下陳之。一曰重軍法以作積弱之氣。士惟力戰而後克敵，亦惟畏法而後力戰。今江南非無義勇也，迎敵九死，退走十生，何怪其有退而無進哉。軍法之行，不在行陣而在平時，誠得必死之士萬夫，海寇百萬不足平矣。一曰選民兵以收必勝之功。夫江南衞、所，已成虛設，地方有急，輒假外兵。餬口而來，原非義勇；掉臂而去，莫可勾查。臣愚以爲莫若盡散調募之兵，專責州縣立保伍，更番較閱，期於不擾。一遇有警，按籍而呼，共保身家。寇小至，則率衆以攻之；大至，則堅壁以守之。一曰復海市以散從賊之黨。夫海市舊制，原非創設。向使瀕海之軍衞如故，則市舶未爲害也。惟武備日弛，不能制變。而後海禁漸嚴，倭寇乏食，海寇由之以起。惟軍民既練，寇掠則懼遭斬獲，交易則可保首領。彼雖至愚，必不以彼易此。然後相機稍復海市之舊，不惟散已聚之黨，而瀕海窮民假此爲生，又足以收未潰之人心。」

夏四月，廣西田州土官婦瓦氏引狼、土兵至蘇州，總督張經分隸總兵俞大猷等殺賊。時倭據川沙窪、柘林爲巢，經冬涉春，新倭日至，地方甚恐。聞狼兵至，人心稍安。賊分衆三千過金山衞，俞大猷遣游擊白泫及瓦氏兵邀之，稍有斬獲。趙文華至松江，因謂狼兵可用，厚犒之。使擊賊至漕涇，遇倭數百人，戰不勝，頭目鍾富、黃維等十四人俱死，失亡甚衆。於是賊知狼兵不足畏，復縱掠如故。

倭犯江北淮、揚諸處，前後由通州之餘東場、海門之東夾港登岸，流劫狼山、利河諸鎮，呂四、餘西諸場。復突入通州南門，燒民屋二十餘間而去。三丈浦倭賊分掠常熟、江陰村鎮，兵備任環督保靖土兵及知縣王（秩）〔鈇〕（據國榷卷六十一改）統兵三千攻其巢，破之。賊奔江陰川沙窪，駕舟出海。官兵縱火焚其巢。賊舟一至戚家墩，游擊白泫、劉恩邀獲之，江陰賊亦出江東遁。

五月，張經破倭於王江涇。逮經及巡撫都御史李天寵，俱下詔獄，論死。初，經至浙中，用將佐何卿、沈希儀輩，名位已抗，驕不爲用，而新拔士又慓猾不任兵，所徵田州兵瓦氏、山東鎗手俱不受律，連戰敗衄，望大損。侍郎趙文華出視師，頤指凌經。經自以大臣位出文華上，文華恚，則連疏劾經，謂「其才足辦賊，特以閩人避賊讐，故縱賊耳。」帝大怒，會臺諫亦有言者，趣官校逮捕經。時倭寇自柘林犯嘉興，經遣參將盧鏜督狼、土兵水陸攻之，大敗賊於石塘灣。賊北走平望，命大猷邀擊，奔平望至王江涇，永順宣慰使彭翼南攻其前，保靖宣慰使彭藎臣躡其後，遂大敗之。斬首二千級，溺死者稱是。餘衆奔柘林，縱火焚其巢，駕舟二百餘艘出海遁。自有倭患來，此爲戰功第一。而文華論經之疏已上矣。捷聞，兵科言：「宜留經平倭以自贖。」不聽，並李天寵、湯克寬俱逮至京，以縱寇論死。文華既疏劾經，奏以巡按御史胡宗憲爲僉都御史，代天寵巡撫。而以周珫代經。未幾，復罷珫，以南京戶部侍郎楊宜爲總督。

倭寇自海洋突犯蘇州，南京都督周于德來援，一戰而敗，鎮撫蘇憲臣被殺。賊中分其衆：一由齊門、撞馬頭而北，轉掠滸墅關、長洲、五都地。一由胥門、木瀆而南，轉掠吳縣、橫鎮，蔓延常熟、江陰、無錫之境。出入太湖，莫能禦者。

御史屠仲律上言：「宜守平陽港，拒黃花澳，據海門之險，則不得犯溫、台。塞寧海關，絕湖口灣，遏三江之口，則不得窺寧、紹。扼鼈子門，則不得近杭州。防吳淞江，備劉家河，則不得掩蘇、松、嘉興。責江南守令，以訓練士兵，保全境內爲殿最。沿海沙民鹽徒及打生手，宜收錄併力禦賊。」詔從之。

川沙窪倭賊犯閘港、周浦，僉事董邦政、遊擊周藩擊之，遇賊驚潰，藩被創死。賊屯石塘橋，流劫崑山、石浦。

六月，倭寇蘇、常諸縣，常熟知縣王鈇、江陰知縣錢錞及居鄉參政錢泮各督士民出禦，力屈死之。旋復寇蘇州，民爭入城。門不啓，號呼震野，乘陴者望之而歎。攀援上者，又縋絕而下。任環還自儀眞，曰：「奈何坐視之？」縱有覘諜，我在無患也。」乃出闢門，令男女以列進，所活蓋數萬人。復率解明道兵出城力戰，賊退入太湖。遣舟師邀之，乃棄所獲逸去。環以功進副使。環復擊賊馬蹟山，圍逃倭嘉定民家，投火爇之，盡死。旣而環有親喪，詔留之，任事如故。

八月，倭賊百餘自上虞爵谿所登岸，犯會稽高埠，奪民居據之。知府劉錫、千戶徐子懿圍之。賊潛縛木筏由東河夜渡，潰圍而出。居鄉御史錢鯨，遭於蟶浦見殺。賊自杭州西掠於潛、昌化，至嚴州淳安。以浙兵迫急，突入歙縣，流劫至南陵，趨太平，操江兵扼之。賊引而東，犯江寧鎭，指揮朱襄率勇士數百人禦之。是時賊已至板橋，襄等不知，方祖餳縱酒。突遇，盡爲所殲。遂由安德、鳳臺、夾岡沿鄉搶掠，趨秣陵關。時應天府推官羅節卿、指揮徐承宗率兵千人守關，望風奔潰。賊過關而去，自南京出秣陵，流劫溧水、溧陽，趨宜興、無錫，一晝夜奔一百八十里至滸墅關。南直巡撫曹邦輔慮與柘林賊合，且爲大患。乃親督兵備王崇古，會集各部兵，扼其東路，四面蹙之，隨地與戰。親召僉事董邦政、指揮樓宇以沙兵助勦，一戰斬首十九級。賊始郤奔吳舍，欲走太湖。覺之，追及於楊家橋，盡殲其衆。賊自紹興高埠流劫杭、嚴、徽、寧、太平，犯南都，六七十人經行數千里，殺傷無慮四五千人，歷八十餘日始滅。邦輔以捷聞，歸功僉事邦政。時趙文華聞寇且滅，欲攘功，急趨赴之。比奏，則邦輔已先之。文華怒，會柘林賊進據陶家港，文華乃悉簡浙兵，得四千人。文華及胡宗憲親將之，營於松江之磚橋。約邦輔以直兵會勦。浙兵分四道，直兵分三道，東西並進。賊悉銳衝浙兵，諸營皆潰，損失軍士千餘人。直兵亦陷賊伏中，死者二百餘人，賊勢大張。文華恨邦輔。至是，乃以罪委之，及僉事邦政。詔下邦政總督逮問。既而刑科給事中孫濬言：「後期之罪，不在直兵。今蘇、松士民交稱邦輔實心任事。而流劫留都之倭，又爲邦輔所滅，功績顯然。遽請罪斥，文華非是。」兵科給事中夏栻亦言之。上乃申飭文華「秉公視師，以圖大效」。已而邦政及指揮樓宇賞竟不及，文華惡之也。邦輔旋亦謫戍邊，巡按直隸御史張雲路爲論奏，不報。

十一月，止徵狼、土諸兵。土兵瓦氏等至浙，驕悍不受約束。所過殘掠，百姓苦之。於是總督楊宜力請止徵，從之，命兩廣督臣隨路掣止。

閏十一月，給事中孫濬上言：「防倭諸臣既有巡撫、總兵，又有總督及都察院重臣，事權不一，牽掣靡定，迄無成功。」兵部覆奏：「諸臣職守：督察主竭忠討寇，實覈布聞；總督主徵集官兵，指受方略；巡撫主督理軍務，措置糧餉；總兵主設法教練，身親戰陣。至於有司，責在保安地方，固守城隍。」帝然之，命行諸臣，各遵勅諭施行。

十二月，趙文華疏乞還京，許之。文華初奉命至浙，適狼兵瓦氏等至，知倭厚畜，銳意請戰。文華惑之，亟趨張經進戰，不得，則上書痛詆。經被逮，代經者周珫、楊宜皆無遠略，賊勢益熾。及瓦氏戰敗，攻陶宅餘倭，復大衄。始知賊未易圖，有歸志。至是，川兵破周浦賊，俞大猷復有海洋之捷。文華遽言：「水陸成功，請還。」然是時海洋回倭泊浦東、川沙窪舊巢。及嘉定、高橋皆倭據如故。

副使任環率永順、保靖土兵剿新場倭寇。時賊衆二千人，皆伏不出，而詐令人舉火於數里外，若將引去者。土舍彭翅先入嘗之，不見一人。於是頭目田菑、田豐等爭入，伏發，皆死之。賊豕突去。未幾，復攻上海，環以輕兵三百及之，擊敗於五里橋、習家墳。又以兵援崑山，而身間行抵太倉、毛家、葛隆諸屯。賊方會集治攻具，衝梯隊道，肉薄而登。環率死士飛刃砍之，連碎其首，矢石交下，相殺傷甚衆。又縋兵下突而前，賊漸氣奪，遂棄委走。環既居憂哀毁，又積苦兵間，疾作卒。

三十五年（丙辰，一五五六）春正月，巡按御史周如斗參總督楊宜、提督曹邦輔「輕率寡謀，致川兵敗於東溝，苗兵敗於新場，東兵敗於四橋，乞罷黜」。時上深以南寇爲憂，疑趙文華言「餘寇將滅」爲不實。屢問大學士嵩，嵩曲爲營解，上意終不釋。文華懼，因言：「餘寇指日可滅。督、撫非人，一敗塗地，皆因吏部尙書李默恨臣前歲劾其同鄉張經，思爲報復。臣繼論曹邦輔，則嗾給事夏栻、孫濬媒孽臣及胡宗憲，黨留邦輔浙直總督，又不用宗憲而用王誥。然則東南塗炭何時可解？陛下宵旰何時可釋也？」默因得罪，宜削籍爲民，邦輔亦被逮。罷王誥，以宗憲爲兵部侍郎兼僉都御史。

夏四月，倭薄溫州，同知黃釧馳檄出迎擊，被執。倭欲還之，索千金爲贖。釧罵之不置，倭怒，磔殺之。

江北倭流劫至圖山、山北等港，無爲州同知齊恩率舟師迎戰，敗之，斬首百餘級。恩長子尙文，次子嵩，叔仲實，弟寶榮，姪愼、寅、友良、大卿，孫童俱在行間。嵩年十八，驍勇善射，獨前追賊至安港，恩等從之。伏發，恩及其家丁錢鳳等二十一人力戰，皆死之，獨嵩、愼、寅三人得脫。賊遂乘勝至金山，殺鎮江千戶沈宗玉、王世良於江中。

倭率衆數千自乍浦入，欲犯杭州。遊擊將軍宗禮帥兵九百禦之，逆戰於（皁角林）〔三里橋〕（據國榷卷六十一改），分左右翼夾擊，三戰三捷，獲首功七十餘級。賊首徐海等皆辟易，稱爲神兵。會橋陷軍潰，禮與鎮撫侯槐、何衡，義官霍貫道力戰，俱陷陣死之。禮驍勇敢戰，所部箭手三千人皆壯士。事聞，贈卹有差。

總督胡宗憲奏「遣生員蔣洲、胡可願使倭酋，傳諭渠魁，令無犯順」。從之。已而可願等還，言「倭渠欲通貢市」。宗憲以聞，下兵部集議，不可，乃止。

倭圍巡撫阮鶚於桐鄉。初，鶚督學浙江，開武林門納難民，全活數萬人，超擢巡撫。方倭之寇嘉興也，鶚議主勦，而胡宗憲議主撫，不相能。倭自嘉興轉寇桐鄉，氛益銳，去來實徐海、麻葉領之，陳東附焉。東，薩摩王弟書記也。宗憲謀間之，遣辯士說海。海心動，私語桐鄉守兵曰：「吾已款督府矣。城東門陳黨，善備之。」是夕，海道崇德而西，東方急攻桐鄉。宗憲說海縛麻葉，因僞爲麻葉書致東，令圖海，故達海所。東、海中自疑，始解圍去。

五月，御史邵惟忠上言：「倭薄通州，圍未解。餘衆自狼山轉掠瀕江諸郡縣。而瓜、儀爲留都門戶，鎭、常乃漕運咽喉，不可視爲緩圖。宜大集兵，勅諸臣戮力靖亂。」下兵部議，「請調河南睢、陳及山東八衞，陝西延綏兵及徐、沛募兵，勅遣才望大臣一人總督，以爲掎角，保障留都」。帝然之。已命兵部侍郎沈良才矣，嚴嵩揣知上覺趙文華欺罔，且見譴，乃令文華自以其意請復視師。嵩爲言：「良才不勝任，江南人引領俟文華至。」上乃止良才，命文華以工部尚書兼右副都御史總督浙、福、直隸軍務。文華既至浙，假監督權淩脅百官，搜括庫藏百萬計。兩浙、江、淮、閩、廣所在徵兵集餉，留漕粟，除京穄，給鹺課，迫富民脫兇惡，浪授官職。於是外寇未寧，而內憂益甚。

六月，倭入慈谿縣，知縣柳東伯亡。初，王忬在浙，計城各邑未城者，慈谿士人獨持不可。至是，倭衆大至，知縣不知所禦，攜印組亡去。殘殺民人無算，而搢紳尤甚，始悔失計。東伯失守，當坐死。以無城可憑，削籍爲民。省祭官杜槐與其父文明率兵追敗倭於王家團。海道劉起宗委〔槐〕（據明史卷二九〇杜槐傳補）防餘姚、慈谿、定海。未幾，與賊遇於白沙。一日三戰，殺賊三十餘人，斬其一帥，槐被創墜馬死。文明別將兵擊倭於演武場，斬白眉倭帥一，從七，生擒二。倭驚遁，呼爲「杜將軍」。已而追至奉化楓樹嶺，以兵少無繼，陷陣死。

倭薄海鹽，指揮徐行健、程祿，百戶方存仁逆戰死之。

八月，海寇徐海伏誅。初，胡宗憲以簪珥遺徐海侍女翠翹、綠珠，令日夜說海，縛陳東以報朝廷。海且感，而趙文華方治兵擊海，宗憲佯曰：「彼且縛陳東，何戰爲？」海果賂薩摩王弟縛東以獻。於是海勢日孤。海自念數有功，又信羅龍文誘，約八月入謁督府於平湖。海先期以數百人胄而入，宗憲、文華、鶚坐堂上，海等叩罪，復謝宗憲。宗憲下堂摩其頂，曰：「朝廷且赦若，愼勿再虞。」厚犒遣之。海既出，知官兵大集，自疑。宗憲使使諭之曰：「官兵防東黨，爾毋恐。」海請居東沈莊，陳東居西沈莊。又令東詐爲書遺其黨，曰：「海約官兵夾勦汝矣。」東黨果疑相攻。海令裨將辛五郎歸島，宗憲密遣盧鏜計擒之。文華調兵六千既集，移營薄沈莊。督之急，宗憲猶心憐海不欲遽戰。文華迫之，宗憲乃下令與總兵俞大猷整師前進。海知事變，掘深塹自守，柵數重，官兵望之不敢入。阮鶚檄趨之，大猷乃從海鹽進攻東沈莊，破之。又追擊於梁莊，會大風，縱火，諸軍鼓譟乘之，賊大潰，斬獲一千六百餘級，海倉皇溺水死。引出，斬其首。浙、直海寇平。海，故杭之虎跑寺僧，雄海上，稱「天差平海大將軍」。至是，捷書上，文華皆襲爲己有。帝命械繫首惡至京正法。時浙東仙居、浙西桐鄉二寇略平。其分掠海門者，把總張成敗之。江北寇流入常、鎭者，總兵徐珏敗之，蘇、松、寧、紹相繼告捷。兵部奏文華功，帝從之，降勅令文華還京。論平倭功，加文華少保，宗憲右都御史，各任一子錦衣千戶，餘陞賞有差。倭俘麻葉、陳東等械繫至京，禮、兵部請獻俘，從之，羣臣俱賀。

時倭略平，惟舟山賊據險結巢未下，官兵環守之不能克。諸狼、土兵俱已遣歸，而川、貴兵六千人始至。胡宗憲方留防春汛，隸俞大猷經營舟山之賊。會夜大雪，大猷乃督兵四面攻之。賊悉銳出敵，官軍競進。賊敗歸，乃以檉蓑捲火擲之，賊四散潰出，斬首一百四十餘級，餘悉焚死。

三十六年（丁巳，一五五七）冬十一月，海寇汪直伏誅。徐海等既死，汪直復糾衆三千餘入寧波岑港，大掠四境。汪直，徽人也。宗憲亦徽人，乃以金帛厚賂誘之，云：「若降，吾以若爲都督。」置海上通互市，乃迎直母與其子入杭厚撫之。而奏遣生員蔣洲往諭，與之盟。直信之，遂自奮言：「能肅清海波，贖死命。」與其黨毛海峯、葉碧川等從蔣洲來杭州。洲至，而直未至，人疑其詐。巡按周斯盛請罷貢罪洲，於是逮洲獄，洲乃陳諭倭始末，及言「直以誠來，其未至，必風阻耳」。已而直果乘巨舟，遣頭目數十人隨來，泊舟定海。蓋初舟實爲颶風所損也。宗憲使人招直，直願見洲，洲方對理。疑其觖望不遣，遣千戶夏正質其舟。直素與正善，不疑。遂詣軍門請罪，具言自效狀。宗憲待以賓禮，使指揮爲其館主，給輿夫出入，復出蔬米酒肉供餽其舟人，日費數百金，且交質爲信。因具狀聞，請赦之，科臣王國禎力持不可。疏入，上謂「直元兇不可赦」。宗憲乃密檄按察司收直等斬之。論平倭功，加宗憲太子太保，餘皆遷賞。然直雖就誅，而三千人皆直死士無所歸，益恚恨，復大亂。

三十七年（戊午，一五五八）春二月，倭犯潮州之鮀浦，攻蓬州千戶所。僉事萬仲分部水陸兵馬，東西哨攻之。臨敵而哨兵皆潰，領哨千戶魏岳、高洪俱死。尋犯福州，巡撫阮鶚不能禦，取庫銀數萬兩賂之。以新造大舟六艘，俾載而去。

夏四月，倭掠台州臨海之三石鎮，約數千人，總督胡宗憲擊走之。

倭攻福清，破之，執知縣葉宗文。舉人陳見率家僮禦賊不克，與訓導鄔中涵俱罵賊死。

五月，自海口出港，參將尹鳳引舟師擊之，沈其舟七，斬首六十餘級，生擒七人，餘衆遯去。鳳追擊東洛外洋，復敗之，銃傷及溺水死者甚衆，福、興患少熄。

倭攻惠安，知縣林咸乘城禦之，攻五晝夜不克，丁壯死者數百人。倭亦失亡相當，乃引去。咸率兵擊倭鴨山，乘勝追奔，陷伏中死之。倭分犯同安、長樂、漳、泉諸處。

秋七月，以浙江岑港海寇未平，詔奪總兵俞大猷、參將戚繼光職，期一月蕩平，命胡宗憲督之。初，宗憲遣毛海峯誘降汪直，直至，下獄，海峯遂與倭目善妙等五百餘人燒船登岸，列柵舟山，阻岑港而守。官軍四面圍之，屢斬獲。然海中數苦毒霧，賊憑高死鬭，先登者多陷沒，新倭復大至。冬十月，岑港倭移巢柯梅，胡宗憲屢督兵討之，不能克。

兵備副使谷嶠捍禦海上，屢破倭。制府以捷聞，進山東參政。

三十八年（己未，一五五九）春三月，倭寇自象山河金、纜井諸處焚舟登岸，海道副使譚綸與賊戰於馬岡，敗之，斬首七十級。

總督胡宗憲上言：「舟山殘孽，移住柯梅，即其焚巢夜徙，力已窮蹙，勢易成擒。而總兵俞大猷、參將黎鵬舉邀擊不力，縱之南奔，播害閩、廣，宜加重治。」上命逮大猷、鵬舉至京訊治。時人言籍籍，謂倭之開洋也，宗憲實陰遣之。倭南行泊浯嶼，焚掠居民。由是福建人大譁，謂宗憲嫁禍。御史李瑚數其三大罪。瑚與大猷俱福建人。宗憲疑大猷漏言，故委罪以自掩。而大猷不善滑刺，素不爲嚴世蕃所喜，故有是逮。廷臣惜大猷才，共假貸得三千金，餽世蕃，不死，罷職，發大同立功。

夏四月，江北倭趨通州，總兵鄧（成）〔城〕（據國榷卷六十二改）禦之不利，指揮張（容）〔谷〕（據國榷卷六十二改）被殺。倭進據白（浦）〔蒲〕鎮（據國榷卷六十二改，下同），兵備副使劉景韶以遊擊丘陞擊白（浦）〔蒲倭〕於丁堰、如皐、海（門）〔安〕（據國榷卷六十二改），三戰三捷。賊謀犯揚州，景韶復督陞等以火攻其老營，擊敗之，焚死二百人。賊逸入潘家莊，盡銳攻之，先後斬首三百餘級。初，賊自南沙登岸犯通州，至是勦絕。

廟灣倭合衆攻淮安，參將曹克新禦之，戰於姚家蕩，自寅至申，大敗之，斬首四百七十級。賊遁入姚莊，縱火焚莊，死者二百七十餘，賊退入廟灣拒守。劉景韶督兵擊倭於印莊，斬首四十級。賊西走，次日復戰於新洲，賊遁入民（莊）〔家〕（據國榷卷六十二改），我兵以火攻之，凡再戰，斬首二百六十級，賊悉焚死，無一人脫者。時江北流倭悉殄，惟廟灣據險固守不出。

五月，江北兵攻倭於廟灣，衝其巢，斬首四千。我兵死傷過當，復退守之。時賊營甚固，巡撫李遂以我軍鼓戰而疲，宜圍守之。賊乏食，且水陸斷其行道，可收全勝。通政唐順之以爲玩寇，乃自擐甲持矛麾兵以進。屢挑戰，賊終不出。遂督兵入險，賊盡銳東西衝，殺傷相當。自是復稍稍出掠，覓舟爲走計矣。順之知失計，乃駕言經略三（川）沙（據國榷卷六十二冊，下同）倭南去。踰月，倭因廟灣既久，劉景韶督卒填壕塹逼壘而陣。令水兵載葦焚其舟，復水陸進擊。倭潛遁入舟，官兵進據其巢，追奔至蝦子港，斬獲頗多。餘倭無幾，不復能戰，乘風開洋而去。

福建新倭大至，多齎攻具。先攻福寧、連江、羅源，流劫各鄉。進攻福州不克，移攻福安破之。參將黎鵬舉以舟師擊倭於海中七星山、屏風嶼，斬首六十七級，生擒六十八人。時沿海長樂、福清等境皆有倭舟，廣東流倭往來詔安、漳、浦間。浙江舟山倭移舟南來者，尚屯浯嶼。福州、漳、泉無地非倭矣。舟山倭屯浯嶼經年，至是乃開洋去。其毛海峯者，復移衆南嶴，建屋而居。永、福倭移舟出梅花洋，參將尹鳳擊敗之。巡按樊獻科請趨胡宗憲應援，未及行，巡撫阮鶚往勦之，倭稍創。

六月，倭衆別部二十餘艘屯崇明三（川）沙，總督胡宗憲檄總兵盧鏜帥師攻破之。前後斬首百餘，遁去。宗憲以捷聞，兼言唐順之贊畫功，擢僉都御史。

秋七月，三（川）沙倭突犯江北，由海門縣七星港登岸，流劫過金沙、西亭，將犯揚州。參將丘陞禦之，戰於鄧家莊。賊敗走仲家園，復追至鍋團。陞輕騎先進，賊覘無後繼，盡銳來衝，陞馬蹶被殺。已而官軍大至，賊遁。八月，倭自鄧家莊敗後，沿海覓舟不得，官軍尾之於劉家橋、白駒場諸處。倭餒甚，奔〔劉家〕莊（據國榷卷六十二補），我兵圍之。時劉顯兵至先登，各營繼進，縱火衝擊，破其巢，斬首二百餘。賊奔白駒場，追擊，又敗之於七竈莊、花墩，共斬首四百餘，賊盡殄焉。顯驍勇敢戰，江北軍悉屬顯節制，故有功。

三十九年（庚申，一五六〇）春二月，倭寇六千餘人流劫潮州等處。時浙直倭患稍息，而閩、廣警報日至。

五月，加胡宗憲兵部尚書兼右副都御史。

四十一年（壬戌，一五六二）春三月，泉州指揮歐陽深率兵擊倭，破之，生擒江一峯，泉寇稍寧。倭陷福建永寧衛，大掠數日而去。復攻永寧城，破之，大殺城中軍民，焚燬幾盡。

冬十一月，逮總督、兵部尚書胡宗憲，削籍，從給事中陸鳳儀之言也。獄具，罷浙閩總督大臣，設右僉都御史巡撫其地。

四十二年（癸亥，一五六三）五月，復逮胡宗憲詣京，宗憲自殺。是時大計京官，復有言宗憲未盡法者，有旨逮治，宗憲至京自殺。宗憲在浙中與趙文華同事，文華選愞不敢前，宗憲輒自臨陣，戎服立矢石間督戰。方倭圍杭時，宗憲親登城臨視，俯身堞外，三司皆股慄，懼爲流矢所加，宗憲恬然視之。殲徐海、汪直皆有功。然稍稍事文華，又握權太重，勳臣總兵者由掖門通謁庭拜，巡撫悉聽節制，如三邊例。宗憲才得展，而禍機亦萌此矣。上好玄修，宗憲進白鹿稱賀，大學士嵩比之。會嵩敗被逮時，歸安茅坤上書頌其冤。

冬十月，倭犯福建。其自浙之溫州來者，合福建連江賊登岸，攻陷壽寧、政和、寧德等縣；自廣之南嶴來者，合福清、長樂賊攻陷玄鍾所，蔓延及於龍巖、松溪、大田、古田之境，無非賊者。初，浙江參將戚繼光既連破賊於林墩等處，閩之宿寇盡平。繼光引兵還浙，遇倭自福清東營嶴登岸。麾兵擊之，斬首百八十級，遂行。而倭至者日衆，始犯邵武，殺指揮齊天祥。轉掠羅源、連江，殺遊擊倪祿。遂攻玄鍾所城及寧德縣，入之。乘勝直抵興化府城，不克，乃合兵薄城下，圍之且兩月。巡撫游震得以狀聞，請「調義烏兵，以繼光統之。起丁憂參政譚綸，與都督劉顯、總兵俞大猷協力共濟」。上從之。

十一月，劉顯率兵援興化。顯大兵留江西勦廣寇，所提入閩卒，不及七百人，且疲屢戰。倭新至，氛甚銳。顯知不敵，乃去府城三十里，隔一江按兵不進，欲掩逗遛之罪。遣五卒齎文詣府，約欲率兵赴城禦敵。賊獲五卒殺之，用其職銜僞爲顯文，刻期入城，約城中「勿舉火作聲，恐賊驚覺」。詐以五人爲劉卒齎入。至期，賊陽稱顯兵入城，人莫之疑。賊既大入，猝起格殺，城中驚亂。參政翁時器、參將畢高倉皇縋城走，同知奚時亮被殺。賊遂據城中三閱月，殺掠焚燬。顯卒乘亂攫之，參政王鳳靈妻竟爲顯掠去。賊既飽欲，始如平海衞，欲掠舟泛海去。

十二月，倭結巢崎頭城，與都指揮歐陽深相拒，久之不出。深望見兵少，輕之，直前挑戰。伏發，深與其下數百人皆戰死，賊乘勝陷平海衞。事聞，罷巡撫游震得，逮參政翁時器、參將畢高。劉顯坐觀望不救，立功自贖。倭引兵出海，把總許潮光以輕舟抄之，賊還屯平海衞。副總兵戚繼光督浙兵至福建，以劉顯、俞大猷合擊倭於平海衞，大破殲之，斬首二千二百級，墮厓溺水死者無算，福州以南諸寇悉平。

四十三年（甲子，一五六四）春二月，舊倭萬餘攻仙遊，圍之。三月，戚繼光引兵馳赴之，大戰城下，賊敗趨同安。繼光麾兵追至王倉坪，斬首數百，餘衆奔漳浦。繼光督各哨兵入賊巢，擒斬略盡，閩寇悉平。其得出者逸出境，至廣東潮州，俞大猷又截殺之，幾無遺類。

初，倭既自浙創歸，嘗一犯淮、揚、吳、越，皆不利，遂巢閩中，首尾七八載。所破城十餘，掠子女財物數百萬，官軍吏民戰及俘死者不下十餘萬。雖時有勝負，而轉漕軍食，天下騷動。至是，倭患始息。

谷應泰曰：島夷卉服，首見禹貢。秦、漢以來，罕被倭患。蓋以其俗愛鮮華，地多饒沃，五州、七道、三島，五百七十三郡，率皆樂土，環以大海，君臣自保，不愛慕中國也。若乃海王充牣，居民仰食，雲帆所指，有無懋遷，則又彼此咸賴。高帝時，士誠、友定遺孽竄伏，北遼南粵，歲被創殘。已而通謀逆臣，伏兵市舶。帝乃閉關謝貢，示弗復通。然而創設市舶，互市不絕，計深遠也。

後世識慮迂拘，放失舊典。初開横海，旋棄珠崖，民競刀錐，吏鮮保障。秦關夜柝，楚吏晨韁，勇士蹈險，貪夫忘生。於是内地奸民，勾引潛深，海邦貴倖，藏匿不可勝計矣。貧民勢家，蹟貨負直。窮夷困頓，進退次且。逃生水國，求食波臣。邊吏戒心，搜捕始急。於是沿海不逞之徒，陳涉力耕，怨家日衆，黄巢下第，憤恚思兵，稍稍收聚，倭裔窺竊上國矣。

朱紈下車，不畏彊禦。窮治黨與，少所報聞。夫廣漢索酤，先求魏相；李膺破柱，不避黄門。政求亂本，雖得河源；禍發朝堂，意悲虎尾。紈死而朝貢與海逋交相賀也。代臣畏禍，海禁復弛。浙東再亂，王忬出督。拔大猷於偏裨，出盧鏜於獄中。普陀一戰，幾殲渠帥。游魂四潰，旋掠江南。而忬隨處邀擊，頗多斬獲。括乃代頗，騎還易毅。大功不終，自古悲歎。此閫外有遙制之憂，中樞失内贊之力也。

嗣是天寵握兵，乃棘門之兒戲；文華祀海，實天雄之誦經。倭患愈劇，張經再出。經以功在銅柱，因而偃蹇淩轢，度亦自大匹夫耳。然視事一月，指揮羣帥。王江涇之捷，賊兵宵遁。史稱其兵驕將悍，或亦讒人之萋語，獄吏之深文也。文華行譖，檻車入國。蓋左豐求賂，盧植徵還；張讓交通，王允下獄。自古未有小人同事，而得剬制成功者。

胡宗憲曲意主撫，因勦成功。賄斬徐海，誘擒汪直。武安誘殺，李廣誅降。長致恨於封侯，空悲冤於賜劍。憲雖引刃，應無顏見二賊於地下也。憲才望頗隆，氣節小貶。側身嚴、趙，卵翼成功。耿秉因賚憲勒勳，杜預事朝貴甚謹。封疆之吏，固應折節乃爾耶？

倭寇披猖，禍延三省。任環效命留都，俞大猷經營兩浙，戚繼光驅馳閩海。類皆大國干城，足以滅此朝食。而乃大戮亟行，更張不一，事權牽制，流毒生民。九閽無金城之任，分宜少裴度之忠。羣賢隕喪，國事陵夷，固其宜也。中丞張濂，家居省會，身與圍城。訟言時事，涕淚交頤。觀其疏中所稱：殘難民之首，以償縱寇之功，而督撫可知；移罰罪之典，爲賞功之命，而筦樞可知。軍法不重，人無死志。客兵掉臂，士無鬬心，而卒伍可知。嗚呼！鄭監陳圖，莫救當時之亢耳，然而睢陽劍在，已成今日之爰書矣。

明史紀事本末卷之五十六

李福達之獄

世宗嘉靖五年（丙戌，一五二六）秋七月，妖人李福達坐死。

福達，山西代州崞縣人，一名午。初與妖賊王良謀反，事發，戍山丹衛。逃還，改名五，竄居陝西洛川縣。與季父越同倡白社妖術，爲彌勒佛教，誘愚民。嘯聚數千人，大掠鄜州、洛川諸處，殺掠亡算。已而官兵追勦，捕得越及其黨何蠻漢等誅之。福達跳去，占籍徐溝縣。變姓名爲張寅，賄縣中大姓以爲同宗，編立宗譜，塗人耳目。已，又挾重貲入京，竄入匠籍，輸粟爲山西太原衞指揮。其子大仁、大義、大禮俱補匠役。以燒煉術往來武定侯郭勛。後仍往同戈鎮，其仇薛良首發之。福達懼，逸入京。官司捕其二子按繫之，福達窘，乃自詣獄置對。先後鞫訊者，代州知州杜蕙、胡偉，證之者李景全等。具獄上布政司李璋、按察司徐文華等，復上巡按御史張英，皆如訊。獨巡撫畢昭謂：「福達果張寅，爲仇家誣所致。」反其獄，以居民戚廣等爲證，坐良罪。獄未竟，昭乞侍養去。會御史馬錄按山西，復窮治之，具爰書如前訊。勛爲遺書囑免，錄不從，擬福達謀反，妻子緣坐。飛章劾勛黨逆賊，并上其手書。帝下之都察院，席書亦助勛爲福達地。大理寺評事杜鸞上言劾勛及書，乞將二人先正國法，徐命多官集議福達之罪。不報。都察院覆奏李福達罪狀，宜行山西撫、按官移獄三司會鞫。

先是，御史馬錄咨於徐溝鄉紳給事中常泰，泰言：「寅爲福達不疑。」又咨於讞獄郎中劉仕。仕，鄜人也，其言如泰。錄復檄取鄜、洛父老識福達者辨之，俱以爲眞福達也。乃檄布政使李璋、按察使李珏、僉事章綸、都指揮使馬豸雜鞫之，福達對簿無異辭。遂附爰書上錄，錄乃會巡撫、都御史江潮上言：「福達聚衆數千，殺人巨萬，雖潛蹤匿形而罪跡漸露，變易姓氏而惡貌仍前，論以極刑，尚有餘辜。武定侯勛納結匪人，請囑無忌。雖妖賊反狀未必明知，而術客私干，不爲避拒，亦宜抵法，薄示懲艾。」章復下都察院。

冬十一月，左都御史聶賢等覆奏：「李福達逆跡昭灼，律應磔死。」帝從之，錮獄待決。因詰責郭勛，令自輸罪。勛懼乞恩，因爲福達代辨。帝置不問。勛又令福達子大仁具奏，求雪父冤。章下，聶賢與原訊御史高世魁知爲勛指，奏寢其議。勛謂大仁曰：「茍弗解，爾曹姑亡命，勿蹈叢戮也。」於是給事中劉琦、程輅、王科、沈漢、秦祐、鄭自璧，御史高世魁、鄭一鵬，南京御史姚鳴鳳、潘壯、戚雄各劾勛「交通逆賊，明受賄賂。福達既應伏誅，勛無可赦之理」。給事中常泰亦上言：「勛以輸罪爲名，實代福達求理，論以知情何辭？勛爲福達居間，畫令大仁等事急亡命，論以故縱何辭？」給事中張逵等亦上言：「凡謀反大逆，宜服上刑。知情故縱，亦從重典。今勛移書請託，黨護叛逆，不宜輕貸。」聶賢亦奏勛當連坐。帝不從。勛亦累自訴，具以議禮觸衆怒爲言。帝信之。尋命錦衣千戶戴偉移取福達獄詞及四佐，下鎮撫司羈候會鞫。給事中常泰、秦祐，御史任孚、邵豳，郎中劉仕復交章劾勛。江潮、馬錄仍會疏極言「福達不枉，乞問如律」。勛乃與張璁、桂萼等合謀爲蜚語，謂「廷臣內外交結，借事陷勛，漸及議禮諸臣，逞志自快」。帝深信其說，而外廷不知也。

帝命速取福達至京鞫問，刑部尚書顏頤壽，侍郎王啓、劉玉，左都御史聶賢，副都御史張閏、劉文莊，大理寺卿湯沐，少卿徐文華、顧佖，寺丞毛伯溫、汪淵及錦衣衛、鎮撫司各官會鞫福達於京畿道，對簿無異辭，奏請論磔。帝不從，命會九卿大臣鞫於闕廷。時告者薛良、衆證李景全等共指福達，福達語塞。畢昭引證薛良之誣者，戚廣也。訊之，復云：「我釁未就吏訊，安得此言！」頤壽等以其詞上，上心益疑，命「俟齋祀畢，朕親臨鞫問」。大學士楊一清上言：「庶獄無足煩聖慮者，乞仍屬諸勘官會訊。」刑部主事唐樞言：「福達罪狀甚明，擬死不枉。」上怒，黜爲民。頤壽等懼，乃雜引前後讞詞，指爲疑獄。帝切責頤壽等。

六年（丁亥，一五二七）夏四月，遣錦衣官劉泰等逮馬錄赴京，下鎮撫司獄待鞫，仍取原勘各官李璋、李玨、章綸、馬豸詣京即訊。顏頤壽上言：「福達反狀甚明，法難輕縱。況彼以神姦妖術蠱惑人心，臣等若不能執，一或縱舍，異時復有洛川之禍。臣雖伏斧鑕，何抵欺罔之罪！」帝怒，謂「頤壽職司邦刑，朋姦肆誣」，令戴罪辦事。顏頤壽等復請會訊，從之。乃出錄與福達對鞫，情無反異。頤壽等復以上請。帝謂頤壽等「朋比罔上」。乃逮繫頤壽及侍郎劉玉、王啓，左都御史聶賢，副都御史劉文莊，大理寺卿湯沐，少卿徐文華、顧佖於詔獄。其原鞫郎中、御史、寺正等官，俱逮繫待罪。

八月，帝命桂萼攝刑部事，張璁攝都察院，方獻夫攝大理寺雜治之。太僕卿汪玄錫與光祿少卿余才忽偶語曰：「福達獄已得情，何更多事乃爾？」詗者以白璁等，奏聞，帝命逮繫玄錫、才於詔獄，幷掠之。大學士賈詠與馬錄俱河南人，錄被逮，詠遺書慰之，鎮撫司以聞。復搜得都御史張仲賢、工部侍郎閔楷、大理寺丞汪淵、御史張英私書，上責狀，詠引罪，得致仕去，而逮仲賢等。

九月，張璁、桂萼、方獻夫逢合帝意，復鞫錄等於闕廷，榜掠備至。錄不勝五毒，乃誣服「挾私故入人罪」。璁等以聞，遂釋福達。帝怒錄，欲坐以死。璁營解之，得免，乃論戍，編伍南丹衞，子孫世及焉。帝以羣臣皆抗疏劾勛，朋姦陷正，命逮繫給事中劉琦、常泰、張逵、程輅、王科、沈漢、秦祐、鄭一鵬等，御史姚鳴鳳、潘壯、高世魁、戚雄等，刑部郎中劉仕，大理評事杜鸞等詔獄，死箠楚狴犴者十餘人，餘戍邊、削籍，流毒至四十餘人。謫大理少卿徐文華、顧佖戍邊。

初，顏頤壽等既逮治，備嘗五毒，聞者慘之。已而皆奪官罷歸，獨文華、佖論戍邊，二人皆與璁等廷爭大禮者。江潮、李璋、李珏、章綸、馬豸等俱奪官，韓良相及其佐證俱論遣。璁等自謂平反有功，請編欽明大獄錄，頒示內外諸臣，以明頤壽等之欺罔。從之。

四十五年（乙丑，一五六六），四川妖寇蔡伯貫反。已而就擒，鞫得以山西李同爲師。四川撫、按官移文山西，捕同下獄。自吐爲李午孫，大禮之子，世習白社妖敎。假稱唐裔當出馭世，惑民倡亂，與大獄錄姓名無異。撫、按官論同坐斬，奉旨誅之。都御史龐尙鵬上言：「據李同之獄，福達之罪益彰。而當時流毒搢紳至四十餘人，衣冠之禍，可謂烈矣。郭勛世受國恩，乃黨逆寇，陷搢紳。而樞要之人，悉頤指氣使，一至於是。萬一陰蓄異謀，人人聽命，爲禍可忍言哉！乞將勛等官爵追奪，以垂鑑戒；馬錄等特加優異，以伸忠良之氣。」穆宗從之，凡當時死事、謫戍者，皆得敍錄，是獄始明。

谷應泰（按：江西本「谷應泰」作「高岱」）曰：永嘉、安仁是舉也，果爲平反寃獄乎哉？亦黨武定，讐諸臺諫爾。當其議大禮時，禮官嘗要勛同疏攻永嘉，勛後竊語永嘉曰：「吾嘗謂汪俊，此事關係甚大，宜折中不可偏執。俊與吾力辨，至大詬而止。竟署吾名疏中，非吾意也。」永嘉信之，收其語於大典中，且曰「勛竟以是搆怒於衆」云。及後再議考獻皇帝，徐文華等與璁力辨，勛遽曰：「祖訓如是，古禮如是，璁等言當，更何議！」於是璁等與勛同上議當考獻皇，伯孝宗，而勛益見倪於永嘉矣。游言一唱，鼓簧宸聰，則帝亦以勛爲心膂臣矣。

及福達獄起，而臺諫諸臣乃力攻勛，必欲置之連坐。此其所以反覆追讞，必翻釋而後已也。永嘉等主之，必永嘉等成之。非爲福達，爲武定耳。武定獲伸，則諸臣之竄削有弗恤矣。甚哉！永嘉之舉也。然則臺諫豈盡無過乎？夫武定之主福達罪，固有在，而必欲連坐，則甚矣。當福達叛亂時，武定豈與其謀耶？及福達以方術見勛，亦以方術遇之耳，而豈知前日之爲叛賊也。迨其事露，特不宜與之請囑耳。而嗾使陳白，則未知其果有與否也。故待福達獄定之後，治其請囑之罪，亦足矣，而何故必欲其連坐哉？況「知情藏匿故縱」之律，本與勛事不相似，而必引此繩之，欲置重典，此其所以激成翻釋之紛紛也。

福達之獄，前已奉命監決矣。使當時諸臣稍存寬緩，待福達伏誅之後羣攻武定，則勛亦百口莫解，雖欲再鞫福達以自爲地，何可得耶？惜乎諸臣慮不及此，而使法司大臣、藩臬諸司俱罹其禍也。悲哉！

明史紀事本末卷之五十七

大同叛卒

世宗嘉靖三年（甲申，一五二四）秋七月，大同五堡軍叛，殺巡撫張文錦、參將賈鑑。

大同古雲中地，北距塞，地平漫不甚阨險。巡撫、都御史張文錦議鎮城北九十里築五堡，將成，欲徙鎮卒二千五百家往戍之，堡五百家，爲大同藩籬。諸鎮卒竊相謂：「去城下二十里，猶苦抄掠無寧日。今五堡孤懸幾百里，敵至誰復相應援者，卽死不願徙也。」訴之文錦，文錦不許，嚴令趣之。又所遣董役參將賈鑑，望風白文錦，杖其隊長且罪之，諸鎮卒遂變。有郭鑑、柳忠暨諸驍悍者倡亂，殺賈鑑，裂其屍，時二十二日也。遂嘯聚塞下焦山，文錦恐與寇連，招撫之入城，卽索治首亂者。二十七日，郭鑑、柳忠脅諸卒焚大同府門，劫獄囚。又焚都察院門，文錦倉卒踰垣避匿宗室博野王所。諸亂卒掠其家，脇博野出文錦，殺之，亦裂其屍。遂發府庫兵仗，盡甲而馳。欲殺鎮守王某，不果。又欲殺總兵官江桓，走免，掠其家。乃出逮繫故總兵官朱振於獄，脅令主之。振知不免，乃告曰：「吾與衆約三事：勿犯宗室，勿掠倉庫，勿縱火殺人。能從我則可；不從，寧死無與。」諸亂卒曰：「唯命。」衆稍戢，遂脅鎭、巡爲奏，乞赦宥。

八月，代王出居宣府。時廷議遣兵部侍郎李昆宣敕赦諭之。復命太監武忠鎭守，都督桂勇爲總兵官。擢按察使蔡天祐爲巡撫。

先是，撫臣既遇害，諸亂卒肆行劫掠。天祐至，乃會武忠、桂勇集亂卒宣諭朝廷恩威，反覆開諭。諸亂卒稽首謝，暫解散，然皆恐不安。又姦盜多乘隙(亂)〔誘〕(據鴻猷錄卷十四改)亂卒劫掠居民，桂勇稍督兵捶殺五十餘人，乃笞郭鑑、柳忠諸亂首，餘釋之。而人情洶洶，相傳「必盡殺大同人」。無何，妄報「京營暨諸鎭兵已駐近地，勦大同矣」。適戶部遣進士李枝轉餉至鎭，諸亂卒謂「密旨也」。衆夜集，擊李枝門訊故。枝自門隙出公移示之，始信。然衆已集，有謂知縣王文昌曾白巡撫，欲誅衆卒者，遂往執文昌殺之。又縱火延燒居民百餘家，亂復大作。明日，逼脅代府，謂其請兵也。且索府賄，代王曲應之，解去。王懽陷害，率子弟數人潛出居宣府。天祐委曲撫諭不定，以狀聞。

九月，命戶部侍郎胡瓚、都督魯綱帥師討大同叛卒，制曰：「誅首惡，脅從不問也。」

冬十一月，大同叛卒執總兵桂勇。胡瓚至陽和，密檄桂勇督城中兵，計擒首惡。文移〔一〕日(下數千)〔十數下〕(據鴻猷錄卷十四改)，於是城中大懼，衆白天祐求自全，天祐傳制諭之，曰：「兵來惟誅首惡，脅從不問也。汝輩勿助惡即良民，無事矣。」以是首惡者煽惑，衆多不從。桂勇遂率苗登諸將計擒郭鑑、柳忠等十一人，皆斬之。鑑父郭疤子糾胡雄、黄臣、徐氈兒等復倡亂報復，逼脅諸亂卒盡甲，閉城門。夜圍桂勇第，掠其貲，殺家衆數人，磔屍於坊，有啖其肉者。遂擁桂勇至葉總兵宅，天祐暨太監武忠亟馳至諭之。反覆譬曉，衆復少定，勇得不遇害。衆詣天祐泣訴，求止兵，天祐曰：「汝等自作孽至此，奈何？若今能擒首惡，吾爲若轉達，兵猶庶可止也。」諸亂卒乃復擒徐氈兒等首惡四人以獻，天祐斬之，函首詣瓚。郭疤子暨諸首惡皆逃匿，瓚聞之，欲提兵而西。城中士人數十輩詣瓚，請緩師，不聽。天祐乃疏請班師，復以書止瓚，謂「首惡既誅，餘黨釜魚耳，易處也」。疏上，命瓚旋師。瓚還，御史蕭一中、給事鄭一鵬等劾瓚「討叛無功，逆黨未盡得，乃師不臨城，歸冒功賞，請治欺罔罪」。別遣大臣，督兵討亂」。疏寢不報，惟敕天祐等擒捕餘黨，仍有脅從弗治。復遣使諭慰代王還國。

四年（乙酉，一五二五）春二月，巡撫蔡天祐諭鎮城兵民各安業，所刼軍器令首官，衆稍寧。郭疤子、胡雄既潛入城，度終不自容，復誘聚餘黨數十人，夜焚總兵王振第。諸卒奔告天祐，天祐曰：「曉當治之。」明日，集諸卒，諭以朝廷班師不屠城之意，且詰亂故。衆曰：「夜倡亂者皆知，請閉諸門戶索之。」得首惡郭疤子、胡雄等四十人斬之，人皆稱快。事聞，優詔答之，賞賚有差。天祐厚賚間諜，因事捕誅逆黨近數百人，大同始定。

數年，天祐遷兵部侍郎。言者追論其費財，竟罷去，多枉之。張文錦妻李氏上疏請卹，上怒，執抱疏者治之。廷臣屢以爲言，不許。江西巡撫陳洪謨疏言：「文錦邊圉重臣，致滋大患，誠宜譴責。第事在朝廷，雖誅戮之可也。若假手士卒，又慫慂之，臣恐羣小藉口，寖生陵替之階。其於國家紀綱，所損不小。」書奏，上切責之。萬曆中，贈文錦右都御史，謚莊愍。

十二年（癸巳，一五三三）冬十月，大同戍卒叛，殺總兵李瑾。

先是，七月，套部渡河將入寇，巡撫大同都御史潘倣以聞，兵部尚書王憲曰：「非設總制重臣不可。」乃請以兵部侍郎劉源清爲總制，都督郤永總兵禦之。舊鎮大同總兵李瑾，議於天城之左濬濠四十里，以遏（突）〔虜〕（據鴻猷錄卷十五改）騎，源清從之，期三日事竣。瑾素嚴，馭士卒少恩。及承源清令，益爲捶楚，鎮卒季富子、王寶等〔六七人〕（據鴻猷錄卷十五補）倡亂，從者六七十人，脅朱振攝指揮使，遂殺瑾。還圍巡撫潘倣，倣踰垣避匿，亡其符敕，諸卒搜得之。倣爲奏「鎮將用法苛刻，兵悉變，請置勿問」。源清曰：「卽兵悉變，法不可廢，請討之。」事下兵部議，尚書憲曰：「兵未必悉變。脅從宥弗治，渠魁必殲。」降璽書責總制、巡撫相機撫勦之，倣督僉事孫允中等計擒首惡十餘人縛以獻。

時源清駐陽和，乃榜示大同城中，曰：「五堡之變，朝廷處太寬。乃今稔惡戕主帥，天討所必加者。」五堡遺孽見榜示，輒偶語不自安，謂追理甲申事也。允中檻諸囚詣軍門，請沮師，稍徐圖之，逆黨可盡得。又五堡事朝廷已處分，願勿以爲言。源清曰：「甲申之役，胡公以兵不臨城，致言者紛紛，吾不可更襲前轍。」乃以囚屬御史蘇祐訊，而遣參將趙剛等率甲士三百人捕亂黨。俶驗所捕名，多擒賊有功，爲諸囚所仇誣者，乃止捕無功八十餘人。比晚，諸鎮卒皆變，拒巷不納捕者。源清遣允中入城諭意，令明日釋甲迎王師。至夜，城中益譁，言：「兵來屠城矣。」遂羣起爲亂，俶命允中暨諸裨將擒斬二十餘人，餘解散。源清爲書召朱振，振至，切責之，振飲藥死。明日，源清師至城下，斬關入，大肆殺掠，城外横屍枕藉。五堡遺孽遂變，悍横不可制。閉城門弗啓，擁指揮馬昇、楊麟爲渠帥。亡何，郤永師亦至，整隊及城。亂兵開門迎敵，殺參將一人。俶、允中亟馳往諭之，衆曰：「城外屍塞道矣，尙給我。」反覆諭不聽，俶與允中計曰：「亂不可遏矣。」乃列將士貪功妄殺，激變鎮兵狀，間道上之。源清亦疏奏巡撫諸臣黨逆，卒致抗王師。言官劾俶，罷去。源清次聚落驛，允中往見之，言將士妄殺故。源清曰：「毋爲賊說。」允中遂留居懷仁。

時禮部侍郎顧鼎臣、黄綰皆言用兵之非，綰言尤力，忤輔臣張孚敬意。吏部以他事謫參政出，綰發憤上疏自列，且指言用兵失。上悟，命復其官。

十一月，兵部尙書王憲謂「大同之變，非大發兵誅之不可」。張孚敬主其議，乃以江桓總兵，擢參政樊繼祖爲大同巡撫。繼祖至陽和，與劉源清議大忤，遂上疏請假金牌，單騎入城諭之可立下。且云：「恐賊計無（復之）〔聊〕（據鴻猷錄卷十五改），且北走胡，貽患非小也。」疏入，不報。源清於諸關設邏卒，遏城中章疏。又連疏奏「宗室、諸文武悉已從賊，實天欲棄此城矣」。兵部是其議，有旨命趣攻之。源清乃百道攻城，令郎中李文芝、主事楚書穴城決水灌之，諸叛卒堅守不下。

十三年（甲午，一五三四）春正月，小王子寇大同塞。初，大同叛卒大掠城中，潛出漠北，誘小王子數萬人大舉入寇。郤永帥師禦之失利，殺傷甚衆。城中叛卒鼓譟以應之，其渠長數十人入城，諸叛卒指代府曰：「兵退以此謝。」小王子留精兵相持，餘衆分掠渾、應、朔、懷諸郡邑，數月乃去。羽檄達京師，中外洶洶。

二月，劉源清罷。源清畏北騎猖獗，再請設總制分禦之，而己專事攻城。張孚敬請從之，上納夏言議，不許。下御劄，謂：「叛卒殺主將，法毋赦。然非舉城所爲，郤永、劉源清貪功引水灌城，大同北門鎖鑰，源清必欲城破人誅。縱使成功，何由興復？其罪二臣，別遣大臣禦之。密擒逆賊之魁，庶免師老財匱。」劄下，中外始知用兵非朝廷意。源清聞之，乃詣城下索首惡。時郎中詹榮、都指揮紀振、游擊戴廉俱陷賊中，相與謀曰：「總制誠索首惡，當謀爲內應。」指揮馬昇者，爲賊所擁戴，威令行於城中。榮等激以大義，昇委心焉，遂歃血盟。令鎮撫王掌出告樊繼祖，繼祖深加奬慰。告源清，源清陽許之，令人穴城詐給票，汲水灌之，穴者死焉。昇大恚恨，將不利於榮等，事遂已。源清知不可爲，乃謝病乞解任。上大怒，罷斥之，以戶部侍郎張瓚代源清總制。瓚入軍，下令曰：「毋攻城，吾將有請也。」因遣騎招孫允中於懷仁與議，時允中已被劾落職矣。又密遣使諭城中：「主事楚書觀兵城下。」城中登陴請曰：「吾輩非殺將者，畏死自全耳！」請書入，書遂入慰諭之。且言：「用兵非朝廷意。」衆皆望闕呼萬歲。書仍進馬昇等，陳朝廷威德，曉以禍福，令獻首惡。是夜，斬倡亂黃鎮等二十四級獻軍門。於是繼祖亦馳入城，以鎮撫人心。郤永猶沮撓，倡言：「繼祖伏兵爲內應。」衆果夜驚，繼祖堅臥不起，乃安。瓚復遣允中入城宣諭之，繼祖乃榜諭城中，大發倉粟賑濟。稍稍繩以法，無賴縱恣者，擒殺一二人以徇，衆稍寧。瓚遂馳至城下，退諸路兵二舍外，諸將領以次上謁。次日，張鼓吹與御史蘇佑自南門入，置酒高會，賞賚將士，城中乃大定。小王子聞之，亦遠遁。瓚還居上谷遙制之。事聞，上大悅，降璽書，遣禮部侍郎黃綰往核功罪，定賞罰。永猶欲沮敗事，綰先疏罷永，始抵鎮，宣御劄璽書，慰宗室傷殘，掩骸骼，賑窮乏。命守臣捕誅遺惡，雪誣罔。乃核激變之由，正欺蔽之罪。差別諸將士功賞。疏上，久之，徵劉源清、郤永下獄。源清削籍去，永降級立功贖罪。潘倣、孫允中復原職致仕，張瓚、樊繼祖等各賞賚有差。

谷應泰曰：大同南蔽太原，西阻榆林，東連上谷，蓋屹然重鎮矣。更得一二賢明將吏，分甘絕少，噢咻士卒，號令嚴明，勇氣百倍，則李牧守郡，匹馬不窺，郅都在邊，幕庭遠徙，斯蓋外攘之重寄，寧有內潰之猝患哉！

乃嘉靖三年，巡撫張文錦議以去城百里增築五堡，堡各列戍，徙卒實之。藩籬固而後明堂尊，屏障列而後天府重，文錦之策未爲謬也。但當出車以遣新軍，采薇以勞還戍，拊循有素，踐更有法，信而後勞，誰敢違者。奈何澤門興役，鞭箠賈怨；秦法送徒，後期皆斬。而郭鑑、柳忠，一呼倡亂；文錦、賈鑑，裂尸並亡。嗟乎！楊炎建城而涇原兵叛，弘靖剋糧而盧龍軍反，事勢相激，無足怪者。此時便當擇智勇之臣，秉節鉞之重，或恩義久敷，或雅量素蓄。聲罪渠魁，撫輯餘醜。收元振之黨，以戮叛人；燒王郎之書，以安反側。則戍卒雖譁，可一鼓而定也。

無如下多獷悍，叛服不常；上鮮方略，勦撫均失。以故鑑、忠授首，郭疤復起；馗兒既斃，季富又興。脫巾相尋，勢若蝟毛，此固不可以勦也。又若泣訴天祐，更焚王振；縛獻胡雄，旋殺李瑾。磨牙相向，狀同瘈狗，此又不可以撫也。逮至劉源清斬關大殺，李文芝決水灌城。而後獸思走險，鹿不擇音。非馬穎厚結元海，卽懷恩外誘吐蕃。許河西以賂秦師，指金帛以酬回紇。邊關重險，幾於拱而授之矣。所幸樊繼祖單騎直入，張瓚麾退王師，發粟賑饑，鼓吹高宴，亂卒憂危，自茲釋矣。譬之子儀入河中而一府無譁，秀實入軍門而衆皆解甲，無他，開誠布公，推以赤心而已。然則亂延十祀，變凡七起者，非眞豺豕性成，威惠兩絀也。特以上下相蒙，弓影之疑蓄於中；恩信不著，投杼之說動於外也。

所可恨者，劉源清之主勦也，王憲和之於內，張孚敬持之於上。而繼祖疏入不報，便宜濟事。卒之樊獲璽書，劉繫廷尉。奸臣在內，大將立功，賴肅帝之心開爾。

明史紀事本末卷之五十八

議復河套

英宗天順六年（壬午，一四六二）春正月，毛里孩等入河套。

是時，孛來稍衰，其大部毛里孩、阿羅出、少師猛可與孛來相仇殺，而立脫思爲可汗。脫思，故小王子從兄也。於是毛里孩、阿羅出、孛羅忽三部始入河套。然以爭水草不相下，不能深入爲寇。時遣人貢馬，頗通朶顏諸衞擾塞下。河套周圍三面阻黄河，土肥饒，可耕桑。密邇陝西榆林堡，東至山西偏頭關，西至寧夏鎮，東西可二千里；南至邊牆，北至黄河，遠者八九百里，近者二三百里。卽周之朔方，秦之河南地，漢之定襄郡，赫連勃勃趙元昊之所據以爲國者也。唐三受降城在河套北黄河之外，元東勝州在受降城之東。國初，諸部遁河外，居漠北，延綏無事。正統以後，王驥等兵次甘肅，申明號令，河套以寧，然間亦渡河。繼而守將都督王禎始築榆林城，創沿邊一帶營堡墩臺，累增至二十四所。歲調延安、綏德、慶陽三衞官軍分戍，而河南、陝西客兵助之，列營積糧，以遏要衝。景泰初，犯延慶，不敢深入。

至是，阿羅出掠邊人以爲嚮導，因知河套所在，不時出沒，遂爲邊境門庭之害。憲宗成化元年（乙酉，一四六五）冬十月，毛里孩寇陝西，都御史項忠及彰武伯楊信禦之，遁去。

二年（丙戌，一四六六）春三月，延綏紀功兵部郎中楊琚奏：「河套寇屢爲邊患。近有百戶朱長，年七十餘，自幼熟遊河套，親與臣言：『套內地廣田腴，亦有鹽池海子，葭州等民多墩外種食。』正統間，有寧夏副總兵黃鑑奏，欲偏頭關、東勝關黃河西岸地名一顆樹起，至榆溝、速迷都六鎮、沙河海子、山火石腦兒、鰜石海子、回回墓、紅鹽池、百眼井、甜水井、黃河溝，至寧夏黑山嘴、馬營等處，共立十三城堡，七十三墩臺。東西七百餘里，實與偏頭關、寧夏相接，惟隔一黃河耳。當時議者以爲地土平漫難據，已之。後總兵官石亨又奏，欲將延綏一帶營堡移徙直道。實爲萬世防邊之長策也。」帝曰：「楊琚所奏移堡防邊，具有證據，其言有理，兵部即會官議處以聞。」

六月，大學士李賢等奏：「河套與延綏接境，原非敵人巢穴。今毛里孩居處其中，出沒不常。苟欲安邊，必須大舉而後可。乞令兵部會官博議，進兵搜勦，務在盡絕。其總制將官與凡出兵事宜，俱預處請畫。又秋禾方熟，彼必入掠。而延綏鄜、慶、環縣一帶，宜推選武將一人，統步騎精兵萬人守禦，庶幾有備無患。」於是兵部尚書王復同孫繼宗等集議，以

「大同總兵楊信舊鎭延綏，稔知地利，宜召還京，面受成算。其陝西、寧夏、延綏、甘、涼、大同、宣府鎭巡諸官，亦宜勅令整飭兵備，候期調發」。帝允所擬，遂召信還，以修武伯沈煜代之。乃敕陝西巡撫項忠、太監裴當、總兵楊信協謀征勦河套。

三年（丁亥，一四六七）春正月，毛里孩乞通貢，制曰：「無約而請和者，謀也。其令各邊謹備之。」毛里孩不得貢，渡河東侵大同。廷議楊信兵少，不足制之。於是以撫寧伯朱永爲大將軍，率京兵往，都督劉聚、鮑政副之。會毛里孩再上書求貢，許之。

二月，毛里孩入大同界，帝命原調大同、宣府、偏頭關等處搜勦河套官軍，仍留各城守禦。

四年（戊子，一四六八）春二月，乩加思蘭殺阿羅出，併其衆，而結元孽滿魯都入河套。

六年（庚寅，一四七〇）孛羅忽等據河套，邊人大擾。乃敕都御史王越總關中軍務，議搜河套，復東勝。越等奏言：「河套水草甘肥，易於駐箚；腹裏之地，道路曠遠，難於守禦。陝西孛羅忽、乩加思蘭等糾率醜類，居套分掠，出入數年。雖嘗阻於我師，然未經挫衄，終不肯退。近日據我河曲，擾我延綏、寧夏，深入我平、鞏、固原。近又覘我大同，逼我萬全。乞命廷臣共議，得一爵位崇重，威望素著者，統制諸軍，往圖大舉。」朝廷從其議，以武定侯趙輔充總兵官，總制各路軍馬，搜河套。尋以疾還，遂不復舉。

七年（辛卯，一四七一）春二月，朱永以河套寇未退，議戰守二策。事下兵部，白圭等以「馬方瘦損，供餉不敷，勢難進勦。請命諸將愼爲守禦，以圖萬全」。帝從之，命吏部右侍郎葉盛行視河套。時議增兵設險，或請大舉，驅之出河外。沿河築城堡，抵東勝，徙民耕守其中。盛往，上言：「搜河套，復東勝，未可輕議，唯增兵守險，可爲遠圖。」帝從之。

九年（癸巳，一四七三）秋九月，滿魯都與孛羅忽並寇韋州，總督王越偵知其老弱盡行，巢於紅鹽池，可取也。乃與總兵許寧、遊擊周玉等率輕騎，晝夜馳三百餘里襲擊之。擒斬三百餘級，獲雜畜器械甚衆，盡燒其廬帳而還。自據河套以來，無歲不深入，殺掠人畜至數千百萬。邊將擁兵，莫敢誰何，徼所遺老弱及殺平民以上功，冒陞賞。三遣大將朱永、趙輔、劉聚出師，亦多效邊將故習。以是益横，內地且危。廷臣日議搜套，聚兵八萬，糜資儲無算，而師竟不出。至是捷，賊內失其孥，相與悲泣，渡河北去，患少弭。

孝宗弘治八年（乙卯，一四九五），北部復擁衆入河套住牧。

十三年（庚申，一五〇〇）冬十二月，火篩入河套。火篩等渡河而東，焦家坪、娘娘灘、羊圈子等處爲衝。其要在偏頭關三受降城。受降城者，唐所築，禦寇於河外者也。中城南直朔方，西城南直靈武，東城南直楡林，相距各四百餘里。花馬池要地，成化前，患在河西。據套，而河東爲其衝，花馬池居其中。都御史徐廷璋、楊一淸、王瓊新舊城，效力甚堅。花馬池西至興武營一百二十里，又西至横城堡一百四十里，平漫沙漠。寇路拆牆頗易入靈、韋，掠環、慶，犯平、固，則清水營、鐵柱泉、小鹽池一帶為捷徑。自大廣武渡河而下，至靈、韋亦易。

武宗正德元年（丙寅，一五〇六）春正月，總制三邊楊一清上言：「受降據三面之險，當千里之蔽。正統以來，舍受降而衞東勝，已失一面之險。又輟東勝以就延綏，則以一面之地遮千餘里之衝，遂使河套沃壤為寇甌脫，巢穴其中，而盡失外險，反備南河，此陝西邊患所以相尋而莫之解也。紘欲復守東勝，因河為固，東接大同，西接寧夏，使河套千里之地歸我耕牧，開屯田數百里，用省內運，則陝西猶可息肩也。」又上六事：其一，修築定邊營迤東邊牆；其二，修復寧遠基邊迤西北堡；其三，增設花馬池及興武營衞所；其四，防禦靈州土達；其五，整飭韋州官軍；其六，增修黑山、鎮遠關墩臺。多中機宜，帝可其奏，刻期奏績。以忤劉瑾乞休，工亦罷。僅築四十餘里，屹然巨嶂也。

初，弘治末，朝廷清明，諸大臣協和，盡心體國，為經久計，以故議復河套。會孝宗崩，瑾既專政，一清復得罪去，遂無敢言及河套者，邊圉日減，敵日進矣。

嘉靖元年（壬午，一五二二）套騎二萬自井兒堡撤牆入固原、平、涼、涇州，殺指揮楊洪、千戶劉瑞。

先是，正德間，小王子三子：長阿爾倫，次阿著，次滿官嗔。太師亦不剌殺阿爾倫，遁入河西。西海之有寇，自亦不剌始也。阿爾倫二子：長卜赤，次乜明，皆幼。阿著稱小王子，未幾死，衆立卜赤，稱亦克罕。亦克罕大營五：曰好陳察罕兒，曰召阿兒，曰把郎阿兒，曰克失旦，曰卜爾報，可五萬人。卜赤居中屯牧，五營環之。又東有罔留、罕哈、爾嗔三部。罔留部營三，其渠滿會王；罕哈部營三，其渠猛可不郎；爾嗔部營一，其渠可都留。三部共六萬人，居沙漠東偏，與朶顔爲鄰。西有應紹不、阿爾禿厮、滿官嗔三部。應紹不部營十：曰阿速，曰哈喇嗔，曰舍奴郎，曰孛來，曰當剌兒罕，曰夫保嗔，曰叭兒廒，曰荒花旦，曰奴母嗔，曰哈不乃廝。故屬亦不剌，亦不剌遁西海去，遂分散無幾，惟哈剌一營僅全。阿爾禿厮部營七，故亦屬亦不剌。後從吉囊合爲四營：曰哱合廝，曰偶甚，曰叭哈厮納，曰打郎，衆可七萬。滿官嗔部營八，故屬火篩，後從俺答，合爲六營：曰多羅，曰土閩畏吾兒，曰兀甚，曰叭要，曰兀魯，曰土吉剌。三部衆可四萬。吉囊、俺答皆出入河套，阿著子也，諸種中獨強，時寇延、寧、宣、大。南有哈剌嗔、哈連二部。哈剌嗔部營一，渠把答罕奈，衆可三萬。哈連部營一，渠失剌台吉，衆可二萬。居宣府、大同塞外。北有兀良罕營一，故小王子北部也。因隙叛去，至今相攻。又西爲瓦剌，可五萬人，世與土魯番爲讎。諸部雖逐水草，遷徙不定，然營皆有分地，不相亂。

十二月，寇固原、環、衞間，殺傷以萬計。

十七年（戊戌，一五三八）冬十一月，巡按山西御史何贊疏言：「河套爲吉囊所據，外連西海，內搆大同，宜急勦除。其策有二：一曰計以破之，二曰勢以走之。而其要在於久任撫臣，以責成效；興復屯法，以裕邊儲。」議寢不行。

二十四年（乙巳，一五四五）春正月，巡按山西御史陳豪疏言：「北寇三犯山西，殺傷百萬，此不可以常寇目之。計費帑金六百萬，而戰守無尺寸功，諸臣建議，動稱屯守，不知賊衆內侵，不由諸隘口，皆猿攀絕壁，蟻附懸崖，邊垣又何足恃？況諸鎮烽卒，皆媒寇日爲生計，多囊針刀，遇偵者賂求不殺，彼此譯語，互爲和同。待其深入，然後舉燧發礮，降堠轉走，葢不止一日一處爲爾。且邇來之寇，類多我民亡命，爲彼鄉導。故連歲非時倏至，冒險深入，如履故途。乞下廷臣集議萬全之策，期於必戰，盡復套地。庶可弭其內擾之患，而邊境無虞矣。」章下兵部議行。

二十五年（丙午，一五四六）秋八月，套騎三萬餘入犯延安府，至三原、涇陽，殺掠人畜無算。總督三邊侍郎曾銑請復河套，條爲八議：一曰定廟謨，二曰立綱紀，三曰審機宜，四曰選將材，五曰任賢能，六曰足芻餉，七曰明賞罰，八曰修長技。計萬餘言，指據明悉。下兵部議行。

冬十二月，總督曾銑，巡撫謝蘭、張問行等奏：「延綏密與套寇爲鄰，自定邊營至黃甫川連年入寇，率由是道。所當急爲修繕，分地定工，次第修舉。起自定邊營，東至龍州堡，計長四百四十餘里爲中段；自雙山堡而東，至黃甫川，計長五百九十餘里爲下段。歲修一段，期以三年竣事。乞發帑銀如宣、大、山西故事。」疏下部議。

銑復言：「套賊不除，中國之禍未可量也。今日之計，宜用練兵六萬人，益以山東鎗手二千，多備矢石。每當秋夏之交，攜五十日之餉，水陸並進。乘其無備，直搗巢穴，材官騶發，礮火雷擊，則彼不能支。歲歲爲之，每出益勵，彼勢必折，將遯而出套之恐後矣。俟其遠出，然後因祖宗之故疆，并河爲塞，修築墩隍，建置衞所，處分戍卒，講求屯政，以省全陜之轉輸，壯中國之形勢，此中興之大烈也。願陛下斷自聖心，亟定大計。夫臣方議築邊，又議復套者，以築邊不過數十年計耳。復套則驅斥兇殘，臨河作陣，乃國家萬年久遠之計。唯陛下裁之。」疏下兵部議行，謂：「築邊、復套，兩俱不易。相較，則復套又難。夫欲率數萬之衆，齎五十日之糧，深入險遠艱阻之域，以驅數十年盤據之兵，談何容易！故不若修牆築邊，爲計完而成功可期也。但延綏一帶，地勢延漫，土雜沙鹻，居民隔遠，最爲荒涼。若欲一千五百里之地，而責成於三年之功，恐未易集。縱使能成，亦難爲守，宜仍行銑等計議。」以聞，帝曰：「寇據河套，爲中國患久矣。連歲闖隘橫被荼毒，朕宵旰念之，而邊臣無分主憂者。今銑能倡復套之謀，甚見壯猷。本兵乃久之始覆，迄無定見何也？其令銑更與諸邊臣悉心圖議，務求長算。若邊境千里沙漠，與宣、大地異，但可就要害修築。兵部其發銀三十萬兩與銑，聽其修邊、餉兵、造器，便宜調度支用，備明年防禦計。」

二十六年（丁未，一五四七）夏五月，總督曾銑出塞襲套部，勝之。初，春時銑督兵出塞掩擊，敗還，不以聞。至是，復襲之，寇覺，銑搜選銳卒，督之戰。馘斬二十六人，生擒一人脫脫虎，斃於矢石者甚衆，獲馬牛槖駝九百有五十，械器八百五十三，以捷聞。敵移帳漸北，間以輕騎出掠。銑復督諸軍驅之，遂遠遁不敢近塞。銑既以捷聞，更列上諸臣功罪。帝以套寇連年深入，如蹈無人之境，大損國威。銑能率兵出塞，擒斬有功，命增俸，賜白金紵幣有差。

十一月，總督曾銑會同陝西巡撫謝蘭、延綏巡撫楊守謙、寧夏巡撫王邦瑞及三鎭總兵，議復套方略，乃條列十八事：曰恢復河套，修築邊牆，選擇將材，選練士卒，買補馬羸，進兵機宜，轉運糧餉，申明賞罰，兼備舟車，多置火器，招降用間，審度時勢，防守河套，營田儲蓄，及明職守，息訛言，寬文法，處孽畜。又上營陣八圖：曰立營總圖及遇敵駐戰，選鋒車戰，騎兵迎戰，步兵搏戰，行營進攻，變營長驅，獲功收兵各圖。帝覽而嘉之，奏下兵部，尙書王以旂會廷臣集議，言：「曾銑先後章疏俱可施行。」帝曰：「寇據河套，爲國家患。朕軫宵旰有年，念無任事之臣。今銑前後所上方略，卿等既已詳酌，即會同多官，協忠抒謀，以圖廓清。其定策以聞。」

二十七年（戊申，一五四八）春正月，大學士夏言罷。

初，河套之議，言力主之。嚴嵩積憾言，且欲躐其首輔，於是因災異疏陳缺失，謂：「曾銑開邊啓釁，誤國大計所致。夏言表裏雷同，淆亂國事，當罪。」遂罷言，逮銑詣京，出兵部尚書王以旂總督軍務。廷臣議罪，凡與議復套者，悉奪俸，并罰言官，廷杖有差。於是復套事宜悉爲停止。

會俺答蹈冰踰河入套，將謀犯延、寧，聲勢甚張。巡撫延綏楊守謙以聞，嵩激上怒，謂「俺答合衆入套，皆曾銑開邊啓釁所致」。於是兵部侍郎萬鏜等參曾銑「罔上貪功」之罪。甘肅總兵咸寧侯仇鸞，初被銑劾奏逮京，亦上疏訐銑。嵩主之，棄銑市。

銑有機略，初爲御史，巡按遼東。會遼陽、廣寧、撫順兵變，銑密運方略，悉捕首惡誅之，全遼大定，時論以爲才。比視西師，乃倡復套議。夏言好邊功，遂力主持之。時敵勢方熾，而軍士積弱。銑疏下部議，久之未覆，上亦危疑之，密以訊嚴嵩。嵩素與言不相能，欲因是陷言、銑，銑竟論死，家無餘貲，妻子狼狽遠徙。後九月，復寇宣府，上曰：「寇以言、銑收河套，故報復至此。」遂并斬言，天下並寃之。自言、銑死，竟無一人議復河套者。

谷應泰曰：邊備所爭者二：地勢坦衍，敵騎四入，列守不足，追哨難及。蘇子所謂大梁四戰之衢，汪立信所謂長江隨處可入是也。地或險阨，山谷林薄，寒磽不耕，沙鹵乏水。耿弇弟言五溪水險，縋糧而食；馬文升言西域道旱，因雪爲泉是也。若河套三面憑河，荷戈守禦，險踰長城，地又肥饒，耕桑自給。然則河套屯守，歲省租稅數十萬，障塞之卒亦十餘萬。東距偏頭，西抵寧夏，二千里中，晝乏旌旗，夜罕鼓柝矣。周城朔方，漢開河西，有自來也。

邊備久虛，縱敵深入。畜牧既久，樂不思去。伏莽之雉，不復畏鷹；噍穴之鼠，不復畏貓。而邊將又坐視養癰，莫敢深入。憲宗時，楊琚請建一十三城堡，七十四墩臺。李文達又以中筦力贊。乃三帥授劍，或輿疾徵還，或遷延不出。惟王越深入紅鹽池，焚其廬帳，劫其器甲，賊喪失妻孥，相顧慟哭。而大師不繼，虎牢一關，卒爲楚有；河西數郡，折爲秦臣。武宗時，楊一清又請力圖受降，旋以璫瑾去位。夫仁愿且爭險於黃河之外，而阨受降。後人乃斂兵於河套之內，僅守延綏。開門延寇，角勝堂奥，三方被敵，秦、晉騷然。世宗之世，延安、涇陽皆供蹂躪矣。

曾銑毅然請行，願以數萬之衆，持五十日之糧。水陸星馳，矢礮雷發。燔燒積聚，驅掠馬牛。往來出沒，歲無寧晷。食道既窮，項王亦欲踐鴻溝之約；將士思歸，關羽不能救荆州之潰。世宗屢降璽書，特頒文綺，展圖嘉歎，刻期廓清。而夏言又力主銑議，樞臣俱先後奏行。辟之充國既有孝宣，復煩魏相；魏尙已逢文帝，更遇馮唐。君臣將相，千載一時。而乃急殺大臣，以當星變；先誅渠帥，以謝兵端。道濟誅而長城自壞，得臣死而晉毒已亡。予所怪者，反禍爲福，難於轉石；化成爲敗，疾又轉圜。九重廟算，倏智倏愚；幕府平章，忽功忽罪。匣中之劍，竟斬曹彬；拜將之壇，幷收相國。世宗之英察何如也！

明史紀事本末卷之五十九

庚戌之變

嘉靖二十九年（庚戌，一五五〇）夏六月，俺答寇大同境，潰牆入。悉精兵伏溝壑中，而以老弱百騎往來爲餌。偵騎信之，報總兵張達。達素以果鋭敢入至大將，意輕之。合兵，兵未合，而遽率麾下馳擊之。伏發，圍達數匝。馬蹶，遂見殺。副帥林椿聞達被圍，不介馬而馳，救達不克，亦死之。達、椿皆驍勇善戰，俺答得二將首，輒引去。事聞，逮總督侍郎郭宗皐、巡撫都御史陳耀下獄。耀杖死，宗皐謫戍遼左。贈達左都督，椿都督同知，賜祀立祠，春秋祀之。

八月，俺答入薊州塞。初，張達敗沒，乃起復翁萬達代郭宗皐總督，趙錦代陳耀巡撫。以仇鸞爲宣大總兵。萬達家居未至，命侍郎蘇佑攝其事。佑抵鎮，卽上疏請益兵食，未報。而俺答、狼台吉復擁衆窺大同。初，仇鸞坐廢，居京師邸，以賄嚴世蕃得總兵宣大。至是，惶懼無策，厮養時義、侯榮者，說鸞曰：「主勿憂，吾爲主解之。」乃爲鸞持重賂賂俺答，令移寇他塞，勿犯大同。俺答受貨幣，遺之箭纛以爲信，而與之盟，遂東去。諜者復白敵中語，欲寇宣府東，遼左西。兵部尚書丁汝夔謂帝厭警報，不悉以聞，但申飭薊州撫、鎮，使嚴備。已而警報漸甚，乃發諸邊兵萬二千騎、京營兵二萬四千騎，分布宣、薊諸關隘。邊兵取符驗期會，未卽至。而京兵悉市井傭保子，識者知其必敗。

秋八月乙亥，俺答帥部下至古北口，以數千騎攻牆。都御史王汝孝悉衆出，火礮矢石下攻之。俺答乃佯督兵綴薊師，而別遣精騎從間道黃榆溝潰牆出師後。京兵大驚潰，爭棄甲及馬，竄山谷林莽中。寇遂大殺掠懷柔、順義吏士無算，長驅入内地。巡按順天御史王忬聞報，度兵弱無能禦者，夜草疏言：「敵兵慓悍若風雨，而古北口距京師僅七舍，漫衍無衞戍瞭望。神京陵寢，萬一蕩搖，事係非小。請速集廷臣，議戰守策。」而身出駐通州，召吏民給仗，聽約束。收漕舟艤潞河西，勿使爲敵用。甫畢，而夜半敵兵果至，營河東二十里孤山、汝口諸處。忬復爲疏，縋城使使來京師請援。京師震恐，急集諸營兵城守。少壯者已悉出邊撩敗喪，僅餘四五萬人，而老弱半之。又半役總兵、提督、太監家，不令出伍。倉卒從武庫索甲仗，武庫閹又援例需賈，不時發，久之不能軍。丁汝夔乃以聞，帝大驚，詔吏部左侍郎王邦瑞、定西侯蔣傳提督九門文武大臣，各十三人守一門。又別遣都御史商大節督科、道官，募民間材力者，蒼頭、義軍垂四萬，及坊甲保伍，分置諸門睥睨間。集天下應武試者千餘人，分從諸大臣策應。檄召諸鎮兵勤王。時寇騎逼通州數日，前阻水未能渡。王忬日夜乘城守，不能支，連告急，詔遣都御史王儀往援。

己卯，咸寧侯仇鸞得勤王檄，以大同兵二萬入援。先是，寇既東行，時義、侯榮謂鸞曰：「賊騎東，公宜自請入，可以爲功，而上結於天子。」鸞悅，卽佯奏：「臣偵賊東犯薊鎮，誠恐京師震驚，請以便宜應援，或隨賊搏戰，或徑趨居庸爲防守。」帝壯之，詔留駐居庸關，聞警入援。而俺答果由薊鎮攻古北口，入犯京師，帝益信鸞，詔入援。鸞與副總兵徐珏、遊擊張騰等率兵馳至，陳通州河西，帝大喜。時保定都御史楊守謙以五千騎至，延綏副將朱楫以三千騎至，人心稍安。已而河間、宣府、山西、遼陽諸將各以兵先後至，凡七鎮五萬餘人。帝內視稍彊，各賜璽書褒奬，予金帛，令躡賊。而拜咸寧侯仇鸞爲〔平虜〕（據鴻猷錄卷十六補）大將軍，諸道兵悉屬焉。賜襲衣玉帶上尊及千金，又賜封記，文曰：「朕所重唯卿一人，得密啓奏進。」以楊守謙爲兵部左侍郎，總督各路戎務，衞京師。都督陸炳提督皇城諸門，譏察不虞。都御史商大節督巡五城，防內釁。太子太保、禮部尚書徐階奏釋故參將戴綸、歐陽安等繫，令從軍自效。分遣京營諸將，營於城內外各巷陌間。京營兵素未見敵，驅之出，不敢前。城外及近地居民擁入，連日夜不絕，多被血淋漓至者。都督陸炳請出太倉米，減直濟流徙老弱。俱報可。時變起倉卒，諸務未備。勤王師各輕騎馳至，未齎糗糧。制下犒師牛酒諸費，皆不知所出。戶部文移往復〔越〕（據鴻猷錄卷十六補）二三日，軍士始得數餅餌。開庾發粟，則囊〔橐〕（據鴻猷錄卷十六補）釜甑皆無所需〔索〕（據鴻猷錄卷十六補），故士卒饑疲。都督陸炳言：「戶部臣失預計。軍興，糧餉不支，士多餒死。」帝怒，奪尚書李士翱以下諸官職，戴罪辦事。

俺答兵自白河東渡潞水西北行，大掠村落居民，焚燒廬舍，火日夜不絕。郊民扶傷集門下，門閉不得入，號痛之聲徹於西內，帝命啓而納之。是日，俺答掠婦女，大飲演武堂上，遊騎往返六門外。仇鸞率勤王諸兵不敢擊，時時遣義、榮與之通，許貢市以自安。辛巳，至東直門，執御廄內八人以去。不殺，縛之見俺答，踞坐氈帳中，謂曰：「若歸見天子，好爲我致書。」自解送歸見帝，啓書多嫚語，求入貢。壬午，帝召大學士嚴嵩、李本，尚書徐階對於西苑，出書示之，曰：「何以應之？」嵩曰：「此禮部事。」階曰：「事雖在臣，唯上主之。」帝曰：「正宜商議。」階曰：「寇駐兵近郊，而我戰守之策一無所有，宜權許以款，第恐將來要求無厭耳。」帝曰：「苟利社稷，皮幣珠玉皆非所愛。」階曰：「止於皮幣珠玉則可，萬一有不能從，將奈何？」帝竦然曰：「卿可謂遠慮。」階因請以計款之，言：「其書皆漢文難信，且無臨城脅貢之禮。可令退出大邊外，別遣使齎番文，因大同守臣爲奏，事乃可從。往返間四方援兵計皆可至，我之戰守有備矣。」帝曰：「卿言是。」命出集廷臣議。日午，羣臣畢集，階出俺答書，言欲以三千人入貢，許之則緩兵，否則益兵破京師。羣臣相顧莫敢發，因陳箏箚，令各書所見，奏請上裁。國子司業趙貞吉抗言曰：「此不必問，問則奸邪之臣必有以和說進者。萬一許貢，則彼必入城。三千之衆，恐烏蠻驛中莫之容也。且彼肆深入，內外夾攻，何以禦之，不幾震驚宮闕乎？不務驅逐，而畏其恐喝，迫而許之，何異城下盟！」檢討毛起謂：「時事孔棘，宜暫許之。邀使出塞，而後拒之。」貞吉力叱起，羣臣俱難之，奏入乃止。是夕，火光燭天，德勝、安定門北，人居皆燬。上在西內，大震懼。聞中官稍稍道貞吉語，乃馳使召入對。給筆札，命疏所欲言。貞吉上言：「陛下宜御奉天門，下詔罪己。追奬故都督周尙文之功，以勵邊帥；釋給事沈束於獄，以開言路。輕損軍之令，重賞功之格。飭文武百司，共爲城守。遣官宣諭諸營兵，使力戰。且士不力戰，以主將多冒首功，今誠得首功一，卽予金百，捐金不十萬，賊且盡矣。」帝壯之，擢貞吉爲左春坊左諭德兼河南道監察御史，稱詔齎五萬金，宣諭行營將士。通政使樊深條禦寇七事，中言：「仇鸞未聞一戰，非士不用命，卽主將養寇要功，乞密遣近侍詰狀。」書奏，上大怒，黜爲民。

癸未，寇由鞏華城犯諸陵，轉掠西山、良鄉以西，保定皆震。時帝久不視朝，吏部尙書夏邦謨疏言：「人情洶洶，非上躬御正朝，延見廷臣，不足以塞天下望，振威武。」許之。是日，文武大臣具服，待命闕下。晡時，帝始出御奉天殿，降敕切責諸大臣，還宮。羣臣就午門跪聽宣敕，皆惴慄，計有處分。追散，門且下鍵矣。乃敕遣官校，逮繫駐守通州都御史王儀、巡撫薊遼都御史王汝孝及薊州總兵羅希韓，詣京卽訊。已而儀至，下獄，以畏懦不戰，削籍去。汝孝以道梗不及逮。

初，儀至通州，命營兵屯戍城外，而身閉閤臥城中。會仇鸞引兵至，敵少卻。鸞兵往掠食諸村落，儀發兵捕執下獄，死者十數人。鸞兵大譁，欲甘心儀。時巡厰御史上其狀，帝怒，故逮治之。尋以巡按御史王忬爲僉都御史，代儀守通州。

甲午，執兵部尙書丁汝夔及左侍郎楊守謙下詔獄。初，寇逼通州，汝夔聞警，束手無措。遣募哨敵虛實者，出城不十數里，道遇扶傷者，輒奔還，妄言見敵某所，城中輒震。已而言不信，汝夔不加罰，復募他卒偵之如故，城中數震。而成國公朱希忠理京營兵，多役占，行伍不足。恐兵少見且獲罪，乃東西調掣爲掩飾計，士疲不得息，多出恚語。而莫曉誰調，爭詈汝夔，欲魚肉之。語稍聞禁中。時宣府、延綏、遼陽、山西援兵悉集，廩餉不能給，兵饑怨望。仇鸞大同軍尤無律，往往椎髻劫掠村落中，時被逋獲，或自詭爲遼陽軍。遼陽軍者，朶顏諸部也。先是，有傳賊中語「遼陽實導我來者」，故京師訛言遼陽軍叛。而鸞方被寵遇，雖獲大同行掠者，有司不敢置之理，必以聞。帝謂大同軍首入援，行掠亦出饑疲，令付鸞自處，鸞復置不問。汝夔不得已，乃下令勿捕大同軍。大同軍益無忌，民苦之甚於賊。大同軍既自詭爲遼陽〔軍〕（據鴻猷錄卷十六補），民間不知，遂謂汝夔山東人，以鄉曲故庇遼陽叛軍。及寇薄城下，汝夔益惶急，恐喪師，令諸將勿輕戰。諸軍故恇怯不敢戰，皆諉言汝夔禁不發，民間益歸罪汝夔。而鸞機譎，謀於大學士嵩，嵩謂「敗於邊可隱，敗於郊不可隱。飽將自去，惟堅壁爲上策」。鸞數稱率兵往擊賊，賊實在城下，顧遠屯郊坰外不敢近，城中莫知鸞擊與否。鸞得死賊首六級，奪馬十餘，詐謂戰得之。守謙被命屯城下，又以兵少，故不敢一擊賊。帝聞之，益謂鸞遠出禦敵，而守謙畏懦不出師，與汝夔并，切責之。諸中貴園墅在城外，又多所殘毀，爭泣訴帝前，謂守謙、汝夔貳於賊。帝時從高望城外火，已心恚諸治兵者。聞是益奮怒，不誅一大臣亡以懲，乃捕汝夔下詔獄，就廷訊。使使自軍前逮守謙入，下法司議罪以聞。命王邦瑞攝兵部，艾希淳代將守謙兵。於是刑部侍郎彭黯、左都御史屠僑、大理寺少卿沈良才等論汝夔、守謙罪當斬，而爰書宂長，錄不速竟。帝坐齋宮趣獄具不得，謂黯等比周，將有所規免，俱逮繫獄，各廷杖有差。汝夔、守謙俱棄市，流其妻三千里外，子戍鐵嶺衛。

謫左諭德趙貞吉荔浦縣典史。初，貞吉廷議罷，盛氣謁嚴嵩於西苑直房。嵩不見，貞吉怒叱門者。通政趙文華趨入，顧曰：「公休矣，天下事當徐議之。」貞吉怒曰：「權門犬，何知天下事！」嵩聞大恨，乃佯薦貞吉出城齎銀勞軍。方北騎充斥，徵發旁午，戶、工二部官皆得罪，犒銀不時發。諸軍分屯城外，貞吉僦民車致銀仇鸞所，鸞不受。敵騎已稍遠，貞吉計無所出，齎敕巡城外，徧給諸營而還復命。嵩謂貞吉狂誕，追論其申理周尚文、沈束非是，下獄，杖九十，有是謫。

己卯，俺答引而西，前後所掠男女羸畜金帛財物既滿志，捆載去。欲西奪白羊口出塞，而留餘衆京師外，以爲疑兵。諸道兵悉屬〔平虜〕（據鴻猷錄卷十六補）大將軍，凡十餘萬騎，相視莫敢前發一矢。俺答至白羊口，守將阨險禦，不得出，稍棄牛羊婦女等。復擁衆東南行，至昌平北，猝與鸞兵遇。鸞出不意，倉卒幾不能軍。敵縱騎蹂陣而入，殺傷千餘人，幾獲鸞。以神將戴綸、徐仁力救，僅以身免。乃更取平民首上之，自以爲功。寇騎遂長驅至天壽山，總兵趙國忠列陣紅門前，不敢入，奪道循潮河川由古北口故道出，京師解嚴。

九月辛卯朔，俺答悉衆出塞，疲甚。又顧戀輜重，不能軍。諸將故怯，兼白羊之敗，愈不敢逼，徐尾其後，至石匣城及張家、古北等口外而還。其前後禦敵有功者：大同遊擊王祿戰懷來，斬十七級，獲馬十二匹；山西遊擊柴縉戰昌平，奪還男婦二百四十二人；都督仇聚戰海店，生擒四人。既而鸞報功八十餘級，以捷聞，帝優詔慰鸞，加太保，賜金幣。

遣戶部侍郎駱顒賑撫被寇諸郡縣，掩骼埋胔，慰集瘡痍。

罷京營提督太監高忠、成國公朱希忠、遂安伯陳鏸。改十二團營爲三大營：曰五軍，曰神樞，曰神機。總三營曰戎政府，以咸寧侯仇鸞入理之，爲製印章重其任。以王邦瑞協理戎政，爲鸞副。邦瑞奏用兵部主事二人，給事中、御史各一人，議論多牾鸞。主事申燧復持法不爲屈，疏京營弊政，乞釐革之。鸞怒，密陷燧出補外，乃言京營用給事中、御史不便，皆革之。

置薊遼總督大臣，以薊州、保定、遼東三鎮隸焉。改孫襘爲兵部侍郎，總督薊遼。未幾，以何棟代之。

冬十月，募諸道兵入衞京師，山東、山西、河南諸府歲集京師，練備秋防，秋後復散去；以是爲常，如踐更卒例。復選各邊鎮銳卒入衞京師，以京營將分練邊兵，從咸寧侯鸞之請也。兵部覆言：「二鎮京師之門戶。禦寇者不於門戶，而與之格鬬於堂奧之間，鮮不危矣。」帝不聽，第免二鎮卒不預徵。於是各邊共選六萬八千餘人班上京師，與京營兵雜練之。塞上有警，邊將不得徵集，而京師在邊者，不任邊責，恣意朘削自營，人人自危矣。

仇鸞請駐師宣、大間，整飭兵甲。俟冬月大舉，以紓華夏之氣。乃班師入衞，以備秋防。帝嘉之，命兵部會官集議。兵部左侍郎史道、戶部尚書孫應奎、工部尚書胡松等上議曰：「俺答犯順，深入郊圻，震驚陵寢，荼毒元元，罪在不赦。皇上深懷大計，欲興問罪之師。而復有敵愾禦侮如鸞者，身任其事。臣等僉謀，俱如鸞議。即今整齊士馬，臣道等之職；預儲軍餉，臣應奎等之職；利精器械，臣松等之職。」帝悅，從之。

十一月，仇鸞請易置三輔重臣，以大同總兵徐珏駐易州，以徐仁代守大同，而宣府、薊鎮總兵李鳳鳴、成勳互易其地。帝命兵部從之，於是王邦瑞上言：「予奪者，朝廷之大權；命將者，天子之重柄。祖宗時，總兵正副官，皆兵部會同府部大臣集議。每上一人，恭候裁定。所以愼重，防杜其漸，示臣下不敢專也。今鸞坐名擬任，更易四將，則九邊握兵柄者，有不目屬心向，妄生覬覦者乎？皇上聖明，推心賢帥，何所不可。臣愚以爲國家典制，關係非輕。聖人舉動，萬世作則。臣待罪本兵，不敢不言。」帝曰：「戎政初修，忠賢是託。況朕有密咨，非鸞專權。爾兵部若隨事效忠，用無不當，不待更易，矧勞朕心耶！一籌未發，而攻毀之，謀國之忠，固若是乎？」復諭廷臣曰：「昔吾太祖兵柄，多委任諸大將，未有作謗者。邦瑞以敵退未受加擢，故爲是言，是翟鵬之怨上也。夫破格舉事，而盡忠者乃不能容，倘敵再至，其效汝夔之誤國乎？」邦瑞聞諭，莫知所措。仇鸞帥諸鎮兵出宣、大，聲言搗巢，歷久不擊。乃稍出近塞，夜襲敵營，斬老弱數級而還。鸞自劾無功，上不問。乃復請廣集兵糧，以明年大舉北征。命戶部遣使盡括南都及各省布政司貯積，且督歷年逋賦。時鸞恃寵作威福，所上疏，既自內批行之，不下兵部議。王邦瑞屢疏辯之，鸞擠之，遂落職去。禮部尙書徐階極言北征事難以成功，且後患有不可測，議乃稍寢。

谷應泰曰：明制內立京營，外列邊戍。邊卒屯守要害，蕃衛神京；京營羽翼王室，鎮撫中夏。有事不相徵調，無事不忘訓習，制甚周也。嘉靖時，坐營大帥，半出勳臣。敍以耳貴，括讀奢書。兼以勃鞮制閫，魚朝觀軍。戎伍貔貅，入侯門之廝養；羽林組練，參中貴之蒼頭。游手市閈，不操寸刃；厠身兵籍，濫食數丁。於是京營一制，幾同贅疣矣。

庚戌之事，主邊兵者仇鸞，主京兵者丁汝夔也。逆鸞私盟俺答，賄賂避兵。鄭牛私犒，用伐秦謀；晉馬入陳，故假虞道。弦高、荀息，果如是乎？汝夔選懦，素不知兵；驟聞邊警，悉遣禁卒，倉皇就道，莫知適從。而敵騎已蹂躪內地，王師外潰於潼關，烽火內達於甘泉矣。然後索虎旅於空營，求兵仗於武庫。楚軍不戰，皆化蟲沙；晉國先聲，愈搖風鶴。傳檄召募，命曰「義軍」。編列市人，驅之城堡。京營至此，尚可問乎？至於邊軍雲集九門，敵騎長驅都下，便當四面合擊，隻輪不反。而乃懷光便橋，屯兵不進；宏淵靈壁，搖扇清涼。楚兵皆屬冠軍，邯鄲全恃晉鄙。長戟不施，長鎩不刺。邊軍亦復至此，國家武備，眞無可恃矣。

乃始親御午門，召問百官。時無樊噲，僅有絳生。急散陳平之金，親叩亞夫之壘。宋義堅不渡河，魏將虛名救趙。惟有亟斬丁公，先除元振。奈何守謙無兵而使戰，仇鸞不戰而陳俘。賞加元惡，戮出無名。當時俺答實無志中國，縱掠而歸。不然，幸則奉天、梁州，變且晉愍、宋欽矣。前車既覆，後軫方遒。汝夔出京兵以防邊，仇鸞召邊卒以實京。揚水之卒，圻父以卒召當誅；涇陽之兵，德宗又以未雨失算。殛罪酬功，國是全非；焦頭曲突，人謀兩誤。嗟乎！已無澶淵之智，尙思衞、霍之功，上表出師，鸞欲誰欺乎？百官明知其詐，謬爲陳請，以逭上譴。蓋世宗所惡者直言，而不必其忠；所喜者殺戮，而不必其當。朝有直言，則損其明；朝有殺戮，則損其武。究之嵩本賄敗當褫，鸞已家居失職，必欲強予將相之位，成其亂賊之名，身誅族滅，爲世指笑。吾故曰：嚴嵩、仇鸞亦無死道，其死也，世宗殺之也。

明史紀事本末卷之六十

俺答封貢

世宗嘉靖八年（己丑，一五二九）冬十月，吉囊、俺答寇楡林、寧夏塞，總督王瓊率兵禦卻之。

初，小王子有三子：長阿爾倫，次阿著，次滿官嗔。阿爾倫既死，二子皆幼，阿著稱小王子。未幾死，衆立阿爾倫子卜赤。而阿著子二：曰吉囊，曰俺答，強甚。小王子雖稱君長，不相統攝也。吉囊分地河套，當關中，地肥饒。俺答分開原、上都，最貧，以故最喜爲寇。其後漸強盛，有騎十餘萬，遂雄於諸部，滿官嗔等八營皆服屬之，時時入寇。瓊乃請修沿邊垣墉，起蘭、洮，盡楡林，三千餘里。

十月，俺答寇大同，掠井坪、應、朔。

九年（庚寅，一五三〇）夏五月，俺答犯寧夏。時俺答與小王子、吉囊諸部，或合或分，時時犯塞。至是，入寧夏，六月，入宣府。

十年（辛卯，一五三一）春三月，入大同塞。秋九月，犯陝西。冬十月，犯大同。旋出松潘，犯西川西境。自是無歲不入寇，前後殺略吏民剽人畜以億萬計。

十九年（庚子，一五四〇）七月，俺答諸部大舉犯宣府。先是，大同歸正人王九子言：「北部哈剌嗔糾俺答、几祿、吉囊、青台吉、赤台吉等共十餘部，薵旗晾馬，負十日糗糒入塞。」比報至，俺答已過聖順川抵蔚州。所過盡破關隘，殺人盈野。總兵白爵禦之，戰於水兒亭，敗績。總兵雲冒又敗績於連雲堡。俺答留宣府境內兩月始出塞。

八月，朶顔革蘭台結吉囊、俺答分道入大同，大掠太原諸處。

初，大同之變，諸叛卒多亡出塞，北走俺答諸部。俺答擇其黠桀者，多與牛羊帳幕，令爲僧道丐人偵諸邊，或入京師，凡中國虛實，盡走告俺答。其有材智者李天章、高懷智等皆署爲長。

至是，俺答率諸部入塞，大同鎭卒陰遣人與約，「勿掠我人畜，我亦不闌汝」。俺答諸部喜，與折箭而去。乃竟越大同，由井坪、朔州抵雁門，破靈武關，入岢嵐、興縣、交城、汾州、文水、清源諸處，殺掠人畜萬計。遇大同卒，以所掠輜重遺之，求假道焉。巡撫大同史道、總兵王陞若不聞。宣府總兵白爵調赴應援，亦觀望不戰。巡撫山西都御史陳講告急，事下兵部，尙書張瓚曰：「寇且退矣，何事張皇？」俺答、吉囊縱掠既飽，乃旋出塞。

十二月，俺答、吉囊寇大同。

二十年（辛丑，一五四一）九月，吉囊入大同塞，大掠太原等處。又越而南，殺掠人畜數萬，京師戒嚴。已而吉囊出關，未及塞，俺答復入，又越太原而南至石州，殺掠甚衆。上命宣大總督樊繼祖發兵應援，繼祖竟不應援，俺答縱掠而去。

二十一年（壬寅，一五四二）夏六月，俺答入大同，大掠太原而南。時吉囊掠忻、代倡伎，縱淫樂不休，病髓竭死。諸子不相屬，分居套中。而俺答日强盛，有子曰黄台吉，臂偏短，善用兵，其衆畏之，用命過於父。俺答乃糾青台吉、呪剌哈、哈剌漢及叛人高懷智、李天章等各擁衆數萬入大同塞。其精兵戴鐵浮圖，馬具鎧，刀矢銛利，望之若冰雪。然不輕與我戰，即餘騎足扼我矣。至是，經朔州破雁門關，掠太原而南，京師戒嚴。

秋七月，廷議懸賞格，斬俺答頭與千金，官不次。其下偏裨三百金，官三級。無有應者。俺答乃擁衆越太原，列營汾水東西。掠潞安、平陽諸州縣。上命翟鵬提督宣、大、偏、保、山東、河南諸軍務，未至，諸軍連營不相統攝，皆觀望不戰，縱寇深入。俺答大衆駐平遥、介休間，散騎入山落中，殺掠人畜，輜重迤邐就大營，諸將竟無肯乘險邀擊者。已而俺答大得利，整衆且歸。副總兵張世忠自侯城村起營，約誓諸將，躡寇力戰。諸將皆閉營不救。俺答見世忠軍壯，戰又力，呼集精騎三千，麾世忠圍之。世忠傷矢，裹創下馬步戰。俺答衆亦窘。會矢及火藥俱盡，俺答益衆麾之，世忠憤呼曰：「我軍被圍苦戰，諸將竟不相援，國憲天刑寧汝逭耶！」復上馬督短兵接戰，自巳至酉，兵死傷殆盡，諸軍卒無援者。世忠力竭，腦中二矢，墜馬死。部將張宣、張臣痛世忠死，亦力戰死之。俺答既勝，復分掠定襄、五臺、盂縣。又自代州出繁峙、靈丘、廣昌，殺掠人畜十餘萬。乃從廣武出關，安行出大同左衞及陽和塞而去。俺答自六月丁酉入塞，至七月庚午始出。凡掠十衞、三十八州縣，殺戮男女二十餘萬，牛馬羊豕二百萬，衣襆金錢稱是。焚公私廬舍八萬區，蹂田禾數十萬頃。詔贈世忠右都督，立祠祀之。

二十三年（甲辰，一五四四）秋九月，俺答入大同塞，總督尚書翟鵬禦卻之。

冬十月，俺答破宣府塞，入紫荊關。時以巡撫朱方請撤防秋兵太早，致俺答深入，翟鵬不能禦，俱逮繫下獄。鵬削籍，方杖死闕下。

二十四年（乙巳，一五四五），加總兵咸寧侯仇鸞太子太保。鸞，寧夏人。祖鉞，以襲寘鐇功封伯。已，平河北盜，進封侯。鸞粗悍敢大言，朝臣俱薦之，襲封守寧夏。先是，吉囊寇甘肅，鸞與總督侍郎張珩、巡撫張錦禦卻之。遂上言：「督兵禦寇，追至朶蘭地及之。大戰一日，凡五捷。斬首百餘級，及斬吉囊子狼台吉。」而竄其昆季廝養卒姓名於籍中，稱有功。疏上，兵科劾鸞奏捷，「辭多虛搆，意涉夸張。往歲黑山墩之捷，謂馘吉囊子太不孩，竟成空言。今復以衣鎧鮮華，謂爲狼台吉。濫引勤王之語，妄覬封侯之勳，宜行勘覈。」帝曰：「勦獲既多，厥功可嘉。其加鸞宮保，任一子所鎭撫。」

二十六年（丁未，一五四七）夏四月，總督宣大侍郎翁萬達上言：「俺答請求入貢，乞參酌其可否。」巡按御史黃汝桂奏：「北邊自火篩爲梗，貢禮寖廢，迄今四十餘年。自嘉靖辛丑，北邊諸部懷叵測之謀，石天爵倡入貢之請。去歲至今，又復踵行前詐，豈可輕信，墮其計中。蓋諸寇自庚子以來，連年蹂大同，深入潞、澤、宣府，抵紫荊，西掠延綏，東寇遼陽，塗炭我疆宇，殺掠我人民。凡我臣工，皆思翦此以雪憤。但時未可乘，勢當徐圖耳。故貢亦寇，不貢亦寇者，外寇之故習也；貢亦備，不貢亦備者，邊臣之至計也。事機貴乎先圖，軍令重於申命。乞嚴敕總督、鎭、巡等官，加防禦。」上曰：「逆寇連歲爲患，詭言求貢，勿得聽從。其各嚴邊兵防禦，如有執異，處以極典。」

二十七年（戊申，一五四八）春正月，俺答入河套。

三月，總督宣大翁萬達上言：「俺答復投譯書求貢。」帝命拒之。

五月，俺答寇偏頭關。七月，寇大同。

九月，俺答入宣府塞，寇居庸諸處。嚴嵩言於帝曰：「俺答諸部，以夏言、曾銑收河套，故報復至此。」帝於是益怒，言不可解，銑與言先後皆棄市。詳議復河套

二十八年（己酉，一五四九）春二月，俺答大舉入寇，略大同，直抵懷來。指揮江瀚、董暘迎

擊之，斬獲頗多，力竭無援，死之。總兵周尚文帥兵萬人，追至曹家莊。及俺答兵大戰，總督翁萬達親率鋭卒繼之，俺答敗走，斬首五十五，獲其器鎧無算。俺答兵傷痍甚衆，乃馳出塞，議者謂數十年間無此戰功。捷聞，諸臣升賞有差。

八月，俺答入宣府、大同塞，備禦官張景福、百戶成策、李松力戰死之。

二十九年（庚戌，一五五〇）秋八月，俺答越宣府走薊州塞，入古北口，圍順義，長驅直入。戊寅，逼通州，大掠密雲、三河、昌平諸處。辛巳，進犯京師。壬午，俺答求入貢，命廷臣集議之。癸未，俺答犯諸陵，轉掠西山、良鄉以西，遂東去，京師解嚴。詳庚戌之變

三十年（辛亥，一五五一）春三月，與俺答通馬市。初，咸寧侯仇鸞倡大舉北伐之議，內實畏怯，乃密遣時義結俺答義子脫脫，使俺答以貢馬互市爲請。俺答利中國貨幣，投譯書宣大總督蘇佑，求通市。佑以聞，帝命羣臣集議，鸞力主之。羣臣弗敢異，上從之。乃以兵部侍郎史道往大同，總理互市。兵部員外楊繼盛上疏，力言不可，略曰：「互市市馬者，和親別名。俺答蹂躪我陵寢，虔劉我赤子，而先之曰和，忘天下之大讎，其不可一。北伐之詔下，天下曉然知聖意，日夜輸兵食以助京師，而忽更之曰和，失天下之大信，其不可二。以堂堂天朝而下與邊臣互市，冠履倒置，損國家之重威，其不可三。天下豪傑，日夜磨礪其長技以待試，而甘心於和款，謂國家厭兵，無所用之，隳豪傑效用之心，其不可四。庚戌之變，

頗講兵事，無故言和，使邊鎮美衣媮食而自肆，懈天下飭武之志，其不可五。往者，邊臣私通外寇，吏猶得以法裁之，今導之使通，其不勾結而危社稷者幾希，開邊方交通之門，其不可六。伏莽之羌，在在有之。往者厭國威不敢肆，今謂縣官慴而議和，啓內地不靖之漸，其不可七。俺答深入時，我雖不敢逆一矢，然彼知我有備也。備之已半歲，而互市絡之，彼謂我尚有人乎？長俺答輕中國之心，其不可八。俺答狡詐，出沒叵測。我竭財力而輦之邊，彼負約不至，未可知也；或因互市而伏兵，若吐蕃清水之盟，未可知也；或互市畢，卽入寇。入寇矣，而嫁諉他部，未可知也；或以下馬索上價，或責我以他賞，或望我以苛禮，未可知也。墮俺答狡詐之謀，其不可九。大約歲帛數十萬，得馬數萬匹。十年之後，彼馬少而我帛亦不繼，將何以善其後？不爲國家深長之策，其不可十。凡爲謬說者有五：不過曰：『吾外假馬市以羈縻之，而內寬吾以修武備。』夫俺答至無厭也，至無恥也，吾安能一一而應之，是終兆釁也。且吾果欲修武備，而何所藉於羈縻！此一謬也。曰：『互市之馬，吾藉此以資吾軍。』則又非也。既和矣，無事戰矣，得馬將焉用之？且彼亦安肯捐其壯馬而予我。此二謬也。曰：『互市不已，彼且朝貢。』夫至於朝貢，而中國之捐貲以奉寇益大矣。此三謬也。曰：『彼既利我，必不失信。』又非也。夫中國之所開市者，能盡給其衆乎？不給，則不能無入掠。此四謬也。曰：『兵，危道也。佳兵不祥。』夫敵加於已而應之，胡佳也？

人身四肢皆癱疽，毒日內攻，而憚用藥石，可乎？此五謬也。夫此十不可、五謬，匪唯公卿大臣知之，三尺童子皆知之，而敢有爲陛下主其事者。蓋其人內迫於國家之深恩，則圖倖目前之安以見效；外慴俺答之重勢，則務中彼之欲以求寬。然公卿大臣皆知，而莫爲一言止之者，止則身任其責而危，開則人任其責而安。陛下宜振獨斷，發明詔，悉按言開市者，選將練兵，聲罪致討。不出十年，臣請得爲陛下勒燕然之績，懸俺答之首於藁街，以示天下後世。」疏奏，帝連閱，頗然之。下內閣及禮、兵部會大臣集議，嚴嵩等唯唯莫敢以爲是，鸞憤然曰：「豎子目不識兵，宜其易之！」乃密疏搆之，而帝意遂中變，下錦衣獄拷訊，繼盛持論不變。獄具，謫狄道典史。

夏四月，宣、大馬市成。史道主市事，每一馬償幣若干。俺答驅馬至城下，計直取償。事竣，俺答貢良馬九，乞再爲市。仇鸞請敕厚賚之，賜衣幣甚渥。遣官宣諭朝廷恩威，仍敕嚴飭部落，勿得生事，開邊釁。

秋七月，俺答獻叛人蕭芹等。初，華人蕭芹、張攀隆、王得道、喬源、丘富等六十餘人，潛出塞降俺答，俺答任用之。丘富每敎以火食屋居，俺答竟不敢屋居也，爲築版升處之。至是，馬市通，俺答頗利之。芹等弗肯，請仍謀入塞剽掠。俺答不悅，仇鸞遣時義啗俺答以利，諷令縛獻芹等。俺答以爲然，遂擒芹及攀隆、得道等三十餘人，械至大同塞下，納譯書於總督史道所，道以聞。其丘富、喬源等三十五人俱走免。芹等伏誅。詔進仇鸞、史道官爵，餘各陞賞有差。

十二月，俺答寇大同。初，史道主宣、大市事，俺答以羸馬多索價直。弗予，輒大譁入。大同市，寇宣府；宣府市，寇大同。甚者朝市暮寇，幣未出境，而警報隨至，併所得羸馬掠之去。俺答衆日往來大同城外，訊之，輒以貢市爲言，將士不敢拒。各邊垣及諸營堡俱壞，戍卒盡撤，俺答遊騎可長驅至城下矣。史道上言：「俺答無馬者，許以牛羊入市，酬粟豆。」科、道交章阻之。俺答又請開市於遼東，巡撫遼東許宗魯移書兵部，反覆陳不可狀，事得寢。俺答知市利不博，是月三寇大同。巡按御史李逢時上言：「數日之內，俺答三入寇，似與通市情實相左。乞敕邊臣，多方備禦。仍遣使俺答，宣示恩威，令其約束部落，勿啓邊釁。每歲六、九月通市外，不許頻復求請。倘若服從，與通市如故；若面從心違，據實奏報，一意戰守可也。」兵部尚書趙錦言：「自古禦寇之道，戰守爲上，羈縻終非長策。乃開市甫畢，而旋三入寇，防微杜漸，誠宜審處。」上命督臣偵探備禦，并嚴私通之禁。

三十一年（壬子，一五五二）春正月，俺答寇大同，巡按御史李逢時上言：「俺答敢於歲初擁衆入犯，可見馬市之羈縻難恃。今日之計，惟大集兵馬，一意討伐。宜行各邊臣，合兵征勦。仍敕京營大將仇鸞，訓練甲兵，專事征進。勿得隱忍顧忌，釀成大患。」帝曰：「俺答非時擾攘，邊兵不能防禦，皆因平日專恃馬市，全不設備故爾。今後一意戰守，如仍前觀望，重懲不貸。」

二月，俺答復入大同塞。時仇鸞佩大將軍印，偃蹇畏懦，不敢發兵征進，又恃通市，亦不嚴飭邊將防禦。而大同總兵徐仁復驕縱，聲言馬市既通，無庸戍守，恣意朘剋。巡撫都御史何思亦以通市故，即有警，輒匿不以聞，有拒殺零騎者，抵死。以故俺答衆出入關隘，無復顧忌，動以貢市爲名，往來官寺。有司廩餼惟謹，稍拂意，輒大鬨。甚至直入堡城，姦辱婦女，莫敢誰何。至是，俺答衆萬餘入塞，直抵懷仁大掠。徐仁等各擁兵觀望不擊，遊擊劉潭陰遣人結俺答嚮路。獨中軍指揮王恭率所部禦之，戰於管家堡，力屈死之，俺答得利遁去。代府饒陽王上言其事，上命逮徐仁、劉潭等詣京，即訊議處。何思削籍。王恭贈都督僉事，任一子祠祀。

三月，罷馬市。時邊防久廢，言官屢以爲言。仇鸞亦慮禍及，密疏請止，乃罷市，召史道還。帝命復言開馬市者論死，著爲令。於是兵部上言：「往歲宣、大戍卒，自足戰守，自簡銳卒入衞京師，衆分勢散，致調各鎮兵赴援，奔命罷勞，餽饟繁費，數年以來，費百餘萬，後將何繼！不若以本鎮土著壯夫，補足原額，庶供億可省而戰守足恃。」從之。初，總督翁萬達修築宣、大邊垣千餘里，烽堠三百六十三所，頗完固，後以通市故，大半爲俺答衆所毀。

兵部請敕邊臣修補，給事中李幼孜上言：「敵壘卑小，宜於垣上增築高臺，營建房廬，以棲火器。」俱從之。

夏四月，大將軍仇鸞帥師出塞，襲俺答於威寧海，敗績而還。朶顏三衞導俺答衆數萬，由遼東前屯衞撤去邊垣七十餘里，掠至寧遠。備禦官王相力戰死之，詔贈相都督同知。時俺答數寇遼、薊，皆朶顏導之，爲患益劇。

秋七月，俺答寇薊州塞。先是，遼東報至，仇鸞請行邊，已而中止。至是，薊州報愈急，鸞當出禦，適疽發背，不能出師。然顧戀大將軍印，不肯辭。又無有敢言易將者。兵部尚書趙錦曰：「事迫矣。」乃上言：「大將軍病，不能禦敵。而印在大將軍所，諸偏裨令不行。請暫假大將軍印，自將兵禦之。」帝謂「本兵不可出師」。令收大將軍印綬上之，別遣將將兵。錦乃夜馳至鸞第，收鸞印綬，以總兵陳時代鸞佩大將軍印。鸞聞大恚，疾益劇，遂死。

時上已心知鸞奸逆未發，命都督陸炳密訪之。炳素惡鸞，常伺察其動靜，得其諸奸事，欲即發，尙恐無案驗。會時義、侯榮、姚江皆冒功授錦衣衞指揮等官，知鸞死，事必敗，遂以八月十一日出奔居庸關、鞏華城諸處，欲叛出塞。炳知之，使關吏及邏者執之，以聞，詔下獄。炳乃盡發其前後交通納賄諸亂政狀。帝大怒，令諸司會鞫之。下制暴鸞罪惡，剖棺戮其屍。父母妻子及時義、侯榮等皆斬，籍其家，下詔布告天下。俺答聞之，引去。趙錦亦以初附鸞，謫戍。於是帝諭更戎政，悉改鸞措置約束。

冬十月，宣大總督蘇祐與巡撫侯鉞、總兵吳瑛奉詔出師北伐。鉞率數萬人出塞，襲擊俺答幕。俺答知之，會兵逆擊，殺把總劉欽等七人，士卒死者無算。瑛等急斂衆歸塞內。巡按御史蔡朴上言其狀，因劾祐、鉞。詔不問，仍命卹劉欽等。

三十二年（癸丑，一五五三）閏三月，俺答寇大同，副總兵郭都出戰死之。詔逮巡撫侯鉞爲民，予都卹典。

夏四月，巡撫宣府都御史劉璽上言：「修築邊垣，須用磚灰，以圖永久。山西一鎮，須用六十餘萬，請給發。」御史蔡朴亦言：「土沙易圮，費當不貲。」俱下兵部議。尙書聶豹言：「奏乞之數六十餘萬，則經營必須十年。財力旣不辦，況曠日持久，無救目前。可姑爲旦夕防禦之計，日後別圖永世之利。」從之。

冬十月，朶顏糾俺答率衆二十萬薄古北口，烽火達京師。帝懲庚戌事，憂日旰忘食，遣使偵諸軍戰守狀。總督薊遼侍郎楊博躬擐甲乘城，督將士防禦甚力。俺答百道攻塞垣，博隨方拒擊，終不能入。使者以狀聞，帝大悅，卽軍中賜博衣一襲，發帑金萬兩犒將士。博承命宣朝廷威德，諸將士人人喜，勇氣益倍。與俺答守八日，俺答不得利，乃引退。猶徘徊數舍外，不卽去。博募敢死士持火械，夜數入其營擾之，寇衆倉皇宵遁去。

三十三年（甲寅，一五五四）秋七月，俺答衆數萬入大同塞，官軍敗績。逮總督尚書蘇祐、巡撫齊宗道於獄。

十二月，俺答寇大同，總督侍郎許論、巡撫都御史王忬徵兵擊走之。

三十六年（丁巳，一五五七）秋八月，俺答衆二十萬入雁門塞，破應州四十餘堡。總督楊順縱兵殺避難兵民，上首功以自解。已而辛愛妾桃松寨私部目，懼誅，來降。順上其狀以爲功。辛愛，俺答子，士馬雄諸部，且入寇。順懼，上言「俺答叵測」，欲脇朝廷歸之。敵故薄順等無能，且黠甚，詐言以叛人丘富來易，順信其言，予之。辛愛戮桃松寨，丘富竟不可得。順懼罪，賂巡按御史路楷隱其事。給事中吳時來聞之，上言：「桃松寨來降，不過寇中一亡婦耳。苟明於啓釁之媒，拒之勿納可也。始則張皇己功，既而輕墮敵計。乃行賂按臣，相爲欺蔽。然則朝廷邊餉之用，祇借順等潤家之資耳。」疏入，上怒，逮順、楷下獄，削籍。以兵部尚書許論比順、楷，亦罷之。

三十七年（戊午，一五五八）春正月，俺答圍大同右衞，不克。

四月，命兵部尚書楊博出督宣大軍務。時右衞圍久不解，議者以爲非博往不可，遂有是命，仍虛部中位以待之。博乃徵諸鎮兵，聲言出塞北伐，羽檄日數十下。俺答聞博至，乃引去。守將尚表拒守四閱月，誓志勵衆，死守不屈。博上其功，優敍之。王德戰死，奏立祠加卹。參將周現潛通俺答，奏褫之。自是邊人俱砥礪，思自奮。博因陳善後二十餘事，築牛心諸堡，爲烽堠二千八百餘所，濬濠千餘里，五旬訖功。帝大悦，加博太子太保。

四十五年（丙寅，一五六六）春正月，俺答寇宣府塞西陽河。先是，朶顏革蘭台影克每歲引小王子諸部寇薊、遼。四十二年，由牆子嶺直犯通州，京師震動，而宣、大諸邊頗安靖。至是，復入寇宣府，旋引去。

穆宗隆慶元年（丁卯，一五六七）夏五月，俺答犯大同，參將劉國引兵禦卻之。

九月，俺答子黄台吉擁衆窺伺陵後南山。上命總督劉燾率兵防護陵寢。俺答寇山西石州，陷之，殺知州王亮。留壁石州，剽掠交、汾等處，山西騷動。會有薊鎮之警，京師戒嚴。上命羣臣議防禦策，大學士徐階條十三事。時俺答入邊已二十餘日，勢甚横。已，雨潦連旬，馬多死，皆杖馬箠徒步歸。所剽獲不能盡載，往往遺於道甚衆，十餘日始盡出邊，而官軍無一人邀擊者。大同總兵申維岳、孫吴等覘俺答既去汾、石，始約兵進戰。及俺答出岢嵐東北，孫吴以非己信地，引還大同。維岳等終不敢戰而還。十四日，俺答始悉去，諸將乃稍稍出，獲奸細明海等及他老幼疲弱，掩襲得之以爲功。諸將獨方振一與俺答遇，尤月逐俺答於嵐縣，稍稱敢戰而已。事聞，詔奪督、撫、鎮諸臣官，聽勘。而逮諸將至京鞫之，至是議功罪賞罰有差。時邊臣巽愞怠玩，掩罪冒功，積弊已久，故恣寇出入，動得利去。至是議罰，將士始知畏法焉。

二年（戊辰，一五六八）夏五月，兵部言：「山西一鎮，舊以大同爲藩籬，警備差少。自嘉靖壬寅失事之後，大同棄牆不守，遂與俺答爲鄰。三關邊隘，皆俺答必犯之地矣。然鎮臣尙在內地，俺答必糾合諸部，乃敢深入。故在關內，則憂大舉。偏、老一帶，逼近寇巢，居常則有遊騎出入之苦，遇冬則有套騎履冰之備。故在關外，則慮零寇。今寧武在忻、代、偏、岢之中，旣以總兵駐師，便於東西策應。而關外一帶，宜增設防禦，請發太僕金，益募軍買馬以備之。」上令施行。

四年（庚午，一五七〇）冬十月癸卯，俺答孫把漢那吉率其屬阿力哥等十人來降。把漢那吉者，俺答第三子鐵皆台吉之子也。幼孤，育於俺答妻一刻哈屯所，命僕阿力哥之妻乳焉。及長，那吉多智，有口辯，俺答娶壻比吉女爲之婦；不相能，復聘兎撦金的之女。適俺答長女啞不害有所生三娘子者，貌甚豔麗，已受襖兒都司聘。俺答奪取之，襖兒恚甚，將攻俺答。俺答無以解，卽以那吉所聘兎撦金的女償之。那吉怒，謂阿力哥曰：「我祖妻外孫，又奪孫婦與人。吾不能爲若孫，吾行矣。」遂與阿力哥同妻比吉女等十人南走，叩關請降。總督王崇古留之，邊吏諫曰：「此孤豎無足重輕，宜勿留。」崇古曰：「此奇貨可居。俺答卽急，因而爲市。諭以執送叛人趙全等還我，乃優遣以慰其舐犢之愛，而制其命。若其弗急，則我因而撫納，如漢質子法，使招其故部居近塞。俺答老且死，其子黃台吉勢不能盡有其衆，然後以焉耆、谷蠡秩置塞外。其與黃台吉搆，則兩利而俱存之；弗搆，則以師助之，外以博興滅扶危之名而實收其力。」廷臣譁然以爲不可，御史葉夢熊爭尤力。上曰：「寇慕義來降，宜加優撫。其以把漢那吉爲指揮，使阿力哥爲正千戶，各賞大紅紵絲衣一襲。」俺答婦恐中國戕其孫，日夜尤俺答。俺答尋亦悔，遂擁十萬衆壓境。崇古命百戶鮑崇德諭以存䘏恩，而要其縛叛示信。俺答頗銜之，乃留崇德，隨遣騎覘之，則那吉方蟒衣貂帽，馳馬從容。歸報俺答與婦，感且愧曰：「漢乃肯全吾孫，吾且畱臂盟，世服屬無貳，奚有於叛人！」遂定盟，通貢市馬。而諸部亦貪中國財物，咸從臾無間言。

十二月，俺答執叛人趙全等九人來獻，索那吉，許之。先是，山西妖人呂明鎮以白蓮妖術謀不軌，全與丘富等從之。事覺，明鎮伏誅，富與全率黨李自馨、劉四、趙龍、呂老十、猛谷王之屬，叛歸俺答，駐邊外古豐州地，名曰板升。已而我百戶張彥文、遊擊家丁劉天祺、邊民馬西川等二十八人悉往從之，衆至數萬，因尊俺答爲帝。富犯邊死。全等治第如王者，署其門曰開化府。至是，誘執之，至雲石堡待命。總督王崇古受其獻，悉送闕下誅之。遣使送歸那吉，那吉猶戀戀不欲行。崇古諭以朝廷恩意，許奉表通貢不絕。那吉感泣，誓不敢貳中國，攜其妻以歸。崇古以款俺答功，加少保、尙書，巡撫方逢年、兵部尙書郭乾、侍郎谷中虛、王遴各陞賞有差，又加恩輔臣李春芳、高拱、張居正、殷士儋及原任大學士趙貞吉等五人。

五年（辛未，一五七一）三月己丑，封俺答爲順義王，及其子弟部落爲都督等官。俺答得孫後，遣使來謝，且乞表式請封。王崇古疑吉囊、大把都未與盟，恐有詐，未許。蓋吉囊者，俺答兄，老把都兒昆都力哈，俺答親弟也。吉囊死，子四，長曰吉能，皆爲俺答姪。而兀慎、擺腰、永邵卜、哆囉、土蠻等部，又多其支屬。俺答於諸部爲尊行，力能合之。必同心內附，始可假以王封，得比三衛例。崇古以此脇俺答，俺答以土蠻故主，力不能致爲辭。而崇古獨自計老把都與土蠻善，且內親黃台吉。會黃台吉使來，乃令其約老把都，以招土蠻，與俺答會同請封，因可以破三衛交搆之私。至是，俺答始與老把都、吉能、永邵卜諸部各遣使十八人，請通貢開市，以息邊氓。詔下羣臣廷議，定國公文璧、吏部侍郎張羅等二十二人爲可，英國公溶、戶部尚書張守直等十七人爲不可，工部尚書朱衡等五人以爲封貢便，互市不便。獨都御史李崇極言宜許狀。上卒如崇古議，封俺答王號。貢期聽於三四月後一行，互市之數，先定馬數。其貢使不得至京，鐵鍋諸物不得闌出。賞大紅五綵紵絲蟒衣一襲，綵段八表裏。

五月，總督王崇古爲俺答陳乞四事：一、請給王印，如先朝忠順王例。二、請許貢入京，比於三衞各貢使，貢馬三十匹。三、請給鐵鍋。議廣鍋十觔，煉鐵五觔，尙未可爲兵器，洛鍋生粗每十觔，煉鐵三觔，宜可給與，以敝易新。四、請撫賞部中親屬布段米豆，散所部窮丁，塞上仍許不時小市。

六月，順義王俺答使恰台吉、打兒漢執趙全餘黨趙崇山、穆教淸、張永保、孫大臣及妖人李夢陽等來獻。上嘉其誠順，賞白金三十兩，彩幣四表裏；恰台吉等各十兩，一表裏。御史劉良弼以封貢事畢，上疏陳六漸：一曰封疆弛守之漸，二曰屬部疑叛之漸，三曰將領推諉之漸，四曰塞下虛耗之漸，五曰勇士散逸之漸，六曰市地增加之漸。又言：「黃台吉嚮化不醇，他日必爲邊患。」大學士高拱言：「嘉靖十九年北寇求貢，當事憚於主計，斬使絕之。三十餘年，邊民肝腦塗地，此往歲之明失。今其感恩慕義，直受而封錫之，猶非要領之圖，本意之所在也。及此閒暇，積我金，修我險，練我士，整我械，開我屯田，理我鹽法，皆得次第行之。彼若背約，遂興問罪之師，進退各有餘地。苟見一時，遂爾偷怠，良時不再得，邊備寖弛難振矣。」上嘉納施行。

六年（壬申，一五七二）九月，俺答貢馬二百五十匹。時穆宗已崩，神宗卽位。

十月，授俺答兒子永邵卜大成都督同知。

十二月，遣俺答舊使火力赤奴謀赤北還。嘉靖間，奉使六人，以俺答內犯下獄，二十年餘俱物故，至是釋之。

神宗萬曆元年（癸酉，一五七三）三月，頒順義王俺答番經，幷給鍍金銀印。

二年（甲戌，一五七四）十二月，順義王俺答子賓兔求河西互市，邀索刀仗，朝議絕之。兵部言：「以一部啓各鎭拒絕之心，非計也。宜諭俺答，令其子改圖。」遂令督、撫臣諭之。

三年（乙亥，一五七五）夏四月，賓兔駐牧西海，役屬兒革、白利等番，屢擾邊境。詔陝西總督諭俺答，嚴戢賓兔。俺答言：「賓兔因甘肅不許開市，苦寧遠途遠。」巡撫甘肅都御史侯東萊上言：「賓兔屢侵諸番，以報其掠馬，因圖請市。河西彫敝，開市爲難，苟可安邊，何惜甘肅一垣，而不以縻之也。」上從之，遂立大市於甘州，小市於莊浪。

十月，俺答乞佛像蟒段。且城市成，求賜名。賜城名福化，量給其請。

是年，黃台吉改貢市於新平堡。

四年（丙子，一五七八）十二月，銀定台吉所屬嘗盜邊，絕其貢。俺答聞之，從彼法罰羊千、馬二百、駝二。詔宥之，已服罪，馬駝等不必進。

五年（丁丑，一五七七）二月，順義王俺答執叛盟獻鶴等四人，上賜俺答幣，論叛者如法。

三月，俺答請開市茶馬，又求都督金印。朝議以請屬部，並無金印，宜諭遣。上從之。

九月，俺答上書甘肅巡撫復求茶市。初，西番羶藏請納馬保塞，廷議勿受。巡茶御史李時成上言：「瓊藏生西番中，(俗)〔族〕(據國榷卷七十改)極遠，未嘗通貢市。一朝率衆來降，彼實畏我威靈。第以洮西極邊地，更得此族，不益厚固藩籬耶？矧今急須馬，何爲拒之？」上從之。俺答以番人入漢，久且慢我，遣大都巴石虎啓幕府，請得比番開茶市。廷議且許之，李時成復奏言：「俺答今求茶市，意不在茶，在得番人耳。夫洮西一帶，抵嘉峪、金城，綿亙數千里，番族星羅。西寇之不敢長驅而南，以番爲之蔽也。顧番人須茶最急，一日無茶則病且死，是番人之命懸於中國，俾世受約束，藩我西土。脫以茶市假之，俺答逐利，而專意於番。番求生，而制命於俺答，彼此合一，其遺患可勝道哉！」上是之。兵部謂茶市不可許，但俺答稱迎佛，僧寺必須用茶，量給數十篦示恩。報可。俺答復求開洮州茶市，進馬五百匹。諭止之。

七年(己卯，一五七九)秋，俺答請寺額，詔名其寺曰弘慈。

八年(庚辰，一五八〇)秋八月，加順義王俺答次子不他失驃騎將軍，常漢我、不艮台吉等百戶。

九年(辛巳，一五八一)秋八月，順義王俺答上表貢馬。

十二月，順義王俺答死，賜祭七壇，采幣十二雙，布百匹。其妻三娘子率其子黃台吉上謝表，貢馬。黃台吉者，俺答長子也。嘉靖時，有精騎萬餘，庶弟曰青台吉，精騎半之。俺答老矣，娶二妾，棄其妻，黃台吉怨之。妾各子一人，俺答子萬騎自備，以故中自疑，不敢深入。黃台吉日夜扼腕曰：「老婢子有此兵，而老死沙漠，可笑也。」及俺答歸款，益老而厭兵，且佞佛，聽番僧言，戒殺掠，而朝廷威信亦足以服之，以故十餘年終保塞不敢南犯。先是，王崇古入爲大司馬，繼崇古者方逢時、吳兌代爲總督，各部俱貢市無失期。而三娘子切切慕華，不時款塞。常詣兌，兌兒女蓄之，情甚暱。或三娘子致手書索金珠翠鈿，兌隨市給與，以敦和好。部落中間有梗化者，三娘子時時報聞，督府得預爲備。

十年（壬午，一五八二），總督鄭洛遣通事馬應時佯爲趣貢事，陰以詗之。三娘子遣土骨赤請寬假，辭以無嗣王，表文空其印。

十一年（癸未，一五八三）閏二月，黃台吉襲封順義王，更名乞慶哈黃台吉。先配五蘭比妓，後受西僧紿，納婦一百八人，以象數珠。俺答死，黃台吉將收三娘子。三娘子嫌其老病，將別屬。督臣鄭洛計曰：「若三娘子別屬，我封此黃台吉何用？」乃命人說三娘子曰：「汝歸王，天朝以夫人封汝；不歸，一婦耳。」於是三娘子逼於利害，乃歸之。黃台吉襲封僅四年，三娘子佐之，貢市惟謹。

十四年（丙戌，一五八六）二月，順義王黃台吉死，子扯力克襲位。

初，把漢那吉歸，俺答命主板升，號曰大成台吉，妻曰大成比妓，兵馬雄諸部。癸未年死，三娘子欲令己子不他失禮妻比妓。而俺答用事臣恰台吉勿從，陰主扯力克，以兵收比妓爲妻。三娘子名哈屯，别築城居，朝廷賜名歸化。

至是，黄台吉死，扯力克當嗣。督臣鄭洛復諭扯力克曰：「娘子三世歸順，汝能與娘子聚，則封；不亟聚，封别有屬也。」扯力克盡逐諸妾，乃以十月入三娘子帳中合婚。其部落牙答漢盜掠助馬堡，洪賣盜掠偏頭關，三娘子俱罰治如法。

十五年（丁亥，一五八七）秋七月，封扯力克爲順義王，三娘子爲忠順夫人。

十八年（庚寅，一五九〇），大學士王錫爵上言：「古謀國之臣，無事則深憂，有事則不懼。自封款十九年，順義王扯力克以助火落赤，故罷市賞，兩年未與。忠順夫人三娘子捕叛人史二致塞上，請復市賞。詔復二年，以三娘子兒不他失禮爲都督。史二，卽撦力克兄、安兔壻也。仍寬假其罪，分列於龍門滴水崖，史二亦款服。二十年來，吏恬卒玩，一旦封豕生心，舉朝惶怖，止辦呶呶，追尤首事，此一反也。武官嬰下求安，專藉款關之利；文吏隙中觀鬭，爭談出塞之功。此二反也。諸邊以彼此支吾爲熟套，以日月玩愒爲良謀。一遇緩急重難之事，則隔垣内外，便分爾我，逃責於己而嫁禍於人。此三反也。臣謬爲三反之論，而約以經營鎮定之一言。蓋欲少省議論，使當事可以措手；暫寬文法，使文武貴於同心。」上是之。

四十一年（癸丑，一六一三）春二月，扯力克既没，卜失兔以長孫嗣封。而素囊阻之，越冬，講乃成。於是總督涂宗濬以爵禮請詔卜失兔襲封順義王，把漢比妓封忠義夫人，西僧哀乞蓋授都綱。遣官齎封敕至邊，各散去不受。御史李若星疏論卜失兔抗旨回巢。踰年，告款塞上，乃始受封，其部落多散失，遂不競。

明史紀事本末卷之六十一

江陵柄政

世宗嘉靖四十三年（甲子，一五六四）秋七月，以諭德張居正充裕王講官。

穆宗隆慶元年（丁卯，一五六七）二月，加恩侍從藩邸諸臣，以禮部右侍郎張居正爲吏部左侍郎兼東閣大學士，直内閣。四月，進禮部尚書、武英殿大學士。

二年（戊辰，一五六八）春正月，進大學士張居正少保。

八月，居正上疏陳大本急務六事：「一曰省議論。凡事不貴無用之虚詞，務求躬行之實效。欲爲一事，須審之於初。及計慮已審，即斷而行之，如唐憲宗之討淮、蔡，雖百方沮之而不爲摇。欲用一人，須愼之於始。既得其人，則信而任之，如魏文侯之用樂羊，雖謗書盈篋而終不爲之動。一曰振紀綱。近年以來，綱紀不肅，猥以模棱兩可謂之調停，以委曲遷就謂之善處。伏望刑賞予奪，一歸公道，而不曲徇乎私情。政教號令，一斷宸衷，而勿紛更於浮議。一曰重詔令。近日以來，朝廷詔旨，多格廢不行，至十餘年未竟者。文卷委積，多致沈埋。年月既遠，事多失眞。遂使漏網終逃，國有不申之法；覆盆自苦，人懷不白之寃。是非何由而明，賞罰何由而當？伏乞敕下各司，嚴立限期，責令奏報，違者查參。一曰覈名實。器必試而後知其利鈍，馬必駕而後知其駑良，今用人則不然。官不久任，事不責成，更調太繁，遷轉太驟，資格太拘，毁譽失實。臣願皇上慎重名器，愛惜爵賞。用人必攷其終，授人必求其當。仍敕吏部嚴考課之法，審名實之歸。一曰固邦本。今風俗侈靡，官民服舍俱無定制。外之豪強兼併，賦役不均，花分詭寄，偏累小民。乞敕內外諸司，悉心清理。一曰飭武備。今議者皆曰：兵不多，食不足，將帥不得其人。臣以爲此三者皆不足患也。夫兵不患少而患弱。今軍位雖缺，而糧具存。若能按籍徵求，淸查冒占，隨宜募補，從實訓練，何患無兵！捐無用不急之費，以撫養戰鬬之士，何患無財！懸重賞以勸有功，寬文法以伸將權，則忠勇之夫孰不思奮，又何患於無將！至於目前自守之策，莫要於選擇邊吏，團練鄉兵，併守墩堡。臣考前代及吾祖宗，俱有大閱之禮，以習武事而戒不虞。今京師內外，守備單弱，伏乞敕戎政大臣，申嚴軍政，設法訓練。每歲農隙之時，恭請大閱，以試將帥之能否，軍士之勇怯。注意武備，整飭戎事，亦足以伐外寇之謀，銷未萌之患。」疏入，上曰：「覽卿奏，皆深切時務，具見謀國忠悃，所司詳議以聞。」於是都御史王廷等覆「振紀綱、重詔令」二事，析爲八則。疏上，上允行之。兵部覆飭武備事宜：「一議兵，一議將，一議團練鄉兵，一議守城堡，一議整飭京營。」又奏：「大閱之禮，宣宗、英宗嘗行之。恭請親臨較閱，如閣臣所奏。」上曰：「大閱既有祖宗成憲，允宜修舉。其先期整飭，俟明年八月舉行。餘悉如議。」戶部議固邦本，言「財用之當于理者有十，宜嚴法整飭」。上一一允行之。

十二月，廢遼王。大學士張居正故隸遼王尺籍，至憲㸅，頗驕酗，多所凌轢，居正銜之，而又羨其府第壯麗。會告王謀反，刑部訊治。侍郎洪朝選案驗無謀反狀，僅坐以淫酗，憲㸅錮高牆，廢其府，居正攘以爲第。後復恚朝選不附反律，謀殺朝選。

三年（己巳，一五六九）九月，上大閱於京營教場，敕諭戎政官及諸吏卒。先是，給事中駱問禮言：「大閱非今時所急，不必仰煩聖駕。」居正力持其說，上遂行之。

四年（庚午，一五七〇）十二月，大學士張居正秩滿，進兼太子太傅、吏部尚書，進少傅，兼建極殿大學士。

六年（壬申，一五七二）春正月，進大學士張居正少師。

五月，上不豫。己酉，大漸，召閣臣高拱、張居正、高儀至乾清宮受顧命。上倚坐御榻，皇后及皇貴妃咸侍，東宮立於左。上困甚，太監馮保宣顧命曰：「朕嗣統方六年，今疾甚，殆不起，有負先帝付託。東宮幼沖，以屬卿等。宜協輔，遵守祖制，則社稷功也。」拱等泣拜而出。翼日上崩。

六月甲子，皇太子即位，年始十歲。時太監馮保方居中用事，矯傳大行遺詔云：「閣臣與司禮監同受顧命。」廷臣聞之俱駭。一日，內使傳旨至閣。拱曰：「旨出何人？上沖年，皆若曹所爲，吾且逐若曹矣。」內臣還報，保失色，謀逐拱。拱與居正俱負氣不相下，居正乃結保自固。時臺諫交劾保，必欲斥之。而高拱自以與居正及高儀同預憑几，每慷慨收宮府權曰：「老臣謬膺託孤，不敢不竭股肱。凡內降命敕，府部章奏，自合公聽並觀。有傳奉中旨，所司按法覆奏，白老臣折衷之，以復百官總己之義。」拱內慮馮保專恣，與居正、儀謀去之。居正陰洩之保，乃與保謀去拱。六月既望，庚午昧爽，拱在直，居正引疾。召諸大臣於會極門，促居正至，拱以爲且逐保也。保傳皇后、皇貴妃、皇帝旨曰：「告爾內閣、五府、六部諸臣。大行皇帝賓天，先一日，召內閣三臣御榻前，同我母子三人，親受遺囑曰：『東宮年少，賴爾輔導。』大學士拱，攬權擅政，奪威福自專，通不許皇帝主管，我母子日夕驚懼。便令回籍閒住，不許停留。爾等大臣，受國厚恩，如何阿附權臣，蔑視幼主！自今宜洗滌忠報，有蹈往轍，典刑處之！」拱即日出朝門，得一牛車，立而附載，緹騎番兵踉蹌追逐，喪厥資斧，大臣去國，以爲異聞。拱去，居正爲乞馳驛，乃傳歸。而高儀未幾亦卒以病死，居正褎然首輔矣。

辛酉，上御平臺，召張居正慰勞之曰：「皇考屢稱先生忠臣。」居正頓首泣謝曰：「今國家要務，惟在遵守舊制，不必紛更。至於講學親賢，愛民節用，又君道所先，乞聖明留意。」

上曰：「善。」隨賜酒饌銀幣。居正既柄政，慨然以天下爲己任，中外想望丰采，一意尊主權，課吏實。嘗言：「高皇帝得聖之威者也。世宗能識其意，是以高臥法宮之中，朝委裘而不亂。今上，世宗孫也，奈何不法祖！」具詔草請於上，召羣臣廷飭之，百寮惕然。

八月，張居正請開經筵，復請更定常朝日期，御門聽政。俱從之。上遂御文華殿，日講以爲常。

十一月，太監崔敏請買金珠寶石。居正上言：「前六月間，奉命停止，今忽有此舉，是前詔不信也。乞暫停之，以甦民力。」因封還敏疏，遂報罷。

十二月，張居正進帝鑑圖說。上見捧册進，喜動顏色，遽起立，命左右展册。居正從旁指陳大義，上應如響。因卽宣付史館，賜居正銀幣。一日，上御文華殿講畢，覽至漢文帝勞軍細柳事。居正因言：「皇上當留意武備。祖宗以武功定天下，承平日久，武備日弛，不可不及早講求也。」上稱善。

甲戌，張居正奏請明年正月上旬，卽御殿日講。但先帝喪未朞，勿設宴，幷免元夕燈火。上曰：「已早停止。每侍聖母膳，甚簡素。或逢節日，具果宴，不設樂。」居正稱善。尋諭光祿卿免節間供應七百餘金。

戊寅，張居正上言：「制敕宜尙簡嚴，近來過爲誇侈。臣諛其君，猶謂之佞，況以上諛下乎！乞戒代言諸臣，復古從實，毋壞制體。」從之。

神宗萬曆元年（癸酉，一五七三）春正月辛卯，命成國公朱希忠、大學士張居正知經筵事。上甚敬禮居正，每日御經筵，居正以詩書入，在文華殿後，張小幄，造膝密語。一日，居正在直廬感病，上御煖閣，親調椒湯賜之。盛暑御講，上就居正立處，令內使搖扇。隆冬進講，以氈片鋪地。

庚子，早朝。上出乾清宮，見一無鬚男子，僞作宦者狀，袖有佩刀，趨走惶遽。左右執之，馮保立鞫之。曰：「南兵王大臣。」「奚自？」曰：「自總兵戚繼光來。」保使密報居正。而居正令附保耳曰：「戚公方握南北軍，禁無妄指，可借以除高氏。」保故甘心陳內監洪，已逮洪，錮禁獄，令大臣供之矣。先是，大臣爲戚帥三屯營南兵，不遂，流落都下。爲人巧捷便佞，一中貴暱之。至是，令稱拱使，改籍武進縣。卽令廁卒辛儒，衣大臣蟒袴，予二劍，劍首飾猫精異寶，送繫廠中。入以聞，請究主使人。居正亦上疏如保意。上卽付保鞫。保令辛儒屏語大臣曰：「第言高相君怨望，使汝來刺。顧先首免罪，卽官汝錦衣，賞千金。不然，重榜掠死矣。」因使儒畀大臣金，美飲食之。儒日與大臣狎款，卽令誣拱家人爲同謀。獄具，保飛發五校械拱僕。而居正前疏傳中外，口語藉藉，謂且逮拱。居正乃密謀於吏部尚書楊博。博曰：「迫之恐起大獄。抑上神聖英銳，持公平察。高公雖粗暴，天日在上，安得有此！」居正面赤不懌。會大理少卿李幼孜者，居正鄉人，亦與疾告居正曰：「公奈何爲此？惡名污青史矣。」居正強應曰：「吾爲此事，憂不如死，何謂我爲？」居正禁科、道官不得有言。而御史鍾繼英上疏不敢明言，暗指之。居正怒，擬旨詰問。左都御史葛守禮語楊博：「過張公，必諍之。」博曰：「向已告矣。」守禮曰：「與望屬公，謂公能不殺人媚人耳。大獄將起，公奈何以已告爲解？」卽共過居正。居正曰：「東廠獄具矣。同謀人至，卽疏處之耳。」守禮曰：「守禮敢附亂臣黨耶！願以百口保高公。」居正默不應。博曰：「願相公持公議，扶元氣，廠中寧有良心？倘株連者衆，事更有不可知者。」居正堅不承。博與守禮因歷數先朝政府，同心輔政，及貴溪、分宜、華亭、新鄭遞相傾軋，相名坐損，可爲殷鑒。居正憤曰：「二公意我甘心高公耶？」奮入內，取廠中揭帖投博曰：「是何與我？」揭帖有居正竄改四字，曰「歷歷有據」，而居正忘之。守禮識居正手跡，笑而納諸袖。居正覺曰：「彼法理不諳，我爲易數字耳。」守禮曰：「機密重情，不卽上聞，先政府耶？吾兩人非謂相公甘心高公，以回天非相公不能。」居正揖謝曰：「苟可效，敢不任，第何以善後？」博曰：「相公患不任耳，任則何難善後！須得一有力世家，與國休戚者，乃可委治。」居正悟，始言上前度處之。上卽命馮保與左都御史葛守禮、都督朱希孝會審。而希孝懼，與其兄成國公希忠相對泣曰：「誰畫此策也，以覆吾宗。」急詣居正請命。居正曰：「第見冢宰大中丞。」希孝泣謁博，博曰：「欲借公全朝廷宰相體耳，何忍以身家陷公。顧亦何難，公第使善詷校尉入獄，訊刀劍口語所從來，雜高家僕稠衆中，令別識。且問見高公何所？今在何地？立辨矣。」希孝如博言，使善詷校尉密詢大臣何自來？則來自保所，語盡出保口。校尉卽告大臣：「入宮謀逆者，法族。奈何甘此？若吐實，或免罪。」大臣茫然哭曰：「始給我主使者罪大辟，自首無恙，官且賞。豈知當實言。」適高家僕逮至，希孝雜諸校中，令揚色，大臣不辨也。及會審，風霾大晦，尋雨雹不止。東廠理刑白一淸者，謂保初問官二千戶曰：「天意若此，可不畏乎？高相國顧命大臣，本無影響，強我誣之。我輩皆有身家，異日寧免誅戮耶？」皆曰：「馮公已爲具詞，固有陰持之者，奈何？」一淸曰：「東廠機密重情，安得送閣改乎？」頃之，天稍明，出大臣會問。故事，先雜治。大臣呼曰：「故許我富貴，何雜治也？」馮保卽問曰：「誰主使者？」大臣瞪目仰面曰：「爾使我，乃問也？」保氣奪，強再問：「爾言高相國，何也？」曰：「汝敎我，我則豈識高相國？」希孝復詰其蟒袴刀劍，曰：「馮家僕辛儒所予。」保益懼。希孝曰：「爾欲污獄使耶！」遂罷。保密飲大臣生漆酒，瘖之，而內以拱行刺事上聞。有殷內監者，年七十餘，奏上曰：「高拱故忠臣，何爲有此？」隨顧保曰：「高鬍子是正直人。張居正故懷忮刻，必殺之。我輩內官，何須助彼！」保大沮。而內監張宏亦力言不可。於是上下刑部擬罪，竟論大臣斬。拱被居正齮齕，杜門屛居。仕宦中州者，不敢過新鄭，率枉道他去。

六月，張居正上言：「稽覈章奏，隨事考成，有遷延隱蔽者，卽舉劾。」上從之。

冬十月，上御文華殿，張居正進講，言及宋仁宗不喜珠飾。上曰：「賢臣爲寶，珠玉何益！」居正曰：「明君貴五穀而賤珠玉，五穀養人，珠玉饑不可食，寒不可衣。」上曰：「然。宮人好冶妝，朕歲賜未嘗不節省。」居正曰：「皇上言及此，社稷生靈之福也。」上又曰：「秦始皇銷兵，梃可傷人，何銷兵爲？」居正曰：「人君布德修政，以結民心爲本。天下之患，每出所防之外。秦亡於戍卒，故天時不如地利，地利不如人和。」上曰：「然，人定眞能勝天也。」

二年（甲戌，一五七四）春正月，大學士張居正請上引見廉能官，倣祖宗午朝之儀。從之。甲午，上御皇極門，引見朝覲清廉卓異浙江布政使謝鵬舉等二十五人，特加獎勵，各賜金幣，幷宴。

張居正進講章疏，略曰：「義理必時習而後能悅，學問必溫故而知新。臣今將今歲所進講章，重復删定大學一册，虞書一册，通鑑四册，進呈睿覽。雖淺近之言，然亦行遠登高之一助。」

四川西南都蠻平。初，隆慶時，都蠻作亂，張居正薦曾省吾往討之。省吾有偉略。而四川總兵劉顯以在閩事被彈，居正曰：「臨敵易將，兵家所忌。倘蜀事不效，當并閩事逮治之。」於是顯奮不顧身，受省吾方略，以平蠻自效。凡六閱月，諸寨悉平，俘蠻長三十六人，拓地四百里。

上御文華殿講畢，問建文果出亡否？張居正曰：「國史不載。但故老相傳，披緇雲遊，題詩於田州，有『流落江湖四十秋』之句。」上太息，命錄詩進。居正曰：「此亡國之事，不足觀也。」請錄皇陵碑及高皇御製集以上，見創業之艱，聖謨之盛。明日，輔臣進皇陵碑。上覽畢，謂居正曰：「朕覽碑，讀之數過，不覺感傷欲泣。」居正曰：「祖宗當日艱難，蓋以天心爲心，故能創制顯庸。皇上以聖祖之心爲心，乃能永保洪業。」因述聖祖微時事及卽位勤儉。上愴然曰：「朕敢不黽勉法祖，然尙賴先生輔導也。」

秋九月辛巳，刑部請錄囚，慈聖太后欲停之。上問張居正，對曰：「春生秋殺，天道之常。皇帝卽位以來，停刑者再矣。稂莠不除，反害嘉禾，凶惡不去，反害良民。」上爲請，太后從之。

十二月壬子，張居正率大臣上御屏。屏繪天下疆域及職官姓名，用浮帖以便更換。上命設於文華殿後，時加省覽。

閏十二月丁亥，上御書「弼予一人，永保天命」，賜張居正。明日，居正侍，進諫曰：「帝王之學，當務其大。自堯、舜至唐、宋賢主，皆修德行政，治世安民，不以一藝。漢成帝知音律，能吹簫度曲；梁武帝、陳後主、隋煬帝、宋徽宗皆能文，善書畫，無救於亂亡。則君德之大，豈沾沾一藝哉！」他日，上日講畢，問居正：「元夕烟火鼇山，祖制乎？」曰：「非也。成化間，以奉母后，時多諫阻。今新政宜裁。」上曰：「然。」居正曰：「明年雖禫，繼此當大婚，又皇弟潞王出閣，諸公主釐降，所費甚煩，宜預節省。」上曰：「朕極知民窮。」居正請滅元日賜賚，上大然之。上又嘗語輔臣曰：「昨日禁中花盛開，侍母后賞宴甚歡。」蓋指慈寧也。居正奏曰：「仁聖太后處多時寂寞，惟皇上念之。」起還宮，白慈聖，卽自駕往迎仁聖過大內，賞花傳觴，歡宴而罷。

三年（乙亥，一五七五）夏五月，大學士張居正上言：「近郡縣入學太濫，宜敕學臣量加裁省。并敕吏部，凡所在督學臣，非方正勿遣。」

遼東告警，上深以爲憂。張居正對曰：「暑月非北騎狂逞之時，必無慮。」既而薊遼總兵戚繼光報稱：「諸部解散無警。」居正因上疏論邊事曰：「昨遼東撫臣張學顏報稱：『寇衆二十餘萬謀犯遼東，前鋒已抵大寧。』皇上面諭臣，臣已面奏，料其無事。今據總兵戚繼光報稱：『寇久解散。』臣又使人於宣府密偵西人青把都動靜，則把都在巢駐牧，未嘗東行。遼東所報，皆屬虛聲。臣等因此，反切憂慮。夫兵家之要，必知彼己，審虛實，而後可以待敵取勝。今無端聽一謁言，倉皇失措，則是彼己虛實茫然不知，其與『風聲鶴唳，草木皆兵』者何異。敵情狡詐，萬一彼常以虛聲恐我，使我驚惶疲於奔命，久之懈弛不備，然後卒然而至，措手不及。是在彼反得先聲後實，多方以誤之之策。而在我顧犯不知彼己，百戰百敗之道。他日邊臣失事，必由於此。故臣等不以寇之不來爲喜，而深以邊臣不知敵情爲慮也。兵部以居中調度爲職，尤貴審察機宜，沈謀果斷，乃能折衝樽俎，坐而制勝。今一聞奏報，便爾張皇，事已之後，又寂無語。徒使君父焦勞於上，以憂四方。豈僅以題覆公牘，謂已畢本兵之事耶！乞傳諭兵部，詰以寇情虛實之由，使之知警。幷請賑各邊饑卒。」俱從之。

八月，張居正請增閣臣，許之。卽日進吏部左侍郎張四維爲禮部尙書，入東閣。故事，入閣者，止曰「同某人辦事」。至是，上手注：「隨元輔入閣辦事。」四維恂恂若屬吏矣。

十一月，張居正上郊祀圖考，爲書三册。首敍分合沿革之由，次具壇壝陳設，次列儀注樂章。大意遵高皇定制，歲一合祀，奉二祖並配。上褒答之。

四年（丙子，一五七六）春正月，御史劉臺劾大學士張居正專擅威福，如逐大學士高拱，私贈成國公朱希忠王爵，引用張四維、張瀚爲黨，斥逐言官余懋學、傅應禎，罔上行私，橫黷無厭。居正怒甚。見上辭政，曰：「臣之所處者，危地也。言者以爲擅作威福，而臣之所行，正威福也。將巽順以悅下耶？則負國。竭公以事上耶？無以逃專擅之譏。」伏地不肯起。上下御座，手掖之曰：「先生起，朕當責臺以謝先生。」詔下臺獄，杖之百，遠戍之。時議藉藉，居正不自安，復具疏爲解，免杖，奪職爲民。然心終恨之，後竟置之死。

三月戊戌，上御文華殿，言及唐玄宗於勤政樓宴安祿山。上曰：「樓名勤政，而佚樂何也？」張四維曰：「玄宗開元之治有三代風，至天寶荒佚，乃致播遷。」居正曰：「無論往代，我世宗皇帝初年，西苑建無逸殿，省耕勸農。末年崇尚玄修，不復臨幸，治平之業亦寖。故大寶箴云：『民懷其始，未保其終。』」上嘉納之。

五月辛酉，上視朝，張居正等請覽奏章時，閱聖祖所親批疏稿爲法。上曰：「然。」居正因簡內閣所藏聖祖手諭六十三道、御製四十四道、聖旨幷帖共七十道上之。

秋七月丁酉，張居正上言：「致治之道，莫要於安民。安民之法，莫重於守令。守土牧民者，削下奉上以希聲譽，奔走趨承以求薦舉，徵發期會以完簿書，苟且草率以逭罪責，其實心愛民者，未嘗概見。明春外計考察，舉錯乃向背所係，惟以安靜宜民爲最。虛文矯飾，雖浮譽素隆，當列下考。」居正又請行考成法，有司以徵解爲殿最。於是奉行者，督責小民，不勝朴楚，相率爲怨言，然賦以時起。居正上言：「近者仰賴皇上愛人節用，京、通儲粟，足支八年，太倉銀庫，所積尙少。宜將明年漕糧量折十三，足國裕民，一舉兼得。」上從之。時府庫充溢，太僕寺亦積金四百餘萬。

冬十月丙子，進張居正左柱國太傅，仍加伯爵。敕曰：「先生親受先朝顧命，輔朕沖年。今四海昇平，實賴匡弼。精忠大勳，言不能殫。惟我祖宗列聖，祐爾子孫，與國咸休。欽哉！」居正固辭伯爵，許之。

山東撫按劾昌邑知縣孫鳴鳳貪賄。上怒甚，欲遣逮。張居正曰：「貪人固當盡治，但故事俱下臺訊。」上曰：「然。鳴鳳之婪，乃出進士乎？」居正曰：「此人惟恃進士，故爾恣肆。若乙科明經，尚有畏忌。今後用人，但問功能，不可拘資格。」上深然之。

十二月，上御文華殿，舉袍示輔臣曰：「此何色也？」居正以爲青。上曰：「紫也，久而色渝。」居正曰：「紫易渝。昔皇祖不尚袪服，御衣敝甚始易，享國長久，未必不由此。願皇上以皇祖爲法，節一衣，民間有數十人得其煖者；輕一衣，民間有數十人受其寒者，不可不念也。」時左右亦言民窮，至鬻妻子應上供。上深然之。

五年（丁丑，一五七七）春正月庚午，上御文華殿。大學士張居正言：「殿之東堂，祀伏羲以下數聖君，皇上所當法也。法古聖，惟在省覽章奏。日閱一二，講明國事，則他年躬攬萬幾無難矣。」上嘉納之。

五月戊申，諭修慈慶、慈寧兩宮。張居正言：「兩宮於萬曆二年落成，今壯麗如故，足以娛聖母。乃欲壞其已成，更加藻飾，非所急也。請輟工。」從之。

嶺西羅旁平。羅旁據山海間，驚江急峽，巖壑險絕，諸瑤窟穴其中，前代不入版籍。國初，甫一定之。世宗朝，諸瑤轉相寇掠，不可撲滅。督撫殷正茂既討平惠、潮寇，上疏言羅旁當誅。廷議不能決。居正毅然言當誅，舉兵部尚書淩雲翼，請賜璽書，屬之討賊。雲翼瀕行，居正謂之曰：「雖鞭之長，不及馬腹。即今兩廣諸瑤，雖所在都有，然乘間竊發，要當審所緩急耳。」雲翼既至，部諸路兵號三十萬，八道並進。克木衣山，破諸峒五百六十有四，俘斬四萬二千有奇，拓地數百里，置郡縣。捷聞，賜賚有差。

先是，四方多草竊，有司祕不以聞。張居正特嚴其禁。匿盜者，雖循吏必黜。得盜即報決。有司懍懍，盜亦衰止。

閏八月丁亥，上視朝。張居正因言：「近因陰雨，朝講暫輟。恐中外不知，謂皇上勤學漸不如初。願日愼一日，非有他事及風雨不得輟。」上深然之。

九月，上諭停刑，蓋慈聖太后以大婚期近也。居正上言：「春生秋殺，天道所以運行；雨露霜雪，萬物因之發育。明王奉若天道，刑賞予奪，皆奉天意以行事。若棄有德而不用，釋有罪而不誅，則刑賞失中，慘舒異用矣。且臣近詳閱所開諸犯，皆逆天悖理，其所戕害，含冤蓄憤。聖主明王不爲一泄，彼以其怨恨冤苦之氣鬱而不散，或上蒸爲妖沴氛祲之變，下或致凶荒疫癘之疾，則其爲害又不止一人一家也。請俟明年吉典告成，然後概免一年。」從之。

己卯，張居正父喪訃至，上以手諭宣慰，視粥止哭，絡繹道路，又與三宮賻贈甚厚，然亦無意留之。所善同年李幼孜等倡奪情之說，於是居正惑之，乃外乞守制，示意馮保，使勉留焉。冬十月，居正再上疏乞終制，不允。乃請在官守制，不造朝，許之。居正既父喪奪情，吉服視事。編修吳中行、檢討趙用賢因星變陳言。刑部員外艾穆、主事沈思孝合疏言「居正忘親貪位」，居正大怒。時大宗伯馬自強曲爲營解，居正跪而以一手撚鬚曰：「公饒我，公饒我！」掌院學士王錫爵徑造喪次，爲之解。居正曰：「聖怒不可測。」錫爵曰：「卽聖怒，亦爲公。」語未訖，居正屈膝於地，舉手索刃作刎頸狀曰：「爾殺我，爾殺我。」錫爵大驚，趨出。十月二十二日，中行等四人同時受杖。中行、用賢卽日驅出國門，人不敢候視。許文穆方以庶子充日講，鐫玉杯一，曰：「斑斑者何？卞生淚。英英者何？藺生氣。追追琢琢永成器。」以贈中行。鐫犀杯一，曰：「文羊一角，其理沈黝。不惜刻心，寧辭碎首。黄流在中，爲君子壽。」以贈用賢。穆、思孝復加鐐鎖，且禁獄。越三日，始僉解發戍，爲更慘毒。時鄒元標觀政刑部，憤甚，視四人杖畢而疏上。越三日，受杖，謫戍貴州都匀衞。

罷吏部尚書張瀚。先是，瀚爲南京工部尚書，廷推吏部，瀚名第三。以居正言，上越次用之。居正以爲德，希瀚報。奪情議起，遂邀中旨，屬瀚留居正。居正亦自爲牘，風之使留己。瀚若不喻其意者，謂：「政府奔喪，當以殊典卹之，宗伯事也，何關吏部？」居正乃令所善客說瀚。瀚不聽，又不欲顯居其名，乃偕三尚書密晤居正，動以微言。居正大不悅，於是有詔切責瀚，謂瀚奉諭不復，無人臣禮。是時，廷臣爭惴慄，各倡保留之議。瀚拊膺太息曰：「三綱淪矣！」居正益怒，嗾臺省劾之，以爲昏耄，勒令致仕。

丙午，上戒諭羣臣曰：「奸邪小人，藐朕沖年，忌憚元輔。乃借綱常之說，肆爲誣論。欲使朕孤立於上，得以任意自恣。茲已薄處，如或黨奸懷邪，必罪不宥。」時言奪情者得罪，都人士皆憤怒。作謗書懸長安門，謂居正且反。上聞之，故宣諭於朝，謗議稍息。已而召居正於平臺，慰諭甚至，卽日入直。初，居正喪次，凡閣中事，令吏齎奏就擬處分。手詔稱元輔，稱太師，稱先生，皆盡古師臣之禮。

十一月癸丑朔，以星變考察羣臣。始張居正自矯飾，雖或任情，而英敏善斷，中外羣譽之，居正亦自負不世出。迨劉臺論居正得罪，志意漸恣。至是，益知天下不見與，思威權劫之矣。

令天下度田。國初，天下土田八百五十萬頃。至後漸減，歲久滋僞。豪民有田不賦，貧民曲輸爲累。民窮逃亡，故額頓減。張居正請料田，凡莊田、民田、職田，蕩地、牧地，皆就疆理無有隱。其撓法者，下詔切責之。

六年（戊寅，一五七八）春正月，將舉大婚，首輔張居正充納采問名副使。給事中李淶疏言：「居正有服制，不宜與執事，乞改命。」上不允。以聖母諭諭居正，遂從吉。

三月甲寅，張居正乞歸治葬，許之。辭朝，上召見於平臺，勞諭之曰：「朕不能捨先生，恐重傷先生懷，是以忍而允所請。雖然，國事至重，朕將焉依！」居正奏言：「皇上大婚之後，宜撙節愛養，留心萬幾。」因伏地而哭。上亦爲之哽咽墮淚，曰：「先生雖行，國事尙宜留心。」乃賜銀印，曰「帝賚忠良」，令得密封言事。進辭兩宮，各賜贐金，慰諭有加。

庚辰，遼東再奏大捷，上歸功張居正，使使馳諭，俾定爵賞以聞。召趣還朝，居正以母老，俟秋上道。命錦衣歸馳趣之。

六月乙未，張居正還朝，上召見於文華西室。問沿途所見，稼穡何如？民生何如？邊事何如？居正對甚悉。上大悅，賜休沐十日。

十二月，命纂宗藩要例書，頒示諸王。先是，世宗朝公族繁盛，國用困竭，以故頗加損抑。至是，居正等念諸藩裁削，非天子親親意，乃略舉事例未當者十一條，請敕禮官集議，著爲令。諸藩於是感激親上，而厚薄親疏有體矣。

七年（己卯，一五七九）二月，上患疹，慈聖太后命僧於戒壇設法度衆。張居正上言：「戒壇奉皇祖之命，禁止至今。以當時僧衆數萬，恐生變敗俗也。今豈宜又開此端？聖躬違豫，惟告謝郊廟社稷，斯名正言順，神人胥悅，何必開戒壇而後爲福哉！」事遂寢。

二月，河工成。先是，淮安有水患，河決入淮。淮勢不敵，淮揚咸爲巨浸，直逼泗洲，患近陵寢。上以問張居正，因上言：「故河道都御史潘季馴可使。」乃降璽書，即其家拜都御史，使持節治河。一切假以便宜久任，帑藏不問出入。諸奉行不及事者，下詔獄鞫治之。於是當事者日夜焦勞，蓋踰年而隄成，轉漕無患。

三月，上疹愈，徵光祿寺十萬金。張居正上言：「財賦有限，費用無窮。使積貯空虛，不幸有四方水旱之災，疆場意外之變，可爲寒心。此後望力加撙節，若再徵金，臣等不敢奉詔矣。」時上漸備六宮，太倉所儲，屢有宣進。居正上戶部所進御覽錢糧數目，請置之坐隅，時賜省覽，量入爲出。因言：萬曆初年，所入四百三十五萬有奇。六年，所入僅三百五十五萬有奇，則已少八十餘萬矣。五年，歲出四百四十九萬有奇，則已多四十餘萬矣。夫歲出則浮於前，歲入則損於前，此不可不留心也。王制，量入爲出，計三年之出，必有一年之餘而後可。況財用止有此數，設法巧取，不能增多。惟加意撙節，則用自足。」上嘉納之。

夏四月，上以內庫缺錢，賞賚不足，命部鑄大錢以進。張居正上言：「先朝鑄錢呈式，非供上用也。萬曆二年，進錢一千萬，其後歲半之，已非本意。若闕錢鑄進，是以外府之儲取供内府，大失舊制矣。」上從之，乃罷鑄錢。

癸卯，張居正上肅雝殿箴，命書於御屏。

五月，封遼東總兵李成梁爲寧遠伯。張居正言：「成梁屢立戰功，忠勇爲一時冠，加以顯秩，此鼓勵將士之法也。」已而成梁使使餽以金，居正曰：「而主以百戰得功勳，我受其金，是得罪高皇帝也。」卻不受。

七月甲子，給事顧九思、王道成等以江南水災，請罷浙、直織造内臣。上以示張居正，居正奏民重困，宜召還孫隆。上曰：「彼織幣且完，當俟來春耳。」居正曰：「地方多一事，則有一事之擾；寬一分，則受一分之惠。災地疲民，不堪催督，暫去之，俟稍稔可復也。」上從之。時給事中李淶請卹江南水災，幷言四事。上怒其譏訕。居正曰：「水災請卹，亦言官之常。雖或觸忤，恐傷聖度。」上意乃解。

冬十月，薊遼總督梁夢龍報土蠻大舉入寇。張居正奏言：「臣諭邊臣，如敵騎入，勿輕戰，堅壁清野。野無所掠，彼將自阻。請令夢龍駐永平，戚繼光駐一片石。伺間邀擊。」上善之。既而土蠻以四萬騎犯前屯，梁夢龍、李成梁率兵禦卻之。

十二月，張居正服闋，召見於平臺。

八年（庚辰，一五八〇）春正月己未，先是，永豐梁汝元聚徒講學，吉水羅巽亦與之游。汝元揚言：「張居正專政，當入都頌言逐之。」居正微聞其語，授指有司捕治之。已，湖廣、貴州界獲妖人曾光，竄入汝元、巽姓名，云謀不軌。汝元、巽俱先死，湖廣守臣具爰書下法司訊之，并曾光亦非眞也，第據律論罪。

三月，大學士張居正具疏乞休。再上，上慰留懇切。最後，手書傳慈聖口諭：「張先生受先帝付託，豈忍言去！俟輔爾至三十，卻再審處，讓後人非晚也。」居正因復就職。

甲子，賜進士張懋修等三百人及第、出身有差。懋修兄敬修，亦成進士，得禮部主事。俱居正子。

八月戊子，刑部侍郎劉一儒移書張居正曰：「竊聞論治功者貴精明，論治體者尙渾厚。自明公輔政，立省成之典，復久任之規，申考憲之條，嚴遲限之罰。大小臣工，鰓鰓奉職，治功既精明矣。愚所過慮者：政嚴則苛，法密則擾。今綜覈既詳，弊端剔盡。而督責復急，人情不堪，非所以培元氣而養敦渾之體也。昔皐陶以寬簡贊帝舜，姬公以惇大告成王，淪洽當代，矩矱後世，願明公法之。」居正得書不懌。

十一月戊寅，上以夜宴，惑於內侍孫海客等，撻二內使幾斃。慈聖太后聞之，切責上，令取霍光傳入覽。上悔悟，降孫海客等。明日，上諭閣臣：「朕在沖年，自多過愆，惟藉諸先生力諫，使朕爲堯、舜之君。」張居正因奏：「諸內臣老成廉愼者存之，諂佞放恣者汰之。

皇上亦宜痛改，戒宴飲以重起居，專精神以廣繼嗣，節賞賚以省浮費，卻玩好以定心志，親萬幾以明庶政，勤講學以資治理，端趨向以肅士風，則聖德愈光矣。」上深嘉納之。

十二月甲辰，張居正請屬儒臣，以累朝寶訓、實錄，分四十餘則：曰創業艱難，曰勵精圖治，曰勤學，曰敬天，曰法祖，曰保民，曰謹祭祀，曰崇孝敬，曰端好尚，曰慎起居，曰戒遊佚，曰正宮闈，曰敎儲貳，曰睦宗藩，曰親賢臣，曰去奸邪，曰納諫，曰守法，曰敬戒，曰務實，曰正紀綱，曰審官，曰久任，曰重守令，曰馭近習，曰待外戚，曰重農，曰興敎化，曰明賞罰，曰信詔令，曰謹名分，曰卻貢獻，曰愼賞賚，曰甘節儉，曰愼刑獄，曰褒功德，曰屏異端，曰飭武備，曰禦寇盜。仍敕次第進呈，俟明年開講。其諸司章奏切要者，卽講畢面裁。時上留意翰墨，居正以爲筆札小技，非君德治道所係，故有是請。上嘉納之。

九年（辛巳，一五八一）春正月，大學士張居正請令翰林分番入直，應和文章。或令侍上清讌，質問經義，陳說治理，如唐、宋故事。

夏四月辛亥，上御文華殿，張居正以給事中傅作舟疏進覽云：「今江北淮、鳳及江南蘇、松連被災傷，民多乏食，至以樹皮充饑。或相聚爲盜，大有可憂。」上曰：「淮、鳳頻年告災，何也？」居正對曰：「此地從來多荒少熟，元末之亂，皆起於此，今當破格賑之。」上曰：「然。」居正極言：「今有司負職，如積穀一事，屢旨申飭，竟成虛文。」上作色曰：「有司忽民，宜重處之。」居正曰：「以後犯者當如聖諭。」又曰：「江南、北旱，河南風災，畿內不雨，勢將賙賑。惟皇上量入爲出，加意撙節。如宮費及服御，可減者減之，賞賚可裁者裁之。至若施舍緇黃，不如予吾赤子也。」上曰：「然。今宮費俱節，賞賚不溢。」居正曰：「皇上謂從舊，亦近例耳。如今年暫行，明年卽爲例，非祖制也。臣不敢遠引，如皇祖用度最繁，然內帑尙有餘積。隆慶初庫貯尙百餘萬，今歲入百二十萬，猶稱乏。惟皇上省察。」上是之。

十一月，張居正一品考滿，賜金幣及酒果甚厚。手敕褒諭，有「精忠大勳，言不能盡，宜不能酬」之語。加上柱國、太師，支伯爵俸。居正固辭，允之。

十年（壬午，一五八二）二月丁酉，大學士張居正上言：「安民之道，在察其疾苦。今尙有一事爲民害者，帶徵稅糧也。夫百姓財力有限，一歲之入，僅足供一歲。不幸歲歉，目前尙不能辦，豈復有餘力更完累歲積逋乎！有司避責，往往將今年所徵抵完舊逋。卽今歲所欠，又爲將來帶徵矣。況徵輸額緒繁多，年分淆雜，小民竭脂膏，胥吏飽谿壑。甚者，不肖有司因而漁獵。夫與其朘民以實奸貪之橐，孰若盡蠲以施曠蕩之恩。乞諭戶部，覈萬曆七年以前積負，悉行蠲免。將見年正額，責令盡完。在百姓易辦，在有司易徵，是官民兩利也。」上從之。詔下，中外大悅。

三月丁卯，張居正有疾，求私宅票擬。從之。六月甲午，居正以疾再乞休，不允。上以細務委張四維，大事卽居正家平章。

以遼左大捷，斬速把孩功，進張居正太師。

甲辰，上遣司禮太監齎手敕諭張居正曰：「聞先生糜飲不進，朕心憂慮。國家大事，當一一爲朕言之。」居正力疾疏謝，幷上密奏，薦禮部尚書潘晟、吏部左侍郞余有丁。明日，上卽命二人入閣。丙午，大學士張居正卒。上震悼輟朝，遣司禮太監張誠監護喪事，賜賻甚厚。兩宮太后及中宮，俱賜金幣。賜祭十六壇，贈上柱國，謚文忠。

居正性深沈機警，多智數。爲史官時，嘗潛求國家典故，及時務之切要者剖晰之，遇人多所諮詢。及攬大政，登首輔，慨然有任天下之志。勸上力行祖宗法度，上亦悉心聽納。十年來海內肅清。用李成梁、戚繼光，委以北邊，攘地千里，荒外讋服。南蠻累世負固者，次第遣將削平之。力籌富國，太倉粟可支十年，冏寺積金，至四百餘萬。成君德，抑近倖，嚴考成，覈名實，清郵傳，核地畝，一時治績炳然。惜其褊衷多忌，剛愎自用。初入政府，卽以私憾廢遼王。久直信任，奸佞好諛成風。六曹之長，咸唯唯聽命。至章疏不敢斥名，第稱元輔。始譽以伊、周，漸進以五臣，且諛之舜、禹，居正亦恬然居之。而中允高啓愚至以「舜亦以命禹」題試士，當時目爲勸進。居正卒，餘威尚在，言官奏事，尚稱先太師。方奪情時，威權震主。上雖虛己以聽，而內顧不堪。身死未幾，遂遭削奪，幷籍其家，子孫皆不保云。初，上在講筵，讀論語「色勃如也」，誤讀作「背」字。居正忽從旁厲聲曰：「當作『勃』字。」上悚然而驚，同列皆失色。上由此憚之。及居正卒後蒙禍，時比之霍氏之驂乘。

御史郭維賢疏薦吳中行等降調，然上意已漸移。御史楊寅秋劾王國光。罷之。發馮保南京閒住。吳中行、趙用賢、艾穆、沈思孝、王用汲、余懋學、朱鴻謨、趙應元、傅應禎、趙世卿、鄒元標俱復官。會潞王昏禮，所需珠寶未備，太后間以爲言。上曰：「辦此不難，年來廷臣無恥，盡獻張、馮二家耳。」太后曰：「已抄沒矣，必可得。」上曰：「保黠猾，盡竊而逃。」自此內中「張先生」、「張太岳」稱謂，絕以爲諱。而籍沒之舉，亦胎於此。

十二年（甲申，一五八四），上從遼府次妃王氏奏請，籍沒張居正家，其產不及嚴嵩二十分之一。株連頗多，荆、川騷動。上曰：「遼府廢革，既奉先帝宸斷，又無應繼之人，著推舉親枝，以本爵奉祀，仍準王歸葬。原封抱養子述璽，準依親居住，給與庶糧二百石，本折中半支。王氏從厚，援徽府例贍養。張居正誣衊親藩，箝制言官，蔽塞朕聰。私佔廢遼地畝，假以丈量遮飾，騷動海內。專權亂政，罔上負恩，謀國不忠。本當斲棺戮尸，念效勞有年，姑免盡法。伊屬張居易、張嗣修、張順、張書，俱令煙瘴地面充軍。」

谷應泰曰：聞之虞書良弼，義取協恭；秦誓介臣，都無他技。蓋下吏奉職，乃在才具，而端揆裁物，則在度量；卿貳奔奏，不越章程，而宰相坐論，必資道術也。矧承平之相，與創制異；沖人之相，與長君異。周公以惇大告成王，韓琦以才偏貶公著。凡以養蒙作聖，不專在於宣之綜核，明之察察耳。世稱張居正相業，譽者多許其幹略，毀者僅惡其專恣。然予以皆非事實，眞知居正者也。考居正大節，特傾危陷刻，忘生背死之徒耳。而其他緣飾以儒術，眩曜以智數，譬之黃子艾牆高基下，陽處父華而不實。求其論思密勿之地，表帥百寮之間，此實難矣。

方夫穆宗憑几，顯帝沖齡，居正、拱、儀同受顧命，而內臣馮保竊叢於側。斯時逐刁之議未行，弔讓之謀潛固。賣交附璫，漏言市重。彼商鞅之因景監，相如之藉繆賢。揆之結主，固如是乎？卒之會極傳宣，新鄭被斥。而馮保以快己之怨者，卽以酬次輔之恩。居正以去保之疾者，還以固綸扉之寵。鬻權夸毗，若互市然。及乎九齡遠引，頤浩外徙，始乃宮府交通，更唱迭和。馮倚執政則言路無憂，張恃中涓卽主恩罔替。以故扇殿清暑，鋪氈禦寒，居正所蒙，壹皆媚璫之力也。至於犯蹕具獄，詞連拱奴，謀發宰臣，風生內侍，苟非天變見於上，公議格於下，則上官黠詐，立碎奉車，易之飛文，赤誅魏氏。居正之包藏禍心，傾危同列，眞狗彘不食其餘矣。若夫父喪奪情，太阿不釋，李幼孜倡之於外，馮保應之於內。而居正貌乞持服，心冀慰留，無魯伯禽之東郊不啓，蹈翟方進之脫衰視事。語云：「求忠於孝。」又云：「移孝作忠。」居正其無人心者乎？何相倍之戾也！矧乃三月歸葬，六月還朝。宰我之意，惟在短喪；曹瞞之心，恐失兵柄。而且吳中行、趙用賢俱以星變陳言，艾穆、沈思孝、鄒元標各以忘親入告，乃復横被鎖鐐，咸加杖戍。又且論死劉臺，瘦斃士期。錫爵以刎頸驚奔，張瀚以拊膺被斥。雖王巨君之芟除忤恨，梁將軍之收拷太史，淫刑以逞，不是過也。又況懋修、敬修，非列巍科，則躋清秩。是豈向、歆之學冠於漢廷，抑亦京、條之派相援宋室乎？蓋至身死踰年，遼妃訴闕。而東園祕器，甫賜泉門；緹騎金吾，旋圍府第。匪漢元虧師傅之恩，亦田蚡貽滅族之釁也。

乃論者以居正之爲相也，進四書經解而聖學修明，進皇陵碑、帝鑑圖而治具克舉，請詞林入直而清讌無荒，請宮費裁省而國用以裕，任曾省吾、劉顯而都蠻悉平，用李成梁、戚繼光而邊陲坐拓，厥罪雖彰，功亦不泯焉。然予以居正救時似姚崇，褊礉則似趙普，專政似霍光，剛鷙則類安石。假令天假之年，長轡獲騁，則吏道雜而多端，治術疵而不醇。斯豈貞觀之房、杜，而元祐之司馬乎？更可異者，自居正以錢穀爲考成，而神宗中葉大啓礦稅。居正以名法爲科條，而神宗末造叢脞萬幾。嗚呼！手實之禍，萌自催科，申、商之後，流爲清靜，則猶居正之貽患也。

明史紀事本末卷之六十二

援朝鮮

神宗萬曆二十年（壬辰，一五九二）五月，倭酋平秀吉寇朝鮮。平秀吉者，薩摩州人僕也。始以魚販臥樹下，有山城州倭渠名信長，居關白職位。出獵遇吉，欲殺之。吉善辨，信長收令養馬，名曰木下人。信長賜與田地，於是爲信長畫策，遂奪二十餘州。會信長爲其參謀阿奇支刺殺，吉乃統信長兵，誅阿奇支，遂居關白之位。因號關白，以誘劫降六十六州。朝鮮釜山與日本對馬島相望，時有倭戶往來互市，通婚姻。時朝鮮王李昖湎於酒，弛備，吉乃分遣其渠行長、清正等，率舟師數百艘，逼釜山鎮。五月，潛渡臨津，分陷豐、德諸郡。時朝鮮承平久，怯不諳戰，皆望風潰。朝鮮王倉卒棄王京，令次子琿攝國事，奔平壤。已，復走義州，願內屬。倭遂渡大同江，繞出平壤界。是時，倭已入王京，毀墳墓，劫王子、陪臣，剽府庫，蕩然一空，八道幾盡沒，旦暮且渡鴨綠。請援之使，絡繹於路，廷議以朝鮮屬國，爲我藩籬，必爭之地，遣行人薛潘諭其王以匡復大義，揚言大兵十萬，已擐甲至。賊抵平壤，朝鮮君臣勢益急，出避愛州。

七月，遊擊史儒等師至平壤，不諳地利，且霖雨，馬奔逸不止，儒戰死。副總兵祖承訓統兵三千餘，渡鴨綠江援之，僅以身免。報至，朝議震動，以宋應昌爲經略，員外劉黃裳、主事袁黃贊畫軍前。

八月，倭入豐、德等郡，我兵稍集。而行長等頗習兵，詐謂不敢與中國抗，以緩我師。兵部尚書石星亦謂諸將未得利，計無所出，議遣人探之。嘉興人沈惟敬應募。惟敬者，市中無賴也。是時，平秀吉次對馬島，據王京，分其將行長等各發兵守要害，爲聲援。惟敬至平壤，行長令牙將以肩輿迎之。時平秀吉廢山城君，自號大閤王。惟敬至，執禮甚卑。行長詭曰：「天朝幸按兵不動，我亦不久當還。當以大同江爲界，平壤以西，盡歸朝鮮耳。」惟敬旣還奏，廷議以倭多變詐，未可信。我師利速戰，乃趣應昌等統兵進擊。而石星頗惑之，以惟敬緩急可任，題假遊擊赴軍前，且請金行間。

八月，布衣程鵬舉請發暹羅兵，自海道擣其巢穴，時以爲奇策。又朝議調播州楊應龍援朝鮮。

十二月，以李如松爲東征提督。上憫東征將士寒苦，特發帑金十萬犒慰，且重懸賞格。先是，宋應昌抵山海關，士馬芻糧，徵調未集，而大將軍李如松甫平西夏，亦未至軍，因謬借惟敬縻倭西向。前所羽檄徵兵七萬餘，至者半，乃置三軍：以副將李如柏將左，張世爵將右，楊元將中軍，趨遼陽。至是，如松始至軍。而惟敬歸自倭，稱行長願退平壤迤西，以大同江爲界。如松大會將吏，叱惟敬憸邪當斬。參軍李應試請間曰：「藉惟敬紿倭封而陰襲之，奇計也。」應昌、如松以爲然，乃置惟敬標營。二十五日，誓師東渡。如松將諸鎮士馬四萬餘，東由石門度鳳凰山，馬皆汗血。臨鴨綠江，天水一色，望朝鮮萬峯，出沒雲海。監軍劉黃裳慷慨誓曰：「此汝曹封侯地也。」

二十一年（癸巳，一五九三）正月，平壤大捷。初，沈惟敬三入平壤，約以正月七日，李提督賫封典，過肅寧館。至是，初四日，我師抵肅寧。行長遣牙將二十人來迎，如松檄遊擊李寧生縛之。倭猝起格鬬，僅獲三人，餘走還，告行長。行長問惟敬曰：「此必通事兩誤耳。」行長令親信小西飛、禪守籐隨惟敬謁如松，如松加撫遣歸。六日，抵平壤，行長竚風月樓候瞻龍節，倭俱花衣，夾道迎候。如松分布將士，整營入城。諸將逡巡未入，形已露，倭悉登陴拒守。如松度地形，東南並臨江，西枕山陡立，惟迤北牡丹臺高聳，最要。三倭列拒馬地礮以待。遣南兵試其鋒，佯退。是夜，倭襲李如柏營，擊卻之。如松因部勒諸將，諭無割級，攻圍止缺東面。屬遊擊吳惟忠攻牡丹峯陰取西南。以倭易麗兵，令祖承訓等詭麗裝，潛伏。八日黎明，鼓行抵城下，攻其東南。倭礮矢如雨，軍稍卻。如松手斬先退者以徇，募死士援梯鉤而上，殺數人不退，倭悉力拒守。倭方輕南面爲麗兵，承訓等乃卸裝露明甲。倭急分兵拒堵，如松已督楊元等從小西門先登，李如柏等亦從大西門入。火藥並發，毒烟蔽空。方戰時，吳惟忠中鉛洞胸，猶奮呼督戰。而如松坐騎斃於礮，易馬馳，墮塹，鼻出火，麾兵愈進。我師無不一當百。前隊貿首，後勁已踵，突舞於堞，倭退保風月樓。夜半，行長提兵渡大同江，遁還龍山。是役凡得級千二百八十五，餘死於火，及從城東跳溺無算。裨將李寧、查大受等率精兵三千，潛伏江東僻路，獲級三百六十二，生擒三倭，乘勝追襲。十九日，李如柏進復開城，得倭級百六十五。朝鮮郡縣，如黃海、平安、京畿、江源四道並復平，歸平壤。惟咸鏡道爲清正拒守，聞開城破，亦奔王京。王京爲朝鮮都會，咸鏡、忠清爲之犄角，頗據天險。而援師既連勝，有輕敵心。二十七日，去王京七十里，朝鮮人以倭棄王京遁告。如松信之，將輕騎趨碧蹄館，去王京三十里，馳至大石橋，馬蹶傷額，幾斃。倭猝至，圍之數重。將士殊死戰，自已至午，弇中矢且盡。金甲酋前搏李將軍甚急，裨將李有昇以身蔽如松，刃數倭，竟中鉤墮，爲倭支解。李如柏、李寧乃益遮夾擊，李如梅箭中金甲倭墜馬。會楊元援兵至，砍重圍入，遂潰。而我精銳亦多喪失，過橋者盡死。天且雨，近王京平地俱(陷)〔稻〕(據萬曆三大征考倭上篇改)畦，冰解泥深，騎不得騁。倭背山面水，連珠布營，城中廣樹飛樓，鳥銃自穴中出，應時斃。我師乃退駐開城。

三月，經略宋應昌檄劉綎、陳璘水陸濟師，上益發帑金二十萬佐軍興。時諜者言：「王京倭二十萬，且聲言關白揚帆入犯。」李如松分留李寧等駐開城，楊元等軍平壤，扼大同江接餉道。李如柏等軍寶山諸處，爲聲援。查大受等軍臨津，而將銳卒東西策應。聞倭將平秀嘉據龍山倉粟數十萬，從間道縱火盡焚之，倭乏食。

東師議款。初，我師捷平壤，鋒甚銳。轉戰開城，勢如破竹。及碧蹏之敗，久頓師絕域，氣益索。經略宋應昌急圖成功，於是惟敬之款始用。而倭芻糧並燼，行長亦懲平壤之敗，有歸志。因而封貢之議起。經略既得請於朝，敕不窮追。且得倭報惟敬書，乃益令遊擊周弘謨同惟敬往諭倭，獻王京，返王子，如約縱歸。倭果於四月十八日棄王京遁。如松及應昌整衆入城。所餘米四萬餘，芻豆稱是。如松以兵臨漢江尾倭後，欲乘惰歸擊之。而倭步步爲營，用分番迭休法以退。別將劉綎帥兵五千，趨尙州鳥嶺。鳥嶺廣亙七十餘里，懸崖巉削，中通一道如綫，灌木叢雜，騎不得成列。倭尙拒險，而別將查大受、祖承訓等由間道踰槐山，出鳥嶺後。倭大驚，前移釜山浦築居屯種，爲久戍計。如松乃張疑兵，分遣劉綎、祖承訓等屯大丘、忠州；檄調全羅水兵龜船，分布釜山海口。時倭已棄王京漢江以南千有餘里，朝鮮故土奄然還定。兵科給事中侯慶遠謂：「我與倭何讎，爲屬國勤數道之師，力爭平壤，收王京，挈兩都授之，存亡興滅，義聲振海外矣。全師而歸，所獲實多。」上乃諭：「朝鮮王還都王京，整兵自守。我各鎭兵久疲海外，以次撤歸。」應昌復疏稱：「釜山雖瀕南海，猶朝鮮境。有如倭覘我罷兵，突入再犯，朝鮮不支，前功盡棄。考輿圖，朝鮮幅員東西二千里，南北四千里。從西北長白山發脈，南跨全羅界，向西南，止日本對馬島，偏在東南，與釜山對。倭船止抵釜山鎮，不能越全羅至西海。蓋全羅地界，直吐正南迤西，與中國對峙。而東保薊、遼，與日本隔絕，不通海道者，以有朝鮮也。關白之圖朝鮮，意實在中國；我救朝鮮，非止爲屬國也。朝鮮固，則東保薊、遼，京師鞏於泰山矣。今日撥兵協守，爲第一策。卽議撤，宜少需時日，俟倭盡歸，量留防戍。」部覆：「南兵暫留，分布朝鮮。量簡精兵三千善後。餘盡撤，如前議。」

六月，沈惟敬歸自釜山，同倭使小西飛、禪守籐來請款。而倭隨犯咸安、晉州，逼全羅，聲復江、漢以南，以王京漢江爲界。李如松計全羅沃饒，南原府尤其咽喉，乃命李平胡、查大受鎮南原，祖承訓、李寧移南陽，劉綎移陝川。已，倭果分犯，我師並有斬獲。兵科給事中張輔之謂：「倭聚釜山，原佯退，誘我撤兵，圖漸逞。無故請貢，非人情。今猝犯晉州，情形已露，宜節制征勦。」遼東都御史趙燿亦報款貢不可輕受。

七月，倭從釜山移西生浦，送回王子陪臣。時我師久暴露，聞撤，勢難久羈。宋應昌乃請戍全羅、慶尙。議留劉綎川兵五千，吳惟忠、駱尙志南兵二千六百，合薊、遼共萬六千人，聽劉綎分布慶尙之大丘。而兵部尙書石星一意主款，謂留兵轉餉非策。應昌師老無成功，亦願弛責。然策倭多詐，恐兵撤變生。已而命沈惟敬復入倭營，促謝表。急圖竣役，乃并撤吳惟忠等兵，止留綎兵防守。

諭朝鮮世子臨海君珒居全慶督師，以顧養謙總督遼左。

九月，兵部主事曾偉芳言：「倭款亦去，不款亦去。款亦來，不款亦來。蓋關白大衆已還，行長留待。知我兵未撤，不能以一矢相加遺也。欲歸報關白，捲土重來，則風帆不利，正苦冬寒。故曰：款亦去，不款亦去。沈惟敬前倭營講購，咸安、晉州隨陷，而欲恃款，冀來年不攻，則速之款者，速之來耳。故曰：款亦來，不款亦來。爲今日計，宜令朝鮮自爲守，弔死問孤，練兵積粟，以圖自強。」章下部。

十月，總督顧養謙力主撤兵，許之。因疏請封貢，上命九卿、科、道會議。時御史楊紹程奏：「臣考之太祖時，屢卻倭貢，慮至深遠。永樂間，或一朝貢，漸不如約。自是稔窺內地，頻入寇掠。至嘉靖晚年，而東土受禍更烈。豈非封貢爲厲階耶？今關白謬爲恭謹，奉表請封之後，我能閉關拒絕乎？中國之釁，必自此始矣。且關白弑主篡國，正天討之所必加。彼國之人，方欲食其肉而寢處其皮，特劫於威，而未敢動耳。我中國以禮義統馭百蠻，而顧令此篡逆之輩叨天朝之名號耶！宜急止封議，敕朝鮮練兵以守之，我兵撤還境上以待之，關白可計日而敗也。」是時，廷臣禮部郎中何喬遠、科道趙完璧、王德完、逯中立、徐觀瀾、顧龍、陳維芝、唐一鵬等，交章止封。而薊遼都御史韓取善亦疏：「倭情未定，請罷封貢。」兵部尚書石星恐不能羈縻關白，甚張皇，終主封貢不已。

二十二年（甲午，一五九四）八月，總督顧養謙奏封貢之說。貢道宜定寧波，關白宜封爲日本王。請擇才力武臣爲使，諭行長部倭盡歸，與封貢如約。

九月，朝鮮國王李昖疏請許貢保國。上乃切責羣臣阻撓封貢，追褫御史郭實等，詔小西飛入朝。時改總督侍郎孫鑛新受事，倭使抵京，石星優遇如王公。小西飛等殊揚揚，過闕不下。既集多官面譯，要以三事：一、勒倭盡歸巢；一、既封不與貢；一、誓無犯朝鮮。倭俱聽從，以聞。上復諭於左闕，語加周複，大略如樞部意。

十二月，封議定，命臨淮侯李宗城充正使，以都指揮楊方亨副之，同沈惟敬往日本。時禮部議：「日本舊有王，未知存亡。關白或另擬二字，或即以所居島封之。行長以下，量授指揮銜。」上竟准日本王號，給金印。行長授都督僉事。適諜報熊川島倭船三十六號，業起行歸，石星遂謂封事必可成矣。

二十三年（乙未，一五九五）春正月，遼東都御史李化龍疏倭六可疑、五可慮，謂：「倭不識漢字，恐中間兩相欺紿，請從禮部量封秀吉順化王。罷遣沈惟敬，增募水兵。而清正素不服關白，與行長不相能，可用魯連諭燕將計間之。」時封使已發，竟不從。

二十四年（丙申，一五九六）春正月，先是，東封之使，久懷觀望。至是，始抵釜山。而沈惟敬詭云演禮，同行長先渡海，私奉秀吉蟒玉、翼善冠及地圖、武經。又驅壯馬三百南戈崖，騎從陰獻秀吉，取阿里馬女，與倭合。李宗城紈袴子，經行之營，所在索貨無厭。次對馬島，太守儀智夜飾美女二三人，更番納行帷中，宗城安之。倭酋數請渡海，不允。儀智妻，行長女也。宗城聞其美，併欲淫之。智怒，不許。適謝周梓姪隆與宗城爭道，宗城欲殺之。隆訹其左右，以倭將行刺，宗城懼，棄璽書夜遁。比明失路，自縊於樹，追者解之，遂奔慶州。副使楊方亨聞於朝。上震怒，逮問宗城，議戰守。會方亨復揭倭情無變，正使自爲奸人誤耳。上以方亨充使，加惟敬神機營銜副之。廷臣交章請罷封。上切責，下御史曹學程於理，立限渡海。於是惟敬益舞智揣摩，玩大司馬股掌矣。

三月，工部郎中岳元聲參石星，力主封事有三辱、四恥、五恨、五難。疏入，謫爲民。

九月，楊方亨、沈惟敬奉册如日本。平秀吉齋沐三日，郊迎節使，受封，行五拜、三叩頭、山呼禮。禮畢，款使者備至。朝鮮王議遣光海君致賀。已而聽嬖臣李德馨言，使州判奉白土紬爲賀。秀吉怒，語惟敬曰：「若不思二子、三大臣、三都、八道，悉遵天朝約付還。今以卑官微物來賀，辱小邦耶？辱天朝耶？」惟敬慰諭之。秀吉曰：「今留石曼子兵於彼，候天子處分，然後撤還。」翼日，具貨物數百種，奉貢遣使，齎表文二通，隨册使渡海。至朝鮮，廷議遣使於朝鮮取表文進驗。其一謝恩，其一乞天子處分朝鮮。廷議以爲飾說云。

二十五年（丁酉，一五九七）春正月，石星請自往朝鮮諭兩國就盟罷兵。不許。

二月，再議東征。時封事已壞，而楊方亨詭報「去年從釜山渡海，倭於大版受封，卽回和泉州」。然倭責朝鮮王子不往，謝禮又微，仍留釜山如故。謝表後時不發，方亨徒手歸。至是，沈惟敬始投表文，案驗潦草，前折用豐臣圖書，不奉正朔，無人臣禮。而寬奠副總兵馬棟報「清正等擁二百艘，屯機張營」，方亨始直吐本末，委罪惟敬，并石星前後手書，進呈御覽。上大怒，命逮石星、惟敬按問。以兵部尚書邢玠總督薊遼。改麻貴爲備倭大將軍，經理朝鮮。僉都御史楊鎬駐天津，申警備。楊汝南、丁應泰贊畫軍前。

五月，邢玠至遼。行長建樓，清正布種，島倭窖水，索朝鮮地圖，玠遂決意用兵。麻貴望鴨綠東發，所統兵僅萬七千人，請濟師。玠以朝鮮兵惟嫺水戰，乃疏請募兵川、浙，併調薊、遼、宣、大、山、陝兵及福建、吳淞水兵，劉綎督川、漢兵六千七百聽勦。貴密報候宣、大兵到，乘倭未備，竟掩釜山，則行長擒，清正走。玠以爲奇計，乃檄楊元屯南原，吳惟忠屯忠州。

大學士張位請屯田開城、平壤，以資軍輿。朝鮮恐中國吞併，以磽确爲辭，議遂寢。

六月，倭數千艘先後渡海，分泊釜山、加德、安骨、安窟，放丸如雨，殲朝鮮郡守安弘國。

已復往來竹島，漸逼梁山、熊川。沈惟敬率營兵二百，出入釜山。經略邢玠陽爲慰藉，檄楊元襲執之，縛至貴營。惟敬執而倭嚮導始絕。

七月，倭奪梁山、三浪，遂入慶州，侵閑山。夜襲恭山島，統制元均風靡，遂失閑山要害。閑山島在朝鮮西海口，右障南原，爲全羅外藩。一失守則沿海無備，天津、登萊皆可揚帆而至。而我水兵三千，甫抵旅順。閑山破，經略檄守王京西之漢江、大同江，扼倭西下，兼防運道。

八月，淸正圍南原，乘夜猝攻。守將楊元聞倭至，驚起帳中，乘城跣足而遁。遼人衞楊元西奔，時全州有陳愚衷，忠州有吳惟忠各扼要。而全州去南原僅百里，相犄角。南原告急，愚衷懦不發兵。聞已破，州民爭棄城走。麻貴急遣遊擊牛伯英赴援，與愚衷合兵屯公州。倭遂犯全羅，逼王京。王京爲朝鮮八道之中，東隘爲鳥嶺、忠州，西隘爲南原、全州，道相通。自二城失，東西皆倭，我兵單弱，因退守王京，依險漢江。麻貴請於玠，欲棄王京，退守鴨綠江。海防使蕭應宮以爲不可，自平壤兼程趨王京止之。麻貴發兵守稷山，朝鮮亦調都體察使李元翼由鳥嶺出忠淸道，遮賊鋒。玠既身赴王京，人心始定。玠召參軍李應試問計，應試請問朝廷主畫云何？玠曰：「陽戰陰和，陽勦陰撫。政府八字密畫，無泄也。」應試曰：「然則易耳。倭叛，以處分絕望，其不敢殺楊元，猶望處分也。直使人諭之曰『沈惟敬不死』，則退矣。」因請使李大諫於行長、馮仲纓於清正，玠從之。

下石星於法司，併沈惟敬俱坐大辟。

九月，倭至漢江，楊鎬遣張貞明持惟敬手書，往責其動兵，有乖靜俟處分之實。行長、正成亦尤清正輕舉，乃退屯井邑，離王京六百里。清正亦屯退慶尙，離王京四百里。貞明反至中途，爲人所刺死。麻貴遂報青山、稷山大捷。蕭應宮具揭上曰：「倭以惟敬手書而退，青山、稷山並未接戰，何得言功！」玠、鎬怒，遂劾應宮恇怯，不親解惟敬。並逮。

十一月，總督邢玠徵兵大集。上發帑金犒軍，併賜玠尙方劍，而以御史陳效監其軍。玠大會諸將，分三協，左李如梅，右李芳春，中高策，並以副總兵分將。經理楊鎬同麻貴率左右協，自忠州鳥嶺向東安趨慶州，專攻清正。使李大諫通行長，約勿往援。復遣中協屯宜城，東援慶州，西扼全羅。以餘兵會朝鮮，合營由天安、全州、南原而下，大張旗幟，詐攻順天等處，以牽制行長東援。

十二月，會慶州。麻貴遣黃應暘賄清正約和，而率大兵奄至其營。時倭屯蔚山，蔚山之南島山俱不甚高，而城皆依山險，中一江通釜寨，其陸路由彥陽通釜山。貴欲專攻蔚山，恐釜倭由彥陽來援，令中協高重、吳惟忠等扼梁山，左協董正誼等赴南原，張疑兵，又遣右協盧繼忠兵二千，屯西江口防水路援。二十三日，乃進攻蔚山，遊擊擺寨以輕騎誘倭入伏，獲級四百餘。倭盡奔島山，於前連築三寨。翼日，遊擊茅國器統浙兵先登，連破之，獲級六百六十一。倭堅壁不出。方力攻山寨時，裨將陳寅身先士卒，冒彈矢勇呼而上，砍柵兩重。清正白袍躍馬，督倭拒守。至其第三柵垂拔，楊鎬遽令國器竊割倭級，戰稍懈。國器復以李如梅未至，不便首功，遂鳴金收軍。詰朝如梅至，攻之不拔。島山視尉山高，石城新築，堅甚，我師仰攻多損傷。諸將乃議曰：「倭艱水道，餉難繼。第坐困之，清正可不戰縛也。」鎬等以爲然，分兵圍十日夜。倭用礮者，從隙發，多命中，彈皆碎鐵爲之，中多疊傷。然倭亦饑甚，瞰我師稍怠，僞約降緩攻，而冀行長來援。行長亦慮我襲釜營，不敢輕進。乃選銳卒三千，虛張幟蔽江上。朝鮮將李德馨詭報海上倭船揚帆而來，鎬不及下令，策馬西奔。諸軍無統御，皆潰。清正縱兵逐北，軍士死者萬餘，遊擊盧繼忠三千人殲焉。鎬、貴奔星州，撤兵還王京，會同邢玠露布，言尉山大捷。諸營上簿書，士卒亡者二萬。鎬大怒，駁正，止稱百餘人。贊畫丁應泰聞尉山之敗，慚惋詣鎬問後計。鎬示以內閣張位、沈一貫手書，幷所票未下旨，揚揚功伐，應泰怒，驗進退情實，首論位、一貫交結邊臣，扶同欺蔽，鎬附勢煽禍，飾罪張功，及麻貴、李如梅按律悉當斬。幷鎬駁改陣亡兵馬卷册封進。上覽之，震怒，欲付法。輔臣趙志皐力救，乃罷鎬聽勘。因遣給事中徐觀瀾查勘東征軍務。上怒，張位以其密揭薦鎬，削籍爲民。以天津巡撫萬世德代楊鎬經理遼左。

二十六年（戊戌，一五九八）春正月，總督邢玠以前役乏水兵無功，乃益募江南水兵，精講海運，爲持久計。

二月，都督陳璘以廣兵，劉綎以川兵，鄧子龍以浙、直兵先後至。邢玠分兵三協爲水陸四路，路置大將。中路李如梅，東路麻貴，西路劉綎，水路陳璘，各守信地，相機行勦。時倭盤據朝鮮七年，沿海千餘里，亦分三窟。東路則清正據尉山，自去冬攻圍，益增築西生、機張，在在屯兵，而恃釜山爲根本。西路則行長據粟林、曳橋，建砦數重，憑順天城，與南海營相望，負山襟水，最據扼塞。中路則石曼子據泗州，北恃晉江，南通大海，爲東西聲援。薩摩州兵剽悍稱勁敵，而行長水師番休濟餉，往來如駛，尤倭繫重。玠懲島山之失，特於三路外，置水兵一路，約日並進。尋報遼陽警，李如松敗沒，詔李如梅還赴之。中路以董一元代。

九月，東征將士分道進兵。劉綎進逼行長營，使吳宗道約行長爲好會，行長許以五十人往。綎喜，分布諸將，四面設伏。令部將詐爲綎，而綎詐爲卒，執壺觴侍。令軍中曰：「視吾出帳，即放礮圍倭，盡殲之。」翼日，行長果率五十騎來。僞綎磬折，迎於帳外。及席，行長顧執壺觴者曰：「此人殊有福。」綎驚愕，置壺觴出。司旗鼓者遽傳礮。行長騰躍上馬，從騎一字鴈列，風翦電掣，旋轉格殺。遊擊王之翰急率黔、苗兵來援，倭已奪路而去。

明日，行長遣人謝宴，綎亦遣官謝，謂昨登席放礮，敬客禮也，誤生疑心。行長唯唯，遣使遺綎以巾幗。綎進攻城，奪其橋，斬首九十二。陳璘舟師協堵，擊毁倭船百餘。行長潛出千餘騎扼之，綎不利退，璘亦棄舟走。麻貴至尉山，據險割其糧稻，頗有斬獲。倭僞退誘之，貴入其空壘，伏兵起，旗幟蔽空，遂敗。董一元進取晉州，乘勝渡江南，連燬永春、昆陽二寨。倭退保泗州老營，鏖戰下之，遊擊盧得功沒於陣。前逼新寨，寨三面臨江，一面通陸，引海爲濠，海艘泊寨下千計，築金海、固城爲左右翼，中通東陽倉。十月，董一元遣步兵遊擊茅國器、彭信古、葉邦榮前攻城，騎兵遊擊郝三聘、馬呈文、師道立、柴登科繼之。遊擊藍方威攻其東北水門，自辰至未，彭信古用火橫擊寨門，碎城堞數處，步兵競前拔柵。忽營中横破，火藥發，烟漲天。倭乘勢衝殺，固城援倭亦至，郝三聘、馬呈文率騎兵先走，遂大潰，奔還晉州。勘科徐觀瀾奏四路喪敗，旨下部，斬馬呈文、郝三聘以徇，一元等各帶罪立功。初，上見丁應泰疏，謂：「御極二十六年，未見忠直如此人者。」書其名於御屛。沈一貫懼。會玉熙宮宦侍演東征劇，熒惑聖聽。上爲之霽顏，復召一貫入閣。

福建都御史金學曾報平秀吉七月九日死，各倭俱有歸意。十一月十七夜，淸正發舟先走，麻貴遂入島山、西浦，劉綎攻奪曳橋，獲級百六十。石曼子引舟師救行長，陳璘統蒼唬船邀擊之，得級二百二十四。副將鄧子龍、朝鮮統制使李舜〔臣〕（據萬曆三大征考補）衝鋒，沒於陣。子龍，驍將也。諸倭揚帆盡歸。經略萬世德自六月受命，不敢前。比聞倭退，兼程馳至，會同邢玠奏捷。督學御史李尧民知之，因告廟獻俘，上言諸臣欺誤狀。上艴然抵疏於几而罷。丁應泰亦再疏賂倭賣國。上念將士久勞苦，仍發帑金十萬兩犒師，特諭優敍。勘科徐觀瀾抗疏論沈一貫、蕭大亨、邢玠、萬世德黨和賣國。疏至京，戶部侍郎張養蒙尼之，不得上。時觀瀾方駐遼造册，身歷釜山、尉山、忠州、星州、南原、稷山，查獲各處敗狀，據實入册。大亨危之。一貫檢觀瀾前疏有抱病語，票準回籍調理，改命給事中楊應文代完勘事。

二十七年（己亥，一五九九）四月，征倭告捷，上御門受俘。梟磔平秀政、平正成，傳首九邊。

總督邢玠劾贊畫主事丁應泰，落職。

七月，給事中楊應文勘報東征功次，四路擒斬，首陳璘，次劉綎，又次麻貴。而董一元始破三寨，終埽諸巢，功亦難泯。晉邢玠太子太保，蔭一子錦衣世襲。萬世德陞右副都御史，廕一子入監。陳璘、劉綎各加都督同知，麻貴右都督，董一元復職。再敍稷、尉功，賜茅國器、陳寅、彭友德等金。楊鎬以原官敍用。御史陳效病死，廕一子錦衣。棄師楊元、通倭沈惟敬先後棄市。

谷應泰曰：關白本薩摩州人，倭部之稍黠者耳，非有奇才異能，武勇絕藝。特以李昖縱酒，朝鮮備弛，遂狡焉啓疆，思有吞噬之舉。方其陷王京，劫世子，剽府庫，毁墳墓，八道盡沒，進窺鴨綠，勢岌岌矣。而請援之使，絡繹於路。救邢救衞，春秋之義也。況乎勢拱神京，地牽關海，薊、遼之外藩，東江之咽噎，一或失守，重險撤焉。非如應龍之反播州，倮儸之陷西川，荒徼弄兵，有傷國體而已。然予以援之之法有三：命武健之將，選精鋭之師，出其不意，急擊勿失，如陳湯、甘延壽之於康居，策之上也。其或因糧於敵，分兵斷道，坐而困之，窮蹙自斃，如趙充國之於金城，策之次也。又或始則震以兵威，繼則結以恩義，開誠布信，堅明約束，如諸葛武侯之於孟獲，策之又次也。乃勦既不足以樹威，而撫又不能以著信，臨事周張，首尾衡決，不可謂非行間之乏謀，而中樞之失算矣。

方李如松平壤大捷，李如柏進拓開城，四道復平，三倭生縶，廓清之功，可旦夕竢。而乃碧蹄輕進，兵氣破傷，功虧一簣，良足悼也。又若麻貴尉山之捷，三協度師，勢相犄角，砍柵拔寨，鋒鋭莫當。而割級之令，解散軍威，僉都之肉，豈足食乎！況於沈惟敬以市井而銜皇命，李宗城以淫貪而充正使，以至風月候節之紿，壺觴好會之詐，邢玠飛捷之書，楊鎬冒功之舉，罔上行私，損威失重。煌煌天朝，舉動如此，毋怪荒裔之不賓也。

向非關白貫惡病亡，諸倭揚帆解散，則七年之間，喪師十餘萬，糜金數千鎰，善後之策，茫無津涯，律之國憲，其何以辭！而乃貪天之功，倖邀爵賞，衣緋橫玉，任子贈官，不亦亟乎！乃馬棟、丁應泰之疏能直伸於關白未死之前，而李堯民之章反見抵於關白已死之後者，蓋以用兵之初，神宗怒白甚銳，怒則望其速濟，故必欲核其眞。用兵之久，神宗憂白漸深，憂則幸其成功，故不欲明其僞。卒之忠言者落職，欺君者封爵，而所遭逢異矣。

明史紀事本末卷之六十三

平哱拜

神宗萬曆二十年（壬辰，一五九二）二月，寧夏哱拜亂。

拜，故韃靼種也。嘉靖中，拜得罪其酋長，父兄皆見殺。拜伏水草中得免，來投守備鄭印，隸麾下，驍勇屢立戰功，歷陞都指揮。拜妻施氏孕將產，拜夢空中大響，天裂出火燄，一妖物如虎，入施脇下不見，拜急手劍之。驚覺，遂產子，狼貌梟啼，名曰承恩。萬曆十七年，拜加副總兵致仕，子承恩襲。十九年，洮河告警，上遣科臣巡九邊。尙寶丞周弘禴以御史往寧夏，舉承恩及指揮土文秀，併拜義子哱雲等。拜雖請老，居恆多蓄蒼頭軍，聲稱報國。會經略鄭洛檄夏鎭調發，巡撫党馨奉檄遣文秀率千騎西援，拜驚曰：「文秀雖經戰陣，恐不能獨將。」乃詣洛轅門，願以所部三千人與子承恩從征。洛壯而許之。馨惡其自薦，馬羸者不與易，有餘馬亦不給拜，拜怏怏去。至金城，見諸鎭兵皆出其下，賊平馳還，取徑塞外，戎騎辟易不敢逼，遂有輕中外心，恣睢驕橫。党馨每裁抑之，且欲覈拜冒糧罪。而承恩以強娶民女爲妾，箠之二十。哱雲、文秀又以陞授事怨馨。

會鎮戍請冬衣布、花月糧，久勿給。坐營江廷輔請給前銀，以安衆心。馨曰：「此有挾而求，漸不可長，彼不畏族乎？」軍鋒劉東暘拔撫署前鹿角，作忿狀。拜嗾之曰：「若等任爲之！」遂羣哄不可制。東暘者，靖虜衞人，素梟桀有異志。於是糾黨晨入帥府白事，總兵張維忠素鮮威望，爲衆所輕，見衆驚懾，不能彈壓。衆露刃執副使石繼芳，擁入軍門。党馨急匿水洞，索得，劫至書院，同繼芳戮之。時二月十八日事也。遂縱火焚公署，收符印，釋四，掠城中，劫張維忠以侵糧激變報。時河東僉事隨府、通政穆來輔適抵鎮，賊并劫之，請招安以緩師。二十日，總督尚書魏學曾行部花馬池聞變，遣標下張雲、郜寵諭降。二十三日，哱雲、土文秀統兵五百，自中衞互市歸，合叛卒殺遊擊梁琦、守備馬承光。二十五日，索敕印，維忠與之，自縊死。東暘遂自稱總兵，聽拜主謀，據城刑牲而盟。授承恩、許朝左右副總兵，土文秀、哱雲左右參將，挾慶王代請貰罪。承恩乃勒兵分遣王虎、何安等據城堡。會張雲等至，東暘曰：「必欲我降，依我所自署，授官世守寧夏。不者，與套騎馳潼關也。」承恩徇玉泉營，遊擊傅垣拒守。千戶陳繼武執垣降。徇中衞，徇廣武，參將熊國臣棄城匿。河西望風靡。惟土文秀徇平虜，參將蕭如薰堅守不下。如薰妻楊氏，總督尚書兆之女也，謂如薰曰：「若爲忠臣，妾何難爲忠臣婦。」盡出簪珥勞軍士妻，帥之守城。賊攻圍數月，竟不能克。賊又率兵過河，欲取靈州，齎金帛誘套部著力兔等，許以花馬池一帶聽其駐牧，勢大猖獗，全陝震動。

三月四日，副總兵李昫奉總督魏學曾檄，攝總兵進勦。統遊擊吳顯趨靈州，別遣遊擊趙武趨鳴沙州。張奇兵沿河扼賊南渡，轉戰獲賊于正等八人，舟十八艘，賊鋒少挫。總督駐下馬關徵調。時靈州裨將吳世顯黨逆，約是月九日與賊應。參將來保誓死守。賊齎書詐門，拒卻之。昫聞急，與吳顯兼程馳赴，逆謀始折。翼日，調延綏、蘭靖兵稍集，昫乃分遣渡河，收復營堡。廣武僞遊擊張天紀、大壩僞守備高天爵俱遁。十五日，復棗園堡。靖虜參將吳繼祖擣中衞，擒賊黨王虎石。空寺堡亦下，獲僞守備何安。二十日，套部千騎薄邵剛堡，千總汪汝漢發三矢殺三人，乃解去。進復玉泉營。凡先後收還營、堡四十七。河西唯鎭城爲賊據。後三日，總督移師小鹽池。拜聞套部且至，屬土文秀、許朝分馳迎之。二十五日，著力兔、打正等引控弦三千騎，馳金貴堡。二十七日，移鎭河堡入屯演武場。賊益掠城中子女媚之，奉河東西地圖。套人聲言已與哱王子爲一家，拜、文秀並易服，合兵攻玉泉急。二十九日，哱雲引著力兔攻平虜堡，參將蕭如薰伏兵南關，佯敗，誘之入伏，射雲死，併傷驍賊吳敖霸。套部遁出塞，因掠糧道，聲犯花馬池諸處。趙武駐玉泉被困急，李昫馳赴之，圍亦解。昫會原任總兵牛秉忠督六路兵，翼日抵鎭城下。時總兵已擢董一奎，李賛副之。官兵抵城下，賊東北二門各出精騎二千搏戰，步卒列火車爲營。

四月五日，我師衝鋒，奪火車百餘輛，追奔入河，溺死賊無算。延綏副總兵王通戰尤力，其家丁高益等三人，乘勝先登，殺入北門，招榆林諸帥兵爲後繼，不至，被殺，通亦傷額，榆林遊擊俞尙德戰死。翼日，許朝、土文秀脅慶王至東城上樓，乞暫罷兵，願縛首惡獻。劉川、白金等謾語支吾，顧投誥敕城下，示無所畏。拜妻施氏，時諫不聽，又翟珮而立，謂拜曰：「此何來，悖德不祥，奈何自取奇禍！」承恩推跌去之。登南城，遙謂都司李鯤曰：「吾父出萬死，爲國捍邊，蒙恩至上將。撫臣朘削激變，自取滅亡。吾父子勒部曲待命，當事不察，反以爲罪。今首惡具在，乃不罪倡亂，罪戢亂者。吾寧保此完城，結塞北自全耳。」會官軍糗糧乏，遂假此休士近堡。總督日夜促芻餉，調延綏、莊浪兵。乃以二十一日進攻，復抵城下，塹濠豎雲梯夾攻。賊迎敵多殺傷，承恩與東暘勒精騎潛伏，從延渠掠奪糧餉二百餘車。先是，衆議以李贇非衝邊才，乃調麻貴自戍所代之。貴素以勇聞，且多蒼頭軍。至是，軍亦至。二十九日夜，貴等乘風縱火，復以雲梯攻城。賊豫治滚木礧石待，擲火燃燒我兵千數。賊日恣淫虐，城中婦女寶貨，已經搜括，尙根索不已，死者甚衆。至迫脅慶府甚急，妃方氏懼辱，拔劍將自刎，保母抱持，并世子匿土窖中，以被服置井上環哭。賊見，信爲溺，盡取金帛及他宮人去。比發窖，妃已死矣。總督凡用兵兩月無成功，憂之。或謂：「招劉、許，陰授意殺哱拜父子，立功贖罪，無不應者。」督府然其謀，遣家丁葉得新往見。時四人方約共死生，不可間，暴其謀，執得新，折脛下獄。

命李如松總寧夏兵，浙江道御史梅國楨監其軍。時言者謂李氏握重兵，不宜拒虎進狼，而國楨力保如松忠勇可任，故有是命。巡撫寧夏巳推朱正色，甘肅都御史葉夢熊上書願討賊，詔協力赴之。

五月，巡撫朱正色渡河督戰，以上命頒將士賞，一軍踴躍，賊聞，詭請降。以張傑嘗總寧夏兵，與拜交善，遣入城招安。傑單騎往切責之，許朝乃述葉得新用間謀殺語。傑未信，即昇至，使吐實。得新大罵曰：「死狗賊，計不得行，命也。天旦夕磔汝，何喋喋爲！」朝怒，攢刀殺之，傑亦被繫。時頓兵數月，未能即下，乃重懸賞格，購哱拜等。上特賜總督魏學曾劍，違者立斬。

六月，都御史葉夢熊至靈州，從甘州攜神礮火器四百車至，更約法，益徵苗兵。會浙江巡撫常居敬募浙江千人，糗糧自辦，詔嘉其忠，調赴寧夏。於是分爲五軍：董一奎攻其南，牛秉忠攻其東，李昫攻其西，劉承嗣攻其北，而麻貴率遊兵策應。二十日，並逼城下。哱拜自北門出戰，意欲自往勾套部。麻貴率參將馬孔英先登赴敵，逐拜入城，擒斬百十七人。先是，拜與套部深相結，日夜從著力兔帳中，便調度。至是，入城不得出，套部不得拜，亦不敢復渡河深入。二十二日，御史梅國楨、提督李如松統遼東、宣、大、山西兵鱗集，軍聲大振。賊嬰城自守，國楨樹受降旗於城南，賊因索面陳歸順，許之。東暘、許朝等梯城而下，劍戟鱗次，刃芒曜目，城上皆控弦注矢以待。國楨策騎直前，朝大驚，不覺膝之屈也。然賊實紿我，無降意，自此盡力攻城矣。二十五日，官兵用布袋三萬，盛土填集登城，爲礮石擊卻。都司李如樟，夜半以雲梯上南城。翼日，遊擊龔子敬提苗兵攻南關，如松乘勢欲擁入城，皆爲礮箭擊卻。官兵會食，賊卽縋下奪梯牌，益縱火焚攻具。是夜，指揮趙承光、葛臣、戚欽，武生張遐齡，百戶姚欽約爲內間。夜半，四面並舉烽火，城下兵趨上。而譙樓火蚤發，南火弗起。城中果鼓譟，大呼殺賊。欽使遐齡縋城召外兵，行未中道，欽復亟跳城下呼救。而賊早覺，已盡縛趙承光、戚欽等殲之。許朝因欲開小南門逸，以外兵整不敢出。自是城中糧且盡，銳氣益喪矣。

七月，給事中許子偉劾總督尚書魏學曾惑於招撫，罷秩。命葉夢熊代之，賜劍如故。七月二日，許朝等至南關，請總兵董一奎款語。僉事隨府乘間同家人抱關防，從城躍下，傷肱不能起。賊復縋執繫獄。翼日，定議水攻。寧夏城西北卑下，且與金波、三塔諸湖之水相近；東南逼觀音湖、新渠、紅花渠，形如釜底。遂遶城築隄，十七日隄成，長千七百丈，決水以灌。先是，哱拜遣養子克力蓋往著力兔求援。松詗知狀，命裨將李寧追斬之，并其從騎二十九級，獲符合箭。居有頃，套部莊禿賴與卜失兔合部落三萬，先使土昧、紺糾雷等犯定邊小鹽池，而打正以萬騎從花馬池西沙湃入。總督檄麻貴偵擊，以牽打正，別遣董一元乘虛出塞，擣其穴。麻貴進戰石溝旁，敵稍卻，分趨下馬關及鳴沙州。總督遣遊擊襲子敬提苗兵八百堵沙湃口，東趨定邊，與董一元合。亡何，一元報擣土昧巢，斬獲三千餘級，套部驚引去。而打正還至沙湃，苗兵直前扼之，衆寡不敵，被圍十餘匝，子敬力戰死，然套部竟以搗巢解散。賊援絕，我師益決大壩水，八月朔，城外水深八、九尺。是夜，賊小舟挖隄洩水，官兵擒斬十六級。生得一人，爲言城中乏穀，士盡食馬，馬餘五百匹，民食樹皮，死亡相屬。翼日，城東西崩百餘丈，都司吳世顯、參將來保所治隄，亦各崩二十丈，水頓減。總督斬吳世顯以徇，來保用靈州功免，仍悉力補隄。賊數出兵來擾，多被斬獲。城中飢民擁賊求招安。十二日，御史梅國楨檄賊，以飢民故，爲治錢穀。檄到三日，開關迎大兵入賑。賊不報。時套部數闌入堡來救。二十一日，著力兔以八百騎入鎮北堡，又擁衆萬餘入李剛堡，分部渡河。總兵李如松遣裨將李寧等馳赴黃硤口擊之，以勁卒千餘，身往策應。行至張亮堡，遇敵搏戰，自卯至巳，敵銳甚，如松劍斬縮朒二人。會麻貴、李如樟等亦至，張左右翼夾擊。李寧手殪二人，敵遂卻，追奔至賀蘭山，盡走出塞。官兵捕斬百二十餘級，獲駝馬無算。乃移級示賊，賊爲之奪氣。

九月三日，參將楊文提浙兵至，巳，苗兵莊浪兵俱至，大治臨衝船筏，刻日攻城。總督葉夢熊布告軍中，有能先登以城下者，予萬金。後五日，水浸北關，城崩。南關薛永壽等約內應，我師陽調舟筏擊北關，承恩、許朝果趨北關鏖戰。李如松、蕭如薰潛以銳卒掩南關，總兵牛秉忠年七十，賈勇先登。梅國楨呼諸將曰：「老將軍登城矣，餘何怯也！」遂畢登。夢熊入城，勞苦百姓。承恩等見南關下，則盡氣奪，乃急縋張傑下城，懇貸死。夢熊陽許諾，益治攻具，先遣王機密以蠟書行間。時承恩雖求撫，堙門斷塹，守益固。有賣油李登者，跛而眇，負罌木歌於市曰：「癰之不決，而狃於痏；危巢不覆，而令梟止。」監軍梅國楨聞之曰：「是可使也。」召登授三劄，縛木渡東門，見承恩曰：「監軍以哱氏有安塞功，今與鼠輩駢首并誅，深用惜之。軍中非乏所使，以登殘民不駭視。有密記授將軍，將軍幸有意聽登，則殺劉、許自贖；卽不聽，願死麾下，毋留登。」承恩猶豫許之。登趨而出，閒道詣東暘、朝，亦各致劄曰：「將軍故漢臣，而首亂在哱氏，何橫身與人嬰禍？鎮卒幾何，能當都督軍？此無異驅乳雀而鬬羣鶻。所恃不過套援，將軍不記演武臺上，彼親土、哱，目中豈有將軍哉！所爲貴智者，以能度時審勢，轉禍爲福也。」東暘、朝亦心動。自是互相猜疑。十六日，圍愈迫，東暘頓足歎曰：「遂至此耶！」佯爲風疾，殺土文秀，曰：「好頭頸，毋令他人砍之。」先是，鎮民郭坤有妾美，坤死，賊黨周國柱以繭帨一雙聘焉。許朝亦往議，妾曰：「受周家聘矣。」朝以問，柱曰：「誠有之。」朝怒其不相讓，銜之。會承恩聞李登之說，方惶惑，召所親石棟問計。棟曰：「周國柱見事審而決，雖東暘臣，然與朝有隙，盍呼之。」國柱至，承恩與謀，欲召東暘、朝飲，醉誅之。國柱曰：「兩家前後皆戈鉞之士，以一制二，恐非萬全。將軍當計誅朝城南，杜乘間取東暘也。」承恩然之。遲明，承恩過呼朝，時朝正坐考訊，承恩急呼曰：「將軍何暇問此？有密事登樓議之。」麾衆下曰：「將軍知周國柱有異心乎？吾將與將軍斷其首。」語未竟，承恩家卒世富、大宣遽曰：「外營礮向樓，無宜久駐此。」承恩疾下，朝跛後從，大宣掖之。梯半，世富抽佩劍砍之，首隕梯下，因縛其從騎，盡斬之。國柱見塵還起，有兵劍聲，知事濟，乃披鎧登樓，佯謂東暘曰：「官軍已入南城矣。」東暘驚起憑軒望，國柱自後斬之，不死，走入廁房支戶，國柱引足破戶，梟其首出。衆譁曰：「國柱奈何殺將軍？」杜叱曰：「若不避死走，官軍盡斬汝。誅一逆賊，何譁也！」衆盡散。承恩既殺東暘、朝及文秀，懸首城上，於是李如松、楊文先登，蕭如薰、麻貴、劉承嗣繼之，大城悉定。北樓火起，李如樟馳往，搜獲寧夏巡撫關防，并征西將軍印各一。時哱氏尚擁蒼頭軍，總督葉夢熊在靈州聞之，亟令詰旦不滅哱氏者，服尚方。十七日晨，承恩方馳南門，謁監軍，梅國楨出，參將楊文執之。李如松急提兵圍哱拜家。拜方與牛秉忠飯，聞承恩擒，秉忠趨出，衆欲拒敵。如松給箭令卸甲，拜倉皇縊，闔室自焚。李如樟部卒何世恩從火中斬拜首，生得拜中子承寵、養子哱洪大、土文德、何應時、陳雷、白鸞、陳繼武等。總督葉夢熊、巡撫朱正色、御史梅國楨隨入城，問慰宗室士庶，寧夏平。捷奏，上御門受賀，已復輿致承恩獻俘。十一月，詔磔哱承恩、哱承寵、哱洪大、土文德等，俱駢斬長安市，頒示天下及四裔君長。下詔慰慶王，復寧夏田租。王妃方氏不屈死，特賜褒異。大賞寧夏功臣，葉夢熊、朱正色、梅國楨各蔭世官。武臣李如松功第一，加宮保，蕭如薰次之，麻貴、劉承嗣、李如樟、楊文、牛秉忠等加恩有差。如薰妻楊氏，守平虜有功，制敕旌賞。贈死事龔子敬都督僉事。給事中曹大咸劾穆來輔、隨府依違，緹騎逮治，遣戍邊。魏學曾以原官致仕。

谷應泰曰：哱拜以嘉靖中亡抵朔方，屢立戰功。萬曆中，備位副將，其子承恩襲爵。乃拜雖請老，而多蓄蒼頭軍，聲言報國，蓋不無異志焉。方其矍鑠請纓，挾其子，從三千人而西也，毋亦觀諸鎮之虛實，結套部爲腹心，潛伏陰謀，待時而動，豈眞有廉頗之壯志，文淵之據鞍哉！乃以不給壯馬，侵剋月糧，爲党馨罪。此特哱氏之權譎，借爲兵端者耳。以故劉東暘之變，則拜嗾之；哱雲、文秀之怨，則拜陰中之。揣拜之意，不過恃套爲長城，緩則倚之爲外援，急則引之爲內助。夫是以立於有勝而無敗，敢於倡亂而輕於爲叛逆也。若然，則善勦者不當勦拜而當勦套，不在挫套、拜之鋒銳而在隔套、拜之聲援。套絕，則拜者孤雛腐鼠，取之如寄者耳。

想其初，拜、套聲言，聯爲一家，即可驗其情狀，而東暘之恐喝，則曰：「與套馳潼關。」著力兔之入寇，則曰：「畀以花馬池。」克力蓋之求援，則能遠致莊克賴。如是卽拜之恃套相倚爲命者也。善乎葉夢熊爲帥，而五路分兵，扼守寧夏，拜不得出城，套不敢渡河，而哱氏之計窮蹙極矣。迨至打正鷩奔，賀蘭遠遁，拜雖游魂，可坐而縛也。

尤有幸者，文秀見殺於東暘，東暘蒙誅於國柱，許朝隕命於承恩。始則虎狼之殘，物以類聚，繼而昆蟲之嚙，還相爲攻，倘所謂天道，是耶？非耶？比神宗受賀，承恩俘馘，雖師武諸臣協謀有力，而葉夢熊聲請討賊，自辦糗糧，梅國楨仗劍從軍，力保李氏，蕭如薰之妻楊氏，簪珥犒軍，羣婦壘守，則尤犖犖者也。

明史紀事本末卷之六十四

平楊應龍

神宗萬曆十七年（己丑，一五八九），四川播州宣慰司使楊應龍反。按播州，夜郎且蘭地，漢屬牂牁郡。唐貞觀初，分牂牁北界，置郎州，領六縣，已，改播州。乾符三年，南詔寇陷太原，楊端應募決策，馳白錦，出奇兵定之，授武略將軍。值唐亂，留據長子孫。歷宋附屬稱臣。大觀中，楊文貴納土，置遵義軍。元世祖授楊邦憲宣慰使，賜子漢英名賽因不花，封播國公。國初，楊鏗內附，改播州宣慰司使，隸四川。其域廣袤千里，介川、湖、貴竹間，西北塹山爲關，東南附江爲池。蒙茸鑱削，居然奥區。領黃平、草塘二安撫，眞、播、白泥、餘慶、重安、容山六長官司，統田、張、袁、盧、譚、羅、吳七姓，世爲目把。嘉靖初，楊相寵庶子煦，欲奪嫡。嫡妻張與子烈擁兵逐相，走水西，客死。水西宣慰安萬銓挾奏，索水煙、天旺地，聽還葬。烈卽應龍父也。自烈仇殺長官，相攻剽垂十年，總督侍郎馮岳討平之。應龍生而雄猜，尤阻兵嗜殺。隆慶六年襲職，以從征喇厤諸番九絲、膩乃、楊柳溝等，多卻敵先登，斬獲無算，先後賜金幣。萬曆十三年，進大木六十本助工，上特給大紅飛魚服，加職級。應龍窺蜀兵弱，每征討，止調土司，而蜀將或從借（給）〔級〕（據萬曆三大征考播州改），漸驕蹇，輕（縱）〔漢〕（同上）法。所居僭飾龍鳳，擅用閹寺。嬖小妻田雌鳳，疑嫡妻張姦淫，出之。已，飲田氏兄所，乘醉封刃，取張并其母首，屠其家。應龍在州，專酷殺樹威，益結關外生苗爲翼，肆行劫掠。於是妻叔張時照與所部何恩、宋世臣等上飛文，告龍反。巡撫貴州葉夢熊疏請發兵勦之，而蜀中士大夫率謂蜀三面鄰播，屬裔以十百數，皆其彈壓，且兵驍勇，數赴征調有功，蕩除未爲長策，以故蜀撫、按並主撫。朝議行（西）〔兩〕（同上）省會勘，應龍願赴蜀不赴黔。

二十年（壬辰，一五九二）十二月，逮楊應龍詣重慶對簿，繫論法當斬，請以二萬金贖。御史張鶴鳴方駁問，會倭大入朝鮮，羽檄徵天下兵，應龍因愬辨，願自將五千兵征倭報效。詔可，釋之。兵已啓行，尋報罷。巡撫都御史王繼光至，嚴提勘結，遂抗不復出。而張時照等復詣奏闕下，王繼光乃一意主勦。

二十一年（癸巳，一五九三）春正月，撫臣王繼光馳至重慶，與總兵劉承嗣、參將郭成等議分三軍，各道並進。時軍至婁山等關，屯白石口。應龍佯令其黨穆炤等約降，因統苗兵據關衝殺。都司王之翰軍覆，殺傷大半。會繼光論罷，卽撤兵，委棄輜重略盡。黔師協勦亦無功。

以譚希思爲四川巡撫，與總兵劉承嗣會同貴州撫鎮，相機征勦。時王繼光旣罷，御史薛繼茂乃旋主撫，應龍亦上書自白。御史吳禮嘉劾郭成等失律，令戴罪立功。尋劉承嗣以疾乞骸骨，兩省議久不決。應龍遣其黨攜金入京行間，執原奏何恩詣綦江縣。

二十二年（甲午，一五九四）三月，以兵部侍郎邢玠總督貴州，車駕郎中張國璽、主事劉一相贊畫軍前。

二十三年（乙未，一五九五）春正月，總督邢玠乘傳至蜀，察永寧、酉陽暨馬千斛，皆應龍姻媾。而黃平、白泥諸司，久爲仇讎，計先翦其枝黨，以檄曉譬應龍，大略稱引哱、劉事，謂「龍來，當待以不死；不者，國家懸萬金購而頭。若早爲計，吾不而欺也。」會水西宣慰安疆臣請父國亨卹典，兵部尚書石星手札示疆臣趣應龍就吏得貰罪。疆臣亦奉札至播招龍。當是時，七姓惟恐龍出得除罪；而四方亡命竄匿其間，又幸龍反，因以爲利。院道文移，輒從中阻。

四月，重慶太守王士琦奉總督邢玠檄，詣綦江縣趣應龍安穩聽勘。士琦屬綦江令前往宣諭，應龍使弟兆龍至安穩，治郵傳，儲糧，郊迎叩頭，致餔資餼牽如禮，曰：「應龍久縛渠魁，待罪松坎，所不敢至安穩者，以安穩多仇民伏兵伺殺。往有明鑑，誠恐中計，故不敢出。使君幸枉車騎臨覘松坎，敬布腹心。」綦江令具言太守，太守曰：「松坎亦曩奏勘地也。」即以五月八日，單騎往松坎。應龍果面縛道旁，泣請死罪，膝行前席，叩頭流血。請治公館，執罪人及罰金獻廷中，得自比安國亨。國亨者，曩亦被訐，懼罪不出界，故應龍引之。太守爲請，總督乃遣贊畫張國璽、劉一相及道、府詣安穩。應龍囚服蒲伏郊迎，縛獻黄元、阿羔、阿苗等十二人案驗，抵應龍斬。以（其族）〔夷法〕（據萬曆三大征考播州改）得論贖，輸四萬金助採木，仍革職。子朝棟以土舍受事，次子可棟羈府追贖，黄元等梟斬重慶市。總督以聞。是時，倭氛未靖，大司馬欲緩應龍，專事東方，天子亦以應龍向有積勞，可其奏。總督議設撫夷同知，治松坎。從之。論功加邢玠右都御史，還朝。以重慶太守王士琦爲川東兵備使，彈治之。應龍再及寬政，益怙終不悛。而次子可棟尋死重慶，則心益痛。促取屍棺，以勘報未完，不肯發。趣其完贖，大言曰：「吾子活，銀卽至矣。」擁兵驅千餘僧，招魂而去。分遣土目置關據險，僭立巡警，搜戮仇民，劫掠屯堡，殆無虛日。厚撫諸苗，用以摧鋒，名「硬手」。州人稍殷厚者，沒其家以養苗，由是諸苗人願爲之出死力矣。

二十四年（丙申，一五九六）七月，楊應龍肆逆，劈餘慶土吏毛承雲棺，磔其屍。已，又掠大阡、都壩，焚劫餘慶、草堂二司，徧及興隆、偏鎭、都勻各衞。遣弟兆龍引兵圍黄平，戮重安司長官張熹家，勢復大熾。

二十五年（丁酉，一五九七）三月，楊應龍流劫江津縣及南川。十二月，楊應龍臨合江，索其讎袁子升縋城下，臠割之。

石砫宣撫司土舍馬千駟入播。先是，千駟母覃與應龍私，覃寵千駟，謀奪長子千乘爵，於是聘應龍次女爲聲援。

二十六年（戊戌，一五九八）十一月，兵備副使王士琦調征倭，楊應龍益統苗兵大掠貴州洪頭、高坪、新村諸屯。已，又侵湖廣四十八屯，阻塞驛站，詗原奏讎民宋世臣父鑾及羅承恩等，挈家匿偏橋衞城，襲執指揮陳天寵等。大索城中，得鑾、承恩及子女，慘戮以徇。令諸苗對父姦女，面夫淫妻。或裸體坐木叢射笑樂，或燒蛇從陰入腹，人蛇俱斃。又掘墳墓焚屍，灰飛蔽天。巡撫四川都御史譚希思請於合江、綦江各置遊擊一員。合江募兵千二百人，扼岡門；綦江募兵二千人，扼安穩。

二十七年（己亥，一五九九）二月，貴州巡撫江東之令都司楊國柱、指揮李廷棟部兵三千勦楊應龍。龍遣子朝棟、弟兆龍、何漢良等，迎敵於飛練堡。官軍奪三百落，賊佯走天邦囤誘官軍，殲之。楊國柱罵賊不屈，與經歷潘汝資等俱死。於是江東之坐浪戰罷，以郭子章代之。起前都御史李化龍兼兵部侍郎，節制川、湖、貴三省兵事，決意進勦。調東征諸將南征，劉綎督川兵先發，麻貴、陳璘、董一元相繼回兵。

五月，總督馳至蜀，卽請設標兵，益調募浙、閩、滇、粤將士。檄總兵萬鏊自松潘移重慶，并調集鎮雄、永寧各漢、土兵設防。

六月，楊應龍乘我師未集，大勒兵犯綦江，分屯趕水、貓兒岡，〔遣〕（據萬曆三大征考播州補）婁國等以偏師一犯南川，一犯江津。其子朝棟守沙溪緝麻山，防永寧宣撫與貴州。十七日，遊擊張良賢遇賊舊東溪，頗有斬獲。二十一日，應龍督苗兵圍綦江城數匝。遊擊房嘉寵誤爇火礮，反傷城上兵。賊乘勢登城，嘉寵帥師巷戰。蜀兵爭譟走水上，嘉寵乃殺其妻，與良賢赴敵死。應龍因劫令縱囚焚掠，出綦江庫犒師，依倉就食，盡取資財子女去。老弱者殺之，投屍蔽江而下，水爲赤。退屯三溪，以綦江之三溪、毋渡，南川之東鄉壩，立石爲播界，號「宣慰官莊」。聲言：「江津、合江皆播故土。」總督郭子章日夜徵調漢、土各兵守渝城，分戍南川、合江、瀘州，軍聲漸振，賊遷延不進。初，賊本無意覓反，徒以安忍猖狂，既覆我師飛練，則騎虎勢不絡下，益結九股生苗及紅、黑腳等苗，負險弄兵。然猶冀我如往事曲宥，未敢鼓行深入，止言爭界給葬，并索奸民。而總督因我援師未集，蜀人畏賊如虎，時時移文詰責，示無遽絕意，計以緩賊。賊果具文求撫，不復西向。總督亦謬爲好語縻之，止駐會城調度，示賊無張皇。已，上聞破綦江，追褫兩省撫臣譚希思、江東之各爲民。緹騎逮兵備使王貽德，賜劍懸賞，嚴旨進勦。總督益調各路兵，專俟大舉。

十月，命總督李化龍駐重慶，調度川、貴、湖廣兵。總兵劉綎兵亦至。綎素有威名，其家丁良馬，皆可決勝。然夙與應龍昵，人皆疑之。於是總督延入臥內，輸心腹，且以危言激之，引其父顯九絲功爲比。綎大慟，願誓死報效。總督乃騰書於朝，遂委綎專制，而總督治軍益有次第。

十一月，楊應龍屯官壩，聲窺蜀。已，遂焚東坡爛橋，楚、黔路梗，黄平、龍泉所在告急。賊復據偏橋，出掠興隆、鎮遠。總督議置勁兵萬餘，據要害，通楚、黔道，黔帥童元鎮擁兵銅仁不前，革職立功，以李應祥代。

命僉都御史江鐸巡撫偏沅，監總兵陳璘之師。

二十八年（庚子，一六〇〇）春正月，楊應龍勒兵數萬，五道並出，攻龍泉司，守備楊惟忠擁兵二千，以勢不敵，先期託臺謁，走思南鸚鵡溪。土官安民志率步卒五百拒守，死之。吏目劉玉鑾偕妻子並死於賊。副總兵陳良玭，託守偏橋，不之援。石柱宣撫司馬千乘軍鄧坎，賊乘夜掩襲，我軍堅壁。詰旦奮擊，連破金竹、青岡嘴、虎跳關等七寨。酉陽宣撫司冉御龍進攻官壩，斬關直上，復擒斬三百有奇。初，賊既下龍泉，方移兵攻婺川，聞敗，撤兵遁。

徵兵大集，延寧四鎮、河南、山東、天津、滇、浙、粤西兵至者，踵背相屬，各土司亦用命。總督李化龍分兵八路。川師分四路：總兵劉綎從綦江入，以參將麻鎮等隸，參政張文耀監之；總兵馬孔英從南川入，以參將周國柱、宣撫冉御龍等隸，僉事徐仲佳監之；總兵吴廣從合江入，以遊擊徐世威等隸，參議劉一相監之；副將曹希彬受吳廣節制，從永寧入，以參將吳文傑宣撫奢世續等隸，參議史旌賢監之。而中軍，率標下遊兵策應。黔師分三路：總兵童元鎭，統土知府隴澄、知州岑紹勳等由烏江；參將朱鶴齡受元鎭節制，統宣慰安疆臣等由沙溪；總兵李應祥統宣慰彭元瑞等由興隆；參議張存意、按察司楊寅秋監之。湖廣偏橋一路，分兩翼：總兵陳璘，統宣慰彭養正等由白泥；副總兵陳良玭受璘節制，統宣撫單宜等由龍泉；副使胡桂芳、參議魏養蒙監之。以偏橋江外爲四牌，江內爲七牌，五司遺種及九股惡苗盤據故也。其黔撫郭子章駐貴陽，楚撫支可大移沅州。部署既定，大會文武於重慶，登壇誓師。二月十二日，分道並發，每路兵約三萬人，官兵三之，土司七之。苗見，驚曰：「今番眞天兵，與昔不同！」總督諭諸將，以抵婁山等關爲期，移鎭重慶節制，且曰：「關外且戰且招降，多不可勝誅也。關內疾戰勿受降，師不可久老，賊詐不可信也。」先是，蜀玉壘山忽裂，僉謂昔年平九絲，地數動，殆播平前兆云。十五日，劉綎進兵綦江，連戰破三峒。綦江自東溪入播，並峻嶺茂箐，楠木山、羊簡臺、三峒，素號奇險，賊首穆炤等盤據。綎力戰，克之。三月，楊朝棟統苗兵數萬，分道迎敵，鋒甚銳。官軍夾擊，綎身自陷陣，苗大驚曰：「劉大刀至矣！」棟潰圍走，幾爲我獲。初，綦江諸苗自分屠城慘戮，罪不赦，又應龍憚綎威名，冀首挫其鋒，屬朝棟悉勁兵間道相角，曰：「爾破綦江，馳南川盡焚積聚，餘無能爲也。」及朝棟僅以身免，賊膽落，益爲守禦計。諸軍分道並捷，南川則酉陽、石砫二司先登，初八日遂克桑木關。烏江則壩陽、永順兵先登，十二日遂克烏江關。翼日，克河渡關。陳璘及副將陳寅擊四牌賊，各披靡，遂奪天都、三百落諸囤。賊連敗，乃乘隙出奇兵，突犯烏江，詐稱水西、隴澄會哨，誘永順兵，斷橋淹死我師無算。參將楊顯、守備陳雲龍、阮士奇、白明逵，指揮楊續芝等死之。事聞，逮總兵童元鎮下於理。時有飛語水西佐賊者，總督檄詰，水西不自安。會賊殺其頭目，澄大(眼)〔恨〕(據萬曆三大征考播州改)。二十六日，賊託田氏修好賄澄。澄戮其使，擊斬僞將楊惟棟等。安疆臣亦執賊二十餘人，以示不背。二十九日，劉綎戰九盤，入婁山關。關爲賊前門，萬峯插天，中通一綫。官軍從間道攀藤，魚貫毀柵入。

四月朔，屯白石。應龍身率各苗決死戰，陰令楊珠等抄後山奪關，四面合圍，都司王芬中流矢死。劉綎親勒騎衝堅，以遊擊周敦吉、守備周以德分兩翼夾擊，敗之。追奔至養馬城，與南川、永寧路合。連破龍爪、海雲險囤，壓海龍囤而壘。海龍囤，賊所倚天險，飛鳥騰猿，不能踰者。時偏沅巡撫都御史江鐸，已抵任視師，陳將軍璘帥師急攻，以十三日破青蛇囤。安疆臣亦以十六日奪落濛關，至大水田，焚桃溪莊。賊見勢急，父子相抱哭，上囤死守，每路投降文，緩我師。總督檄賊詭降，卽斬使焚書，毋爲所紿。虞綎與應龍舊，檄無通賊，縱械其人自明。而吳廣以朔三日入崖門關，營水牛塘，與賊力戰三日，卻之。賊詭令婦人於囤上拜表痛哭云：「田氏且降。」復詐爲應龍仰藥死報廣。廣輕信，按兵不動。已，覘知田氏詐降緩攻，而所云應龍死，乃川兵攻囤，以火礮擊死所謂楊珠也。珠驍勇善戰，既死，賊痛如失左右手。廣覺詐，益厲兵協攻，燒二關，奪三山，絕賊樵汲。八路兵大集海龍囤下。五月十八日，始築長圍，更番迭攻。自是賊坐困窮蹙，知兵在頸矣。會總督李化龍聞父喪，詔以縗墨視師。化龍跣而草檄，益治軍。念賊囤前陡絕，勢難飛越，令馬孔英率勁兵壁其間，餘併力攻後囤。時天苦雨，將士馳淖中苦戰。六月四日，天忽開朗。五日，劉綎身先士卒，進克土城，應龍益迫，夜散數千金募死士拒戰，諸苗皆駭散無應者。起提刀自巡壘，見四面火光燭天，徬徨長歎，泣語妻子曰：「吾不能復顧若矣。」詰朝，官軍遂登囤，破大城入。應龍倉皇同愛妾二，闔室縊，且自焚。吳廣獲其子朝棟及妾田雌鳳，急覓屍出欲中。廣中火毒失聲，幾絕，頃而甦。計出師至滅賊，百十有四日。八路共斬級二萬餘，生獲朝棟、兆龍等百餘人，播賊平。總督露布以聞，劉將軍綎爲軍功冠。

十二月，獻俘闕下，剉楊應龍尸，磔楊朝棟、兆龍等於市。分播地爲二：屬蜀者曰遵義，屬黔者曰平越。

谷應泰曰：楊應龍，播州土司官也。其地屬漢牂牁郡。唐乾符中，楊端應募，長子孫焉。歷宋、元皆授世官，明室因之。應龍生而雄猜，尤阻兵嗜殺。然其賓叛不一，荒忽無常，亦土司之風類然也。

應龍之初從征喇厤，進貢大木，亦嘗效忠順，膺賞賚矣。乃以孽小妻田雌鳳，屠妻張氏之家。而何恩、宋世臣連章告變，黄牛、白泥諸司久爲仇讎。於凡七姓諸豪，咸喜龍之得罪，不欲其就徵對簿。而五司遺種，九股頑苗，及輕剽好作亂之徒，又鼓動其間，同惡相濟。龍雖狼子野心，亦所謂生長蠻鄉，無與爲善者也。所幸援兵大集，調度多方。督臣李化龍發蹤之才，總戎劉綎軍功之冠，於時八路分兵，四月告捷。卒之應龍戮尸，朝棟棄市，威震遐荒，功業爛焉。

然而重慶之會，登壇誓師，海龍之圍，剋期並到，兵法曰「兵貴有謀」，又曰「以多算勝」，固先定其規模，非漫嘗於一擊也。若應龍者，倔強偏陲，不知漢大，宗嗣蕩滅，取世戮笑，尤足爲憑險負固之戒。悲夫！

明史紀事本末卷之六十五

礦稅之弊

神宗萬曆二年（甲戌，一五七四）二月，太監張誠等求領眞定木稅，工部執論不許。

七年（己卯，一五七九）七月，給事中顧九思、王道成請撤浙、直織造內臣，上以示大學士張居正。居正曰：「地方多一事，則有一事之擾；寬一分，則受一分之惠。災地疲民，不堪催督，撤之便。」上從之。

十一月，命浙、直織造添織七萬三千。張居正言：「添織之費，不下四、五十萬金，在庫藏則竭，在小民則疲。浙、直水災，蒙恩蠲濟，方撤織監，又復加派，非聖意所以愛養元元也。」上命減其半。

八年（庚辰，一五八〇）九月，太監王效稱缺歲額銀硃等料。戶部尚書張學顏奏：「登極一詔，盡損不急之務，宜量停罷。」上從之。

十年（壬午，一五八二）四月，順天府尹張國彥請豁房稅。不報。

十一年（癸未，一五八三）正月，戶部請停買金、珠。不報。

十二年（甲申，一五八四）六月，四川巡撫雒遵奏採木之害。

八月，房山人史錦請開礦，命下撫、按。

十四年（丙戌，一五八六）四月，南京工部尚書陰武卿乞減免織造，燒造瓷器，停解花梨、杉、楠。不聽。

九月，戶部侍郎張國彥言：「蘇、杭之織造，江西之瓷器，公主之廣求珠寶，得無與漢文百金之費相類乎？」不聽。

十六年（戊子，一五八八）十一月，遣內臣禱祠五臺山還，奏言：「紫荊關外廣昌、靈邑，可定礦砂作銀冶，奸民張守清擅其利。」一日，上視朝畢，召大學士申時行等於皇極殿，語及之。時行等請勅部行撫、按，查問禁戢。上是之，命逮守清伏法，閉塞礦洞。

十八年（庚寅，一五九〇）九月，易州民周言請開礦，玉田、豐潤民復以請，部未報。上遣文書官至閣速之，輔臣因言開礦之害。御史邵以仁亦力言其不可。

二十四年（丙申，一五九六）六月，府軍前衞副千戶仲春請開礦助大工。從之。命戶部、錦衣衞各一，同仲春開採。給事中程紹工、楊應文言：「嘉靖二十五年七月，命採礦，自十月至三十六年，委官四十餘，防兵千一百八十人，約費三萬餘金，得礦銀二萬八千五百，得不償失。」不聽。

七月，錦衣衞百戶陸松、鴻臚寺隨堂官許龍、順天府教授馮時行、經歷趙鳳等，各言開礦助大工。從之。

戶部尚書楊俊民言：「眞、保、薊、易、永平開礦，恐妨天壽山龍脈。」上謂距陵遠，且皇祖嘗開之，不聽。

命戶部郎中戴紹科、錦衣僉書楊宗吾開礦汝南。

八月，詹事府錄事曾長慶、錦衣衞百戶吳應麒請山西夏邑開礦，府軍後衞指揮王中允請靑、沂等開礦。從之。

招礦盜開採，仍編富民爲礦頭，從太監王虎請也。

錦衣衞百戶汪文通言沂州礦，指揮郝承爵言費縣礦，指揮劉鑑言棲霞、招遠等礦，指揮馬淸言文登縣礦，千戶趙良將言沂水、蒙陰、臨朐礦。命太監陳增同府軍指揮曾守約開採。

九月，巡撫山西魏允貞請停開礦。不報。太監王虎論保定巡撫李盛春阻撓開採，下旨切責。

十一月，戶部郎中戴紹科進礦砂銀。自後進者踵至。

十二月，遣太監張忠往山西，曹金往兩浙，趙欽往陝西，各開礦。

輔臣沈一貫言：「留守中衞王一淸請稅煤炭爲民害。」不報。先是，奸人王君錫奏開易州礦，旨下戶部議。尙書林材執奏，且上言：「山冶之害，小則爭掠，大則嘯聚，盜之囮，寇之藪也。」遂幡然從之，逐君錫令勿潛住生奸計。至是，新建張位秉政，以爲利出於天地之自然，可益國，無病民，採之便，上遂從其言。

二十五年（丁酉，一五九七）春正月，御史況上進、給事中楊應文言建昌採木之害，人夫渡瀘觸瘴死者被野，吏胥假公行私，毒流百姓。不報。戶科程紹言開礦事變多端，疏凡五上，俱不報。

二月，給督徵天津等處店租內官關防。

三月，浙江巡按王業弘言礦稅不便者六，乞停罷。不報。

四月，刑部侍郎呂坤言：「洮蘭之絨，山西之紬，浙、直之緞、絹，積於無用。若服有定期，歲用千匹，而江南、山、陝之人心收。採木之害，饑渴瘴疫，死者亡論。乃一木初臥，千夫難移，遭險蹉跌，死嘗百人。倘減其尺寸，少其數目，而川、貴、湖廣之人心收。礦稅無利，勒民間納銀，民不能支，括庫銀代，豈開礦之初意哉？誠勅各省使臣，嚴禁散砂，不許借解，而各省之人心收。自趙承勛造四千之說而皇店開，朝廷有內官之遣而事權重。且馮保八店，爲屋幾何，而歲四千金，不奪市民，將安取乎？誠撤各店之內官，而畿內之人心收。」不報。

九月，太監陳增劾福山知縣韋國賢阻撓開採，逮下獄。巡撫萬象春奪俸。

山西巡撫魏允貞奏言：「巨璫出領礦稅，爲民鑿齒窫窳，而礦爲尤甚。」璫亦反噬，以激上怒。允貞又上書言朝廷得失，譏切宰臣不能輔導，致使刑餘之人播惡。上切責之。

二十六年（戊戌，一五九八）六月，命內監李敬採珠廣東。

七月，神武衛千戶朱仁等奏湖口船稅，可萬餘金。鴻臚寺主簿田應璧言兩淮沒官餘鹽。命內監李道督稅湖口，魯保經理淮鹽，俱許節制有司。戶科給事包見捷上言開礦之害：「陛下謂徒取諸山澤，在礦使實奪取之閭閻。捶擊入山者十二載，虎狼出柙者半天下。」科臣趙完璧、郝敬，道臣許聞造、姚思仁，交章言之。不報。

奪保定巡撫李盛春等俸，以天津店稅銀解進遲延，故罰。

八月，太常寺少卿傅好禮言近郊假官抽稅。不報。越三日，好禮伏文華門求面對。上怒，降廣昌典史。大理寺卿吳定疏救，削籍。而假官二十八人下鎮撫司。

惜薪司柴炭，歲兵、工二部二十餘萬。至是，求益。給事賈維春言：「歲進物料，上用什之二三，餘盡入谿壑，今復求益不已，豈眞爲國家計盈縮哉！」不報。

九月，益都知縣吳宗堯奏：「礦務太監陳增，罔上營私。益都有鉛砂無銀礦，增強之入銀，業非法矣。更強採者代納，稍緩，逮及吏民。陛下所得十一，而增私橐十九。」山東巡撫尹應元參増罪狀二十餘條，忤旨，奪俸。宗堯下鎭撫司，削籍。

十月，下雲南大理採石。

二十七年（己亥，一五九九）春正月，分遣御馬監高宷榷京口，供用庫官暨祿榷儀眞。

二月，百戶張宗仁請復浙江市舶，命太監劉成榷稅浙江。

千戶陳保請榷珠，命內監李鳳採珠廣州，兼徵市舶司稅課。設福建市舶司。

命御馬監高宷兼礦務。

命內監楊榮開採雲南，陳奉徵荆州店稅，陳增徵山東店稅，孫隆帶徵蘇、杭等處稅課，魯坤帶徵河南，孫朝帶徵山西。時奸弁馮綱等望風言利，皆朝奏夕遣。

湖口稅監李道參南康知府吳寶秀、星子知縣吳一元價侵國稅。命緹騎逮下理。寶秀至任，纔十六日。初任大理，廉平有聲，至是忤道被逮。妻陳氏自縊檻車旁。

內監丘乘雲徵稅四川兼礦務，梁永徵稅陝西，各以原奏千戶翟應泰、樂綱等往。御馬監潘相督理江西瓷廠。前珠池太監李敬兼廣東礦稅。輔臣沈一貫言：「中使衙門皆創設，並無舊緒可因。大抵中使一員，其從可百人，分遣官不下十人，此十人各須百人，則千人矣。此千人每家十口爲率，則萬人矣。萬人日給千金，歲須四十餘萬。及得，纔數萬，徒斂怨耳。今分遣二十處，歲糜八百萬，聖思偶未之及也，乞盡撤之。」不報。尋諸省皆併稅於礦使。

三月，內監王忠徵稅密雲，張燁徵稅蘆溝橋。

太監陳增、馬堂爭稅。命堂稅臨清，增稅東昌。

命錦衣衛千戶韋夢麒同御馬監奉御陳奉徵收湖廣等處店稅，徵銀六萬有奇。上以湖廣、荊州原有辛效忠店房，曾經遼藩竊據，後張居正私意革免。命撫、按奏明。巡撫支可大奏：「湖楚內錯江湖，故稱澤國，物產非有縑繐綺繡之奇也，厥貢非有璆琳琅玕之珍也。比歲採木重役，焚林竭澤，十室九空。舊有各項稅課，如荊州遼府張居正店房已經沒入變價解京，盡屬民間之業。今僅於沙市徵收稅銀及各府原設有稅課司，有門攤商稅，有茶鹽油布雜稅，內以給解京濟邊之用，外以充宗藩吉凶之資，大之供官軍俸錢科舉兵餉之需，小之作紙劄、公費、工食、衣糧之數，紀載甚明。今若併前項收入內帑，則百用乏絕矣。若迫於用詘，復議加派，則下民怨咨矣。此猶以在官言之也。至其在民，行貨有稅矣，而算及舟車；居貨有稅矣，而算及廬舍；米麥菽粟饔飧也而稅；鷄豚肉食也而稅；耕牛騾驢一畜產也而稅；搜刮於十五郡之中，遍及於一百十六州縣之內。一歲之中，驛遞錢糧，動盈千計，雖欲不擾地方，不可得矣。楚故獷悍，又以橫政驅之，有莫知其所底止者！」不報。

戶科給事包見捷疏論礦店滋蔓。又疏論臨清稅使擾民，必致生變。又疏遼左阽危，礦市爲患尤烈。一月三疏，指數內使切直，時論韙之。謫貴州布政司都事。未幾，臨清百姓變，毆稅使馬堂幾死。見捷言若左券。

歙縣監生吳養晦投稅監魯保言，大父守禮逋鹽課二十五萬，乞追入給占產。從之。

左春坊左庶子葉向高請罷礦使。不報。

大學士趙志皐病篤，特疏請停礦稅。不報。

四月，河南礦監魯坤言礦砂贏縮不一，請均派官民。從之。

十月，南京守備太監郝隆、劉朝用，採寧國、池州等礦。

戶科給事中李應策、姚文蔚以播警乞停中官礦稅。不報。

八月，錦衣衞總旗申敏奏湖廣興國州礦洞丹砂。命陳奉開採。

逮荆州府推官華鈺、黃州府經歷車任重，降荆州知府李商耕、黃州知府趙文煒、荆門知州高則巽各一級，以稅監陳奉誣劾也。初，奉由武昌抵荆州，商民鼓譟者數千人，飛磚擊石，勢莫可禦。道、府諸臣身犯其衝，殫力防護。獨華鈺以公事至夷陵，奉疑之。又惡其禁革差官冠帶，阻截司役書算，故受誣尤烈。又稅課襄陽，商人聚徒鼓譟，知府李商耕治其參隨。開鎭荆門，增設稅課。而荆門故非巨鎭，往來商船頗少。誣知州高則巽阻撓，俱降調。

雲南稅監李榮虐諸生見訴，榮劾巡撫陳用賓，命下諸生於理。

九月，戶部進大珠、龍涎香。

十月，驍騎衞百戶請徵湖廣郡縣積貯羡銀。又興國州人漆有光報徐鼎等掘古墓，得黃金巨萬，命陳奉同撫、按查解。

十二月，命應天府取帘屏、龍旂、龍簾諸上供物。府丞徐申上疏，言：「費將巨萬，弊不可言，必不得已，請增爐鼓鑄以濟急。」報可。

武功衞百戶韓應桂奏：「土民夏國瑚報，湖廣京山具有眞礦鉛砂、大青等物。」是時，興國、麻城開採，止得鉛砂，得不償失，卽陳奉亦經營勞瘁，苦於奉行。巡撫支可大疏參應桂欺罔，請置法。上免其罪，撤回。雲南道御史葉永盛奏：「差璫播虐，請誅首禍。」不報。

二十八年（庚子，一六〇〇）春正月，武昌、漢陽民千餘，集撫、按門，陳稅監陳奉之毒。撫、按不敢理，民情益憤。

貴州巡按宋興祖請停採木，專力討播。

逮西安府同知宋言，稅監梁永劾其激衆倡亂也。

二月己卯，命太監暨祿兼徵鳳陽、安慶、徽、廬、常、鎭稅。前止徵應天、太平、寧國、淮揚，至是，從羽林千戶王承德金吾百戶王鎭請也。

南京守備太監郝隆稅沿江洲田。

辛巳，內監魯坤開彰德、衞輝、懷慶、開封等礦洞，以武驤衞百戶張欽請也。

戊子，錦衣衞百戶王體仁奏徵長江船稅。從之。

三月戊申，四川貢扇不至，左布政使程正誼等五人俱降調。

庚戌，兩淮鹽務少監魯保，參稅監陳增委官程守訓，假武英殿中書舍人恣虐。不報。

廣洋衞鎭撫戴君恩奏廣東遺鹽及名馬、天鵝絨、鎖袱、黎錦、珠寶皆土產，上卽命徵收。

總督戴耀極言之，不聽。

四月甲申，雲南礦稅寶井內監楊榮，參雲南知府蔡如川、趙州知州甘學書等。

乙酉，珠池市舶稅務內監李鳳激變新會縣，因參鄉官吳應鴻等，命逮治。

鳳陽巡撫李三才請停礦稅曰：「自礦稅繁興，萬民失業。陛下爲斯民主，不惟不衣之，且併其衣而奪之；不惟不食之，且併其食而奪之。征榷之使，急於星火，搜括之令，密如牛毛。今日某礦得銀若干，明日又加銀若干；今日某處稅若干，明日又加稅若干；今日某官阻撓礦稅拏解，明日某官怠玩礦稅罷職。上下相爭，惟利是聞。如臣境內：抽稅徐州則陳增，儀眞則暨祿，理鹽揚州則魯保，蘆政沿江則郝隆。千里之區，中使四布。加以無賴亡命，附翼虎狼。如中書程守訓尤爲無忌，假旨詐財，動以萬數。昨運同陶允明自楚來云：『彼中內使，沿途掘墳，得財方止。』聖心安乎不安乎？且一人之心，千萬人之心也。皇上愛珠玉，人亦愛溫飽；皇上愛萬世，人亦戀妻孥。奈何皇上欲黃金高於北斗，而不使百姓有糠粃升斗之儲？皇上欲爲子孫千萬年，而不使百姓有一朝一夕？試觀往籍，朝廷有如此政令，天下有如此景象而不亂者哉！」不報。辛未，三才復奏：「數月以來，章奏但繫礦稅，卽束高閣。臣前疏非泛常，國脈民命之所關，天心祖德之所在也。人主能爲萬姓之主，然後奔走禦侮。若休戚不關，威力是憑，劫奪之已耳！斬刈之已耳！孤人之子，寡人之妻，拆人之產，掘人之墓，卽在敵國讎人，猶所不忍，况吾袵席之赤子哉！窮困無聊，遂生窺竊，如徐州趙古元之類是已。夫天下非小弱也，草澤之人至廣且衆也，欲爲古元者何限？獨以朝廷處置得宜，欲乘之而無釁，故俛首降心，從欽從令耳。今乃驅之使亂，臣懼萬姓不肯爲朝廷屈也。」

南京守備太監下廬州，問六安州礦有無狀。知府具地圖，上言：「六安有礦，高皇帝恐人盜採，有傷皇陵來脈，故六安衞特重巡山之任，不敢妄議開採。」詔止之。

六月戊戌，礦監趙欽劾富平知縣王正志。逮訊。

七月，稅監王虎劾通州同知邵光庭、香河知縣焦光卿，降調。戊申，稅監陳奉訐江防參政沈孟化、蘄州知州鄭夢楨，降調。戊午，巡按御史王立賢奏稅監陳奉貪暴激變。不報。時陳奉道承天之金花灘，勒居民黃金，拷及婦人，并拘鍾祥知縣鄒堯弼，遠近大震。

八月，把總韓應龍奏四川成都、龍安產鹽茶，重慶馬湖產名木。命內監丘乘雲往徵。

十二月辛丑，湖廣稅監陳奉遣荊州衛王指揮開礦穀城，不獲，責貸主簿脅庫金若干。邑人大懼，羣擊之。指揮走免，餘俱溺江中。

二十九年（辛丑，一六〇一）二月，天津稅監馬堂進大西洋利瑪竇方物。禮部言：「大西洋不載會典，眞僞不可知。且所貢天主女圖，既屬不經，而囊有神仙骨等物。夫仙則飛昇，安得有骨！韓愈謂：『凶穢之餘，不宜令入宮禁。』宜量給冠帶，令還，勿潛住京師。」不報。

己丑，武昌兵備馮應京參陳奉大逆十罪，逮至京，下於理，削籍。奉欲開礦青山，棗陽知縣王之翰以近顯陵，拒之。因誣及襄陽通判邸宅、推官何棟如，俱削籍，逮下獄。之翰尋斃。

三月，武昌民變，逐陳奉。奉列兵殺二人，匿楚府中。命甲騎三百餘，射死數人，傷二十餘人。奉踰月不敢出，衆執奉左右六人，投之江。奉自焚公署門。事聞，謫知府王禹聲、知縣鄒堯弼爲民。沈一貫論陳奉激變。不報。

四月，督理直隸、儀眞等稅御馬監暨祿言：「臣徵廬、鳳、徽、安遺稅，幷沿江船稅，各撫、按皆云：『重疊不敷，題請寬處。』臣未敢憑。二項共二十萬金，今徵不滿萬。始信撫、按爲可據，而原奏人無憑也。乞軫念民瘼，以實徵解上，毋拘原奏人揣摩之數。」上從之。

時榷使苛暴，獨暨祿請寬卹，凡五上。

六月己巳，太監孫隆採稅浙、直，駐蘇州，激變市人，殺其參隨黃建節等數人。撫、按詰亂民，有葛成獨引服，不及其餘，下獄論死。

直隸巡按御史劉日梧行部徽州，見程守訓豎坊曰「特旨」，下書「咸有一德」，即收之。守訓訐奏日梧短。不報。

七月，陝西撫、按奏：「歲貢羊絨四千匹，奉命改織盤綾。又降柘黃暗花二則，每匹長五丈八尺。日織一寸七分，半年得匹，豈能如額，乞悉改織。」不報。

九月，起禮部尚書沈鯉大學士入閣辦事。鯉陛見，具疏：「望上以言致治。」又極陳礦稅之害。尋值長至節，上使太監陳矩宴之。語及開礦事，鯉言：「洩山川靈氣，傷陵脈，關係聖躬與聖子神孫不細。」上頷之。

禮部侍郎郭正域疏言：「世宗朝，罷內臣鎮守及珠池貢物，擾驛遞濫奏，帶開銀場者，按問、讁戍不貸，備在實錄、寶訓。幸罷諸中使，以杜亂萌。」不報。

十月，以內監魯保司兩淮鹽政兼浙直織造。請專勅與關防。禮部侍郎郭正域持不可，往白內閣。朱賡曰：「勅去矣，勅中多勸戒語。」正域曰：「今文武臣奉勅者，孰無勸戒？能一一奉行否？何望於閹！」退而具疏力爭，關防得無給。

三十年（壬寅，一六〇二）二月己卯，上偶不豫，急召輔臣沈一貫入，諭以勉輔太子併及罷礦稅、起廢、釋禁諸事。翌日，上安，諸事遂寢。停稅諭已出，上悔，急令追之。太監田義諫曰：「諭已頒行，不可反汗。」上怒，幾欲手刃義，義不爲動。一貫恐，亟繳前諭，義唾之。始，吏部尚書李戴、左都御史溫純約卽日奉行，且頒天下。刑部謂弛獄須再請。亡何，而旨格矣。

饒州景德鎭民變，稅監潘相舍人激之。相誣劾通判陳奇，逮下獄。三月，雲南稅監楊榮肆虐激變，滇人不勝憤，火廠房，殺委官張安民。撫、按以聞。上怒，持其章不下。大學士沈鯉揭言：「定亂宜速，久且生變。」又具列榮罪狀，得毋株及。五月戊辰，太監劉成徵稅蘇、松、常、鎭激變。江西稅監潘相掠諸生及輔國將軍謀（託）〔乇〕（據國榷卷七十九改），各宗大閧，抉門入，相走免。誣劾上饒知縣李鴻報怨，鴻除名。禮部侍郎馮琦上言：「礦稅之害，滇以張安民故，火廠房矣。粤以李鳳釀禍，欲剸刃其腹矣。陜以委官迫死縣令，民洶洶不安矣。兩淮以激變地方，劫燬官舍錢糧矣。遼左以余東翥故，碎屍抄家矣。土崩瓦解，亂在旦夕，皇上能無動心乎？」不報。

應天大風，拔富家樹成穴。魯保誣以盜礦，府尹徐申力白富家寃，而盛言帝京王氣不可鑿。保不能奪。

九月，揚州富民吳時修獻銀十四萬兩，詔授其子弟各中書舍人。

三十一年（癸卯，一六〇三）九月，雲南稅監楊榮責麗江土官木增退地聽開採。巡按御史宋興祖上言：「麗江古荒服也。木氏世知府，守石門以絕西域，守鐵橋以斷土番，不宜自撤其藩，貽誤封疆。」不報。

三十二年（甲辰，一六〇四）三月，都御史溫純言礦稅毒虐，乞逮廣東稅使李鳳，撤陝西稅使梁永、雲南稅使楊榮。不報。

八月丙午，武驤百戶陳起鳳請採大木。以覬利除名，盡逐其黨。時大雨，都城崩壞。戶部尚書趙世卿言：「蒼生糜爛已極，天心示警可畏。礦稅貂璫，掘墳墓，姦子女。皇上嘗曰：『朕心仁愛，自有停止之日。』今將索元元於枯魚之肆矣。」不報。

九月戊申，翰林檢討蔡毅中上皇明祖訓節略，內關礦稅者，爲註疏二十二卷。不報。

三十三年（乙巳，一六〇五）春正月壬辰，廣東撫按戴燿、林秉漢奏稅監李鳳，惐潮州推官姚會嘉，遮辱於廣州。不報。

二月丙午，巡按廣西楊芳國言：「稅監沈永壽以土產金、銀、鉛、錫派有司包解。永康、思、恩等州原無礦洞，亦派多金，宜免。」不報。

八月，禮部侍郎馮琦上言：「礦使出而天下苦，更甚於兵；稅使出而天下苦，更甚於礦。皇上欲通商而彼專欲困商，皇上欲愛民而彼必欲害民，皇上戒以勿信撥置而撥置愈多，皇上責以不許繹騷而繹騷更甚。皇上之心，但欲裕國，不欲病民。羣小之心，必自瘠民，方能肥己。」疏留中。

十二月壬寅，詔罷採礦，以稅務歸有司，釋礦稅在獄承天諸生沈機等十二人。

三十四年（丙午，一六〇六）春正月癸巳，逮咸陽知縣宋時隆下獄。時命停礦，稅監梁永堅執咸陽、潼關委官不宜罷，益樹黨布虐，巡撫顧其志捕惡黨置之法，永大恨之。永又檄時隆取絨氈千五百，時隆不予，遂誣時隆劫稅。閣臣揭沮，不報。

二月己未，南京內官監丞徐壽僞造印牒，稱中旨徵南工部杉枋三千，部報詳，詐窮，下守備太監劉朝用訊之。

三月己巳朔，大學士沈鯉、朱賡言：「秦人恨梁永甚，宜撤。」不報。乙亥，江西礦務太監潘相以停稅移景德鎮請專陶。從之。丁丑，仍以江西湖口稅務歸稅監李道。己卯，雲南礦務太監楊榮被殺。榮久於滇，恣行威福，杖斃數千人，榜掠指揮樊高明等，盡捕六衛官，人人自危。指揮賀世勳、韓光大遂倡衆焚其署，徒黨輜重皆燼。事聞，上怒不食，曰：「榮不足惜，何紀綱頓至此！」罪其首事。罷中使不遣，以稅課歸四川稅使丘乘雲。世勳下獄死，光大戍邊。

五月，巡撫鳳陽李三才言：「恩詔中格，流傳二說：一、新政原非聖意，故旋開旋閉。一、沈一貫恐沈鯉、朱賡妨位，恥事不出己，計傾左右，致善事不終。」上怒，奪俸三月。一貫奏辯，不問。

三十五年（丁未，一六〇七）七月壬辰，撤陝西稅監梁永還京。初，巡按陝西御史王基洪，劾稅監梁永陳兵殺傷吏民。巡撫顧其志奏至，平甚，上疑之。梁永遂訐奏咸陽知縣滿朝薦承御史意，伏兵渭南劫貢。上怒，命逮朝薦。廷臣論救，不聽。時緹騎止灞上，宗室士民毋慮數萬人，圍永署。朝薦間道就檻車。藍田知縣王邦才亦發奸剔蠹，與永相左，幷爲永誣逮。至是，中旨撤永還。

十一月，巡撫福建徐學聚、戶科給事中江灝，劾稅監高寀不法。不報。初，寀肆虐閩中，舊撫袁一驥捕其爪牙，置之法。寀造樓船艅艎，治戎器，招集亡命，徵集百貨，將出與諸番市。閩人集其門詬之。寀所殺傷百餘人，焚民居無算。一驥力輯之，乃定。已，又招紅裔入市，殺戮商漁，漸窺內地，故學聚奏之。

三十六年（戊申，一六〇八）五月甲寅，遼東稅監高淮激變錦州。淮恃寵恣橫，吏民小拂意，父子老弱係累相屬於道。徵稅私賦倍之。每開市，奪其善馬，駑者強勒堡軍，以重價購償。自疏調度兵將，詡其功伐。總督蹇達劾奏，內臣不得豫政典兵。不報。至是，索賄錦州軍戶，軍戶殺其使，激衆千人圍之。淮倉皇逃入山海關。吏部左侍郎楊時喬、戎政尚書李化龍力言：「遼東重困，危在旦夕，皆高淮擾民激變，以滋禍患。」上命撤淮還京。

四十一年（癸丑，一六一三）六月，初，廣東珠池，自萬曆三十二年停採，至是，金吾右衛指揮倪英上章請開。刑科給事中郭尚賓論開採之害。不報。

四十二年（甲寅，一六一四）二月，命各省稅課減三分之一。

四十三年（乙卯，一六一五）八月，命內官呂貴，暫提督浙江織造。江西稅監潘相，擞催福建、廣東稅課。閣臣言之。不聽。

九月丁丑，江西湖口稅廨火，大學士吳道南請罷湖口商稅。不報。

四十四年（丙辰，一六一六）四月丙午，雷火焚通州稅監張爗樓居。御史金汝諧以聞，請罷稅使。不報。

八月，萬壽節，加稅監河南胡江、江西潘相、通灣張爗、天津馬堂、四川丘乘雲、南京劉朝用歲祿，賜呂貴飛魚服。

四十七年（己未，一六一九）五月，吏部候選儒士蔣定國奏採山西夏縣等礦。疏不由通政司，通政使姚思仁糾之。時遼東三路敗，兵餉告急，歙人曹致廉等奏乞同內監搜江南富家，借餉數百萬。思仁復疏爭之。

四十八年（庚申，一六二〇）七月，上崩，遺詔罷一切礦稅，并新增織造、燒造等項。建言廢棄及礦稅詿誤諸臣，酌量起用。奉皇太子令旨，盡行停止，稅監張燁、馬堂、胡江、潘相、丘乘雲等撤還京。

谷應泰曰：聞之銀鏤金品，列之禹貢；卝人璣貝，載在周禮。國有常經，非可以無藝征之也。況王者藏富於閭閻，天子不下求金車，良以多欲者仁義難施，黷貨者亂源斯伏，有天下者不可以不致謹也。

神宗奕葉昇平，邊圉封貢，海內乂安，家給人足。而乃苞桑之憂不繫於慮，日中之昃弗虞於懷。遠賢士大夫，親宦官宮妾。女謁苞苴，陰性吝嗇。孳孳所談，利之所萌耳。逮至萬曆二十四年，張位主謀，仲春建策，而礦稅始起。於是命張忠往山西，曹金往兩浙，趙欽往陝西，陳增駐山東，高寀領福建，楊榮辦雲南，丘乘雲駐四川，李敬攝廣東，郝隆、劉朝用采池州，陳奉領湖廣，魯坤開彰德、衞輝，大璫雜出，諸道紛然。而民生其間，富者編爲礦頭，貧者驅之墾采，繹騷凋敝，若草菅然。又不特此也，礦務之外，天津有店租，廣州有珠榷，兩淮有餘鹽，京口有供用，浙江有市舶，成都有鹽茶，重慶有名木，湖口長江有船稅，荆州有店稅。又有門攤、商稅，油、布雜稅，莫不設璫分職，橫肆誅求。有司得罪，立繫檻車；百姓奉行，若驅駝馬。雖漢室牢盆，桑、孔乘傳，熙、豐手實，雞豚悉空，曾未若斯之酷也。

至乃國法恣睢，人懷痛憤，反爾之誠，覆舟之禍，亦間有之。以故高淮激變遼東，梁永激變陝西，陳奉激變江夏，李鳳激變新會，孫隆激變蘇州，楊榮激變雲南，劉成激變常鎮，潘相激變江西。當斯時也，瓦解土崩，民流政散，其不亡者幸耳！而深宮不省，疏入留中。其始因礦税而設璫者，繼則璫熒然託命在礦税。其始因璫媢而迎合在礦税者，繼則璫肥而交結在宮闈。植根深固，未易卒拔故也。善乎！侍郎馮琦之疏曰：「皇上之心，但欲裕國，不欲病民。羣小之心，必自瘠民，方能肥己。」逮至三十三年，而税歸有司，礦使停罷，輪臺之悔，不亦晚乎！然且兩載以還，税監不革，七年之後，珠池復開，比之衞武飲酒之悔，秦穆臨河之誓，抑何習與性成也。

明史紀事本末卷之六十六

東林黨議

神宗萬曆二十一年（癸巳，一五九三）二月，京察竣。三月己未，刑科給事中劉道隆論吏部稽勳司員外郎虞淳熙、兵部職方郎中楊于庭，臺省交譎。而吏部曲爲解，僅議一職方主事袁黄非體。上責吏部回奏，尚書孫鑨言：「淳熙臣鄉人，安貧好學，非有先容之助。于庭任西事有功，尚書石星亦言之，臣不忍以功爲罪。且既命議覆，自有異同。惟各原其心，求歸於當。若知其無罪，以科、道之言而去之，昧心欺君，臣不能爲。」上以不引罪，奪俸三月，考功郎中趙南星鐫三秩調外，淳熙等並罷。劉道隆以不指名，亦奪俸。鑨乞休，不許。鑨復奏曰：「人臣之罪，莫大於專權，國家之禍，莫烈於朋黨。夫權者，人主之操柄，人臣所司謂之職掌。吏部以用人爲職，進退去留屬焉，然必請旨而後行，則權固有在，不可得專也。今以留二庶僚爲專權，則無往非專矣。以留二京職爲結黨，則無往非黨矣。臣任使不效，徒潔身而去，俾專權結黨之説終不明於世，將來者且以臣爲口實，又大罪也。」因請乞骸骨歸。先是，內計去留，先白閣臣。鑨及南星力矯之，王錫爵不悅。鑨既被譴，都察院左僉都御史王汝訓，通政使魏允貞，大理寺少卿曾乾亨，禮部郎中于孔兼，員外郎陳泰來，主事顧允成、張納陛、賈巖，國子助教薛敷敎俱論救。禮部郎中何喬遠、主事洪啓睿復合疏言之。孔兼、允成、敷敎俱謫外。甲子，禮部員外郎陳泰來疏曰：「臣通籍十七年，四歷京察。部權自高拱、張居正以來，尙書惟張瀚、嚴清，選郎惟孫鑨、陳有年頗能自立，餘則唯唯吶吶，濫觴於楊巍，而埽地於劉希孟、謝廷寀。今復借拾遺熒惑聖怒，卽去時之故智，將來必挈權以阿閣臣，而後爲不專權；必植黨以附閣臣，而後爲不結黨。」上怒，降泰來。癸未，左都御史李世達請宥泰來等。不聽。南星、淳熙、于庭、黃各削籍。

四月辛丑，吏部尙書孫鑨罷。

九月，吏部右侍郎趙用賢罷。先是，用賢爲檢討，生女三月，中書舍人吳之佳約以幣。及用賢諫張居正奪情削籍，之佳爲御史，過吳門，用賢往餞，不爲禮，因反幣，終字女蔣氏。之佳子鎭亦他娶，不相及也。用賢負氣節，素不爲王錫爵所善。鎭訟之，罷用賢，之佳亦降。戶部郎中楊應宿議趙用賢絕婚非是。行人高攀龍申救，得罪諸臣，語侵閣臣，指應宿爲諂諛，應宿遂訐攀龍，并及吏部文選郎劉四科、趙南星、顧憲成等。錫爵封應宿疏上。閏十一月甲午，行人高攀龍上言：「大臣則孫鑨、李世達、趙用賢去，小臣則趙南星、陳泰來、顧允成、薛敷敎、張納陛、于孔兼、賈巖斥。近李禎、曾乾亨復乞歸，選司孟化鯉又削籍矣。

中外不曰輔臣不附己，則曰近侍不利用正人。果謂出於聖怒，則諸臣自化鯉而外，未見忤旨，何以皆至罷斥也？皇上有去邪之果斷，而左右反得行其媢嫉之私，皇上有容言之盛心，而臣下反遺以拒諫之誚，爲聖德累不小。」丙申，都察院左都御史孫丕揚覈「楊應宿激而嫚罵，高攀龍疎而易言」。命降應宿湖廣按察司經歷，攀龍揭陽縣典史。仍諭建言諸臣：「時事艱難，不求理財、足兵、實政，乃誣造是非。部院公論所出，今後務持平覈實。」

二十二年（甲午，一五九四）五月丁亥，吏部推閣臣王家屏、沈鯉、陳有年、沈一貫，左都御史孫丕揚，吏部右侍郎鄧以讚，少詹事馮琦。不允。初，閣臣王家屏以諫册儲罷歸。至是，上諭有「不拘資品，堪任閣臣」語，吏部遂以家屏等名上。上覽不懌，下旨詰責，以宰相奉特簡，不得專擅。吏部尚書陳有年爭之，以爲冢宰總憲廷推，自有故事，王家屏爲相有名，若宰相不廷推，將來恐開捷徑，因乞骸骨。上命馳驛還籍，以孫丕揚代之。辛卯，以沈一貫、陳于陛爲禮部尚書兼東閣大學士，直文淵閣。調文選郎中顧憲成。給事中盧明陬、逯中立先後疏救，上益怒。憲成削籍，謫明陬、中立按察司知事。甲午，禮部郎中何喬遠，奏救憲成，謫廣西布政司經歷。先是，國本論起，言者皆以「早建元良」爲請。政府惟王家屏與言者合，力請不允，放歸。申時行、王錫爵皆婉轉調護，而心亦以言者爲多事。錫爵嘗語憲成曰：「當今所最怪者，廟堂之是非，天下必欲反之。」憲成曰：「吾見天下之是非，廟堂必欲反之耳！」遂不合。然時行性寬平，所斥必旋加拔擢。一貫既入相，以才自許，不爲人下。憲成既謫歸，講學於東林，故楊時書院也。孫丕揚、鄒元標、趙南星之流，蹇諤自負，與政府每相持。附一貫者，科、道亦有人。而憲成講學，天下趨之。一貫持權求勝，受黜者身去而名益高。此東林、浙黨所自始也。其後更相傾軋，垂五十年。

二十三年（乙未，一五九五）秋七月己卯，巡按直隸御史趙文炳劾吏部文選郎中蔣時馨倖進鬻爵。下廷議，尚書孫丕揚代時馨辨。丙戌，時馨削籍。時馨貪黷，初知新喻，調嘉魚，遷南京大理寺評事。故爲斂衣冠，從鄒元標講學，歷考功、文選二司。及被劾，請廷質。且曰：「戎政、兵部左侍郎沈思孝庇浙江海道丁此呂，避察不得，又求少宰不得，遂同諭德劉應秋、大理寺少卿江東之等，詆李三才授趙文炳蜚陷太宰而代之。」上怒其瀆辨。甲午，逮故浙江海道副使丁此呂。蔣時馨既斥，孫丕揚謂釁由此呂，沈思孝以此呂建言不宜察。丕揚遂上此呂訪單，貪婪贓跡，雖建言無倖脫理。命逮下獄。對簿之日承服，硃砂牀具等纍纍。丕揚遂與思孝交惡矣。八月，沈思孝言：「孫丕揚庇屬負國。」丕揚乞休，不允。十一月丁丑，工部員外郎岳元聲言：「言官攻言官，大臣攻大臣，不若俱罷之。」

二十四年（丙申，一五九六）八月癸亥，大學士張位乞罷，不許。時吏部尚書孫丕揚乞休，疏二十上。言：「權官坐謀，鷹犬效力，義難再留。」以位黨丁此呂、沈思孝也。上責丕揚無大臣體，宜協恭毋相牴牾。閏八月，吏部尚書孫丕揚、右都御史兼兵部侍郎沈思孝罷。

二十七年（己亥，一五九九）五月丁巳，以光祿寺卿李三才爲都察院右僉都御史，巡撫鳳陽。

二十九年（辛丑，一六〇一）九月戊午，禮部尚書兼翰林院學士沈鯉、朱賡兼東閣大學士，值文淵閣。時廷推九人，上已點朱國祚、馮琦，而沈一貫密揭二臣年未及艾，曷少需之，先爰立老成者。賡得入。鯉先任禮部，與申時行左，請告，上不許。吏科都給事中陳與郊因疏劾鯉，鯉求去益力。上私語曰：「沈尚書不曉我意。」遂有是命。

三十一年（癸卯，一六〇三）夏四月，楚王華奎與宗人華越等相訐，章下禮部。初，楚恭王隆慶初，廢疾薨，遺腹宮人胡氏孿生子華奎、華壁。或云：內官郭綸，以族人如綍奴產子壽兒，及弟如言妾子尤金梅所出，並入宮，長爲華奎，次華壁。儀賓汪若泉嘗訐奏，事下撫、按。王妃堅持之，乃寢。華奎既嗣楚，華壁封宣化王。華越素強禦，忤王。越妻又如言女，知其詳。越遂盟宗人二十九人入奏：「楚先王風痺，不能御內，乃令宮婢胡氏詐爲身。臨蓐時，抱妃兄王如言子爲華奎，又抱妃族王如綍舍人王玉子爲華壁，皆出於妻恭人王氏口。王氏，如言女，故知之。二孽皆不宜冒爵。」章入，通政司沈子木持未上。六月，楚王劾宗人疏亦至。事下部。禮部右侍郎郭正域曰：「王奏華越事易竟。華越奏王非恭王子，亂皇家世系，事難竟。楚王襲封二十年，何至今始發？而又發於女子骨肉之間？王論華越一人，而二十九人同攻王。果有眞見，出眞情否？王假，則華越當別論；王眞，則華越罪不勝誅。」沈一貫以親王不當勘，但當體訪。正域曰：「正域江夏人，一有偏徇，禍且不測。非勘則楚王跡不白，各宗罪不定。王跡勘，各宗罪，不勘，人於何服！」時正域右宗人，而輔臣沈鯉又右正域。戶部尚書趙世卿、倉場尚書謝杰、祭酒黃汝良皆謂王非假。一時閣、部互相齟齬。給事中姚文蔚劾郭正域故王護衞中人，修怨謀陷王。都察院左都御史溫純劾御史于永淸、給事姚文蔚，刺及沈一貫。九月己巳，刑科都給事中楊應文、給事中錢夢皐各劾郭正域，夢皐并及次輔沈鯉。俱不報。上卒以王爲眞，而正域罷去。尋楚府東安王英燧、武岡王華增、江夏王華煊等，請復勘假王，不聽。時票楚事皆朱賡，二沈引嫌不出。

十一月，妖書事起，沈一貫疑郭正域爲之。錢夢皐遂直指正域，且及輔臣沈鯉。陝西道御史康丕揚將例轉，內監貫忠貞語丕揚，乘妖書可免，丕揚遂起而佐之。後歸獄皦生光，得解。詳爭國本

三十三年（乙巳，一六〇五）春正月，考察京官。時主察，當屬吏部左侍郎楊時喬，輔臣沈一貫憚其方嚴，請以兵部尚書蕭大亨主筆。疏上，上以時喬廉直，竟屬之。時喬與都御史溫純力持公道，疏上，留中。三月辛巳，吏部趨計疏，中旨留被察給事中錢夢皐、御史錢一

鯨等。復諭：「京察科、道，不稱職者甚衆，豈皆不肖？必有私意。朕不得無疑。」蓋以一貫私人被詰責也。時喬、純言：「察處科、道，萬曆二十一年科七人，道七人。二十七年，科五人，道九人。今議處科四人，道七人，皆參衆矢公。而聖諭嚴切，臣等無狀，宜罷。」上不問。南京總督糧儲尙書王基以拾遺自辨，上特留之。夏四月，刑科給事中錢夢皐復論楚事，請削前侍郎郭正域籍，幷言左都御史溫純黨庇。工科給事中鍾兆斗例轉，亦誣奏純。純乞休。大理少卿徐宗濬、吏科都給事中侯慶遠、御史孔貞一等皆論夢皐違禁妄辨，吏部左侍郎楊時喬亦言之。俱不報。五月，候補職方郎中劉元珍劾「沈一貫徧置私人，蒙上箝下。錢夢皐妄奏求容，士林不齒」。一貫、夢皐皆疏辨。夢皐謂元珍爲溫純鷹犬。降一級，調極邊。六月，吏部員外郎賀燦然言：「被察科、道，與溫純皆當去。」南京吏科給事中陳良訓，御史蕭如松、朱吾弼，各論王基、錢夢皐、鍾兆斗必不可留，沈一貫結近侍，陽施陰設。秋七月，兵部主事龐時雍直攻沈一貫欺罔誤國。於是太子太保都察院左都御史溫純致仕，錢夢皐、鍾兆斗各避疾，京察始得奏。尋謫賀燦然、龐時雍，奪朱吾弼俸，拾遺南京戶部尙書王基免。時有布衣在一貫坐，夢皐戲之曰：「昔之山人，山中之人。今之山人，山外之人。」布衣應聲曰：「昔之給事，給黃門事。今之給事，給相門事。」識者噱之。

三十四年（丙午，一六〇六）夏六月，吏科給事中陳良訓、御史孫居相劾沈一貫奸貪。大學士沈一貫、沈鯉並致仕。一貫連歲乞休，疏八十上，始允。鯉居位四載，嘗列天戒民窮十事，書之於牌，每入閣，則拜祝之。或讒鯉爲詛呪，上命取觀之，曰：「此非詛呪語也。」妖書事起，危甚，賴上知其心，得無恙。及放歸，得旨不如一貫之優。各賜金幣，鯉半之。出都日，猶有讒其衣紅袍閱邊者，中官陳矩爲解乃已。孫居相奪歲俸，陳良訓鐫三級調外。

三十五年（丁未，一六〇七）五月，以禮部左侍郎李廷機、南京禮部右侍郎葉向高爲禮部尙書兼東閣大學士，直文淵閣。又諭朱賡召舊輔王錫爵。時顧憲成移書向高言：「近日輔相，以模稜爲工，賢否溷淆。」引張禹、胡廣爲戒。廷機故出沈一貫門，人多疑之。給事中王元翰、胡忻、曹于汴、宋一韓，御史陳宗契等，交章劾廷機。廷機故清介，而攻之者詆爲聾金奧援，御史葉永盛極辨之。廷機伏闕辭，不允。上下旨切責元翰等。

秋七月，總督漕運李三才請補大僚，選科、道，用廢棄。其論廢棄曰：「諸臣祇以議論意見一觸當路，永棄不收，總之於皇上無忤。今乃假主威以錮諸臣，又借忤主之名以飾主過。負國負君，莫此爲甚。」參政姜士昌齎表入京，奏別遺奸，錄遺逸。遺奸指王錫爵、沈一貫。朱賡又曰：「古今稱廉相，必稱唐楊綰、杜黃裳。然二賢皆推賢好士，惟恐不及。而王安石用之，驅逐諸賢，竟以禍宋。」時李廷機有淸名，故士昌規及之。賡、廷機上疏辨，降士昌廣西僉事。御史宋燾論救，謫平定州判，加謫士昌興安典史。

三十六年（戊申，一六〇八）五月，禮部主事鄭振先劾輔臣朱賡、李廷機大罪十有二，指一貫、賡、廷機爲過去、現在、未來三身，布置接受，從風而靡。上以其誣詆，謫普安州判。

九月，先是，王錫爵辭召，手疏言：「皇上於章奏一概留中，特鄙棄之，如禽鳥之音不以入耳，然下以此愈囂。臣謂君父至尊，必自立於無過之地。請幡然降旨，盡除關稅，召還內差，散內庫之有餘，濟邊儲之不足，天下必歡呼踴躍，以頌聖德。留中章疏，亦自有緩急。如推補九卿，以吏部、都察院爲先，庶官以科、道爲急。科、道考選久停，與其故裁抑，留不肖，以塞賢者之塗，孰若稍疏通，簡新進，以決舊日之壅。此今日攬權上策也。」時疏甚密，而都御史李三才鉤得之，泄言於衆，謂錫爵以臺、省爲禽獸。於是南京户科給事中段然首論錫爵與朱賡密揭，擅權亂政。不報。

起孫丕揚太子少保、吏部尚書。

十月壬戌，起吏部文選郎中顧憲成爲南京光祿少卿，辭不至。丙寅，工科給事中何士晉劾錦衣衞左都督王之楨爲輔臣爪牙心腹，亟宜顯斥。禮科給事中張鳳彩、刑科都給事中蕭近高、給事中張國儒交章糾王錫爵、朱賡。國儒言：「臺、省五十餘人，共糾朱賡奸狀，而尚書趙世卿曲媚之。」俱不報。十一月壬子，朱賡卒於官。賡性淳謹，同鄉沈一貫當國，善調護，故妖書、楚獄，其禍不蔓。賡卒，廷機當首揆，言路益攻之。廷機決計不出，葉向高獨相，而攻廷機者未已也，遂移居演象所之真武廟。乞放，凡五年，至萬曆四十年，始得請。寒暑閉門無履跡。

三十七年（己酉，一六〇九）春二月丙寅，御史鄭繼芳劾工科右給事中王元翰貪婪不法。元翰亦奏辨，繼芳爲王錫爵、申時行吐氣。初，給事中王紹徽善湯賓尹，營入閣甚急，嘗語元翰曰：「公語言妙天下，即一札揚湯君，湯君且爲公死，世間如湯君可恃也。」元翰辭焉。紹徽銜之，因嗾繼芳摭元翰。

夏四月，吏科糾擅去諸臣。初，工科給事中孫善繼拜疏竟去，劉道隆繼之，王元翰、顧天峻、李騰芳、陳治則各先後去。命削善繼籍，道隆等各降秩。時南北科、道互相攻訐，至不可問。

戶科給事劉文炳請召鄒元標。不報。

十二月乙丑，工部主事邵輔忠論：「總督漕運李三才，結黨徧天下。前圖枚卜，今圖總憲。四岳薦鯀，漢臣諛莽，天下之大可憂也。」時三才需次內臺，輔忠首劾之，繼以御史徐兆魁，三才奏辨。工科給事中馬從龍，御史董兆舒、彭端吾，南京工科給事中金在衡，交章爲三才辨。俱不報。三才負才名，初爲山東藩臬有聲，民歌思之。撫淮十年，方稅璫橫甚，獨能捕其爪牙，以尺箠斃大盜。三才多取多與，收採物情，用財如流水。顧憲成之左右，譽言日至，憲成信之，亦爲游揚。三才嘗宴憲成，止蔬三四色。厥明，盛陳百味，憲成訝而問之。三才曰：「此偶然耳！昨偶乏，即寥寥，今偶有，故羅列。」憲成以此不疑其綺靡。至是，挾縱横之術，與言者爲難，公論絀之。

三十八年（庚戌，一六一〇）五月壬子，吏部主事王三善乞勘李三才。不報。前吏部郎中顧憲成遺書葉向高，謂「三才至廉至淡漠，勤學力行，爲古醇儒，當行勘以服諸臣心」。時給事中金士衡、段然力保三才，給事中劉時俊、兵部郎中錢策爭之，紛如聚訟。

三十九年（辛亥，一六一一）二月戊子，總督漕運李三才免。

三月，吏部尚書孫丕揚糾御史金明時倡言要挾逃察，命下都察院議處。初，明時巡關，劾寶坻知縣王淑汴，吏部右侍郎王圖子也。及臨京察，知不免，遂先發攻王圖。御史史記事論之，明時奏辨。主事秦聚奎言：「明時論王圖，在去年十二月。丕揚論明時，在今考察先一日。而卒之明時撓察之疏，杳乎無聞。大臣結黨欺君，天下大勢，趨附秦人，今之丕揚，非復昔之丕揚矣。」於是吏科都給事中曹于汴，御史湯兆京、喬允升，俱以撓察論聚奎、丕揚，奏參聚奎，并以湯賓尹等七人訪單送内閣。閣臣葉向高疏如丕揚指。金明時以不謹免，尋以辨疏犯御諱削籍。四月庚辰，計疏下，命秦聚奎閑住。南京國子監祭酒湯賓尹，郎中張嘉言，主事徐大化，御史劉國縉、王紹徽、喬應甲、岳和聲，降調有差。

五月，給事中朱一桂、御史徐兆魁疏稱：「顧憲成講學東林，遙執朝政，結淮撫李三才，傾動一時。孫丕揚、湯兆京、丁元薦角勝附和，京察盡歸黨人。」不報。

翰林院修撰韓敬疾去。敬先師事湯賓尹，在禮闈，越房拔爲第一。敬有時名，而好縱橫之學，恣色貨之好。時攻賓尹，因及敬。

四十年（壬子，一六一二）二月癸未，吏部尚書孫丕揚掛冠出都。

四十一年（癸丑，一六一三）二月辛丑，御史劉廷元劾光祿寺少卿于玉立「依附東林，風波翻覆，宜顯斥」。不報。十月，禮科給事中亓詩教言：「今日之爭，始於門戶。門戶始於東林，東林倡於顧憲成，刑部郎中于玉立附焉。憲成自賢，玉立自奸，賢奸各還其人。而奔競招搖，羽翼置之言路，爪牙列在諸曹，關通大內，操縱朝權。顧憲成而在，寧願見之哉？」末刺及葉向高，向高奏辨。

四十二年（甲寅，一六一四）八月癸卯，大學士葉向高致仕。十一月，御史劉廷元參李三才佔廠、盜皇木，結交內侍起官。御史劉光復、給事中官應震等交章論之。命給事中吳亮嗣往勘，亮嗣報其實，下三才舍人於理，三才尋削籍。

四十五年（丁巳，一六一七）三月，京察，革刑部主事王之寀職爲民，賓子偁、陸大受皆被斥。時葉向高既去，方從哲獨相，庸庸無所短長。吏部尚書鄭繼之主察，徐紹吉、韓浚佐之。之寀初爭梃擊，爲韓浚所糾，部處坐以貪污。子偁、大受有清操，持論與之寀合，亦被逐。時上於奏疏，俱留中，無所處分，惟言路一糾，其人自罷去，不待旨也。於是臺、省之勢積重不返，有齊、楚、浙三方鼎峙之名。齊爲亓詩教、韓浚、周永春，楚爲官應震、吳亮嗣，浙爲劉廷元、姚宗文，勢張甚，湯賓尹輩陰爲之主。賓尹負才名而淫污，辛亥京察被斥。至是，察典竣，韓浚以問鄉人給事中張華東。華東曰：「王之寀論甚正，何爲重處之？」浚驚愕不語。

四十六年（戊午，一六一八）十二月，主事鄒之麟奪職閑住。之麟負才名，附給事中亓詩教、韓浚求轉吏部不得，遂訐奏詩教、浚。又擅離任，被斥。

四十七年（己未，一六一九）十二月，會推閣員。禮部左侍郎何宗彥以吏科給事中張延登不署名，不得預，御史薛敷教、蕭毅中、左光斗、李徵儀、倪應春、彭際遇、張新詔等，交章惜之。而禮科都給事中亓詩教、兵科薛鳳翔又屢駁具如延登指，各歸責於輔臣方從哲。從哲奏辨。俱不報。先是，國本之論起，廟堂益相水火，上頗厭惡之，斥逐相繼，持論者愈堅，乃一切置之高閣。方從哲獨相七年，上喜其無能而安之。山東趙煥爲冢宰，詩教又從哲門人，故其勢尤張。已而鄒之麟倡言張鳳翔爲選君，必以年例處姚宗文、劉廷元，齊、浙遂離。之麟既被黜，其友夏嘉遇、魏光國、尹嘉賓、鍾惺皆有才名，俱改用。而嘉遇素潔清，亦與衆共擯。趙興邦爲兵垣，仍入禮闈，之麟、嘉遇遂糾之，并及詩教。言路合疏糾嘉遇。興邦遽陞京卿。御史唐世濟助嘉遇攻興邦，而亓、趙之勢衰。時廷議所喧持者，唯禁道學一事，吏治邊防，俱置不理。

泰昌元年（庚申，一六二〇），卽萬曆四十八年也。八月己酉，起鄒元標爲大理寺卿。科臣惠世揚上言：「君子小人之進退，關係國家之治亂。然小人不退，則君子不進。」吏部尚書周嘉謨奏列建言得罪諸臣王德完等三十三人。於是王德完、孟養浩、鍾羽正、滿朝薦等悉起部、寺諸官。壬戌，以侍讀學士劉一燝、韓爌爲禮部尚書兼東閣大學士，直文淵閣。仍諭內閣，特召舊輔葉向高。初，光宗踐祚，踰月崩，未及用向高等。熹宗旣卽位，乃遣行人徵之。

十一月，給事中惠世揚遇災陳言，因參大學士孫如游，薦高攀龍、劉宗周、孫居相、劉策、王之寀、陸大受等。十二月，大學士方從哲致仕。從哲以「紅丸」、「移宮」二案，臺、省交章論之，至是歸。

熹宗天啓元年（辛酉，一六二一）春正月，兵科給事中楊漣予告回籍。漣以「移宮」一案，御史賈繼春侵之，漣因乞歸。詳三案御史馬逢臯上言：「楊漣何罪，無罪卽功。功在安社稷，罪在攻大璫。罪璫未誅，而發璫罪者先作楚囚之悲。君子退，則小人進矣。」

二月，御史周宗建上言：「國家之治亂，由於議論之公私。皇祖戊申以後，沈一貫未敗之時，在朝者豈無君子？而一雜以小人，則沈鯉可逐，郭正域可芟，察典可壞，大獄可興。時則有錢夢皐、康丕揚爲之首。庚戌、辛亥之交，在朝者豈無君子？而一雜以小人，則大貪之淮撫可保，極險之銓佐可阿，直節可摧，淸流可放。時則有史記事、徐紹芳等爲之首。壬子、癸丑之交，在朝者豈無君子？而一雜以小人，則學差可擯，考選可排，吏、兵之諸事，可日試以爲嘗，考察之把持，可一網以爲阱。時則有亓詩敎、趙興邦爲之首。有如今日，三咨並下，君子進庸矣。而臣竊爲先事之慮者，以用人言之，如所引董應舉、高攀龍、史孟麟、李邦華、熊明遇、魏允中等二十餘人，類皆磊落奇才。如必借此相引，積橫之貪邪，亦思梯架於月旦，窮凶之醜類，尙留春夢於餘灰，將朝廷大公之盛舉，翻作臣子市德之私緣，臣之所謂不得不慮也。以「移宮」言之，如方震孺、毛士龍等十有餘章，闡發旣明。在科臣楊漣潔志遠嫌，不難聽召用於他日。臺臣賈繼春質心愛主，何妨付定論於國人。若復侈談羽翼，追憶几筵，欲埽疑端，愈增滋蔓，又臣之所謂不得不慮也。臣請約言之，銓除在眞品，毋容夾雜以同升；朝論在輿評，毋輕出言以佐鬬。國家要以邊事爲首務，毋自起室內之戈。今日終以君德爲大本，毋徒爲將順之節。」

三月，起劉宗周禮部主事，王之寀刑部主事，高攀龍光祿寺丞。

八月，給奉聖夫人客氏地。以陵工成，命敍錄魏進忠。御史王心一、馬鳴起，吏科給事侯震暘、倪思輝、朱欽相等，先後糾之。降調有差。詳魏忠賢亂政

二年（壬戌，一六二二）春正月，起吏部郎中趙南星爲太常寺卿。

三月，禮科惠世揚疏參輔臣沈㴶：「借募兵之名，爲護身之術。陰使其黨晏日華潛入大內，誘劉朝等練兵，再見江彬之事。外戚鄭養性厚募死士，有違祖制。」不聽。御史侯震暘亦以劾㴶調外。六月，刑部尙書王紀奏劾輔臣沈㴶「巧能移人主之視聽，力足倒天下之是非。交結權黨，誅鋤正士。黃臺瓜詞已賦，同文館獄將興」。又曰：「臣指其蔡京，而㴶不肯受。試取惠世揚、周朝瑞、魏大中、董羽宸等疏，一一讀之。則京之爲京，隱括於此矣。」上以煩言責之。㴶尋予告回籍，紀革職爲民。

八月，以楊漣爲太常寺少卿。

兵科給事朱童蒙疏劾都御史鄒元標、副都御史馮從吾建壇講學，醵金立院之非。標等上疏自理，上優詔答之。工科給事郭興治復劾，內有「比擬妖賊」諸語。上責其狂悖，奪俸。於是元標、從吾五疏乞休。元標卽移家出城，遂予告，馳驛去。

翰林修撰文震孟上言勤政講學之實，留中。庶吉士鄭鄤疏促之，俱降調。詳魏忠賢亂政

太僕少卿滿朝薦上言：「國事顚倒，成於陛下者什之一二，成於當事大臣者什之八九。」疏

入，除籍爲民。

十一月，以趙南星爲都察院左都御史。

十二月，以顧秉謙、魏廣微爲大學士，入閣辦事。

三年（癸亥，一六二三）二月，奪御史周宗建俸。南京御史徐世業劾宗建保舉熊廷弼。宗建疏辨，詞連郭鞏，有「結交宮闈，獻媚進忠」之語。中旨切責。

冬十月，以楊漣爲右僉都御史，協理院事。

四年（甲子，一六二四）二月，推南京吏部尚書鄒元標，中旨以衰老罷之。

夏四月，吏部尚書趙南星上言：「吏部四司，惟稽勳司一人，餘司皆二人，以稽勳事寡也。然今日之稽勳，皆儲爲文選、考功之用，宜就近推補司官，不拘資格，一省不妨二人。」引陸光祖調吏部呂坤、黃克念等同邑同司之例爲言。上從之。於是南星調職方司郎中，鄒維璉爲稽勳，主外察。維璉與原任主事吳羽文皆江西人，羽文遂拘舊事求去，維璉亦不敢履任。刑科傅櫆疏侵之，羽文求去益堅，維璉亦上疏力辭。櫆復疏以僉都御史左光斗、吏科都給事魏大中交通故內監王安、中書汪文言。詔下文言於獄，嚴訊之。光斗上疏自理，大略謂：「櫆之意，不利於稽勳有鄒維璉，銓司有程國祥，吏垣有魏大中，故欲一網去之。」且指其「冒東廠理刑傅繼教爲兄弟，布置窩穴」。大中亦上疏辨。得旨，命大中赴任供職。

御史袁化中、給事中甄淑相繼爲光斗辨。大學士葉向高請骸骨，疏曰：「臣十八疏乞歸，皇上謂時艱主憂，臣卽去何安。顧臣罪戾多矣。卽如科臣傅櫆所論，汪文言實臣具題。左光斗、魏大中之善文言，尙屬曖昧，而臣之用文言，則事跡甚明。臣取罪之故，當聽公論，不敢妄辨，以滋紛紜。耿耿愚忠，竊謂言官之訐奏，釁不可開，駕帖之拏人，漸不可長。惟皇上罪臣一人，而稍寬其他，於以釋宮府之嫌，消搢紳之禍。」上慰諭留之。已而大中旣涖任，復傳旨詰責大中：「櫆情事未明，何得赴任！」櫆乃上言：「明旨不宜二三，中旨恐開旁竊。」糾近臣以自解。

七月，大學士葉向高予告回籍。向高再入相，政移忠賢。同事者更希意阿旨，向高動卽掣肘。楊漣二十四罪疏上，忠賢恨刺骨。御史林汝翥忤璫，羣璫圍向高第索之。向高知時不可爲，發憤決去。疏三十三上，後得請。

左都御史高攀龍糾劾貪污御史崔呈秀，落職回籍。呈秀巡按淮陽，有狼籍聲。吏科都給事魏大中發其魄遺，攀龍因回道考察，劾罷之。已而呈秀以魏璫義子起用。

冬十月朔，有事太廟，輔臣魏廣微不至，魏大中糾其無禮，指稱：「惟奢安不拜正朔。」廣微深銜之，上疏自辨。御史李應昇復疏糾之，謂「廣微不可見乃父於地下」。廣微見疏恚甚。廣微父，魏允貞也，嘗爲諫官，得罪閣臣去。

降吏科都給事魏大中、吏部員外夏嘉遇、御史陳九疇三級，調外。吏部尚書趙南星、左都御史高攀龍乞罷，許之。給事中沈惟炳疏救，不允，亦調外。時推山西巡撫，南星以太常卿謝應祥沈靜有爲，欲以處之，言於員外夏嘉遇。嘉遇述其意於河南道御史袁化中，化中深然之。及化中途逢大中，告以故。先是，應祥令嘉善，大中知其才守，遂會推焉。陳九疇有私恨，遂論應祥昏耄，大中以門牆私之。互相奏辨，有旨會勘。吏部坐臺臣「論人失實」上，中旨以「比周」切責之，降大中等。於是南星、攀龍皆引罪去。大學士韓爌力救，不聽，引疾歸。已而刑部尚書喬允升，吏部侍郎陳于庭，都御史楊漣、左光斗，太常卿謝應祥，部屬張光前、鄒維璉，科、道袁化中、許譽卿等，一時盡黜，部署皆空。戶科給事中陶崇道上言：「諸臣各執成見，不無異同，尤望皇上盡入陶鎔，化其畛域。而天語頻煩，責以朋比。彼此之互異既章，水火之情形立見。虞廷黜陟，不過賢奸；唐、宋末流，可爲殷鑑。」疏入，降調。

十二月，起徐兆魁爲吏部左侍郎，朱童蒙、郭允厚、李春燁太僕寺少卿，徐大化、呂雲鵬、孫杰大理寺寺丞，霍維華、郭興治、楊維垣等皆科、道。以御史梁夢環追論，復逮汪文言。自是羅織靡已，楊漣、魏大中相繼斃於獄。詳魏忠賢亂政 御史李蕃疏劾輔臣朱國禎。時韓爌既去，魏廣微未得爲首輔，嗾蕃劾之。

五年（乙丑，一六二五）秋八月，御史張訥請廢天下書院。初，楊、左事起，以「移宮」爲案，但屬楊、左，與顧大章等無與也。已，復改殺熊廷弼。爲封疆，周朝瑞曾疏薦廷弼，而顧大章與楊維垣相疏辨，與楊、左又無與也。乃以封疆牽入「移宮」，於是一網盡矣。詳魏忠賢亂政

七年（丁卯，一六二七）八月，上崩，無嗣，遺命以信王入繼大統。誅魏忠賢、客氏，其黨相繼伏法。詳魏忠賢亂政

冬十月，吏科都給事中陳爾翼上言：「東林餘孽，偏布長安，每欲因事起釁，憂不在小。乞敕下廠、衞，嚴緝禁之。」上曰：「羣臣流品，先帝澄汰已分。朕初御極，嘉與士大夫臻平康之理，毋事揣摩形影，以滋爭競。」

十一月，戶部員外王守履劾崔呈秀，薦舊輔韓爌。上以韓爌清忠有執，下所司知之。

懷宗崇禎元年（戊辰，一六二八）春正月，翰林院編修倪元璐上言：「臣入都見邸抄，凡攻崔、魏者，必引東林爲並案。一則曰『邪黨』，再則曰『邪黨』。夫崔、魏而既邪黨矣，向之劾忠賢、論呈秀者，又邪黨乎？虛中言之，東林則亦天下之才藪也。其所宗主者，大都秉清挺之標，而或繩人過刻；樹高明之幟，而或持論太深；此之謂非中行則可，謂之非狂狷則不可。且天下之議論，寧涉假借，而必不可不歸於名義；士人之行己，寧任矯激，而必不可不準諸

廉隅。自以假借矯激深咎前人，而彪虎之徒，公然毀裂廉隅，背叛名(教)〔義〕（據倪文貞公奏疏卷一改）矣。連篇頌德，匝地生祠。夫頌德不已，必將勸進；生祠不已，必且嵩呼；而人猶寬之曰『無可奈何』。嗟乎！充一無可奈何之心，又將何所不至哉！議者能以忠厚之心曲原此輩，而獨持已甚之論苛責吾徒，亦所謂悖也。今大獄之後，湯火僅存，恩綸酌用。乃任事諸臣，猶以『道學封疆』四字，持爲鐵案，深防報復，臣竊以爲過計也。水落石出，正人相見，總屬崔、魏之異己，即可化牛、李爲同心。況年來借東林以媚崔、魏者，其人自敗，不須東林報復。若其不附崔、魏，又能攻而去之者，其人既已喬嶽矣，雖百東林烏能報復哉！臣所謂方隅未化也。韓爌清忠有執，聖諭鑑知。而廷議殊有異同，則徒以票擬熊廷弼一事耳。夫封疆失事，累累有徒，而時議獨殺一廷弼，豈平論哉！此爌之所以閣筆也。然廷弼不死於封疆而死於局面，不死於法吏而死於奸璫，則又不可謂後之人能殺廷弼，而爌獨不能殺之也。詞臣文震孟三月居官，昌言獲罪，有人如此，雅謂千秋。而起用之旨再下，悠謬之談日甚，豈以其前兄從龍不逞之事乎？夫賢愚相越，古今多有，不聞柳下惠膺盜跖之誅，司馬牛受向魋之罰，臣所謂正氣未伸也。總之，臣論不主調停，而主別白，不爭二臣之用舍，而爭一日之是非。至於海內講學書院，凡經逆璫矯旨毀拆者，俱宜葺復如故。蓋書院、生祠相爲勝負，生祠毀，書院豈不當復哉！」疏入，上不納。御史楊維垣以詞臣持論之偏，疏駁之。

元璐復上言：「維垣疏臣持論甚謬，怪臣盛稱東林，以東林之尊李三才而護熊廷弼也。然亦知東林中有首參魏忠賢之楊漣、提問崔呈秀之高攀龍乎？且當時於三才特推其揮霍之略，未嘗不指之爲貪。於廷弼特未即西市之誅，未嘗不坐之以辟，則猶未爲失論失刑也。今忠賢窮兇極惡，維垣猶曰『廠臣公，廠臣不愛錢，廠臣爲國爲民』，而何況三才！虎彪結交近侍，律當處斬，初擬止於削奪，維垣不聞駁正，又何況廷弼。而以臣爲謬，臣不受也。維垣又怪臣盛稱韓爌，夫舍爌觸璫嬰禍之跡，加以說情罔利，已非矣。如廷弼特票免一梟，未赦而欲用之也。至廷弼行賄之說，逆璫借爲楊、左諸人追贓地耳。維垣奈何倘守是說乎？而以臣爲謬，臣不受也。維垣又怪臣盛稱文震孟，夫震孟臣不更論，卽如王紀清正著聲，以參沈潅忤逆璫而譴斥，震孟則以薦王紀而降削，均得罪於逆璫者也。維垣試觀數年來破帽策蹇之輩，較超階躐級之儔，孰爲榮辱？自此義不明，於是畏破帽策蹇者相率爲頌德生祠，而希蟒玉馳驛者，遂呼父呼九千歲而不顧。而以臣爲謬，臣不受也。維垣又怪臣盛稱鄒元標，夫謂都門聚講非宜，則可；謂元標講學有邪謀，則不可。逆璫毀書院，逐正人，箝學士大夫之口。自元標以僞學見驅，而逆璫遂眞儒自命，學宮之席，儼然揖宣聖爲平交，使講學諸人而在，豈遂至此！而以臣爲謬，臣不受也。維垣又極力洗發臣『假借矯激』四字。夫崔、魏之世，人皆任眞率性爲頌德生祠，使有一人矯激假借而不頌不祠，豈不猶賴此人哉！（而）〔非〕謂東林之名義盡假〔借〕也（據倪文貞公奏疏卷一改補）。東林自鄒元標、王紀、高攀龍、楊漣外，如顧憲成、趙南星、馮從吾、陳大受、周順昌、魏大中、周起元、周宗建等之眞理學、眞骨力、眞氣節、眞清操、眞吏治，豈有所矯激假借而然？而曰臣大謬，臣益不受也。維垣以〔爲〕（據倪文貞公奏疏卷一補）眞小人待其貫滿可攻而去之，崔、魏之貫滿久矣，不遇聖明，誰攻而去之？維垣以無可奈何之時，爲頌德生祠解嘲。假令呈秀舞蹈稱臣於逆璫，諸臣亦以爲不可異同而舞蹈稱臣乎？又令逆璫以兵劫諸臣使從叛逆，諸臣便亦畏而從之，以爲適値無可奈何之時乎？維垣又言：『今日之忠直，不當以崔、魏爲對案。』臣謂正當以崔、魏爲對案也。夫品節試之於崔、魏而定矣。有東林之人，爲崔、魏所恨，必欲殺之逐之，此正人也。有攻東林之人，雖爲崔、魏之所借，而劾節不阿，或逐或遠，此亦正人也。以崔、魏定邪正，譬之以鏡別姸媸。而揭揭代逆璫分謗，臣願維垣之熟計之也。」上是之。時元璐屢言事，大學士來宗道嘗曰：「渠何事多言？吾詞林故事，惟香茗耳！」時謂宗道「清客宰相」。

五月，御史袁弘勳劾大學士劉鴻訓「一入黃扉，揚揚自得。浹旬之間，革職閑住無虛日。最可異者，楊所修、賈繼春、楊維垣，夾攻表裏之奸，有功無罪而誅鋤禁錮，自三臣始。且軍國大事，未暇平章，惟亟毀要典。謂水火玄黃，是書爲崇。今燬矣，水火玄黃息耶戰耶？未燬以前，崔、魏借之以空善類；既燬以後，鴻訓又借之以殛忠良。以暴易暴，長此安窮」！鎮撫司僉書張道濬亦訐攻鴻訓。工科給事中顏繼祖爭之，且言：「道濬出位亂政，非重創不止。」御史史𡏅、高捷相繼彈鴻訓，鴻訓尋以事罷歸。

十一月庚申，會推閣員吏部侍郎成基命、禮部侍郎錢謙益等。禮部尚書溫體仁訐謙益，天啓初主試浙江，賄中錢千秋，不宜枚卜。上召廷臣及體仁、謙益於文華殿，質辨良久。上曰：「體仁所參『神奸結黨』，誰也？」曰：「謙益黨與甚衆，臣不敢盡言。即枚卜之典，俱自謙益主持。」吏科給事中章允儒曰：「體仁資深望輕，如糾謙益，何不先於枚卜也？」體仁曰：「前猶冷局，今卜相事大，不得不爲皇上愼用人耳。」允儒曰：「朋黨之說，小人以陷君子，先朝可鑑。」上叱之，下錦衣衛獄，削籍。禮部以錢千秋試卷呈，上責謙益，引罪而出，旋回籍，除名爲民。下千秋於刑部。周延儒曰：「自來會推會議，皆故事，僅一二人主持，餘無所言。即言出，而禍隨之矣。」上大稱善，遂停枚卜，卒用延儒。延儒力援體仁，明年亦入政府。初，延儒以召對稱旨，至是，枚卜，謙益必欲得之，而慮以延儒同推，勢必用延儒，遂力扼止之。不知上果意在延儒，不推適滋上疑耳。於是黨同之疑，中於上者深。體仁發難，而延儒助之，謙益不知也。忽蒙召對，謙益自爲枚卜定於此日。及入見，方知有體仁疏。體仁與謙益廷辨，體仁言如湧泉，而謙益出不意，頗屈。

二年（己巳，一六二九）春正月，定逆案。

召廷臣於文華殿。先是，御史毛九華劾禮部尚書溫體仁有媚璫詩刋本。上問體仁，體仁謂出自錢謙益誣論。又出御史任贊化參體仁疏，其語褻，上不懌，謫贊化於外。御史吳甡言：「因溫體仁前削章允儒，降房可壯、瞿式耜，今又斥任贊化，班行無色。乞召還言官。」不聽。

三年（庚午，一六三〇）五月，左諭德文震孟上言：「呂純如羅織諸賢，今藉奧援，思借邊才起用。吏部尚書王永光假竊威柄，年例變亂祖制，考選擯斥清才。」疏入，命指實具奏。永光有清執，東林以其異己，給事中張國維、御史毛羽健等交劾之。俱不問。至是，震孟再糾之。

四年（辛未，一六三一）春正月，翰林院編修黃道周疏救錢龍錫，調外。初，定魏、崔逆案，輔臣錢龍錫主之。袁崇煥之獄，御史史𡎺力謀借崇煥以報龍錫，因龍錫以羅及諸臣，周延儒、溫體仁主之。欲發自兵部，而尚書梁廷棟不敢任。又上英察，不能遽起大獄也。道周疏上，延儒意稍解。時大學士韓爌亦被劾歸。

二月，給事中葛應斗糾御史袁弘勳、錦衣衛都督同知張道濬，通賂竊權。命下理。弘勳受參將胡宗明、主事趙建極賄，囑於兵部尚書梁廷棟、吏部尚書王永光。弘勳、道濬，皆永光所任也，俱論戍。刑科給事中吳執御論永光誨貪崇墨，永光罷。

五月，釋故大學士錢龍錫獄，戍定海衞。龍錫出獄，周延儒即過之，極言上怒甚，挽回殊難，龍錫深德之。未幾，溫體仁至，龍錫因述延儒語。體仁曰：「上固不甚怒也。」於是聞者謂體仁質直而延儒虛僞，然亦體仁之巧於擠延儒也。嘉善錢士升爲龍錫門生，聞體仁語，頗多之，而輕延儒，體仁遂與相結。

五年（壬申，一六三二）春正月，刑科給事中吳執御奏薦黃克纘、劉宗周等，御史吳彥芳奏薦李瑾、李邦華等。上以其朋比，惡之，下彥芳、執御於理。坐上書不以實律，杖爲城旦。

六年（癸酉，一六三三）三月，刑科都給事陳贊化劾大學士周延儒「招權納賄，遊客李元功借勢威人。延儒嘗語去輔李標事云：『上先允放，余封還原疏，上即改留。頗有回天之力，今上羲皇上人也。』此是何語，豈徒小人之輕泄乎！至指借停刑，以罔賄利，此固通國所共聞也」。且引刑科給事李世祺爲證。世祺亦奏延儒有此言。不問。戶科給事中朱文煥亦劾延儒「重荷國恩，毫無補救」。六月，大學士周延儒罷。始，溫體仁與延儒深相結納，延儒力援之以進。至是，體仁將奪其位，太監王坤疏攻延儒，體仁無一語相助。於是陳贊化屢糾延儒，即「羲皇上人」一語，窮究不已。體仁知上意，凡與延儒爲難者，必陰助之，而助延儒者皆詘。延儒放歸。

七年（甲戌，一六三四）三月，召大學士何如寵入朝，在道屢引疾，不許。刑科給事中黄紹杰奏言：「從來君子小人，不能並立。如寵徘徊瞻顧，則次輔溫體仁當知所自處矣。自體仁爲相，水旱洊臻，盜賊滿路，燮理固如是乎？秉政既久，窺旨必熟。中外諸臣，承奉其意。用一人，則曰：『此與體仁不合也。』行一事，則曰：『此體仁所不樂也。』凡此，皆召變之由。乞命體仁引咎辭位，以回天心，慰民望。」上責其率妄，調外。

八月甲戌，召廷臣於平臺，問誰堪冢宰總憲者，令各給條對。吏部左侍郎張捷曰：「臣之所舉，與衆不同。」上許之。勳戚在殿西室，文臣在殿東室。捷旁皇四顧，大學士王應熊目屬之，諸臣覺其異。及問所薦，則前兵部呂純如也。時諸臣或舉鄭三俊，勳戚亦如之。或舉唐世濟。捷曰：「總憲世濟可，冢宰非純如不可。」俄入奏，力言純如之長。諸臣以純如列逆案，不可。刑科給事中姜應甲言之尤力，捷失色。上問溫體仁，對曰：「謝陞可。」上是之。應熊故善周延儒，而純如又與延儒善者，故體仁陰持之。給事中范淑泰、吳甘來交章劾王應熊、張捷同謀黨附，計翻逆案。乙亥，召南京吏部尚書謝陞爲吏部尚書，以唐世濟爲左都御史。

八年（乙亥，一六三五）夏六月，刑部主事吳江，給事中何楷、宋學顯，御史張纘曾，各劾大學士溫體仁，并及王應熊。初，流盜陷中都，巡撫楊一鵬，巡按吳振纓被劾。而振纓體仁鄉人，曲庇之。時何吾騶亦與應熊不合，錢士升力劑其間，得解。

秋七月，進少詹事文震孟爲禮部左侍郎兼東閣大學士。震孟講春秋稱旨，既而以疾告，不允。溫體仁語之曰：「行相君矣，何避也！」至是，出特簡入政府。

十一月，大學士何吾騶、文震孟罷。初，吾騶、震孟在直，欲以工科給事許譽卿補南京太常卿，溫體仁與吏部尚書謝陞難之。陞遂疏糾譽卿。震孟自恃特簡，於體仁無所依附。嘗與體仁論庶吉士鄭鄤當遷除，大拂體仁意。至是，票陞疏，止欲奪譽卿俸，體仁不肯。震孟作色擲筆曰：「卽削籍無害！」體仁夕揭上，而吾騶、震孟朝罷矣。譽卿擊璫有直聲，沈淪諫垣，十年不調，至是削籍。震孟有時望，入相僅三月而齟齬同官，不竟其用。

逮庶吉士鄭鄤。鄤繼母，大學士吳宗達女弟也。鄤薄於宗達，宗達嘗揭其杖母烝妾。震孟既忤體仁，體仁併恨鄭鄤，卽以宗達所揭入告，下獄。

九年（丙子，一六三六）二月，吏部尚書謝陞疏救陳子壯，不聽。先是，子壯以論宗秩事下獄。詳崇禎治亂

巡按蘇、松、常、鎮御史王一鶚奏薦周延儒等，以濫及廢籍，責之。

夏四月，大學士錢士升罷。初，溫體仁深結士升，其入相也，體仁凡有所爲，必力推之。如用冢宰謝陞、總憲唐世濟，皆體仁意，而士升成之。體仁逐文震孟，頗引士升爲主，士升

亦助體仁。至是，體仁幷欲去士升，因福建右衞經歷吴鯤化訐奏士升弟士晉，卽擬嚴旨。仍囑林釬毋泄言，欲借弟以逐其兄也。士升遂引歸。

五月，逮滋陽知縣成德，下錦衣獄。德性剛激，入前大學士文震孟之門。至是，連章攻温體仁，凡十上，盡發其奸狀。母張氏，伺體仁輿出，輒道詬之。德移獄刑部，戍延綏。

秋七月，國子祭酒倪元璐免。元璐與同邑左庶子丁進不合，嗾誠意伯劉孔昭訐奏也。

十一月，下左都御史唐世濟於獄。世濟以邊才薦故兵部尚書霍維華。上謂維華逆案，世濟蒙蔽，下刑部獄。明年正月，霍維華戍沒。

十年（丁丑，一六三七）春正月，常熟章從儒訐奏前禮部右侍郎錢謙益、科臣瞿式耜。疏上，温體仁修郄，逮之下刑部獄，幾殆。謙益嘗作故太監王安祠記，曹化淳出王安門，憤其寃，發從儒陰謀，立枷死。謙益等尋得釋。

二月，逮巡按山西御史張孫振。初，提學僉事袁繼咸守官奉公，自書卷外無長物。孫振貪穢不職，誣奏之。貢士衞周祚等訟其寃。命幷孫振逮訊。

三月，陸文聲陳「風俗之弊，皆原於士子。太倉庶吉士張溥、前臨川知縣張采，倡復社以亂天下」。命南直提學御史倪元珙覈奏。元珙因極言文聲之妄。上責其蒙飾，降光祿寺錄事。溥、采爲古學以相砥礪，天下靡然鄉風，不爲政府所悅，故朝論多苛及之。時蘇州推官周之變，亦許奏溥等樹黨挾持。

夏四月，兵科給事中宋學顯、貴州道御史張盛美俱例轉湖廣、河南參議。撫寧侯朱國弼劾溫體仁，私左都御史唐世濟，逐學顯、盛美。上不聽。又劾體仁受霍維華賂，令唐世濟發端。上慰諭體仁，奪國弼侯爵，世濟亦戍邊。

六月，大學士溫體仁引疾免，賜金幣，遣行人吳本泰護歸。體仁在事，諸臣攻者無虛日。體仁與舉朝爲仇，其庇私黨排異己，未嘗有跡，但因事圖之，使若發自上者，而主柄陰爲所假，上竟不之疑。

八月，以薛國觀爲禮部左侍郎兼東閣大學士。

十月，定東宮官屬。右諭德項煜、編修楊廷麟讓左諭德黃道周。閣臣以道周意見偏，上疏有「不如鄭鄤」之語。寢之。刑科給事中馮元飈言：「道周忠足以動聖鑒，而不能得執政之心，恐天下後世有以議閣臣之得失也。」不聽。已而道周疏劾楊嗣昌奪情，謫外。詳崇禎治亂

十一年（戊寅，一六三八）八月，南京戶科給事張焜芳論前巡鹽兩淮御史史𡎴侵帑三十餘萬。命逮𡎴下刑部。先是，巡鹽御史張錫命憂去，遺課二十一萬。𡎴攝事，盡入其家。檢討楊士聰攻之，𡎴諉槖錫命。時錫命前卒，子沆奏辨，大學士錢士升擬旨罪𡎴。王應熊

曰：「史太僕大有才，未易攖也。」擬上，上果不聽。至是，堃復奏辨，又發張焜芳朋黨狀，焜芳奪官。

十二年（己卯，一六三九）六月，以左懋第、袁愷、陰潤、藺剛中、范士髦爲給事中，詹時雨、李近右、汪承詔、張緒論、楊四重爲試監察御史，吳昌時等並各部主事。昌時首選吏部。疏上，上自手定先後，示不測。昌時謂薛國觀所爲，恨之。

八月，故庶吉士鄭鄤磔於市。先是，中書舍人許曦訐奏鄤不孝瀆倫，與溫體仁疏合。法司定罪擬辟，上命加等。鄤初選庶吉士，有直諫聲，文震孟、黃道周皆與之遊。當時欲借鄤以傾震孟、道周，讞駁逾重。而鄤居鄉多不法，遂罹慘禍。

十三年（庚辰，一六四〇）夏四月，巡撫江西右僉都御史解學龍，薦舉布政司都事黃道周。上以道周黨邪亂政，學龍徇私，俱逮下理，廷杖論戍。戶部主事葉廷秀請寬之，併杖削籍。監生涂仲吉上言：「黃道周通籍二十載，半居墳廬。稽古著書，一生學力，止知君親。雖言嘗過戇，而志實忠純。今喘息僅存，猶讀書不倦。此臣不爲道周惜，而爲皇上天下萬世惜也。昔唐太宗恨魏徵之面折，至欲殺而終不果。漢武帝惡汲黯之直諫，雖遠出而實優容。皇上欲遠法堯、舜，奈何出漢、唐主下！斷不宜以黨人輕議學行才品之臣也。」通政司格之不上，仲吉幷劾通政使施邦曜遏抑言路，再救道周。上怒，下獄杖之，論戍。

六月，大學士薛國觀免。初，國觀以溫體仁援，得入閣。同官六人皆罷，獨國觀秉政至首輔，上頗向用之。至是，因擬諭失旨，下五府、九卿議處致仕。刑科給事中袁愷再疏劾之，言：「國觀納賄有據。」并及尚書傅永淳、侍郎蔡奕琛等。遂下鎮撫司訊。初，上召國觀，語及朝士婪賄。對曰：「使廠、衞得人，朝士何敢黷貨！」東廠太監王化民在側，汗出浹背。於是專偵其陰事，以及於敗。國觀既削籍，吏部尚書傅永淳、南京吏部尚書朱繼祚並免。下左副都御史葉有聲於獄，以通賄國觀也。時株連頗衆。十二月，國觀奏辨。不聽，命入京卽訊。

十四年（辛巳，一六四一）春正月，故大學士薛國觀奏辨刑科給事中袁愷誣劾，出於禮部主事吳昌時之意。上不聽。

夏四月，召前大學士周延儒、張至發、賀逢聖入朝。至發辭不出，逢聖不久以病歸。初，延儒既罷，丹陽監生賀順、虞城侯氏，共斂金，屬太監曹化淳等營復相。至是，得召用，主事吳昌時之力居多，延儒德之。

六月，故刑部右侍郎蔡奕琛在繫上言：「去夏六月，同邑諸生倪襄，贅於庶吉士張溥之門，歸語知縣丁煌，誇溥大力，可立致人禍福，因言及臣旦夕必逮。未幾，而王陛彥果劾臣矣。一里居庶常，結黨招權，陰握黜陟之柄，豈不異哉！」上令丁煌指證，下倪襄於獄。既而奕琛亦劾張溥，幷及故禮部侍郎錢謙益。

八月辛亥，故大學士薛國觀賜死，誅中書舍人王陛彥，各籍其家。初，國觀以王陛彥通賂免官，命伺其邸，則王陛彥至，執下獄。陛彥爲吳昌時甥，臨刑呼曰：「此舅氏所作，我若有言，卽累名教矣。」時國觀事發於東廠，僉云昌時實啓其機。

十二月甲子，戍黃道周、解學龍。初，刑部尙書劉澤深擬道周瘴戍，再奏不允。因上言：「道周之罪，前兩疏已嚴矣。至此，惟有論死。死生之際，臣不敢不愼也。自來論死諸臣，非封疆則貪酷，未有以建言誅者。今以此加道周，道周無封疆貪酷之失，而有建言蒙戮之名。於道周得矣，非我皇上覆載之量也。且皇上所疑者黨耳，黨者見諸行事。道周具疏空言，一二臣工，始未嘗不相與也。今且短之，繼而斥之，烏有所謂黨，而煩朝廷之大法耶！去年行刑時，忽奉旨停免。今皇上豈有積恨於道周，萬一轉圜動念，而臣已論定，噬臍何及？敢仍以原擬上。」上從之。

十五年（壬午，一六四二）夏四月，宥馬士英，起兵部左侍郎兼右僉都御史，提督鳳陽。士英初撫宣大，以總監王坤論罪。至是，故太常少卿阮大鋮爲營救，得起用。

八月，召還黃道周，仍任少詹事。時周延儒承上眷最深，凡上怒莫能回，延儒能談言微中。先是，道周在獄，人謂必不可救。延儒以微詞解之，得減放。至是，上偶言及岳飛事，歎曰：「安得將如岳飛者而用之？」延儒曰：「岳飛自是名將。然其破金人事，史或多溢辭。卽如黄道周之爲人，傳之史册，不免曰其不用也，天下惜之。」上默然。甫還宫，卽傳旨復官。

十六年（癸未，一六四三）三月，改禮部儀制主事吴昌時爲吏部文選主事，署郎中事。昌時好結納，通司禮太監王化民等，欲轉銓司。吏部尚書鄭三俊嘗以問鄉人徐石麒，答曰：「君子也。」三俊遂薦於上。蓋石麒畏昌時機深，故譽之，而三俊不知。

例轉給事中范士髦等四人，御史陳藎等六人。故事，例轉科一道二，文選主事吴昌時特廣其數，意脅臺、省，爲驅除地也。

夏四月，河南道御史祁彪佳劾吴昌時桒制弄權。山東道御史徐殿臣、賀登選各疏參之。

五月，吏部尚書鄭三俊以薦吴昌時引咎罷，大學士周延儒放歸。給事中郝絅復劾吏部郎中吴昌時、禮部郎中周仲璉「竊權附勢，納賄行私。內閣票擬機密，每事先知。總之，延儒天下之罪人，而昌時、仲璉又延儒之罪人」。御史蔣拱宸、何綸交劾之。七月乙卯，上自訊昌時於中左門，拷掠至折脛乃止。徵延儒聽勘，延儒先薦大學士王應熊，途中密語，令先抵京。上遣緹騎趨延儒入，偵知之。罷應熊，尋誅昌時，賜延儒死。初，延儒再召時，庶吉士張溥、馬世奇以公論感動之，故其所舉措，盡反前事。向之所排，更援而進之，上亦虛己以聽。溥既沒，世奇遠權勢不入都。延儒左右，皆昌時輩，以至於敗。

倪元璐曰：自神祖中葉以來，三四十年間，朝廷之局凡三變。其始天子靜攝，聽臣工羣類之自戰，而不爲之理，所謂鼠鬭穴中，將勇者勝耳。故其時其血玄黃，時勝時敗。其既閹寺擅權，宵人處必勝之地，正人亦戢心搏志，而甘處不勝，不敢復言戰。宵人亦不曰戰，直曰禽馘之耳。然其時正人雖嬰禍患，其心愈益喜，曰：「吾君子也。」其後魁柄已振，握照虛公，百爾臣工，皆怵然不敢窮戰，而陰制以謀。故其時氣戰者敗，謀戰者勝，謀陽者敗，謀陰者勝。凡明主所箝鍵以繩貪人者，宵人皆借之以穽正人。其正人既禍敗，卽無可自解，曰：「吾君子。」其宵人亦不靳歸名君子，而但使其無救於禍敗。宵人正人，皆以不敢言黨而黨愈熾，黨愈熾而國是不可問矣。究之指以朋比，斥爲僞學，竄逐禁錮，殆無虛日。予以世患無眞品望，不患無眞經濟耳！所謂道德事功，垂之竹帛，貞之珉石，蓋槩乎未有睹也。嗟乎！此後世之所以衰也。

明史紀事本末卷之六十七

爭國本

神宗萬曆十年（壬午，一五八二）八月丙申，皇元子生，頒詔赦天下。

十四年（丙戌，一五八六）正月，皇第三子生，進其母鄭氏爲貴妃。

二月，輔臣申時行等請册立東宮。疏曰：「早建太子，所以尊宗廟重社稷也。自元子誕生，五年於茲矣，即今麟趾螽斯，方興未艾，正名定分，宜在於茲。祖宗朝立皇太子，英宗以二歲，孝宗以六歲，武宗以一歲，成憲具在。惟陛下以今春月吉旦，勅下禮部，早建儲位，以慰億兆人之望。」上曰：「元子嬰弱，少俟二三年舉行。」

戶科給事中姜應麟、吏部員外沈璟上言：「貴妃雖賢，所生爲次子，而恭妃誕育元子，主鬯承祧，顧反令居下耶？乞收回成命，首進恭妃，次及貴妃。」上怒，謫應麟廣昌典史，璟亦調外。上諭閣臣曰：「降處非爲册封，惡彼疑朕廢長立幼，先揣摩上意耳。我朝立儲，自有成憲，朕豈敢以私意壞公論耶！」刑部主事孫如法上言：「恭妃誕育元嗣，五年未聞有進封之典，貴妃鄭氏一生子，即有皇貴妃之封，貴妃能得之於皇子之生之日，而恭妃不能得之五年敬奉之久，此天下不能無疑也。」上怒，謫潮陽典史。御史孫維城、楊紹程請定儲位，俱奪俸。

禮部侍郎沈鯉奏宜並封恭妃王氏，上諭待元子册立行。

皇貴妃鄭氏父鄭承憲爲其父請卹典，援中宮永年伯王禕例，禮部疏駁，上命予墳價五百兩。

十五年（丁亥，一五八七）春正月，禮科都給事王三餘，御史何倬、鍾化民、王慎德，各奏建儲，不報。輔臣請建儲封王，令候旨行。

十六年（戊子，一五八八）六月，山西道御史陳登雲請册立東宮，且罪鄭承憲驕横之狀。不報。

十八年（庚寅，一五九〇）春正月朔，上御毓德宮，召輔臣申時行、許國、王錫爵、王家屏於西室，以册立東宮係宗社計請。上曰：「朕知之，朕無嫡子，長幼自有定序。鄭妃亦再三陳請，恐外間有疑，但長子猶弱，欲俟其壯大使出。」輔臣復請曰：「皇長子年已九齡，蒙養豫教，正在今日。」上頷之。時行等出，上遽令司禮監追止之，云：「已令人宣皇子來，與先生一見。」輔臣還至宮門內，有頃，皇長子、皇三子俱至，引至御榻前，皇長子在御榻右，上手攜之，向明正立。輔臣等注視良久，因奏曰：「皇長子龍姿鳳表，岐嶷非凡，仰見皇上昌後之仁。」上欣然曰：「此祖宗德澤，聖母恩庇，朕何敢當。」輔臣奏：「皇長子春秋長，宜讀書。」且云：「皇上正位東宮時，方六齡，即已讀書，皇長子讀書已晚矣。」上曰：「朕五歲即能讀書。」復指皇三子云：「是兒亦五歲，尚不能離乳母。」遂手引皇長子至膝前，撫摩歎惜。輔臣叩頭奏曰：「有此美玉，何不早加琢磨，使之成器？」上曰：「朕知之。」時行等叩頭出。

十月，吏部尚書朱纁、禮部尚書于愼行率羣臣合疏請册立東宮。上怒，下旨奪俸。輔臣申時行引疾乞休，王家屏居中調之，上意稍解。以鄭國泰請册立疏示羣臣，傳諭建儲之禮，當於明年傳立，廷臣無復奏擾，如有復請，直踰十五歲。

十九年（辛卯，一五九一）冬十月，閣部大臣合疏請建東宮。先是，建儲事既奉上旨，申時行與同官約，遵守稍需一歲，每諸司接見，亦以此告之，故辛卯歲自春及秋，曾無言及者。至是，工部主事張有德請備東宮儀仗，時行方在告，次輔許國乃曰：「小臣尚以建儲請，吾輩不一言可乎？」倉卒具疏，首列時行名以上。時行聞之大愕，別具揭云：「臣已在告，同官疏列臣名，臣不知也。」故事，閣臣密揭皆留中，而是疏與諸疏同發。禮科羅大紘遂上疏論時行迎合上意以固位，武英中書黃正賓繼之。上怒，杖正賓，削大紘籍。十二月，輔臣王家屏乞明春建儲，以塞道路揣摩之口，銷牆幃牽制之私。不報。

二十年（壬辰，一五九二）春正月，禮科都給事李獻可疏請豫教，削籍。大學士王家屏具揭申救，封還御批。上怒。給事鍾羽正、舒弘緒、陳尚象、李固策、丁懋遜、吳之佳、楊其休、葉初春，御史錢一本、鄒德泳、賈名儒、陳禹謨，主事董嗣成交章申救，削籍、降調有差。科臣孟養浩疏最後上，加杖一百。家屏三疏乞歸，許之。吏部主事顧憲成、章嘉禎等廷推家屏忠愛，不宜廢置，請召還。上怒，憲成削籍，嘉禎謫羅定州州判。十一月，禮部尚書李長春屢請册立，疏十有四，不報，尋罷去。

二十一年（癸巳，一五九三）春正月，輔臣王錫爵歸省還朝，密疏請建東宮曰：「前者册典垂行，而輒爲小臣激聒所阻。皇上親發大信，定以二十一年舉行，於是羣囂寂然。蓋皆知成命在上，有所恃而無虞也。倘春令過期，外廷之臣必曰：『昔以激聒而改遲，今復何名而又緩？』伏乞降諭舉行，使盛美皆歸之獨斷，而天功無與於人謀。」上報云：「朕雖有今春册立之旨，昨讀皇明祖訓，立嫡不立庶。皇后年尚少，倘復有出，是二儲也。今將三皇子並封王，數年後皇后無出，再行册立。」錫爵復疏曰：「昔漢明帝取宮人賈氏子，命馬皇后養之。唐玄宗取楊良媛子，命王皇后養之。宋眞宗劉皇后取李宸妃之子爲子。與其曠日遲久，待將來未定之天，孰若酌古準今，成目下兩全之美。臣謹遵諭，並擬傳帖二道以憑採擇。然倘望皇上三思臣言，俯從後議，以全恩義，服人心。」上竟用前諭。工部郎中岳元聲謂科臣張貞觀、史孟麟曰：「此舉何如？」貞觀曰：「此乃錫爵密進者。」元聲復詣禮部郎中陳大來家，兵科給事許弘綱、禮部郎中于孔兼皆在。弘綱以屬元聲。元聲曰：「我方論錫爵，若言，謂有成心，反敗乃事。其以元聲爲後勁可也。」弘綱不允，元聲遂歸草疏。適禮部郎中顧允成、張納陛至，遂聯名上，大約言皇上正位東宮之日，仁聖亦青年，莊皇帝不設爲未然事，以誤大計。疏入，刑科王如堅、光祿丞朱維京疏繼上，曰：「皇上念及中宮良厚，顧中宮春秋方盛，前星一耀，則所册元子自當避位，何嫌何疑！今以將來未期之事，格見在已成之命，恐中宮聞之，亦有不安者。皇上以手札咨之錫爵，錫爵不能如李泌之委曲叩請，如旨擬勑，難以厭中外之人心。」光祿少卿徐傑，署丞王學曾，郎中陳泰來、于孔兼疏繼上。上怒。如堅、維京謫戍，傑、學曾等爲民。而元聲、允成、納陛得寬旨，然並封旨竟如故。元聲與允成、納陛、泰來、孔兼暨李啓美、曾鳳儀、鍾化民、項德禎面詰錫爵於朝房，錫爵色甚厲。元聲曰：「閣下奈何誤引親王入繼之文，爲儲宮待嫡之例？」鳳儀語稍遜，元聲厲聲呵之曰：「曾員外不知祖訓。」錫爵容霽。衆欲出，元聲曰：「大事未定，奈何出！」錫爵曰：「然則如何？」元聲曰：「當以廷臣相迫，告之皇上。」錫爵曰：「書諸公之名以進，何如？」元聲曰：「請即以元聲爲首，杖戍惟命。」錫爵唯唯。庶吉士李騰芳上書錫爵曰：「聖明在上，識者俱爲杞憂，以公苦心，疑爲集菀，此皆妄也。但聞古賢豪將與立權謀之事，必度其身能作之，身能收之，則不難晦其迹於一時，而終可皎然於天下。公欲暫承上意，巧借王封，轉作册立。

然以公之明，試度事機，急則旦夕，緩則一二年，竟公在朝之日，可以遂公之志否？恐王封既定，大典愈遲，他日繼公之後者，精誠智力稍不如公，容或壞公事，隳公功，而罪公爲尸謀，公何辭以解？此不獨宗社之憂，亦公子孫之禍也。」錫爵讀訖，爽然曰：「諸公詈我，我無以自明。如子言，我受教。但我每揭皆手書，祕跡甚明也。」騰芳曰：「揭帖手書，人何由知？異日能使天子出公手書，傳示天下乎？」錫爵默然良久，復曰：「古人留侯、鄴侯皆以權勝。」騰芳曰：「鄴侯不欲以建寧爲元帥，而咏摘瓜詩以衞廣平，此經也，非權也。但與肅宗私議家事，恐上皇不安，而遲廣平爲太子，別是一則，然建寧之死胎此矣。若子房以強諫爲無益，而招致四皓，有似行權，然未嘗請太子與趙王並封。且行權必大智人，委曲宛轉，或立語而移，或默然而定，若需之數年，更以他手，雖聖人不能保矣。」語次，錫爵不覺泣下。翌日，上疏自劾三誤。不允。

二月，輔臣王錫爵復疏册立。上命三皇子俱停封。錫爵復疏爭之，略曰：「皇上旋止封王之命，再訂二三年册立之期，眞古聖王從善轉圜之盛德。顧臣私憂過計，去年之命既改於今年，則焉知今年之命不改於他日？夫人情惟無疑則已，疑心一生，則將究及宮闈之隱情，慮及千萬世之流禍。」復曰：「皇長子年近加冠，未就外傅，從來所未聞。皇上縱欲少緩册立之期，豈可不先行豫教之禮？」上不允。尋降陳泰來、薛敷教、于孔兼、顧允成於外，削禮科張貞觀籍爲民。

八月，王錫爵以星變言：「天以皇上爲子，皇上以太子爲子，天子之象帝星，太子之象前星，方今禳彗，第一議莫如册立。」上慰答之。

十一月，上御煖閣，召輔臣王錫爵。錫爵叩頭力請建儲。上允明年出閣聽講。尋又傳諭皇長子、皇三子齡歲相等，欲一併行出閣禮。錫爵復奏：「皇上有子而均愛之，均敎之，固慈父一體之念。然自外庭而觀，皇長子明年十三歲，皇三子明年九歲，大抵皇子生十歲而入學，以皇長子之太遲，形皇三子之太早，先後緩急之間，一不愼而聖心又晦矣。」

十二月，輔臣王錫爵等請皇長子先行冠禮，上報云：「東宮與王衮冕皮弁二服，冠則皆同，其服則異，今冠禮將何從，宜暫著常服出講。」

二十二年（甲午，一五九四）二月，皇長子出閣講學，禮部侍郎馮琦進儀注，上以未册立，免侍衛儀仗。

二十六年（戊戌，一五九八）五月，吏科給事戴士衡、全椒知縣樊玉衡削籍謫戍。先是，庚寅山西按察使呂坤輯閨範圖誌，鄭國泰重刻之，增刊后妃，首漢明德皇后，終鄭貴妃。科臣戴士衡指其書上言，謂呂坤逢迎掖庭，菀枯之形已分，語侵貴妃。樊玉衡前疏皇長子册立中，亦有「皇上不慈，皇長子不孝，皇貴妃不智」等語。貴妃聞之，泣訴於上。會有援引歷代嫡庶廢立之事，著爲一書，內刺張養蒙、劉道亨、魏允貞、鄭承恩、鄧光祚、洪其道、程紹、白所知、薛亨、呂坤等，名曰憂危竑議者，戚黨疑其書出士衡手，張位欸之。鄭承恩遂上疏力辯，並奏士衡假造僞書，中傷善類，目爲二衡，以激聖怒，欲併殺張位。上怒甚，二臣謫戍。

六月，御史趙之翰以憂危竑議爲戴士衡僞造，主於張位，預謀者徐作、劉楚先、劉應秋、楊廷蘭、萬建崑也。中旨禮部右侍郎劉楚先、都察院右都御史徐作罷，國子祭酒劉應秋降調，吏科左給事楊廷蘭、禮部主事萬建崑俱謫典史，張位先以密薦楊鎬東征失利，罷去，命值赦不宥。

二十八年（庚子，一六〇〇）春正月，禮部尙書余繼登請先皇長子册立，而後冠禮可致祝，婚禮可致醮。大學士沈一貫請皇長子冠婚。不報。

三月，南京禮部侍郎葉向高等乞行皇長子三禮。不報。己巳，移皇長子慈慶宮，再諭內閣，册立有期，羣臣不得瀆擾。

夏四月，刑部主事謝廷讚請册立，謫貴州布政司照磨。戊寅，沈一貫密揭請撰勑。上報曰：「謝廷讚狂妄，少待之，俾天下臣民曉然知出自朕心。」

秋七月癸卯，諭：「皇長子淸弱，大禮稍俟之，百官毋沽名煩聒。」

冬十月乙酉，諭內閣來春册儲。庚子，工科都給事王德完言：「臣入京數月，道路相傳，中宮役使止數人，憂鬱致疾，阽危不保，臣竊謂不然。第臣得風聞言事，若如所傳，則宗社隱憂。臣羨袁盎卻坐之事，祈皇上眷顧中宮，止輦虛受，臣死且不朽。」上震怒，下錦衣衛獄，訊其由。吏部尚書李戴、御史周盤等論救，俱切責之。

十一月，戚臣鄭國泰疏請皇子先冠婚，後册立。科臣王士昌糾之。署禮部朱國祚以國泰顛倒其詞，與明旨有背，恐釀無窮之禍。不報。皇長子出閣講學，時嚴寒，皇長子噤甚，講官郭正域大言：「天寒如此，殿下當珍重。」喝班役取火禦寒。時中官圍爐密室，聞正域言，出之。上聞亦不罪。

二十九年（辛丑，一六〇一）五月丙午，戚臣鄭國泰請册儲冠婚，奪俸。戊申，禮科右給事楊天民、王士昌等請立儲，俱謫貴州典史。御史周盤等疏救，奪俸。

八月甲午，沈一貫上言：「詩既醉之篇，臣祝其君曰：『君子萬年，介爾景福。』繼曰：『君子萬年，永錫祚胤。』則願其子孫之多。又曰：『釐爾女士，從以孫子。』願酬淑媛而生賢子孫也。斯干之篇曰：『築室百堵，西南其戶，爰居爰處，爰笑爰語。』美新宮也。繼曰：『吉夢維何？維熊維羆，男子之祥。』言吉祥善事，當生聖子神孫無窮也。今稱觴、萬壽兩宮落成，在廷同祝，而啓天之祥，實自聖心始。皇上大婚及時，故得聖子早。今皇長子大禮必備其儀，推念眞情，不如早諧伉儷之爲適。皇上孝奉聖母，朝夕起居，不如早遂含飴弄曾孫之爲樂。乞今年先皇長子大禮，明春後遞舉諸皇子禮。子復生子，孫復生孫，坐見本支之盛，享令名集完福矣。」上心動，諭俟卽日行之。

冬十月乙亥，上以典禮未備，欲改期册立。沈一貫封還聖諭，力言不可。十五日己卯，册立皇長子爲皇太子，暨册封福王、瑞王、惠王、桂王，詔告天下，上特諭在籍輔臣申時行、王錫爵知之。壬辰，皇太子加冠，福、瑞諸王俱冠。

三十年（壬寅，一六〇二）春正月丁巳，增東宮官屬。己未，福王暫講武英殿西廡。二月丙子，册皇太子妃郭氏，上引疾免賀。

三十一年（癸卯，一六〇三）十一月丁卯，有蜚語曰續憂危竑議，凡三百餘言，謂：「東宮不得已立之，而從官不備，寓後日改易之意。其特用朱賡。賡者，更也。內外官附賡者，文則戎政尚書王世揚，巡撫孫瑋，總督李汶，御史張養志；武則錦衣都督王之禎，都督僉事陳汝忠，錦衣千戶王名世、王承恩，錦衣指揮僉事鄭國賢。又有陳矩朝夕帝前，以爲之主。沈一貫右鄭左王，規福避禍，他日必有靖難勤王之事。」吏科都給事中項應祥撰，四川道監察御史喬應甲刋。」其書一夕間自宮門迄於衢巷皆遍，厥明，舉朝失色，莫敢言。大學士朱賡得於私宅，以聞，請緝其人，乞歸，不允。上大怒，令廠、衞搜緝，務得造書主名，責項應祥、喬應甲回奏。沈一貫請嚴跡之，偵校塞路，購賞格五千金，官指揮僉事。或曰：「妖書似出淸流之口，將以傾沈一貫者。」或曰：「此奸人作之，以陷郭正域。」正域時有清流領袖之目，見忌一貫。已，喬應甲、項應祥各回奏，奸書謗人，無自名理。不問。召皇太子慰安之，太子泣，上亦泣。隨令內豎以慰安太子語諭內閣。時一貫方以楚宗事恨郭正域。正域，輔臣沈鯉門生也。鯉素踽踽，尤負望，供「天啓聖聰」牌於閣，入則禮之。時閧告密。鯉語人曰：「此事何必張皇也！」一貫大不懌。正域放歸，待凍潞河之楊村，聞問不絕，一貫益側目。十二月壬午，給事錢夢皐直指正域倂及沈鯉，御史康丕揚佐之。初，僑醫吳江、沈令譽多貴遊，丕揚巡城跡捕之，搜得楚王揭華越副封，及刑部主事于玉立所致吏部郎中王士騏書，以玉立起官，士騏與正域左右之。又前漢中府同知荆門胡化、首渠縣訓導阮明卿撰妖書，廉問無據，而明卿爲夢皐姻，故夢皐首攻正域。疏中稱：「沈令譽，郭氏之食客，胡化同鄉之年友，當亟訊奸黨，治正域罪。次輔沈鯉屢爲奸人緩頰，舉朝曰大變，彼曰小事；舉朝曰當捕，彼曰可容。所上揭有震動人心，虧損聖德等語。回互隱伏，意欲何爲？」疏入，中外大駭。於是發卒圍正域舟，捕其僕隸乳媪十三人。巡捕都督陳汝忠又獲正域舍人毛尙文、江夏布衣王忠。巡城御史康丕揚捕僧達觀、琴士鍾澄、百戶劉相等，同沈令譽下詔獄，考訊無所得。邏校且環逼鯉邸，迫脅不堪。皇太子遣閹人語閣臣曰：「先生輩容我，乞全郭侍郎。」會都察院溫純上書訟之，唐文獻、陶望齡先後詣沈一貫爲解，陳矩亦力持之，鯉得安。

王士騏、于玉立以詞連落職，錦衣都督王之禎、千戶王名世等首錦衣都督周嘉慶下東廠會鞫，闔門慘掠，嘉慶亦不承。吏部尚書李戴爲嘉慶外父，拷訊時不忍慘視，起入中堂。上聞而惡之，罷戴歸。命錦衣嚴鞫妖書。沈一貫、朱賡請寬疑獄。沈鯉亦上章引咎，且乞歸，不聽。最後錦衣百戶崔德緝順天黜生皦生光幷其子其篇，婦趙氏、陳氏鞫之。生光性險賊，善脅人金，坐譴戍大同，赦歸終不悛，猶脅鄭國泰家。方廷訊時，丕揚等皆欲坐郭正域，御史牛應元指天爲誓，沈裕厲聲折生光，從重論，恐株連多人，無所歸獄。生光自誣服，歎曰：「朝廷得我結案，如一移口，諸君何處求生活乎？」刑部尚書蕭大亨必欲窮究之。禮部侍郎李廷機、趙世卿告輔臣賡，謂卽此可以具獄。賡以語一貫，事得稍解。

三十二年（甲辰，一六〇四）夏四月乙酉，提督東廠司禮太監陳矩上妖書獄，移皦生光刑部論斬。上欲加等，以謀危社稷律論磔。矩素淸直，妖書事保全善類爲多。壬寅，皦生光磔於市，妻子戍邊。妖書非生光也，第其人可死，故人不甚憐之。或謂妖書出武英殿中書舍人永嘉趙士禎，後士禎疾篤，自言之，肉碎落如磔。

三十九年（辛亥，一六一一）九月己酉，皇貴妃王氏薨。妃雖生皇太子，失寵目眚，比疾篤，太子始知之，亟至，宮門尚閉，抉鑰而入。妃手太子衣而泣曰：「兒長大如此，我死何憾！」太子慟，左右皆泣，莫能仰視，須臾薨。

四十年（壬子，一六一二）冬十月，閣臣葉向高請福王之國，報明年春舉行。

四十一年（癸丑，一六一三）春正月，禮部請東宮開講，福王就國。不報。四月，兵部尚書王象乾復請之。上曰：「親王之國，祖制在春，今踰期矣，其明年春舉行。」五月辛未，葉向高言：「福王之國，奉旨明春舉行，頃復以莊田四萬頃責撫、按，如田頃足而後行，則之國何日？聖諭明春舉行，亦寧可必哉！福王奏稱祖制，謂祖訓有之乎？會典有之乎？累朝之功令有之乎？王所引祖制，抑何指也？如援景府，則自景府而前，莊田並未出數千頃外，獨景府踰制，皇祖一時失聽，至今追咎，王奈何尤而效之！自古開國承家，必循理安分爲可久。鄭莊愛太叔段爲請大邑，漢竇后愛梁孝王封以大國，皆及身而敗。臣不勝忠愛之念，不得不明言之。」

六月己丑，錦衣衞百戶王曰乾訐奏奸人孔學與皇貴妃宮中內侍姜、龐、劉諸人，請妖人王子詔詛呪皇太子，刋木像聖母、皇上，釘其目，又約趙思聖在東宮侍衞，帶刀行刺，語多涉鄭貴妃、福王。葉向高語通政使，具參疏與曰乾奏同上之。向高密揭曰乾、孔學皆京師無賴，譸張至此，此大類往年妖書；但妖書匿名難詰，今兩造俱在法司，其情立見。皇上第靜俟，勿爲所動，動則滋擾。上初覽曰乾疏，震怒。及見揭，意解，遂不問。東宮遣取閣揭，向高曰：「皇上既不問，則殿下亦無庸更覽。」皇太子深然之。尋御史以他事參曰乾下之

獄。踰年而「梃擊」之獄興。詳三案

四十二年（甲寅，一六一四）三月丙子，福王常洵之國。

四十三年（乙卯，一六一五）二月，南京御史汪有功言福府內侍李進忠擅祭告孝陵。不報。秋七月，太常寺少卿史孟麟請册立皇太孫，謫兩淮鹽運判官。

四十四年（丙辰，一六一六）八月壬寅，皇太子出閣講學，蓋曠期十二年。

四十八年（庚申，一六二〇）夏四月，皇后王氏崩。后賢而多病，國本之論起，上堅操立嫡不立長之語。羣疑上意在后病不可知，貴妃卽可爲國母，舉朝皇皇。及上年高，后以賢見重，而東宮益安，至是崩。中宮虚位數月，貴妃竟不進位。

上不豫，右諭德張鼐上言：「皇上起居靜攝，皇太子執禮之暇，時親左右，皇長孫少成之氣，娛樂庭除，既足寬懷，亦稱聚順。臣竊見士民之家，或慈母見背，嚴父孤單，惟兒孫繞膝，可開眉宇。雖天子不同民間，而骨肉應無二理。」七月，時上寢疾久，皇太子希得召見，御史左光斗等詣方從哲請候安。從哲曰：「上諱疾，卽入門，左右不敢傳。」兵科給事中楊漣曰：「昔宋文潞公問仁宗疾，內侍不肯言。潞公曰：『天子起居，汝曹不令宰相知，將無他志？下中書省行法。』今誠日三問，不必見，亦不必上知，第令內臣知大臣在門。且公當宿閣中。」從哲曰：「非故事。」曰：「潞公不訶史志聰乎？此何時？尙問故事！」二十一日丙申，上疾大漸，召輔臣方從哲等入弘德殿，尋出，日已旰，皇太子尚徬徨寢門外，不得入。漣、光斗遣人語東宮內侍王安曰：「上疾甚，不召太子，非上意。太子當力請入侍，以備非常，即夜毋輕出。」安故守正，力擁佑太子。即日上崩，遺命封貴妃鄭氏爲皇后。

泰昌元年（庚申，一六二〇），即萬曆四十八年也。八月，光宗既踐祚，遵遺命封皇貴妃，命禮部查例行。尚書孫如游爭之曰：「祖宗朝，其以配而后者，乃敵體之經，其以妃而后者，則從子之義。故累朝非無抱衾之愛，終引割席之嫌者，則以例所不載也。皇貴妃事先帝有年，不聞倡議於生前，而顧遺詔於逝後，豈先帝彌留之際，遂不及致詳耶？且王貴妃誕育殿下，豈非先帝所留意者！乃恩典尚爾有待，而欲令不屬毛離裏者，得子其母，恐九原亦不無怨恫也。鄭貴妃賢而習於禮，處以非分，必非其心之所樂。書之史册，傳之後禩，將爲盛代典禮之累，且昭先帝之失言，非所以爲孝也。中庸稱達孝爲善繼善述，義可行，則以遵命爲孝；義不可行，則以遵禮爲孝。臣不敢奉命。」從之。

谷應泰曰：光宗本恭妃所產，神皇之元子也。恭妃無寵，擅寵者鄭貴妃耳。乃自萬曆十四年輔臣申時行以建儲爲請，至二十九年而儲位始定，自古父子之間，未有受命若斯之難也。語云：「貴夫人愛孺子。」又云：「母愛者子抱。」其時枯菀之勢既形，金玦之寒斯劇，羽翼孝惠者少，樹功舒王者多，而青宮一席尚忍言哉！乃首以爭國本獲譴者，禮垣羅大紘、中書黃正賓也。又給事李獻可、尙書李春長輩，或杖或戍，一鳴輒斥，甚至九臣面詰政府，十四官同時降削。而神宗動加激擾之名，冀箝天下之口，不特不欲建儲也。因儲禮之不舉，而婚冠愆期，曠不豫教。其後乃令三王並封，又欲二王並講。女戎伏妖，蓋若是其忍乎！

夫易稱長子主器，記美一人元良，重光重潤，自古榮之。而神宗乃以正天倫之語，爲不入耳之言，深相怨毒，酷罰示威，則有物以蔽之也。究之前星之耀漸朗，摘瓜之謀不行。論者以諸臣靜聽，則蚤且觀成。予則以諸臣力爭，故久而克定也。方鄭妃盛年，神宗固嘗許以立愛矣。而言者紛紜，格不得發。始則譴諍臣以快宮闈，終亦未必不援朝論以謝嬖倖。始則欲以神器之重酬晏私之愛，究亦不能以房闥之暱廢天下之公。如是則王家屛之封還御批，李騰芳之上書執政，斷當以口舌爭之者也。已而妖書反間，詛呪横行，緹校勾攝，紛然四出，與漢治巫蠱何異？嗚呼！王之禎猶江充也，四明猶公孫賀也。卽不株累東宮，而含沙射人，寧有幸乎？幸生光誣服，得弛羅織，設事更蔓延，魚網之設，鴻則離之，都人士寧得安枕臥耶！比太子既建，而禁不出閤者又十二年。至史孟麟請册皇太孫，猶加降謫焉。蓋神宗怒未怠已！

明史紀事本末卷之六十八

三案

神宗萬曆四十三年（乙卯，一六一五）五月己酉，有不知姓名男子，持棗木棍，撞入慈慶宮，打傷守門內官李鑑，直至前殿簷下，內官韓本用等執縛，付東華門守衛指揮朱雄等收之。次日，皇太子奏聞，命法司提問。庚戌，巡視皇城御史劉廷元奏：「人犯供名張差，係薊州井兒峪民。語言顛倒，形似風狂。臣再三考訊，本犯呶呶稱喫齋討封等語。話非情實，詞無倫次，按其迹若涉風魔，稽其貌的係黠猾，情境叵測，不可不詳鞫重擬者。」乙卯，刑部郎中胡士相、岳駿聲等審張差，供被李自強、李萬倉燒差柴草，氣憤，於四月內來京，要赴朝聲寃。從東進，不識門徑，往西走，適路遇男子二人，紿曰：「爾無憑據，如何進？爾拿杠子一條來，便可當作寃狀」等語。差日夜氣忿，失志顛狂，遂於五月初四日，手拿棗木棍一條，仍復進城，從東華門直至慈慶宮門首，打傷守門官，走入前殿下被擒。擬依宮殿前射箭放彈投甎石傷人律斬，決不待時。戊午，刑部提牢主事王之寀言：「本月十一日，散飯獄中，末至新犯張差，見其年壯力強，非風顛人。初招告狀著死撞進，復招打死罷。臣問實招與飯，不招當飢死。即置飯差前，差見飯低頭，已而云：『不敢說。』臣乃麾吏書令去，止留二役扶問之，招稱：『張差小名張五兒，父張義病故，有馬三舅、李外父，叫我跟不知姓名老公，說：「事成與爾幾畝地種。」老公騎馬，小的跟走。初三歇燕角舖，初四到京。』問何人收留？復云：『到不知街道大宅子，一老公與我飯，說：「你先衝一遭，撞著一個，打殺一個，打殺了我們救得你。」遂與我棗木棍，領我由厚載門進到宮門上。守門阻我，我擊之墮地。已而老公多，遂被縛。小爺福大。』又招有柏木棍、琉璃棍，棍多人衆等情。其各犯名，至死不招。臣看此犯不顛不狂，有心有膽，懼之以刑罰不招，要之以神明不招，啖之以飲食，始欲默欲語，中多疑似。願皇上縛兇犯於文華殿前朝審，或敕九卿科道三法司會問，則其情立見矣。」辛酉，戶部郎中陸大受言：「青宮何地？男子何人？而橫肆手棍，幾驚儲蹕。此乾坤何等時耶？北人好利輕生，有金錢以結其心，則輕爲人死。至大姦之奔走死士也，或出其技之庸庸者，姑試之於死地以探其機；而後繼之以驍桀，用其死力於忽不經意之處，有臣子所不忍言者。張差業招一內官，何以不言其名？明說一街道，何以不知其處？彼三老三太，互爲表裏，而霸州武舉高順寧等，今竟匿於何所？變豈無因，釁甚非小，乞皇上大振乾綱，務在首惡必得，邪謀永銷，明肆凶人於朝市，以謝天下。」疏中有「姦戚」二字，上惡之，與之寀疏俱不報。御史過庭訓爲移文薊州蹤跡之。知州戚延齡具言其致顛始末，諸臣據爲口實，以「風顛」二字定爲鐵案矣。

乙丑，刑部司官胡士相、陸夢龍、鄒紹光、曾曰唯、趙會楨、勞永嘉、王之寀、吳養源、曾之可、柯文、羅光鼎、曾道唯、劉繼禮、吳孟登、岳駿聲、唐嗣美、馬德灃、朱瑞鳳等，再審張差。供稱：「馬三舅名三道，李外父名守才，同在井兒峪居住。又有姊夫孔道住本州城內。不知姓名老公，乃修鐵瓦殿之龐保。不知街道大宅子，乃住朝外大宅之劉成。三舅、外父常往龐保處送炭，龐、劉在玉皇殿商量，和我三舅、外父逼著我來，說打上宮中，撞一箇打一箇，打小爺，喫也有，著也有。劉成跟我來，領進去，又說：『你打了，我救得你。』」又有「三舅送紅票，封我爲眞人」等語。刑部行薊州道提解馬三道等，疏請法司提龐保、劉成對鞫。給事中何士晉上言：「頃者，張差持梃突入慈慶宮，事關宗社安危，皇上宜何如震怒，三事大臣宜何如計安。乃旬日以來，似猶泄泄，豈刑部主事王之寀一疏，果無故而發大難之端耶？雖事涉宮闈，百宜愼重。然謀未成，機未露，猶可從容曲處。今形見勢逼，業已至此，所謂亂臣賊子，人人得而誅之。明主可與忠言，此事寧無結局？」疏留中。閣臣促之，上諭曰：「朕自聖母升遐，奉襄大典，追思慈恩罔極，哀慕不勝。方在靜攝中，突有風顛奸徒張差持梃闖入青宮，震驚皇太子，致朕驚懼，身心不安。朕思太子乃國根本，豈不深愛。已傳內宮添人守門關防，不時衞護，連日覽卿等所奏，姦宄叵測，行徑隱微，既有主使之人，卽著三法司會同擬罪具奏。」是日，刑部據戚知州回文以上。壬申，上再諭法司嚴刑鞫審，速正典刑。時語多涉戚臣鄭國泰，國泰出揭自白。給事中何士晉復奏：「陸大受疏內雖有身犯姦畹兇鋒等語，特借此發端，以明杞憂之果驗。而語及張差，原止欲追究內官姓名，大宅下落，並未直指國泰主謀。此時張差之口供未具，刑曹之勘疏未成，國泰豈不能從容少待，輒爾具揭張皇，人遂不能無疑。若欲釋疑，計惟明告宮中，力求皇上速將張差所供龐保、劉成立送法司考訊，如供有國泰主謀，是大逆罪人。臣等執法討賊，不但宮中不能庇，卽皇上亦不能庇。設與國泰無干，臣請與國泰約，令國泰自具一疏，告之皇上。嗣後凡皇太子、皇長孫一切起居，俱係鄭國泰保護，稍有疎虞，卽便坐罪，則人心帖服，永無他言。若今日畏各犯招舉，一惟熒惑聖聰，久稽廷訊，或潛散黨與使遠遁，或陰斃張差使口滅，則疑復生疑，將成實事，惟有審處以消後禍。」不報。

癸酉，駕幸慈寧宮，召見百官，從御史劉光復請也。輔臣方從哲、吳道南暨文武諸臣先後至。內侍引至聖母靈次，行一拜三叩頭禮。時上西向，倚左門柱設低座，俯石欄，百官復至御前叩頭。上連呼曰：「前來！」羣臣稍膝而前，去御座不數武。上練冠練袍，皇太子冠翼善玄冠素袍，侍御座右，三皇孫鴈行立左階下。上宣諭曰：「朕自聖母升遐，哀痛無已。今春以來，足膝無力，然每遇節次，朔望忌辰，必身到慈寧宮聖母座前行禮，不敢懈怠。昨忽有風顛張差闖入東宮傷人，外庭有許多間說，爾等誰無父子，乃欲離間我耶？適見刑部郎中趙會楨所問招情，止將本內有名人犯張差、龐保、劉成即時凌遲處死，其餘不許波及無辜一人，以傷天和，以驚聖母神位。」尋執東宮手示羣臣曰：「此兒極孝，我極愛惜。」御史劉光復跪於班後，大言曰：「皇上甚慈愛，皇太子甚仁孝。」其意固將順也。上不甚悉，詰問爲誰？中使以御史劉光復對。光復猶大言不止，上斥之至再，光復不聞，仍申前說。上色頓改，連呼錦衣何在者三，無應者，遂令中涓縛之，梃杖交下。上戒無亂毆，但押令朝房候旨。方從哲等叩頭，言小臣無知妄言，望霽天威。怒稍解，乃以手約皇太子體曰：「彼從六尺孤養至今，成丈夫矣。使我有別意，何不於彼時更置，今又何疑？且福王既已至國，去此數千里，自非宣召，彼能飛至乎？」因命內侍傳呼三皇孫至石級上，令諸臣熟視，諭曰：「朕諸孫俱已長成，更有何說！」顧問皇太子：「爾有何語？與諸臣悉言無隱。」皇太子曰：「似此風顛之人，決了便罷，不必株連。」又曰：「我父子何等親愛，外廷有許多議論，爾輩爲無君之臣，使我爲不孝之子。」上因謂羣臣曰：「爾等聽皇太子語否？」又述東宮言，連聲重申之。羣臣跪聽未起，上屢顧閽者，令續到官皆放進無阻，以故後來者踵趾相錯，班行稍右，與帝座遠。上又持皇太子面向右，問曰：「爾等俱見否？」衆俯伏謝。乃命諸臣同出。甲戌，決張差於市。乙亥，上命司禮監會九卿三法司於文華門前，鞫審龐保、劉成。保原名鄭進，成原名劉登雲。其與差飯，及木棍引進等語，俱展轉不招。方審問，東宮傳諭曰：「張差持棍闖宮，至大殿簷下，當時就擒，並無別物。其情實係風顛，誤入宮闈，打倒內寺，罪所不赦。後招出龐保、劉成，本宮反覆參詳，保、成身係內官，雖欲謀害本宮，於保、成何益？此必保、成素曾淩虐於差，故肆行報復之謀，誣以主使。本宮念人命至重，造逆大事，何可輕信！連日奏求父皇速決張差，以安人心。其誣舉龐保、劉成，若一概治罪，恐傷天和。況姓名不同，當以雠誣干連，從輕擬罪，奏請定奪，則刑獄平，本宮陰隲亦全矣。」六月戊子，刑部審馬三道、李守才、孔道，以左道從律論應流，李自強、李萬倉應笞。從之。尋斃龐保、劉成於內庭。王之寀爲科臣徐紹吉、臺臣韓浚所糾，部處閑住，中旨特黜爲民。補何士晉於外。著刑部重擬劉光復罪。奪刑部侍郎張問達俸。既而釋光復於獄。

熹宗天啓元年（辛酉，一六二一）閏二月，御史魏光緖上言：「父母之仇，不共戴天。忠臣事君，有死無二。先皇帝以長君當主，何嫌何疑？而無端燕啄王孫，瓜抱空蔓，奸人搆煽，每思爲所欲爲。海內正人君子，一有指斥，輒以東林、淮上爲阱，驅除既盡，釀禍遂烈。並封妖書之事，張差梃擊之謀，九廟有靈，旋即撲滅。而招據黄花山團聚之逆謀，三十六都頭，內外多人之布列，棗木柏木棍之凶器，打死小爺之逆詞，洞心駭目。此時稍有人心，謂宜請劍殺賊，乃諸臣精神不用之以護青宮，而偏用之以庇奸黨；不用之以伸法令，而偏用之以難問官。首揑風顛以爲張本，司官望風承旨，曲意偏護，改黨內爲敎內，都頭爲香頭，許地三十五畝，已載入招，又復割去，致張差以首搶地，謂同謀做事，事敗獨死，竟付之不問也。主事王之寀懼爲赤族之誅，明言入告，而諸奸恨不附己，巧借察典，追奪誥命。主事李俸聲言處分，勒令致仕。郎中陸大受、張廷上疏告變，張廷卒以憂死，而大受又以大計黜去。嗟嗟！逆君者有罪，發奸者何罪？借風顛漏獄詞者有罪，抒公憤捐身命者何罪？是非不兩立，之寀非則張差是矣，之寀當罪則張差當賞矣。况此一事也，拿賊奏聞者先帝，請下法司者先帝，皇祖曾不以先帝之請爲非，而爲之決張差、殲奸監，凡十年不御之朝堂，一旦召見羣臣，面行撫慰。然則皇祖之於此事亦曉然明白，特諸臣以『風顛』二字無所歸著，故寧寬賊徒而罪之寀耳！聖明在御，恩及林藪，建言受杖之人，先後光明。而三臣去國孤蹤，不蒙昭雪，此忠臣義士所以感憤而不平也。伏乞皇上立賜擢用，以爲忘身殉國之勸。若傍撓有人，終從禁錮，亦須明白此案於天地間，使人知三臣心事亦曾有人議之者，卽三臣終老巖穴無恨。若區區一官，三臣自誓之日，業已棄擲，而今日乃欲以腐鼠嚇之乎？嗟嗟！之寀本無罪，而諸臣强名之曰罪；楊漣本無功，而諸臣强名之曰功。有罪者去，有功者亦去，則爲今之臣，必當何如而後可乎？臣願與天下萬世共質之。」上可其奏。

二年（壬戌，一六二二）二月，刑部主事王之寀上言：「乙卯之變，先帝安危在於呼吸。鄭國泰私結劉廷元、劉光復、姚宗文等，無復忌憚，遂欲睥睨神器，化家爲國。國泰雖死，法應開棺斷尸，戮其族，赭其宮，以爲人臣大逆不道之戒。總之用藥之方卽通閒之術，通閒之術卽梃擊之謀。向使張差事發，窮究根株，今日之盧受、崔文昇敢復爾哉！長安公論有曰『風顚』二字，欲抹殺亂臣賊子，就廷元評廷元也。『奇貨無功』四字，欲抹殺忠臣義士，就光復評光復也。擊不中而假之諜諜，勢緩而促之藥，是昇之藥慘於差之梃，是受之書烈於哲之書也。張差之前，從無張差；劉成之後，豈無劉成？亂賊接踵，而皇上孤立於朝矣。」又言：「郎中胡士相等，主風顚者也；堂官張問達，調停風顚者也；寺臣王士昌疏忠而心佞，評無隻字，頌多溢詞；堂官張問達語轉而意圓，先允風顚，後寬奸宄；勞永嘉、岳駿聲等，同惡相濟。張差招有『三十六頭兒』，則胡士相閣筆；招有『東邊一起幹事』，則岳駿聲言波及無辜；招有『紅封票高眞人』，則勞永嘉言不及究紅封敎。今高一奎見監薊州，係鎭朔衞人。蓋高一奎，主持紅封敎者也；馬三道，管給紅票者也；龐保、劉成，供給紅封敎多人撒棍者也。諸奸亦有人心者，以堂官對衆手單而改之，以十八人會審公單而增減之，大逆不道，非止大不敬也。」疏入，上不問。五月，御史馬逢皐、給事中張鵬雲交章劾劉廷元，吏部尙書張問達覆奏廷元倡論保奸，降調。

五年（乙丑，一六二五）春正月，御史楊維垣劾張差一案：「王之寀倖功躐躋，誣皇祖，負先帝，不惟無功，抑且有罪。」又曰：「從來君臣父子之間，聞以理喻，未聞以勢激也。投鼠者既不忌器，則騎虎者豈復擇音！彼中夜之泣，何求不獲。是先帝之危，不危於張差之一梃，而危於之寀之一激也。卽碎之寀之骨，豈足贖哉！」疏入，削之寀籍。

五月，原任刑部郎中岳駿聲復申梃擊始末。疏入，起用。王之寀逮訊追贓，之寀竟以重譴死。

夏允彝曰：梃擊之事，王之寀所詢張差，其言甚悉。刑部各司官會鞫時，亦多相合。於是舉朝喧然，以爲國戚有專諸之意。貴妃亦危懼，訴於上，上命自白之太子。貴妃見太子辨甚力，貴妃拜，太子亦拜，且拜且泣，上亦掩泣，爲斃二璫以解。而攻東林者，言上於貴妃盛時，曾許以立愛。晚而媿言之不符也，因勸貴妃廣修佛事，且助其費，上發銀十萬建祠。二璫以爲甎瓦甚多，不若置窰自造，利甚奢，居民多鬻薪於璫者。張差賣田貿薪，亦往市於璫。土人忌之，焚其薪。差訟土人於璫，璫復嚴責差。差以產破薪焚，訟又不勝，憤憤持梃入宮，欲告御狀，不意闖入東宮。事亦不可知。然東宮雖侍衞蕭條，何至使外人闌入！諸臣危言之，使東宮免意外之虞，國戚懷惕若之慮，斷斷不可少。顧事聯宮禁，勢難結案，若必誅外戚，廢親藩，度能得之於神宗乎？從古有明行之法，有必不可明行之法。則田叔燒梁獄詞，亦調停不得已之術。何者？

光宗固無恙，尚可以全骨肉也。乃彼劉廷元、韓浚輩，必斥逐執法者而後已，是何心與！

神宗萬曆四十八年（庚申，一六二〇）八月丙午朔，光宗踐祚。先是，七月，光宗遵遺命，封皇貴妃鄭氏爲皇后，命禮部查例。鄭貴妃進美女四人。乙卯，上不豫，召醫官陳璽等診視。丁巳，上力疾，御門視事，聖容頓減。己未，內醫崔文昇下通利藥，上一晝夜三四十起，支離牀褥間。辛酉，上不視朝。輔臣方從哲等赴宮門候安，有「數夜不得睡，日食粥不滿盂，頭目眩暈，身體罷輭，不能動履」之旨。乙丑，鄭養性請收還皇貴妃封后成命，允之。刑部主事孫朝肅、徐儀世，御史鄭宗周上書方從哲，責以用藥乖方之故。給事中楊漣上言：「賊臣崔文昇不知醫，不宜以宗社神人託重之身，妄爲嘗試。如其知醫，則醫家有餘者泄之，不足者補之。皇上哀毀之餘，一日萬幾，於法正宜清補，文昇反投相伐之劑。然則流言藉藉，所謂興居之無節，侍御之蠱惑，必文昇藉口以蓋其誤藥之奸，冀掩外庭攻擿也。如文昇者，既益聖躬之疾，又損聖明之名，文昇之肉其足食乎！臣聞文昇調護府第有年，不聞用藥謬誤；皇上一用文昇，倒置若此，有心之誤耶？無心之誤耶？有心則齏粉不足償，無心則一誤豈可再誤！皇上奈何置賊臣肘腋間哉！」丁卯，傳錦衣官宣兵科楊漣，并召輔臣方從哲、劉一璟、韓爌，英國公張維賢，尚書周嘉謨、李汝華、孫如游、黃嘉善、黃克纘，都御史張問達，給事中范濟世，御史顧慥等。時廷臣疑上且杖漣，既入，上目視漣久之，各諭以「國家事重，卿等盡心，朕自加意調理」。

辛未，再召見羣臣於乾清宮。上御東煖閣，倚榻憑几，皇長子侍立，上命諸臣前，連諭曰：「朕見卿等甚喜。」從哲等請皇長子移宮，上曰：「令他別處去不得。」請愼醫藥，上曰：「十餘日不進矣。」久之，又諭册封李選侍。諸臣退。二十九日甲戌，上再召諸臣等於乾清宮，仍諭册立皇貴妃，從哲等以「册儲原旨期宜改近，蚤竣吉典，以慰聖懷」。上因顧皇太子，諭曰：「卿等輔佐爲堯舜。」又語及壽宮，輔臣以皇考山陵對。則自指曰：「是朕壽宮。」諸臣言：「聖壽無疆，何遽及此！」上仍諭要緊者再。因問：「有鴻臚寺官進藥何在？」從哲奏：「鴻臚寺丞李可灼，自云仙丹，臣等未敢輕信。」上卽命中使宣可灼至，診視，具言病源及治法。上喜，命趨和藥進，上飲湯輒喘，藥進乃受。上喜，稱忠臣者再。諸臣出宮門外竢，少頃，中使傳聖體用藥後，煖潤舒暢，思進飲膳，諸臣歡躍而退，可灼及御醫各官留。時日巳午，比未申，可灼出，輔臣迎訊之，可灼具言上恐藥力竭，復進一丸，亟問復何狀？可灼以如前對。五鼓，內宣急召諸臣趨進，而龍馭以卯刻上賓矣。時九月乙亥朔也。中外藉藉，以李可灼誤下劫劑，恐有情弊。而方從哲擬旨賞可灼銀五十兩。御史王安舜首爭之，疏曰：「醫不三世，不服其藥。先帝之脈，雄壯浮大，此三焦火動；面唇赤紫，滿面火升，食粥煩燥，此滿腹火結；宜清不宜助明矣。紅鉛乃婦人經水，陰中之陽，純火之精也，而以投於虛火燥熱之症，幾何不速之逝乎！然醫有不精，猶可藉口，臣獨恨其膽之大也。以中外危疑之日，而敢以無方無製之藥，駕言金丹，輕亦當治以庸醫殺人之條。乃蒙殿下頒以賞格，臣謂不過借此一舉，塞外廷之議論也。夫輕用藥之罪固大，而輕薦庸醫之罪亦不小。不知其爲謬猶可言也，以其爲善而薦之，不可言也。」疏入，乃改票罰俸一年，而議者蠭起矣。御史鄭宗周上言：「往歲張差之變，操梃禁門，幾釀不測之禍。祇以皇祖優容，未盡厥罪，故文昇尤而效之。臣請寸斬文昇以謝九廟。臣非謂誅一文昇，遂足以申國憲而消逆萌，第恐張差之後，因有文昇。今文昇復置不問，奸人得志，何所憚而不爲也！」從哲擬旨下司禮監。於是御史郭如楚、主事呂維祺交章論崔文昇、李可灼。

壬午，給事中惠世揚劾奏輔臣方從哲，言：「鄭貴妃包藏禍心，先帝隱忍而不敢言。封后之舉，滿朝倡義執爭，從哲兩可其間，是徇平日之交通而忘宗社之隱禍也，無君當誅者一。李選侍原爲鄭氏私人，麗色藏劍，且以因緣近倖之故，欺抗先聖母，從哲獨非人臣乎？及受劉遜、李進忠盜藏美味，夜半密約，封妃不得，佔居乾清，是視登極爲兒戲而天子不如宮嬪也，無君當誅者二。崔文昇輕用剝伐之藥，廷臣交章言之，從哲何心，必加曲庇？律之趙盾、許世子，何辭弑君之罪！無君當誅者三。」癸巳，南京太常寺少卿曹珍請究醫藥奸黨。

熹宗天啓元年（辛酉，一六二一）春正月，御史焦源溥請誅崔文昇。十月丁卯，御史傅宗龍、馬逢皐、李希孔交章請誅崔文昇。

二年（壬戌，一六二二）夏四月，光祿少卿高攀龍上言：「崔文昇故用泄藥，元氣不可復收，是明以藥弑也。在律故違本方殺平人者死，況至尊乎！陛下不卽誅戮，僅止斥逐。今文昇復潛住京師，意欲何爲？往者張差謀逆，實係鄭國泰主謀。劉保謀逆，實係盧受主謀。受，鄭氏人，不可掩也。文昇素爲鄭氏腹心，特當時失刑，不及拷訊，其罪豈在張差、劉保下乎！」不聽。

禮部尚書孫愼行上言：「皇考賓天，雖係夙疾，實緣醫人進藥不審。邸報有鴻臚寺官李可灼進紅藥兩丸，乃原任大學士方從哲所進。凡進御藥，太醫院官呈方簡明，恐致失誤。可灼非用藥官也，丸不知何藥物，而乃敢突以進。春秋許世子進藥於父，父卒，世子自傷與弑，不食死。春秋尙不少假借，直書許世子弑君。然則從哲宜何如處焉！速劍自裁，以謝皇考，義之上也。闔門席藁，以待司寇，次也。而乃晏然支辨，至滿朝攻可灼，僅票回籍調理，豈以己實薦灼，恐與同罪。夫己與可灼可愛，而皇考可忍乎？臣謂縱無弑之心，卻有弑之事；欲辭弑之名，難免弑之實。卽忠愛深心，欲爲君父隱諱，不敢不直書云方從哲連進紅藥兩丸，須臾帝崩，恐百口無能爲天下萬世解矣。且從哲所不能解者，非獨此也。先是，則有傳皇貴妃欲立皇后事。夫祖制未有以妃爲后者，亦未有帝崩立后者。貴妃寵幸數十年，皇祖英明，不聞有楚歌楚舞唏噓之態，卽彌留之際，尙不能因緣徼幸，而突傳此旨，觀禮部疏云輔臣方從哲傳其言可思。若非禮部執爭，諸科道力責貴戚，上章請免，幾何不誤立皇后，貽社稷憂！此從哲不能爲天下萬世解者一也。又有議上尊謚稱恭皇帝，夫宋之恭、端，將亡衰主。晉主降宋，隋主降唐，周主降宋，俱爲恭帝。皇祖四十八年，平倭，平播，平寧夏，豈無他懿美可稱？而比降王逋裔。若非言官預糾，便應如議。詛呪君國，等於弁髦，此從哲不能爲天下萬世解者二也。又有選侍垂簾聽政事。夫選侍宮中，何知前代有垂簾事？卽劉遜、李進忠小豎，何遂膽大揚言，言者以爲從哲實敎之。從哲卽未肯承，然以顧命元臣，曾不聞慷慨一言，任婦寺之縱橫，忍沖主之杌隉，此從哲不能爲天下萬世解者三也。以此三事，例彼進藥，相臣所宜急擔當之事，一切苟且泄沓；相臣所宜極愼重之事，反覺勇猛直前。春秋無將，漢法不道，眞無以過。伏乞皇上大奮乾綱，赫然震怒，毋訪近習，近習其攀援也；毋畏忌諱，忌諱其布置也。如臣言有當，乞將從哲大正肆放之罰，速嚴兩觀之誅。并將李可灼嚴加拷問，置之極刑。如臣言無當，卽以重典治臣，亦所甘受矣。」奉旨會議具奏。左都御史鄒元標上言：「臣聞乾坤所以不毀者，恃此綱常；而綱常所以植立者，恃此信史。臣舟過南中，諸士縉爭言先帝卒然而崩，大事未明，難以傳信。臣謂先帝无妄之藥，迹或有之，而以誅心之法例之，臣未忍聞。既入都門，聞諸臣曰：『說到先帝大事，令人閣筆。說到壬辰以後諸相事，令人閣筆。誰敢領此？』臣益復致疑。近讀孫愼行一疏，令人神骨爲悚，卽未必有是心，當時依違其間，不申討賊之義，反行賞奸之典，無以解人之疑。方從哲秉政七年，未聞輔相何道，但聞一日馬上三書催戰，將祖宗櫛風沐雨一片東方，盡致淪沒。試問誰秉國鈞，而使先帝震驚？使張差闖宮？使豺狼當道？使宵人亂政？使潛鱗駭浪？將何辭以對！從哲近在肘腋，羣陰密布，臣投林一世，恥言人過，豈敢過求從哲。惟是臣身爲風憲之官，名在會議之列，畏禍緘口，勢所不能。君臣大義，今日不明，再無有明之日，臣官不言，再無有言之人。臣亦知陛下隆禮舊輔，未必能毅然立斷。諸輔同籍同官，未必能捐情立剖。易曰：『益之用凶事。』凶事正所以益之也。臣讀學士公鼐疏曰：『六七年間，以言及東宮者爲小人，不言東宮者爲君子，此何等景象，是誰使之？』又云：『盡除天下之清流，陰翦元良之羽翼。』此眞實錄，眞史筆也。從來亂臣賊子，有所懲戒者，全在青史。臣不知忌諱，爲先帝計，爲陛下萬壽無疆計，爲天下萬世君臣計，爲寒將來奸臣賊子之膽，殺將來奸臣賊子之謀計。」疏入。方從哲上疏辨，自請削奪，投諸四裔，以禦魑魅。時九卿科道會奏久延，給事魏大中速之曰：「禮臣孫愼行痛先帝崩殂，討舊輔方從哲以春秋之法，皇上命諸臣據實回報，何以迄今未奏也？蓋先帝之棄羣臣，在庚申九月之朔日，而率土忠義之驚心者，已在乙卯五月之四日。自前日之梃不中，而圖所以中者百端。至藏酖毒於女謁，俟元精耗損，憊不可支，而蕩以暴下之劑，爍以純火之鉛，先帝彌留而不起矣。然則張差、崔文昇諸人，先帝之賊也。自乙卯以迄庚申，其時執政者誰？討賊者誰？何以迄今未奏也？且非獨不討而已，酬可灼以賞賜，奬可灼以忠愛，寬可灼以罰俸，優可灼以養病。而崔文昇者，代爲委之於先帝之宿疾，至一至再。夫以數十年忠肝義膽所羽翼之賢良，數十日深山窮徼所謳吟之堯舜，一旦戕於二賊之手，從哲不能討，反從而護之，從哲眞無人心者，何以迄今未奏也？春秋之法誅意。闌入慈慶，非張差之意，固鄭國泰之意也。投劑益疾，非崔文昇之意，固鄭養性之意也。而執政者何以不問也？春秋之法，誅賊必誅夫賊之所恃。今造意者何所恃？黨賊者何所恃？恃從哲也。不必紅鉛之進出從哲之意，而從哲已爲罪之魁也。何以迄今未奏也？李可灼之藥，不合之崔文昇不備；崔文昇之逆，不遡之張差不明；鄭國泰、鄭養性、方從哲之罪，不參之三案不定不悉。崔文昇之情罪不下張差，而李可灼次之。如是而朝廷所以處從哲，與從哲之所以自處者，可以權衡其間矣。何以迄今未奏也？」時先後彈者：主事王之寀、劉宗周，給事中周希令、彭汝南、傅櫆，御史吳甡、薛文周、沈應時、方有度、安伸、溫皐謨、江日彩、張愼言。會議駁正者：尚書王紀、汪應蛟、王永光，侍郎楊東明、陳大道、李宗延、張經世、陳邦瞻，太僕卿蕭近高、張五典，少卿申用懋、于倫、李之藻、歸子顧、劉策、孫居相、周起元、田生金、柯昶、滿朝薦、熊明遇、黃龍光，太常少卿高攀龍，給事中劉弘化、霍守典，御史蔣允儀、劉徽、李玄等。於是吏部尙書張問達會戶部尙書汪應蛟等公奏，略曰：「禮臣孫愼行首論李可灼進紅丸事。可灼先見內閣，臣等初未知，至奉皇考宣召於乾清宮，輔臣與臣等乃共言可灼進藥，多言不可進，或言可進，俱愼重未敢決。又宣臣等進宮內，跪御榻前，諭臣等輔皇上爲堯舜，隨問寺官李可灼何在？可灼至，視疾進紅丸，少頃又進一丸。至申，聞聖體服藥後微汗，身覺溫熱，就寢。此進藥之始末，臣等所共見聞者。是時輔臣視皇考之疾，急迫倉皇，悽然共切，『弒逆』二字，何忍輕言！但以我皇上之身，可灼輕進嘗試，從哲未能力止，九卿與輔臣抖候於宮門內，亦未能力止，諸臣均有罪焉！至於可灼之處分，中外共痛之憾之。乃臺臣王安舜上疏力爭，先票罰俸，繼票養病去，則失之輕。失之輕，故卽按其輕而罪其不盡法處也。不重處可灼，何以慰皇考、服中外而正大法！輔臣於辨疏後，自請削奪，以釋中外之疑。臣等謂應如輔臣之請，爲法任咎，是亦大臣引罪之道所宜爾。至於選侍欲垂簾聽政，吏部九卿公疏請移宮，科道專疏請移宮，皇上允其奏，諸臣共快之，然其心猶以輔臣之奏不毅然爲諸臣倡也。倘其時非諸臣共扶大義，乾清何地，令其竊靈威福，又將如我皇上登極還宮何哉！夫李可灼非醫官也，非知脈知醫者也。一旦以紅丸進，希圖非望之福。而龍馭上昇，攀號無及，可灼罪勝誅乎！應即敕行法司究問，以正刑章。崔文昇當皇考哀感傷寒之時，進大黄涼藥。可灼輕進紅丸，不加詳察，罪又在可灼上矣。法應逮文昇於法司，從重究擬。以三尺除二惡，肅綱紀而洩公憤，庶中外之心可以釋，輔臣之心可以明。」議上，李可灼法司究問，崔文昇仍發遣南京。是時與從哲合者，刑部尚書黄克纘，詹事公鼐，御史王志道、徐景濂，給事中汪慶百。十月，李可灼遣戍。

五年（乙丑，一六二五）四月，免李可灼戍。

十一月，尚寶司少卿劉志選劾原任禮部尚書孫慎行倡不嘗藥之説，妄疑先帝不得正其終，更附不討賊之論，輕詆皇上不得正其始。并侵及葉向高、張問達。命宣付史館。

懷宗崇禎元年（戊辰，一六二八）三月，太監崔文昇下獄，戍南京。初，魏忠賢擅權，復以文昇督漕運，至是敗。

谷應泰曰：光宗方諒闇鞠凶，哀勞毁瘁，而宫中巧相蠱惑，更進女尤，於是罷免常朝，輭脚致疾。一月之内，玉几再憑，梓宫兩哭。嗚呼！斯亦皇家之不幸也。考其時，提督御藥房横加攻泄者，内侍崔文昇也。洎乎疾漸彌留，氣息纔屬，而玉椀初調，金甌不御者，李可灼也。然而光宗之疾，無文昇或猶可以倖生，而卻可灼亦難免於必死者，蓋文昇之調護在初，而可灼之援救已劇也。善乎吳甡之言曰：「文昇故投泄藥，可灼誤進紅丸。故以藥之補泄相較，則大黃之剋過於紅鉛；而以事之早晚相衡，則文昇之辜浮於可灼。」此時爲政府者，宜援憲宗柳泌之事，純皇李孜省之獄，論坐文昇，薄譴可灼，伸嗣主之叫號，慰域中之哀痛，則其法平矣。而奈何文昇保全，可灼蒙賚，掩罪爲功，一至此乎？夫庸醫殺人，律應永錮，拙工誤治，俗奮老拳。何嘗疑其別有主使，內叢酖毒，而情有所激，法不得貸。獨奈何宮車晚出，銀幣蚤膺，崇德報功，義於胡有。執筆者不學無術，甚愚鮮量矣。宜諸臣之起而攻之也。

夫諸臣以攀髯之忠，矢批鱗之奏，小雅傷時，幾於誹怨，嬰兒哭母，失其常聲，過於騷激，無足怪者。至若以文昇、可灼之不愼，而卽比之王莽之椒酒，梁冀之煮餅，則深文周內，不無傷於好盡矣。語云吾黨兩分其過可也。

光宗泰昌元年（庚申，一六二〇）八月乙卯，上不豫，傳諭禮部曰：「選侍李氏侍朕勤勞，皇長子生母薨逝後，奉先帝旨，委託撫育，視如親子，厥功懋焉。其封爲皇貴妃。」欽天監擇九月初六日行。乙丑，主事孫朝肅、徐世儀，御史鄭宗周上書輔臣方從哲請册立皇太子，且移居慈慶宮。庚午，上召閣部九卿至榻前，諭曰：「選侍數產不育，止存一女。」隨傳皇長子出見。上又言：「皇五子亦無母，亦是選侍撫育。」傳皇五子出見。辛未，上召諸臣於乾淸宮，又諭速封選侍。禮臣孫如游奏：「臣部前奉聖諭上孝端顯皇后、孝靖皇太后尊謚，加封郭元妃、王才人爲皇后，皆未告竣，宜俟四大禮畢行之後。若論皇儲保護功，則選侍之封惟恐不早，即從該監之請，未爲不可。」上命如前期。甲戌，上再召諸臣於乾清宮，仍諭封皇貴妃。語未既，選侍披幃立，呼皇長子入，咄咄語，復趣之出。皇長子向上曰：「要封皇后。」上不語。九月乙亥朔，上崩。給事中楊漣語周嘉謨、李汝華曰：「宗社事大，李選侍非可託少主者，急宜請見嗣主，呼萬歲以定危疑，隨擁出宮，移住慈慶爲是。」二臣然之，以語方從哲。漣遂先諸臣排闥入，閹豎梃亂下。漣厲聲曰：「皇帝召我等至此，今晏駕，嗣主幼小，汝等阻門不容入臨，意欲何爲？」閹者卻，諸臣乃入。哭臨畢，請見皇長子，皇長子爲選侍阻於煖閣，不得出。青宮舊侍王安紿選侍抱持以出，諸臣即叩頭呼萬歲。皇長子曰：「不敢當！」羣臣共請詣文華殿，王安擁之行，閹臣劉一燝掖左，勳臣張維賢掖右。內侍李進忠傳選侍命，召還皇長子者三，喝諸臣曰：「汝輩挾之何往？」漣叱之，共擁皇長子登輿。至文華殿，皇長子西向坐，羣臣禮見畢，請即日登極，不允，諭初六日即位。復擁入慈慶宮。一燝奏曰：「今乾清宮未淨，殿下請暫居此。」嘉謨曰：「今日殿下之身，是社稷神人託重之身，不可輕易。即詣乾清宮哭臨，須臣等到乃發。」皇長子首肯。漣語中官曰：「外事緩急在諸大臣，調護聖躬在諸內臣，責有所歸。」王安等踴躍稱諾，諸臣退。諸臣有議即日正位者，令中官再傳不允，衆皆朝服待命。少卿徐養量、御史左光斗唾漣不宜阻今日卽位。漣恐，語錦衣帥駱思恭嚴緹騎內外防護。丙子，尙書周嘉謨等合疏請選侍移宮。左光斗上言：「內廷之有乾清宮，猶外廷之有皇極殿也。惟皇上御天居之，惟皇后配天得共居之，其餘嬪妃雖以次進御，遇有大故，卽當移置別殿；非但避嫌，亦以別尊卑也。今大行皇帝賓天，選侍既非嫡母，又非生母，儼然居正宮，而殿下乃居慈慶，不得守几筵，行大禮，名分倒置，臣竊惑之。且殿下春秋十六齡矣。內輔以忠直老成，外輔以公孤卿貳，何慮乏人，尙須乳哺而襁負之哉？卽貴妃之請，許於先皇彌留之際，其意可知。且行於先皇，則俯錫之名猶可；行於殿下，則尊聞之稱有斷斷不可者。倘及今不早斷，借撫養之名行專制之實，武后之禍將見於今。」上諭：「移宮已有旨，册封事既云尊卑難稱，著禮部再議。」給事中暴謙貞鈔參曰：「大寶將登，上有百靈呵護，下有羣工擁戴，亦何用此婦人女子爲！且聞選侍非忠誠愛國者，萬一封典得行，事權或假，則滋蔓難圖。愼終慮始，事屬可已。」鈔出寢之。戊寅，選侍用李進忠謀，邀皇長子同宮，王安忿然宣言且逮楊、左。楊漣遇進忠於宮門，問選侍移宮何日？進忠搖手曰：「李娘娘怒甚，今母子一宮，正欲究左御史武氏之說。」漣叱曰：「誤矣！幸遇我。皇長子今非昨比，選侍移宮，異日封號自在。且皇長子年長矣，若屬得無懼乎？」進忠默然去。科道惠世揚、張潑從東宮門來，駭傳今日選侍垂簾，逮光斗。漣曰：「無之。」

己卯，選侍尚無移宮意。楊漣上言：「先帝升遐，人心危疑，咸謂選侍外託保護之名，陰圖專擅之實。故力請殿下暫居慈慶，欲先撥別宮而遷之，然後奉駕還宮。蓋祖宗之宗社爲重，宮幃之恩寵爲輕，此臣等之私願也。今登極已在明日矣，豈有天子偏處東宮之禮！先帝聖明同符堯舜，徒以鄭貴妃保護爲名，病體之所以沈錮，醫藥之所以亂投，人言藉藉，至今抱痛，安得不爲寒心。此移宮一事，臣言之在今日，殿下行之亦必在今日，閣部大臣從中贊決，毋容泄泄以負先帝憑几輔殿下之託亦在今日。」疏上，漣復往趨方從哲。從哲曰：「待初九、十二亦未晚。」漣曰：「天子無復返東宮理，選侍今不移，亦未有移之日，此不可頃刻緩者！」內侍曰：「獨不念先帝舊寵乎？」漣怒曰：「國家事大，豈容姑息！且汝輩何敢如是！」聲徹大內。皇長子使人諭漣出，命司禮監按盜藏諸侍，收李進忠、劉遜等。選侍移居仁壽殿。己亥，御史賈繼春上書輔臣曰：「天地之大德曰生，聖人之至德曰孝。先帝命諸臣輔皇上爲堯舜。夫堯舜之道，孝弟而已矣。父有愛妾，其子終身敬之不忘。先帝之於鄭貴妃三十餘年，天下側目之隙，但以篤念皇祖，渙然冰釋。何不輔皇上取法，而乃作法於涼？縱云選侍原非淑德，夙有舊恨，此亦婦人女子之常態。先帝彌留之日，親向諸臣諭以選侍產有幼女，歔欷情事，草木感傷，而況我輩臣子乎！伏願閣下委曲調護，令李選侍得終天年，皇幼女不慮意外。」辛丑，御史左光斗上言：「選侍既移宮之後，自當存大體，捐其小過，若復株連蔓引，使宮闈不安，是與國體不便，亦大非臣等建言初心。伏乞皇上宣召閣部九卿科道，面諭以當日避宮何故，今日調護何方，不得憑中使口傳聖旨，正劉遜、李進忠法。其餘概從寬政，庶幾燒梁獄之詞者，正以寢淮南之謀。」疏入，上傳諭內閣：「朕幼沖時，選侍氣凌聖母，成疾崩逝，使朕抱終天之恨。皇考病篤，選侍威挾朕躬，傳封皇后，朕心不自安，暫居慈慶。選侍復差李進忠、劉遜等命每日章奏文書，先奏選侍，方與朕覽。朕思祖宗家法甚嚴，從來有此規制否？朕今奉養選侍於噦鸞宮，仰遵皇考遺愛，無不體悉。其李進忠、田詔等盜庫首犯，事干憲典，原非株連，卿可傳示遵行。」輔臣方從哲讀諭驚愕，具揭封進，言：「皇上既仰體先帝遺愛，不宜暴其過惡，傳之外廷。」上再諭發鈔。南京御史王允臣糾從哲曰：「陛下移宮後，發一聖諭，不過如常人表明心迹之意，而宰相輒自封還，司馬昭之心，路人知之。」

十月丁卯，噦鸞宮災，上諭選侍、皇妹俱無恙。

十一月丁亥，給事中周朝瑞以賈繼春之揭，謂其喜樹旌旗，妄生題目。繼春復揭曰：「保全選侍，蓋亦人倫天理，布帛菽粟之言，非旌旗題目也。」朝瑞揭駁之曰：「安選侍者，猶謂之是；安宗社者，顧謂之非乎？」繼春再揭曰：「主上父子相繼，宗社何嘗不安，而必待傾選侍以安之？即移宮，原是正理，豈必移時驅逐，革其已進儀注之貴妃，困其無端羅織之老父？伶仃之皇八妹入井誰憐？孀寡之未亡人雉經莫訴。」朝瑞又揭謂：「繼春操戈於解忿平爭者。」繼春又揭：「職非操戈，乃止戈也。聖德無損，爲臣子者同心爲國，有何不解之忿，不平之爭，而煩左右袒之費詞乎！」

刑部尚書黄克纘執奏鄭穩山、劉尙禮、姜昇、劉遜四人罪名當從末減。不允。克纘執奏如初，因言：「父母並尊，事有出於念母之誠，迹似涉於忘父之過，必委曲周旋，使渾然無跡，方爲大孝。」因力求罷。

十二月乙卯，都給事楊漣疏曰：「前選侍移宮一事，護駕諸臣知之，外廷未必盡知。及今不一昭明，將以今日之疑端，成他時之實事。臣蒙先帝召見，目擊當日情形，敢不一語。憶先帝憑几之言，間及選侍，而再四叮嚀，則曰：『輔皇上要緊。』選侍忽從門幔中手挽皇上而入，復推而出，隨有『要封皇后』之言，諸臣相顧錯愕。夫君臣正相引痛之時，忍於要挾求封，一旦事權在握，豈僅僅虛名足稱其意！此八月二十九日事也。迨九月初一日子夜，先帝急召諸臣，而龍馭上賓矣。此時主君爲重，宜急於請見，一見卽呼萬歲，以慰人心。而宮門內使乃有持梃不容入者，臣冒犯忿詈與爭。此初一日卯刻入宮事也。諸臣哭臨畢，請見皇上於寢門，拜呼萬歲，天語『不敢當』者三。諸臣捧龍軒至文華殿門，行嵩呼叩頭禮。已而大小臣工共祈皇上卽日登極。上傳諭卜期，而諸臣皇皇，深以未登極爲危。蓋先帝變出倉卒，上無聖母之憑依，中無皇后之慰藉，在旁窺伺，誰爲可恃？此初一日辰刻事也。爾時諸臣議皇上宜歸何宮，臣思選侍推挽景象，又習聞其上有深相交結之貴寵，乃云從來沖齡天子，不宜託之素無恩德之婦人。且選侍如可託，皇上必深知之，雖強之離而不得；如不可託，雖強之留而亦不可得，而聖駕果徑歸慈慶宮矣。此初一日巳刻事也。御極卜期初六，至初二日，九卿科道有移宮之請，御史左光斗有移宮之請。蓋因皇上一正九五，斷無避宮，而又不可同居。至初五日期且迫矣，臣是以有正位參及李進忠等之疏。總以宮嬪自有定分，卽加恩選侍，原不在宮之移與不移。假令登極之後，而宮嬪悍然居天子之宮，天子歸青宮非理，歸乾清不得，尙得朝廷尊而體統正乎？此初五日午刻，臣從諸臣於慈慶宮前憤爭事也。至本日移宮，臣卽語諸大臣，移宮自移宮，隆禮自隆禮，必兩者相濟而後二祖列宗之大寶始安，先帝在天之靈始妥。卽本日緝獲罪璫，只宜殲厥渠魁，無滋蔓引。大抵宸居未淨，先帝之社稷付託爲重，則平日之寵愛爲輕。及其宸居已定，既盡臣子防危之忠，卽當體皇上如天之度，今諸大臣猶在耳也。臣之所以議移宮者，始終如此。乃移宮之後，忽來蜚語，有倡選侍徒跣踉蹌，欲自裁處，皇妹失所至於投井者，或傳治罪璫過甚者，或稱內外交通者，使夙夜憂時之士，誤收爲一時感慨歎息之言，作此日不白之案。九廟神靈，鑒此熱血。若夫緝拏罪璫，此譬如人家主人謝世，羣僕乘間竊其帑藏，主人之子偶一究問，只在法司得其平耳，於選侍恩禮何與！臣謂寧可使今日惜選侍，無使移宮不早，不幸而成女后垂簾之事，彼三十餘年憑依蟠結之羣邪，又得以因緣多事，於以保惜先帝寵愛則得矣。而輔皇上要緊之深意，在天之靈，果以此爲愉快耶？況兩奉聖諭，選侍居食，恩禮有加，噦鸞宮火，復奉有選侍、皇妹無恙之旨，方知皇上雖念及於孝和皇太后之哽咽，仍念及於光宗先帝之歔欷，海涵天蓋，盡仁無已。伏乞皇上採臣戇言，更於皇弟皇妹時勤召見諭安，不妨曲及李選侍者，酌加恩數。遵愛先帝之子女，當亦聖母所共喜者。」疏上，下旨褒諭。又特諭廷臣曰：「朕沖齡登極，開誠布公，不意外廷乃有謗語，輕聽盜犯之謠傳，釀成他日之實錄，誠如科臣楊漣所奏者。朕不得不再伸諭，以釋羣疑。九月初一日，皇考賓天，諸臣入臨畢，請朝見朕，李選侍阻朕於煖閣，司禮官固請，選侍許而後悔，又使李進忠請回者至再至三。朕至乾清宮丹陛上，大臣扈從前導，選侍又使李進忠來牽朕衣。卿等親見當時景象安乎？危乎？當避宮乎？不當避宮乎？是日朕自慈慶宮至乾清宮，躬視皇考入殮，選侍又阻朕於煖閣，司禮監王體乾固請得出。初二日，朕至乾清宮，朝見選侍畢，恭送梓宮於仁智殿，選侍差人傳朕，必欲再朝見方回。各官皆所親見，明是威挾朕躬，垂簾聽政之意。朕蒙皇考命依選侍，朕不住彼宮，飲食衣服，皆皇祖皇考所賜。每日僅往彼一見，因之懷恨，凌虐不堪；若避宮不早，則彼爪牙成列，盈虛在手，朕亦不知如何矣。既毆崩聖母，每使宮眷王壽花等時來探聽，不許朕與聖母舊人通一語。朕苦衷外廷不能盡知，今停封以慰聖母之靈，奉養以尊皇考之意，該部亦可以仰體朕心矣。臣工私於李黨，不顧大義，諭卿等知之，今後毋得植黨背公，自生枝節。」時方從哲在告，劉一燝等上言：「皇上嗣位以來，宮禁肅清，乃以形跡影響之疑，互相紛辨，致廑聖懷。伏讀聖諭，當年宮掖事情，及頃者避宮景象，悽惋危衷，宛然在目。諸臣徒以事後論安危，謂周防爲多事。皇上責以猜疑輕聽，誠恐有之，若云庇護黨私，則萬萬不敢也。」御史王業浩上言：「先帝毓德青宮，止孝止慈，何以一女子之微，致生枝節。如聖諭派與照管，幷毆崩聖母等語，天下萬世不察，則先帝御家之盛德，不無少損。且父母之讎，不共戴天，普天率土，俱有同仇之義。而聖諭至此，且曲處如此，則前日之肅清，既未得爲義之盡，今此之優厚，亦不得爲仁之至。外廷臣工比肩事主，至分目之曰安社稷，安選侍。臣恐水火之情形既判，玄黃之戰辯方興。」奏留中。庚午，都給事楊漣乞歸，疏曰：「垂簾之祕事未聞，入井之煩言嘖起。臣不過發明移宮始末，使了然在人耳目，而旋荷綸綍之褒，過邀忠直之譽，使臣區區之苦心，反爲夸詡臣節之左券。臣之不安一也。當時首請御文華殿受嵩呼者，周嘉謨等也。初出乾清宮捧皇上左右手者，張維賢、劉一燝也。臣乃以憤爭之故，獨受忠直之名，俯慚卑末，豈可掩人於朝；仰藉清平，豈可貪天爲力。臣之不安二也。宮禁自就肅清，社稷有何杌隉？而聖諭以志安社稷爲言，君幸有子，不憂杞國之天，臣獨何人，敢捧虞淵之日？臣之不安三也。臣引分自思，俯全臣節，惟有決去一著而已。臣蹇窮骯髒之人，披上方之文綺，賚兩朝之賜金，步歸里門，以忠直二字出告親友，入敎子孫，眞覺俯仰皆寬。卽不幸先犬馬塡溝壑，持此二字以報皇考於在天，見先人於地下，臣亦可瞑目安寢矣。臣無病，不敢以病請；皇上未罪臣，又不能以罪請；惟有明微薄之心跡，乞浩蕩之恩波，放臣爲急流勇退之人而已。」詔許之。

熹宗天啓元年（辛酉，一六二一）春二月，御史賈繼春直陳具揭之實，奉旨切責。繼春復上言：「臣初入班行，當移宮之後，祗因痛切先帝，急欲效忠皇上。及捧讀聖諭，乃知天地之高厚，曲爲保全。而小臣之狂愚，猶妄有規勸，謹備錄原揭回話。」上以其疏中無「雉經」「入井」二語，著再回話。夏四月，吏部尚書周嘉謨及九卿科道會議，云：「繼春席藁待罪，懇請優容。」仍下旨切責，落職永不敍用。

四年（甲子，一六二四）夏四月，大理寺少卿范濟世請遵遺命，封李選侍爲妃。下旨切責。先是，光宗青宮舊監王安強直不阿選侍，魏忠賢既矯殺之，乃盡反其所爲。會楊漣上疏，發忠賢二十四罪，忠賢益憤。六月，遂矯上命，復議封選侍。禮臣林堯兪奏止之，不聽，竟封李氏爲康妃。

十二月，召還御史賈繼春、徐景濂、王志道等。

夏允彝曰：庚申一月之內，連遭大喪，中外洶洶。楊漣率衆排闥，見東宮即羅拜。選侍時在乾清宮，以母禮自待，左光斗遽疏言乾清宮非至尊不可居，持論自正。但中言「武氏之禍立見於今」，差亦過當。楊、左即拉閣臣揭請即日移宮，選侍頗覺皇遽。御史賈繼春遂言先帝至孝，何至一妾一女不能遺庇，亦未可盡言其非。然宮之應移，自屬定禮。楊、左不可居以爲功，他人亦何可詆之爲罪也。楊與賈互相譏諷，賈以楊必將與大璫共受封拜譏之，楊遂掛冠歸。中旨切責賈，賈倉皇自辨，詞頗哀。高弘圖、張慎言出疏兩解之，言至平且確。乃賈終黜爲民，而楊不久優擢至副院，則亦東林失平之事也。後遂以此殺楊、左，則寃彌甚，即賈亦心憐之。總之，東林操論，不失愛君，而太苛太激，使人難受。攻東林者，言風顛，言可灼無他意，移宮太亟，不失調停。卒以此罪諸賢，而加以一網，不大謬乎！

五年（乙丑，一六二五）夏四月，給事中霍維華上言「梃擊」、「紅丸」、「移宮」三案，略曰：「選侍之請封也，請封妃也。妃之未封，而況於后！請之不得，而況於自后！不妃不后，而況於垂簾！臣謂宮不難移也，王安等故難之也。難移宮者，所以重選侍之罪，而張擁戴之功。神祖册立東宮稍遲，諸臣羣起而爭之。然篤愛震器，始終不渝。倘果如奸邪所稱，廢立巫蠱之謀，則九閽邃密，乃藉一風顛之張差，有是理乎？非神祖先帝慈孝無間，王之寀、陸大受同惡相濟，開釁骨肉矣。神祖升遐，先帝哀毀，遽發夙疾，而悠悠之口，致疑於宮掖，豈臣子所忍言！孫愼行借題紅丸，誣先帝爲受鴆，加從哲以弒逆，鄒元標、鍾羽正從而和之。兩人立名非眞，晚節不振，委身門戶，敗壞生平。伏乞嚴諭纂修諸臣，以存信史。」已而三朝要典成，起乙卯止辛酉，魏忠賢矯宸翰弁之。

懷宗崇禎元年（戊辰，一六二八）五月，侍講倪元璐上言：「主梃擊者，力護東宮；爭梃擊者，計安神祖。主紅丸者，仗義之言；爭紅丸者，原情之論。主移宮者，弭變幾先；爭移宮者，持平事後。六者各有其是，不可偏非也。未幾而魏忠賢殺人則借三案，羣小求富貴則借三案。故凡推慈歸孝於先皇，正其頌德稱功於義父，批根今日，則衆正之黨碑，免死他年，卽上公之鐵券。由此而觀，三案者，天下之公議，要典者，魏氏之私書。以臣所見，惟毀之而已。假閹豎之權，役史臣之筆，亙古未聞，當毀一。未易代而有編年，不直書而加論斷，當毀二。矯誣先帝，僞託宸篇，既不可比司馬光資治之書，亦不得援宋神宗手序爲例，當毀三。臣謂此書不毀，必有受其累者，則非主三案者之累，而爭三案者之累，又纂修三案者之累也。爭三案諸臣，品原三等，如崔呈秀、劉志選、李春曅等不足問矣。最上如黃克纘、賈繼春、王業浩、高弘圖、劉廷宣等，始處君子，而不必求同。既遇小人，而自能爲異，本末炳然。然管、華之席未割，老、韓之傳同編。數人高明之觀，豈不引爲坐塗之辱！若其次者，雖非盡有執持，要亦不皆濡染。而特以史氏抑揚之過，保不爲後人翻駁之端。至於纂修詞臣之在當日，更有難言者，丹鉛未下，斧鑊先懸。姜逢元閣筆一歎，朝聞夕逐。楊世英、吳士元、余煌等備極調維，其於忤璫諸疏，有匿其全文，有删其已甚，時傳書成而獄又起，則有寧加醜詆之詞，決不下一不道無將等字，以傅會爰書。凡此苦心，亦多方矣。而事在見聞之外，未易可明。若復彈章一加，萬節俱喪，此臣之所謂累也。願敕部立將要典錂毁，一切妖言市語，如舊傳點將之謠，新騰選佛之說，毋形奏牘，則廓然蕩平。」上從之。

明史紀事本末卷之六十九

平奢安

熹宗天啓元年（辛酉，一六二一）九月，四川永寧宣撫使奢崇明叛。奢氏，倮儸種也。洪武中歸附，命爲宣撫司，世守其土。數傳至奢崇周，無子，奢崇明以族人得立。崇明性陰鷙，佯爲恭順，凡有徵調，罔不應命，人漸狎之。子奢寅，有逆志，負蠻倮招納亡命。時以邊事急，徵四方兵，崇明遂上疏請提兵三萬赴援，遣其將樊龍、樊虎以兵至重慶。四川巡撫徐可求點核，汰其老弱發餉，餉復弗繼，龍等遂鼓衆反。龍走馬舞槊，直刺可求，可求死，遂一擁而上，道臣孫好古、駱日升、李繼周，知府章文炳，同知王世科、熊嗣先，推官王三宅，知縣段高選，總兵黃守魁、王守忠，參將萬金、王登爵等皆死之。原任犂昌同知董盡倫聞變，帥衆入城殺賊，遇伏死。募兵科臣明時舉、臺臣李達、通判王天運俱負傷踰牆遁。時土兵數千，列江岸，城內礮震，城外應之。賊遂據重慶，分兵一扼夔州水口，一踞綦江、遵義，一踞瀘州，一截川西棧道，全蜀震動。

奢崇明陷遵義。時遵義道臣李仙品、參將萬金督兵援遼，俱赴重慶，城中守備空虛。

奢崇明同其子寅帥衆奄至遵義，署府通判袁任先期委城遁。賊乘勢焚劫，納溪、瀘州、江安等城，興文、永川、長寧、榮昌、隆昌、壁山皆空。賊攻合州、江津，知州翁登彥、知縣周禮嘉悉力捍禦，破走之。陷興文，知縣張振德不屈，率妻子赴火死。石砫宣撫司掌印女官秦良玉勤王。秦氏世爲宣撫司，良玉兄秦邦屏、邦翰援遼力戰死。弟秦民屏重傷突圍出，得歸。時藺賊厚遺秦氏求其助，良玉斬使留銀，率所部精兵萬餘，同弟民屏、姪秦翼明等捲甲疾趨，潛度重慶，營於南坪關，扼賊歸路。遣兵夜襲兩河，燒其船以阻賊，汎舟東下。自率大兵沿江而上，水陸並進。又留兵一千，多張旗幟，護守忠州等地方，以爲犄角之勢。移文夔州，設兵防瞿塘，爲上下聲援。

十月，賊逼成都，時瀘、敍諸郡邑瓦解，榫木、龍泉諸隘口俱失，賊乘勢向成都，指揮冉世洪、雷安世、瞿英、周邦泰、張愷帥衆拒之。邦泰先至資陽，遇賊不戰，降。冉世洪等至九泉，賊駐兵山上，據高臨下，衆寡不敵，我兵陷陣，世洪、安世、英俱死之，張愷走免。賊兵進薄城下，懸旌僭號，四面夾攻。城內僅有鎭遠營七百人，調到松潘、茂州、龍安兵一千五百餘人。御史薛敷政、左布政使朱燮元登陴而守。初，燮元方以輯瑞就道，蜀王出國門，與百姓遮留之。燮元慷慨自誓，賊薄城，燮元使土司坤汝常乘賊，指揮常恭等火礮助之，賊稍卻，斬賊先鋒一人。次日，賊數千人，障革裹竹牌進，矢石不得近，燮元命架七星礮，火箭火輒衝擊之，殺數百人。至暮，賊擁鉤梯數千，攀城欲上，燮元戒士卒第放礟礌石，亡諱。遲明，賊積屍陵城下。時冬，濠水涸，賊帥降民，持篾束薪，載濠土壘如山，上架蓬蓽，形類行屋，以避銃石。伏弩仰射，城中垂簾蔽矢石。燮元夜縋壯士，持芻塗膏，殺守者縱火。火舉山隤，賊大阻。燮元又遣人決都江堰水至濠，濠滿，賊乃治橋，得少息。因緝獲城中與賊通者二百人，懸其首陴上。賊又於城四面立望樓，高與城等。燮元曰：「賊設瞭望，必四出剽掠，其中虛。」遂命死士五百人，突出擊之。賊果無備，斬其三將，燒樓而還。當是時，諸道援兵相繼至，十二月二十四日復安岳縣，二十八日復樂至縣，與賊戰於倒流鎮、石橋、永清鋪，俱有斬獲。各路兵或轉戰得至城下，或潰敗去。秦良玉兵三千亦至。然賊兵亦日益增，無退意。賊圍城八十餘日，歲且盡，城中人伏臘不祭，王正不賀。賊城外日發諸人冢墓，城上望見皆泣。會有俘民脫歸者，言賊旦夕須旱船，一決勝負。

二年（壬戌，一六二二）春正月，賊數千自林中大譟而出，視之有物如舟，高丈許，長五百尺，樓數重，簟茀左右板如平地。一人披髮仗劍，上載羽旂，中數百人，各挾機弩毒矢，牛數百頭運石轂行，旁翼兩雲樓如左右廣，俯視城中，老幼婦女皆哭。燮元曰：「此呂公車也。破之非礟石不可。」礟石者，巨木爲杆柱，置軸柱間，轉索運杆，千鈞之石飛擊如彈丸，賊舟不得近。燮元復募敢死士，以大礟擊牛，中其當輗者，牛駭返走，乘勢縱擊敗之，然城中亦力竭矣。裨將劉養鯤言有諸生范祖文、鄒尉陷賊中，遣孔之譚來約。賊將羅乾象欲自拔效用，燮元即遣之譚復往，至則與乾象俱來。燮元方臥戍樓，呼與飲，乾象衷甲佩刀，燮元不之疑，就榻呼同臥，酣寢達旦。乾象感激，誓以死報，許之，縋而出，後賊營舉動，纖悉無不知者，乾象之力也。踰數日，又使牙將周斯盛詐降，質其來，設伏待之。崇明果自至。甫懸一人上，松潘守兵不知，大譟。崇明走，伏起，獲其從騎數人。崇明跳身免，乃謀遠遁。燮元偵知，造水牌數百面，投錦江順流而下，令有司沈舟斬筏，斷橋梁，嚴兵以待。賊夜半果逸，乾象等內變，賊營四面火起。崇明父子拔營走，乾象等皆來歸。成都圍凡百有二日而解。賊渡瀘歸重慶。事聞，以燮元爲巡撫。

三月，羅乾象復江安。四月，官兵復新都。初，奢賊據新都，繕城積粟爲守計，因克安岳，攻保寧，聲言直取潼關，人心震動，安緜副使劉芬謙、湖廣監軍楊述程合兵攻之。兵至牛頭鎮，賊以騎數千、步萬人來援。秦良玉、譚大孝等夾擊敗之，遂復新都。賊退入（藺）〔藺〕州（據國榷卷八十五改），復遵義府。時有湄潭叛民王倫引賊焚掠。湄潭爲川、貴險要。都司陳一龍追至水西境，降之。諸軍進駐遵義。時惟重慶尚爲賊巢。

五月，諸軍進逼（崇）〔重〕慶（據國榷卷八十五改）。初，奢崇明父子據瀘、汭，倚樊龍爲聲援，龍盤踞重慶，已九閱月。重慶，古渝州地也，三面臨江，春水泛漲，一望瀰漫不可渡。其出入必經之要道，惟佛圖關至二郎關一路。賊自通遠門城濠至二郎關，連營十有七，宿精兵數萬。監軍副使丘志充、楊述程，總兵杜文煥帥兵進攻之，再戰，幾入其壘。翌日，文煥帥參將楊克順等直抵賊營，石砫宣撫官秦民屏率部兵遶出其後，賊驚敗，遂連復佛圖、二郎二關，殺賊三千餘人，積屍深溝，兩岸俱平，乘勝進逼重慶。二十七日，以計擒賊首樊龍、張彤、何若海等三十一人，遂克之。六月，川師復瀘州。七月，遵義復陷。

貴州水西土目安邦彥叛。邦彥，安堯臣別枝也。安堯臣冒隴姓，并隴地，受撫，得襲兄疆臣世職。堯臣死，妻奢社輝、子安位幼，邦彥挾之反。時四十八馬頭與頭目安邦俊、魯連、安若山、陳其愚、陳萬典等，蠭起和之。都司楊明廷以三千人敗沒於畢節。參將尹啓易等自烏撒奔回霑益，炎方、松林皆不守，平夷衞亦爲賊黨李賢所破。賊圍普安、安南。雲南都司李天常帥兵四千救之。賊將羅應奎僞降，誘至疊水鋪，伏發，全軍皆沒。於是交水、曲靖、武定、尋甸、嵩明之間，騷然苦兵矣。賊分遣王倫、石勝俸下甕安，襲偏、沅以斷我軍。倫等，楊應龍餘孽也。洪邊土司宋萬化糾苗仲九股，據龍里，邦彥自統蜀賊苗仲數萬，進圍貴州。自二月初九日薄城下，造雲梯，製滚廂，築墩臺，百計攻城。撫臣李澐、按臣史永安悉力禦之。賊沿山紮營，四面伏路把截，以斷城中出入，盡掘環城墳墓，殺掠甚慘。置木柵壘戶牆，鳥雀不能飛渡。鎮將張彥芳將兵二萬赴援，隔龍里不得進。貴州總兵楊愈懋、推官郭象儀與賊戰於江門白杵營，死之。

安邦彥破烏撒衞，指揮管良相死之。先是，水西未叛，良相語李澐曰：「奢氏反，安必繼之。黔中無兵餉，猝然有變，計將安出？宜招兵萬人，積二年穀，用許成名將之，以觀其變。」澐以力不能，止。後良相以祖母病乞假去，泣而曰：「烏撒孤城，且與安效良相仇，水西有難，禍必首及。良相隻身無子，願以死報國。乞圖長策，保此一方。」澐亦泣。良相去，甫一月而難起。烏撒首被賊破，良相自縊死。

巡撫都御史王三善進兵平越。時平越所陳兵止萬餘人，副總兵徐時逢、參將范仲仁不相能。仲仁先進，遇賊於甕城河，戰不利，時逢擁兵不救，遂大敗，諸將馬一龍、白自強等殲焉。各處聲援俱絕，貴陽圍益困。城東隅有山岡，與城齊，賊踞其上，作廂樓，官兵設計燒之，火三晝夜不絕。城中糧久乏，將士病不能戰。巡按史永安上疏詆王三善，大聲疾呼。十一月，三善大會將士議曰：「省城不能待矣！外援不至，吾輩死法、死敵，等死耳，尙何俟耶！」命道臣何天麟督兵七千從清水江進，爲右部；道臣楊世賞督兵萬人，從都勻進，爲左部；三善自將二萬，與道臣向日升從中路進，當賊鋒。十二月抵新添，銜枚疾走，二日，進母豬洞。三日，次新安。是夜，賊報至，營中驚擾，議退兵。三善曰：「退卽虀粉，以死捍之！」按兵不動，卒無賊。四日，命劉超爲前部，抵龍頭營。三善以身尾之，相去不二里，聞銃聲，衆股栗欲止。三善曰：「前驅當賊，必無退者，吾當爲後勁。」遂策馬而前，未一里，劉超捷音至。超兵遇先卻，超下馬斬二人，持刀斷賊一標。賊首阿成驍勇善戰，超與部兵張良俊直前斬其首，賊遂披靡。適大兵至，大呼齊進，奪龍里。賊衆復大集，大戰卻之。五日，住龍里城，衆議去省會不遠，賊必重兵堵截，宜少休息。三善曰：「我兵猝至，賊無備，不能持久，急擊之勿失！」六日，遂策馬先進，衆隨之。賊覘者，亦知新撫自將，意有數十萬兵至，相顧駭愕。安邦彥紿其衆曰：「吾當增兵來助！」遂遁去。賊相率退屯龍洞，我師奪高寨、七里衝，乘勝進兵畢節鋪。賊步騎如雲，孫元謨將所製木發貢七門齊發，賊死無算。楊明楷率烏羅兵，如牆而進，賊大敗。其渠安邦俊被銃死，棄輜重器械山積，遂乘勝抵會城。撫臣李澐、按臣史永安、學臣劉玄錫死守者幾十月，旦夕城且陷，忽見賊兵奔潰如蟻，喊聲雷震。俄頃五騎衝鋒至城下，云：「新撫至矣！」軍民大悅，慶更生。是時，三善同將卒披氈單騎冒矢石，以二萬人破賊十萬，澐等迎入城。三善曰：「賊兵不遠，軍心未定，我大帥也，不可卽安。」遂營於南門外坡上。大雪。次日，移營宅溪。賊聞，遠遁陸廣河外。三善遣使諭奢社輝母子縛安邦彥降，不報。越數日，左右兩部兵至，又十日而楚、粵、蜀之兵亦至。三善怒其後期，且憂乏食，欲謝遣之。將校皆曰：「數千里赴援，不可卻也。」三善念衆多，倉儲空虛，欲因糧於敵。又諸軍視賊過易，十二月三十日前鋒楊明楷率兵渡河，紮營三十里外。一軍屯陸廣向大方奢社輝，一屯鴨池向安邦彦巢穴。

三年（癸亥，一六二三）春正月，賊復糾藺賊與雲南安效良等，帥衆數萬，并力攻陸廣。楊明楷奮勇接戰，蒙兵先潰，衆遂亂，溺水死者數千。明楷陷賊中，賊乘勝赴鴨池，我兵退屯威清。三善收兵入城，土司苗仲見我軍不利，復肆劫掠，自龍里至甕城，屍横四十餘里。

夏四月，川師復遵義。時賊首尤朝柄、楊維新、鄭應顯據遵義，副將秦衍祚、侯良柱督兵二千攻之，誘戰於九接灘，以銃斃其渠採賽，復追敗賊於南城外羅鋼渡，遂克之。賊安鑾帥妻子部衆降。安鑾爲奢寅右臂，監軍道趙邦清密遣賊黨了相、喻文富招之，鑾心動，顧以妾石氏、子安在嵩在符國禎營，未敢發。十四日，官兵抵羅付大河口，擊奢寅，敗之。鑾見寅敗，乃密約副總兵侯良柱助兵挾取妻子。良柱分遣羅安良進陶公灘以牽賊，自帥親兵七百人，同鑾部兵夜經三寨抵賊巢，銃礮震天。賊倉卒不知我兵多少，符國禎先走，鑾率妻子及部兵數千，自拔來歸。

川師復永寧。先是，川撫朱燮元會衆議曰：「我之久不得志於賊者，我以分，賊以合也。」於是列營納谿，陽爲進取，而陰令大兵會長寧。首攻廝唐坎、觀音庵、青山厓、天蓬洞等處，乘霧奪險而入，與石硅兵會，進攻永寧。遇賊於土地坎，奢寅親率兵搏戰，我兵奮勇擊敗之。追至老君營涼傘鋪，盡燒賊營。寅身被二槍，樊虎亦創死。復敗賊於横山、八甲、青岡坪等處，直抵城下，一鼓拔之。生擒周邦泰等，降賊二萬，踰城溺水死者無算。奢崇明父子列營江岸上，官兵隔水而壘，降者日至，賊復遁。

安邦彥知我兵潰，煽誘苗仲，糾合逆黨宋萬化等，復欲犯貴州，使其黨何中尉據龍里，李阿二督四十八莊兵圍青巖，斷我糧道。宋萬化督洪邊兵苗仲爲左翼，吳楚漢結八姑蕩、平八莊苗仲爲右翼，自統水西兵約共犯會城。王三善遣遊擊祁繼祖統盧吉兆、左世選兵下龍里，一鼓破蓮花堡，連燒上中下三牌賊寨百五十處。何中尉敗逃深箐，龍里路通。遣參將王建中、劉志敏、宋迪、屈朝先等救青巖，斬首三百餘級。王元佐等兵繼進，焚賊寨四十八莊。李阿二中神槍，逃歸水西，定番路通。諜報賊方糾八姑蕩、洪邊二路兵進犯會城。三善夜遣王建中、祁繼祖等兵一萬五千，進勦八姑蕩，焚莊寨二百餘處，斬首五百級。窮追渡河，溺死者無算。焚其積聚數萬，賊糧絕，謀遂寢。宋萬化遣人詐降，覘動靜。三善佯許之，而調監軍楊世賞督劉志敏、祁繼祖等捲甲赴之。賊倉皇出戰，遂被擒，并其妻子及僞軍師劉洪祖等。萬化驍勇善戰，邦彥倚之。至是奪氣，四路既通，秦民屏兵至平越，復還守龍里，諸苗叛者相繼降。三善給黃旗，使各豎寨中。邦彥望見之，不敢復出，但於鴨池、陸廣諸要路，掘坑塹，修補水西，屯兵爲自守計。

五月，川兵發永寧，進追奢崇明，連克紅崖、天台二寨，賊數千人迎降，遂安撫紅潦四十八砦。時總兵盧世卿擒僞御史汪澤遠、僞參謀文道南，副將秦翼明擒僞監軍夏奇雲、僞給事中孔聞過等，并僞印十餘，鎧仗如山。又獲安兵田進忠，云：「奢賊計窮，將美女黃金降水西借兵。」安邦彥遣兵十六七營，已過河到獅子山。目把曾仲英領兵六營，尚駐赤水河，謀分兵，一由鎮雄兵三營乘永寧之後；一由普安入新寨，攻永寧之前。十三日，羅乾象督兵破藺州，焚其九鳳樓，掃其巢，奢賊狼狽走。

雲南六佐縣營長安應龍合需益賊首補鲊爲亂，圍羅平。巡撫閔洪學攻羅平克之，移兵覆其巢，俘其妻子。應龍逃普安，復入烏撒。已，安效良乞降，責其縛補鲊、應龍以誘之，效良縛應龍以獻。

水西藺賊合兵窺遵、永。時藺賊奢崇明、奢寅戰屢敗，窮蹙投水西，安邦彥復助兵合謀，一窺遵義，一窺永寧。官兵合長、納兩路，敗之於芝麻塘，賊遁入青山。

六月，貴州總兵魯欽等三路進兵，直入賊巢，擒土司何中尉等，進營紅崖。紅崖者，天台、水腳、婁石、牛酸草等七囤，素稱天險，官兵未有至者。總兵張彥芳擊賊於羊耳，亦敗之。追至鴨池河，奪其戰象，斬首二百七十餘。七月，大兵戰勝，深入大壩洪紅鳥岡。賊所借鳥芸等部苗，望風奔潰。三善按轡直入大方，降者千計，救出田景猷、劉志敏、楊明楷等。奢社輝、安位焚大方老巢，竄火灼堡。安邦彥逃入織金。

川兵入龍場，陣獲奢崇明妻安氏及奢崇輝、蔡金貴、李廷、王承恩、張尙極等。

安位母子遣漢把劉光祚赴鎭遠乞降，總督楊述中許之，授賊黨袁紹等狀，令擒奢寅父子自贖，遣之回巢。紹等至省，羈留未發，而撫按會議亦勒限安位母子，縛解安邦彥、奢寅，然後請旨治罪。大抵三善以元凶未窮，當用勦爲撫，而述中一意主撫，議遂不合。三善駐大方日久，邦彥日夜聚兵自益，令其黨陳其愚詐降。其愚者，目把中大猾也。三善輕信之，多與參贊軍務，由是邦彥纖悉盡知。

四年（甲子，一六二四）春正月，王三善自大方還貴州，陳其愚相繼隨行。忽傳其愚山後遇賊，三善勒馬回視，其愚故縱轡衝三善墮地。三善知有變，將帥印付家人，囑令護持先去，卽抽襪中小刀自刎。頸皮已破，其愚下馬奪其刀，儸鬼諸苗蜂擁而至。三善罵賊不屈，賊割其首去。副將秦民屏亦死之。秦佐明、祚明突圍出，賊勢復張。事聞，總督楊述中回籍聽勘。既而監軍御史傅宗龍獲陳其愚，誅之。其愚狡凶多計數，邦彥倚爲耳目，至是伏誅。

秋七月，總理魯欽、劉超克巖頭寨，破平茶，乘勝深入，至織金敗績。

五年（乙丑，一六二五）春，雲南巡撫閔洪學復霑益。水西、藺、烏霑三逆合兵數萬，窺霑益，敗走之。四川烏撒土目安效良，水西賊安邦彥肺腑之親也，其順逆惟水西是視。水、藺相繼叛，滇撫閔洪學以兵力不繼羈縻之，令其擒賊自贖，效良亦佯爲恭順，擒安應龍以獻。

而所遺獻功之人領文還，中途被劫。效良又見黔師出陸廣，滇師入霑益，隱然有撫背扼吭之勢，水、烏益成騎虎矣。至是，遂乘截黔之餘燄，南向入滇，合藺水、烏霑、安南諸部三十九營，直抵霑益。衆十倍於我，副總兵袁善、宣撫使沙源等督率將士奮勇血戰，對壘城下者五日夜，屢出奇兵破走之。

六年（丙寅，一六二六）春，水西苗老虎、阿引等，殺賊酋奢寅來降。苗老虎隨侍奢寅有年，著巴乃寅騎引馬卒，李老松乃寅看茶卒，與寅同居聶舌壩上。寅妻在箐林山上，相去二三里。奢崇明居克仲壩，相距三百餘里。寅子阿甫年七歲，一女嫁芒部。時水西約二月三路興兵，一攻雲南，一攻遵義，奢寅專攻永寧。寅素性凶淫，附近夷人妻女有姿色者強姦之，富於財者勒索其鏹，不遂輒死，以此部下多往鎮雄、芒部逃生。其麾下人阿引等故嘗受撫臣朱燮元金錢，令圖寅，與總兵李維新歃血，密謀舉事。寅微覺，縛阿引拷掠之，以利刃穿其左足一晝夜，阿引至死不承，乃釋之。阿引因勾合苗老虎、李明山等同謀。適奢寅與其下痛飲酣歌，登牀而寢。老虎佯與寅蓋絮，見寅睡方鼾，持刀砍其胸，寅大呼，李明山復助砍，身死腸出。明山刀折，僞總兵等闌入，苗老虎走，直往箐中擒寅妻，妻已聞變逃矣。賊黨追苗老虎等甚急，至一椀水，遇官兵，乃降。

二月，安邦彥率衆數萬渡江，與我兵大戰數日。總理魯欽力禦之，抵暮，賊兵益衆，而我兵因數月無餉，乘夜皆潰，魯欽自刭死。賊燒劫穈姑孫官堡，苗仲復助逆，貴州三十里之外，樵蘇不行，城中大震。巡撫王瑊、巡按傅宗龍先遣王國禎等攻河沙壩儸鬼，盡俘之，廣順、定番、青巖、白納一帶，苗蠻爲之奪氣。繼遣張雲鵬逆邦彥於趙官堡，小戰二日，大戰二日，所殺傷者甚衆。水內、水外之賊，奔走潰歸，道路復通。

總督朱燮元以父喪歸。加偏沅巡撫閔夢得總督，從中調度，控制五省。

夏，黔兵攻匀哈、長田一帶諸苗。黔中四面苗仲，而最狡悍者，無如匀哈。安邦彥初叛，圍龍里、新添，皆藉其衆。至是，數出沒劫掠清平、新添地方，餉道爲梗。平越知府會同都司張雲鵬率兵攻擺沙大寨。擺沙居寨之中，距平越百餘里，乘夜由間道掩襲破之。賊遁入箐，其中米積如山。次日，搜百里大山，移營牛場箐、保文鸞，攻甕、岳等寨，復攻都匀城西南仲賊，八路會兵入箐，各有斬獲。復攻江時、戶西、高平、養古數十寨，斬首二千餘級，掃蕩二百餘里。

七年（丁卯，一六二七）春，參將楊明輝奉命宣諭安位，令擒獻首惡，爲安邦彥所殺。

懷宗崇禎元年（戊辰，一六二八）秋九月，詔起朱燮元仍總督貴、湖、雲、川、廣五省軍務。

二年（己巳，一六二九）夏六月初，大方東倚播，北倚藺，相爲犄角。後播、藺既平，賊惟恃烏撒爲援，而畢節爲四裔交通處。先是，王三善由貴陽陸廣入大方。陸廣至大方，百七十里，皆儸鬼巢窟，前可衝我，後可包我，左右可衝擊我，三善卒以失地利陷。天啓間，燮元建議滇兵出霑益，遏安效良應援，而別布天生橋、尋甸等，以絕其走。蜀兵臨畢節，扼其交通四裔之路，而別出龍場巖後，以奪其險。黔兵由普定渡思臘河，徑趨彥巢，而陸廣、鴨池擣其虛，粵西出泗城，分兵策應，然後帥大軍由遵義鼓行而前。尋以憂去，未及用。總督閔夢得繼之，亦以貴州抵大方路險，而賊惟恃畢節一路外通，用兵宜從永寧始。自永寧而普市，而摩泥，而赤水，百五十里皆坦途。赤水有城郭可憑而守，宜結營於此。漸進漸逼四十里爲白巖，六十里爲層臺，又六十里爲畢節。畢節至大方不及六十里，賊必併力來禦，須以重兵扼之，斷其四走之路。然後遵義、貴陽剋期並進，亦不果用。至是，燮元再涖黔，乃檄滇兵下烏撒，蜀兵出永寧、畢節，扼各路要害，而親帥大軍駐陸廣，逼大方。

八月，奢崇明號大梁王，安邦彥號四裔大長老，歹費、小阿、烏繼、阿鮓怯等各號元帥，悉力趨永寧，先犯赤水，諜知之。燮元授意守將許成名佯北，誘賊深入，度賊已抵永寧，分遣林兆鼎從三岔入，王國禎從陸廣入，劉養鯤從遵義入，邦彥分兵四應，力不支，羅乾象復以奇兵繞出其背，急擊之，賊大驚潰。崇明、邦彥等皆被創，漢兵斬其首獻，燮元不欲窮兵，乃移檄安位赦其罪，許其歸附。而位豎子不能自決，其羣下復謀合潰兵拒我。燮元乃大會諸將曰：「水西多山險，叢箐篁，蠻烟爽雨，莫辨晝夜，深入難出，以此多敗。當與諸君扼其要害，四面迭攻，漸次蕩除，使賊乏糧，將自斃。」於是焚蒙翳，剔巖穴，截溪流，發勁卒，馳騁百餘里，或斬樵牧，或焚積聚，暮還歸屯。賊益不能測，凡百餘日，所得首功萬餘級，生口數萬。每得嚮導，輒發窖粟就食，而賊飢甚。劉養鯤遣其客入大方，燒其宮室，懸榜而出。安位大恐，乞降。與約四事：一貶爵，一削水外六目之地歸朝廷，一獻殺王巡撫者首，一開畢節等驛路。安位皆受命，遂率土目納款。燮元爲奏請，詔許之。乃條陳便宜九事：「不設郡縣，置軍衞，不易其俗，土漢相安。便一。地益墾闢，聚落日煩，經界既止，土目不得以民不耕地漸侵軼。便二。黔地瘠，仰給於外，今自食其土，省轉輸之勞。便三。國用方匱，出太府金幣勞諸將不足，以爵酬之爵輕，不若以地，於國無損。便四。既許世其土，各自立家，經久遠，永爲折衝。便五。大小相維，輕重相制，無事易以安，有事易以定。便六。訓農治兵，耀武河上，使賊日備我。便七。從兵民便，願耕者給之，且耕且戍，衞所自實，無勾軍之累。便八。軍耕抵餉，民耕輸糧，以屯課耕，不拘其籍；以耕聚人，不世其伍，使各樂其業。便九。」上可其奏。

九年（丙子，一六三六），朱燮元遣兵誅擺金、兩江、巴香、狼壩、火烘五洞叛苗，悉平之，水西勢益孤。又通上下六衞，幷清平、偏鎮四衞道路，凡一千六百餘里，設亭障，置游徼，以便往來。滇中沐氏土舍普名聲亂，燮元奉命移兵討平之，名聲伏誅。

十年（丁丑，一六三七），水西安位死，無嗣，族屬爭立，朝議欲乘其弊郡縣之。燮元上書諫，乃止。燮元遂傳檄土目，諭以威德。諸部爭納土，獻重器。燮元召將吏議，以爲衆建土司，使其勢少力分，則易制。各欲保土地，傳子孫，則不敢爲逆。乃上奏曰：「臣按西南之境，皆荒服也。楊氏反播，奢氏反藺，安氏反水西。而滇之定番，彈丸小州，爲長官司者十有七，二三百年未聞有反者，非他司好逆而定番忠順也。蓋地大者跋扈之資，而勢弱者保世之策也。今臣分水西之壤，授諸渠長及有功漢人，咸俾世守。凡其俗虐政苛斂，一切除之，使參用漢法，可爲長久計。」制曰：「可。」西南遂底定焉。

谷應泰曰：天啓中，奢崇明以倮儸種據重慶，安邦彥以水西酋反貴州，蓋苗俗叛服不常，乃其天性。而兩家者，又倚爲脣齒，時通姻婭，所謂同功一體之人也。乃謀亂之初，則奢先而安繼；窮追之日，則奢敗而安亡。覆轍相尋，合若符契，小醜墜宗，於人何尤焉。以予觀奢崇明陰鷙有謀，其子寅招納亡命，一舉而全蜀震動，剽銳莫當，宜非邦彥所敢望也。然而邦彥之師，尙堪持久，而崇明之衆，旋卽挫衄。又往往降於水西，投於安部者，則以安之地大而力盛也。奢酋竊發，止蜀道一隅。而安酋轉戰，西通巴、僰，南壓滇、黔，又合烏霑、安南諸部落，緜亙長驅，動搖數省，此之不戢，眞江、楚之深憂也。以故恢蕩之功，亦以平安爲首，平奢次之。平奢者，秦良玉之夜襲兩河，杜文煥之佛圖奪壘，盧元卿之紅崖積仗，其功不可泯也。平安者，王三善之奮斬十萬，秦衍祚、侯良柱之夜拔三寨，張雲鵬之八路進兵，許成名之三方深入，其功更不可泯也。乃崇明、邦彥同時陣殲，奢寅淫横，內自相圖，旣平五洞叛瑤，又開淸平四衞，新設亭障，增置游徼者，凡一千六百餘里。雖漢之樓船十道，西通冉駹，其盛不能及也。然其時發蹤指示，出奇無窮，多出於督臣朱燮元之方略。論者以固守成都，蕩滅羣妖，招降安位，爲燮元功不世出。而不知善後撫綏，分裂其地，使南人不復反者，皆燮元之長算也。善乎燮元之疏曰：「今分水西之壤，授諸渠長，及有功漢臣，咸俾世守。蓋地大者跋扈之資，而勢弱者保世之策也。」昔主父偃令宗室得分王子弟，而藩服益削，則知衆建土司而少其力者，其眞馭遠之良規歟！

明史紀事本末卷之七十

平徐鴻儒　附王好賢　于弘志

熹宗天啓二年（壬戌，一六二二）夏五月，山東妖賊徐鴻儒倡亂。鴻儒，鉅野人，遷鄆城，萬曆末，以白蓮教惑衆，黨數千人。深州人王森以救一妖狐，妖狐斷尾，令藏之招人，人聞異香，多歸附之，號聞香教。森死，遺貲巨萬，子好賢藉其資以結客，有異志。景州于弘志以棒箠會聚惡少年，好賢與通，密約鴻儒於八月望日，三方同起。而鴻儒以他事相激，先發，在卞家屯刑牲誓衆，令衆至梁山泊寄家口，然後起兵，往圍魏家莊，又二千餘人圍梁家樓，據爲巢。去縣二十里，官兵不敢前。又攻鉅野縣，其黨楊子雨、李泰等被擒。又曹州擒張世佩，其身旁匿紙人數千，號「四大金剛」，亦鴻儒黨也。鴻儒攻鄆城，知縣余子翼逃，遂據城，曹、濮騷動，兗西道閻調羹以聞，巡撫都御史趙彦、總河侍郎陳道亨、巡撫都御史王一中合兵捕之。其時，四川亦有白蓮妖賊洪衆、劉應選、白仙台等，助賊蠭起。巡撫朱燮元擒捕正法。

夏六月，徐鴻儒陷鄒縣，署印通判鄭一傑挈家出走；進陷滕縣，知縣姚之胤逃；遂踞二城。時括遼餉殆盡，至是徵兵，無餉可給，止練鄉勇，責有司捕治。魯王捐貲保城，上賜璽書褒之。山東都司廖棟破武安賊巢，焚之。撫臣趙彥奏捷。賊盤踞巢穴，動以數萬，官兵奮勇力戰，斬首三千餘級，礮擊死者六七百人。又焚武安集賊巢，近旁小寨俱燬之，賊勢窮蹙，奔梁家樓。都司楊國盛與賊對壘，斬首千級。其東南、東北之賊充塞道路，官軍攻擊，賊不能支，復斬首二千餘級。賊欲窺伺兗府，官軍尾其後襲之，連戰皆捷，遂復鄆城、鉅野。

秋七月，錄敍山東平妖將士楊國盛、廖棟等功績。巡撫趙彥奏：「妖賊聚衆日多，官兵策應日難。乞暫留秋班邊軍，隨營勦賊，可省招募之費。」從之。

賊攻夏鎮，至彭家口，掠糧船四十餘艘，阻絕運河。侍郎陳道亨告急，上命兵部議添兵防守。時沙溝營把總姚文慶等，集軍壯鄉勇，擒賊十一人，殺五十餘人，奪回漕艘，淮兵又追斬夏鎮妖賊，運道復通。山東一日二報捷，賊奔滕縣，與鄒縣賊會合攻曲阜，領馬步萬餘，擁至城下。知縣孔聞禮率民兵極力捍禦，殺賊甚衆，賊不能陷，旋以援至，拔營而去。復刦官營，都司楊國棟大敗，遊擊張榜等皆死之，營內糧草火礮器刃俱被刦。賊僭稱大乘興勝元年。巢有十數，兵十餘萬，欲先取兗州，次取濟南，聲勢甚銳。陳道亨疏請登、萊兵防兗，恐糧餉有失也。

景州妖賊屯阜城、武邑，殺人祭旗，聲言取景州，焚掠四十餘里。官兵往捕之，賊首于弘志立馬仗弓，飛舞而來，官兵斬之於馬下，餘賊披靡四散，又擒妖民田付民等。於是賊衆牛朝利等退據白家屯，掘深濠，伐木爲寨，以固守。

艾山賊趙大奉劉永明爲主，稱安民王。以二十八人塗面，稱「二十八宿」，聚黨二萬餘人，合鄒、滕賊共十七枝。官兵攻破之，獲永明，臨刑猶稱「寡人」云。

賊攻兗州。先是，趙彥親至兗州，同監軍道王從義、徐從治，總兵楊肇基至演武場閱兵，賊衆進逼城下，肇基迎敵。都司楊國盛、廖棟分擊，殺賊千餘人，賊回滕縣。

九月，賊流劫金山口，徐州震動。官軍復錫山，賊始懼。僞都督侯五、僞總兵魏七等，據城乞降，去其幟，而鴻儒同黨高尙賓、歐陽德、酆九敍、許道清等三百餘人，復力守。官兵分攻之，趙彥下令，鴻儒不出，卽四面焚攻，賊因縛鴻儒出降。三道臣入城，安撫軍民，復滕城。十月，安插鄉民共二萬七千餘人，收騾馬千匹，神槍八百杆，大礮二百六，斧九十九，餘弓刀亡算。十二月，獻山東俘徐鴻儒等磔於市。加趙彥兵部尙書，餘進秩有差。鴻儒臨刑歎曰：「我與王好賢父子經營二十餘年，徒屬甚衆，更遲數日，孰敢攖其鋒者！」而好賢見鴻儒敗，走薊州，又挈家二十餘人，南走至揚州，事露就擒。吏科給事陳熙昌上言：「東省妖賊雖平，地方善後宜策，并請存卹，修復孟氏墓廟。」上從之，命官致祭。

四年（甲子，一六二四）八月，鄒縣賊餘黨因旱災，復聚於泗州，數百人劫掠。兗州知府曹文衡、鄒縣知縣郭人吉、署泗水縣事同知張景親詣其地安撫。李守已等七十餘人訴爲鄉里陵偪，願就招撫，編入保甲，始安。

谷應泰曰：慨自周之成、康，刑措不用，漢之文、景，斷獄四百，海內乂安，何其盛也！其他致治之主，非有外患，則有內憂。若夫火坑之寇，旋卽艾除；飛燕之兵，逾時解散，此亂之小者也。然而疥癬致患，蠭蠆有毒，兩葉不去，斧柯是尋，有國者可不愼乎？

明室數傳，中外多盜，憲、武、世、神，反者數起，雖常命張敞於京兆，遣虞詡於朝歌，而沸釜游魚，相隨斬馘。然弄兵者疇非赤子，蠶食者皆吾腹心；止渴而進鴆酒，救疾而吞烏喙，萑苻屢殄，明祚不得長矣。比及熹宗，東省又起，鄆人徐鴻儒倡亂，號白蓮敎。應之者深州王好賢，號聞香敎，景州于弘志，號棒箠會，艾山劉永明，號安民王，而其餘「四大金剛」、「二十八宿」，莫不三方並起，剋日興師，猶之樊崇鼓亂，而下江、新市互有聲援；張角煽妖，而小方、大方各推渠帥。雖賊徒之故智，亦奔命之深憂也。然聞之孽不自生，釁由人作。考其時，閹璫擅政，必外吏撟虔；苞苴在官，必朘削在下。俗敝則輕於爲非，民貧則去而爲盜，固然其無足怪。而論者又云：蓮社以梵敎而惑，妖狐以吹火而興，經營廿年，盜亦有道，豈足盡信哉！乃若魯藩捐貲保城，趙彥盡力擒捕，而廖棟破之於武安，楊國盛殲之於鉅野。夏鎮告捷，運艘復通。滕縣既恢，鴻儒遂磔。彼諸臣者，雖非龔遂之平渤海，亂絲徐理，抑亦廣漢之治三輔，枹鼓不鳴矣。

然而荓蜂不懲，亂令亟行，黄巾既叛，仍行鉤黨之誅；河朔初平，更遣括田之使。從此鴻蜚滿野，萇楚無家，政散民流，積薪藴火。人以爲潢池雲擾，禍烈於懷宗。予以爲東陵伏莽，釁叢於熹廟也。後三年而餘孽聚泗州，又七年而李自成起米脂，明竟以亡。悲夫！

明史紀事本末卷之七十一

魏忠賢亂政

熹宗天啓元年（辛酉，一六二一）秋八月，魏忠賢矯殺前太監王安。

魏忠賢初名進忠，河間肅寧人也。少黠慧無籍，好酒善啗，喜馳馬，能右手執弓，左手彀弦，射多奇中。目不識丁，然亦有膽力，能決斷，顧猜狠自用，喜事尚諛。嘗與年少賭博不讎，走匿市肆中，諸少年追窘之，恚甚，因而自宫。萬曆十七年，隸司禮監掌東廠太監孫暹。時熹宗爲皇太孫，忠賢謹事之，導之宴游，甚得皇太孫歡心。孝和王后，太孫生母也。忠賢夤入宫，辦膳。其介紹引進者魏朝，朝故屬太監王安名下。安素剛正，主持一宫事，魏朝日譽忠賢，安善視之。朝初與太孫乳媪客氏私，即所稱爲對食者。然朝以侍安，又承事太孫，多不暇，忠賢乘間亦通焉。客氏者，故定興民侯二妻也。年十八進宫，又二年而嫠，生子國興。光宗踐祚，册太孫爲東宫，忠賢得充東宫典膳，客氏力也。光宗升遐，東宫暫居慈慶。給諫楊漣疏參及忠賢，忠賢無措，泣求魏朝於王安，力營救之，遂與李選侍宫中李進忠爲一人，外廷不知也。忠賢深德朝，結爲兄弟，而兩人皆客氏私人。上即位數月，一夕，忠賢與朝爭擁客氏於乾清宮煖閣，醉詈而囂，聲達御前，時上已寢，漏將丙夜，俱跪御榻前，聽上令。客氏久厭朝儇薄，而喜忠賢憨猛。上逆知之，乃退朝而與忠賢。忠賢卒矯旨發朝鳳陽，縊殺之。自是得專客氏，而尾大不掉之患成焉。

初，帝之立也，王安與諸大臣同受顧命，見忠賢侵權，欲重懲之，奏之帝。會御史方震孺上疏，請逐客氏，帝乃令客氏出宮。忠賢發安鞫問，安詰責，令其自新。忠賢得釋，客氏夤緣復入宮，將甘心於安焉。時安奉旨掌司禮監，辭未赴。王體乾卽欲起擯之，因忠賢以危言動客氏曰：「爾我比西李何如？勢在騎虎，無貽後悔！」西李者，李選侍也。忠賢遂嗾給事霍維華劾之，又令劉朝、田詔等上疏辨寃，客氏從中附和之。於是矯旨革安職，而以體乾掌司禮監。忠賢必欲殺安，遂以劉朝提督南海子，而降安爲南海淨軍，勒令自裁。方光宗居青宮時，憂讒畏譏，幾三十年。安左右勤勞，靡敢怠玩，光宗頗任用之。安素剛，不肯頤使於李選侍。劉朝、李進忠皆選侍私人，故以移宮恨安。至是，安既死，而忠賢益無所憚矣。忠賢闇文義，乃取舊司禮監李永貞入備贊畫，李實、李明道、崔文昇各司監局，探上意爲奸，忠賢自掌東廠，客氏封奉聖夫人。

命奉聖夫人客氏如皇祖戴聖夫人例，加其子侯國興錦衣衛指揮使。御史劉蘭上言：「皇上初登寶位，客氏保護是賴，今鸞降之儀肇舉，關雎之慶方新，恩禮所加，權勢歸之。」

初，上大婚禮成，魏忠賢廕姪二人，給事中程注、周之綱亦奏：「祖制非軍功不襲，國典不當濫予。」俱不聽。

九月，上以客氏保護聖躬，命戶部擇田二十頃，以爲護墳香火之用。魏忠賢侍衛有功，命工部於陵工成，敍錄。御史王心一奏云：「梓宮未殯，先規客氏之香火；陵工既成，強入忠賢之勤勞，於禮爲不順，於事爲失宜。忠臣愛君，必防其漸。」上怒，責之。

冬十月，降吏科給事中侯震暘於外。初，客氏已出宮，復召入，震暘奏曰：「皇上於客氏，始而徘徊眷注，稍遲其出，猶可言也；出而再入，不可言也。中涓羣小，煬竈借叢，王聖寵而煽江京、李閏之奸，趙嬈寵而構曹節、王甫之禍，可爲寒心。」上怒，降之。時倪思輝、朱欽相、馬鳴起、王心一相繼疏劾，皆降謫。吏部尚書周嘉謨論救，不報。

刑科給事中孫杰疏糾周嘉謨、劉一燝，謂：「統均仰輔臣之權，輔臣奉王安之意，中旨錯出，致誤封疆。」嘉謨免，一燝尋亦回籍。

二年（壬戌，一六二二）春三月，禮科給事中惠世揚疏糾大學士沈漼：「使其門客晏日華潛入大內，誘劉朝等練兵，頓使聖明之朝，再見江彬之事。外戚鄭養性厚募死士，包藏禍心。」上慰留漼，而謫世揚於外。初，漼藉內監劉榮得通於忠賢，內操之議，皆自漼導之。未幾，刑部尚書王紀亦劾漼與客、魏交通，彼此攻訐，忠賢矯旨削紀籍。

夏五月，御史周宗建上言：「近日朝廷處分章奏，外庭嘖嘖，咸謂奧窔之中，莫可測識，諭旨之下，有物憑焉。如魏忠賢者，目既不識一丁，心復不諳大義，竭其志慮，有何遠謀？」又曰：「耳目嚬笑之暇，漸與相親，宮廷禮法之事，漸與相近。一切用人行政，墮於其說，必且東西易面而不知。」奏入，咸爲宗建危之。

秋八月，兵科給事中朱童蒙疏糾鄒元標、馮從吾醵金講學，比之妖賊，元標等致仕歸。

冬十月，修選文震孟上言勤政講學之實，中云：「君臣相對如家人父子，則左右近習無緣可以蒙蔽。」疏入，忤魏忠賢，不下。庶吉士鄭鄤復疏促之，曰：「經御覽而留中，則非止輦轉圜之義；不經御覽而留中，必有藏伏奧援之奸。本朝故事，惟武宗及神宗末年有之。權璫煬竈，相顧太息，無可如何矣。」忠賢深惡之。承上觀劇，摘震孟疏中傀儡登場語激怒上。時太僕寺卿滿朝薦亦言之力。俱謫歸。

十二月，命劣轉科臣霍維華、孫杰優陞京堂，顧秉謙、魏廣微爲大學士，入閣辦事。

三年（癸亥，一六二三）秋八月，內官張守仁等索冬衣，譁於工部堂上，尙書鍾羽正致仕歸。

詔開內操，鉦鼓之聲喧闐宮禁。或云：「皇子生，震死焉。」御史劉之鳳上言：「虎符重兵，何可倒戈授巷伯之手。假令劉瑾擁甲士三千，能束手就擒乎？」御史李應昇、黄尊素、宋師襄交章論之，尊素疏有「阿保重於趙嬈，禁旅近於唐末」等語。忠賢尤惡之，皆矯旨切責。

忠賢自殺王安後，益驕横，設內標萬人，衷甲出入。內監王進嘗試銃上前，銃炸傷進手，上幾危。光宗選侍趙氏，與客、魏不協，矯旨賜死，選侍盡出光宗所賜珍玩列於庭，再拜投繯而絕。裕妃張氏方娠，膺册封禮。客氏譖於上，絕飲食，閉䆳道中，偶天雨，匍匐掬簷溜數口而絕。成妃李氏誕二公主而殤。先是，馮貴人嘗勸上罷內操，客、魏惡之，矯旨貴人誹謗，賜死。成妃從容爲上言之，乃矯旨革封，絕飲食。成妃故鑒裕妃飢死，密儲食物壁間，數日不死。魏、客怒少解，斥爲宮人，遷於乾西所。皇后張氏素精明，魏、客憚之。后方娠，腰痛，客氏密布心腹，宮人奉御無狀，隕焉。又於上郊天之日，掩殺胡貴人，以暴疾聞。

四年（甲子，一六二四）春二月，加錦衣衞田爾耕太子太保，以其緝捕有功也。爾耕，尚書田樂之孫，以軍功補廕錦衣，附魏忠賢，遂得美擢。

三月，刑科傅櫆疏參僉都御史左光斗、吏科都給事魏大中，詞引故內臣王安及中書汪文言。

廕魏忠賢弟姪一人錦衣百戶。

五月，以許顯純掌北鎮撫司理刑。

六月，左副都御史楊漣疏參魏忠賢二十四罪，曰：「忠賢原一市井亡賴人耳。中年淨身，夤入內地。初猶謬爲小忠小信以倖恩，既而敢爲大奸大惡以亂政。祖宗之制，以票擬託重閣臣，責無他委。自忠賢擅權，旨意多出傳奉，徑自內批，壞祖宗二百年來之政體。大罪一也。劉一燝、周嘉謨，同受顧命之大臣也。忠賢急於翦己之忌，不容皇上不改父之臣。大罪二也。先帝一月賓天，進御進藥之間，實有隱恨，執春秋討賊之義者，孫愼行也，明萬古綱常之重者，鄒元標也。忠賢一則逼之告病去，一則嗾言官論劾去。顧於護黨氣毆聖母之人，曲意綢繆，終加蟒玉以贈其行，親亂賊而讎忠義。大罪三也。王紀、鍾羽正先年功在國本，及紀爲司寇，執法如山；羽正爲司空，清修如鶴。忠賢一則使人交誶於堂，辱而迫之去；一則與沈淮交搆陷之，削籍去，必不容盛時有正色立朝之直臣。大罪四也。國家最重，無如枚卜，忠賢一手握定，力阻前推之孫愼行、盛以弘，更爲他辭以錮其出，是眞欲門生宰相乎！大罪五也。爵人於朝，莫重廷推。去歲南太宰、北少宰，所推皆點陪貳，致一時名賢不安位去。顚倒有常之銓政，掉弄不測之機權。大罪六也。聖政初新，正資忠直。乃滿朝薦、文震孟等九人，抗論稍忤忠賢，傳奉盡令降斥，屢經恩典，竟阻賜環。長安謂皇上之怒易解，忠賢之怒難調。大罪七也。然猶曰外廷之臣子也。傳聞宮中有一舊貴人，以德性貞靜，荷上寵注，忠賢恐其露己驕橫，謀之私比，託言急病，立刻掩殺。是皇上且不能保其貴幸矣。大罪八也。猶曰無名封也。裕妃以有喜得封，中外欣欣相告。忠賢以抗不附己，囑其私比，矯旨勒令自盡，是皇上不能保其妃嬪矣。大罪九也。猶曰在妃嬪也。中宮有慶，已經成男，乃繞電流虹之祥，忽化爲飛星墮月之慘，傳聞忠賢與奉聖夫人實有謀焉。是皇上不能保其子矣。大罪十也。先帝在青宮四十年，操心慮患，所以護持孤危者，僅王安一人耳。皇上倉卒受命，擁衞防護之中，亦不可謂無微忠。而忠賢以私忿矯旨，掩殺於南海子。是不但讎王安，而實敢於讎先帝之老僕與皇上老犬馬，略無顧忌。大罪十一也。今日獎賞，明日祠額，要挾無窮，王言屢褻。近又於河間府毁人房屋，以建牌坊，鏤鳳雕龍，干雲插漢，又不止於塋地擅用朝官，規制僭擬陵寢而已。大罪十二也。今日廕中書，明日廕錦衣，金吾之堂，口皆乳臭，誥敕之館，目不識丁。如魏良弼、魏良材、魏良卿等，五侯七貴，何以加茲？大罪十三也。因立枷之法以示威，枷號家人者，欲攀陷皇親也；攀陷皇親者，欲動搖三宮也。當時若非閣臣力持，椒房之戚，又興大獄矣。大罪十四也。良鄉生員章士魁，以爭煤窰傷其墳脈，託言開礦而致之死。假令盜長陵一抔土，何以處之？趙高鹿可爲馬，忠賢煤可爲礦。大罪十五也。伍思敬、胡遵道以侵占牧地細事，而徑置囚阱。草菅士命，使青燐赤璧之氣，先結於璧宮泮藻之間。大罪十六也。科臣周士樸執糾織監一事，原是在工言工，忠賢竟停其陞遷，使吏部不得專其銓除，言官不敢司其封駁。大罪十七也。

北鎮撫臣劉僑，不肯殺人媚人，自是在刑言刑，忠賢以其不善鍛鍊，竟令削籍，明示大明之律令可以不守，而忠賢之律令不可不遵。大罪十八也。科臣魏大中到任，已奉明旨，鴻臚寺傳單，忽傳詰責，及科臣覆奏，臺省交章，又再褻王言，而煌煌天語，朝夕紛更，令天下後世視皇上爲何如主？大罪十九也。東廠原以察奸細非常，不以擾平民也。自忠賢受事，雞犬不寧。野子傅應星等爲之招搖引納，陳居恭爲之鼓舌搖脣，傅繼敎爲之投罟設網。片語違忤，駕帖立下。如近日之逮汪文言，不從閣票，不令閣知。而傅應星等造謀告密，日夜未已，勢不至於興同文之獄，刊黨錮之碑不已者，當年西廠汪直之僭，恐未足語此。大罪二十也。前韓宗功潛入長安，偵探虛實，往來忠賢私房之家，事露，始令避去。大罪二十一也。祖制不蓄內兵，原有深意。忠賢創立內操，使羽黨盤踞其中，安知無大盜刺客深謀不宄之人！識者每爲寒心。昔劉瑾招納亡命，曹吉祥傾結達官，忠賢蓋已兼之。大罪二十二也。忠賢進香涿州，鐵騎之簇擁如雲，蟒玉之趨隨耀日，警蹕傳呼，淸塵墊道，人人以爲駕幸涿州。及其歸也，以輿夫爲遲，故駕駟馬。羽幢青蓋，夾護環遮，則已儼然乘輿矣。大罪二十三也。蓋寵極則驕，恩多成怨。聞今春忠賢走馬御前，皇上曾射殺其馬，貸忠賢以不死。忠賢不自畏罪請死，且進有傲色，退有怨言，朝夕隄防，介介不釋。從來亂臣賊子，只爭一念放肆，遂至收拾不住，奈何養虎兕於肘腋間乎？此又寸臠忠賢不足盡其辜者。大罪二十四也。凡此逆跡，左右既畏而不敢言，外庭又皆觀望而不敢言。即或內廷奸狀敗露，又賴有奉聖客氏爲之彌縫其罪戾，而遮飾其回邪。故掖廷之內，知有忠賢不知有皇上；都城之內，知有忠賢不知有皇上。即大小臣工，又積重之所移，積勢之所趨，亦不覺不知有皇上，而止知有忠賢。宮中、府中，大事、小事，無一不是忠賢專擅，反覺皇上爲名，忠賢爲實。且如忠賢已往涿州矣，一切事情，必星夜馳請意旨，票擬必忠賢到始敢批發。嗟嗟！天顏咫尺之間，忽漫不請裁，而馳候忠賢意旨於百里之外，事勢至此，皇上威靈尚尊於忠賢耶！」疏入，忠賢亦惴惴懼禍，欲結輔臣韓爌爲之地，爌嚴拒，不得已泣訴御前，客氏又從中委曲調之，遂令魏廣微票旨。廣微素固結忠賢，附爲同姓。漣疏中復有「門生宰相」語，廣微恨之。是時，忠賢亦有疏辭廠，疏先下，備極溫諭。次日，乃下漣疏，切責不少貸。

先是，漣疏成，意欲於午朝面奏，出疾雷掩耳之計。繕寫甫竟，次日免朝，恐再宿則機洩且害成也，遂循例封進，故忠賢得以彌縫。漣愈憤激，冀補牘以伺對仗。忠賢聞之，阻遏上不御朝者三日，至四日乃出御皇極門，刀劍倍於往時，侍班官僚，更爲嚴謹。左班諸臣，不許擅出奏事，而諸臣公憤愈甚，繼漣上疏者纍至。給事陳良訓、魏大中、許譽卿、劉茂、傅櫆、陳熙昌、周之綱、杜三英、楊夢袞、顧其仁、胡永順、朱大典、陳奇瑜、熊奮渭、李精白、孫紹沆、陳維新、楊維新，御史袁化中、周宗建、劉芳、劉廷佐、李應昇、房壯麗、劉環、胡良機、喻思洵、林汝翥、胡士奇、謝奇舉、洪如鐘、黄尊素、梁元柱、李光春、張鑌、翟學程、劉之待、周汝弼、李喬崙、劉其忠、宋政南，科道徐憲卿、趙應期，兵部尚書趙彥，詹事翁正春等，卿寺朱欽相、胡世賞，吏部郎中鄒維漣，撫寧侯朱國弼等，不下百餘疏，先後申奏，或專或合，無不危悚激切。俱不聽。南京兵部尚書陳道亨已引疾，杜門不與公事，及見楊漣參疏，忽奮擊扼腕曰：「國家安危，誠在此舉！吾備位大臣，不言，誰爲言者！」卽日出署，合部院九卿諸大臣公疏以上，凡千言，指陳剴切。疏入，嚴旨切責。道亨歎曰：「此何時？尚可在公卿間耶！」乃具疏力辭而去。

屯田司郎中萬燝先授營繕司主事，管寶源局，疏請內監廢銅，忤忠賢意。至是，燝復上疏曰：「忠賢原名進忠，今改名忠賢，當亦顧名而思忠賢之義乎？夫以忠賢珠玉盈笥，金銀滿屋，何求不得，何欲不遂！以此破廢銅器，無足入其目，當其心，而亦必一手握定者，其設心以爲不若是，無以操天下之利權；既操天下之利權，何難攬天下之政權。奸雄用意最深，蓄謀甚毒，臣有以窺其微矣。」疏入，忠賢矯旨杖燝於午門外。羣閹至燝寓，捽之而出，辱毆於道，燝幾危。及至闕受杖，忠賢命立斃之。先是，御史林汝翥，葉向高鄉人也，忠賢欲借之以傾向高。會汝翥巡城，有火者曹大、傅國興挾人命劫財，鬭於塗。汝翥欲參之，皆願受杖免參。汝翥信其無他也，卽杖之。數日後，萬燝禍作，忽中旨逮汝翥廷杖，汝翥懼出亡。羣閹疑向高匿之，百餘人直入其寓，辱及婦女，嫚駡坐索。向高奏之，置不問。至七月，林汝翥自詣遵化軍門獄。蓋汝翥懼未受廷杖，先殞命於中涓之私毆，故逸出都門，詣遵化撫臣獄，求爲代題。各道潘雲翼等疏救，不聽，執前旨如故。已而被杖創甚，幾斃。向高奏曰：「楊漣一人之言，容有過激，未幾而諸疏繼至矣，又未幾而臺省九卿復有公疏，舉朝鬨然，卽臣等亦被其指摘。甚者疑其爲忠賢畫策，當與焦芳同傳矣。臣地居密勿，不敢自同於廷臣，卽受疑受謗，情固甘之。惟是皇上念忠賢，則當求所以保全之；而今日保全忠賢之計，莫如聽其自請且歸私第，遠勢避嫌，以釋中外之心，使天下曉然知忠賢之無他，其於轉禍爲福，直俄頃間耳。至內操一事，祖宗朝所無，聚數千之甲兵於宮廷肘腋間，在今日雖無可慮，他日終屬隱憂。」疏上，温旨復，悉數忠賢勤勞，責羣臣附和。

詔錦衣衞杖汪文言，革爲民。

大學士葉向高予告回籍。向高初相時，猶可展布，自忠賢專擅，同官顧秉謙、魏廣微希意阿旨，向高強半註籍，疏三十上。至是，以御史林汝翥逸出，羣閹圍第，決意去。初，廣微以己意用墨筆點縉紳一册，分差等，目爲邪人。其人則葉向高、韓爌、何如寵、錢謙益、成基命、繆昌期、姚希孟、陳子壯、侯恪、趙南星、高攀龍、楊漣、左光斗、魏大中、黄尊素、周宗建、李應昇等約六七十人。密達於忠賢，以漸擯斥。復手書所欲起用之人黄克纘、王紹徽、王永光、徐大化、霍維華、阮大鋮等五十六人，指爲正人，以次點用。至是向高去，秉謙居首揆。吏部謝陞起用，至京，見時政日非，勉終一選歸，且以書規廣微，中旨大拂廣微之意。史記事、黃汝亨各有書以大義告廣微，咸拒不納。

八月，署國子監祭酒禮部右侍郎蔡毅中，監丞金維基，博士門洞開、鄧光舒、王裕心，助敎張翰南、徐伯徵、姚士儒、孫世裕、董天胤，學正王永興、蔣紹煃，學錄聶雲翔、杜士基，典簿萬民懋，典籍陳烈公，疏劾魏忠賢。上不問。毅中既與璫忤，四疏請告，亦不許。

九月，左都御史高攀龍疏參貪污御史崔呈秀。革職聽勘。

冬十月朔，有事太廟，上冕而升，百執事咸集，大學士魏廣微不至，迨飲福受胙，禮且告畢，踉蹌入班拜跪。吏科給事魏大中劾之曰：「皇上升殿頒來歲之曆，四方萬國，誰不頫首奉行，其矯命雄行，獨奢、安耳。廣微執政重臣，何以驚焉不拜正朔也？皇上於一日間行二大禮，頒朔不至，享廟則後至，其無禮於皇上，亦已甚矣！」廣微上疏自理，且乞骸。溫旨留之。廣微恨大中甚。御史李應昇上言：「閣臣魏廣微疏辨，自謂罪止失儀。夫行禮誤錯，始謂失儀。謹按大明律，失誤朝賀者，笞四十；祭奠失誤者，杖一百。廣微尚可靦焉入中書之堂乎？國家設立言官，稱耳目近臣，言及乘輿，則天子改容，事關廊廟，則宰相待罪。廣微父允貞嘗爲言官，公正發憤，得罪閣臣以去，聲施至今，廣微獨不念乎？奈何比之路馬，斥之此輩。夫不與此輩爲伍者，必另有一輩爲緣。方今聖天子在上，賢公卿在下，廣微有何疚心之事，清夜抱慙，每見指摘，輒自張皇，若十手十目之暴其隱也？廣微當退讀父書，保其家聲，毋倚三窟，與言官爲難，異日亦可見乃父於地下。」上切責之。

降吏科都給事魏大中、吏部員外夏嘉遇、御史陳九疇三級，調外。吏部尚書趙南星、左都御史高攀龍乞罷，許之。大學士韓爌力爭，不報。南星等狼狽去國。

削吏部左侍郎陳于庭、右都御史楊漣、左僉都御史左光斗籍。趙南星之去也，銓部以陳于庭代署，西臺以楊漣代署，俱留中。及會推冢宰，漣以註籍不與。其所會推喬允升、馮從吾、汪應蛟，上仍以南星私人責之，幷責楊漣、袁化中，一時盡去，部署皆空。

降御史房可壯三級，吏科許譽卿、沈惟炳，河南道御史袁化中各一級，降吏部文選司郎中張光前三級，俱調外。光前甫入署二旬，因南星等後先奉旨去，乃上疏曰：「臣若緘默不言，爲苟免之計，是賣友也。賣友之人，卽是欺君之人。臣豈敢蹈欺君賣友，令皇甫規笑人千載之上哉！」

冬十二月，復逮汪文言。

五年（乙丑，一六二五）春正月，起崔呈秀復爲御史。呈秀爲高攀龍所糾，乃微服持賂叩忠賢，願爲忠賢子，呼之以父。忠賢大悅，遂出中旨，免其勘，起用。時忠賢竊柄，動曰中論鄙之。

旨。兵科給事中李魯生阿忠賢意，上言：「執中者帝，宅中者王，旨不自中出而誰出？」時

罷禮部侍郎何如寵、右諭德繆昌期。削太僕寺少卿劉宗周籍。起用阮大鋮等十一人。

二月，大理寺丞徐大化劾楊漣、左光斗黨同伐異，招權納賄。命俟汪文言逮至鞫之。削御史周宗建、李應昇、黃尊素、張愼言籍。工部主事曹欽程復劾趙南星、周宗建、張愼言、李應昇、高攀龍、黃尊素、鄒維漣、魏大中，大約誣以受熊廷弼賂，以汪文言爲之證。

三月，上視太學，魏忠賢、王體乾擅改儀注，賜坐，而大臣不得賜茶。

五月，上祭方澤還宮，卽幸西苑，時日已晡，忠賢與客氏乘大舟飲酒，歡甚。上獨與宦豎二人，泛小舟蕩漾，上身自刺舟，一璫佐之，相顧笑樂。忽風起舟覆，上及二璫俱墮水中，二璫死焉，上救免。忠賢及客氏相顧錯愕而已。

詔肅寧縣建坊，賜勅旌奬魏忠賢，幷廕其弟姪一人都督僉事。

特賜璽書褒美錦衣衞都督田爾耕，仍命所司賚之羊酒，建坊以示眷答至意。時修舉屯政以濟軍需，爾耕乃捐田土七千餘頃，以佐縣官之急，故下璽書美之。

錦衣衞指揮掌北鎭撫事許顯純勘問汪文言獄，辭連趙南星、楊漣、左光斗、魏大中、繆昌期、袁化中、惠世揚、毛士龍、鄒維槤、鄧漢、盧化鼇、夏之令、王之寀、錢士晉、徐良彥、熊

明遇、施天德等，略曰：「移宫建議，原爲立名躐等之資；整頓銓政，實是偏聽招權之藉。布買命之金，而楊、熊之刑停；啓賄賂之門，而陞遷之法濫。總文言得力於父事王安，結納權要，濁亂朝政，請勅法司研鞫。」已而忠賢矯旨，仍命顯純訊之。於是周朝瑞、黄龍光、顧大章并以求緩楊、熊獄入焉。初，文言再下詔獄，鍛鍊兩月餘，弗屈。有旨杖之百，其甥悲失聲，文言叱曰：「孺子眞不才，死豈負我哉！而效兒女子相泣耶！」至是下獄嚴鞫者四，酷刑備加，弗屈如故。最後不能堪，始仰視許顯純曰：「吾口終不似汝心，任汝巧爲之，我承焉可也！」顯純誣魏、周諸人以贓，文言蹶起曰：「天乎！寃哉！以此衊淸廉之士，有死不承！」

六月，九門提督太監金良輔劾御史倪文煥擅責官軍。文煥求解於崔呈秀，呈秀引入璫幕，青衣叩頭，珍奇盈列，求爲忠賢義子。閲數日，卽具疏劾周順昌等以逢其意。忠賢悦，自此入幕用事。

秋七月，下楊漣、周朝瑞、左光斗、顧大章、袁化中於北鎭撫司。初，獄上，擬漣以移宫一案。許顯純等相與謀，謂不引入移宫，則罪名不大；不假借封疆，則難與追贓，遂坐以受熊廷弼賄。漣等不肯承，而顯純箠楚甚酷無生理。左光斗曰：「彼殺我有兩法：乘我之不服，而亟鞫以斃之；又或陰害於獄中，徐以病聞耳。若初鞫輒服，卽送法司，或無死理。」於是靡焉承順，遂五日一比，慘毒更甚。比時纍纍跪階前，訶詬百出，裸體辱之，弛杻則受桚，弛鐐則受夾，弛桚與夾，則仍戴杻鐐以受棍。創痛未復，不再宿，復加搒掠。後訊時皆不能跪起，荷桎梏平臥堂下，見者無不切齒流涕。

材官蔣應陽因熊廷弼下獄，代爲投揭，白其寃，時時入監左右之。魏忠賢緝獲，以其所攜遼東圖畫，指爲妖書以獻。上命寘重辟。加賚忠賢以羊酒銀幣賜之。

八月，御史張訥上書論東林書院，詆鄒元標、孫愼行、馮從吾、余懋衡，俱削籍。

副都御史楊漣卒於獄。漣身事三朝，親受光宗顧命。自下獄，體無完膚。及其死也，土囊壓身，鐵釘貫耳，僅以血濺衣裹置棺中。後櫬歸無葬地，置於河側，母妻俱棲息城樓，而忠賢仍令撫按追贓。

吏科都給事魏大中卒於獄，其子學洢死之。大中家徒四壁，卓然以名教自持。熊、楊之獄，大中力言宜寘重辟，諫草傳布，而竟誣以熊、楊賄賂，坐贓死。方溽暑殷雷，旨故遲遲不下，越六七日，始出尸牢穴中，尸潰甚慘。方被逮時，其子學洢徒跣攀號，欲隨之北。大中曰：「覆巢寧有完卵耶！父子俱斃，無益也。」學洢微服間行，尾緹騎，刺探起居。抵國門，邏卒四布，則變姓名，匿旅邸中，晝伏夜出，以救其父。迨獄益危，搒掠益毒，度無生理，欲撾登聞鼓，上書自刎。已而不果，扶櫬歸，朝夕號哭，未嘗入寢室，勺水不進而死。

決熊廷弼於市。

僉都御史左光斗卒於獄。先是，楊漣疏上，魏廣微惡之。時有謂廣微者曰：「楊漣攻魏公，波及於閣下，公知其故乎？」曰：「不知也。」曰：「出疏者楊漣，造意者左光斗，潤色者繆昌期也。吾爲閣下足了此事矣。」廣微首肯，遂與盟。授旨於御史陳九疇發其端，而旋以會推彰其事，復理移宮爲傷孝，垂簾爲阿黨，定策元勳爲居功。及再鞫，改爲封疆，誣以贓，矯旨五日一比，竟斃於獄。

九月，賜魏忠賢印，文曰：「顧命元臣。」客氏印，文：「欽賜奉聖夫人。」

冬十月，逮御史惠世揚、夏之令於獄。刑部侍郎朱世守、大理寺丞楊一鵬、兵部侍郎劉顧大章下獄，尋卒。

策、布政陸完學俱削籍。

中書舍人吳懷賢下獄。懷賢以忠賢傾陷忠良，目擊不平，時閱邸報，見楊漣有二十四罪疏，擊節稱快。旁註曰：「當如任守忠即時安置！」適工部吳昌期以劾忠賢還籍，懷賢服其不阿，遺書稱之爲事極必反，反正不遠，辭多激烈。凡對客及貽書親朋，輒寓感憤，義形於色。同官傅應星入告忠賢，卽逮之下獄，拷死，籍其家。妻程氏以驚死。

十一月，以崔呈秀爲工部右侍郎。歲加魏忠賢祿米一千二百石，爲殿工也。呈秀初倚許秉彝，通忠賢，至是，殿工興，忠賢借督工，無日不與呈秀相見，屏人密語移時。呈秀授黨人姓名，如天鑒等錄，忠賢奉爲聖書。一時梁夢環、李魯生、曹欽程各獻諛入告，而追贓嚴比等旨，俱自顧秉謙出之。天鑒錄首列東林葉向高、韓爌、孫承宗、劉一燝、趙南星、楊漣、高攀龍、左光斗、孫居相、李邦華、喬允升、王洽、曹于汴、李騰芳、錢謙益、姚希孟等，次列東林之黨孫鼎相、徐良彥、熊明遇、沈惟炳、熊奮渭、侯恪等，又列眞心爲國，不附東林，顧秉謙、魏廣微、王紹徽、王永光、霍維華、徐大化、周應秋、崔呈秀、閻鳴泰、王在晉、楊維垣、卓邁、倪文煥、李魯生、吳淳夫、孫國珍、劉廷元等。同志錄者，首列詞林部院卿寺，則陳宗器、韓維思、易應昌、張潑等，臺省則黃尊素、李應昇、劉芳、張愼言、惠世揚、房可壯、章允儒、劉弘化、侯恂、游士順等，部屬則賀烺、張光前、孫必顯、汪如亨等。點將錄者，首曰天罡星：托塔天王李三才，及時雨葉向高，浪子錢謙益，聖手書生文震孟，白面郎君鄭鄤，霹靂火惠世揚，大刀楊漣，智多星繆昌期等，共三十六人。地煞星：神機軍師顧大章，旱地忽律游大任，鼓上阜汪文言等，共七十二人。

揚州知府劉鐸下獄。僧本福攜鐸贈三詩至京，爲其語多譏刺，遂逮之。

錦衣衞指揮僉事高守謙毆翰林丁乾學斃之。乾學典試江西，試策中引汪直、劉瑾，觸怒忠賢，降級調外，未及赴。守謙與乾學有舊憾，遂嗾忠賢使二十餘人，擁入乾學寓，矯稱有詔，乾學俯伏就逮。守謙偕諸人箠楚交下，乾學創甚，尋卒。時科臣陳熙昌、詞臣陳子壯亦以試錄有「庸主失權，英主攬權」等語，亦削籍。

戍吏部尚書趙南星。南星以忤沈一貫削籍，家居三十年。其入朝也，大理寺卿周應秋知其柄用，郊迎結歡，南星益鄙之，歎曰：「吾入山三十年，安知士風至此乎！」見大學士魏廣微，廣微父魏允貞與南星善，以父執自居。廣微因力排之，中旨削奪。巡撫山西郭尚友誣其贓，追論，戍振武衞，子清衡戍莊浪衞。南星日短衣，執士伍，卒於戍所。

六年（丙寅，一六二六）春正月，削曹欽程籍爲民。欽程以媚璫劾周宗建諸人，稱忠賢爲父，躐秩太僕寺卿。復與同黨不合，忠賢厭薄之，遂責其敗羣削籍。出都門時，再拜忠賢前云：「君臣之義已絕，父子之恩難忘。」遂倉卒踉蹌而去。

命修三朝要典，以「紅丸」、「梃擊」、「移宮」三案，編輯成書。

蘇杭織造太監李實疏劾南京巡撫周起元、松江知府張宗衡、同知孫應崑，詔逮之。時李實特印空疏，遣人持至京，奉忠賢。忠賢令李朝欽、李永貞屬草，而命孫昇書之以上。

三月，御史周宗建下獄。宗建屢疏劾魏、客，魏、客恨之。先是，爲曹欽程所誣，逮至詔獄。鞫時箠楚較衆更毒，宗建偃臥不能出聲。許顯純罵之曰：「此時尚能說魏公不識一丁否？」蓋宗建前疏魏忠賢有「目不識一丁」語也。卒斃於獄。

遼人武長春往來京師，魏忠賢指爲間諜，緝之以邀功，竟磔之。以獲武長春功，封魏良卿肅寧伯，世襲，并賜養贍田七百頃。忠賢用事，獎勑約百道，閣臣撰勑，全倣曹操九錫文爲之。先是，掌司禮秉筆者，非公事不得出。忠賢獨招搖畿輔，以恣馳逐，每先期治儲，偫於停驂，所在數千百騎，絡繹不絕。民間皆焚香插柳枝於戶。又以輿夫遲，駕四馬輿，青蓋羽幢，環遮夾擁，疾於飛鳥。凡朝中草疏，李永貞必遣急足馳白，即百里外，一日常再往返也。章疏至，分閱者王體乾、梁棟、李永貞、石元雅、涂文輔，有關切者鈐以寸紙，又揑一指甲重痕爲識。永貞等以次朗誦，而體乾爲疏其意旨焉。

左諭德繆昌期下獄。昌期湖廣典試，策語侵魏忠賢，忠賢銜之。以昌期負文名，人望所屬，不即發。及楊漣二十四罪疏，昌期爲之屬草，忠賢深恨之。昌期往告葉向高以清君側之惡，向高唯唯，昌期色變而出。韓爌當國，頗信昌期，益持正議。及爌去，趙南星、高攀龍逐，楊、左削奪，昌期日慷慨，置酒餞別。忠賢愈怒，使人詈於朝曰：「昌期何人，尚留此送客耶！」昌期請告，忠賢矯旨勒閑住。忠賢嘗營墳於玉泉山，遣人詣昌期乞墓碑，昌期瞋目叱曰：「吾生平恥爲諛墓，豈肯順璫旨耶！」客曰：「身履虎尾，不畏其咥乎？壽寧事可鑒也。」昌期大恚曰：「壽寧曾困李獻吉，今日壽寧安在？」忠賢聞之，怒益不解。至是起大獄，與周順昌同詔獄，爲許顯純所斃。

左都御史高攀龍卒。攀龍削籍家居，杜門著書。聞緹騎至，焚香沐浴，手繕遺疏，封固以授其子世儒曰：「事亟方啓之。」乃紿家人令各自寢息，勿得驚恐。夜半密起，整衣冠，望闕叩頭，自投於園池。次早世儒瞷戶，寂無人聲，啓視之，留詩以寓意，亟走池中出尸。因以遺疏附呈，疏曰：「臣雖削籍，舊屬大臣；大臣不可辱，辱大臣則辱國矣。謹北面以效屈平之遺。君恩未報，願結來生，望使者持此以復皇上。」忠賢復矯旨逮世儒。

吏部主事周順昌下獄。順昌，吳縣人，時緹騎出，魏大中被逮，過吳，順昌周旋累日，臨別涕泗，即以女許配其孫允柟。緹騎促大中行，語侵順昌，順昌張目叱之曰：「若不知世間有不畏死男子耶！若曹歸語而忠賢，我即故吏部郎周順昌也。」大中下獄，御史倪文煥即以締婚事劾順昌，削籍。內臣李實復疏參順昌、攀龍、應昇、尊素、宗建五人，俱矯旨逮繫。緹騎挾威橫行，所至索金數千。宗建逮行未三日，而逮順昌者復至，吳中沸然。士民素德順昌，聞其逮，不勝寃憤。吳令陳文瑞，順昌所拔士也。夜半叩戶求見，撫牀爲慟。順昌曰：「吾固知詔使必至，此特意中事耳。毋效楚囚對泣！」顏色不變，語良久，令請順昌入治裝，舉家號慟。順昌笑曰：「無事亂人懷也！」顧案上有素牓，徐曰：「此龍樹菴僧屬我書者，我向許之，今日不了，亦一負心事。」乃題「小雲棲」三字，後識年月，投筆而起，改囚服，出門。士民擁送者不下數千人。順昌出赴使署開讀，巡撫毛一鷺至署，諸生五六百人，王節、楊廷樞、劉羽儀、文震亨等遮中丞，愬其疏救，一鷺流汗不能出一語。緹騎見議久不決，手擲鋃鐺於地，厲聲曰：「東廠逮人，鼠輩何敢置喙！」於是市人顏佩韋等前問曰：「旨出朝廷，乃東廠耶？」緹騎曰：「旨不出東廠將誰出？」衆怒，鬨然而登，叢毆緹騎，立斃一人，諸司不復相顧。順昌徬徨立，久之無所屬，步詣府署。適緹騎之逮黃尊素於浙者，舟泊胥門，要挾需索，聞變，焚其舟，沈駕帖於河。緹騎皆泅水遁，不復往浙。時有謂順昌者曰：「公不幸遭清流之禍，忠良無得全者，矧今日變因公起，恐徒自苦。」順昌歎曰：「以我一人貽禍桑梓，死且目不瞑。我豈不知自裁，然順昌小臣也，豈得引高公不辱之義乎？今我赴都必死，死則訴高皇帝，速殛元兇，以清君側之惡。」手書別親友，以三月二十六日行，人無知者，就詔獄。顯純拷比倍酷，身無完膚，罵不絕口，無一語哀乞。好義者釀金代其納贓，顯純令獄卒私殞之。臨死，短章祈以尸諫，獄卒見而毀焉。

魏良卿請第宅朝房，工部議如李成梁例，給庫銀一萬九千兩，爲第宅之價，以武清伯西朝房改付。從之。

御史李應昇下獄。忠賢擅權，應昇草十六事欲上，會楊漣先發，遂易稿以奏。忠賢切齒。嗣後救萬燝有疏，劾魏廣微有疏。廣微見疏，棄擲於地，不食者二日，欲廷杖之，讀至異日何以見乃父於地下，氣歉乃已。方駕帖之至也，應昇獨立門側，佇望使來，一無他顧，惟入慰父母云：「兒此去或邀君恩，得以生還，愼勿憂念！」縣令至門，奮身就道，登舟作賦，略無抑鬱之色。至獄，亦拷死。卒之前一日，寄詩別親友，遺書誡其子。詩有云：「白雲渺渺迷歸夢，春草淒淒泣路歧。寄與兒曹焚筆硯，好將犁犢聽黃鸝。」聞者傷心焉。

戍毛士龍，削夏嘉遇、姜志禮、王心一、劉大受等籍。

御史黃尊素卒於獄。卒前一日，獄吏告尊素曰：「公休矣！內傳欲斃公，公何語？即書以寄家。」尊素略不及他事，卽於三木上賦詩。是夜卒。

五月，王恭廠災，兵部尙書王永光請寬訟獄，停工作，愼票旨。給事中彭汝楠、御史高弘圖亦言之，俱削籍。未幾，降勅奬忠賢撲滅雷火功，從尙書薛貞之請也。

六月，命逮吳養春等。養春，歙縣人，家世饒富，祖守禮常輸邊二十一萬。養春官中書，有黃山，收息不貲。又準浙中鹽與從兄弟訐訟，置僕吳榮於獄。榮脫入京，訴於東廠，誣其私占黃山，歷年獲租稅六十餘萬金。忠賢遂矯旨逮養春至京，坐養春贓六十餘萬，程夢庚贓十三萬六千。其山場木植，估價三十餘萬，命官變易之，以助大工。忠賢以能發奸剔弊，廕錦衣衞指揮。時養春等俱拷死，工部遣主事呂下問至歙追產，吳氏家已破，其妻女俱自縊。呂下問專召富家派買，坐累至破家者甚多，激民變，下問遁回。忠賢復命太僕寺丞許志吉至歙續追。志吉卽徽人，其酷不減下問。

殺揚州知府劉鐸。方鐸下獄時，李承恩、方震孺同繫獄，鐸與二人相得甚洽。會鐸以前詩乃歐陽暉所作，事白得釋。遂爲承恩行金救免，爲張體乾所緝獲。體乾心欲媚璫，遂誣鐸與假官曾雲龍同謀，倩道士方景陽詛呪廠臣。忠賢聞之，怒甚，卽使谷應選逮景陽至，搒掠數百，景陽不勝楚，誣服。然景陽實未識鐸，具獄時，鐸亦不復與景陽面質。獄成，始擬戍，旣擬絞，忠賢矯旨令從重擬。是時，景陽已斃於獄，而刑部尚書薛貞承忠賢意，竟擬斬，決不待時。疏上，報可。方貞再鞫時，語鐸曰：「當今之時，以己功名爲重耳！他人生死何與己事！」鐸曰：「一時功名有限，千秋淸議難逃！」貞大恨之，撲之二十。未幾，詔斬於西市，幷戮景陽屍。

浙江巡撫潘汝禎議爲忠賢建祠宇，乞賜額，從之。時汝禎疏先至，而巡按劉之待疏遲至一日。忠賢怒，削奪之。

僉都御史周起元下獄，拷死。

九月，削廣西副使曹學佺籍。時學佺有野史紀略一書，議論與要典相反，故削籍毁板。以皇極殿工成，晉魏忠賢爲上公，加恩三等。原封肅寧侯魏良卿進寧國公，賜鐵劵，世襲。加吏部尚書侍郎周應秋等十八人宮保，進秩，金幣有差。馮嘉會、崔呈秀廕子錦衣衛指揮，世襲。郭允厚、薛鳳翔廕子入監。徐大化、孫杰升工部尚書。科道郭興言加銜賜銀幣有差。加恩張惟賢等七人。傅應星加太子太保。李承錦加太子太傅。魏士望等十四人，升都督僉事，各賜銀幣有差。又勅賜魏忠賢莊田二千頃。寧國公祿米，照魏國公例歲支五千，以示酬眷至意。

蘇杭織造李實奏廠臣祠宇已建，乞授杭州衞百戶沈尙文等永守祠宇，世爲祝釐崇報，上允之。祠建於西湖之麓，居關壯繆、岳武穆祠之中，備極壯麗。閣臣搢紳施鳳來撰記，張瑞圖書丹，賜額曰「普德」。子衿徽有反脣者，則守祠之豎叢毆之。蘇州立普惠祠、松江立德馨祠者，巡撫毛一鷺、巡按徐吉也。淮安立瞻德祠、揚州立沾恩祠者，漕運郭尙友，巡按宋楨模、許其孝也。蘆溝橋立隆恩祠者，工部郎中曾國禎也。崇文門內立廣仁祠、宣武門外立茂勳祠者，順天府通判孫如洌、府尹李春茂、巡撫劉詔、巡按卓邁、戶部主事張化愚也。河濟寧立昭德祠、河東立褒勳祠者，巡撫李精白，巡按李燦然、黃憲卿，幷漕運郭尙友也。河南立戴德祠、成德祠者，巡撫郭增光、巡按鮑奇謨、守道周鏘也。山西立報功祠者，巡撫牟志夔、曹爾楨，巡按劉弘光也。大同立嘉德祠者，巡撫王點，巡按張素養、汪裕也。登萊立報德祠者，巡按李嵩也。湖廣立隆仁祠者，巡撫姚宗文、巡按溫皐謨也。四川房山立顯德祠者，工部郎中加侍郎何宗聖也。陝西立祝恩祠者，巡撫朱童蒙，巡按莊謙、王大中也。徽州立崇德祠者，知府頡鵬也。通州立懷仁祠者，督漕內監李明道也。通州、昌平二鎭立崇仁、彰德二祠者，總督閻鳴泰也。密雲立崇功祠者，巡撫劉詔、巡按倪文煥也。林衡署中立永愛祠者，庶吉士李若琳也。嘉蔬署中立洽恩祠、良牧署中立存仁祠者，上林監丞張永祚也。福建則絕未有請，江西亦最後。明年六月，內方題建賜隆德祠者，巡撫楊廷憲、巡按劉述祖也。各曲意獻媚，務窮工作之巧，攘民田墓，伐人樹木，無敢發聲。其上食饗祀，一如王公。像以沈香木爲之，眼耳口鼻手足，宛轉一如生人。腹中肺腸皆以金玉珠寶爲之，衣服奇麗，髻上穴空其一，以簪四時香花。一祠木像頭稍大，小豎上冠不能容，匠人恐急，削而小之，以稱冠焉。小豎抱頭慟哭，責匠人。

薊州道胡士容下獄。士容任薊州督師有聲，崔呈秀薦其妾弟蕭惟中、宋珏等爲守備，私人鄭沖宇等爲中軍，不從，且置之法。欲建祠於薊州，士容又勿聽。遂激忠賢怒，矯旨逮之。許顯純拷掠最毒，幾斃。

大學士顧秉謙回籍。

冬十月，順天府丞劉志選上言：「張國紀怙惡不悛。」上下旨切責。國紀，后父也。后賢明，客氏忌之，誣稱后非國紀女，幾搖天聽。忠賢嗾志選及御史梁夢環論之。志選疏有「丹山之穴，藍田之種」等語，尤悖逆。上一日幸后宮，顧見几上書一卷，問后何書？曰：「趙高傳也。」上默然。忠賢益怒。次日，伏壯士數人於便殿上，御殿搜得之，懷刃，上大驚，送廠衞。忠賢乃誣后父國紀謀立信王，爲不軌，欲興大獄，謀之王體乾，曰：「主上凡事憒憒，獨於夫婦兄弟間不薄，脫有變，吾輩無類矣。」忠賢懼，乃亟殺之以滅口，事得寢。

七年（丁卯，一六二七）春正月，削禮部尚書李思誠、吏部主事于志舒、懷來兵備丘志充籍。命錦衣衞逮志充，同上林監署丞王家棟下獄。家棟以太醫院醫士授署丞，出入崔呈秀門。時戶部主事于志舒託家棟通賄呈秀，得除吏部。而懷來兵備丘志充亦與棟有交，囑棟營求呈秀謀升太僕寺卿。棟暮夜擕賂呈秀，適遇廠中旂尉獲之。棟窘甚，往呈秀家叩門求解。時呈秀與禮部尚書李思誠接壞而居，遂誣以此所以賂思誠者。忠賢疏發其事，而思誠實不知也，因削籍。

魏忠賢欲任天下兵柄，以提督忠勇營內操太監劉應坤、陶文、紀用鎮守山海關，又命司禮監涂文輔總督太倉、節愼二庫。原任司禮監崔文昇、李明道總督漕運，疏通河道。凡司道以下，俱行屬吏禮。李明道至淮，以淮安道暘廷槐不廷跪，參論削籍。

削翰林陳仁錫、文震孟、鄭鄤籍。擬孫文豸、顧同寅罪斬。文豸，仁錫戚也，嘗作策論嘲時。忠賢知之，因誣文豸造妖言，謗朝政，置重辟。所指妖言者，則韓愈原道篇，欽天監步天歌也。先是，仁錫在講筵，因王恭廠火災，又見正人屠戮，忠賢竭土木不休，講時不避忌諱。忠賢怒，復以不撰寧國勅，怒愈甚。遂命許顯純擬文豸獄，詞連仁錫等。因削籍，追奪誥命。

夏四月，遵化道耿如杞下獄。時劉詔巡撫順天，行縣至肅寧，叩首於忠賢家。及謁祠，見忠賢像，卽行五拜三叩頭。因創立生祠，諭意於如杞，不應。祠成，又欲率如杞往拜，如杞半揖而出。事聞，忠賢怒，令詔疏劾之。疏連入，而如杞下獄。

遣三王之國。忠賢包藏禍心，故有是遣。

五月，監生陸萬齡請建魏忠賢祠於國學之旁，謂孔子作春秋而忠賢作要典，孔子誅少正卯而忠賢誅東林。許之。

秋七月，以邊功，加恩魏忠賢三等，廕弟姪一人錦衣衞指揮，世襲，王體乾等各有差。既而以廠臣安攘天下，封魏鵬翼安平伯。三殿告成，加寧國公魏良卿太子太保，襲伯爵錦衣衞指揮，魏明望進秩少師，封魏良棟爲東安侯。時良棟僅三歲，鵬翼二歲，世襲。賜奉聖夫人客氏金幣，加恩三等，廕一人錦衣衞指揮使，世襲。

以田吉爲兵部尚書，霍維華總督薊、遼。袁崇煥不爲魏忠賢所喜，邊功不敍恩廕。維華請以己廕讓之，上下旨切責。初，維華內弟陸藎臣爲午門璫，得通於忠賢，因進仙方靈露飲。其法雜取秔穤諸米，淘淨入木甑蒸之，甑中底安長頸大口空銀瓶一，米漸添漸熟，水漸熟漸易，不數易而瓶中之露滿矣，乃米穀之精也。上飲而甘之，以餘瀝分賜近侍。及上不豫，忠賢歸罪於此，因恚維華。維華又偵知上彌留，遂先與忠賢貳。

八月，以崔呈秀爲兵部尙書、少傅，兼太子太傅，仍兼左都御史，奪情視事。從來九卿未有兼官如呈秀者。呈秀初以御史監工，帶左都銜，及晉司馬，尙如故，既竊兵柄，復擅紀綱。奪情視事，不用縗墨。

上不豫，禮部頒爵賞列封廕，羣臣謝恩之日，卽帝上賓之日也。二十二日乙卯，上崩。初，上病亟時，召皇弟信王入，諭以當爲堯舜之君，再以善事中宮爲託，及委用忠賢語。既崩，忠賢自出迎王入，王危甚。時羣臣俱在寓，聞訃，恐入朝之時有他變，生死且不測。厥明，至殿門，宦者持門不得入，告以宜用喪服。既改服，又言未成服，宜如常。羣臣奔走出入者三，氣喘且不續，哀訴宦者，乃得入。既哭大行皇帝，司禮太監王體乾及忠賢在喪次，獨體乾語禮部備喪禮，忠賢目且腫，無所言。羣臣出，少頃，獨呼兵部尙書崔呈秀入，屛人語移時，祕不得聞。或曰：「忠賢欲自篡，而呈秀以時未可止之。」丁巳，信王卽皇帝位。

九月，東廠太監魏忠賢乞辭位，不許。奉聖夫人客氏出外宅。

國子司業朱之俊劾監生陸萬齡、曹代請祠魏忠賢國學，宜罪，命下獄。忠賢乞止建祠，上優答之，其前賜額如故，餘俱罷止。同時更有一張生者，欲上疏，以忠賢與孔子並尊，入國學，自稱見子路擊之，遽殂。

給太師寧國公魏良卿、少師安平伯魏鵬翼鐵券。

巡撫江西僉都御史楊邦憲、巡按御史劉述祖請建魏忠賢祠。不許。

冬十月，巡撫登萊孫國楨報宣川之捷，敍及廠臣，論賞，蔭魏忠賢、王體乾、徐應元、崔呈秀各錦衣衞指揮同知。

御史楊維垣劾兵部尚書崔呈秀。呈秀奏辨，求守制，不允。維垣再疏劾之。維垣黨忠賢，首糾顧大章入熊廷弼案，羅織諸賢，以嘗代其座師徐紹吉謀擢戶部左侍郎，魏廣微銜之，故未大用。至是，維垣遂首與其黨貳，然未敢直指忠賢也。

工部主事陸澄源上言四事：正士習，糾官邪，安民生，足國用。其正士習略曰：「比來士氣漸降，惟以稱功頌德爲事。廠臣魏忠賢服事先帝，論功行賞，自有常典，何至寵踰開國，爵列三等也！外廷奏疏，不敢名書姓，盡廢君前臣名之禮，蠧祝遍於海內，奔走狂於域中，士習漸衰，莫此爲甚。」兵部主事錢元慤上言：「魏忠賢以梟獍之姿，供綴衣之役，先帝念其服勤左右，假以事權。羣小蟻附，勢漸難返，稱功頌德，布滿天下，幾如王莽之妄引符命。列爵三等，畀於乳臭，幾如梁冀之一門五侯。偏列私人，分置要津，幾如王衍之狡兔三窟。輿珍輦寶，藏積肅寧，幾如董卓之郿塢自固。廣開告訐，誅鋤士類，幾如節、甫之結黨株連。陰養死士，陳兵自衞，幾如桓溫之壁後置人。使先帝而早知其如此，亦必有以處忠賢矣。卽皇上念其勤勞，貸之不死，宜勒歸私第，使國家無尾大之患。魏良卿輩，既非開國之勳，又非從龍之寵，安得玷茲茅土，自宜褫革。至告訐獲賞之張體乾，鍛鍊驟貴之楊寰，夫頭乘轎之張凌雲，委官開棍之陳大同，號稱大兒之田爾耕，寧國契友之門太始，凡爲爪牙，俱宜明暴其罪，或殛或放，而奸黨肅清矣。」貢生錢嘉徵上數忠賢之罪：「曰並帝。內外封章，必先關白，稱功頌德，上配先帝，及奉俞旨，必曰朕與廠臣，自古未聞有此奏體。曰蔑后。皇親張國紀於御前面折逆奸，遂遭羅織，欲置之死，賴先帝神明，祇膺薄懲，不然皇親危則中宮危矣。曰弄兵。祖宗朝不聞內操，忠賢外脅臣工，內逼宮闈，操刃禁中，深可寒心。曰無二祖列宗。高皇帝垂訓，中涓不許干預朝政，乃忠賢一手障天，流毒搢紳，凡邊腹重地，漕運咽喉，多置腹心，意欲何爲？曰剋削藩封。三王之國，莊田賜賚甚薄也。而忠賢封公、侯、伯之土田，膏腴萬頃。曰無聖。先師爲萬世名教主，忠賢何人，敢祠太學之側？曰濫爵。古制非軍功不侯，忠賢竭天下之物力，佐成三殿，居然襲上公之爵，靦不知省。曰邀邊功。遼左用兵以來，隳名城，殺大帥，而冒侯封伯。曰傷民財。郡縣請祠遍天下，計祠所費，不下五萬金，敲骨剝髓，孰非國家之脂膏乎？曰褻名器。順天賢書，崔呈秀之子鐸，目不識丁，遂登前列。」疏上，俱報聞。

太監魏忠賢有罪免，寧國公魏良卿改錦衣衛指揮使，東安侯魏良棟改指揮同知，安平伯魏鵬翼改指揮僉事。十一月甲子，安置魏忠賢於鳳陽，籍其家。初，上神明默操，忠賢黨與林立，莫發其奸。楊維垣首糾崔呈秀，語侵忠賢，而崔、魏之勢衰。後陸澄源、錢元慤直攻忠賢。至錢嘉徵十大罪疏上，忠賢不勝憤，哭訴於上。上命內侍讀嘉徵疏，使聽之。忠賢震恐喪魄。客、魏相倚，知信邸內監徐應元爲上所任，忠賢屈身事之，餽以貨，告之辭東廠印，援爲後勁，應元果爲間。至是，謫忠賢鳳陽司香祖陵，籍客、魏二氏，安置徐應元於顯陵，尋謫戍。丁卯，諭兵部曰：「逆惡魏忠賢，擅竊國柄，誣陷忠良，罪當死。姑從輕降發鳳陽，不思自懲，素蓄亡命之徒，環擁隨護，勢若叛然。命錦衣衛擒赴，治其罪。」庚午，魏忠賢宿阜城尤氏邸舍，其黨密報上旨，知不免，夜同李朝欽自經。忠賢初直東宮，有道人宿朝天宮，日歌市中曰：「委鬼當朝立，茄花滿地紅。」蓋指客、魏也，至是始驗。下魏良卿鎮撫司獄。庚辰，奉聖夫人客氏有罪誅。先是，籍其家，命太監王文政嚴訊之，得宮人娠身者八人，蓋出入掖庭，多攜其家侍媵，冀如呂不韋、李園事也。上大怒，立命赴浣衣局掠死。子侯國興下獄，良卿、國興俱伏誅。客光先、客璠、楊六奇等永戍。光先、璠，客氏之兄子，六奇，忠賢之壻也。初，忠賢肆惡，皆客氏成之。忠賢晤客氏，必屏宮人密語移時，其危中宮，害裕妃、成妃，用王體乾殺王安等，皆客氏造意也。天啓初，矯旨慰留客氏，皆體乾爲之。客氏在宮中，乘小轎，內官負之，如妃嬪禮，儼然自視爲上八母之一。誕日，上必臨幸，升座勸飲，賞賚無限，中宮皇貴妃迥不及也。客氏往私宅，內侍王朝忠等數十人，著紅玉帶前驅。客氏盛服靚妝，乘輿由嘉德門經月華門，至乾清宮前亦不下輿。出西下馬門，呼殿、侍從之盛，遠過聖駕，燈炬簇擁，熒然白晝，衣服鮮華，儼若神仙，都人士所罕見也。其到私宅，升廳事，自管事至近侍，挨次叩頭，老祖太太千歲之聲，喧闐震天，各以銀幣犒答之，欽賜金幣無算。每日三時，輟御前膳以賜，絡繹不絕。在外或住旬日，忠賢促之始入，出入皆以五更。忠賢亦有私第，與客氏居斜對不遠。先是，熹宗崩，上準歸私第。客氏五更衰服赴梓宮前，出一小函，用黃色龍袱包裹，皆先帝胎髮痘痂，及累年剃髮落齒指甲等，痛哭焚化而去。良卿謹愼，稍善言詞。國興昏愚，與人坐，輒欠伸入夢鄉。至是，俱駢首受戮。嬰孩赴市，有盹睡未醒者，天下以爲慘毒之報，無不快之。

給事中許可徵劾崔呈秀，下吏部勘處。都給事中吳鴻業論吏部尙書周應秋、南京兵部右侍郎潘如禎及呈秀子倖舉。呈秀歸薊州，列姬妾，羅諸珍異器，縱飲。飲一巵，卽擲壞之。飲已，自經。其子鐸覆試，僅搆二義，削籍戍邊。廷議呈秀死有餘辜，命法司按律暴其罪於天下。

河南道御史倪文煥、吏部郎中周良材、工部尙書吳淳夫、吏部尙書周應秋、兵部尙書田吉、太僕寺卿白官始、尙寶司卿魏撫民，並劾免。

東廠太監張體乾，漕運太監李明道、崔文昇免。復先帝成妃李氏、裕妃張氏封號，右都督張國紀爵。釋薊鎭兵備道耿如杞於獄，復其官。提督操江都御史劉志選削籍。復撫寧侯朱國弼俸。復故太監王安官，予祭葬，立祠愍勞。降太監李實奉御安置南京，涂文輔司香鳳陽。尙書楊夢寰、孫杰，左副都御史李夔龍免。

戶部員外王守履奏逆黨文臣崔呈秀、田吉、吳淳夫、李夔龍、倪文煥爲五虎，武臣田爾耕、許顯純、孫雲鶴、楊寰、崔應元爲五彪。命削爾耕籍，籍其家。爾耕貪婪，好羅織諸臣，搒掠慘毒，皆爾耕爲之。

御史楊維垣參太監李永貞、劉若愚佐逆，御史卓邁亦言永貞習於文字，其惡過於忠賢。遂下永貞獄，戍顯陵。初，永貞辭任，聞忠賢敗，其黨徐應元、王國泰俱危，餽太監王體乾、王永祚、王文政各五萬金。懼泄，以獻內承運庫，永貞知之，卽遁。久而獲之，赴戍所。

十二月，監生王之鼎劾大理寺副許志吉借黃山一案，毒害民命。下志吉於理。

初，監生胡煥猷論大學士黃立極、施鳳來、張瑞圖、李國𣚴，當魏忠賢專權，揣摩意旨，專事逢迎，浙、直建祠，各撰碑稱頌，宜亟罷，倂糾督撫按之請祠者。法司引臥碑生員禁言事律，論杖除名。立極等各上疏辨，言：「忠賢碑文，使其食客游士自爲之，至於取旨褒贊，則文書官稱上命擬票，臣等不能盡職，計惟有見幾之作。而忠賢不惟視臣等去就輕，卽視臣等死生亦輕，不得已徘徊其門，冀有毫髮之益於國，則亦少盡區區之心耳！」鳳來疏中並引及陳平、周勃、狄仁傑事。上優答之。

太常寺卿阮大鋮論魏忠賢之罪，且辨要典勒入臣名。

釋大理寺少卿惠世揚、御史方震孺獄。李承恩論減，卹工部郎中萬燝。

定逆案，先將五虎、五彪下法司議罪。時呈秀已伏法，夔龍、淳夫、文煥、吉追贓遣戍，爾耕、顯純死，應元、雲鶴、寰戍邊。

懷宗崇禎元年（戊辰，一六二八）春正月，召前兵部尚書霍維華。維華辭勅命，且述忤璫始末，薦周道登、郭鞏，不允辭。

法司追論魏忠賢等罪，上命磔忠賢屍於河間，斬崔呈秀於薊州，又戮客氏屍，尋復誅許顯純、田爾耕，天下快之。

阮大鋮請合計先朝奸狀，略曰：「汪文言以徽州庫吏，逃罪投王安幕下，引左光斗入幕，移宮之疏，紛紛迎合，此中外謀傾宮闈之始。御史賈繼春疏揭力爭，汪文言等嗾臺省諛王安，佐楊漣、左光斗，繼春削職，此中外謀殺言官之始。吏部尚書周嘉謨雅重熊廷弼，復任經略，而重處姚宗文、馮三元，此中外謀危封疆之始。汪文言處霍維華以謝王安，逆閹效之，逐戚畹，撼中宮，此中外謀危母后之始。」時逆黨次第伏法。

二月，免楊漣、熊廷弼等誣贓。

戶部尚書曹爾楨免。爾楨撫山西，祠魏忠賢，明年追論削籍。

御史高弘圖劾順天府丞劉志選、太僕寺少卿梁夢環、順天巡撫劉詔媚璫，俱逮之。

下太監李永貞、劉若愚、李實於獄。永貞麤通文墨，爲司禮監，秉筆導虐；李實往蘇、松織造，誣陷周起元、周順昌等；若愚博洽典故，永貞每諮問之；俱爲言官所劾。尋誅李永貞，共籍銀二十七萬。

太監崔文昇下獄，戍南京。

五月，兵部推戎政尚書霍維華署督師事。工科給事中顏繼祖上言：「維華狡人，璫熾則借璫，璫敗則攻璫。擊楊、左者，維華也；楊、左逮而陽爲救者，亦維華也。以刑科給事中三年躐致尚書，無敍不及，有賚必加，卽維華難以自解。乞褫革以儆官邪。」遂罷維華行邊，尋免官歸。

太僕寺少卿楊維垣削籍。御史鄒膩祚劾維垣爲逆璫私人，占氣最先，轉身最捷，貪天爲功，沽名反覆，故有是命。

光祿寺卿阮大鋮免。大鋮與左光斗同里，有隙。天啓四年，吏科都給事中闕，宜補大鋮，廷議以大鋮貪邪，遂授魏大中。其後左、魏被陷，皆大鋮意也。至是，御史毛羽健劾其黨邪，明年追論削籍。

兵科給事中李魯生、太僕寺少卿李蕃相繼免。魯生當魏忠賢時，迎合中旨，倡爲執中之說。李蕃督學，建忠賢祠。至是，給事中顏繼祖、御史王之朝劾罷之。魯生、蕃故與禮科給事中李恆茂號「三李」。謠曰：「官要起，問三李。」

都察院左僉都御史賈繼春免。先是，繼春首爭移宮，削籍，楊、左去，中旨復繼春官。上嗣位踰月，繼春督學南畿，馳疏劾忠賢怙權流毒狀，累遷內臺。至是，劉新塽劾其變詐，明年削籍。

編修倪元璐追論大學士顧秉謙、魏廣微媚璫，奪恩廕，廣微尋削籍。上曰：「故輔魏廣微持國柄授逆璫，毒遍海內，實爲禍首。其以先朝焦芳例，除名爲民，以爲人臣附奸不忠之戒。」

六月，前吏部尚書周應秋、戶部尚書黃運泰、兵部尚書閻鳴泰、太僕寺卿郭興治、御史卓邁並削籍。南京兵部尚書范濟世免，以言官劾其媚璫也。大學士楊景辰新被命，亦以豫修要典罷。誅前提督巡捕營張體乾、谷應選。

八月，前兵部尚書邵輔忠，戶部尚書李精白、黃憲卿，翰林院編修吳孔嘉削籍。孔嘉微時，故怨族人，及登第，因詰奏黃山之案，傾陷數百家。

九月，協理京營兵部尚書呂純如免。

二年（己巳，一六二九）春正月，召大學士韓爌、李標、錢龍錫，吏部尚書王永光，刑部尚書喬允升，左都御史曹于汴，定逆案。諭以首開諂附，傾陷擁戴，及頌美不置，并雖未頌祠，而陰行贊導者，據法依律，無枉無徇。初，逆璫既伏法，上欲因臺諫言，定逆案。大學士韓爌、錢龍錫不欲廣搜禁錮，僅列四五十人以請。上大不悅，再令廣搜。且云：「皆當重處，輕則削籍。」閣臣又以數十人進。上怒其不稱旨，諭以稱頌贊導速化爲題，皆書列入。又曰：「忠賢一人在內，苟非外廷逢迎，何遽至此。且內臣同惡，亦當入之。」閣臣以外廷不知內事對。上曰：「豈皆不知，特畏任怨耳！」閱日，召閣臣指黃袱所封章疏纍纍示閣臣曰：「此皆〔媚〕（據張岱石匱書後集烈皇帝本紀補）璫實跡也，宜一一按入之。」閣臣知勢難遺漏，乃云：「臣等職司輔導，三尺法非所習也。」上呼王永光問之，以吏部止諳考功，不習刑名對，乃召喬允升、曹于汴參定之。二月壬子，召廷臣於平臺，問張瑞圖、來宗道何以不在逆案？對曰：「二臣無實事。」上曰：「瑞圖善書，爲璫所愛；宗道祭崔呈秀母，稱在天之靈，其罪著矣。」問賈繼春何以不處？閣臣言：「繼春欲善待選侍，不失厚道，後雖反覆，其持論間有可取。」上曰：「唯反覆，故爲小人。」於是發原奏并前紅本未入各官六十九人，案列無遺。三月辛未，廷臣上欽定逆案，詔刊布中外，以七等定罪。魏忠賢、客氏磔死外，曰首逆同謀，兵部尚書崔呈秀等六人；結交近侍，提督操江都御史劉志選等十九人；結交內侍次等，大學士魏廣微等十一人；逆孽軍犯東平侯魏志德等三十五人；諂附擁戴（軍犯）（據張岱石匱書後集烈皇帝本紀冊）內監李實等十五人；結交內侍末等，俱配贖，大學士顧秉謙等百二十八人；祠頌，照不謹例冠帶閑住，大學士黃立極等四十四人。

谷應泰曰：魏忠賢者，河間惡少，肅寧醜類，搏蒱坐困，腐身自媒，斯固以刀鋸之兇殘，冀鼎俎之拾瀋者也。遂乃潛事皇孫，惟供刀匕，玄宗藩邸，力士傾心，肅帝東宮，輔國稱職，攀鱗附翼，有自來爾。乃熹宗之初御，忠賢輒伺嚬笑，欲攬太阿。而乳媪客氏，又以妖倖毀政之姿，爲洽比對食之舉。於是勢同擅附，情昵晏私。王聖寵而京、閏煽孽，趙嬈尊而甫、節搆禍，女子小人朋淫於國矣。乃王安者，名在閹餘，職邀顧命。郭耽清謹，不事威權；呂強剛直，終陷刑戮。蓋自安死，而忠賢愈肆滔天；益無顧忌。謂奉者登進，忤恨者誅傷，此左悺有回天之名，令孜有阿父之號也。

乃若釁開宗社，毒流搢紳，誣織封疆，飛文宮禁，威明豈貨羣羌，乃輸左校，張儉詎危社稷，更煩北寺耶！洎乎文言寃獄，偏染清流，楊漣、左光斗等並繫鋃鐺；魏大中、周順昌等同嬰桎梏，正如朱並所告二十四人，李膺所坐六百餘士，雖夕陽亭下，震戮何辭，首陽山前，滂屍不愧。而田爾耕三木橫加，許顯純五毒備至。乳虎乍逢，盡灑萇弘之血；蒼鷹所擊，皆含杜伯之寃。是則拊髀之憤，原不馮生，而破柱之風，猶能爲厲矣。倘非金闔告變，佩韋倡怒，殺詔使於廁上，沈駕帖於河中，則懸金之募，沈命還多，瓜蔓之鈔，囊頭未已也。

又若中外戚屬，濫賜褒封，呈秀、淳夫，具邀顯秩，五人同貴，首自單超，一子爲侯，咸尊馬憝；而伯榮出入宮掖，張朔貪橫野王，又有光和太尉，承望內官，延光司空，偏徵親故，此所謂蹶馬番徒，倡予和汝者也。

尤可異者，祠宇偏天下，俎豆及學宮，賢非荀勖，乃祀安陽；學異荆公，敢配孔子。頌功德者四十萬人，趨勢利者鴻都門下也。

至操兵禁禦，將衷甲於桃園。蓄孕閨房，欲繼牛於典午。又且遣王郡國，遠徙扶蘇，危后中宮，謀誅伏氏，取代之規，誠難掩覆矣。而況大行當憑几之日，多官邀橫拜之恩，弓裘不御，鬼蜮仍多，城社已摧，狐鼠猶據。

所幸者，武陽色變易與，北軍猶豫無成。而信邸英開，神明獨運，雲龍初入，方深斷仗之憂，江陵收璽，漸除徐傅之黨。迨至卓臍燃京，莽頭傳宛，而人心始快，國紀肅焉。嗚呼！自予考之，神、光二廟，朝議紛爭，玄黃溷淆，朋徒互揣，至此則鉤黨同文，得禍斯酷矣。然封諝事發，始知顧、及之賢，蔡京事敗，益信元祐之正，身雖蕩滅，名義所從判爾。

明史紀事本末卷之七十二

崇禎治亂

熹宗天啓七年（丁卯，一六二七）八月，上不豫。時魏忠賢張甚，中外危栗。上召信王入見，諭以「吾弟當爲堯舜之君」。信王惶恐不敢當，但云：「陛下爲此言，臣應萬死。」信王出，上崩。忠賢自出請王入，王危甚，袖食物以入，不敢食大官庖也。當是時，羣臣無得見王者，王秉燭獨坐，久之，見一奄攜劍過，取視之，留置几上，許給以賞；聞巡邏聲，勞苦之。問左右，欲給以酒食，安從取乎？侍者以宜問之光祿寺。傳令旨取給之，歡聲如雷。次日，卽皇帝位於中極殿，受百官朝，毋賀。朝時，忽天鳴。

九月，諭停刑。

十一月，魏忠賢、客氏伏誅。罷各道鎮守內臣。戶部郎中劉應遇上言天下六大苦：「一逮繫，二獄死，三追贓，四仕途去就，五新進禁錮，六廷臣被劾。」上然之，命逮死各臣贓銀盡免之，釋其家屬。魏、崔黨次第伏誅。時魏璫甚熾，帝不動聲色，逐元凶，旁無一人之助，而神明自運，宗社再安。崇禎始政，天下翕然稱之。

工部尚書𫑘夢寰請停開納事例。

廷推閣員，以錢龍錫、楊景辰、來宗道、李標、周道登、劉鴻訓爲禮部尚書、東閣大學士。

罷蘇、杭織造，諭曰：「封疆多事，征輸重繁，朕甚憫焉。不忍以衣被組繡之工，重困此一方民。其俟東西底定之日，方行開造，以稱朕敬天恤民至意。」

十二月，復故建文臣練子寧官。

南京御史劉漢言四事：「崇正學以培治本，勵廉恥以清仕路，惜名器以尊體統，重耕農以節財用。」上是之，命吏部嚴加清汰，凡會典額外官，添註添設者，有闕勿推補；文臣非正卿，武臣非勳爵，總兵非實有戰功者，不得加保傅銜。

上御便殿閱章奏，聞香煙，心動，疑之；出步階墄間，乃定。詢内官此自何至？曰：「宮中舊方。」上叱令毁之，勿復進。太息曰：「皇考、皇兄皆爲此誤也！」言也。

懷宗崇禎元年（戊辰，一六二八）春正月，禁衣飾侈僭及婦女金冠袍帶等，從御史梁天奇之言也。

命司禮監斥賣魏忠賢田宅，因以賜第請。上曰：「俟東西底定，留賜第以待功臣。」榜曰策勳府。

二月，以侍讀學士溫體仁直經筵日講。

三月，以周延儒爲禮部右侍郎。

五月，上召廷臣於平臺，諭輔臣來宗道曰：「票擬之事，宜悉心商榷。」諭吏部曰：「起廢太多，會推宜愼。」責戶部措辦邊餉無術，侍郎王家禎引罪。論邊事，兵部尙書王在晉語未詳，命中官給筆札錄進。諭刑部曰：「天時亢旱，用法宜平允。」次日，復諭吏、戶、兵三部曰：「昨召對九卿、科、道官，輔臣劉鴻訓言吏調甚速，宜行久任之法，責實效。」又云：「海內罷於賦役，朕甚憫之。夫吏調速則民滋擾，任事久則功易成，自今藩臬郡邑，毋輕改調，言官薦舉人才市私恩坐之。遼、黔兵興，催科日益加，其有司私徵者，撫按禁飭毋貸。」

六月，上召廷臣於平臺。以插漢故，發帑十萬給邊吏。刑科給事中薛國觀疏營伍之弊，令自宣讀，至「闕門虛冒」，上善之，復示諸臣。召提督京營保定侯梁世勳，戒以訓練。已，命翰林官凡值召對，入侍記註。

戶科給事中黃承昊上言：「祖宗朝，邊餉止四十九萬三千八十八兩，神祖時，至二百八十五萬五千九百餘，先帝時，至三百五十三萬七千七百餘。其他京支雜項，萬曆間，歲放不過三十四萬一千六百餘，邇來至六十八萬二千五百餘。今出數共五百餘萬，而歲入不過三百二三十萬。卽登其數，已爲不足，而重以逋負，實計歲入僅二百萬耳。戍卒安得無脫巾，司農安得不仰屋乎？乞勅各邊督撫，淸覈歷年增餉。至京支雜項，亦令各衙門自加嚴汰。

又先臣葉淇變鹽法，改折色，以至邊粟踊貴，必復祖制，開中輸邊之法。西北多曠土，責有司開荒以足軍餉。」上納之。召廷臣於平臺，以御史吳玉錢糧積弊疏宣示閣臣，問：「何不指名也？」玉對曰：「此夙弊，非獨一人一事，無可指名。」出黃承昊疏，問戶部侍郎王家禎：「何濫增至此？」曰：「皇祖入數多，出數少，故太倉粟紅朽，內帑又無算。後邊臣隨請隨給，出入不相準。」又讀至鹽法，閣臣請復祖制，關屯種引，上然之。出宣府巡撫李養沖疏，云：「旗尉往來如織，不賂之，恐毀言之日至；賂之，愁物力之難勝。」上不懌。兵部尚書王在晉曰：「大同焚掠，宜以按臣勘，不煩旗尉。」上曰：「疆事仗一喇嘛僧講款，諸文武何爲？敵不輕中國耶？」諸臣退。時大同以插漢講款，不設備，故上責之。

戶科給事韓一良上言：「皇上召對平臺，有『文臣不愛錢』之語，然今之世，何處非用錢之地？何官非愛錢之人？向以錢進，安得不以錢償？臣起縣官，居言路，以官言之，則縣官行賄之首，而給事爲納賄之魁。今言蠹民者，俱咎守令之不廉，然守令亦安得廉！俸薪幾何？上司督取，不曰無礙官銀，則曰未完紙贖。衝途過客，動有書儀。考滿朝覲，不下三四千金。夫此金非從天降，非從地出，而欲守令之廉得乎？科道號爲開市，臣兩月來辭金五百。臣寡交猶然，餘可推矣。乞大爲懲創，逮其已甚者，使諸臣視錢爲污，懼錢爲禍，庶幾不愛錢之風可覩也。」上召廷臣於平臺，命一良誦前奏，嘉獎之，擢一良右僉都御史。

八月，諭曰：「朕欲與大小臣工日籌庶務，而諸司各有職掌，恐不暇給。惟是輔臣左右拂予，自今非盛暑祁寒，朕當時御文華殿閱章奏。」丁未，上御文華殿，翰林、科、道各二人，備宣讀，中書舍人二人侍班。

十月己丑，召廷臣於平臺，以錦州軍譁，袁崇煥請餉疏示閣臣。閣臣求允發，上責戶部尙書畢自嚴，禮部侍郎周延儒曰：「關門昔防敵，今且防兵。前寧遠譁，錦州尤而效之，未知其極。」上問延儒若何。對曰：「臣非阻發帑，雖予之，當益求經久之策。」上稱善。又責科、道官言事失實，卽召對商榷，徒具文耳。諸臣俱媿謝。

十一月辛未，召寧陽侯陳光裕、襄城伯李守錡、淸平伯吳遵周、誠意伯劉孔昭於文華殿，問京營整理何若，各有所對。上以守錡總督京營。

十二月己丑，大學士韓爌入朝。

二年（己巳，一六二九）夏四月，時秦、晉饑，盜起，朝臣捐俸助餉。上曰：「諸臣興利除害，國家受益多矣，何必言助。」

六月，御史李長春論周延儒有私。不聽。

九月，順天府尹劉宗周上言：「陛下勵精求治，召對文華殿，躬勤細務，朝令夕考，庶幾太平立至。然程效過急，不免見小利而慕近功。夫近日所汲汲於近功者，邊事也。竭天下之力，以養飢軍，而軍愈驕；聚天下之軍以冀一戰，而戰無日，此計之左者矣。今日所規規於小利者，理財也。民力已竭，司農告匱，而一時所講求者皆聚斂之術，水旱災傷，一切不問。有司以掊尅爲循良，而撫字之政絕；大吏以催科爲殿最，而黜陟之法亡，赤子無寧歲矣。頃者嚴贓吏之誅，自執政以下坐重典者十餘人，可謂得救時之權。然貪風不盡息者，由於道之未盡善，而功利之見不泯也。」

十一月，河南府推官湯開遠言：「皇上急於求治，諸臣救過不給。臨御以來，明罰勑法，自小臣以至大臣，與衆推舉，或自簡拔，亡論爲故爲誤，俱褫奪配戍不少貸，甚者下獄考訊，幾於亂國用重典矣。皇上或以薦舉不當，疑其黨徇。四岳不薦鯀乎？績用弗成，初未併四岳殛之也。皇上又以執奏不移，疑其藐抗。漢帝不從廷尉之請乎？亦以張釋之曰法如是止耳，不聞責其逆命也。皇上以策勵望諸臣，於是多戴罪。夫不開以立功之路，而僅戴罪，戴罪無已時矣。皇上以詳愼望諸臣，於是有認罪。夫不晰其認罪之心，而槩以免究，認罪亦成故套矣。侵糧欺餉之墨吏，逮之宜也；恐夷、由之侶，不皆韓、范，宜稍寬之，不以淸吏詘能臣。今諸臣怵於參罰之嚴，一切加派，帶征餘征，行無民矣。民窮則易與爲亂。皇上寬一分在臣子，卽寬一分在民生，如此則諸臣可幸無罪。而尤望皇上宮府之際，推諸臣以心；進退之間，與諸臣以禮；錦衣禁獄，非有寇賊奸宄不可入；而謂大小臣工不圖報為安攘者，未之有也。」

十二月，進禮部侍郎周延儒爲禮部尙書、東閣大學士。

三年（庚午，一六三〇）春正月甲申，召戶、兵、工各科於會極門，令註銷案牘，各委給事中一人淸理六曹，勒期奏報。

前尙寶司卿原抱奇劾大學士韓爌致寇，爌致仕歸。

復故大學士張居正廕，賜故都督戚繼光表忠祠。

六月，進禮部尙書溫體仁東閣大學士。

四年（辛未，一六三一）春正月，刑科給事中吳執御言：「理財加派，不得已而用之，未有年餘不罷者。捐助搜括，二者尤難爲訓。」上曰：「加派原不累貧，捐助聽之好義，惟搜括滋奸，若得良有司奉行，亦豈至病民乎！」不聽。

上召廷臣及各省監司於平臺，問浙江按察副使周汝弼浙、閩相連，海寇備禦之策。對曰：「去秋寇犯海上，五日卽去。」問江西布政使何應瑞：「爾省宗祿，何以不報？」應瑞曰：「江西山多田少，瘠而且貧，撫按查覈，有司尙未報耳。」問湖廣右布政使杜詩：「爾楚去夏，民變樹幟何也？」詩曰：「樹幟之後，地方仍安。」問福建布政吳暘、陸之祺：「海寇備禦若何？」暘曰：「海寇與陸寇不同，故權撫之。但官軍狃撫爲安，賊又因撫益恣，故數年未息耳。」上問實計安在？祺曰：「海上官兵，肯出死力。有司練鄉兵，築城，要地多設火器，以戰爲守，此上策也。」問河南布政楊公翰、賈鴻洙以收稅耗重，宜斥有司。鴻洙曰：「近奉上命，已革去矣。」問廣東布政陳應元、焦元溥曰：「爾省所負宣、大兵餉數十萬，何也？」應元曰：「近已解納。」問其數，曰：「七千兩。」上少之，曰：「宣、大重鎭，急需，其毋玩！」問山西按察使杜喬林：「流氛若何？」對曰：「寇在平陽，或在河曲，須大創之，但兵寡餉乏耳。」上曰：「前言寇平，何尚阻也？」曰：「山、陝界河，倏去倏來，故河曲被困。」問河曲之陷。曰：「賊未嘗攻，失於內應。」問：「導賊何人乎？」喬林曰：「大抵出於飢民。」問陝西參政劉嘉遇。對曰：「寇見官兵卽散，退復嘯聚。」上曰：「寇亦我赤子也，可撫撫之。」曰：「今方用撫。」上曰：「前王子順既降，何又殺之？」曰：「彼撫仍掠，宜其戮也。」「近寇何如？」對曰：「一在延安，一在雲巖、宜川。」問廣東布政使陸問禮、按察使孫朝肅。時問禮已除南贛巡撫。上曰：「南贛多盜若何？」對曰：「南贛在萬山中，接壤四省，當行保甲，練兵伍，庶足弭賊。」上曰：「此須實效，空言何爲？」問：「海寇若何？」曰：「廣東海寇，俱至自福建。舟大而多火器，兵船難近，但守海門，勿令登陸，則不爲害。」問廣西布政鄭茂華、李守俊：「靖江王府爭繼，何也？」對曰：「憲定王二子履祥、履祐，履祥早沒，王請立履祐爲世子，而履祥有未奏選之妾生子，今已長矣，是以爭。」問四川布政華敦復：「鄉紳挾御史，何也？」以遖賦對。上曰：「守臣何不彈壓？」對曰：「遠方有司多科貢，故不能耳！」時雲南布政婁九德被劾，問貴州布政朱芹以安位事。對曰：「督撫臣責安位以四事：一擒奢崇明，一獻樊虎、奢寅、妻馬人、子阿甪，一送賊巡撫王三善人，一責削地，故議未决。」對畢，召各官諭之：「正己率屬，愛養百姓。用命有顯擢，不則罰隨之。」各退謝。召左都御史閔洪學，左副僉都御史張捷、高洪圖，諭洪學曰：「巡按賢則守臣皆賢，若巡按不肖，其誤非小。屢飭回道嚴核，何近日不稱職之多也？」又曰：「卿與吏部實心任事，天下不難爲。」乃退。

四月，上念旱，釋前工部尚書張鳳翔、左副都御史易應昌、御史李長春、給事中杜齊芳、都督李如楨於獄。

五月，吳執御上言：「昨見計臣疏，稱歲額四百萬，今加至七百萬，闕額尚百六十萬，則餉猶未裕也。加派則害民，不加派則害兵。前年遵、永之變，袁崇煥、王元雅皆以數百萬金錢狼狽失守，而史應、張星、王象虞、左應選各以一邑固守於嬰城之際。由此言之，今日言餉，不在創法而在擇人可知已。臣妄謂沿邊諸邑，宜勅吏部選補賢能，畀以本地錢糧訓練土著。此法一行，餉不取償於司農，兵不借援於戍卒，計無便於此。」上以錢糧留本地，則國課何從出，不聽。

八月，吳執御論周延儒：「攬權壅蔽，私其鄉人。塘報奏章，一字涉邊疆盜賊，輒借軍機密封下部，明畏廷臣摘其短長，他日敗可以揵閩，功可以罪案也。皇上習見延儒摘發細事，近於明敏，遂爾推誠，抑知延儒特借此以行其私乎？」上切責之。執御劾疏凡三上，俱留中。

〔閏〕（據國榷卷九十一補）十一月，中允倪元璐上言：「原任中允黄道周抗疏獲謫，臣恐海內士大夫之氣化爲繞柔。前府尹劉宗周清恬耿介，道周既蹇諤承貶，宗周以骯髒投閒，天下本無人，得其人又不能用，誰爲陛下奮其忠良者！」上不聽。時道周以救錢龍錫謫外。

十二月，時考選科道後，更核在任征輸，於是戶部尚書畢自嚴下獄，熊開元、鄭友玄俱謫。吏科都給事顏繼祖上疏救。上切責之。自是考選將及，先核稅糧，不問撫字，專於催科，此法制一變也。

禮部侍郎羅喻義直日講，以尚書「商王布昭聖武」章送閣，溫體仁裁其半，以所引京營大閱語也。喻義執不可。體仁上言：「舊例惟經筵多進規語，日講則正講多，進規少。喻義以日講而用經筵之例，駁改不聽，自愧不能表率後進。」命下部議：「聖聰天亶，何俟喻義多言。」遂放歸。

五年（壬申，一六三二）六月，兵部員外華允誠上言三大可惜，四大可憂，刺溫體仁、閔洪學。上切責之。允誠回奏，又極言其失，謂私沈演、唐世濟等。上怒，奪允誠俸。體仁上疏自理。

十二月，詔停開納例。

六年（癸酉，一六三三）二月，諭吏部薦舉潛修之士，科道不必專出考選，館員須應先歷知推，垂爲法。

冬十月，論囚，上素服，御建極殿，召閣臣商榷，溫體仁竟無所平反。陝西華亭知縣徐兆麒赴任七日，城陷，竟棄市，上頗心惻，體仁不爲救，人皆寃之。

七年（甲戌，一六三四）春正月，刑部給事李世祺劾大學士溫體仁、吳宗達，謫於外，復罪考選郎中吳鳴虞。山西提學僉事袁繼咸上言曰：「養鳳欲鳴，養鷹欲擊。今鳴而箝其舌，擊而紲其羽，朝廷之於言官，何以異此！使言官括囊無咎，而大臣終無一人議其後，大臣所甚利，忠臣所深憂，臣所爲太息也！且皇上所樂聽者讜言，而天下誤以攻彈貴近爲天子所厭聞，其勢將波靡不止。」上以越職言事，切責之。

三月，山、陝大饑，民相食，發金五萬賑之。免浙江崇禎三年以前織造。

六月，江西饑，逋賦益多。觀政進士陸運昌上撫字八條，上可其奏，下戶部議。

冬十月，上數御經筵，遇雪不輟，諭講官尚書韓日纘、姜逢元等毋忌諱。少詹事文震孟講春秋，上諭仲子歸賵云：「此見當時朝政有闕，所以當講。自今進講，當以此類推。」

十一月，侍讀倪元璐上制實八策，曰：「離敵交，緝旁邑，優守兵，靖降戎，益寇餉，儲邊才，奠輦轂，嚴教育。」又制虛八策，曰：「正根本，伸公議，宣義問，一條教，慮久遠，昭激勸，勵名節，明駕馭。」疏入，上令確奏伐交實計。其撫降戎、儲邊才、留秦、晉餉、館監教習，俱下部。其制虛八策，多係奉旨，不必縷陳。既而元璐再陳間敵之術，且請盡徹監視內臣，以重邊疆。不報。

禮部右侍郎陳子壯嘗謁大學士溫體仁，體仁盛稱主上神聖，臣下不宜異同。子壯曰：「世宗皇帝最英明，然祔廟之議，勳戚之獄，當日臣工猶執持不已。皇上威嚴，有類世宗，公之恩遇，孰與張、桂！但以將順而廢匡救，恐非善則歸君之意也。」體仁意沮，遂成嫌隙。

八年（乙亥，一六三五）春正月，兵部職方主事賀王盛再劾溫體仁庸奸誤國，謫外。御史吳履中劾溫體仁、王應熊，幷及監視內臣，上切責之。

議湖廣加派。

上以祖訓，凡郡王子孫有文武才能堪任用者，宗人府具以名聞，朝廷考驗，授以秩，其遷除如常例。禮部右侍郎陳子壯上言：「宗秩改授，適開僥倖之門，隳藩規，溷銓政。」上以其沮詔間親，下於理。明年四月始得釋。已而涖官多不法，公私苦之。

二月，侍讀倪元璐上言：「盜賊之禍，震及祖陵，國家大辱極矣。陛下下罪己之詔，布告天下，然此非徒空言也。今民最苦，無若催科。未敢興言，冀停加派，惟請自崇禎七年以前，一應逋負悉與蠲除，斷自八年督徵。有司考成，亦少寬之。東南雜解，擾累無紀，如絹、布、絲、緜、顏料、漆、油之類，悉可改從折色。此二者於下誠益，於上無損，民之脫此，猶湯火也。至發弊而遠追數十年之事，糾章一上，蔓延不休；攀貽而旁及數千里之人，部文一下，寃號四徹；誰有以民間此苦告之陛下者乎？及今不圖，日蔓一日，必至無地非兵，無民非賊，刀劍多於牛犢，阡陌決爲戰場，陛下亦安得執空版而問諸燐燹之區哉！」上是之。

候補給事中劉含輝乞蠲陝西八年以上逋租，不許。承運庫太監周禮言：「崇禎六年、七年省直金花銀共逋八十九萬。」命趨之。

夏四月，予故遼東總兵寧遠伯李成梁祭葬。

五月，諭戶部暫開援納，濟軍需。

秋七月，進文震孟禮部左侍郎兼東閣大學士。尋忤溫體仁，罷歸。

丙子，召廷臣於中左門，試時政邊才論，又出各疏，命翰林官擬上。

八月，上諭：「致治安民，全在守令。命兩京文職三品以下，五品以上，各舉堪任知府一人，亡論科第、貢、監。在內翰林、科、道，在外撫、按、司、道、知府，各舉州縣官一人，亡論貢、監、吏士。過期不舉者議處，失舉連坐。」

冬十月乙巳，上罪己，避殿徹樂。下詔曰：「朕以涼德，纘承大統，不期倚任非人，邊乃三入，寇則七年，師徒暴露，黎庶顚連，國帑匱詘而征調未已，閭閻凋敝而加派難停，中夜思維，不勝媿憤。今年正月，流氛震驚皇陵，祖恫民仇，責實在朕。今調勍兵，留新餉，立救元元，務在此舉。惟是行間文武吏士，勞苦飢寒，深切朕念。念其風餐露宿，朕不忍安臥深宮；念其飲水食麤，朕不忍獨享甘旨；念其披堅冒險，朕不忍獨衣文繡。茲擇十月三日，避居武英殿，減膳徹樂，非典禮事，惟以青衣從事，與我行間文武吏士甘苦共之，以寇平之日爲止。文武官其各省愆淬厲，用回天心，以救民命。」

十二月，城鳳陽。初，潁州賊將趨鳳陽，巡撫楊一鵬請移鎭，大學士王應熊擬旨止之。賊陷鳳陽，焚皇陵，幽宮不保，諸臣忌諱，不敢聞。尋以獾穴爲解，又因而祕之。至是城始成。

吏部尙書謝陞奏起廢張士範等一百六人，不果用。先是，寬恤條款議及罪譴諸臣，奉旨下部。刑部方具招列名疏請旨未下，而陞爲冢宰，銳意欲疏起用。大學士錢士升語陞曰：「公意大善，盍俟刑部疏下，先釋罪而後起廢，方有次第。」陞守前說不聽，疏上，臚列無有遺者。上怒切責，遂下選郎於獄，而事不可爲矣。至是，復以一百六人上，溫體仁力沮之，事遂中止。

九年（丙子，一六三六）春正月，以劉宗周爲工部右侍郎。

淮安武舉陳啓新上言：「今天下有三大病，曰科目取人，資格用人，推、知行取科、道。惟皇上停科目以詘虛文，舉孝廉以崇實行，罷推官行取以除積橫之習。蠲災傷錢糧，蘇累困之民。而且專拜大將，舉行登壇推轂之禮，使其節制有司，便宜行事。庶幾民怨平而寇氛靖。」上異其言，特授吏科給事中，命遇事直陳毋隱。啓新本庸人，時政府覘知上意，必有闢門特達之典，故令啓新上書跪正陽門。內監等實聞之於內，立致省垣，將借以搏擊善類。迨啓新既得進，惟從事斂車羸馬，以逢迎上意，而政府有求皆不應，故政府恨之，不見信任。

三月，工部右侍郎劉宗周上言：「皇上以不世出之資，際中興之運，卽位之初，銳意太平，甚盛心也。而施爲次第之間，未得其要。屬意邊疆，賊臣以五年爲期之說進，遂至戎馬生郊，震及宗社，而朝廷始有積輕士大夫之心矣。由此耳目參於近侍，腹心寄於干城。廠衞司譏防而告密之風熾，詔獄及卿士而堂廉之情違，人人救過不給而欺罔之習轉甚，事事仰承獨斷而諂諛之風日長。甚者參核之法，惟重徵輸，官愈貪，民愈困，而賦愈逋。總理之外，復設監紀，權愈分，法愈廢，而盜愈多。夫君臣相遇，至難也。得一文震孟，以單詞報罷矣；得一陳子壯，又以過戇下詔獄矣。而於是市井雜流者，乃得操其譎說，投間抵隙，以希進用。而國事尚可問哉？夫皇上不過始於一念之矯枉，而積漸之勢，釀爲厲階，遂幾於莫可匡救，則今日轉亂爲治之機，斷可識已。皇上所恃以治天下者法也，而非所以法也。所以法者，道也。如以道，則必體上天生物之心，而不徒倚用風雷。念祖宗學古之益，而不至輕言改作。以寬大養人材，以拊循結人心。而且還內庭以埽除之役，正懦帥以失律之誅，愼宗賢以改秩之授。特頒尺一，遣廷臣齎內帑，巡行郡國，爲招撫使，赦其無罪而流亡者，專責撫鎭，陳師險隘，堅壁清野，聽其窮而自歸。誅渠之外，不殺一人，此聖人治天下之明效也。武生新授吏科給事中陳啓新一言投契，立置清華，此誠盛事。臣愚謂宜先令以冠帶辦事黃門，稍如試御史例，俟數月後，果有忠言奇計，實授未晚。不然，如名器可惜何？皇上天縱聖明，而諸臣不能以道事君，徒取一切可喜之術，臣竊痛之。」疏入，不報。

國子祭酒倪元璐上言：「昨見黃安縣學生鄒華妄行薦舉，列及臣名，不勝驚異。陛下求言若渴，本期宣幽燭隱，而宵人干進，薄孔、孟爲粃糠，網簪纓爲桃李。吳鯤化部民也，參及撫按；鄒華下士也，薦及朝紳。如是而望朝廷之上昂首伸眉，豈可得乎？」上是之。

夏四月，武生李璡奏「致治在足國，請搜括巨室助餉」。大學士錢士升擬下之法司，不聽。士升上言：「自流寇蔓延，皇上憫生民之憔悴，懲吏治之貪殘，擢陳啓新置省闥。豈眞謂其言遂爲確論哉？毋亦借此以勵搢紳，動其愧懼耳！比者，借端倖進，實繁有徒。而李璡者，乃倡爲搢紳豪右報名輸官，欲行手實籍沒之法，此皆衰世亂政，載在史册，而敢陳於聖人之前，小人之無忌憚，一至於此！其曰搢紳豪右之家，大者千百萬，中者百十萬，其萬計者，不勝枚舉。臣江南人也，以江南論之，數畝以對，大數以百計者十之六七，以千計者十之三四，以萬計者千百中一二。江南如此，他郡可知。且所惡於富者，兼併小民耳。郡邑之有富家，亦貧民衣食之源也。兵荒之故，歸罪富家而籍沒之，此秦始皇所不行於巴清，漢武帝所不行於卜式者也。此議一倡，亡命無賴之徒相率而與富家爲難，大亂自此始矣。」已而，溫體仁以上欲通言路，竟改擬。上仍切責士升，以密勿大臣卽欲要譽，已足致之，毋庸汲汲。士升遂乞罷，許之。初，士升以助體仁，幾見擯公論，至是，復爲體仁所搆去。御史詹爾選上言：「大學士錢士升引咎回籍，明乎輔臣以執爭去也，此舉差強人意。皇上宜鼓舞之不暇，顧以爲要譽耶？人臣而沽名義，所不敢也。乃人主不以名譽鼓天下，使其臣爭爲尸祿保寵，習爲寡廉鮮恥之世，又豈國家所利哉，天下之疑皇上者不少矣。其君子憂驅策之無當，其小人懼陷累之多門，明知一切苟且之政，拊心愧恨，有難殫述。輔臣不過偶因一事，代天下請命耳。而竟鬱志以去，所日與皇上處者，惟此苛細刻薄不識大體之徒。毀成法而釀隱憂，天下事豈可言哉！」癸巳，上召廷臣及御史詹爾選於武英殿，上怒爾選，詰之，聲色俱厲。爾選從容不爲詘。問：「如何爲苟且？」對曰：「即捐助一事亦苟且也。」反復數百言。且曰：「臣死不足惜，皇上幸聽臣，事尚可爲。即不聽臣，亦可留爲他日之思。」上益怒，欲下之獄，閣臣申救，良久，命頸繫直廬，下都察院論罪。

大學士溫體仁等各捐俸市馬，從〔閱視〕（據國榷卷九十五補）關寧太監高起潛之請也。劉宗周上言：「一歲之間，助陵工，助城工，又助馬價，亦何報稱於萬一。而時奉急公之旨，諸臣於此毋乃沾沾有市心。惟皇上罷得已之役，停不急之務，節省愛養，不徒爲一切旦夕之計，亦何事屑屑以利爲言乎？」不聽。宗周尋罷歸。

令有司務修練儲備，毋科擾。命鄉會試二三場，兼武經書算，放榜後騎射。

刑部尚書馮英以藐玩下法司擬罪，英自赴獄。左侍郎朱大啓以聞，上令出私邸待罪。

重慶翟昌進白兔，斥之。

秋七月，都城戒嚴，召廷臣於平臺，問方略。時斗米三百錢，上憂之。戶部尚書侯恂言禁市酤，左都御史唐世濟言破格用人，刑部侍郎朱大啓請列營城外爲守禦，吏科都給事中顏繼祖言收養京民細弱，上諭莫若鐲助爲便。

冬十月，前工部右侍郎劉宗周上言：「自己巳以來，無日不綢繆未雨，而禍亂一至於此。往者袁崇煥誤國，其他不過爲法受過耳。小人競起而修門戶之怨，舉朝士之異己者，概坐煥黨，次第寘之重典，或削籍去。自此小人進而君子退，中官用事而外臣浸疎，朝政日隳，邊政日壞。今日之禍，實己釀成之也。且張鳳翼之溺職中樞，而與之專征，何以服王洽之死！丁魁楚之失事於邊，而與之戴罪，何以服劉策之死！諸鎮巡勤王之師，爭先入衞者幾人？何以服耿如杞之死！今二州八縣生靈塗炭極矣，廷臣之纍纍若若，可幸無死者，又何以謝韓爌、張鳳翔、李邦華之或戍或去！豈昔之爲異己驅除者，今不難以同己互相容隱與？臣於是知小人之禍人國無已時也。皇上惡私交，而臣下多以告訐進；皇上錄清節，而臣下多以曲謹容；皇上崇厲精，而臣下奔走承順以爲恭；皇上尙綜覈，而臣下瑣屑苛求以示察：竊其用心，無往不出於身家利祿。皇上不察而用之，則聚天下之小人立於朝而有所不覺矣。至於近日，刑政最舛。成德傲吏也，而以贓戍，何以肅懲貪之令！申紹芳十餘年監司也，而以營求戍，何以昭抑競之典！鄭鄤久干鄉議，而杖母之獄，特以無告坐，何以示敦倫之化！此數事皆爲故輔文震孟引繩批根，卽向者驅除異己之故智，廷臣無敢言，皇上亦無從而知之也。嗚呼！八年之間，誰秉國成，臣於是不能爲首揆溫體仁解矣。語曰：『誰生厲階，至今爲梗。』惟皇上念亂圖存，進君子，退小人，急罷三協通津之使，責成中外諸臣，各備職業，不再以人國爲僥倖。體仁桑榆之收，庶幾在此。」疏入，不報。

禁文武輿蓋器飾之僭。

起守制楊嗣昌爲兵部尚書。

命採平陽、鳳翔諸礦，以儲國用。

十一月，蠲山東五年前逋租。命吏部指奏數年銓政大弊，吏部覆奏，上切責之：「以爾部職專用人推舉不效，乃反稱綱目太密，使中外束手。且平時陞轉，必優京卿甲科，乃云京卿未必勝外官，甲榜未嘗勝乙榜。如此游移，豈大臣實心體國之道！」尚書謝陞罷。

十年（丁丑，一六三七）春正月，工部尚書劉遵憲因培築京城，上加派輸納事例。

二月，遣廷臣趣各省逋賦。

夏四月，諭百官求直言。刑科給事中李如燦上言：「寇盜憑陵以來，天下財賦之區已空其半。而又遇此亢旱，吳、楚、齊、豫之間，幾千萬里，是所未盡空者，殆將盡空矣。臣謂斂怨干和，皆財用爲之也。國朝祖制，千古稱善。自軍不用而兵設，民始不得安其身；自屯不耕而餉興，農始不得有其食。有兵不練，兵增而餉益匱；有餉不核，餉多而兵愈冒。比者核實之使四出，而掊克屢聞，占冒不減，可謂有政事乎？魏呈潤、詹爾選、李化龍、劉宗周皆以一鳴輒斥。今下明詔，求直言，儻赦其前愆，收之左右，是直言不求而自至也。若夫輔成君道，尤在相臣，今俱泯默未有聞也。此瞻彼顧，結黨徇私。蓋自八九年，拂戾干和之事，始於宮鄰，成於金虎，又何怪水旱盜賊之屢見哉！」上怒，下如燦於獄。

左諭德黃道周上言：「陛下下詔求直言，清刑獄，然方求言而建言者輒斥，方清獄而下獄者旋聞，大臣雖清強，曾何益理亂之數！臣願陛下訓練軍士以固邊圉，選舉賢能以任州縣，而最切者，尤在起批鱗強項之臣，旌應詔直言之士。使天下淒風苦雨，盡爲皎日祥雲，則朝廷之刑威可以漸措，何必皦皦於兵刑錢穀之下哉！」上不懌，切責之。

新安所千戶楊光先劾吏科給事中陳啓新及元輔溫體仁，舁棺自隨。上怒，廷杖戍遼西。

楊嗣昌上均輸事例。

六月，大學士溫體仁引疾免。初，體仁以摘發錢謙益受主知，遂入相。時上英明，憤廷臣苞苴亡狀，體仁以殘刻輔之，闔扉之內，候訊追比纍纍，趾相屬者千餘人。性忌而險，初藉周延儒入，旋以權相軋，周去而溫獨存。同官文震孟、何吾騶、錢士升皆先後牴牾罷。自佐政以來，邊徼潰池之警，漫無經畫。惟斤斤自守，不殖貨賄，故上始終敬信之。

八月，上登正陽門閱城，徧視雉堞樓櫓。成國公朱純臣以京營兵屯宣武門外，上善之，召登西南城樓，賜之爵。閱外城，以南城薄，詔加築。命內官監太監丁紹呂、馬光忻總理分任，濬大濠於五里外，壞冢墓無算，工未竟而止。東西北無城，不之問。

十二月，罷禮部尚書姜逢元、兵部尚書王業浩。先是，陳啓新疏論考選，又進吏部訪册，而逢元、業浩獨圈多，上嫌其濫。啓新遂參知縣尹民興等，俱降調。

十一年（戊寅，一六三八）春正月，裁南京冗官八十九員。

翰林簡討郭之祥請進士二甲以下盡任知縣、推官。不歷州縣，毋補部曹；不歷部曹，毋改翰林、科、道。

二月，巡按河南御史張任學改都督僉事總兵官，鎮守河南。任學覬得巡撫，且欲薦故丹徒知縣張放，極詆諸總兵不足恃，盛稱文吏有奇才，可禦寇。上竟以總兵授之。意大沮悔，尋被逮。

丙午，上御經筵畢，召詹事府、翰林院諸臣顧錫疇等二十餘人，問保舉考選，孰爲得人？少詹事黄道周言：「樹人如樹木，須養之數十年。近來人才，遠不及古，况摧殘之後，必深加培養。」既復班，又詢之。對曰：「立朝之才，存乎心術；治邊之才，存乎形勢。先年督撫，未諳形勢，隨賊奔走，事既不效，輒謂兵餉不足。其實新舊餉約千二百萬，可養四十萬之師。今寧、錦三協，師僅十六萬，似不煩別求供勦寇之用也。」庶子黄景昉請宥鄭三俊。上曰：「三俊蒙徇，雖清何濟？」又命諸臣各陳所見。上曰：「言須可行，如故講官姚希孟竟欲折漕一年，誤矣。」編修楊廷麟曰：「自溫體仁薦唐世濟，王應熊薦王繼章，今二臣皆敗，而薦者無恙。是連坐之法，先不行於大臣，而欲收保舉之效得乎？」上默然，命諸臣出宴午門之廡。道周等退，各補奏。會南京應天府丞徐石麒亦上言鄭三俊清節得釋。三俊爲司寇，敝衣一篋，爨烟不給，以擬獄輕得罪。上亦素知之，故得放還。

三月，上御左順門，召考選諸臣，五人爲班遞進，問兵食計。知縣曾就義曰：「百姓之困，皆由吏之不廉。使守令俱廉，卽稍從加派，以濟軍需，未爲不可。」上拔第一。未幾卽有勦餉、練餉之加。

夏四月己酉丑刻，熒惑去月僅七八寸，至曉，逆行尾八度掩於月。五月丁卯夜，熒惑退至尾初度，漸入心宿。兵部尚書楊嗣昌上言：「古今變異，月食五星，史不絕書。然亦觀其時，政事相感，災祥之應，不一其致。昔漢（元帝）〔光武帝〕（據國榷卷九十六改）建武二十三年，月食火星，明年呼韓〔邪〕單于（據國榷卷九十六補）款五原塞。明帝永平二年，日食火星，皇后馬氏德冠後宮，常衣大練，明帝圖畫功臣於雲臺，馬援以椒房不與焉。唐憲宗元和七年，月食熒惑，其年田興以魏博來降。宋太祖太平興國三年，月掩熒惑，明年興師滅北漢，遂征契丹，連年兵敗。今者月食火星，猶幸在尾，內則陰宮，外則陰國。皇上修德以召和，治內以威外，必有災而不害者。」工科都給事中何楷糾之，言：「古人謂月變修刑。」又言：「禮虧則罰見熒惑。誠欲措刑，莫如右禮；誠欲右禮，莫先省刑。今爰書之贖極矣。部司議宥止於重辟數人，而未折之案先後纍纍，誰復過而問焉？楊嗣昌縷縷援引，出何典記？其言建武款塞者，欲借以伸通市之說也；其言元和宣慰者，欲借以伸招撫之說也；其言太平興國連年兵敗者，欲借以伸不敢用兵之說也。附會誠巧，矯誣實甚。至所述永平皇后等語，一篇之中，三致意焉，臣更不知其意所指斥矣。」嗣昌上疏自理，但言「科臣以危機中臣」，不復及通市招撫事。先是，嗣昌因講筵誦孟子「善戰服上刑」語，上非之。至是，乃借月食火星，以爲可化災爲祥，冀以動上意。然考之漢書，建武二十三年三月月食火星，二十五年匈奴部人始立呼韓邪單于內附，則與明年無與。永平二年，少府陰就、于豐坐自殺，陵鄉侯梁松坐誹謗下獄死。而圖畫雲臺，則三年事，與日食火星亦無涉。嗣昌不自知其說之謬也。時戶部主事李鳳鳴亦言火星逆行，常而非變。禮科給事中解學尹糾其諂。

六月，兵部尚書楊嗣昌改禮部兼東閣大學士，仍署兵部。

七月，命嗣昌大祀大慶暨傳制頒詔諸大典不與，朝講召見如常服隨班。時嗣昌母服纔五月，工科給事中何楷劾嗣昌忘親，上切責之。先是，吏部會推閣員，止及詞臣資序，上不允，命幷及在籍守制者，蓋嗣昌爲陳新甲地也。已而特召新甲爲兵部右侍郎，總督宣、大。侍講學士黄道周上言：「朝廷卽乏人，豈無一定策效謀者，而必破非常之格，以奉不祥之人。」上不懌。乙巳，召廷臣於平臺，問道周曰：「朕聞無所爲而爲之謂天理，有所爲而爲之謂人欲。爾前疏適當枚卜不用之時，果無所爲乎？」道周對曰：「天人止是義利，臣心爲國家，不爲功名，自信其無所爲。」上曰：「前月推陳新甲何不言？」對曰：「時御史林蘭友、給事何楷皆有疏，二人臣同鄉，恐涉嫌疑耳。」上曰：「今遂無嫌乎？」曰：「天下綱常，邊疆大計，失今不言，後將無及。臣所惜者綱常名敎，非私也。」上曰：「清雖美德，不可傲物遂非，唯伯夷爲聖之清，若小廉曲謹，是廉非清也。」道周曰：「伯夷忠孝，故孔子許其仁。」上怒其強說。道周又極詆楊嗣昌。嗣昌出奏曰：「臣不生於空桑，豈遂不知父母。臣嘗再辭，而明旨迫切。道周學行人宗，臣實企仰之。今謂不如鄭鄤，臣始太息絕望。鄭杖母，行同梟獍。道周又不如鄤，何言綱常也。」道周曰：「臣言文章不如鄭鄤。」上責其朋比。道周曰：「衆惡必察，何敢爲比。」上曰：「孔子誅少正卯，當時亦稱聞人。惟行僻而堅，言僞而辨，不免孔子之誅。」道周曰：「少正卯欺世盜名，臣無其心。臣今日不盡言，則臣負陛下。陛下今日殺臣，則陛下負臣。」上曰：「爾讀書有年，祇成佞耳！」叱去。道周叩頭起，復奏曰：「忠佞二字，臣不敢不辨。夫臣在君父之前，獨立敢言爲佞，豈在君父之前，讒諂面諛者爲忠乎？忠佞不分，則邪正混淆，何以致治！」上怒甚，嗣昌乞優容之。上曰：「朕亦優容多矣。」諸臣退，上召回，諭以毋黨同伐異，宜共修職業。翰林院修撰劉同升、編修趙士春、都給事何楷、試御史林蘭友各疏救道周，劾嗣昌，俱謫調有差。

十一月，括廢銅鑄錢。

十二年（己卯，一六三九）二月，貴州道御史王聚奎劾刑科右給事中陳啓新緘默溺職，上切責之。左僉都御史李先春議當奪俸，上不懌，謫聚奎。吏部左侍郎董羽宸以不能駁正奪俸，幷罷先春。先春前河南布政使，以編修林增志薦入，遂追責增志。增志亦引罪。

三月乙酉，召參議鄭二陽於平臺，問練兵措餉之計。對曰：「大抵額設之兵，原有額餉，但求實練，則兵不虛冒，餉自足用，是覈兵卽足餉也。若兵不實練，雖措餉何益！」上問措餉。曰：「諸臣條陳盡之矣，在得其人。得人則利歸公家，否則在私室。」上曰：「各處災傷奈何？」曰：「裁不急之官，亦可省費。」又曰：「臣見州縣殘破，急宜下寬大之詔，收拾人心。」上稱善，擢二陽都察院右僉都御史。

四月，免高淳去年旱蝗田租，諭釋輕繫。時上頗於內庭建設齋醮，禮科給事中張琛上言：「宗社之安危，必非佛氏之禍福。正德初年，遣太監劉允誠馳驅西域，可爲鑒戒。」山西道御史寥惟義亦言之。不聽。

京城浚濠，廣五丈，深三丈。給事中夏尙絅上言：「連年塞垣失守，門庭無恙，若使塹水足拒，則去年通、德、滄、濟，其爲廣川巨浸何限？而揚鞭飛渡，如入無人，則控扼險要，在人不在險明矣。今擲此百萬於水濱，孰若移而用之於巖疆，使敵騎不得躪入哉？」不聽。

五月，出帑金三十萬濟餉，仍命後償之。

山西按察副使魏士章請禁有司收賦耗羨，遣京官搜括天下錢糧充餉，從之。

六月，禮部尚書林欲楫請覈僧道贍地，毁淫祠，括絶田助餉。

七月辛未，戒中外官餽遺請託。

九月，免唐縣等四十州縣去年田租十之五，禹州等十州縣十之二，光州等八州縣十年之五，去年之二。時中外交訌，上念窮民罹災，己卯、庚辰之間，蠲貸屢下，而有司骩法侵蠹如故。

十月，彗星見，諭停刑。

十一月，前庶吉士張居請行銅鈔，從之。

十三年（庚辰，一六四〇）春閏正月，紀録卓異諸臣，蘇州知府陳洪謐多逋賦不預，尋削籍。松江知府方岳貢亦以逋賦奪官。

浙江永康知縣朱露上言：「有司科罰攫取，撫、按不以聞。」上命申飭各官，授露吏科給事中，改名統鑽。

命巡城御史煮粥賑饑。發帑金八千賑眞定。

諭戶部以保定、永淸等郡縣芻糧給畿南飢民，抵秋以償。發帑金六千賑山東。

二月，令會試貢士先廷對日校射。

風霾亢旱，下詔求直言。

三月，免畿郡十一年料匠等銀，賑京城貧民各錢二百。戶科給事中左懋第上言：「去歲彗見，下詔停刑而彗卽消，何今日之不應也？夫停刑之詔，特其具也。今之齋禱，猶其文也。臣知皇上先以文，卽繼以實。此時得毋實尙未見，而天不之信乎？臣敢以實進。練餉之派，以益軍實，不得已之事也。今兵汰而餉猶未減，恐貪者藉以飽其私。惟陛下詔寬加派之數，使天下明知之。至於刑獄之輕重，宜一一得其實。停刑可以消彗，豈明刑不足以返風乎？」已分賑畿南三萬金，是日雨。免兩河積逋，其災甚者緩徵之，免八年、九年十之三。宿州、沭陽、通州等州縣災，免逋賦有差。

策貢士於建極殿，賜魏藻德第一。先是，上召貢士四十八人於文華殿，上問：「邊隅多警，何以報仇雪恥？」藻德對曰：「以臣所見，使大小諸臣皆知所恥，則功業自建。」娓娓數百言。藻德，通州人，更自言戊寅守城功，上心識之，得拔第一。

夏四月，命撫、按薦舉，分治兵治餉，失實者坐。考選大典須科貢兼取，以收人才之用。已而以吏部考選不列舉貢，遂命貢士并歲貢士二百六十三人，俱補部寺司屬、推官、知縣，不爲例。令朝臣及撫、按各舉將才。

五月，減商州、湖廣田租。上以兩京及山東、西、河南、陝西各處告饑，命地方有司設法賑濟，招徠流徙，撫、按躬行州縣，定殿最以聞。

召九卿、科、道於平臺，問守邊、救荒、安民三事。通政使徐石麒以守邊在農戰互用，救荒在勸民輸粟，安民在省官用賢對，上是之。

截漕米萬石賑山東，免霍、泰、潛山七年以上逋稅之五，近年之三。

七月，發帑金二萬，賑順天、保定。

八月，發倉粟賑河東飢民，帑金三萬賑眞定、山東、河南飢民。

九月，免汝州十年前田租，隴西五縣逋賦，折徵江南絹、布等歲課。諭災荒停刑，又恐人心肆玩，其事關封疆及錢糧勦寇者，限刑部五月具獄。命有司祭難民，瘞暴骸。

諭吏部推侍郎、巡撫，併及資深翰林，著爲令。

御史魏景琦論囚西市，御史高欽舜、工部郎中胡璉等十五人已論辟，忽內臣本清銜命馳免，因釋十一人。明日，景琦回奏，被責下錦衣衞獄。蓋上以囚或有聲寃者停刑請旨，景琦倉卒不辨也。

冬十月，命抵通州漕米，每石帶練米八升。以山東、河南饑，十五年爲始，餘從明年。

出帑金萬兩，市舊緜衣二萬，給京師貧民。

戶部尚書李待問請損交際，裁工食，爲恤窮之計，從之。

十一月，工部主事李振聲請限品官占田，如一品田十頃，屋百間，其下遞減。下部議。諭刑部：「繫囚早結，毋延斃。」

十四年（辛巳，一六四一）夏四月，召前大學士周延儒入朝。時薛國觀有罪，尋賜死。國觀性褊刻，自僉憲驟登政府，溫體仁實薦之。上常憂用匱，國觀對以「外則鄉紳，臣等任之，內則戚畹，非出自獨斷不可」。因以李武清爲言，遂密旨借四十萬金。李氏盡鬻其所有，追比未已。戚畹人人自危，因皇子病，倡爲九蓮菩薩之言，云上薄待外戚，行夭折且盡。上大懼。國觀又忤太監王化民，遂敗。

冬十月，特設裕國足民、奇謀異勇科，諮訪徵辟，稱朕破格旁求之意。

十五年（壬午，一六四二）春正月辛未朔，上朝畢，召大學士周延儒、賀逢聖、謝陞入殿，曰：「古聖帝明王，皆崇師道。卿等朕之師也。宗社奠安，惟諸先生是賴。」命東向立，上降座，西向揖之，各媿謝。

蠲各省直十二年以前蠲、茶等稅。

二月，發帑金二萬，賑山東。免省直十二年以前稅糧，有司混徵者罪，百姓歡呼稱慶。又從刑部左侍郎惠世揚請，免十二年以前贓罰豁罪。

夏四月，禮科給事中倪仁禎上言：「臣等初拜官，例候閣臣謝陞，言及兵餉事，忽曰：

『皇上自用聰明，察察爲務，天下俱壞。』陞位極人臣，敢歸罪天子如此。」上怒，命削陞籍。

周延儒奏詞臣一員佐兵部，從之，著爲令。

免四川貢扇三年。

諭釋輕繫。

六月，免開封、河南、歸德、汝州去年田租。諭各省直停刑三年。

進蔣德璟、黃景昉、吳甡東閣大學士，且責吏部「會推大典自當矢公矢慎，今稱詡徇情，如房可壯、張三謨、宋玫並與推舉，此豈大臣之道」。辛酉，召廷臣於中左門，賜饌。上青袍，皇太子、定王、永王緋衣侍。上詰吏部尚書李日宣曰：「朕屢諭諸臣，有寧背君父，不背私交，寧隳職業，不破情面兩語。昨枚卜，猶濫舉如此，況其他乎！」日宣奏辨。上又責吏科都給事中章正宸、河南道御史張煊。閣臣力爲救解，不聽。明日，下日宣等六人於理。日宣等戍邊，可壯等削籍。初，大學士陳演所親廖惟一爲試御史，及考核，託副都御史房可壯爲之地，不納。張煊又加厲焉。遂外調，演憾之。適上游西苑，演從，密陳云：「枚卜大典，皆二人主持。」上怒，故有是譴。

御史吳履中上言：「皇上之失有二：曰大奸之罪狀未彰，而身爲受過。圖治之綱領未挈，而用志多分。臨御之初，天下未大壞也。溫體仁託嚴正之義，行媢嫉之私，使朝廷不得任人以治事，釀成禍源，體仁之罪也。專任楊嗣昌，恃款撫，加練餉，致民怨天怒，水旱盜賊結成大亂之勢，楊嗣昌之罪也。皇上信任二人，二人售其奸欺，輒曰皇上自爲之。皇上亦曰彼實未嘗專擅，是皇上爲二奸所誤，而反代二奸受過也。至於圖治，自有綱領，因時制宜。內治闕而後戎馬生，民生促而後寇盜起。今者敵起於外而政治愈棼，寇起於內而賦斂愈急，欲無生亂得乎？」

八月，刑部尙書鄭三俊改吏部尙書，范景文改刑部尙書，進劉宗周左都御史。

蠲濟南、兗州、東昌、濮州逋租。

刑科右給事中陳啓新匿喪被劾，下撫、按訊之，尋遁。

九月，誅兵部尙書陳新甲。初，周延儒爲營解甚力，因奏國法，大司馬兵不臨城不斬。上曰：「他邊疆卽勿論，戮辱我親藩七，不甚於薄城乎？」不聽。

十月，賜貧民米布。

十一月，左都御史劉宗周上言六事：「曰建道揆。京師首善之地，先臣馮從吾立首善書院，臣請亟復之，以昭聖明致治之本。曰貞法守。高皇帝讀老氏『民不畏死，奈何以死懼之』，立焚錦衣刑具，請一切獄詞專聽法司，不必下錦衣。曰崇國體。大臣自三品而上，犯罪者宜令九卿、科、道會詳之後，乃付司寇，司寇議辟，始得收係，此於戮辱之中，不忘禮遇之意。曰清伏奸。凡禁地匿名文書，請一切立毀。曰懲官邪。京師士大夫與外官交際，愈多愈巧，臣必爲風聞彈劾之，惟祈嚴斷。曰飭吏治。今吏治之敗，無如催科火耗，詞訟贖鍰，已復爲常例矣。至於營陞謝薦，巡方御史尤甚。臣請以風憲受贓之律，爲回道考察第一義。」上是之。

召考選官時敏等面問兵食，卽註官，俱補給事中。初，敏令固始縣，轉主事。因禮部主事吳昌時通周延儒，自奏固始禦寇，求考選，得首對。上面註御史。敏出語人曰：「安能以獸補向人乎？」是夕延儒揭入，改給事中。

周延儒薦大學士王應熊。延儒知外漸有異議，故以自代，蓋資其強很爲援也。上從之，命召應熊。已而延儒敗，上知其非。入朝陛見，請老，許之，賜金幣還。

發帑金十萬資餉。

閏十一月，詔曰：「比者災害頻仍，干戈擾攘，宵旰靡寧，皆朕不德所致也。自今日始，朕敬於宮中默告上帝，戴罪視事，以贖罪戾。惟二祖舊制，每日朝畢，勳戚文武諸司等奏事者，赴弘政門報名候召。」

下禮科給事中姜埰於理。先是，上戒諭言官，又時有匿名書二十四氣之說，隱詆朝士。埰言：「皇上修省罪己，又致誡言官，唯視言官獨重，故望之獨切。若云『代人規卸』，安敢謂盡無其事。臣獨展轉而不得其故，皇上何所聞而云然乎？如誹語騰謗，必大奸巨慝，惡言官而思中之，謂不重其罪，不能激皇上之怒，箝言官之口，後將爭效寒蟬，壅閉天聽，誰爲皇上言之哉！」上怒，立置獄。

甲子，召廷臣於中左門，問禦敵及用督撫之宜。左都御史劉宗周曰：「使貪使詐，此最誤事。爲督撫者，須先極廉。」上曰：「亦須論才。」宗周退，御史楊若橋舉西洋人湯若望演習火器。劉宗周進曰：「唐、宋以前，用兵未聞火器，自有火器，輒依爲劲，誤專在此。」上色不懌，曰：「火器終爲中國之長技。」命宗周退。羣臣以次對，上色解。宗周又進，請釋姜埰、熊開元，云：「廠衞不可輕信，是朝廷有私刑也。」上遽怒，仰視屋梁曰：「東廠錦衣衞俱爲朝廷，何公何私？」宗周抗論不屈。左副都御史金光宸言宗周無他意。上益怒，責宗周，免冠謝，徐起退。先是，行人右司副熊開元求獨對，召入德政殿，請屏閣臣。周延儒求退不許。開元所奏，大抵摘延儒之失，命補牘。明日，奏劾延儒：「以釋纍囚，蠲宿逋，起廢籍，奉行德意。自謂有裨於聖德，有功於人才，孰敢起而攻之？願皇上徧召羣臣，問延儒賢否，即以所論賢否，察其人之賢否。於是察吏安民，誅凶除暴，天下之治，端在於此。若皇上不加體察，一時將吏狃於賄賂，雖失地喪師，皆得無罪，誰復爲皇上捐軀報國者！」上怒，下鎮撫司詰主使。周延儒引退，手勅慰留。初，開元出朝，禮部儀制司主事吳昌時力沮之，雖補牘未敢盡。在獄列款具奏，鎮撫司格不以聞。尋廷杖姜埰、熊開元，仍下鎮撫司，劉宗周削籍，金光宸降調。吏部尚書鄭三俊、刑部尚書徐石麒各疏救，不聽。貢士祝淵奏寬宗周，下淵於刑部獄。吏科都給事中吳麟徵等疏救埰、開元，不聽。徐石麒罷，以埰、開元竟具獄，不廷訊也。開元至十七年始釋獄，埰戍邊。

刑科給事中陳燕翼上言：「兵餉匱乏，朝廷無剛正之臣，利口獲進，陛下設廠衞，即因廠衞爲介紹；託近侍，即因近侍爲援引。陛下籌兵措餉不遺餘力，而此輩平日所輦輸以得官者，皆陛下之兵，所滿載而候代者，即陛下之餉也。陛下深居法宮，左右大臣發憤改圖，庶幾挽積習而強國本。」

十六年（癸未，一六四三）三月，免直隸、山東殘破州縣去年田租。

夏四月，釋輕繫。

五月己亥，召巡撫保定右僉都御史徐標入對。標曰：「臣自江、淮來數千里，見城陷處固蕩然一空，即有完城，僅餘四壁。蓬蒿滿路，雞犬無聲，曾未遇一耕者。土地人民，如今有幾，皇上亦何以致治乎？」上欷歔泣下。標又曰：「須嚴邊防，天下以邊疆爲門戶，門戶固，則堂奧安。其要更莫若修內治，重守令。守令賢，則政簡刑清而盜自息。」上曰：「諸臣不實心任事，以至於此，皆朕之罪。」標又言車戰、墾田，上善之。標四月己卯受事，辛卯陛見，賜金幣。至是復召，蓋上閔饑民，欲得其詳也。

五月，進修撰魏藻德爲禮部右侍郎兼東閣大學士。

閱京營刀甲車矛於觀德殿。命勳武臣子弟騎射。

六月戊辰，召廷臣及桐城諸生蔣臣於中左門。臣前保舉，戶部尚書倪元璐薦爲戶部司務，其言鈔法曰：「經費之條，銀錢鈔三分用之。納銀賣鈔者，以九錢七分爲一金。民間不用，以違法論。不出五年，天下之金錢盡歸內帑矣。」吏科給事中馬嘉植疏爭之。

詔除河南五年被陷地方稅糧。其省直殘破州縣，自十六年爲始，一切三餉雜賦俱蠲免。

己卯，召山東武德道兵備僉事雷縯祚入朝。先是，總督范志完在山東縱兵淫掠，縯祚面奏之，上命逮訊。七月己亥，召縯祚及志完面質於中左門。問志完兵淫掠，又金銀鞍數千兩，馬百匹行賄京師狀。縯祚歷歷有指。因召問縯祚云：「爾所言稱功頌德偏於班聯者誰也？」曰：「周延儒招權納賄，如起廢、清獄、蠲租。自以爲功，考選科道，盡收門下。凡求總兵、巡撫，必先通賄幕客董廷獻，然後得之。」上怒，卽命逮廷獻。又問志完：「鞍馬何所餽？」志完謝無有，且曰：「是日臣在大王莊。副總兵賈芳名等禦敵，乘大風卻之。」上斥其妄，問御史吳履中：「爾在天津察志完云何？」履中對如縯祚言，尋誅志完。

以史可法爲南京兵部尚書。

發帑金四十萬，貯富新倉，出陳納新，毋得輕重。

出千金資太醫院療疫。時京師自春徂秋，大疫，死亡略盡。又出金二萬，下巡城御史收殯。

八月，諭入覲官薦將才，令兵部彙上，幷廷臣所舉堪督、撫、總、副者。時所用多夸誕，雖三尺不貸，而嗜進不已。

九月，諭廷臣：「凡失事定罪，戰守定賞，俱限十日奏，餘犯矜疑，可速結，毋淹留。朕久服澣衣，減膳，各衙門裁節事宜，各條對。」

擢山東漕儲副使方岳貢爲左副都御史。岳貢上言四事：「淸言路以收人心，定推遷以養廉恥，責吏治於荒殘，儲將才於部伍。」上是之。尋進岳貢東閣大學士。

冬十月，諭有司贖鍰，其留額積穀外，俱充餉。括民間廢銅鑄錢。上自用銅錫木器，屛金銀，命文武諸臣各崇省約，士庶不得衣錦繡珠玉。

十一月，諭臣民助餉立功者錄之。

免懷來、桐城田租。

十二月，誅吏部文選郎中吳昌時，以事連前大學士周延儒，賜死。

谷應泰曰：嗚呼！自古未有端居深念，旰食宵衣，不邇聲色，不殖貨利，而馴致敗亡，幾與暴君昏主同失而均貶者。則以化導鮮術，貪濁之風成於下，股肱乏材，孤立之形見於上。夫是以欲安而得危，圖治而得亂也。考之懷宗以漢昭嗣服之年，膺唐堯繼兄之曆，手翦貂璫，人賡玉燭，咸五登三，將在是矣。而無如神祖倦勤，王綱解紐，熹宗拱手，魁柄潛移。譬之漢遭靈帝以還，周自赧王之後，斯眞儒生流涕而指陳，聖哲馳騖而不足矣。

然而懷宗之圖治，與其所以致亂，揆之事實，蓋亦各不相掩焉。方其大東罷貢，便殿停香，記注重珥筆之臣，寒暑御文華之講，進監司而問民疾苦，重宰執而尊禮賓師，以至素服論囚，蠲逋弭亂，罪己則輟減音樂，賑饑則屢發帑金，於凡愛民勤政，發奸摘伏，此則懷宗之圖治也。及其禦寇警則軍興費煩，急徵傜則閭閻告病，以至破資格而官方愈亂，禁苞苴而文網愈密，惡私交而下滋告訐，尙名實而吏多苛察，於凡舉措聽熒，貞邪淆混，此則懷宗之致亂也。然其時亦未嘗無深識之士，不二心之臣。強項批鱗，呼號入告，如弭亂有近功之慮，匡時多救過之憂，批龍鱗則制實八策，攀殿檻則應詔一言。而究之賈生慟哭，無救突薪，索靖銜悲，自然荆棘。無他，九關之虎豹格於中間，而文具之積弊滐不下究也。

雖然，吾有疑焉。周藉舊基，天命未改，秦得中主，二世不亡。以懷宗之殫慮竭精，勤求民瘼，英察類漢明，猜忌則優於唐德，綜覈近孝宣，偏聽則異於宋神，斯固治世足以奮烈，而亂世足以救亡者。獨奈何皇輿埽跡，天祿隕墜，相報蓋若斯之酷耶？是豈炎精害氣，必難返於夷庚，抑亦榮公賄風，定欲摧其傾軫也？語云：「始於宮鄰，成於金虎。」懷宗之遇則然，而議者欲與暴君昏主同失而均貶，則皆吠聲之論矣，予無取焉。

〔清〕谷應泰撰

明史紀事本末

第四册

卷七三至卷八〇

中華書局

明史紀事本末第四册目録

明史紀事本末卷之七十三

修明曆法

太祖吳元年（丁未，一三六七）冬十一月，太史院使劉基率其屬高翼上戊申大統曆。

洪武元年（戊申，一三六八）冬十月，徵元太史院使張佑、張沂，司農卿兼太史院使成隸，太史同知郭讓、朱茂，司天少監王可大、石澤、李義，太監趙恂，太史院監候劉孝忠，靈臺郎張容，回回司天監黑的兒、阿都剌，司天監丞迭里月實一十四人，修定曆數。

二年（己酉，一三六九）夏四月，徵元回回司天臺官鄭阿里等十一人至京議曆法，占天象。

三年（庚戌，一三七〇）六月，改司天監爲欽天監。設欽天監官，其習業者分四科：曰天文，曰漏刻，曰大統曆，曰回回曆，自五官正而下，至天文生，各專科肄焉。五官正理曆法，造曆。歲造大統曆、御覽月令曆、六壬遁甲曆、御覽天象七政躔度曆。凡曆註上御曆三十事，民曆三十二事，壬遁曆六十七事。靈臺郎辨日月星辰之躔次分野以占候。保章正專志天文之變，辨吉凶之占。挈壺正知漏，孔壺爲漏，浮箭爲刻，以考中星昏明之度，而統於監正丞。

十五年（壬戌，一三八二），命大學士吳伯宗等譯回回曆、經緯度、天文諸書。

十七年（甲子，一三八四）冬閏十月，欽天監博士元統上言：「臣聞一代之興，必有一代之曆。隨時修改，以合天道。今曆雖以大統爲名，而積分猶踵授時之數，非所以重始敬正也。授時法以至元辛巳爲曆元，至洪武甲子積一百四年，以曆法推之，得三億七千六百一十九萬九千七百七十五分。經云大約七十年而差一度，每歲差一分五十秒。辛巳至今，年遠數盈，漸差天度，擬合修改，請以洪武甲子歲冬至爲曆元。而七政之行，有遲疾順逆，伏見不齊，其理深奧，實難推演。聞磨勘司令王道亨有師郭伯玉者，精明九數之學，願徵令推算，以宣昭一代之制。」書奏，報可，擢統爲監正。

二十年（丁卯，一三八七）冬十一月，選疇人年壯解書者，赴京習天文推步之術。

二十六年（癸酉，一三九三）秋七月，欽天監副李德芳言：「故元至元辛巳爲曆元，上推往古，每百年長一日，下驗將來，每百年消一日，永久不可易也。今監正元統改作洪武甲子曆元，不用消長之法。考得春秋晉獻公十五年戊寅歲，距至元辛巳二千一百六十三年。以辛巳爲曆元，推得天正，冬至在甲寅日夜子初三刻，與當時實測數相合。洪武甲子元正，上距獻公戊寅歲二千二百六十一年。推得天正，冬至在己未日午正三刻，比辛巳爲元，差四日六時五刻。當用至元辛巳爲元，及消長之法，方合天道。」疏奏，元統復言：「臣所推甲子曆元，實於舊法無爽。」上曰：「二說皆難憑，獨驗七政交會行度無差者爲是。」於是欽天監以洪武甲子爲曆元而造曆，依授時法推算如初。

英宗正統十四年（己巳，一四四九），造己巳大統曆。冬夏二至，晝夜六十一刻，行之而疎，尋廢不行。學士楊廉言：「漢與四百年，更三造曆。唐三百年，更七造曆。宋三百餘年，至十八造曆。本朝自洪武至今，百四十年未更造，而交食一一驗不爽，則知許平仲、郭守敬所造曆，理數極精，古今曆無過之者，乃天生傑出之智，豫國家曆數無疆之用也。」

憲宗成化十七年（辛丑，一四八一）秋八月，眞定教諭俞正己言：「曆象授時，乃敬天勤民之急務。後世曆法失差，由不得古人隨時損益之法也。我朝盡革前代弊政，獨於曆法可議。臣竊以經傳所載，日月行天下之常度，本曆元以步算；又以陰陽虧盈之理求之，以驗今曆。詳定成化十四年戊戌十一月初一日己丑子正初刻合朔，冬至，日月與天同會於斗宿七度。至三十三年丁巳十月初一日戊辰酉正初刻合朔，冬至，日月與天復同會於斗宿七度。所謂氣朔分齊，是爲一章者也。今將一章十有九年七閏之數，冬至、月朔、閏月、節氣、年、月、日、時，逐月開坐，編成一册上進，請敕該部精加考訂，仍行欽天監從宜造曆，頒布天下。」疏下部，尙書周洪謨掌欽天監事，童軒與正己參考講論，竟日不能決。洪謨等因奏：「正己止據邵子皇極經世書及歷代天文志推算氣朔，又祖述前代術家評論歲差之意，言古今曆法俱各有差。曾不知與天合，雖差而可。今正己膠泥所聞，輕率妄議，請下法司治罪。」詔錦衣衞執治之。

孝宗弘治十一年（戊午，一四九八），訪世業疇人，幷諸能通曆象遁甲卜筮者。

武宗正德十三年（戊寅，一五一八）夏五月己亥朔，日食，起復弗合，日官周濂請驗交食，以更曆元。

十五年（庚辰，一五二〇）冬十月，禮部主事鄭善夫奏曰：「今歲及去年三次月食，臣皆同欽天監官登臺觀驗，初虧、復圓時刻分秒，多不合占步。蓋天道幽玄，其數精微，以人合天，誠亦未易。歲差之法，晉虞喜定以五十年差一度，久而驗之，弗合也。何承天以百年，劉焯以七十五年，僧一行以八十三年，久而驗之，又弗合也。許衡、郭守敬定以六十六年有餘，似已密矣。今據法推演，仍又不合，天道豈易言哉！且如定歲差之法，積四期餘一日，以一日分加於四期，故二至之時，只爭絲忽，此所宜定也。又如定日之法，一日百刻，而變爲九百四十分者，以氣朔有不盡之數難分也。凡月三十日，二氣盈四百一十一分二十五秒，一朔虛四百四十一分，積虛盈之數以制閏，故定朔必視四百四十一分前後爲朓朒，只在一分之間，此又所宜定也。如日月交食，惟日食爲最難測。月食分數，惟以距交遠近，別無四時加減，蓋月小，闇虛大，月入闇虛而食，故八方所見皆同。若日爲月體所掩而食，則日大而月小，日上而月下，日遠而月近，日行有四時之異，月行有九道之異，故旁觀者遠近自不同矣。如北方食既，南方才半虧；南方食既，北方才半虧。故食之時刻分秒，必須據地定表，因時求合而後準也。如正德九年八月朔日食，曆官報食八分六十七秒，而閩、廣之地遂至食既。其時刻分秒，安得而同！今按交食以更曆元，時分刻，刻分分，分分秒，極精極細。及至於半秒難分之處，亦須酌量以足者也。若皆半秒，積以歲月，則躔離朓朒，皆不合矣。漢、宋以來，皆設算學，與儒藝同科，稱四門博士，九章之法大明，故定差法，更曆元，每得其人。我朝算法既廢，而占天之書國法所禁，官生之徒，明理實少。必須明理，然後數精。方今海內儒術之中，固有天資超邁，究心天人之學者，使得盡觀祕書，加以歲月，必能上按往古，下推未來，庶幾曆元可更也。」不報。

世宗嘉靖三年（甲申，一五二四），光祿少卿管監事華湘言：「天子奉順陰陽，治曆明時。蓋時以作事，事以厚生，而世從治也。時苟不明，將每朔弦晦望失其節，分至啓閉乖其期，無以該洽生靈，而世亂矣。夫曆數之興，代有作者，曷嘗不廣集衆思，人無遺智，法無遺巧，期於永久不變也哉！然不數歲而輒差。曆所以差，由天周有餘而日周不足也。日之差驗於中星，堯冬至昏昴中，而日在虚七度，躔玄枵之子。今冬至昏室中，日在箕三度，躔析木之寅。計去堯三千餘年，而差者五十度矣。再以赤黃道考之，至元辛巳改曆，冬至赤道，歲差一度五十秒，今退天三度五十二分五十秒矣。黃道歲差九十二分九十八秒，今退天三度二十五分七十四秒矣。是以正德戊寅日食，庚辰月食，時刻分秒，起復方位。類與推算迕，恭惟皇上入繼大統之年，適與元革命改憲之年合。則調元正曆，固有待於今日也。臣伏撰古今善治曆者三家，漢太初以鍾律，唐大衍以蓍策，元授時以晷景；而晷景爲近，其所因者本也。欲正律而不登臺測景，竊以爲皆空言臆見，非事實已。伏望許臣暫住朝參，督同中官正周濂及掄選疇人子弟諳曉本業者，及冬至前，詣觀象臺，晝夜推測。日記月書，至來年冬至，以驗二十四氣分至合朔，日躔月離，黃赤二道，昏旦中星，七政紫氣，月孛羅睺計都之度，視元辛巳所測，差次錄聞。昔班固作漢志，言治曆有不可不擇者三家，專門之裔，明經之儒，精算之士。臣三者無一，蚤夜皇皇，罔知所措。乞敕禮部延訪有能知曆理如揚雄，精曆數如邵雍，智巧天授如僧一行、郭守敬者，徵赴京師，令詳定歲差，成一代之制。」不報。

神宗萬曆二十三年（乙未，一五九五）秋九月，鄭世子載堉疏請改曆，略曰：「高皇帝革命之時，元曆未久，氣朔未差，故仍舊貫，不必改作，但討論潤色而已。今則積年既久，氣朔漸差，似應修治。後漢志所謂三百年斗曆改憲者，宜在此時。仰惟列聖御極以來，未嘗以曆爲年號，至我皇上，始以萬曆爲元。而九年辛巳歲，距至元辛巳正三百年，適當斗曆改憲之期，又協乾元用九之義，而曆元應在是矣。繼述之盛舉，寧不有待於今日乎？前代人君，或有新曆考成，則改年號，以曆爲名以紀之，以爲福壽之徵，然此不過後天而奉天時者也。聖上預以萬曆爲元，此乃先天而天弗違，固宜有曆以應之，爲聖壽萬萬歲之嘉徵，乃俟之久而未見焉。此愚臣日夜之所惓惓也。於是採衆說之所長，輯爲一書，名曰律曆融通，其學大旨出於許衡，而與衡曆不同。後漢志曰：『陰陽和則景至，律氣應則灰除。是故天子常以日冬夏至御前殿，合八能之士，陳八音，聽樂均，度晷景，候鍾律，權土灰，放陰陽，效則和，否則占。』晉志曰：『日冬至，音比林鍾，浸以濁；日夏至，音比黃鍾，浸以淸。十二律應二十四氣之變。其爲音也，一律而生五音，十二律而爲六十音，因而六之，六六三十六，故三百六十音，以當一歲之日。故律曆之數，天地之道也。』夫黃鍾乃律曆本原，而舊曆罕言之。新法則以步律呂爻象爲首，此與舊曆不同，一也。堯時冬至日躔所在宿次，劉宋何承天以歲差及中星考之，應在須女十度左右。唐一行大衍曆議曰：『劉炫推堯時日在虛危間，則夏至火已過中。虞劘推堯時日在斗牛間，則冬至昴尚未中。』蓋堯時日在女虛間，則春分昏張一度中。秋分虛九度中，冬至胃二度中，昴距星直午正之東十二度。夏至尾十一度中，心後星直午正之西十二度，四序進退，不踰午正間，軌漏使然也。元人曆議亦云堯時冬至日在女虛之交。而授時曆考之，乃在牛宿二度，是與虞劘同。大統曆考之，乃在危宿一度，是與劉炫同。相差二十六度，皆不與堯典合。新法上考堯元年甲辰歲，夏至午中日在柳宿十二度左右，冬至午中日在女宿十度左右，心昴昏中，各去午正不逾半次，與承天、一行二家之說合，而與舊曆不同，二也。春秋左傳昭公二十年己丑，日南至，授時曆推之得戊子，先左傳一日；大統曆推之得壬辰，後左傳三日；新法推之與左傳合。此與舊曆不同，三也。授時曆以至元十八年爲元，大統曆以洪武十七年爲元，新法則以萬曆九年爲元。其餘各條，不同者多，詳見曆議新法。比諸授時庶幾青生於藍，而青於藍者。」章下禮部，覆言：「曆名沿襲已久，未敢輕議。至於歲差之法，當爲考正。所以求之者，大約有三：曰考月令之中星，移次應節。曰測二至之日景，長短應候。曰驗交食之分秒，起復應時。考以衡管，測以臬表，驗以刻漏，斯亦佹得之矣。夫天體至廣，曆家以周天三百六十五度四分度之一，而紀日月星辰之行次，又析一度爲百分，一分爲百秒，可謂密矣。然在天一度，應地二千九百三十二里。其在分秒又可推也。譬之輪轂，外廣而中漸以狹，至於輻輳之處，間不容髮矣。夫渾儀之體，徑僅數尺，外布三百六十五度四分度之一，每度不及指許，安所置分秒哉。至於臬表之樹，不過數尺，刻漏之籌，不越數寸。以天之高且廣也，而以徑尺寸之物求之，欲其纖微不爽，不亦難乎？故方其差在分秒之間，無可驗者，至踰一度，乃可以管窺耳。此所以窮古今之智巧，不能盡其變與？今之談曆者，或得其算，而無測驗之具，即有具而置非其地，高下迥絕，則亦無準，宜非壘守者之所能自信也。即如世子言，以大統、授時二曆相較，考古則氣差三日，推今則時差九刻。夫時差九刻，在亥子之間，則移一日，在晦朔之交，則移一月，此可驗之於近也。設移而前，則生明在二日之昏；設移而後，則生明在四日之夕矣。弦望亦宜各差一日，今似未至此也。此以曆家雖有成法，猶以測驗爲準。爲今之計，直令星曆之官再加詳推，以求歲差之故，亟爲更正。嘗聞前禮官鄭繼之有言：『欲定歲差，宜定歲法於二至，餘分絲忽之間，定日法於氣朔，盈虛一晝之際，定日月交食於半秒難分之所。』斯其言似中曆家肯綮，要在得精思善算，而又知曆理者，以職其事。誠博求之，不可謂世無其人。而其本又在我皇上秉欽若之誠，以建中和之極，光調玉燭，默運璇璣。正曆數以永大統之傳，是在今日，誠千載一時也。」載堉議遂格不行。

二十四年（丙申，一五九六）河南按察司僉事邢雲路奏：「窺天之器，無踰觀象、測景、候時、籌策四事。乃今之日至，大統推在申正二刻，臣測在未正一刻，是大統實後天九刻餘矣。不寧惟是，今年立春、夏至、立冬，皆適值子午之交。臣測立春乙亥，而大統推丙子。臣測夏至壬辰，而大統推癸巳。臣測立冬己酉，而大統推庚戌。夫立春與冬，乃王者行陽德陰德之令，而夏至則其祀方澤之期也。今皆相隔一日，則理人事神之謂何，是豈爲細故！且曆法疎密，驗在交食，自昔記之矣。乃今年閏八月朔，日有食之。大統推初虧巳正二刻，食幾既，而臣候初虧巳正一刻，食止七分餘，大統實後天幾二刻，而計閏應及轉應若交應，則各宜如法增損之矣。蓋日食八分以下，陰曆交前初虧西北，固曆家所共知也。今閏八月朔日食，實在陰曆交前。初虧西北，其食七分餘明甚。則安得謂之初虧正西，食甚九分八十六秒耶？而大統之不效亦明甚。然此八月也，若或值元日於子半，則當退履端於月窮。而朝賀大禮，當在月正二日矣。又可謂細故耶？此而不改，臣竊恐愈久愈差，將不流而至春秋之食晦不止。臣故曰閏應、轉應、交應之宜俱改也。」久之，刑科給事中李應策亦言：「國朝曆元，聖祖崇諭二說難憑，但驗七政交會，行度無差者爲是。惟時以至元辛巳撰之，洪武甲子，僅百四年，所律以差法，似不甚遠。至正德、嘉靖已當退三度餘，奚俟今日哉。春秋不食朔，猶直書官失之。今日食後天幾二刻，冬至後天逾九刻，計氣應應損九百餘分，乃云弗失乎？曆理微秒，日月五星運轉交會，咸取應於窺管測表，歐陽修所謂事之最易差者，雖古太初、大衍諸書，詎不深思玄解，得羲和氏之曆象授時遺意。然果以鍾律爲數無差，則太初曆宜即定於漢，而後之爲三統、四分者若何？又果以蓍策爲術無差，則大衍曆亦當即定於唐，而後之爲五紀、貞元、觀象者又若何？蓋陰陽迭行，隨動而移，移而錯，錯而乖違，日陷不止，則躔離之謬，分至之忒，積此焉窮。雲路持觀象、測景、候時、籌策四事，議者應宜俱改，使得中祕星曆書一編，閱而校焉，必自有得。」於是欽天監正張應侯等疏詆其誣。禮部言：「使舊法無差，誠宜世守。而今既覺少差矣，失今不修，將歲愈久而差愈遠，其何以齊七政而釐百工哉！理應俯從雲路所請，卽行考求磨算，漸次修改。但曆數本極玄微，修改非可易議。蓋更曆之初，上考往古數千年，布算雖有一定之法，而成曆之後，下行將來數百年，不無分秒之差。前此不覺，非其術之疎也。以分秒布之百餘年間，其微不可紀，蓋亦無從測識之耳。必積至數百年差至數分，而始微見其端。今欲驗之，亦必測候數年，而始微得其概。卽今該監人員，不過因襲故常，推衍成法而已。若欲斟酌損益，緣舊爲新，必得精諳曆理者，爲之總統其事。選集星家，多方測候，積算累歲，較析毫芒，然後可爲準信，裁定規制。伏乞卽以邢雲路提督欽天監事，該監人員皆聽約束。本部仍博訪通曉曆法之士，悉送本官委用，務親自督率官屬，測候二至太陽晷刻，逐月中星躔度，及驗日月交食起復時刻分秒方位諸數，隨得隨錄，一切開呈御覽。積之數年，酌定歲差，修正舊法，則萬世之章程不易，而一代之曆寶惟新，其於國家敬天勤民之政，誠大有裨益矣。」疏奏，留中未行。

四十一年（癸丑，一六一三），南京太僕寺少卿李之藻上西洋曆法，略言：「邇年臺諫失職，推算日月交食，時刻虧分，往往差謬，交食既差，定朔定氣，由是皆舛。伏見大西洋國歸化陪臣龐迪我、龍華民、熊三拔、陽瑪諾等諸人，慕義遠來，讀書談道，俱以穎異之資，洞知曆算之學，攜有彼國書籍極多。久漸聲教，曉習華音。其言天文曆數，有我中國昔賢所未及道者。一曰天包地外，地在天中，其體皆圓，皆以三百六十度算之。地經各有測法，從地窺天，其自地心測算，與自地面測算者，都有不同。二曰地面西北，其北極出地高低度分不等，其赤道所離天頂，亦因而異，以辨地方風氣寒暑之節。三曰各處地方所見黄道，各有高低斜直之異，故其晝夜長短，亦各不同。所得日景有表北景表南景，亦有周圍圓景。四曰七政行度不同，各爲一重天，層層包裹。推算周經，各有其法。五曰列宿在天另行度，以二萬七千餘歲一周。此古今中星所以不同之故，不當指列宿之天，爲晝夜一周之天。六曰五星之天，各有小輪，原俱平行，特爲小輪旋轉於大輪之上下，故人從地面測之，覺有順逆遲疾之異。七曰歲差分秒多寡，古今不同。蓋列宿天外，別有兩重之天，動運不同。其一東西差，出入二度二十四分；其一南北差，出入一十四分，各有定算。其差極微，從古不覺。八曰七政諸天之中心，各與地心不同處所，春分至秋分多九日，秋分至春分少九日。此由太陽天心與地心不同處所，人從地面望之，覺有盈縮之差，其本行初無盈縮。九曰太陰小輪，不但算得遲疾，又且測得高下遠近大小之異，交食多寡非此不確。十曰日月交食，隨其出地高低之度，看法不同。而人從所居地面南北望之，又皆不同。兼此二者，食分乃審。十一曰日月交食，人從地面望之，東方先見，西方後見。凡地面差三十度，則時差八刻二十分。而以南北相距三百五十里作一度，東西則視所離赤道以爲減差。十二曰日食與合朔不同。日食在午前，則先食後合；在午後，則先合後食。凡出地入地之時，近於地平，其差多至八刻。漸近於午，則其差時漸少。十三曰日月食所在之宮，每次不同，皆有捷法定理，可以用器轉測。十四曰節氣當求太陽眞度，如春秋分日，乃太陽正當黃赤二道相交之處，不當計日勻分。凡此十四事者，臣觀前此天文曆志諸書，皆未能及。或有依稀揣度，頗與相近，然亦初無一定之見，惟是諸臣能備論之。不徒論其度數而已，又能論其所以然之理。蓋緣彼國不以天文曆學爲禁，五千年來通國之俊，曹聚而講究之。窺測旣核，研究亦審。與中國數百年來始得一人，無師無友，自悟自是，此豈可以疎密較者哉！觀其所製窺天窺日之器，種種精絕。卽使郭守敬諸人而在，未或測其皮膚。又況現在臺諫諸臣，刻漏塵封，星臺迹斷者，寧可與之同日而論也！昔年利瑪竇最稱博覽超悟，其學未傳，溘先朝露，士論至今惜之。今龐迪我等鬚髮已白，年齡向衰，失今不圖，政恐後無人解。伏乞敕下禮部，亟開館局，首將陪臣龐迪我等所有曆法，照依原文，譯出成書，其於鼓吹休明，觀文成化，不無裨補也。」

懷宗崇禎二年（己巳，一六二九）九月癸卯，開設曆局，命吏部左侍郎徐光啓督修曆法。先是，五月乙酉朔，日食，時刻不驗，上切責欽天監官。五官夏官正戈豐年等奏言：「大統曆乃國初監正元統所定，其實卽元太史郭守敬所造授時曆也。二百六十年來，曆官按法推步，一毫未嘗增損，非惟不敢，亦不能。若妄有竄易，則失之益遠矣。切詳曆始於唐堯，至今四千年，其法從粗入精，從疎入密。漢、唐以來，有差至二日一日者，後有差一二時者。至於守敬授時之法，古今稱爲極密，然中間刻數，依其本法，尚不能無差。此其立法固然，非職所能更改，豈惟職等，卽守敬以至元十八年成曆，越十八年爲大德三年八月，已推當食而不食；大德六年六月，又食而失推，載在律曆志，可考也。是時守敬方以昭文殿大學士知太史院事，亦未能有所增改。良以心思技術已盡於此，不能復有進步矣。」於是禮部覆言：「曆法大典，唐、虞以來，咸所隆重，故無百年不改之曆。我高皇帝神聖自天，深明象緯，而一時曆官如元統、李德芳輩，才力有限，不能出守敬之上，因循至今。後來專官修正，則有童軒、樂頀、華湘等。著書考定，則有鄭世子載堉、副使邢雲路等。建議改正，則有俞正己、周濂、周相等。是皆明知守敬舊法本未盡善，抑亦年遠數贏，卽守敬而在，亦須重改故也。況曆法一志，歷代以來，載之國史，若史記、漢書、晉、唐書、宋、元史，尤爲精備。後之作者，稟爲成式，因以增修。我國家事度越前代，而獨此一事，略無更定。如萬曆間纂修國史，擬將元史舊志謄錄成書，豈所以昭聖朝之令典哉！」已而光啓上曆法修正十事：「其一，議歲差，每歲東行漸長漸短之數，以正古來百五十年、六十六年多寡互異之說。其二，議歲實小餘，昔多今少，漸次改易，及日景長短，歲歲不同之因，以定冬至，以正氣朔。其三，每日測驗日行經度，以定盈縮加減眞率，東西南北高下之差，以步日躔。其四，夜測月行經緯度數，以定交轉遲疾眞率，東西南北高下之差，以步月離。其五，密測列宿經緯行度，以定七政盈縮遲疾順逆違離遠近之數。其六，密測五星經緯行度，以定小輪行度遲疾留逆伏見之數，東西南北高下之差，以推步淩犯。其七，推變黃赤道廣狹度數，密測三道距度，及月五星各道與黃道相距之度，以定交轉。其八，議日月去交遠近及眞會似會之因，以定距午時差之眞率，以正交食。其九，測日行，考知二極出入地度數，以定周天緯度，以齊七政。因月食考知東西相距地輪經度，以定交食時刻。其十，依唐、元法，隨地測驗二極出入地度數，地輪經緯，以求晝夜晨昏永短，以正交食有無先後多寡之數。」因舉南京太僕寺少卿李之藻，西洋人龍華民、鄧玉函同襄曆事。疏奏，報可。故有是命。

三年（庚午，一六三〇）夏五月，徵西洋陪臣湯若望，秋七月，徵西洋陪臣羅雅谷供事曆局。

四年（辛未，一六三一）春正月，禮部尚書徐光啓進日躔曆指一卷、測天約說二卷、大測二卷、日躔表二卷、割圜八綫表六卷、黃道升度七卷、黃赤距度表一卷、通率表一卷。

夏四月戊午，夜望月食，徐光啓豫定月食分秒時刻方位。奏言：「日食隨地不同，則用地緯度算其日分多少，用地經度算其加時早晏，月食分數寰宇皆同，止用地經度，推求先後時刻。漢安帝元初三年三月二日日食，史官不見，遼東以聞。五年八月朔日食，史官不見，張掖以聞。蓋食在早，獨見於遼東；食在晚，獨見於張掖。當時京師不見食，非史官之罪，而不能言遼東、張掖之見食，則其法爲未密也。唐書載北極出地，自林邑十七度，至蔚州四十度。元人設四海測驗二十七所，庶幾知詳求經緯之法矣。臣特從輿地圖約略推步，開載各省。今食初虧度分，蓋食分多少，既天下皆同，則餘率可以類推，不若日食之經緯各殊，必須詳備也。又月體一十五分，則盡入闇虛，亦十五分止耳。而臣今推二十六分六十秒者，蓋闇虛體大於月，若食時去交稍遠，卽月體不能全入闇虛。止從月體論其分數，是夕之食極近於二道之交，故月入闇虛一十五分，方爲食既。更進一十一分有奇，乃得生光，故爲二十六分有奇。如回回曆推十八分四十七秒，略同此法也。」

冬十月辛丑朔，日食。光啓復上測候四說。其略曰：「日食有時差，舊法用距午爲限，中前宜加，中後宜減，以定加時早晚。若食在正中，則無時差，不用加減，故臺官相傳，謂日食加時有差，多在早晚，日中必合。獨今此食，既在日中，而加時則舊術在後，新術在前，當差三刻以上。所以然者，七政運行皆依黃道，不由赤道，舊法所謂中，乃赤道之午中，而不知所謂中者，黃道之正中也。黃赤二道之中，獨冬夏二至乃得同度，餘日漸次相離。今十月朔，去冬至度數尙遠，兩中之差，二十三度有奇，豈可仍因食限近午，不加不減乎？若食在二至，又正午相値，果可無差，卽食於他時而不在日中，卽差之原尙多，亦復難辨。適際此日，又值此時，足爲顯證，是可驗時差之正術一也。交食之法，既無差誤，及至臨期實候，其加時亦或少有後先，此則不因天度而因地度。地度者，地之經度也。本方之地經度，未得眞率，則加時難定其法。必從交食時測驗數次，乃可較勘畫一。今此食依新術測候，其加時刻分，或前後未合。當取從前所記地經度分，斟酌改定，此可以求里差之眞率二也。時差一法，溺於所聞，但知中無加減，而不知中分黃赤。今一經目見，一經口授，人人知加時之因黃道，人人知黃道極之歲一周天，奈何以赤道之午正爲黃道之中限乎？臣今取黃道中限，隨時隨地，算就立成。監官已經謄錄，臨時用之，無不簡便。其他諸術，亦多類此。足以明學習之甚易三也。該監諸臣所最苦者，從來議曆之人，詆爲擅改。不知其斤斤墨守者，郭守敬之法，卽欲改不能也。守敬之法，加勝於前矣，而謂其至今無差，亦不能也。如時差等術，蓋非一人一世之聰明所能揣測，必因千百年之積候，而後智者會通立法，若前無緒業，卽守敬不能驟得之，況諸臣乎！此足以明疎失之非辜四也。有此四者，卽分數甚少，亦宜詳加測候，以求顯驗，故敢冒昧上聞。」

六年（癸酉，一六三三）冬十月，以山東布政司右參政李天經督修曆法。時徐光啓以病辭曆務，逾月卒，所著崇禎曆書幾百卷。

七年（甲戌，一六三四）春正月乙巳，督修曆法山東右參政李天經疏言：「七政之餘，依新法則火土金三星本年九月初旬會於尾宿之天江左右。木星於是月前，犯鬼宿之積尸氣，一時五緯，已有其四，非必以數合天，卽天驗法之一據也。從來曆家於列宿借星，有經度無緯度，雖回回曆近之，猶然古法。故臣等所推經緯度數時刻，與監推各各不同。如本年八月秋分，大統曆算在八月三十日未正一刻，新法算在閏八月二日未初一刻一十分，相距兩日。臣於閏八月二日，同監局官生，測太陽午正高五十度零六分，尙差一分入交。推變時刻，應在未初一刻一十分，脗合新曆。隨取輔臣徐光啓從前測景簿，數年俱合。春秋傳曰：『分，同道也；至，相過也。』二語可爲今日節變差謬之一證。蓋太陽行黃道中綫，迨二分而黃道與赤道相交，此晝夜之所以平，而分應所由起也。迨二至則過赤道內外各二十三度有奇，夫過赤道三十三度爲眞至，則兩道相交於一綫，詎不爲眞分乎！太陽有平行，有實行，平則每日約行若干，而實則有多有寡，不獨秋分爲然。謹將諸曜會合淩犯行度，開具禮部，委司官同監局官生詳議以聞。」

蒲城布衣魏文魁上言：「今年甲戌二月十六日癸酉，曉刻月食。今曆官所訂乃二月十五日壬申夜也。八月應乙卯月食，今乃以甲寅，遂令八月之望爲晦，幷白露、秋分，皆非其期，譌謬尙可言哉！」奏上，命文魁入京測驗。

秋七月甲辰，李天經上曆元二十七卷，星屛一。

冬十一月，日晷星晷儀器告成，上命太監盧維、寧魏征至局驗之。先是，西儒羅雅谷、湯若望在曆局，造測儀六式：一曰象限懸儀，二曰平面懸儀，三曰象限立運儀，四曰象限座正儀，五曰象限大儀，六曰三直游儀。復有弩儀、弧矢儀、紀限儀諸器，不槩錄。

谷應泰曰：古今改曆者，無慮數十家。由黃帝訖秦凡六改，由漢初訖漢末凡五改，由曹魏訖隋凡十三改，由唐訖周凡十六改，由宋初訖宋末凡十八改，由金熙宗訖元凡三改。其間傑然名家者，漢太初以鍾律，唐大衍以蓍策，元授時以晷景，而晷景爲最密。

明太祖吳元年，太史令劉基率其屬進戊申大統曆。已而欽天監博士元統請以洪武甲子歲冬至爲曆元，大約錫名雖殊，立成罔異，與授時都無增損。良以才非守敬，革故滋難也。自時厥後，建議改正，則有俞正己、鄭善夫、周濂、周相諸人。專官修治，則有童軒、樂護、華湘諸人。著書考定，則有鄭世子載堉、副使邢雲路諸人。志切持籌，事同築室，言人人殊，旋復報罷。迄於萬曆，西儒來賓，繼軌迭至，一時象緯曆算之說，迥出尋常，默與天會。李之藻既推轂於定陵，徐光啓復連茹於懷廟，開局京圻，允稱甚盛。其法以二十四刻二十一分八十八秒六十四微爲平行，歲實小餘，而以均數加減之，則爲定冬至。由是太陽有平行實行，而三百六十五度之盈縮因之。太陰有自行次輪，又次輪而朔望之遲疾因之。交食有時差、里差、視差，而食時之刻數分秒方位因之。有所爲根數者，猶授時氣應也；引數者，猶授時盈縮曆遲疾限也；均數者，猶授時加減差也；黃道東行一分四十三秒餘者，猶授時歲差一分五十秒也。至如午中分黃赤之辨，分至有贏縮之殊，而隨動、自動、疾動、遲動不同，則交道之廣狹生焉。闡微析幽，思出象表，雖使楊子譚玄，洛下握算，無以及此。衆言淆亂，迄未通頒。適我皇南嚮之辰，詔司天西曆之布，法象維新，璣衡愈密，豈非宏制尚闕於垂成，而大典終歸於有待哉！唐乎盛矣！

明史紀事本末卷之七十四

宦侍誤國

熹宗天啓七年（丁卯，一六二七）秋八月，懷宗踐祚。冬十月，魏忠賢伏誅。南京守備太監楊朝，浙直織造太監李實，承天守備太監李希哲，提督太和山太監馮玉，天壽山太監孟進，漕運太監李明道、崔文昇並免。

上御日講畢，召閣臣入便殿，出薊遼督師王之臣疏，示之曰：「王之臣自云贅員，又云虛拘，非內臣牽制之乎？其盡撤各邊內臣。」十一月戊辰，諭曰：「先朝於宣大、薊遼、東江諸地，分遣內臣協鎮，一柄兩操，甚無謂。矧宦官觀兵，古來有戒，其概罷之。一切相度機宜，俱聽經、督節制，無復委任不專，以藉其口。凡爾諸臣，宜體此意。」先是，自萬曆以來，礦稅既行，騷然苦之。既而魏忠賢擅權，敲骨剝髓，天下重足而立。上卽位，首罷之，朝野翕然望至治焉。

懷宗崇禎元年（戊辰，一六二八）春正月，命內臣俱入直，非受命不許出禁門。

二月，諭戒廷臣結交近侍。

二年（己巳，一六二九）夏四月，以內官監太監曹化淳提督南京織造。

秋七月，以司禮太監曹化淳提督東廠。

冬十一月，我大清兵南下，始遣乾清宮太監王應朝監視行營。太監馮元昇覈軍訖，始下戶部發餉。又命太監呂直勞軍。

十二月，以司禮監太監沈良佐、內官太監呂直提督九門及皇城門。司禮太監李鳳翔總督忠勇營，提督京營。

三年（庚午，一六三〇）春二月，司禮太監曹化淳等各廕錦衣衞指揮僉事。

四年（辛未，一六三一）秋九月，命太監張彝憲總理戶、工二部錢糧，唐文征提督京營戎政。王坤往宣府，劉文忠往大同，劉允中往山西，各監視兵餉。

冬十月，命太監監軍，王應朝往關寧，張國元往薊鎮東協，王之心中協，邵希韶西協。

十一月，以太監李奇茂監視陝西茶馬，吳直監視登島兵餉。初，上既罷諸內臣，外事俱委督、撫。然上英察，輒以法隨其後，外臣多不稱任使者。崇禎二年，京師戒嚴，乃復以內臣視行營，自是銜憲四出，動以威倨上官，體加於庶司，羣相壅蔽矣。

罷工部郎中孫肇興。肇興監督盔甲廠，以豨詘，疏劾張彝憲。上怒，落職。

五年（壬申，一六三二）春三月，工部右侍郎高弘圖上言：「臣部有公署，中則尙書，旁列侍郎，禮也。內臣張彝憲奉總理兩部之命，儼臨其上，不亦辱朝廷而褻國體乎？臣今日之爲侍郎也，貳尚書，非貳內臣。國家大體，臣固不容不慎，故僅延之川堂相賓主，而公座毋寧已之。雖大拂彝憲意，臣不顧也。且總理公署，奉命別建，則在臣部者宜還之臣部，豈不名正言順而內外平！」上以軍興餉事重，應到部驗核，不聽。弘圖遂引疾求去，疏七上，竟削籍。

秋七月，以司禮監太監曹化淳提督京營戎政。

冬十二月，南京禮部主事周鑣上言：「內臣用易而去難，此從來之通患。然不能遽去，猶冀有以裁抑之。今張彝憲用而高弘圖之骨鯁不可容矣。金鉉之撫蘆，雖幸免罪，以他事中之矣。王坤用而魏呈潤以救胡良機處矣，趙良曦以直糾扶同處矣。鄒希詔用而曹文衡以互訐投閒矣，王弘祖以禮數苛斥矣。若夫孫肇興、王弘祖之激直，李曰輔、熊開元之慷慨，無不罷斥，未能屈指。尤可歎者，每讀邸報，半屬內侍之溫綸。從此以後，草菅臣子，委褻天言，祗徇中貴之心，將不知所極矣。」上怒其切直，削籍。禮部員外郎袁繼咸疏救之，不聽。

以司禮監右少監劉勞譽提督九門。令百官進馬，三品以上各貢一匹，餘合進，俱納於御馬監，實齎金貿之本監也，否則雖駿驥亦卻之。

六年（癸酉，一六三三）春正月，大學士周延儒以宣府閱視太監王坤疏劾，乞罷，不允。左副都御史王志道上言：「王坤不宜侵輔臣。」上召廷臣於平臺，謂志道曰：「遣用內臣，原非得已，朕言甚明，何議論之多也！昨王坤之疏，朕已責其誣妄。乃廷臣舉劾，莫不牽引內臣，豈處分各官皆爲內臣耶？」對曰：「王坤直劾輔臣，舉朝皇皇，爲紀綱法度之憂。臣爲法度惜，非爲諸臣地也。」上曰：「廷臣於國家大計不之言，惟因內臣在鎮，不利奸弊，乃借王坤疏，要挾朝廷，誠巧佞也。」因詰志道者再。周延儒曰：「志道非專論內臣，實責臣等溺職。」上色稍霽，曰：「職掌不修，沽名立論，何堪憲紀！」立命志道退，延儒遂放歸。

夏五月，命司禮監太監張其鑑等赴各倉，同提督諸臣盤驗收放。

太監張應朝調南京，與胡承詔協同守備。

諭兵部：「流寇蔓延，各路兵將功罪，應有監紀。特命太監陳大金、閻思印、謝文舉、孫茂霖爲內中軍，會各撫道，分入曹文詔、左良玉諸營。」尋復以閻思印同總兵張應昌合勦，汾陽知縣費甲鏸以逼迫苦供億，墜井死。

六月，命太監高起潛監視錦、寧，張國元監視山西、石塘等路，綜核兵餉。

秋七月，敍內臣守萊州功，徐時得、翟升各廕錦衣衛正千戶。

命湖廣守備太監魏相監視登島兵餉。

七年（甲戌，一六三四）春二月，監視登島太監魏相以給事中莊鼇獻上太平十二策，內撤監視，因求罷，不允。貶鼇獻於外。

總理太監張彝憲請入覲官投册，以隆體統，許之。山西提學僉事袁繼咸上言：「士有廉恥，然後有風俗；有氣節，然後有事功。如總理內臣有覲官齎册之令，皇上從之，特在剔釐奸弊，非欲羣臣詘膝也。乃上命一出，靡然從風，藩臬守令，參謁屏息，得免呵責爲幸。嗟乎！一人輯瑞，萬國朝宗，諸臣未覲天子之光，先拜內臣之座，士大夫尚得有廉恥乎？逆璫方張時，義子乾兒昏夜拜伏，自以爲羞。今且白晝公庭，恬不知怪。國家自有覲典，二百餘年未聞有此，所爲太息也。」上以越職言事，責之。既張彝憲亦奏辨，謂覲官參謁，乃尊朝廷。繼咸復上言：「尊朝廷莫大於典例，知府見藩臬行屬禮，典例也。見內臣行屬禮，亦典例乎？諸司至京，投册吏部各官，典例也。先謁內臣，亦典例乎？事本典例，雖坐受猶以爲安；事創彝憲，卽長揖祗增其辱。高皇帝立法，內臣不得與外事，若必以內臣繩外臣，會典所不載。」上仍切責之。

夏五月，陝西按察司副使賀自鏡奏監紀太監孫茂霖玩寇。宣府太監王坤奏：「監軍紀功罪耳，追逐有將吏在，果如自鏡言，則地方官罪不在茂霖下矣。」上不問。

六月，敍禁旅功廕，太監曹化淳世襲錦衣衛千戶，袁禮、楊進朝、盧志德各百戶，賜衣幣，以擊盜屢捷也。

罷各道監視太監，諭曰：「朕御極之初，撤還內鎮，舉天下事悉以委之大小臣工，比者多營私，罔恤民艱，廉謹者又迂疎無通論。己巳之冬，京都被兵，宗社震恐，此士大夫負國家也。朕不得已，用成祖監理之例，分遣各鎭監視，添設兩部總理，雖一時權宜，亦欲諸臣自引罪，今經制麤立，兵餉稍清，諸臣應亦知省，其將總理監視等官盡行撤回，以信朕之初心。」張彝憲俟漕竣卽回監供職。惟關寧密邇外境，高起潛兼監兩鎭暨內臣提督如故。

秋七月，發帑金、蟒段給監軍太監高起潛賞功。

九月，司禮監太監張從仁改內官監提督九門。

冬十月，命兵部同內中軍張元亨、崔良用往西寧監視，及茶馬御史易壯馬。

總理戶、工二部司禮太監張彝憲改司禮監提督。

十一月，侍讀倪元璐上言：「邊臣之情歸命軍容，無事稟成爲恭，寇至推委百出，陽以號於人曰：『吾不自由也。』陛下何不信賞必罰，以持其後，而必使近習之人試之鋒鏑，又藉口迄用無成哉！始陛下曰，行之有績卽撤，今行之無績，益宜撤。」不聽。

十二月，以乾清宮太監馬雲程提督京營戎政。撤南京守備太監胡承詔、張應朝，以司禮太監梁洪泰、內官太監張應乾協同守備。

八年（乙亥，一六三五）夏四月，承運庫太監周禮言「崇禎六年、七年省直金花銀共逋八十九萬」，命趣之。

冬十一月，太監高起潛弟廕錦衣衛中所正千戶，世襲。

九年（丙子，一六三六）夏六月，命司禮太監曹化淳同法司錄囚。

秋七月，我大清兵至居庸，遣內中軍李國輔守紫荆關，許進忠守倒馬關，張元亨守龍門關，崔良用守固關，勇衛營太監孫維武、劉元斌以六千五百人，防馬水沿河。

兵部尚書張鳳翼督援兵出師以監視關寧。太監高起潛爲總監，南援霸州。遼東前鋒總兵祖大壽爲提督，同山海總兵張時傑屬起潛，給起潛金三萬、賞功牌千，臢賞格。

以前司禮太監張雲漢、韓贊周爲副提督，巡城閱軍。司禮太監魏國徵守天壽山。尋以國徵總督宣府，昌平京營御馬太監鄧良輔爲分守。太監鄧希詔監視中西二協，太監杜勳分守。

以張元佐爲兵部右侍郎，鎮守昌平。時內臣提督天壽山者皆卽日往，上語閣臣曰：「內臣卽日就道，而侍郎三日未出，何怪朕之用內臣耶！」

以司禮太監盧維寧總督天津、通州、臨清、德州，內中軍太監孫茂霖分守。

八月，命科、道各官分地督運，從太監張彝憲之言也。召廷臣於平臺，及河南道御史金光宸。初，光宸參督師張鳳翼及鎮守通州兵部右侍郎仇維楨，首敍內臣功爲借援，又請罷內臣督兵，上勿善也。是日上怒甚，曰：「仇維楨方至通州，爾卽借題沽名。」欲重治之。適大雷雨，議謫。

九月，我大清兵從建昌、冷口還，守將崔秉德請率兵遏歸路，總監高起潛不敢進，揚言當半渡擊之。偵騎報，師已盡行。四日，起潛始進石門山，報斬三級。

司禮監太監孫象賢調南京，同張彝憲守備。

冬十月，工部侍郎劉宗周上言：「人才之不競，非無才之患，而無君子之患。今天下卽乏才，亦何至盡出二三中官下。每當緩急之際，必倚以大任，三協有遣，通、津、臨、德有遣，又重其體統，等於總督。中官總督，將置總督於何地？是以封疆嘗試也。且小人與中官每相引重，而君子獨岸然自異。故自古有用小人之君子，終無黨比中官之君子。皇上誠欲進君子退小人，而復用中官以參制之，此明示以左右袒也。」不報。

賜太監曹化淳等綵幣，時各進馬也。

敍京師城守功，太監張國元、曹化淳廕指揮僉事，各世襲，賜金幣。初，化淳爲京營提督，收用降丁，及守昌平，俱散去，至有叩京師城下者，皆稱京營兵，莫能辨。

十一月，敍禁旅功，太監劉元斌廕錦衣衛百戶。

命御馬太監陳貴總監大同、山西，牛文炳分守。御馬太監王夢弼分守宣府、昌平，鄭良輔協理。

召兵部左侍郎王業浩、司禮太監曹化淳於平臺。

十二月，曹化淳加後軍都督府左都督，世襲錦衣衞指揮僉事。

十年（丁丑，一六三七）春正月，常熟張從儒訐錢謙益、溫體仁修郄，下之獄。謙益嘗爲王安作祠記，太監曹化淳者，故王安門下也，謙益得免，體仁尋致仕還。詳東林黨議

以御馬太監李名臣提督京城巡捕，王之俊副之。司禮太監曹化淳提督東廠。

分守津、通、臨、德總理太監楊顯名參前巡鹽御史張養、高欽舜各侵稅額，詔逮之。時養先卒，下撫、按錄其家。

夏四月，命南京守備太監孫象賢、張雲漢同兵部尚書范景文淸覈兵馬械仗。

總監太監高起潛行部，永平道劉景耀、關內道楊于國俱恥行屬禮，上疏求免。上謂總監原以總督體統行事，罷于國，降景耀二級，以後監司皆莫敢爭。時監視之設，止多一扣餉之人，監視欲滿，則督、撫、鎭、道皆有所恃，以飾功掩過，故邊吏皆樂有監視，而上方倚任中官，不察也。

秋七月，工部員外郎方璽謫外。璽上言：「皇上親擒魏忠賢而手刃之，豈溺情閹豎

者！不過以外廷諸臣無一可用，而借才及之。況人臣感激聖恩，苟知報答，何論內外。每見廷臣處地懸絕，不若宮庭朁御效忠倍易。凡此內臣儌茲曠典，孰不欲棄捐頂踵以酬我皇上者，不必鰓鰓過計也。」刑科給事中何楷駁其通內呈身，吏部請削其籍。上手改降三級調外。

冬十一月，以司禮太監曹化淳、杜勳等提督京營，孫茂霖分守薊鎮中西三協，鄭良輔總理京城巡捕。

十一年（壬寅，一六三八）春正月，任丘、清苑、淶水、遷安、大城、定興、通州各有司不法。上內訪逮入，責撫、按不先劾爲溺職，近畿如此，遠地可知，命部、院申飭。

二月丙申，城蘆溝，名拱極城，太監督役，掠塗人受工，民力爲憊。

冬十月，以御馬太監邊永清分守薊鎮西協。

十二年（己卯，一六三九）春正月，敍緝奸功，東廠太監王之心、曹化淳廕錦衣衞百戶。

二月，以司禮太監崔琳清理兩浙鹽課賦稅。

秋七月，以司禮太監張榮提督九門。王裕民總督京營，戒午門、端門諸內臣延接朝士。

九月，以內官監太監杜秩亨提督九門。

十三年（庚辰，一六四〇）春三月，詔撤各鎮內監還京。

夏六月，大學士薛國觀免。先是，上召國觀，語及朝士貪婪。對曰：「使廠衛得人，朝士何敢如是！」東廠太監王化民在側，汗浹沾背，於是專偵其陰事。而國觀亦褊忮，坐通賄敗。詳東林黨議

十四年（辛巳，一六四一）夏四月，召大學士周延儒入朝。

秋八月辛酉，上幸太學，以重修告成也。正一眞人張應京請扈從臨雍，先期司禮監太監王德化奉命率羣臣習儀於太學，時比之唐魚朝恩講經，元李邦寧釋奠事。

九月，改東廠提督京營者亦稱總督。

冬十一月，禁朝臣私探內閣，通內侍。於是待漏俱露立，毋敢入直舍。

十二月，諭停內操，敕內臣神宮等監及各司局庫等毋干外政，并申戒廷臣毋交通近侍。

十五年（壬午，一六四二）春正月，罷提督京營內臣。

御史暘仁願上言：「臣讀敕諭，申結交內侍之律。因稽高皇帝初無所謂緝事之令，臣工不法，止於明糾，無陰訐也。臣待罪南城，所見詞訟，多假番役，妄稱東廠。甚者誘人作奸，挾仇首告矣。夫餌人以陷禍，擇人而肆喙，惟恐其不爲惡，又惟恐其不卽罹於法，揆之皇上泣罪解網之仁，豈不傷哉！伏願先寬東廠條例，東廠寬而刑罰可以漸省。抑臣復有請焉。如臣子獲罪，但敕撫、按檻車送詣闕下，未爲不可。若緹騎一遣，有貲者家門破散，無

貲者地方斂餽，爲害匪淺。」上是之，諭東廠所緝止於謀逆亂倫，其作奸犯科自有司存。戒錦衣校尉奉使需擾。

秋七月，以司禮太監齊本正提督東廠，王承恩提督勇衞營。

冬十月，誅司禮太監劉元斌。初，元斌監軍河南，羣盜在陝、洛，元斌留歸德不敢進，縱諸軍大掠，殺樵汲者論功。及論辟，未得旨即奏辨。上怒，幷誅太監王裕民。

十六年（癸未，一六四三）夏五月，以內官監太監王之俊提督京城巡捕練兵。

秋七月，戒廷臣私謁內侍，果有事，朝房商之。

八月，以司禮太監王承恩督察京營戎政，韓贊周守備南京。

冬十二月，前大學士周延儒有罪賜死。延儒當中外交訌，竟無能爲上畫一策。其罷內監，撤廠衞，內臣日夜文致之，故延儒始終皆以璫敗。初，延儒受主眷深，諸璫稍稍乘間媒孽，上俱不信。延儒益忽之，不爲慮。迨視師行邊，上意稍移，而諸璫乃盡發其蒙蔽狀，上信之。吳昌時事發，聖怒遂不可回矣。

十七年（甲申，一六四四）春二月，李自成自山西趨眞定、保定，命太監高起潛等分據要害。

三月，李自成陷宣府，太監杜勳迎降；入居庸關，太監杜之秩迎降。以司禮太監王承恩提督內外京城，召前太監曹化淳等分守諸門。丙午，賊騎薄彰義門，太監杜勳縋城上，入見大內，張皇賊勢。語守璫輩曰：「吾黨富貴自在也！」是夕太監曹化淳開門降。上死社稷，內臣從死者惟王承恩。

谷應泰曰：嘗聞宦者四星，在皇位之側，而腐身薰子，動相銜達，金貂左璫，口含天憲者，所由來漸矣。然秦以趙高敗，漢、唐以宦侍亡。太祖鑒之，凡內豎不令讀書，取備掖庭，給灑埽而已。及乎中葉，寵用刑餘，英、憲、武、熹亂者四世。比至懷宗，沖齡踐祚，睿謀天縱，手翦凶璫。雖李閏有伺安之功，曹騰參建桓之策，而卒之張遠坐收，甘露無變，不動色而去大奸，斯已奇矣。然其初年，江南織造，即便撤還，塞北監軍，悉皆免罷。仍諭內臣受命，始出禁門，廷臣在官，勿交近侍。於時嚬笑不假，狐鼠無竊，宮中府中肅清極矣。

詎意渭水陳兵，甘泉舉火，而問錢穀則大僚不對，咨廟算則肉食寡謀。秦既無人，王眞孤立。乃始參任貂璫，往來給使，勞軍轉餉，偵刺行間，蓋亦有所不得已也。自是之後，王坤等分監宣府、大同，而張彝憲總理戶、工，唐文征親督京營，高起潛監視錦、寧，張其鑑盤驗收放。內外各司，必兼貂貴，緣邊諸鎭，復設中涓。語云：「西頭勢重南衙，樞機權過宰相。」良不誣矣。其後高弘圖、熊開元次第投劾，倪元璐、袁繼咸先後上章。侯覽用事而朱穆發疽，朝恩卽席而魯公爭坐，國體既傷，宜士大夫之所鄙也。

然而英主在御，太阿未落，非有王振土木之罪，汪直西廠之酷，劉瑾不軌之謀，魏忠賢闔奸之狀，而潛窺意旨，馴致敗亡者，無他，陽授以國柄者，猶摘龍之珠，而陰寄以耳目者，直竊叢之神也。

總之，懷宗怒在門戶，故必用甫、節以伺膺、滂。而懷宗疑在蒙蔽，又必用弘、石以發楊、賈。卒之中常子弟，悉合黃巾，涼州議郎，責輸貨賄，而天下事不可爲矣。

以予論之，崇禎初造，人望太平，假令推誠置腹，則煬竈可除；任賢去邪，則羣小可渙。與其訶之於閹人，孰若信之於正士。回天獨坐，固無事此曹也。獨奈何輔國就誅，元振更用；左悺既殺，張讓復然。眉睫之喻，乃爲識者所悼，惜哉！

明史紀事本末卷之七十五

中原羣盜

崇禎元年（戊辰，一六二八），延安饑，十一月，府谷民王嘉胤倡亂，饑民附之。白水盜王二等復合徒衆劫掠蒲州、韓城間。時承平久，猝被兵，人無固志。巡撫陝西都御史胡廷宴庸而耄，惡聞盜，杖各縣報者，曰：「此饑氓，徐自定耳！」於是有司不以聞。盜偵知之，益恣。劫宜君縣獄，北合嘉胤五六千人，聚延慶之黃龍山。

二年（己巳，一六二九）正月壬戌，撫治鄖陽都御史梁應澤以漢南盜告急，請兵。撫標止步兵三百人。陝西巡撫胡廷宴、延綏巡撫岳和聲，各報洛川、淳化、三水、略陽、清水、成縣、韓城、宜君、中部、石泉、宜川、綏德、葭、耀、靜寧、潼關、陽平關、金鎖關等處，流賊恣掠。給事中薛國觀上言：「賊之熾也，由喬應甲撫秦，置盜劫不問，實釀其禍。今弭盜之方，在整飭吏治，有先事隄防之法，有臨事翦滅之法，有後事懲戒之法。」上是之。

己巳，固原逃兵掠涇陽、富平，執游擊李英。

二月，陝西備兵商洛道劉應遇率毛兵入漢中，合川兵敗賊。畧陽守備黃元極擊賊，馬蹶被殺，猶手刃賊不置，賊走漢陰。應遇遣兵追斬五百餘，誅渠魁數十人，餘走蜀，其匿漢陰山中者，並自殺，漢南盜平。

三月丙子，流盜掠眞寧、寧州、安化、三水。

四月甲午，固原賊犯耀州，督糧參政洪承疇合官兵鄉勇萬餘人，圍賊於雲陽，幾覆之，賊乘夜雷雨，潰圍走淳化，入神道嶺。

劉應遇以千人偪漢中賊於五丁峽。寧羌知州陳元瓚失防，盜遁。

巡按陝西御史吳煥言：「秦寇慘掠，古所罕有。撫臣胡廷宴狃於積弛，束手無措，則舉而委之邊兵。至延綏撫臣岳和聲諱言邊兵爲盜，又委之內地。總之，兩撫欺飾釀患，致奸民悍卒相煽不已，而西安、延安諸邑皆被盜矣。盜發於白水之七月，則邊賊少而土賊多，今年報盜皆騎銳，動至七八千人，則兩撫之推諉隱諱，實釀之也。」

十一月，京師戒嚴，山西巡撫都御史耿如杞以兵入衞，譁於涿，大掠良鄉，如杞逮論死。西兵皆沿邊勁卒，潰而失次竄走，剽掠山東。

大盜混天王等掠延川、米脂、清澗等縣，起前總兵杜文煥勦之。

三年（庚午，一六三〇）正月，陝西邊盜王子順、苗美連逃兵掠綏德，衆三四千，南圍韓城。總督楊鶴、巡撫劉廣生提兵赴援，斬首三千級。賊遁，復犯淸澗，官兵追逐之，賊走西川，官兵追擊，降三百餘人，餘大奔。苗美叔苗登霧嘯聚於安定，總兵杜文煥擊敗之。先是，萬曆時，朝廷念西軍勞苦，預給三月糧，以爲常。崇禎二年，秦大旱，粟騰貴，軍餉告匱。延綏巡撫楊鶴、甘肅巡撫梅之煥分道勤王，兩(年)〔軍〕（據張岱石匱書後集卷六十二改）復以稽餉而譁，其潰卒畏捕誅，亡命山谷間，倡饑民爲亂。時東事益急，廷議核兵餉，各邊鎮咸釐汰裁餉至數十萬，乘障兵咸譟而下。又以給事中劉懋清裁定驛站，卽給郵乘傳有額，毋濫用縣官錢，歲省費無算，謂蘇民力也。而河北游民向籍食驛糈，用是益無賴，歲不登，無所得食，所在潰兵煽之，而全陝無寧土矣。

命洪承疇以都御史巡撫延綏。王嘉胤陷府谷，他賊入山西，犯襄陵、吉州、太平、曲沃。

四月，賊王子順、苗美陷蒲縣。山西自河曲至蒲津千五百里，俱鄰陝，河最狹，賊自神木渡河陷蒲，已分三部，東犯趙城、洪洞、汾、霍，而掠石樓、永和、吉、隰。賊首自號橫天一字王。

五月，賊破金鎖關，殺都司王廉。

六月，王嘉胤陷黃甫川、清水二營，遂據府谷。洪承疇與杜文煥圍之，賊夜劫營，官兵擊敗之。

延安知府張輦、都司艾穆蹙賊於延川。賊求撫，王子順、張述聖、姬三兒等俱降。王嘉胤等掠延安、慶陽，城堡多陷，總督楊鶴主撫，不以聞，與陝撫劉廣生遣官持牌四出招賊，賊魁黃虎、小紅狼、一丈青、龍江水、掠地虎、郝小泉等，俱給牒免死，安置延綏河西，但不焚殺，其淫掠如故。民罹毒益甚，有司莫敢告，而寇患成於此矣。

兵科給事中劉懋上言：「秦之流賊，非流自他省，卽延慶之兵丁土賊也。邊賊倚土寇爲鄉導，土寇倚邊賊爲羽翼，六七年來，韓、蒲被掠，其數不多。至近年荒旱頻仍，愚民影附，流劫涇、原、富、耀之間，賊勢始大。當事以不練之兵，勦之不克，又議撫之。其勦也，所斬獲皆饑民也，而眞賊飽掠以去矣。其撫也，非不稱降，聚衆無食，仍出劫掠，名降而實非降也。且今年麥苗盡枯，斗粟金三錢，營卒乏食三十餘月，卽慈母不能保其子，彼官且奈兵民何哉！且邇來貪酷成風，民有三金，不能供納賦之一金。至於捕一盜而破十數人之家，完一贖而傾人百金之產，奈何民不驅爲盜乎！若營兵曠伍，半役於司道，半折於武弁，所餘老弱，既不堪戰，又不練習。當責督撫淸汰操練，以備實用也。」

山西流賊破蒲州、潞安，官兵敗沒。

七月，御史黃道直言：「盜起於饑，請發餉銀易米，一從保德州河路，一從洛、宜陸路，賑饑民，庶收拾人心，解散黨附。」不報。

八月，王嘉胤勾西人入犯，佯乞降，仍奪路走黄甫川，復引西人入掠。洪承疇、杜文煥從孤山進擊，大破之，賊奔潰。

十月，王嘉胤陷清水營，殺遊擊李顯宗，復陷府谷。大盗李老柴於鄜、雒間糾三千餘人攻合水。寧夏總兵賀虎臣擊賊於盤谷，斬六百餘級，又敗之寧州。

十一月，山西總兵王國樑追賊於河曲，發西洋礮，礮炸，兵自亂。賊乘之，大潰，遂陷河曲。

十二月乙巳，盗神一元破寧塞，據之，殺參將陳三槐，圍靖邊。副使李右梓固守。賊勾西人四千騎，益圍靖邊，三日夜，遂陷柳樹澗、保安等城。

四年（辛未，一六三一）正月，神一元陷保安，副總兵張應昌擊敗之，神一元死，弟一魁領其衆。

癸未，山西賊犯平陽。

庚寅，王嘉胤渡河掠棻園溝，副總兵曹文詔擊卻之。

己亥，命御史吳甡齎金賑陝西饑荒，招撫流盗，諭曰：「陝西屢報饑荒，小民失業，甚者迫而從賊，自罹鋒刃。誰非赤子，顛連若斯！今特發十萬金，命御史前去，酌彼災處，次第賑給。仍曉諭愚民，卽或脅從，僅入賊黨，若肯歸正，卽爲良民，嘉與維新，一體收恤。」

上召輔臣、九卿、科、道及各省監司於文華殿。上問山西按察使杜喬林流寇之事。對曰：「寇在平陽，或在河曲，近聞漸已渡河，河曲尚阻，須大創之，但兵寡餉乏耳！」上曰：「前言寇平，何尚阻也？」對曰：「山、陝隔河，倏去倏來，故河曲獨被困。」問河曲之陷。曰：「賊未嘗攻，大抵饑民爲之內應，今不早圖，有誤國事。」上問陝西參政劉嘉遇以流寇。對曰：「流寇因兵餉不足，故難勦耳。且寇見官兵卽散，退復嘯聚。」上曰：「寇亦吾赤子也，宜招撫之。」又問近寇所在。對曰：「一在延安，一在宜川。」上凝思久之，命退。

寧武總兵孫顯祖言：「聞喜、稷山賊二十餘萬，日勦日益。官兵不過二千，奔逐不支。乞發京營，或調邊騎夾勦。」命下所督便宜專制。總督張宗衡以兵餉並乏，竟不行。

二月壬子，總兵賀虎臣、杜文煥合軍圍保安。神一魁勾西人千餘騎突圍出，復糾賊數萬劫寧夏。都指揮王英兵潰，諸道將棄城南奔。戊午，一魁至慶陽，破東關，遊擊伍維藩擊斬五百餘人。

戊辰，賊圍慶陽，總督楊鶴在邠乾，不卽援。宜君賊趙和尙等南犯涇陽、三原、韓城、澄城，各賊分犯，不知其數。

壬申，神一魁陷合水。

三月丁丑，張應昌等援慶陽，賊圍解。時議招一魁，散其黨。

癸未，賊帥孫繼業、茹成名等六十餘人來降，總督楊鶴受之。設御座於固原城樓上，賊跪拜呼萬歲。因宣聖諭，令設誓，各解散，或歸伍，或歸農。自此羣盜視總督如兒戲矣。

甲午，陝盜劉五、可天飛據鐵角城，混天飛、獨行狼等聚蘆保嶺，衆各萬餘，分犯平涼、固原、耀州、涇陽、三原，盜混天猴薄寧州，分犯環縣。

賊陷武安，走平涼，詐稱官兵，襲陷華亭。時大盜王老虎圍莊浪。曹文詔、王性善西剿，諸賊乘虛四犯。

楊鶴給降人牒，令各還鄉，簡其豪千餘人，以參將吳弘器領之，駐寧塞，而宜君、雒川盜又蠭起矣。

副總兵曹文詔擊賊於栗園，大敗之。

四月己未，神一魁降於楊鶴。鶴責數其罪，俱伏謝。一魁有戰騎五千，鶴侈其事，上言乞賜一二萬金賑濟，又止巡撫練國事北征。宜、雒賊亦求撫於國事，從之。其脅從饑民，各給牒回籍，首領置軍中。

省臣劾宣大總督魏雲中、陝西總督楊鶴恇怯玩寇，上切責雲中等平盜自贖。時言官交論鶴，鶴疏引咎。

曹文詔等克河曲，斬賊一千五百餘級，獲兵械馬騾數千。

丁卯，延綏巡撫洪承疇令守備賀人龍勞降者酒，降者入謝，伏兵斬三百二十人。

庚午，賊陷始興。

御史吳甡西行至延長，寇聚城下，諭以禍福，委同知趙鶴年分賑，賊各解散，游賊聞之，皆回受賑，撫賊七千有奇。

降盜不沾泥擁衆脇糧賞，復攻米脂。總兵王承恩、侯拱極率三千人至葭州，洪承疇、張應昌亦至。賊分兩營以待，連戰，賊始遁。追至西川，斬三百餘級，賊溺死無算。官兵屯西川雙湖峪，其間窰寨六十有四，皆險絕，盡爲賊藪。承疇乃令在在設防堵截，不沾泥懼，率百騎逃關山嶺。都司馬科等追之，盡殲其騎，不沾泥乃降，手殺賊目雙翅虎，縛獻柴金龍以自贖。

五月乙亥，王承恩擊宜川賊，敗之，賊闖王虎、金翅鵬乞降。金翅鵬卽王子順姪成功也。餘賊走宜君，其衆二萬。

陝西都司曹變蛟追寧塞遺賊於唐毛山，賊大潰。四戰皆捷，先後斬一千四百餘級，而寧塞之逸賊稍殺矣。

御史吳甡至榆林鎮，以晉兵遏糴，斗米銀六錢，草根木皮俱盡，人至相食，甡因奏：「榆林爲西北雄鎮，宿將勁兵出焉，非他鎮比。雜販牟利，商民欣赴，初無損於晉。若以防河爲名，而絕秦人之命，恐謀國不在此也。」

延安賊趙四兒以萬餘人掠韓城、郃陽，靈州參將張全昌以五百人戰三日，斬三百餘級。賊走鄜州，復進擊，斬六百餘級。時榆林連旱四年，延安饑民甚衆。西安大旱，巡撫練國事更請發帑賑濟，不報。趙四兒尋降。

初，洪承疇撫盜王子順等駐榆林，巡按御史李應期誅之。上謂賊勢蹶甚，招撫爲非，殺之良是，命吳甡覈奏。

丁酉，延綏、榆林大雨，始有禾。

庚子，盜滿天星降於楊鶴。鶴選其驍勇置營中，散其黨萬二千人，卽命其魁分勒回籍。未數月，皆畔去。

壬寅，賊萬人自合水、保安逃出，攻中部，降丁內應，城陷。

六月癸卯，曹文詔擊斬王嘉胤於陽城，其黨復推王自用爲首，號曰紫金梁。其黨自相名目，有老回回、八金剛、闖王、闖將、八大王、掃地王、闖塌天、破甲錐、邢紅狼、亂世王、混天王、顯道神、鄉里人、活地草等，分爲三十六營。

辛酉，鄜州賊混天猴、張孟金謀襲靖邊，張應昌邀之於眞水川，敗之，追斬四百餘級。癸亥，混天猴、獨行狼等萬餘人自甘泉犯合水，洪承疇率兵追擊，敗之甘泉山中，混天猴等乞降。

七月，賊首上天龍、馬老虎、獨行狼復掠鄜州，列三營於太平原，楊鶴、王承恩擊破之，上天龍等以二千人降。給事中孟國祥、曹履泰各奏撫賊欺飾之弊。

癸未，逮總督陝西三邊都御史楊鶴下刑部獄，論戍之。

丁亥，曹文詔等諸將擊賊，連敗之，賊奔東北。是役也，合督撫四鎮之兵，窮追半月，先後數十戰，賊敗，潛遁山谷，延安、慶陽千里內暫安焉。

甲午，賊趙四兒六千餘人，東渡山西，總督洪承疇等兵從之。賊入沁水縣，縣東北有竇莊，故張忠烈公銓里居也。先是，銓父尚書五典謂海內將亂，築牆爲堡，甚堅。至是，賊犯竇莊，五典已沒，銓子道濬、道澤俱官京師，惟銓妻霍氏守舍。衆議棄堡去，霍氏語其少子道澄曰：「避賊而出，家不保；出而遇賊，身更不免。等死耳，死於家，不猶愈死於野乎？且我守堅，賊必不得志。」躬率僮僕爲守禦。賊至，環攻之，堡中矢石竝發，賊傷甚衆，越四日乃退。其避山谷者，多遇賊淫殺，惟張氏宗族得全。冀北兵備王肇生表其堡曰夫人城。

辛丑，陝西賊陷中部，王承恩擊斬千七百級。

八月癸卯，總兵賀虎臣擊斬慶陽賊劉六，斬其餘黨五百餘人，西路漸平。

先是，巡按陝西御史李應期言秦賊旋撫旋叛，上命御史吳甡確查報聞，甡上言：「延、慶地亙數千里，土瘠民窮，連歲旱荒，盜賊蠭起。西路則神一元破寧塞、安邊，攻保安。一元死，弟一魁繼之，又破合水，圍慶陽。總督楊鶴招撫四千有奇，餘黨郝臨庵、劉六等衆不下數萬，掠環縣、眞寧間。此保安、合水之流孽也。延安四載奇荒，邊軍始亂，出掠米脂、綏德、清澗，脅從甚衆，幾於無民，流劫延南。點燈子衆號數萬，自山西回黄龍山，西安北界數州縣，被毒甚慘。此延北邊賊流毒西安者也。近官軍南勦，賊望風潛逃，相繼招安，滿天星等降於楡林，餘賊遂徙而北。其降賊雖散原籍，仍復劫掠，於是有官賊之謠，而人致恨於招撫之失事矣。點燈子衆五六千，在清澗旋撫旋叛。慶陽郝臨庵、劉六等亦曾受撫，今攻陷中部者，皆其衆也。又降賊獨頭虎見大兵之來，已出韓城、潼關，道臣胡其俊猶追贖錢九十萬，賊復横索，一一給之惟謹。要挾重資之説，有自來矣。爲今之計，集兵合勦，殲其渠而餘衆自破，明賞罰而士氣自鼓，秦事猶可爲也。」

山西賊陷隰州、蒲州，命許鼎臣巡撫山西。

洪承疇駐慶陽，報乏餉，已，承疇兵大敗趙四兒於山西桑落鎮。

九月，山西賊入河北，犯濟原。

神一魁復叛，據寧塞，劫守將吳弘器、范禮。官兵攻圍之，其黨黄友才斬一魁以獻。

盜獨頭虎、滿天星、一丈青、上天猴等五部，恣掠宜、雒。副總兵趙大胤在韓城，去賊營二十里，不敢出戰。土人強之出，報斬五十級。驗之，則率婦女首也。給事中魏呈潤劾大胤落職。

壬辰，命洪承疇總督陝西三邊，張福臻巡撫延綏。

黄友才復叛而遁，追斬千一百級。

洪承疇擊賊趙四兒，擒之，卽點燈子也。起淸澗、綏德，奔突延、西間，往來秦、晉，沿河郡縣多苦之。至是伏誅，平陽稍安。其黨黑煞神起，又有過天星、蝎子塊與紫金梁等，共數十部。自賊據中部，官軍攻圍兩月不下。冬十月，曹文詔及張福臻兵俱至，克之。

陝西賊陷宜川。

十一月丙子，陝賊譚雄陷安塞，襲掠一空，仍乞撫。閏十一月，王承恩誘譚雄等五人斬之。

癸丑，陝賊不沾泥、張存孟等陷安定。甲子，王承恩克安塞，斬五百餘級，卽進勦安定，賊潛走綏德。

降丁混天猴勾盜陷甘泉，劫餉銀十萬八千兩，殺知縣郭永圖，備兵河西張允登戰死。洪承疇聞之，遣王承恩分勦。以甘泉鄜、延咽喉，而自以四百人赴之，賊勢日熾。承疇日不暇給矣。

寧武總兵孫顯祖敗賊蝎子塊於萬泉。

十二月，甘泉賊陷宜君，又陷葭州，備兵僉事郭景嵩死之。

己丑，諸降盜復叛，攻綏德。

上憂延綏賊蔓，以山、陝督撫請餉疏切責戶、兵二部。兵部尚書熊明遇請措二十萬金，接濟秦中。

甲午，孫顯祖於河津、聞喜等處，與賊六戰俱捷。

五年（壬申，一六三二）正月，延綏賊僞爲米商入宜君，遂陷之。復陷保安、合水。流入山西者，陷蒲州、永寧，大掠四出。山西巡按御史羅世錦歸咎於秦，謂以鄰爲壑。給事中裴君賜，晉人也，上言：「責成秦之撫鎭驅之回秦，而後再議勦撫。」蓋當事之無定見如此。

洪承疇請留陝西餉銀二十萬，資勦費，幷以勸農，從之。

先是，寧塞逸賊合環、慶諸寇，屯鎭原之蒲河，欲犯平涼，走鳳翔、漢中，陝撫練國事檄固原備兵王振奇同副總兵王性善等截守各隘口，檄平涼兵備徐如翰同副總兵董志義守涇州各要害，又檄總兵楊嘉謨等緝奸，殺賊塘馬，斷其耳目，賊遂不敢出。又食乏，互相猜疑。洪承疇從鄜州間道疾至慶陽，曹文詔以臨洮兵至，賀虎臣兵亦至，會於西澳，各夾擊賊，大小十餘戰，追奔數十里，斬首千餘級，傷墜無算，而寧塞之寇盡矣。惟混天猴等尙據襄樂，練國事遂移鎮寧州。時以西澳之捷爲用兵來第一。

戊午，洪承疇等擊敗賊於槐安堡，賊雖奔竄，尙破華亭，擾莊浪，而官兵追捕，皆破膽潛匿。先是，延西諸寇，承疇偕文詔先後清蕩，而鐵角城乃邊盜藪，郝臨庵、可天飛爲官軍所敗，獨行狼跳入其伍，耕牧鐵角城，爲持久計。聞他盜盡平，甚懼。承疇、文詔擊破之；斬可天飛，其二賊亦生得，就誅。自西澳捷後，軍聲大振，曹文詔忠勇善戰，承疇與下同甘苦，得士卒心，轉戰四載，斬級三萬，西人稍稍休息，然亦憊甚矣。

甲子，陝西原任通政使馬鳴世奏曰：「三秦爲海內上游，延安、慶陽爲關中藩屏，楡林又爲延、慶藩籬；無楡林必無延、慶，無延、慶必無關中矣。乃自盜發以來，破城屠野，四載於茲。良以盜衆我寡，盜飽我饑，內鮮及時之餉，外乏應手之援。揆厥所由，緣廟堂之上，以延、慶視延、慶，未嘗以全秦視延、慶；以秦視秦，未嘗以天下安危視秦；而且誤視此流盜爲饑民。勢焰燎原，莫可撲滅。若非亟增大兵，措大餉，爲一勞永逸之計，恐官軍蹙於東，賊馳於西，師老財匱，揭竿莫禦，天下事尙忍言哉！乞勅所司，亟措餉二十萬，給民牛種，爲兵士犒賞，急圖安戢，庶全秦安而各鎮安矣。」

張應昌等擊黃友才，斬之。

二月，寧塞逋寇復熾。

庚寅，盜夜入鄜州，備兵僉事郭應響死之。

三月壬戌，陝西賊陷華亭，知縣徐兆麟赴任七日，城陷，逮至，竟坐棄市，人皆冤之。

四月，湖廣流盜自興國入江西太和、吉安等處。

七月，山西賊陷大寧。

八月，曹文詔擊賊甘泉，敗之。洪承疇令脇從者免殺，降四千餘人，散者亦數千人，餘賊散匿山谷。

山西巡撫宋統殷擊賊於長子，賊奔沁水。庚辰，賊首紫金梁、老回回、八金剛以三萬衆圍竇莊。時張道濬得罪家居，率其族禦之，賊多死，聞秦師且至，懼欲乞撫。紫金梁呼於壁下，道濬登陴見之，紫金梁免胄前曰：「我王自用也。誤從王嘉胤，故至此，此來乞降耳！」俄老回回亦至。道濬諭之曰：「急還所俘，散若徒衆，吾爲請於撫軍，貸爾死。」賊乃還所掠，拔營而西，入陽城界。道濬以賊情告於統殷曰：「賊狡未可信。」因遣使往覘賊，諸賊咸就約，惟八大王、闖塌天五營不受命。紫金梁歸款未決，諸軍乘賊不備，輕騎襲賊營，賊怒，南犯濟源，陷溫縣。

九月，山西賊破臨縣，賊魁豹五等據其城。又陷修武，殺知縣劉鳳翔，焚掠武陟、輝縣，遂圍懷慶。上以藩封重地，切責河南巡撫樊尚燝殺賊自贖。賊既盡嚮河北，山西巡撫宋統殷、備兵冀北王肇生率軍次陵川，扼賊北歸。賊北走，遇官軍，賊死鬬，互相勝負。會夜與賊爭險，對營兩山頭，賊緣窮谷而登，大譟，官軍亂，統殷、肇生皆走，與諸軍相失。宣大總督張宗衡將兵至高平，統殷、肇生以師畢會，大破賊於桑子鎭，賊復入沁水。

十月，詔副總兵左良玉將兵二千五百人援懷慶。

癸未，王承恩敗安塞遺賊於西川胡堡，賊目喬六自斬其魁黨以降，餘遁，延、綏稍寧。

十一月，罷山西巡撫宋統殷，以許鼎臣代之。

十二月，張宗衡、許鼎臣同逐賊臨縣，賊轉入盤磨山，山方六百里，賊閻正虎據交城、文水以窺太原，邢滿川、上天龍據吳城、向陽以窺汾州；紫金梁以秦、豫毛兵俱集澤潞東南，遂乘虛從沁州而北，入榆次，又入壽陽，距太原不五十里。許鼎臣撤師北歸。時賊首亂世王與紫金梁爭一掠婦，搆小隙，遣其弟混天王來歸。廷議方督進討，諸將諱言受降，權辭謝之，約得紫金梁頭，始爲請於朝。混天王唯唯，泣涕而去。亂世王與破甲錐合謀，圖紫金梁。賊分爲三，陷霍、垣曲、長子諸縣。壬辰，陷遼州，是日除夕也。

是月，趙和尙等賊斬其魁霍維端以降，諸將分領八營，還宜君。

六年（癸酉，一六三三）正月丁酉，賊闌入畿南西山，距順德百里。時大隊在山西，分爲二：一北向，西犯平縣，窺固關；一南向河北。懷、衞之間，盡遭蹂躪矣。

丁未，左良玉敗賊於涉縣西，斬其渠。賊望其旗幟皆靡，然賊勢尙熾，謀渡河南犯。

癸丑，進曹文詔都督同知。文詔連敗賊於忻、代間，斬首千五百級。

二月，許鼎臣、曹文詔屯平定，張應昌屯汾州，駐太原東西以禦寇。

賊踞林縣山中，饑民相望而起。左良玉敗績於武安，河南兵七千，先後失亡殆盡，賊益熾。左良玉勢孤，乃請鄧玘兵相援。備兵井陘副使寇從化檄守備李定、王國璽逐賊畿輔，陷賊伏中，兵敗，死亡畧盡。賊長驅保定，備兵副使盧象昇禦卻之。

曹文詔敗賊於楡社。時文詔屢捷，張應昌逗遛不進，紫金梁、老回回從楡社敗，北奔。

三月，蜀賊寇百丈關，官軍敗沒。

詔總兵鄧玘將川兵二千，益以石砫土司馬鳳儀兵，馳赴河南。未幾，馬鳳儀敗沒。

丙午，山西兵擊賊於陽城北，張道濬設伏於三纏凹。賊至，伏起，擊之，斬其魁，生擒賊首滿天星、闖王，賊大奔。巡撫鼎臣獻俘闕下，奏道濬功第一。

四月丙寅，山西賊陷平順。

乙酉，曹文詔敗賊於陽城，斬千餘級。

河南西路賊自輝縣入淸化鎮，所在守將敗沒。部臣以河南不塞太行之險，揖賊使入，撫臣不得無罪。

五月癸巳，山西巡撫鼎臣以流寇恣掠，請蠲積逋，幷豫免數年額賦，不許。

己酉，上以勦賊諸將，一時功罪勤惰，應有監紀，特命內監陳大金、閻思印、謝文舉、孫茂霖分監曹文詔、張應昌、左良玉、鄧玘軍，紀功過，催糧餉。仍發內帑四萬金，素紅蟒段四百匹，紅素千匹，軍前給賞。

庚申，曹文詔夜襲賊於偏店，賊亡走，墜山谷者亡算，盡南奔。諸將會兵逐之沙河，奪馬騾數千，賊自邯鄲南走。

河北賊陷涉縣。

六月乙丑，川兵潰於林縣，毛兵殺傷甚衆。潞王告急，乞濟師。

丙寅，河北賊圍湯陰、林、輝、涉、安諸邑，別賊自陽城、垣曲來合於濟源。

山西賊陷和順。

辛巳，左良玉破賊於懷慶，賊盡奔太行山。

上念中州寇盜蔓延，命總兵倪寵、王樸分將京營兵，監以內監楊進朝、盧九德，賜二帥弓矢千五百，戰馬三百，健丁三百，馳赴中州夾勦。

七月乙未，賊屯彰德、汾州，張應昌進勦，汾陽知縣費甲鏸以逼迫苦供億，投井死。

丙申，山西賊陷樂平。

河北賊攻彰德，左良玉禦卻之。

辛丑，山西賊陷永和，旋陷沁水。賊自秦入晉，五犯沁水，至是陷之。

八月丁亥，陝西賊攻隆德，殺知縣費彥芳。分守固原參政陸夢龍戰於綏德城下，死之。

九月己亥，張應昌敗賊於平山，獲賊首張有義，卽一盞燈也。

十月丁卯，山西、河北諸賊二十四營，乘冰渡河而南，犯閿鄉，陷澠池，分入河南、湖廣、漢中、興平。

畿內賊至寧晉，掠南宮甚慘。尋走五臺山，山周數百里，賊據顯通寺，其中薪儲皆具，險阻足守，官軍不敢擊。

十二月己未，河南賊陷伊陽。庚申，陷盧氏。徧掠汝州、淅川、內鄉、光化、均州。戊寅，犯南陽。

庚辰，湖廣賊假進香客陷鄖西。

癸未，湖廣賊陷上津。丙戌，陝賊陷鎭安。

時秦賊旣盡入晉，流突畿輔、河南，至數十萬。而延綏賊首鑽天哨、開山斧獨據永寧關，前阻山險，下臨黃河，負固數年不下。延綏巡撫陳奇瑜謀取之，乃陽傳總制檄，發兵簡衆七千人，抵延川，潛師疾走入山。賊不虞大兵至，倉皇潰佚。焚其巢，縱擊，斬首千六百級，二賊死。分兵擊賊首一座城，斬之，延水盜悉平，奇瑜威名著關、陝。

是年，陝西、山西大饑。

七年（甲戌，一六三四）正月壬辰，降盜王剛、王之臣、通天柱等，至太原挾賞，巡撫戴君恩設宴誘剛等斬之，共斬四百二十九人。王之臣即豹五，通天柱孝義土賊也。而嵜嵐大盜高加計，號顯道神，尤橫。會大旱，饑民投賊者逾衆。

畿輔兵漸集，賊西竄。

河南賊自鄖陽渡江，薄穀城，掠光化、新野，而襄陽賊六路俱集，郡兵不能支。又賊四五千人入鄖界，圍均州，往荊門西北夷陵。

辛丑，陝賊陷洵陽，逼興安，西鄉土寇乘之，漢中震動。興安賊連陷紫陽、平利、白河，道臣王在臺固守興安，洪承疇赴援，城得全。時練國事移兵商、雒，賊南破鳳縣，入四川。

癸丑，陷（遷）〔遠〕安（據綏寇紀略卷二改）。

乙卯，楚賊陷房縣、保康。

南京兵部尚書呂維祺奏言：「南都、鳳、泗、承天，陵寢所在，宜以宿、壽、襄、葉爲咽喉。淮、徐則京師咽喉也，乞敕淮撫楊一鵬急宜預備，防賊東犯。」

二月壬戌，蜀賊陷興山。壬申，入瞿塘，陷夔州，一宿去。

賊既蔓延秦、晉、楚、豫之郊，流突無定，廷議以爲「各鎭撫事權不一，互相觀望，宜以重臣開督府，統攝諸道兵討賊」。制曰「可」。僉擬洪承疇因陝西三邊所恃，未可輕易。詔進延綏巡撫陳奇瑜兵部右侍郎，總督陝西、山西、河南、湖廣、四川軍務，視賊所向，隨方勦撫。奇瑜檄諸將會兵於陝、川。

三月己丑，南京右都御史唐世濟上言：「流寇有四：一亂民，一驛卒，一饑黎，一難氓。宜分別勦撫。」上善之，下總督奇瑜。

乙巳，川兵敗賊於巴州。

山西自去秋八月至是不雨，大饑，人相食。

四月丙辰，逮撫治鄖陽蔣允儀，以失陷鄖西諸邑也。

川賊渡利州河，紫陽平、白水等關，分四路。土人力拒之，賊走奉節。

楚賊在房縣，婦倍於男，總兵張全昌連擊敗之。

甲戌，發帑金五萬，命御史梁炳賑饑陝西。時山西永寧州民蘇倚哥，殺父母炙而食之。

川賊三萬人返屯鄖陽之黃龍灘，分三道：一均州，趨河南；一鄖陽，趨淅川；一趨商、洛、盧氏。張應昌兵敗於均州。

丁丑，川賊復入陝，陷兩當。己卯，陷鳳縣。先是，三邊總督洪承疇因插漢犯甘肅，卽漢中北行，至棧道青橋驛，聞州賊數萬營寧羌，乃返至沔州援之。賊由陽平關過河，奔鞏昌，承疇追至成縣，見賊勢盛，須益邊兵，乃檄副將賀人龍、劉成功等兵三千，赴藍田夾擊。及兩當、鳳縣連陷，賊分道，一向邊方，一向漢中。知府斷棧道，守雞頭關，賊不得前，間道犯城固、洋縣，官兵禦卻之。賊走石泉、漢陰，又別部賊二萬，由鳳縣趨寶鷄、汧陽求撫，承疇姑慰諭焉。時撫治鄖陽盧象昇、總督陳奇瑜以數省兵力萃於楚，楚賊盡西奔漢中。而川、巴、通江入西鄉者，復三二千，凡名賊盡歸漢中、興平，而接於商、雒。癸未，賊復謀入川，阻大江，入西安之終南。五月，陝別賊陷文縣。文縣去歲大旱，入秋早霜，冬無雪，今春不雨，斗米銀七錢。延綏西路數年不登。賊分部一略鄜延，一掠延慶，官軍迫之，賊皆傍終南山，竄入商、雒。羣盜畢集，深入大峪，承疇會師進逐之，遂東走網峪川，復入大山遠竄。

己亥，賊復出，再陷鳳縣、漢南，招撫之。賊一出棧道，西陷麟遊、永壽，東陷同安。庚子，賊走鳳翔，西趨汧陽、隴州。

乙巳，洪承疇自漢中西援甘肅。

巡撫陝西練國事奏：「今日最難有五：曰缺兵。大盜起延綏、榆林，兵不足轉調甘肅，自寧夏、甘肅再喪師，今防插漢尚不足，能分以勦賊乎？榆林兵止五千，陳奇瑜率以勦賊，而防秋又當西還，則兵愈少。二曰缺餉。西安、鳳翔兵荒，所留新餉，即使支盡，不抵三鎮之用，司府無可借，餉將安出？三曰缺官。荒盜頻仍，有參罰戴罪，有追贓客死，有失城就逮，道府且不樂就，何況有司？今官缺三十餘員，何以治民辦賊？故缺官宜急補，而參罰亦宜少減也。曰宗祿。秦俗囂悍，貧宗尤甚，垂涎賑金，漸不可長。曰驛扡。秦、晉驛遞，例不全給，今募夫之苦，更加千倍，故人人思遁。凡在衝路，宜全給以安其心。」

洪承疇進師岐山。駐三原賊十餘萬，承疇兵僅三千，張疑設伏，賊從耀州奔同州。時漢中兵三千四百有奇，總兵左光先等將之；臨鞏兵三千五百，總兵孫顯祖等將之；平涼兵千人，副總兵艾萬年將之，止可城守。總兵張全昌等兵六千，專視盜所向，爲援勦。

六月丙寅，總督奇瑜、鄖撫象昇勦竹山、竹谿各山寇，連戰，斬一千七百餘級。奇瑜復敗賊於硤石，斬七百餘人，滰死五千餘人，墮崖死者二千餘人。

七月，陝西降盜陷隴州。

己丑，洪承疇奏言：「入陝猖獗之賊，大抵可十四五萬，明知官軍一二萬不能四馳，恃其勢衆，旁伏遞進，則勦賊之難。賊多精騎，每跨雙馬，官軍馬三步七，則追逐之難。賊攻堡掠野，到處可資，官軍待餉轉運，則糧芻之難。賊入山負嵎，官兵相持一日，卽坐誤一日，則時日之難。且請鹽課銀三十萬，加曹變蛟秩，鼓其敵愾。」從之。

辛卯，賊至鳳翔西關，藉口奉督撫檄安插城內，守臣知其詐，給以門不敢啓，須縋城上，先登三十六人，盡殺之。總督陳奇瑜因借爲辭，劾地方官紳撓償撫局，以激上怒，命緹騎逮寶鷄知縣李嘉彥及鳳翔鄉紳孫鵬等五十餘人下刑部獄。

叛兵楊國棟擁三千騎，披雙鎧，直抵西安城下乞撫。巡撫練國事在鄠縣聞之，馳還，登南城，檄賊至濠畔，語一日夜，未決，度不受撫，必西走鄠、盩厔，密檄沿途官兵飭備，更設伏盩厔之夾水溝。時禾茂泥淖，騎不任馳，伏發，殲其半。國事遣官招之，諭殺渠自贖，予上賞。頃之，一賊斬國棟以獻，賊人人自疑，互戕千餘人，餘仍入南山。

乙未，洪承疇進次華州，各賊聞之，自朝邑折而北，奔澄城、郃陽。賊混世王等從鳳翔東奔，云犯西安。洪承疇馳一日夜入西安，檄諸路兵赴西安合擊賊。賊颺至西安東境，官軍以力疲未能出。承疇恐賊東出潼關，先令張全昌、曹變蛟間道走渭、華，遏其前，而自率兵至潼關紅鄉溝追賊。游擊李效祖、柏永鎭力戰，賊卻，不能出關，因登山。承疇馳赴藍田，欲從山後間道勦之。丙午，賊覘知官兵意，夜走商、雒。初，老回回等萬餘，先踞南雒山中，今又益盜萬餘，其地山谷險阻。承疇率諸將共兵三千人，赴潼關大峪口，截其出，仍備閿鄉、靈寶諸處。

總兵尤世威兵潰於雒南，羣賊越盧氏，奔永寧。先是，守隘諸兵露宿凡三月，皆致疫痢，不任戰。左良玉兵自內鄉赴援盧氏。

慶陽賊南下，烽火徹三原、涇陽、耀州、富平。

八月，上憂寇，詔發各鎭兵四萬五千，並赴河南。時豫賊衝突禹、許、長葛間，凡十三營，大營在永寧、盧氏，約九月向山東，誘官軍東出，謀襲汴梁。

陝賊復陷隴州，屯州城浹月，參將賀人龍等援隴州，賊圍之。羣賊到處烏合，簡精壯爲前驅，收婦女老弱，急則用之餌官軍，故諸臣動稱斬馘報捷，賊勢不減。

總督奇瑜報降賊一萬三千有奇，斬渠十人，餘俱延安民，並令還鄉。先是，賊爲洪承疇所逐，竄漢中，川兵扼巴西諸險，賊饑無所得食，故乞降於奇瑜，凡數萬人。奇瑜專事招撫，受其降，檄諸軍按甲無動，遣官監護降者。諸盜未大創，本無降意，徒以饑疲，困於地險，不得逞，姑從款以紓我師。奇瑜檄所過郡邑，爲具糗糧傳送之。既度棧道，已出險，數萬衆漸不受繩束，仍事殺掠，所至罷市。賊遂盡殺監護官五十員，攻陷麟遊、永壽，勢不可遏矣。

賊先鋒高傑降於賀人龍。人龍率以襲賊，卻之。

閏八月乙酉，陝賊陷靈臺。辛卯，陷崇信、白水。丙辰，陷涇州。

河南大旱。

壬寅，陳奇瑜至鳳縣。時賊益熾，北接慶陽，西至鞏昌，西北至邠州、長安，西南則盩厔、寶鷄，衆殆二十萬，始悔其見愚，分兵出禦，而兵已寡矣。

九月，賊二十餘營，西至函谷關，東至河陽，連屯百餘里。別賊萬餘，連營雒南、閿鄉。

癸亥，陝賊陷扶風。

庚午，命吳甡巡撫山西。

甲戌，豫賊東至於蘄水，大隊盡入黃州、廣濟。

兵部檄河南兵入同、華，湖廣兵入商雒，四川兵入漢中、興平，山西兵入韓城、蒲州。

丁丑，陝賊分三部：一由鳳縣攻漢中；一出略陽，由陽平關入梓潼、劍州，犯蜀；一由寧羌犯廣元。

辛巳，洪承疇遣副總兵左光先等援隴州，賀人龍圍始解。

十月甲寅，陝西巡按傅永淳上言：「漢南降盜陷城破邑，所在騷然。皆由奇瑜專主招降，謂盜已革心，不許道途訊詰，故郡邑不敢問。開門揖盜，勦撫兩妨，皆奇瑜之流毒也。」山西巡撫吳甡言：「招安流盜，最宜慎重，彼狼子野心，勢難馴服，况邊地窮荒，穉居無食，僅曰免死，遂甘心易慮乎哉！」

癸巳，河南盜掃地王等趨江北，自英、霍分掠潛山、太湖、宿松，別部陷陳州、靈寶。

己酉，楚賊自京山間道趨顯陵，明日遁入山中。時大寇仍聚秦中，老回回屯武功。

辛亥，河南賊陷盧氏。

上以秦寇猖獗，壬子，逮巡撫練國事，命李喬巡撫陝西。

官軍三敗賊於華陰、南原之間，斬首千二百級。

十一月，總督奇瑜請各撫、鎮分地責成，從之。時撫局大潰，賊氛日熾，故有是請，欲分委其過也。

壬戌，江北賊陷英山，焚霍山。

庚辰，削總督陳奇瑜職，聽勘。

十二月，進洪承疇兵部尚書，總督河南、山西、陝西、湖廣、保定、眞定等處軍務，其總督三邊如故。先是，西寧殺將領，承疇還軍定亂，賊遂分陷關、隴，西寧旣定，承疇自甘肅旋師東行。賊聞承疇將至，悉衆東奔，分道盡入河南，集宛、雒間。左良玉軍澠池，總兵陳永福合鄧玘軍南陽，頗有斬獲。而山西防河之戍，多逃自靈丘、廣昌，徑走五臺，陝西、鄖陽各處告警，賊游兵東下歸德。

八年（乙亥，一六三五）正月丁巳，河南賊陷滎陽，屠汜水，又陷固始。時秦賊數十萬出關，分爲三：一自陝州上平陽入晉；一自武關嚮襄陽入楚；一自盧氏東向，分犯河南、北。河南、北諸盜復分爲三：一走伊、汝，陷滎、汜，焚掠無遺，東剽及鄭州，復分道犯商城；一自葉、蔡南圍汝寧；一自懷慶東渡河，掠歸德、睢、汝、陳、許等州。其襄陽賊，與汝寧合十五營，衆數十萬，並入襄陽境。給事中常自裕上言：「中原天下安危所係，今羣盜充斥，乃僅以左良玉一旅塞新澠，陳治邦等數營扼汝州，陳永福孤軍堵南陽，賊勢日衆，兵力日分，賊二三十萬，大小七十二營，蜂屯伊、嵩、宛、雒之間。以數千官軍，東西堵拒，賊何所畏而不長驅哉！乞更選邊兵，統以廉勇之將，特選重臣視師，庶腹心不致決裂也。」

河南逸賊復入漢中，陷寧羌，轉入臨、鞏。

庚申，江北賊陷霍丘。

兵部議調西北邊兵及南兵，共七萬二千，餉九十三萬六千，并發內庫銀二十萬，齊赴督臣軍前，更命尚書承疇統率大兵出關節制諸路撫、鎮，合力勦除，期以六月掃蕩廓清，立頒上賞。如仍留餘孽，督、撫諸臣立寘重典。其進止一聽督臣，概不中制。承疇率軍赴河南。

陝西賊陷靈臺。

河南賊分三道：一趨六安，一趨鳳陽，一趨潁、濮。

壬戌，陷潁州，知州尹夢鰲、通判趙士寬俱闔室死之。

丙寅，賊陷鳳陽，鳳陽無城郭，賊大至，官軍無一人迎敵者，遂潰。賊焚皇陵，樓殿爲燼，燔松三十萬株，殺守陵太監六十餘人，縱高牆罪宗百餘人。留守朱國巷戰，斬賊二十七人，力竭死。渠帥地王、太平王入府治，知府顏容暄囚服匿獄中，賊縱囚，獲之，賊渠張蓋鼓吹坐堂上，杖容暄於堂下，殺之。推官萬文英等六人，武官四十一人俱殺。士民被殺者數萬，剖孕婦，注嬰兒於槊，燔公私邸舍二萬二千六百五十餘間，光燭百里。賊渠列幟自稱古元眞龍皇帝，恣掠三日。戊辰，太監盧九德、總兵楊御蕃以川兵三千救鳳陽，南京兵亦至。賊奔，以筳篿卜於神祠，不利，刳神像而去。賊拔營南下，沿途殺掠無遺，趨廬州。

丁卯，命洪承疇趣東馳剿寇。

甲戌，鳳陽賊陷巢縣，已，攻舒城，知縣章可試塞三門，開西門誘賊入，陷於坑，奔潰死千人，因掠霍山、合肥諸縣。是日圍六合，聚穉子百十，環木焚之，聽其哀號，以爲笑樂。又裸婦人數千，詈於城下，少有媿阻，即磔之，攻三日而去。

出帑金二十萬助剿餉；發太僕金十萬輸西安；其湖廣餉十九萬，資鎮筸等兵；鹽課十萬，貯淮、揚以防寇逸。初，兵部會戶部，調南北主客兵七萬，馬一萬五千，每兵日銀三分，米一升五合，馬日草一束，銀二分，豆三升，銀二分。計五閱月，約十一萬金云。

戊寅，江北賊自舒城抵廬江，邑人具幣求免，僞許之，夜襲城，城陷。己卯，陷無爲州。洪承疇抵河南，河南諸盜知承疇至，又入潼關。承疇遣副總兵來胤昌以千二百人往戍西安，令總兵秦翼明、游來朝間道向山東趨徐州，捍江北逸寇。

庚辰，江北賊滿天星、張大受等攻桐城，不利。賊渠乘輿繞城呼降，守將射中其腰，夜走潛、太諸邑。諸邑多山民，習獵，射虎豹，藥弩窩弓甚設，所在結寨殺賊，賊遂西向麻城，抵漢口。

二月，癸未，江北賊陷潛山。乙酉，陷羅田。

命總兵曹文詔勦寇陳、許。時湖廣扼賊，賊仍走太湖，攻陷之。而河南賊迫於諸路兵，其在南陽者，過應、隨駐棗陽。在汝寧者則入黃州。而鳳、潁賊入英、霍、蘄、黃一帶，騷擾殆遍。其在嵩、盧、靈、陝諸寇，密邇潼關。雒南者，又折入秦中，約六七萬，西安諸縣並遭蹂躪。有四大營，北渡渭，突剽邠、耀間。其山西寇，則在平陽、汾州諸縣，並野掠，而土寇助之。

癸未，巡按鳳陽御史吳振纓始以皇陵之變疏聞。是日，上當御經筵，特傳免，素服避殿，親祭告太廟，命百官修省，俱素服從事。逮巡撫鳳陽都御史楊一鵬并振纓下獄。一鵬論死，棄西市，振纓遣戍。

乙未，命侍郎朱大典總督漕運，巡撫鳳陽，同洪承疇協勦。承疇請「四川撫鎮俱移夔門、達州，進援襄、漢；湖廣撫鎮分駐承天、襄陽；鄖撫移駐鄖、襄，漕督移駐潁、亳，進援汝寧、歸德；山東撫臣移鎮曹、濮，進援江北、江南；山西撫臣移蒲州，進援靈、陝；陝西撫臣移商州，調度興安、漢中；河南撫臣移汝南、南陽間；保定撫鎮移駐邯鄲、磁州，可南北策應。」從之。

三月癸丑，湖廣賊陷麻城。

丙辰，省臣乞蠲陝西八年以上逋租，不許。

庚申，蘄、黃大盜爬天王擁衆八百餘人，村民擒之。身長八尺，自言「天亡我，非我罪也」。倡亂十二年，陷十州縣，其子日啖人心，髮、雙目俱赤。

先是，鳳陽賊奔蘄、黃，洪承疇次汝寧，慮其再入江北，令鄧玘扼之。令曹文詔邀之應、隨間，又總兵賀人龍、劉成功率兵分駐信陽、泌陽，恐其入豫也。

壬戌，漢中賊陷寧羌。

丙子，總兵鄧玘爲叛卒殺於樊城。玘無紀律，所將蜀兵好淫掠。餓騎營畔，玘避樓墜火死。舉營北竄，惟步卒未動，洪承疇命副總兵賈一選、周繼元分領之。

是月，給事中常自裕言：「皇上赫然振怒，調兵七萬，其實不過五萬；且分之各處，未足遏賊。鳳陽焚劫四日而馬爌至，歸德圍解三日而鄧玘來，潁、亳、安、廬之賊返旆而北，尤世威等信尙杳然。至賀人龍等，各處淫掠，所謂賊梳而軍櫛也。唯皇上嚴飭之，以信軍法。」

四月乙酉，承疇次汝州，以各寇之復入秦也，率諸將自汝入秦，檄曹文詔以師會。丙午，承疇次靈寶，文詔自南陽至。以商、雒爲賊藪，漢中、興平其寄境也，令文詔出閿鄉，直擣商、雒，自馳興安，遏其奔軼。

五月甲寅，曹文詔夜至五峪，寇伏險以誘，文詔擊敗之。張全昌自咸陽出興平之東，老回回等拒官兵，營五十里。賀人龍南入子午谷，奪其南徑。劉成功及游擊王永祥往東南，遏其北走，夜渡河走鄠縣，承疇亦渡河追之。丙辰，至王渠鎭。寇方下南山恣掠，賀人龍遽擊走之，追至大泥峪，寇舍騎登山。丁巳，官兵至鄠縣之秦王嶺，值寇，張全昌擊敗之。自是商、雒之寇逃終南山中，餘寇西奔興平。蓋冬、春之間，寇奔豫，奔楚，奔江北，其勢多而且散，至是寇又悉萃於秦矣。

六月壬午，下河南巡撫玄默於獄。丁酉，免陝西巡撫李喬官，議罪，以庸懦玩寇也。以甘學闊巡撫陝西。

乙酉，秦賊掩天動襲陷西和。

丙午，總兵曹文詔至婁羅寨，寇大至，力竭自刎。文詔敢鬬，前後殺賊萬計，爲賊所畏，官軍聞之奪氣。

秦賊在晉者，巡撫吳甡會兵逐之，走河南，惟顯道神、活地草、鄉里人三營留晉。甡方謀合兵勦滅，會西人入塞，斂兵防河，賊復熾。

七月癸亥，秦賊陷澄城。

八月壬午，陷咸陽。

丁酉，商、雒寇復入河南，犯盧氏。

癸卯，命湖廣巡撫盧象昇總理直隸、河南、山東、四川等處軍務，統關、遼兵，賜尚方劍，便宜行事，專制中原。洪承疇勦寇西北，象昇勦寇東南。如寇入秦，象昇進兵合擊。

十月壬辰，老回回襲陷陝州。

乙巳，上下詔罪己，避居武英殿，減膳徹樂，除典禮外，惟以青衣從事，以示與行間文武士卒甘苦相同之意。

先是，賊翻山鷂降於承疇，賊首闖王退屯乾州，承疇令降賊翻山鷂說之，不聽，南走武功。承疇追擊敗之，闖王率大隊自盩厔、武功分道渡河。

十一月辛酉，河南賊焚關廂而西。老回回犯南、鄧。

秦賊一字王等部衆二十萬，撞天王統十七萬，自潼關出犯閿鄉、靈寶，大隊東行，塵埃漲天，闊四十里，絡繹百里，老弱居中，精騎居外。左良玉與總兵祖寬兩軍相隔，東西七十里，遙望山頭，不敢邀擊。賊抄掠諸路，截燒糧草，諸軍乏食。秦賊屯於郾州，綿亙百里。

己未，祖寬破賊整齊王於九嵩，賊潰而爲二，東走偃、鞏，南走汝州。丙辰，羣賊大會於龍門、白沙，連營六十里，祖寬分兵襲擊之，斬首千餘級，羣賊敗衄，東南奔光、固，入霍丘，進逼鳳陽。淮督朱大典率兵馳壽州。

十二月乙酉，賊闖王、曹操數十萬圍光州，舁大礮二十座攻城，然二礮，城拉然崩頹。城中頃刻火作，賊乘而入，官吏士民屠戮無遺。

漢中羣賊會於漢南。戊戌，雅黎參將羅于莘連擊敗之，窮追賊於子午谷，奪其所掠子女二千口，賊奔饒風關。

庚子，江北賊陷巢縣、含山，遂襲陷和州。

九年（丙子，一六三六）正月丁未，總理盧象昇師次於鳳陽，諸道兵畢會。

壬子，闖王、闖塌天、八大王、搖天動七賊連營數十萬攻滁州，環山爲營，包絡原隰百餘里。行太僕寺卿李覺斯、知州劉大鞏督率士民固守。賊雲梯衝棚，穴地塡濠，百道環攻，城頭火輪巨礮相續發，訇轟毁諸山。出賊不意，縱將士奪其雲梯燔之，賊衄者衆，斂兵稍退。夜復進攻，掘爲支河，洩濠以涸之，賊騎黑牛渡河，城上連礮擊之，賊死益衆。

癸丑，賊退，掠邨落山谷婦女數百人，裸而沓淫之。已，盡斷其頭，孕者則刳其腹。環嚮堞植其跗而倒埋之，露其下私，血穢淋漓，以厭諸礮，守城兵多掩面不忍視。賊譟呼向城，城上燃礮，礮皆迸裂，或喑不鳴，城中惶懼。覺斯立命取民間圊牏亦數百枚，如其數，懸堞外嚮，以厭勝之。燃礮皆發，賊復大創，賊怒，攻益急。

甲寅，盧象昇合諸道兵馳援滁州，祖寬以關、遼勁卒爲前鋒，象昇以火攻三營爲後勁，躬率麾下三百騎居中督戰。昧爽，至城下。賊以雲梯魚麗肉薄攻城，已隳西北兩關羊馬牆，賊多空營出掠。塵起，大兵至，賊不虞也。祖寬躍馬而進，賊羣起接戰，諸將竝至，戰於城東五里橋，官軍踴躍爭奮，賊大潰。象昇麾諸軍追之，逐北五十里，積屍相撐枕，獲其器械甚衆，斬級一千二百。朱大典遣副將楊世恩復截之於定遠，斬六百餘級，其東奔者，劉良佐扼之於廣武。賊遂西突池河。乙卯，賊自池河別道出東岡。守禦劉光輝等以五百人守東岡，賊萬衆並至，孤軍格鬬，光輝等力竭，赴水死，一軍皆沒。賊襲其甲裳旂幟渡河，守者不覺也。既畢渡，賊乃奪路而走江浦，提督總兵杜弘域自浦口馳追之，不及。

丙辰，滁州潰奔諸賊西向鳳陽，犯園陵，漕撫朱大典、總兵楊御蕃列營陵牆，守甚嚴，賊不敢攻，遂西渡河，焚抄懷遠。

丁巳，棗陽土賊廖三、袁世儒、李玉石以牛酒迎河南大賊，張樂高讌，連夥入營。

癸亥，江北賊紫薇星陷懷遠。甲子，朱大典兵至懷遠，賊焚廬舍，北渡。己丑，陷靈壁，進逼泗州。

副將祖大樂敗賊於永城，斬賊首混天王，奪驢馬萬頭。鄖襄賊焚穀城，士民空城走。戊辰，江北賊陷蕭縣。己巳，陝西賊陷麟遊。滁陽敗北之賊，祖大樂再破之於永城，精鋭散亡大半，東奔宿州，突入沛縣，焚戮婦豎不遺，盡掠丁壯入營中。

壬申，河南別賊陷閿鄉。

給事中常自裕上言：「流寇數十萬，最強無過闖王，彼多番、漢降丁，堅甲鐵騎。洪承疇、盧象昇卽日報斬獲，不過別營小隊耳，於闖勢曾無損也。今秦賊在宜君、鄜州，不過闖將，當責成秦撫。豫賊在河南汝州者，止老回回數賊，當專責豫撫。而督理兩臣宜令專圖闖王。在承疇以王承恩、孫顯祖等邊兵、川兵二萬出關，由汝、魯疾趨光、固，遏其後。在象昇以祖大樂、祖寬等關兵、筸兵二萬，由息、潁奔英、六，截其前。淮撫朱大典、提督楊御蕃等屯於廬、霍，防其東突。應撫張國維以許自強等屯於潛、太，防其入安慶。楚撫王夢尹以秦翼明等屯於蘄、黄，防其南衝。唐、鄧、隨、棗之間，則責鄖撫宋祖舜。若獵獸合圍，則賊自無所逃。賊渠殲，而餘賊自成破竹矣。」

闖王合掃地王、紫金梁等二十四營攻徐州，不克，遂西陷虞城，入河南。一字王、曹操、掃地王五營由歸德趨開封，至石家樓。辛未，祖大樂潛師歸德截其前，分兵設伏，而以輕兵誘之，遇賊於雪園。既戰，官軍佯敗，賊爭先馳逐，大樂鳴鼓舉麾，東西兩翼突出攻賊，賊驚大亂，官兵三面奮擊，斬首一千四百餘級。

鄖、襄賊分爲二：一往均州，一入四川。

乙亥，羣賊大會於蘭陽。盧象昇駐師壽春。

二月丙子，賊陷潛山。己卯，陷太湖。

鄖、襄賊犯竹山。竹山自崇禎七年爲賊屠陷，八年十月，知縣黃應鵬僅棲草舍數椽。至是賊復至，應鵬棄城走，賊遂入據城。有徵糧六百石，盡爲賊有。食盡，焚縣治而去，爲空城矣。

山西饑，人相食。

甘肅總兵柳紹宗敗賊過天星於西寧州。過天星合九條龍等八營，西掠蘭河，南擾會寧。洪承疇檄左光先與紹宗合兵擊之，絕其西奔。賊復自萬安走鹽池，兩軍力戰破之，賊窮蹙請降。陝西巡撫甘學闊受其降，安插其部數萬人於延安。尋延河劫掠如故。

三月丙午，山西賊陷和順。

兵部奏：「賊在秦、豫山中。聞其向來糧餉，多由淅川水運以通荆、襄賈販，可艘而致之，宜遣將往淅川斷寇。」報可。

丁未，賊九條龍、張胖子從南漳、柳池陷穀城、官山，逼保康，二千里焚掠靡遺。庚戌，陷竹溪、房山，知保康城空不入。總理盧象昇率諸將追賊至穀城。丁巳，賊走鄖州，官軍三道並進，大霧，賊迷道，不知兵至，倉猝接戰，奔山。官軍逐之，賊顛而墜者無算。殺賊將黑煞神、飛山虎，追奔數十里，屍塡溝塹。時河南巡撫亦討内鄉、淅川餘寇。祖寬、李重鎮兵由荆門達荆州，防其奔軼。會秦翼明、楊世臣等搜山，祖大樂由光、鄧夾擊江北，賊畧盡，河南賊少，大寇俱遁秦、楚萬山之中。象昇言：「秦、豫、楚大山綿亙千里，賊出沒無端，若奮勦窮追，何地可歇！凡崇岡峻嶺，密箐深林，扳木懸崖，日行三四十里，馬不能進，人苦於登。此時折色銀無所用，本色糧無從運，車驢無所施，勢必以人負米二斗，隨兵來往。日食一升，一供兵，一自贍，十日而二斗之糧盡。無論此十日内遇賊勝負，而以千兵入，須千人肩運，萬兵入，須萬人肩運，即賊不出，而俱歸於盡矣。」

唐王聿鍵奏：「南陽洊饑，有母烹其女者。」

癸亥，陝西巡撫甘學闊削籍，聽勘，以孫傳庭代之。

乙丑，賊闖王、蝎子塊自興安入漢中。

甲戌，撫治鄖陽宋祖舜削籍，以追寇失利，亡其符印。

四月，以苗胙土撫治鄖陽。

免上津等十五州縣田租。

辛丑，總理盧象昇會師次於洛陽。

五月癸丑，下詔大赦山、陝脅從羣盜。令地方多方安插，以消反側，違者重治之。

是月，陝賊過天星復叛於延安，謀渡河入山西。李自成、老回回、混十萬等數部，自楚、豫入商南、雒南大嶺。

總兵秦翼明擊賊南漳山中，敗之。

總兵俞沖霄擊賊安定，恃捷輕進，敗沒。

命職方員外郎包鳳起齎詔招撫羣盜。

六月乙酉，洪承疇上言：「秦中兵今實數共騎步一萬三千有奇，見選川兵五千有奇，俱步卒，專藍田、商、雒等處，堵剿秦、豫接界之寇。先是，闖將李自成衆約三四萬，混天王衆約二萬，過天星、滿天星衆約二三萬，歷次剿散。混天王逃延綏、定邊，勢孤，復合闖將、過天星、滿天星等，今奔延綏等處，猶可督責收拾。闖塌天、闖王、蝎子塊俱出鄖、襄，已奔興安、漢中。進則入三秦，退可犯楚、豫。亟宜合兵湊餉，力圖協剿。」

七月癸丑，陝西賊陷成縣。

壬戌，巡撫陝西孫傳庭擊賊於盩厔，大破之，擒賊首闖王高迎祥及劉哲等，獻俘闕下，磔於市。蝎子塊走河西。

八月庚辰，老回回焚開封西關。時羣盜出沒豫、楚間，屢衄，散而復合。

九月，京師戒嚴，命總理盧象昇總督各鎮兵入援。癸亥，改象昇總督宣、大、山西軍務。初，象昇方追賊至鄖西，聞警，以師入衞，遂有改督之命。時闖王已誅，蝎子塊已爲象昇追逐入秦，河南少寧。自羣盜擾河南、北者三年，夾河千里，鷄犬無聲，闤市盡空，荒村深谷，殘黎多夜伏豐草深林中，採野穗以食，田壠間亂木枒槎皆成拱矣。虎狼千百成羣，杳非人境。賊既無可掠，而象昇合大軍於中原，羅而蹙之，羣盜盡入楚疆，悉銳以相持。及是象昇既以關、遼之兵北去，老回回等盤踞鄖、襄間，休糧息馬，秋高足食，乃以全軍合曹操、闖塌天諸賊，共二十萬，沿江長驅而下，蘄、黄、六合、懷寧、望江、江浦所在告警，烽火及於儀、揚矣。

壬戌，寇至尉氏。甲子，至登封，至汝南。於是寇復入河南矣。

己巳，以兵部侍郎王家貞巡撫河南，總理直隸、川、湖、山、陝軍務。

十月甲申，河南賊陷襄城。

漢南賊陷褒城。

十二月，以鄖、襄賊逞，罷撫治都御史苗胙土，以陳良訓代之。

十年（丁丑，一六三七）正月丙午，老回回等趨桐城。

丁未，總兵秦翼明逐賊於麻城、黃岡間，敗之。老回回所部整齊王、八大王九營潰而爲四。一支走羅田，一支走團風鎮，一支向蘄水，一支趨岐亭。闖塌天等諸賊分兩路至江北。一自桐城犯廬江、舒城，一由光、固踰霍山、六合東行。各分爲數十股，分擾江北。戊午，淮撫朱大典馳赴之。時諸賊混天星侵軼商、雒，李自成縱横西安，過天星盤踞汧、隴，獨行狼在漢南，蝎子塊在河西，與西番合謀。其餘楚賊盡在江北，而豫賊亦自光、固而南會之。應天巡撫張國維駐師京口，沿江戒嚴。甲子，别賊自潁、亳趨滁州，營火夜燭數十里，羣賊會之。至池河，禮醮於大山寺，薦拔亡者，遂分屯大江、小江、皇甫、常山諸山，儀眞、六合人民俱倚擔而立。

二月，左良玉大破賊於舒城、六安，連戰三捷。秦翼明敗闖塌天於細石嶺，擒賊首一條葱、新來虎。賊至英山，分營山險，伐竹爲筏，謀渡江，潛竄大山中。張國維檄左良玉入山搜捕，良玉新立功，驕蹇不奉調發，憚入山險，屯於舒城。逾月，擁降丁萬人，軍中婦豎數千，爲營環數十里，所至焚劫，壯丁衣緋横行，邨集爲虛。國維三檄之，始自舒城進發，賊已餉掠出境。山西總兵王忠以兵援河南，稱病，數月不進，一軍譟而西歸。給事中凌義渠劾之，詔逮王忠入都。革良玉職，殺賊自贖。

乙酉，命陝西巡撫孫傳庭兼總理河南。

閏四月壬寅，以熊文燦爲兵部尚書兼副都御史，總理直隸、山、陝、川、湖軍務，督勦流寇。時文燦新平閩寇，有威望，故有是命。

大旱。

羣盜盤踞江北，老回回等八營，謀避暑六安，乃散入灊山、太湖諸嶺蔭林樾以息馬，時出抄掠。因分屯醉石嶺諸路，離安慶四十里而軍。

河南巡撫陳必謙罷，以常道立代之。

廷議大發兵，計臣苦於無餉，兵部尚書楊嗣昌建議，因改糧爲均輸，以濟軍食，因加賦二萬兩。下詔有「暫累吾民一年，除此腹心大患」等語。

五月，鄖、襄賊犯荆州，焚荆王墳園。

七月，以史可法爲右僉都御史，巡撫安、廬、池、太等處軍務，時以寇患，故創設。

丁亥，江北賊陷六合，遂圍天長。

八月戊申，賊突入鳳陽，掠械器而出，渡河分往河南、泗州。

十月，陝賊過天星同李自成入蜀，混天王、蝎子塊隨之。川兵大敗混、蝎二賊於廣元，斬首千級。

十一月庚寅，兵部尚書楊嗣昌請限勦寇之期，令秦撫斷商南、雒南，鄖撫斷鄖西，楚撫斷常德、黃州，安慶撫斷英、六，鳳撫斷潁、亳，應撫截潛山、太和，江西撫截黃梅、廣濟，東撫截徐、宿，晉撫截陝州、靈寶，保定撫扼渡延津一帶。總理熊文燦提邊兵，太監劉元斌提禁旅，豫撫率左良玉、陳永福等兵合勦中原。從之。

癸巳，江北賊陷靈壁。

十二月，禁軍大集於襄陽，賊盡走鄖西。

乙巳，以戴東旻爲都御史，撫治鄖陽。命洪承疇合孫傳庭幷勦河南寇。

十一年（戊寅，一六三八）正月，總兵左良玉、陳洪範大破賊於鄖西。

二月，巡按河南御史張任學改都督僉事總兵官，鎭守河南。任學欲薦故丹徒縣知縣張放，極詆諸總兵不足恃，盛稱文吏原有奇才，可以禦寇，故有是命。

三月，戶部主事張縉彥言：「臣任清澗知縣，於兵情賊勢親見有素。蓋賊之得勢在流，而賊之失勢在止；賊之長技在分，而賊之窮技在合；賊之乘時在秋、夏，而賊之失時在冬、春。昔大賊王嘉胤破河曲，據其城，曹文詔等奪門砍殺，而嘉胤殲。李老柴破中都，據其城，巡撫練國事督兵攻圍，而老柴擒。神一元破寧塞，據其城，左光先等與戰而一元死。譚雄破安塞，據其城，王承恩等攻圍而譚雄誅。此皆守而不去之賊，故速死也。過天星、老回回、混十萬等，所破城邑無算，官軍未至，旋即奔逸。此皆流而不居之賊，故緩死也。賊入晉、豫，分頭成部。自秦及汝、雒，以至江北，無處不被賊。豈賊眞有數十百萬，蓋分股以披其黨，牽掣我兵，故見多也。前總督陳奇瑜，驅天下之賊盡入漢中，出棧道關，正可一鼓而滅。乃以招安致敗，不可復收。古人以八日而平賊數萬者，利其合也。夏、秋之間，芻糧盡在塲圃，足供士馬之資。冬、春非破城攻堡，不能得食，官兵促之則尤易，故時有利有不利也。今若欲破賊，惟在亂其所長而使之短，破其所得而使之失。直截以攻之，分番兩軍，一追一駐，賊當之必破矣。賊黨雖衆，大都觀望，其先倡者，不過一二支，故盡一股則論賞，不必事平彙敍。縱一股則論罰，不許報級塞責。賊不望風而靡，未之有也。」上是之。四月丙申，奪總督洪承疇尙書爵，仍以侍郎總督，總兵左光先、曹變蛟並奪五級，限五月盡賊。

六月，逮湖廣巡撫余應桂，以方孔炤代之。

八月，總督洪承疇報陝西賊勦降畧盡，命出關向河南、湖廣。

癸卯，江北賊陷睢寧。

曹操會羣盜過天星、托天王、十反王、整齊王、小秦王、混世王、整十萬、革裏眼於陜州，遂南走內鄉、淅川，犯襄陽。

九月庚申，熊文燦次於襄陽。甲子，遣副將龍在田邀擊革裏眼、射塌天於雙溝，大破之，老回回等俱東奔棗陽。諸軍追逐數十里，斬首六千級，奪其牛馬騾萬頭，羣盜披靡四逸。曹操獨留內、淅山中，勢孤，守險自保。文燦檄良玉、洪範進兵淅川，招安羣賊。

十月，京師戒嚴，召孫傳庭於陜西，召洪承疇於三邊。於是承疇、傳庭率諸將合兵五萬，先後出潼關入援。曹操聞之，謂爲勦己也，率九營從鄖陽淺渚亂流而涉，突走均州，叩太和山提督太監李維政乞撫。維政爲言於文燦，文燦乃檄止諸軍。曹操九營俱就撫，文燦上言請貸其罪。令諸將宴曹操於迎恩官署，授操爲遊擊將軍，供億甚備。曹操名羅汝才。

庚戌，以丁啓睿爲都御史，巡撫陜西。

羅汝才既撫，分屯羣賊於房、竹，保障四邑，自言「不願受署爲官，幷不願食餉，願爲百姓耕田此中而已。」文燦一切爲羈縻，檄汝才解散脅從諸衆，簡驍壯從征立功。汝才不聽，因與鄖、均諸邑居民分地錯壤而居。時張獻忠亦就撫，屯穀城，汝才遙與爲聲援。

撫治鄖陽戴東旻奏曰：「曹操、過天星十數大寇，近以理臣襄陽之捷，回、革東逸，曹操就撫，分插其衆於鄖、均諸邑，不從解散之令，且曰：『願爲百姓耕田。』此目前盜鈴之說耳。

張獻忠入據穀城，屢檄不前，將侵民間田熟，分其夏秋之糧，稍不遂意，干戈遂起。荆、襄重地，今數省大寇環聚二三百里，羽翼已成，將有不可言者。然各賊盡聚鄖地，四面合圍，有釜魚穽獸之勢。以理臣各鎮現在兵馬，再令督臣發秦兵，由興安馳赴，協同掃蕩，渠魁授首，脅從盡散，此實蕩平之機也。」

十二月，改洪承疇薊遼總督，孫傳庭保定總督。傳庭以失聰辭，上不許。尋逮傳庭繫獄。

十二年（己卯，一六三九）正月癸未，巡撫河南常道立削籍，以縱寇渡河也。以李仙風代之。

二月，左良玉大破河南賊飛虎劉國能於許州，國能降。老回回旣東奔，請降於監軍孔貞會，未決，革裏眼、射塌天等東走，合於混十萬，分掠信陽、光山。

三月，羣盜集於固始東北，阻河。河上之兵嚴守，不得渡，羣盜乃趨六安，息馬茶山以避夏。

庚午，逮河南總兵張任學。

左良玉大敗河南賊於內鄉，上聞其步兵淫掠，責之。

四月戊子，撫治鄖陽戴東旻免，以王鼇永代之。

辛卯，左良玉再破射塌天、老回回、改世王於河南之鎮城。射塌天乞撫，連營百里，奪民二麥以自給。良玉遣人諭止之，不聽。

戊申，良玉率副將陳永福、金聲桓會兵壓賊壘，賊倉卒接戰，諸大軍擊之，斬首二千七百。賊退保山險，良玉遣降將劉國能招之。

庚戌，射塌天李萬慶率其衆四千，解甲詣內鄉城下，降於良玉。良玉言於文燦。文燦署國能爲守備，其黨散去七千餘人。賊渡淮走光山，或走黃州境，革裏眼走商城。

六月，張獻忠復叛於穀城，羅汝才九營並起應之。七月，二賊合於房縣。左良玉追及之，大敗而還，良玉失其符印。事聞，革文燦任，仍視事；降良玉職，戴罪殺賊。

安慶巡撫史可法以憂歸。

初，文燦與大學士楊嗣昌深相結納，嗣昌冀文燦成功，以結上知。文燦既僨，嗣昌內不自安，請督師南討，上甚慰勞之。

八月壬戌，命大學士嗣昌以兵部尙書督師討賊，賜尙方劍，幷督師輔臣銀印，給帑金四萬，賞功牌千五百，蟒紵緋絹各五百。

九月丁卯，嗣昌陛辭，上宴於平臺後殿。上手觴嗣昌三爵，賜詩，勒詩於各文廟。嗣昌南征，會兵十萬，本折色銀二百餘萬兩。

十月，嗣昌至襄陽，入熊文燦軍中。詔逮文燦入京，論死，棄西市。

丙子，拜左良玉爲平賊將軍。良玉所部多降將，嗣昌謂可倚以辦賊，爲請於上，故有是命。

老回回、革裏眼、左金王南營四股合二萬人，分屯英、霍、潛、太諸山寨，突犯安慶、桐城諸路。遼將黃得功、川將杜先春屢戰卻賊，賊每避兩軍。賊多購蘄、黃人爲間，或擕藥囊著蔡爲醫卜，或談青烏姑布星家言，或緇流黃冠，或爲乞丐戲術，分布江、皖諸境，覘虛實，時時突出焚掠，相持踰年，毒流四境。

是年，兩京、河南、山東、山西旱饑。

十三年（庚辰，一六四〇）正月乙丑，逮湖廣巡撫方孔炤，命宋一鶴代之。

閏正月，督師嗣昌奏辟永州推官萬元吉爲軍前監紀，從之。

二月甲子，給楊嗣昌萬金，賜斗牛服，又賜海騮馬一，棗騮馬一，金鞍二。嗣昌駐襄陽，調兵會勦，以陝西興安一路失期，斬其監軍殷太白。

辛未，羅汝才掠信陽，尋陷光州。

三月丙申，嗣昌次荆門，立大勦營，以新募湖南殺手二千人隸之。更以戲下騎兵爲上將營，新撫降丁皆隸焉，以副將猛如虎將之。

四月，罷鄖撫王鼇永，以袁繼咸代之。

五月，羅汝才、過天星七股盡入蜀。監軍萬元吉扼夔門。

癸未，賊陷大昌，犯夔州石砫，女帥秦良玉發兵援夔州。萬元吉與合兵，以舟師由巫山上三峽。賊十三哨過夔門，魚貫而進，羅汝才爲殿，官軍遙望不敢擊。賊循河而行，欲渡川西。元吉、左良玉、川撫邵捷春俱會於夔州，副將賀人龍所將陝兵驍勇善戰，而多擁降丁，思得總兵號名以統轄之，捷春爲請於嗣昌。初，嗣昌以良玉兵強足破賊，表佩平賊將軍印，良玉進止多不從節度，嗣昌乃密疏於朝，請以人龍易之，後不果，人龍始怨。

羅、過諸賊自夔州山後抄掠，官軍分扼諸隘，賊掠無所得。副將羅于莘擊過天星於鄭家寨，敗之，過天星以百騎走。羣盜既困，謀奪尖山西走。四川總兵鄭嘉棟、湖廣副將張應元、汪雲鳳會陝西副將賀人龍、李國奇之師赴之，賊以奇兵攻尖山寨，人龍等諸軍奮呼齊進，入賊陣，斷賊爲二。賊皆騎，陷泥淖，不得馳。川兵跳澗谷，類猿猱，賊潰，自相騰踐，斬首七百餘，生擒自來虎等七十一人，奪甲仗馬騾無算。賊退屯羊橋，四出抄掠，石砫兵邀之於馬家寨，復斬首七百，又追破之留馬埡，斬賊首東山虎。

庚子，賊屯譚家坪南北兩山，山頭張幕，魚鱗相掩疊，諸軍分道並進，南山賊拔寨起先走，北山賊馳而下，逆擊官軍。諸軍薄之，賊不能當，退守山巔，不動。官軍仍分兵疾走，繞山後，前後齊登，賊披靡，竄走澗谷，諸將皆下馬，人曳草履一量，緣山逐賊，自龍溪追奔四十里，斬首千一百餘級，賊走營仙寺嶺。癸卯，諸將會秦、楚、蜀兵擊賊於嶺上。諸軍雲合，賊營大亂，斬首千級。秦兵奪羅汝才大旗，擒其老管隊副塌天，賊突圍，遁走七箐坎，入於乾溪。

丙午，羅、過諸賊犯夔州下關城。羅汝才老而滑，多機詐，過天星多擁徒衆，二賊以智力相倚，至是屢戰不利，謀歸楚，以瞿塘水漲不得渡，反走下關城。巡撫捷春檄總兵嘉棟、副將應元、雲鳳以楚兵自夔州出雲陽邀其前。監軍元吉督人龍等將秦師，間道疾走尖山以截之。夔府山溪險隘，七賊連營數萬，林樾不能勝營帳，酷暑，炎歊毒人，馬矢熏達數十里，蚊蚋噆草間，人馬俱病。羅、過分道西行，汝才率小秦王、上天王、混世王、一連鷹五營走雲陽尖山壩；過天星、關索二營走雲陽水碓口；期同會於開寧。戊申，人龍等追賊至七箐坎，賊簡其銳爲殿以挑官軍，潛以老營先走，人龍擊破殿後兵，長驅擣其中堅，賊逾山，人龍亦逾山，夜抵馬溺溪，壓（城）〔賊〕（據張岱石匱書後集卷六十二改）壘而軍。

是月，江北賊陷羅田。

黄梅貢士吳卿上言：「流賊肆毒，姦宄出沒，尤善偵走。如官軍在汝、潁、襄、德，彼奪鳳陽、臨淮，一日一夜，兼程行數百里。光州、固始，爲吳、楚往來之要地，宜設一道臣於此，此亦扼吭之計也。然賊分則寡，合則衆，晝則賊騎相顧，夜則賊營遠哨。且賊日馳二百里，酗酒耽色，渴睡不醒，若將卒勇敢，銜枚夜襲，賊不能覺也。今兵不殺賊，反以仇民，窮鄉男婦匿林逃難，割首獻功以愚主將，主將以愚監紀，監紀不知，遂奏其功，此弊踵行久矣，所當痛懲者也。」

六月辛亥，昧爽，賀人龍等諸將薄賊營，賊奔已疲。秦師三道俱進，大譟，騰而上，賊驚潰，秦、蜀軍爭逐之，斬首千二百，俘六百人，赦其俘一桿槍、自來虎、伍林三人，隸爲軍鋒。壬子，秦軍躡賊而前，度賊必設伏以邀我，遣都司李仲興、高光榮勒輕騎先往，人龍、國奇潛以大兵繼之。二將已入隘，賊伏起兩山間，圍之數重。二將戰方酣，人龍、國奇麾兵並進，譟而揚塵，聲動山谷，圍中奮呼以應之。賊圍開四潰，斬首五百餘級，生擒賊渠掠山虎十六人。羅汝才精騎二千餘，二日之內，俘其部曲四十人，斬馘無算，精銳殆盡，狼狽東走，與四營合，保其婦豎共萬人，走大寧之小嶺，諸將扼之於夔東。己卯，過天星、闖索走開縣，屯南壩，知羅汝才東竄，而楚、蜀兵漸逼，因北走。丁巳，鄭嘉棟率諸將連營躡賊，及之於觀音山，逐北二十里，至於臨江，斬首二百餘。張應元窮追至寶山，遇賊百餘騎，擊殺二十騎，餘騎皆大呼釋甲。渠托天王常國安請降，應元止兵，裂帛作書，令國安所部抓地虎馳諭過天星。過天星曰：「必托天王身至爲信，乃降也。」抓地虎反命。庚申，賊首高守達率麾下二百騎來奔，過天星逐之，邀止百餘騎，來者七十五騎，皆關西健兒，常爲楚師軍鋒。辛酉，過天星西走，諸軍拔營逐之，至新寧西關外，賊騎三千，不戰而走。高守達率其健兒當先陷陣，賊陣亂，馬竄禾中泥，驚踶相騰踐，官軍僦而射之。追奔二十里，血流稻畦，泥徧赤。酷日炎赫，刀甲皆生烟。諸軍以泥滑不得馳，斂兵壁於風烈鋪，諸軍共獲首千七百餘級，擒賊首流金錘、金狗兒，奪馬騾三百。過、關二賊東奔達州，張應元等進逼之。丁卯，常國安前驅遇賊，川、楚兵並進，斬首二百餘，奪其營，賊奔袁壩驛，設伏溝澗中，營火出林間如星者二十里。明日，應元等前驅搏戰，令常國安、高守達繞谷中擣其脇。賊伏發，戰方接，國安突出四圍奮呼，賊驚墜山澗，共斬首九百，獲甲仗弓矢無算，生擒滾地狼等一十七人，降其管隊可天虎等四十人。庚午，賊自袁壩東奔開縣，至高城，諸將分營出戰，嘉棟將中軍，副將羅于莘將左軍，降將楊旭、一隻虎將右軍，戰於城下。賊敗，走大昌。

七月，羅汝才、小秦王、上天王、混世王、一連鷺連營踞大寧。監軍元吉在夔，遣守備劉正國及羅營降丁伍林入其營招之。汝才疑以香油坪之役殺我楊、羅二將，或不赦，擒正國東走，聲言詣夷陵，乞撫於督師。先是，汝才與金翅鵰不相能，金翅鵰常懼爲所并。至是，小秦王、金翅鵰相率降於嗣昌。汝才殺伍林，劉正國東走巫山，左良玉兵分屯興、房、二竹間。汝才屢敗，黨羽多降，勢益孤。而張獻忠時在巴、巫，與良玉相持，謀西走，汝才遂合於獻忠，謀渡川西走。

過天星素與獻忠有郄，前在新寧，諸將招之，過天星對常國安曰：「作賊非本懷。」諸將驟攻之，狼狽東走。聞羅、張既合，益懷不竝立之勢，決計歸命。左良玉乘勝移師擊之。過天星惠登相乞降，嗣昌令良玉撫其衆七千人，簡其精銳隸良玉軍中，安其老弱於鄖西，以降將掃地王、李靖王隸監軍元吉。登相，清澗人。

八月癸丑，元吉遣降丁入羅汝才營，嗣昌復命降將金翅鵬所部飛上天入其營招之，汝才逡巡未決。時張、羅新合，獻忠懼汝才之再降也，日說汝才毋爲官軍所獲，且曰：「闖部已俘過天星闕下矣。」元吉請檄左良玉擒惠登相至陣前招汝才，汝才必聽。嗣昌不從，汝才降意遂絕。

饑民復相煽爲盜，嘯聚太行山，所在蠭起應之。

江北賊革裏眼、左金王突霍、太間，上命太監劉元斌監禁軍六千馳赴河南江北，合皖、豫兵討之。禁軍擊破賊於霍山，賊竄走，尋陷麻城、黃梅。

是月，發倉賑河東，給金三萬賑眞定、山東、河南饑民。

給事中戴明說上言：「荒極盜起，蠢動疊告，畿輔、淮陽、陝西、中州所在不一，皆緣撫、按有司素不休養，饑荒不卹，招徠無策。迨盜起議勦，死於鋒鏑者，此百姓也；用兵加餉，死於追呼者，此百姓也。今乞責成撫、按諸臣，以卹荒弭盜爲第一事。」上是之。

九月，上諭河南巡撫：「誅勦以平賊爲功，不必屢報捷級，無裨掃蕩。」

丁亥，河南郟縣盜李際遇、申請、邦任辰、張鼎衆至五萬，總兵王繼禹遣游擊高謙擊之，一日三捷，斬二千餘級，追至尉氏。

己丑，嗣昌屯巫山。先是，關索敗，伏深箐中，聞過天星降，益懼。嗣昌遣人招之。關索見諸降將效力軍前，遂來歸，與其黨王光恩謁嗣昌於巫山舟次，率其副楊光甫等數人頓首涕泣，請死罪。嗣昌撫慰之，給以銀幣。光恩，延安人；光甫，鄖陽人。所部六千，殺傷散亡，已去其半，存者三千，乃簡其精銳赴軍前殺賊。羅汝才之入川也，凡九股：整十萬、掃地王、小秦王、金翅鵬、托天王、過天星、關索。惟汝才合於獻忠，其八相繼俱降矣。嗣昌飛章以聞，敍賚文武將吏有差。

是月，秦師大破賊於函谷，斬首數千，誅蝎子塊。餘賊分竄延安、慶陽。回、左、革諸賊走英、霍，逼鳳陽。

十月，嗣昌在夔州，令楚將王允成、楊文富自巴、巫趨當陽東勦。回、革趨楚。撫軍宋一鶴赴蘄、黃協勦，命諸將分屯襄、鄖、承天諸扼要。

降將埽地王張一川擊獻賊於梓潼，陷陣被擒，賊剮之。監軍元吉命衈其妻子於夷陵。

十一月，陞陝撫丁啓睿總督陝西三邊、山西、河南軍務。

河南巡撫李仙風率諸將高謙、李建武擊河北賊於荣園，斬首一千三百餘級。

十二月，楚、豫、皖兵大集，回、革懼而乞招撫。丙辰，監軍員外郎楊卓然入二賊營議之。

是冬，闖賊困於崤、函，蝎子塊既死，羣賊滿天星、張妙子、邢家米及闖賊部將大天王、鎮天王、一條龍、小紅狼、九梁星相繼請降。闖賊潰圍而出。

是年，兩京、山東、河南、山西、陝西、浙江大旱蝗。至冬大饑，人相食，草木俱盡，道殣相望。河南土寇並起，自眞定至河上道路梗塞。開州人袁時中聚衆數萬破開州。時壽州賊有袁老山一營，時中自號「小袁營」以別之。諸賊各有衆數萬，惟時中最桀黠，羣賊相繼敗死，時中走河南。

十四年（辛巳，一六四一）正月甲辰，山東土賊李廷實、李鼎鉉陷高唐州。時山東盜起，東平、東阿、張秋、肥城所在皆賊。兖州二十州縣，一時嘯聚響應，惟濟寧、滋陽無盜。京畿道梗，省直餉銀數百萬俱阻於兖州。東平州吏胥倡亂，迎賊入城據之。巡撫王國寶發六道官兵防兖州，檄總兵劉澤清擊破東平賊，復其城。

河南土賊艾一、侯二、侯四嘯聚數千人，封丘知縣蘇茂柏擊破之。

二月丁卯，河南土賊陷新野。

張獻忠、羅汝才俱自川入楚，惟搖天動留川東。萬元吉留秦、蜀兵千八百，屯白帝、神女之間，絕其入楚路。

戊午，河南土寇瓦罐子、一斗穀諸盜盡歸於李自成，合攻開封。

山東土賊留東阿、汶上。時東寇益熾，徐、德數千里白骨縱橫，又旱荒大饑，民父子相食，行人斷絕。

革、左諸賊因張、羅遠竄，豫、皖之兵四集，急而歸款。楊卓然議插之潛、太間。二盜實無降意，借款以緩師，而公行肆掠。卓然每左右之，以塞人責。及闖、獻陷襄、雒，革、左遂乘機復熾，倚山剽攻。詔朱大典進總督，節制諸路鎮撫兵，進英、霍以討之。

己丑，魯王捐金數萬，募兵於山東以防盜。

丙寅，河南土賊孟三陷河陰，據之。游擊高謙攻圍七晝夜，拔之，斬孟三。

三月，革山東巡撫王國寶職。命楊御蕃、劉澤清會兵勦曹、濮賊。

是春，招安內丘、山西餘寇。

革、左賊五營，聞獻忠東來，走廨城以勾之。湖廣巡撫宋一鶴聞之，渡江進兵屯蘄州，擒賊諜，焚舟斷渡。

五月，設徐、臨、通、津四鎮以護漕，以東寇熾故也。

河南土寇袁時中聚衆至二十萬，入江北，窺鳳、泗。自宿、亳入蒙城，土礦羣盜蟻附之。丁丑，朱大典率諸軍擊敗之，率衆保險，潛棄牲畜宵遁。丁酉，總兵劉良佐簡驍騎自義門追擊五十里，賊竄逸深林。良佐分輕兵追捕，明日，及賊大隊，賊方扼險拒守，官軍以火礮奮擊之。賊大奔，自義門至界溝二百里，尸撑交横，棄仗滿阡陌。賊或自經林間，或自刎，餘或降或逸去，二十萬衆鳥獸散。時中以數百騎宵遁，北渡河，走入河南，所獲仗甲弓矢山積。

泰安土寇十餘萬掠寧陽、曲阜、兖州，所至燔屋廬，掠婦女。賊蒙婦女以甲胄，執刀仗，僞爲男子守營，賊則四出焚掠。聞青州兵至，遂走邳州，焚其南郭，至沙溝，屠戮嬰穉不遺。庚子，犯徐州北關，焚之，抄劫至揚州南沙河店，燬漕船十六艘，復東北行入東平州。豐縣土寇十餘萬圍縣城，徐州賊合之，攻城愈急。東平賊首李青山屯於梁山。

六月，兩京、山東、河南、浙江旱蝗，多饑盜。

庚戌，革、左諸賊陷宿松、英山，朱大典駐師壽州，造長槍三千，長丈二尺，鳥銃三千，大閱諸軍數萬人，剋期入山搜勦。賊方分掠諸縣，聞之盡合營屯潛山。

七月庚辰，革、左陷潛山，遂圍麻城。督師丁啓睿大破賊於麻城，斬千二百級，賊解圍去。

九月，羅汝才自南陽趨鄧、淅，以合於闖賊。時獻忠大敗於南陽，其衆散盡，闖賊踞河、雒，有衆五十萬，故汝才往附之。

張獻忠敗，奔命於回、革、左諸軍，同入霍山扼險拒守。

十月，太監劉元斌、盧九德率京營兵與總兵周遇吉、黄得功合追賊於鳳陽，及之。元斌留四十日不進，城門晝閉，縱諸軍大掠，殺樵汲者以冒功。已而欲攻城，索賂乃免。

張獻忠糾合回、革、左諸賊，自霍、太北行，會闖賊於河南。

十一月，襄城守將李萬慶没於賊。萬慶乃降將射塌天也，累功至副將。至是闖賊陷襄城，殺之。詔贈都督同知、榮祿大夫，立祠襄城。

十二月，傳制：「朱大典受命督賊，專辦五營，縱賊流毒，全無一效，其革職聽勘。以高斗光提督鳳陽，兼督皖、楚、豫會勦。」

十五年（壬午，一六四二）正月丙子，山東盜平，擒李青山入京。青山本屠人，乘饑嘯聚數萬人，屢寇兖州。給事范淑泰、魯府左相俞起蛟拒之，俘青山。

辛巳，左、革陷潛山。壬午，陷巢縣。

二月，左、革陷全椒。

三月丙子，革、左、老回回五股，合步騎數萬趨壽州，復以兵合獻忠攻六安。袁時中亦會之。時中旋合於闖。

五月丙子，革賊陷無爲州，士民投河自沈者亡算。

潁州參將李栩大破左金王於壽州。癸巳，左金王合回、革連營趨潁州，以報壽州之役也。李栩偵知之，分布步兵伏城東南二十里。栩以騎兵迎擊，戰於城南樊家店。伏兵繞其後，奮擊敗之，斬首千餘。

六月，革、左諸賊復入六安、英、霍諸山中，倚林樾度夏，秋爽復出，歲以爲常。安、廬州縣，殘破者半，官吏咸攜印篆艤舟理事。城中荆榛塞路，人烟久斷。革裏眼入舒城，屯於板山。

癸丑，詔逮安、廬巡撫鄭二陽、鳳陽總督高斗光入京。馬士英提督鳳陽軍務。

七月甲戌，革賊毁廬州城。

八月，回、革、左連營光山、羅山，一軍掠信陽，一軍出麻城，仍與獻忠合軍。

保鎮遊擊趙崇新與賊袁時中講撫於夏邑，爲賊所紿，被殺。時中復佯就撫，詔許其投誠自新。時中出不備，突入蕭縣，執知縣以去。

九月，老回回分兵犯蕪湖，掠桐安。革、左犯潁州，旋北合於闖賊。

十月戊午，誅監軍太監劉元斌，以征勦縱軍焚掠也。

十一月，袁時中會合於闖賊。

閏十一月，李自成令其渠賀一龍趨德安，以窺黃、痲。一龍至黃陂，阻水不前，止收左良玉殘兵八百人而回，先見羅汝才。自成大恨之，始忌汝才。

河南土寇蜂起，大者李好、孫學禮、李際遇衆各數萬，小者亦數千。

十二月，袁時中東犯鳳、皖。

十六年（癸未，一六四三）正月，左良玉率衆二十萬，避賊東下，沿江縱掠。江南、北流土寇降將叛兵白貴、小秦王、托塔王、劉公子、混江龍、管泰山等，所在蜂擁，俱冒左兵攻剽，南都大震。南都留守諸軍，盡列於沿江兩岸，不問爲兵爲賊，進兵擊之，斬千人。良玉列狀上兵部自白，兵稍戢，羣寇始盡散。

二月，湖廣土寇陷澧州、常德，又陷武岡州，殺岷王。時湖南諸蠻僚皆伺隙，土寇勾引攻掠，盡歸於闖賊。

三月癸卯，闖賊襲殺革裏眼、左金王，并其衆。時羣賊俱歸闖賊，聽約束，無敢異同，惟革裏眼恃其衆，意不相下。闖賊置酒宴左、革，殺之席上。革裏眼名賀一龍。

闖賊屯襄陽，命羅汝才攻鄖陽，久不下，多死，汝才所部怨闖賊。

四月甲子朔，闖賊數十騎突入汝才營，汝才臥未起，入帳中斬其頭。汝才一軍皆譁，闖賊以大隊兵脇之，七日始定，所部多散亡，降於秦督孫傳庭。汝才，延安人，賊中號爲曹操，以其多智而狡也。初隸賊首高迎祥，後合獻忠，又合自成，折節下之。每破城，自成取六，汝才取四。汝才戰士四五萬，戰馬萬餘騎，馬騾厮養不下四五十萬。闖兵長於攻，羅兵長於戰，相倚爲用。汝才老而滑，嗜聲色，每破城邑，擇子女之美者數十人，後房數百，女樂數部，所至華侈，珍食山積，酣燕歌舞。闖賊每噱之曰：「酒色之徒也！」以山東人玄珪爲謀主，每事取決焉。闖賊幷殺珪。

五月，闖賊攻袁時中，殺之。初，時中困於陳、蔡間，闖賊過而招之，許配以女，遂爲闖前鋒。時中畏闖之強，非心服也。時中叛而他徙，有衆數萬，擾潁、亳時通款於巡按蘇京，然終無降意也。扶溝諸生以闖賊命招時中，時中執送於京，斬之，復擒闖賊遊騎送於京。闖賊大怒，以兵二萬攻時中，殺之，「小袁營」遂滅。於是秦中蠭起之賊，大半降於官軍，其強者俱爲闖賊所併，至是而盡，惟老回回遂爲闖賊所部。老回回名馬守應。自後止闖、獻兩大賊陸沈中原矣。

谷應泰曰：天禍人國，延安盜起，揭竿響應，所在縱横，亦猶樊崇弄兵於莒而逢安、徐宣引衆相附，韓拔陵聚黨於沃野而二夏、豳、涼叛者蠭發。此雖同惡相濟，實繁有徒，良亦鋌而走險，短於撫御也。方饑民王嘉胤之倡亂也，自成輩從之，而白水王二、邊盜苗美等往往合潰兵以應。假令汲黯發河內之粟，秀實定郭曖之軍，則解甲歸農，賣刀買犢，匪異人任也。奈何應變乖方，蔓延莫制。嘉胤擒斬之後，分顯道神、活地草等爲三十六營，而混天星侵軼商、雒，過天星盤據汧、隴，獨行狼屠毒漢南，蝎子塊焚掠河西，中原版圖蹂躪盡矣。比之苞蘖不翦，流爲臃腫；疥癬不治，結爲大疽，以至匠石輟斧而躊躕，扁鵲望色而卻走。嗟乎！豈不晚哉！

乃羣盜之最可恨者，窮則乞降，勝卽狂逞，此則投誠，彼卽負固。以故羅汝才之入巴、蜀也，八部投戈。李自成之困崤、函也，九軍歸命。及乎孫傳庭盩厔之戰，擒闖王以獻俘，劉良佐、左良玉義門之戰，破賊兵二十餘萬，此何異李固之入荆州，度尙之臨艾縣。而乃摧陷雖多，廓清難奏者，則以分閫之事權不一，前門拒虎而後門進狼，行間之款附非眞，豺聲已成而鷹眼不化也。

至於十五年之後，袁時中旣滅，老回回幷營，而弱者半降於官軍，強者悉隸於闖部，究至公私塗炭，宗社淪胥，論者咸謂自成之罪，上通於天，而予未嘗不歎息痛恨於羣盜也。譬猶蠹木焉，獻忠啄之，自成殊之，實羣盜攢穴之。譬猶逐鹿焉，獻忠掎之，自成攫之，實羣盜聚踣之。蓋自成者，鴟張之孽，而羣盜者，蟻附之妖；自成者，肘腋之憂，而羣盜者，腹心之疾矣。

若夫懷宗減膳撤懸，則奉天之德音也；常自裕合圍獮獸，則楊侃之奇策也。奈軍士曾無激勸，韜鈐絕不奉行，卒之周鼎旣遷，庭堅不祀，豈罪己之詔聽者充耳，而決勝之條談者掛壁歟？嗚呼！秦祚之亡，關外俱爲賊藪，隋國之末，山東悉屬寇壤。懷宗志在蕩平，而禍同瓦裂，以彼羣狐聚涸，蜂蠆有毒也。悲夫！

明史紀事本末卷之七十六

鄭芝龍受撫

熹宗天啓七年（丁卯，一六二七）六月，海寇鄭芝龍等犯閩山、銅山、中左等處。芝龍，泉州南安縣石井巡司人也。芝龍父紹祖，爲泉州庫吏。蔡善繼爲泉州太守，府治後衙，與庫隔一街相望。芝龍時十歲，戲投石子，誤中善繼額，善繼擒治之，見其姿容秀麗，笑曰：「法當貴而封。」遂釋之。不數年，芝龍與其弟芝虎流入海島顏振泉黨中爲盜。後振泉死，衆盜無所統，欲推擇一人爲長，不能定，因共禱於天。貯米一斛，以劍插米中，使各當劍拜，拜而劍躍動者，天所授也。次至芝龍，再拜，劍躍出於地，衆咸異之，推爲魁。縱橫海上，官兵莫能抗。始議招撫，以蔡善繼嘗有恩於芝龍，因量移泉州道，以書招之。芝龍感恩，爲約降。及善繼受降之日，坐戟門，令芝龍兄弟囚首自縛請命。芝龍素德善繼，屈意下之，而芝虎一軍皆譁，竟叛去。六年春，遂據海島，截商粟。閩中洊饑，望海米不至，於是求食者多往投之。七月，劫商民船，勢浸大。其黨謀攻廣東海豐嵌頭村以爲穴。芝龍乃入閩，泊於漳浦之白鎭，時六年十二月也。巡撫朱一馮遣都司洪先春率舟師擊之，而以把總許心素、陳文廉爲策應，鏖戰一日，勝負未決。會海潮夜生，心素、文廉船漂泊失道。賊暗度上山，詐爲鄉兵，出先春後。先春腹背受敵，遂大敗，身被數刃。然芝龍故有求撫之意，欲徼達於我兵，乃舍先春不追，獲盧遊擊不殺。又自舊鎭進至中左所，督帥俞咨皐戰敗，縱之走。中左人開城門求不殺，芝龍約束麾下，竟不侵擾。警報至泉州，知府王猷知其詳，乃曰：「芝龍之勢如此，而不追、不殺、不焚掠，似有歸罪之萌。今勦難猝滅，撫或可行，不若遣人往諭，退舟海外，仍許立功贖罪，有功之日，優以爵秩。」興泉道鄧良知從之，遣人諭意。

懷宗崇禎元年（戊辰，一六二八）春正月，工科給事顔繼祖劾福建總兵俞咨皐下獄。初，巡撫朱欽相招撫海寇楊六、楊七等，鄭芝龍求返內地，楊六給其金不爲通，遂流劫海上。繼祖上言：「海盜鄭芝龍生長於泉，聚徒數萬，劫富施貧，民不畏官而畏盜。總兵俞咨皐招撫之議，實飽賊囊。舊撫朱欽相聽其收海盜楊六、楊七以爲用。夫撫寇之後，必散於原籍。而咨皐招之海，卽置之海，今日受撫，明日爲寇。昨歲中左所之變，楊六、楊七杳然無踪，咨皐始縮舌無辭，故閩帥不可不去也。」疏入，逮咨皐下於理。

三月，禁漳、泉人販海。芝龍縱掠福建、浙江海上。

六月，兵部議招海盜鄭芝龍。九月，鄭芝龍降於巡撫熊文燦。工科給事顔繼祖言：

芝龍既降，當責其報效。」從之。

二年（己巳，一六二九）春二月，海盜李魁奇伏誅。魁奇本鄭芝龍同黨，芝龍忌之，擊斬粤中。

夏四月，廣東副總兵陳廷對約鄭芝龍勦盜，芝龍戰不利，歸閩。不數日，寇大至，犯中左所近港，芝龍又敗，寇夜薄中左所。

四年（辛未，一六三一）春正月，上召廷臣及各省監司於平臺，問福建布政使吳暘、陸之祺：「海寇備禦若何？」暘曰：「海寇與陸寇不同，故權撫之。但官兵狃撫爲安，賊又因撫益恣，致數年未息。」上曰：「前撫李魁奇，何又殺之？」暘曰：「魁奇非鄭芝龍比，卽撫終不爲我用。今鍾斌雖撫亦反側，不可保也。」上問：「實計安在？」祺曰：「海上官兵肯出死力，有司團練鄉兵，多設火器，以守爲戰，勦之不難。」上問巡撫熊文燦，暘曰：「文燦才膽俱優，但視賊太易，故前有吉了之敗。」祺曰：「鍾斌與鄭芝龍勢不兩立，七月間斌擾福州，撫臣計誘往泉州。前聞撫臣同芝龍討賊，戮其兄，賊遁去。」問廣東布政使陸問禮，對曰：「廣東海寇俱自福建至，舟大而多火器，兵船難近。但守海門，勿令登陸，則不爲害。」

五年（壬申，一六三二）冬十一月，海盜劉香老犯福建小埕，遊擊鄭芝龍擊走之。

六年（癸酉，一六三三）夏六月，海盜劉香老犯長樂。

七年（甲戌，一六三四）夏四月，海盜劉香老犯海豐。十二月，總督兩廣熊文燦奏：「道將信賊自陷。」時文燦令守道洪雲蒸、巡道康承祖、參將夏之木、張一傑往謝道山招劉香老被執。上以賊渠受撫，自當聽其輸誠，豈有登舟往撫之理。弛備長寇，尙稱未知，督臣節制何事？命巡按御史確覈以聞。已，令文燦戴罪自效。

八年（乙亥，一六三五）夏四月，福建遊擊鄭芝龍合粤兵擊劉香老於田尾遠洋。香老脅兵備道洪雲蒸出船止兵，雲蒸大呼曰：「我矢死報國，亟擊勿失。」遂遇害。香老勢蹙，自焚溺死，康承祖、夏之木、張一傑脫歸。八月，香老家屬六十餘人，部屬千餘人至黄華，降於溫處參軍。

十三年（庚辰，一六四〇）秋八月，加福建參將鄭芝龍署總兵。芝龍既俘劉香老，海氛頗息，又以海利交通朝貴，寖以大顯。

十六年（癸未，一六四三）冬十一月，設南贛兵三千，以副總兵鄭鴻逵統之。

十七年（甲申，一六四四）春正月，前兵科都給事中曾應遴薦副總兵鄭鴻逵緩急可用，詔益南贛兵二千，命鴻逵鎭守。踰年，鴻逵以舟師守鎭江，我大淸兵南下，潰歸，鄭芝龍降。

谷應泰曰：海上亡賴奸民，多相聚爲盜，自擅不討之日久矣。蓋以魚鹽蜃蛤，商舶往來，剽掠其間者累千金。利則乘潮上下，不利則嘯聚島中，儼然以夜郎、扶餘自大，東南邊徼，益騷然苦之矣。

泉州人鄭芝龍，莞庫之子也。年未弱冠，爲海寇顔振泉所掠。振泉愛芝龍狀貌，因有寵。泉死，衆推爲魁。然而龍特饒智數，桀黠喜持兩端，其他無絶殊者。方其侵暴外洋也，輸金於楊六，緩追於洪先春。黄巾未破於曹公，赤眉約降於光武，其持兩端者一也。及其受撫內地也，私鬭則勇於魁奇，公戰則怯於廷對。殺陳餘於泜水，縱匡術於石頭，其持兩端者二也。又若擁兵閩、越，援立外藩，定策功高，闔門横玉。而乃陰懷首鼠，百計沮軍。滹沱既未合兵，東吴豈能遽下。居異人爲奇貨，以澶淵爲孤注，其持兩端者三也。又若關門既下，釋甲入臣，居第京師，招搖海上，曾無麟閣之功，但比遼東之豕。隗囂侍子而身反於外，延之在臺而子更舉兵，其持兩端者四也。

夫奉先之失，在於去就輕脱，故依建陽則背建陽，依董卓則背董卓。牢之之敗，在於天性反覆，故附道子則反道子，附元顯則反元顯。今芝龍以盜賊之雄，挾遨遊之智，而鷹眼不化，狼心已成。身在樊籠之中，志存江湖之上。一旦緩急，可得信乎？然予又怪崇禎之初，芝龍既撫，鋭意行金，織皮丹珀，來自賈胡，明珠文犀，至皆兼兩。是以薦剡頻上，爵秩屢貤，坐論海王，奄有數郡。人但知元龜象齒，都自淮來，而不知寶玉大弓，原從魯竊。若能卻盜泉之水，則不至奪君子之器矣。説在孔子之對康子也。

明史紀事本末卷之七十七

張獻忠之亂

崇禎元年（戊辰，一六二八），延安饑，府谷民王嘉胤作亂，延安人張獻忠從之。獻忠陰謀多智，賊中號八大王。其部最強，旁掠延安諸郡邑。

四年（辛未，一六三一），張獻忠率衆二千人，就撫於三邊總督洪承疇。

五年（壬申，一六三二），獻忠復叛，隨賊首高迎祥、紫金梁等轉寇山西諸郡縣。

七年（甲戌，一六三四），羣賊轉寇河南，張獻忠犯信陽、鄧州，遁入鄖山。洪承疇率諸將逐賊於河南，獻忠西奔商、雒，遁盩、鄠間，與延安賊李自成陷澄城，寇平涼、邠州。旋與羣賊出潼關，寇嵩、汝。

八年（乙亥，一六三五）正月，諸賊盡集宛、雒，張獻忠東走，掠廬、鳳、安慶。二月，與老回回西走商州，復至秦川。

十一月，獻忠與羣賊自潼關出犯閿鄉、靈寶，東行。庚申，總兵祖寬大破獻忠於姑家廟。

十二月，獻忠合諸賊圍廬州，分道陷巢縣、含山，遂陷和州。沿江下，犯江浦。

九年（丙子，一六三六）正月，張獻忠合羣賊圍滁州，總理盧象昇大敗之，賊竄河南。

十年（丁丑，一六三七），羣盜久擾河南無可掠，悉入楚，寇蘄、黄間。官軍敗獻忠於黄岡，獻忠復入江北，東掠至儀眞，揚州告急。獻忠尋西走入楚。

十一年（戊寅，一六三八）正月，總兵左良玉、陳洪範大破賊於鄖西，張獻忠請降。初，獻忠自良、涿譟而爲盜，洪範捕獲獻忠，異其貌而釋之。以是懷舊恩，乞降於洪範，請率所部殺賊自效。總理熊文燦承制撫之，獻忠請置家口於鄖西。文燦爲請於朝，詔貸其罪，立功自贖。獻忠乃率部曲數千，居白沙界山。獻忠狡而多計，羣盜每以爲的。其降也，自言能制鄖、襄、荆、承數百里内外無一賊。文燦每曲徇其請，益驕不奉法，屢檄從征不應。獻忠又求襄陽一郡，以屯其軍。文燦議餉二萬人，獻忠乞餉十萬人，文燦遷延不能應。十月，獻忠聲言寄家口於穀城，入據守之，分屯羣盜於四郊。

十一月，羅汝才亦就撫，文燦安其衆於房、竹間，與民錯壤而處。遙與獻忠爲聲援，奪民禾而食，不奉縣官法，鄖、楚、偏、沅諸撫咸以爲憂。文燦剛而愎，又新有功而驕，皆不聽。鄖、襄人惴惴，恐禍至無日矣。

十二年（己卯，一六三九）五月，張獻忠叛於穀城。初，賊首高迎祥既誅，李自成困川西，羣盜失勢，獻忠連敗，精銳俱盡，始乞撫以緩誅，初無降意。及據穀城，潛勾諸賊爲掎角，遂復思叛去，舉人王秉貞爲之謀主。至是，遂殺穀城知縣阮之鈿以叛，羅汝才九營並起應之。獻忠脅御史林鳴球上書，求封於襄陽，鳴球不從，遂殺之。

七月，熊文燦檄諸將進兵穀城，獻忠焚穀城西走，與羅汝才合。左良玉追賊於房縣西，賊設伏羅睺山，良玉兵度隘入伏中，賊四合圍之。突圍戰，敗績，一軍盡沒，良玉失其符印，僅收殘兵數百走回房縣。事聞，文燦、良玉俱革職，殺賊自贖。

九月，大學士楊嗣昌督師討賊。十月，至襄陽，逮熊文燦，論死。

十三年（庚辰，一六四〇）二月，平賊將軍左良玉大破張獻忠於太平縣之瑪瑙山，斬首萬級。獻忠精銳俱盡，止驍騎千餘自隨，遁走興、歸山中。尋自鹽井竄興、房界上。左良玉屯興安、平利諸山，連營百里。諸軍憚山險，圍而不攻。賊伏深箐中，重賄山氓，市鹽芻米酪，山中人安之，反爲賊耳目，陰輸兵情於賊。獻忠得以休息，收散亡，養夷傷。羣盜往往歸之，兵復振。時羅汝才、過天星七股賊盡入蜀。

六月，獻忠自興、房走白羊山，入巫山隘。聞川兵躡之，益入深谷中，掩息旂鼓，轉入而西，不知所往。都司曹進功率兵入山偵賊，不見一人而還。

七月，獻忠既西，羅汝才屢爲官軍所敗，勢孤，率黨走合於獻忠，共謀渡川西。諸將賀人龍、李國奇、張應元、汪雲鳳、張奏凱等會師擊之，應元、雲鳳營於夔之土地嶺，待賀人龍兵，三檄不至。初，督師嗣昌以左良玉跋扈難制，而人龍屢破賊有功，請以人龍代良玉，佩將印。既而以良玉瑪瑙山捷，度未可動，復奏留良玉，佩印如故，別加人龍總鎮銜，須後命。人龍初聞大將之拜，踴躍動三軍。既報寢，乃鞅鞅。良玉知其故意，亦恨。當獻忠之遁伏興、歸也，千餘殘寇可盡，乃良玉以奪印懷慚，人龍復以歸印觖望，遂逡巡不復深入，致獻忠復熾，皆嗣昌失兩帥之心，玩寇故也。人龍屯開縣，每以餉乏爲辭，頓兵不進。癸亥，人龍兵譟而西歸。己巳，官軍敗績於土地嶺。時張應元、汪雲鳳所將楚兵五千，皆新募，未經行陣，待人龍兵久不至。獻忠知官軍無後繼，悉銳來攻。應元、雲鳳簡銳千人搏戰，晨至日中未決。賊分兵繞後山而下，突入營中，守營新兵皆譁，賊乘之，前後合圍。二將連兵死戰，應元中流矢，奮擊突圍出。賊方渡巴霧河，應元馳赴河上然礮，擊殺一賊帥衣緋者，賊不得渡。雲鳳苦戰久得脫，渴飲水斗餘，臥血凝臆而卒，兵多潰亡。

九月，獻忠、汝才陷大昌。庚寅，屯夔城山背。賊行營輜重婦女甚衆，而諸軍多觀望不前，但尾賊後。所至關隘，防兵多遠遁，賊長驅直過。二賊合兵趨達州，謀西渡。

丙午，賊渡河，遂入巴西。督師嗣昌命監軍萬元吉監諸軍西行，尾擊賊。

十月壬戌，獻忠、汝才陷劍州。甲子，過劍閣，趨廣元，直走陽平關。從間道別出百丈山，將入漢中。總兵趙光遠守陽平甚嚴，賀人龍、李國奇復整兵而東。賊乃踰昭化走西川。丙寅，川兵追賊於劍州，敗績，賊擒四將以去。官軍轉戰於綿州，逐北至城下，賊渡綿河而西。

十一月庚辰，督師監軍元吉大饗將士於保寧。以諸軍進止不一，立大帥以統之。以總兵猛如虎爲正總統，張應元爲副總統。癸未，發保寧，趨綿州，諸將分屯要害，元吉督諸軍自間道趨射洪，扼蓬溪以待之。癸卯，賊屯安岳，知大兵且至，宵遁走內江。乙巳，猛如虎至安岳，選驍騎逐賊。元吉與應元屯於安岳城下，以遏賊歸路。

十二月己酉，賊走瀘州，賀人龍等以兵躡之。辛亥，賊陷瀘州。瀘州三隅皆陡絕臨江，止立石站一路可北走。賊既走絕地，元吉謀以大兵自南搗其老營，伏兵旁塞險要，蹙賊北竄永州，逆而擊之，可以盡殲也。乙卯，元吉兵至立石站，賊營先移渡南溪，官軍隔水追之不及。癸亥，賊越成都，走漢（川）〔州〕（據明史卷四十三地理志改）德陽，復至綿河。

十四年（辛巳，一六四一）正月丁丑，獻忠、汝才入巴州。己卯，走達州。甲申，賊渡達河而東，往新開焚燬驛道，人煙斷絕者七百里。

初，賊南竄，元吉欲從間道出梓潼，扼歸路以待賊。嗣昌檄諸軍躡賊急追，不得距賊遠，令他逸。諸將皆盡向瀘州，賊折而東返，歸路盡空，不可復遏。賀人龍頓兵廣元不進。

己丑，猛如虎率諸將及賊於開縣，日暮雨作，諸將咸以人馬乏，請詰朝戰。參將劉士傑曰：「自瀘州逐賊，馳騖四旬。僅而及之，惟敵是求。今遇賊不戰，縱敵失賊，誰執其咎乎？請爲諸君先！」揮戈而進。如虎亦率親兵從之。士傑奮勇前搏賊陣，連勝之。獻忠憑高而望，見後軍無繼，左軍皆前卻不進，因以精銳繞谷中，出官軍後，馳而下。左軍先潰，士傑及游擊郭開、如虎子猛先捷皆戰死。前軍已覆，如虎突戰潰圍出，馬仗軍符盡失。賊東走巫山、大昌。監軍元吉赴開縣收召殘兵，祭陣亡諸將，哀動三軍。嗣昌在雲陽聞開縣失利，始悔不用諸將扼歸路之謀矣。

初，賊之西渡達河也，嗣昌策其必入秦，令左良玉自興、歸趨漢中。及賊東走，嗣昌復檄良玉自夷、夔進勦。使者憚行，中道返命，曰：「平賊已入漢中矣。」既慮其言不售也，更使人紿良玉曰：「賊向漢中矣。」良玉不至，嗣昌之使十九返，良玉曰：「向依督師令，瑪瑙山安得功乎？」遂撤興、房兵趨漢中。賊下夔門，無一人攔截者。賊既渡巫山，晝夜疾走興、房山中。

二月，獻忠、汝才走當陽，鄖撫袁繼咸悉兵扼賊於房、竹。賊走宜城，偵襄陽無備，簡二十騎持符，僞爲官兵。己酉夜，至城下，守者驗符信啓關。賊既入，卽揮刀大呼殺門者，城中先伏賊百餘俱起應之，縱火，光燭天。賊大隊疾馳至，城中大亂，門洞開。庚戌昧爽，賊盡入城。知府王承曾突圍走，兵備副使張克儉、推官鄺曰廣死之。賊焚襄王府，執襄王。獻忠據坐王宮，坐王堂下，勸之以卮酒，曰：「吾欲斷楊嗣昌頭，而嗣昌遠在蜀，今當借王頭，使嗣昌以陷藩伏法。王其努力，盡此一杯酒！」因縛王殺之，投屍火中。福清王常澄逃免，潛遣人索王屍，已燼，僅拾顱骨數寸以歸。賊殺宮眷，幷貴陽王常法，盡掠宮女，發銀十五萬以賑飢民。襄陽守兵數千，軍資器械山積，盡爲賊有。

初，左良玉屢破賊，掠其輜重，盡蓄之許州，爲獻忠襲取。良玉在鄖，眉家口貲蓄於襄陽，至是復盡爲獻忠有。良玉聞之，同鄖撫袁繼咸發兵馳援，已不及。癸丑，賊渡江破樊城。己未，陷當陽、郟縣。乙丑，陷光州、新野。

三月丙子，督師大學士楊嗣昌自縊於軍。時李自成已陷河南，福王遇害。嗣昌以連失二郡，喪兩親藩，度不免，遂自盡。監軍元吉部署行營，命猛如虎駐蘄、黃，防獻忠東逞。上以襄陽失陷，左良玉違制避賊，削職戴罪平賊。逮鄖撫袁繼咸入京。

四月，獻忠焚掠襄陽既空，聞左兵漸逼，以兵三萬犯應山，知縣章日煇擊卻之。北至隨州，掠汝寧縣。難民逸歸，見獻忠面帶刀瘢二，箭創一，方令羣盜備乾糒爲半月糧，往攻固始，陷光州，漸逼麻城。

革、左諸賊在皖、桐，聞獻忠東來，自潛、太至麻城勾合之。將謀渡江，巡撫宋一鶴擒賊諜，焚其舟。

庚午，獻忠、汝才合兵陷隨州，知州徐世淳死之，合戶被殺，吏民屠戮不遺，血流成溝澮。

六月，左良玉敗獻忠於南陽之西山。獻忠西走，與汝才合兵攻南陽，晝夜穴城，知府顏日愉力拒之。賊去，陷信陽，獲左兵旂幟，令羣盜襲以入泌陽，陷之。癸亥，走隨州。

七月丁丑，獻忠圍鄖陽，鄖兵禦之多殺傷。己卯，獻忠宵遁。

總兵黃得功麾下兵叛，西走投獻忠。獻忠陷鄖西。

羅汝才忤於獻忠，北走合自成，左良玉敗之於鄧州，再敗之於淅川。

辛卯，鄖兵與獻忠戰，敗績。獻忠以所擒鄖兵人斷一手，縱歸以辱官軍。督師丁啓睿、與左良玉俱屯南陽，頓兵不進。獻忠既拔鄖西，馬騾器甲，搶獲甚盛。羣盜蟻附之，衆至數十萬。獻忠屢勝而驕。

八月，東掠信陽。左良玉營多降將，家在鄖、襄，多被獻忠殺掠，人思致死於賊。良玉乃自南陽引兵逆擊獻忠於信陽，斬其首將沙賊，大破之，奪其馬萬餘，降衆數萬。獻忠負重創，易服夜遁，竄入山中。良玉軍聲大振，降附日衆，遣諸將分道窮搜獻忠。戊午，獻忠收餘衆數千，反走向鄖陽，驟遇官軍，不戰而潰，棄馬騾二千。尙有衆二千，趨南陽，負創不能馳，保其婦豎，日行三十里，部曲日逃十六七，僅隨數百人。辛未，良玉自鄖北發，獻忠已過南陽，追之不及。監軍御史汪承詔劾將士觀望縱賊。

羅汝才既北合李自成，自成踞河、雒，有衆五十萬。獻忠衆散且盡，九月，因汝才以奔自成。初，獻忠與自成並起延西，以狡詐相雄長。自陷襄陽，嗣昌縊死，自以威名遠出自成右。及敗來歸，僅從數百騎。自成方強，欲屈之，獻忠不爲下。自成怒，欲殺之。汝才知之，陰選良馬五百騎資獻忠，令他徙。獻忠乃盡夜東馳，與回、革諸賊合，入霍山，扼險拒守。督師啓睿以兵赴商城，旋北行討李賊，獻忠得逸山中。

十月，張獻忠合六營賊，復出攻舒城。

十五年（壬午，一六四二）二月乙卯，張獻忠陷亳州。亳州官吏先已棄城走，賊按兵入城。

三月，獻忠合回、革諸賊，復攻舒城。

四月壬寅，舒城陷。時舒城無令，參將孔廷訓以兵千人，同編修胡守恆率民共守七閱月，廷訓降於賊，勾賊攻城。守恆倡舒人死守，賊以洞車穴城，穿者數處，守恆督軍民補塞之。賊射書脅降，守恆燔其書於城上。越三日城陷，賊執守恆，刃其腹，被數十創以死。獻忠屯舒城，改曰得勝州。令降將孔廷訓攻霍山。

河南賊袁時中以兵會獻忠。乙巳，獻忠合諸賊陷六安。

五月甲戌，張獻忠襲破廬州。先是，獻忠遣英、霍遊民陽爲貿易者，潛入廬州城。適督學御史以校士至郡，獻忠遣賊數百，負書卷，衣青衿，雜諸生應試者，旅寓城中。甲戌夜漏三下，獻忠擐甲疾馳入郡，城中賊縱火應之。城陷，學使者及備兵副使蔡如蘅俱走，知府鄭履祥死之。廬州城池高深，賊屢攻不能克，至是，一夕而陷。獻忠斂兵退屯巢湖，略含山、巢縣。

六月辛亥，獻忠襲陷廬江，焚戮一空，還兵舒城。

八月辛丑，獻忠分三軍：一軍上六安，一軍趨廬州，一軍往廬江三河。掠雙橋巨舟二百艘。復大治舟艦於巢湖習水師，因大會羣賊，合水陸五十六營，集於皖口。

壬子，獻忠復陷六安，將州民盡斷一臂，男左女右。總兵黃得功、劉良佐兵救六安，營於夾山嶺，再戰敗績，得功歸定遠。獻忠再陷六安，挫得功、良佐兵，謀渡江入南京，遂僭號改元，刻僞寶，選自宮男子，僞署總兵以下官。

九月，黃得功復以大兵逐之。己卯，賊悉走潛山，命賊將一堵牆爲殿。營於山上，步騎九十哨，分營爲四，前阻大溝，後枕山險，爲持久計。得功、良佐擐甲疾趨，夜半緣山後譟而升。賊驚起失措，且前阻大溝，不能成列。官軍奮擊，賊踰崖跳澗四潰。追奔六十里，斬首萬餘。獻忠潰圍走，一堵牆伏林中，焚殺之。塡屍溢溪壑，臭達百里。奪馬騾數萬，賊腹心謀士婦豎俱盡。

十月丙午，劉良佐再破獻忠於安慶，奪馬騾五千，救回難民萬餘。獻忠引兵西走蘄水。

十一月，獻忠西入楚。劉良佐旋師淮安，黄得功旋師定遠。

十二月，獻忠復東去，陷桐城，屠之。初，獻忠西遁，諸軍俱勦袁時中於潁，故獻忠乘虛突出。丙戌，陷無爲州，遂陷黄梅。壬辰，陷太湖。

十六年（癸未，一六四三）正月辛酉，張獻忠以二百人夜襲，陷蘄州。明日，令薦紳、孝廉、文學各冠帶自東門入，西門出，盡斬之，遂屠蘄州。留婦女毁城，稍不力，卽被殺。執守道仁和許文岐。獻忠曾販杭州，識文岐，頗禮之。文岐陰謀圖賊，乃被殺。時楚兵盡隨良玉東下蘄、黄一帶，惟土兵三百人守蘄水，獻忠乘虛充斥。

三月丁酉，陷蘄水，屠之。

甲寅，左良玉引兵自池口西上，屯安慶。

丙辰，獻忠自蘄水疾馳至黄州，乘大霧攻城。黎明，城陷。執副使樊維城，欲降之，罵賊不屈。賊刺之，洞胸死。獻忠據府自稱西王。麻城諸生周文江倡亂，迎降獻忠。獻忠大喜，僞授文江知州。賊尋陷羅田。

五月，總兵方國安率兵七千扼蘄州，獻忠西向武昌。武昌武備積弛，闖、獻交窺江、漢，時議募兵守城，而庫藏空絀。楚王有積金百萬，三司長請貸金數十萬以贍軍，王不應。大學士賀逢聖家居，倡義捐貲募兵，僉謂宜募土著。適承天、德安潰兵俱下，楚王盡募之爲軍鋒，以長史徐學顔領之，號「楚府兵」。

獻忠沿江而上，悉師破漢陽，臨江欲渡，武昌大震，議撤江上兵嬰城守。參將崔文榮曰：「守城不如守江，守江不如守漢。磨盤、煤炭諸洲，淺不過馬腹，縱之飛渡，而嬰城坐困，非策也。」議者不從，賊果從煤炭洲而渡，直逼城下。文榮禦之，小有斬獲。賊攻武勝門，文榮率諸軍拒之，多殺傷。壬戌，楚府新募兵爲賊内應，開門迎賊。文榮躍馬持矛大呼，殺賊三人。賊攢矛刺之，洞腋死。大學士賀逢聖與文榮俱守武勝門，城陷歸家，衣冠北向再拜，以巨舟載其家出墩子湖。至中流鑿舟，全家溺者十二人。逢聖屍沈百七十日不壞，十一月壬子始出葬。長史徐學顔與賊格鬭，斷左臂，右手持刀不仆，賊支解之。楚宗多從賊者。賊執楚王，盡取宫中積金百餘萬，輦載數百車不盡，楚人以是咸憾王之愚也。賊以簀輿籠王，沈之西湖。屠戮士民數萬，投屍於江。尙餘數萬人，縱之出城，以鐵騎圍而蹙之江中。浮屍蔽江而下，武昌魚幾不可食。其遺民數百，多刖斷手足，鑿毁目鼻，無一全形者。

獻忠遂據楚王府，僭稱武昌曰京城。僞設六部、五府，鑄西王之寶。開科取士，殿試取三十人爲進士，授郡縣官。

初，李自成兵臨漢陽不克，聞獻忠取之，自成怒，榜示遠近，曰：「有能擒獻忠以獻者，賞千金。」及聞取武昌，復遣人賀之曰：「老回回已降，曹、革、左皆被殺，行將及汝矣。」獻忠得書而懼，多齎金寶，報使於自成。自成留其使，獻忠恨之。

六月丙戌，諭平賊將軍左良玉專勦張獻忠，毋老師糜餉。

七月辛亥，方國安合左營副將徐懋德、馬士秀等步騎二萬從蘄州而上，夜擊賊於大冶，斬首千級。前鋒既勝，左鎭諸軍並進。獻忠聞之，戊午，以四賊帥守武昌，爲浮橋於金口，悉衆西渡，屯舟師於湖中，謀向岳。

八月（丙寅）〔壬戌〕（按八月壬戌朔，下文癸亥乃初二日，丙寅當爲壬戌之誤，玆改），方國安等進兵黃州，斬僞知府。癸亥，諸將進次陽邏堡，距武昌三舍。監紀知縣吳敏師聯絡蘄、黃四十八寨義勇數萬人與師會。總兵常安國以舟師先進，轉戰金沙州，奪賊舟百艘。賊騎反走，焚城下諸舟，嬰城自保。安國等退屯漢口。

丙寅，諸軍齊壓武昌而軍，賊出戰，大敗退入。官軍逐之，遂入城。賊開門西走，諸將縱兵屠戮萬計，遂復漢陽幷諸屬縣。

張獻忠陷咸寧、蒲圻，距岳州二百里。沅撫李乾德、總兵孔希貴以兵二萬守城陵磯，盡移岳州居民他避，令軍士詐爲居民開門迎賊。賊入城，伏發，賊盡殲。留四賊，賊割一耳，貫箭縱回以辱賊。獻忠怒，益兵進攻。乾德虛立營壘道傍，林中植旗幟，伏大礮，積薪其上。賊以火攻之，延燒積薪，礮大發，殺賊數百。賊益怒，水陸並進。乾德飾戰艦中流向賊營，度矢石可及，卽止不進，賊連弩射良久。乾德度賊矢礮且盡，水陸奮擊，大敗之，三戰三捷。獻忠乃悉衆二十萬圍岳州，百道俱攻。力屈城陷，乾德、希貴俱走長沙。戊辰，賊前鋒至湘陰，湘陰民俱空城走。獻忠分軍爲二：一軍下長沙，一軍上荊州。獻忠欲北渡，卜於洞庭湖神，不吉；三卜，神終不許。庚辰，獻忠斂舟湘潭數千艘將北渡，忽大風起，覆舟百餘，溺死數千人。因復還岳州，盡殺所掠婦女，投屍江中。焚其舟，火延四十里，江水夜明如晝。遂陸行向長沙，甲申至城下，長沙人民先已走，李乾德奉吉王、惠王走衡州。丙戌，長沙陷，總兵尹先民、何一德降賊，巡撫王聚奎單騎走江夏，推官蔡道憲死之。

先是，武昌陷，聚奎南奔長沙，道憲請還屯岳州，謂岳與長沙脣齒也，併力守岳，則長沙可保，而衡、永無虞。聚奎屯岳數日，仍南徙，驅萬人入長沙。所過如洗，慘甚於賊。尋遁入湘潭。及賊至城下，呼推官曰：「吾軍中皆知爾名，可速降，毋自苦也。」道憲挽強弩射之。獻忠怒，攻三日夜而城陷。執道憲，百計誘降，不屈，磔之。健卒林國俊等九人追侍道憲不去。賊勸道憲降時，國俊曰：「如吾主可降亦去矣，不至今日。」賊云：「爾主不降，爾亦不得生。」國俊曰：「若我輩願生亦去矣，不至今日。」賊併殺之。內四卒奮然曰：「願且延旦夕，葬主骸而後受刃。」賊義而許之。於是四卒解衣裹骸，葬之南郭，畢，四卒自經死。獻忠既陷長沙，設立僞官，大書僞榜，馳檄遠近。降賊將先民、一德願效前驅，進取江西。獻忠悅，僞封世襲伯。

庚寅，賊襲陷衡州，桂王及吉、惠二王走永州。

九月，獻忠拆桂王府殿材至長沙，搆造宮殿。遣兵南追三王，至永州，巡按湖南御史劉熙祚督水師禦之，遣兵護三王南行入廣西，而自入永州死守。奸人內應，開門迎賊，熙祚被賊執。賊欲脅降之，不屈，囚之永陽驛中。閉目絕食，題絕命詞於壁。賊再三諭降之，臨以白刃。熙祚大駡不已，遂遇害。於是全楚皆陷。

戊戌，官軍入岳州。初，獻忠陷岳州，置僞官守之，悉率羣賊南略地。官軍進復之，僞官俱伏誅。

獻忠屯衡州，復分軍爲三：一軍往永州，一軍入廣西全州，一軍犯江西袁州。獻忠歸長沙，開科取士。

丙辰，賊前鋒至袁州，獻忠至萍鄉，知縣棄城走。萍鄉士民牛酒遠迎賊，路相屬。戊子，賊陷萍鄉，盡焚公廨屋廬，空其城。獻忠歸長沙，分兵徇攸縣、分宜。

十月甲子，賊陷萬載，於是瑞安、臨江、新喻、分宜之人俱空。

獻忠遣别將趨連州，南贛兵備副使王孫蘭駐韶州，兵不滿百，聞之，遽自經。知府踰城遁，韶民盡逃。

袁州迎降於賊，賊陷袁州。左良玉以副總兵吳學禮援袁州，次於分宜。

甲戌，進圍袁州，僞將丘仰寰拒守。都司高山奮身先登，斬賊二千四百，奪馬六百，擒斬丘仰寰，遂復袁州。時江西袁州、吉安、臨江人民多徙山谷，官兵淫殺獻俘，三郡民所在屯結，以拒官軍。江西巡撫郭都賢檄撤兵回九江，招土著，戍三郡。官軍既撤，賊自長沙突至吉安。丁丑，兵備副使岳虞巒方閱軍於郊，俄報賊至，皆潰，虞巒走。戊寅，吉安陷，諸縣同日而陷。賊設僞官，改吉安爲親安府，廬陵爲順民縣。賊將張其在發僞檄馳下袁州，兵民皆傾城先竄，賊復入袁州。

獻忠在長沙增兵爲九營，四營皆老卒，五營皆新附。左良玉令馬進忠諸將馳兵赴袁州，馬士秀以步兵上臨湘、岳州，令惠登相規復襄陽，劉洪起規復南陽。

乙酉，獻忠遣賊將馬賜下臨湘，取米及釜。方國安遣兵進扼於蒲圻。

十一月壬辰，江督呂大器兵復吉安。

癸巳，獻忠遣四賊將下岳州，沿江設伏，藏輕舟於汊港，以巨艦載輜重順流下。副將王世泰、楊文富以兵三千邀擊之。賊逆流陽走，以誘官軍。官軍爭利泝流上，盡奪其資入艦，舟重不能速行。賊輕舟四出圍之，夾岸賊兵邀擊官軍，殺溺無算。方國安等諸將合兵救之，僅奪回文富、世泰，喪師二千、舟二百艘。岳州軍民空城走，賊疾趨，復陷之。

壬寅，詔承天太監何志孔勞良玉軍，以恢楚有功，加良玉少師，蔭一子，吏士各陞秩，大賚各軍。詔良玉移鎮武昌。良玉令馬士秀趨長沙，擣賊後；令馬進忠等趨袁、吉，迎擊其前。甲寅，馬士秀等復臨湘，賊奔岳州。諸將追至岳州，賊將混天龍步騎數千拒南岸，以輕舟數十順流下邀官軍。士秀三分其軍，以殿後者交射南岸賊，乘風直上，繞賊舟後反擊之。賊大敗，盡奪其舟。南岸賊疾入城，士秀麾諸軍登岸，四面乘城，鱗次入，賊突門復走長沙，斬首四千餘級，遂復岳州。

乙卯，馬進忠等進兵分宜，賊盡竄袁州。丙辰，進趨袁州，賊開門西走，諸軍逐之三十里，復袁州，盡誅諸僞官，斬首三千級，奪賊馬五百、弓矢數萬。

十二月，張獻忠遣兵陷建昌，又陷撫州、南豐。

獻忠遣人通好於老回回。時老回回爲李自成據荆州，獻忠與修舊好合兵。李自成既入關，獻忠益横荆、岳間。

丁亥，獻忠前鋒艾四轉戰至蒲圻，馬進忠禦之，再戰敗績。

十七年（甲申，一六四四）正月，張獻忠自岳陽渡江，虛設僞官於江南，大隊俱往江北。遂棄長沙，造浮橋於三江口，以一軍過荆州，盡棄舟楫，步騎數十萬入夔州。

二月，方國安、馬進忠復長沙，左良玉遣兵追賊於沙陽。

六月，張獻忠陷涪州、瀘州，蜀王告急，請濟師於南都。左良玉兵屯德安。獻忠順流陷佛圖關，遂圍重慶。悉力拒守，四日而陷，瑞王闔宫被難，舊撫陳士奇死之。賊屠重慶，取丁壯萬餘劓耳鼻，斷一手，驅徇各州縣，兵至不下，以此爲令。但能殺王府官吏，封府庫以待，則秋毫無犯。由是，所至官民自亂，無不破竹下者。

八月，張獻忠進陷成都，蜀王闔宫被難，巡撫龍文光暨道府各官皆死之。獻忠大索全蜀紳士至成都，皆殺之。既而懸榜試士，諸生遠近爭赴。獻忠以兵圍之，擊殺數千人，咸挾筆握策以死，蜀中士類俱盡。復大殺蜀民，全蜀數千里蕭條絶無人跡。時中原多故，諸將無暇西顧，獻忠遂奄有兩川。李自成敗，益發兵攻漢中，陷之，獻忠逡巡自守不敢出。未幾，獻忠以病死於蜀中。

谷應泰曰：昔者周書越人閔不畏死，三輔縱横，持釜而出。以至鄭苦萑苻之警，楚定僕區之法，草竊奸宄，自古患之矣。然未有自秦寇晉、豫，由豫入楚、蜀，轉掠江右，旋犯粤西，二十餘年之間，取肝益膳，流血成渠，里落蕭條，宗社顛覆，若張獻忠之甚者也。

考獻忠與李自成因飢煽亂，並起延安。孫恩甫叛，盧循卽興；仙芝既起，黄巢來附。同惡相濟，若連矢然。天禍人國，以有此孽耳。其時掩捕渠魁，賑卹餘黨，用張京兆之鳴鼓，秉汲長孺之發粟，平定安集，一長吏事也。奈何燎原莫撲，滋蔓難圖，嘯聚爲羣，旁抄郡邑。揚大作而湖、湘悉陷，黄巾起而山左不平。使天子有西顧之憂，蒼生有喋血之患者，揆厥亂源，誰執其咎哉！

然而獻忠無他技巧，止以陰謀多智，暴豪嗜殺，可乘之𡿖，正自不少耳。方夫賊師屢挫，其弱可擒；賊氣方張，其驕可掩；賊黨內攜，其釁可間也。假令良玉太平之捷，精鋭俱盡，得功潛山之捷，屍填溝壑，便當乘勝追奔，不令逸去，卽子儀克新店而收東京，懷仙克河陽而滅朝義。故曰其弱可擒也。又若襄陽初陷，獻忠横恣，六安再下，獻忠改元。若能轉敗爲功，出彼不意，卽元濟氣盛而李愬夜襲淮、蔡，潁川甫陷而長源規取范陽。故曰其驕可掩也。又若南陽之敗，自成蓄謀以圖，漢陽之取，自成懸金以購。若能用諜出奇，兩虎自鬭，卽呂布交疏於袁術，慶緒授首於思明。故曰其釁可間也。乃諸臣計不出此。而天與不取，地險坐失。遠棄漢州，近防江夏，纔屯石站，已渡南溪。以至萬元吉才同崔浩，不竟其用；李乾德、孔希貴智埒淮陰，勢絀而走；賀逢聖、蔡道憲忠比睢陽，力盡而死。比至歲月遷延，四分五裂，師老財匱，而天下之大勢去矣。

然予以元和討賊，全倚裴度；建興恢復，獨任武侯。而楊嗣昌者，白面書生，不嫻將略。寇氛剽鋭，卽非郗曇之移疾；大藩蹂躪，便同孟昶之仰藥。雖復引義自裁，亦云無媿，而應元、士傑，尙昧發蹤；如虎、人龍，終乖駕馭。譬之次律陳濤之敗，中軍石頭之衄，爲法受惡，亦所不得辭也。

論者又以獻猶據蜀，闖則犯闕，按法行誅，薄乎減等。而不知獻亂以來，材賦絀於吳、楚，士馬斃於荆、襄，民命塗於中野。夫是以瓦解土崩，一蹷而壞。譬猶人之死也，獻縶其手，而後闖刺其心；獻搤其胸，而後闖扼其吭。則獻之與闖，厥罪惟均也。窮奇、檮杌，又可以九品差次乎哉！

明史紀事本末卷之七十八

李自成之亂

懷宗崇禎元年（戊辰，一六二八），延安大饑，不沾泥、楊六郎、王嘉胤等率衆掠富家粟，有司捕之急，遂揭竿爲盜。米脂人李自成性狡黠，善走，能騎射，家貧爲驛書，往投焉。已而參政洪承疇擊賊，破之，不沾泥等相次俘獲，自成走匿山澤間，得免。

二年（己巳，一六二九）冬十月，都城警，詔天下勤王。山西巡撫耿如杞入援，兵潰於涿鹿，叛走秦、晉間山谷。李自成出與之合，旬日間衆至萬餘，推高迎祥爲首，稱闖王，轉寇山西、河南。賊中稱自成爲闖將。已而官軍擊迎祥，斬之，羣盜推自成爲主。

七年（甲戌，一六三四），總督洪承疇率總兵曹文詔等先後勦諸賊，斬獲甚衆，羣賊悉奔入商、雒、興平大山中。衆潰散，李自成與張獻忠奔盩、鄠間。

六月，總督陳奇瑜圍李自成於漢中車廂峽。會連雨四十日，賊馬乏芻，死者過半，弓矢俱脫，賊大窘。自成乃自縛乞降，奇瑜許之，各給免死票回籍，自是復縱橫不可制矣。

秋七月，李自成陷澄城，圍郃陽。聞洪承疇兵至，解圍去，轉寇平涼、邠州。

八月，李自成陷眞寧，殺知縣趙躋昌。洪承疇兵至，賊棄金帛餌官兵，竟西遁，屯乾州，招之不聽。

十月，總兵左光先擊李自成於高陵、富平間，斬首四百餘級。自成佯求撫於監軍道劉三顧，眞寧知縣王家永遽信之，出城招諭，失其印。三顧逆其詐，即入堡自守。賊走涇原。

八年（乙亥，一六三五），羣賊盡集宛、雒，李自成獨留秦中，其衆七八萬。總督洪承疇邀擊，連敗之。秦中郡縣俱堅壁清野，賊饑疲，東西分竄，退屯興平、武功諸縣，計窮乞撫以緩兵。陰遣諸賊攻掠山谷堡寨，搜掘巨室，窖藏芻糧，盡爲賊有。賊既得食，復連營走漢中。爲西兵所挫，東走邠寧、環慶，其衆漸散。會承疇以寧夏兵變，旋師邊鎭，自成得收餘燼復振，突出潼關，守將艾萬年等兵俱潰。

九年（丙子，一六三六）春正月，李自成出河南，攻固始，左良玉遇自成於閿鄉，相持六日。總兵陳永福援之，敗之於朱仙鎭，自成走登封、密縣。

三月，李自成誘別部賊入河南當官兵，而自帥麾下奔漢南，循南山險阨，遵商、雒而行，復出陝西。官軍敗績於羅家山，失亡士馬無算。自成自鄜州至延綏。

夏四月，李自成欲往綏德渡河入山西，定邊副將張天機力戰卻之。賊沿河犯朝邑，將圍綏德。延綏總兵俞翀霄引兵逐賊，陷賊伏中，翀霄被執，綏、延精卒盡覆。賊分陷米脂、延安、綏德。賊本延安人，至是再入延安，衣錦繡晝遊，銜其親戚，故從亂者益衆。

十年（丁丑，一六三七）春正月，官軍敗績於寶雞，李自成寇涇陽、三原，西安大震，賊勢益熾。

冬十月丁酉，李自成同過天星九股陷寧羌，分三道入西川。自成自七盤關度朝天關。戊戌，至廣元。壬寅，陷昭化。癸卯，過劍閣。甲辰，陷劍州。乙巳，陷梓潼、黎雅。參將羅尚文大敗賊於廣元，斬首千級。賊自梓潼分爲三：一走潼川，一趨綿州，一入江油。遂陷青川、彰明、盤亭諸縣，圍綿州。庚戌，賊漸逼成都，土寇蟻附之。巡撫王維章次保寧，畏賊不敢出。丙辰，賊焚郫縣。詔革維章職，以傅宗龍巡撫四川。

十一年（戊寅，一六三八）二月，李自成陷瀘溪，陝寇盡聚川西，總督洪承疇檄川中諸道兵嚴守要害，賊因乏食。承疇以川師誘之，陝兵設伏於梓潼。自成率羣賊逐川兵，川兵走，伏發，賊大敗，斬首千餘，幾殲之。自成率殘衆數千走溪南，孑身入楚，依張獻忠，不許。至竹溪，獻忠謀殺之，自成獨乘騾，日行六百里走商、雒，至淅川老回回營，臥疾半年餘。老回回授以數百人，仍出剽掠。其同自成入川諸賊，仍出階、文向陝西。

十二年（己卯，一六三九）九月，秦兵大破李自成於函谷，自成衆散略盡，其部下相繼俱降。自成竄漢南，秦兵蹙之於北，左良玉阨武關以南。自成窮蹙不得他逸，食且盡，自經者數四，養子李雙喜救之。自成因令軍中盡殺所掠婦女，以五十騎衝圍而南。初，諸將困自成崤、函諸山中，斷其要害，合圍甚密，將坐斃之。督師大學士楊嗣昌曰：「圍賊必缺。不若空武關一路，設伏商、雒、鄖、均以待之，可一擊而盡也。」自成乘隙突走，諸將不能禦，遂自武關逃入鄖陽，息馬深山中。時河南大饑，饑民所在爲盜。自成乃自鄖、均走伊、雒，饑民從者數萬，勢復大振。

十二月，自成圍永寧，雲梯肉薄攻城，陷之，焚殺一空，殺萬安王采𨱎。連破四十八寨，土賊一斗穀等羣盜響應，遂陷宜陽，衆至數十萬。杞縣諸生李巖爲之謀主。賊每以剽掠所獲散濟饑民，故所至咸歸附之，兵勢益盛。

十四年（辛巳，一六四一）春正月，李自成圍河南府，福王募死士逆戰，斬獲頗多，賊引退。賊以大礮環攻城，城守嚴不動，及昏而退。總兵王紹禹兵有馳而呼於城上者，外亦呼而應之。紹禹兵卽執副使王胤昌於城上，紹禹馳解之。諸軍曰：「賊已在城下，卽總鎮其如我何！」揮刀殺守陴者數人，守陴者皆驚墜堞。賊緣堞而上，叛兵迎之，賊遂入。賊焚福王府，福王及世子俱縋城走。士民被殺數十萬。執副使王胤昌已下各官，皆不死，惟一典史不屈見殺。河南方大饑，通判白尙文墜城死，其屍爲饑民所食，頃刻盡。自成發藩邸及巨室米數萬石、金錢數十萬賑饑民。先是，自成聞福藩最富，爲謀已久。適陝西叛兵數百逃至河南，巡撫招至城中禦寇。事聞，詔逮其首惡數人，解京正法。叛兵大懼，乃陰勾自成襲河南，爲內應，故一夕而陷。

丁酉，自成跡福王所在，執之，并執前兵部尚書呂維祺。維祺遇王於西關，謂王曰：「名義甚重，毋自辱！」王見自成色怖，泥首乞命。自成責數其失，遂遇害。賊置酒大會，以王爲俎，雜鹿肉食之，號「福祿酒」。維祺罵賊不屈死。世子逸走，遇亂兵劫之，裸而奔於懷慶。是時羣盜輻輳，自成自稱闖王雄諸賊。變聞，上震怒，逮總兵王紹禹磔之，籍其家。

二月，李自成搜掘河南富室窖藏，席卷子女玉帛，捆載入山。以書辦邵時昌爲總理官，令守河南府。巡撫李仙風偵賊已去，引兵至城下，時昌閉門拒守。尋開門迎官軍，仙風收時昌斬之。

戊午，自成合羣盜圍開封。開封城爲宋汴京，金完顏亮益加增築，十堅厚五丈。賊以洞車數百，障壯士，多具犁鋤斧鑁，環傅城，鑿而穴之，七晝夜不息，鑿之深者四丈有奇。巡按高名衡率司道官嬰城固守，賊兵礮及城中，殺傷相繼。軍餉告匱，周王恭枵出庫金五十萬買米麥，日夜造飯屑麥餉守陴者。復懸金募死士，能擊死一賊者，予五十金。兵民踴躍共擊賊，斃者甚衆。賊懼，退數舍。

李仙風督諸將高謙等馳至開封，陳永福背城而戰，一日三捷。賊退，開封解嚴。仙風與高名衡互相訐奏，詔逮仙風，仙風聞之自縊，遂以高名衡巡撫河南。

壬辰，李自成陷歸德。

四月甲子，進陝督丁啓睿兵部尚書，代楊嗣昌督師討賊。時嗣昌討賊無功，飲藥死。啓睿督秦師至潼關。

左良玉自襄陽進擊李自成至南陽，自成北出，屯於盧氏、永寧。盧氏貢士牛金星向有罪當戍邊，降於賊，自成以其女爲妻。金星薦卜者宋獻策善河洛數。獻策長不滿三尺，見自成獻圖讖云：「十八孩兒當主神器。」自成大喜，拜軍師。

五月乙亥，賀人龍破李自成於靈峽山中。高名衡屯開封，保定總督楊文岳屯禹州，左良玉屯南陽。張獻忠、羅汝才漸北向，思合於自成。猛如虎進扼德安、黄州，疽發背，退屯承天。

癸巳，赦兵部尚書傅宗龍，出之獄，以右侍郎都御史督陝西兵討賊。

羅汝才不合於張獻忠，七月自内鄉、淅川走鄧州，與自成合營。時自成有衆五十萬，復得汝才軍，衆益熾。

九月，張獻忠衆散於南陽，以數百騎奔自成。自成將殺之，汝才以五百騎資獻忠，獻忠東奔合回、革。

丁丑，陝督傅宗龍率兵四萬次新蔡，與保督楊文岳之兵會。賀人龍、李國奇將秦兵，虎大威將保定兵，共結浮橋渡河，合兵趨項城。戊寅，兩軍畢渡，走龍口。是日，自成、汝才亦結浮橋於上流，將趨汝寧。覘官軍至，盡伏精銳松林中，陽驅諸賊自浮橋西渡。人龍使候騎覘賊，還報曰：「賊渡河向汝矣。」己卯，宗龍、文岳兩軍並進，次孟家莊。諸將以士馬俱疲，請詰朝戰。諸軍遂弛馬甲，散行墟落，以求芻牧。賊覘之，突起林中，搏官軍。人龍斂兵不戰，國奇迎戰不勝，兩軍俱潰。人龍、大威北奔，國奇從之。賊以步兵攻二督營，以火礮擊卻之。日暮，賊引去，保定兵宵潰，文岳夜奔項城，宗龍獨立營當賊壘。壬午，飛檄人龍、國奇以兵還救，二帥不應，以兵走陳州。宗龍穿塹築壕以拒賊，賊亦穿壕二重以困之。宗龍兵食盡，乃殺馬騾以享軍。馬騾復盡，殺賊取其屍分噉之。辛卯，營中火器弓矢俱盡。宗龍簡卒，尚有六千。夜漏二下，潛勒軍突賊營，潰圍出，諸軍星散。宗龍徒步率散卒，且戰且走。壬辰，至項城，賊追之，被執至城下，賊呼於門曰：「我秦督官軍也，請啓門納秦督。」宗龍大呼曰：「我秦督也，不幸墮賊手。左右皆賊耳，毋爲所紿！」賊唾宗龍，宗龍罵曰：「我大臣也，殺則殺耳，豈能爲賊詐城以緩死！」賊抽刃擊宗龍，中腦而仆，復厲聲罵，賊斵其耳鼻，死城下。人龍、國奇俱歸陝，賊獲衣甲器械無算，遂陷項城，屠之。分兵屠商水、扶溝，所在土寇蠭起騷動。詔復宗龍兵部尚書、太子太保。

戊戌，督師丁啓睿自商城北發，檄左良玉兵共擊李自成。楊文岳收集散亡於陳州，兵稍集。自成、汝才合兵陷葉縣，殺守將李國能。初，國能與自成、汝才同爲賊，結兄弟。十二年，左良玉大敗國能於陳州，國能率衆萬人降。汝才恨之，誓殺國能。至是，聞國能在葉，乘勝拔其城，執國能，責其負約，殺之。詔贈國能左都督。賊移兵陷泌陽。

十月，張獻忠糾回、革、左諸賊自霍、太北行會李自成，河南諸土寇以兵畢赴，自成衆逾百萬。

左良玉兵至臨潁，臨潁爲賊守，良玉攻破屠之，盡獲賊所掠。自成怒，合兵攻良玉。良玉退保郾城，自成、汝才圍之，良玉悉兵拒守。賊陷襄城。

十一月，陝西巡撫汪喬年率馬步三萬，總兵鄭家棟、牛成虎、賀人龍將之趨河南。先是，喬年於陝西發李自成先冢，得小蛇，卽斬蛇以徇，誓師兼程進兵，以輕騎萬餘抵郟縣。時襄城新破，喬年遲疑不敢進。襄城貢士張永祺率邑人出迎官軍，屯於城下。自成聞之，解郾城之圍來迎戰。喬年安營未定，有二將先逃，官軍大潰。賊乘之，一軍盡覆。喬年以數百人入城，居守五日，襄城復陷。喬年自刎，未殊，被執見殺。自成深恨諸生，遂劓刖百九十人。又購永祺，永祺匿免，屠其族人九家。殺守將李萬慶，萬慶乃降將射塌天也。自成再破秦師，獲馬二萬，降秦兵數萬，威鎮河、雒。乘勝圍南陽，數日城陷，總兵猛如虎死之，唐王遇害。楊文岳屯杞縣，丁啓睿屯汝寧。太監劉元斌率京軍救河南，聞南陽陷，乃擁婦女北上。俄上命御史清軍，元斌倉皇悉沈之於河。

十二月，李自成連陷洧州、許州、長葛、鄢陵。鄢陵知縣劉振之力詘，衣冠北向再拜，自到死。自成、汝才合兵陷禹州，徽王遇害。復圍開封，巡撫高名衡、總兵陳永福等竭力守禦。周王貯庫金於城頭，擒一賊者予百金，斬一首者五十金，戰歿者卹其家五十金，傷者以輕重爲差，殺賊甚衆。永福射中自成左目。自成屯朱仙鎭，內鄉、鎭平、唐縣、新野俱降於賊。鄧州知州劉振世死焉。

十五年（壬午，一六四二）春正月，李自成攻開封益急，洞車附城，鑿城甎土而空之，廣數尺，實以火藥燃之，一烘而裂，曰「小放」。窩城縱橫數丈，實火藥燃之，一發震天，曰「大放」。癸未，賊以精騎數千布圍於外，執汴人畚土穴城，爲大窩十餘，輦火藥數萬斤，百炬齊燃。賊擐甲持矛，望城崩將擁入。賊穴城，畚其土礫於外，累累成阜。火藥一發崩天，甎缶皆飛鳴外嚮。賊之布圍於外者，人馬成血糜。城之未穿者，堅如石，猶尋丈。賊駭，解圍去，南陷西華。起孫傳庭兵部侍郎，總督陝西兵勦寇。

三月庚午，李自成、羅汝才合羣盜八十萬圍陳州，兵備副使關永傑率士民死守。賊周圍四十里，更番進攻。永傑力竭城陷，戰死城上。鄉紳崔必之、舉人王受爵等咸手刃數賊，被執罵賊死。賊怒，屠陳州。辛卯，陷睢州，陷太康，遂圍歸德府。歸德無兵，民自爲守。乙未，賊鱗次穴城，城陷。賊乘勝陷寧陵、考城。

夏四月，孫傳庭檄召諸將於西安聽令，固原總兵鄭家棟、臨洮總兵牛成虎、援勦總兵賀人龍各以兵來會。傳庭大集諸將，縛賀人龍坐之旗下而數之曰：「爾奉命入川討賊，開縣譟歸，猛帥以孤軍失利，獻賊出柙，職爾之由。爾爲大帥，遇寇先潰，致秦督、秦撫委命賊手，一死不足塞責也。」因命斬之，諸將莫不動色。因以人龍兵分隸諸將，刻期進討。人龍，米脂人，初以諸生効用，佐督撫討賊，屢殺賊有功，總全陝兵。叛將劇賊多歸之，人龍推誠以待，往往得其死力。襄城之役，朝廷疑人龍與賊通，密勑傳廷殺之。賊聞人龍死，酌酒相慶曰：「賀風子死，取關中如拾芥矣。」

癸亥，李自成、羅汝才合羣賊復攻開封。先是，賊再攻不克，士馬多殺傷，羣賊畏葸，日逃亡數千。賊乃申約，圍而不攻，以坐困之。

五月，李自成分兵陷開、亳。六月，命侯恂以兵部侍郎總督援勦官兵討賊，與孫傳庭協力援開封。

七月，賊圍開封久，守臣告急。詔援勦總兵許定國以山西兵渡河援之。定國兵潰於覃懷。己巳，督師援勦諸軍潰於河上。時督師丁啓睿、保督楊文岳合左良玉、虎大威、楊德政、方國安諸軍，次於開封朱仙鎮，與賊壘相望。啓睿督諸軍進戰，良玉曰：「賊鋒方銳，未可擊也。」啓睿曰：「汴圍已急，豈能持久？必擊之！」諸將咸懼，請詰朝戰。良玉以其兵南走襄陽，諸軍相次而走，督師營亂。啓睿、文岳聯騎奔汝寧，賊渡河逐之，追奔四百里，喪馬騾七千，兵數萬，俱降賊，啓睿勅書印劍俱失。事聞，詔逮啓睿下獄，文岳革職聽勘。

八月，開封久困，食盡，人相食。周王先後捐庫金一百二十餘萬，復捐歲祿萬石以養兵，國廩空虛，宮人咸有飢色。詔山東總兵劉澤清援開封。澤清以朱家寨距城八里，提兵五千渡河爲營，列水環之，達於大堤，築甬道以運糧，則救援可濟，遂往立營。賊攻之三日，諸兵不至，澤清引兵去。時羅汝才營亦食盡，謀他徙，自成乃分糧以餽之，約破開封，以東隅屬之汝才，汝才乃留不去。開封城北十里枕黃河，巡撫高名衡、推官黃澍等城守且不支，恃引河水環濠以自固，更決隄灌賊，可潰也。李自成遣兵攻陷歸德，推官王世琰死之。

九月，河決開封。賊先營高處，然移營不及，亦沈其卒萬人。河流直衝入城，勢如山岳，自北門入，穿東南門出，流入渦水，水驟長二丈，士民溺死數十萬。巡撫高名衡、陳永福咸乘小舟至城頭。周王府第已沒，從後山逸出西城樓，率宮眷及諸王露棲城上雨中七日，督師侯恂以舟迎王。庚寅，總兵卜從善以水師至開封城上，推官黃澍從王乘城夜渡達隄口，諸軍列營朱家寨。賊乘高據筏，以矢石擊汴人之北渡者。城中遺民尙餘數萬，賊浮舟入城，盡掠以去。河北諸軍以大礮擊沈其前鋒，奪回子女五千人。舊河故道淸淺不盈尺，歸德隔斷在河北，邳、亳以下皆被其災。汴梁佳麗甲中州，大隄之上，絃管紛咽，羣盜心豔之，前後三攻汴，士馬死者無算。賊積恨，矢必拔，久懷灌城之謀。顧以子女珍寶山積，不忍棄之水族，憤其城久不下。河大決，百姓生齒盡屬波臣，斷垣矗水上，數堞隱見而已。黃澍以守禦功，詔授御史。

回、革、左諸賊，北合於李自成。

孫傳庭率兵至南陽，李自成、羅汝才西行逆之。傳庭設三覆以待，牛成虎將前軍，左勷將左，鄭嘉棟將右，高傑將中軍。成虎陽北以誘賊，賊奔逐入伏中。成虎還兵而鬬，高傑、董學禮突起翼之，左勷、鄭嘉棟左右橫擊，斬首千餘級，賊潰東走。追之，賊盡棄甲仗軍資於地。官軍爭取之，無復步伍。賊覘官軍囂，反兵乘之，左軍先潰，諸軍繼之，喪材官、將校七十有八人，賊倍獲其所喪焉。

冬十月，李自成復陷南陽，屠之，回兵屯開封北。孫傳庭以兵敗上書自劾，詔傳庭圖功自贖。自成、汝才合兵趨汝寧。

十一月，孫傳庭治兵於登封，收斬逃帥，進兵汝寧。賊游兵窺懷慶，欲北渡，劉澤淸禦卻之。

閏十一月己酉，李自成合諸賊圍汝寧。監軍孔貞會以川兵屯城東，楊文岳以保定兵屯城西。賊兵進攻，相拒一晝夜，川兵潰，保定兵不支。庚戌，賊四面環攻，戴扉以障矢石，雲梯如牆而立。城上矢石俱下，賊死傷衆，而攻不休。一鼓百道竝登，執文岳及分巡僉事王世琮於城頭。文岳、世琮厲聲罵賊，賊怒，縛文岳等以大礮擊之，洞胸糜骨以死。世琮初授河南推官，屢卻賊，射矢貫耳不動，號王鐵耳。賊屠士民數萬，燔燒邸舍無遺。丁巳，拔營走確山，向襄陽，掠崇王由樻及世子、諸王、妃嬪以行。

左良玉自朱仙鎮南潰，久屯襄陽，諸降卒附之，有衆二十萬。其餼於官者僅二萬五千，餘俱因糧村落，襄人不聊生。

十二月，李自成、羅汝才合兵四十萬由唐縣而西。良玉結營襄陽近郊，大造戰艦於樊，將避賊入郢。襄人怨其淫掠，縱火焚之。良玉怒，掠荆、襄巨估舟，載軍資婦女其中，而身率諸軍營樊城高阜。賊勢既盛，襄民咸焚香牛酒以迎。戊辰，賊以數萬騎至樊城，良玉乘高飛礮擊殺賊千餘騎。賊從間道至白馬渡，臨江欲渡。良玉移營拒之，賊不得渡。良玉拔營而南，賊亦不敢逼。自成切齒於良玉，每戰必力。良玉懼，不敢復與爭鋒，故恆避之。鄖撫王永祚跳城走。己巳，襄陽陷，賊分兵陷夷陵、宜城、荆門，向荆州。良玉全師出漢口，遂下武昌，次於金沙洲。賊逼荆州。甲戌，偏沅巡撫陳睿謨棄荆州，奉惠王走湘潭。自成遣賊將馬守應據夷陵以犯(豐)〔澧〕(據小腆紀年卷一改)。賀一龍趨德安，窺黃、麻。辛巳，自成至荆州，士民開門迎之。賊入荆州，荆州諸縣土寇蠭起。

十六年(癸未，一六四三)春正月，李自成圍承天，知府開門迎賊。巡撫宋一鶴時守城，下城巷戰。將士勸之走，一鶴不聽，揮刃擊殺賊數人死。鍾祥知縣蕭漢有賢聲，賊戒其部曰：「殺賢令者死無赦。」乃幽之寺中，戒諸僧曰：「令若死，當屠爾寺。」僧謹視之，漢曰：「吾盡吾道，不礙汝法。」遂自經。賊改承天府曰揚武州。遂犯顯陵。巡按李振聲守陵，迎降賊，賊列之上班。振聲自以與賊同姓，肩輿出入營中，揚揚自得。自成坐陵殿，大會羣賊。欽天監博士楊永裕亦降於自成，自稱天文、禮、樂、兵法、地理俱該洽，請賊發顯陵。忽大聲起山谷，若雷震，賊懼而止。分兵陷潛江、京山諸縣。遣賊將攻德安。乙巳，陷雲夢。丙午，陷孝感。丁未，自成、汝才至黃陂，知縣懷印走。賊設僞令。黃陂士民殺僞官，賊怒，反兵攻黃陂，屠之，夷城垣爲平地。戊申，陷景陵。賊別將陷德安。自成馳檄黃州，指斥乘輿，僞託仁義，以誘遠近。黃州守將王允成棄城順流東下，掠江上客舟，大擾江南、北。方國安諸將退屯漢口，賊大隊逼漢陽。左良玉自金沙渚東下九江，遂至於蕪湖。

初，自成流劫秦、晉、楚、豫，攻剽半天下，然志樂狗盜，所至焚蕩屠夷。既而連陷荆、襄、鄢、郢，席捲河南，有衆百萬，始侈然以爲天下莫與爭，思據有城邑，擅名號矣。羣賊俱奉其號令，推自成爲奉天倡義文武大元帥，號汝才曰代天撫民德威大將軍。自成據襄陽，號曰襄京，其餘所陷郡縣，俱改易名號。修襄王宮殿，設官分職，武官有權將軍等九品，文官有太師、六政府諸品。封崇王由櫍爲襄陽伯。邵陵王在城、保寧王紹圮、肅寧王術授俱降賊，改封伯。僞吏政府侍郎喻上猷薦列荆州紳士，賊下檄徵之。江陵舉人陳萬策、李開先在所薦中，僞檄下，萬策自經，開先觸牆死。楊永裕又勸進，牛金星不可，乃止。

二月庚午，李自成遣賊陷麻城，城空無人，賊回屯德安。自成分兵爲四：老回回守承天，羅汝才守襄陽，革裏眼往黄州，自將其一。癸未，自成攻郟縣，知縣李貞率士民堅守一晝夜，殺傷甚衆。賊百道環攻，一鼓而拔，縱兵大殺。李貞大聲叱賊曰：「驅百姓死守者知縣耳，妄殺何爲！」罵賊不已。自成怒，褫其衣，倒懸於樹，貞大呼曰：「高皇帝有靈，我必訴之上帝以殺賊！」賊斷其舌，剮之。母喬氏及妻俱死。

三月乙未，澧州土賊勾李自成陷常德。常德富強甲湖南，生齒百萬，積粟支十年。巡撫陳睿謨遇賊於郴，先奔，士民無固志，賊遂陷之。自是辰、岳諸府相繼俱陷，而雲、貴路梗矣。

丁酉，命大學士吳甡出督師，給五萬金旌功。以大理評事萬元吉爲職方員外郎，仍充督師軍前贊畫。兵部尚書張國維請隨輔臣，躬率六軍討賊，優詔答之。

癸卯，李自成襲殺革裏眼、左金王，并其衆。

甲寅，左良玉引兵自池口西上，屯安慶，傳制：「襄、承失守，明法具在。左良玉憫其久勞行間，責令圖功自贖。方國安、陳可立革職，充爲事官殺賊。」

夏四月，李自成殺羅汝才，并其衆。降將惠登相、王光恩在鄖陽，陰使人招汝才所部，多奔降之。自成怒，攻鄖陽，登相、光恩屢敗之。自成遂築長圍以困鄖。丁酉，陷保康，知縣石惟壇死之。辛丑，自成遣賊將以兵十萬至禹州，守將楊芬、張朗先期具禮迎賊，賊設僞官之任。

甲申，下詔厲將士討賊，告諭天下。

五月，河南所在擒斬僞官。

李自成在襄陽所造宮殿皆傾塌，遂屯移鄧州，益兵攻鄖陽，王光恩禦之，賊屢戰不利。孫傳庭復遣高傑以兵援鄖陽，擊賊，敗之。賊退屯襄陽，拘鐵工晝夜造鐵鉤釘各萬餘，謀向潼關，踰越山險。

戊申，上諭：「輔臣甡奉命督師討賊，自當星馳受事，乃三月以來，遷延不進。將出都門，籌畫不固，若在行間，何以制勝？還宜在閣佐理，不必督師。」詔趣孫傳庭作速剿寇。

丙辰，李自成攻袁時中殺之，并其衆。

巡撫河南秦所式上言：「中州大勢，闖、曹蹂躪五郡，八十餘城盡爲瓦礫。及革、左諸賊由宛、汝跨江、漢，旬日陷數名郡。此流寇之大略也。自永城以至靈、閿，自宛、汝以抵河岸，方千里之內皆土賊。大者數萬，小者數千，棲山結寨，日事焚掠。此土賊之大略也。辦賊必須兵。舊撫餘兵，不及二千，陳永福餘兵，不及四千，合卜從善三千人，亦不滿萬。此主兵之大略也。用兵必裕餉。河南五郡淪沒，河北強半蒿萊。額賦五十萬，昨年完不及二十萬，撫鎮闕餉五月有餘。此糧餉之大略也。轉餉必須民。自經寇十餘載，人烟幾斷，守城、修河、轉運，至於稚子荷旗，老婦鳴柝。此民生之大略也。撫民必須官。按除目則有人，稽地方則無官。或年餘不赴，或土團寄命。此官吏之大略也。敗壞已極，惟願皇上速發內帑，亟練精銳，佐以土寨，開荒選牧，庶有濟乎！」時上召保定巡撫徐標入對，標曰：「臣自江、淮來數千里，見城陷處，固蕩然一空；即有完城，僅餘四壁。蓬蒿滿路，雞犬無音，曾未遇一耕者。土地人民，如今有幾？皇上亦何以致治乎？」上欷歔泣下。標又上言屯田及車戰諸策，上善之。

是月，給事中吳甘來上言：「諸撫臣借名護藩，實棄城走。乞勅諭各藩，并覈王永祚等棄城之罪。」上不問。

六月丁丑，立賞格：購李自成萬金，爵通侯。購張獻忠五千金，官極品，世襲錦衣指揮。餘各有差。

進孫傳庭兵部尚書，總制應、鳳、江、皖、豫、楚、川、黔勦寇軍務，仍總制三邊，鑄督師七省之印。

李自成大造戰艦於荆、襄，遣老回回攻常德。自成謀自王於荆，其親信大帥二十九人，分守所陷郡邑。自成自隨騎兵五營，營精騎二千，步兵十四哨，哨精卒三千。劉宗敏總步，白旺總騎。每屯，以騎兵一營外圍巡徼，晝夜更番，餘營以次休息。警候嚴密，人不得逃逸，逸者追獲必磔之。營兵不許多攜輜重，兵各攜妻孥，生子棄之，不令舉。男子十五以上，四十以下，咸掠爲養子，爲奴隸。故每破一邑，衆輒增數萬。每一精兵則蓄役人二十餘，其馱載馬騾不與焉。衆實五六萬，且百萬也。雖拔城邑，不聽屋居，寢處布幕，彌望若穹廬。其甲縫緜帛數十重，有至百者，輕而韌，矢鏃鉛丸不能入。每戰，一騎兵必二三馬，數易騎，終日馳驟而馬不疲。嚴寒則掠茵薦布地，以藉馬足，或刳人腹爲馬槽，實以蒭椒飼之。飲馬則牽人貫耳，流血雜水中，馬習見之，遇人則嘶鳴思飲噉焉。行兵倏忽，雖左右不知所往。雞再鳴，竝起蓐食，韝馬以俟。百萬之衆，惟自成馬首是瞻，席捲而趨。遇大川，則囊土擁上流，雖淮、泗諸水，亂流而渡。百萬合營，不攜糧，隨掠而食，飽則棄餘，有斷食斷鹽數月者。臨陣，鐵騎三重，反顧則殺之。戰不勝，馬兵陽北，官軍乘之，步兵拒戰，馬兵繞而合圍，無不勝矣。以牛金星爲謀主，日講經一章、史一通。每有謀畫，集衆計之，自成不言可否，陰用其長者，人多不測也。其攻城，分晝夜爲三番，以鐵騎布圍，步兵肉薄向城。人戴鐵胄，蒙鐵衣，擕椎斧鑿城，得一甎甓卽還，易人以進。穴城可容一人，則一人匿之，畚土以出，以次相繼，遂穿空旁側。迤四五步留一主柱，巨絙繫之。去城十百丈，牽絙倒柱，而城崩矣。望風降者不焚殺，守一二日殺十三四，或五六日不下，則必屠矣。殺人數萬，聚屍爲燎，名曰「打亮」。城將陷，以兵周布濠外，縋城者殺之，故城陷必無噍類。掠馬騾爲上功，次軍仗，次幣帛衣服，次珍寶。其金銀恆散棄之，或以代鉛置礮中。屠城則夷其城垣，令後莫與爲守。立投順牌四，凡破城，四向負牌至村落。降者卽負牌過別村，否則加兵。其牌所至，日蹵千里。性慘酷，斷耳、剔目、截指、折足、剖心、鋸體，日以爲常，談笑對之。其兄從秦軍來，自成獲而殺之。性又澹泊，食無兼味。一妻一妾，皆老嫗，不蓄奴僕。無子，以李雙喜爲養子，嗜殺更酷於自成。自成在襄陽，以搆殿、鑄錢皆不成，斬一謀士。令術士問紫姑，卜之不吉，因立李雙喜爲太子，改名洪基以厭之。鑄洪基年爲錢，又不成。七月，聞秦督兵將至，留毛賊守襄陽家口，自成率精鋭往河南。

庚子，督師孫傳庭發兵潼關，分道進討。以總兵牛成虎、副將盧光祖爲前鋒，會河南總兵卜從善、陳永福，合兵洛陽之下池塞。檄左良玉以兵自九江赴汝寧夾擊賊。大營移宛向雒。詔薊遼總兵白廣恩、四川總兵秦翼明入衞，土漢官兵、陝西三鎮兵俱隨督師進討。傳庭以副總兵高傑將降丁爲中軍，命秦翼明出商、雒爲犄角，總兵王定、官撫民率綏、夏二鎮兵爲後勁。

八月辛未，傳庭師次閿鄉。自成盡發荆、襄諸賊，俱會於河南。步賊沿河列守，自汜水至滎澤，伐竹木結筏，人佩三葫蘆。將渡河，先驅千餘賊北渡，總兵劉弘起以兵逐之，復渡南岸。丁丑，牛成虎率諸將前驅，遇賊於洛陽，擊破之。再敗之河岸，追奔至汝州。成虎以孤軍無繼，退屯澠池。

九月己亥，傳庭次汝州，僞都尉四天王李養純率所部來降，知賊幷兵守寶豐，傳庭進軍寶豐合圍，賊堅守不下。壬寅，自成以輕兵來援，戰於城東。白廣恩、高傑、盧光祖分兵逆戰，卻之。癸卯，復以精騎數千直攻官軍，諸將復擊走之。傳庭曰：「寶豐不卽下，而賊救大至，則腹背受敵矣。」親督諸軍，悉力攻城拔之，斬僞州牧陳可新等數千級，遂以大兵搗唐縣。時賊家口盡在唐縣，賊發精騎來援，官軍已入城，盡殺賊家口。賊滿營痛哭，誓殺官兵。壬寅，傳庭自朱仙鎭而南，大雨六日，糧車日行三十里，又道淖未至，士馬俱飢。或勸傳庭旋師就運，傳庭曰：「軍已行，卽還亦飢，奚濟乎！要當破一縣就食耳。」甲辰，傳庭復郟縣，縣俱窮民，集騾羊二百餘，頃刻分臠食盡，不足給。己酉，命河北、山西就近餉傳庭軍。自成將步騎萬餘逆戰，官軍前鋒擊斷自成坐纛，進逐之，賊披靡，賊營逃亡者相屬。時傳庭前鋒盡收革、左故部，皆致死於賊。而高傑統諸降賊，備悉賊中曲折。自成遣其弟一隻虎逆戰，三戰三北。自成奔襄城，諸軍進逼之。自成累敗而懼，挑土築牆自守。已，食匱，賊有飢色。

初，自成在河南，以河、雒、荆、襄四戰之地，且荒蕪，赤地千里；關中其故鄉也，士馬強甲天下，據之可以霸，乃謀西向。憚潼關天險，將從淅川間道入陝。如不能，則從楚、豫下淮安，金陵可襲而有也。既至陝州，屢敗，盡發河上屯守諸賊以迎官軍，驅所掠難民爲前鋒以誘敵。官軍屢勝輕敵，日馳逐數百里。河南所在皆荒，諸軍既深入，饋餉不繼。丙子，自成書巨牌行至官軍，刻期會戰。時襄、洛豪傑竝起，各保塞以逐賊，大者嵩人，少者數千。若毛顯文、劉弘起、沈萬登皆起布衣爲將領。潛山宋正奇集鄉兵數萬扼險隘，賊不敢下。承天方國安以兵復承天。老回回屯夷陵，官軍擊敗之，諸縣多恢復。

大雨連旬，傳庭軍乏餉。壬子，兵譟於汝州，降盜李際遇陰通賊。癸丑，賊率精騎大至。傳庭問計於諸將，高傑請戰，白廣恩曰：「我師困，宜駐師分據要害，步步爲營，以薄賊易耳。」傳庭恐賊遁，曰：「將軍何怯！獨不如高將軍耶！」廣恩不懌，引所部八千人先去。賊前鋒名「三堵牆」，一紅、一白、一黑，各七千二百人來薄。官軍接戰，陷賊伏中。賊乘之，官軍大敗，陷泥淖死者數千人。高傑立嶺上望曰：「不可支矣。」麾衆退，諸軍盡西走。賊驅大隊疾追，一日馳走四百里，至於孟津。官軍死亡四萬餘人，盡喪其軍資數萬。傳庭與傑收散亡數千騎渡垣曲，走河北。初，賊驅難民誘官軍，斬獲皆良民也。傳庭不知其詐，奏：「賊聞臣名皆驚潰。臣誓肅清楚、豫，不以一賊遺君父。」識者憂之，至是果敗。賊別將克汝州，殺戮過當。戊午，自成向潼關，白廣恩擊破之。孫傳庭亦回軍潼關，衆尚四萬。

十月辛酉朔，副總兵沈萬登復汝寧。萬登，汝寧大俠也，聚鄉勇萬餘人。李自成僞授威武大將軍，不受。鳳督馬士英承制授副總兵。是日，僞將軍馬尙志蒞任，萬登潛遣諜入城，因擁衆入，誅尙志幷諸僞官。

壬戌，一隻虎陷閿鄉，即自成弟李過也。疾走至潼關，獲督師大纛。丙寅，賊以纛紿守關者，乘間突入，潼關陷。李自成間道緣山崖出潼關後夾攻，官軍大潰。賊旣入關西行，一隻虎陷華陰，傳庭及白廣恩退屯渭南。賊合衆數十萬陷渭南，傳庭沒於陣，知縣楊暄被執不屈死。賊屠渭南，陷華州。戊辰，陷商州，商雒道黃世清不屈死之，賊屠商州。乙丑，陷臨潼，關中人心所在瓦解。陝西巡撫馮師孔知寇棘，急入西安收保，俄賊至。辛未，師孔督兵出戰，陣陷被執，不屈死之。西安陷，按察使黃熠自盡。長安知縣吳從義、指揮崔爾達俱投井死。秦府長史章世炯自經死。紳士死者甚衆。右都御史三原焦源溥罵賊磔死。磁州道副使祝萬齡至學宮拜先聖，從容自經死。禮部主事南居業罵賊死。宣撫焦源淸、參政田時震俱不受僞職死。御史王道純大罵賊不屈死。解元席增光、舉人朱誼泉俱投井死。山東監軍僉事王徵七日不食死。都司吏丘從周罵賊死。餘吏民皆相率降於賊。總兵白廣恩逃而追獲，降之。

初，自成剽掠十餘年，旣席捲楚、豫，始有大志。然地四通皆戰場，所得郡縣，官軍旋復之。至是，旣入秦，百二山河，遂不可制。自成據秦王府，僞授秦王存樞權將軍，世子妃劉氏曰：「國破家亡，願求一死。」自成遣歸外家。秦藩富甲天下，擁貲千萬。賊之犯秦也，戶部尙書倪元璐奏曰：「天下諸藩，無如秦、晉山險，用武國也。宜諭兩藩，能任殺賊，不妨假之以大將之權。如不知兵，宜悉輸所有。與其賫盜，何如享軍！賊平之後，益封兩藩各一子如親王，亦足以報之。兩王獨不鑒十一宗之禍乎？賢王忠而熟於計，必知所處矣。」書上，不報。至西安陷，秦藩府庫盡爲賊有。賊分兵徇諸縣皆陷，蒲城知縣朱一統抱印投井死。

初，自成在楚議所向，牛金星請先取河北，直擣京師。楊承裕欲先據留都，斷漕運。獨顧君恩曰：「否，否！先據留京，勢居下流，難濟大事，其策失之緩。直擣京師，萬一不勝，退無所歸，其策失之急。不如先取關中，爲元帥桑梓之邦。且秦都百二山河，已得天下三分之二，建國立業。然後旁略三邊，資其兵力，攻取山西，後向京師。進退有餘，方爲全策。」賊從其計。先是，賊好殺掠，牛金星勸以不殺，遂嚴戢其下，民間稍安堵，輒相誑惑，人無鬭志。自成遂改西安府爲長安，榜掠巨室助餉。

辛未，進白廣恩盪寇將軍勦賊，時上信廣恩，尚未知其降賊也。

李自成分兵略鄜、延，中部知縣華堞知城小不支，先令妻妾自縊。一妾年少遣之，其妾亦垂泣投繯，華堞遂經死。

官兵進勦汝寧，一路僞官土寇俱盡，河南稍寧。

庚寅，上始聞潼關失守，以兵部侍郎余應桂總督陝西三邊，收拾邊兵，相機勦寇。應桂聞命飲泣，陛辭曰：「不益兵餉，雖去何濟！」上默然，發帑金五萬給軍。應桂遷延河上不進。

十一月，總兵王定、高傑自渭南敗，各帥所部奔延安。自成命賊將田斌守西安，自往塞上。甲午，高傑聞賊至，以兵渡河而東入山西，王定奔楡林。自成陷延安，大會羣賊，戎馬萬匹，旌旗數十里，於米脂祭墓。以五百騎按行鳳翔，守將誘而殲之。自成怒，親攻鳳翔，陷之，屠其城。壬寅，李自成發金數萬，招楡林諸將，以大寇繼之。備兵副使都任及故總兵王世顯、侯世祿、侯拱極、尤世威、惠顯等，斂各堡精鋭入鎭城，大集將士，問之曰：「若等守乎？降乎？」各言「效死無二」。遂推世威爲長，主號令，繕甲兵。賊遣僞官說三日不聽，賊怒。乙未，賊四面環攻，城上強弩疊射，賊死屍山積。更發大礮擊之，賊稍卻。丙午，賊攻寧夏，鎮兵逆戰，三勝之，殺賊精銳數千。自成歸西安，益發賊往寧夏。關中諸賊聞寧夏之敗，數萬東奔商、雒，出潼關，復散入河南。壬子，自成復往攻寧夏。丁巳，李自成陷榆林。榆林被圍，諸將力戰殺賊，賊死者萬人。賊攻益力，逾旬不克。賊以衝車環城穴之，城崩數十丈，賊擁入，城遂陷。副使都任闔室自經死，總兵尤世威縱火焚其家百口，揮刀突戰死。諸將各率所部巷戰，殺賊千計。賊大至，殺傷殆盡，無一降者。闔城婦女俱自盡，諸將死事者數百人。榆林爲天下勁兵處，頻年餉絕，軍士饑困，而殫義殉城，志不少挫，闔城男子婦女無一人屈節辱身者。榆林既屠，賊搗寧夏。寧夏總兵官撫民迎降。三邊俱沒，賊無後顧，長驅而東矣。自成攻慶陽，城中堅守四日，力不支城陷。備兵副使段復興、董琬，鄉紳太常少卿麻禧死之。屠慶陽，執韓王。時賊遣僞王往關東靈、閿諸路，大張僞榜，移檄河南郡縣，河南西境賊皆設僞官。官兵守懷慶府。

十二月，李自成遣賊入漢中，不克。高傑在絳州，聞李自成將東渡，分道東走。戊辰，至蒲州。李自成前鋒渡河入山西，巡撫蔡懋德先屯平陽，至是以歲暮還太原。庚辰，賊至河津，陷平陽，知府張嶙然走太原，吏民皆降，賊殺西河王等三百人。高傑聞平陽陷，擁兵東下澤州。山西郡縣聞賊至，望風迎款。賊遣僞牌徧行山西，其辭甚悖。

李自成遣賊陷甘州。先是，鳳翔、蘭州開門迎賊。賊渡河，莊浪、涼州二衞俱降，遂圍甘州，乘夜雪登城。巡撫甘肅林日瑞、總兵郭天吉、同知藍臺等並死之，殺居民四萬七千餘人。西寧衞尙堅守不下，至明年二月詐降，殺僞官賀錦等。

十七年（甲申，一六四四）春正月，李自成稱王於西安，僭國號大順，改元永昌。自成久覬尊號，懼張獻忠、老回回相結爲患。旣入秦，通好獻忠。獻忠厚幣遜詞以報之，自成喜，遂僭號。牛金星爲丞相，更定六政府尙書等僞官。

三月乙巳，李自成自山西抵京師，環攻九門。丁未，京城陷，帝后崩。

丙辰，遼東總兵平西伯吳三桂聞京師陷，帝后殉難，遂縞素發哀，乞師於我大清討賊，薄山海關，傳檄遠近。李自成聞之大驚，脅三桂父襄作書招三桂，令舊將唐通遺三桂書勸降，且言「東宮無恙」。三桂不答，上書其父，略曰：「父旣不能爲忠臣，桂亦安能爲孝子。桂與父訣，請自今日。雖置父鼎俎旁以誘三桂，不顧也。」書至，自成益懼。三桂頓兵山海關，以忠義激將吏，規取京師，唐通不能禦，三桂殺賊騎殆盡。初，三桂諭其下曰：「吾不忠不孝，何顏立天地間！」欲自刎，其下俱曰：「將軍何至此！吾輩當死戰。」遂大破賊。己巳，京城外徧張吳三桂檄，共約士民縞素復仇，一時都人皆密製素幘。庚午，李自成率兵六萬東行，劉宗敏、李過等從之，挾太子、永王、定王、吳襄自隨。太子、二王玄幘綠衣，各一兵抱之馬上，都人擁觀多隕涕。甲戌，李自成向永平。丁丑，吳三桂大破賊於關門。賊初破京師，精銳不過數萬，所至虛聲脇下，未嘗經大敵。既飽掠思歸，聞邊兵勁，無不寒心。自成知成敗決於一戰，盡驅賊連營並進。三桂悉銳出戰，無不一當百，奮擊殺賊數千人。賊亦賈勇疊進。自成挾太子登高岡，立馬觀戰。賊衆三面圍三桂兵，三桂兵東西馳突，賊散而復合。我大清兵至，繞出三桂右，所向披靡莫當。自成策馬走，諸賊遂大潰，自蹂踐死者數萬人。諸軍分道乘之，殺其大帥五人，奪輜重無算。自成以數千騎急走永平。戊寅，自成遣使赴軍中議和，三桂曰：「歸我太子、二王，速離京城，使鐘簴如故，而後罷兵。」自成請旋師，如三桂言求和，三桂許之。自成拔營而西。己卯，三桂追賊於永平，又破之。賊奔竄還京師，毁京城外民居數萬間，幷夷牛馬牆，稍遲者殺之，凡數萬人。三桂兵壓城，自成合兵一十八營以拒戰。三桂進攻之，連拔其八寨，斬首二萬。自成殺吳襄首，以高竿懸城上，盡殺襄家三十八口。三桂披髮墜鞍哭於地，三軍咸憤怒，拔刀砍地誓殺賊。

丙戌，李自成自稱帝，卽位於武英殿，僞磁侯劉宗敏扶創出，平立不拜，曰：「爾故我等夷也。」僞官皆拜，宗敏不得已，再拜而退。丁亥昧爽，李自成出齊化門西走。先運薪木積宮內，縱火發礮擊毁諸宮殿。又燒九門雉樓，火光燭天。先是，三桂知賊將西走，設疑兵於西山，密取酒罌數千，實以石灰，夜埋齊化門道上，上覆浮土。賊萬馬並馳而出，踐罌皆穿，馬足驚踣，後騎相壓奔，石灰迷目不可視。疑兵遠譟以驚之，賊陣大亂。三桂望城中火作，知賊走，繞城而西，追奔三十里。賊馬騾俱重載，日行數十里，追兵至，盡棄其輜重婦女。自蘆溝至固安百里，盔甲衣服盈路，賊兵散去者又數萬。三桂徐收所棄，已逾數百萬。賊既得脫西走，三桂復率大兵追賊。至保定，賊還兵而鬭，奮擊破之。又追破之於定州北，奪其婦女二千，獲輜重無算，招降潰賊萬餘人。自成屯眞定，既屢敗，憤極，復勒精騎擊三桂。三桂兵張兩翼以進擊，斬其大將三人，首萬級。自成大敗，還眞定，益發兵攻三桂。三桂接戰，自辰至晡未決。三桂分兵疊戰，自成漸引卻。自成中流矢墜馬，掖兩騎馳還營，卽拔營西走，度固關入山西。三桂以兵逐之，及關而止，遂還軍京師。

李自成自井陘西行至平陽，分兵守山西諸隘，益發關中兵西攻漢中，陷之。

李自成復遣兵出潼關攻掠河南，又遣降賊叛將馬科至四川，掠保寧一路。

吳三桂追賊入山西，時西部復攻臨洮、甘肅以牽之。自成數戰不勝，遂棄山西走西安。我大清兵西伐，李自成合賊數十萬，悉銳迎戰。鐵騎衝堅而入，賊披靡，斬首數萬，劉宗敏、田見秀等俱死，賊衆大潰，棄西安，走商、雒。丙子，自成棄陝，以兵出潼關，分軍爲八營，三道俱下，南略地至襄、鄖。我大清兵既定三秦，下河南，入楚取荆、襄。李自成南奔辰州，將合張獻忠。獻忠已入蜀，遂留屯黔陽。部賊亡大半，然尚擁衆十餘萬。乏食，遣賊將四出抄掠，黔陽四境雞犬皆盡。川湖何騰蛟進攻之。自成營於羅公山，倚險築塹爲久屯計。勢彌蹙，食盡，逃者益衆。自成自將輕騎抄掠，何騰蛟伏兵邀之，大敗，殺傷幾盡。自成以數十騎突走村落中求食，村民皆築堡自守，合圍伐鼓共擊之。自成麾左右格鬭，皆陷於淖。衆擊之，人馬俱斃，村民不知爲自成也。截其首獻騰蛟，驗之左臚傷鏃，始知爲自成。李過聞自成死，勒兵隨赴，僅奪其屍，滅一村而還，結草爲首，以袞冕葬之羅公山下。賊諸將奉李過爲首，改名李繡，渡湖入險山中，後改名李赤心。羣盜俱散亡。

谷應泰曰：國以民爲本，民以食爲天，故曰積貯者，天下之大命也。史稱關中大祲，而三輔寇盜縱橫。周官荒政十二，而興大役以業貧民。至若青、徐歲饑，樊崇以起，長垣歲凶，仙芝作亂，蓋揭竿之變，往往由於懸磬之匱也。況乃汰郵驛，減冗卒，使亡賴奸人無所得衣食，則益煽而爲亂，走死地如騖耳。

崇禎之初，銳意恭儉，東南織文，西北游徼，並行裁罷。而李自成以驛胥失職，值饑民不沾泥等倡亂延安，因往從之。又與耿如杞潰兵相合，旬月之間，衆至萬餘，推爲闖將。蓋潰兵得饑民，則嚮道既精；饑民得潰兵，則壁壘益厚。又況延綏地連邊鎮，俗嫻弓馬，民多獷悍。秦長西陲，雄制列國；唐起靈武，終復兩京。揆之自成起事，雖厲毛賊，實則勁旅也。此時明察之官，剽銳之將，便當厚集衆師，一鼓擒滅。比之唐周上書，馬元車裂，宋賢謀亂，鷹揚捕斬，斯爲得之。而乃養癰坐大，馴致蔓延，此豈非計之失耶！

雖然，自成之起延安也，自秦入豫，由蜀躪楚，轉寇關東，僭號襄、鄧。十餘年之間，曹文詔敗之於商、雒，陳奇瑜敗之於漢中，左光先敗之於富平，左良玉扼之於武關，賀人龍破之於靈、陝，孫傳庭敗之於襄城，亦未嘗不自縛乞降，投繯引決。而究至狼奔豕突，死灰復燃者，則以號令乖方，韜鈐不飭，中朝無良、平之謀，而行間無李、郭之將也。乃者車廂峽之困，自成解甲矣，而更給票免死；興平、武功之捷，自成計阻矣，而乃緩兵待撫；崤函合圍之舉，自成坐斃矣，而云「圍師必缺」。又且得臣之猛，按劍行誅，節度之師，同日奔潰，以至嗣昌仰藥於前，傳庭陣亡於後，而天下事不可爲矣。

自成乃更北攻寧夏，略定三邊，東搗居庸，長驅京邑。洎乎祿山陷都，惟事聲色；黃巢入篡，大掠貲財。突令言於宜春，坐朱泚於北闕。遂使銅駝榛莽，鍾簴灰銷。自古潢池之禍，未有若斯之酷者也。

嗟乎！彼自成者，非有殊才絶力，不過狡黠善騎射耳。而謀主牛金星、顧君恩輩，則井窺之智也。孽黨劉宗敏、白旺等，則瘈犬之猛也。奈何千丈之隄，潰於蟻穴；天府之險，踣於困獸哉！以予論之，假令貨賄屏絕，則將必盡材；文法便宜，則權不中制。而又有武侯以興復自任，晉公以討賊自效者，卽寇雖鴟張，不難一舉而撲滅之也。然則顛覆之禍，固當責之廟算歟！

明史紀事本末卷之七十九

甲申之變

懷宗崇禎十七年（甲申，一六四四）春正月朔，大風霾，占曰：「風從乾起，主暴兵城破。」鳳陽地震。

李自成稱王於西安，僭國號曰順，改元永昌。賊掠河東，河津、稷山、滎河、絳州一路俱陷。自成僞牒兵部約戰，言三月十日至。兵部執牒者，則京師人自涿州還，值逆旅，客予十金代投。以爲詐，斬之。上憂寇，臨朝而歎曰：「卿等能無分憂哉！」大學士李建泰進曰：「主憂如此，臣敢不竭力！臣晉人，頗知寇中事。臣願以家財佐軍，可資數月之糧。臣請提兵西行。」又曰：「進士石𡼖願單騎走陝北，連甘肅、寧夏之兵，外連羌部，召募忠勇，勸輸義餉，勦寇立功。否亦内守西河，扼吭延安，使賊不得東渡。」上悦曰：「卿若行，朕當倣古推轂。」上欲用石𡼖，建泰曰：「俟臣西行，酌而用之。」癸丑夜，星入月中，占云：「星入月中，國破君亡。」乙卯，上命大學士李建泰出師，行遣將禮，命駙馬都尉萬煒以特牲告太廟。上臨軒廷，授建泰節劍。備法駕鹵蹕，御正陽門，賜宴餞之。命五府掌印，侯伯、内閣、六部、都察院掌印官及京營總協侍坐，鴻臚贊禮，御史糾儀，大漢將軍侍衞，設宴作樂。上親賜巵酒，曰：「先生之去，如朕親行。」建泰頓首起行，上目送之，良久返駕。是日大風揚沙，占曰：「不利行師。」建泰御肩輿，不數武杆折，識者憂之。授進士淩駉職方司主事，隨輔臣監軍。赦李政修罪，隨輔臣軍前效用。以郭中杰爲副總兵，充督輔中軍旗鼓。西洋人湯若望隨行，脩火攻水利。進士程源私於監軍淩駉曰：「此行也，兼程抵太原，收拾三晉，猶可濟也。若三晉失守，無能爲矣。」建泰出都，道聞山西烽火甚急，建泰家且破，因遲行，日三十里。師次涿州，營兵逃歸者三千人。行至廣宗，紳衿城守不納，攻三日破之，殺鄉紳王佐，笞知縣張弘基。是日，卽移兵出城。初，建泰承上寵命，恃有家財可佐軍需。已，聞家破，進退失措，逡巡畿內而已。

二月朔，上平旦視朝，忽得僞封，啓之，其詞甚悖。末云：「限三月望日至順天會同館暫繳。」一時相顧失色，朝罷，遂不復問。

李自成陷蒲州。及汾州、懷慶不守，福王出奔，與太妃相失，遂至衞輝依潞王。自成至太原。太原無重兵爲守，山西巡撫蔡懋德遣牙下驍將牛勇、朱孔訓出戰，孔訓傷於礟，牛勇陷陣死，一軍皆歿，城中奪氣。賊移檄遠近，有云：「君非甚暗，孤立而煬蔽恒多；臣盡行私，比黨而公忠絕少。甚至賄通官府，朝廷之威福日移；利入戚紳，閭左之脂膏盡竭。」又云：「公侯皆食肉紈袴，而倚爲腹心；宦官皆齕糠犬豚，而借其耳目。獄囚纍纍，士無報禮之心；征斂重重，民有偕亡之恨。」人讀之多爲扼腕。蔡懋德知事必不支，寫遺表令監紀賈士瑋間道奏京師。中軍盛應時見之，退歸，先殺其妻子，誓將死敵。初八日，風沙大起，賊乘風夜登城，懋德、應時策馬赴敵死。趙布政、毛副使及府縣各官四十六員咸死之，賊屍之於城。

李自成至黎城，他將陷臨晉。上下罪己詔，曰：「朕嗣守鴻緒，十有七年。深念上帝陟降之威，祖宗付託之重，宵旦兢兢，罔敢怠荒。乃者災害頻仍，流氛日熾，忘累世之豢養，肆廿載之凶殘。赦之益驕，撫而輒叛。甚至有受其煽惑，頓忘敵愾者。朕爲民父母，不得而卵翼之；民爲朕赤子，不得而懷保之。坐令秦、豫丘墟，江、楚腥穢，罪非朕躬，誰任其責！所以使民罹鋒鏑，蹈水火，殣量以壑，骸積成丘者，皆朕之過也。使民輸芻輓粟，居送行齎，加賦多無藝之征，預徵有稱貸之苦者，又朕之過也。使民室如懸磬，田卒汙萊，望烟火而無門，號冷風而絶命者，又朕之過也。使民日月告凶，旱潦薦至，師旅所處，疫癘爲殃，上干天地之和，下叢室家之怨者，又朕之過也。至於任大臣而不法，用小臣而不廉，言官首鼠而議不清，武將驕懦而功不奏，皆由朕撫馭失道，誠感未孚。中夜以思，跼蹐無地。朕自今痛加創艾，深省夙愆。要在惜人才以培元氣，守舊制以息煩囂，行不忍之政以收人心，蠲額外之科以養民力。至於罪廢諸臣，有公忠正直，廉潔幹才尚堪用者，不拘文武，吏、兵二部確核推用。草澤豪傑之士，有恢復一郡一邑者，分官世襲，功等開疆。即陷沒脅從之流，能舍逆反正，率衆來歸，許赦罪立功，能擒斬闖、獻，仍予通侯之賞。於戲！忠君愛國，人有同心；雪恥除凶，誰無公憤！尚懷祖宗之厚澤，助成底定之大功。思克厥愆，歷告朕意。」詔下，賊前鋒已至大安驛，議京師城守。賊至忻州，官民迎降。遂攻代州、五臺，官吏迎降。總兵周遇吉守代州，出奇奮擊，連戰十餘日，殺賊萬餘。賊合諸路賊進攻，遇吉兵少食盡，退守寧武關。賊陷懷慶，抵固關，分趨眞定、保定。督輔李建泰兵過東光不戢，士民閉城拒守。建泰怒，留攻三日，破之。上至是始聞山西全陷，命跡訪諸王。遣內官監制各鎮，太監高起潛監寧前鎮，盧惟寧監天津、通、德、臨清，方正化監眞定、保定，杜勳監宣府，王夢弼監順德、彰德，閻思印監大名、廣平，牛文炳監衞輝、懷慶，楊茂林監大同，李宗允監薊鎮中協，張澤民監西協。兵部言：「各處物力不繼，而事權紛拏，反使督撫藉口。」上不聽。

眞定兵叛降賊。知府丘茂華聞儆，先遣家人出城，總督徐標執茂華下獄。標麾下中軍伺標登城晝守禦，劫標城外殺之，出茂華。茂華遂檄屬縣叛待寇，賊數騎入城收紹籍。近京三百里，寂然無言者。

進魏藻德禮部尚書、文淵閣大學士，總督河道、屯練，往天津。進方岳貢戶部尚書兼兵部尙書、文淵閣大學士、總督漕運、屯練，往濟寧。魏藻德辭新銜，允之。有言各官不可令出，出卽潛遁，遂止藻德等不遣。

詔徵天下兵勤王，命府部大臣各條戰守事宜。上候於文華殿，都察院左都御史李邦華、少詹事項煜、右庶子李明睿各言南遷及東宮監撫南京。上驟覽之，怒甚，曰：「諸臣平日所言若何？今國家至此，無一忠臣義士爲朝廷分憂，而謀乃若此！夫國君死社稷，乃古今之正。朕志已定，毋復多言！」吏科都給事中吳麟徵請「棄山海關外寧遠、前屯二城。徙吳三桂入關，屯宿近郊，以衞京師」。廷臣皆以棄地非策，不敢主其議。

前總督陝西余應桂奏：「賊衆號百萬，非天下全力注之不可。天下鎭將，河南左良玉，關東吳三桂，并高傑、唐通、周遇吉、黃得功、曹友義、馬科、張天祿、馬岱、劉澤清、土國寶、劉良佐、葛汝芝及副將丘磊、惠登相、王光恩、孔希賢、金守亮等合之，調赴軍前，會師眞、保之間。督撫之外，加一督師，如史可法、王永吉其人，賜以尙方，懸公侯之賞以鼓勵之，庶賊可滅也。」

大學士陳演乞休，許之，賜金幣。始上憂秦寇，演謂無足慮，至是不自安，求去。

寇薄寧武關，傳檄五日不下，且屠。總兵周遇吉悉力拒守，大礮擊賊萬餘人。會火藥盡，或言：「賊勢重，可款也。」遇吉曰：「戰三日，殺賊且萬，若輩何怯耶？能勝之，一軍盡爲忠義；萬一不支，縛我以獻，若輩可無恙。」於是開門奮擊，殺賊數千人，賊懼欲退。或爲賊策曰：「我衆彼寡，但使主客分別，以十擊一，蔑不勝矣。請去帽爲識，見戴帽者擊之。遞出戰，不二日可殲也。」賊引兵復進，迭戰，脫帽以自別，我兵大敗。遇吉闔室自焚，揮短刀力鬭，被流矢，牙兵且盡，見執罵賊，縛於市磔焉。遂屠寧武，嬰穉不遺。李自成既殺遇吉，歎曰：「使守將盡周將軍者，吾安得至此！」

寇犯大同，兵民皆欲降，命城守不應。總兵朱三樂自刎，巡撫衞景瑗，督理糧儲戶部郎中徐有聲、朱家仕俱死之。文學李若葵闔家九人自縊，先題曰「一門完節」。李自成入大同六日，殺代府宗室殆盡，留僞將張天琳守之。天琳殺戮凶暴，閱兩月，陽和軍民約鎮城軍民內應，殺天琳。

三月己丑，命部院廠衞司捕各官稽察奸宄，申嚴保甲。巷設邏卒，禁夜行，巡視倉庫草場。魏藻德請自出京議餉，不許。召兵部尙書張國維、庶吉士史可程、進士朱長治、陳（川）〔州〕（據國榷卷一百改）諸生張鑾於中左門。鑾言三策，首請太子監國南京，擇耆臣輔之。宣府告急，命鎭朔將軍王承胤偵寇所向。庚寅，召文武大臣、科、道於中極殿，問今日方略。奏對可三十餘人，有言守門乏員，當今之急，無如考選科、道，餘皆練兵加餉習聞也。是日，命內監分守九門，稽出入。京城武備積弛，禁兵皆南征，太倉久罄。至是，命襄城伯李國楨提督城守，守西直門，各門勳臣一，卿亞二。諭文武各官輸助。初議僉民兵，魏藻德曰：「民畏賊，如一人走，大事去矣。」上然之，禁民上城。辛卯，督師大學士李建泰上書請駕南遷，願奉太子先行。壬辰，上召對平臺，諭閣臣曰：「李建泰有疏，勸朕南遷。國君死社稷，朕將何往！」大學士范景文、左都御史李邦華、少詹事項煜請先奉太子撫軍江南。兵科給事中光時亨大聲曰：「奉太子往南，諸臣意欲何爲！將欲爲唐肅宗靈武故事乎？」景文等遂不敢言。上復問戰守之策，衆臣默然，上歎曰：「朕非亡國之君，諸臣盡亡國之臣爾！」遂拂袖起。

欽天監奏帝星下移。

詔封總兵吳三桂平西伯，左良玉寧南伯，唐通定西伯，黄得功靖南伯，給勅印。劉澤清實陞一級。劉良佐、周遇吉、高傑、馬岳、馬科、姜宣、孔希貴、黄蜚、葛汝芝、高第、許定國、王承胤、劉芳名、李棲鳳、曹友義、杜允登、趙光遠、卜從吉、楊御蕃各陞署一級。督撫馬士英、王永吉、黎玉田、李希沆，分别應加實署。始棄寧遠，徵吳三桂、王永吉率兵入衛。又召唐通、劉澤清率兵入衛。澤清前命移鎮彰德，因縱掠臨清南奔。惟唐通以八千人入衛。已，同太監杜之秩守居庸。

賊犯保定，大學士李建泰已病，中軍郭中傑縋城降賊，兵潰。賊入保定，建泰被執。御史金毓峒守西門，賊執之，入三皇廟見賊帥。毓峒奮拳毆賊帥，仆之，躍入井中死。妻王氏自經。毓峒從子振孫以武舉效力行間，登城射賊，多應弦而斃。城陷，衆解戎衣自匿，振孫衣裲襠大呼曰：「我御史金毓峒姪也。」賊支解之。毓峒子嚳婦陳氏，年十八，與其祖母張、母楊、嫂常，一時盡投於井。張抱孫於懷同下，侍婢四人亦從下。

乙未，命太監馬思理馳赴大同督兵援勦。

李自成宿陽和，遂長驅向宣府。宣府叛將白廣恩貽總兵姜瓖書約降，監視太監杜勳緋袍八騶郊迎三十里，軍民聚謀籍籍。巡撫朱之馮懸賞勞軍守城，無一應者。三命之，咸叩頭曰：「願中丞聽軍民納款。」之馮獨行巡城，見大礮，曰：「汝曹試發之，可殺數百人，賊雖殺我無恨矣。」衆又不應。之馮不得已，乃自起燃火，兵民競挽其手。之馮乃奪士卒刀自刎。宣府軍民俱迎降於賊。鄉紳張羅彥自殺。

上按籍勳戚大璫，徵其助餉。遣太監徐高諭嘉定伯周奎爲倡，奎謝無有。高泣諭再三，奎漫詞以對。高拂然起曰：「外戚如此，國事去矣。多金何益！」奎奏捐萬金，上少之，勒其二萬。奎密書皇后求助，后勉應以五千金，令奎以私蓄足其額。奎匿中宮所畀二千金，僅輸三千金。太監王永祚、曹化淳助至三萬、五萬。王之心最富，上面諭之，僅獻萬金。諸內官各大書於門曰：「此房急賣。」復雜出雕鏤玩好諸物，陳於市以求售。後賊拷王之心，追十五萬，他金銀器玩稱是。周奎抄見銀五十二萬，珍幣復數十萬。魏藻德首輸百金。陳演既放未行，召入，訴清苦。百官共議捐助，勉諭至再，最後每省限額，浙江六千，山東四千，先後共二十萬。時諭上等三萬金，皆無應。惟太康伯張國紀輸二萬，餘不及也。又議前三門巨室，各輸糧給軍，且贍其妻孥，使無內顧，諸巨室多不樂而止。或謂從逆官吏，多非其心，請赦河南、北所俘僞官，以攜賊黨。

丙申，大風霾，晝晦。命司禮太監王承恩提督內外京城，總督薊遼王永吉節制各鎮，俱聽便宜行事。賊警益逼，有勸上南遷者，上怒曰：「卿等平日專營門戶，今日死守，夫復何言！」諭兵部曰：「都城守備有餘，援兵四集，何難刻期滅寇！敢有訛言惑衆，及私發家眷出城者擒治！」

庚子，上召對，惟問兵餉。以舉朝無人，常泣下。廷臣長策，惟閉門止出入，餘無一籌。議增兵外城，則內闕；增兵內城，則外闕。襄城伯李國楨在事，亦不敢抗王承恩。

辛丑，分營都門設大礮。上又召對羣臣，問禦寇方略，諸臣皆嚄唶不能對。廷臣舉兵部職方司員外萬元吉知兵，可任司馬。

給九門守者人百錢，召前太監曹化淳等守城。

南京孝陵夜哭。

癸卯，風晦。寇自柳溝抵居庸關。柳溝天塹，百人可守，竟不設備。總兵唐通、太監杜之秩迎降，撫臣何謙僞死私遁。總兵馬岱自殺其妻子，疾走山海關。時京師以西諸郡縣，望風瓦解，將吏或降或遁。僞權將軍移檄至京師，云：「十八日至幽州會同館暫繳。」京師大震，詔三大營屯齊化門外。

甲辰，賊陷昌平州，諸軍皆降。總兵李守鑅罵賊不屈，手格殺數人，人不能執，諸賊圍之，守鑅拔刀自刎。賊焚十二陵享殿，傳檄至京師。先是，上知寇徼益急，下吳麟徵請徙寧遠疏，飛檄趣三桂入關。三桂徙五十萬衆，日行數十里。是日，始及關，賊騎已過昌平矣。太監高起潛棄關走西山，賊分兵掠通州糧儲。上方御殿，召考選諸臣問裕餉安人，滋陽知縣黃國琦對中旨，授給事中。餘以次對，未及半，祕封入，上覽之色變，即起入。諸臣立候移刻，命俱退，始知爲昌平失守也。是夜，賊自沙河而進，直犯平則門，竟夜焚掠，火光燭天。京師內外城堞凡十五萬四千有奇，京營兵疫，其精銳又太監選去，登陴羸弱五六萬人、內閹數千人，守陴不充。無炊具，市飯爲餐。餉久闕，僅人給百錢，無不解體。而賊自破中原，旋收秦、晉，久窺畿輔空虛，潛遣其黨輦金錢氈闠，飾爲大賈，列肆於都門。更遣奸黨挾貲充衙門掾吏，專刺陰事，纖悉必知。都中日遣撥馬探之，賊黨即指示告賊，賊掠之入營，厚賄結之。撥馬多降賊，無一騎還者。有數百騎至齊化門迤平則門而西，營兵屯近郊者詣之，曰：「陽和兵之勤王者。」實皆賊候騎也。時人心洶洶，皆言：「天子南狩，有內官數十騎擁護出德勝門矣。」守門皆內官爲政，卿貳勳戚不得上。

乙巳昧爽，開西直門納避難者，內官坐城上，以令箭下，門立啓，無敢詰問，勳戚大臣惟坐視而已。

上早朝，召對諸臣而泣，俯首書御案十二字，以示司禮監王之心，尋拭去。漏下巳刻，急足叩城下，曰：「遠塵衝天，寇深矣。」守城內臣使騎探之，報曰：「哨騎也。」不爲意。日且午，有五六十騎彎弓貫矢，大呼「開門」。守卒亟發礮，斃二十騎，難民死數十人，門始閉。須臾，賊大至，方報「過蘆溝橋」，俄攻平則、彰義等門矣。城外三大營皆潰降，火車、巨礮、蒺藜、鹿角皆爲賊有。賊反礮攻城，轟聲震地。京軍五月無餉，一時驅守，率多不至，每堵一人多不及。諸臣方侍班，襄城伯李國楨匹馬馳闕下，汗浹霑衣，內臣呵止之，國楨曰：「此何時也！君臣卽求相見，不可多得矣。」內臣叩之，曰：「守軍不用命，鞭一人起，一人復臥如故。」上召入，因命內臣俱守城，譁曰：「諸文武何爲？」且言：「官止內操，我甲械俱無，奈何？」或曰：「我輩月食五十萬，效死固當。」乃請如己巳歲所派數，俱乘城，凡數千人。上括中外庫金二十萬犒軍。是日，細民有痛哭輸金者，或三百金，或四百金，各授錦衣衛千戶。

丙午，寇攻城，礮聲不絕，流矢雨集。仰語守兵曰：「亟開門，否且屠矣！」守者懼，空礮向外，不實鉛子，徒以硝䃜鳴之，猶揮手示賊，賊稍退，礮乃發。賊驅居民負木石，塡濠急攻。我發「萬人敵」大礮，誤傷數十人，守者驚潰，盡傳城陷，闔城號哭奔竄。賊駕飛梯攻西直、平則、德勝三門，勢甚危急。太常少卿吳麟徵累土塡西直門，因單騎馳入西安門。吏部侍郎沈惟炳守門，曰：「內守有宦寺，百官不得入，奈何？」麟徵排門而入，太監王德化語麟徵曰：「守城人少奈何？請增益之。」麟徵至午門，遇大學士魏藻德，止之曰：「兵餉已足，公何事張皇耶？藻德且出閣。上方休，公安從入？」麟徵流涕，固請得以非時見，藻德挽之出。是日，封劉澤清東平伯。時左諭德楊士聰、衞胤文入直，語閣臣：「左良玉、吳三桂俱封，而遺劉澤清。且臨清地近，可虞也。」閣揭上，得封。都察院左都御史李邦華至正陽門，欲登城，中貴拒之。

李自成對彰義門設座，晉王、代王左右席地坐，太監杜勳侍其下，呼「城上人莫射，我杜勳也。可縋下一人以語」。守者曰：「留一人下爲質，請公上。」勳曰：「我杜勳無所畏，何質爲！」提督太監王承恩縋之上，同入見大內，盛稱「賊勢重，皇上可自爲計」。守陵太監申芝秀自昌平降賊，亦縋上入見，備述賊犯上不道語，請遜位。上怒叱之。諸內臣請留勳，勳曰：「有秦、晉二王爲質，不反，則二王不免矣。」乃縱之出，仍縋下。勳語守璫王則堯、褚憲章輩曰：「吾黨富貴自在也。」初，聞勳殉難，贈司禮監太監，廕錦衣衛指揮僉事，立祠，至是，始知勳固從賊爲逆也。兵部尙書張縉彥奏曰：「時勢如此危急，臣屢至城闉，欲覘城上守禦，輒爲監視抑沮。今聞王化成等擅縋降賊杜勳上城，未知何意，恐有奸宄不測。」章上，上手書遣縉彥上城按之。至城，內監沮之如故。示以上傳，始登。問：「杜勳安在？」云：「昨暮上，今晨下之。已上聞，無容致詰。」又曰：「尙有秦、晉二王在城下，亦欲通語。」縉彥曰：「秦、晉二王既降寇，如何可上！」內監拂衣去。因閱城上，守卒寥寥。兵部侍郎王家彥痛哭云：「賊勢如此，監視將營兵調去，李襄城處尙有十之四。家彥所守，兩堵僅一卒。」語未竟，城下坎牆聲急，太監王承恩礮擊之，連斃數人。王化成等飮酒自若。縉彥馳至內閣，約同奏，至宮門，傳止之。上下詔親征。召駙馬都尉鞏永固，謀以家丁護太子南行，對曰：「臣等安敢私蓄家丁，卽有之，何足當賊！」乃罷。已，召王承恩亟飭內員備親征。申刻，彰義門啓，蓋太監曹化淳獻城開門也。賊恣殺掠，前大學士蔣德璟宿會館被創。上亟召閣臣入，曰：「卿等知外城破乎？」曰：「不知。」上曰：「事亟矣，今出何策？」俱曰：「陛下之福，自當亡慮。如其不利，臣等巷戰，誓不負國。」命退。是夕，上不能寢。內城陷，一閹奔告，上曰：「大營兵安在？李國楨何往？」答曰：「大營兵散矣。皇上宜急走。」其人卽出，呼之不應。上卽同王承恩幸南宮，登萬歲山，望烽火燭天，徘徊踰時。回乾清宮，硃書諭內閣：「命成國公朱純臣提督內外諸軍事，夾輔東宮。」內臣持至閣。因命進酒，連沃數觥，歎曰：「苦我民爾！」以太子、永王、定王分送外戚周、田二氏。語皇后曰：「大事去矣。」各泣下。宮人環泣，上揮去，令各爲計。皇后頓首曰：「妾事陛下十有八年，卒不聽一語，至有今日。」皇后拊太子、二王慟甚，遣之出。后自經。上召公主至，年十五，歎曰：「爾何生我家！」左袖掩面，右揮刀斷左臂，未殊死，手慄而止。命袁貴妃自經，繫絕，久之蘇，上拔劍刃其肩。又刃所御妃嬪數人。召王承恩對飲，少頃，易靴出中南門。手持三眼槍，雜內豎數十人，皆騎而持斧，出東華門。內監守城，疑有內變，施矢石相向。時成國公朱純臣守齊化門，因至其第，閽人辭焉，上太息而去。走安定門，門堅不可啓，天且曙矣。帝御前殿，鳴鐘集百官，無一至者。遂仍回南宮，登萬歲山之壽皇亭自經。亭新成，所閱內操處也。太監王承恩對縊。上披髮御藍衣，跣左足，右朱履，衣前書曰：「朕自登極十七年，逆賊直逼京師。雖朕薄德藐躬，上干天咎，然皆諸臣之誤朕也。朕死無面目見祖宗於地下，去朕冠冕，以髮覆面，任賊分裂朕屍，勿傷百姓一人。」又書一行：「百官俱赴東宮行在。」猶謂閣臣已得硃諭也。不知內臣持硃諭至閣，閣臣已散，置几上而反，文武羣臣無一人知者。

丁未昧爽，天忽雨，俄微雪。須臾，城陷。賊先入東直門，殺守門御史王章，守卒蟻墜。兵部侍郎張伯鯨走匿民舍。賊騎塞巷，大呼民間速獻騾馬。賊經象房橋，羣象哀鳴，淚下如雨。內臣前導。兵部侍郎王家彥自經於民舍。大學士魏藻德等未聞變，猶傳單醵金，方岳貢、范景文方傳導至西長安門，亟還。賊千騎入正陽門，投矢，令人持歸，閉門得免死。於是俱門書「順民」。太子走詣周奎第，奎臥未起，叩門不得入，因走匿內官外舍。上之出至南宮也，使人詣懿安皇后所，勸后自裁，倉卒不得達。兩宮已自盡，宮人號泣出走，宮中大亂。懿安皇后靑衣蒙頭，徒步走入成國公第。尙衣監何新入宮，見長公主斷肩仆地，與宮人救之而甦。公主曰：「父皇賜我死，我何敢偷生！」何新曰：「賊已將入，恐公主遭其辱，且至國丈府中避之。」乃負之出。

午刻，李自成氈笠縹衣，乘烏駁馬，僞丞相牛金星、尙書宋企郊等五騎從之。時宮中大亂，諸賊帥率其騎，皆擐甲執兵，先入淸宮。諸宮人逸出，遇賊，復入。宮人魏氏大呼曰：「賊入大內，我輩必遭所汚，有志者早爲計！」遂躍入御河死，頃間從死者積一二百人。自成自西長安門入，彎弓仰天大笑，手發一矢，中坊之南偏。至承天門，自成顧盼自得，復彎弓指門榜語諸賊曰：「我一矢中其中字，必一統。」射之不中，中天字下，自成愕然。牛金星趨而進曰：「中其下，當中分天下。」自成喜，投弓而笑。司禮視印太監王德化以內員三百人先迎德勝門，令仍舊任。各監局印官迎，亦如之。因集選百餘人，餘皆散去。自成入宮，問帝所在，大索宮中不得。僞尙璽卿黎某進曰：「此必匿民間，非重賞嚴誅不可得。今日大事，不可忽也。」乃下令獻帝者賞萬金，封伯爵，匿者夷族。自成登皇極殿，據黼座。牛金星檄召百官，期二十一日俱集於朝，禁民間諱自成等字。自成同僞都督劉宗敏等數十騎入大內，太監杜之秩等率黨爲前導。自成責其背主當斬，秩等叩首曰：「識天命，故至此。」自成叱去之。賊分宮嬪各三十人，牛金星、軍師宋獻策等亦各數人。宮人費氏，年十六，投眢井，賊鉤出之，見其姿容，爭相奪。費氏紿曰：「我長公主也，若不得無禮，必告汝主。」羣賊擁之見自成。自成命內官審之，非是，賞部校羅賊。羅攜出，費氏復紿曰：「我實天潢之胤，義難苟合，惟將軍擇吉成禮，死生惟命。」賊喜，置酒極歡。費氏懷利刃，俟賊醉，斷其喉立死，因自刎。自成大驚，令收葬之。

內臣獻太子，自成留之西宮，封爲宋王，太子不爲屈。辛亥，改殯先帝、后。出梓宮二：以丹漆殯先帝，黝漆殯先后。加帝翼善冠、袞玉、滲金靴，后袍帶亦如之。

谷應泰曰：粤稽懷宗，以戊辰卽位。而李自成諸賊，卽以是歲起延安，禍本相尋，若與俱始焉。自茲以後，懷宗未明求衣，徵兵檄餉，日以討賊爲事。而自成輩蹶而復振，有同鳥獸之散，忽若鳶烏之聚。遂使民勞板蕩，將賈妖氛，蓋至十七年之久。而黄巢直逼關門，赤眉大入內地，雖有智者，又安所謀禦敵哉！

乃若正旦風霾，孝陵夜哭，恆星入月，帝曜下移，則天變見矣。又若僭號咸陽，略據太原，突入居庸，驟窺畿輔，則地險失矣。更若勤王之檄，徵者未赴，罪己之詔，聞者不感，飾賈吏於輦下而機務盡輸，誘撥馬於營中而偵刺鮮實，則人事去矣。

當此之時，苟且以自救，忍恥以圖存者，止三策耳。余應桂請會師眞、保，吳麟徵請徙帥入衞，范景文、李邦華請遷國南都，此其可行者也。然而發言盈庭，是用不集者，智絀於晚圖，而事乖於窘步也。卒之北門鎖鑰盡授貂閹，東閣鼎鐺徒聞肉食，帑乏瓊林之聚，兵多祈父之呼，奪禁門而不啓，幸戚里而卻返。斯時虞淵日墜，空想揮戈；周鼎天移，誰能沒水。蓋至後宮賜盡，三王出奔，國破家亡，既血飛於繡襦，生離死別，又腸斷於桓山，豈非涉亂世而多艱，生皇家而不幸者乎？

更可哀者，酌卮內殿，望火南宮。殺身取義，寧從靑蓋之占；披髮投繯，不入景陽之井。然且朕屍可裂，民命毋殘，恨結幽泉，言存衣帶。語云：「國君死社稷。」又云：「亡國正其終。」宜乎蓐螻之暬御，誓欲前驅，而拔舍之大夫，相從地下也。

然而致禍有由，因衰激極。彼周業衰於幽、厲，不在麗狐；漢道替於桓、靈，豈關蜀郡。故明不亡於武皇者，以孝宗之蘊澤厚；而明無救於懷宗者，以熹廟之留毒長也。乃論者又以善善惡惡，郭公致亂，知人則哲，帝堯所難。卽懷宗遺詔，亦以諸臣誤國，理或有然爾。

明史紀事本末卷之八十

甲申殉難

懷宗崇禎十七年（甲申，一六四四）三月十九日丁未，賊李自成陷京師，帝崩於煤山，大學士兼工部尚書范景文死之。初，賊犯都城，景文知事不可爲，歎曰：「身爲大臣，不能從疆場少樹功伐，雖死奚益！」十八日召對，已不食三日矣。飲泣入告，聲不能續。翌日城陷，景文望闕再拜自經，家人解之，乃賦詩二首，潛赴龍泉巷古井死，其妾亦自經。

戶部尚書兼侍讀學士倪元璐聞難，曰：「國家至此，臣死有餘責。」乃衣冠向闕，北謝天子，南謝母。索酒招二友爲別，酹漢壽亭侯像前，遂投繯。題几案云：「南都尚可爲。死，吾分也。愼勿棺衾以志吾痛。」因詔家人曰：「若卽欲殮，必大行殮，方收吾屍。」乃縊死。三日後，賊突入，見之，顏色如生，賊驚避他去。一門殉節，共十有三人。

左都御史李邦華聞難，歎曰：「主辱臣死，臣之分也，夫復何辭！但得爲東宮導一去路，死，庶可無憾已矣。勢不可爲矣。」乃題閣門曰：「堂堂丈夫，聖賢爲徒，忠孝大節，矢死靡他。」乃走文丞相祠再拜，自經祠中。賊至，見其冠帶危坐，爭前執之，乃知其死，驚避去。

左副都御史施邦曜聞變慟哭，題詞於几曰：「愧無半策匡時難，但有微軀報主恩。」遂自縊，僕解之復蘇，邦曜叱曰：「若知大義，毋久留我死。」乃更飲藥而卒。

大理寺卿凌義渠聞難，以首觸柱，流血被面，盡焚其生平所著述及評騭諸書，服緋正笏望闕拜，復南向拜訖，遺書上其父，有曰：「盡忠卽所以盡孝，能死庶不辱父。」乃繫帛奮身絕吭而死。

協理京營兵部右侍郎王家彥，賊犯都城，奉命守德勝門。城陷，家彥自投城下不死，折臂足。其僕掖入民舍，自縊死。賊燔民舍，焚其一臂，僕收其遺骸歸。

刑部右侍郎孟兆祥，賊犯都城，奉命守正陽門。賊至，死於門下。妻何氏亦死。其子進士章明，收葬父屍亟歸，別其妻王氏曰：「吾不忍大人獨死，吾往從大人。」妻曰：「爾死，吾亦死。」章明以頭搶地曰：「謝夫人。然夫人須先死。」乃遣其家人盡出，止留一婢在側。章明視妻縊，取筆作詩。已，復大書壁曰：「有侮吾夫婦屍者，吾必爲厲鬼殺之。」妻氣絕，取一扉，置上，加緋服。又取一扉置妻左，亦服緋自縊。囑婢曰：「吾死亦置扉上。」遂死。

左諭德馬世奇，是日方蚤食，聞變，曰：「是當死。」家人曰：「奈太夫人何？」世奇曰：「正恐辱太夫人耳！」遂作書別母。侍妾朱氏、李氏盛服前，世奇曰：「若辭我去耶？」二妾言：「主人盡節，吾二人亦欲盡節。」拜辭已，並入室自縊。世奇亦遂縊。家人救之復蘇，告曰：「聞聖駕已南幸矣，可爲從亡計。」世奇不應，睹二妾已死，笑曰：「若年少，遂能死乎！」乃朝服捧勑北面再拜，取冠帶焚之於庭。以司經局印置案上，囑僕曰：「上如出幸，以此上行在。否則投之吏部。」復南向拜母，端坐引帛，力自縊死。

左中允劉理順，賊入城，理順題於壁曰：「成仁取義，孔、孟所傳。文信踐之，吾何不然。」酌酒自盡。其妻萬氏、妾李氏及子孝廉幷婢僕十八人，闔門縊死。賊多河南人，至其居，曰：「此吾鄉杞縣劉狀元也，居鄉厚德。吾軍奉李將軍令護衛，公何遽死也！」數百人下拜，泣涕而去。時謂臣死君，妻死夫，子死父，僕死主，一家殉難者，以劉狀元爲最。

太常少卿吳麟徵，奉命守西直門。賊勢急，同守者相繼避去。麟徵遺友人書曰：「時事決裂，一旦至此。同官潛身遠害，某惟致命遂志，自矢而已。」丁未城陷，徒步歸，賊已據其邸，因入道左三元祠。時傳天子蒙塵，有勸公南歸，不應。同官來，招之降賊，怒揮之戶外，遂自經。家人救之甦，泣而請曰：「明旦待祝孝廉至，可一訣。」麟徵許之。先是，祝孝廉淵以奏保劉宗周被逮留京師。淵晨至，麟徵慷慨酌酒與別，曰：「自我登第，時夢見隱士劉宗周題文信國零丁洋詩二語於壁，數實爲之。今老矣，山河破碎，不死何爲！」相對泣數行下，因作書訣家人曰：「祖宗二百七十年宗社，一旦而失。身居諫垣，無所匡救，法應褫服。殮時用角巾青衫，覆以單衾，藉以布席足矣。茫茫泉路，咽咽寸心，所以瞑予目者，又不在乎此也。罪臣吳麟徵絕筆。」書畢，投繯死之。淵爲視含殮乃去。

右庶子周鳳翔，帝崩，梓宮暴露東華門外，鳳翔赴哭慟絕。歸寓，遺書訣父，有曰：「男今日幸不虧辱此身，貽兩大人羞，吾事畢矣。罔極之恩，無以爲報，矢之來生。」復作詩一首，有「碧血九泉依聖主，白頭二老哭忠魂」之句。向闕再拜自縊，二妾從之俱死。

檢討汪偉，先是，聞賊漸近都城，遺書友人曰：「京師單弱，不惟不能戰，亦不能守，一死外無他計也。」及賊犯闕，偉怆傺累日不食。妻耿氏從容語曰：「苟事不測，請從君共死。」丁未城陷，偉趨吳給事甘來所，約同殉難。歸與妻耿氏呼酒命酌，偉大書前人語於壁，曰：「志不可屈，身不可降，夫婦同死，節義成雙。」爲兩繯於梁間，偉就右，耿氏就左。既縊，耿氏復揮曰：「止，止！雖在顛沛，夫婦之序不可失也。」復解繯正左右序而死。

戶科給事中吳甘來，賊薄京師，兄禮部員外泰來至寓，執甘來手泣曰：「事勢至此，奈何？」甘來曰：「有死無二，義也。」城陷，傳聞聖駕南出。甘來曰：「上明且決，必不輕出。」乃疾趨皇城，不得入。返寓，家人進飲食，卻之。有勸甘來潛遁者，甘來曰：「今不能調兵殺賊，顧欲苟全求活耶！」遂作書，以後事囑其兄弟。檢几上，有疏草在，曰：「留此恐彰君過。」取火焚之。兄子家儀奔至，相與慟哭。曰：「我不死，無以見志。汝父死，無以終養。

古者兄弟同難，必存其一。使皇上在，則士木袁彬，遜國程濟，皆可爲也。否則求眞人於白水，起斟鄩於有仍，是我雖死猶生也。努力勉之！」遂冠帶北向拜者五，南向拜者四，賦絕命詩一首，引佩帶自縊死。

監察御史王章，賊犯京師，章與給事中光時亨同巡城。至阜城門，賊緣堞而上，從人駭走，賊持刃問曰：「降否？」章叱之曰：「不降。」賊以刃築其膝仆地，遂遇害。章子之拭，後亦死難於閩，甚烈，與章同。

監察御史陳良謨聞變，痛飲作詩，爲繯於梁，欲自盡。妾時氏有娠，良謨謂之曰：「吾年踰五十無子，汝幸有娠，倘生男，以延陳氏血食，汝必勉之。」時氏曰：「主人死，妾將誰依？與其爲賊辱，不如無子也。妾請先死，以絕君念。」遂入投繯。良謨別作一繯，與之同盡。

監察御史陳純德，時提督北直學校。行部至易水，試士未竟，聞都城賊警，卽戒裝入都。不數日城陷，自縊死之。

四川道御史趙譔，巡視中城，捕賊諜殺之。城陷，賊獲譔，譔瞋目大罵，賊怒，殺於白帽衕衕。

太僕寺丞申佳胤，聞城陷，投井死。

吏部員外郎許直，都城陷時，傳先帝從齊化門出，有客勸曰：「天子南遷，公等宜扈蹕偕行，共圖光復。」直唯之。既而出門一望，曰：「當此四面干戈，駕將焉往？」比聞帝崩，號慟幾絕。有客從旁慰解，動以親老子幼。直曰：「有兄在，吾無憂也。」是夜爲書報其父，作詩六章，起拜闕，已，復拜父畢，自縊死之。一手持繩尾，一手上握，神氣如生。

兵部郎中成德，賊報急，卽致書同年馬世奇曰：「主憂臣辱，我等不能匡救，貽禍至此，惟有一死以報國耳。君常忠孝夙稟，諒有同心也。」及帝崩，梓宮暴露東華門，德以雞酒哭奠梓宮前。賊怒，露刃脅視之，不爲動。歸寓，跪母張氏前慟哭。母曰：「我知之矣。」入室自縊死。妻張氏亦死。一子六歲，德撲殺之，然後自殺。

兵部員外郎金鉉，賊攻城急，鉉跪母章氏前，曰：「兒世受國恩，職任車駕。城破，義在必死。得一僻地，可以藏母，幸速去。」母曰：「爾受國恩，我獨不受國恩耶？事急，廡下井是我死所。」鉉慟哭，卽辭母往視事。丁未，歸至御河橋，聞城陷，鉉望寓再拜，卽投入御河。從人拯救，鉉囓其背，急赴深處。時河淺，俯首泥濘死之。家人報至，母章氏亦投井死，鉉妾王氏亦隨死。其弟諸生錝哭曰：「母死我必從死。然母未歸土，未敢死也。」遂棺殮其母。既葬三日，復投井而死。

光祿寺署丞于騰雲，冠帶呼妻亦衣命服，同縊死。

副兵馬使姚成、中書舍人宋天顯皆自盡。

中書舍人滕之所、阮文貴，經歷張應選，咸投御河死。儒士張世禧，二子懋賞、懋官，父子俱自經死。又茱傭湯之瓊見先帝梓宮過，慟哭觸石死。

襄城伯李國楨，賊李自成舁帝后梓宮於東華門外設廠，百官過者，莫進視，國楨泥首去幘，踉蹌奔赴，跪梓宮前大哭。賊執國楨見自成，復大哭，以頭觸階，血流被面，賊衆持之。自成以好語誘國楨使降，國楨曰：「有三事，爾從我卽降。一，祖宗陵寢不可發；一，須葬先帝以天子禮；一，太子、二王不可害。」自成悉諾之，扶出。賊以天子禮藁葬先帝於田貴妃墓，惟國楨一人斬衰徒步往葬。至陵，襄事畢，慟哭作詩數章，遂於帝后寢前自縊死之。

新樂侯劉文炳，賊破外城，帝召文炳同駙馬鞏永固各率家丁二十餘人，欲於崇文門突圍出。不得，乃回宮。文炳歎曰：「身爲戚臣，義不受辱，不可不與國同難。」其女弟適李，年未三十而寡，文炳召之歸。城陷，與弟左都督文耀擇一大井，驅子孫男女及其妹十六人，盡投其中。縱火焚賜第，火燃，俱投火死。祖母瀛國太夫人，卽帝外祖母也，年九十餘，亦投井死。

駙馬都督鞏永固，從帝突圍出，不得，歸家。殺其愛馬，焚其弓刀鎧仗，大書於壁曰：「世受國恩，身不可辱。」時樂安公主先薨，以黃繩縛子女五人於柱，命外舉火，遂自刭從之。

太傅惠安伯張慶臻聞城陷，盡散財物與親戚。置酒一家聚飲，積薪四圍，全家燔死。

宣城伯衞時春聞變，合家赴井死，無一存者。

錦衣衞都指揮使王國興聞變，自縊死。

錦衣衞指揮同知李若珪守崇文門，城陷，作絕命詞云：「死矣！即爲今日事；悲哉！何必後人知。」自縊死。

錦衣衞千戶高文采守宣武門，城陷，一家十七人皆自殺，屍狼籍於路。

順天府知事陳貞達自盡。

陽和衞經歷毛維張不屈死。

太監王承恩從帝於煤山。帝崩，承恩再拜慟哭，退而自縊於亭下，與大行相望。

百戶王某，周鍾寓其家，百戶勸鍾死，鍾不應，出門欲降。百戶挽鍾帶至斷，鍾不聽，百戶自經。

長洲生員許琰，聞京師之變，悲號欲絕，遍體書「崇禎聖上」四字，絕粒七日而死。

谷應泰曰：聞之君臣大義，有死無貳；忠孝大節，有死無隕。以故須漕碎體，弘演納肝，蕩陰被矢，侍中濺血。莫不氣激傾輸，志堅化碧，皜皜乎與秋日嚴霜比潔也。然而爲之君者，或智昏菽麥，恩同草芥。有若東昏在齊，屠肉沽酒；孫皓居吳，燒鋸截頂。而且軹道牽牲，冀存末裔；東堂索蜜，猶丐餘生。甚乃騎導劉聰之畋，身墜景陽之井。莫不義辱宗社，形污囚縶。然爲之臣者，猶尙奮臂不顧，蹈難如歸。辛賓之死，抱而不解；吉朗之亡，哭而彌詈。嗚呼！主辱臣死，無所逃也。

況乎懷宗宵旰臨朝，唏噓畢命。公主揕胸，妃后並縊。引經死社稷，遺詔愛百姓。自古亡國正終，未有若斯之烈者。以故鼎湖弓墜，到處攀髯；望帝魂歸，自然啼血。雖穆滿之一軍皆化，田横之五百從死，傳美「殺身成仁」，易稱「致命遂志」，蓋亦未爲過也。考其時，闔門同死者：中允劉理順、新樂侯劉文炳、惠安伯張慶臻、宣城伯衞時春、駙馬鞏永固、金吾高文采是也。父與子俱死者：少司寇孟兆祥、儒生張世禧是也。母與妻子俱死者：樞部郎成德、金鉉是也。妻妾從死者：大學士范景文、左諭德馬世奇、檢討汪偉、御史陳良謨、勛丞于騰蛟是也。獨身效死者：大司農倪元璐、中丞施邦曜、廷尉淩義渠、少司馬王家彥、太常卿吳麟徵、庶子周鳳翔、給諫吳甘來、御史王章、陳純德、吏部郎許直、兵馬姚成、中書宋天顯、滕之所、阮文貴、百戶王某、知事陳貞達、經歷張應選、毛維張是也。聞難餓死者：長洲諸生許琰是也。凡此諸臣者，無論道術素許，至性勃發，位列三階，榮邀一命，莫不椎心扼吭，追路相從。良以衣帶夙銘，馮生者固少；宮車晏駕，蓐蟻者益多耳。

若乃袁景倩之父子，並殲石頭；江萬里之夫妻，同趨止水。甚者一門伏劍，闔室自焚。雖祖宗豢養之恩，亦懷宗拊循之效也。論者又以生多誤國，死未酬君。夫文山開闔，宋室何功；張巡嚼指，睢陽不守。而諸人乃以刀筆之深文，詆箕尾之毅魄，含血噴人，適以自污其口矣。又若李國楨斬衰送葬，絕命陵前；王承恩扶服煤山，雉經亭下。以至榮傭湯之瓊慟哭梓宮，觸石而死，抑何盡節之多也。嗚呼！石窌河西，盡有吾君之痛；風車雲馬，猶聞殺賊之聲。予蓋讀懷宗之君臣，而歎其亡國之正也。雖與日月爭光可也。

明史紀事本末補遺

明史紀事本末補遺目錄

明史紀事本末補遺卷一

遼左兵端

神宗萬曆元年（癸酉，一五七三）二月，遼東總兵李成梁請築寬奠等六堡。其地北界王杲，東隣兀堂，去靉陽三百里。自是開原、撫順、淸河、靉陽、寬奠並有市，諸部落俱利交易，遵約束，無敢跳梁者。自撫順、開原而北屬海西者，王台制之。自淸河而南抵鴨綠江屬建州者，兀堂制之。地本古肅愼國，漢曰挹婁，元魏曰勿吉，隋、唐曰靺鞨，遼、宋曰女眞。永樂中，挹婁來歸，歷代或撫或用兵。其後王台益強，能得衆，居開原東北，貢市在廣順關，地近南，稱南關。逞加奴、仰加奴居開原北，貢市在鎭北關，地近北，稱北關。開原孤懸，扼遼肩背，東兀堂，西恍惚太，常謀窺伺中國，而台介東西間，捍蔽令不得合，最忠順，東陲晏然三十年，王台有力焉。

二年（甲戌，一五七四）十一月，建州部王杲犯淸河，誘殺裨將裴承祖等。督撫張學顔、總兵李成梁鼓行而前，直搗紅勒寨，斬首千餘級，獲畜馬無算。

三年（乙亥，一五七五）十一月，王杲復犯邊，副總兵曹簠擊敗之，杲遁去。曹簠諜知杲匿阿哈納寨，勒精騎馳赴之，杲僞以蟒掛紅甲授阿哈納，脫身走，將投土蠻，會撫順關質市夷急購，杲乃走王台所。台素善杲，開原兵備道賀溱遣使諭之，台遂與子虎兒罕執杲送境上，檻車致京，誅之。時台官已都督，授以龍虎將軍秩，二子並進都督僉事。台所轄東盡灰扒、兀剌等江，南盡淸河、建州，北盡逞、仰，延袤幾千里。

八年（庚辰，一五八〇）十二月，建州王兀堂犯靉陽、寬奠，復入犯永奠，李成梁逐北出塞二百里至鴨兒匱，得級七百五十餘。已而兀堂復以千騎從林剛谷入，副總兵姚大節追奔至葛祿寨，兀堂遁伏，自此浸衰弱。成梁晉爵甯遠伯。

十年（壬午，一五八二），王杲子阿台復稱兵。初，王台旣執送王杲，杲子阿台服之。台叔王忠又戮北關祝孔革，孔革子逞加奴、仰加奴亦服台。台以女妻仰加奴，卵翼之。已，逞、仰結昏西虜哈屯、恍惚太，勢漸張，侮台老，台子虎兒罕好殘殺，逞、仰遂叛去。阿台亦怨王台之縛其父，叛附逞、仰，各部皆雲翔不受約束，南關勢蹙，台竟憂死。上嘉其忠，特賜諭祭。已而台孽子康古陸與虎兒罕爭鬪，逞、仰助之，虎兒罕借兵西虜黃台吉，黃台吉陽助罕，實陰收其部落白虎赤等。虎兒罕尋亦死，阿台報逞、仰，誘土蠻數侵孤山、鐵嶺間。甯遠伯李成梁勒兵出塞，別將秦得倚馳而北，李平胡馳而南，大破台於曹子谷，得級一千三百餘，獲喜樂溫河衞指揮使印。

九月，阿台復糾衆大舉，一從靜遠堡、一從上榆林堡入，前至瀋陽城南渾河，李成梁馳虎皮驛援之，阿台方擁千餘騎蹂躪撫順邊渾河口，徐行去。成梁勒兵從撫順王剛谷出塞百餘里，直搗古勒寨。寨陡峻，三面壁立，壕塹甚固，成梁用火攻衝其堅，經兩晝夜，阿台中流矢死。而別將秦得倚等已前破毛憐衞阿海寨，誅海。海故住牧莽子河，與阿台相濟爲虐，亦梟逆也。

巡撫遼東都御史李松、大將軍李成梁帥兵討北關逞、仰，設計盡殲之。初，逞加奴、仰加奴與白虎赤西借煖兔、恍惚太等部，率騎萬餘瞷王台孫猛骨孛羅並虎兒罕子歹商寨，日尋於鬬。時邊帥方用兵阿台，不暇及。總督周詠因歹商弱，猛骨孛羅嗣立，衆未附，請加勅以便彈壓，報可。而十二日逞、仰二奴乘冰堅復糾衆攻猛骨孛羅，大掠把吉諸寨。巡撫李松再宣諭，逞、仰益驕，挾請貢勅。於是定計，李成梁伏兵固城，去開原四十里，都御史坐南樓上，先期命參將李甯、宿振武等夾四隅伏，遣備禦霍九皋往諭，約軍中曰：「如賊入圈聽撫，則張幟爲號，案甲勿起；不者，聞砲聲，卽鼓行而前如令。」亡何，逞、仰擁精騎三千餘鎭北關請賞，以三百騎詣圈門，頗横恣，目白虎赤劍砍霍九皋中臂。九皋反擊，一人墮馬，餘賊攢殺營兵十餘人。軍中砲響，伏盡起，遂前斬逞加奴、仰加奴及白虎赤，逞加奴子凡孫孛羅、仰加奴子哈兒哈麻殲焉。

十五年（丁亥，一五八七）八月，巡撫顧養謙奏言：「海西南關乃開原藩蔽，仰、逞餘孽乃南關仇敵，今相侵凌，宜剿以杜後患。」從之。初，王台孽子康古陸奔逞加奴，乘虎兒罕歿即來歸，妻其父妾溫姐，分海西業，與兄子猛骨孛羅、歹商鼎足立。會逞、仰既被殺，逞加奴子卜寨、仰加奴子那林孛羅日夜圖報父仇，西連恍惚太等，侵掠海西歹商，及數入威遠安靜堡，而那林孛羅尤狂悖，挾賞索貢勅如逞、仰。時古陸故仇虎兒罕，思甘心歹商，遂爲北關內應，約歹商部屬阿台卜花反攻歹商，掠其資畜。而猛骨孛羅以母溫姐故，亦助康古陸收歹商妻，協謀攻之。開原兵備副使王緘檄參將李宗召、遊擊黃應奎，勒兵出不意突執溫姐、康古陸。已，念戮溫姐則猛骨携，釋之，止囚康古陸待命。而猛骨竟爲北關脅誘，從那林夾攻歹商，因自焚其巢往十八寨，並刼溫姐去。巡撫顧養謙以降丁一人爲鄉道，引兵赴之，壓那猛壘而陣，猶負固不下。養謙督將吏殊死戰，拔其二栅，斬首五百餘級，始窮蹙請降，乃釋之。

十六年（戊子，一五八八）十二月，甯遠伯李成梁從威遠堡出塞，卜寨棄其師入那林孛羅壁。成梁縱兵直抵城下，發大砲擊堅城，城盡裂，中輒洞胸，卜、那窮蹙乞哀。開原兵備副使成遜並釋康古陸以存歹商，進卜寨、那林諭之，並服。遜令歹商以叔事康古陸，以祖母事溫姐。古陸病且死，感國家不殺恩，屬溫姐、猛骨孛羅無負天朝。尋溫姐亦相繼死。遜令北關之卜寨、那林，南關之猛骨、歹商面相結釋憾，並請貢。

十七年（己丑，一五八九），建州遣使請貢，且以斬叛部克五十聞。建州主名哈赤，父塔失，王杲女孫壻也。先是，李成梁藉之克阿台，死於兵。時建州主兄弟入中國，後海西南、北關更相仇殺，而逮把孩、伯言把都等復跳梁於西，成梁勢不能東西奔命，遂復建州以殺海西、毛憐之勢，而建州主乃還國，收集舊部，生聚敎訓，陰有併吞諸部之志。尋出兵擊歹商，約昏罷兵，漸取張海、色失諸地，勢坐大。至是，遂晉秩都督。

十九年（辛卯，一五九一），歹商死，猛骨孛羅請補雙貢，卜寨、那林孛羅請復都督，許之。先是，卜寨以女許歹商。那林孛羅妻，則歹商姊也。歹商嗜飲，多殺戮，衆稍貳。一夕往卜寨受寶，因過那林視姊，中途那林、卜寨陰令其部攞思哈射商，殪，乃歸罪攞思哈，執之以獻。總督侍郞郝傑謂歹商與那、卜有夙怨，今射死中道，情甚隱，難深求，請梟攞思哈示法。歹商子騷台住等並幼，依外家，所遺部落並勅百三十七道暫屬猛骨，俟成立議給。於是猛骨補雙貢，而那、卜亦以有偵探功，併請復都督，許之。自此猛骨孛羅修貢唯謹，然南關勢益孤且弱，又日與北關尋兵，卒至於亡。

二十三年（乙未，一五九五），總督侍郞張國彥奏稱建州統率三十二部保塞，晉爵龍虎將軍。

二十九年（辛丑，一六〇一），建州請補雙貢。時海西漸微弱，建州方欲乘時圖之，而北關那林孛羅與南關猛骨孛羅日酣於鬬，猛骨不能支，以子女質於建州求援。那林怒，布飛語煽之，建州遂執猛骨置寨中，並獲其資，幷猛骨妾三人。中國遣使問故，乃歸猛骨次子革把庫及其部落百二十家，以女妻猛骨長子吾兒忽答，於是撫忽答保塞。那林孛羅亦願歸所擄勅書六十道，請補雙貢如故事。然忽答益微不能自立，南關不絕如綫，旁部益折歸建州矣。

三十三年（乙巳，一六〇五）三月，遼人在京者求甯遠伯李成梁復鎮，輔臣沈一貫以聞，乃命成梁爲前將軍，鎮守遼東。先是，成梁既老，子如松襲職總兵，驍勇敢戰，累立顯功。二十四年，土蠻等部闌入塞，如松恃勇將輕騎襲之，中伏敗沒，驍將李平胡、張玉等皆死。自是煖兎、炒化等出沒遼陽、廣甯間，邊將不能制，乃復起成梁守之，時成梁年已八十。

十一月，議徙寬奠新疆民居六萬餘口入內地，棄新疆爲甌脫，卽元年成梁所築六堡也。時建州勢坐大，漸逼寬奠，成梁再出鎮，乃有此議。已而建州主與其弟速兒哈赤先後請金繒，卽於靉陽、清河諸沿邊田土攤派給之。總督蹇達、巡撫趙楫及成梁等俱以招回華人敍功。

三十四年（丙午，一六〇六）六月，遼東總兵前將軍甯遠伯李成梁卒，予祭葬。

十月，兵科給事中宋一韓參成梁及巡撫趙楫棄地啗敵。時建州遣使問清河沿邊參直復入送車價，語輕中國，邊吏倉皇請兵設防，故兵科有是參。

三十五年（丁未，一六〇七）十二月，巡按遼東御史蕭淳言：「建州聯西虜煖兔伯，締昏忽刺溫，借糧朝鮮，聲勢叵測。誠購那林孛羅與合兵，發五路以遏西虜，協薊兵以雄內地，諭朝鮮以防外逸，內外夾攻如昔年取仰、逞事，亦消患之策也。」

三十六年（戊申，一六〇八）三月，禮部言：「建州統衞所二百有四、城站五十八，貢市自開原十月入關，如次年正月不至，邊城例奏請定奪，今自三十二年建州、海西入貢，直至今日矣。遼東鎮撫稱其併毛憐，兼海西南關諸部而有之，惟北關那林孛羅、金台失竭力死守，苟延旦夕。又聞其飾名珠、捐重寶以通北虜，此其志不在小。遼東戰士不滿八千，而建州控弦之騎三萬，思之可為寒心，宜詰所以違貢者何故。」十二月，建州遣使修貢如例。

三十七年（己酉，一六〇九）二月，巡按遼東御史熊廷弼奏前巡撫趙楫、總兵李成梁棄寬奠六城，延袤八百里，概作逃民，因極言遼左危急。五月，建州兵萬騎修南關故壘，又以七千騎進屯廣順關靖安堡，尋引去。後搆西虜宰賽、煖兔等窺開原。熊廷弼請募兵厲械，收宰賽以孤其援。已而建州自願減車價還張其哈喇佃子故地。廷弼言舊鴉鶻關與橫江未歸，宜如前議，剪其翼而嚴為備。而科臣請釋建州為外懼，姑置侵地，先許貢，敉甯東方。上從之。

三十九年（辛亥，一六一一）十二月，建州主殺其弟速兒哈赤，遣兵侵兀哈諸部及其婿江夷卜台吉，卜台吉急率所部投北關。建州又嘗議昏於北關老女，北關不肯，由是屢興兵攻金台失、白羊骨。時那林孛羅新死，金台失幾不支。

四十一年（癸丑，一六一三）三月，建州益墾南關曠土，圖窺併，糾宰賽、煖卜兒亥、爪兒兔等二十四營，盡甲馳清河間，邊吏告急。亡何，遣使千骨里來訟北關匿婿狀，言不背漢，願質子爲信。巡撫張濤信之，遣官藉大成往諭。時建州意圖北關，恐中國援之，爲縻兵計，乃以第七子巴卜海入撫順關，願留質廣甯，濤侈其功，上之，且言：「北關貪參貂之利，誘匿卜台吉。建州富殖，遼人久爲所用，此未可以虛聲喝。奈何勞兵匱餉，爲北關守老女逋婿。且北關爲我守二十餘里之邊，建州爲我守九百餘里之邊，建州失又增遼陽九百里邊患，是謂無策。」然是時質子甫入，而建州已嚴兵圍燒金、白十九寨矣。兵部以質子眞僞難辨，留之恐見紿，不如遣還。從之。十月，北關來告急，總督薛三才、巡按張五典疏爭失策，請令總兵麻成恩、曹文煥分兵屯開原觀其變。御史翟鳳翀亦言：「建州意不在婿與女，特借負匿兩端爲北關罪，似不必逢其不注意之兩事強北關以必從，使中國名污而體褻，今北關勢且不支，宜急救以完開原。請令麻成恩屯瀋陽，而令別將駐清河、撫順以壯聲援。」朝議從之，乃發火器兵三百人助北關居守，並給以芻糧爨具。時北關苦饑，部落叛去甚衆，至是始有固志，建州兵尋引去。

四十二年（甲寅，一六一四）三月，建州復墾前罷耕地。開原參議薛國用奏之，會巡撫都御史郭光復新至遼，援兵漸集，光復乃遣佟養性往怵以利害，仍從約退地定界，立「滿」字碑界上。有部落盜瀋陽馬，卽戮之碑下，以示恭順。

四十三年（乙卯，一六一五）三月，建州復修貢如例。初，建州遣使入中國，嘗多至千五百人，索車價，傷驛卒，至是僅十五人。

五月，北關白羊骨以老女婚煖兔子莽骨兒大。建州兵三千屯南關，然恐撫順、淸河之犄其後，按兵不動。

四十四年（丙辰，一六一六）春，建州稱帝，建元天命。

四十六年（戊午，一六一八）四月，京師宣武門至正陽門三里水赤經月。甲辰，建州佯令部落赴撫順市，而以勁兵踵其後，遂突入城，中軍千總王命印、把總王學道、唐鑰死之，遊擊李永芳、中軍趙一鶴以兵五百九十人降。乙巳，分兵下東川、馬糧、中三堡，殺守堡官李弘祖，執馬根山守備李大成。巡撫遼東都御史李維翰貪而寡謀，急遣總兵張承允援之。承允知敵方銳，叩門求一見維翰不得，倉卒分兵五路至撫順。翰復遣紅旗催戰。建州兵三路陽退，誘承允前，以萬騎夾擊，承允敗沒。遼陽副總兵頗廷相、遊擊梁汝貴突圍出，見失帥，仍陷陣死之，全軍覆沒。建州因以漢字傳檄淸河。時宰、煖屯遼河西岸，炒化屯鎭靜邊外，虎墩、兔憨傳調恫喝，東西颺動。報至，擧朝震駭。輔臣方從哲薦舊撫楊鎬仍兵部右侍郎兼僉都御史，經畧遼東。鎬本庸才，萬曆二十五年援朝鮮，未見敵奔潰，輔臣沈一貫掩其敗狀，以捷聞。至是益老且懦，識者知其必敗。特起前甯夏總兵李如柏爲前將軍，徵廢將杜松屯山海關，劉綎、柴國柱等赴京調用。廷議發帑金百萬濟師，上以內帑無措，止許十萬，竟不時發。閏四月，建州令歸漢人張儒紳等致書議款，自稱可汗，備言七宗恨事。大畧言祖父被害，背盟，護北關，嫁老女，三坌、柴河退墾諸事。五月丁未，建州兵下撫安、三坌、白家衝三堡，會大雨，河水泛漲，乃退出境。經畧楊鎬兼程受事，李維翰奪職去，鎬兼攝巡撫，杜松、劉綎兵出關，給冏金六萬兩市戰馬。

南京大理寺丞董應擧上言：「閏四月二十八日、二十九日、五月朔日，水盆仰照，見日旁黑氣游移，忽入日中，日光轉盪不定，旋爲黑餅葢日上不盡，日光奄奄如紫。臣考李淳風玉曆通政占曰：『黑日與日對，外國乘華。』一曰：『日出入時，有黑日掩日，化外侵中國，掩盡則禍不可言。』」

六月，建州兵攻開原，鐵嶺衞告警，乃蠻、炒化等犯長勇堡。

七月，建州兵從鴉鶻關入逼淸河堡，堡在山巖中，號天險，獨東隅稍平，戍卒五千二百五十人，督臣以地重，遣遊擊張沛率兵三千助之。至旬日見攻，沛議乘夜掩其不備，裨將凌雲程亦請戰，參將鄒儲賢謂敵衆我寡，不如固守待援。建州兵戴板屋進攻，自寅至未不退，墮東北角，守兵砲不繼，因積尸上城。沛戰死，儲賢遙見李永芳招之，亦大罵赴敵死，三岔至孤山並遭焚燬，清河民兵萬人皆沒。時援兵俱在數百里外，獨參將賀世賢自靉陽馳赴之，克一柵，斬百五十級。

九月，建州兵五千騎自撫順關入，總兵李如柏率遊擊尤世功等馳瀋陽拒却之。已，復從撫順入會安堡，殺掠千餘而去。楊鎬諭北關夾攻之，北關觀望不敢發，巡按御史陳王庭遣南關舊裔王世忠往說，貽以千金，且曰：「虎墩、兔憨輩能立功，行得厚賞也。」

十月，彗見東方，長竟天，五十日始滅。

十一月，北關金台失以襲建州克一寨，遣其子得兒革召州來告捷。

四十七年（己未，一六一九）正月，援遼師征調大集，朝議恐師老財匱，欲其速戰。楊鎬皇遽，計無所出。輔臣方從哲、兵垣趙興邦皆不知邊計，發紅旗催戰，從哲復遺鎬書促之。鎬乃以二月十一日誓師遼陽，分兵四路，山海關總兵杜松率都司劉遇節等從撫順關出塞，趨瀋陽攻其西，分巡兵備副使張銓監軍；總兵馬林率遊擊麻巖、丁碧等從靖安堡出塞，趨開、鐵，及都司竇永澄督北關之衆攻其北，兵備道僉事潘宗顏監軍、通判董爾礪贊理；前將軍總兵李如柏率參將賀世賢等從鴉鶻關出塞，趨清河攻其南；參議閻鳴泰監軍；總兵劉綎率都司祖天定等從晾馬佃出塞，趨寬奠，及都司喬一琦督朝鮮之衆攻其東，兵備副使康應乾監軍，推官魏之範贊理：四路計兵十萬。瀋陽路最衝，復以保定總兵王宣、趙夢麟並隸杜松戲下。原任總兵官官秉忠駐遼陽，總兵李光榮駐廣甯策應。誓畢，梟撫順陣逃指揮白雲龍以徇，期二十一日先後出師，會大雪迷徑，諸軍乃改期二十五日。杜松知敵未可乘，說楊鎬，不聽。松密上書當事，冀緩師，李如柏邀其使責之，不達。劉綎昔與鎬共事朝鮮，素不協，綎得檄，亦以地形未諳請。鎬怒曰：「國家養士，正爲今日，若復臨機推阻，有軍法從事耳。」懸一劍於軍門，綎不敢請。時兵未發而師期先泄，建州得預爲備，曰：「憑爾幾路來，我只一路去。」三月甲申朔，杜松出撫順，越五嶺關直抵渾河，日暮，軍欲止，不聽，遣人視河水不及馬腹，而河中横小舟數十，松喜，氣益銳，裸騎徑渡，衆請甲，松笑曰：「入陣被堅，非夫也。吾結髮從軍，今老矣，不知甲重幾許！」麾兵而進。士卒皆解衣涉，水齊於胸，松兵前獲十四人，焚克二寨。乘勝明日進二道關，山勢崎嶇，遇建州兵可三萬騎。松登山巔呼飲，飲已出戰，林中伏發，松血戰突圍，自午至酉不解，而車營鎗砲尙阻渾河，不得渡。蓋建州兵知松最勇，先壅渾河上流，俟半渡決之，而松方氣盛，乘銳直前，後軍分爲二，不覺也。建州悉精銳扼松，會日暮，黑霧障天，前後萬炬忽明，松矢盡道窮，與王宣、趙夢麟等俱殲焉，軍盡覆。松，榆林人，守陝西與胡騎大小百餘戰，無不克捷，敵人畏之，呼爲杜太師而不名。被召過潞河，裸示人曰：「杜松不解書，第不若文人惜死。」體創如疹，潞人爲揮涕。松方出師，牙旗折爲三，識者憂之。李如柏陽灑酒拜送曰：「吾以頭功讓汝。」松慷慨不疑，臨行攜扭械自隨，曰：「吾必生致之，勿令諸將分功也。」如柏復遣人語之曰：「李將軍已自清河抵敵寨矣。」松踴躍向前，卒陷沒。既敗，楊鎬欲掩己罪，猶言松違律喪師，撫按周永春、陳王庭亦如之。或曰：「如柏故置奸人爲松鄉道，陷之也。」開鐵總兵馬林改由三岔出塞，屯稗子石，夜聞杜松兵敗，軍中遂譁。及旦而建州兵乘勝來攻，林急引去，監軍潘宗顏殿後，與遊擊竇永澄、麻巖，守備江萬春，通判董爾礪等鏖戰，死之。初，林未出，宗顏上書楊鎬曰：「馬林庸懦，不堪一面之寄，乞易別帥，而以林遙作後應。」不聽，果敗。劉綎兵出馬家寨口，深入三百餘里，連剋十餘堡，軍聲大震。養子劉招孫以孤軍乏援，請退師，綎曰：「汝視楊經畧肯憖遺我輩耶？報主致命，正在今日。」軍次清風山，建州兵得杜松號矢，使諜馳紿之，令亟來合戰。綎曰：「同大帥，乃傳矢，裨我哉！」諜曰：「主帥因事急取信耳。」綎曰：「殆不約傳砲乎？」諜曰：「塞地烽堠不便，此距建州五十里，三里傳一砲，不若飛騎捷也。」綎首肯。諜還報，遽立傳砲。綎軍意松先登，疾趨之。建州兵假杜將軍旗幟奄至，綎不之備，遂闌入陣，陣亂，綎中流矢，傷左臂，又戰，復傷右臂，綎猶鏖戰不已。自已至酉，內外斷絕，綎面中一刀，截去半頰，猶左右衝突，手殲數十人而死。劉招孫救之，亦死。遊擊喬一琦血戰三日夜，建州兵必欲生致之，投崖而死。朝鮮裨將金應河據山爲營，嚴銃拒敵。朝鮮兵善火器習銃，木牌並列如堵，開穴置銃，陣甚堅。俄風霾，銃不得發，兵大至，應河猶據胡床，持大弓射之，力屈死。其帥姜宏立、金景瑞降。綎初留周文爲後繼，擁衆不敢進，竟還牛毛寨。綎，南昌人。父顯，嘉靖間名將也。綎驁勇善大刀，每上陣輒呼二近侍收網繩，飲酒斗餘，網入內數寸，兩目瞋出如電。援朝鮮，擒岳鳳。平楊應龍，功爲諸軍冠，與杜松齊名。是役也，經畧意亦初不在戰，虛張撻伐，冀取近寨小捷，得塞軍書。而劉、杜俱宿將，有犁王庭之志，遂轉戰深入，遇伏盡沒。三路凡喪師九萬，馬四萬，輜重器械無算。惟李如柏竟以經畧令箭退保開、鐵，不見一敵而還。報至，舉朝震駭。煖兔諸部，乘機沿河挾賞，建州游騎窺清河、瀋陽間。初，四路之出，朝鮮遣將將萬人從劉將軍先登，盡殪。而北關（於朔）〔後期〕（據茅瑞徵東夷考略海西篇改）三日方以二千騎赴三岔，則三帥已陷沒矣。

時建議皆謂李如柏衰懦，不堪登壇，是役逗遛獨全，疑有謬巧。巡撫都御史周永春請都督李如楨代將，京師計偕孝廉五六人交薦之。給事中李奇珍以李氏世將，恐開藩鎮之漸，爭之，不得，竟以如楨往。初，李氏當成梁盛時，所招致健兒甚衆，恣其所好，凡衣服飲食子女第宅及呼盧狹邪之類，俱曲以濟之，有求必予，或責以零勦刼帳，或責以禦敵先登，計級受賞，即除前貸，故人樂爲之死。而是時江陵張居正當國，以法繩天下，尤留心邊事。成梁晉爵甯遠伯，以金貽之，居正語其使曰：「而主以百戰得功名，我受其金，是得罪高皇帝也。」却不收。故其時雖多苛察，人奉法惟謹。萬曆中年，神宗深居不出，李氏之豢養健兒者漸移以結朝貴，凡撫、按出都，必預有以結之，至則相與雷同，任其欺蔽。凡山人墨客求朝貴書出遊者，必以李氏爲利藪。李氏子弟，恣意聲色婦人，出遊騎若雲錦，而功名衰矣。成梁、如松既歿，如柏輩皆紈袴子，既弱且蠢，父兄之風無一存者。廷議猶以李氏兄弟與建州世舊，冀縻制之，不知其相怨最深。如柏、如楨相繼敗，而遼事益不可爲矣。如柏尋雉經死。如楨亦論辟繫獄，崇禎間得釋，追論成梁功，襲爵。

陳子壯曰：甯遠伯李成梁馳驅疆場四十餘載，先後血戰，上首功一萬五千，拓地七百，繫速把亥、阿台，擒王杲，皆名渠雄長，雖古衞、霍之功，何以加兹！或以其棄地誤國，大抵謂寬奠六堡耳。夫寬奠本成梁開拓，地名張其哈喇海子，中外沃壤，一望膏腴。時邊地稍甯，漢兒往往出塞掘參，生聚日繁，輸稅於建州。成梁遣韓宗功收還之，而愚民安土重遷，且渡河冰裂，南人吳大愛愛堉死焉，深懟宗功，遂以棄地之說布都下。科臣閻風入告，而功高不賞矣。夫建州生聚教訓三十年，寬奠即不棄，將不爲板升之續乎！邊吏不能守遼西，而苛責成梁以棄寬奠，此刀筆吏所以敗人國家也。

明史紀事本末補遺卷二

熊王功罪 袁應泰張銓附

神宗萬曆四十七年（己未，一六一九）三月，以大理丞熊廷弼馳渡遼，宣慰軍民。初，廷弼以御史按遼，策遼左必危，上疏請募兵厲械，收北關爲戰守計，而廷議多忽之，不時用。至是，三路覆師，舉朝震駭，故有是命。四月，建州兵入鐵嶺、柴河、撫安等堡。五月，復大舉入撫順，更以偏師躪開原、鐵嶺、撫安堡。而新帥李如楨方與經畧、總督爭相見禮，不設備。六月，建州兵萬騎從靜安堡入，乘虛直薄開原。總兵馬林等方引衆出防，且倚宰、煖新盟，不之備，兵至立陷。西虜方市慶雲堡，聞變，亦結聚亮子河。踰日，李如楨報稱西虜三萬騎圍鎮西堡，瀋、鐵軍民驚潰。免經畧楊鎬，擢熊廷弼爲兵部右侍郎兼都察院右僉都御史，經畧遼東。廷弼入京陛見，國子司業張鼐疏請京營簡選鋒三千壯其行，僅得千人，至關門，廷弼留其馬，盡遣還。以御史張銓巡按遼東。廷弼上言：「遼左爲京師肩背，欲保京師，則遼鎮不可棄。河東，遼之腹心也；開原，河東之根柢也。今開原破，淸河棄，慶雲掠，鎮西圍，鐵嶺數城人逃亡盡矣。獨遼陽、瀋陽爲河東孤立，而昨楊鎬奏瀋陽民逃軍亦逃，遼、瀋何可守也？然不守遼、瀋，必不能保遼鎮，不復開原，必不能保遼、瀋。前日之寇，東有朝鮮，北有北關，西南有遼，僅東北一道。使當事不急戰，復淸河、撫順，守寬奠，於柴河、靖安間悉宿重兵，犄角以漸蹙之，敵處穴中耳。自三路敗，開原失，則朝鮮、北關皆陰順之矣。開原城大而民衆，敵攻開原，西虜卽犯慶雲，圍鎮西，則爲彼用已可知。如敵以數十萬金餌虎墩諸部入犯昌、薊、宣、大，以綴中國，不敢出京城一步，然後長驅入山海關，或海道取登、萊、天津，勢所必致也。乞勅廷議辦兵餉，毋旁掣，毋中格。」上然之，仍賜尙方劍。時翰林簡討丁紹軾猶致書廷弼，請如范仲淹遺元昊書，諭以大義，寓反己自責之意。廷弼得書，不報。司農亦以軍餉無措，姑開款，令郡縣捐助，識者嗤之。

七月，炒化陷十方寺堡。建州數萬騎自三坌口攻鐵嶺衞，從寅及辰，下之。初，開原既克，鐵嶺驚潰，建州最工間諜，所在內應，而邊營偵備甚疎，望風膽落，開原一帶堅城，應時而破。總兵賀世賢率兵赴之，不及，得零騎數十級。時熊廷弼擕兵八百甫抵廣甯，聞西虜圍鎮西堡，合侵勢甚急，會兵禦之，營官兒屯。命給事中姚宗文閱視遼東。

八月，經略熊廷弼入遼陽，斬陣逃裨將劉遇節、王捷、王文鼎以徇，設壇躬祭撫、淸、開、鐵死事將帥軍民，且諭北關、白、金必復意。上度廷弼已視事，遣緹騎逮楊鎬下於理。御史陳王庭疏糾李如楨，謂：「宰賽因建州陷鐵嶺，引兵爭掠被執，如楨竟襲西虜殘級爲首功。」

廷弼亦奏如楨十不堪，謂：「建州陷開原，飽颺捆載，不能遮擊。鐵嶺與宰賽爭殺，不能乘其敝。更虛報西虜三萬圍鎮西，致遼、瀋驚竄。願急調李懷信代將，移開原道僉事韓原善於瀋陽。」從之。崇禎二年，楊鎬斬西市，李如楨以父成梁功釋還家。

建州遣疑兵綴遼師，擁騎數萬直抵金台失寨，自寅至午，下之。隨攻白羊骨寨，應時大發，白羊骨窮蹙出降，被殺，北關亡。瀋陽邊軍聞之，驚潰。廷弼亟遣守道閻鳴泰往撫，至虎皮驛哭而還。初，開原、鐵嶺相繼陷，北關益孤，恃婚虎墩、兔憨及煖兔爲援。既而宰賽以爭掠鐵嶺，爲建州所獲，因縶之以鈐制諸部，故煖兔、炒化等俱觀望不敢救。

九月，朝鮮報建州治牛毛寨、靉遮嶺，廣造攻具，購炒化、煖兔諸部，寬奠、鎮江告急。熊廷弼慮瀋陽空虛難守，決計奏保遼陽，挑塹濬濠，人始有固志。初，邊吏多尅月餉自肥，軍士饑疲不能戰，廷弼斬遊擊陳倫以徇。

十月，諜報建州遣兵詭女裝，謀焚海州軍糧，絕餉道。巡撫周永春以聞，請增兵戍鎮江，以衞朝鮮貢道。熊廷弼檄總兵柴國柱屯虎皮驛扼其衝，苦餉匱，還遼陽。

十一月，調楚、蜀兵援遼，永順、保靖宣慰司俱中道潰，石柱宣撫司馬祥麟、秦邦屏率兵數千人赴援。

建州數萬騎自開原松山堡入，攻穫去。已，復擁衆入龍潭口，又往開、鐵馱運窖粟。熊廷弼決計堅守漸偪之策，上言：「今日制敵，曰恢復，曰進勦，曰固守。而此時語恢復，語進勦，未敢草草。不如分布險要，守正所以為戰也。然守亦未易，頃者臣至各邊相度，敵之出路有四，東南為靉陽，南清河，西撫順，北柴河、三岔兒間，俱當設重兵。而鎮江南障四衞，東顧朝鮮，亦不可少，此險要之大畧也。四路首尾相應，每路設兵三萬，裨將十五六員，主帥一，分前後左右各營，對壘則前鋒迎之，中軍繼之，左右橫擊之，後軍殿之，分奇正以當一面。鎮江設兵二萬，裨將七八員，副總兵一，分屯義州、鎮江，夾鴨綠江而守。如敵犯朝鮮，四路分搗以牽之。敵與四路相持，則鎮江、朝鮮合兵而搗之。此聯絡之大畧也。清河、撫順、三岔兒山多漫坡，可騎步並進，當用西北兵。寬、靉林箐險阻，可專用川土兵。鎮江水路之衝，當兼用南北兵。此兵將之大畧也。善行師者，行必結陣，止必立營，貯放芻糧，兼作退步，且兵隨各帥往塞上，遼城空虛，宜再設兵二萬駐遼陽，以壯中堅。海州、三岔河設萬人聯絡東西，以備後勁。金、復設萬人防護海運，以杜南侵。各邊畫疆而守，小警自為堵截，大寇互相應援，選其精悍者迭出以撓之。此征行居守之大畧也。敵兵計十萬，今議官兵十八萬，此毫不可裁者。」上是之。時遼事棘，公車章滿，率朽腐不適用。廷弼身歷各塞，決計坐困，欲效趙充國制西羌，而言脫於口，尋掣肘。國家所用人，欲卯出酉效，否且白簡隨之，卒以大壞。

十二月，命總兵劉光允駐海州，犄角遼陽；厤承恩駐三岔河，援廣甯。

是年，天下加賦八百萬，遼餉三百二十四萬，車三萬七千輛，牛七萬四千頭，闔門日造器械，遼東餉司歲五百餘萬。

四十八年（庚申，一六二〇）春正月，朝鮮告急。初，建州遣使通朝鮮，不從，乃分兵攻滿浦等堡。命邊吏援之。

兵部贊畫主事劉國縉募新兵，分戍鎮江、寬、靉、清河等處，全伍皆逃。熊廷弼上言：「以遼守遼之說，屢試不驗矣。遼、瀋、撫、清、鎮江、寬、靉皆敵衝，不多冒兵，無以當其出入，而議者多主貴精之說，屯聚一處，相去數百里，必不能濟事。」

三月，遼陽火藥局災。

四月，諜報建州潛師海、蓋，欲誘總兵賀世賢往援，因急攻遼陽，炒化詐稱建州內變，以懈我師，建騎運鎧仗赴遼河，又收江夷窺海道。熊廷弼以兵力稍集，主守瀋陽，漸進逼之。建州兵未敢深入，乃誘伯要兒、歹青等睨河西，徐圖乘敝。釋宰賽往會兵，遣王子同、李永芳時引輕騎出沒。

五月，西虜萬餘騎攻圍沙嶺堡，總兵李光榮救至，圍解。

六月，經畧熊廷弼以四百騎歷撫順、清河巡邊，經歷程嵛阻之，不聽。建州乘經畧離遼陽，以萬騎由撫順關，萬騎由東州堡，深入至渾河。總兵賀世賢以三百人屯瀋陽，柴國柱以二百人屯奉集，拒却之。廷弼歷鳳凰城而還。建州兵旁畧山城，克花嶺、許毛子山等寨。

七月，熊廷弼劾免兵部贊畫主事劉國縉。廷弼初至邊，勇於任事，號令嚴肅，身自偵探，將士多畏而服之，遼事幾振。然負才使氣，多謾罵人。時朝貴皆碌碌，徒以臺省之焰凌人，不復念國事。姚宗文以科臣往閱視。贊畫劉國縉者，舊臺中以攻道學與熊、姚皆同類也，然熊頗獨立自許，姚、劉皆以夙好望之，彌相失。劉主用遼人，而熊謂遼人不可用，與相詈。既而劉罷職，姚歸朝，逐熊之議遂起矣。

光宗泰昌元年（庚申，一六二〇），卽萬曆四十八年也。八月，以袁應泰巡撫遼東。

九月，建州兵入撫順，蹂躪而去。御史馮三元疏參經畧熊廷弼，大畧言：「開、鐵被陷，禾糧塢積，廷弼不能簡輕騎齎還。北關告急，道臣欲以萬人往援，廷弼不聽。遼人礦兵可用而不用，健兒戰士不以殺敵而以執工。」廷弼上疏自理曰：「開、鐵委棄禾糧，臣抵遼卽行各總兵收割，不能則焚之。而李如楨竟不肯往，臣發憤屢見疏牘。北關報至，開原道韓原善方駐瀋陽，軍民一呼而散。亟遣分守道閻鳴泰往赴之，至虎皮驛痛哭而返。是時止此兩道，而三元言道臣欲以萬人往，不知道臣屬誰？且鐵嶺不能援，而侈言援北關，此欺三元者過也。備守開元，臣始終謂是要著，然所役軍丁，皆其守城不能戰者，如柴、賀、李三軍實未用也。若云必惟敵是求，是復爲令箭之催矣。贊畫新兵聞江潮聲卽奔潰，東山礦徒趨利則有，應兵則無，微三元言，臣不知遼人礦兵可用也。」疏上，三元及御史張修德、給事中姚應嘉交章駁之。熹宗卽命應嘉等往遼勘明。給事中楊漣言勘事不宜遣原疏官，乃改命朱童蒙往。廷弼繳尙方劍，席藁待罪。以巡撫袁應泰經畧遼東。

熹宗天啓元年（辛酉，一六二一）二月，御史周宗建上言：「遼事之壞，不壞於無兵，無餉，經畧將帥之無人，而壞於大臣之無識。方撫順失事，楊鎬十萬之師征集塞下，此時修築撫順，守隅觀變，此定算也。而輔臣一言督戰，全鋭俱亡，則宰相之無識也。既敗之後，唯有亟修開原，聯絡北關，爲死守計，此定算也。而輔臣謾無經畫，推轂一紈袴之李如楨，開、鐵既陷，北關淪亡，則又宰相之無識也。既而起熊廷弼於田間，蹙濠峻堞，城瀋陽，屯奉集，相形勢，布聲援，使敵騎不敢深入，人方有固志，而閱視姚宗文一遣，用夷之言不效，同舟之劍遽興。今日新臣受事，壁壘初更，唯有守廷弼已效之規，絕敵人中土之市，使其退有饑疲，進無大獲，一破嬰城自守之訊，洗明廷弼孤憤不平之氣，此又今日不易之定算也。而當國者復隨人高下，一無短長。時而敵退，遽言進取，時而敵來，便思退避，不幾爲趙宋之覆轍哉！」

三法司定楊鎬、李如楨罪各斬。

兵科給事中朱童蒙勘遼事竣，回奏稱：「熊廷弼無大失，但不宜悻悻求去。」上曰：「廷弼力保危城，功不可泯，聽其回籍。」復有及時起用之旨，蓋輔臣劉一燝意也。

建州兵圍奉集，監軍道高出與參將張名賢嬰城自守。初，建州數百騎先至，李秉誠不敢以一矢加遺，遂大舉圍奉集。袁應泰募死士突圍而入，授高出以方略。總兵朱萬良聞警赴援，不戰潰。開原道崔儒秀援之，出等亦固守，乃引去。

三月，建州兵復大舉圍瀋陽，戰攻具傾國而來，十一日夜半渡渾河，十二日逼瀋陽。先是，按臣張銓巡視瀋陽，見城中降夷充塞，懼有奸人爲內應，屬諸將謂敵若臨城，當盡徙之城外。已而建州兵傅城下，大將尤世功、賀世賢力禦，世賢持鐵簡獨當南門外，撲殺甚衆，力罷退。建州兵從東北隅以新土塡塹，城上連發砲，熱，裝藥卽噴，建州兵蜂擁過濠，急攻東門，世功死城下，城內應之，開門而入。世賢從西門出，走屯立木山，衆議以賀降爲慮，經略手書自咎，使使招之。使再往，乃夜至長勇堡，遼人疑爲西虜，舉烽，世賢駭，遁去，第使人來云：「得當以報也。」後遼亡，賀無依，遂爲衆所殺。或曰：賀已降，遼陽破時，與李永芳並轡入城云。

初，遼陽恃瀋陽、奉集二城爲藩蔽，而瀋東捍建州，西障土蠻，較奉集更重。瀋陽旣陷，奉集失犄角之勢，亦沒。時驍將勁卒皆萃瀋、奉，遼兵不滿萬，十五日敗報至，始檄各路兵守遼陽。初，瀋陽告急，裨將周敦吉欲直前薄敵，謂與瀋陽兵內外夾攻可以成功，士卒亦踴躍爭先，不用。及瀋陽陷，諸將憤激曰：「我輩不能殺敵捄瀋，乃在此三年何爲！」石砫司秦邦屏遂先率兵渡河，諸營繼進，止留浙兵二千餘名。大將戚金、張明世在河南札營。兵既渡河，營陣未定，建州以鐵騎四面撲攻，諸將奮勇迎擊，敗白標兵，又敗黃標兵，擊斬落馬者二三千人，却而復前如是者三。時川兵營甚堅。李永芳得中國砲手，親釋其縛，人賞千金，卽用以攻川兵，無不立碎者。東兵益集，諸軍饑疲無後繼，遂被衝殺，吳文傑、周敦吉、秦邦屏皆戰死。周世祿從西北逸出，鄧起龍、袁見龍奪橋西奔，俱走入浙營。建州兵追圍之數重，浙兵用火器拒戰，擊死甚衆，後火器盡，復接戰良久乃敗，大將裨將一時盡沒矣。當川兵渡河時，朱萬良、姜弼擁兵至渾河，不過數里，觀望不敢動。及建州兵偪浙營，良弼稍引衆而前，鋒一交卽披靡不能支，故浙營耑受敵而敗。十九日，建州兵渡渾河，直走遼陽，至四里鋪，袁應泰督催總兵尤世祿等領兵拒敵。時遼陽士民皆曰：「開、鐵以不戰而潰，今欲守遼，必須力戰。」應泰軍容劍佩，從東門出，引大兵渡河設伏迎擊，留川土兵守城，至夜宿城東北看花樓，各道有傳令箭撤所伏兵者。二十一日，建州兵遂擁砲車徑渡太子河，在山東結一大營。官兵陣於東城外。建州兵結陣，前一層用木板約至五六寸，用機轉動如戰車，以避鎗砲，次一層用弓箭手，次一層用小車載泥塡溝塹，最後一層仍用鐵騎，人馬皆重鎧，俟火砲既發，突而出，張左右翼殊死戰，人莫克當者，官兵不能支，應泰亟退入城。先是，朱萬良以不救瀋陽，當斬，乞貰罪自効。至是，陷陣死之。應泰、銓畫疆而守，應泰守北門，銓守西門。翌日昧爽，傳令城中散米晨炊，給戰士食，令壯士開西門傳餐，人肩摩出，有游騎突犯其前，應泰亟從東門馳入，督虎旅軍持赤挺撲退，扃城門如故。忽傳兵已入城，監軍高出縋城走，人心益搖。俄而建州兵又從西北隅拔閘洩水，官兵夾濠對擊，喊聲震天，以火箭燒茅屋卻之。建州兵乃結營東南，堅壁不動，第畧輜重糧食，爲久駐困城計。已又以騎兵薄東門，應泰趨東城樓指揮，力拒之。步兵攻小西門，列挨牌河西岸，縛草人於牌前，令二人從後擁之逼城，以誘官兵，迺縱掠人戶門板桃秫，實欲併橋夜渡城下，應泰抽別隊兵增守西堞備之。是時日已晡，乃出各監軍道催督將領，合力救援。監軍牛維耀從小西門突圍，中箭墮水，扶傷而起，城上士兵見之驚亂，幾不支。二十三日，東西兩隅夾攻甚急，張銓與分守道何廷魁向應泰慷慨矢志。應泰曰：「泰不才，徼倘方寵靈，固誓以身死，巡按無閫外專責，尙可收拾餘燼，爲退守河西計。」銓應曰：「銓血性男子，固不肯後人死也。」時各門併攻益急，火器已盡，小西門火起，遂有開城應者，城內大亂。應泰知事不可爲，驅妻子婢僕登樓，架砲擊之，樓燬，舉家殉焉。應泰佩劍印，引刀自裁。何廷魁沉妾女於井，以身繼之。監軍崔儒秀與徐都司痛飲自縊。遼遂亡。方城陷時，張銓衣繡衷甲下城，從者擁出小南門，請易服，勿許，還入署，李永芳來謁，謝無狀。銓曰：「汝爲我言，我對誰言？今無及矣！」乃擁之去。永芳扶銓並轡行，因説降銓，銓投於地，面傷焉。入見建州主，挺立於庭，左右抑之拜，銓瞋目大呼曰：「吾天子憲臣，肯屈膝耶！」銓有膂力，拉者輒披靡，捽出將兵之，復呼入爲款言撫慰者再，銓終不屈。有王子自外入，舉刀欲砍，銓引領以受，則誘曰：「送汝歸何如？」銓曰：「我以死爲歸耳！」既不可奪，送之輿却輿，送之騎却騎，令二人扶之上馬還署中，父老諸生泣隨之，謂永芳曰：「幸護張使君。」銓厲聲曰：「汝等良百姓，乃爲我索命他人乎！」衣冠向闕拜，拜已，遂自經死。建州人相謂曰：「此忠臣也。」棺而葬之，建祠於北門外。

銓，山西沁水人。萬曆時，銓上言：「經臣鎬、大將軍如柏、如楨不可用，兵不可募，餉不可派，敵未可乘。」未幾，三路覆師，果如銓言。已，得按遼命，所親曰：「公資十年，俸六年，報竣矣，公不往，誰驅公者！」銓笑曰：「遼左失陷，朝廷震驚，士大夫不能爲天子分憂，而畜駿馬遣妻孥先去，以爲民望，何怪邊關壯士望風鼠竄哉！」驅車就道。既抵關，敵騎充斥，居民空無人。銓請撫臣統河西兵移駐海州，督臣統山海兵移駐廣甯，以張應援之勢。疏未上而遼陷，事聞，與廷魁、儒秀賜祠額「三忠」。

裨將新建張神武初以詿誤繫獄論死，朝議使援遼立功，部卒僅二百人，甫抵山海而瀋陽陷。督臣文球見其英爽，甚壯之，而易其兵少。神武獨慷慨請行，至廣甯，遼陽復陷，撫臣薛國用愛其才欲留之。對曰：「神武以援遼來，遼陷矣，欲援者何用！」國用曰：「爾衆幾何？」曰：「二百餘騎。」國用曰：「是足以救遼乎？」曰：「不能救而遂罷援，欲援者何用？」於是乘夜渡河，東至首山，去遼城七十里，心知孤軍深入無生理，冒陣入重圍中，殺傷百餘人，一軍盡沒。

建州主入城，出示安撫百姓，令李永芳收集西兵，許以餉，人皆髡首隨順。諸帥統兵在外者，見城陷，俱潰，西奔至三岔河，南至海上。建州兵四出畧地，士民冒鋒矢，投崖度嶺，旬日無烟火。三岔以東盡淪棄，三岔以西藩籬既撤，廣甯亦時時風鶴矣。二十五、六日，建州下令，漢人赴北城，屯民歸村堡，添三衛掌印官，共八衛，分投算民造册，先令西兵出棣，瀋陽二萬餘人，又籍東人爲兵，家五人出三人，三人出二人，隨營給配。復殺遼人狀貌可疑者，以一帥坐西門，點而殺之。有諸生父子六人，知必死，持刀突而出，斃其帥，諸子持挺共擊殺二十餘人。倉卒出不意，百姓乘亂走出，五六百人結隊南行，建州不之追。

建州主復令王子領衆操標探河淺深。遣降將金玉河至海州傳諭歸順，人民已髡首待矣。獨東山參礦兵與南衞，堅不受命，羣聚擊降者，李永芳率兵襲之，殺戮甚慘。

四月，逮原任監軍道高出，下詔獄。瀋、遼既陷，出擕僕逃海州，海州城已空；三岔河不守，復逃至蓋州，有張、楊二同知艤舟以待，遂度登、萊。具揭言不如棄河西以全力守山海，御史劉廷宣劾之，曰：「棄廣甯卽棄山海，棄山海卽棄薊、永，一惑此言，天下事棄矣。」上命錦衣衞逮繫於獄。

罷遼東巡撫薛國用。國用好名鮮實，以姚宗文輩力舉撫遼，日理詞訟細務，以悅人心爲主，兵事益叢脞，至是病免，以參議王化貞代之。

五月，上諭吏部曰：「熊廷弼守遼一載，未有大失，袁應泰一戰而敗，將祖宗百戰封疆袖手與人，若不嚴核，何以警後！」遂謫姚宗文、馮三元等，起原任兵部右侍郎熊廷弼，命卽日就道。廷弼辭，優詔勉以君臣大義，甚有哀切之詞。

七月，廷弼抵都，加兵部尚書經畧遼東，賜勑書尙方劍，副總兵以下先斬後奏，發帑金佐軍需，賜一品服，宴都城外，諸大臣陪餞，以寵其行。復以兵部尚書王象乾出鎭薊、遼，撫馭西人，命繫臣高出、胡家棟戴罪立功，原任主事劉國縉起陞登、萊招練副使，佟卜年陞登、萊監軍僉事，推官洪敷敎陞職方主事軍前贊畫，從熊廷弼請也。

建州會兵張義站，謀從黃泥窪趨廣甯，遣人要西虜。

八月，王化貞遣遊擊毛文龍復鎭江，已復陷。建州兵襲金州下之。事詳毛帥東江

十月，命熊廷弼出山海關駐右屯。時王化貞涖治廣甯，與建州兵相逼，而熊廷弼駐山

海關。廷弼初議三方布置，增登、萊、津門兵，而重兵屯山海關，待各鎮兵馬大集，登、萊策應齊備，然後三方大舉並進。化貞則專意河西，用西虜進取，謂登、津爲緩圖。會毛文龍鎮江之役，化貞氣益盛，捷報獻俘俱不與經畧與聞，廷弼謂其亂三方布置之局，貽遼人殺戮之慘，經、撫益不相能，交詆之章日上。廷弼負氣侮人，朝貴厭之，化貞自任頗壯，時多左袒王者。而兵部尙書張鶴鳴亦以廷弼疏請佟卜年、劉國縉，語侵之，滋不悅。至是，上命九卿、科、道會議部覆，遂專主化貞之說，促廷弼出關。廷弼怏怏不悅。廷弼嘗疏請兵餉，又置其疏不覆，廷弼愈怒。化貞貽書廷弼，請乘銳氣濟河復遼陽，不則亦可保廣甯無事。廷弼覆書曰：「我輩奉天征討，得一城當守一城，以爲進取之地，一戰而復遼陽未可知，然守禦之道不可不先爲謀，若但圖掩取，爲所追襲，恐後此有不堪言也。」化貞不以爲然，傳檄河上鎮道將官，嚴辦以待走馬。廷弼出關語諸將曰：「此行聊作河上聲援，非催戰也。」

十二月，廷弼率五千人進駐右屯，去廣甯一百五十里。御史江秉謙上言：「廷弼起田間，假以節鉞，疆場之事，不從中制，而數月以來，經畧不得措其手足。說者曰：經、撫不和，化貞欲戰，廷弼欲守。夫廷弼非專言守，謂守定而後可戰也。化貞銳意進戰，脫有不捷，將何以待之！而化貞無一言不聽從，廷弼無一言令吐氣。彼原不從戰守起見，但從化貞、廷弼起見耳！夫廷弼節制三方，則三方戰守當悉聽其指揮，乃化貞欲進則使廷弼隨之而進，化貞欲退則使廷弼隨之而退，化貞忽進忽退，則使廷弼進不知所以戰而退不知所以守。是化貞節制廷弼，而廷弼未嘗節制三方也。是經略爲具官，稟成則無權，坐罪則有主，國家亦安賴此經略哉！故今日之會議，非經、撫不和，乃好惡經、撫者不和也；非戰守之議論不合，乃左右戰守者之議論不合也。」

二年（壬戌，一六二二）春正月，遼東巡撫王化貞上言：「願以六萬兵進戰，一舉蕩平。臣不敢貪天功，但願從征將士厚加賞賚，遼民賜復十年，海內除去加餉，而臣歸老山林，於願足矣。卽有不稱，亦必殺傷相當，敵不復振，保不爲河西憂也。稍需時日，經臣以三路蹙之，殲敵必矣。臣又願與經臣約，怒蛙可式，無摧戰士之氣，勞薪可念，無灰任事之心。但過河之後，將士有不能破敵逃歸者，盡殺之，其軍前機宜，許臣便宜從事。若一切指揮必待報而後行，則無幸矣。如以臣言爲不可，乞罷臣而耑責經臣，庶得一意恢復，不至爲臣所撓亂也。」經略熊廷弼亦上言：「請亟如撫臣約，乘冰急進，免使將士因不戰而怨。并急罷臣，以正臣摧戰士之氣、灰任事之心之罪。」

王化貞將渡河，部署諸將，以高出守振武，胡家棟守盤山，杜學伸以車爲守，劉征以騎爲戰，康應乾、左輔出沒柳河牽制之。西虜步騎近萬，精銳三千，遣同知萬有孚監其軍，以鮑承先兵二千五百濟之，俟敵一渡，卽直搗黃泥窪。經略兵直至杜屯，又恐柳河兵薄，復益車兵步兵，預置河上以爲聯絡。建州兵臨河欲渡，總兵劉渠屯振武飛書告急，化貞猶策建州兵必不敢渡柳河，欲令部將羅萬言引哨卒過河誘之來，以驍騎蹙之，可以大創，各道以爲非計，乃止。二十日，建州兵五萬渡河，直逼西平堡，守將羅一貫堅守一晝夜，攻之不下，被砲擊死者甚衆，尸與城平，解圍。復攻振武，化貞未敢出，廷弼以令箭督之，且激曰：「平日之言安在？」化貞遂命總兵劉渠悉衆而出，以孫得功爲前鋒。得功，化貞心腹驍將也。建州兵進薄陣，得功遽麾兵分左右翼，推渠當先出戰。鋒初交，得功率衆先奔，呼曰：「兵敗矣！」渠兵見後帥奔，遂大潰。渠畧陣，馬蹶被殺，祁秉忠扶上馬，中流矢死。李永芳復攻西平，使人持幟大呼曰：「知守城羅將軍乃好男子，速降，當共富貴！」一貫據城應曰：「朝廷何負汝而反，豈不知羅一貫是義士乎！」亦樹一幟招之。永芳知不可得，四面夾攻，三進三卻。城中火藥盡，救不至，遂陷，一貫自刎死。孫得功走入廣甯，疾呼軍民宜早剃髮歸順，因命其黨封府庫以待，一城鬨然，爭奪門走。化貞方晨起視文書，西將江朝棟排門入臥內，化貞呵之，朝棟呼曰：「事亟矣，速走可免。」化貞股栗不知所爲，疾趨出，所乘馬已爲部將盜去，倉皇整行李，以二橐駝載之，自騎朝棟馬以行。及門，亂兵呵止，將縛之，朝棟後至，持刀與鬭，乃得出。得功與遼將黃進等遂據城附建州，以黃袱迎師過河。化貞所招西虜肆殺掠，逃軍和之，難民西奔者十不得一，遺棄老幼於途，蹂躪死者相望。化貞從數騎走閭陽驛，適廷弼自右屯引兵至，化貞向廷弼而哭。廷弼顧笑曰：「六萬軍蕩平遼陽！今竟何如？」化貞慚，尋向廷弼議固守甯前計，廷弼曰：「晚矣，公不受紿募戰，不撤廣甯兵於振武，當無今日。此時瓦解之勢，誰與爲守，唯有護百萬生靈入關，勿以膏鋒鏑足矣。」乃整衆西行，化貞與甯前道張應吾殿後。時建州兵已東，無追者，故得緩轡以前。巡按方震儒在廣甯，尚臥未起，聞化貞走，亦單騎出奔，監軍道牛維耀、邢愼言隨之，高出、胡家棟、韓初命從廷弼走關上。惟監軍高邦佐赴松山，同事多諷以西走，不聽，謂其僕高永、高厚曰：「我受國恩厚，義不偷生，誓以死報，好收吾骨歸里以見吾母，卽葬吾父墓側，使知有死事兒不絕也。」高永等哭阻之，不聽，沐浴衣冠，西向拜如禮，遂自縊死。高永語厚曰：「主人待我厚，甯忍令主人獨死，無使令於地下，汝卽負我，莫負主人。」言畢亦自縊。厚泣曰：「我若再死，誰爲歸主人骨者。」乃潛伏草間，俟火熄，拾骨負背上，徒步還，得歸葬廣陵。邦佐初守永平，忤稅璫歸，尋起備兵東甯，以母楊氏老，不忍行，母趣辦裝曰：「兒速趨王事，我尙健飯，無以我爲憂也。」至是邦佐死，子幼，母年八十四。

二月，命逮巡撫王化貞，經畧熊廷弼革職回籍聽勘。初，廷弼嫚罵朝貴，莫敢抗。張鶴鳴旣入中樞，自以撫黔定亂，負豪傑聲，與廷弼互詆，不稍遜，力主化貞議。至是，廣甯敗，御史江秉謙疏糾鶴鳴曰：「鶴鳴與王化貞相比，熊廷弼相忤，明知西虜間諜俱虛，而敢於欺心;明知戰守參差難合,而強爲責備。既欲驅經略以出師,又不肯付經略以節制,既疏置化貞於廣甯,又未嘗駐廷弼於何地,事事糊塗,種種機械,唯知殺廷弼以快其心,縱陷化貞而有所不顧。是鶴鳴故壞封疆之情,殆有甚於失誤軍機之罪也。」上以鶴鳴方被命視師,不聽。秉謙調外。鶴鳴復力毁廷弼,謂化貞功罪相等,廷弼有罪無功。廷弼懼回籍被陷,自疏請逮。時廷議多排廷弼者。

四月,刑部尚書王紀、左都御史鄒元標、大理寺卿周應秋會鞫熊廷弼、王化貞。廷弼言「起自田間,復任經略,原議駐紮山海,無駐紮廣甯之命。廣甯失守,罪在化貞」。其辭色甚倨。化貞長跪痛哭,言「苦惟自知」,袖取一揭上,紀等好語慰之。廷弼自請下詔獄。紀等具上經、撫獄詞云:「皇上拔化貞於監軍,起廷弼於田間,可謂非常寵遇矣。夫士爲知己者死,兩人頗以豪傑自負,宜感恩圖報,同心協力,不濟則以死繼之。不虞其盛氣相加,舉河西拱手讓人,竟以一逃結局也。化貞全不知兵,圖敵而反爲敵乘,恃間而反爲間用,孫得功輩日侍左右,恬然不悟,唯大言自詡渡河決戰。及枹鼓一鳴,敵騎在百里之外,而棄廣甯如敝屣,匹馬宵遁,哀哉。化貞有憂國之心,無謀國之智,事已至此,安所逃罪,宜伏上刑,以正厥辜。若廷弼才識氣魄,睥睨一世,往年鎮遼而遼存,去遼而遼亡,關係似亦非小。再起經略,廷弼居然以衛、霍自許,人亦莫不衛、霍廷弼也。其初出春明門,即徼有三方控扼之旨，識者已知其無意廣甯矣。抵關以後，言我兵不宜浪戰，西虜不足盡信，語語左券，料事之智，遠過化貞。獨剛愎性存，堅不可破。以爭毛文龍功罪一事，開釁化貞，水火之形既分，玄黃之戰遂力，而秣馬厲兵，悉置度外。迨鼙鼓動地而來，錯愕不知所出，倉皇飛檄督戰，若曰勝可以成吾之名也，卽敗亦可以驗吾之言也。不知前矛後盾，戰守俱失，雖欲引平日不主戰之說以求末減，其可得乎。使廣甯告急之日，廷弼肯卷甲疾趨，提一劍以戡禍亂，或堅壘固守右屯，收餘燼以圖恢復，轉敗爲功，死且不朽。計不出此，先奔山海，卽有蓋世之氣，亦不足以贖喪師失地之罪矣。乃會鞫之日，廷弼猶刺刺不伏，胡不引從前經畧觀之也。比之楊鎬更多一逃，比之袁應泰反欠一死。若厚誅化貞而少寬廷弼，罪同罰異，非刑也。宜用重典，以儆將來。」奏入，獄遂定。

五年（乙丑，一六二五）八月，詔決熊廷弼於市。時東廠太監魏忠賢用事，恨楊漣疏，切齒楚人，謂非封疆事不足以羅織。御史楊維垣誣廷弼廣甯失事，輦金至京賄屬周朝瑞十日四疏，以致顧大章𢱇爲八議之說，又託汪文言屬楊漣、左光斗、魏大中、袁化中各遺書求解。決計殺廷弼以陷諸人。二十一日，文華殿講畢，輔臣丁紹軾袖中出刊像遼東傳一册以獻，因指爲妖書，合詞奏之。言官郭興治、門克新、石三畏等復上疏激帝怒。廷弼竟大辟矣。二十八日五鼓，有駕帖至，山東司主事張時雍聞之，以爲必斬廷弼也，命獄官紿之出。廷弼已覺，從容盥櫛整衣而出，曰：「我大臣也，必當拜旨，豈得草草！」步至庭上，欲有所言。時雍迎之曰：「芝崗失陷封疆，應得一死，尚何言？」廷弼嘿然。時雍見其胸前懸一執袋，問曰：「何物？」答曰：「此謝恩疏也。」時雍曰：「公不讀李斯傳乎？囚安得上書！」廷弼張目熟視曰：「此趙高語也。」時雍詞塞。遂出，斬於西市，傳首九邊，尸棄荒野，懸坐贓十七萬。妻陳氏繫辱縣庭，子兆璉迫極自剄，女瑚嘔血死。

懷宗崇禎元年（戊辰，一六二八）七月，工部主事徐爾一訟故經略熊廷弼冤曰：「廣甯兵十三萬，糧數百萬，盡屬王化貞。廷弼止援遼兵五千耳，且屯右屯，去廣甯一百五十四里。化貞逃潰，獨以五千人至大凌河付之，此與慕容垂三萬軍獨全相類，奈何與化貞同日道哉！乞賜昭雪，爲勞臣勸。」時上方欲以法繩邊吏，不聽。

二年（壬戌，一六二二）四月，江西道御史饒京請掩熊廷弼遺骸，閣臣票旨令家屬收葬，帝不許。其子兆璧上書訟冤，大學士韓爌揭曰：「熊廷弼身任經略，因廣甯失陷，訊擬大辟，傳首九邊，已無餘罪。若遺骸不葬，則從來國法所未有。卽令廷弼今日正法，皇上必倣古掩骼埋胔之意，許其歸葬，蓋國典皇仁，並行不悖。至廷弼當日罪案始末，亦有可言。神宗朝，廷弼巡按遼東時，邊圉無警，廷弼卽大聲疾呼，人莫之應，十年而驗若左券，其可言者一。及楊鎬三路喪師，撫順、淸河陷沒，廷弼代鎬，在任年餘，築城浚濠，修守待戰，廷議以爲緩於奏凱，攻之使去，四閱月而遼亡，使廷弼彼時在事，未必蹙國至此，其可言者二。遼陽既失，先帝思廷弼言，再起田間，時撫臣主戰，廷弼主守，羣臣皆是撫而非經，廷弼力陳玩師必敗，間諜當防，莫有聽者，徘徊躑躅以五千人駐守右屯，撫臣兵十三萬人駐廣甯，廣甯潰，右屯始與之俱潰，其可言者三。假令廷弼此時死守右屯，捐軀殉封疆，豈非節烈奇男子。卽不然，支持甯前、錦、義之間，扶傷救敗，收拾餘燼，猶可圖桑榆之晚效。乃張皇風鶴，偕化貞並馬入關，其意以爲我固常言之，言而不聽，罪或當末減，此則廷弼私心短識，挾忮忌之淺衷，悞疆圉之大計，其殺身而無辭公論者以此。然使誅廷弼者，按封疆失陷之條，偕同事諸人一體伏法，廷弼九原猶當目瞑。乃先以無影賄贓誣坐楊漣、魏大中等，作清流之陷穽。既又以刋書惑衆，借題偏殺，身死坐贓十七萬，辱及妻孥。斯則海內才臣志士憤惋嘆息，特以封疆二字，未敢訟言於皇上之前耳。臣等平虛論之，自有遼事以來，罔上行私之輩，不知凡幾，廷弼舌敝耳聾與人爭大計，如其家事身事，似猶此善於彼。魏忠賢盜竊威福，士大夫止爲爵祿，靡然從風。廷弼一長繫待決之人，屈撓則生，抗違則死，乃終不改其強直之性，以致獨膺顯戮，慷慨赴市，其耿耿俠腸，猶未盡泯。今縱不敢深言，而傳首已踰三年，收葬原無禁例，伏乞聖明垂仁。」詔從之，廷弼始得歸葬。化貞時尚在獄，追論廣甯失事，復斬於西市，以平公論。

明史紀事本末補遺卷三

插漢寇邊

神宗萬曆四十三年（乙卯，一六一五）八月，插漢虎墩兔聚衆，謀犯河西。插漢故元小王子裔，俺答等部君長也。嘉靖間，俺答日強盛，插漢打來孫與子土蠻、大成等自宣府塞外東徙避之，居近朶顏三衞。自俺答既款晉秩，而插漢求封不得，故驕倨恥言修貢。隆慶五年，寇連山驛，寇盤山。六年，寇長勝堡。萬曆元年，寇鎭西堡，又寇鐵嶺，寇鎭甯。時江陵柄政，用大帥李成梁於遼左，敢戰深入，每近邊，輒大創去。土蠻生卜彥，卜彥生虎墩兔，益強盛。而邊吏嚴兵備建州，力分浸弱，插漢乃糾三衞時時盜邊脅賞。至是，以六萬騎分五校入犯廣甯，又犯錦州，官兵出大安堡，伏發，敗，堡陷。

四十五年（丁巳，一六一七）五月辛未，復虎墩兔市賞。

四十七年（己未，一六一九）三月，杜松、劉綎、馬林三路出建州，全軍覆沒。虎墩兔乘機從佛延寺小盤嶺至虎頭關正北臺，駐營距邊十五里，遣使挾賞。遼東巡撫周永春上言：「廣甯一線，爲全邊咽喉之地，守備單弱，萬一插漢狂逞於西，建州隨繼其後，則三韓之危不忍言矣。」上令總督汪可受移駐山海關，申飭薊、昌邊備。

熹宗天啓七年（丁卯，一六二七）九月，都令色令俾、乃蠻等降建州，其部衆不肯往，多西投虎墩兔。

十月，插漢虎墩兔取板升以爲穴。板升，華人也。嘉靖中，叛逆趙全等爲鄉道，集被掠萬人於灃州灘東西一帶，立爲板升，桑種飲食悉如中國，所未易者胡服耳。自俺答款後，俺答義子恰台吉統之。虎墩兔新強，擁衆數萬，而板升富庶，甚習內地。插漢遠在東偏，領賞賣馬必由兩哨，既與俺答積釁數世，會素囊死，卜石兔有其地，然幼且弱，插漢遂傾巢而西，以舊地讓建州。陽稱報仇，遂殺哈喇兔，直抵殺胡堡，克歸化城，奪銀佛寺，收習令色令。卜石兔西徙避之，遂與習令等盟歸化城，以合把氣喇嘛守之，駐營獨石塞外。習令色以東西兩哨兵馬並灃州灘大小板升俱獻于插。卜石兔走河套。插漢西幷擺言台吉。哈喇慎諸部多潰散，或入邊內避之。時插漢浸強，然建州頗以其淫貪易餌輕之。

命總兵王世忠出關撫賞。世忠故南關裔也。建州滅南關，世忠來歸，與虎墩兔爲婚，嘗使營故督師王之臣奏請遣出關，從之。

懷宗崇禎元年（戊辰，一六二八）三月，虎墩兔殺那木兒台吉，尋又與朶顏衛東不的三十六家伯顏阿亥等部戰於敖木林，失利，殺傷萬餘人。時朝議以東陲多事，姑羈縻之，然邊吏浸怠，弛不設備。五月，插漢再生、貴英恰等至宣府新平堡脅賞。初約五十騎，倏踰數百，大譁，參將方諮崑誘入甕城盡殲之，自焚關將軍廟，毀墻數仞，委虜以自解。貴英恰，虎墩兔壻也，狡猾善用兵，既死新平堡，其妻兀浪哈丈帥衆自得勝路入犯洪賜、鎮川等堡，拆墻入。虜騎已至孤店三十里，竟不時傳烽，以喇嘛僧止戰故也。時村屯未收斂，大同守兵不滿萬人，插漢奄至，急收保，倚北關爲援。插騎進圍大同，兀浪哈丈領之，其大營可五萬騎屯海子灘，則虎墩兔也。代王倡士民力守，王知縣獲奸諜二十餘人悉斬之。插漢知有備，遂分屯四營，流掠渾源、懷仁、桑乾河、玉龍洞二百餘里。尋遣使詣總督張曉脅賞，曉遣西僧王喇嘛往諭之。時苦旱乏水草，我援兵漸集，乃退。上召廷臣於平臺，問邊事，兵部尚書王在晉曰：「插出口，已解嚴矣。」上問何以即退，大學士劉鴻訓曰：「寇主流掠，頓兵堅城之下，知其不久。」上是之。時朶顏三衞部目束不的與插漢搆兵，通于建州。總督張鳳翼檄諭之曰：「爾始祖都督完者帖木兒以來世世忠順。插漢奪爾穴，宜報復，然爾三十六家力弱，必合順義王乃濟。今聞欲與建州通，是自投穽陷也。」

六月，插漢虎墩兔欲講賞得勝口。上以得勝口無險，狡謀叵測，勿許。時上鋭精邊事，欲矯弊更轍，以市賞徒耗金錢隳軍實。因卜素沒，革其賞，雖邊吏屢爲插漢請，竟弗允。

七月，塞外屬夷以苦飢請粟，不許。初，廣甯塞外有炒化、煖兔、貴英諸部，薊鎮三協有三十六家守門諸部，皆受我賞。建州雖強，其勢未大合。至是，中外迎上指，謂俱通建州，盡革其賞，諸部皆鬨然。會塞外飢，請粟，上堅不予，且罪闌出者。於是東邊諸部落羣起颺去，盡折歸建州，而建騎直叩宣、大矣。

九月辛未，召廷臣及督師王象乾於平臺，問象乾方畧，對曰：「插漢虎墩兔與順義王卜石兔、哈喇愼曰黃台吉俱元裔。卜、哈皆插漢分部，自黃台吉與插漢鬨，插漢不貢。隆慶庚午，俺答受封開市，插漢屢掠之。去歲卜石兔西走哈喇愼，俱被擒。白台吉僅身免，東投建州，其弟跌各兔等不欲也。白台吉恚死，哈部散亡。朶顏三十六家今日亦當聯絡，與哈喇愼可得三萬人。諸部唯永召卜石兔永最強，若合卜石兔之兵，可禦插漢。」上善之。是月，虎墩兎西擊卜石兎、永召卜，敗之。都令色令宰生合把氣喇嘛追殺襖兒都司吉能兵馬之半。又屯延、甯塞外，窮兵追卜石兎，而佯請款于督師，要求過倍。兵部尙書王在晉不敢聞。

十二月，順義王卜石兎通於建州。

二年（己巳，一六二九）三月，朶顏三衞半入於建州。東不的求督師袁崇煥開糶於前屯之南臺堡，互市貂參，邊吏俱不可，獨崇煥許之。蓋是時建州亦飢，東不的爲窖米謀攻薊西也。雖有諜報，崇煥不之信。

插漢虎墩兎納款。

翰林院編修陳仁錫使遼東，未出都，報建州兵十五萬攻甯遠，及抵關不見一騎。問之，曰：「往朝鮮矣。」抵南臺堡，知朶顏束不的爲插漢買婦女，爲建州積穀。甯遠武進士王振遠、陳國威入謁仁錫，曰：「束不的居關外，陽仇插漢，其實昵之。又建州姻也，部落不滿萬，駐甯遠關外者六七千人，此地開市止二千人，卒不及備，乘夜掩而殺之，傅介子所以斬樓蘭也。建州哨在束不的部內計四百餘人，不持弓矢；插漢遠在漠外，馳救不及，斬頭寢內，敵氛可息。失此機會，四月間四汗先至，秋冬諸王子盡入，必舍遼而攻薊、宣矣。」仁錫言於關內道，甚壯之，竟不果。後建州兵入口，俱如二生言。

七月，插漢虎墩兎兵迫白馬關外，擒溫布等，卜喇庫不能拒，求寄輜重母妻於塞內。邊吏以聞，部議閔其窮，請令擇便安置，從之。

三年（庚午，一六三〇）春正月，給插漢賞十八萬。時建州兵薄都城，插漢虎墩兎以十萬騎抵宣府脅賞，括十八萬予之。

八月，插漢虎墩兎擁兵偪大同，巡撫張宗衡議戰，總督魏雲中議款，御史白士遴言藉款以備守，因守以待戰。尋插漢引還。

五年（壬申，一六三二）春正月，着力兎以三百騎近塞，稱虎墩兎求款。總兵曹文詔、定邊副總兵張應昌議未決。前總兵孫顯祖有逃丁，誘定邊降夷內應，借守東西二門，招着力兎入之。千總張射奎、王希武等出城拒戰，曹文詔等合擊，斬百餘級，遂遁。千總李世科陣歿。文詔尋奉檄還靖邊。初，降丁哈台吉原遼東海西部落，海西亡，歸中國，分置各鎮。哈台吉百餘人居定邊堡，文詔剿山西盜，頗得其力。自甯塞告急，文詔入秦，降丁謂定邊空虛，潛購套虜以叛，幸文詔力戰，逐之城外，定邊以甯。

七月，逮巡撫宣府沈棨。初，插漢虎墩兎犯張家口，屯膳房堡沙嶺求款，總兵王世忠、巡撫沈棨不及聞，卽答書設誓，犒以三千金，插漢鑽刀誓天。監視內監王坤奏之，以誓文中朝廷與插漢並體，上怒，逮棨。已而召兵部尚書熊明遇於平臺，諭以棨通插漢辱國，明遇對曰：「天語嚴峻，臣等不勝惶懼，退而思之，亦邊臣處置失平耳，於天威無損也。且聞建州挾五六萬騎薄宣府，知插漢講折，卽徙幕而去，撫臣嘗與臣書，謂以此攜建州之黨，其意蓋亦紓邊患也。漢、唐英主於塞外嫚書，皆置不理，今此舉不過中軍都司官與之頡頏講好，名王輒弭耳去，愈以見天威耳。」上以問周延儒，伏地不對者久之。上乃謫棨戍。

六年（癸酉，一六三三）五月，插漢虎墩兎合套騎五萬餘，自清水、横城分入，守備姚之夔不能遏，臨河堡參將張問政、副總兵史開先等遁，遂薄靈州。總兵賀虎臣以千騎入守，詰朝出戰。插漢移入屯堡，連營數十里，殺戮甚慘。尋復西犯延綏，與降盜王成功合。總兵王承恩擊成功殲之，插漢引去。

七月，插漢千騎犯延綏、靖邊，官兵擊却之。尋復犯甯夏，其西哨部落巴兎等五十餘人來降。

七年（甲戌，一六三四）春正月，殺胡堡守備葉逢春報：「插漢三千騎與降夷相殺，自水口入犯。」

二月，巡撫宣府都御史焦源溥報：「插漢虎墩兎避建州遠徙，部衆離散。榜愛亦領千騎歸附建州。」

三月，插、套合兵犯甯夏，河西玉泉營總兵馬世龍擊却之。

四月，新平堡參將馬鐵貝誘降夷入市，收其弓矢，給以軍門巡邊出迎，遂驅而殲之，上首功，胡騎遂入犯。監視大同内監劉文忠奏之。保安州陷。

歹打兒漢、吉囊等以三萬騎乞降，宣、大又收降丁五千二百人。時插漢虎墩兎益西徙，其部衆約三萬人在獨石塞外，投於建州，邊吏出塞襲之，頗有斬獲。

六月，甯夏總兵馬世龍擊插漢於棗園堡，斬一千四百級。

七月，插漢虎墩兎犯甯夏廣武營，官兵擊敗之。

八月，總督洪承疇遣兵擊延綏西虜，斬四百餘級，遁去。

九月，插漢虎墩兎往威甯海子駐牧。

十一月，插漢部目把喇獨兒領部衆千人牧清水河，求市大同殺胡堡。侍讀倪元璐上言：「伐交之道，無如用間。以今日之勢言之，惟得疑東使不收西，不能疑西使不歸東。何者？插力竭西奔，又不能自制其衆使無東向，不歸東何歸。敵之情畏死救亡，而吾又無能爲助，雖蘇、張復生，未能離破之也。臣以爲插既苦東，而又失賞於我，其得因以爲利者，無過附東入犯耳。然插附東入犯，東必厚責其資糧而薄遺以鹵獲，故插雖東歸，更益窮困，其不能弛心六十萬金錢明矣。始吾以其勾東絕賞，今誠能厚要信，誓絕於東，又爲我堵截，何難市賞如舊。以此餌插，卽以此疑東，亦一間也。」已而監視宣府內監王坤報：「插漢部衆投建州者千人，餘二千人求駐張家口貨買茶米。」總督宣、大楊嗣昌亦奏：「插漢部落實有數萬，小王子至歸化城，俟正月來講賞，先求開市。臣意勦之不能，拒之資敵，應就其計，借市賞爲操縱，暫示羈縻，亦是一策。」嗣昌，楊鶴之子也。

八年（乙亥，一六三五）春正月，哨卒出塞至五藍把喇素之地，插漢虎墩兎妻台戶，同夷目結力麥宰生、乞慶宰生、台什宰生于彼駐牧，約三千餘人，馬五百餘。台戶以前乞市不許，再求款大同，內中軍孫良弼以聞，上以恐有疎虞，不得輕信。

二月，建州兵數萬，號十萬，自瀋陽西趨河套，收插漢餘部。建州兵至宣府水泉口，虎墩兎妻囊囊台戶率部目二千餘人通於建州，謀犯張家口。按插漢舊部在遼西領賞，天啓七年始西徙，糾合套虜，屢犯延、甯、甘、肅間，部落漸潰散。至是，虎墩兎死，子幼，妻益衰弱，不能自立。

六月，朶顏三衞長昂等三十六家至會州楊樹川，執哨總陳尙義求款。建州兵入河套，收插漢虎墩兎妻及陝西土覇、土囊等部萬餘人東行，其精騎仍留黃河東岸。建州主旣收插部，置酒高會，語其下曰：「南朝君驕而臣諂，兵弱而民窮，亡無日矣。」建州之強，先併南、北關，次併三十六家吉囊諸部，東降朝鮮，西收插漢，自鴨綠北抵賀蘭塞外，皆隸其阪。唯哈喇愼、卜石兎利款市，竊處灃灘，勢衰微不支矣。

明史紀事本末補遺卷四

毛帥東江　劉愛塔孔有德附

熹宗天啓元年（辛酉，一六二一）夏五月，遼東巡撫王化貞遣標下練兵游擊毛文龍，率軍丁二百餘名，赴河東招降叛逆，恢復疆土，許其便宜行事。文龍報稱：「由二坌河至娘娘宮，十餘日方至猪島上岸，人民盡空，房室焚燬。」七月初一日，又由猪島外洋獲民舟，而舟子李景先，原鹿島居民也，願隨效用，卽與千總箚。初四日，至鹿島，先令景先至島探之，始知有建州委官胡可賓等已據是島，搬運牛馬糧食，勒取婦女，下令剃髮。文龍遣守備蘇其民率領官兵進島驅逐，安撫居民。初八日，至給店島，亦如之。初九日，至石城島，獲島官何國用，斬首級三，擒獲三十人，並得舟一、銅炮二、鐵炮四。其時有遼左諸生王一寧，因遼城被陷，父子直往朝鮮，投揭國王，借兵恢復遼左，朝鮮嘉其忠義，加宴禮送之歸國，亦至石城，與文龍會。文龍因令一寧至朝鮮彌串堡地方，潛令鎮江避難人民暗通鎮江士庶，咸共嚮應。次日，千總徐景伯使弟徐六潛度通款，且云建州所署游擊佟養貞選兵二百餘名，抄殺黃嘴山人民未歸。文龍與一寧議，謂「鎮江兵止千餘，壯勇既出，城中必空，若以奇兵掩其不備，城可襲而得也。」即令守備蘇其民分兵要截去兵歸路，文龍與一甯等自率新舊家丁屯民，直至鎮江城外二十里登岸。鎮江中軍陳良策約爲內應，鷄鳴，遂薄城下。千總張元祉等先登，陳良策率弟良漢、蘇義等內外夾擊，遂克之。佟養貞率家丁前迎，被擊仆地就縛，併獲其子佟豐年。文龍率烏合之衆二百人，涉海三千里，鎮江既復，寬、靉一帶城堡相繼降，數百里之內望風歸附，日扶老攜幼至者百餘人。文龍以爲人心如此，正可乘機進取，但初下鎮江，兵勢寡弱，恐人解體，雖乞兵朝鮮，尙未見赴，當速發救兵數萬、餉數十萬，以成大功。王化貞以其事上聞，授王紹勳鎮江副總兵，毛文龍參將，或駐義州，或駐鎮江，聯合南衞東山，圖進取。命兵部移文天津巡撫畢自嚴、登萊巡撫陶朗先督兵策應，其化貞調度廣甯兵馬，相機征剿。一面咨經畧熊廷弼嚴勒兵將，控扼山海，三方協力，務收全勝。

八月，建州兵襲金州。遼陽距鎮江八百里，多崇山峻嶺，唯海州密邇爲必爭之地，而旅順實登、津之咽喉，南衞之門戶。金州又迫近登、萊者也。時中國方聯絡朝鮮，遣專官設重兵，故建州襲下之，以杜往來之路。

九月，鎮江復陷，毛文龍走入朝鮮。初，文龍克鎮江，屯民踴躍來歸，後見兵勢寡弱，人心頗搖。王紹勳駐兵鹿島，去鎮江百餘里，觀望不敢進。文龍求救于王化貞，化貞未及應。建州兵大舉圍鎮江，文龍走入朝鮮，建州兵入鎮江，盡屠之。時南衞屯民結聚鐵山上，建州兵仰攻之，不利，被傷數千人，乃增兵持一月糧圍之。蓋、金二衞皆降，唯復州單游擊聚遼人數萬，盡赴長山島。建州兵駕桴渡江攻之，島人溺死者甚衆，邊兵坐視不能救。

二年（壬戌，一六二二）夏五月，授參將毛文龍總兵，王一甯登萊通判，贊畫文龍軍務。發糧二十萬石、銀十萬兩給文龍，仍頒賜勑印旗牌，假以便宜行事。兵部奏議：「毛文龍寄命朝鮮，潛踪海島，向議發閩兵三千，航海應援，仍乞令給銀六萬以濟其急，誠憐之也。已而閩兵不能卽發，則請淮上兵勒期渡海。竊以敵人雖鳴金而西，反顧巢穴，亦未必無恐。有此可用之師，不圖接濟，無乃灰忠臣義士之心乎！」奏上，乃有是命。

秋八月，平遼副總兵毛文龍遣部將陳忠等克樏桃堝、渦站等處，有斬獲。

九月，（府）〔廍〕羊島（據國榷卷八十五改）守備張盤收復金州。六月中，敵以劉愛塔之故，將金、復諸州民誅戮殆盡，逃難人民甚多，守備張盤、程鴻鳴等具舟艦至青山嘴渡之。盤招撫遼民男婦老幼以四千計，竝無尺布掩體。於是挑選丁壯，列有三十五隊，因哨探金州城內建州兵止五六百，遂率島兵以及老幼遼民助張聲勢，晝伏夜行，齊至金州南城門下舉火，軍聲振天。建州兵驚潰，出北門遁去，盤進城安撫居民，遂復金州。

毛文龍上疏曰：「臣一介庸愚，在遼二十餘載。以撫臣王化貞委任，遂以孤軍擒叛逆于遼民潰散之餘，復鎮城於麗國畏懦之後。雖至風競冰堅，糧匱援絕，而猶仗皇上威靈，廟堂勝算，計復寬、靉，術聯南衞。而去冬十二月內，敵人渡河之後，尚餘十餘萬歸義之民，暨陰陽其志之麗人，牽制東兵，使無西犯。儻津、登之援師一至，廣甯之進兵有期，臣張勢寬、鎮，倡率南衞，用報撫臣知遇之恩，卽以報皇上寵異之典。乃今津、登之應援，議同築室，山海之防守，患切剝膚。設奇正以定分合，保危關以衞神京，復如理亂絲。臣雖孤處海隅，瞻依闕庭，未嘗不嘆息悲咽而繼之以涕泣也。敢爲皇上陳之。請於喜峰、山海各處多置火炮地龍，以資城守，以折敵志，此山海所以待西虜之法也。勅登、萊撫臣嚴禁奸人批札入麗，多端擾害，則麗國自悅，此登、萊所以聯朝鮮之法也。至於三方布置之謀，以廣甯爲正，登、津爲奇。今則山海宜守，登、津宜戰。若就登、津較量，則津兵當以應援山海，而登、萊接聯旅順，密邇朝鮮，但令各島聯絡其中，島上居民慮無不效命者。夫或招或勦，或戰或守，或進或退，或合或散，出沒海上，神島間之奇謀，用登、鮮之聯合，固非特牽制奇着，實爲恢復要着。臣請以遼兵二千，使都司陳大韶從島入守旅順，則登、津、朝鮮之水路通矣。請以遼兵二千，使都司王學易從島入守金州，仍令陳大韶應援，則彼此牽制，有率然之勢矣。使劉有伸入守海州，使林以遼兵二千，使游擊宋鵬舉從島入守復州，則斷敵人之左臂矣。使程攸入守岫岩，使尤景和各率所部乘除於鮮、鎮、茂春入守蓋州，卽命劉有伸爲之應援。使程攸入守岫岩，使尤景和各率所部乘除於鮮、鎮、寬、靉間，并相機宜入敵寨，且分且合，以疲其力，且進且退，且戰且守，以挫其鋒。譬彭越肆楚之法，孫子懼吳之術。敵之逸者勞，合者分，而後臣督率衆營各兵，憑山扼險，直逼遼城，山海關更出師躡之，正如山海枕其頭，三坌截其腰，臣等於東南拊其背而躡其尾，遼可復也。夫招練遼兵，既免安家行糧，又省日月稽遲，兼習敵情，而我得一人，敵卽失一人，策之得也。乃過慮者謂遼民藏奸，毋使渡海。不知遼將或多通私，遼民實懷報國，何奸之有！皇上誠聽臣計，給臣餉三十餘萬，再挑選登、津各處遼丁二萬，又募浙兵精於火器者萬餘，給盔甲器械，分往各島，俾圖戰守，以襄恢復，奇正互用，首尾夾攻，豈特敵人不敢窺山海，卽河西亦不敢輕渡矣。」奏入，下部議之。兵部覆奏以爲：「文龍接濟之說，急者自急，緩者自緩，此已腐舌，彼如充耳，致使君令不足以敵臣意，當局不足以動旁觀，奈之何哉。假令榆關可丸泥封，西人可鞭箠使，文龍卽不妨棄置于虎狼搏噬之穴。若猶未也，則何恃而不恐。數月以來，甯前諸處敵未敢以一矢加遺，誠恐長驅而文龍之議其後也。文龍滅敵則不足，牽敵則有餘，議者棄文龍如溝中梗，敵一意西向，捲甲疾趨，危關孤壘，奚以禦之。據文龍疏中謂某島該兵若干，統以某將，誠不欲海上各區使敵先據，長彼覬覦之心，絕我牽制之路也。夫遼民苦敵之虐，逃依麗國者以十餘萬計，其心爲中國死者亦且數萬，誠勅令戶部亟如臣部議，運餉十萬往前接濟，選遼民勇悍者置之行間，列於各島，以所舉材官分隸之。既無招募稽遲之悞，又無安家行糧之費，較之客兵，不習水土，不耐風寒，不勇戰鬭者，費倍省而氣復倍壯也。夫其不可丸泥封鞭箠使者，朝廷且不惜數百萬金錢爲補苴之計，而明明能乘敵之隙者，任其疾呼不爲引手，臣竊惑焉。」

三年（癸亥，一六二三）春正月，督餉巡按江日彩疏曰：「竊見援遼總兵毛文龍將東征將士，竊效按臣復命之典，人列四六考語，特疏舉刺，甚至朝鮮君臣，與夫宰執、經畧、督餉、部院、司道，登萊巡撫，海防各道，以及餉臣，無不人列姓名，盡在薦揚之中，而歸重于推官孟養志。武帥越俎，深駭聽聞，乞降勑飭之。」

二月，詔賜毛文龍尙方劍、璽書關防，加其弟毛雲龍錦衣衛職銜。

四月，建州兵攻旅順堡，都司張盤大創之。先是，盤守金州，偵知建人摽掠淫恣，於二年十月初五夜領兵襲之，建州兵奔竄，永甯等堡俱下。建州憤，益衆來攻。盤以衆寡難敵，預領兵出城，伏於山間，俟其入城，棲息已定，伏兵圍之，砲擊刀斫，斬獲無數，建州兵擲器械而奔。盤以兵少糧乏，不敢回復州，隨移兵於旅順三山海口，偶有風損南船，內有浥爛米豆千餘石，兵民賴以存活。至是，建州又率萬騎來攻旅順堡，我兵奮擊，建騎不能下，遣使招降，盤卽斬以徇，於是圍益急。盤設伏南北兩山夾攻，建州兵大敗而去。

九月，毛文龍奏滿浦、昌城之捷。

十月，文龍奏請兵餉，命以漕糧十萬給之。

閏十月，毛文龍奏涼馬佃之捷，又奏牛（毛）〔馬〕（據國榷卷八十五改）大捷，斬級二百三十有奇，生擒四人，獲馬九十四匹。

十二月，文龍奏請餉，疏曰：「兵法知彼知己，百戰百勝，臣則知之矣。知鎮江之可克，率二百餘人以往；知遼民之可鼓，招致之而無疑；知麗地之可居，不猜嫌而竟去；知年餘之無應援而不爲害，安坐以圖牽制；知敵之可以計取，屢設疑而獲勝；又知明年決可以恢復，特請足用之餉。邇者大捷，本可堅據險要以老敵師，因糧不繼，撤兵而返，以知糧之關係甚大也。今者之請，不辭舌敝，臣意無他，專欲恢復，以報皇上。若職掌大臣又或推阻，臣惟有將印敕牌劍盡交之南北軍中，隻身而去，斷不忍袖手窮島，坐視山海之愴惶，神京之震動，令天下萬世笑臣之無長識也。」

四年（甲子，一六二四）夏四月，島帥毛文龍擒建州頭目，又敗其衆於高嶺沙松牌，獻俘奏捷。建州頭目金重德奉其主之命往平鹿，於東歸路口淫掠士女，偵事報文龍，隨令王德等襲之，陣獲金重德、詹大等共十六人。已而發兵過江，將士王輔、陳繼盛等力戰，又擒其部長太奈，斬獲首級甲馬器械有差。

秋七月，毛文龍進呈地圖，並陳戰守糧餉軍需事。

島帥三捷。時毛文龍兵至把骨寨、骨皮宏、分水嶺，三戰三捷，斬級四百五十餘，生獲二十餘人，所得馬械無數。

八月，毛文龍獻俘，並請餉，請加銜諸將士，及優恤陣亡官兵。

冬十二月，上以毛文龍孤軍海外，屢建奇功，頃又不從反間熒惑，特從優加左都督，仍賜蟒衣一襲、銀五十兩，其將佐加秩有差，給糧二十萬。復諭文龍選士厲兵，相機進取，以奏成功。先是，文龍奏稱建州致書求款，又接李永芳手札，以文龍族屬在遼者俱加優待，誘龍同叛，中分土地。事聞於朝，故屢膺寵錫。

五年（乙丑，一六二五）春正月，毛文龍奏乞貸王化貞以不死。詔以威福出自朝廷，不得干與，責之。

三月，建州兵攻旅順，守將張盤、朱國昌死之。已而游擊林茂春邀其歸路，擒斬有差。金州東聯海、蓋，南近登、萊，爲兵爭之地。初，張盤駐旅順，朱國昌駐長行，曾有功駐三山島，皆毛文龍所撥守，百里碁布，鼎足傳烽。而有功不奉鎮撫命，擅約張盤、朱國昌修復南關，破土興工，及二將至，有功負約不赴。建州兵猝至，衆寡不敵，盤、國昌力戰死之，建州兵遂破旅順，有功潛匿不救。建州兵引還，乃命裨將張攀守之。

秋七月，兵部酌議旅順駐防定畫，畧曰：「當文龍之徘徊各島也，豈眞相度要害，唯敵是求，夫亦騎虎之勢，苟安焉以觀時變，而流竄相依，漸乃成聚，將軍于是乎有生氣有幸心，而登陸以探之，乘夜以試之，間有斬獲張而大之，廟堂之上，亦不得不過情奬許，耀威遠方或一道也。俄而分曹漸廣，哨瞭漸西，因旅順之棄地而喙息焉，見金州之沃土而垂涎焉，艷恢復之高名而先手焉，意他鎮之坐糜而傲睨焉。志本大而氣亦張，則眇視乎同列；局已闊而力不副，則歸怨于比隣。東之于登也，卒多激詞；而登之于東也，認爲諷語。豈待今日而知尾之大足之高乎！以今日論之，夫文龍者以爲征勦之大兵，而冒險以窺老寨，越遠以襲新城則誣也。以爲牽制之游兵，而練舟師以習水，熟海道以通關，則不爲多矣。以爲招撫之要地而護難民，無使爲彼盡致降民，無使爲彼用，則更不可少矣。此東鎮之平論也。若夫旅順之撤，張盤原屬倖功，南關之工作更不待言。今宜令張攀暫屯近島，爲楊帥前鋒，養威畜力，以待大舉，或風日可乘不時，遊兵亦不得輕騎深入，致有疎虞。其挑濬長城子、鹽場口，卽定爲張攀哨地可也。」

冬十月，登撫武之望以張攀守旅順。毛文龍使張善繼撤其兵民。登撫捐米助攀，以救飢荒，文龍不悅，朝鮮又與文龍不協。兵部上疏曰：「國家兩大局，一在關外，一在海外。其犄角之勢同，其所關成敗之數同，其兩不相下而成相逼之形又同。且以海上言之，牽制敵人者朝鮮也，聯絡朝鮮者毛文龍也，駕馭文龍者登撫也。傳云：『以忍爲國。』又云：『師克在和。』今日詬誶之事，起以小不忍，成其爲大不和。撫臣與鎮臣不和，鎮臣與屬國之臣又不和，使敵得以伺其便而抵之隙，此敵之利，中國之大不利也。」乃改之望爲南京兵部侍郎。

六年（丙寅，一六二六）夏四月，總兵毛文龍奏擒東人二十九名，並獲馬騾器械。兵科薛國觀議曰：「毛文龍者，以牽制建州爲職者也。果能牽制，使彼不敢西來，即不必屑屑然有所擒斬獻俘功，自昭著於天下。倘不能牽制，使彼無所顧忌而西，縱日擒斬而日解捷，何益於封疆之大事哉！」詔從之，諭文龍：「建州大舉入甯遠，竟不及知。據所駐須彌島去建州寨三千餘里，去甯遠亦如之，遠不相救，宜審處奏聞，以圖報効。」文龍上言：「臣於去年十月即發塘報，言彼正月後必將大舉入犯，經略高第得報，修守備，臣非不知也。正月十五日，臣從雲從山發兵，令易承惠等進攻威甯營，林茂春、王輔生進襲海州衛，敵聞掣回，臣未嘗不牽制也。建兵攻圍被挫，兵家所謂強弩之末，特慮甯遠全師追襲，故緩退以示整暇，而以解兵歸遲爲臣罪，豈不拊心長嘆乎！臣駐須彌島，三山接壤，廣二百餘里，中則雲從山，西弭島在其前，眞珠島踞其後，以陸程計，雲從之離鐵山有八十里，以水程計，僅三十里耳。雲從與西弭至義州止一百六十里耳，鐵山亦如之。義州與鎭江相對不過三四里，鎭江至遼陽三百六十里。是鐵山須彌之於彼寨在五百里內，而謂相隔三千里，是廷臣欺皇上也。臣請爲皇上陳之。夫兵首論人心，次論地勢。遼、瀋既潰，議者主三方布置甯遠、東江耳。以人心論，甯遠遼兵少而西兵多，東江則海外孤懸無所退避，盡用命之人心。以地勢論，甯遠至山海一線可通，轉輸易足，東江則往來接濟，春暮凍開，及冬復合，便成絕地，大非易守。然甯遠至遼陽皆寬平大道，能守而不能戰。東江則憑險可以設疑，出奇可以制勝，水陸齊通，接濟則艱，戰守則易，有可據之地勢。人心與地勢合，進勦恢復終是東江事半而功倍，此非敢侈言也。乃廟堂之上，全無定計。彼不西去，不言牽制得力。一騎過河，便言職不牽制。警息而羣情泄泄，警動而衆議紛紛，及至今日，更議移鎭，此何見也？加餉兩年未增，器械兩年未至，船隻方在鳩工。而部臣猶言不憚悉索以供之，將使麗人飾聽乎？抑以此嚇建州也？竊恐東江移鎭，地勢一失，人心便搖，無論不能進勦，亦不能牽制，斷斷乎其不可者。」上從之。閱視編修姜曰廣、給事中王夢尹上言：「文龍以二百人入鎭江，據鐵山，招潰散之民至十餘萬，卽不謂攻建州之心腹，亦可謂收遼左之孑遺，不愈於遼陽一陷，望風而潰者哉！如文龍者，不可不謂之豪傑。若堂堂正正與鐵騎決勝於郊原，臣等不敢信文龍，至于設伏用間，乘敝出奇，文龍自信其能，臣等亦信文龍之能也。」

五月，建州兵將西行，島帥毛文龍身督將士攻會安堡，克之，接回難民千餘，擒獲三十六人。

八月，建州兵東下，島鎭將士遇之于大石門嶺七道河，擊敗之。

九月，旅順兵變。時旅順裨將李鑛素貪淫，毛文龍遣官提之，鑛遂叛去。

七年（丁卯，一六二七）春三月，建州兵攻朝鮮，朝鮮不支，折而入於建州，遂導建騎東襲，文龍力禦之。東江將士高萬重、徐敷奏、鄭繼武等皆潰，文龍遣其子參將毛承祿等襲建州兵於義山、廷關口、錢山等處。上命文龍相機戰守，並命登撫暫移登、青、萊三府倉儲接濟，勵戎士以壯軍聲。初，建州兵東行克艾州、宣州，畧鐵山、郭山，及攻雲從島不下，又東取安州，攻直、定二州，戰不利，遂還師。

八月，巡撫登、萊都御史孫國楨報毛文龍宣州之捷，頌及廠臣魏忠賢。

九月，平遼總兵毛文龍訴乏餉，奏不平五事，乞身求代，不許。

懷宗崇禎元年（戊辰，一六二八）秋七月，起袁崇煥督師遼東。時朝議憂皮島毛文龍難馭，大學士錢龍錫被命入都，過華亭徵士陳繼儒，繼儒定策請誅文龍，龍錫頷之。至是，龍錫與崇煥言邊事，崇煥答以從東江做起。龍錫曰：「舍實地而問海道何也？」崇煥曰：「可用用之，不可用殺之，此崇煥所優爲也。」遂定計去。

八月，毛文龍慰諭各島，值風泊登州。

二年（己巳，一六二九）春三月，袁崇煥奏設東江餉司于甯遠，令東江自覺華島轉餉，禁登、萊商船入海。毛文龍累奏其不便，崇煥不聽，又請自往旅順議之。

五月，袁崇煥巡鎮江再宿，勞軍東江，尋至雙島。平遼將軍毛文龍時詣登州請餉，聞報馳還。

毛文龍請餉。初，文龍報兵二十餘萬，給事中王夢尹、編修姜日廣詣島閲視，報十六萬。及登萊道王廷試定額二萬八千人，文龍大不平，故有是奏。

六月，督師袁崇煥誘殺平遼將軍毛文龍於雙島。文龍，錢塘人，少不羈，爲鄉曲所輕，走塞外，潦倒行間者十餘年。天啓初，遇丹陽諸葛雲程談邊事，知其能，薦於遼撫王化貞，授標下游擊。化貞遣之東襲鎮江，會廣甯陷，文龍因駐兵須彌島。當遼事破壞之餘，從島中收召遼人，牽制金、復、海、蓋，時時襲建州，頗有斬獲，積功至左都督，漸驕恣，所上事多浮夸，索餉又過多，歲百二十萬，朝議多疑而厭之。熹宗崩，上踐祚，諸文臣視東江爲贅旒，餉道屢絶，文龍退保皮島。初，天啓間，崇煥撫遼東，遣喇嘛僧鎦南木座往建州主款，會罷歸，未就。至是再出，無以塞五年平遼之命，乃復爲講款計。建州曰：「果爾，其以文龍頭來。」崇煥信之，且恐文龍泄其款計，遂身入島誘文龍至，犒吏卒，給餉十萬。文龍進見，崇煥慰勞備至，約日閲射。崇煥坐帳房以待，文龍來謝，坐語良久。崇煥曰：「明日不能踵別，國家海外重寄，宜受煥一拜。」拜已，相約減從往游，指揮各營兵四面列圍，止文龍兵於外，以部曲百人從。崇煥問東江各官姓名，俱對姓毛。崇煥笑曰：「若等乃都姓毛，若等壯士，宜爲朝廷宣力，徒以海外勞苦，糧不時給發，深可憫惻，若等亦受我拜。」拜已，衆俱感泣。遂問文龍曰：「東江餉司自甯遠輸至，亦甚便，將軍何專折色，召買登、萊也？且移鎭定營制，分旅順東西約束覈餉，業已申奏，將軍執意不回，非冒餉欺君而何！」語畢，西向叩頭，請皇命褫文龍冠帶，數之曰：「汝有應斬十二大罪。夜郎自據，專制一方，罪一。冒功欺君，無汗馬之勞，罪二。牧馬登、萊，無人臣禮，罪三。兵馬錢糧，不經查核，每歲侵尅數十萬，罪四。私開馬市，潛通島夷，罪五。命姓賜氏，不出朝廷，走使輿儓，濫給劄付，罪六。刼掠商船，身爲盜賊，罪七。部將之女，收爲姬妾，民間之女，沒入爲奴，罪八。逃難遼民，禁勿渡海，令掘參飢死島中，草菅民命，罪九。拜魏忠賢爲父，迎冕旒像于島中，罪十。鐵山遼人，逃竄皮島，掩敗爲功，罪十一。開鎭八年，不復寸土，觀望養寇，罪十二。」文龍欲抗辨，崇煥曰：「我今五年不復遼，願試尙方劍以償爾命。」又諭其部曲曰：「文龍不宜殺，若等卽殺我。」各錯愕不敢對。命旗牌張國柄以尙方劍斬之。分東江兵四萬八千人爲四協，副總兵毛承祿、中軍徐敷奏、游擊劉興祚、副總兵陳繼盛各統之，東江諸務屬繼盛暫領。明日，祭文龍而泣，遂收符印，自旅順還於甯遠。因奏文龍罪，並以便宜自劾。上以文龍驕蹇，不之罪，且嘉諭之。未幾，建州兵大舉南下，薄都城，競傳崇煥召寇，磔于市。事詳錦甯戰守三年（庚午，一六三〇）二月，兵部尙書梁廷棟議調東江兵于甯、錦。督師大學士孫承宗言：「東江爲牽制之用，但據非其地，若移於要害，足成牽制，且其兵民十餘萬，兵來則民不能獨留，以船渡恐不能急應。」上從之，命副總兵茅元儀、周文郁駐龍武中左右協牽制東江。

四月，東江舟師集南海口，抵覺華島，劉興治以皮島叛。興治，故將興祚之弟也。興祚，楡林人，居開原衞，沒於建州，甚見親愛，壻之，名曰愛塔。及遼陽失，興祚謀歸。天啓三年，守金、復，令幕客金某通登、萊總兵沈有客，渡海內應。中軍王丙告之，收訊興祚兄弟，不承，誅丙，屠復州人十餘萬，興祚等雖免而疑之甚。興祚因購毛文龍空札若干，塡同陷人名氏，夜投各營以覩人向背，迨曉，其來自理者無幾。嘗犒魚皮生女直，陰曰毛文龍密約在。又故與其妻相詬誶，先隔居，越數夕，擇貌類己者醉之，衣以己衣，縱火，劉氏兄弟哭曰：「愛塔自焚矣。」建州人驗之信，不知其走皮島也。袁崇煥以聞，授副總兵。已而崇煥殺文龍，召興祚及弟興基至。亡何，建州兵入口，興祚謁督師孫承宗於山海關西。甯前道孫元化委兵八百人俾西援，或疑之，興祚不敢前。承宗令鄭一亨、石國柱等同興祚合兵四千人守永平、建昌，道臣不可，遂令一亨守豐潤，興祚同裨將王維新等襲建州兵於青山營。除夕，大破之，興祚先登，諳其舊習，故猝莫能辨，斬五百九十級，獲畜產稱是。正月元日，興祚至兩灰口，建州兵數十騎奄至，馬不及甲，步鬬殺傷過當，突中流矢死，弟興賢被執。興祚逋亡之餘，百計脫歸，有宋李顯忠之風，驍勇敢戰，邊吏忌之，不得志，青山之戰，賈勇陷堅，卒死於難。興治先留皮島攝西協事，武健亞興祚，忿兄死未卹，又恐署島副總兵陳繼盛。佯祭興祚，諸將來唁，因殺繼盛，並調兵官王遠、督糧經歷劉應鶴等十一人，引衆迎兄興沛於長山島，大殺掠。孫承宗以聞，命承宗調戢之。時本兵梁廷棟悠忽無遠略，島帥毛文龍既死，視若贅疣，議內徙其兵民，至是變起倉卒，始深以海上爲憂，上言：「興治踞皮島叛，拘兵船商舶，此不南走登、萊，西叩山海，則縱橫海島間，據爲扶餘，是建州之外又生一建州矣。今當令總兵張可大回登州，嚴兵以待。龍武三營駐防覺華島，檄副總兵周文郁、劉應龍相機招輯，如定亂卽佩大將印。」上並從之。周文郁入皮島諭興治，督餉戶部郎中宋獻駐旅順堡諭各將安輯，承宗亦遣諸生吳廷忠諭之，興治等稍戢。

五月，以錦州參將黃龍守登、萊，兼制東江。龍至皮島，建州兵至，擊敗之。耿仲裕倚兄仲明爲私利，陰與建州市，龍計誅之。

前東江副總兵毛承祿揭訴父文龍之冤曰：「祿父疏報自天啓四年至今上三年正月，諄諄懇懇，不曰遼陽舊城距潘家、董家口五百餘里，早晚可踰朶顏直偪京師，則曰要從潘家、冷口進攻豐潤、臺頭、建昌等處。不曰賄通西虜，混入隊中，徑到喜峰口，伏兵在後，襲其不意，則曰要與新墻小歹青從喜峰口等關悉兵抄入。甚至有臣在似無益於封疆，臣死未必不足爲神京慮等語。而誰其與之？頃者苴斬來京，敵猶盤踞遵、永間。蓋兵入薊邊，踰月而無能辨其爲遼與插者。既襲陷遵、永，經旬而猶有傳報兩城無恙者。則祿父當年何言之鑿鑿如是。屈指祿父十年以來，無日不與敵爭旦夕之命。如用百九十七人襲破鎭江，而擒佟養貞等以挫敵鋒。用島帥便宜攝署朝鮮國事，而爲擁立新君，以存屬國。父宗之在遼而避難右屯者三百二十七口，被敵搜斬無遺。祿子扼于泮林，一日七戰，以免於難。當全遼獸驚鳥散之辰，爲收拾沿海島嶼二三千里，逃亡五六十萬，還之朝廷。據皮島、鎭江之形勝，以南蔽登、萊，東聯屬國，北張鵰勦，而成牽制之局。建州數大舉窺關，父輒乘間擣虛，令不得長驅乘勝。建州破朝鮮兩道，父爲截其歸路，扼王子於麗地瓶山，而鮮疆無恙。種種奇績，未易悉數。而爲逆黨徐敷奏用關、甯膴秩厚餉，乘海外飢疲，誘去驍將李鑛、鄭繼武等五人，各島精兵二三萬勢爲中頓。嗣後中朝疑謗所集，登、萊庚癸頻呼，而父猶痛心切齒，慷慨自許，豈料遽隕命於逆臣之劍鋩哉！祿不知當如何爲父伸理，而唯此逆料假道窺京一案，諒爲廟堂所扼腕而傷神者。」揭上，朝臣不之省。

九月，皮島劉興治襲建州兵于青山、鳳凰堡，屢有斬獲。

四年（辛未，一六三一）十一月，參將孔有德叛。初，東江劉興治作亂，屠皮島。皮島舊副總兵張燾與興治內戚沈某合謀圖興治，未發。會登萊巡撫孫元化薦參將黃龍爲都督僉事，鎮守東江，至島，與治遂叛去。元化以兵部督援急，迫命參將孔有德等從海上以三千人赴之，有德遭颶風幾死，追歸復命，促從陸，有德不勝怨望。屯鄒平月餘，進至吳橋亦變。

十二月，孔有德破臨邑，登撫孫元化議親撫之。初，元化謂復遼土宜用遼人，固遼心宜得遼將，故徵用遼將孔有德、耿仲明等。有德連陷商河、新城，山東巡撫余大成遣材官往諭，不聽。遣中軍沈廷諭以兵往，肩輿赴陣，不事介胄而敗。元化猶決意招撫。登、萊總兵張可大至朱橋驛，值元化還登州，言撫事已定，可毋西行，可大叩其實，始知叵測，仍西去，元化竟檄止之。有德過青州，中騎不及千人，餘皆烏合，矢亦盡。余大成擁兵三千，追擊甚易。元化遺書，賊已就撫，不可往東一步，以壞撫局，大成如其戒而止。有德攻登州，初至泥水山，困甚，元化令家丁乙登雲持書諭之，有德始營山下。夜攻城東南，砲却之，又攻西城，不克。旁掠諸邑。元化與遼將耿仲明定計招撫。

五年（壬申，一六三二）春正月，登、萊總兵張可大，令副總兵張燾與蜀將邵國祚合兵三千六百人，戰城東，張燾麾下有叛應者，忽戴紅巾反戕，我兵殲焉。游擊陳良謨等死之。有德上書孫元化，元化信耿仲明之言，復書許之，開門納張燾兵三百人，蓋僞降也。各官力阻，不聽。夜漏十刻，內應開東門，殺官吏紳民幾盡，執孫元化及兵備宋光蘭、分巡王梅等、里紳梁之垣，拘於游擊耿仲明家。脅元化貽余大成書求奏赦，願恢復遼東，更造舟募兵。居七日，適有船航海，乃縱元化等歸。張可大知水城不可守，殺婢妾，自經于太平樓。張燾亦懼罪死。初，有德攻城，登人告急，元化怡然曰：「已別有計。」遂陷。遼兵欲殺宋光蘭，因自敍清操而釋，殺故河州判官張瑤。元化尋航海逃至天津，伏誅。光蘭等俱謫戍。孔有德陷黃縣。罷東撫余大成，以謝璉爲副都御史巡撫登、萊，擢山東武德道參政徐從治巡撫山東，從治遂入萊州治城守。孔有德引兵薄之，總兵王淶與楊御蕃不協，遠屯。御蕃戰失利，入萊城，見攻益急。

二月，參將彭有謨以南兵三百人入萊城共守。初，萊城乞援於總兵劉國柱，國柱抵山東境，頓兵不進。兵部贊畫主事張國臣，遼人，力議撫，中朝皆倚之，謂撫成則萊圍自解。巡撫王道純言三事：「曰分移駐。新撫臣徐從治、防臣謝璉不宜並城，一當移駐萊陽相犄角。曰須精兵。孔有德所畏惟降夷川兵，宜加調爲合勦計。曰愼招安。彼既叛亡，毋論不來，卽來而收之，保無奸人內應乎？必過萊入登，在彼受降爲便也。」

三月，張國臣出撫遼兵，巡撫徐從治上言：「撫使一出，則攻城益急，乃謂我不當縋城出擊以怒之也。果爾，必使任意攻圍，我拱手以萊授之，如孫元化至於登城而後成其撫乎？叛兵視臣等猶元化也，元化已一誤，國臣又從而效之。盈廷集議，自以爲一紙賢于十萬，援兵絕跡，職此故矣。臣死當爲厲鬼殺賊，必不敢以撫之一字面謾至尊，敗封疆而戕民命。」奏入，不報。蓋登、萊撫議，實周延儒主之。

孔有德以舟三十艘招皮島將陳有德，有德誘殺二島將，以三千人入登州。

四月，總兵鄧玘、王洪以川兵萬人自昌邑東援，距萊州四十里而止。萊城糧乏，出兵於外樵採，被掠三四百人。有德進攻西南隅，巡撫徐從治傷于砲，死之。從治奉詔駐青州，以萊城危急，駐青不足以鎮萊人之心，而入萊則可以繫全齊之命，遂委身孤城，示萊人以必死。有德盡銳圍之，屢旬不拔，慮守兵之議其後，終不敢解圍長驅，全齊賴以保障。從治既死，萊人感其義，卒堅守不下。

七月，孔有德誘執萊撫謝璉。先是，推官屈宜陽以總督檄入萊城，云叛兵且降，欲一見璉。璉信之，遂主其議，遣萊州知府朱萬年出南門諭之，孔有德等下馬迎拜。萬年復入，璉與翟、劉二內監、朱萬年同出宣詔，被執。萬年亟呼閉門，有德卽殺之。推官屈宜陽得入，尋自經死。有德擁二內監至城下索巡撫印，不應而退。萬年備芻糧，設守具，拒敵數月，其力爲多，是日妾生子，人幸其有後。初，孫元化既敗，南京吏部尚書謝陞言撫不可再誤，總督劉宇烈卒以此自恳，輕遣屈宜陽往諭，遂墮其計，科、道交章劾之，命逮訊。

八月，孔有德攻高密，東路參將牟文綬擊敗之。有德等欲航海，先移家長山島，官兵奪其路，有德撤精銳入登州北城，將宵遁。總兵吳襄率衆先登，復招遠，再復黃縣。有德解萊州圍遁。

九月，孔有德欲奔山海，兵敗復入登州城，官軍圍之。有德復出戰，副總兵丁思侯中砲死。

十月，登州降兵六百人謀爲外應，遼將祖大弼設計盡殲之，官兵進攻登州城，裨將程仲文、祖邦樓中流矢死。有德及李九成棄登州，率萬人出戰而敗，九成中彈死，有德逸出，航于海。

六年（癸酉，一六三三）夏四月，孔有德、耿仲明自蓋州歸於建州。初，仲明弟仲裕陰通於建州，東江總兵黃龍計誅之。及登州陷，龍家在城中，俱死。龍又撫定鹿島、長山島、旅順島，各誅其黨。時守旅順，計有德等必逸，逸必道旅順奔建州，嚴兵以待，及至逆擊，大有斬獲，擒毛有順、毛承福等。有德、仲明，皆故帥毛文龍部曲也。已，有德道建州兵下旅順，黃龍死之。禮部尙書林欲楫上言：「孔有德據旅順，海上隄防倍宜加毖。皮島孤懸，恐不能獨守，宜令登撫擇水師善火器者，俾與皮島犄角，亦牽制之一助也。」

九月，命總兵沈世奎守皮島，檄諭朝鮮。世奎遣參將程龍入皮島，宣布朝廷德意，因至朝鮮面諭國王李倧，輸餉二千石。上嘉其效順，特賜金綺褒之。

十二月，東江石城都司尙可喜降於建州。時孔有德、耿仲明在迫力河治舟，可喜向與有德等同隸毛文龍戲下，相善，因掠長山、廣鹿諸島，縛都司孫奠邦、李承恩等走降。

八年（乙亥，一六三五）春正月，朝鮮貢使攜參貨貿易，索値不遂其欲，命留其貨於關外，自是貢臣不至。

十二月，建州兵二十五騎自昌城渡江至朝鮮，脅其兵三千人。

九年（丙子，一六三六）九月，建州兵攻朝鮮。登萊總兵沈世奎、皮島總兵陳洪範進師耀州北岸。

十二月丁酉，召廷臣于平臺。時建州兵十一五萬騎攻朝鮮，皆西虜部落及遼將孔有德、耿仲明等爲前鋒。上恐來春復入邊，命邊吏增兵築壘。

十年（丁丑，一六三七）三月，建州兵破朝鮮，國王李倧走澤村山城，於是平壤、王京皆下。李倧力屈，降，又走江華島，世子見執。時總兵沈世奎、陳洪範並在皮島，冬魁有衆萬餘，洪範有衆八千，戰艦俱不及百，命相機進援朝鮮。

夏四月，建州兵自雲從島入皮島，副總兵白登庸、提督陳洪範俱西走。建州兵五萬駐鐵山，遣使招皮島總兵沈世奎，不應，乃引大兵赴之，孔有德將騎兵陸攻，耿仲明、尙可喜將舟師水攻。鏖戰再晝夜，世奎兵敗，副總兵金日觀死之，世奎卽焚倉粟，攜家登舟，走石城島，陳洪範亦自廣鹿島至。先是，毛文龍守雲從島，建州兵屢攻不下，文龍旣以誅死，劉興治復因忿激作亂，人心益搖。至是，建州兵以遼將爲前驅，諳水戰，習地利，故所向立下，而陳洪範觀望不協力，世奎孤注盡沒。

五月，島兵沈志祥作亂，殺監軍道黃孫茂。副總兵白登庸走降於建州。時建州封孔有德恭順王，耿仲明懷順王，尙可喜忠順王。

明史紀事本末補遺卷五

錦甯戰守

熹宗天啓二年（壬戌，一六二二）三月，命王在晉以兵部尚書兼副都御史經略薊、遼、津、萊軍務。宿將杜應奎、蕭如薰募兵訓練。時熊、王新敗，朝議以東事爲憂，大學士孫承宗以在晉未足恃，乃自請經畧，改在晉南京兵部尚書。

遼東巡按方震孺招還祖大壽。時大壽擁衆據覺華島，無所屬，建州招之，不往。震孺遣其壻一作妹壻吳良輔、都司張國鄉諭以忠義，大壽泣，遂載妻子率衆來歸，共救回兵民十餘萬，器甲牛馬無算。震孺當廣甯失事之後，捍禦河西，披甲五月，瘡痂厚半寸，將士無不感泣，奉命將歸，猶出居海島。已而御史郭興治劾震孺黨庇熊廷弼，失陷封疆，遣緹騎逮治，論辟，公論寃之。魏忠賢敗，得釋。

四年（甲子，一六二四）八月，大學士孫承宗出關督師，疏薦副總兵趙率教、滿桂。

六年（丙寅，一六二六）春正月，建州兵大舉攻甯遠，參政袁崇焕力禦之，發砲擊死無算，斃其帥長孫哈兎，斬級六百，建州兵從灰山解還。甯遠，關門要害也。門以東則滿桂，西則左輔，門以南則祖大壽，北則朱梅，而崇煥總之。當兵未薄城下時，崇煥椎牛殺馬，引佩刀自割其肉，烹以饗士，故士卒咸感奮。是時朝中以永甯勢孤，有議棄之而內保山海者。及建州兵既退，乃下勅獎厲將士，發帑十萬犒賞焉。以崇煥爲之撫副都御史，滿桂、趙率敎爲總兵，左輔等俱優敍。尋遣中使出鎭。建州兵至覺華島，焚右屯積聚七十萬，經畧高第免。

四月，以王之臣爲兵部尚書兼副都御史總督薊、遼、登、津軍務。改經畧爲督師。

袁崇煥上言：「臣以書生從督師輔臣孫承宗後，力主恢復，不意已奄有甯前，跨及錦右。始終共關外之事，則總兵趙率敎、滿桂二人，今議趙率敎駐前屯，領關內三部各一車營，馬步共六營，後勁屬之，仍轄中前一所、前屯一衞與關上，俱其信地。滿桂則駐甯遠，領前、中、後各一車營，馬步六營，前鋒屬之，中右一所、甯遠一衞、中後一所，俱其信地。而三路哨探遠出錦右，以明一軍之耳目。大抵兩鎭更迭而前，交相爲援。今年滿桂在甯遠爲前鋒，則趙率敎爲後勁。明年趙率敎東出錦州爲前鋒，而滿桂以甯遠舟師及西虜隨前鋒轉領後勁，逐步而前，戰則一城援一城，守則一節頂一節。其議創於承宗，臣因之。」已而桂、率敎不相協，命撤桂還京師。督師王之臣與崇煥又各具疏求去，上命之臣回部，甯遠關門兵馬皆聽崇煥節制。

八月，建州主殂，子〔噶竿〕（據國榷卷八十七補）立，改元。袁崇煥奏遣喇嘛僧往吊，力言建州有通款之意。

七年（丁卯，一六二七）夏四月，增設大帥，以杜文煥駐甯遠，尤世祿駐錦州，侯世祿駐前屯，左輔駐大凌河，滿桂駐關門，節制四鎮，仍賜劍以重事權。

五月，上命薊遼總督閻鳴泰分總兵孫祖壽移鎮山海，滿桂移鎮前屯，趙率敎、左輔及內監紀用領兵守錦州，袁崇煥移甯遠，黑雲龍移一片石。建州兵十五萬攻錦州，平遼總兵趙率敎守錦城。兵至城下，呼官兵語，率敎遣二人縋城而下，至營中，王子盛氣怒目曰：「此我家地方，爾等在此修城何爲？」因遣二騎隨至。率敎應之曰：「城可攻，不可說也。」詰旦，建州兵分兩路擡拽車梯挨牌，馬步更番進攻西北二隅，率敎率左輔、朱梅力禦之，砲火矢石交下如雨，自辰至戌，積屍滿城下，至夜乃退兵五里西南下營。次日，以騎兵環城而行。山海總兵滿桂遣兵援錦州，遇建州兵于爪籬山，大戰，表裏夾擊，敗之，建州兵解而東，錦圍遂解。

六月，建州兵攻甯遠，總兵滿桂等大戰，敗走之。建州兵不得志于錦州，因而攻甯遠，參將彭纘古以紅夷大砲碎其營大帳房一座，長子召力兎貝勒中箭死，次子浪蕩甯谷貝勒亦沒于陣，射死固山四人、牛录三十餘人。翌日，益兵赴甯遠，守兵出城逆擊之，連戰數十合，發火砲矢石擊之，積屍布地。四王子駐敎場黃帳房，着黃衣督兵攻城，抵暮死者益衆，乃撤兵歸，終夜東行。至五鼓，營于小凌河，留精騎殿後。時十年來，盡天下之兵，未嘗敢與建州一戰，袁崇煥寧遠之捷，亦止憑城拒却之。是一戰而勝，滿桂之力居多。遣諸軍分路進追，建州兵悉還瀋陽。

七月，遼東巡撫袁崇煥請告回籍。加王之臣宮保，督師遼東，駐寧遠，賜尚方劍，大帥以下聽其節制。先是，建州遣使方金納溫台什渡河見紀用、袁崇煥議款，崇煥主其議。未幾，有事東江，又西攻寧、錦，王之臣以款爲不可輕講，慮貽封疆之憂，議多不合，而崇煥素不爲魏忠賢所喜，遂罷崇煥，耑任之臣。

九月，都令色令俾、乃蠻、黃把都等以數萬衆降建州，其下多不願往，大半西投插漢。黃把都部落能乞兎、金歹青等五千人來降，督師王之臣遣總兵杜文煥、尤世祿、祖大壽分領之，詔安置塞外。

懷宗崇禎元年（戊辰，一六二八）二月，建州兵駐河上，總兵滿桂遣裨將張守印以三百人渡河潛擊之，有斬獲。已，又以二萬騎屯塞外，使都令爲鄉道，攻克拱兎男、青把都板升，盡有其地，青把都遁，邊兵出哨截之，引還。

罷督師王之臣，命袁崇煥以兵部尚書兼副都御史督師薊、遼、登、津，移駐關門。

五月，建州兵攻河西高橋、朱家窪、塔山，又圍大興堡，誘執桑昂兒介順，不聽，總兵朱梅砲却之。越數日，致書言款，邊吏不應，乃去。

六月，建州兵至錦州，陷駱駝、大興等堡。

七月，召廷臣及督師袁崇煥於平臺，慰勞備至。崇煥銳而輕，每易言天下事。上問東師何日可平，崇煥漫應五年爲期，慷慨請兵械轉餉，且言：「吏部用人，兵部指揮，戶部措餉，言路持論，俱與邊臣相呼應，始可成功。」上然之，賜崇煥食。至午門，兵科給事中許譽卿問以五年果效否？崇煥曰：「上期望甚迫，故以此言慰聖心也。」譽卿曰：「上英明，異日按期責效奈何？」崇煥無以應，識者卜其無成矣。

甯遠軍乏糧，大譟，執辱巡撫畢自肅，自肅自經死。袁崇煥至，宥首惡，誘捕其黨，斬十六人，治裨將罪有差，乃定。

八月，建州兵攻黃泥窪，袁崇煥遣前鋒總兵祖大壽擊却之。

二年（己巳，一六二九）六月，袁崇煥誘殺毛文龍。崇煥再出督師，無以塞五年蕩平之語，乃議講款，恐文龍泄其謀，身入島誘殺之。詳毛帥東江

八月，東不的道建州兵自大鎮堡分二道，一自杏山高橋舖，一自松山，直薄錦州，進克雙臺堡。尋自大、小凌河毀右屯衞城而去。督師袁崇煥恐其西，請增戍關門，遣參將謝尙政等往備順天。巡撫王元雅謂虛警，遣歸。而建州欲以計疲邊吏，兵果不出。

三年（庚午，一六三〇）八月，殺督師袁崇煥。先是，建州兵大舉薄都城，競傳崇煥召敵，故及。崇煥當遼事敗壞之後，經畧高第議棄甯前、錦右，專守山海，賴崇煥力持之。甯遠再捷，士氣稍振。及復鎮薊、遼，知兵力不敵，思以捭闔縱橫之計。而建州因其勢反用之，借崇煥以殺文龍，殺文龍以賣崇煥，因縱兵直抵都城，而崇煥不免矣。崇煥慷慨有權畧，熊廷弼而後，邊吏皆不及。其罪在擅殺致敵，而一時離民忿禍，爰書三尺，致寸磔以謝天下，蓋刑浮於罪云。

十一月，都督祖大壽出塞襲駱駝山，大克獲。

四年（辛未，一六三一）八月，建州兵隳大凌城。先是，祖大壽被圍於大凌城，巡撫丘禾嘉，總兵宋偉、吳襄帥師援之。禾嘉恇怯，屢易師期，又與偉、襄不相能。是日，遇建州兵於長山，襄營先亂，遂敗，監軍太僕寺少卿張春被執。前一日，城中食盡，何可綱語大壽令出以慰督輔，孫承宗自爲祭文死之。大壽以二十八人詣建州營，約下錦州，留其子爲質。次日，邊兵刼建州營，大壽逸出，徒步入錦州。建州兵隳大凌城而去。春被執時，以殉難聞，邀贈卹。至是，上書請款，丘禾嘉密表其事。孫承宗曰：「春亦丈夫也，不能獨不聞其妻翟氏六日不食而自經乎？士大夫不能飛矢仆此行尸，而忍爲他人關說，何以見婦人於地下！」春後卒死於建州。祖大壽既入錦州，即堅守，雖其子在外不之顧也。黑雲龍亦負傷逃還，復其官。
十一月，督理軍務大學士孫承宗引疾歸。
八年（乙亥，一六三五）五月，建州兵五千騎屯九華山，總兵祖大壽率兵至吳錦廟，逆戰卻之。
十二年（己卯，一六三九）二月，進洪承疇兵部尚書兼副都御史總督薊、遼軍務。
十月，承疇出山海關，至中前所，以千總劉某虛冒，誅之。劉爲總監高起潛私人，遂有郤。承疇薦劉肇基、吳三桂，詔以都督吳三桂爲遼東總兵，團練甯遠兵馬，以劉肇基署都督僉事。
十三年（庚辰，一六四〇）春正月丁卯，夜，東方黑氣彌空，連三夕，占大警。
三月，建州兵至義州，謀攻錦州。總督洪承疇同甯錦巡撫方一藻以前鋒總兵祖大壽、團練吳三桂、分練劉肇基先扼錦州、松山禦之，調山海關總兵馬科以萬人往。先是，建州有事西方，收插漢及三衛部落，屢闌入宣、大塞，故錦、甯無警，常一攻松、杏，不克，去。至是，仍移其兵於東，山海以外日事戰爭矣。
建州造紅夷砲六十，招善梯者千人，買哈喇慎馬萬匹，載砲而來，欲圖松、錦。都督祖大壽請以五萬騎出戰，部議馬少，不果。

五月庚寅，命總督洪承疇出山海關。戊戌，總兵吳三桂、劉肇基出杏山，副總兵祖澤遠遇建州兵於松、杏間，三桂受圍，劉肇基救出之，失亡千人，所殺傷亦相當。副總兵程繼儒臨陣而怯，承疇斬之，軍士俱用命。

七月，總兵曹變蛟、左光先、馬科、劉肇基、吳三桂合擊建州兵於黃土臺，敗之。總兵祖大壽伏精騎五百於朝陽山黃岩寺，擊斬九十餘級，時建騎五千運餉瀋陽。

十一月，建州兵邀錦州餉，遼東軍擊卻之於央山石灰窰。尋夜擊建州營，副總兵劉得勝戰沒。時建州兵駐義州不出。洪承疇軍甯遠。以劉肇基短於調度，應革，任王廷臣代之；左光先遣歸，白廣恩代之；馬科、曹變蛟兵入關養銳；吳三桂及廷臣、廣恩等往來松、杏間，示進取。而兵部謂建州兵雖暫退，尙在義州，邊兵單弱，或來春建騎復舉，宜調宣府、大同、密雲、保定之兵，合關門遼左之衆，以厚其力，庶可戰守，從之。承疇又奏行間兵數，多多益善，但必芻糧足支一年，方可會兵各鎭。遂命戶部輸餉，自天津海運，草束召買於薊、永。關遼兵、八鎭兵出塞東行。

十四年（辛巳，一六四一）春正月，洪承疇率總兵吳三桂、王廷臣、曹變蛟、白廣恩等至甯遠。承疇馳至松山，度我兵將寡不足禦，乃調宣府、大同總兵王樸、楊國柱，薊鎭總兵唐通，榆林總兵馬科，抽練兵共七萬。時建州兵自義州大舉來攻，祖大壽合諸軍擊之於錦州，斬三十六級，明日再戰，建州兵退。尋還兵，復困錦州，諸軍力竭回甯遠。錦州東關副總兵那木氣、都司桑永順故降丁，遂叛入于建州。東關下，建州兵益攻錦州，掘塹壘墻爲久攻計。祖大壽力拒四月餘，時出巷戰，仍復東關。洪承疇進至松、杏，别遣水師奪朝鮮餉道，俘其臣李舜男等二百餘人，命副總兵王武緯等歸之。並遺書孔有德、耿仲明、尙可喜等以間之，不入。

五月，上召兵部尙書陳新甲於中極殿。時祖大壽圍于錦州五閱月，聲援斷絕。有一卒間出，曰：「城內粟足支半年，第乏薪耳。」並傳大壽語，宜以車營偪之，毋輕戰。總督洪承疇集兵數萬，待援未決。上憂之，問新甲計安出。新甲求退與閣臣及侍郎吳甡、總督傅宗龍酌議，請遣司官面商於承疇，有十可憂十可議，求皇上報察。從之。遂命職方郎中張若麒往。

六月，邊兵戰松山、石門，皆有斬獲。陳新甲請出兵塔山，趨大勝堡，攻敵營之西北；出兵杏山，抄錦、昌，攻其北；出兵松山，渡小凌河，攻其東；正兵出松山，攻其南。命下行營議之。時承疇雖總八鎭兵，僅白廣恩、馬科、吳三桂敢戰，慮分三將於三路，則衆寡不敵，勢益弱，但請且戰且守，畧曰：「久持松、杏，轉餉錦州，守禦頗堅，未易撼動。若彼再越今秋，師老財匱，卽朝鮮亦窮矣。此可守而後可戰之說也。今新甲議戰，安敢遷延，但恐轉輸爲艱，鞭長莫及，不若稍待，使彼自困之爲得。」上是之。而新甲執前議，張若麒躁率喜事，狃小勝，謂圍可立解，上密奏請留關外贊理。時建州兵苦餉匱，騎日二餐，步卒一餐，流言入犯三協以張之。陳新甲信其說，遺書承疇曰：「近接三協報云，彼又欲入塞。果爾，則內外受困，勢莫可支。門下出關，用師年餘，費餉數十萬，而錦圍未解，內地又困，何以謝聖明而副中朝文武之望乎？」承疇既激於其言，又奉密勅刻期進兵。新甲薦前綏德知縣馬紹愉爲職方主事，出關贊畫。若麒、紹愉俱謂邊兵可戰，遂不用承疇持久之計。

七月丙戌，上御經筵，以錦州事問兵部，何近日無邊報，且曰：「此一舉也，解圍固爲勝算，但兵未離險，朕甚憂之。」庚子，洪承疇誓師援錦州，職方主事馬紹愉練兵車以待戰。壬寅，師抵松山，夜見建州兵屯乳峯山之東，傳令諸軍登乳峯山之西。乳峯距錦州五六里，砲石相應。又東西二門竝進兵以分其勢，遂立車營，環以木城，部署畧定，建州兵大駭。初，西部遼人自建州營逸出，云聞今秋不得錦州，議撤兵歸國，朝鮮糧盡不能支也。承疇欲稍待之，而新甲信若麒、紹愉之言再趣戰，承疇遂進師。

八月乙巳，諸軍合戰甚力，斬百三十級，殺固山、牛彔二十餘人。陽和總兵楊國柱陣亡，李輔明代統其兵。祖大壽分步卒三道突圍，圍三重，攻穿其二，隔于外援而止。辛亥，建州兵攻乳峯山西營，禦卻之，再攻不能克。壬子，諸軍分兩路攻西石門，總兵王樸戰敗，將士氣沮。明日，戰稍捷，建州兵自是不復出，請濟師于瀋陽。馬紹愉欲乘銳出奇擊之，速解錦州之圍，承疇不納。我軍越長嶺山，過塔山，迤邐至錦州，延松山城之右。大同監軍道張斗言宜駐一軍於長嶺山，防其抄襲我後，承疇亦不納，且曰：「我十二年老督師，若書生何知耶！」丁巳，戰東西石門不利。庚申，再戰，斬十三級。辛酉，建州主自以精騎三千來援，午刻據長嶺山，聲言欲圍松山，承疇按兵不動。甲子，合戰，邊兵搴其大旗，進斬九級。建州主曰：「南兵殊異他時。」議旋師，故將孔有德等止之。建州兵自錦州至南海角，度地高下，挑溝揲土，指日間濠深八尺，廣丈餘，凡濠三重，諸軍反困于內，餉道絕，蓋乳峯在錦城，而松山又乳峯外也。承疇語其下曰：「彼兵新舊迭爲攻守，我兵既出，亦利速戰，當各勅厲本部，與之力鬭，余身執桴鼓以從事，解圍制勝，在此一舉矣。」而諸將因餉乏，議回甯遠就食。薄暮，張若麒與承疇書曰：「我兵屢勝，今日進師非難。但松山之糧僅給三日，且今不但錦州困，松山又困，各帥既欲暫回甯遠，以圖再戰，似可允也。」於是諸將各懷去志，議不一。承疇曰：「往時諸君俱矢報効，今正當其會，雖糧盡被圍，宜明告吏卒，戰亦死，不戰亦死，若戰，或可冀幸萬一。不佞決意孤注，明日望諸君悉力。」方遺諸將書，總兵王樸怯甚，已先遁。於是各帥爭馳，馬步自相蹂踐，弓甲遍野，遙望火光，謂敵兵在前，走還，遇伏，大潰。總兵曹變蛟、王廷臣突入松山。巡撫錦甯丘民仰誓與承疇同守。承疇夜留兵三之一嬰城，其二決圍衝陣。建州兵邀之尖山石灰窰，皆力戰，建州兵暫卻。俄而雲合，不得入城，移屯海岸，盡沒于潮，得脫者僅二百餘人。獨白廣恩還松山，若麒、紹愉附漁舟偕諸監軍逃至甯遠，上奏承疇失計，冀自免也。承疇令白廣恩同都司雷起鰲東走小凌河，襲建州老營，走國王碑，歷錦昌、大勝間，自北虜後進小紅羅山，諸兵解圍。是役也，督師初不欲戰，而陳新甲趣之，未免輕進以頓師。其既也，督師力欲戰，而張若麒惑之，倏焉退師以就餉，形見勢絀，而建州以全力制之，遂使重臣宿將選卒驍騎十萬之衆，覆沒殆盡。時周延儒再召故帥杜某，就謁曰：「相公入朝，願首以松山爲急，國家安危繫焉。舍此無可措手矣。」延儒不爲意。

十一月，遼左大雪丈餘，建州兵芻糧俱盡，將解圍而歸，使降丁入關議款。陳新甲信張若麒之言，許之。

十五年（壬午，一六四二）春正月，遣職方主事馬紹愉出關議款，不成。先是，甯前副使石鳳臺知建州意欲款，馳書通其守將，守將答云：「此吾國素志也。」鳳臺遽以聞。上以私遺辱國，下鳳臺於理。至是，大學士謝陞語同列曰：「我力竭矣，款邊以勦寇，鳳臺言良是。」乃屬陳新甲言于上，謂兩城受困，兵不足援，非用間不可。上曰：「城圍且半年，何間之乘，可款則款，卿其便宜行事。」上又以問閣臣，謝陞曰：「彼果欲款，款亦可恃。」新甲遂薦主事馬紹愉可遣，從之。加紹愉職方郎中，賜二品服以行，上深秘之，外廷不知也。丁丑，紹愉同參將李御蘭、周維墉至甯遠，通於建州，建州請勅爲信，乃復請于朝，勅曰：「聞瀋陽有罷兵息民之意，朕不難開誠懷遠，如祖宗朝舊約。」建州得之，疑爲邊吏僞作，且怒勅中語，不應。紹愉以聞。

三月，松山城陷，總督尚書洪承疇降。巡撫丘民仰，總兵曹變蛟、王廷臣，副總兵江翥、饒勳俱被執，不屈死。總兵祖大壽守錦州年餘，力竭，城亦陷，爲標下𢍰降。兩城俱沒。建州兵遂克杏山城。報至，京師大震。御史沈向、朱壽圖劾兵部郎中張若麒貪功喪師，復逃甯遠，請誅之以謝天下。

夏四月，加范志完尚書，總督薊、遼軍務。發帑金二十萬給關、甯之師。命祭松山陣亡吏士。建州兵襲塔山，下之。馬紹愉時駐塔山候朝命，遣約建州毋攻，不聽。城垂克，紹愉出，建州猶以卒衞之。城中兵民俱自焚，無降者。

五月，兵部司務朱濟賫勅同馬紹愉往瀋陽講款。時建州兵乘勝攻甯遠，總督范志完、總兵吳三桂再戰。建州以講款止師緩攻，退舍三十里。

六月，馬紹愉還甯遠，以講款副書上兵部。上問大學士周延儒至再，終不對，上慨然起。時言路方攻陳新甲，故延儒緘口不敢異同，又以脫後罪也。上尋亦悔之。先是，紹愉至塔山高臺堡，椎牛釃酒，張筵席十六燕建州使，其使一美少年，一龐眉皓首之老來會，紹不語及開市事，問之，曰：「待老汗命也。」建州主既至義州，責諸臣私通，欲殺使者，紹愉竄免，蓋孔有德等沮之。

九月，誅兵部尚書陳新甲。職方郎中張若麒下獄論死，主事馬紹愉除名。

明史紀事本末補遺卷六

東兵入口

懷宗崇禎二年（己巳，一六二九）冬十月，建州兵大舉入大安口，參將周鎮死之。鎮，世祿子也。分兵入龍井口，游擊王純臣、參將張安德敗走。又分入馬蘭峪，參將張萬春迎降。山海總兵趙率教以兵入援。先是，建州兵有事遼西，重兵皆聚甯前、錦右，而山海關以西塞垣頹落，軍伍廢弛，三衞東不的等多攜貳，故建州兵大舉入口。巡撫王元雅遣兵援馬蘭峪而潰。

十一月壬午朔，京師戒嚴。督師袁崇煥自甯遠趨山海關，聞警，急趨榛子嶺調援。丙戌，建州兵圍遵化，城中火舉，奔潰，巡撫王元雅自經，推官何天球、李獻明，知縣徐澤，教諭曲毓齡，中軍徐聯芳、彭文炳等俱死之。總兵滿桂以五千人入援，上召見，賜玉帶貂裘，封東平侯。三屯營副總兵朱來等夜遁，總兵朱國彥忿甚，揭逃將名氏於市，散家財給衆，北拜，同婦張氏自經死。

大學士成基命力薦舊輔孫承宗起爲兵部尙書兼中極殿大學士，督兵控禦東陲，駐通州。

袁崇煥入援，以故總兵朱梅、副總兵徐敷奏守山海關；參將楊春守永平；游擊滿庫守遷安；都司劉振華守建昌；參將鄒宗武守豐潤；游擊蔡裕守玉田；昌平總兵尤世威還鎮，護諸陵；宣府總兵侯世祿守三河，扼其西下；保定總兵曹鳴雷、遼東總兵祖大壽駐薊州，遏敵；保定巡撫劉策兵亦至，令還守密雲；自率大軍居中應援。總兵趙率敎遇建州兵於遵化，敗沒。癸巳，建州兵破石門驛。甲午，袁崇煥諜知建州兵越薊城而西，率兵躡之。丙申，崇煥至河西務，議趨京師。副總兵周文郁曰：「大兵宜趨敵，不宜入都，且敵在通州，我屯張家灣，相距十五里，就食河西務，敵易則戰，敵堅則乘，此全策也。」崇煥不聽。時命崇煥不得過薊門一步，蓋先有言崇煥道建州兵入內地，而崇煥不知也。崇煥甫抵左安門，建州兵亦抵城下。都人競謂崇煥召敵，上不能無心動。建州兵營通州北二十里，以二百騎來嘗，聞砲聲而退，竟日不見一騎。庚子，兵大至，宣府總兵侯世祿、大同總兵滿桂俱屯兵德勝門。世祿避敵，桂獨戰，城上發大砲，誤傷桂兵幾盡，桂負創臥關將軍廟中。袁崇煥令都司戴承恩擇地廣渠門，祖大壽陣於南，王承允等陣西南，崇煥陣於西，待戰。日方午，建州突東南，遼兵力戰卻之，承允徙陣而南，建州兵還而西，刀及崇煥，材官袁昇格之，獲免。南兵復合，遂卻，游擊劉應國、羅景榮，千總竇濬等乘之，運河建騎多冰陷，殺數百人，守兵亦失亡畧相當。乙夜收兵，上賜酒食勞軍。壬寅，開德勝門甕城，屯滿桂餘兵。建州兵徙屯南海子。甲辰，召袁崇煥、滿桂、祖大壽、黑雲龍等於平臺，崇煥不自安，留中使於營，青衣元帽而入，先張皇敵勢聳朝臣，冀成款議。既見上，上慰諭久之。崇煥憚上英明，終不敢言款，第力請率兵入城如滿桂例，不許，賜貂裘銀甲。滿桂解衣示創，上深憫之，俱同出。崇煥尋遣鄉道任守忠以五百人持砲潛攻建州營於南海子，戰稍利。

十二月朔，復召崇煥等於平臺。上問以前殺毛文龍，今逗遛何也？崇煥不能答，遂下錦衣獄。賜桂等饌，隨遣內監車天祥慰諭遼東將士，命滿桂總理援兵，節制諸將，馬世龍、祖大壽分理遼兵。是日，建州兵移營而南，克良鄉、固安，知縣党還醇、典史朱德死之。

遼東兵潰，孫承宗撫定之。遼兵素感袁崇煥，滿桂與祖大壽又互相疑貳，大壽輒率兵歸甯遠，遠近大駭。初，崇煥就逮時，大學士成基命睨大壽心悖狀，因頓首請慎重者再，且云：「敵在城下，非他時比。」上不聽。至是，基命奏以崇煥手札招大壽，又條上規畫，上從之，命督師大學士孫承宗急遣官往諭。時遼兵約萬五千人，自通州南趨張家灣，承宗遣游擊石柱國飛騎追之，僅及其尾，弓刀相向。柱國力諭諸將校，多有垂涕者，但曰：「主帥已戮，又火砲殲我，故逃遁至此。」柱國又前追大壽數十里，及之。大壽母素忠義，其妻故妾也，亦力勸大壽毋負國家。大壽乃抵山海關，宣聖諭慰諸將校，得不叛去。江西道御史高捷劾大學士錢龍錫發縱指示殺毛文龍，且云：「據崇煥與兵部尚書王洽書曰：『建州屢欲議款，廟堂之上主張已有其人，使文龍能協心一意，自當無嫌無疑，否則便斬其首，崇煥效提刀之力。』伏乞推原主謀者，以慰邊士之心。」時洽已下獄，龍錫引疾去位。

設文武經畧，以梁廷棟、滿桂爲之，各賜尙方劍，營西直、安定二門。桂始屯宣武門甕城內，謂敵勁援寡，未可戰。中使趣之亟，桂不得已揮涕而出，以五千人同孫祖壽等戰安定門外，並敗沒，麻登雲、黑雲龍被執。副總兵申甫以七千人戰柳林、大井、蘆溝橋，亦敗沒。桂廉而勇，守甯遠，援錦州，敢戰有功，旣沒，都人大懼。申甫本游僧，喜術數，嘗夜觀乾象，語人曰：「木星入太微垣帝座前，患在踰旬。」庶吉士金聲力薦之，召見，稱旨，授都指揮僉書副總兵，遂作戰車，募兵出禦，以聲爲山東道御史，監甫軍。時倉卒召募，多市兒，合戰卽敗，然甫能仗義死綏，時論偉之。

巡撫山西都御史耿如杞入援，兵潰於良鄉，與秦、晉流寇合。詳流寇之亂建州兵克張家灣，守備房可家遁。克香河，知縣任光裕死之。攻三河，又攻寶坻，知縣史應聘堅守不下。克玉田，知縣楊初芳降。

三年（庚午，一六三〇）春正月辛巳朔，建州兵東趨永平，夜抵宋莊，距城五里。甲申，克永平。時兵抵城下，晨登城，守將楊春反道之入。兵備副使鄭國昌、知府張鳳奇、推官虞成功、盧龍致諭趙允殖、東勝衛指揮張國翰死之。國昌先令諸生擊楊春魁，中書舍人廖汝欽、故副總兵焦延慶、中軍程應琦、守備趙國忠、諸生韓原洞等俱力戰沒。建州兵入城，即召故副總兵楊文魁，曰：「昨歲三月囑汝內應，何至今勞我三日力乎？」鞭之三百。廢將孟喬芳、戶部員外郎陳此心、同知張萬壽、諸生宋應元首降，里紳布政白養粹，行人崔及第，郎中賈維鑰、卜文燌俱降。明日，授養粹巡撫永平都御史，及第永平兵備副使，盧龍知縣張養初爲永平知府，同知魏君謨爲灤州知州。建州主至東嶽廟，故總兵麻登雲侍側，勞孟喬芳等貂裘各一，鼓吹而入。尋東行，留王子守之，選巨室女，白氏、崔氏與焉。白氏係養粹女，有殊色，特自飾獻者。又遣聘遷安原兵部侍郎郭鞏女，鞏遁，拘其妻以至。鞏尋逃還京師，自述有書卻聘。兵部尚書梁廷棟劾其書內稱「大金」，論死，尋減戍廣西。戊子，建州兵克灤州，知州楊濂迫于搜兵，自殺。攻撫甯，四日不克。轉攻昌黎，知縣左應選、守備石柱備力拒之，加應選按察僉事。建州兵還永平，戊戌，復東向，遣二騎持幟致書祖大壽議款，孫承宗斬之，令游擊劉天祿設伏以待，遇建騎于雙望，參將孟道等誘之孛羅嶺，伏發，敗之。左應選與祖大壽追戰于燕河，亦有斬獲。自是諸路始敢戰，然大抵皆捕漢零騎也。

兵部右侍郎劉之綸駐軍遵化娘娘廟山，建州兵突至，之綸逆擊，總兵馬世龍擁兵不援，之綸中流矢死，全軍俱沒。初，建州騎薄都城，之綸以庶吉士慷慨請纓，言國家養士三百年，竟不得尺寸之用，欲募兵出禦敵，獨當一面，上壯之，擢今職。募兵得四萬人，出彰義門，已逸其半。御史董羽宸言新兵不任戰，之綸氣吞敵，不顧，至是敗死。

祖大壽遣參將張存仁將騎，都司劉雄將步，守樂亭、昌黎，分布諸將守臺頭營、石門、燕河，各上首功。蓋山海關西南撫甯、昌黎、樂亭三縣，城西北則石門、臺頭、燕河三邊城，俱灤水要徑也。甯前道孫元化安輯關外八城，關遼無虞。

二月，克建昌。先是，關內道王楫、都督朱梅謀規取建昌，而守將孫承業等密來通款，孫承宗令朱梅犒燕河、臺頭兵，祖大壽以都司陳可立往撫之。至是，大壽入建昌，誅白衍慶等。次日，建州兵大至，繞城而戰，連旬獲級八百，遂卻之。

孫承宗以七百騎援總兵楊肇基於三屯營，內外合擊，斬二百級。

三月，建州千騎抵房山，有二人呼城下，則良鄉千戶萬某及其弟寶出檄招降，卻之。又一騎大呼曰：「房山是金大定年設縣，以護祖陵，爾官吏宜出迎。」知縣楊齊芳力拒之。諸生李元勳、耿源下城說之曰：「既近祖陵，人民不宜加害。」騎引去。越數日，果一二千騎經城北，呼諸生陪祭九龍岡，蓋金章宗墓也。

建州濟師萬餘入永平，會邊軍敗於大安口，馬世龍不能救，建州兵移屯榛子嶺，聲言往灤水，攻大城、通州，陰治歸計。

四月，總兵尤世祿屯梁家橋。建州遣喇嘛僧言款，世祿令守備和應詔、千總虎大成往報，總督張鳳翼特疏糾其恇怯。

五月庚辰朔，孫承宗誓師。乙酉，大兵向灤州。時議恢復，先遵化後灤、永。承宗謂屯豐潤、玉田以牽遵、永，當先灤州。令參將黃龍、汪子靜攜攻具，持十日糧，赴樂亭、昌黎，游擊傅以昭屯撫甯，副總兵劉應選、鍾宇屯樂亭，參將張存仁，游擊孫定遼、蔡可賢合兵待遣發。會總兵尤世祿以款請，上切責之，趣承宗戰。承宗因檄總兵馬世龍屯豐潤待合擊，總兵朱梅以游擊斬國臣取遷安，協將王維城、潞將馬明英、張國振同參將孫承業、劉邦誠等候大兵，趨灤州合攻，以牽遷安之南援。中軍何可綱、參將申其祜、游擊岳惟忠等分屯雙望各山，綴永平之師。義兵游擊劉法、守備劉啓職合三萬人，屯灤州之蓮泊，持白棓爲聲援，兼鄉道。承宗駐撫甯，祖大壽自開平引兵會之。己丑，抵灤州，馬世龍、尤世祿、楊肇基、吳自勉、楊麒、王承恩、兵科給事中張鵬雲俱至城下。總督張鳳翼、巡撫許如蘭、監軍御史吳阿衡率總兵宋偉等攻遵化，掣其東顧。辛卯，諸軍分攻，梯而上，建州兵出戰東門，大壽預伏弩以待，連戰皆捷。建州兵還永平，遂克灤州。壬辰，克遷安。癸巳，克永平。時建州兵無固守之志，委城去。何可綱等入其城，諸將繼至，孫承宗集將校議曰：「彼走西北，遵化城必虛，大兵躡擊，彼橐重而遲，易及也。」祖大壽、馬世龍分道率輕騎追之，有斬獲。甲午，復遵化。總兵宋偉同關外副總兵謝尙政、川湖副總兵鄧玘先登，建州兵開北門去。是役也，克灤州、永平、遵化、遷安大城邑四，各堡十二，轉戰三百里，斬獲甚衆，獲其所署都御史馬思恭，兵備貢維綸，知府張養初，知州楊燿，都督李際春，內應朱運泰、柴通、卜文熿等。白養粹、崔及第先爲建州兵殺之冷口外，養粹妻妾自經。承宗入永平，撫慰士民，仍回山海關。

八月，殺袁崇煥。大學士錢龍錫以密謀通款，下獄論死，尋得釋。

七年（甲戌，一六三四）秋七月，建州兵入大同、張家口，又入膳房堡，焚龍門關，破懷來、保安，殺知州閻生斗。命甯遠總兵吳襄、山海關總兵尤世威以兵二萬分道援之。時遼東稍安，頗有言巡撫方一藻、總兵祖大壽私通和好，移其警于西者。建州兵圍宣府，守兵發砲擊卻之。天壽山守備王希忠以聞，命亟收人畜入保。建州兵四畧，永甯邊兵遇之，敗績。命保定巡撫丁魁楚移駐紫荆關，山西巡撫戴君恩移駐雁門關，總兵陳洪範移駐居庸關。

建州兵下鎭羌、得勝二堡，又攻大同左衞，於是朔州、渾源皆被圍。

建州兵攻威平堡、大同後衞，百戶樊允鼎私以牛酒犒之，遂解圍，南掠平虜。

八月，建州兵克代州，分道出攻，東路至繁峙，中路至八角，西路至三坌。建州兵攻大同五日，退，攻西安堡，左營游擊榮繼雄拒卻之。尋下靈丘，入崞、代，崞縣知縣黎壯圖降。攻忻州，知州王凝力守不下。攻保定竹帛口，千總張脩身敗沒。

閏八月，建州兵攻宣府萬全左衞，守備常如松砲卻之，益兵來攻，遂下。

建州兵自拒墻堡出塞。建騎蹂躪宣、大踰五旬，殺掠無算。總兵吳襄、尤世威分道援大同，襄兵敗，世威部將祖寬以七百騎戰大同北門，斬三十餘級。宣府總兵張全昌戰渾源州，把總常承恩戰羊房堡，稍利。上御文華殿，日講畢，召輔臣諭撤各邊援兵。王應熊曰：「彼利子女玉帛耳，田禾未損。援兵屯城西，刈禾牧馬，民甚苦之。」錢士升亦以爲言。應熊又曰：「山西崞敵止二千騎，掠子女千餘人。過代州，望城上戚屬，相向悲啼。城上不發一矢，任其颺去。」上爲頓足太息，命兵部核邊吏罪。

八年（乙亥，一六三五）五月，建州兵入河套，收插漢全部。還趨朔州，畧平遠鐵山堡。趨陽和，參將丁奎光遇之，把總趙科敗沒。趨神池，距代州十里，踰忻州不攻而去。尋分兵攻定襄，畧五臺。七月，出宣府境。

九年（丙子，一六三六）六月，建州兵入喜峯口，巡關御史王肇坤死之。進至居庸、昌平北路，大同總兵王樸馳援，戰稍利。

七月，建州兵深入，畧西山，自天壽山後閒道至昌平，降夷二千人內應，城陷。總兵巢丕昌降，戶部主事王桂、趙悅，判官王禹佐、胡惟宏，提督內監王希忠等皆被殺。焚天壽山德陵。初，降夷亦巡關，內臣納之，卒爲累。建州兵攻鞏華城，守將姜瑄砲卻之。時謀南下，陽遺總兵黑雲龍書，似有密約者。蓋雲龍勇敢，先被陷逃歸，故欲計去之。上知其僞，召雲龍面諭，令設伏西山之北隅誘之，有斬獲。建州兵乃趨良鄉。

昌平叛兵薄西直門，建州兵屯清河、沙河，南出克寶坻，殺知縣趙國鼎。

兵部尚書張鳳翼自請總督各鎮援兵出師，許之，賜尙方劍，給萬金、賞功牌五百，督祖大壽等南援覇州。

建州兵克定興，殺前光祿寺少卿鹿繼善。又克房山。

八月，唐王聿鍵率護軍千人勤王。初，聿鍵奏請入衞，不許，竟率兵至河南。守道周以典止之，不聽。至裕州，御史楊繩武以聞，命沮還國。前鋒值寇，掠內監二人，乃返。尋廢爲庶人，禁置鳳陽。

總兵王樸擊建州兵於涿州，稍利。建州兵克文安、永淸，分兵攻漷縣、遂安、雄縣，尋自雄縣趨鄚州口，總兵劉澤淸攻卻之。攻香河，還涿州，克順義，知縣上官藎自經。宿昌平，明日遇邊兵於蘆溝橋，趨東北至懷柔、大安，克西和，尋復掠雄縣而北。偏蹂畿內，攻砦城堡。督師張鳳翼、總督梁廷棟俱踵之不敢擊。鳳翼屯遷安之五重安，從鄧林奇計，固壘自守。建州兵出建昌冷口，擄載子女，俱艷粧乘騎，奏樂凱歸。永平監軍劉景耀忿之，欲獨出戰，士民挽之，不聽，率兵戰遷安之棗村河，夜襲殺一二百人。鳳翼在五重安經旬不出，凡四日建州兵始盡。次日，督師兵部尚書張鳳翼卒於行營，或曰懼罪飲藥也。梁廷棟尋亦卒。

十一年（戊寅，一六三八）三月，建州兵至宣府羊房堡。晉江諸生蔡鼎上言：「臣嘗西遊宣、雲，見宣府之右衞、膳房、柴溝，平野低垣，綿曠數百里，雲中之鎮邊守口亦然，是宣、雲之有可慮也。雲中頻飢，士馬艱食，較宣尤甚，豈可不早計耶？所入果在宣、雲，則所中必及眞、保，彼意以向所未及，則所掠必厚，龍門、紫荆綢繆正在此時。」通政司格之，不得達。插漢部目赤食以六千騎窺張家口請賞。建州兵三萬自瀋陽趨白澤，宣府偵卒出張家口被執，遣同降人周元忠至請插漢舊賞，巡撫及閱視內監以聞。楊嗣昌請互市，不許。

四月乙巳，御經筵畢，召六部諸臣。楊嗣昌述孟子「善戰者服上刑」語，蓋欲款建州，借之窺上旨也。上曰：「此孟氏爲列國兵爭耳。今一屬國，縱不能伸九伐之威，何至出漢人下策。此後弗復爾爾。」嗣昌引罪。已而嗣昌復借天變言款事。詳崇禎治亂巡撫甯錦方一藻亦言宜款。總督宣大盧象昇言：「講市不講賞，許插漢不許建州。」侍讀學士黃道周亦極言：「無論建州必不可款，款必不可成，成必不可久，即款矣成矣久矣，以視甯、錦、遵、薊、宣、大之師，何處可撤？而遽謂款成之後可撤兵中原以討流寇，此亦不思之甚矣。」時傳嗣昌、一藻及內監高起潛密發黄金八萬、銀十萬賂建州講款，刑部主事張若麒乞錄當日召對語以示中外。

九月，建州兵大舉分入西協墻子嶺、中協青山口。墻子嶺峻隘，蟻附而上，三日夜始入內地，俱困乏甚，竟無一襲擊者。總兵吳國俊守墻子路，戰敗走密雲。總督薊遼吳阿衡敗沒于密雲。初，監視內監鄧希詔誕日，阿衡及國俊等俱趨賀，聞警倉卒而返，調御失措，故及於難。建州兵既入墻子路，待青山之衆，越遷安，薄豐潤，遼東副總兵丁志祥、竇濬等來援，力不能禦，建州兵南下。

十月，京師戒嚴，徵遼東前鋒總兵祖大壽入援，留甯撫方一藻、關撫朱國棟、薊撫陳祖苞分守。命總督宣大盧象昇率總兵楊國柱、虎大威進易州出其左，移青、登、萊、天津之兵出其右，檄總兵劉澤清以山東兵遏其前，高起潛爲應援。癸卯，召廷臣及總督盧象昇於平臺，上問象昇方畧，對曰：「陛下命臣督師，臣知有戰而已。」上色動，久之，不懌曰：「朝廷原未云撫，撫乃外議耳。」象昇曰：「敵之所忌，事事宜防。偪陵寢以震人心，可慮也。趨神京以撼根本，可慮也。分出畿南，剽掠旁郡，扼我糧道，可慮也。厚集兵備之，則寡發而多失。分兵四應，又散出而無功。兵少則不備，食少則生亂，此禦之難也。」上是之，命出與兵部尚書楊嗣昌同議。象昇主戰，嗣昌稍阻，齕齕不能語，徒戒勿浪戰。象昇還昌平，以三萬衆扼其衝，然建州鋒甚銳不可遏。象昇令諸帥選勁卒，于十月望夜分四路襲敵營，約刃必見血，人必帶傷，馬必喘汗，違者斬。總監高起潛遺書泥之，象昇刻期誓師於鞏華城，慷慨涕下如雨。楊嗣昌不能平，思有以沮之，奉上命使赴通州就總監高起潛，象昇嘆曰：「嗣昌不過使起潛撓我師期耳！」恚甚。會嗣昌赴軍中，象昇曰：「公等堅意撫款，獨不聞城下之盟，春秋恥之乎？象昇邀尚方劍，倘唯唯從議，袁崇煥之禍立至。公甯不念衰衣引紼之身，復不能移孝作忠，奮身報國，將忠孝兩失，何面目立人世！」嗣昌大沮，良久乃曰：「嗣昌從未言撫。」象昇曰：「周元忠赴彼講款，數數往來，其事始薊鎭督監，受成於公，通國共聞，誰可諱也。」周元忠蓋瞽人賣卜者，善建人，故陰遣之，建州以事重大，令瞽人來直玩我耳，欲兵之，元忠乞哀而止。時上憂甚，嗣昌密奏曰：「臣唯東騎不南耳，果盡南，不過捐數十城，我援師麕集，可使隻輪不返。」雲南道御史郭景昌因召對言楊嗣昌調度失宜，高起潛備禦失策狀，上不答。景昌退，復疏劾嗣昌曰：「自嗣昌事小樂天之說起而邊備日弛，將士觀望，禍遂燎原不可撲滅。嗣昌言敵未必入犯，今已至矣；又言敵無火器，今且以砲入矣。邊城失守，嗣昌魂魄墮地，手足無措，徒言不得浪戰，貽禍封疆。唯乞皇上立誅嗣昌，以正其誤國之罪。」不報。盧象昇襲建州營，不克。高起潛部將劉伯祿兵敗於盧溝橋。命諸大臣分守都城各門。

吏部尚書商周祚請召孫傳庭出潼關，移山東巡撫顏繼祖守德州，從之，于是檄延、甯、甘、固勤寇之兵北援。孫傳庭遣降將白廣恩等領萬人，總督洪承疇率總兵左光先、賀人龍等合兵十五萬，俱出潼關。

十一月，建州兵略良鄉、高陽、涿州，向河間。自入塞分四道：一趨滄、覇，一趨山東濟南，一趨臨清，一趨彰德、衞輝。丙寅，召文武大臣並工科左給事中范淑泰。淑泰曰：「今敵已臨城，尚無定議，不知戰乎？款乎？」上問誰款。曰：「外間皆有此議。」上深憂餉詘，寺丞戈元禮言借款。淑泰曰：「戎事在于行法，法不行而憂餉，卽雨金雨粟何濟！」大學士劉宇亮自請視師，上壯之，旋又自改察閱，上頗不懌。編脩楊廷麟上言：「陛下有撻伐之志，大臣無禦侮之才。高起潛、方一藻曰當款，楊嗣昌亦曰當款；吳阿衡曰款可恃，嗣昌亦曰款可恃。敵人聞之，咸有侮心。一旦東西合謀，邊城失守，款之誤國，遂至此極。唯陛下赫然一怒，明正言款之罪，諭督臣集諸路援師，不從中制。及今一創，彼必東還。今事鮮任人，而倚一嗣昌。南仲在內，李綱無功；潛善秉成，宗澤隕恨。國有若人，豈社稷之福。」疏入，改兵部主事，赴盧象昇行營贊畫。象昇語廷麟曰：「敵鋒銳甚，而我兵寡食乏，不戰將益輕我。公爲我往眞定，與撫按乞糧，我且悉兵誓一死報國矣。」建州兵薄景州，內監劉元斌走德州。陷高陽，少師大學士孫承宗死之。建州兵攻高陽三日，且退，凌晨譟城下，守者亦譟，建人曰：「此城泣，易破也。」留攻克之。承宗不屈自經，子尙寶司丞鑰、貢士珍等俱死。知縣雷之渤遁免。承宗博學諳兵事，其視師關、甯時，整頓兵伍，按行險隘，用遼人，撫西部，甚有功，爲邊人所倚重。既殉難，雷之渤宣言其斬餉致變，薛國觀惑其說，踰年始得卹。建州兵連克衡水、武邑、棗強、鷄澤、文安、霸州、阜城，尋圍威縣，下之，殺故翰林王建極。至內丘，知縣高翔漢力守踰旬，始退。

十二月，命大學士劉宇亮督察各鎭援兵，奪盧象昇尙書，仍同高起潛戴罪夾勦。初，上欲以孫傳庭代象昇，大學士薛國觀、楊嗣昌面奏臨敵易帥，恐緩師期，不若留象昇責其後效。時建州兵連下平鄉、南和、沙河、元氏、贊皇、臨城、高邑、獻縣。象昇兵不滿萬，而建騎分道，一自易州趨眞定，一自新城趨河間，一自涿州趨定興，勢張甚。象昇戰慶都，斬百餘級，總兵楊國柱、虎大威又戰，殺傷相當。象昇謀合兵伺隙夾擊之，會上有旨切責，象昇遂分兵援眞定，身至保定決戰，抵藁城遣楊廷麟回眞定，手書求高起潛相援，起潛不報。象昇將兵五千，乏食，哀呼莫之應，晨出帳，北向拜曰：「吾與爾輩並受國恩，患不得死，勿患不得生。」衆皆泣。於是拔寨兼程至賈莊，擊建州兵，射一騎殪，建州兵合圍，象昇麾將士疾馳衝卻之。象昇曰：「今雖勝，彼必厚集以乘我，愼勿怠。」明日，建州兵來突營，象昇曰：「誰爲我取彼者？」虎大威馳擊之，不勝，卻。象昇大呼曰：「虎將軍，今吾效命之秋也！」乃招後騎皆進，奮刀督戰，身中二矢二刄，猶疾呼不已，馬蹶遇害，年三十九。虎大威、楊國柱皆潰圍出。起潛聞敗，欲西遁，皇遽仍東行二十里，值伏大潰，起潛僅以身逸。大學士劉宇亮次定州，報至仆地，遂入保定孫傳庭營。象昇既死，部將張國棟趨報楊嗣昌，嗣昌欲增飾象昇退怯之狀以聞，國棟不可，嗣昌怒，搒掠備至，終不承，但曰：「死則死耳！忠臣而以爲逗遛，力戰而以爲退怯，不可誣也。」總理內監高起潛妬之，謂象昇實不死。嗣昌遣帳下卒三人往驗，報死狀，嗣昌鞭之，亦不服，其一人斃杖下。順德知府于穎從定州城外得其遺骸，雜中刀矢，血漬麻衣，上設祭哭斂，軍民莫不雨泣，事始白。建州兵分陷昌平、寶坻、平谷、清河、良鄉、玉田、薊、霸、景、趙。玉田知縣楊初芳降，諸生桑開基死之。

十二年（己卯，一六三九）春正月庚申，建州兵下濟南。先是，山東總兵倪寵入援，抵德州而返。巡撫顏繼祖奉命移德州。建州兵越德州渡河，歷臨清，分道一趨高唐，一趨濟甯，合於濟南，梯城而上，吏卒駭遁。巡按御史宋學朱方肩輿出院，聞西城已墮，役隸駭散，遂遇害。布政使張秉文，副使鄧謙濟、周之訓，運使唐世熊，知府苟好善等皆死之。德王被執，諸郡王並見殺。濟南焚燬一空。已，德王遣內官王朝進等自廣甯入，上書。御史汪承詔言：「宜火其書，勿令傳外，王朝進等編置遠方。如皇上篤展親之誼，更遣人量賫用物，俾申德意。若曰王失守社稷，遠播沙漠，庶幾上天悔禍，隆禮有加，宜優游塞外，以終天年。朕已撫王嗣子，俾纘舊服，俟其成立，當使自將待邊，以泄王憤。如此庶彼知朝廷大義，可杜其凌侮。」從之，王遂不返。副總兵祖寬以三百騎馳援濟南，力戰死。寬，塞外人，祖大壽養子，驍勇敢戰，至是敗沒。大學士劉宇亮、總督孫傳庭會兵十八萬，自晉州援濟南。祖大壽亦自青州至。命御史郭景昌巡按山東，景昌至，悉發倉粟賑貧民，瘞濟南城內外積屍十三萬。建州兵自濟南取東平，下莘縣。復至濟甯、臨清、固城，分兵克營丘、館陶。尋取慶雲、東光、海豐，遂東行入冠縣，略陽穀、壽張至張秋、東平。入汶上，焚康莊驛。攻兗州，距徐州百餘里，居人南渡。安慶巡撫史可法駐徐州。督察大學士劉宇亮、總督孫傳庭等會師於大城。大學士楊嗣昌請「移登、萊總兵于臨清，護南北倉。練郡縣鄉兵，改府佐爲將領，州佐爲守備，縣佐爲把總。否則裁儒學訓導一員補武秩，文武相兼，古制也」。上是之。建州兵攻滄州、青縣，趨天津。

二月，山東巡撫顏繼祖免，逮山東總兵倪寵，降內監高起潛三級、總督孫傳庭一級，督察大學士劉宇亮戴罪，尋削籍。時建州兵退，官兵屯滄州、鹽山。宇亮奏劾諸將尾敵不戰，因及總兵劉光祚。而楊嗣昌謀逐宇亮，故請誅光祚。適有武清之捷，宇亮下光祚武清獄以請，且告捷，上切責之，削籍。諸道兵逐戰，報斬三千餘級，總兵祖大壽、張進忠伏兵寶坻之楊家莊，邀斬千餘級，大抵逃回難民也。建州兵捆而東，避實走虛，西至青山口，總兵陳國威于喜峯口擊卻之，未出塞。

三月，建州兵趨豐潤，副總兵虎大威、楊德政禦卻之。京營各鎮兵戰於太平寨北，報捷。建州兵至冷口，以有備去之，復出青山口，踰日盡出塞。建州兵入口五月，轉掠二千里，下州縣七十餘城，雖羽書屢捷，實未嘗少挫也。

逮失事諸臣，以五案定獄。奪大學士楊嗣昌秩，仍令視事。巡按御史郭景昌上言：「濟南藩封之變，誰司中樞，而被禍至此？使當時倪寵勤王至德州，即令就近守濟甯，顏繼祖遄返，濟南未墟也。今繼祖、寵既逮當死，而嗣昌罪出其上，仍混辱朝班，議人之功罪，則功罪愈爲不明，何以懲前警後乎？」上以其黨同伐異，逮下獄。景昌復從獄中上言：「忠佞分途，止論臣言之當否，何論臣跡之異同！」上切責之，戍代州。已而敍卻敵功，復楊嗣昌大學士，薛國觀等各賜金幣，蔭子入監，內監曹化淳、盧九德等蔭錦衣衞指揮有差。

六月，上出復河套議，凡言不可復者皆入選。或曰：楊嗣昌密議棄遼東，故例以河套也。

八月，誅文武失事諸臣巡撫張其平、顏繼祖，總兵倪寵、陳國威，內監鄧希詔、孫茂霖等三十二人，陳祖苞先飲藥死。

十五年（壬午，一六四二）十一月，建州兵大舉入墻子嶺。先是，建州兵圍錦州踰年，洪承疇、祖大壽等力禦之，故不及闌入塞。承疇等既敗，遂舉兵大入，破遷安、三河，分道一趨通州，一自柳樹澗趨天津。甲戌，屯永平之臺頭。乙亥，攻通州，京師戒嚴，勳臣分守九門。戊寅，建騎克薊州，分往眞定、河間、香河。

閏十一月壬寅，建州兵入河間。明日，分向臨清。甲辰，克霸州，兵備僉事趙煇、同知丁師義、前常鎭道李時茺俱死之。尋入文安。丙午，自清苑趨長蘆。戊申，入臨清，又入阜城，殺知縣李大成。壬子，入景州。甲寅，克河間，參議趙珽、知府顏允紹、知縣陳三接死之。戊午，攻東昌，總兵劉澤清禦之，遂西攻冠縣。辛酉，建州兵自臨清分五道，孔有德、巢丕昌、祖洪基等分掠莘縣、館陶、高唐諸郡縣。壬戌，攻海豐。癸亥，攻張秋，其西路至大名不攻。甲戌，建州兵入沭陽，連克沂州、豐縣，殺知縣劉光先。蒙陰、泗水、鄒縣皆下。

十二月丁卯，建州兵自長垣趨曹、濮，別騎抵青州，入臨淄，知縣文昌時闔室自焚死。連破陽信、濱州，殺陽信知縣張予鄉。攻濟甯，守者拒卻之。癸酉，建騎入兗州，執魯王壽鏞，王自經。兵備王維新、知府鄧藩錫、副總兵丁文明、滋陽兵科都給事中范淑泰等死之。遂分兵上泰安、青州、魚臺、武城、金鄉、單縣，俱下。癸未，圍海州，進破滕縣、嶧縣、郯城。

十六年（癸未，一六四三）春正月，建州兵攻開州，自滑縣趨東昌。二月丁卯，畧壽光。明日，攻德州，入武定，又攻樂陵，入萊陽。殺故工部右侍郎宋玫、吏部郎中宋應亨、中書舍人趙士驥、知縣張宏德等，萊陽知縣陳顯際自經。先是，建州兵攻萊陽，玫等合禦卻之，已而置酒高會，或內應引敵，一夕陷。壬午，攻安丘，山東總兵劉澤清禦卻之。壬辰，建州兵出登、萊合軍。三月乙未，克順德，殺知府吉孔嘉。乙巳，克南宮。庚戌，取道彰德、順德北向。命嚴眞定、保定守備。癸亥，建州兵至易州之楊村。

夏四月甲子，建州兵北，折道畿內，經寶坻。丙子，至琉璃河。命各督撫扼勦毋逸。辛巳，戰於螺山，八鎭皆逃，惟步營兩監軍御史在，御史蔣拱宸飾功報捷。大學士周延儒自請督師出戰。癸未，賜宴武英殿。明日，出都門。丙戌，周延儒奏捷，報斬百餘級。時邊城既隳，子女玉帛捆載出入如織，卒無一矢加遺也。

五月庚子，馳賜周延儒金幣。延儒奏稱：「臣中夜冒警，自順義抵密雲，趨各督撫逐戰。東騎今俱出塞。」上溫旨勞之。

十七年（甲申，一六四四）春三月，李自成陷京師。遼東總兵平西伯吳三桂以建州兵入關。自成戰敗，遁。

傅以禮跋

海昌吳壽暘拜經樓藏書題跋記云：「舊鈔本紀事本末備遺二册，不分卷，亦無序目，撰人名截去。首册爲遼左兵端、熊王功罪、插漢寇邊，二册爲毛帥東江、錦甯戰守、東兵入口。凡六篇。」按是書體例全仿谷應泰明史紀事本末，祇篇末無論爲小異耳。觀卷中附註有詳流寇之亂、崇禎治亂等語，此兩篇乃谷書中子目。疑此書亦出其手，初爲一書，後以事關昭代龍興，恐有嫌諱，授梓時始别而出之，如鄒漪刻綏寇紀略特闕虞淵沈中、下兩篇，未可知也。故二百年來，寫本劚存，流傳甚尟，吳氏而外，儲藏家罕見著錄，惟近人東江遺事嘗引及之。拜經樓舊鈔今歸陸存齋觀察，此本卽從吳本傳錄。以所載皆補谷書之遺，依谷書一篇一卷之例，改題明史紀事本末補遺，定爲六卷。光緒三年歲次丁丑孟冬下浣，大興傅以禮節子氏識。

明史紀事本末補編

明史紀事本末補編目錄

明史紀事本末補編卷一

祕書告成

元至正二十六年（丙午，一三六六）五月，上命有司訪求古今書籍，藏之祕府。

吴元年丁未（一三六七）十一月，太史院劉基以所定戊申曆進。

洪武元年戊申（一三六八）春正月，中書省、御史臺以所修大明律令進。四月，命學士朱升等修女誡。

洪武二年（己酉，一三六九）八月，元史成。

洪武三年（庚戌，一三七〇）三月，置祕書監。九月，大明集禮成。凡朝會、燕享樂舞升降儀節，制度名數，纖悉備具，通計五十卷。（洪武十二年）〔十二月〕（按：洪武實錄卷五十九，洪武三年十二月辛酉，大明志書成」，茲據改），大明志成，編類天下山川、州郡形勢、降附始末。

洪武四年（辛亥，一三七一）正月，御史臺進擬憲綱四十條，上覽之，親加删定。七月，存心錄成。

洪武六年（癸丑，一三七三）正月，詔孔克表等取諸經要言以恆言釋之，名曰羣經類要。上命陶凱等采擇漢、唐以來藩王善惡爲書，名曰昭鑒錄，以頒賜諸王。五月，祖訓錄成，其目十有三：曰箴戒，曰持守，曰嚴祭祀，曰謹出入，曰愼國政，曰禮儀，曰法律，曰內令，曰內宮，曰職制，曰兵衞，曰營繕，曰供用。七月，宋濂奉詔搜萃歷代奸臣之蹟，編爲辯姦錄。十一月，詔刑部尙書劉惟謙詳定大明律。篇目一準之于唐令，六百有六條，分爲三十卷，命頒行天下。

洪武七年（甲寅，一三七四）五月，纂修大明日曆成。自上起兵臨濠，踐天位，以至六年冬十二月，凡征伐次第，禮樂沿革，刑政施設，羣臣功過，四方朝貢之類，莫不具載，合一百卷。詹同、宋濂率諸儒上進，命藏之金匱，其副藏于祕書監。濂等又請如唐太宗貞觀政要，分類更輯聖政爲書，自敬天至制蠻夷，釐爲五卷，名曰皇明寶訓。十一月，孝慈錄成，編定喪服之制。十二月，御註道德經成。

洪武八年（乙卯，一三七五）正月，宋濂以上所行關于政要者編集成書，曰洪武聖政記。二月，御製資世通訓成，凡十四章：君道、臣道外，凡民用、士用、工用、商用等十一章，皆申戒士庶之意。詔刊行之。三月，洪武正韻成。上以舊韻起于江左，多失正音，命學士樂韶鳳與諸廷臣以中原雅音校正之。

洪武十二年（己未，一三七九）閏五月，編春秋本末成。上以春秋本諸魯史，而列國之事錯見，究其終始，難于考索，乃命東宮文學傅藻等纂錄，分列國而類聚之，事之終始秩然有序，曰春秋本末。

洪武十三年（庚申，一三八〇）六月，臣戒錄成。時胡惟庸事覺，上乃命翰林纂錄歷代諸侯王、宗戚、宦官之屬悖逆不道者，凡二百十二人，備其行事，以類書之，名臣戒錄，頒布中外之臣。七月，罷祕書監，凡內府書籍悉翰林典籍掌之。

洪武十五年（壬戌，一三八二）正月，命翰林侍講火原潔等編類中外譯語。

洪武十六年（癸亥，一三八三）二月，命吳沉以敬天、忠君、孝親三事，類編成書，曰精誠錄。

洪武十七年（甲子，一三八四）閏十月，大明清類天文分野書成。

洪武十八年（乙丑，一三八五）十月，頒大誥。

洪武十九年（丙寅，一三八六）三月，頒大誥續編。省躬錄成，編漢、唐以來災異之應于臣下者。十月，頒志戒錄。采輯秦、漢、唐、宋爲臣悖逆者百有餘事，賜羣臣及敎官諸生講誦，使知鑒戒。十二月，頒大誥三編，上親序之。被誅貪贓官吏一切作奸犯科姓名，具列誥中。凡臣民要務，家藏人誦，以爲鑒戒。倘有不遵，遷于化外。其有大誥者，偶有所犯，減等科罪。

洪武二十年（丁卯，一三八七）二月，御註洪範成。

洪武二十一年（戊辰，一三八八）七月，頒武臣大誥。上以中外武臣出自戎伍，罔知憲典，往往麗法，乃親製大誥三十二篇以訓之。又以鉏麑、樊噲、金日磾、張飛、鍾會、尉遲敬德、薛仁貴、王君廓、僕固懷恩、劉鬫、王彥章等所爲善惡爲一編，曰武士訓戒錄。十一月，頒賜武臣保守勅。

洪武二十二年（己巳，一三八九）八月，更定大明律。

洪武二十三年（庚午，一三九〇）十月，詔刊韻會定正。時洪武正韻頒行已久，上以其字義音切未盡當，命翰林重加校正。學士劉三吾言：「前太常博士孫吾與所編韻書，本宋黃公紹古今韻會，凡字切必祖三十六母，音韻歸一。」因以其書進。上覽而善之，賜名韻會定正，命刊行之。命修孟子節文，凡不以尊君爲主，如「諫不聽則易位」及「君爲輕」之類，皆刪去。十二月，購遺書。

洪武二十五年（壬申，一三九二）八月，頒醒貪簡要錄于諸司。

洪武二十六年（癸酉，一三九三），諸司職掌成。頒示稽制錄于諸功臣，以遏其僭奢。十二月，輯歷代宗室諸王爲惡悖逆者，曰永鑑錄，以賜諸王。又輯歷代爲臣善惡爲勸懲者，別爲書，名曰世臣總錄，以頒示中外羣臣。

洪武二十七年（甲戌，一三九四），寰宇通（志）〔衢〕（按：洪武實錄卷二百三十四，洪武二十七年九月

「庚申，修寰宇通衢書成」，茲據改）書成。時天下道里縱一萬九百里，横一萬一千七百五十里，四彝不與焉。上以蔡氏書傳註說多未安者，命儒臣凡得者存之，失者正之，又集諸家之說，足其未備，名書傳會選。

洪武二十八年（乙亥，一三九五）閏九月，皇明祖訓成。十一月，禮制集要成。十二月，洪武志成。其書述都城、山川、地理、封域之沿革，宮闕之制度，壇廟、寺宇、街市、橋梁之建置更易，靡不具載。十一月，詔翰林院議定制度，凡官民房屋、墳塋等第，及食祿之家禁例爲書，名曰稽古定制。

洪武三十年（丁丑，一三九七）正月，頒爲政要錄，其書載文武官屬體統，及僉書案牘次第，軍士月給廩饍與宿衞之禁，屯田之政，凡十有三卷。五月，大明律誥成。

建文三年（辛巳，一四〇一）十二月，太祖高皇帝實錄成。

永樂元年（癸未，一四〇三）十二月，解縉奉勅修古今列女傳成。

永樂二年（甲申，一四〇四）四月，命侍臣輯古今嘉言善行有益于太子者，爲書以授太子，名文華寶鑑。三年六月，重修高皇帝實錄成。

永樂四年（丙戌，一四〇六）四月，命禮部遣使購求遺書。

永樂五年（丁亥，一四〇七）十一月，以仁孝皇后內訓賜羣臣，俾敎于家。上諭解縉等曰：

「天下古今事物，散載諸書，不易檢閱，朕欲悉采各書所載事物名數，聚類而統之以韻，庶便考索。嘗觀殷氏韻府等書，采擇不廣。爾等將自有書契以來，凡經、史、子、集、百家、天文、地志、陰陽、醫、卜、僧、道、技藝之言，備輯爲一書，毋厭浩繁。」縉等輯成于二年十一月，上之，賜名文獻大成。既而上覽其書，更多未備，復命姚廣孝等重修，至是始成，凡二萬二千二百一十一卷，一萬一千九十五本，更賜名永樂大典。上親製序以冠之。此書後竟以卷目太繁，不及刊布而廢。

永樂七年（己丑，一四〇九）五月，賜皇太子聖學心法書。

永樂八年（庚寅，一四一〇）十月，上以皇孫生長深宮，欲其知稼穡之艱難，因巡行北京，命之侍行，使歷觀民情風俗，及田野農桑勞苦之事。且舉太祖創業之難，及往古興亡可爲鑑戒者，以致飭勵之意，名務本之訓云。

永樂十三年（乙未，一四一五）九月，五經、四書、性理大全書成。先是，十二年十一月，上諭胡廣、楊榮、金幼孜曰：「五經、四書皆聖賢精義要道，傳註之外，諸儒議論有發明餘蘊者，爾等采其切當之言，增附于下。其周、程、張、朱諸君子性理之言，如太極圖、通書、西銘、正蒙之類，皆六經之羽翼。然各自爲書，未有統會，爾等亦聚類成編。三書務極精備，庶垂後世。」至是書成，上親序之，命禮部刊刻，頒行天下。上以璽書諭皇太子，令翰林儒臣黃淮、楊士奇等采古名臣奏疏彙錄，以便觀法。至十四年十二月書成，上覽而嘉之，賜名歷代名臣奏議。

永樂十七年（己亥，一四一九）三月，爲善陰隲、孝順事實二書成。先是，上閱載籍，遇有爲善獲報者，命近臣輯錄之，得百六十五人，名爲善陰隲。尋復輯錄古今孝順之事，可以垂訓者，得二百七十人，名孝順事實。上皆製序冠之，命賜諸王羣臣，及國子監、天下學校。九月，上嘗覽列仙傳，因命侍臣博采，重加纂輯，賜名神仙傳。上親製序冠之。

洪熙元年（乙巳，一四二五）五月，修成祖文皇帝實錄成。閏七月，修仁宗昭皇帝實錄。

宣德元年（丙午，一四二六）四月，御製外戚事鑒及歷代臣鑒二書成。

宣德三年（戊申，一四二八）二月，御製帝訓及官箴二書成。

宣德五年（庚戌，一四三〇）重修玉牒成。

正統三年（戊午，一四三八）四月，宣宗章皇帝實錄成。

正統十年（乙丑，一四四五）三月，五倫書成，凡六十二卷。

景泰五年（甲戌，一四五四）七月，詔頒君鑒錄于羣臣。吏部侍郎李賢擇其善爲可法者二十二君，每君擇取最切要者三四事，集爲鑒古錄，上之。

天順五年（辛巳，一四六一）四月，大明一統志成。先是，永樂中，令夏原吉等纂修天下郡縣志未成，景泰中，更名寰宇通志，修成未刻，天順三年，更名大明一統志，令李賢等重修，至是成，凡九十卷，遂刊布焉。

成化三年（丁亥，一四六七）八月，英宗睿皇帝實錄成。

成化十二年（丙申，一四七六）十一月，續資治通鑑綱目成。景泰五年，勅儒臣倣朱文公例，纂修宋、元史書，上接資治通鑑綱目。至是成，上爲之製序。

成化十四年（戊戌，一四七八）五月，儒臣編輯御製詩集成，凡四卷，五百八十九首。

成化十八年（壬寅，一四八二）十二月，御製文華大訓成，訓皇太子。

弘治四年（辛亥，一四九一）八月，憲宗純皇帝實錄成。

弘治十三年（庚申，一五〇〇），問刑條例成。時法司苦累朝條例繁多，上命删定畫一，頒中外行之。

弘治十六年（癸亥，一五〇三）正月，大明彙典成。先是十年，上以累朝典制未會于一，乃勅儒臣分館編集之，其義一于諸司職掌爲主，使官各領其屬，而事皆歸于職，以備畫一之制，至是成，凡一百八十卷。命大學士李東陽等修歷代通鑑纂要。十月，南京兵部郎中婁性上皇明政要四十篇。

正德四年（己巳，一五〇九）五月，孝宗敬皇帝實錄成。

嘉靖七年（戊子，一五二八）六月，明倫大典成。是年頒御製敬一箴、程子視聽言動箴（註）、范氏心箴（五）註（按：明史卷九八藝文志載「世宗敬一箴一卷，注程子四箴、注范浚心箴共二卷」，茲據刪補）于學校。

嘉靖九年（庚寅，一五三〇），御製正孔子祀典說成。

萬曆元年（癸酉，一五七三），帝鑑圖說成。

明史紀事本末補編卷二

科舉開設

洪武三年（庚戌，一三七〇）五月初一日，詔曰：「朕聞成周之制，取材于貢士，故賢者在職，而其民有士君子之行，是以風淳俗美，國易爲治，而教化彰顯。及宋科舉取士，各有定制，然俱貴詞章之學，未求六藝之全。至于前元，依古設科，待士甚優。而權豪勢要之官或納奔競之人，辛勤歲月，輒竊士祿，所得資品或居士人之上。懷材抱德之賢，耻于並進，甘隱山林而不起。風俗之敝，一至于此。今朕統一中國，外撫四夷，與斯民共享昇平之治。所慮官非其人，有傷吾民，願得君子而用之。自洪武三年八月爲始，特設科舉，以取懷材抱德之士，務在明經行修，博古通今，文質得中，名實相稱。其中選者，朕將親策于廷，觀其學識，品其高下，而任之以官。果有材學出衆者，待以顯擢。使中行文武皆由科舉而選，非科舉毋得與官。敢有遊食奔競之徒，坐以重罪，以稱朕責實求賢之意。所有合行事宜，條列于後：

一，鄉試、會試文字程式：第一場，試五經義，各試本經一道，不拘舊格，惟務經旨通暢，限五百字以上。易，程、朱氏註、古註疏；書，蔡氏傳、古註疏；詩，朱氏傳、古註疏；春秋，左氏、公羊、穀梁，胡氏、張洽傳；禮記，古註疏。四書義一道，限三百字以上。第二場，試禮樂論，限三百字以上，詔誥表箋。第三場，試經、史、時務策一道，惟務直述，不尙文藻，限一千字以上。第三場畢後十日面試。騎，觀其馳驟便捷；射，觀其中數多寡；書，觀其筆畫端楷；律，觀其講解詳審。殿試，時務策一道，惟務直陳，限一千字以上。

一，出身：第一甲第一名，從六品；第二、第三名，正七品；賜進士及第。第二甲一十七名，正七品，賜進士出身。第三甲八十名，正八品，賜同進士出身。鄉試，各省幷直隸府、州等處，通選五百名爲率。人材衆多去處，不拘額數。若人材未備，不及數者，從實充貢。河南省四十名，山東省四十名，山西省四十名，陝西省四十名，北平省四十名，福建省四十名，江西省四十名，浙江省四十名，湖廣省四十名，廣西省二十五名，在京鄉試直隸府、州一百名。

一，會試額取一百名。

一，高麗、安南、占城等國，如有經明行修之士，各就本國鄉試貢赴京師會試，不拘額數選取。

一，開試日期：鄉試，八月初九日第一場，十二日第二場，十五日第三場。會試，次年二月初九日第一場，十二日第二場，十五日第三場。殿試，三月初三日。

一，三年一次開試。

一，各省自行鄉試，其直隸府、州，赴京鄉試。凡舉，各具籍貫、年甲、三代本姓，鄉里舉保甲，行省印卷。鄉試中者，行省咨解中書省，判送禮部，印卷會試。

一，仕宦已入流品，及曾于前元登科仕宦者，不許應試。其餘各色人民拼流寓各處者，一體應試。有過罷閑吏役、娼優之人，並不得應試。

一，應舉不第之人，不許諠鬧，摭拾考官，及擅擊登聞鼓，違者究治。

一，凡試官不得將弟男子姪親屬徇私取中，違者赴省、臺指實陳告。

一，科舉取士，務在全材。但恐開設之初，騎、射、書、算未能徧習，除今科免試外，候二年之後，須要兼全，方許中選。

於戲！設科取士，期必得乎全材；任官惟能，庶可成于治道。咨爾有衆，體朕至懷，故茲詔示，想宜知悉。」

按：洪武三年庚戌始開科，就試者鄉舉士百二十三人，中式者七十二人。主試則御史中丞劉基、治書侍御史秦裕伯，同考則翰林侍讀學士詹同、宏文館學士睢稼、起居注樂韶鳳、尚寶丞吳潛、國史編修宋濂，而序錄出于濂。中式士未及會試，悉授官。

洪武四年(辛亥,一三七一),京畿鄉試。兵部尚書吳琳、國子司業宋濂主試,濂仍爲序。合諸省之士會試,凡二百人,中式者百二十人。知貢舉官:右丞相忠勤伯汪廣洋、右丞相胡惟庸。主文:禮部尚書陶凱等。考試:侍讀學士詹同、司業宋濂等。監試:御史孔希魯等。提調并印卷:禮部尚書楊訓文等。受卷:吏部主事林光弼。彌封:兵部主事許方。謄錄:蘇州教授貢顥之。對讀:翰林應奉。文字:唐肅。此外,又有監門、搜檢、巡綽、供給主事,及掌行科舉文字省掾令史。廷試總調:則前汪廣洋、胡惟庸。讀卷:祭酒魏觀、博士孫吾與、給事中李顧、修撰王僎。監試:御史馬貫、徐汝舟。掌卷:工部員外郎牛諒。受卷:工部主事周寅。彌封:祕書監丞陶誼。對讀:尚寶丞魏潛、編修蔡元。提調:前陶凱、楊訓文。

是歲,取中俞友仁等。廷試,賜吳伯宗、郭翀、吳公達及第。狀元授員外郎,餘及出身俱授主事,同出身授縣丞,會元亦授縣丞。

洪武六年(癸丑,一三七三),暫罷會試。

洪武十七年(甲子,一三八四)三月戊戌朔,命禮部頒行科舉成式。凡三年大比,子、午、卯、酉年鄉試,辰、戌、丑、未年會試。場期經義與前詔同。其考試官、同考試官,官出金幣,先期敦聘。監試、彌封、對讀、受卷,皆擇居官清愼者充之。試卷正草各用紙十二幅。試日黎明，舉人入場，每人用軍一人守之。至晚給燭三枝。文字迴避御名廟諱，及不許自敍門地。彌封編號作三合字。謄錄官用硃，考試官用墨。是秋九月，應天府奏中式者廖孟瞻一百二十九人，內多國子生。上悅，命有司出榜原籍旌之。

洪武十八年乙丑（一三八五），會試。待詔朱善前、典籍聶鉉爲考試官。取黃子澄第一，練子寧次之，花綸又次之。綸，浙江解元也。及廷試，綸第一，子寧次之，子澄又次之。既啓封，上自以夢用丁顯爲狀元，子寧如故，綸第三。抑子澄三甲，爲庶吉士。然三人俱授修撰。亡何，子澄亦擢修撰。賜二甲進士馬京等編檢、中書舍人、紀善有差。其諸進士觀政翰林院丞，敕監近侍衙門者，采書經「庶常吉士」之義，稱「庶吉士」。六部俱稱「進士」。

洪武二十一年戊辰（一三八八），會試。翰林院編修蘇伯衡、李叔荆爲考試官，取中施顯等。廷試擢任亨泰第一，第二人卓敬，第三人盧原質。按：是歲解縉年十九，中三甲進士，改庶吉士。

洪武二十三年庚午（一三九〇），賜應天府考試官傅箕、蘇伯衡、謝南、毛瀚鈔各十錠，中式舉人黃文史等五十人各二錠。

洪武二十四年辛未（一三九一），天下會試者六百六十人，取中許觀等三十一人。廷試仍賜許觀第一，張顯宗次之，吳言信又次之。上以連科狀元出太學，召祭酒宋訥面褒焉。

洪武二十七年甲戌（一三九四），會試。取中彭德等。廷試賜張信及第。

洪武三十年丁丑（一三九七），會試。翰林院學士劉三吾、吉府紀善白信蹈爲考試官，取宋琮等五十一人。廷試，賜閩縣陳䢿爲首，吉安尹昌隆、會稽劉謂次之。

時大江以北無登第者，下第諸生疏言：「三吾等南人，私其鄉。」上怒，命詞臣再考落卷，文理長者第之。于是侍讀張信、侍講戴彝、右贊善王俊華、司直郎張謙、司經局校書嚴叔載、正字董貫、長史黄章、紀善周衡、蕭揖及䢿、昌隆，人各閲十卷。或言：「劉、白囑信等以陋卷進呈。」上益怒，親賜册問。擢韓克忠、王恕、焦勝六十一人及第有差。韓、王授修撰、編修，焦行人司副。信等俱磔殺之，三吾以老謫戍，䢿、謂安置威虜，惟赦戴彝、尹昌隆。䢿取回爲司賓司儀署丞，復殺之。宋琮拜御史。

建文（二）〔元〕（據國榷卷十一改）年己卯（一三九九），命文學博士方孝孺、太常少卿高巽志主應天試，取中劉政等。

建文（三）〔二〕（據國榷卷十一改）年庚辰（一四〇〇），會試。禮部左侍郎兼學士董倫、太常少卿高巽志爲考試官，取中吴溥等。王艮策第一，以貌不及胡廣，又廣策多斥親藩，遂擢廣第一，改名靖，艮第二。是歲得人最盛，如胡及二楊、胡濙俱登顯要，爲時名臣。而艮能殉節，尤可重也。

永樂二年甲申（一四〇四），會試。侍讀學士解縉、侍讀學士黄淮爲考試官，取禮樂制度爲問，欲求博洽之士，惟曾棨卷記獨詳，上喜，有御批擢第一。第二、第三周述、周孟簡，從昆弟也，亦皆有御批，授修撰、編修等官。仍于二甲擇文學優長楊相等五十一人，及善書湯流等十人，俱改翰林院庶吉士。

至次年正月，復命學士解縉、庶吉士楊相等及曾棨等二十八人于文淵閣肄業，時人謂之「二十八宿」。進士周忱自陳年少願進學，上喜，命增入之。是歲，人知選二十八人，不知初爲六十一人也。

永樂三年乙酉（一四〇五），翰林學士王景、侍讀學士王達主應天試。

永樂四年丙戌（一四〇六），會試。侍讀學士王達、司經局洗馬楊溥爲考試官，取中朱縉等。廷試賜林環、陳全、劉表及第。改進士江殷等十二人爲庶吉士，仍取乙榜舉人廷試，擢周翰等三人進學翰林，餘除學官。

永樂六年戊子（一四〇八），翰林院修撰李貫、檢討王洪主應天試。

永樂七年己丑（一四〇九），侍講鄒緝、左春坊徐善述爲考試官，取中陳燧等。皇太子以副榜第一孔謬爲左中允，賜出身。御史劾出題孟子節文、尙書洪範九疇偏題。緝等俱下獄。又復取下第胡概等十餘人。時上幸北京，俱寄國子監讀書。至辛卯始廷試，賜蕭時中、苗衷、黄暘及第，俱爲修撰。改進士楊慈等十一人爲庶吉士。

永樂十年壬辰（一四一二），翰林院侍講楊士奇、右諭德金幼孜爲考試官，取中林誌等。廷試賜馬鐸、林誌、王鈺及第，進士蔣禮等十七人改庶吉士。誌，福建解元也。

永樂十二年甲午（一四一四），北京行部請鄉試，命侍講曾棨、左中允鄒緝主之。皇太子命編修楊溥、周述主應天鄉試。

永樂十三年乙未（一四一五），始詔天下舉人會試北京。命修撰梁潛、王洪爲考試官。初拆卷，得陳循第一名，以鄉人避嫌，改置第二，定洪英爲第一。第五名王翺，鹽山人也，上喜得畿輔士，以布衣召見，賜酒食。既廷試，復賜陳循、李貞、陳景著及第，改進士洪英、王翺等六十一人爲庶吉士。

永樂十五年丁酉（一四一七），北京行部請鄉試，命侍講王洪、左中允鄒緝主之。尋出洪爲主事，改命侍講王英。皇太子命侍講梁潛、陳全主應天試。

永樂十六年戊戌（一四一八），會試。侍講學士曾棨、侍講王英爲考試官，取中董璘等。廷試賜李騏、劉江、鄧珍及第。騏初名馬，上自改之。取進士周敍等十六人爲庶吉士。

永樂十八年庚子（一四二〇），命侍講鄒緝、王英主順天試。皇太子命修撰張顯、編修陳仲完主應天試。

永樂十九年辛丑（一四二一），會試。左春坊大學士楊士奇、侍講周述爲考試官，取中陳中等。廷試賜曾鶴齡、劉矩、裴倫等及第。改原籍譯書進士衞恕等十五人爲庶吉士。

永樂二十一年癸卯（一四二三），侍講王英、修撰林誌主順天鄉試。

永樂二十二年甲辰（一四二四），會試。侍講學士曾棨、侍講余鼎爲考試官，取中葉思等。廷試賜邢寬、梁湮、孫曰恭及第。先是，孫第一，嫌曰恭字拙，曰孫字不如邢寬，用朱書塡黄榜，一時稱異事云。取進士徐賢等六人爲庶吉士。

宣德元年丙午（一四二六），諭德林誌、侍講余學夔主應天試。上親征漢王，順天不及試。

宣德二年丁未（一四二七），會試。命行在太常寺卿、翰林院學士楊溥，左春坊大學士兼侍讀學士曾棨，爲考試官，取中趙鼎等。廷試賜馬愉、杜寧、謝璉及第。命進士王玉琳等九十六人歸家進學，原譯字邢恭爲庶吉士。

宣德四年己酉（一四二九），侍講王直、侍讀李時勉主順天試。侍讀錢習禮、修撰劉永清主應天試。

宣德五年庚戌（一四三〇），會試。命行在侍講學士王英、侍讀錢習禮爲考試官，取中陳紹等。廷試賜林震、林文、龔錡及第，選葉錫等八人爲庶吉士。是歲，試錄禮部尚書知貢舉，稱總提調，由舉人者皆稱貢士。

宣德七年壬子（一四三二），侍讀周述、錢習禮主順天試。侍讀李時勉、苗衷主應天試。

宣德八年癸丑（一四三三），會試。致仕少保、大學士黄淮以謝恩至京，命與少詹事王直爲考試官，取中劉哲等。廷試賜曹鼐、趙恢、鍾復及第。選進士尹昌等六人爲庶吉士。至十一月，復選進士徐珵等十三人爲庶吉士。俱命王直教之。

宣德十年乙卯（一四三五），侍讀學士李時勉、侍講高穀主順天試。侍讀周述、苗衷主應天試。

正統元年丙辰（一四三六），侍讀學士王直、侍講學士陳循爲考試官，取中劉定之等。廷試賜周旋、陳文、劉定之及第。改王鑑十三人爲庶吉士。是歲，詔增鄉試、會試取士額，行在禮部議增會試爲百五十人，上定順天、應天百人，浙江、福建六十人，江西六十五人，河南、廣東五十人，湖廣五十五人，山東、四川四十五人，陝西、山西四十人，廣西三十人，雲南二十人。

正統三年戊午（一四三八），侍讀學士曾鶴齡、洪璵主順天試。學士錢習禮、侍讀陳詢主應天試。是歲，順天初場失火，試卷有殘缺，詔更試。

正統四年己未（一四三九），會試。行在禮部左侍郎王直、行在翰林院學士錢習禮爲考試官，取中楊鼎等。廷試賜施槃、楊鼎、倪謙及第。鼎，陝西解元。槃，時年二十三，不久而卒。

正統六年辛酉（一四四一），侍讀學士陳循、侍講陳用主應天鄉試。

正統七年壬戌（一四四二），會試。侍講學士王英、侍讀學士苗衷爲考試官，取中姚夔等。賜劉儼、呂原、黄諫及第。是歲，刑部吏南昱中三十三名，松陵驛丞鄭溫中一百二十一名。

正統十年乙丑（一四四五），會試。學士錢習禮、侍讀馬愉爲考試官，取中商輅等。廷試賜商輅、周洪謨、劉俊及第。輅乃三元一人也。

正統十二年丁卯（一四四七），侍讀習嘉言、侍講邢寬主順天試。侍講王一寧、檢討錢溥主應天試。

正統十三年戊辰（一四四八），會試。命工部右侍郎兼翰林院學士高穀、侍講杜寧爲考試官，取中岳正等。廷試賜彭時、陳鑑、岳正及第。改萬安等二十九人爲庶吉士。

景泰元年庚午（一四五〇），侍讀學士劉鉉、侍講陳文主順天試。侍講吳節、劉定之主應天試。

景泰二年辛未（一四五一），會試。戶部右侍郎兼翰林院學士江淵、修撰林文爲考試官，取中吳匯等。廷試賜柯潛、劉昇、王倎及第。改進士吳匯二十二人爲庶吉士。俱于東閣讀書。先是，戶科給事中李侃等言：「今年會試，禮部奏准取士不分南北，南人文詞豐贍，取者恆多。洪熙元年，仁宗命大臣楊士奇等定議，南卷十六，北卷十四。今禮部妄意更變，乞敕更會議。」禮部以爲頃者詔書科舉，自景泰元年爲始，一遵永樂年間例行。查得永樂數年，凡八科，皆不分南北。乞敕翰林院定議。命遵詔書行，侃等所言不允。是歲，廷試，王越卷爲風飛去，復給卷成之。

景泰四年癸酉（一四五三），侍讀學士陳詢、左中允呂原主順天試。侍讀彭時、右庶子趙恢主應天試。

景泰五年甲戌（一四五四），會試。兵部左侍郎、翰林院學士、左春坊大學士商輅，洗馬李紹，爲考試官，取中彭華等。廷試賜孫賢、徐溥、徐轄及第。選進士邱濬等十八人爲庶吉士。

景泰七年丙子（一四五六），侍讀劉儼、編修黃諫主順天試。內閣大學士陳循、王文奏言：「循子瑛，文子倫不中式，爲考官忽略之故。又出題偏駁，犯宣宗御諱。第六名林挺硃卷無批語。」詔禮部同大學士高穀覆驗。上有旨：「劉儼等考試不精，但無私弊，俱宥之。林挺幷該房考官下錦衣衞獄，鞫問情實。王倫、陳瑛明年俱准會試。」于是，有「欽賜舉人」之謠。給事中張寧等亦劾循、文罪當誅斥。有旨：「陳循、王文輔導有年，豈可以一事之失，遽加之罪，姑貸之。」少保高穀面斥循，文不自安，乞致仕，得旨慰留。

修撰柯潛、編修劉俊主應天試。

天順元年丁丑（一四五七），會試。禮部左侍郎兼學士薛瑄、通政司左參議兼侍講呂原爲考試官，取中夏積等。廷試賜黎淳、徐瓊、陳秉中及第。

天順三年己卯（一四五九），學士劉定之、倪謙主順天試。侍讀學士錢溥、侍講萬安主應天試。

天順四年庚辰（一四六〇），會試。學士呂原、修撰柯潛爲考試官，取中陳選等。廷試賜王一夔、李永通、鄭環及第。一夔後改姓謝。選進士劉健等十四人爲庶吉士。是科，閻禹鈞以國子監學正同考，有下第舉人訴呂原等徇私。上試之，皆不稱，囊三木于禮部前以徇。

天順六年壬午（一四六二），修撰陳鑑、劉宣主順天試。修撰劉吉、檢討邢讓主應天試。

天順七年癸未（一四六三），會試。學士陳文、修撰柯潛爲考試官。試日大火，焚死者九十餘人，主試官俱越牆免，改期以八月。學士彭時、侍讀錢溥取中吳鉞等。

天順八年甲申（一四六四），廷試，賜彭敎、吳鉞、羅璟及第。選李東陽、劉大夏、倪岳等十八人爲庶吉士。東陽年十八。倪岳年二十，學士謙子。

成化元年乙酉（一四六五），侍讀學士吳節、學士柯潛主順天試。侍讀邱濬、編修彭華主應天試。

成化二年丙戌（一四六六），會試。侍讀學士劉定之、學士萬安爲考試官，取中章懋等。廷試賜羅倫、程敏政、陸簡及第。選進士劉瀚等二十五人爲庶吉士。是歲，羅倫以上疏論李賢不奔喪，久之，章懋、莊泉、黃仲昭以諫元宵燈火，俱得罪外謫，時號「翰林四諫」。

成化四年戊子（一四六八），侍講學士李泰、侍讀彭華主順天試。侍讀陳鑑、尹直主應天試。

成化五年己丑（一四六九），會試。侍讀學士劉珝、劉吉爲考試官，取中費誾等。廷試賜張昇、丁溥、董越及第。選進士張璲等十八人爲庶吉士。

成化七年辛卯（一四七一），左諭德王獻、侍讀尹直主順天試。洗馬楊守陳、侍讀徐瓊主應天試。

成化八年壬辰（一四七二），會試。禮部左侍郎兼學士萬安、洗馬江朝宗爲考試官，取中吳寬等。廷試賜吳寬、劉震、李仁傑及第。

成化十一年乙未（一四七五），少詹事徐溥、侍講學士邱濬爲考試官，取中王鏊等。廷試賜謝遷、劉戩、王鏊及第。

成化十三年丁酉（一四七七），洗馬鄭環、侍講彭敎主順天試。庶子劉健、侍讀周經主應天試。

成化十四年戊戌（一四七八），會試。命禮部尚書翰林院學士劉吉、學士彭華爲考試官，取中梁儲等。廷試賜曾彥、楊守阯、曾追及第。踰月，改進士梁儲等二十八人爲庶吉士。時進士張瀠年十七，楊廷和年十九。

成化十六年庚子（一四八〇），右庶子楊守陳、右諭德陸簡主順天試。洗馬羅璟、侍講李東陽主應天試。

成化十七年辛丑（一四八一），會試。命學士徐溥、王獻爲考試官，取中趙寬等。廷試賜王華、黃珣、張天瑞及第。

成化十九年癸卯（一四八三），學士倪岳、侍讀董越主順天試。諭德張昇、侍講商良臣主應天試。

成化二十年甲辰（一四八四），會試。詹事彭華、庶子劉健爲考試官，取中儲瓘等。廷試賜李旻、白鉞、王勑及第。

成化二十二年丙午（一四八六），侍講學士李東陽、諭德傅瀚主順天試。庶子汪諧、諭德程敏政主應天試。

成化二十三年丁未（一四八七），會試。兵部尚書、翰林院學士尹直，右諭德吳寬，爲考試官，取中程楷等。廷試賜費宏、劉春、徐瑞及第。改進士程楷等三十人爲庶吉士。是歲，尹直作試錄序，云：「宣德丁未，大學士楊士奇議會試取士分南、北卷，北四南六。既而以百乘除，各退五爲中卷。是年以言者，又各退二以益中數」云。

弘治三年庚戌（一四九〇），會試。文淵閣大學士徐溥、少詹事汪諧爲考試官，取中錢福等。廷試賜錢福、劉存業、靳貴及第。

弘治五年壬子（一四九二），諭德楊守阯、洗馬梁儲主順天試。庶子王鏊、洗馬楊明主應天試。

弘治六年癸丑（一四九三），會試。侍講學士李東陽、少詹事陸簡爲考試官，取中汪俊等。廷試賜毛澄、徐穆、羅欽順及第。改進士顧清等二十人爲庶吉士。

弘治九年丙辰（一四九六），會試。詹事謝遷、侍讀學士王鏊爲考試官，取中陳瀾等。廷試賜朱希周、王瓚、陳瀾及第。改進士顧潛等十八人爲庶吉士。

弘治十一年戊午（一四九八），諭德王華、左中允楊廷和爲考試官，主順天試；洗馬梁儲、侍讀劉機主應天試。

弘治十二年己未（一四九九），會試。文淵閣大學士李東陽、詹事府禮部右侍郎程敏政爲考試官，取中倫文敘等。廷試賜倫文敘、劉龍、豐熙及第。是歲，給事中華昶、林廷玉論敏政鬻題。敏政門人徐經居平竊窺策問，爲其同年解元唐寅說，由是各舉答無遺。寅疎狂，矜得上第，爲二給事論劾，併敏政下獄。經自誣服，賻敏政家人得之。獄成，敏政致仕，經、寅俱充吏。

弘治十五年壬戌（一五〇二），會試。吏部左侍郎兼學士吳寬、侍讀學士劉機爲考試官，取中魯鐸等。廷試賜康海、孫清、李廷相及第。改進士胡煜等十九人爲庶吉士。是歲，禮部尚書傅瀚等各以他事阻，吏部左侍郎王鏊代知貢舉。

弘治十八年乙丑（一五〇五），會試。太常寺卿兼學士張元禎、侍讀學上楊廷和爲考試官，取中董玘等。廷試賜顧鼎臣、董玘、謝丕及第。改進士崔詵等三十人爲庶吉士。是歲，相傳孝宗于內殿祈籲眞才。

正德二年丁卯（一五〇七），學士劉春、吳儼主順天試。侍讀傅珪、顧淸主應天試。

正德三年戊辰（一五〇八），會試。武英殿大學士王鏊，吏部尚書、翰林院學士梁儲，爲考試官，取中邵銳等。廷試賜呂柟、景暘、戴大賓及第。時焦芳子黃中二甲第一，劉宇子仁第四，皆逆瑾黨也。因刻黃中及三甲第一胡纘宗策，俱授翰林院檢討。改仁及邵銳、黃芳爲庶吉士。踰月，俱超擢。後瑾敗誅，黃中、仁爲民，銳、芳、纘宗俱坐貶。或傳鎖院後，瑾以片紙書五十人姓名，欲登第，主司不敢拒，唯唯而已。瑾曰：「先生輩恐奪賢者路耶？」卽開科額三百五十人，皆上第。

正德五年庚午（一五一〇），學士傅珪、毛澄主順天試。學士蔣冕、侍讀朱希周主應天試。是歲庚午。

正德六年辛未（一五一一），吏部尚書、武英殿大學士劉忠，吏部右侍郎兼翰林院學士靳貴，爲考試官，取中鄒守益等。廷試賜楊愼、鄒守益、余本及第。踰月，改進士許承名三十三人爲庶吉士。楊愼，廷和子也。或曰：新都以子預試，請迴避，不允。而首相長沙密以策題示愼，所對獨詳，遂爲冠首。

正德八年癸酉（一五一三），侍講學士吳一鵬、左中允劉龍主順天試。右諭德倫文敘、左中允賈詠主應天試。

正德九年甲戌（一五一四），會試。吏部尚書、謹身殿大學士梁儲，學士毛澄等，爲考試官，取中霍韜等。廷試賜唐皐、蔡昂、黃初及第。初，貴溪人，朱寧惡大學士費宏，譖于上，云「私其鄉人」。罷官。

正德十一年丙子（一五一六），左諭德顧鼎臣主順天試。侍講學士李廷相、左諭德溫仁和主應天試。

正德十二年丁丑（一五一七），戶部尚書、武英殿大學士靳貴，少詹事顧清，爲考試官，取中倫以訓等。廷試賜舒芬、倫以訓、崔桐及第。改進士汪佃等三十四人爲庶吉士。

正德十四年己卯（一五一九），侍講學士劉龍、右諭德豐熙主順天試。學士汪俊、侍講李時主應天試。

正德十五年庚辰（一五二〇），會試。禮部左侍郎兼學士石珤、侍講學士李廷相爲考試官，取中張法等。時武廟南巡，及秋而還。辛巳夏五月，世宗登極，始廷試，賜楊維聰、張鍼、費懋中及第。選進士廖道南二十五人爲庶吉士。

嘉靖元年壬午（一五二二），侍講溫仁和、穆孔暉主順天試。侍講董玘、崔鑾主應天試。

嘉靖二年癸未（一五二三），會試。戶部、謹身殿大學士蔣冕，吏部尚書、翰林院學士石珤，爲考試官，取中李舜臣等。廷試賜姚淶、王敬、徐階及第。

嘉靖五年丙戌（一五二六），會試。禮部尚書、武英殿大學士賈泳，詹事董玘，爲考試官，取中趙時春等。廷試賜龔用卿、楊惟傑、歐陽衢及第。是歲，禮部尚書席書疏言：「彌封官不得擇卷送，讀卷官退朝直宿禮部。」詔曰：「可，著爲令。」改進士袁袞等二十三人爲庶吉士。明年十月，詔以庶吉士爲部屬科道，而陸〔粲〕（據國榷卷五十三補）居首，僅得給事中，其次部屬，又次御史，其江以潮、楊恂爲評事，李元陽以下爲知縣。蓋大學士張璁等意也。

嘉靖七年戊子（一五二八），左庶子方鵬、右庶子韓邦奇主順天試。洗馬張潮主應天試。是歲，諸省鄉試，用科、部等官二人主考。

嘉靖八年己丑（一五二九），會試。吏部尚書、謹身殿大學士張孚敬，詹事霍韜，爲考試官，皆大禮貴人也。張距登進士八年耳。初變文格，以簡古爲主。其程式，文僅三百言。取中唐順之等。廷試賜羅洪先、程文德、楊名及第。御批洪先等六策，俱刻錄中。是歲，大學士楊一清等考庶吉士，以唐順之等十九人進呈。居數日，有旨：「邇年大臣徇私，選取市恩立黨，唐順之等一體除用。有才學優卓者，吏部舉奏，收之翰林，以備擢用。」

嘉靖十年辛卯（一五三一），侍讀學士吳惠、右贊善蔡昂主順天試。學士席書、中允孫承恩主應天試。

嘉靖十一年壬辰（一五三二），會試。少詹張潮、侍讀學士郭維藩爲考試官，取中林春等。廷試賜林大欽、孔天允、高節及第。先是，禮部尚書夏言疏正文體，詔可。廷試日，會儀制司約束申諭，諸士咸拱聽。大欽以後至，不及聞，起不用對冒。吏部尚書汪鋐得而奇之，以示孚敬，定爲第三。既進呈，御批第一。欽時年二十有二。第二名孔天允，以王親例補外，爲湖廣提學僉事。是歲，改庶吉士，已選錢亮等二十二人矣。上閱卷，見彌封官姓名，疑有私，遂報罷。復選呂懷等三十一人，以顧鼎臣教習。

嘉靖十三年甲午（一五三四），侍講學士廖道南、侍讀張袞主順天試。右諭德倫以訓、右贊善張治主應天試。

嘉靖十四年乙未（一五三五），會試。侍講學士張璧、侍講學士蔡昂爲考試官，取中許穀等。廷試賜韓應龍、孫陞、吳山及第，俱有御批。是歲，幷李機等九人策皆刻之。四月內禮部請考庶吉士，詔于文華殿大門外，親書御題考試。大學士李時會、吏部尚書汪鋐、禮部尚書夏言等選進士李機、趙貞吉等三十人，陞顧鼎臣爲禮部尚書，敎之。後又益以吏部左侍郎張邦奇。

嘉靖十六年丁酉（一五三七），侍讀學士姚淶、左中允孫承恩主順天試。右諭德江汝璧、洗馬歐陽衢主應天試。是歲，應天府試錄，考試官批語失列名，對策多譏訕。江汝璧、歐陽衢令錦衣衞官逮治。提調監試府尹孫懋等南京法司究問。所取生儒不許會試。汝璧謫市舶提舉。衢謫南雄府判。

禮部尚書嚴嵩奏：「廣東試錄聖謨、帝、懿、四郊、上帝，俱不擡頭。及稱陳白沙、倫迂岡有失君前臣名之義，宜治罪。」得旨：「學政王本才等，布政使陸杰等，按察使蔣淦等，俱命巡按御史逮問。」

嘉靖十七年戊戌（一五三八），會試。禮部尚書顧鼎臣、吏部左侍郎張邦奇爲考試官，取中袁煒等。廷試賜茅瓚、羅瑾、袁煒及第，皆御筆親定，不由閣擬。

嘉靖十九年庚子（一五四〇），左庶子童承敍、右庶子楊維傑主順天試。學士張治、諭德襲用卿主應天試。

嘉靖二十年辛丑（一五四一），會試。禮部尙書、學士溫仁和，侍讀學士張袞，爲考試官，取中林時聲等。廷試賜沈坤、潘晟、邢一鳳及第。改進士高儀等二十八人爲庶吉士。

嘉靖二十二年癸卯（一五四三），左中允秦鳴夏、左贊善浦應麒主順天試。侍讀華察、中允閔如霖，應天主試。

是歲，上覽山東鄉試錄，第五問防邊策，內含譏訕，下禮部參看，覆請治罪。教授周鑛、監臨御史葉經、提調布政陳儒，俱差錦衣衛逮治至京究治。降儒等邊方雜職，廷杖經八十爲民，經死杖下。

嘉靖二十三年甲辰（一五四四），會試。禮部尙書、學士張潮，庶子江汝璧，爲考試官。時潮入貢院，以病死，輿尸出。考試唯江一人，而試錄後序屬同考修撰茅瓚，取中瞿景淳等。廷試賜秦鳴雷、瞿景淳、吳情及第。少傅翟鑾二子汝孝、汝儉皆第，鑾辭讀卷，不許。既試進呈，上擬汝儉等在首甲，抑第三卷寘二甲第四，拆封，果汝孝也。上又夢聞雷，遂拔鳴雷爲狀元。

刑科給事中王交、王堯日論劾少詹江汝璧、修撰沈坤、編修彭鳳、歐陽喚、員外郎高節，朋私通賄，有壞制科。翟鑾以內閣首臣二子汝儉、汝孝旣聯中鄉試，又聯中會試。崔奇勳乃汝儉等師，焦清與汝儉結婚，又同受業。四人者，會試俱一號。汝孝、汝儉、奇勳皆彭鳳所取。歐陽喚亦汝儉等師。本同經，又改看書經，跡若引嫌，實陰助。尋卷及沈坤之取中陸煒，高節之取中彭謙、江一中，皆以納賄。乞明正其辜。且論順天鄉試主考秦鳴夏、浦應麒阿奉翟鑾之罪。其章下吏部都察院參看。鑾隨疏自理，請特降題目，命部院大臣覆試。上怒曰：「鑾被劾不候處分，肆行擾辨，二子縱有奇才，豈可分明並用！恣肆如此，部院參治，不許回護。」部院覆請，下汝璧于理，究明情罪。上以跡弊明顯，遂勒鑾幷汝儉、汝孝、奇勳、清及鳳、喚俱爲民。汝璧等鎮撫司逮問。已，法司會鞫，謂汝璧、鳴夏、應麒各阿取輔臣之子，然實非賄。坤之取煒，節之取一中，亦然。獨彭謙實以校尉張岳賄節五百金而中。監察御史王珩、沈越失于糾察，罪亦難逃。疏上，得旨：「杖汝璧、鳴夏、應麒六十，革職閑住不敍。珩、越降一等，調外任。節、岳充軍。謙爲民。坤、一中、煒仍留供職。」

嘉靖二十五年（丙午，一五四六），左中允李本、右贊善吳山主順天試。右中允孫陞、侍讀郭朴主應天試。是年丙午。

嘉靖二十六年丁未（一五四七），會試。吏部左侍郎兼學士孫承恩、張治爲考試官，取中胡正蒙等。廷試賜李春芳、張春、胡正蒙及第。選進士孫世芳、張居正等二十五人爲庶吉士。

嘉靖二十八年己酉（一五四九），侍讀康太和、檢討閻樸主順天試。侍讀敖銑、修撰黃廷用主應天試。

嘉靖二十九年庚戌（一五五〇），會試。禮部尚書、文淵閣大學士張治，吏部左侍郎、翰林院學士歐陽德，爲考試官，取中傅夏器等。賜唐汝楫、姜金和、呂調陽及第。

嘉靖三十一年壬子（一五五二），侍讀郭樸、修撰秦鳴雷主順天試。修撰尹臺、郭鎜主應天試。

嘉靖三十二年癸丑（一五五三），會試。禮部尚書、東閣大學士徐階，侍講學士敖銑，爲考試官，取中曹大章等。廷試賜陳謹、曹大章、溫應祿及第。是歲，特開科，凡四百人。改進士張四維、王希烈二十八人爲庶吉士。

嘉靖三十四年乙卯（一五五五），諭德王維禎、侍講袁煒主順天試。侍讀嚴訥、潘晟主應天試。

嘉靖三十五年丙辰（一五五六），會試。禮部尚書、文淵閣大學士李本，少詹事尹臺，爲考試官，取中金達等。廷試賜諸大綬、陶大臨、金達及第。

嘉靖三十七年戊午（一五五八），學士董份、侍讀高拱主順天試。侍講瞿景淳、陳陞主應天試。

嘉靖三十八年己未（一五五九），會試。吏部右侍郎掌詹事府事李機、太常寺少卿兼翰林院學士嚴訥爲考試官，取中蔡茂春等。廷試賜丁士美、毛惇元、林士章及第。

嘉靖四十年辛酉（一五六一），洗馬裴宇、侍讀胡正主順天試。侍讀吳情、胡杰主應天試。禮科給事中邱岳等參奏：「應天錄文，既已傳布，考試官吳情屢行更易，胡杰不行救正，乞分別究治。」得旨：「俱調外任。」情得廣東市舶提舉，杰得廣平府判。人言籍籍。情同邑第者十餘人，其家僮泄題而遁，非有他也。自是兩人皆不振，南畿之在翰林者，不得入南試，以爲例。

嘉靖四十一年壬戌（一五六二），戶部尙書、武英殿大學士袁煒、吏部右侍郎掌詹事府事董份爲考試官，取中王錫爵等。廷試賜申時行、王錫爵、余有丁及第。是歲，罷考庶吉士。

嘉靖四十三年甲子（一五六四），侍講林爊、檢討殷士儋主順天試。侍讀汪鏜、右中允孫世芳主應天試。世芳以病卒于貢院，輿屍出，同考官吏部主事蔡國珍代爲後序。是歲，給事中辛自修、鄧楚望、御史羅元祐交章劾冒籍章禮等五人，關節監生項元深三人。疏下禮部議，獨黜冒籍陳道箴、呂祖望回籍充附，禮等行原籍勘實。高堂、項元深以覆試文可，俱准中式。堂，戶部尙書高燿子也。考官陳洙俱不坐。

嘉靖四十四年乙丑（一五六五），會試。以學士高拱、侍讀學士胡正蒙主試，取中陳棟等四百人。廷試賜范應期、李自華、陳棟及第。改進士陳懿德等二十八人爲庶吉士。

隆慶元年丁卯（一五六七），右諭德丁士美、右中允張世維主順天試。左諭德王希烈、右中允孫鋌主應天試。

是年，應天革去皿字號，南監中式僅數人，致噪考官數百人。事聞，逮治爲首沈應龍等數人，如法遣戍。監生編號依舊行。

隆慶二年戊辰（一五六八），會試。吏部尚書、建極殿大學士李春芳，禮部尚書殷士儋，爲考試官，取中田一儁等四百人。廷試賜羅萬化、黄鳳翔、趙志皐及第。係內批，不因閣擬。改進士陳于陛、沈一貫等三十人爲庶吉士。

隆慶四年庚午（一五七〇），侍講丁仕美、修撰申時行主順天試。侍講馬自強、侍讀陶大臨主應天試。

隆慶五年辛未（一五七一），會試。吏部尚書、建極殿大學士張居正，吏部左侍郎兼學士呂調陽，爲考試官，取中鄧以讚等四百人。廷試賜張元忭、劉瑊、鄧以讚及第。改進士趙用賢等三十人爲庶吉士。

萬曆元年癸酉（一五七三），左諭德王錫爵、左中允陳經邦主順天試。左中允范應期、右中允何洛文主應天試。是歲，少師張居正子嗣文在湖廣者得薦，其試順天者懋修不得薦。

萬曆二年甲戌（一五七四），會試。禮部尚書、武英殿大學士呂調陽，吏部左侍郎兼學士王希烈，爲考試官，取中孫鑛等三百人。廷試賜孫繼臯、王應選、余孟麟及第。

萬曆四年丙子（一五七六），右中允何洛文、右贊善許國主順天試。右中允戴珣、右贊善陳思育主應天試。是歲，內閣張居正次子張懋修中順天試，呂調陽子興周中廣西試，張四維次子嘉徵中山西試。

萬曆五年丁丑（一五七七），會試。禮部尚書、東閣大學士張四維，詹事申時行，爲考試官，取中馮夢禎等四百人。懋修、興周復與焉。廷試，張居正、呂調陽、王崇古以子嫌辭讀卷，不允。賜沈懋學、張嗣修、曾朝節及第。是歲，嗣修原擬在第二甲第二，上拆卷得之，拔置一甲第二，大璫馮保與有力焉。改進士沈自邠二十八人爲庶吉士。

萬曆七年己卯（一五七九），左諭德陳思育、洗馬周子義主順天試。右中允高啓愚、侍講羅萬化主應天試。是歲，張居正子敬修，湖廣鄉試中式。

萬曆八年庚辰（一五八〇），會試。禮部尚書、文淵閣大學士申時行，禮部右侍郎兼學士余有丁，爲考試官，取中蕭良有等三百人。時懋修與其兄敬修、次輔張四維子嘉徵，俱中式。敬修即嗣文更名。廷試，居正、四維以子嫌請回避，不允。賜張懋修、蕭良有、王廷譔及第。懋修有兄敬修，良有有弟良諭，廷譔有弟廷諭，俱同榜，若爲之湊巧者。

萬曆十年壬午（一五八二），右庶子朱賡、侍講韓世能主順天試。贊善沈鯉、修撰沈懋孝主應天試。是歲，新首輔張四維子甲徵中山西鄉試第三名，太宰王國光子亦與舉。次輔申時行子用懋中順天試第六名，次子用嘉復中浙江試。

初，外議籍籍，皆謂楚解元必居正少子。會居正故，不果。復中少宰王篆之子衡，南京亦中篆之子鼎。篆，居正所幸也。于是，南京給事中疏論居正前私其子嗣修、懋修、敬修登第，而并及篆二子，又及監試、主考等官。有旨：「以居正、篆權姦諸子俱勒爲民。」而不究試事。

萬曆十一年癸未（一五八三），會試。禮部尚書、文淵閣大學士余有丁，掌詹事府吏部左侍郎許國，爲考試官，取中李廷機等。廷機，福建解元也。廷試，張四維、申時行以子甲徵、用懋嫌辭讀卷，不允。賜朱國祚、李廷機、劉應秋及第。時御史魏允貞疏論二相子不當中，二相俱有疏辭甚峻。允貞坐外謫。改進士史孟麟、葉向高等二十八人爲庶吉士。

萬曆十三年乙酉（一五八五），禮部覆科場疏：「諭該禮科等衙門萬象春等題議前事。一，先期題請京考，命詞臣二員往典厥事。嘉靖六年，奏准各省鄉試，比照兩京事例，遣京官二員前去主考，一時號爲得人。乃行之二科，輒以報罷，則以監臨主考，禮節小嫌，今應議復。一，重內簾之官，各省聘教官之卓有文行者，而以本省甲科有司監臨，臨時揀選充同考試官。程式文義，主司稍一删潤足矣，不必窮年累月，躬自撰擬。硃墨二卷，一併解部，以憑覆覈。文理不通者，量行奏斥一二，以示戒懲。其有物議經參奏者，不問大臣民間子弟，會同原奏官覆試。其被參稱病在逃者，即行除名。」得旨：「依議。」是年，左諭德張一桂、洗馬陳于陛主順天試。右諭德于慎行、右中允李長春主應天試。分命修撰孫繼皐等主浙江、江西、福建、湖廣。餘用六科給事中，各部員外郎、主事有差。是歲，浙人胡正道等冒通州籍入學，得中者八人。都士鬨然不平，飛語內聞。上命法司勘奏，發原籍爲民者六人。并疑馮詩、章維寧會館主考張一桂所，復下法司審究。該勘得詩與維寧館張不過數月，家貧而其試卷又非獨出張手，委無隱情。疏上，上終以爲扶同，斥張一桂，改南京別衙門。詩與維寧各枷示，發爲民。命各省嚴查冒籍新舉子，復原籍爲諸生及爲民者，亡慮十餘人。說者爲順天府生員張元吉，父故富商，交通宦倖，飛語以此聞宮闈云。

前甲申御史丁此呂追論高啓愚主試應天時，出題「舜亦以命禹」，爲阿附故太師張居正，有勸進受禪意，爲大不敬。得旨：「免究矣。」吏部參論此呂，謫外。遂奪啓愚官，削籍還里，并收其三代誥命。諸大臣與言路相持者久之。

萬曆十四年丙戌（一五八六），會試。禮部尚書、文淵閣大學士王錫爵，掌詹事府吏部左侍郎周子義，爲考試官，取中袁宗道等。是歲，以言官請，取中三百五十人。廷試賜唐文獻、楊道賓、舒宏志及第。宏志係巡撫舒應龍子，年十九歲，策奇麗甚，語多刺時政，侵及言官之横者，大臣惜而不敢置前。上從進呈最末卷拔之，中外驚異稱服。四月，會選袁宗道、王圖、黄汝良等十八人爲庶吉士。是歲，南京禮科給事中朱維藩極論新陞司業沈懋孝，前壬午主應天試，得安福劉士理、丹陽賀學禮、上海王尙行、嘉興包文熠各銀千餘兩，取中鄉試，及阿附故權姦王篆，濫取其子之鼎。詔勒懋孝解官回籍，聽候發落，而命各巡按押解各舉人赴京覆試。再閱月俱至，試午門前閣部，錦衣衛官俱在。劉士理等四名文理平通，准應會試。賀學禮發爲民。學禮，實房考教官所鬻也。懋孝降補兩淮運判，不赴。監場御史林應訓、張一鯤以故爲王篆子道地貼號及先後，勒爲民。

萬曆十六年戊子（一五八八）七月，命左庶子劉元震、洗馬劉楚先主應天試。八月，命右庶子黄洪憲、盛訥主順天試。第一名王衡，大學士錫爵子也。五魁皆出太學。而第二名張文柱，第三名董其昌，第四名鄭國望，皆一時同會名士。自是，兩京用翰林，浙江、江西、福建、湖廣用一翰林、一給事中，山東用給事中部屬，河南、陝西、廣東用吏禮等部屬，雲、貴、四川用部屬中書行人，充正副考試官。巡按御史耑職簾以外，竟爲例。兩京各省考試官，人衆不勝書，有關節議論者，則特書之。各省解額，亦遞增不勝書，惟取會試各科備志端委，然未免爲微辭也。九月，北城御史毛在疏論中式舉人李鼎係國子監生李一鶚，按察副使遜子也。初嚷呴南場，考官問黜，改名入試。斥爲民。南京兵科給事中杜麋參中應天一百三名王國光係前科胡正隨，冒籍通州，中順天鄉試已經斥奪者。奉旨着巡按衙門查明問革。

萬曆十七年己丑（一五八九）正月，禮部郎中高桂奏稱：「科場一事，自張居正挾私啓倖，至今貽玷官裳，唾罵未已。若近日兩京主考詞臣，資次相挨，人得預擬，遂植私交。如昨年戊子鄉試，順天以右庶子黃洪憲，憲往預于入簾之先具疏謂：『私揭中傷，閱卷去取，全由同考，與夫彌封對讀，改竄之弊，乞行申飭』等因。衆論愕然，以爲何嘵嘵若此。詢之，咸謂『今科兩浙富人、三吳巨室必在前列，洪憲之疏，不得不先爲張本』。至榜出，大半符合前言矣。及問遺失已中式卷，益信前言有據矣。毋乃先去以滅其跡乎？奉旨追尋閱月，茫無下落，抑不知所中者眞耶僞耶？以甲爲乙，移花接木，所不免也。舊例，草稿不完者，先行貼出。今第四名鄭國望，稿止五篇，巍然高掇。第十一名李鴻，論語篇腹中有一『囡』字，吳人土音以生女爲囡。又孟義大結云：『呼僞而可以爲囡。』其爲關節明甚。第二十三名屠大壯孟義大結云：『之、噲者流，與唐、虞爭烈。』中庸篇云：『道之端由此造，其知乎？道之端由此造，其能乎？』至後場以『創』作『瓶』，以『闢』作『璧』，以『蜉蝣』爲『浮游』，大率不通類此。他若二十一二名茅一桂、潘之惺，二十八名任家相，三十二名李鼎，七十名張毓塘，卽數字數句之疵謬，不堪過求，然亦嘖有煩言矣。臣又有說焉，自故相張居正諸子後先並進，而一時大臣之子遂無有見信于天下者。今輔臣王錫爵子，素號多才，豈不能致身青雲之上，而人爲之疑信相半也。乞將榜首王衡與茅一桂等一同覆試，庶可以信今而傳後矣。」奉旨：「着禮部查明，不必覆試。」該大學士申時行等疏懇覆試，以昭公道。事奏，舉人李鴻等還行覆試。鴻，時行壻也。奉聖旨：「卿等懇請覆試，具見公愼，高桂本內有名舉人，着禮部同都察院科道官當堂覆試，看閱具奏。」錦衣衞還差官與高桂一同巡視，該禮部左侍郎于愼行等，會同都察院等衙門都御史等官吳時來等，于禮部公同揭書出題覆試，隨將原卷從公品隲。看得七卷文理平通，一卷文理亦通，各貼浮籤實封，隨本進呈。奉聖旨：「這覆試舉人，你們既同會看閱，文理俱通，都准會試。」

隨該刑部雲南司主事饒伸疏謂：「邪臣朋奸欺君，徇私滅法，懇乞聖斷，以培公道，以快人心事。竊照科目者，國家所以鼓舞天下大權，君不得以私諸臣，父不得以私諸子，法至公也。古之奸臣，惟唐達奚恂中楊國忠二子，宋湯思退中秦檜之子若孫，此亦曠世一見耳，未有如今日之甚者。自舒鰲、何洛文中張居正之子，人猶以爲駭也。及三子連占科名，輔臣乃遂成故事。于是戴光啓、沈自邠並收二相子，而恬不知怪。然未有通關節如黃洪憲之爲者，以爲一第不足以爲重，則居然首矣。勢高者無子則錄其壻，利重者非子則及其孫矣。洪憲情狀已見于陛辭一疏，幸有禮臣高桂之發其奸也。乃覆試之日，多不能成文者，吳時來不分可否，輒曰通得，竟爾朦朧擬請。伏乞乾斷，將覆試原卷下九卿、科、道從公細閱，量留一二可錄者，以示聖恩。重治黃洪憲，爲欺罔者戒。吳時來附勢滅法，王錫爵庇黨恃勢，均乞罷斥。」奉聖旨：「王衡等已經覆試，若有欺蔽，同閱科道豈無言者。饒伸這厮，妄言排擊大臣，顯是黨護高桂，着拏送鎮撫司，究問朋黨主使來說。」鎮撫司覆奏，得旨：「既究問明白，饒伸僉邪小人，誣謗大臣，本當重處。念輔臣奏救，姑着革了職爲民。高桂雖爲主使，亦是朋黨，着降二級調邊方用。」時吏科給事中史孟麟亦疏論洪憲、時來。

二月，命禮部尚書、建極殿大學士許國，詹事府掌府事、吏部左侍郎王宏誨，充考試官，取中陶望齡等。廷試賜焦宏、吳道南、陶望齡及第。五月，改進士王肯堂、劉曰寧、黃輝、董其昌二十二人爲庶吉士。

萬曆二十年壬辰（一五九二），會試。禮部右侍郎、掌詹事府事陳于陛，詹事府詹事、掌院事盛訥，爲考試官，取中吳默等。廷試賜翁正春、史繼偕、顧天埈及第。選進士楊繼禮、陳懿典等二十二人爲庶吉士。

萬曆二十三年乙未（一五九五），會試。禮部尚書、文淵閣大學士張位，吏部左侍郎、掌詹事府事劉元震，爲考試官，取中湯賓尹等。廷試賜朱之蕃、湯賓尹、孫慎行及第。選進士郭淐、劉一焜等二十二人爲庶吉士。

萬曆二十六年戊戌（一五九八），會試。戶部尚書、武英殿大學士沈一貫，禮部右侍郎兼學士掌院事曾朝節，爲考試官，取中顧啓元等。廷試賜趙秉忠、邵景堯、顧啓元及第。選進士周道登、溫體仁等二十二人爲庶吉士。

萬曆二十九年辛丑（一六〇一），會試。吏部右侍郎兼學士馮琦、禮部右侍郎兼學士曾朝節爲考試官，取中許獬等。廷試賜張以誠、王衡、曾可前及第。選錢象坤、鄭以偉等二十二人爲庶吉士。

萬曆三十三年乙巳（一六〇五），禮部尚書、東閣大學士朱賡，禮部右侍郎、掌院事唐文獻，爲考試官，取中楊守勤等。廷試賜楊守勤、孫承宗、吳宗達及第。選進士駱從宇、邱士毅等二十二人爲庶吉士。

萬曆三十五年丁未（一六〇七），會試。禮部右侍郎兼學士楊道賓、禮部右侍郎兼侍讀學士黃汝良爲考試官，取中施鳳來等。廷試賜黃仕俊、施鳳來、張瑞圖及第。選錢龍錫、成基命等二十二人爲庶吉士。

萬曆三十八年庚戌（一六一〇），會試。吏部右侍郎兼侍讀學士蕭雲舉、王圖爲考試官，取中韓敬等。廷試賜韓敬、馬之騏、錢謙益及第。是歲，罷選庶吉士。庶子湯賓尹領易一房，會元宿名，二主考虛心聽之。中韓敬第一。敬亦才士，但原拜賓尹爲門生，賓尹素竦易，場中得其卷，輒對各房曰：「此韓某卷也。」及拆卷果然。出場時，下第諸舉人甚噪。王圖遂于試錄序云：「唐、宋選士，必得惇愿寡交遊之人，賓尹序韓敬行卷，亦有『池中蘂賓鐵躍起』之語，朝議執以相訾。」或曰：「係平昔課文筆意相習，非由賄賂關節。」賓尹益不自收斂，抨駁朝局，引黨相攻。次年辛亥，遂掛京察。敬後幷掛察，兩人遂中廢。然羣工爲此分朋，亦競十餘年矣。

萬曆四十一年癸丑（一六一三），會試。禮部尚書、文淵閣大學士葉向高，吏部左侍郎兼翰林院學士方從哲，爲考試官，取中周延儒等。廷試賜周延儒、莊奇顯、趙師尹及第。選孔貞時、蕭命官等二十二人爲庶吉士。

萬曆四十四年丙辰（一六一六），會試。禮部尚書、東閣大學士吳道南，禮部尚書、掌詹事府事劉楚先，爲考試官，取中沈同和等。廷試賜錢士升、賀逢聖、林釬及第。是歲，揭榜後，吳中士子見沈同和爲元，甚譟考官馬首。同和首篇文全係坊刻，而賄買編號，與趙鳴陽連席，代爲完卷者。二主考暨房考韓光祜俱自劾檢舉，革去同和名，與趙鳴陽下法司，俱問遣。是科會試錄竟無第一名，從第二名起。時鳴陽亦中第六名，未廷試問革。停選庶吉士。

萬曆四十七年己未（一六一九），會試。吏部右侍郎兼侍讀學士史繼偕，禮部右侍郎、協理詹事府事韓爌，爲考試官，取中莊際昌等。廷試賜莊際昌、孔貞運、陳子壯及第。選顧錫疇、姜曰廣二十二人爲庶吉士。

天啓二年壬戌(一六二二),會試。禮部尚書、文淵閣大學士何宗彥,朱國祚等,爲考試官,取中劉必達等。廷試賜文震孟、傅冠、陳仁錫及第。選蔣德璟、倪元璐、方逢年、李明睿等三十六人爲庶吉士。是歲會試四百名。

天啓五年乙丑(一六二五),會試。吏部尚書、建極殿大學士顧秉謙,魏廣微,爲考試官,取中華琪芳等。廷試賜余煌、華琪芳、吳孔嘉及第。選楊汝成、王廷垣等二十二人爲庶吉士。是歲,顧秉謙令家人大索與選者賄,有應有不應。魏廣微幾欲發其事,有調劑者乃止。

崇禎元年戊辰(一六二八),會試。吏部尚書、中極殿大學士施鳳來,張瑞圖,爲考試官,取中曹勳等。廷試賜劉若宰、(某某)〔何瑞徵〕(按:據進士題名碑錄,崇禎元年戊辰科第二名何瑞徵,茲據補)、管紹寧及第。選徐汧、朱統鉓等二十二人爲庶吉士。宗室之登甲榜,自壬戌朱慎鍙始。館選自是歲統鉓始。當爲忌者所攻,改中書。至辛未,具疏自列,部覆仍還館員。

崇禎四年辛未(一六三一),會試。戶部尚書、武英殿大學士周延儒,何如寵,爲考試官,取中吳偉業等。廷試賜陳宇泰、吳偉業、夏曰瑚及第。選馬世奇、羅大任等二十二人爲庶吉士。

崇禎七年甲戌(一六三四),會試。吏部尚書、建極殿大學士溫體仁,吳宗達,爲考試官,取中李清等。**廷試賜劉理順、吳國華、楊昌祚及第，理順係未呈卷御覽特拔者。**是科，敕以推知行取者考授館員，罷選庶吉士，以爲例。宗室額中二名，另編字號。

崇禎十年丁丑（一六三七），會試。禮部尚書、文淵閣大學士張至發，孔貞運，爲考試官，取中吳貞啓等。廷試賜劉同升、陳之遴、趙士春及第。同升非由閣擬進呈，卷在後，御覽特拔者。

崇禎十三年庚辰（一六四〇），會試。又增宗額一名。吏部尚書、武英殿大學士薛國觀，蔡國用，爲考試官，取中楊瓊芳等。瓊芳，句容人，廣東揭陽敎諭也。廷試賜魏藻德、葛世振、高汝儼及第。傳臚之先日，召諸士平臺咨對，言詞明爽者趙玉森等五員，授御史。奏對稍明者董國祥等九員，授吏、兵二部主事。

崇禎十六年癸未（一六四三），會試。大學士陳演、魏藻德爲考試官，取中陳名夏等四百人。廷試賜楊廷鑑、宋之繩、陳名夏及第。

野史氏曰：尙書云：「詢事考言，乃言底可績。」又曰：「敷奏以言，明試以功。」今之科舉，卽考言、明試意也。

明祖以馬上得天下，其風虎雲龍，佐命諸臣，皆兔罝魚釣之徒，僅李善長、宋濂、劉基用文命顯，然勝國之遺也。馬上得，不可以馬上治，設科進士，烏容已乎。或曰：成周雋里選，兩漢舉孝廉，抑可通行歟？曰：叔世也，而詐僞萌起。舍高棘重簾，封名易書，孰能爲至公！必此而君不得而私其臣，父不得而私其子，乃亦有不免私一二於千百者，然覺則爲世戮辱矣。

於戲！讀高皇帝庚戌詔書云：「賢者在職，而其民有士君子之行。」聖謨洋洋大哉！頒布條格範圍，萬世不能外。惟數額漸增，則薪槱棫樸作人之盛，勢有不得不增焉。朝廷重科目，士豈用科目重乎？有所以重科目者，三百年得失之林，居然可鏡矣。

明史紀事本末補編卷三

西人封貢

元順帝遁沙漠瓦剌地，其後世世長沙漠，曰瓦剌可汗。在宣德時，曰普花。有大酋長二：曰阿魯台，曰脱驩，皆元宗室子。永樂封阿魯台爲和寧王，脱驩爲順寧王。二酋死，脱驩有子曰也先，并有其衆，部落强盛。普花亦娶也先妹以自固。也先終弑普花以自立。也先死，部落離散。普花之後曰小王子，住牧西北邊，美水草，富饒佚樂，帳中多珍寶，殘元大内物也。小王子雖號君長，不能攝諸部。其支屬曰土蠻，世世强大，曰「虎墩兎憨」。虎墩兎憨者，華言可汗也。小王子從父曰吉囊、曰俺答，皆驍桀擁大衆，分地牧。吉囊駐迤西，並河套，抵關中，地肥饒。俺答駐迤東，自豐州直宣、大，最貧，故喜爲抄掠。俺答復寘趄兎於薊邊，其士馬横行沙漠矣。土蠻駐牧東北邊，直開原、廣寧，土确，不能富强，益東北徙，駐帳舊遼陽。子孫生聚日蕃衍，衆可四十萬，有八大部，皆衣皮，鬚髮卷䃯如蝟毛，鬅鬆赭然，邊人稱爲「黄毛皮襖達子」云。吉囊子十人，各萬騎。俺答亦有十萬餘騎。嘉靖己亥、辛丑，連年入山西太原，剽殺吏民以萬計。吉囊鹵忻、代倡伎，縱淫樂，髓竭死。諸子不相屬，分居西北邊套中。俺答日益強，長子黄台吉，臂偏短，善用兵，衆咸畏服之過於父。丙午，寇宣府，總督翁萬達檄大同總兵周尙文禦却之。萬達丁艱去，尙文亦卒。庚戌，入塞，薄都城。咸寧侯仇鸞議開馬市，俺答嗜中國財物，互市頗不絕，然所易無良馬，時時伺隙盜邊。仇鸞死，罷馬市。比歲入遼東，殺總兵岳懋、殷尙質；圍大同，總督楊選、王忬皆逮繫論死。大帥或死或誅，十八年間凡十五更置云。其精兵戴鐵浮圖，馬具鎧，長刀大鎧粲冰雪。叛人邱富、趙全日夜敎之火食屋居，攻下諸墩堡，俺答終不樂屋居，而衆亦畏暑，故雖闌入，而未嘗據之。俺答老而荒于色，寵二妾，妾各子一人。棄其舊妻妾，與異居，予寵妾子各萬騎。俺答長疑內有變，以故不敢深入。俺答長子黄台吉日夜扼捥，曰：「老奴有此衆，而槁首沙漠，可恥也。」俺答孫曰把漢那吉，俺答第三子鐵背台吉之子也，幼孤，俺答故愛之，俺答妻尤暱愛之。把漢那吉納妾焉，而妾美，俺答奪取之，把漢那吉怒。那吉有阿爹阿爹，胡人爲乳公。曰阿力哥，亦有怨于俺答，因說把漢那吉率妻奴八人竄走入塞下，請內附。是時，隆慶四年庚午九月也。

那吉既入塞，俺答妻日下涕泣，曳柴以擊俺答頭，駡之曰：「汝不能歸吾孫，卽中國須要汝頭，吾且與之矣。」宣大總督王崇古、巡撫方逢時飛遞以聞。書上，閣臣請以那吉易我叛人趙全等。學士高拱貽書崇古曰：「虜酋款塞，乃中國機利也。索而與之，則示弱損威；

不歸之與殺之，亦結釁起恨。苟明言易叛，執還其愛孫，易我數叛人，是與夷狄爲市也，甚失中國之體矣。虜雖來附，自當厚撫之，豐其供億，俾那吉喜過望。彼阿力哥者，既能嗾那吉使來，其人良可用，負罪老酋，當不敢言歸，推誠以結之，令盡力于我。予之一官，以佐那吉，世受賞賚，爲吾屬夷，以名號雄沙漠間，二酋必悅。老酋既聞吾之厚其親也，雖擁兵以來，我則嚴兵諭之曰：『我厚撫汝孫，汝弗知德而擁兵以來，能無愧耶？』黃台吉素恨老酋偏愛其少子也，少子之子南來，必咎平昔之偏釁此雛也，不肯爲盡力。老酋愛其孫，必歸之，勢必弭耳求順。吾姑未許之，而揚言曰：『若犯我中國久矣，非自致，孰信其誠也耶？』又使人間諷之曰：『若苟縛趙全等以獻，朝廷信汝誠，那吉可歸矣。否則，無計也。』老酋果以獻，吾乃與之言曰：『若果誠信也，今而後胡越一家，吾歸汝孫，以娛暮年。』在我非要挾之求，在彼戴天恩之大，庶乎其可耳。」崇古既得虜情，驛書上聞，請假把漢那吉冠帶，示優異，以繫老酋心。下兵部議，廷論洶洶，兵部不敢主其事。拱力持之，乃上悉如崇古言。奉詔：「虜酋慕義來降，其授把漢那吉指揮使，阿力哥正千戶，各賞大紅紵絲衣一襲，鎮臣加意綏養，以需後命。」趙全等則嗾俺答擁重兵壓宣府，索那吉，更召黃台吉犯大同。十月朔，黃台吉以二萬騎入平虜堡，直逼大同，頗有殺鹵。大同巡撫方逢時遣譯者土忽智入虜營諭黃台吉。黃台吉亦遣帖木舍來見逢時於城頭。逢時犒之，諭以把漢那吉所在。黃台吉扱營出邊，去向洪州。巡按宣大御史姚繼可劾逢時通虜，下兵部議。兵部奏：「虜酋執叛乞降之時，正撫臣臨機設策之日。夷情不可盡洩，祕計亦難自明。但當觀其後效，果于事無成，自難逭罪，如於國有益，便錄其功，豈得先事預責，何以善後？」乃命逢時供職如故。高拱力持于中，衆議既息。崇古遣譯人鮑崇德宣諭虜營，備述朝廷不殺那吉之仁，及賞賚爵服之恩厚。責俺答召黃台吉入犯之罪。俺答唯唯。崇德更告以趙全等奸逆搆亂，許以執叛納款，可歸汝孫。俺答大喜，屏左右語崇德曰：「本圖封貢，邱富、趙全等給我當有天下，連年用兵不休。幸我孫投順天朝，蒙恩不殺，加恩賞賚，始知中國有道。天朝誠許歸我孫，願執趙全等以贖罪。我今已老，天朝封我一王號，統攝北邊，誰敢不服。更量給鍋、布以爲生，永無侵犯，長奉職貢矣。」卽遣二夷丁隨崇德入邊。崇古備奏其事，詔曰：「虜酋輸誠，願執送叛人，具見恭順。其孫准遣還，仍賞綵段四表裏，布百疋。封貢事，督、撫、鎮、巡官更詳議以聞。」十一月旬有三日也。拱語齎奏者曰：「那吉是三品官，可用緋袍、金帶、褐蓋、朱旗以送之。傳語俺答：『那吉是天朝官人，好視之，毋聽他人言，凌賤之也。』」十九日，俺答縛趙全、李自馨、猛谷王、趙龍、劉四、馬西川、呂西川、呂小老八人送入邊。二十一日，督、撫承旨遣那吉還。俺答見孫，相持感泣，脫胡帽南嚮稽顙，而求封貢益切。崇古以書報拱，請斬趙全等于塞上。拱語其使曰：「諸叛罪通天，當俘獻于朝，法司審鞫，明正典刑。方今忌功者多，訛言易起，若斬之於邊，今日殺全，明日多言其僞矣。阿力哥亦當留之，恐老酋甘心此人，有傷國體。待封貢成，遣之往來，諭老酋不得加害，庶乎可也。」乃篋輿傳趙全等至都。獄成，上遣官祭告郊廟，臨朝受俘，磔於市，傳首九邊。

崇古封貢之疏至，下兵部議，衆論紛然。言官多排崇古。兵部奏令崇古更議，崇古持前議甚力。兵部又覆令九卿、科、道會議，各有異詞。拱慮虜使候旨不得，久或生變，乃令中書官簡閣中所藏成祖封忠順、忠勇王故事，勅諭賚錫故草具存。召職方郎至閣，持以示廷臣。拱乃盡絀衆議，大言于朝曰：「今之紛紛動以宋事講和爲辭，不知宋弱虜強，宋求虜，故爲講和。今虜納貢稱臣，是臣服之也，何謂和！」又謂：「虜必渝盟，累年內犯，直抵郊圻，豈封貢致之哉？諸臣徒見事體重大，發言相左，倘後不諧，云已言之，以自卸責，豈爲國忠計哉！」兵部乃如總督疏議上。詔下禮部定封爵。封俺答爲順義王，加昆都力哈黃台吉官都督同知，賜獅子蟒衣綵幣表裏有差。賜之印以相傳。勅加指揮、千百戶六十三員，定互市。

套虜吉能亦款塞乞封貢，三邊總督上其事，請許其封貢，不許互市。高拱曰：「三邊、宣大一有異同，則市于此者寇于彼，是兩僨也。」兵部奏如俺答例，乃勅賜吉能官都督同知，彩幣段衣，其餘指揮、千百戶二十一員，互市如宣大。于是，俺答率諸酋上表謝恩，貢名馬三十，銀鞍一。上嘉其誠順，賚以銀幣有差。祭告郊廟，大賞賚。俺答又擒趙全餘黨趙宗山、張哲等二十二人以獻。自是邊鄙乂安，薊、宣以抵甘、固，烟火萬里，六十餘年邊氓生息，遂長不識金革矣。

俺答死，黃台吉嗣。虜俗父死妻其後母。俺答妾克兔哈屯，號曰三娘子，或曰俺答甥女，或曰宣大伎，點而媚，善騎射，俺答死，遂配黃台吉。黃台吉所奪諸酋婦甚多，一朝得三娘子，盡棄之。黃台吉死，子撦力克嗣，三娘子又配之，封忠順夫人，實操虜權。撦力克死，應卜失兔嗣。三娘子已垂白，然必麀聚，封事乃可成。其支屬素囊撓之數年，丙辰，始成婚。卜失兔嗣封，督撫騰奏敍功，科臣駁之曰：「塞外聚麀，朝中進爵，書之史册，不爲美談。」乃寢。三娘子殊自嘶嚯首配孺子，頗市塗澤藥物，不數年，亦死。虜因款市久，皆柔脆，卜失兔貌好弱如書生，無祖父風威。諸部落如永邵卜等，並駑弱，不任金鐵，西邊稍休矣。

套虜吉能窺西邊，調發頻仍，聚兵祭旂，聲犯黃裹，恫喝以挾賞。東路明愛台吉，吉能妹壻也。次女啞不言，養于吉能母太虎娘子，許婚火落赤子厖記台吉。太虎娘子死，吉能以甥女改壻順義王監市頭目爾留拓不能子小拓不能。爾留拓不能馱帶妻子筵席牛羊，就明愛帳成婚。火落赤夜遣其子抄胡兒把禿兒以二百騎襲之，執小拓不能以去。明愛台吉將三百騎追之，報知吉能。吉能遣第三子及吸喇厖僧，大小台吉，會把禿等共索小拓不能，火落赤堅不與。爾留拓不能以兵走吉能帳，索其子，諸酋相持。延綏總兵蕭如薰驛書以聞。

是時，土蠻之裔既僻處東北，生聚日益蕃，不與封貢互市，時雜二十四營中，出沒爲遼患。其後插漢兒新立爲虎墩兎憨，年少嗜酒色，已雄視諸夷。我三衞屬夷朶顏諸部，皆奚、契丹種也，咸畏服插漢。而清人勃起于建州，蠶食插漢邊界，驅略牛馬亡算。天啓元年，給事中姚宗文閲視遼陽，令監軍王猷以四千金撫賞虎墩兎憨、炒花等，議以三千人入桃林口朝貢，廷臣劾罷王猷。遼、瀋繼陷，西人乘亂鈔掠，巡撫王化貞以二萬金撫炒花五大營，虎墩八大營，歹青二千人，許助兵攻建州。建人入廣寧，參將祖大壽借煖兎、貴英二萬騎，却建人于寧遠城北雙樹子。化貞恃西人爲援，銳言戰以撓廷弼。西人卒不至，河西盡沒，化貞論死。

遼自寧遠至前屯，朶顏三衞地也。寧遠迤東至廣寧，虎墩、炒花、宰賽諸部地也。朶顏三十六家，俫暈太、董忽力、煖兎、貴英、他不能、索只、速讓台吉、哈那彥、不喇度台吉、哈那顏蟒金、他不能、蘇不的、九旦、朗素，又罕索羅世，皆宣、薊諸虜也，又答喇明暗、歐兒計台吉、王燒幷之屬，毋慮數十萬，部落不相統一。以遼左沒，賞額無所出，各裹糧蜂屯住口外，聲助兵以挾賞。總督王象乾久在宣、薊三十年，晰虜情，虜咸受款。虜憨插漢兒昏于酒色，皆叔臘毛太主兵，亦耄不能自強。憨之幸臣貴英恰，其部曲朗素，尤桀驁自重，不與諸名王狎。諸部惟歹青最驍悍，建人畏之，以黄金二百、白金數千、參貂數馱，結昏于歹青。煖太之姪亦壻于歹青。抽叩亦剽疾，結拱兔、歹青爲黨。宰賽住鎮安，炒花部尤逼建州，建州深結之。惟哈喇愼三大部自言黄台吉、肆不世台吉惡建人之吞遼也，將召卜火諸大酋以攻建人。建人多用降人守廣寧。已又虞其變也，盡遷之海、蓋間，悉易建人爲守。

初，插漢兒部落曰把都，投哈喇愼營中駐牧。哈喇愼死，其部老酋滿五素幼爲插漢父老王子義兒，撫之成立，分領人馬。老王子死，滿五素以所分部落歸其父世把都兒。以故插漢兒亦索把都所領人馬于白言等酋，白言等不與。插漢兒傳調各部人馬十餘萬，復使夷人入邊講款云：「插漢只有一王子，焉有多王子！張家口故憨地，豈容他人冒賞！」白言、朝兒諸王子，沙暈、肖那諸酋，飛報各邊，請兵共拒插。插既畏建州之強，而宣、雲互市卜失兔主之，插酋利漢財物，時私附諸彝入大市，市其馬牛皮角氈罽，俺、卜諸部多凌轢之，或侵漁其繒蘖布物，積不能平。卜酋久豢于繒絮麴蘖，其部落亦稍效板升，有誅茅搆土室以居，勢益弱。插部久處荒落，忍嗜欲，惡衣食。既爲建人所逼，飜然有故土之思焉。崇禎元年，舉大衆席卷西行，殺逐俺、卜諸部，幷其衆，朶顔、兀愼、擺白諸部無有抗者，徑駐豐州俺答故地，徙帳壓宣、雲迤北，擁有八娘子，各統部落。首領曰宰生，以不預貢市，久居荒落，堅忍耐馳逐，多士馬，蜂屯蟻聚，西人皆望風潰。哈愼好兒趁輩暨三十六家，遂披靡以投東人。插漢既居俺答地，曰：「吾亦欲得金印如順義王，大市漢物，爲西可汗，不亦快乎？」

初，廣寧塞外炒花、煖兔、貴英諸部、薊三協三十六家屬夷皆有賞。烈皇初服，中外迎上旨，盡革其賞，諸部閧然。會塞外飢，乞粟，上堅不予，于是東邊部落盡颺去附建人。春，插漢遣百人講于新平堡，貴英在焉。守將醉之神廟中，夜燔之。插漢怒。五月，插漢、宰生等至宣府新平堡脅賞，大譁，參將方諮崑誘入甕城殲之。六月，插漢講賞得勝口，不許，因舉衆壓大同，殺軍民數萬，大同幾不守。廷議以新城王象乾久在邊，夙翼諸酋，自致籍起督宣大，年八十矣。召對平臺，上問方略，對曰：「臣能召永、邵諸部，合從以抗插。」乃馳赴陽和，遂號召永邵卜與插漢戰。一戰而潰。插漢擄卜失兔閼氏與金印，各部皆遠走迤西。更遣精騎入套，吉囊子孫皆頫首屬之。東起遼西，西盡洮河，皆受插要約，威行河套以西矣。

象乾上書，以爲西人諸部弱，不能當插漢，插漢亦思得通貢互市，莫若款插便。兵部尚書王洽、侍郎熊明遇皆謂禦敵必須款插，款插非象乾不可。上不以爲然，令象乾姑予款，且責戰。象乾出私財，市蟒紵、鍍金銀酒巵以貽插漢，曰：「王太師賀可汗，且以需後命。」插漢亦遣人報象乾以酪漿養牛善馬。其胡部皆曰：「我祖若父世受王太師馬法恩，王太師馬法在，吾屬寧敢反乎！」象乾款插疏再上，廷議多異同。兵部奏：「宜聽督臣相機決進止。」上猶持兩端。大同巡撫張宗衡抗疏請戰，以爲不宜款以媚敵，象乾因謝病。上惑于廷論，欲命宗衡署總督印，而象乾卧鎮於陽和。侍郎申用懋攝兵部，奏曰：「虜壓宣、雲，方藉象乾宿望爲鎮撫，上誠閔其病，不欲煩以事，而留爲坐鎮是也。顧宗衡方主戰，事須紛更，邊人見驟奪總督印，必大駭虜情。今宜勅陽和道晨夕入院，佐象乾治文書，以分其勞，以印仍歸總督。」上從之。

二年（己巳，一六二九），建人薄郊圻，梁廷棟爲兵部尚書，懼插漢乘虛自西入，力奏象乾款插議，約俺、卜諸部賞，及虎墩遼陽舊賞，合諸部馬價七十餘萬。象乾議益八萬，共八十萬。以舊將王世忠爲撫夷總兵。世忠者，猛骨孛羅子，其妹嫁插漢爲閼氏。世忠故名王子，衣冠舉止如中華，久在邊，識虜情僞，移之守宣、雲，以終款貢事。款成，刑白馬于關外，貢表如式。秋防畢，上賜象乾馳傳歸，以魏雲中代之。插之抗衡東人者二年，西鄙無警。

四年（辛未，一六三一）六月，西人犯延綏江山，諸軍拒却之。

五年（壬申，一六三二）正月丙寅，套虜以三百騎稱插漢求款，千總李世科被殺，總兵曹文詔擊之，引去。丙子，犯宣府寧鎮，賀虎臣潰走，故總兵杜文煥禦之，始退。

四月，建州四王子勒西路降人五六萬，西來逐插，插戰不勝，益渡河西徙。東人燒絕板升，插漢偕套虜走大漠。

六月，套虜犯甘肅涼州，副總兵柳紹宗擊却之。

東人久屯板升地，淫雨，馬多斃，乃整衆東歸。癸巳二十七日，壓宣大，巡撫宣府沈棨、監視內臣王坤並駐張家口。時東人爲前鋒，後殿西虜，降部咸居中。乃令三十六家擺愼、俺、卜畢來。其中有七慶台吉者，敖部也。王坤與總兵以萬騎營邊外，東人五分其兵衷我師，師幾覆。一參將單騎馳其營，大呼曰：「我巡邊，非相敵者。」東人亦報曰：「逐插過此，不相犯也。」用酪乳來講解，營中亦以布物麯糵報之。諸部約曰：「詰朝講款市張家口。」當是時，宣大秋禾蔽野，六十餘年不知兵，東西諸部並集，主客不相當。沈棨見事急，出私帑三千金，市布絮酒鹽犒之。七慶台吉見我舊通官，相向哭，以爲東人地确，不能給我衆，苟逐插，俾返我故巢，款市如故幸甚。乃導東人而去。七月丁酉朔，督撫監視驛書以聞。言官劾棨擅款辱國。閣臣周延儒、尙書熊明遇先後申奏：「招西路以孤東人，屢奉明旨。西路故我藩籬吠狗，先朝款市有端委。今虜得微賞，弭耳款關，于國體未爲辱。邊臣冒罪以安封疆，功過可相準。」言者攻益力，卒逮棨論戍，謫坤守孝陵，并罷明遇。

六年（癸酉，一六三三）冬，諸酋叩關尋舊款，疆臣不敢應。建人乃勾挾敖目、哈愼、朶顏諸部入宣大邊，屠萬全等衞十一城，直抵山西，逼太原，殺士民數十萬。

七年（甲戌，一六三四）正月，始出塞。三月，插漢亦合套虜犯寧夏，河西總兵馬世龍却之。四月，插漢犯甘肅，洪承疇自漢中西援。西人陷保安州及得勝、鎭羌二堡。五月，插漢犯寧夏，馬世龍拒之。閏八月，洪承疇擊西人于延綏，斬首四百，西人遁去。

八年（乙亥，一六三五），清四王子勒東、西諸部，自瀋陽而西，入大同迎恩堡，殺掠吏民亡算，烽火達于居庸、紫荆，飽掠捆載東歸，復從迎恩堡出邊。時插漢兒已死，四王子以二月丙午勒四萬騎西趨河套，收插漢餘部，擒插漢子黃鵝兒以歸。插漢妻囊台戶率所部降于清。四王子以女配黃鵝兒，四十萬部落盡攝于東人矣。

三月戊戌，西人四五萬騎出套，屯花馬池，分三千騎掠鹽池、韋州、下馬關、陝西等。土囊諸部皆降于清。七月辛亥，清兵引還。諸酋雖盡折而東，隸諸部之爲插幷者，復紛紛起，東人亦不能盡要約之。宣大邊外，時而西人乞款，亦時而插部叩關，將吏憚于前事，未敢應。僅哈酋屢以馬來市，邊臣正需馬，故哈市勿絕。哈固無所重輕，東人所忌者插也。插折而事之，建州無復西顧憂，而東謀朝鮮矣。

明史紀事本末補編卷四

西南羣蠻

史稱西南夷君以什數，夜郎最大。其西靡莫之屬以什數，滇最大。自滇以北，君長以什數，邛都最大。邛筰以東北，君長以什數，冉駹最大。自冉駹以東北，君長以什數，白馬最大。此皆魋結耕田，有邑聚，大抵皆氐類也。漢時，滇與夜郎內屬，置黔中、牂牁、益州、犍爲諸郡，鱗羽變化衣裳矣。明興，比漢爲盛，大理入版章，車書貢獻僅寄徑黔西五尺道，道左右高山矗矗，皆苗所薦居。或曰古三苗之裔，是耶非耶？滇遠黔荒，故楚以平、清、偏、鎮四衛入于黔，通此道，而徙蘄、黃人實之。冠武冠者，皆指揮、千百戶，其子弟軍餘，悉開庠序以敎，巾方巾，履朱履，彬彬矣。

諸苗種落，有族屬無君長，附四衛，近者爲熟苗，供繇賦與百姓同。日擔負薪炭米荳竹木，牽逐牛豕來衞，市如雲集，朝至暮歸，狎馴無異。而峒中富苗，倉庾常充牣，腊全牛爲鮓，窖地中數年不敗。亦停居我人訓蒙，識書字大意。我人亦可貸其母錢與子錢，惟負進則咼矣。熟苗寡，生苗多，河以東北，俗稱紅苗。一種接辰沅鎮，直斗入四川，而夾于酉陽諸土司，箄兵亦強能制之。一種稱三山苗，依阻牛角、黃白、水銀三山，善戰，用長鎗大弩，蒙褚被，蹲跳如猿猱，頗爲屯堡大患。幸部落不數百，近聞官兵大入，疏捕不遺種。用四川流寓人占着其土利矣。河西南爲九股黑苗，種類繁衍，直斗入雲南境，賴有熟苗鬲之。其人俱不冠，用布裹首足，男子着窮袴，婦人乃不袴，第着層裙。編茅不垣。晨汲，晨舂米，水米俱忌隔宿。陟巖穴，躐荆棘，捷如麏麞。衣或無衿襘，竅以貫頭，或別作兩袂。負簏抱弩，遇便輒掠殺。未娶者用銀環飾耳，淫媾不別親疎。言語侏儺，鞮譯乃解。與其曹稠厚善者曰「同年」，同年之好，踰于親串。與漢人善者，亦曰「同年」。稱其長曰「茫」，呼漢官亦曰「茫」。占卜以雞骨推之，覘其璺以斷吉凶。病不服藥，禱鬼而已。謂其巫曰「鬼師」。九股苗狙詐而饕誸，以元日爲把忌，杜門不出，二七而解。烏羅着可苗以三月一日爲忌，二十五日而解。其在金筇者，有克孟、牯羊二種，擇懸崖鑿竅而居，搆竹梯上下。親死不哭，笑舞歌唱，謂之「鬧尸」。

羅羅二種。居水西十二營寧谷馬漕溪者，爲黑羅羅，亦曰烏蠻。居慕役者，爲白羅羅，亦曰白蠻。俗略同，而黑羅羅爲大。羅俗尚鬼，故又曰「羅鬼」。羅甸國王自蜀漢時從諸葛亮征孟獲，有功者名火濟，即今安宣慰遠祖，安氏居大方，安邦彥敗後而安位夭死，種絕。官兵近且田其田，築城堡占着之。而部落與其族屬殊戞，恐終難疆以漢索也。

仡佬苗者，一曰仡僚，種有五。蓬頭老脚，矯捷輕命。散處平清一帶者，種山射肉爲生。其熟者善佃作，居人莊屋，善用弩，傅以毒藥，射人血濡縷立死。與人鬭，零星伏草間，名「野雞陳」，紅、黑苗俱畏之。得人臠肉卮酒，奔湯蹈火不避也。以布一幅橫圍腰間，花布者爲花仡佬，紅布者爲紅仡佬。在新添者，爲剪頭仡佬，男女僅畜髦寸許。又有猪屎仡佬，喜不潔，與犬豕同牢，身面經年不靧。又有休佬者，俗與仡佬略同，掘地爲爐，厝火環臥，不施被席，以牛皮藉之。又有羊黃者，一曰楊黃，種甚夥，石阡、施秉、龍里、龍泉、提溪、萬山之界，往往有之。生理苟且，荆壁四立，不塗不扃。元宵、端午架鞦韆爲戲，遂以淫奔。把忌以三月之朔。有仲家者，椎髻躧蹻，不通文字，好爲樓居，飲食匙而不匕。女子在室，奔而不禁，嫁則絕之。以十二月爲歲首。俗尚銅鼓，土人或掘得鼓，自刻字云「諸葛武侯所藏」者，富家爭購之，即百牛不恡也。

有蔡家者，蓋中國裔，相傳春秋時楚子蠶食宋、蔡，俘其人民，放之南徼，遂流爲夷。宋家稍雅，通漢語。蔡家在底寨者，與宋家同族，故世世連姻。在養龍坑者，無異苗人，男女吹木葉而索偶，人死不哭，遶尸而歌，謂之「唱齋」。有龍家者，蓋徙筰驪氏之裔，訛謂今名。一在康佐，其人恣睢，好依薦莽，狙擊圍奪，急則鼠竄。近溪者，善入尾瀧揭魚鱉。男子束髮不冠，婦人班衣，以五色藥珠爲飾。春時立木于野，少男女旋躍而擇對，醜者終身無所耦。四龍家多與仲家同俗，而衣尚白，喪服則易之以青。在寧谷、西堡之間者，多張、劉、趙三姓，一曰大頭龍家，男女以牛馬鬃尾雜而盤之，若笠然。一曰狗耳龍家，婦人辮髮，螺結上指，似狗耳之狀。一曰小頭龍家，其俗與康佐同。有冉家者，笮冉氏之裔，散處于沿河佑溪、婺川之間，尙武而善獵，得獸必祭而後啗之。地有砂坑，深五六里，其良者若芙蓉，箭簇嶔嶔迸落，若榴房之解焉。碎末以燒汞爲朱，謂之新紅。坑中往往得敗船朽木，莫測所自。採砂汞滿三年者多死，人言飲丹井者壽，又何異也。

僰人，漢爲犍爲郡，南詔之東鄙也。古者有罪流之四方曰僰，言使逼寄于夷也。其人善事佛，男女手數珠，持番呪，祈禱多驗。謂虎曰「金波羅」。峝人一曰峝蠻，散處于牂牁、舞溪之界，在辰、沅尤多。男子科頭徒跣，或趿木履，以鏢弩自隨。婦人短裙長袴，前後垂刺繡一方，以銀銅錢編次繞身爲飾。不食鹽醬。爭訟不入官府，以其長決正，號曰「鄉公」。

瑤人，五溪以南，窮極嶺海，迤連巴、蜀，皆有之。椎結斑衣，兒時燒鐵石烙其跟蹠，以油蠟沁之，重趼若鞹。兒始生，權之以鐵，如其重，漬以毒水，鍛而爲刀，終身用之。試刀必仰刀牛項，以肩負刀，一負而殊者良刀也。婦人奔入嵓峝，插柳辟人，編竹誅茅，繩樞蓽戶。樹(畜)〔蓄〕豆(粟)〔粟〕(據炎徼紀聞卷四蠻夷條改)牛羊爲饟。兼之獵獸，燔炙草惡，毛血淆雜。富者多釀酒，沉酗爲樂。急則隳突漢界，持短鎗大弩毒矢，攻剽墟落，飄忽不可跡。史氏槃瓠之説，雖恍幻難稽，然猺人多槃姓者，或訛爲「盤」云。

僮人，五嶺以南皆有之，與猺雜處。生理一切簡陋，冬編鵝毛雜木葉爲衣，摶飯掬水而食。居屋緝茅不塗，衡板爲閣，上以棲止，下畜牛羊猪犬，謂之麻攔。善爲毒矢射人物，中者肌骨立焦爛，雖猺人亦畏之。又善爲蠱毒，五月五日，聚百蟲于一器，令其啖食，存者留之，持以中人，無不立死。又爲飛蠱，一曰挑生，一曰金蠶，皆鬼屬而毒人，事之可以驟富。于飲食內中人，病者腹痛面青脈沉，治之以歸魂散、雄硃丸。在上鬲則服升麻吐之，在腹則服鬱金下之。聚而成村者曰「峝」，推其酋長曰「峝官」。僚人好依深山積木以居，射生爲活，雜食蟲豸，取鼠子未毴者，啖以崖蜜，嚼之跳躍，唧唧有聲，號曰「蜜唧」，以爲珍。且無版籍部勒，每村推其長有智者，號曰「郎大」，父死子繼。餘稱「提陀」。「提陀」者，猶華言百姓也。俗與猺、僮同，而好殺尤甚，報仇相擊，必食其人肉而寢處其皮。所殺之人美鬚髯者，剜其面而籠之竹木，鼓噪祭之，以徼福利。

黎人，隖蠻也，今爲瓊、崖、儋、萬四州。分生熟二種：熟黎多符、王二種姓，生黎有名無姓。地有五種母山，山之中皆黎族盤踞。聚而成村者曰峝，峝各有長，父死子繼，夫亡妻及。男子文身椎結，挾刀控弩。婦人戴籐笠爛衣，裙而不袴。釀酒多雜榴花。產水沉、龍涎、犀象、翡翠、璣珠異物。

蛋人瀕海而居，以舟為宅，漁釣為業，辨水色以知龍，故又曰「龍戶」。採珠螺，以繩引石，縋人而下，手一刀，以拒蛟螭之觸。得珠螺，則以刀擊其繩，舟人疾引而出之。

馬人本休邑蠻，相傳隨馬援散處南海，其人深目猳喙，以採藤捕蠣為業，或曰盧循遺種也。

此外，四川則有凌霄、都都寨、九絲之蠻，傀廈、丟骨、人荒、沒舌之蠻，白草、風村、野猪窩之蠻，羅打鼓、楊柳之蠻，樹底、穵撤、元壩、潘哂、商巴、石嘴之蠻，建昌、桐槽、黑骨、膩乃〔卜〕（據明史卷三百十一四川土司傳補）之蠻，頗俱逆我顏行。大將軍之刀鋸日敝，而劉顯征九絲功為最，獲諸葛鼓九十三面以獻，他所收鹵，又可知矣。而土司以什數，則酉陽彭氏、石砫馬氏、秦氏、永寧奢氏、播州楊氏最大。近永寧、播州作亂，除地入漢為郡縣。

貴州則有苗坪夭漂之寨，永寧普安之寨，貴陽、都勻、銅仁、小橋、十八營之寨，卬水、皮林、清平、凱口囤之寨，而土司則水西安氏最大。今以種絕，田入漢為城堡。

雲南則有鐵鎖箐、赤石崖、烏龍壩之酋，大波那、你甸、和甸、楚腸之酋，木茶喇、大松坪、羌浪、金且之酋，俄打喇、小赤石、阿你喇之酋，皆僰人、倮羅，無籍屬，而緬甸最大。竊我邊鄙，匪伊朝夕，今貢獻已絕。土司龍氏、祿氏、普氏以什數，而普酋最小，最倔強，兵少而精。崇禎五年，撫臣王伉輕用兵，幾大僨。幸撫安而後定，猶疆以漢索也。麓川之役，王靖遠驥雖以封，君子其猶有遺憾乎！

廣西土司，則田州府土司爲大。歸順州有土司，龍州有土司，憑祥州有土司，思明府有土司。而田州則王文成守仁之所經營，委曲操縱勒以馭，不能滿文成志。若斷藤峽府江之賊，則韓襄毅雍斬殺降下，殊足抗國家威稜矣。

野史氏曰：虞帝殺三苗，高宗征鬼方，西南夷之易種茲土，其來古矣。滇、蜀、楚、粵之交，山谷盤牙，飛鳥阻翼，堪輿初奠，風氣未開，其黎首蠢蠢與禽鹿無異固也。自秦以金牛餌五丁開蜀，漢司馬相如通越巂鑿青衣道，蜀始煥然文明焉。唐蒙風曉夜郎，而閉于昆明，宜夜郎王妄自擬漢孰與我大。逮馬援吹笛武陵，開盤江道，直至沅州，而黔中始知日月。及唐之季，雲南皮羅閣滅五詔而獨雄，其子閣羅鳳破唐兵八萬，與異牟尋、段思中皆天表奇才，宜唐、宋之無可如何。明興，神武測靈，滇池歸化，并大理入版圖，則前此所未有也。永樂初，密遣數校，擒田琛、田宗鼎伏罪，而改思州、思南爲郡，建置布政司于貴陽，皇路始蕩蕩矣。其實滇、黔多江、楚遊民，近時甲科項背，聲名文物漸次比中原。安知滇、黔不似漢時之甌、閩文蛇，今乃稱東南衣冠禮樂之邦哉？

明史紀事本末補編卷五

宦官賢奸

洪武間，內使雲奇守西華門。時丞相胡惟庸謀大逆，居第距門甚邇，奇刺知其事，冀欲發未有路。適惟庸謾言所居井湧醴泉，邀上往賞，駕果當西出。奇慮必有禍，會走犯蹕，勒馬銜言狀，氣方勃崒，舌撟不能達意。上怒其不敬，左右撾捶亂下，奇垂斃，右臂將折，猶奮指賊臣第，上乃悟。登城瞰顧，見彼第內壯士伏甲數匝，亟返棲殿。罪人一一就縛，奇氣息斷矣。上追悼，賜葬太平門外鍾山西，贈少司監，命有司春秋致祭，仍給守冢六人。嘉靖乙酉，以南京守備太監請，加贈司禮監太監，致諭祭。

永樂間，太監阮安，一名阿留，交阯人。爲人清苦介質，更惇敏善畫，尤長于工作之事。其修營北京城池，九門、兩宮、三殿、五府、六部諸官寺廨舍，及開塞楊村驛河道，甚著勞績，虞衡水曹諸屬受成而已。晚歲，張秋河決，久不治，復被命行，道卒。平生所受賜予，悉上之少府，錙縷不自私。嘗刻營建紀成詩一卷，一時名流顯宦皆和答。後將傳布，間以王振一言而止。

太監陳蕪，交阯人。永樂五年入宫，至景泰時卒。歷事五朝，保抱皇太子，征伐四方，悉與行間，賜更名姓曰王瑾，寵賚爲中璫之冠。成祖賜範金圖書四：一「忠肝義胆」，一「金貂貴客」，一「忠誠自勵」，一「心跡雙清」。

成化間，司禮監太監懷恩，見林俊疏劾梁芳、僧繼曉，下詔獄，恩叩頭諍不可，曰：「殺俊將失百官心，將失天下心，奴不敢奉詔。」上大怒曰：「汝與俊合謀訕上，不然，彼安知宫中事！」舉硯擲恩，恩以首承。上又怒，仆其几，恩免冠解帶，伏地號泣，被叱出。至東華門，使人謂典詔獄者曰：「若等諂梁芳，欲朋謀致俊死，若等不能獨生。」乃徑歸臥，稱中風不能起。上怒解，遣醫往治，屢勞問，俊得不死。

時星變，黜傳奉官。御馬張敏曲請馬坊傳奉者獨勿黜，持疏謁恩，曰：「得旨，馬坊傳奉官不必動。」恩大聲曰：「星變專爲我輩誤國，外臣何能爲！今甫欲正法度，汝又壞之，他日震擊汝首。」敏素驕貴，又老輩，聞其言，不敢吐氣，歸，恚死。

章瑾進寶石，求錦衣鎮撫，命恩傳旨。恩曰：「鎮撫掌詔獄，武臣極選，奈何以貨與！」上曰：「汝違朕命乎？」恩曰：「非敢違命，恐違法耳。」改命覃昌。恩曰：「外廷倘肯諫，吾言尚可行。」因諷余肅敏子俊執奏，余謝不敢。恩嘆曰：「吾固知外廷無人！」

王端毅恕爲都御史，屢上疏言事，甚懇切。恩每嘆曰：「天下忠義，斯人而已！」力左右之，得免于禍。

弘治初，大開言路，言者輒指內臣爲刀鋸餘。覃昌大怒斯語，恩曰：「吾儕本刑餘，又何怒焉。」

初，憲廟嘗有意易儲，意微露于恩，恩免冠叩頭曰：「死不敢奉詔，寧陛下殺恩，無使天下人殺恩也。」孝宗定位，恩有羽翼功。憲廟崩，得疏一篋，皆房中術，悉署「臣安進」，蓋係閣臣萬安。恩袖至閣，示安曰：「是大臣所爲乎？」安慚汗不能置一語。時科道劾安，恩持疏召安讀之。安跪而起，起而復跪。恩摘其牙牌曰：「請出矣！」

覃吉，在成化朝事東宮，口授大學、中庸等書，道以動作威儀，間說府部官守，天下民情，及宦官專權蠹國之弊。時上賜東宮王莊，吉備陳不當受，曰：「天下山河皆殿下有，何以莊爲！」一日，東宮誦佛經，吉適至，驚曰：「老伴來矣。」急易孝經誦之。吉跪曰：「得毋誦佛經乎？」曰：「孝經耳。」

成化間，太監王高執守自重，當休沐，居慶壽寺。時有兵部尚書某與侍郎某先後出部，各給以他所造請。已而偕集寺中，進退惶恐。而都御史王越、戶部尚書陳鉞亦在。高故久不出，使主僧將命曰：「請諸公拜佛。」衆相顧次且。鉞笑而倡之，甫拜而高出，曰：「諸公今日富貴，皆前世所積，非佛力而何？」蓋譏其非有德澤自致者。既而，揖諸公坐，高曰：

「昔王振用事，六卿皆通私謁，人以爲擅權。今諸公見訪，安知外人不議高耶？且諸公訪高，不知以高爲何如人？」兵部曰：「公眞聖人。」高勃然作色曰：「大而化之之爲聖，孔子尙曰『則吾豈敢』。高何人，而謾謂聖人！」辨之亹亹將百言，衆慚愧不能出氣。高既卒，諸公相次以事敗。

成化末年，宦者尙銘坐東廠，陳準繼之，甚簡靖。令刺事官校曰：「反逆妖言則緝，餘有司存，非汝輩事也。」坐廠數月，都城內外安之。權監汪直以爲失職，百計媒孼。準自知不免，一夕縊死。準，廣東順德人。

弘治間，何文鼎以皇親入禁城觀燈事極言，下錦衣獄雜治，究所主者。文鼎曰：「有兩人，但不可執案。」錦衣曰：「姑言之。」曰：「孟子、孔子也。」文鼎死，猶能于禁中拽銅缸作聲，若稱寃者，特命勒碑祭之。人言：「文鼎少習舉子業，能詩文，壯大始閹也。」

中官金英，當己巳之變，有以南遷爲言者，英宣言于衆曰：「死則君臣當一處，敢有言遷者斬！」及奉使過南京，公卿俱餞于江上，惟薛文清瑄不往。英至京，又宣言于衆曰：「南京好官惟薛瑄耳。」

景泰欲易儲，問英曰：「七月初二，東宮生日也。」英叩頭曰：「東宮生日是十一月初二。」上默然。七月是懷獻，十一月是憲宗，與魏徵獻陵之對相似。

按：英代振掌司禮，時亦有縱家人倚勢多支官鹽，受賄賂陞指揮韓志等、陞都督孫鏜等事。景帝命固禁英而誅其奴李慶。然異日復受寄托，見稱於士大夫者，蓋取其大綱；支鹽受饋，過在一身，春秋善善從長之義也。

正德時，太監王岳與徐智、范亨，雖與谷大成、張永等共事，素剛厲，頗惡劉瑾等所爲。戶部尚書韓文等疏劾瑾等，上遣司禮監詣閣議，一日三至閣，益持議不下。岳獨顧曰：「外庭議是。」明日，忽召諸大臣入。太監李榮手持諸大臣疏曰：「有旨：諸先生愛君憂國，言良是。第奴輩事上久，不忍卽置之法，幸少寬，上自處。」吏侍王鏊前謂榮曰：「設上不處，奈何？」榮曰：「我頸有裹鐵耶？敢壞國事！」是日，諸閣益窘，自求去南京安置，閣議猶堅不肯下。是夜，瑾等遶上前，跪伏哭，頭觸地曰：「害奴儕者王岳。岳前在東廠，謂科道官曰：『先生有言，第言。』議閣時，岳又獨在外廷。狗馬鷹兔，岳嘗獻否？上心所明也。」益伏地哭。上怒，夜收岳及亨、智，發南京。瑾殺之于路。

太監蕭敬，諳練故實，持重老成，歷事數朝，行無渝佚。正德中，諸奸罔上行私，武宗每召之問，輒對以非先朝故事，多所匡正。嘉靖初，以言官論，罷司禮閑住。

太監王偉，是小時與武宗同讀書者。駕南巡，偉適爲南京守備，呼爲「伴伴」而不名。于時，江彬挾寵橫肆，所帶邊兵更叵測。喬參贊宇、寇京兆天敍得行其智者，皆偉從中調護。是雖適然之會，亦可以占社稷靈長之福矣。

張永，原與劉瑾、谷大成等伍，後西征寧夏，能聽楊公一清祕畫，比還朝，禽瑾如孤雛腐鼠，豈不亦偉乎。瑾既禽治，長沙李公欲逮內閣曹元，永曰：「老先生勿開此路，當爲後日計。」元得削籍去，此尤近于有學術者也。

嘉靖間，太監黃偉、呂憲、晏殊清苦端重，屏撤浮華，時以書史自娛，恂恂然有儒者風。所鎮之地，軍民皆被其澤。文臣之守土者，亦藉爲榜桀，不敢貪墨自恣。

孫愘，孝宗時舊璫。嘉靖間，孝宗不考，及戚臣羅憲控諍上前，頗激切。時上欲明倫，執法撻之，遂自縊廟中。

萬曆中有王安者，事光宗潛邸。時神廟于册立、諭教俱遲重，廷臣諍請者相次斥譴，無慮數十員。安頗通書史，習古今興替之數，每每從中調護。册立于辛丑，至乙卯，始開講，兼建東宮諭教官屬。廢斥諸臣，有羽翼勞，安嘿嘿相引重。駙馬都尉楊春元、教習駙馬鮑應鼇等，皆有心夾日，與安習者也。至庚申，光宗登極，僅一月而諸善政不勝書。奈鼎成速，遂攀髯無及。時安爲內臣首，熹宗嗣，尙未大婚，安所以匡扶防閑其起居者，殊相拘苦。而安又屢引疾，在御前嘗令人扶掖，遂蒙疏厭。及魏忠賢比客嫗，盡反安所爲，取眷日深。廷臣自廢籍起者不可勝數，向時言册立、諭教人議論多祖安，言官遂上書攻魏、客，幷攻廷臣黨魏、客者，玄黃之戈日操。于是內外協謀，以東林黨爲目，一切捕逮誅夷竄逐俱盡。而安亦下獄論死，施諸西苑之水，犬盡食其肉，悲夫！幸際烈皇帝于丁卯秋，以神聖英明重開日月，遂誅魏、客并其黨，特爲安立廟禁中。而文武羣臣，強半安名下，向所斥譴在外，命皆召還柄事，安死而不死矣。

野史氏曰：諸內臣豈不皆明志忠信哉？而或以身殉，或以言興，或以榮壽，或以廉辨，皆天生爲國家佐助者。雲奇之功，在外臣當封拜廟食。阮安清幹，陳蕪耆宿，蕭敬老成，懷恩侃侃，足爲中貴人儀表。覃吉識大體，王高持雅論，陳準愛民，文鼎死諫，金英正言，王偉調護，張永鋤奸，黃偉、呂憲、晏殊潔愼自將，孫恪篤舊主，俱自錚錚。惜也，王岳議閣時，諸大臣何不稍從！李榮寬用斥譴法令，瑾輩迸去，而後圖之，乃急持覆車之困禽耶！王安時，內外臣交激，流禍甚熸，事發相重，豈不然哉。嗚呼！至于今而守正者之天未嘗不定也。

正統時，有王振者，嘗侍書于潛邸，粗通文學。及上嗣服，頗虛己聽之。而立內書堂，以教習諸奄豎，振意也。喜事好功，間導上以不正，被寵遇特甚。張太后賢明，每切責之，頓首請死，不敢大肆。及太后崩，屠剪名賢，殺侍讀劉球、編修董璘，桁祭酒李時勉，卽薛瑄業已反接在市，賴一僕大哭，乃傳旨停免。自是中外臣工，惟所頤指矣。

正統十四年，也先寇邊，既遣駙馬都尉井源等將四萬人出禦之。師已北行，振復勸上親征，命張輔、朱勇等治兵。朝臣請留，不允，諫者振俱矯旨罰譴。七月十四日駕行，官軍私屬五十餘萬人。出居庸關，抵宣府，井源敗報踵至。至大同，有黑雲如傘罩御營，振惡之。有言請班師者，輒令掠陣。守關者璫密語振西氛甚惡，振始以駕還。朱勇等三萬騎逆戰，皆敗，兵悉陷沒，無一騎還者。八月十三日，駕次土木。十五日，移營，敵騎蹂陣而入，我軍蹈籍死蔽野。十六日，上蒙塵在敵營。十七日，敗報至京師。十八日，皇太后集百官闕下，命郕王權總萬幾，于午門南面見百官。又數日，尚書于謙等彈奏奸臣王振傾危社稷，請正典刑，因痛哭，聲徹中外。太監金英懼，奏令籍沒振家。遣指揮馬順往。衆曰：「順，振黨也。」給事中王竑捽順，衆爭毆蹴踏，血肉磕起，頃刻斃。衆愈怒，求振黨內使王、毛等，金英使人捽出，亦擊殺之，曳三屍施于東長安門。都御史陳鎰奉令旨率官軍籍振宅，并其黨彭得清、內使陳掌家。頃之，執振姪錦衣衞指揮王山至，跪于庭，共唾罵數其罪。振宅在宮城內外數處，皆重簷邃閣，器物綺麗，尚方不逮。玉盤徑尺者十面，珊瑚樹高六七尺者五六株，金銀十餘庫，馬數萬疋。𨷂王山于市，其族無少長皆斬之。山弟亦錦衣指揮，從振同死于外。

曹吉祥，在正統中居禁庭最久。爲人招權納賄，擅作威福。常往雲南、福建殺賊，擕去番官幷夷、漢家丁，能騎射取功，因而收于部下，以私恩小惠結爲腹心。天順初，召此輩奪門迎駕，俱陞右職，此輩感激益甚。後石亨事敗，冒官者俱除革，此輩又爲吉祥所庇，得無動，願爲用，僵仆無所避。吉祥怙迎駕功，弟姪俱得大官，又賣爵鬻獄，黷貨無厭。上初不得已從之，後不能堪，稍加疎抑。吉祥輒懷異志，令其姪昭武伯曹欽糾集心腹官丁，謀爲不軌。會兵部尙書馬昂、懷寧伯孫鏜統官軍往陝西殺賊，于天順五年七月初二日辭朝，欽與鉉、鐼、鐸等乘機欲殺昂等，就擁兵入內爲變。幸而番官中有馬亮者知之，寅夜詣恭順侯吳瑾言其事。瑾以報孫鏜，鏜等二鼓時即報入內，禁門不開。欽兄弟率蕃將伯顏、也先等至東長安門，闔勢難攻。曹吉祥已執于內庭矣。欽知事泄，遂帶兵直詣錦衣衛指揮逯杲宅前，遇杲方出，斬其首，幷肢解其尸。蓋杲初亦係吉祥所引，後奉朝廷委任，屢發曹氏陰伏，是最恨者，故先除之。三鼓時，欽兄弟四五人俱在長安門部勒反者。至四鼓，突入朝房，縱火焚長安門。殺左都御史寇深，又索李學士賢，挾之至吏部朝房王翺處，借紙筆代爲寫本進奏。而提逯杲頭示衆曰：「爲此人所激也。」鎗馬搶攘，禁門終不得開。及天明，上馬呼衆，馳往東安門。忽孫鏜領官軍襲而追之，戰于四牌樓。抵暮，圍其宅，盡行誅戮。吳瑾戰死。李賢等慮脅從者不安，即奏請寬宥餘黨，停罷不急之務，與民休息。吉祥既正典刑，籍其家，資鉅萬。

太監汪直，少年喜事。成化間，殊被眷任。適丙申七月，黑眚傷人，妖狐夜出。已而，有山西妄男子侯得權詭姓名李子龍，闌入大內，伏誅，乃開西廠于靈濟宮，詔直領官校數百人刺姦。直怙寵立威，三品以上，擅自鈔劄，朝臣曲意事之，僭擬至尊，大臣皆曲膝。當時有鄙諺曰：「尚書叩頭如倒蒜，侍郎折股似栽葱。」而王越、陳鉞陰相交私爲權利，傾動一時。

內優有阿丑者，嘗扮一醉人登場，傳呼駕至，醉人謾曰：「駕至如何？」復傳呼汪太監至，醉人作驚怖狀，匍伏道左請死罪。已，又扮汪太監登場，執戈之前用兩鉞，自言：「我用兵專靠此兩鉞。」或曰：「兩鉞何名？」曰：「一陳鉞，一王越也。」上微頷而笑。

會商文毅輅疏陳十罪以聞，且云：「用此人，實係天下安危。」上恚曰：「用一內臣，天下何得危！」令懷恩傳旨詰責甚厲。公正色曰：「朝臣無大小，有罪皆請旨收問，渠敢擅抄劄三品以上京官。大同、宣府，北門鎖鑰，不可一日缺守者，渠一日擒械數人。南京，祖宗根本重地，留守大臣，渠敢擅自逮捕。諸近侍，渠敢擅自損易。此人不去，國家安乎危乎？」懷恩聞之，吐舌而退。卽罷西廠，隨調直南京，降爲奉御。安置王越，削戴縉等籍。惟陳鉞已致仕，不問云。

太監梁芳，成化間進淫巧，收買奇玩，引用方術，以鏃呈異書爲名，夤緣傳旨與官，已官者輒加超擢，不擇儒吏兵民工賈囚奴，至有脫白除太常卿者，名曰傳奉官，多至數千人。而僧道樂工之躐躋者，又不勝數，李孜省、僧繼曉尤尊顯用事。

妖人王臣爲姦盜，被楚傷脛，號王瘸子，凡物經其目，即能竊去，或手取人財物投水中，輒自袖中出。內豎王敬挾臣採藥江南，橫索寶貨，箠楚吏民，吳、越大被其毒。嘗覓金蜈蚣，拷訊無有，里胥通賄乃喜。令置酒遊山，酒半，燁燁樹間皆此物也，其幻術類如此。至蘇州，拘諸生錄妖書，陸完邀衆擊之，走匿以免。適王端毅恕以巡撫至，疏其罪，詔竄敬，僇臣于市，傳首江南。

李孜省，江西人，以吏坐贓，問遣戍，逃至京，夤緣芳，用符水得幸，累官禮部侍郎。奉密旨私察百官賢否，引進奸黨，排擯忠良。後以工部尚書伏誅。

僧繼曉，始以淫術惑衆，當楚府事敗，走京師，亦夤緣芳得售，尊爲法王。于西華門出帑金數十萬，創大鎮國永昌寺以居之。刑部員外郎林俊劾芳進繼曉，下錦衣衞獄，坐謫邊。

癸卯冬旱，百官雩禱不應，科、道官交章論芳。上命中官袁琦傳旨：「今後內官傳奉，不問有無敕書，俱覆奏明白方行。」即日召吏部降四人，黜九人，下六人于獄，皆逃自軍囚者，都人稱快。厥明，大雪。不久，芳等俱坐斥，以次敗。蓋內藏積金凡十窖，景泰末，頗事奢靡，發其藏。天順復辟，往視之，止缺一角，旋撙節他費補之，以備軍興。成化中，梁芳、韋興作奇技淫巧，禱祀宮觀之事，于是十窖俱罄。上一日指示芳等曰：「帑藏之空，皆爾二人爲之。」芳曰：「臣爲陛下造齊天之福，如三宮廟、顯靈宮之類，非爲私也。」上不懌曰：「吾不與汝計，後之人必有爲汝計者。」蓋指東宮也。芳等退，懼，無計可施。或有爲芳謀者，曰：「今上鍾愛興王，昭德寵冠後宮，不如勸昭德贊上，改立興王。則昭德無子而有子，興王無國而有國。如此富貴乃可長保，豈直免禍哉！」芳大以爲然，言于昭德，昭德果勸上，曰：「此事只在懷恩。」賴懷恩死爭暫止。

及詔恩往鳳陽守陵，以覃昌代。昌曰：「懷太監尚不能支，我何能爲？」憂不知所出，屢欲自經。會泰山震，內臺奏曰：「泰山東岱，應在東朝，得喜乃解。」上曰：「彼亦應天地乎？」曰：「陛下卽上帝，東朝卽上帝子，何云無應？」上首肯，詔爲東宮選妃，儲不易矣。孝宗弘治之昇平，豈偶然哉！

孝宗朝，有李廣者，進修煉丹藥，希要恩寵，傳陞官職，駙馬貴戚事之如父，總兵鎮守呼之爲公，中外官餽遺不絕。弘治十年，給事中葉（給）〔紳〕（據明史卷三〇四宦官傳改）等劾其八大罪，報聞。十一年十月，廣自殺，籍沒其家。

正德時，有劉瑾者，陝西西安府興平人。先是，坐內臣李廣奸黨，充南京海子口軍，夤緣取用。乾清宮災，復發配，又召回僉書。故便辟利口，于文義不甚通曉，而權術能回人主意。初與谷大用、馬永成、羅祥、魏彬等日左右導之，上遊戲無度，萬幾綱紐解弛不振。二三執政劉健、謝遷、李東陽等秉成政府，僅成朝廷。戶部尚書韓文等私憂之，計無所出。屬郎中李夢陽具草，極言瑾等過失，爲疏諸大臣公列名合詞具奏，科、道官亦作重劾，上亦爲之動，但不忍遽誅。瑾等亦乞斥置南京，保要領爲幸。上遣王岳、李榮等先後手疏至閣議。岳主嚴，與諸大臣堅持不肯輕下。榮奉上意，主寬，但求屏退。乃諸大臣持如故，瑾等夜環泣于上前，歸罪于岳。上遂度衆移瑾司理，而逐大學士謝遷、劉健，削尚書韓文等籍，諫官劉茝、戴銑等數十人下詔獄，岳死于途。

時掌錦衣事者牟斌，爲諸諫官輕刑奠居，曲爲申救。御史任諾愬諸僚草奏署其名，己實他出不與也。斌曰：「古有恥不與黨人者，公爲忠悔耶？」瑾復要斌去奏首「權奸」字，斌不可，而顧諸同列曰：「存此，諸公臣節，庶幾白他日乎？宋鄒道原以失元奏被害，吾儕何自計爲。」奏入，瑾大怨望，矯詔廷杖斌垂死，謫戍。瑾益柄事，諸中貴人相與蠱說，上復建西廠，使谷大用領之。而馬永成、邱聚分領東廠。皂衣團牌，縱横燕中，人人不聊生。而瑾復用其私人石文義爲錦衣都指揮使，與吏部尚書張綵表裏作威福，時稱瑾左右翼云。然文義時時以掌傳瑾命，待應對，不治錦衣，治錦衣者都指揮高得林也。

然瑾雖擅權，以不甚通曉文義，故奏疏處分，亦未嘗不送閣。于時李東陽等秉筆，不勝觀望，本至，必先問此事云何？重大者，差堂後官持疏河下詢之，然後舐筆。故瑾益驕，大肆羅織，廷臣捕鞫無虚日。都御史劉孟、御史張彧、給事中安奎、尚寶司卿崔璿、御史姚祥、主事張瑋俱囊三木長安衢，御史胡節下獄捶死，謫戍劉大夏肅州。榜王岳、范亨交通劉健、謝遷、韓文、戴珊、李夢陽、王守仁、熊卓、朱廷聲等五十餘人于朝堂，稱爲奸黨。大臣惴惴救過，相見長跪請敎，有悖而移溺者。十三布政使入覲，竟科斂金銀爲瑾壽，數以千萬計。換鎭守內臣，補者各以萬計營求。政尚苛急，擅更張，文武官忤其意者，動罰米濟邊，至千百石。于是欲裁減制科，不許江西人作京朝官。重武輕文，九邊大將，悉兒子畜之，餽遺不訾。大盜劉七等，以谷大用、馬永成俱文安、霸州人，嘗因內官家人混入禁內，窺伺深淺，遂爾倡亂。差京官四出，督責屯田。督寧夏者大理少卿周東，與都御史安惟學，課籽粒，笞及婦人，激指揮何錦奉安化王以反，其檄以誅瑾爲名。起楊一淸爲督，與張永同被勅往行勘定。至中途，仇鉞已成盪寇功，而永與一淸共事計善後。一淸探知永與瑾以爭寵郤，乃密計授永速歸，乘間列瑾逆狀，幷奏安化王聲瑾罪僞檄文。永歸，果密于上前痛哭，陳其十七事，且言其將爲不軌。太監張雄、張忠共贊永奏，上英武，遂爲動。當夜遣內官牌子至直房捕繫瑾。是夜，啓東華門，繫菜廠。明，下獄，會官廷鞫，反有狀。上詣其宅，得甲弩反具，遂磔陳西市，怨家啖其肉立盡。張綵、石文義、楊玉俱伏誅。平日私交文武官曹元、焦芳、劉宇、劉璣、陳震等二十六人，削、譴、誅、籍有差。宣召牟斌領鎭撫如故。

沒入瑾家資：金二十四萬錠又五萬七千八百兩，元寶五百萬錠，銀八百萬又一百五十三萬三千六百兩，寶石二斗，金甲二，金鈎三千，玉帶四千一百六十二束，獅蠻帶二束，金銀湯盤五百，蟒衣四百七十襲，牙牌二匱，穿宮牌五百，金牌三，衮龍袍四領，八爪金龍盔甲三十副，玉琴一，玉瑤印一。共金一千二百五萬七千八百兩，銀共二萬五千九百五十八萬三千六百兩。

馮保，係隆慶間司禮監太監，掌文書。六年，昭陵升遐，即刻自矯旨，傳掌司禮印。後一日，即封出一報，內開遺詔與皇太子，閣臣高拱不知其所自出。神宗登極，科、道官見保直升御座而立。

徐爵、王杲，係嘉靖年間問發逃軍，保皆收爲心腹，事無巨細聽其撥指。弟馮佑，本白丁，買功陞至錦衣衛堂上官。其姪馮天馭、天騏暨家人王賢等，皆冒濫錦衣千、百戶。內員陞每員受謝儀五百兩。王府承奉正則數千兩。舖戶石金關嶺織染西庫銀十七萬兩，保暨家人張大受、徐爵等索受萬餘兩。嚇取故太監黄錦掌家梁經二萬兩。占故太監張永舊宅直五萬兩。爭奪故太監藤祥莊田直十萬兩。見都給事雒遵、陸樹德、程文等，御史劉良弼等交章重劾，保計無所出，令徐爵問自安之術于張居正，居正亦欲遣會去拱專政。侍郎魏學曾向居正言：「外議皆云遺詔出自公手，今日之事，公不宜護保，恐激成大故，于公不利。」居正恐，隨怒曰：「攻閣者，攻我也。」乃遂嗾保陰排陷拱。太監王蓁捧皇帝聖旨，內云：「大學士高拱專權擅政，便着回籍閑住。」居正猶曲爲奏請，令乘傳去。忽萬曆元年，有妄男子在乾清宮外周章走，上親見執之，則無鬚而假內使巾服者，問其名，曰：「王大臣。」問其何來？曰：「來自總兵戚繼光所。」于是，閣監協謀下廠鞫，陰屬之誣拱行刺。保遂差校趨至河南新鄭，捕拱家人矣。吏部尚書楊博與僉都陳省、太僕卿李幼滋共規居正，毋以此誣拱。而御史鍾繼英遂有疏，暗指其事。居正且怒且躊躇，遂令錦衣朱希孝等入廠同審，以例決笞王大臣十五板。大臣大言曰：「原許我官做，享富貴，如何笞我？」保問曰：「是誰主使？」曰：「是汝主使，我何曾認得高閣老！」于是，希孝等恐其盡說，卽厲聲曰：「這奴該打死，不必問他。」旣罷審，保入宮，猶摭拾拱。時有老太監殷姓者，年七十餘，卽跪奏曰：「高閣老是忠臣。」太監張宏亦力言其不可。保知難行，將王大臣送法司。然已中毒，啞不能言，模糊押送肆西市矣。自此保與居正狼狽相倚，凡居正子污鼎甲，己奪情，杖言事者，無不影響取效。保亦富侔公室。

萬曆十年，居正故。御史李植、王國，郎中陳希美，盡發保奸貪狀。如收戍犯徐爵爲心腹，擢至錦衣指揮。收罷官鄭如金爲門客，私授錦衣旗總。永寧公主選婚，保受梁柱銀二萬兩，曲庇天相之駙馬，不一月，致公主孀居。御用監歲買珠玉珍玩，選物上第盡入保囊，供乘輿者，乃其副也。故太監鄭真、曹憲、孟充、王臻家資金銀重貨，悉輸保宅，分給各家名下者，乃其餘也。原籍創造私第，數至五千四百八十間，其莊田跨都邑，又無論矣。其他馮邦寧娶備選淑女爲侍姬，馮佑過慈慶宮而呼訶內官之不起者，又種種大不敬者，至于索沿邊諸將，盜內府珍藏。居正病故，而索其家名琴七張，夜明珠九顆，珍珠簾五副，金三萬兩，銀十萬兩，皆張簡修親送至保私寓，揚言謂皇上取之。欺君玩法，法宜照劉瑾例云云。得旨于李植疏云：「馮保欺君蠹國，本當顯僇，姑從寬降爲奉御，發南京新房閑住。弟姪馮佑等俱爲民。」王國疏云：「已有旨了。」該司禮監太監張鯨奉聖旨：「馮保幷伊弟姪馮佑等家財莊宅，及盜去御用等項，張大受、周海、李忠等家財莊宅，着會同錦衣衞劉守有等，同監官田玉、張斌、孫政、陳矩各帶官校長隨封鎖抄沒入官。」居無何，幷沒入張居正家，而遞譴張懋修等。

魏忠賢者，初名進忠，河間肅寧人也。萬曆中，有大璫于某私家閑住，不受事而富于貲。忠賢在其門下厮養，戴平巾主廚。時光廟在東宮，于璫以貲富無所用，日市珍膳名酒餉東宮，歲時相次續，皆忠賢擔負往來。久之，忠賢日與東宮侍者習，掠于璫所羞爲己羞，曰：「小人之食恭也。」漸爲皇孫所目成，乃進爲東宮侍者。然目不識一字，不過主廚而已。光廟嗣服，值王安秉事，不能有所高異。天啓初，熹廟嗣服，年少未大婚，安引國家故事，司起居甚嚴密，而日取詩書禮法相繩，大不堪。乳媼客氏則以兒婦人呴呴，百凡順承相昵，遂得其歡心。忠賢得窺其微，乃厚結客氏，與同卧起。卽大婚後，而所以備飾婉孌進御者，不問名地。張皇后亦稍稍厭客、魏所爲。王安則以其故語外廷，而論客、魏之疏交公車。客、魏知爲安指，遂與安有隙。外廷又分左右袒，日相攻訐。而所謂君子者，持局無大度，引黨甚卑，視己太高，授小人以柄。所謂小人者，遂陰附客、魏，浸浸以齒牙猾名流，如鄒元標，亦以講學于首善書院，排擊退矣。時葉向高爲首輔，尙能籠絡忠賢，不至大決裂，而所謂君子者，則厭其模稜，又規之使退。及韓爌、朱國楨當事，遂無能干盾異同，而調劑之術亦窮。魏廣微入內閣，純任氣以懻忮勝，旣與冢宰趙南星有郤，楊漣、左光斗、魏大中復攻之，于是廣微傾心比客、魏。朱國楨、韓爌、趙南星暨魏大中俱罷謫。而周宗建首有巨璫亂政一疏，楊漣又參魏忠賢二十四罪，南北臺諫繼漣後陳言者不可勝數。熊明遇時在南臺署院事，亦與參贊。陳道亨合九卿公言之。時崔呈秀爲御史，按江北，甚有貪名。總憲高攀龍履臺任，特疏糾之。考功鄒維璉則欲引風憲犯贓例。呈秀急，乃頓顙求援于客、魏，矯旨盡駁疏參。而不次用呈秀，未一年至兵部尙書兼左都御史。甲子、乙丑、丙寅之際，君子驅逐一空，大獄屢興，緹騎四出，捕治楊漣、左光斗、魏大中、周朝瑞、袁化中，箠死獄中，熊明遇、趙南星、鄒維璉等十五人俱謫戍。又逮高攀龍、周宗建、王之寀、繆昌期、周起元、周順昌。高自以汨羅死，宗建等俱就詔獄，非刑斃。是時，顧秉謙、魏廣微居政府，顧昏魏貪傲狠，將縉紳一部，用硃墨圈點，送忠賢處。忠賢又取內臣中有才略知書義者掌文書，照所圈點，誅夷竄逐，幾無噍類。王紹徽、周應秋俱先後爲吏部尚書，劉廷元、霍維華、亓詩教等俱以七品官從廢籍起，不一二年驟至尚書開府。五虎五彪如田爾耕、許顯純，受意殺士；田吉、吳淳夫、李夔龍等，俱驟至大官。最後，則崔呈秀又與涿鹿諸公隙，而分朋爲禍，耑力事忠賢，稱爲「上公」。南北大臣小臣，凡有疏必頌廠臣，如頌聖然。晉魏良卿肅寧伯，賜第順天府前，度水衡錢，不日成之，宏麗壯大，甲于諸邸第。王安亦慘死，其名下無賢否，概行斥譴。又各省郡撫按，皆爲「魏上公」搆祠祝釐。翰林中有以割成均爲言者。生祠星羅棊布，江右則斥賣周澹臺祠矣。江西巡撫楊邦憲亦命南昌知府彭期生爲忠賢建祠，期生力持不可，邦憲竟下屬邑行之，而期生迄不發一緡，其守正若此。忠賢書錦或上立，諸璫衣蟒者畢從，京營漕運錢糧兵馬暨當路塞，皆忠賢私人任之。客氏同劉遜、姚進忠盜出累朝寶物無數，爲肅寧供一日之玩。外臣驟貴，騎虎難下，漸圖非望之福。而熹廟貪飲，好女色，病不親政。前星未耀，乃妃嬪蒙御幸者多不良死。裕妃以有孕傳封，矯詔勒令自盡。胡貴人以南郊駕出之日暴卒。又欲危母后張，授意廷臣劉志選、梁夢環等先彈外家，微閣中調劑，中宮幾不免。又急封惠、瑞、桂三藩，同時督趣出京，行且次及思陵，以孤熹廟，黃歇之謀，隱隱有端。乃宮中名爲旁孕所生子，皆不祿，豈非天哉！而良卿每偕忠賢宿次直廬，趙高之謀，旦暮種矣。

熹廟大漸，羣臣入禁內，忠賢猶使人呼崔呈秀耦語隆道閣前，頗聞有他非常。幸呈秀膽力不足，不敢爲。恭賴天地祖宗庥庇，思陵從藩邸入，繼大統，重振紀綱。施爲次第，魏忠賢以斥南京爲名，伏誅阜城，仍梟屍于衢。魏良卿夫婦、客氏皆斬，暴陳長安都市。呈秀自殺于家。忠賢之黨以次捕繫，就論，分七等。欽定逆案，以魏廣微等爲首，隸戍籍。次者隸城旦書，極輕者除籍，皆取各官原謏姦疏爲證案，非懸坐也。向時謫戍俱召還，生者遷擢，慘死者謚廕有差。

當忠賢掌東廠時，掌司禮監者則王體乾，乃萬曆時文書房附掖坤宮者，微有才術，稍用柔，不見芒銳，家資冠諸璫。至崇禎十二年，以上聖母徽號，查當年經掌儀節官，有輕謾狀，下獄擬辟，籍其家，珍珠金銀田宅亦巨萬。

野史氏曰：老子曰「天道如張弓」，豈不然哉！諸璫恃寵乘時，明知身後無子孫計，爲當時則榮，沒則已耳，何乃殺士大夫如草芥？要亦士大夫有以成之。取快目前，近者五年，遠者周歲，天道報施，固恢恢不漏也。夫物禁太甚，享受尚不可多，況多殺戮耶！予是以備錄諸璫之事，使後之人得知所戒焉。

明朝紀事本末補編跋

明朝紀事本末補編五卷，舊寫本，海鹽彭孫貽羿仁撰。羿仁事蹟詳茗齋日記跋。此補谷應泰之書而作，體例悉同，惟無駢體論耳。每卷爲一目。一曰祕書告成，二曰科舉開設，三曰西人封貢，四曰西南羣蠻，五曰宦官賢奸。其時明史尚未刊定，故不云「明史」，而云「明朝」。羿仁熟于有明掌故，鼎革以後，晦跡海濱，不與史局，惟修私史以自見，其節高矣。前年豐潤谷氏書散出，有張星曜通鑑紀事本末補後編五十卷，黑格寫本，似是手稿，惜未收得，今不知散落何許。校此因附記之。戊午五月無錫孫毓修跋。

明史紀事本末附錄

谷賡虞先生傳

羅景泐撰　（見豐潤谷氏六修族譜）

公諱應泰，字賡虞，別號霖蒼。狀貌奇偉，博聞強記。爲諸生時，案設制舉之文動以萬計，皆能成誦，至今談者以爲僅事。年弱冠登第，歷官至兩浙提學。公較士一秉虛公，所拔前茅，皆一時知名士，聯翩入轂，列朝籍位通顯者指不勝屈。杭之西湖，佳山水也。公于公務之暇，每寄情焉。創立書院于湖山之巔，目扁曰「谷霖蒼著書處」。浙人德公，修葺勿毀，不啻如召伯之棠。所著築益堂集及明朝紀事本末行世。公一代史才，不得載筆修史，與遷、固並傳不朽，士林惜之。

高岱傳

王兆雲撰　（見皇朝詞林人物考卷七，明萬曆刻本）

公名岱，字伯宗，京山人。嘉靖庚戌進士，歷刑部郎中。喜衣敝垢，同舍郎多誚之。會主事董傳策、張翀，給事中吳時來，疏大學士嚴氏父子不法狀，詔逮繫司寇獄，將置重典。岱請大司寇鄭曉輕之，獄上，戍邊。岱復爲資裝，微服送之出郊門。嚴父子聞而銜之，莫可爲地。會景王封，風銓曹出爲長史。

岱好讀先秦古文，爲唐人詩，多論著。性戇，好面折人過失。後以仕淹，浮湛王門，無所建白，卒。著鴻猷錄、樵論、楚漢餘談。弟啓嘉靖丙辰進士，嵒鄉薦，皆有才名。

張岱、談遷傳

溫睿臨撰　（見南疆逸史　列傳第三十九）

山陰張岱，字宗子，左諭德元忭曾孫也。長于史學。丙戌後，屏居臥龍山之仙室，短簷頽壁，終日兀坐，輯有明一代紀傳，既成，名曰石匱藏書。

豐潤谷應泰督學浙江，聞其名，禮聘之，不往，以五百金購其書，慨然曰：「是固當公之，谷君知文獻者，得其人矣。」岱衣冠揖讓，猶見前輩風範。年八十八卒。

同時海寧談遷，亦好史學，明于古今治亂。以明未有史，尤注意明之典章文物。以爲革除泰陵之事，紀載失實，而神、熹兩朝秉筆者皆逆奄之舍人，思陵十七年，事變多故，國亡史亦滅，于是輯十五朝之實錄，披崇禎邸報，補闕遺，正紕繆，以編年體自成一書，名曰國榷。夜有盜入其室，盡發藏稿以去，蓋士人欲竊其書，憑藉爲己有也。遷慨然曰：「吾手尚在，寧遂已乎！」從嘉善錢相國士升家借書，復成之。

陽城張太宰愼言、膠州高相國弘圖皆以遷爲奇士，折節下之，在南都，欲薦入史館，不果。亡何，二公相繼野死，遷棄諸生走昌平，哭思陵。將西哭愼言于陽城，未至而卒，丙申歲也。

谷應泰既購張岱紀傳，復得遷國榷，因集文士輯明史紀事本末，蓋兩家體裁較他稗史獨完具。而岱、遷于君臣朋友之間，天性篤至。其著書也，徵實覆覈，不矜奇門，文以作者自居，故儒林尙之。

陸圻傳

徐鼒撰（見小腆紀傳卷五十八　列傳五十一　逸民）

陸圻字麗京，號講山，錢塘貢生。嘗束芻絮酒，會葬婁東張溥之喪，賦五言長律，一時傳誦。與弟行人培結友人爲登樓社，號「西陵體」。培盛氣難犯。圻溫厚，未嘗言人過，有語及者，輒曰：「我與汝姑自盡，毋妄議他人！」培與陳潛夫以檄相攻，止之不可，則不與聞。乙酉，杭州不守，培自經死。圻匿海濱，之越之閩，薙髮爲僧。母作書趣之歸，乃以醫養親，多奇驗。有病人夢神告之曰：「汝病得九十六兩泥，可生也。」且告其友，友悟曰：「此陸圻先生也。圻之字從『斤』、從『土』，姓爲六，合之乃九十六兩土也。」迎圻投之藥，立已。由是戶外屨恆滿。

未幾，莊廷鑨私史禍作，牽連入獄，貽書友人自刻責，謂：「辱身對簿，從此不敢與汐社之列。」既釋，遂不知所之。或言其在黃山，子寅，□□弟子也，徒步入山，長跪號泣，請歸，圻曰：「昔以汝大母在耳，今何所歸！」寅請一祭墓，乃相將歸。會弟堦苦心痛，劇甚，留治八閱月，與弟同臥室，不入內。既愈，之廣東，訪澹公於丹霞精舍，一夕遁去。寅零丁走萬里求之，莫能得踪跡，遂悒悒以死，時稱其孝云。

彭孫貽傳

王士禎撰（見茗齋集附錄）

彭孫貽字仲謀，號羿仁，大僕公期生次子。幼穎異，於書一覽輒記，與兄孫求，有機、雲之譽。

公博聞才辨，五試咸冠軍，以是名噪一時。啓、禎間，三吳雲間倡文社，四方主壇坫者重公名，數邀公執牛耳，公謝勿往。壬午試鎖闈，分校司理雲間陳公子龍得公卷，奇其才，薦之主司，已擬元。乃以病不克竣試，撤棘，陳公謂鹽令劉公堯珍曰：「恨彭公不得出吾門，吾雖不及歐陽，此子實不愧子瞻也。」公感陳知己，遂稱及門。後陳公以義全，而公終隱，人稱公爲不負所知也。

次年，以明經首拔於兩浙。當太僕公變於章江，公間關兵燹，徒跣號泣，冒白刃以求太僕公遺骨，精誠所感，遂有江右義故負骸送歸，亦天所以憫公之孝思也。嗣是杜門奉母，終身布衣疏食。當道有重其才勸之出者，公謝弗應。雖負文名，亦節義自許，不妄交遊，人咸服其深識。又未嘗高自標置，有求其文者悉與之，邑中碑銘記頌皆出其手。生平憤懣悒鬱悉寓之詩，故爲詩益工，間有倡和。會邑令奉部檄修邑乘，因聘公及童公伯旃，咸辭再三，勿得，遂與廣搜博考，精晰詳贍，書垂成而公以疾不起。臨卒無他言，唯曰：「我所以不即從太僕死者，以母老兄疾耳，今不得終奉養，存沒兩負，有愧我二弟遠矣。」公之二弟麐孫、子羽，皆以死殉父難者也。卒年五十有九，門人私謚爲孝介先生。

公於書自經、史、百家下至氏族、方技、釋、老、稗乘之書，靡不畢究，且手摘錄之。爲文皆有法，於詩則上自漢、魏、六朝、三唐、宋、元以迄明之何、李七子，無體不備，亦無不逼似。小詞樂府亦無不與秦、柳并驅爭衡者。抱奇不遇，賫志以歿，世痛惜之。適朝廷徵名儒姚江黄太沖先生纂輯明史，黄不起而以公之流寇志上之，遂付史館，則公之書亦見用於世矣。

所著有茗齋詩文集、流寇志、詩餘、樂府、百花詩並雜著若干卷。

四庫全書總目提要

明史紀事本末八十卷，國朝谷應泰撰。應泰字賡虞，豐潤人，順治丁亥進士，官浙江提學僉事。

其書仿袁樞通鑑紀事本末之例，纂次明代典章事蹟，凡八十卷，每卷爲一目。當應泰成書時，明史尚未刊定，無所折衷。故紀「靖難」事時，深信從亡、致身諸錄，以惠帝遜國爲實，於滇、黔遊蹟載之極詳。又不知懿安皇后死節，而稱其「青衣蒙頭，步入成國公第」。俱不免沿野史傳聞之誤。

然其排比纂次，詳略得中，首尾秩然，於一代事實，極爲淹貫。每篇後各附論斷，皆仿晉書之體，以駢偶行文。而遣詞抑揚，隸事親切，尤爲曲折詳盡。

考邵廷采思復堂集明遺民傳稱「山陰張岱嘗輯明一代遺事，爲石匱藏書。應泰作紀事本末，以五百金購請，岱慨然予之」。又稱「明季稗史雖多，體裁未備，罕見全書。惟談遷編年、張岱列傳，兩家具有本末。應泰並採之，以成紀事」。據此，則應泰是編，取材頗備，集衆長以成完本，其用力亦可謂勤矣。

辨明史紀事本末非竊書（葉廷琯吹網錄卷四）

明史紀事本末八十卷，谷應泰撰。四庫提要採邵廷采明遺民傳稱「山陰張岱嘗輯明一代遺事爲石匱藏書，應泰作紀事本末，以五百金購請，岱慨然予之」。又稱「明季稗史雖多，惟談遷編年、張岱列傳，兩家具有本末，應泰並採之，以成紀事」云云。顧舊傳應泰有竊書之謗。孫氏讀書脞錄述姚際恆語云：「明史紀事本末本海昌一士人所作，亡後，爲某以計取，攘爲己書。其事後總論一篇，乃募杭諸生陸圻作，每篇酬以十金。」始知其說起於姚立方庸言錄，所謂某者，卽指應泰。惟海昌與張岱里籍不符。孫氏謂此說不知所據。吳曉鉦釗森曰：「家赤溟先生浩然堂集有答陸麗京書，稱谷使君撰紀事本末，聘麗京爲幕下客，麗京又薦某，某不敢受使君之聘，隨使附繳」云云。則麗京撰總論之說，殊非虛語。

至近時陸定圃教授以湉冷廬雜識中，儕諸虞預竊王隱晉書，郭象竊向秀莊子注之列，而云張岱石匱書，谷應泰得之，改名明史紀事本末。與戴東原直隸河渠書，爲王履泰冒名，改名畿輔安瀾志者並舉。蓋卽本之姚說，而參以提要所云也。

然余嘗見鄭茝畦今水學略例內一條云：「曩從朱竹垞先生游，一日語予曰：『吳興經史學稱極盛，六朝、唐、宋、元、明說經者林立，廿一史中撰本居三，明史槩亦不媿作者。谷氏紀事本末，徐蘋村箸。原注：名倬字方虎，德清人，康熙癸丑進士，禮部侍郎。蘋村諸生時，爲谷識拔，故以此報之。然谷氏以私撰受累，蘋村得脫然幸矣。』」余謂竹垞與徐、谷同時，能指寔其人其事，自必見聞其確，不作無稽之談。且茝畦亦非輕信人言之人。雷甘谿浚曰：按國史文苑傳稿，應泰嘗授浙江提學僉事，所拔多一時名俊，徐籍德清，宜有識拔之事，此言自非妄言妄聽也。視姚漫指爲海昌士人，及亡後計取者不同。是此書之撰，自徐倬而非張岱，得由報贈，而非竊冒，似可信矣。至遺民傳所云谷購張書，亦非虛語。蓋由應泰初思輯紀事一書，蘋村聞之而知所以報，卽託谷名購張書爲藍本，纂成紀事以獻，應泰受之，乃聘麗京撰論鋟木。故世但傳應泰之購書輯史，而不知有蘋村。然則提要但聞其始事，所言者應泰撰書之本計；竹垞及見其終事，所言者應泰得書之寔跡也。第私撰受累事，竹垞未及詳言，提要亦不著一語，此當更從昔人紀載中求之。

明史紀事本末（俞樾茶香室三鈔卷十四）

國朝葉廷琯吹網錄云：「明史紀事本末八十卷，谷應泰撰。四庫提要採邵廷采明遺民傳稱『山陰張岱嘗輯明一代遺事爲石匱藏書，應泰作紀事本末，以五百金購請，岱慨然予之』。孫氏讀書脞錄述姚際恆語云：『明史紀事本末海昌一士人所作，亡後，爲某以計取，攘爲己書。其事後總論一篇，乃募杭諸生陸圻作，每篇酬以十金。』始知其說起於姚立方庸言錄，所謂某者，卽指應泰，惟海昌與張岱里籍不符。然余嘗見鄭芷畦今水學略例內一條云，朱竹垞先生語余曰『谷氏紀事本末，徐蘋村著。蘋村諸生時，爲谷識拔，故以此報之。』竹垞與徐、谷同時，自必甚確。是此書撰自徐倬而非張岱，得由報贈而非竊冒，似可信矣。」

按張岱瑯嬛文集有與周戩伯書云「弟向修明書，止至天啓，以崇禎朝既無實錄，又失起居，六曹章奏，盡化灰燼，草野私書，又非信史。是以遲遲以待論定。今幸逢谷霖蒼文宗欲作明史紀事本末，廣收十七年邸報，弟於其中簸揚淘汰，聊成本紀，並傳崇禎朝名世諸臣，計有數十餘卷」云云。據此，則谷氏、張氏各自成書，張氏之書且藉谷氏之力而成，謂谷氏以五百金購之張氏者非矣。張氏又親見谷氏著書，則謂是徐蘋村所著，亦未可信。疑谷公著書，招集浙中名士助之，蘋村與陸圻或同預其役耳。

明史紀事本末跋（傅以禮華延年室題跋卷上）

案徐倬倪文正公年譜跋稱「倬入谷霖蒼學使幕中，命倬同張子壇爲明史紀事本末，其於崇禎治亂一篇，載公奏疏最多。紀事體製每篇俱綴一論，獨於東林黨議一篇，不復作論，祗綴公數語於其後，以倣司馬遷紀秦以賈誼過秦論爲贊」云云。此亦可爲此書非竊之證。

又此書尚有補遺六卷，藏書家罕見著錄，惟吳壽暘拜經樓藏書題跋紀載之，云：「舊鈔本紀事本末備遺二册，不分卷，亦無序目，撰人名截去。首册爲遼左兵端、熊王功罪、插漢寇邊，二册爲毛帥東江、錦寧戰守、東兵入口，凡六篇。」吳氏舊鈔今歸陸存齋心源，曩曾假讀，錄得副本。其書體例，全仿谷氏，祗篇末無論爲小異耳。觀卷中附註有「詳流寇之亂、崇禎治亂」等語，此兩篇乃此書中子目，疑爲一書。後以事關昭代龍興，恐有嫌諱，授梓時始別而出之，如鄒漪刻綏寇紀略特闕虞淵沈中、下兩篇，未可知也。以所載皆此書所遺，依此書一篇一卷之例，改題明史紀事本末補遺，勒爲六卷。今處不諱之朝，俟得另本校讐，當壽諸棃棗，與此書相輔而行，附識以當息壤。

明史紀事本末（節錄）（王樹枏勝水卮言）

按古今纂輯一種史書，搜羅編次，大半成于衆手，萬非一人之力所能集事，不獨霖蒼此書然也。霖蒼當日購買張書，聘請徐蘋村、陸麗京諸名士代爲編纂，皆屬事實，而增删筆削，谷氏實總其成。必非攘取他人之書冒爲己作，昔姚際恆、陸定圃所云也。至麗京撰論之說，亦不盡然，吾視霖蒼築益堂集，其文筆與史論大略相似。蓋當日作論，每成一篇，與麗京商訂改政則有之，謂盡出麗京之手則某論也。

此書定州王文泉灝重刻于畿輔叢書中，曾其家搜原版，謂得之井中，已亡大半矣。蓋當時霖蒼以此書幾獲重譴，家人聞信，卽將寫版投井之中。後朝廷查閲，書中尙無諱礙言語，並錄入四庫書中，竹垞所謂以私撰受累，卽此事也。